김시습 평전

심경호 지음

돌베개

김시습 평전
시대의 비판자, 귀속을 거부한 자유인

2003년 4월 7일 초판 1쇄 발행
2023년 12월 11일 초판 10쇄 발행

지은이 심경호
펴낸이 한철희
펴낸곳 주식회사 돌베개
등록 1979년 8월 25일 제406-2003-000018호
주소 10881 경기도 파주시 회동길 77-20 (문발동)
전화 (031) 955-5020
팩스 (031) 955-5050
홈페이지 www.dolbegae.co.kr
전자우편 book@dolbegae.co.kr
KDC 990
ISBN 89-7199-158-5 03990

책임편집 최양순
편집 김수영·박숙희·김현주·김윤정·김아롱
본문디자인 이은정
본문조판 디자인 시
인쇄 한영인쇄
제본 경일제책

ⓒ 심경호, 2003

• 책값은 뒤표지에 있습니다.

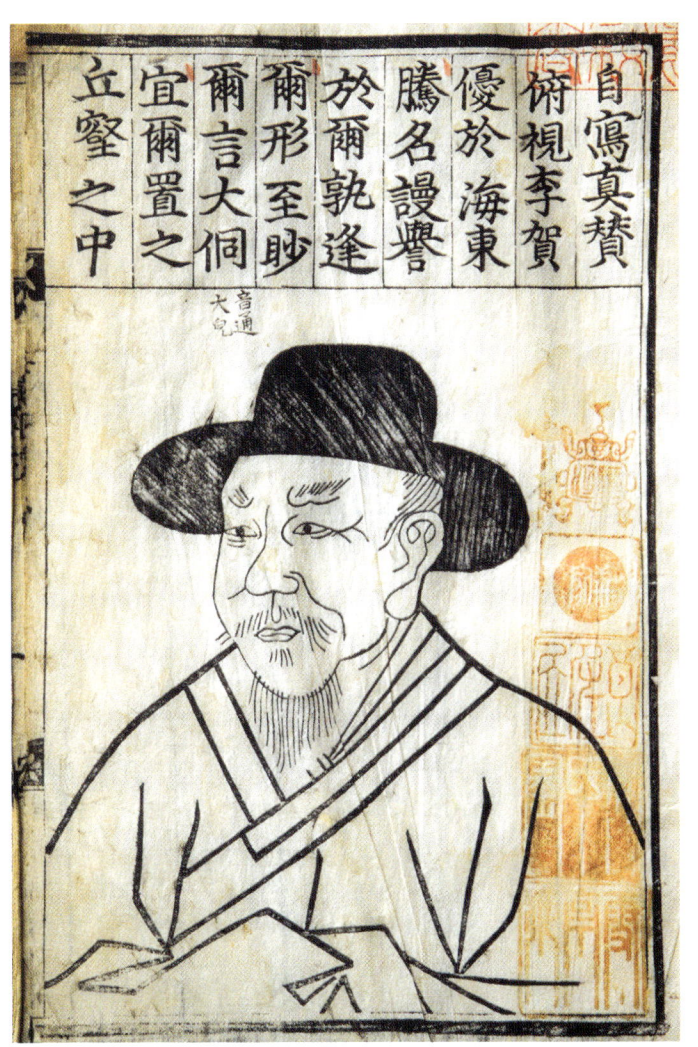

김시습의 자사진찬(自寫眞贊). 17세기 초반 간행 『매월당시사유록』(梅月堂詩四遊錄) 권수(卷首)에 실려 있다. 16세기 말 무량사에 있던 김시습의 자화상을 베껴서 모각(模刻)한 것으로, 현재 전하는 초상 가운데 가장 원본에 가깝다. 『매월당시사유록』은 세 종류 이상의 판본이 전하는데, 여기서는 고려대학교 도서관 만송문고(晩松文庫) 소장의 고본(古本)을 이용하였다. 이의활(李宜活, 1573~1627) 집안의 구장본인 듯하다.

일본 텐리(天理)도서관에 소장되어 있는 김시습 초상(왼쪽)과, 문인 조희(祚熙)의 1494년 입석 〈오세 김시습지묘〉(五歲金時習之墓) 구비(오른쪽). 무량사 소장. 김시습의 「자사진찬」(自寫眞贊)을 비면에 새겼다.

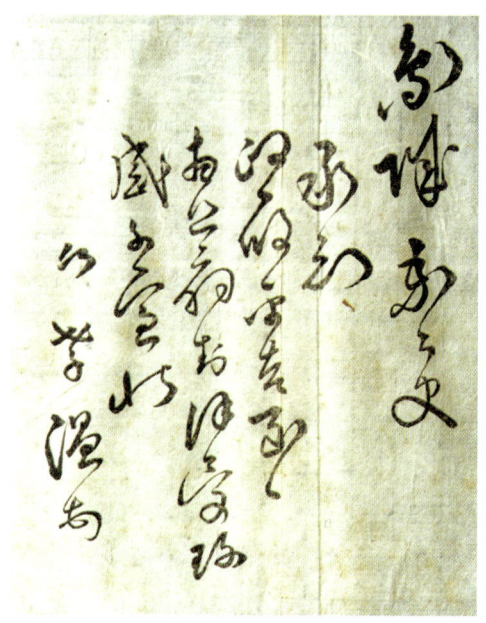

김시습과 가장 친했던 남효온(南孝溫)의 글씨. 『생·사육신 서첩』(生·死六臣書帖)(탁본)에 들어 있다. 고려대학교 도서관 소장. 봉성(鳳城) 즉 삼가현(三嘉縣) 현감에게, 부채를 보내주어서 고맙다는 뜻으로 쓴 감사 편지이다.

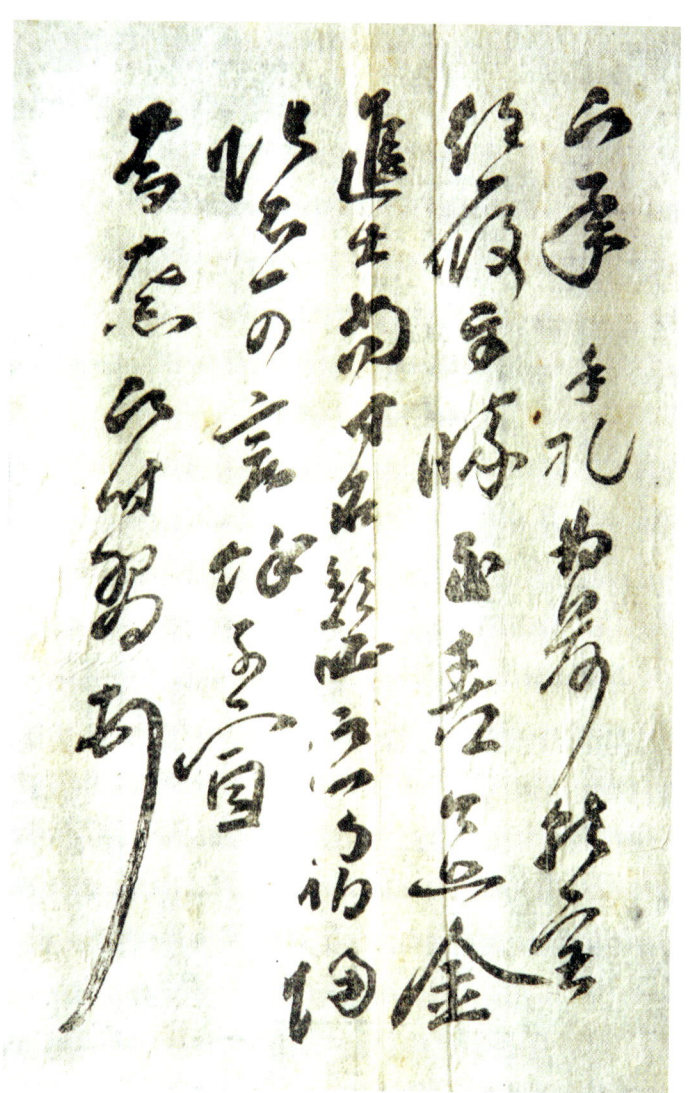

『생·사육신서첩』(탁본)에 들어 있는 김시습 글씨. 고려대학교 도서관 소장. 명의였던 김진사(이름 미상)가 죽은 것을 안타까워 하는 내용이다. 마지막에 '시습돈'(時習頓)이라 적었는데, 이는 "시습이 머리를 조아립니다"라는 뜻이다.

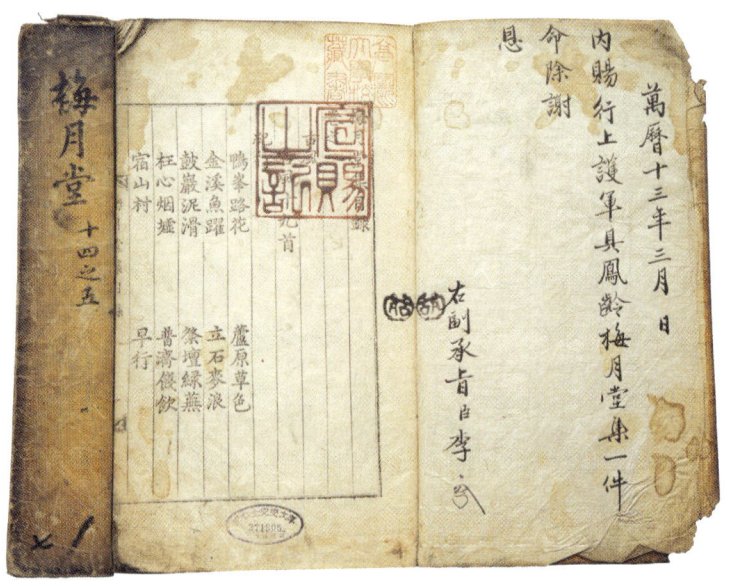

『매월당집』(梅月堂集) 내사기 및 목록. 1585년 선조가 구봉령(具鳳齡)에게 내린 내사본(內賜本). 고려대학교 도서관 만송문고 소장. 재주갑인자(경진자) 활자본. 그간 재주갑인자본의 실제 간행 사실을 알려주는 자료가 없었는데, 이 내사본에 "만력 13년 3월"로 내사 일자가 적혀 있어서 재주갑인자본이 적어도 1585년 3월 이전에 간행되었음을 알 수 있게 되었다.

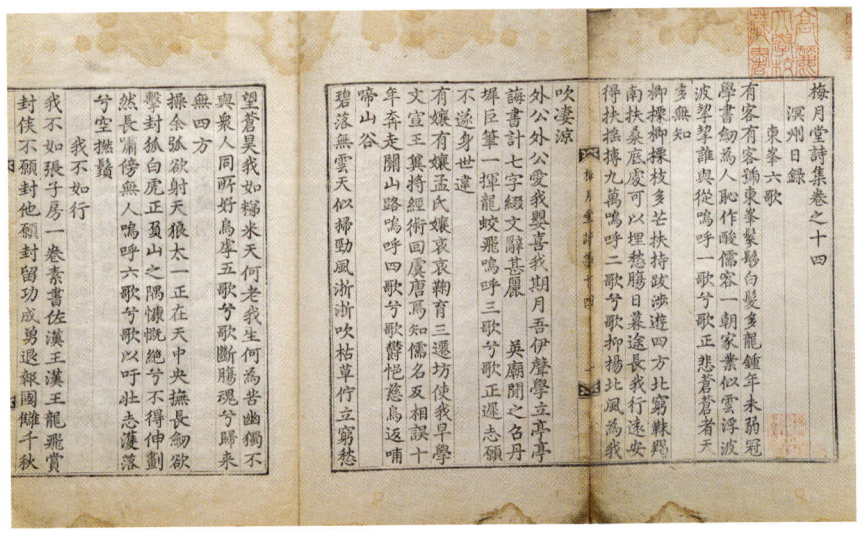

『매월당집』 권14, 명주일록(溟州日錄), 「동봉육가」(東峯六歌). 1585년 선조가 구봉령에게 내린 내사본. 고려대학교 도서관 만송문고 소장. 김시습이 51세 무렵에 강원도 양양에서 쓴 자서전적인 시이다.

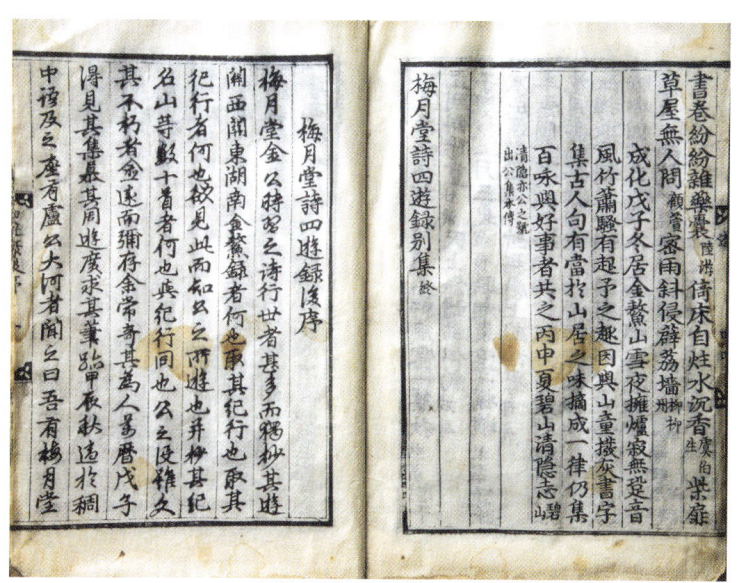

『매월당시사유록』 별집(別集) 말(末)과 후서(後序). 고려대학교 도서관 만송문고 소장 목판본. 경주부에서 간행된 듯하다. 이 책은 세 종류가 있다. 또한 장책 과정에서 후서를 앞에 두기도 하였다.

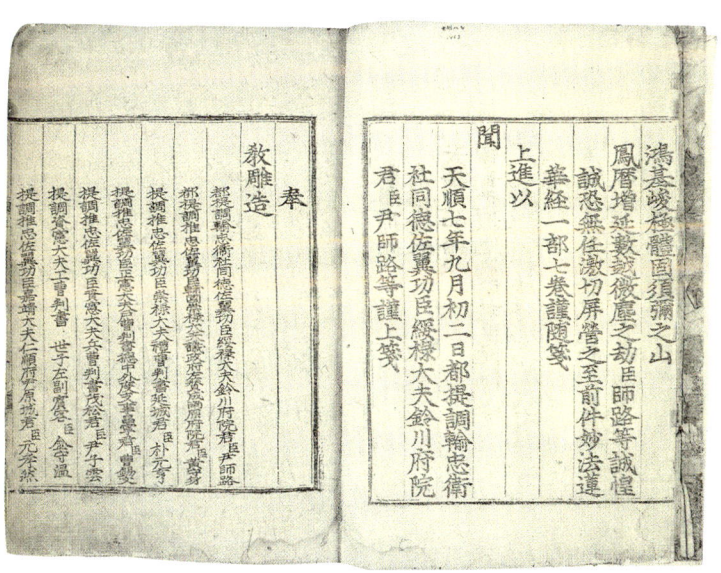

김시습이 언해에 참여했던 『묘법연화경』(妙法蓮華經) 권말. 동국대학교 박물관 소장 목판본. 천순(天順) 7년 즉 1463년(세조 9) 9월 2일에 윤사로(尹師路)가 쓴 상전문(上箋文)을 볼 수 있다.

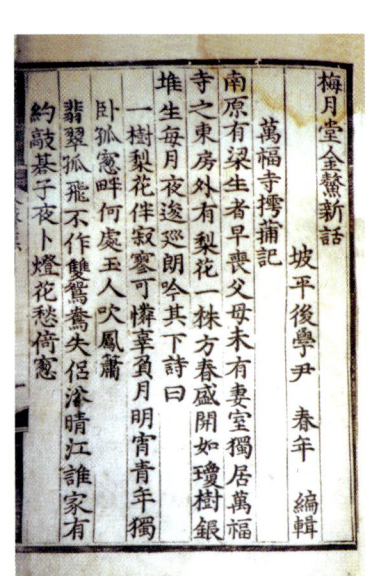
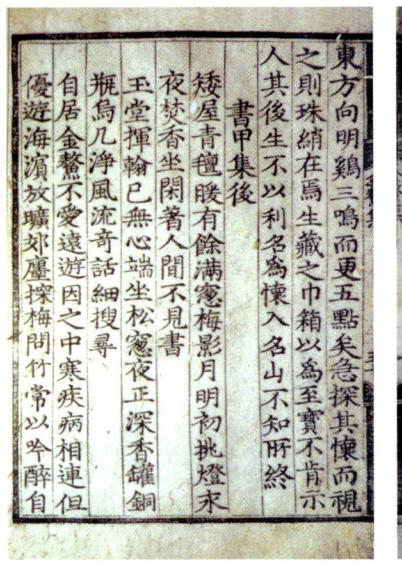

중국 대련(大連)도서관 소장 조선목판본 『금오신화』(金鰲新話). 임진왜란 이전의 판본이다. 윤춘년(尹春年)이 『금오신화』 다섯 이야기를 묶고, 뒤에 김시습의 「금오신화 뒤에 쓰다」(題金鰲新話) 2수를 「갑집의 뒤에 쓰다」(書甲集後)로 바꾸어 실었다.

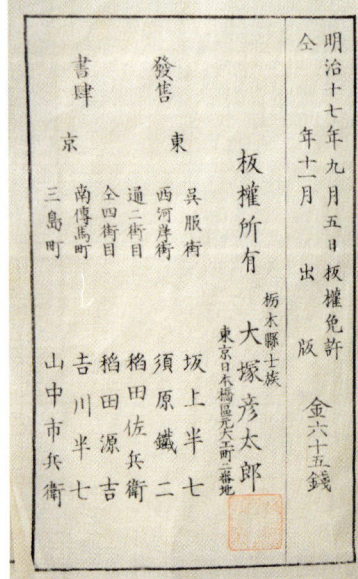
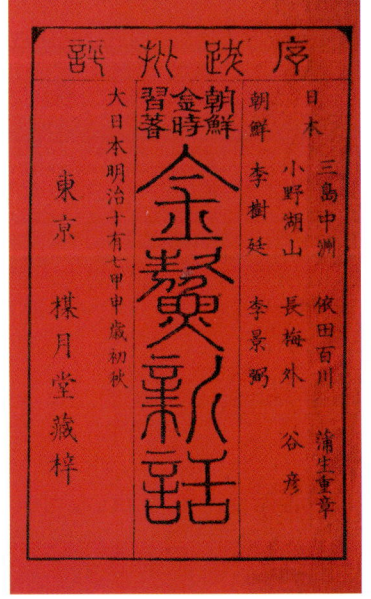

일본 매월당(楳月堂) 1884년 간행본 『금오신화』 판권지(왼쪽)와 안표지(오른쪽). 고려대학교 도서관 소장. 『금오신화』는 일본 문학에 영향을 주었다. 일본에서는 『금오신화』를 여러 번 간행하였는데, 이 책은 그 가운데 하나이다.

김시습 평전

책머리에

　근대 이전의 우리 지성인 가운데 가장 사랑받는 사람은 김시습(金時習)인 듯하다. 어려서 세종의 칭찬을 받고 비단 필을 허리춤에 묶고 나왔다는 이야기라든가, 승려의 행색으로 거리를 쏘다니며 세조가 정권을 찬탈하는 데 공을 세운 대신을 욕했다는 이야기는 중학교에 다니는 학생들도 대부분 알고 있을 것이다. 앞의 이야기는 바로 김시습의 조숙한 천재성을 예시해주고, 뒤의 이야기는 김시습의 절의(節義)와 광기(狂氣)를 말해준다.
　김시습은 태어난 지 여덟 달 만에 한자를 알았고, 세 살 때는 시구를 지을 줄 알았다. 다섯 살 때 세종의 칭찬을 받은 뒤로 사람들은 그를 오세(五歲)라 불렀지, 이름을 부르지 않았다고 한다. 그래서인지 그는 '태어나면서부터 사리를 알았던' 공자의 환생이라고도 여겨졌다. 하지만 그는 세조가 조카인 단종(端宗)에게서 왕위를 빼앗고, 단종을 노산군(魯山君)으로 강등시켜 영월에 유폐시켰다가 죽이는 사건을 보고는 세속 권력과의 인연을 끊고 승려가 되어 방랑길에 올랐다.

김시습을 추종했던 남효온(南孝溫, 1454~1492)은 그를 생육신의 한 사람으로 선양(宣揚)하였고, 선조(宣祖)의 조정은 그의 문집 『매월당집』(梅月堂集)을 활자로 근사하게 간행했으며, 정조는 그를 이조판서에 추증하고 '청간'(淸簡)이라는 시호를 내렸다. 김시습이 죽고 난 뒤 그를 추모하는 사업이 지속적으로 이루어진 것을 보면, 그는 매우 행복한 사람이었으리라 생각할지 모른다. 하지만 그는 명분과 예법에 구애받지 않고 거침없이 행동했기 때문에 당시 인사들에게서 미쳤다고 손가락질 당했다. 그의 광기는 흔히 '거짓 미침'〔佯狂〕으로 규정되었지만, 우리 지성사에서 그만큼 광기를 뿜어낸 인물은 달리 찾아보기 어렵다.

김시습의 일생을 살펴본다면, 뒷날의 추모 열기에 비하여 당대에는 그가 결코 온당하게 평가받지 못했다는 사실을 알고 놀랄 것이다. 어려서 그 천재성을 칭송받았는데도 불구하고, 아니 어려서 그 천재성을 인정받았기에 그는 더욱 좌절하였다. 세조의 정권 찬탈과 이시애(李施愛)의 반란 등 정변과 내란이 이어지는 동안 집권 사대부층은 혈맹과 혼인관계를 통해 폐쇄성을 굳혀갔고, 그들과 혈연관계를 맺지 못했던 김시습은 정치 권력과 사회 구조의 바깥에 소외될 수밖에 없었다. 집권 사대부층은 유학을 지배 권력의 논리로 이용하여 그들의 손으로 사회와 정치를 발전시키고자 하면서도, 유학사상을 자신들의 삶의 격률(格率)로 받아들이지는 않았다. 종친과 일부 귀족층은 불교를 통하여 현실세계의 안녕을 기원하고 내세를 보장받으려고 했을 뿐, 불교사상을 누구에게나 개방된 진정한 구원의 종교로 인식하지는 않았다. 이러한 시기에 김시습은 인간 존재와 사상의 문제를 심각하게 고민하였다. 그는 사상과 종교의 본모습을 회복시키려고 했던 '위험한 사상가'였다.

김시습의 '광기' 또는 '거짓 광기'를 정신병의 일종으로 설명하는 것은 적절하지 않을 듯하다. 그의 광기는 올바른 가치가 실현될 수 없는 현실에서, 무력한 인간 존재가 취할 수 있는 한 가지 태도요 현실과의 연관 방식이었다. 인간의 본래성을 추구하여 끝없이 고뇌한 그는, 일생 동안 안식처와 귀속처를 찾지 못한 채 고독한 방랑을 계속하였다. 한때 금오산, 수락산, 설악산에 정착하기도 했지만, 그 시기에도 정신적으로는 방랑을 하고 있었다. 그의 광기와 방랑은 근세의 서구 철학자 니체와도 닮은 면이 있다. 하지만 니체의 광기는 의학적으로 순환 기질(循環氣質)의 조울증으로 설명할 수 있을지 몰라도, 김시습의 광기는 정신병적 질환으로 규정하기 어려울 듯하다. 그의 광기 어린 행동들은 지극히 이성적이며 일관성을 지닌 의지행동이었기 때문이다. 다만 그가 "수심 가득한 창자를 묻을 곳은 어디인가?"라고 되뇌었던 말은 차라투스트라의 그림자가 "나의 안식처는 어디에 있을까? 나는 그것을 찾아 헤맸지만 발견하지 못하였다"라고 한 말과 매우 유사한 울림을 지닌다.

권력층과 혈연관계에 있지 않았다는 점, 인간 존재와 사상의 문제를 진지하게 탐색하였다는 점, 그 두 가지로 말미암아 김시습은 당대의 현실 공간에서 고독한 존재일 수밖에 없었다. 그것은 조건지어진 것이면서 동시에 스스로 선택한 자유의 길이었다. 김시습은 인간관계나 정치 역학이 짜놓은 그물 속에 들어가지 않고 자신만의 독특한 정신세계를 구축하였다. 고독하였기에 자유로웠고, 자유롭고자 하였기에 고독하였다. 후대의 집권 사대부들이 그를 유교 이념의 구현자요 절의의 화신으로 규정한 것이 전적으로 틀렸다고는 할 수 없지만, 그러한 규정은 '이미지 조작'의 요소를 꽤 많이 지니고 있었다. 아마 생전의 김시습은 그러한 헛된 명성을 결코 바라지 않았을 것이다. 그의 광기와 관련된 일화들에는 그의 저항과 비판정신을 추억하려는 민중의식이 개입되어 있지만, 한편으로는 그의 삶을 '괴상한 짓이나 해댄'〔行怪〕 것으로 폄하하여 봉쇄해두려는 제도권 의식이 개입된 면도 있다.

김시습은 바로 이 순간에도 살아 있는 존재이다. 기성 관념에 타협하고 매트릭스 속에서 안도하는 사람들에게, 떨쳐버릴 수 없는 회의의 단서를 심어놓는 가시 같은 존재이다.

1999년 10월 서여(西餘) 민영규(閔泳珪) 선생님을 찾아뵈었을 때, 선생님은 흰 눈썹이 길게 자라 있으셨다. 귀가 많이 어두우셔서 대화가 촌촌이 끊기자 답답한 분위기를 깨시려는 듯, 자리맡에 있던 불교 잡지 두 권을 내미셨다.

"이 어려운 것을 번역하다니, 곧잘 했어요."

특유의 어투로 몇 마디 평을 하셨다. 김시습이 전한 일연(一然)의 『중편조동오위』(重編曹洞五位)가 번역되었던 것이다. 잡지를 들여다보고 있는데, 서여는 또 내던지듯 말씀하셨다.

"김시습을 유학자다 어떻다 말하는 건 다 사랑방 이야기예요. 김시습의 진수는 『조동오위』에 있거든."

1991년 여름에 근 한 달간, 서여를 모시고 중국 사천성 일대로 신라 김화상(金和尙)의 사적을 답사하러 갔다온 일이 떠올랐다. 민중불교의 일파인 조동종(曹洞宗)을 신라 스님들이 발전시키고, 그 맥을 일연과 김시습이 이었으며, 그것을 다시 만해 한용운(韓龍雲)이 이었다는 사실을 나는 그때 처음으로 서여에게서 배웠다.

그 후로 나는 한국 지성사에 대한 연구가 불교 배척의 언표(言表)에 휘둘려 지나치게 불교를 폄하하거나 잘못 파악하고 있지 않은가 하는 의문을 품게 되었다. 더구나 불교를 지양하고 나온 봉건 이데올로기가 주자학이라고 보는 속류 마르크시즘의 관점으로는 불교사상의 내적 발전을 정당하게 평가할 수 없거늘, 그러한 관점이 김시습의 사상을 논할 때 제약 요건으로 작용해온 것은 아닌가 회의하였다. 조선조의 여러 유학자들이 김시습의 사상과 삶에 대하여 "실제로는 유학의 도리를 실천하면서 겉으로만 불교도인 것처럼 행동하였다"(心儒迹佛)라고 개괄한 것이야말로 유가적 편견일지 모른다고 의심한 것이다.

하지만 그 뒤 김시습의 『매월당집』과 다른 관련 자료를 되읽어보니, 조선조 유학자들의 평가가 역시 그 나름의 진실을 담고 있다는 사실을 깨달았다. 다만 그 평가는 재해석할 여지가 있다고 생각하였다.

그날 나는 서여 선생님께 아무런 말씀도 드리지 못하였다. 마침 『김시습 평전』을 집필하고 있던 참이라, 둔기로 머리를 얻어맞은 느낌이었다. 김시습의 시문들을 문자만 보고 그 뜻을 이해하려 하는 것 또한 '글자만 보고 억측을 하는' (望文生意) 잘못을 범하는 것이 아닐까 하는 근심이 들었다. 결국 나는 조바심에 싸여 평전 집필을 그만두고 말았다. 되도록 평이하고 경쾌하게, 일반 대중을 위하여 김시습의 삶을 윤곽이나마 그려보이겠다던 애초의 결심이 흔들렸다.

김시습 평전은 그의 영혼의 일대기여야 할 것이다. 삶이란 결국 육신 속에 담겨 있는 영혼이 이루어내는 순간적인 표상들의 연속이 아니겠는가!

하지만 김시습의 일생을 출생에서부터 죽음에 이르기까지 추적해가면서 번번이 어려움에 부딪쳤다. 그의 가족이나 친척들은 어떤 사람이었는가? 세종의 명으로 지신사(知申事) 박이창(朴以昌, ?~1451)이 그를 시험한 것은 과연 그가 다섯 살 때의 일인가? 그는 어째서 스승이나 그 가족들과 지속적인 관계를 맺지 않았는가? 어려서부터 천재라고 일컬어졌던 그가 정말로 과거시험에 낙방했던 것일까? 단종의 폐위 사실을 듣고 삼각산 중흥사에서 뛰쳐나와 승려 행색으로 떠돌았다는 일화가 전하지만, 정황을 따져보면 단종이 죽은 뒤 동학사에서 초혼(招魂)을 한 뒤에야 비로소 승려의 행각을 시작한 듯하니, 그가 승려가 된 것은 어느 때의 일인가? 여섯 신하가 죽고 단종이 비극의 죽음을 당하던 그 시기에 그는 초막동에서 거사를 계획하였을까? 수양대군이 계유정난을 일으켰을 때는 왜 잠잠히 있었단 말인가? 자기보다 열다섯 살이나 많고 고관으로서 인망(人望)을 얻고 있던 서거정(徐居正, 1420~1488)을 거리에서 만나 "강중아!" 하고 이름(字)을 부른 일이 실제 있었을까? 초기에 승려 행색으로 관서・관동・호남을 탕유(宕遊: 질탕하게 노님)하던 것과, 중년 이후 환속했다가 다시 49세 때 두타(頭陀: 앞머리를 눈썹까지 늘어뜨린 모습을 하고 떠돌면서 온갖 괴로움을 무릅쓰고 불도를 닦는 승려, 탁발승)의 형상으로 관동으로 떠나간 것을 똑같은 '방랑'으로 보아야 할 것인가? 그가 말년에 관동을 떠나 중흥사에 나타난 것은 어째서일까? 중흥사를 떠난 뒤에는 다시는 관동으로 돌아가지 않았는가? 만년에 무량사에 의탁했던 것은 어떤 이유에서인가?

사실의 진위나 시기를 따지는 일은 그의 중심 사상을 파악하는 것만큼이나 성가신 일이었다. 몇 마디 말로는 도저히 개괄할 수 없는 고통스러운 삶이 거기 있었다. 그간 김시습의 시문과 그의 소설 『금오신화』(金鰲新話)에 대하여 많은 연구가 이루어지고 평전과 역사소설이 간행되어 그의 일생을 재구성할 수 있는 토대가 마련되었는데도 불구하고, 여전히 풀리지 않는 의문점들이 많았다. 그의 문집이 세간에 버젓이 번역되어 있지만, 때로는 잘못된 번역이 그의 실상에 접근하는 것을 방해하였고, 때로는 미비한 주석이 그의 내부를 들여다보는 것을 차단하였다. 1480년에 계인 상인(契仁上人)에게 준 법명설(法名說)인 「계인설」(契仁說)의 한 구절 "契仁, 浮屠氏也"를 두고 "인에 부합하는 것이 부처다"라고 번역하고는, 김시습이 '인'(仁)을 불교 교리에 부합시킨 주요한 논지로 인용하는 따위는 정말 잘못이다. 김시습의 탈상 사실과 젊은 시절 불교에 심취한 사실을 알려주는 「준상인에게 올리다」(贈峻上人)라는 시의 서문에서 "내가 임신년(1452년, 문종 2, 18세) 여름에 상기를 마쳤을 때, (준상인은) 조계에 석장(錫杖)을 머물러 있었다"(僕於壬申夏, 制闋, 錫曹溪)고 말한 구절을 "나는 임신년에 하제(夏制), 즉 하안거(夏安居)를 지내면서 조계사에서 석장을 쉬고 있었다"라고 해석하는 것 또한 오해이다. '제'(制)는 3년상에 있는 것을 말하고, '석'(錫)의 주어는 글 전체의 문맥상 주어인 '준상인'이거늘, 왜 내가 존경하는 선학들조차 그 구절에 대한 해석에 의문을 품지 않고 김시습이 이미 18세 때 승려였다고 단정하였는지 도무지 알 수가 없다.

선조의 명으로 1583년 무렵 활자로 간행된 김시습의 문집 『매월당집』은, 기왕에 편집되어 있던 『사유록』(四遊錄)을 제외한 나머지 시들을 소재별로 분류하여 흩어놓았으므로, 많은 시의 창작 시기를 추정하기 어렵게 만들었다. 또 산문의 경우에도 대부분 저술 시기를 알려주는 표시가 없다. 그래서 불교에 관심을 둔 사실을 변명한 「이단변」(異端辨)의 글이 20대 이전에 쓴 글인지 아니면 중년 이후의 글인지, 또 역사에 대한 관심과 정치적 이상을 논한 「고금제왕국가흥망론」(古今帝王國家興亡論)을 비롯한 여러 논문들이 20세 이전에 쓴 것인지 아닌지 단정하기 어렵다.

『매월당집』의 편집자들은 마치 후대 사람들에게 김시습의 실상에 접근하지 말라고 경고하는 것만 같다. 그렇기에 김시습이라는 인물은 가까이 들여다보면 볼수록 얼굴 모습이 부옇게 흐려지곤 한다. 내가 지난 수년간 그에 관한 평전을 집필하다가 중도에 그만두고 다시 처음부터 시작하기를 반복한 또 다른 이유가 여기에 있다.

사실, 갖가지 세부 사실에 의문이 있기는 하지만, 김시습의 일생은 의외로 단순하다. 은사 정병욱(鄭炳昱) 선생이 수습한 한 페이지 분량의 내용으로 개괄할 수 있을 정도이다. 김시습은 정치적 역학관계의 장 속에서 자기 위치를 조율한 적 없이 방랑과 은둔을 반복하였을 따름이다.

하지만 그가 살았던 시대는 결코 한두 줄로 요약할 수 없는 파란만장한 역사적 사건들로 점철되어 있었으며, 그 역사적 사건들은 그의 인생을 형성하고 그의 사상을 바깥에서부터 규정하였다. 그는 험악하고 근심스러운 정치 현실을 직접 언급하지는 않았지만, 현실의 모순을 경험하고 끊임없이 고뇌하였다. 비록 그는 친근하고 따스한 세상을 꿈꾸고 자연의 아름다움에 경이감을 느꼈지만, 한평생 열등감·고독감·좌절감에서 벗어나지 못하였다. 그렇기에 그의 시는 자연의 아름다움을 선험적(先驗的)으로 믿고 그것을 밝게 노래하는 것과는 거리가 멀었다. 중년 이후로 김시습은 "젊어서는 공명을 이루리라 기약했지만, 이제는 모래밭에 꼬리 끄는 거북 신세가 마땅하리"(早歲功名浪自期, 此身端合曳沙龜)[1]라고 자조했고, "청산 끊어진 곳에 갈 길 멀어라"(靑山斷處歸程遠)[2]라고 방랑의 고달픔을 한탄하였다. 남들이 자기를 미치광이[風狂]라고 비웃으면 그 스스로 "그래, 나는 미치광이다"라고 하였다.[3]

그러나 김시습은 세상일을 잊고 그저 마음만 고요하게 유지하면 된다는 식의 적정주의(寂靜主義)에 빠지지 않았다. 인간으로서 추구해야 할 절대 경지는 결코 현실 공간을 벗어난 다른 곳에서 찾을 수 없음을 잘 알았다. 『논어』에 나오는 은둔자 하조장인(荷篠丈人)과는 달리, 세상일을 과감하게 잊어버릴 수가 없었다. 결함 가득한 세상을 응시하였고, 그 끝에 애처로움을 느꼈다.

그렇기에 인간 김시습은 크나큰 상흔을 내면에 지니고 있으면서 매우 다채로운 면모를 드러냈다. 격식에 얽매이지 않은 자유로운 시를 짓고 글을 썼던 문인으로서, 유가 성리학과 정통 유가 사관의 주제를 저술로 남긴 참여 지향의 선동가로서, 불교의 철학적 사유를 유교의 이상과 연결시키려고 고심했던 철학자로서, 몸과 생명을 중시하여 수련 도교를 실천한 혁신적 사상가로서, 백성들의 고달픈 삶을 동정한 인도주의자로서, 국토 산하의 아름다움과 그 속에 깃들여 있는 역사미(歷史美)를 발견했던 여행가로서, 그의 일생은 다양한 면모를 지녔다. 그 어느 한 가지도 그의 삶의 유일한 본질이라고 할 수가 없다. 그 모든 면모가 한데 어우러져, 때로는 고뇌에 찬 듯 신음하고 때로는 천진난만하게 노래하는 이 자유인을 이루어냈다.

　김시습은 너무 일찍 이름이 드러나서 오만했고, 예법을 잘 따지지 않아 '오활'(敖豁)했으므로 당시 세상에 받아들여지기 어려웠다. 그 자신도 처신하기 어려움을 깨닫고 미친 사람처럼 행동하고 농담과 익살로 세속을 조롱하였다. 사람들은 그 몰골을 보고는 문득 "경망하고 조급하다"고 업신여기고 함부로 욕했는데, 그러면 그는 오히려 더 좋아했다고 한다. 실은 그는 세간의 불의를 용납할 수 없는 뜨거운 가슴을 지니고, 세간의 명예나 오욕을 벗어나 스스로의 이념을 지키면서 살아가려 한 자유인이었다. 그러한 정신세계의 특질은 그 스스로 붙인 청한(淸寒)이라는 호에 함축되어 있다. 당호인 매월(梅月)도 청한의 뜻을 상징한다.

　조숙한 천재로서 심한 좌절감을 맛보며 혼란의 시기를 살았던 김시습, 그는 삶을 짐스럽고 괴로운 고해라고 보면서도 또 한편으로는 순간순간을 즐기고자 했고, 현실세계에 뭔가 장대(壯大)한 이상을 전하고자 하였다. 세상을 냉소하는 방외인(方外人)으로서, 심지어 미치광이라고까지 세인의 지탄을 받았던 이 지성인은, 인간의 왜소함을 자각하게 하는 불교 신앙, 왕도의 이상으로 현실을 변혁코자 하는 유가의 신조, 소박한 생활과 몸 자체의 아름다움을 중시하는 도가 사상, 그 모든 것을 받아들여 자기만의 독특한 중심 사상을 형성하였다. 그는 개체로서의 인간이란 결국 무한한 생명계에 잠깐 나타났다 사라지는 아주 작은 입자에 불과하다는 사실을 확인하고 통곡했지만, 인간 존재의 존귀함을 자각했으며 생명의 연대의식을 중시하였다. 그렇기에 결함투성이인 현실세계를 우울하게 응시하면서도 슬픔의 나락에 빠져들어 있지 않고 쾌활성을 회복하곤 하였다.

　김시습의 매력은 솔직함에 있다. 그는 일생 자기 자신에 대해서 전혀 꾸밈이 없었고, 모든 허위를 미워하였다. 한갓 기괴한 납자(衲子)로 손가락질 받을 뿐이고 가슴속의 이상을 실현할 기회를 얻지 못하자 우울해 했지만, 그 우울한 마음을 그대로 토로했지 달관을 가장하지 않았다. 마음의 평안을 얻지 못하고 방랑과 은둔을 반복하면서 조바심을 그냥 그대로 드러냈다. 그뿐인가. 변신하여 벼슬을 살려고 했을 때의 욕구도 있는 그대로 쏟아냈다. 행동거지는 경솔했지만, 그렇다고 남을 이유 없이 비방하지는 않았다. 절의를 다른 어떤 이념보다 중시했지만 남에게 강요하지 않았다.

김시습의 매력은 쾌활함에 있다. 그는 고뇌의 늪 속에서 허우적거리지 않고, 자연과 역사, 그리고 민중의 삶을 애정어린 눈으로 돌아다보았다. 누구보다도 강렬하게 느끼고 명료하게 숙고하여 유가적 역사의식, 왕도정치론을 시와 산문으로 절실하게 드러냈고 현실에 간접적으로 참여하였다. 왕도정치의 이상이 실현되지 않는 것을 보고 현실을 준엄하게 비판했으며, 현실과 이념의 거리를 절절하게 깨닫고 치의(緇衣: 검은 물을 들인 중의 옷)를 걸침으로써 제도권의 유가 이데올로기와 결별하였다. 불교사상에서 인간 구원의 길을 발견하고자 했지만 승단의 권력화를 보고 있을 수만은 없었기에, 승려이기를 거부하면서 올바른 불교 이론을 제시하고자 노력하였다. 때로는 왕실의 불사(佛事)에 참가했지만 왕실의 보호를 받지 않았으며, 현실 정치에 참여하려고 변신을 시도했지만 세속의 흐름에 영합하지 않았다.

선조의 명으로 간행된 『매월당집』에 수록된 김시습의 시는 무려 2,200여 수에 달한다. 1518년에 편찬한 『속동문선』(續東文選)에는 그의 시가 49제(題) 68수나 실려 있다. 조선 전기의 문인 가운데 『속동문선』에 50여 수 이상의 시편이 실려 있는 사람은 서거정과 김종직(金宗直, 1431~1492) 외에 김시습뿐이다. 김시습의 시는 체재(體裁)와 성률(聲律)에 구속되지 않고[4] 내면의 갈등을 직설적으로 표현했으며, 초매(超邁)하면서도 유희(遊戲)의 뜻이 농후하다. 그래서 불세출의 평론가 허균(許筠, 1569~1618)은 김시습의 시 가운데 「세향원」(細香院)·「소양정」(昭陽亭)·「산행」(山行) 등 몇 수만 빼고는 대부분의 시가 "초매하지만 마음 쓰지 않고 유희 삼아 지었기 때문에 억센 화살의 최후와 같아서 매양 허튼 말을 섞으니 장타유(張打油: 시에 속어를 섞어서 우스갯말을 만들었던 당나라 사람)와 같아 싫증이 난다"고 말하였다.[5] 허균은 또 "매월당의 시는 맑고 호매(豪邁)하고 세속을 초탈하였다. 타고난 재주가 뛰어나서 다듬고 꾸미는 데 마음을 두지 않았다. 더러는 마음을 쓰지 않고 갑자기 지은 것이 많기 때문에 가다가 잡박한 것도 있으니 결국 정시(正始)의 음(音)은 아니다"라고도 하였다.*

김시습의 시는 평정을 얻은 것처럼 위장하려는 자기 검열이 없었기에 직설적인 표현들이 많으며, 노래를 이루지 못한 독백과 오열이 많다. 그의 시는 그 사람을 솔직하게 드러내어 담박한 동치미 국물을 마실 때와 같은 느낌을 준다.

한편, 김시습의 산문은 구세적(救世的) 열정과 진지한 탐구정신을 담고 있다. 독창적인 견해는 적지만, 자연과 역사라는 거시적인 관계망 속에서 삶을 바라보는 선명하고도 강인한 인격을 산문으로 드러냈다. 「애민의」(愛民義)・「인군의」(人君義)・「덕행의」(德行義)・「형정의」(刑政義) 등 논변체 산문은 민본사상, 중농사상, 유가 정치사상을 담고 있어 진작부터 주목되었다. 또한 불의에 몸을 팔지 않았던 청류(淸流) 지식인들의 일생을 기록한 전(傳)을 초록(抄錄)하거나 재작성했으며, 유가사상과 불교사상을 논한 진지한 글들을 남겼다. 더 나아가 인간 존재의 근본 문제를 『금오신화』라는 소설로 형상화하였다.

김시습의 시문은 윤곽이 뚜렷하게 정해진 어휘들을 보편적 의미 그대로 사용하였기에 시문이 전달하는 표면적 의미가 단순하고 명료하다. 베르그송(H. Bergson)이 『의식의 직접적 대상들에 관한 시론』에서 말한 표현을 빌리자면, 윤곽이 뚜렷한 그 어휘들은 안정감 있고 보편적인 인상을 전하며, 따라서 비개인적인 것을 저장하고 있는 것처럼 여겨진다. 메를로퐁티(M. Merleau-Ponty)는 "나의 내부에 있는 뜻있는 의향이란 내가 말하고자 하는 것에서 이미 남이 말한 것을 제외한 잉여분에 지나지 않는다"라고 했건만, 김시습은 오히려 남이 말한 것을 확인하고 잉여분을 최소화하였다. 그만큼 그의 시문은 이면의 명확하고도 구분이 확실한 개념을 전달한다. 의외로 단순하다. 하지만 그 단순한 어휘는 역

---

* 허균, 『성소부부고』(惺所覆瓿藁) 부록 『학산초담』(鶴山樵談), 『국역 성소부부고』 III (민족문화추진회, 1967 초판, 1989 중판) 238쪽 참고. 정시지음(正始之音)은 위나라 죽림칠현의 청담과 시풍을 가리킨다. 정시(正始)는 왕도를 바로 하는 처음이라는 뜻으로, 본래는 『시경』 국풍(國風)의 주남(周南)・소남(召南)을 일컫기도 한다. 하지만 정시지음은 이른바 죽림칠현의 시풍을 뜻한다. 허균은 김시습의 시가 죽림칠현의 시풍과 닮은 면이 있지만 본질적으로 다르다고 한 것이다. 조명화 교수의 가르침에 따른다.

사 공간에 큰 울림으로 번져간다. 파장이 격렬하다. 글자 하나하나가 지닌 아우라(Aura)의 폭은 대단히 크고 음향은 오랜 여운을 끈다.

김시습의 시문에는 동어반복이 많다. 그런데 그 반복되는 언어가 곧 그의 내면을 솔직하게 드러내보이고, 시대와 역사에 의미 있는 메시지를 제시한다. 그렇기에 그의 시문은 사람의 마음을 끌어당기는 마력이 있다. 같은 말을 반복하는 행위는 스스로의 주체를 재확인하는 방법이었다. 주악상(主樂想, leitmotiv)처럼 정의의 관념을 거듭 선언하고 행동의 의지를 다시 드러내면서, 김시습은 생명의 원기를 회복해 나갔던 것이다.

이 평전에서 나는 김시습의 영혼의 일대기를 서술하려고 하였다. 여전히 많은 부분을 의문으로 남겨두었지만, 그의 단조로운 삶의 이면에 감추어진 고뇌와 자유의 의지를 엿볼 수 있었고, 또 깊이 공감하게 되었다. 두타승의 모습으로 서울을 등지고 떠났던 그의 나이에 가까워지고서야, 지는 해를 바라보는 일상관(日想觀)에서 마음의 평화를 얻을 줄 알게 되었다. "나는 알지, 나는 알아!" 말하고 껄껄 웃으면서 숲 속으로 들어가는 그의 뒷모습이 어른거리는 것도 같다.

처음 원고를 집필하고 네 차례나 개고하는 동안 4년이라는 시간이 흘렀다. 그간 원고 교정과 편집에 각별한 정성을 쏟아주신 돌베개 편집부 여러분께 감사드린다. 김혜형 님은 부정확한 표현들을 바로잡도록 조언해주시고, 최양순 님은 원고의 명백한 오류들을 꼼꼼하게 지적해주셨다. 최용철 교수님은 중국 따롄(大連)도서관 소장의 『금오신화』 목판본을 촬영한 사진을 흔쾌히 빌려주시고, 고려대학교 한적실의 여러분은 만송문고(晚松文庫) 귀중본의 서영(書影)을 사용하도록 허가해주셨다. 감사드린다.

마음에 드는 이와 마음에 드는 곳에서 석양주를 마시고 싶다.

2003년 3월 17일 북바위 골에서

초판이 간행된 후 김시습에 관한 여러 자료들을 추가로 발견할 수 있었다. 몇몇 사항을 보완한다.

2021년 1월 20일 회기동 작은마당 집에서

차례

책머리에 3

예비적 고찰
_꿈꾸다 죽은 늙은이: 김시습의 자서전 21
_청한자 김시습 38
_귀속을 거부한 사상 편력 52

제1부 수학 시절

_출생과 가문
  강릉의 오래된 가문 출신 69 / 어머니의 집안과 내외 친척 74
  성균관 부근 마을에서 태어나다 76

_오세동자
  외조부의 훈육 79 / 이계전과 조수에게 수학 85 / 정승 허조의 내방 87
  세종의 장려 89

_유가 경전의 공부와 도가, 불교와의 인연
  김반과 윤상에게 수학, 성균관에서 공부 96 / 모친의 별세 98
  도가, 불교와의 인연 101 / 과거 공부와 결혼 107

제2부 방랑의 길

_단종의 죽음
  과거 낙방 113 / 계유정난 118 / 단종의 양위 소식을 듣고 중흥사를
  박차고 나서다 125 / 강원도 초막동에서 겨울을 난 듯하다 130
  여섯 신하의 죽음 131 / 단종의 죽음 135

_관서를 유람하다
  분노를 잊기 위해 호탕한 유람에 나서다 143 / 개경에서: 나나니벌에 침탈당한
  고려 역사의 회고 146 / 평양에서: 역사의 반추와 기층민에 대한 동정 150
  변경의 풍물과 애국 행위에 대한 예찬 154 / 부평 같은 삶 157 / 『고문진보』와
  『성리군서』를 구함 159 / 다시 평양으로 돌아오던 중 하등극사 일행을 만나다 160

대성산 광법사에 머물며 김영유, 박철손의 내방을 받다 162
　『도덕경』과 『주심경』을 구하다 164 　/ 　평양에서 「유관서록」을 엮다 166

_관동을 유람하다
　송도에서 겨울을 나고 내금강으로 향하다 168 　/ 　내금강을 유람하며 쉴 곳 없는
　처지를 곱씹다 169 　/ 　양주 회암사에서 『원각경』을 읽다 172 　/ 　나그네의 넋은
　매달린 깃발과 같아라 173 　/ 　동해 물을 쏟아부어 일만 섬 수심을 씻어내고 싶다 175
　대관령을 넘어 다시 오대산으로 179 　/ 　「유관동록」을 엮다 181

_호남을 유람하다
　호서 땅에서 경생원과 조리를 만나다 183 　/ 　은진에서 노사신과 가시 돋친 말을
　주고받다 185 　/ 　호남 여행 187 　/ 　시를 통한 백제 역사 논평 190 　/ 　인간의 조건 192
　백성의 소생을 반가워하다 194 　/ 　송광사에서 준마상과 재회하다 196
　운봉현을 넘어 해인사로 향하다 198 　/ 　『탕유호남록』을 엮다 199

제3부 금오산의 은둔

_경주에서 원효를 추모하다
　경주 용장사 경실에 정착하다 203 　/ 　경주에서의 소요 206 　/ 　매화를 찾아나선 마음 209
　「무쟁비」와 원효 추모 212 　/ 　불사(佛事)에 몰두한 역대 사적 비판 217 　/ 　차나무를 심다 219
　진사 김진문과 상재생 주계정이 따르다 220 　/ 　강개한 뜻에서 『초사』를 읊다 221

_원각사 낙성회에 참여
　서울로 책을 사러 갔다가 효령대군을 만나다 224 　/ 　내불당의 『법화경』
　언해 사업에 참여 225 　/ 　『묘법연화경별찬』을 짓다 229 　/ 　금오산실의 복축 235
　원각사 낙성회에 참여하고 도첩을 받다 236 　/ 　호국불교와의 거리 240
　책을 구입하다 241 　/ 　서울 동쪽 산에 일시 머물다 243 　/ 　서거정을 찾다 245
　서울에서 예술세계를 접하다 250 　/ 　금오산으로 돌아가다 255

_금오산실의 은둔
　열흘을 앓고 난 뒤 문명사를 조망하다 257 　/ 　만남, 그리고 인연 260
　백률사 옥관사와의 교류 262 　/ 　소라고 부르면 소, 말이라고 부르면 말이라 하지 264
　이시애의 난 266 　/ 　집구시 1백 수를 이루다 267 　/ 　『금오신화』 창작 269
　소요 생활과 기층민의 삶에 대한 동정 276 　/ 　왜관에서 일본 승려 준장로와 만남 278
　『유금오록』의 정리 280

제4부 현실 참여의 의지와 좌절

_변신의 시도
성종의 등극 이후, 서울로 올라오다 287 / 또 다른 설잠 290 / 김수온을 찾아가다 292
어유소, 고태필 등과 옛정을 잇다 296 / 옛 산이 그립다 298 /
글쓰기를 통한 정치사상의 개진 300 / 생태사상과 절용(節用)의 중시 308

_성동에서의 생활
수락산 폭천정사에 거처하다 314 / 정업원에서 불경을 가르치고 사간원의
지탄을 받다 318 / 박계손의 부음을 받고 오열하다 319 / 흰 구름과 동무하다 321
승려 조우를 골려주다 324 / 친척 손순효 325 / 문도 선행(善行) 328

_의식세계의 심화
도연명에게 공감하다 331 / 굴원을 추모하여 338 / 광기를 발하다 342
노동의 중시 345 / 시인 김시습 349 / 역사란 무엇인가 355
절의의 인물과 현인들을 추앙하다 365 / 불교의 권력 예속에 대한 비판 373
일연의 『중편조동오위』를 전하다 379 / 『십현담요해』를 저술하다 382
『화엄석제』를 짓다 387 / 『대화엄일승법계도주병서』를 저술하다 389
명승의 강론에 참여하고 젊은 승려들을 가르치다 392

_방외인들과의 교유와 도가 양생설의 수용
남효온, 이정은 등과의 교유 402 / 이파에게 시를 보내다 408 / 남효온의 소릉 복위 상소 411
『황정경』의 연찬 417 / 몸의 중시와 양생술의 참조 423 / 「계인설」을 지어주다 427

_환속과 성리설의 연찬
환속과 재혼 436 / 일민의 삶 438 / 술에 대한 사색 443 / 남효온과의 우정 449
시승 계인과 헤어짐 453 / 종실 사람들과의 교유 454 / 서거정과 결별하다 456
죽림칠현과의 거리 459 / 철학 논쟁에 간접적으로 참여하다 461 / 자연의 탐구 466
귀신에 관한 사색 469 / 「양보음」에 차운한 뜻 475

제5부 관동에서의 만년

_다시 관동
관동으로 두타행을 떠나다 483 / 공부의 참 의미를 생각해보다 488 / 망념을 다스릴 수
있을 것인가 490 / 한때 곡운에 운둔하다 491 / 춘천에서 494 / 춘천에서 인제로 500

_관동의 산과 바다

독산원을 거쳐 동해로 511 / 동해 가에 한 점이 되어 512
우리나라 고인들의 풍모에 대한 예찬 514 / 강릉의 옥에 갇히다 515

_양양에서

현산의 꽃떨기 517 / 양양 부근 낙진촌에 머물다 521 / 관휴의 시에 화운하다 523
이 밤은 언제 다하려나 528 / 태평세월이소서 532 / 설악에 정착하다 537
양양부사 유자한과 교유하다 539 / 유자한의 출사 권유를 뿌리치다 545
선행도 떠나고, 서울 친구들이 그립다 551 / 다시 갑갑해진 산중 생활 553
지팡이와 오건으로 떠도는 삶의 반추 555 /

_중흥사의 밀담

1491년 중흥사에 나타나다 560 / 김일손이 소릉 복위 상소를 올리다 562
남효온의 죽음 566

제6부 **죽음과 추모**

_죽음

무량사에서의 마지막 글:『묘법연화경』발문 571 / 무량사에서 죽음 575
홍유손의 고난과 남효온의 부관참시 577

_추모

윤춘년 등의 추모와 시문 수습 579 / 후대 지식인들의 추모 583
민중의 사랑을 받아온 김시습 593

_들리는가, 그의 웃음소리 596

연보 599
미주 608
인명 해설 670
참고문헌 684
찾아보기 696

예비적 고찰

김시습의 자서전 꿈꾸다 죽은 늙은이

 김시습은 생애의 최만년을 충청도 홍산(鴻山)의 무량사(無量寺)에서 보냈다. 58세 때인 1492년(성종 23, 임자)에 그곳으로 향하였던 듯하다.
 49세 이후 관동 일대를 떠돌다가 양양의 설악에 정착했던 김시습은, 1491년에 서울로 돌아가 몇몇 친구들과 깊은 이야기를 주고받았다. 그리고 관동으로 되돌아갔지만, 곧 다시 발걸음을 호서(湖西)로 향하였다. 짚신 신고 지팡이 하나에 의지하여, 오건(烏巾)을 쓰거나 둥근 차양이 달린 모자를 쓰고 꽁지 빠진 메추리처럼 다 떨어진 갈옷을 입고 떠돌던 방랑의 발걸음을, 거기 무량사에 멈춘 것이다. 절은 지금 충남 부여군 외산면 만수리 만수산(萬壽山) 자락에 있다.
 대웅전 오른쪽 작은 요사(寮舍)가 그가 무릎을 들여놓은 공간이었던 것 같다. 이 무렵이라면 그는 초탈한 경지에 들어 한가로움을 한껏 즐겨야 했다. 산마루 구름과 창 앞에 비치는 달이 모두 사랑스러웠을 법하다. 하지만 그는 몸도 마음도 편치 못하였다. 그에게는 하늘 아래 어디에도 진정한 안식처가 없었다. 수심에 찬 창자 묻을 곳을 여전히 찾지 못하였다.

59세 되던 1493년(성종 24, 계축)의 봄날, 김시습은 선방(禪房)의 병석에 있으면서 삶의 의미를 불법(佛法)에서 다시 확인하고 싶은 충동을 느꼈다. 무량사에서 지난해에 간행한 『묘법연화경』(妙法蓮華經)에 발문을 써주기도 하였다.*하지만 참된 나를 찾기 위해 좌선(坐禪)을 한다든가 공안(公案: 선종에서 수행자가 깨달음을 얻기 위해 답을 구하려 애쓰는 문제)을 본다고 한다면, 승려들이 자신을 선승으로 규정하고 떠받들려고 부산떨지 않을까 걱정되었다. 참된 나의 추구는 종파적 분상(分相)으로는 설명할 수 없는 것이거늘.

그는 몸을 일으켜 무량사 승려와 선문답을 하려다가 그만두었다. 미닫이 고리에 살짝 손을 대었을 것이다. 봄비 속에 홍매가 눈부시게 아름다웠으리라. 이것도 꿈인가, 한참을 바라보다가 현기증을 느낀 김시습은 힘없이 자리에 누웠다. 그의 시 「무량사에 병들어 누워」(無量寺臥病)[1]에 그 심경이 이렇게 토로되어 있다.

봄비 줄기차게 흩뿌리는 삼월	春雨浪浪三二月
선방에서 병든 몸을 일으켜 앉는다.	扶持暴病起禪房
그대에게 달마가 서쪽에서 온 까닭을 묻고 싶다만	向生欲問西來意
다른 중들이 거양할까 두렵군.	却恐他僧作擧揚

'폭병'(暴病)이라고 하였다. 뜻하지 않은 병이라는 뜻이다. 김시습은 간혹 지치고 병이 나기는 했지만, 그의 몸은 오랜 방랑으로 다져져 있었다. 뺨에는 바람으로 팬 골이 나 있었을 것이다. 하지만 이때에 이르러 '수심'은 그를 안에서부터 갉아먹어, 결국 '폭병'을 가져왔다.

김시습은 이 봄에 영원한 안식처로 떠났다. 하늘이 그에게 허여(許與)한 세월은 59년. 고뇌의 나날이고 보면 그 삶은 너무도 지루한 시간들이었다. 자신의

---

* 이 발문은 1583년에 간행된 활자본 『매월당집』은 물론, 1973년 성균관대학교 대동문화연구원에서 편집한 『매월당전집』에도 수록되어 있지 않다. 일본에 남은 1493년 무량사 간행 목판본 『묘법연화경』 뒤에 붙어 있다. 이에 대해서는 이 책 6부 '죽음과 추모'에서 서술하기로 한다.

참모습을 찾아나선 노정(路程)의 최종 목적지에는 결코 이를 수 없었던, 너무도 멀고 고단한 길이었다.

그는 일생 남에게 관대했지만 자기 자신에 대해서는 지나치게 엄격하여, 때로는 자학적이기까지 하였다. 정신의 긴상은 그의 몸을 곧잘 지치게 만들었다. 유언시라 해도 좋을 이 시에서조차 그는 자기 위안을 거부하였다.

김시습은 수락산 거처를 버리고 관동으로 떠나 동해 가에 머물던 1485년 무렵에 「동봉 여섯 노래」(東峯六歌)를 지어 자신의 모순에 찬 삶을 회고한 일이 있다.[2] 자전적인 이 시는 본래 그가 존경했던 당나라 시인 두보(杜甫, 712~770) 그리고 송나라의 절의파 문인 문천상(文天祥, 1236~1282)의 시 형식을 이용한 것이다. 그의 이 시는 뒷날 이별(李鼈)의 「여섯 노래」(六歌)에 영향을 주었다고 생각된다.[3]

나그네여, 동봉이란 이름의 나그네여	有客有客號東峯
헝클어진 흰머리에 초라한 모습.	鬖髿白髮多龍鍾
젊어서는 서(書)와 검(劍)을 배웠으나	年未弱冠學書劍
시큼한 선비 짓을 부끄러워하였기에,	爲人恥作酸儒容
하루아침에 가업이 뜬구름 같아져	一朝家業似雲浮
허둥허둥 다급히 떠났으니 누구를 따르랴.	波波挈挈誰與從
아아 첫번째 노래! 구슬픈 이 노래	嗚呼一歌兮歌正悲
검푸른 저 하늘은 도무지 모르누나.	蒼蒼者天多無知
즐률, 가시 많은 즐률 지팡이〔禪杖〕	榔㮚榔㮚枝多芒
이걸 의지해 산 넘고 물 건너	扶持跋涉遊四方
북으로 말갈, 남으로 부상까지 노닐었다만	北窮靺鞨南扶桑
어느 곳에 수심 가득한 창자를 묻으랴.	底處可以埋愁腸
해는 저물었건만 내 갈 길은 멀구나.	日暮途長我行遠
회오리바람 타고 구만리 오르면 좋으련만.	安得扶搖搏九萬

아아 두번째 노래! 구성진 이 노래　　　　　　嗚呼二歌兮歌抑揚
북풍이 얼굴을 때리는 처량한 이 신세.　　　　北風爲我吹凄涼

외조부여, 날 사랑하신 외조부여　　　　　　　外公外公愛我嬰
돌날 내 글 읽는 소리에 기뻐하시고　　　　　　喜我期月吾伊聲
손 놓고 서자마자 글씨 셈 가르쳐주셨기에　　　學立亭亭誨書計
일곱 글자 엮어서 고운 시어 지었더니　　　　　七字綴文辭甚麗
영묘(세종)께서 아시고 궁궐로 부르시매　　　　英廟聞之召丹墀
큰 붓 휘둘러 용이 날 듯 글씨 썼도다.　　　　　巨筆一揮龍蛟飛
아아 세번째 노래! 늘어지는 이 노래　　　　　嗚呼三歌兮歌正遲
뜻을 못 이루고 세상과 어긋나다니.　　　　　　志願不遂身世違

어머니, 맹자 어머니 같으셨던 어머니　　　　　有孃有孃孟氏孃
날 기르시느라 고생하시고 살 곳도 가리셨지.　哀哀鞠育三遷坊
진작에 공자를 배우게 하셔서　　　　　　　　　使我早學文宣王
경학으로 요순시대를 회복하라 기대하셨다만　冀將經術回虞唐
어찌 알았으랴, 유생이란 이름이 날 그르쳐　　焉知儒名反相誤
십 년을 외지로 나다닐 줄을.　　　　　　　　　十年奔走關山路
아아 네번째 노래! 답답한 이 노래　　　　　　嗚呼四歌兮歌鬱悒
골짝에 우는 까마귀는 제 어미를 먹이건만.　　慈烏返哺啼山谷

푸른 하늘에는 씻은 듯 구름 한 점 없고　　　　碧落無雲天似掃
거센 바람은 마른 풀을 할퀴누나.　　　　　　　勁風浙浙吹枯草
우두커니 수심에 잠겨 창공을 바라보매　　　　佇立窮愁望蒼昊
장구한 하늘 아래 싸라기 같은 내 존재.　　　　我如糠米天何老
고독을 못내 괴로워하면서　　　　　　　　　　我生何爲苦幽獨
남들과 기호를 같이하지 못하다니.　　　　　　不與衆人同所好

아아 다섯번째 노래! 애간장 끊는 이 노래	烏虖五歌兮歌斷腸
영혼이여, 사방 어디로 돌아가랴.	魂兮歸來無四方

활을 당겨 천랑 별을 쏘려 하였건만	操余弧欲射天狼
태일 별이 하늘 중앙에 있고	太一正在天中央
긴 칼 뽑아 여우를 치려 하였더니	撫長劍欲擊封狐
백호가 산모퉁이에 버티고 섰네.	白虎正負山之隅
강개한 이 마음을 토로하지 못하고	慷慨絶兮不得伸
방약무인하게 휘파람 불어본다.	劃然長嘯傍無人
아아 여섯번째 노래! 노래하다간 한숨짓네	嗚呼六歌兮歌以吁
장대한 뜻은 꺾이고 수염만 매만질 뿐.	壯志蓑落兮空撚鬚

어린 김시습은 외할아버지에게 글씨와 셈을 배웠다. 그리고 일곱 자를 연결하여 시구를 지을 수 있어서 천재라는 소문이 났다. 그 때문에 궁궐로 불려가 세종의 칭찬을 받았다(세번째 노래). 어머니는 아이의 교육을 위하여 살 곳을 가렸다. 그래서 그는 성균관 근처 동네에서 자라면서, 모친의 뜻을 받들어 유학의 경전을 공부하였다(네번째 노래). 약관의 나이에 서(書)와 검(劍)을 배웠으니(첫번째 노래), 서와 검은 유학을 상징한다. 어머니의 말씀대로, 그는 당시의 군주를 전설의 요(堯)와 순(舜)의 경지로 올려 왕도정치의 이상사회를 실현하리라고 굳게 결심하였다. 그러나 결국 유생이라는 이름이 그를 망치고 말았다.

세상의 도리는 너무도 훼손되었다. 그렇다고 시큼한 선비로 살아갈 수는 없었다. 시큼하다는 것은 염치(廉恥)를 버리고 썩었다는 뜻이다. 가업은 뜬구름처럼 공허해지고 좌표를 잃고 허둥허둥거릴 뿐, 따를 만한 유력한 인사도 찾지 못하였다(첫번째 노래). 그러나 그는 학문에 입문했던 처음 뜻을 내팽개칠 수가 없었다. 결국 어쩔 수 없이 방랑길에 올랐다(네번째 노래). 즐률나무(보통 柳栗로 표기하며, 柳欙이라고도 함. 지팡이 만드는 나무인데, 禪杖을 가리킴)로 만든 지팡이를 짚고 산 넘고 물 건너 사방을 돌아다녀 북으로는 말갈 지역, 남으로는 부상(扶

桑: 해돋는 지역. 여기서는 동해 가를 가리킴)까지 다녔다. 하지만 어느 곳에서도 수심 가득한 창자〔愁腸〕를 묻을 수가 없었다(두번째 노래).

장대한 뜻은 어그러지고 근심과 고독이 그를 엄습하였다. 장구한 하늘 아래 자신의 존재는 한 알의 싸라기와도 같았다. 거센 바람이 마른 풀에 세차게 불어올 뿐, 하늘에서는 어떠한 은총도 내리지 않았다(다섯번째 노래). 천도(天道)는 과연 존재하는 걸까, 푸르다 못해 검은 빛을 띤 하늘은 아무 말이 없다. 이 고독한 사람을 돌아보아주지 않는다(첫번째 노래).

김시습은 활을 당겨 천랑 별을 쏘려 하였으나 태일(太一: 도교에서 天帝가 살고 있다는 별. 太乙이라고도 함) 별이 하늘 가운데 있어 그만두어야 했고, 칼을 뽑아 여우를 치려고 하였으나 백호가 산모퉁이에 버티고 있어서 뜻을 이루지 못했다고 하였다. 천랑이나 큰 여우가 상징하는 것은 악의 존재다. 본래 천랑은 잔학한 침략자를 비유하는 말로 쓰이지만,* 이 시에서는 세상에 올바른 이념이 실현되지 못하게 방해하는 악의 존재를 비유한다. 그는 세상에 가득한 악의 존재와 맞서려 하다가 태일 별과 백호의 존재를 보고 중지하였다. 태일 별과 백호는 당시 봉건사회의 중심에 있던 군주를 상징하는 것이 아니겠는가? 천랑과 여우도 봉건사회의 구조를 지탱하는 구성체다. 따라서 천랑과 여우를 제거하려 한다는 것은 태일 별과 백호에게 반역하는 것을 뜻한다.

김시습은 뜻을 펴지 못하였기에 비분강개한 심경이 되었다. 그 고통을 이기려고 휘파람 불며 방약무인(傍若無人)하였다(여섯번째 노래). 동진시대 죽림칠현의 한 사람이었던 완적(阮籍, 210~263)은 소문산(蘇門山)의 은둔자 손등(孫登)을 만나 서신도기(棲身導氣)의 술법을 토론하려고 했으나 손등이 응하지 않자 길게 휘파람을 불고 물러났는데, 산허리에 이르렀을 때 봉황이 우는 듯한 소리가 골짝에 울려나는 것을 들었다. 그것은 바로 손등의 휘파람 소리였다. 완적은 돌아가서 마침내 「대인선생전」(大人先生傳)을 지었다고 한다. 휘파람은 자연과 일체가 된 거침없이 자유로운 정신을 드러내는 방식이다. 김시습의 시도 곧 휘

---

* 굴원(屈原)의 『초사』(楚辭) 구가(九歌) 「동군」(東君)에 "큰 화살 들어서 천랑을 쏘도다"(擧長矢兮射天狼)라는 구절이 있다. 「동군」의 '천랑'은 외적을 뜻한다.

파람이요, 마음속의 불만을 떨어버리고 세상을 내리깔아 보는 행위였다.

김시습은 자신이 유학사상을 체득한 것이 어머니의 가르침 때문이라고 하였다. 글씨를 익힌 것도 외할아버지 덕이라고 하였다. 그의 추억에는 아버지가 없다!

소년으로서의 지각을 갖게 되었을 때, 김시습은 어머니를 잃었다. 뒷날 「양양부사 유자한에게 속내를 토로한 서한」(上柳襄陽自漢陳情書)에서 그는, 아버지가 몸이 약해 충순위(忠順衛)의 군직에 취직하지 못했다고 하였다. 이래저래 아버지는 생계를 돌보지 않았다. 어머니가 세상을 뜨자 김시습은 아버지와 함께 장례를 치렀지만, 곧 아버지와 떨어져 외가에서 생활하였다. 아버지는 새 부인을 얻었으며, 자식을 전혀 돌보지 않았다.

아버지의 훈육을 받지 못한 김시습은 아버지의 구체적 품성을 사랑할 수 없었다. 아버지는 너무도 먼 존재였다. 그렇기 때문에 그는 거꾸로 이상적인 아버지를 상상하고 그리워했을 것이다. 유가의 명분을 구현한 아버지를 상상 속에서 만들어냈을 것이다. 그것이 왕도정치를 구현하는 군주의 상(像)에 투영되었으리라.

그러나 유학의 이상적 품성을 지닌 아버지, 왕도정치를 구현할 군주는 현실 공간에 실재하지 않았다. 김시습은 당대의 군주를 요·순과 같은 경지로 되돌리겠다는 결심을 했으나, 장대한 뜻을 펴볼 기회를 얻지 못한 채 뜻과 세상의 괴리를 실감하였다. 그러면서도 그는 세간 사람들이 좋아하는 명예나 이익을 좋아하지 않고, 언젠가는 이상사회가 도래하리라고 꿈을 꾸었다.

김시습은 자신의 처지를 반성하고 지난날을 되돌아보는 시를 많이 남겼다. 아마도 자기 이야기를 이렇게 많은 시로 남긴 시인은 달리 또 없을 것이다. 물론 궁극적으로 보면 시와 글은 모두 자서전이라는 극단적인 해석이 가능할지 모른다. 서양이나 중국의 어떤 중국문학 연구자들은 중국의 시가 서양의 시에 비하여 자전적 요소가 강하다고 주장하며, 두보(杜甫)의 시는 특히 그의 생생한 체험을 적은 일기와 같다고 말한다.[4] 하지만 김시습의 경우는 스스로의 삶을 수시로 반성하고 자신의 내면을 직접 토로하였으므로, 그의 시는 체험을 반영한 것 이상으로 '고백적'이다.

　김시습은 「양양부사 유자한에게 속내를 토론한 서한」에서 자신의 출생과 성장 과정, 방황기의 정신적 갈등에 대하여 비교적 자세하게 밝혔다. 1521년(중종 16)에 이자(李耔, 1480~1533)는 「매월당집서」(梅月堂集序)를 썼고, 1550~1560년대에는 윤춘년(尹春年, 1514~1567)이 「매월당선생전」(梅月堂先生傳)을 지었다.[5] 1582년(선조 15) 7월 15일에는 이이(李珥, 1536~1584)가 왕명을 받아 지은 「김시습전」(金時習傳)[6]을 선조에게 올리고, 1583년(선조 16) 12월 18일에는 이산해(李山海, 1538~1609)가 「매월당집서」(梅月堂集序)[7]를 지어 올렸다. 이 글들은 모두 김시습이 유자한에게 보낸 서한에 적지 않게 의존하였다.*

　김시습은 50세 이후 양양의 설악에 있을 때 「나의 삶」(我生)이라는 시를 적어[8] 자신의 생애를 스스로 요약하였다. 묘표(墓表: 무덤 앞에 세우는 작은 표지)를 대신할 만한 시이다.

태어나 사람 꼴 취하였거늘	我生旣爲人
어찌해서 사람 도리 못다 하였나.	胡不盡人道
젊어선 명리를 일삼았고	少歲事名利
장년이 되어선 자빠지고 넘어졌네.	壯年行顚倒
고요히 생각하면 부끄러운 걸	靜思縱大恧
진작에 깨닫지 못하였다니.	不能悟於早

* 김시습의 후손 김봉기(金鳳起)는 1927년에 『매월당집』(梅月堂集)을 신활자로 간행하면서 「양양부사 유자한에게 속내를 토론한 서한」에 대해서, 김시습이 고려 때의 시중 김연(金淵)과 김태현(金台鉉)을 조상이라고 한 점이 옳지 않기 때문에 이 서한 자체가 위작일 것이라고 의심하였다(金鳳起, 「上柳襄陽陳情書後識」, 성균관대학교 대동문화연구원 편, 1973년 간행, 『梅月堂全集』, 「梅月堂集附錄」 권2 권말). 김연은 강릉 김씨 「세계도」(世系圖)에 실려 있지 않고, 김태현은 광산 김씨이다. 김시습의 기억에 착오가 있었던 것 같으나, 이 서한 자체가 위작이라고 단정할 만한 결정적 증거는 없다. 『매월당집』에는 김시습이 유자한에게 보낸 서한이 서너 통 실려 있는데, 그 서한들의 내용과 대조해보았을 때 이 서한도 김시습이 쓴 것임에 틀림없다. 신활자본 『매월당집』의 간행 시기를 1927년으로 보는 것은 성균관대학교 대동문화연구원 편 『매월당전집』의 해제(崔珍源 해제)에 따른다.

후회해도 지난 일을 돌이킬 수 없기에	後悔難可追
잠 못 이루고 가슴을 방아 찧듯 쳐댄다.	寤擗甚如擣
충도 효도 못 이루었거늘	況未盡忠孝
이 밖에 또 무엇을 구하고 찾으랴.	此外何求討
살아서는 하나의 죄인	生爲一罪人
죽어서는 궁귀가 되리라만	死作窮鬼了
헛된 이름 또 일어나서	更復騰虛名
돌아보면 번뇌만 더하누나.	反顧增憂惱
나 죽은 뒤 내 무덤에 표할 적에	百歲標余壙
꿈꾸다 죽은 늙은이라 써준다면	當書夢死老
나의 마음 잘 이해했다 할 것이니	庶幾得我心
품은 뜻을 천 년 뒤에 알아주리.	千載知懷抱

김시습은 충과 효를 다하지 못한 자신을 죄인이라고 했으며, 죽어서는 궁귀(窮鬼)가 되리라고 하였다. 궁귀는 가난을 가져오는 귀신인데,[9] 불교에서 말하는 아귀(餓鬼: preta, 薛荔哆)를 바꾸어 쓴 말인지도 모른다. 김시습은 『금오신화』에서, 원한 맺힌 여인이 궁귀가 된다고도 하였다. 기갈(飢渴)의 고통을 안고 사는 귀신, 김시습은 자신이 그런 귀신이 되리라고 하였다. 바른 이념을 현실 공간에서 실현하지 못한 채 늘 기갈의 고통을 겪었기에, 저승에서도 기갈의 고통 속에 억만 겁을 전전하리라고 생각했던 것이다.

그가 기갈의 고통을 겪어야 했던 것은 늘 '꿈을 꾸고' 있었기 때문이다. 그는 젊은 시절부터 공부했던 왕도정치의 이상을 결코 실현할 수 없었으며, 모든 생명이 서로 조화를 이루며 사는 대동(大同)사회도 건립할 수 없었다. 그 사실을 똑똑히 알면서도 그런 정치와 사회를 꿈꾸었기에, 그는 자신의 묘표에 "꿈꾸다 죽은 늙은이"라고 써달라고 하였다. 이 말이야말로 그의 일생을 가장 잘 개괄한 말이며, 그의 의식의 심층을 가장 잘 설명하는 논리라고 할 수 있다.

김시습은 젊어서의 화상(畵像)과 늘그막의 화상을 손수 그려두고 스스로 찬

(贊)을 지어두었다.[10] 그가 마지막으로 머물렀던 무량사에 현재 있는 것은 늘그막의 화상을 모사한 것인 듯하다. 실은 그의 화상은 여러 곳에 안치되어 있었다. 17세기에는 강릉의 사당에도 그 화상이 있었고, 다시 그것을 임모(臨摸: 저본을 보고 그대로 베껴냄)한 화상이 춘천(지금은 강원도 화천) 곡운정사(谷雲精舍) 부근 영당(影堂)에도 있었다. 또 이충익(李忠翊, 1744~1816)의 「청한자 소상시묵첩 뒤에 쓰다」(題淸寒子小像詩墨帖後)라는 글에 따르면, 18세기에는 경주 천룡사(天龍寺) 서쪽 골짝의 '매월당'(梅月堂)에 별도의 화상이 있었고, 그 밖에도 오구자(於謳子)라는 사람이 16세기에 모사한 화상이 따로 전하였다고 한다.[*] 19세기 전반에는 설악산 오세암(五歲庵)[**]에도 김시습의 화상이 있었다. 서유영(徐有英, 1801~1853)이 화상을 배알하고 시를 쓴 것이 그의 시초(詩艸)에 남아 있고, 그의 야담집 『금계필담』(錦溪筆談) 52화에도 관련 기록이 들어 있다.[11] 17세기 초에 기자헌(奇自獻, 1562~1624)은 『매월당시사유록』(梅月堂詩四遊錄)[12]을 엮으면서 16세기 말 무량사에 있던 화상을 모각(模刻)해두었다. 일본 텐리(天里)도서관에는 도포에 분홍색을 입힌 화상이 따로 전한다. 그리고 경주 함월산(含月山) 기림사(祇林寺) 부근 '매월영당'(梅月影堂)에도 별도의 화상이 있는데, 그 화상은 완연히 신선의 모습이다.

김시습의 화상은 현재로서는 어느 것이 진본이고 어떤 것과 어떤 것이 선후 관계에 있는지 알 수가 없다. 김시습을 사랑한 후대인들은 그의 화상을 베껴내고, 또 조금씩 다른 모습으로 그를 형상화하였으리라 짐작된다. 17세기 초에 간

---

[*] 이충익(李忠翊)은 1761년 봄에 천룡사 서쪽 계곡의 '매월당'에서 김시습의 진상(眞像)과 찬문(贊文)을 보았다고 하며, 그 40년 뒤에는 16세기에 오구자(於謳子)가 베낀 모본(模本)을 보았다고 하였다. 그에 따르면 김시습의 시묵(詩墨)이 정암선상인(靜庵禪上人)을 거쳐 오구자의 손에 들어갔다가 희안사(希安師)에게 전해졌으며, 그 시묵에는 동회옹(東淮翁)이라는 큰 글자의 관압(款押: 낙관)이 찍혀 있는데, 당시 민노행(閔魯行) 집안에 몇 대째 보관되어 있다고 하였다. 李忠翊, 『椒園遺稿』 冊二, 「題淸寒子小像詩墨帖後」(서울대학교 규장각 소장 필사본, 민족문화추진회 2000년 영인 표점 한국문집총간 255), 513쪽.
[**] 오세암에 대해서는 다섯 살 된 동자가 관음보살을 만난 일이 있어서 그런 명칭이 붙었다는 전설이 별도로 전한다. 하지만 서유영(徐有英)의 시로 볼 때, 적어도 19세기 전반기까지는 오세암이 김시습이 주석(住錫)한 장소로 알려져 왔음을 확인할 수 있다.

행된 『매월당시사유록』 권두의 자화상에 쓰인 자찬(自贊)은 이러하다.*

이하(李賀)를 내리깔아 볼 만큼	俯視李賀
해동에서 최고라고들 말하지.	優於海東
격에 벗어난 이름과 부질없는 명예	騰名謾譽
네게 어이 해당하랴?	於爾執逢
네 형용은 아주 적고	爾形至眇
네 말은 너무도 지각 없구나.	爾言大侗
마땅히 너를 두어야 하리	宜爾置之
깊은 골짜기 속에.	丘壑之中

'일구일학'(一丘一壑)이라 하면 은둔자의 거처를 말한다. 진(晉)나라 사곤(謝鯤)은 자신을 유량(庾亮)과 비교하여, "조정에서 예복을 입고 백관의 본보기가 되는 일은 유량보다 못하지만, 구학(丘壑)에서 마음대로 사는 일은 내가 더 낫다"라고 했다. 화가 고개지(顧愷之)는 사곤의 초상화를 그릴 때 그를 구학 사이에 있는 모습으로 그렸다. 김시습도 골짜기에 있어야 한다고 말했으니, 천성대로 살리라고 다짐한 것이다.

사람들은 김시습의 재능을 중당(中唐) 때의 시인 이하(李賀, 790~816)에 견주었다. 이하는 심장을 쥐어짜듯 '고음'(苦吟: 고통스럽게 읊음)하면서[13] 열정적인 감정을 옛 노래풍의 악부(樂府) 양식에 담아내는 데 능하였다. 옥황상제가 백옥루(白玉樓)를 낙성하고 기문(記文)을 쓰게 하려고 27세의 그를 불러갔다는 말이 있다. 귀(鬼)를 중심으로 한 환상적인 시들을 남겨 귀신 세계의 시인이라고 하는 뜻에서 귀재(鬼才)라고 불렸다.

---

* 율곡 이이는 「김시습전」에 이 찬의 후반 4구만 실었다. 한편, 허목(許穆)도 「청사열전」(淸士列傳)에 후반 4구만 실었는데, 글자가 조금 다르다. 즉, "爾形至貌, 爾心大侗. 宜爾置之, 溝壑之中"으로 되어 있다. 김시습이 만년에 묵었고 죽음을 맞이한 무량사에 김시습의 문도 조희(祚熙)가 새긴 묘표가 있는데, 바로 이 자찬을 비제(碑題)의 왼쪽에 새겼다. 몇 글자가 다르다.

김시습은 '고음'을 하지는 않았지만 내면의 고통을 쥐어짜내듯 시를 썼다는 점에서 이하와 통한다. 또 훼손된 현실을 음울하게 응시했다는 점에서 '귀재'와 통하는 면이 있다. 특히 『금오신화』에서는 귀신의 세계를 엿본 듯한 기괴한 환상이 꿈틀댄다. 하지만 김시습은 자신을 이하보다 뛰어난 천재 시인이라고 일컫는 것이 격에 어긋나고 부질없다고 하였다. 하물며 그는 자신을 귀신세계의 시인이라고 평하는 것에 결코 만족하지 않았으리라.

김시습은 젊은 시절 이래로 왕도정치의 이상을 현실에서 실현하겠다는 확고한 신념을 지니고 있되, 변화에 자유자재로 대처하고자 하였다. 중년에 쓴 논문 「상변설」(常變說)에서 그는 "시대의 상도(常道)를 지켜 시대에 맞게 행동하는 것이 시중(時中: 시기에 맞추어 적절한 도리를 지킴)"이라고 말하였다. 하지만 변화에 대처하면서 적절한 도리를 지켜 나가려던 그의 바람은 실현시킬 수 없었다. 남이 보기에 "형용은 아주 적고", "말은 너무도 지각 없기" 때문이었다. 그렇기는 해도 그는 유가의 참 정신을 파악한 참다운 유자요, 불가의 참 정신으로 살아가고자 했던 참다운 불자로서 후대의 스승일 수 있었다.

김시습은 실로 많은 시와 글을 지었다. 그 가운데 일부는 흩어져 없어지고, 일부는 여러 사람의 노력으로 편집되어 현재까지 전한다.

남효온(南孝溫, 1454~1492)의 「사우명행록」(師友名行錄)에는 "(김시습이) 지은 시로 말하면 수만여 편에 이르지만, 외지를 떠도는 사이에 거의 흩어져 없어진데다가 조정 대신과 유학자들이 훔쳐다가 자기의 작품으로 삼았다"는 기록이 있다.[14] 김시습의 시문 가운데 일부는 일찌감치 남의 작품으로 둔갑되기까지 했던 것이다.

또 김안로(金安老, 1481~1537)의 『용천담적기』(龍泉談寂記)에 보면, "(김시습은) 물러나 금오산에 들어가 책을 써서 석실(石室)에 넣어두고 이르기를, 후세에 반드시 나를 알아줄 사람이 있을 것이라고 하였다. 기이한 이야기를 저술하고 뜻을 붙인〔述異寫意〕듯하다"라는 말이 있다.[15] "기이한 이야기를 저술하고 뜻을 붙였다"고 설명한 것으로 볼 때, 김안로의 지적은 주로 『금오신화』를 두고 한 말인 듯하다. 하지만 남효온의 말과 합쳐서 보면, 김시습의 시문 가운데는 세상에 공개되지 않은 것이 아주 많았으리라 짐작된다.

　1530년(중종 25)에 완성된 『신증동국여지승람』(新增東國輿地勝覽) 권21의 경주부 용장사 조항에서는 김시습의 저술로 『매월당시집』과 『금오신화』 외에 『역대연기』(歷代年記)를 열거하였다. 『역대연기』는 아직 발견되지 않았다. 또한 권문해(權文海, 1534~1591)가 1589년(선조 22)에 저술한 『대동운부군옥』(大東韻府羣玉) 권14에 따르면, 김시습의 작품으로 『금오신화』와 함께 『임천가화』(林泉佳話) 본집이 있다고 하였다.* 그리고 허목(許穆, 1595~1682)은 「청사열전」(淸士列傳)에 김시습을 입전(立傳)하고, "(김시습에게) 『사방지』(四方志) 1,600편과 『기산』(紀山)·『기지』(紀志) 200편이 있으며, 따로 시권(詩卷)이 있다"고 하였다.[16] 『사방지』는 어쩌면 『사유록』(四遊錄)을 가리키는지도 모른다. 『기산』과 『기지』는 별도로 엮은 시문집인 듯하지만, 아직 발견되지 않았다.

　1669년(현종 10)에 민주면(閔周冕, 1629~1670)이 『동경지』(東京誌)를 개수하여 편찬한 『동경잡기』(東京雜記)에는 『사유록』과 『태극도설』(太極圖說) 두 책의 판목이 경주 정혜사(淨惠寺)에 있다고 기록되어 있다.[17] 여기서 말한 『태극도설』이 1583년에 간행된 활자본 『매월당집』의 권20에 수록되어 있는 「태극설」과 같은 것인지는 잘 알 수 없다. 또한 『동경잡기』에는 "(김시습은) 세조가 즉위한 뒤 거짓으로 미친 체하여 승려가 되어서, 스스로 청한(淸寒)이라 호하고, 또 매월당이라고 호하였다. 성리(性理)·음양(陰陽)·의복(醫卜)·백가(百家)에 통하지 않은 것이 없었으며, 그 문장이 호한(浩汗)하고 거리낌이 없었다. 그의 저서 가운데 『매월당시집』, 『역대연기』, 『금오신화』 등이 세상에 유행하고 있다"고 기록되어 있다. 이것도 『동경지』의 기록을 계승한 것이다.

　이상에서 볼 때 김시습의 저술 가운데 『매월당시집』, 『매월당시사유록』, 『사방지』(앞의 『사유록』과 같은 것일 수도 있음), 『기산』, 『기지』, 『태극도설』, 『역대연기』, 『금오신화』, 『임천가화』 등이 각기 단행(單行: 단독으로 묶여 필사되거

---

* 김시습의 『임천가화』는 "선림(禪林)의 자질구레한 이야기와 교가(敎家)의 황당한 이야기를 변정(辨訂)하여 평론하고, 고금 인물들의 선악과 시비를 논의하여 분별하였다." 김휴(金烋, 1597~1638)의 『해동문헌총록』(海東文獻總錄)에 나온다.

나 간행되어 세상에 전하고 읽힘)되었음을 알 수 있다. 불교 관련 일화 70화를 모은 『임천가화』는 일본 국립공문서관 내각문고본 필사본 『매월당집』에 들어 있다.

뒤에 보듯, 김시습은 단종이 죽은 뒤에 승려 행색으로 관서 지방을 유람하며 지은 시를 「유관서록」(遊關西錄)으로 엮은 것을 비롯하여 유록(遊錄)을 스스로 엮었으며, 경주 금오산에 거주할 때 지은 일부 시를 김진문(金振文)에게 정리하도록 부탁하였다. 따라서 저술을 세상에 널리 알리려는 뜻이 아예 없었던 것은 아니다. 오히려 그는 시문들을 손수 잘 써서 보관하여 '후대에 전할' 뜻이 있었다. 하지만 많은 시문들이 흩어졌으며, 순서가 뒤죽박죽되었다.

그런데 그가 죽은 뒤 많은 사람들이 그의 시문을 간행하려는 계획을 세웠다. 즉, 김시습이 죽은 지 18년밖에 되지 않는 1511년(중종 6) 3월 14일(갑자)에 어전회의에서 이세인(李世仁, 1452~1516)이 김시습의 문집을 간행하자고 청하였다.[18] 이세인은 성종 때 활약한 명현들인 최숙정(崔淑精, 1433~1480), 성현(成俔, 1439~1504), 조위(曺偉), 유호인(兪好仁, 1454~1503), 박은(朴誾, 1479~1504), 김맹성(金孟性, 1437~1487), 어세겸(魚世謙, 1430~1500) 등과 '김시습·남효온 등 문사들'의 유고를 간행하자고 건의한 것인데, 중종은 "속히 간행하라 하겠다"고 하였다. 하지만 당시에 문집이 간행된 것 같지는 않다. 다만 그 무렵에 이자(李耔)는 김시습의 시문을 모으기 시작하여, 그 10년 뒤인 1521년(중종 16)에 10여 년간 모은 김시습의 문집 3권에 대하여 「매월당집서」를 적었다. 이자는 한산 이씨로, 김시습의 스승 이계전(李季甸, 1404~1459)과 집안간이다. 그는 1519년 기묘사화 때 사림파에 연좌되어 숙청된 뒤 음성, 충주 등지에 은거하면서 김시습의 삶을 더욱 동정하게 되어 그 문집을 엮었던 것으로 보인다. 그런데 정작 자신의 문집은 후세에 남기지 못하고 일기만 남겼다. 박상(朴祥, 1474~1530)도 이자와 뜻을 같이하여 김시습의 작품들을 두루 수집하였다.

다시 1542년(중종 37) 7월 27일(을해)의 어전회의에서 어득강(魚得江, 1470~1550)은 젊은 문신들에게 김시습을 모범으로 삼아 시문을 짓게 해야 한다고 건의하였다.[19] 즉, 어득강은 한나라 사마천(司馬遷)이 우혈(禹穴)과 형(衡)·상(湘) 땅을 탐방한 뒤로 글이 웅장하고 심원해졌으며, 당나라의 장열(張說)이 악주

(岳州) 수령으로 있으면서 강산에 노닐어 시상이 크게 향상되었던 사실을 예로 들어, 젊은 문신들을 선발하여 관동·영남·호남·호서·서해·관서·삭방(朔方: 북방)을 차례로 탐방하게 해서 기(氣)를 배양하도록 해야 한다고 주장하였다.

그 뒤 선조는 재위 15년인 1582년에 김시습의 유고를 운각(芸閣), 즉 교서관(校書館)에서 인쇄하라고 명령하였다. 이때 김시습의 유고는 윤춘년이 수집하고 일부 간행한 것을 토대로 하였다. 또한 율곡 이이가 왕명으로 김시습의 전기를 다시 썼고, 그 이듬해에 가제본된 책에 이산해가 서문을 썼다. 이렇게 해서 활자본 『매월당집』 23권 11책이 세상에 나왔다.* 이 활자본은 이산해가 서문을 쓴 1583년 12월 18일(음력, 이하 동일) 이후에 곧 간행되었으리라 생각되지만, 그간 간기(刊期)를 확정할 만한 자료가 없었다. 그러다가 이번에 고려대학교 만송문고(晚松文庫)에서, 1585년(선조 19) 3월에 구봉령(具鳳齡, 1526~1586)에게 내사(內賜)된 활자본 『매월당집』의 영본(零本)을 발견함으로써 활자본이 1583년 12월 18일 이후 1585년 3월 이전에 간행되었음을 추정할 수 있게 되었다. 그런데 이 활자본 『매월당집』은 '사유록'을 제외한 김시습의 나머지 시들을 편년(編年)의 방식으로 늘어놓지 않고 분류(分類)의 방식으로 흩어놓았다. 그의 시를 '기(氣)를 양성하여 지은 시'의 모범으로 제시하여 학습하는 데 편하게 하려는 뜻에서였던 듯하다. '사유록'을 수록할 때는 기존의 정사본(淨寫本)에서 취사선택 하였다. 1927년에는 이 활자본에 보유편을 붙여 김시습의 후손 김봉기(金鳳起) 씨가 신활자본을 간행하였다. 신활자본 『매월당집』은 시집 15권 4

---

* 『매월당집』의 활자본은 보통 재주갑인자본이라고 부르지만 경진자본이라고도 한다. 이 책은 국내에는 완질이 없으나, 일본 나고야(名古屋) 시립도서관 호사분코(蓬左文庫)에 완질이 전한다. 권1~15에 시, 권16~17에 잡저(雜著), 권18에 논(論), 권19에 찬(贊), 권20에 전(傳)·설(說)·변(辨)·서(序)·의(義), 권21에 명(銘)·잠(箴)·기(記)·고(誥)·편(篇)·서(書), 권22에 소부(騷賦)·금조(琴操)·사(辭), 권23에 소주(騷註)·잡설(雜說)을 수록하였다. 김시습의 유고는 윤춘년이 한 번 편찬하였고, 또 그것을 간행했을 가능성도 있다. 하지만 현전하는 시문집은 선조의 어명으로 교서관에서 재편하여 간행한 것이다. 윤춘년은 김시습에 관한 속설을 취했다고 하므로, 그가 편찬했던 김시습 선집은 정통 유가사상과는 다른 시문을 상당수 수록하고 있었을 법하다. 이에 비해 1582~1583년에 교서관에서 재편했을 때는 의리 충절의 이념을 제시한다는 명목 아래 원래의 시문들을 취사(取捨)했을 가능성이 있다. 그 때문인지 1583년경에 간행한 『매월당집』에는 『금오신화』가 수록되지 않았다.

책, 문집 6권 1책, 부록 2권 1책인 총 23권 6책으로 이루어져 있다.[20] 이와는 별도로 필사본 『매월당고』(梅月堂藁, 宋錫夏 氏 舊藏本)가 전하는데, 이 사본에는 문집에 실리지 않았던 시편들이 실려 있다.[21]

    김시습의 저술은 문집 외에도 『매월당시사유록』과 『금오신화』가 목판으로 별도로 간행되었다. 『매월당시사유록』은 윤춘년의 『유관서관동록』(遊關西關東錄)을 기초로 하고 『유호남록』(遊湖南錄)과 『유금오록』(遊金鰲錄)을 더한 것인 듯하다. 그들보다 앞서 이자는 『유관서관동록』의 축(軸)을 이루었는데, 다시 윤춘년이 관련 시들을 모으고 임기(林芑)와 상의해서 『구양문충공집』(歐陽文忠公集) 별록(別錄)의 예에 따라 『유관서관동록』을 별록 형태로 묶고 목판으로 간행하려 하였다. 윤춘년은 이 별록에다가 '가정(嘉靖) 31년 신유(辛酉) 중추'에 서문을 썼다. 곧 1551년(명종 6)의 일이다.[22] 어쩌면 이 1551년에 『유관서관동록』이 간행되었을지 모른다. 『고사촬요』(攷事撮要) 1585년 간행본(南文閣 영인본)의 '팔도정도'(八道程途) 충청도 청주(淸州) 조항에 부기된 책판(冊板) 목록에 '매월당'(梅月堂)이라는 이름이 나오는데, 그것은 윤춘년이 간행한 『매월당집』의 정판본이었는지 모른다.

    『매월당시사유록』은 기자헌이 김시습의 『유관동록』・『유관서록』・『유호남록』・『유금오록』에서 시를 고르고 말미에 이 네 유록과 관련 있는 시들을 '별집'으로 엮은 것을 다시 누군가가 일부만 초록하여 경주 관아에서 1624년(인조 2) 이후에 목판으로 간행하였다.[23] 김시습의 화상, 화상찬(畫像贊)을 책머리에 두었다. 이 책은 '사유록'과 '별집'을 합쳐 본문이 50장에 불과하며, 유람의 승사(勝事)를 노래한 것만 뽑고 남들에게 준 시는 대부분 뺐다.* 또 김시습의 불교사상이나 민중사상, 역사관을 엿볼 수 있는 시들을 싣지 않았고, '유금오록'에서 매우 중요한 위치를 차지하는 「무쟁비」(無諍碑)라는 시도 싣지 않았다. 하지

---

* 이 『매월당시사유록』의 『유관동록』에 『매월당집』 권10에서 빠진 「마하연」(摩訶衍)이라는 시를 수록해둔 것을 보면, 『매월당집』의 저본이 되었을 같은 텍스트를 저본으로 사용하되, 그것과는 다른 선별을 시도했다는 것을 짐작할 수 있다. 『매월당시사유록』은 모두 3종이 있는 듯하다. 최초에 기자헌이 편찬한 것을 다시 누군가가 초록하여 1624~1627년에 경주부에서 간행하였다. 이에 대해서는 박철상, 「을해자본 『매월당집』 잔편 발굴의 의미」, 『문헌과 해석』 27(문헌과해석사, 2004. 6), 222~226쪽 참조.

만 『매월당집』에 없던 김시습의 시 「원각사 낙성회」(圓覺寺落成會)와 세조(재위 1455~1468)의 친필 '계권'(契券)을 받고 지은 시 「계권을 받고」(受契券)를 '유금오록' 부분에 실어두었다. 이 두 시는 김시습이 군주의 은총을 입은 사실을 알리기 위해 특별히 실은 듯하다. 이로써 김시습이, 세조가 정권을 찬탈한 후에 절의를 지키기는 했지만 원각사 낙성회에 참여했고, 또 세조로부터 '계권' 즉 도첩(度牒)을 받았다*는 사실을 똑똑히 알 수 있다.

김시습은 수락산에 있을 때인 1475년에 『십현담요해』(十玄談要解)를 짓고, 1476년에는 『대화엄일승법계도주병서』(大華嚴一乘法界圖註幷序)를 지어 불교사상을 논하였다. 이 두 저술은 별도로 목판으로 간행되었다.[24] 김시습은 또 불교 관련의 저술로 『묘법연화경별찬』(妙法蓮華經別讚)과 『화엄석제』(華嚴釋題)를 지었으며, 일연(一然)의 『중편조동오위』(重編曹洞五位)를 후세에 전하였다. 『묘법연화경별찬』과 『화엄석제』는 1524년에 문경(聞慶) 쌍룡사(雙龍寺)에서 목판 간행되었다. 한편, 김시습이 금오산에 있을 때 남의 시구들을 짜깁기하여 자신의 심사를 표현한 『천자연구』(千字聯句)가 『명원산고』에 전한다.**

그 밖에 김시습의 일부 시문은 생육신의 한 사람인 조려(趙旅, 1420~1489)의 후손 조기영(趙基永)이 펴낸 『생육신합집』(生六臣合集)에도 실려 있다. 조기영은 김시습의 『매월당집』과 남효온의 『추강집』(秋江集)을 주축으로 하고, 이맹전(李孟專)·조려·원호(元昊)·성담수(成聃壽)의 시문을 주워 모은 뒤, 그들에 관한 자료와 공·사 문서, 여러 사람의 서발문을 붙여 1844년(헌종 10)에 경북 영천 용계서원(龍溪書院)에서 『생육신합집』을 간행하였다.[25]

---

* 김시습이 도첩을 받은 사실에 대해서는 이 책의 제3부 가운데 '원각사 낙성회에 참여하고 도첩을 받다'에서 다시 살피기로 한다.
** 성균관대학교 대동문화연구원에서 1973년에 간행한 『매월당전집』에 수록. 단 그 「해제」(解題)에서는 본래 '천자연구'(千字聯句)로 되어 있던 제목을 '천자어구'(千字儷句)로 고치고, "천자문(千字文)의 자순(字順)에 따라 읊은 여구(儷句)로서 모두가 사백사구(四百四句)뿐이다"라고 밝혔다. 아마도 '연구'(聯句)라는 말이 여러 사람이 한 구(句) 또는 두 구(句)를 지어 전체 한 편을 이루는 공동 창작 방식에 주로 사용되기 때문에 이와 같이 고친 듯하다. 하지만 우리나라에서는 대장(對仗)을 이룬 두 구를 '연구'라고 부르는 관습이 있었으므로, 제목을 원래대로 바꾼다

청한자 김시습

세상에서는 김시습을 원호, 이맹전, 남효온, 조려, 성담수와 함께 생육신이라고 부른다. 단종이 손위(遜位: 왕위를 물려줌)하고 결국 죽임을 당한 후에, 세조의 조정에서 벼슬 살지 않고 의리를 지키며 살았던 이들 가운데 한 사람으로 꼽는 것이다. 1456년 6월에 성삼문(成三問), 박팽년(朴彭年), 이개(李塏), 하위지(河緯地), 유성원(柳誠源), 유응부(兪應孚) 등 여섯 신하가 단종의 복위를 꾀하다가 발각되어 죽임을 당했을 때 그 시신을 노량진에 몰래 묻어준 사람이 김시습이라고도 한다. 김시습을 포함한 생육신은 사육신과 함께 절의의 화신으로 추앙되어왔으며, 그들의 사적은 윤순거(尹舜擧, 1596~1668)가 1711년(숙종 37)에 편찬한 『노릉지』(魯陵誌)와 영조 연간에 권화(權和) · 박경여(朴慶餘)가 증보한 『장릉지』(莊陵誌)에 자세히 기재되어 있다.*

* 1711년(숙종 37)에 영월부사로 있던 윤순거(尹舜擧)는 단종이 영월로 추방되어 비명에 죽기까지의 사실과 1653년(효종 4)까지의 제향 경위를 적어 『노릉지』(魯陵誌) 2권으로 엮었다. 그 뒤 권화(權和)와 박경여(朴慶餘)는 단종의 복위, 봉릉, 육신의 복관(復官) 등의 사실을 속지(續誌) 2권으로 엮

1457년(세조 3) 10월 24일에 단종이 영월 청령포에서 죽은 뒤, 이듬해 세조는 특별히 공주 동쪽 50리 계룡산 기슭의 동학사(東鶴寺)에 명하여 노산군(단종)을 위해 초혼각(招魂閣)을 세워 제사지내도록 하였다. 그 뒤 김시습은 조상치(曺尙治), 이축(李蓄), 정지산(鄭之産), 송간(宋侃), 조려, 성희(成熺) 및 승려 명선(明禪), 월잠(月岑), 운파(雲波)와 한데 모여 단종을 제사지냈다.[26]

어떤 기록에 따르면, 김시습 등이 단종을 위해 제사를 지낸 뒤에 비로소 세조가 초혼각을 세우게 했다고 한다. 심지어는 호장 엄흥도(嚴興道)가 단종의 시신을 몰래 묻은 후 어포(御袍)를 모시고 망명하다가 김시습 일행과 합류했다고도 한다.[27]

하지만 단종이 죽은 지 10년 되던 1466년에 승려 탄선(坦禪)이 초혼각을 보수하고 적은 「동학사초혼각사적」(東鶴寺招魂閣事蹟)에 따르면, 김시습 등이 제사를 지낸 것은 세조가 초혼을 명한 다음해인 1459년 봄의 일이라고 하며, 엄흥도가 합류했다는 기록도 없다.[28] 당시의 정치 상황으로 볼 때 탄선의 기록이 더 믿을 만하다. 다만 조상치의 축문으로 보아 김시습 등이 동학사에서 제사 지낸 것은 세조가 초혼을 명했다는 1458년의 일이었을 가능성이 있다. 또한 탄선의 기록에 따르면, 김시습 등은 단종의 의관과 궤장(几杖)**을 가져다가 사당에서 제사를 지냈다고 하니, 그들의 초혼의식은 세조 조정의 허락을 받지 않으면 불가능했을 것이다. 김시습 등이 세조의 영이 있기 전에 이미 단종을 제사지냈다거나, 그 뒤로도 여러 차례에 걸쳐 동학사에 모여 단종을 제사지냈다는 이야기는 아무래도 사실이 아닌 듯하다.[29] 더구나 초기의 초혼의식에 참여하였던 승려 운파가, 초혼각의 천향(薦享)이 권당(權黨)의 금지로 폐지되고 승려만 재를 올리고 있어 통탄스럽다는 기록을 남긴 것을 보면, 단종을 위한 천향 자체가 한동안 용이하지 못하였던 듯하다.[30]

어, 앞서의 『노릉지』와 합하여 『장릉지』(莊陵誌)라고 이름을 고쳤다. 『장릉지』는 목판본 4권 2책으로 간행되었고, 1979년에 세종대왕기념사업회에서 『국역 장릉지』 1책으로 번역되어 나왔다.
** 앉아서 몸을 비스듬히 기댈 때 쓰는 팔걸이와 다닐 때 짚는 지팡이. 나라에 공이 많은 70세 이상의 늙은 대신에게 주로 내리는 것이었는데, 단종이 상왕으로 있을 때 세조가 준 것인 듯하다.

김시습은 1458년(또는 1459년)에 동학사에서 거행된 단종의 초혼의식에 참여하여 헌작(獻酌)한 듯하다. 그때 조상치가 고유(告由: 사당에 고하는 일)한 글이 전하는데, 김시습은 그 의식에서 제문을 읽었던 것 같다. 다만 오늘날 김시습의 제문이라고 해도 1927년 신활자본 『매월당집』 부록에 수록되어 있는 글은 결코 그 당시의 제문이 아니다. 게다가 김시습이 지은 것도 아닐 가능성이 높다.

조선 조정은 숙종 때부터 신하들의 충절을 고취하기 위해 김시습을 절의의 인물로 부각시켜 그에 대한 제사 예식의 등급을 올렸다. 먼저 1699년(숙종 25)에 판중추부사 최석정(崔錫鼎, 1646~1715)이 죽은 김시습에게 벼슬을 내리고 제사를 지내도록 청하여 허락을 받았다.[31] 그리고 1703년(숙종 29) 10월 5일에는, 그해 2월에 유생들이 올렸던 소청에 따라 이이(李珥)·김장생(金長生)·김집(金集)의 신주를 모신 봉산서원(鳳山書院)에 '문정'(文井)이라는 편액(扁額)을 내리고, 성삼문 등 사육신의 신주를 모신 영월의 사우(祠宇)에 '창절'(彰節)이라는 편액을 내리면서, '처사(處士) 김시습'의 신주를 모신 홍산(鴻山)의 사우에 '청일'(淸逸)이라는 편액을 내렸다.[32] 10월 13일에는 경상도 유학(幼學) 곽억령(郭億齡) 등이 상소를 올려 함안에 조려의 사당을 짓고, 별도로 생육신의 사당을 건립할 것을 청하였다.[33] 1736년(영조 12) 6월에는 영월의 유학 박현제(朴賢齊) 등이 김시습, 남효온 등 8인의 사우에 편액을 내려주기를 청하였다.*

정조는 재위 6년(1782) 4월에 김시습, 원호, 남효온, 성담수에게 이조판서를 특별히 추증하였다.[34] 그리고 경연(經筵)의 신하들에게 하교하여, 김시습·남효온·성담수 세 사람은 자손이 없으므로 그들의 문집에 기재된 내용에 의거해서 예문관의 대제학과 제학이 시장(諡狀: 죽은 이에게 시호를 내릴 근거가 될 일생 사적에 대한 기록)을 짓도록 명하였다. 마침내 정조는 재위 8년(1784) 3월 11일(병신)에 김시습에게 청간(淸簡)이라는 시호를 내렸다.** 몸가짐이 맑았음을 기리는

---

* 그 건의문에서, "고(故) 처사 김시습은 미친 체하면서 중이 되어 떠돌아다니며 돌아오지 않았습니다"라고 하였다. 『영조실록』 권41, 영조 12년 6월 1일(갑자)의 기록.
** 이때 남효온에게는 문정(文貞), 원호에게는 정간(貞簡)이라는 시호를 각각 내렸다. 『정조실록』 권17, 정조 8년 3월 11일(병신)의 기록.

뜻에서였다. 우리나라 시호법에 보면 '청'은 '피원불의'(避遠不義: 불의를 멀리 피함)의 뜻을 나타내고, '간'은 '정직무사'(正直無邪: 정직하여 삿됨이 없음) · '거경행간'(居敬行簡: 경의 자세를 유지하여 몸가짐을 지킴) 등의 뜻을 지닌다.[35]

정조는 재위 15년인 1791년 2월에, 사육신 사건 이후 단종의 복위를 위해 모의를 했다는 죄로 죽임을 당했던 금성대군(錦城大君) 이유(李瑜, 1426~1457)와 화의군(和義君) 이영(李瓔, 1425~?)은 물론 사육신의 절의에 버금가는 사람들을 내각과 홍문관에서 조사하도록 하여, 장릉(莊陵: 단종의 능)의 정단(正壇)에 32인을 배식(配食: 배향)하게 하고 별단(別壇)에 198인을 추제(追祭), 배식하게 하였다.* 김시습 등 생육신의 신주는 별단에 모셨다.

금성대군은 세종의 아들로 태조의 일곱째 아들 방번(芳蕃)의 후사로 나갔는데, 형 수양대군이 1453년에 김종서(金宗瑞, 1390~1453) 등을 죽이고 정난을 일으켰을 때 조카(단종)를 보호하기로 결심했으나, 1455년에 삭녕(朔寧)에 유배되고 광주(廣州)로 이배(移配)되었다. 사육신 사건이 있은 뒤에는 경상도 순흥(順興)으로 이배되어 있으면서 부사 이보흠(李甫欽)과 모의하던 중에 발각되어 반역죄로 처형되었다. 화의군은 세종의 아홉째 왕자로 박팽년의 매부이다. 역시 이보흠의 모반에 연루되었고, 그 뒤 1482년(성종 13)에 탄핵을 입어 외방종편(外方從便)되었다가 경외종편(京外從便)되었다.

그 뒤 정조 15년 4월에는 사육신의 위패를 모신 영월 창절사(彰節祠)에 추가 배향되어 있던 생육신 위패 가운데 김시습과 남효온의 신위를 다른 분들과 나란히 늘어놓도록 명하였다.[36] 그때까지는, 김시습과 남효온은 과거에 오르지 못했다는 이유로 신주의 위차(位次)가 다른 이들보다 낮았다. 이렇게 하여 김시습을 추숭하고 제사지내는 모든 예식이 정조 때 매듭지어졌다.

---

* 정단에 배식하게 한 사람은 육종영(六宗英: 안평대군을 비롯한 6인의 종친) · 사의척(四懿戚: 송현수를 비롯한 4인의 외척) · 삼상신(三相臣: 황보인, 김종서, 정분 등 3정승) · 삼중신(三重臣: 민신, 조극관, 김문기) · 양운검(兩雲劒: 성승, 박정), 육신(六臣)과 박중림(朴仲林) · 하박(河珀) · 허후(許詡) · 허조(許慥) · 박계우(朴季愚) · 이보흠(李甫欽) · 정효전(鄭孝全) · 엄흥도(嚴興道) 등이다. 『정조실록』 권32, 정조 15년 2월 21일(병인)의 기록.

그런데 정조는 재위 18년(1794) 9월에, 인조반정 때 광해군 복위운동에 가담했다는 무고(誣告)를 입어 처형된 유몽인(柳夢寅, 1559~1623)에게 이조판서를 추증하면서 유몽인의 「노부사」(老婦詞), 즉 「과부 노래」(孀婦)가 김시습의 「여상이 위천에서 낚시하는 그림에 쓴 시」(題渭川垂釣圖)와 뜻이 같다고 특별히 언급하였다.* 정조는 김시습의 절개가 설악산 같다면, 유몽인은 금강산 같다고 하였다. 김시습의 시는 이러하다.

비바람이 낚시 바위 스칠 때	風雨蕭蕭拂釣磯
욕심 잊고 위천에서 물고기·새와 지내더니,**	渭川魚鳥共忘機
어인 일로 늘그막에 응양(위무를 떨침)해서 무왕 도와	如何老作鷹揚將
백이 숙제를 고사리 캐게 하였던가.	空使夷齊餓採薇

이 시는 여상(呂尙: 太公望, 강태공)이 위수(渭水) 강가에서 낚시하는 그림을 두고 지은 제화시(題畵詩)이다. 여상이 무왕을 도와 은나라를 멸망시킨 사실을 비판하면서, 정난(靖難: 수양대군이 김종서 등을 죽인 정변인 계유정난)공신들을 그에게 견준 내용이다. 또 스스로를 백이(伯夷)·숙제(叔齊)에 비유한 내용이다. 교토대학 가와이문고(河合文庫) 소장의 초간본 『동국여지승람』(東國輿地勝覽) 권37 뒤표지 내지에 「제강태공도」(題姜太公圖)란 제목으로 전재되어 있다. 작자명을 밝히지 않았으므로 김시습 작이 아닐 수 있으나, 정조는 김시습 작으로 알고 있었다.

정조는 만일 옥사를 맡았던 관원이 유몽인의 죄를 더 묻지 않고 풀어주었더

---

* 유몽인의 「과부 노래」(孀婦)는 원나라 양유정(楊維楨)의 「노객부요」(老客婦謠)를 환골(換骨)한 것으로, 늙은 과부가 젊은 신랑을 소개해준다는 말을 듣고, "이 나이에 꽃 단장을 할 수야 없다"고 거절하는 내용이다. 자신은 어쨌든 광해군 조정의 신하였으므로, 변신하여 반정의 조정에 설 수는 없다는 뜻을 완곡하게 표현한 것이다. 『정조실록』 권41, 정조 18년 9월 30일(갑인)의 기록.
** 이 구절의 '공'(共) 자는 '식'(識) 자로 적혀 있는 곳도 있다. 이 경우에는 '위천의 물고기와 새는 그대가 욕심을 잊은 줄 알았다만'이라는 뜻이다.

라면 그도 김시습처럼 명예를 더럽히지 않았으리라고 애석해 하였다.

　김시습과 유몽인은 모두 백이와 숙제를 흠모하였다. 한 사람은 살아서 방랑하고 한 사람은 죽임을 당했지만, 정조는 그 두 사람의 혈성(血誠: 진심에서 우러나온 지극한 정성)이 털끝만치의 차이도 없다고 논하였다.

> 　신하의 충성과 여자의 정절은 마찬가지이다. 임금이 비록 무례하게 대할지라도 신하는 충성을 다하지 않을 수 없다. 마치 남편이 어질지 못하더라도 여자는 정절을 지키지 않으면 안 되는 것과 같다. 그러므로 굴원(屈原)은 초(楚)나라 회왕(懷王)을 임금으로 섬기다가 떠나서는 못가에서 읊조렸는데, 슬프게 원망하며 부르짖은 내용이 모두 부부의 예를 비유로 들었다. 더구나 고(故) 참판 유몽인의 「노부사」(老婦詞)는 굴원의 『이소경』(離騷經)이 남긴 뜻을 깊이 체득하여 김시습의 시와 백중지세이니, 신하와 여자로서 두 마음을 품고 있는 자들에게 얼굴을 붉히게 하는 것이 모두 이 절조다. 한 사람(김시습)은 강개했고 한 사람(유몽인)은 차분했지만, 그 둘을 두고 굳이 높고 낮음을 구별할 필요가 없다. 실은 차분함이 강개함보다 더욱 어려운 법이다. 지난번에 유몽인이 당한 치욕을 씻어줄 것을 재가(裁可)했을 때, 단종의 여러 신하들 가운데에서 김시습 한 사람만 거론한 것은 까닭이 있어서였다.[37]

　조선 후기에 이른바 장김(壯金: 서울 북부의 장동에 거주하던 안동 김씨)의 중시조 김수증(金壽增, 1624~1701)은 김시습이 한때 은둔했다고 전하는 춘천 화음동(華陰洞: 지금의 화천 사내면 영당동)의 곡운(谷雲)에 정사(精舍: 谷雲精舍 또는 籠水精舍)를 만들고, 1677년(숙종 3)에는 강릉 삼왕촌(三旺村)의 영당(影堂)에 소장되어 있던 김시습의 초상을 베껴다가 유지당(有知堂) 안에 걸어두었다.*

---

* 그때의 김시습 초상은 뒷날 김수증을 주벽(主壁: 으뜸 되는 신주)으로 하는 곡운서원의 곁방에 별도로 안치되어 있었다. 1819년 4월 22일에 곡운서원을 둘러본 다산 정약용의 참관기에 나온다. 심경호, 『다산과 춘천』(강원대학교 출판부, 1995) 참조.

'유지'(有知: 알아줄 이가 있다)라는 이름은 주자(朱子: 이름은 朱熹)가 제갈공명을 위해 여산(廬山)에 무후사(武侯祠)를 짓고 "뒷사람들이 나의 뜻을 알 것이다"라고 한 말과, 김시습이 "후세에 나를 알아줄 사람이 있을 것이다"(앞서 인용한 「나의 삶」 참조)라고 한 말에서 따왔다고 한다. 김수증은 병자호란 때의 척화파 학자였던 김상헌(金尙憲, 1570~1652)의 후손으로, 그 절의의 정신을 계승하고자 제갈량과 김시습을 추앙하였던 것이다. 김수증은 이렇게 곡운정사 부근에 김시습의 초상을 안치했을 뿐 아니라, 김시습이 은거하던 인근 계곡의 이름을 김시습의 「여상이 위천에서 낚시하는 그림에 쓴 시」에서 따와 '채미곡'(採薇谷)이라고 하였다.

조선 후기의 노론계 학자들은 북벌을 주장하면서, 한(漢) 왕실의 부흥을 위해 몸을 일으켰던 제갈량의 의리를 흠모하는 한편, 김시습을 오태백(吳泰伯)과 같은 일민(逸民: 정치세계와 단절한 채 절의를 지키며 은거하는 사람)이라고 일컬었다. 송시열(宋時烈, 1607~1689)이 김수증을 위해 써준 「곡운정사기」(谷雲精舍記)에 그 논리가 나타나 있다.[38] 오태백은 중국 주나라 고공단보(古公亶父)의 맏아들이었는데, 부친이 왕위를 막내아우 계력(季歷)과 계력의 아들 창(昌)에게 물려주려 하는 것을 알고 남쪽의 형(荊) 땅으로 도망가서 살았다. 김시습은 왕위 계승 과정에서 세력을 잃고 도망한 것은 아니지만, 왕실의 갈등을 계기로 세속을 등졌다는 점에서 오태백에 견줄 수 있다. 그러나 송시열은, 그것보다는 태백의 아우 우중(虞仲)이 『논어』 「미자」(微子) 편에서 '일민'으로 칭송된 것을 염두에 두고 김시습을 오태백에게 견준 듯하다. 우중은 태백과 마찬가지로 계력에게 왕위를 양보하고 은둔했는데, 공자는 「미자」 편에서 우중을 이일(夷逸)이라는 인물과 함께 거론하여, "숨어살며 속내를 마음껏 말했으며, 스스로의 몸가짐을 맑게 지녔고, 세속을 버렸으나 시의(時宜)에 맞게 행동하였다"(隱居放言, 身中淸, 廢中權)고 논평하였다. 송시열은 우중에 대한 공자의 이 논평이 바로 김시습에게 해당한다고 보았던 것이리라.

숙종 때의 문장가 김창협(金昌協, 1651~1708)은 큰아버지 김수증이 김시습을 제갈량과 동등하게 숭배한 사실에 대하여, 일단 의문을 제기하면서도 결국 김수중의 견해에 동의하였다. 그는 처음에, "(김시습은) 머리 깎고 세상을 피하여 고사리 캐러 산으로 올라가 슬프게 노래하며 통곡하였다. 한가로이 놀면서 세월을 보내어 새, 짐승과 무리 지어 놀며 돌아올 줄 몰랐다. 그리고 지나치게 결백하고 오만하며 궁벽한 이치를 캐어 괴이한 행위를 하는 사람과도 같았다. 그러니 어떻게 무후(武侯: 제갈량)와 같을 수 있겠는가?" 하고 반문하였다. 하지만 그도 "옛사람을 잘 관찰하는 사람이라면 어찌 출처(出處: 나아가 벼슬함과 물러나 있음)와 은현(隱顯: 세상을 피하여 숨음과 세상에 나타남)의 자취만 따질 것인가? 역시 그 마음에 보존한 바를 보아 의리의 귀추를 살펴야 한다"라고 하였다. 김창협은 김시습의 자취가 '색은행괴'(索隱行怪: 궁벽한 이치를 캐고 괴이한 행동을 함)의 무리와 같다고 보되, 의리 면에서는 높이 평가할 수 있다고 인정한 것이다. "매월공을 무후에 비교한다면 그 행적은 정말 현격하다 하겠지만, 군신 사이의 의리를 돈독히 하고 군주에 대한 충성에 마음을 둔 것으로 말한다면 넉넉히 인륜의 기강을 붙들고 세상 교화를 도울 수 있으니, 무후와 부합한다고 말해도 좋다."[39]

이렇게 조선 후기의 지식인들은 김시습을 절의의 인물로 칭송하였다. 하지만 조선 전기에는 그의 절의만 칭송한 것이 아니었다. 먼저 그의 기이하고 분방한 시적 상상력을 높이 평가한 사람들이 있었다. 앞서 언급하였듯이 1542년(중종 37) 7월 27일(을해)에 어득강은, 김시습을 모범으로 내걸고 젊은 문신들에게 산과 강에 노닐어 기를 양성해서 시문을 짓도록 권장하자고 건의하였다.[40] 17세기 초에 기자헌이 『매월당시사유록』을 엮은 것도 김시습의 '원유'(遠遊)와 기상(氣象)을 흠모해서였다.

또 한편으로 김시습은 기이한 행각 때문에 두고두고 이야기되었다. 특히 그가 조정의 고관들을 거리낌없이 조롱한 일은 후대에까지 유명하였다.

율곡 이이가 선조의 명을 받아 쓴 「김시습전」에 보면, 누더기 옷을 새끼로 묶고 패랭이를 쓴 김시습은 서거정의 행차와 마주치자 벽제(辟除) 소리를 외는 자들 사이를 밀치고 들어가서 "어이 강중, 잘 지내시나?"라고 말을 건넸다고 한다. 서거정은 김시습보다도 열다섯 살이나 위였고, 세조의 정권에서 공신으로 대우를 받은데다가, 또 문학적 재능으로 일세에 추앙을 받던 인물이다. 그런 서거정에 대하여 김시습이 그의 자(字: 관례를 올린 뒤에 사용하는 이름)를 부르고 거들먹거렸다는 것이다. 이때 서거정은 웃으면서 초헌(軺軒: 벼슬아치가 타던 수레)을 멈추게 하고는 김시습과 한참 동안 이야기를 주고받았다고 한다. 어떤 고관이 김시습의 죄를 다스리자고 하였으나 서거정은 고개를 저으며, "미친 사람에게 무얼 따진다는 게요? 이제 이 사람을 벌한다면 백 년 뒤까지 그대의 이름에 누가 될 것일세"라고 했다고 한다.

그리고 윤근수(尹根壽, 1537~1616)의 「만록」(漫錄)에는, 김시습이 방랑 끝에 서울로 들어와 향교동(鄕校洞)에 묵을 때 서거정이 찾아왔는데도 벌렁 드러누워 두 발을 벽에 기대고 장난하면서 이야기했다는 일화가 있다.[41]

이 일화들은 김시습이 서거정과 격의 없이 지냈고, 서거정도 김시습의 무례함을 받아줄 만큼 아량이 있었음을 말해준다. 하지만 이것들은 서거정의 풍모를 칭송하기 위하여 후대에 만들어진 이야기일 가능성이 높다. 사실 서거정은 김시습을 그렇게까지 격의 없는 친구로 여겼던 것은 아니다. 이 일화들은 김시습이 권력자의 위세에 굴할 인물이 아니었다는 사실을 일정하게 반영할 따름이다.

김시습은 1481년(성종 12)에 환속하여 여염으로 나다닐 때, 하루는 술을 마시고 저자를 지나다가 80세 넘은 고령의 영의정 정창손(鄭昌孫, 1402~1487)의 행차와 마주치고는 그의 이름을 부르면서 "이놈아, 그만 쉬어라"라고 했다고 한다. 정창손은 1455년(세조 원년)에 좌익공신(佐翼功臣) 3등이 되었고, 이듬해에는 사육신의 단종 복위 계획을 사위 김질(金礩, 1422~1478)에게서 듣고 거사계획을 고발하여 좌익공신 2등에 올랐다. 1468년 예종이 즉위한 뒤에는 남이(南怡)·강순(康純)의 옥사를 처리하여 익대공신(翊戴功臣) 3등에 올랐으며, 1471년(성종 2)에는 좌리공신(佐理功臣) 2등이 되었다. 1475년 영의정에 임명되었고, 84세의 고령이던 1485년에도 영의정에 재임명되었다. 김시습이 정창손을 모욕한 것은 실제 있었던 일인 것 같다.

명종 때의 재상 상진(尙震, 1493~1564)은 1560년(명종 15) 6월에 병약한 것을 이유로 사직하면서, 자질이 모자라는 자신이 12년이나 재상의 자리에 있었으니 정창손이 김시습의 조롱을 받았던 것보다 더 심한 비웃음을 살 만하다고 하였다.⁴²⁾ 명종은 사직을 허락하지 않고, "김시습이 재상 정창손을 조롱한 것이 어찌 아름다운 일이겠소?"라고 하였다. 상진은 일곱 번이나 사직 상소를 올렸어도 당장에 허락을 받지는 못했지만, 어쨌든 이 사실에서 김시습이 정창손을 꾸짖은 일이 사대부의 시위소찬(尸位素餐: 직책을 다하지 못하면서 자리만 차지하고 녹을 받아먹음을 비유적으로 이르는 말)을 경계하는 일화로 널리 전하였음을 알 수 있다.

김시습은 오만하고, 또 예법을 지키지 않았다. 세상과의 괴리를 깊이 깨달을수록 그는 더욱더 미친 사람처럼 행동하고 농담과 익살로 세속을 조롱하였다. 사람들이 그 몰골을 보고 "경망하고 조급하다"고 함부로 욕하면 그는 더 좋아하였다.⁴³⁾ 실은 그는 세간의 불의를 용납할 수 없는 뜨거운 가슴의 소유자였다. 세간의 명예나 오욕을 벗어나 스스로의 이념을 지키면서 살아가려 한 자유인이었다. 그는 그러한 정신세계를 스스로 붙인 '청한'(清寒)이라는 호에 함축시켜 드러냈다.

'청한'이라는 말은 청빈(清貧)하다, 한랭(寒冷)하다, 맑다 못해 차다 등의 뜻을 지닌다. 조정에 들지 않고 야인으로서 청빈한 생활을 한다는 뜻, 깨끗한 정신세계를 지켜 맑다 못해 차갑다는 뜻이다. 송나라의 대문호 소식(蘇軾, 1036~1101)은 보름달을 읊은 양관사조(陽關詞調)의 사(詞) 「중추월」(中秋月)에서 "저녁 구름 모두 걷히자 맑다 못해 찬 기운 넘쳐나고, 은하수는 소리 없이 흐르고 옥쟁반〔달〕 굴러가네"(暮雲收盡溢清寒, 銀漢無聲轉玉盤)라고 하였다. 가을밤의 맑은 하늘을 그렇게 묘사한 것인데, 이것은 곧 고결한 정신세계를 투영한 표현이다. 또한 '청'(清)이라는 것은 『맹자』 「만장 하」(萬章下)에서 백이를 두고 "성스러운 분 가운데 맑음의 경지를 지키신 분"(聖之清)이라고 규정한 데서 알 수 있듯이, 불의와 타협하지 않는 맑고 깨끗한 태도를 뜻한다. 김시습은 '청한'이라는 호를 사용함으로써 불의와 타협하지 않고 맑고 깨끗한 정신세계를 지켜 나가겠다고 다짐한 것이다. 그는 관서 지방을 유람하면서 지은 시들을 1458년에 『유관서록』으로 엮으면서부터 '청한'이라는 호를 사용하였다. 『매월당시사유록』도 권두에 자화상을 싣고 뒷장에 '청한'이라는 김시습의 인(印)을 모각해두었다.*

김시습은 당호(堂號: 거처하는 집이나 서재에 붙이는 이름)를 매월당(梅月堂)이라고 한 듯하지만, 이 호를 저술에 사용한 예는 발견되지 않는다. 다만 김시습이 28세 때 관서 지방을 유람하러 다니던 길에 지은 「장단의 민처사에게 보낸 시」(寄長湍閔處士)에서 " '매'(梅)가 상종하여 은둔의 뜻을 묻는 것은, 공의 청진한 풍채를 좋아해서라오"(梅也相從問隱淪, 喜公風彩太淸眞)라고 하여 스스로를 '매'라고 칭한 것이 있다. 그렇다면 진작부터 '매월'을 당호로 사용했을 가능성이 있다.[44] 하지만 그와 같은 시대를 살았던 서거정, 송경원(宋慶元, 1419~1510), 양희지(楊熙止, 1439~1504), 남효온, 김일손(金馹孫, 1464~1498)은 모두 그를 청한자(淸寒子), 동봉(東峯), 동봉산인(東峯山人)이라 부르거나, 그의 법명 설잠(雪岑)으로 부르거나, 줄여서 잠상인(岑上人)이라고 불렀지 '매월당'이라고 부른 예를 남기지 않았다. 김시습이 죽은 뒤 윤춘년의 「매월당선생전」, 이황(李滉, 1501~1570)이 허봉(許篈)에게 답한 별지(別紙), 이이의 「김시습전」, 허목의 「동봉친필시첩발」(東峯親筆詩帖跋) 등에 이르러서 비로소 그를 '매월당'이라고 부른 예들이 나온다.

김시습은 청한이라는 호 말고도 동봉, 벽산청은(碧山淸隱), 청은(淸隱), 췌세옹(贅世翁)이라는 호를 바꾸어 사용하였다. '벽산청은'이라는 호는 수락산 시절인 1476년에 『산거집구』(山居集句)의 후지(後志)를 쓸 때와 1480년에 「계인설」(契仁說)을 지으면서 사용하였다. 푸른 산에 숨은 은자라는 뜻이다. '청은'은 벽산청은을 줄인 말이다. 서거정이 김시습에게 준 시에서는 이 호를 많이 사용하였다. 즉, 김시습이 1473년에 수락산에 정착한 후, 삼복 더위에 술을 가지고 당시 문형(文衡: 대제학으로서 과거를 관장하는 것을 가리킴)을 잡고 있던 서거정을 방문했을 때, 서거정은 「청은이 술병을 끼고 찾아오다」(淸隱携酒見訪)라는 시를 지어주었다.[45] 또 1483년(성종 14) 김시습이 환속했을 때는 계인 상인(契仁上人)에게 준 희작시(戲作詩: 장난스레 지은 시)에서 김시습의 환속 사실을

---

* 판본에 따라서는 자찬 아래에 '청한'이라는 인을 모각해둔 것이 있는 듯하다. 대동문화연구원 편 『매월당전집』의 권수 참고.

두고 "청은 거사는 본디 유학자로, 중년에 머리 깎고 육신을 버렸네. 입산도 출산도 마음대로 하고, 유학에도 불교에도 불가함이 없구나"(淸隱居士本儒者, 中年薙髮身已捨. 入山出山皆適意, 於儒於釋無不可)[46]라고 하였다.

김시습은 수락산 시절에는 '동봉'이나 '동봉산인'이라는 호도 사용하였다. 서울의 동쪽에 있는 수락산에 숨은 한가한 사람이라는 뜻이다. 49세 때인 1483년, 수락산 거처를 버리고 두타승의 모습으로 다시 관동으로 떠나 1485년 무렵에 양양 근처의 동해 가에 머물 때「동봉 여섯 노래」(東峯六歌)를 지었으니, 그가 동봉이라는 호를 관동에서도 사용하였음을 알 수 있다. 그리고 그보다 앞서 오대산을 넘던 1485년에 지은「독산원기」(禿山院記)에서는 췌세옹이라는 호를 사용하였다. 세상에 쓸모 없는 혹부리 같은 존재라는 뜻으로, 세속과 인연을 끊고 살겠다는 의지를 그렇게 표현한 것이다.*

앞서 말했듯이, 김시습은 승려로 있을 때는 법호를 '설잠'이라고 하였다. 1475년에 지은『십현담요해』와 1476년에 지은『대화엄일승법계도주병서』에 설잠이라고 적었다. 그런데 1465년 원각사 낙성회(법회)에 참여하고 경주 남산으로 돌아갈 때 서거정이 그에게 준 시에 '잠상인'이라는 칭호를 사용한 것을 보면, 김시습이 설잠이라는 법호를 사용한 것은 상당히 이른 시기부터였음을 알수 있다. 아마도 단종의 죽음 이후 승려로 떠돌기 시작했을 때부터 이 법호를 사용하였는지 모른다. 다만 김시습이 중흥사에서 나와 체발(剃髮: 머리를 깎음)하고 설악(雪嶽)에 은거했기 때문에 '설악'의 뜻을 취해 설잠이라고 했다는 설이 있으나, 분명한 증거는 없다. '설잠'이나 '설악'은 실은 석존(釋尊: 부처)이 과거세(過去世)에서 보살도를 닦던 곳을 가리킨다. 석존은 "제행무상(諸行無常), 시생멸법(是生滅法), 생멸멸이(生滅滅已), 적멸위락(寂滅爲樂)"이라는 사구

---

* 송나라 때 왕초(王樵)는 부모가 거란에 잡혀가자 혼자 거란 지역으로 들어가 부모를 찾았다. 그러나 찾지 못하자 나무를 깎아 초혼을 한 뒤 장사지내고 사당을 세워 초상을 걸어두고는 산 사람처럼 섬겼다. 그렇게 6년 동안이나 복상(服喪)했고, 또 친족 어른들을 위해서도 상복을 입었다. 그리고 북쪽을 바라보며 "신세가 이와 같거늘 어찌 사람축에 들어가랴?" 하고는, 세속과 인연을 끊겠다는 뜻에서 췌세옹(贅世翁)이라는 호를 사용하였다. 왕초는『송사』(宋史) 은일전(隱逸傳)에 입전(立傳)되어 있다.

게(四句偈)*를 설악에서 얻었다고 한다. 이 설악을 두고 인도 북쪽에 위치한 히말라야를 가리킨다고 하지만, 반드시 구체적인 지명과 연결시킬 것은 아니다. 『마하지관』(摩訶止觀)에서 "설산 대사(부처)가 형체를 깊은 계곡에 묻고 인간세계를 대하지 않았다. 풀을 엮어 암자를 짓고 사슴 가죽으로 옷을 만들었다"라고 한 것에 비추어볼 때, 김시습이 설잠을 법호로 삼은 것은 훼손된 현실세계를 초월하여 본래성을 찾아나서겠다는 구도적 의지를 가탁(假託)한 것인 듯하다.

김시습이 여러 호를 바꾸어 사용한 것을 두고 연암 박지원(朴趾源, 1737~1805)은 「선귤당기」(蟬橘堂記)에서 허구의 이야기를 지어내어 비판하였다.[47] 그 이야기에 보면, 김시습이 불전에서 참회하고는 속명을 버리고 법호를 사용하려고 하자 대사가 껄껄 웃으면서, "열경(悅卿: 김시습의 자)아, 너는 참 미욱하구나! 이름을 좋아하다니. 육신은 마른나무와 같거늘 나무를 비구라 부르는 것이요, 마음은 식은 재와 같거늘 재를 두타라고 부르는 셈이다. 산은 높고 물은 깊다. 이름은 사용해서 무엇 하느냐?"라고 말했다고 한다. 김시습은 은자를 자처했지만, 다섯 살 때부터 호('오세')가 있었으므로 대사가 경계한 것이라고, 박지원은 풀이까지 붙였다. 진정한 은자라면 세간 영욕이 들러붙는 이름에 집착해서는 안 된다고 경계하려고, 박지원은 이런 허구의 이야기를 꾸며냈다.

박지원의 「선귤당기」는 『장자』(莊子) 「어부」 편에 나오는 그림자를 피해 달아나는 사람의 고사를 저변에 깔고, 도명(逃名: 명예에서 벗어남)의 문제를 논한 것이다. 장자는 이런 우언(寓言)을 말하였다. 어떤 사람이 자기 그림자에게서 도망하려고 계속 달렸으나 해 그림자 속으로 들어갈 줄 몰랐기 때문에 결국 지쳐서 죽고 말았다. 이 우언은 자유와 자율을 택하지 않고는 이름으로부터 도망할 수 없다는 사실을 말한 것이다. 북송 때의 문인 구양수(歐陽脩)가 은일을 지향한다는 뜻을 밝힌 「육일거사전」(六一居士傳)도 이 우언을 이용하였다. 객은 구양수에게 이렇게 물었다. "당신은 이름이라는 것에서부터 도망하려고 하지

---

* 이는 "모든 현상은 한시도 고정됨이 없이 변하여 돌아가니, 이것이 곧 생하고 멸하는 법이다. 이 생멸에 집착하지 않으면, 곧 고요한 열반의 경지에 이르게 된다"는 뜻이다.

않았나요? 그렇거늘 몇 번이나 이름을 바꾸다니요. 그래 가지고는 장자가 비꼬았듯이, 그림자를 두려워하면서도 태양 아래 도망쳐 다니는 자와 다를 바가 없습니다. 당신은 결국 숨을 헐떡이면서 이리저리 내달리다가 바짝 말라 죽고 말 것입니다. 그렇더라도 결코 이름으로부터 도망할 수는 없습니다."[48]

그러나 김시습을 위해 변명한다면, 그가 삶의 여러 단계에서 호를 달리 사용한 것은 이름에 집착했기 때문이 아니었다. 그때까지와는 다른 자신을 찾아 나서기 위해 각오를 다질 때마다 호를 달리 사용했던 것이 아니겠는가? 구양수가 객의 비난에 답한 말을 김시습을 위해 반복하지 않을 수 없다!

"나는 물론 이름이라는 것에서 도망할 수 없다는 것을 잘 알고 있습니다. 하지만 또 도망할 필요까지 없다는 사실도 잘 알고 있습니다. 내가 이 이름을 붙이는 것은 그렇게 함으로써 나의 즐거움을 기록해두고자 해서입니다."

김시습은 세상을 흘겨보면서 산수 좋은 곳에서 휘파람 불며 세속 밖에 초월하여 자유를 누렸다. 이산해가 말하였듯이, 그의 행동은 여유 있고 유쾌하여 외로운 구름이나 홀로 나는 새와 같았고, 마음속은 환하고 맑아서 얼음 든 옥(玉)병과 가을밤의 달에 뒤지지 않았다.

김시습은 세속과 단절하겠다는 뜻으로 스스로 '청한'이라고 이름하였지만, 그렇다고 결코 현실 세상을 벗어난 다른 곳에서 별도의 광경(光景)을 보고자 한 것은 아니었다. 그는 현실 공간 속에 남아 있으면서 현실을 부정하였다. 연산군 때 '세상을 내리깔아 보면서'〔傲物輕世〕깨끗한 삶을 살았던 홍유손(洪裕孫, 1452?~1529)은 김시습이 죽었을 때 제문을 지어, "그대는 말씀이 보통 사람과 같았지, 결코 괴상한 행동을 하거나 홀로 해괴한 짓을 하지 않았습니다. 그것을 생각하면, 마음속에 쌓인 것을 말하지 않았다 해도 그 깊은 속을 누가 모르겠습니까?"[49]라고 하였다. 김시습은 결코 '색은행괴의 무리'가 아니며, 인간이 지켜야 할 평범하고 지극히 당연한 도리를 구명했던 분이라는 것이다.

김시습은 가치가 뒤바뀌고 아무 전망도 지닐 수 없는 혼돈된 세계를 응시하고 거기서 초월의 전회를 꾀했던 것이지, 현실세계를 완전히 무시하고 괴이한 행동을 한 것이 결코 아니었다.

귀속을 거부한 사상 편력

사람들은 사회적 관습과 종교적 계율을 지킴으로써 자신이 어딘가에 소속되어 있다고 느끼고 안도한다. 그것이 옳은지 그른지를 따지거나 신앙(信仰)하려고 애쓰는 과정에서 귀속성을 얻기도 하지만, 대부분은 반복적이고 습관적인 행위를 통해서 귀속성을 얻는다. 그런데 김시습은 그러한 귀속성을 거부하였다. 그에게는 마치 귀속할 곳이 아예 없었던 것처럼 보인다. 고독과 방랑의 삶만큼이나 사상도 귀속할 곳이 없었다.

유·불이 교체되고 성리학이 왕조의 주도적 사상으로 기틀을 다져가던 시기에 김시습은 유·불·도 삼교(三敎)를 넘나들면서 독특한 내면세계를 구축하였다. 그가 유교와 불교를 함께 연찬(硏鑽)할 수 있었던 것은 조선 초 사상계의 특성 때문에 가능했다고도 말할 수 있다. 즉, 태종 때 배불정책을 표방하고 성종 때에 이르러서는 무단신불(武斷信佛)*의 사태가 일어나지만, 조선 초에는 실

---

* 성종 때는 도성 안에 있던 염불소(念佛所)와 불경을 번역하고 간행하던 간경도감을 폐지하고, 사대

상 사대부들의 생활에서 주자학이 배타적 우위를 차지하지는 않았다. 세조·성종 때 고관을 지냈던 김수온(金守溫, 1410~1481)이 고승 신미(信眉)를 형으로 두었던 것은 그 대표적 사례이다. 김시습이 유가의 관점에서 보면 이단이라고 할 불교를 깊이 연구한 것은, 이러한 사상 풍토에서 유래했다고도 간단히 말할 수 있을지 모른다.

하지만 유·불·도 삼교에 걸친 그의 사상 편력은 한국 사상사 전체에서 유례를 찾아보기 힘들 정도이다. 그가 종파의 경계선을 허물고 자유롭게 교통하고, 그럼으로써 여러 사상들을 회통(會通)시키려 했다는 뜻에서 그를 두고 "유·불·도의 삼교를 넘나들었다"고 말한다면 옳다. 그러나 만일 그가 "몸은 유교에 두고, 한쪽 발은 불교에 한쪽 발은 도교에 담그고 있었다"고 한다면 그 지적은 옳지 않다.

율곡 이이는 김시습의 '전'(傳)을 적어, 그의 사상 행태를 '심유적불'(心儒跡佛)이라는 말로 요약하였다. 김시습이 승려의 행색으로 살았지만, 본마음은 유학자였다고 규정한 것이다.[50] 이이는 김시습이 "이리저리 논설한 내용이 대부분 유가의 근본 뜻을 잃지 않았다"[51]고 하고, 김시습을 백이에게 견주어 "백세(百世)의 종사(宗師)"라고 부를 만하다고 평가하였다. 그러면서 「김시습전」과 함께 올린 상전문(上箋文)에서 "아깝습니다. 김시습같이 영특하고 예민한 자질로 학문과 품행을 갈고 닦았다면 그 성취한 바가 얼마나 많았겠습니까?"[52]라고 아쉬워하였다. 이이의 김시습 평가에는 그 자신의 깊은 깨달음과 사상적 고뇌가 담겨 있다. 그 자신도 젊었을 때 불교에서 인간 구원의 가능성을 발견한 적이 있었던 듯하며, 그렇기 때문에 벽이단(闢異端: 이단을 물리침)의 논리를 내세우는 정적(政敵)으로부터 본심을 자백하라는 끝없는 비판에 시달렸다.** 이이가

부 집안의 부녀자들이 비구니가 되는 것을 금했으며, 여승들이 살던 이사(尼寺)를 철거하고 새로 사찰 짓는 것을 금하였다. 또한 도첩법 시행을 중지하여 승려가 되는 길을 원천적으로 막는 등 불교 탄압을 한층 강화하였다.
** 『명종실록』 권30, 명종 19년 8월 30일(기해)의 사평(史評)에 보면, 이이가 소년 시절에 아버지의 첩에게 시달림을 당하여 산 속 절간을 전전하며 살다가 오랜 기간이 지나서야 돌아왔다는 사실을

김시습의 사상 행태를 '심유적불'로 규정한 것은 곧 그 비판에 대한 답변이었다고 볼 수 있다. 이이는 이 글에서 그저 김시습을 유학자로 규정함으로써 자신을 변명하려고 한 것이 아니다. 이이는 김시습이 유교와 불교의 어느 쪽에도 간단히 귀속하지 않고 스스로의 참모습을 추구하기 위해 고뇌했고, 그러면서도 유교사상을 중심 사상으로 지니고 '실천하였음'을 분명히 파악하고 있었던 것이다.

이이가 김시습을 두고 '심유적불'이라 규정한 것은 불교의 관점에서 보면 "뛰어난 사문(沙門: 중을 달리 일컫는 말)을 유가에 영입하려는 교묘한 변론"[53]이라고 할지 모른다. 그러나 그 규정에는 나름대로 그럴 법한 이유가 있었던 것이다.

이이의 뒤를 이어 이자도 「매월당집서」에서 김시습의 삶을 "유학을 실천하면서 자취만 불자의 행색을 하였다"(行儒而迹佛)[54]라고 개괄하였다. 하지만 그 규정은 이이의 경우와 달리 '벽이단'의 논리에 종속하고 만 듯한 느낌이 든다. 이이의 학맥을 이어 조선 후기 노론 학맥의 태산북두가 되었던 송시열에 이르러서는, 김시습이 세상을 피하기 위해 불도를 따르고 거짓 미친 척하였다고 말하여, 김시습의 '적불'을 일종의 위장이라고 보았다. 조선 후기의 학자 홍직필

지적하고, "머리 깎고 중이 되었다"는 어떤 사람의 설을 덧붙여두었다. 그리고 이이가 읊은 시에 "전신은 김시습이었고, 금세에는 가낭선(賈島)이로구나"(前身定是金時習, 今世仍爲賈浪仙)라는 구절이 있다고 하였다. 또한 『숙종실록』 권34, 숙종 26년(1700) 2월 26일(신묘) 기록에 보면, 전라도 유생 오언석(吳言錫) 등 300여 명이 이를 위해 상소하여, 광주부윤 박태순이 간행한 허균(許筠)의 『국조시산』(國朝詩刪)을 폐기할 것을 주장하였다. 그 주장에 따르면, 허균은 그 책 속에 이이가 지었다는 「처음 산에서 나와 심경혼에게 준다」(初出山贈沈景混)라는 제목의 율시 한 편을 거짓으로 지어 넣어두었는데, 그 첫 연(聯)에서 "전신은 김시습이었고, 금세에는 가낭선이로구나"라고 했으며, 이이가 그 서너 글자를 꺼려서 자신의 문집에 그 시를 싣지 않았다고 평하였다고 한다. 예조에서는 『국조시산』 판자(板子: 판목)를 허물어버리고, 인쇄물을 간수한 이들은 책 속에 있는 이 시를 제거해버리도록 왕명을 내려야 한다고 청하였다. 이보다 앞서 1695년부터, 이이는 초년에 잠깐 산림에 머물렀지 불가에 귀의한 것이 아니라는 주장이 나왔다. 송시열도 스승 김장생(金長生)의 문집을 왕에게 바치면서 함께 올린 상소에서, "이이는 일찍이 형상을 바꾸지 않았습니다"라고 변론하였다. 이이가 죽은 뒤에 일어난 일련의 사건들을 보면, 이이가 생전에 '벽이단'의 문제와 관련하여 정적(政敵)의 비방을 샀으리라 짐작할 수 있다.

(洪直弼, 1776~1852)도 「청절사」(淸節祠)라는 시에서, "우리 도가 공문(불교)에 있었으니, 선생은 백대의 스승이시다"(吾道空門在, 先生百世師)라고 하고, "마음과 자취 남다르셨던 것이 애처롭구나"(常憐心跡奇)라고 덧붙였다.

김시습을 유학자로 평가했던 유학자들의 언설은 실제 함의가 이렇게 저마다 달랐다. 어쨌든 조선의 유학자들은 김시습이 '적불', 즉 '승려의 행각을 취한 것'을 아쉬워하면서도, 대부분 그를 백이와 같은 백대의 스승이라고 추앙하였다. 퇴계 이황만은 김시습을 '색은행괴의 무리'로 보았는데, 그것은 오히려 예외에 속한다.

김시습이 죽은 뒤 그의 시문을 모으고 「매월당집서」를 쓴 이자, 이자와 마찬가지로 김시습의 작품을 두루 수집한 박상, 선조의 명을 받들어 「김시습전」을 지었던 이이, 김시습의 의리 정신을 높이 평가한 송시열은 실은 정치적·학문적·사상적으로 연계가 있었다.

그런데 그들만이 아니다. 1583년에 『매월당집』이 간행될 때 서문을 쓴 이산해도 "(김시습이) 자신의 재능을 감춘 채 깊이 숨어 세속을 아예 떠나 돌아오지 않고는 명교(名敎)를 내버리고 선문(禪門)에 들어가 모습을 완전히 바꾸어 병든 것도 같고 미친 것도 같이 행동하여 세속을 크게 놀라게 한 것은 도대체 무슨 뜻이었던가?"[55]라고 반문하고는, 김시습을 '평온한 상태를 유지할 수 없었던 자'(不得其平者)라고 규정하였다. 선문에 가탁한 것을 '불평'(不平)의 행위 혹은 결과로 간주한 것이다.

하지만 이미 중종 때의 문인 유희령(柳希齡, 1480~1552)은 『대동시림』(大東詩林)에서 김시습을 '스님'으로 정리하였다. 중종·명종 때의 문인 어숙권(魚叔權)은 『패관잡기』(稗官雜記)에서 유희령의 분류가 부당하다고 지적했지만,* 김시습이 죽은 지 얼마 안 되어 벌써 그가 속할 종파를 정하는 문제가 논점으로

---

* 『패관잡기』(稗官雜記) 권2(京城古書刊行會, 1909~1911년 간행 『大東野乘』 수록; 민족문화추진회, 1971년 간행 『국역 대동야승』 I 수록)에서 어숙권은 유희령의 선시관(選詩觀)을 비판하면서 "김시습은 근세의 기남자(奇男子)이다. 비록 거짓 미친 체하고 중이 되었으나 마음은 중에 있지 않았다. 하물며 이미 환속하였음에랴. 어찌 그가 본래부터 중이었다고 할 수 있겠는가?"라고 하였다.

부각되었음을 알 수 있다.

그러나 김시습은 그저 세상에 대한 불만을 감추기 위해 승려의 겉껍질을 썼던 것은 아니다. 그는 일찍부터 불법에 밝은 승려로 알려져 있었기에 효령대군(孝寧大君)의 청으로 『묘법연화경』 언해 사업에 초빙되었다. 또 그는 『묘법연화경별찬』(妙法蓮華經別贊), 『화엄석제』(華嚴釋題), 『대화엄일승법계도주병서』, 『십현담요해』를 집필할 만큼, 단순히 '자취'라고 규정할 수 없을 정도로 불교 방면에서 큰 업적을 이루었다.

그렇다면 우리는 김시습의 중심 사상을 어떻게 이해할 것인가?

김시습은 29세 때인 1463년에 용장사 부근에서 봄과 여름을 지내면서, 분황사에 있던 화쟁대사비(和諍大師碑)를 보고 「무쟁비」(無諍碑)라는 시를 지어, 불법의 이치를 글로 읽어 터득할 수는 있지만 진리를 진정으로 체득하지 못함을 고백하였다. 화쟁대사비는 곧 원효(元曉, 617~686)의 비이다. 김시습은 이때 흑백 시비를 가리지 않고 불법을 민중에게 전했던 원효의 삶에 크게 공감했으며, 원효와 마찬가지로 불기(不羈: 아무 속박도 받지 않음)의 삶을 살아가겠다고 거듭 결심하였다.[56] 이것은 그의 사상 편력의 향방을 결정지은 '사건'이었다.

조선 유학자들이 김시습을 '행유'(行儒)로 규정한 것은 물론 배불숭유의 '벽이단' 이데올로기로 평결(評決)한 것이다. 하지만 유학자의 관점에 따른 거친 개괄이기는 해도, 김시습의 사상 편력을 '행유' 또는 '심유'라고 표현한 것은 그 나름대로 수긍되는 면이 있다. 특히 이이가 「김시습전」에서 그의 삶을 '심유적불'로 규정한 것은 김시습의 사상적 고뇌를 상당히 정확하게 파악한 다음에 행한 일이었다. 그것은 김시습의 중심 사상을 유학의 근본 정신을 통해 설명하는 것이 편리하다는 사실을 말해주기 때문이다.

김시습은 유교와 불교의 사상을 아우르려 했고, 양쪽 모두에 통달하였다. 이자가 「매월당집서」에서 김시습의 '행유적불'(行儒迹佛)을 지적하고는, 곧이어 김시습이 "이치를 밝히 알고 두루 넓게 풀어 밝혔다"(明理而該釋)고 말한 점에 주목할 필요가 있다.

김시습은 『대화엄일승법계도주병서』에서, 인간 존재란 결국 유(有: 존재, 현존)와 무(無: 비존재, 사멸)의 통합을 거쳐 "무한히 순환하고 무한히 서로 비추는 인연의 사슬 한가운데에 포섭되어 있는 개체"라고 파악하였다. 그는 화엄학(華嚴學)의 시각으로 세상을 이해하면서, 현실에 대해 완전히 눈을 감아버리지 않고 현실에 끊임없이 참여하려고 하였다. 그것은 존재의 당처(當處: 각자가 처해 있는 바로 지금의 현실)에서 본래성을 추구할 것을 가르치는 화엄사상을 실천한 것이었고, 그와 동시에 현실 세상을 과감하게 잊어서는 안 된다는 유학의 기본 정신을 그대로 지켰기 때문이 아니었던가?

조선 초의 사상가 정도전(鄭道傳, 1337~1398)은 「불씨잡변」(佛氏雜辨)에서 불교가 "공적(空寂)한 영지(靈知)는 연(緣)을 따라 변하지 않는다"라고 하여 마음〔心〕과 형적〔跡〕을 분리하고 결국 방종을 조장하는 것과 달리, 유교는 그 둘을 나누지 않는다고 하였다.* 김시습도 배불론의 일반적 언설을 따라 한편으로는 불교란 "오랑캐의 한 술법일 따름이다"라고 냉대하였고, "그 말은 말하지도 말고 그 일은 일삼지도 말아서 사악한 설이 들어올 틈을 아예 없애라"(勿言其言, 勿事其事, 邪說無隙而入)라고 극언한 일도 있다.57) 하지만 김시습은 불교사상에서 자신의 중심 사상과 부합하는 측면을 받아들였다.58) 그것은 곧, 인간 존재 누구나가 자성심(自性心)을 지니고 있기에 서로가 서로의 가치를 인정하면서 조화로운 세계를 이루고 있다는 신념이었다. 아니, 그런 조화로운 세계를 이루어야 한다는 바람(희원)이었다.

한편, 도가사상사에서 보면 김시습은 조선 수련도교(修練道敎)를 개창한 비조(鼻祖)로 추앙된다.59) 『해동전도록』(海東傳道錄)에 따르면 그는 『천진검법』(天眞劍法)과 『연마진결』(鍊魔眞訣)을 홍유손에게, 『옥함기』(玉函記)와 『내단요법』(內丹要法)을 정희량(鄭希良)에게, 『참동계』(參同契)와 『용호비지』(龍虎秘旨)를 윤군평(尹君平)에게, 단학을 서경덕(徐敬德, 1489~1546)에게 전했다고 한다. 『해동이적』(海東異蹟)에도 그는 선가(仙家) 40인의 한 사람으로 올라 있

---

* 정도전의 「불씨잡변」 가운데 '불교에서 말하는 심성에 대한 논문'(佛氏心性之辨) 참조. 鄭道傳, 『三峯集』(한국문집총간 6) 권5, 「佛氏雜辨」, '佛氏心性之辨'.

다. 실제로 김시습은 『노자』를 읽고 독후감 시를 남겼으며, 육신을 치유하기 위해 황정(黃精: 둥굴레)을 먹어보고 「황정 복용법을 배우다」(學餌黃精)라는 시도 남겼다. 또 「수진」(修眞), 「복기」(服氣), 「용호」(龍虎) 3편을 지어 도교 양생술을 논하였다. 「수진」에서는 도가 양생술에 관한 서적인 『양성결』(養成訣)을 인용하면서 정(情), 신(神), 기(氣)를 보존하고 도(道)로 돌아가야 한다고 하였다.[60] 「용호」에서는 원나라 유염(兪炎)이 청정파(淸靜派)의 관점에서 위백양(魏伯陽)의 『주역참동계』를 주석한 『주역참동계발휘』(周易參同契發揮)를 12장으로 나누어 초록해두었다.[61]

세상에서는 김시습이 환술(幻術)을 잘하여, 맹호를 부리고 술을 피로 변화시키며, 기운을 토해서 무지개를 만들고, 오백 나한을 청해온다고 하였다. 이런 일들은 믿기 어려운 이야기이지만, 그런 전승이 있는 것은 반드시 곡절이 있을 것이다. 이 이야기들은 김시습이 도교에 심취했던 사실을 일정하게 반영하는 듯하다.

그런데 김시습은 단약을 만들어 양기(養氣)를 시도했으면서도, 복기(도가에서 말하는 氣의 복용 방법)와 용호(도가에서 말하는 물과 물의 원소. 여기서는 丹藥의 조제를 말함)로 수명을 연장하려는 것을 어리석다고 통박(痛駁)하였다.[62] 도교가 혹세무민(惑世誣民)하는 하품(下品) 신앙을 내세우는 것에 대하여 비판한 것이다. 또한 『장자』(莊子) 「덕충부」(德充符)에서 "늘 저절로 그러함에 따를 뿐이지 인위적으로 생명을 증익(增益)하려고 하지 않는다"(常因自然而不益生也)고 했던 도가사상의 생명관에 충실하였다. 불교나 유교 사상을 통해 현세간에서의 삶을 무엇보다도 의미 있게 보았던 김시습은, 도가사상을 통해서 인간 주체가 외부세계와 교통하는 통로로서의 '몸'을 중시하는 태도를 갖추었다. 그러면서 생명의 인위적 연장인 '증익'은 배격했던 것이다.

김시습은 불교와 도교를 호기심 때문에 익힌 것이 아니다. 처세하는 데 필요해서 위장술로 사용한 것도 아니다. 그는 삼교의 어디든 자유로이 처하면서 종파적 경계선을 허물었으며, 그러면서도 자신만의 시각으로 구성된 하나의 중심 사상을 수립하였다. 그는 20대 말 관서 지방을 여행할 때 '주심경'(註心經)이라는 책*을 구입한 뒤에 쓴 시에서, "삼교는 진덕(進德: 덕에 나아감. 자신의 주체를 확립하고 본래성을 찾아나감) 수업의 방식이 서로 다르지만, 지취는 같다"(三敎進修異, 畢竟同一旨)고 하였다. 그 '같은 지취'가 바로 김시습의 중심 사상이었을 터이다.[63]

김시습은 20대 후반에 관서 지방을 여행하다가 김수온을 만났는데, 그때 김수온은 "유(儒)를 버리고 묵(墨: 여기서는 불교를 가리킴)으로 돌아감은 무슨 마음인가, 이 길은 본래 물외에서 찾을 것이 아니로다. 두 종문의 궁극의 뜻을 알려거든, 『논어』·『맹자』를 자세히 살펴보게"(捨儒歸墨是何心, 此道元非物外尋. 欲識兩門端的意, 請看論孟細參尋)라고 질책하는 내용의 시를 보내왔다. 이에 김시습은 두 수를 화운했는데, 그 첫째 수에서 이렇게 말하였다.[64]

길은 달라도 마음 기름은 한가지	歧路雖殊只養心
마음 기를 방도를 달리 찾을 게 없네.	養心不必謾他尋
다만 일상의 일에서 아무 장애 없을 일.	但於事上渾無导
성현의 찌끼(경서)를 뒤질 게 무언가.	糟粕何須歷歷尋

김시습은 마음을 기르는 공부라는 점에서 불교와 유교는 한가지라고 하였다. 마음을 기른다는 것은 무엇인가? 세계가 나와 무관하게 동떨어진 것이 아니라 나와 세계가 긴밀하게 연계되어 있고, 그 관련 속에서 주체를 확립하는 일을 말하는 것이 아니겠는가? 그렇기에 김시습은 '일상의 일에서 아무 장애 없음'을 추구해야 한다고 말하였다. 일과 일이 장애 없고, 일과 이치가 장애 없는 화엄장 속에 자신을 두어야 한다는 뜻이다. 아니, 스스로 화엄장 안에 있음을 자각

---

* 송나라 진덕수(眞德秀)의 『심경』(心經)을 가리키는지, 불경 『마하반야바라밀다심경해』(摩訶般若波羅蜜多心經解) 1권을 가리키는지 명확하지 않다. 진덕수의 『심경』은 성현이 심(心)에 대하여 논한 격언을 모으고, 제유(諸儒)의 의론을 주(注)로 삼았다. 모두 1책으로, 대지(大旨)는 '정심'(正心)에 있다. 『마하반야바라밀다심경해』는 대전화상(大顚和尙)의 주해본이 1411년(태종)에 고창(高敞) 문수사(文殊寺)에서 간행되었다.

해야 한다는 뜻이다. 달리 말하면, 각자가 그 어떤 것과도 바꿀 수 없는 자기만의 세계를 창조하고 있다는 사실을 또렷이 자각하고, 거기서 자유와 자율의 기쁨을 누리는 일이 곧 마음을 기르는 일일 것이다.

임보신(任輔臣)은 위의 창화(唱和) 사실을 『병진정사록』(丙辰丁巳錄)이라는 야사수록(野史隨錄)에 소개하면서, 김시습이 중이 된 것은 본심이 아니었다고 논하고, 김수온에 대해서는 재상으로서 어머니를 화장한 것은 유학자의 본분을 버리고 묵자(불교를 빗댄 말)의 도를 행한 것이라고 꼬집었다. 김시습은 마음 공부에서 불교와 유학의 취향이 같다고 보았거늘, 임보신은 김시습의 그러한 정신세계를 제대로 파악하지 못하였다.

김시습의 문집 『매월당집』에 남아 있는 시나 논술은 대부분 유학의 종지를 벗어나지 않았다. 그런데 『매월당전집』(성균관대학교 대동문화연구원 편) 속집에 수록된 필사본 『매월당고』에 수습되어 있는 그의 불교 관련 시나 단행되어 전하는 『화엄석제』를 비롯한 여러 불교 관련 저술도 불교의 테두리 안에서만 해석할 것이 아니다. 그것들도 유학의 관점과 통하는 면이 있다. 김시습은 『묘법연화경별찬』과 『대화엄일승법계도주병서』에서 법화사상과 화엄학을 피력했는데, 법화와 화엄은 원교(圓敎: 대승불교의 하나로, 圓融·圓滿을 추구하는 교리)였으므로 그는 거기서 유학의 사상과 어우러지는 공통성을 발견하였을 법하다.[65] 원교는 종파적 차별상을 넘어서 종파간의 화해와 융통을 지향하므로, 불교와 유교의 벽을 허물 수 있는 심적 태도를 마련해줄 수 있다.

실제로 김시습은 자신의 사상을 설명하기 위하여 유교·불교·도가 사상을 자유롭게 활용하였다. 그것은 마치 육조시대의 승려가 교리를 설명하기 위하여 『노자』·『장자』·『주역』 등에 의지하는 '격의'(格義)의 방법을 사용했던 것과 유사하면서도, 그것을 넘어서서 종파의 근본적 통일을 지향한 것이다.*

---

* 격의(格義)란 불교 바깥의 여러 종교의 개념에 불교의 술어를 끼워맞추어 불교를 이해하는 방식을 말한다. 중국에 불교가 받아들여진 초기에는 반야부(般若部)의 경전이 많이 번역되었는데, 반야사상은 노자·장자의 사상과 비슷한 점이 있었으므로 당시의 불교학자들은 『반야경』(般若經)에서 설하는 공(空)을 노자·장자의 무(無)와 동일한 것으로 알고, 노자·장자의 학설에 결부시켜서 『반야

다만 김시습은 자신의 사상을 체계적으로 제시하지는 않았다. 그는 개념으로 사유하는 철학자가 아니었다. 문학적인 성향이 강했던 그는, 유추는 했지만 연역은 하지 않았고, 직관은 했으나 구성은 하지 않았다.

김시습이 유·불·도의 세 사상을 회통시키려 했던 것은, 우주의 근본인 '도'(道)는 본래 하나이되 그것이 각각 다른 형태로 나타나서, 또는 유교 또는 불교로 성립되었다고 보았기 때문일 것이다. 현실세계에 존재하는 모든 교설들이 모두 존재의 의의를 지니는 이상, 불교 내부의 여러 주장들도 모두 인정해야 한다고 보았던 듯하다. 그렇기에 그는 '조동오위'(曹洞五位)에 관심을 갖는가 하면, 『원각경』(圓覺經)을 읽었으며, 『화엄석제』(華嚴釋題)를 지었다.**

김시습은 어릴 적부터 경서에 통했고, 세조의 왕위 찬탈 사건을 겪으며 유학의 명분과 절의의 관념에 깊은 상처를 입었다. 그렇지만 그는 "세상일 잊는 데 과감하지 못하여"[66] 환속과 탈속을 거듭하면서 끊임없이 세상을 응시하였다. 역설적으로 말하면, 그는 유학의 본질을 파악하고 철저히 유학적인 삶을 살고자 했기에 이단이라고 할 불교와 도교의 사상을 공부했던 것이다.

김안로의 『용천담적기』에 보면, 여러 비구들이 김시습을 신사(神師: 고승대덕)로 추대하여 "금빛으로 때를 벗겨주십시오"라고 청하였다는 일화가 있다. 김시습은 법회를 열게 하고는, 소 한 마리를 끌어오게 하고 다시 꼴다발을 가져오라 하여 꼴다발을 소 꽁무니에 놓은 뒤, "너희들이 불법을 듣고자 하는 것은 바로 이와 같은 식이니라"라고 했다고 한다. 이 일에 대하여 김안로는 "미욱하여 사리에 어둡고 무식한 자를 두고 '소 꽁무니에다 꼴 주는 격'이라 한다"고 풀이하였다.[67]

경』의 사상을 설명하는 타협적인 해석을 하였다. 위진(魏晉)시대에는 노자·장자의 학설이나 청담(淸談)이 유행했으므로 그 영향을 받았을 것이다. 하지만 유교와 불교는 그 실천도덕론에서 상반되는 경우도 적지 않으므로 심각한 논쟁을 일으켰다. 中村元, 『東洋人の思惟方法』(春秋社, 1961) 第2卷(シナ人の思惟方法), 215~216쪽 참조.

** 불교의 천태종, 화엄종, 법상종 등은 교관(敎判: 敎相判釋)의 형태로 불교 내부의 서로 다른 사상에다 각각 그 존재할 수 있는 의의를 남겨주었다. 즉, 경전 내부에서 여러 가지로 대립되는 문제를 해결하기 위해 '방편'의 측면을 중시하였다. 다만 중국의 교관은 불교 내부에서만 이루어졌다.

하지만 이것은 꼭 들어맞는 해설이 아닌 듯하다. 『조주록』(趙州錄)에 보면 남전 보원(南泉普願) 화상(和尙)이 거세한 검은 물소〔水牯牛〕 한 마리를 끌고와 법당 주위를 돌았다는 이야기가 있다. 또 『조당집』(祖堂集)의 '남전화상' 장에 보면, 남전의 임종을 지켜보던 제자가 "선생께서는 죽은 뒤에 어디로 가십니까?" 하고 물으니, 남전은 검은 물소가 되겠다고 답하였으며, 제자가 자기도 선생의 길을 따르겠다고 하자, 그러면 꼴을 한 줌 입에 물고 오라고 했다고 한다. 김시습이 소를 끌어오게 하고 꼴을 소 꽁무니에 놓았다는 일화는 이 남전 화상의 일화를 연상시킨다. 김시습은 "너희들은 꼴을 한 줌 물고 가야 할 것이거늘, 어째서 꼴은 꽁무니에다 두고 있단 말이냐?" 하고 질책했던 것이다. 곧 이류(異類: 깨우침의 바탕을 갖지 못한 중생) 속으로 들어가 실천하지 않고 국가의 대법회에나 참석하는 작태를 못마땅하게 여겨서 그런 듯하다.

불교의 도리는 일상의 일거수 일투족을 올바로 행하는 데 있으니, 일상 속에서 영혼의 체험(soul experience)을 살피는 일을 중시한다. 그렇기에 『벽암록』(碧巖錄)은 '발 밑을 비추어보라'(照顧脚下), '발 밑을 보라'(看脚下)고 하였다. 이 책략은 유교(주자학)에서 '일상응연의 처'(日常應緣之處: 일상생활에서 맞닥뜨리는 모든 관계. 곧 생활세계)를 중시하는 실천 태도와 통한다. 유교든 불교든 "이치를 밝히 알아서 잘 해석했던" 김시습이었기에, 바로 그 점을 명확히 인식하고 있었을 것이다.

김시습은 1493년에는 『십현담요해』를 저술하고, 비슷한 시기에 일연(一然) 선사의 『중편조동오위』(重編曹洞五位)를 정리하여 신라의 무상(無相), 중국의 마조(馬祖: 道一) 등 집로(執勞: 직접 노동을 행함)를 중시했던 법맥을 이었다. 그는 여러 편의 시에서 무위도식을 배격하고 노동을 찬미하는[68] 한편, 「생재설」(生財說)과 같은 글에서 재물의 가치를 중시하였다. 또 그가 평소 농사를 지었고, 수학하러 온 사대부의 자제들에게까지 산전을 개간하게 했다는 일화를, 이이는 「김시습전」에 특별히 기록해두었다. 그의 그러한 행적은 당시 사대부들의 눈에는 기이하게 여겨졌겠지만, 그것은 현실 속의 체험과 일상의 노동, 즉 복무노역(服務勞役)을 중시하던 사상에서 자연스럽게 나온 것이다.

불교사 연구에 따르면 무상, 즉 신라 김화상의 문하에서 마조가 나오고, 마조의 문하에서 백장(百丈: 懷海)과 남전(南泉: 普願)이 나왔다고 한다. 백장은 "하루 노동을 하지 않으면 하루 먹지를 않는다"(一日不作, 一日不食)고 선언했고, 남전은 "깨우침의 바탕을 못 지닌 중생 속으로 들어가 실천하라"는 뜻의 '이류중행'(異類中行)의 대명제를 내걸었다. 백장과 남전의 외침은 400여 년이 지나 일연 선사의 『중편조동오위』로 이어졌고, 그것이 다시 설잠 김시습의 『십현담요해』로 계승되었다.[69] 작고한 성철 스님의 서고에서 1548년에 간행된 언해본 『십현담요해』가 발견되었다.

김시습은 서울 동쪽 수락산에서 밭을 빌려 콩과 조를 수확하고 후원에서 토란을 거두었다. 「도연명의 권농 시에 화운함」(和靖節勸農)에서는 '손 놀리고 있는 무리'(遊手輩)를 질타하였다.

인생살이 백 년에	人生百歲內
염려할 바가 한두 가지 아니거늘	所慮非一端
누가 사지를 게을리 두어	孰云惰四肢
편히 거처하고 배부르길 구하랴.	居食求飽安
아아, 손 놀고 있는 무리들은	嗟嗟游手輩
세상일을 아예 살피지 않누나.	世務專不觀
한유의 「원도」(原道) 글을 읽고도 부끄러워 않는다면	不恥原道篇
좋은 인과가 돌아오리라 어이 믿으랴?	肯信因果還
……	……

김시습은 「도연명의 권농 시에 화운함」(和靖節勸農) 6수에서 '손을 놀리고 있는 무리'로, 탁발 시주에 기대고 무료하게 생활하는 승려와 함께, 실제 관직을 맡지 않고도 신분과 가문의 혜택을 누리는 권력층을 들었다.[70]

김시습은 현실 속에서 번뇌를 겪으면서도 현실을 떠나지 않고 현실 생활 속에서 마음을 기르려고 하였다. 세상의 그물에서 벗어나기를 그토록 갈망했으면서도 결코 현실에서 눈을 돌리지 않았다.

또한 김시습은 도가사상을 받아들여 육체를 중시했으며, 구속 없는 절대 자유의 경지를 선망했는데, 이것도 유교나 불교의 가르침과 모순되지 않았다. 그는 도교 관련 시편들에서 현실을 부정하고 세간 밖으로 벗어나려는 염원을 담았지만,[71] 현실세계를 벗어난 별도의 장소에 이상향이 있다고 여기지 않았다. 「능허사」(凌虛詞)에서 그는 "하루살이 우글거리고" "만 길 티끌이 쌓여 있는" 하계를 벗어나 대자유인인 대인(大人)이고자 했으나, 그러한 초월의 의지는 현실을 직시한 끝에 굳힌 것이었다.[72] 5수 가운데 제5수를 보라.

세상 어디고 풍파 일지 않는 곳 없나니	人間無地不風波
여덟 나래로 바람 타고 나는 사람이 곧 대가(대인)이리.	八翼凌風是大家
하계는 하루살이 우글거려 영역이 비좁고	下界蜉蝣寰宇窄
만 길 티끌은 그댈 속이니 어이하랴.	塵埃萬丈賺君何

'대가'란 현실을 초월한 존재, 『장자』에서 말하는 '대인'(大人)이다. '대인'이라는 말은 『주역』을 비롯한 여러 유가 서적에도 나타난다. 하지만 자유인으로서의 대인을 예찬한 말은 『장자』 외편 「재유」(在宥) 편에 나온다. "나는 해·달과 더불어 빛을 함께 하고, 나는 하늘·땅과 더불어 항상된 법을 편다" 운운하는 '광성 선생'(廣成先生)이 곧 대인의 전형으로, 광성 선생은 세속의 지배자인 황제(黃帝)에게 현실을 초월한 삶의 방식을 설명하였다. 또 같은 편에서 장자는, "무단(無端: 끝이 없는 경지)에 노닐고 무방(無方)에 출입하며(어디를 가는지 어디에서 오는지 모르게 가고 오고 하며) 태양과 더불어 시작이 없다(시작도 없이 영원하다)"고 하는 '대인의 가르침'을 서술하였다. 위나라 때 죽림칠현의 한 사람인 완적(阮籍)은 「대인선생전」(大人先生傳)에서, 예속(禮俗)에 구속되어 있는 세간의 군자를 욕하고, 진정한 자유인인 대인 선생을 예찬하였다. 대인 선생은 시간을 초월하여 세계의 시원에서부터 모든 것을 전부 알고 있으면서 현세의 구속에서 해방된 자유자재한 삶을 살다가 어디론가 사라지는 인물이다.[73]

김시습은 현실의 모든 속박을 벗어나려 했고 사상의 귀속을 거부했기에, 삼교를 넘나들었다. 인간의 개별적 가치는 인간이 저마다 지니는 사상을 서로 인정할 때 유지될 수 있거늘, 관료-유학자들은 유학의 이념을 '실천하지' 않으면서 유가 독존 정책을 실행하려 하였다. 그는 그것이 권력의 횡포라는 사실을 똑똑히 알았다. 유학에서는 의(義)와 이(利)를 엄격히 구별해야 한다고 가르치지만, 그는 당시의 유학자들이 기술 관료로서 별 고민 없이 살아가는 모습을 보았던 것이다. 불교는 어떠한가? 불교는 이타행을 궁극의 보살행으로 삼는다지만, 왕실의 법사에 동원된 승려들이 보신에 급급하고 권력에 순응하여 권력의 수식물에 지나지 않음을 그는 보았다.

김시습은 사상의 육화(肉化)를 강조하였다. 유교인가 불교인가 도교인가 하는 구별을 중시하지 않고, 사상을 체득하고 실천하는 것을 중시하였다. 그는 사상이 사상으로서만 권위를 지니고 실생활에서 구현되지 않는 현상을 우려하였다.* 또한 그는 유·불·도의 사상이 인간 존재를 살찌우고 진정한 자유를 가져다줄 수 있는 사상으로서 현실 공간에서 조화롭게 기능하기 위해서는 그것들을 회통(會通)시켜야 함을 깨달았다. 그의 삶은 곧 '사상의 육화'요, '차별 사상의 회통'을 위한 궤적이었다.

---

* 일본의 츠다 소기치(津田左右吉)는 중국 사상사와 관련하여 "중국에서는 일찍이 사상 혁명이라는 것이 일어난 적이 없다"고 혹독하게 비판한 바 있다. 그것은 중국인들의 생활 자체가 고정되어 있기 때문이기도 하지만, 또 한 가지 이유는 사상이 사상으로서의 권위만 지녔을 뿐, 반드시 실생활을 지배하려 들지 않았기 때문이라는 것이다. "도덕이나 정치의 가르침이 어떠하든 간에 실제의 사회나 정치는 그것과는 관계없이 움직이고 있었고, 그러면서도 가르침은 사상에 대하여 가르침으로서의 권위를 가지고 있었다. 실생활에서 권위가 없는 사상에 대해서는 반항하거나 그것을 변혁시키려고 할 필요가 없었기 때문이다."(津田左右吉, 『支那思想と日本』, 東京: 岩波書店, 1938, 29~30쪽) 전면적으로 수긍할 것은 아니지만, 이 지적은 사상에 대해 논할 때 이론체계나 사유 방식의 문제만이 아니라 사상의 육화(肉化) 문제를 살펴보아야 한다는 시각을 제시해주었다고 평가할 수 있다. 조선의 사상사에 대해서도 이 점을 중시해야 할 것이다.

제 1 부

● 수학 시절

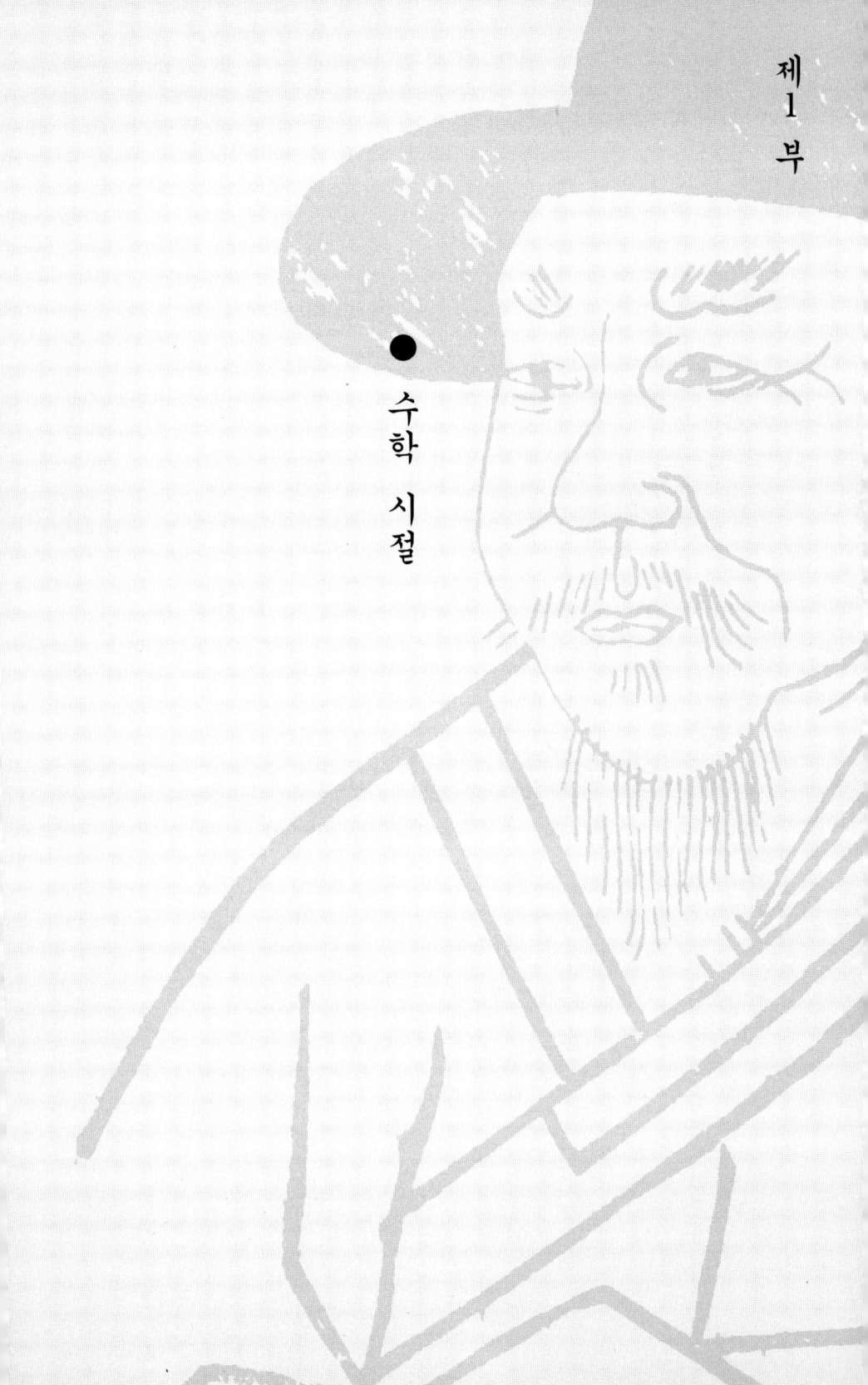

출생과 가문

그대여, 마땅히 알라.
내가 지금까지 그대에게 말한 것은
태어난 가문 때문에 무리의 주재자가 아니라는 것.
태어난 가문 때문에 최고의 수행자가 아니라는 것.

하는 행동에 따라 무리의 주재자가 되고
하는 행위에 따라 최고의 수행자가 된다는 것.
― 잡아함 102경

_ 강릉의 오래된 가문 출신

김시습의 본관은 강릉(江陵)이다. 강릉을 창해(滄海)라고도 하고 명주(溟州)라고도 한다. 그래서 본관을 창해나 명주로도 적는다.

김시습의 부친은 일성(日省)이다. 그러나 강릉 김씨 「청간공파보」(淸簡公派譜)에 나고 죽은 해가 기록되어 있지 않다. 모친은 울진(蔚珍) 장씨(張氏)였다. 역시 나고 죽은 때가 분명하지 않다. 김시습은 관향이 강릉이었기 때문에, 그의 사당이 강릉 김씨 시조 명주군왕(溟州郡王) 묘역의 재사(齋舍) 옆에 있다.

「세계도」(世系圖)에 따르면, 강릉 김씨는 신라 태종 무열왕 김춘추의 6세손 김주원(金周元)을 중시조로 한다.[1] 김주원은 곧 명주군왕으로, 김춘추의 제3자 문왕(文王: 또는 文汪으로 표기)의 5세손이다. 김시습은 김주원의 22대손이니, 그 집안은 신라와 고려 때 명신과 석학을 배출해온 명문이다. 그래서 그는 「양양부사 유자한에게 속내를 토로한 서한」에서, 자기 집안이 "강릉의 오래된 가문"이라고 특별히 적었다.

김주원은 신라 제37대 선덕왕(宣德王, 재위 780~785)이 재위 6년 만인 785년에 서거하자, 군신회의에서 후사 왕으로 결정되었다. 무열왕의 직계이고, 시중 겸 병부령(兵部令)이었으므로 권력을 계승할 만하였기 때문이다. 하지만 저택이 경주 북쪽 20리에 있었는데, 폭우로 알천(閼川)이 불어나 성내로 들어가지 못하였다. 그래서 상대등이었던 김경신(金敬信)이 왕위 계승자로 결정되었다. 김주원과 김경신은 둘 다 내물왕의 증손인 지증왕의 후손이되, 김주원은 지증왕의 제2자 입종의 현손인 무열왕의 6세손이고, 김경신은 지증왕의 제3자 진종의 8세손이다.[2] 한편, 선덕왕은 내물왕의 제3자 미사흔의 8세손이다.

그런데 『삼국유사』(三國遺事)는 김주원이 홍수로 알천을 건너지 못한 것에 대해 김경신이 알천 신에게 제사를 지냈기 때문이라고 적었다. 왕위 계승과 관련하여 알력이 있었음을 짐작할 수 있다.

김주원은 친족간의 상잔(相殘)을 피하려고 군사를 일으키지 않고, 선덕왕의 장례에 참석하러 홀로 궁으로 들어갔다. 이때 김경신은 그에게 왕위에 오르라고 권했으나, 김주원은 모친의 관향인 명주(강릉)로 이주하였다. 이렇게 하여 김경신이 왕위에 올랐으니, 그가 곧 원성왕(元聖王, 재위 785~798)이다. 원성왕은 김주원에게 명주의 9군 25현을 식읍으로 주었다.[3]

김시습은 20대 말 또는 30대 초반, 경주 금오산에 머물 때 북천(北川: 알천)의 김주원 유지(遺址)를 보고 시를 지어, 김주원을 백이 숙제와 오태백(吳泰伯)에 견주었다. 즉, 자신의 조상 김주원이 왕위 계승 문제로 갈등이 있었을 때 순순히 왕위를 다른 이에게 물려준 사실을 칭송한 것이다.[4]

원성왕에게 김주원이 양보하였을 때	元聖周元相讓時
장맛비로 북천 물살이 도도하였다 하네.	北川霖雨漲無涯
백이 숙제와 태백만 미덕을 독점하랴	夷齊太伯那專美
예부터 강릉에 이 분 사당이 있나니.	千古江陵有舊祠

이것은 참으로 아이러니컬하다. 바로 김시습 자신도 훗날 백이 숙제나 태백

에게 견주어졌기 때문이다. 단, 김시습의 경우는 지절(志節)을 지켰다는 이유에 서이므로, 김주원의 경우와 같은 의미에서 그런 것은 아니다. 하지만 어찌 보면 세속의 가치와는 배반되는 삶을 삶으로써 덕(德)을 온전히 할 수 있었던 김주원의 경험이 그 후손 김시습에게도 이어졌다고 말할 수 있다. 김시습 자신은 그것을 생각하면서 김주원의 유지를 돌아보았던 것이 아닐까?

김주원에게는 세 아들이 있었는데, 장남 종기(宗基)가 아버지를 이어 명주 군왕이 되었다. 둘째 아들은 헌창(憲昌), 셋째 아들은 신(身)이다. 김신은 김종기의 뒤를 이어 명주군왕이 되었으며, 헌충공(憲忠公)이라는 시호를 받았다. 김신이 김시습의 21대조이다.

그런데 김헌창은 부친이 즉위하지 못한 일로 원한을 품어 822년(헌덕왕 14)에 난을 일으켰다가, 청주에서 전사하였다. 그 아들 범문(梵文)도 825년(헌덕왕 17)에 군사를 일으켰으나 패하였다. 이로써 명주군은 독립성을 상실하였다. 하지만 김주원의 후손들은 신라 하대에도 여전히 세력을 유지하여, 김신의 고손 견웅(堅雄), 그 아들 징우(徵祐), 그 아들 양(陽)이 모두 상서 벼슬을 지냈다.

김양(金陽: 일명 魏昕)은 민애왕(閔哀王, 재위 838~839) 때 왕실에 내분이 일어나자 청해진에서 김우징(金祐徵)을 받들고 기병(起兵)하여 왕(神武王)으로 즉위케 하였고, 딸을 문성왕(文聖王, 재위 839~857)의 비(昭明王后)로 들여보냈다. 신라 하대 155년 가운데 80여 년 동안은 명주왕이 신라왕과 연립정권을 이루었다고까지 말한다. 그래서 고려 태조 왕건도 김주원 집안을 두려워했다고 『고려사』(高麗史)에 기록되어 있다.[5]

김양의 뒤를 이은 김상기(金上琦)는 고려를 건국하는 데 공을 세웠으므로 문정(文貞)이라는 시호를 받았다. 김상기의 둘째 아들이 고려 초의 문장가 인존(仁存, ?~1127)이다. 김인존은 1101년(숙종 6)에 송나라에 사신으로 다녀왔으며, 1102년(숙종 7)에는 요나라 사신 맹초(孟初)의 접대를 맡아 창화(唱和: 앞사람의 시에 운자를 맞추어 시 짓는 일)를 잘해서 "참으로 천재"라는 격찬을 받았다. 인종의 외척 이자겸(李資謙)이 발호했을 때 처신을 잘했다가 이자겸의 난이 평정된 뒤 1126년에 공신으로서 상주국(上柱國)이 되었다. 시호는 문성(文成)이다. 김인존의 맏아들 영석(永錫)은 평장사(平章事)를 지냈으며, 후손들도 대대로 문관의 요직을 지냈다.

그런데 김인존의 7대손이자 김시습의 7대조인 칠초(七貂)가 상장(上將)의 무관직을 지낸 후, 그 후손들은 무반(武班)으로서 대를 이었다. 칠초의 아들로는 당(瑭)과 상(瑺)이 있었는데, 호군(護軍)을 지낸 김상이 김시습의 6대조이다. 김상의 장남 한신(漢臣)은 부령(副令)을 지냈고, 그 아들 윤주(允柱: 혹은 久住)*는 안주목사(安州牧使)를 지냈다. 김한신과 김윤주(김구주)는 김시습의 고조와 증조이다.

김시습은 「양양부사 유자한에게 속내를 토로한 서한」에서 증조부가 "봉익대부(奉翊大夫)에 그쳤다"고 적었다. 봉익대부는 고려시대 문산계(文散階)의 하나로, 1275년(충렬왕 원년)의 관제 개정 때 은청광록대부(銀靑光祿大夫)가 바뀐 것이다. 충선왕 2년인 1310년에 '종2품 하'였는데, 공민왕 5년인 1356년에 폐지되고, 그 11년에 다시 종2품이 되었으며, 그 18년에 다시 폐지되었다. 종2품은 고위 품계이다. 그런데도 김시습이 "봉익대부에 그쳤다"고 적은 것은 알 수 없는 일이다. 어쩌면 김윤주는 실제 직위를 얻지 못하고, 죽은 뒤에야 봉익대부에 추증되었는지 모른다.

김시습의 조부와 부친은 하급의 무반직을 받았을 뿐이다. 그나마 할아버지 원간(元侃)은 오위부장(五衛部將)을 지냈으나 아버지 일성(日省)은 음보(蔭補: 조상의 덕으로 벼슬을 얻음)로 충순위(忠順衛)에 봉해졌고, 그것도 병약해서 취임하지 못하였다.[6]

충순위는 세종 27년인 1445년 7월에 경대부 및 사(士)의 후예들에게 은택을 주기 위하여 특별히 설치한 병종(兵種)으로, 가자(加資: 벼슬아치의 품계를 올려줌)되는 기간이 매우 짧았기 때문에 양반 자제들이 선호하였다. 세종은 처음에는 2품 이상의 아들·손자·사위·아우·조카, 경관(京官) 현직의 3품, 외관 3

---

* 이이의 「김시습전」(1583년 이산해 서문 활자본 『梅月堂集』 卷首)에는 '久住'로 표기되어 있고, 「세계도」(世系圖: 1927년 신활자본 『梅月堂集』 卷首)에는 '允住'로 표기되어 있다.

품 수령의 아들·손자·사위, 대성(臺省: 사간원과 사헌부)·정조(政曹: 이조와 병조)의 직책을 거친 자의 아들을 대상으로 충순위를 편성했으나, 나중에는 예문관 시험에 합격하여 수습 기간을 거친 자로서 이조에 자리가 없어 채용되지 못한 사람이나 전직 7품 이하의 관직에 있던 자로서 원하는 사람에 대해서도 충순위에 속하도록 허용하였다.[7] 또한 25세 이상으로 연령을 제한했으므로, 25세가 되도록 과거에 합격하지 못했던 많은 양반 자제들이 여기에 속하여 벼슬길에 들어섰다.*

김시습의 아버지는 충순위의 군직을 받았으니, 애당초 일정한 자격과 재산이 있었을 것이다. 다만 서너 대째 중급의 무인 집안이었기 때문에 권세 있는 집안으로 행세하지는 못하였던 듯하다.

김시습은 「양양부사 유자한에게 속내를 토로한 서한」에서 자신의 조상 가운데 고려 때 시중을 지낸 김연(金淵)과 김태현(金台鉉, 1261~1330)의 사적이 『고려사』에 자세히 실려 있다고 하였다. 하지만 김연은 현존본 『고려사』에 기록이 없고, 『강릉김씨세보』에도 이름이 올라 있지 않다. 또 김태현은 고려 충렬왕, 충선왕, 충숙왕 때의 문신으로 저명하지만, 본관은 광산(光山)이다.

김시습이 어쩌면 명문가 출신임을 강조하기 위하여 사적이 널리 알려져 있던 김태현을 조상으로 거론했을지 모른다. 그러나 개결(介潔)한 그의 성품으로 볼 때, 그가 가계를 속였을 리 만무하다. 아마도 조선 초에는 족보가 가문별로 제대로 편찬되지 않았던 터이므로, 김시습도 가계에 대하여 잘못 알고 있었을 가능성이 있다.

---

* 조선 초에는 경제력 있는 양반 자제들이 무과를 통하여 발신(發身)한 예가 많았다. 이미 태종 때 개국(開國)·정사(定社)·좌명(佐命) 공신의 후예들을 충의위(忠義衛)로 임용한 바 있다. 충순위를 두자 학문을 할 수 있는 똑똑한 자들까지도 노소를 불문하고 모두 이에 속하려는 폐단이 일어났다. 그 뒤 세조는 충순위를 폐지하고 태조의 건국이나 태종의 즉위를 도운 원종공신(原從功臣)의 자손들을 위하여 충찬위(忠贊衛)를 설치했으며, 지방 호족 가운데 벼슬하지 못하고 있는 사람들을 위해 호익위(虎翼衛)를 설치하였다. 車文燮, 『조선시대 군제 연구』 IV(단국대학교 출판부, 1973), '선초의 충의·충찬·충순위'.

_ 어머니의 집안과 내외 친척

김시습의 모친은 울진 장씨다. 울진 장씨는 한나라 때의 외교가 장건(張騫)의 후예라고 전한다. 권문해(權文海, 1534~1591)의 『대동운부군옥』(大東韻府群玉)에도 그렇게 기록되어 있으니, 통념상 그랬던 듯하다. 장건은 본래 상인이었는데, 건원(建元) 연간(B.C. 140~B.C. 134)에 낭(郞) 벼슬을 받고 흉노와 화친해서 동서로 물자를 유통하여 박망후(博望侯)에 봉해졌다.

울진 장씨를 선사(仙槎) 장씨라고도 한다. 장건이 하늘나라 숙직 관리여서 뗏목을 타고 옥황상제 앞에 갔다 왔다는 고사가 있어 그렇게 말한다.[8] 『전고대방』(典故大方)의 「만성시조편」(萬姓始祖編)에 따르면 울진 장씨의 시조는 추밀직학사(樞密直學士) 천익(天翼)이라고 한다.

그런데 1811년 목활자본 『울진장씨세보』(蔚珍張氏世譜)에는 시조가 백익(伯翼)이라고 되어 있다. 그리고 중간의 계보가 분명하지 않기 때문에 상호군(上護君) 균정(均正)을 중시조로 삼는다고 하였다. 장균정은 금강산에 들어가 살며 풍림거사(楓林居士)라고 스스로 호하였고, 뒷날 상호군에 추증되었다. 장균정 이하 6세 우(祐)까지는 주로 강릉에 살았고, 또 우는 양양의 수령을 지냈다. 조선 초에 들어와 7세 천계(天桂)가 한성의 묵적동(墨赤洞)으로 이주하였다.* 이것을 보면 김시습의 외가는 대개 강릉에 전장을 두고 있었으리라 추정된다.

김시습은 경주에 은둔해 있던 30대 때 울진까지 발걸음을 뻗은 적이 있다. 그때 지은 시에서 그는, 울진에 외족이 많다고 하고 선사 장씨는 장건의 후예라 한다고 적었다.[9] 울진군 근남면 행곡리 구미동 마을 북쪽 주천대 부근에 인조 연간의 만휴(萬休) 임유후(任有後, 1601~1673)가 은둔했는데, 1674년에 문인들이 고산사(孤山祠)를 건립하고, 1705년에 고산서원(孤山書院)의 사액(賜額)을 받아 동봉 김시습, 서파(西坡) 오도일(吳道一, 1645~1703)을 합사(合祀)했다. 1974년에 「삼선생유허비」(三先生遺墟碑)가 건립되었다.

김시습은 자식이 없었다. 영·정조 때 그를 추존하고 장릉에 배식해야 한다

---

* 필자 소장, 1811년 목활자본 『울진장씨세보』 영본(零本) 1책 참고.

고 주장한 여러 사람들의 말에서 그 사실을 알 수 있다. 정조 때, 고조 김한신(金漢臣)의 아우 한경(漢卿)의 현손 덕량(德良)이 조정의 명에 따라 그의 후사로 들어가 그 가계가 이어지고 있다.

김시습은 내외 친척의 이름들을 구체적으로 언급한 말이 거의 없다. 다만 그 자신이 몇몇 글에서 먼 친척이라고 밝혀놓은 사람들이 있다. 먼저, 김시습은 자기 이름을 지어준 최치운(崔致雲, 1390~1440)을 먼 친척이라고 하였다. 최치운은 강릉 최씨여서 관향이 김시습과 같다. 하지만 친족관계는 분명하지 않다. 또 김시습은 뒷날 수락산 시절에 쓴 시의 부제에서 손경보(孫敬甫)를 '족형'이라고 불렀다.[10] 손경보는 세조·성종·연산군 때 활동한 문신 손순효(孫舜孝, 1427~1497)로, 경보는 그의 자(字)이다. 다만 어느 정도 가까운 친척인지는 알 수 없다. 김시습은 이렇게 간혹 친척에 대해 언급했지만, 그들과의 구체적인 관계는 밝혀놓지 않았다.

김시습이 살던 시대에는 고려 말 이래 안동 권씨[권근]—한산 이씨(이색의 후손)의 구 귀족과 개국공신(開國功臣) 및 정사(定社)·좌명(佐命) 공신, 그리고 그 자손들이 혼척을 맺어 권력층을 형성하였다. 다시 김시습이 활동할 무렵에는 세조의 즉위와 관련하여 공을 세운 정난(靖難)·좌익(佐翼) 공신과 이시애(李施愛)의 난을 평정하는 데 도움을 준 적개공신(敵愾功臣)이 있어 서로 친·연척 관계를 맺었다.* 또한 성종 연간에 이르면 김종직(金宗直, 1431~1492)을 중심으로 한 영남 사림이 학맥과 혈연을 이루기 시작하였다. 그런데 김시습은 당시의 명문가와 친척관계에 있지 않았고, 그들과 혼척관계를 맺지도 못하였다. 그렇다고 새로운 학맥과 연결되지도 못하였다. 세조·성종 때 현달(顯達)한 손순효가 '족형'이기는 해도, 그의 후원을 받지 못하였다.

---

* 태조에게는 창업을 거든 배극렴(裵克廉) 등 44명의 개국공신, 정종에게는 정도전 일당을 타도한 조준(趙浚) 등 29명의 정사공신(定社功臣), 태종에게는 왕자의 난을 해결해준 하륜(河崙) 등 47명의 좌명공신(佐命功臣)이 있었다. 그 뒤 세조에게는 김종서·안평대군 등을 제거해준 정인지(鄭麟趾) 등 43명의 정난공신(수양대군 포함), 단종의 자리를 빼앗는 데 공을 세운 44명의 좌익공신, 이시애의 반란을 평정한 어유소(魚有紹) 등 45명의 적개공신이 있었다.

김시습의 집안은 꼭 가난하지는 않았던 것 같다. 하지만 그는 당대의 명문가나 학맥과 긴밀한 관계를 맺지 못하였으므로, 야망을 실현하려고 할 때 제약을 받지 않을 수 없었다.

_ 성균관 부근 마을에서 태어나다

김시습은 1435년(세종 17, 을묘)에 서울의 성균관 북쪽 반궁리(泮宮里)에서 태어났다. 이것은 뒷날 「양양부사 유자한에게 속내를 토로한 서한」에서 "저는 을묘년에 서울 반궁의 북쪽에서 태어났습니다"라고 진술한 내용에 따른다. 또한 「최안무에게 준 시」(贈崔安撫詩)에서는 '반궁 동북쪽에 예부터 친척과 이웃이 있다'(泮宮東北舊親隣)고 술회하였다. 그런데 세상에 다음과 같은 말이 전한다고 한다.[11]

> 매월당이 날 때 성균관 사람들이 모두 공자가 반궁리 김일성의 집에서 나는 것을 꿈꾸었다. 이튿날 그 집에 가서 물어보니, 매월당이 태어났다고 하였다.

하지만 김시습은 「동봉 여섯 노래」의 네번째 노래에서 "어머니, 맹자 어머니 같으셨던 어머니, 날 기르시느라 고생하시고 살 곳도 가리셨지"라고 하여, 맹자 어머니가 그랬듯이 자신의 어머니도 자식 공부 때문에 일부러 성균관 근처로 이사했다고 술회하였다. 이것은 그 자신이 유자한에게 밝힌 내용과는 맞지 않는다. 반궁리에서 난 후 다른 곳으로 이사갔다가 다시 반궁리로 이사했을 가능성도 있으나, 그보다는 김시습이 반궁리의 외가에서 출생했을 가능성이 더 높다.

조선시대에는 친정에서 출산하는 관습이 있었으니, 어쩌면 김시습은 반궁리의 외가에서 태어나 거기서 성장했을 가능성이 있다. 김시습이 태어날 때 반궁리 사람이 김일성의 집에서 공자가 탄생하는 꿈을 꾸었다고 하는 이야기는 뒷날 윤춘년이 김시습을 공자에 견주었던 말이 전해지면서 만들어진 전설인지 모른다.

성균관은 유교 학부를 중심으로 하는 최고의 교육기관으로, 반궁(泮宮)이라고도 한다. 본래 반궁은 주나라 때 제후의 도읍에 설치한 학교를 말하며, 천자의 도읍에 설치한 벽옹(辟雍)과 구별된다. 벽옹은 사면에 물길을 두른 형태이지만, 반궁은 북쪽에 담장을 치고 물길은 반만큼 두른 형태이다. 그래서 '반'(泮) 자를 쓴다.

성균관은 고려시대의 국학(국자감)을 계승한 교육기관이다. 고려 말에는 성균감(成均監)이니 국자감이니 하다가, 1362년에 성균관이 되었다. 조선조에 들어와 1395년(태조 4)부터 3년 사이에 한양의 숭교방(崇敎坊) 터에 대성전(大聖殿), 문묘, 명륜당, 동재, 서재, 양현고를 건립하였다. 단종 때 대성전을 '대성전'(大成殿)으로 고쳤다. 도서관인 존경각(尊經閣)과 반수(泮水)는 1478년(성종 9)에 갖추어졌다.

김시습이 태어난 반궁리는 반촌(泮村)과는 다르다. 반촌은 성균관 앞마을로, 본래 고려 말의 안유(安裕)가 국학을 진흥시키기 위해 내놓은 노비 100여 명의 자손들이 모여 살던 곳이다. 그곳 사람들은 성균관의 노복이나 서리 역할을 했고, 소 도살도 하였다.*

반궁리는 성균관 동쪽이나 북쪽의 마을이었던 듯하다. 그 일대는 경치가 아름다웠다. 후대의 일이지만, 성균관 동쪽의 송동(宋洞)은 앵두꽃으로 유명하였다.** 또한 그 근처에는 여러 명인들이 살았다. 뒷날 호남을 여행할 때 만나는 최경례(崔景禮) 안무사(按撫使)도 그의 어릴 적 이웃이었다.

전설에 따르면, 김시습은 공자가 환생한 인물이라고 알려졌다. 그를 공자의 환생이라고 일컬은 것은, 그가 '맑음'〔淸〕의 신성성을 지녀 공자의 '시중'(時中)

---

* 반촌은 관동(館洞)이라고도 한다. 徐命膺, 『保晚齋集』(민족문화추진회 1999년 영인 표점 한국문집총간 233) 권9, 雜著, 「安光洙傳」.
** 송동(宋洞)은 일제강점기 때의 숭일동(崇一洞)으로, 현재의 명륜동 1가 서울과학고등학교 서쪽이다. 창덕궁 서문인 요금문(耀金門) 밖 현재의 종로구 명륜동 1가 홍덕골에는 군자정(君子亭)이 창덕궁 주합루(宙合樓)와 마주하고 있고, 군자정 앞에는 연못이 있었다. 柳本藝 저, 權泰益 역, 『漢京識略』(탐구당, 1974), 211~212쪽.

의 신성성에 견줄 수 있는 면이 있기 때문이고, 또 그의 조숙한 천재성이 공자처럼 "나면서부터 알았던"(生而知之) 것과 같았기 때문이다. 곧, 당시 사람들은 천재로 태어난 김시습을 두고, "나면서부터 알았던" 사람이라고 일컬었다.

그런데 "이웃집 사람이 그 마을에 공자가 태어나는 꿈을 꾼 후 태어났다"는 김시습의 탄생설화는 설화로서의 신성성이 약하다. 김시습을 공자의 환생이라고 보는 이 전설은, 그를 현실 공간에서 벗어난 이인(異人)으로 그려보이는 것이 아니다. 정말로 김시습은 현실 속에 살면서 현실의 문제로 고뇌하는 평범한 인간 존재로 태어난 것이다.

오세동자

_ 외조부의 훈육

김시습은 성균관 부근 마을에서 태어나, 역시 성균관 부근에 있던 외가에서 성장하였다. 어쩌면 성균관 부근에 있던 외가에서 나서 외가에서 자랐을 가능성이 높다. 김시습의 어머니가 그에게 유학을 가르치려고 그를 성균관 부근의 친정에서 길렀을 가능성도 있다.

김시습은 태어날 때부터 영특하였다. 이웃에 살던 최치운이 그에게 시습(時習)이라는 이름을 붙여주면서, 이름의 뜻을 풀이하고 앞날을 축원하는 내용의 「시습명설」(時習名說)을 지어 그의 외할아버지에게 주었다. 시습이라는 이름은 『논어』 「학이」(學而) 편의 맨 처음에 나오는 "배우고 때때로 익히면 기쁘지 아니한가"(學而時習之, 不亦說乎)에서 따온 말이다. 뒷날 김시습은 열경(悅卿)이라는 자(字)를 조수(趙須)에게서 받는다. '열'(悅)은 '불역열호'(不亦說乎)의 '열'(說: 기쁘다)과 같은 글자이다.

최치운은 세종 때 집현전에 들어갔고, 야인을 정벌하는 데 공을 세웠으며,

공조와 이조의 참판과 좌승지를 역임하였다. 다섯 차례나 명나라에 다녀왔고, 법률에 밝아서 1438년에는 『무원록』(無寃錄)을 주석하였다. 예문관 제학을 거쳐 이조참판에 이르렀으나, 술을 너무 좋아하여 51세 되던 1440년에 죽고 말았다. 최치운이 죽었을 때 김시습은 여섯 살이었다. 따라서 최치운은 김시습의 진로에 힘이 되어주지 못하였다.

김시습은 태어난 지 여덟 달 만에 글을 알았다. 뒷날 「양양부사 유자한에게 속내를 토로한 서한」에서 그 스스로 그렇게 말하였다. 천부적 자질을 알아본 외할아버지는 그에게 우리말을 가르치지 않고 『천자문』을 먼저 가르쳤다. 조선시대에는 양(梁)나라의 주흥사(周興嗣)가 엮은 『천자문』을 한자 학습 교재로 사용했으므로, 김시습도 그 책으로 배웠을 것이다.

김시습은 말은 제대로 하지 못했지만, 한자의 뜻은 다 통하였다. 두 살 나던 해(1436년, 병진) 봄이었다. 외할아버지는 그에게 "화소함전성미청"(花笑檻前聲未聽)이라는 구를 불러주고 그것이 무엇을 가리키느냐고 물었다. '꽃이 난간 앞에서 웃지만 그 소리는 들리지 않는다'는 뜻이다. 김시습은 병풍에 그려져 있는 꽃을 가리키며 "아아" 하였다.

외할아버지는 또 "조제임하누난간"(鳥啼林下淚難看)이라고 불러주고는 그것이 무엇을 가리키는가 물었다. '새가 숲 속에서 울지만 눈물이 흐르는 것은 보이지 않는다'는 뜻이다. 김시습은 병풍에 그려진 새를 보고 "아아" 하였다. 외할아버지는 손자가 한자의 뜻을 잘 알고 있다는 사실을 알았다.

그런데 외할아버지가 김시습에게 문제로 냈던 "화소함전성미청"과 "조제임하누난간"은 조선 중기 이후에 초학자(初學者)의 시 학습서로 널리 이용되었던 『백련초해』(百聯抄解)의 맨 처음에 나오는 두 구절이다.* 어쩌면 김시습이 어렸을 때 이미 이 『백련초해』가 있어서, 외할아버지도 그 첫 구를 이용하여 김시습

---

* 『백련초해』(百聯抄解)는 편찬자를 알 수가 없다. 명종 때 김인후(金麟厚)가 엮었다는 설이 있다. 하지만 김시습의 외조부가 김시습을 시험한 시구가 거기 들어 있는 것을 보면 훨씬 이른 시기에 편찬된 듯하다. 또 거기에 초출(抄出)된 시구는 누구의 시구들인지 분명하지 않다. 언해본이 진작에 만들어져 널리 유통되었다.

을 시험하였는지 모른다. 또 고려 중엽의 이인로(李仁老, 1152~1220)는 8, 9세가 되어 글 읽는 법을 익힐 때 노유(老儒)가 바로 이 연(聯)을 가르쳐주자 그 바깥짝을 "문 밖에서 버들은 찡그리지만 이유를 알기 어렵네"(門外柳顰理難知)라고 해야 대장(對仗)이 묘하다고 말해서 노유를 놀라게 했다고 한다.[12] 이인로는 그 연을 "옛 시인의 경구(警句)"라고 하였다. 이 '옛 시인의 경구'는 일찍부터 초집(抄集)에 뽑혀 있어서 초학자의 시 학습용으로 애용되었던 듯하다.

외할아버지는 『당현송현시초』(唐賢宋賢詩抄)에서 100여 수를 가려뽑아 읽게 하였다. 김시습이 공부한 『당현송현시초』는 송나라 말, 원나라 초기에 후촌(後村) 유극장(劉克莊)이 엮었다고 전하는 『분문찬류당송시현천가시선』(分門纂類唐宋時賢千家詩選)을 가리키는 듯하다. 이 책은 『후촌천가시』(後村千家詩)로도 알려져 있는데, 원나라와 명나라 초기에 유행하였고, 후대의 시선집 편찬에 거듭 참고로 되었던 책이다. 당시와 송시를 분류식으로 엮어 열람에 편하다.[13] 이렇게 당시와 송시를 먼저 읽음으로써 김시습은 시어로 자신의 심경을 표현하는 방법을 알게 되었다.

김시습은 세 살 되던 1437년(정사) 봄에 이르러 말을 조금 자유롭게 하게 되었다. 그는 외할아버지에게 "시를 어떻게 지어요?" 하고 물었다. 외할아버지는 "일곱 글자를 나란히 잇고 평측(平仄)을 맞추고 대우(對偶)와 압운(押韻)을 하는 것이 시란다" 하고 가르쳐주었.

평측은 한자의 평성 글자와 측성 글자를 규칙에 맞게 배열하는 것이고, 대우는 두 구절의 어법 구조와 평측이 서로 짝이 되도록 만드는 것이다. 압운은 시의 일정한 곳마다 같은 운(韻)에 속하는 글자를 놓는 일을 말한다. 가장 기본적인 시 형식인 절구(絶句)나 율시(律詩)는 짝수번째 구의 마지막에 운자를 놓게 되어 있다.

김시습은 "그런 것이 시라면 저도 일곱 글자를 이을 수 있어요. 할아버지, 첫 자를 불러주세요"라고 하였다. 외할아버지는 봄 '춘'(春) 자를 불러주고, '춘'이 처음에 놓이는 시구를 지어보라고 하였다. 김시습은 곧바로 "춘우신막기운개"(春雨新幕氣運開)라고 답하였다. "봄비가 갓 지은 초막에 내려 새 기운이 열리네"라는 뜻이다. 사는 집이 초가집이었고, 뜰 가운데 가랑비가 내리는데 살구꽃이 갓 피어났기 때문에 그렇게 지은 것이다.

그 뒤로 김시습은 신이 나서 입에서 나오는 대로 시구를 내뱉었다. "도홍유록삼춘모"(桃紅柳綠三春暮). "복숭아꽃은 붉고 버들가지 푸르니 봄이 저물었다"는 뜻이다. "주관청침송엽로"(珠貫青針松葉露). "구슬이 푸른 바늘에 꿰인 듯하니 솔잎에 이슬이 맺혔다"라는 뜻이다.

김시습은 이렇게 둘-둘-셋의 글자를 연결하여 일곱 글자의 시구를 이루는 방법을 세 살 때 깨우쳐 알았다. 그러나 한 구의 둘째, 넷째, 여섯째 평측을 교대로 엮는 '2-4-6 부동(不同)'의 규칙을 그대로 지키지는 못하였던 듯하다. "도홍유록삼춘모"와 "주관청침송엽로"는 각각 '2-4-6 부동'의 규칙을 지켰으나, "춘우신막기운개"는 그 규칙을 지키지 않았다. '우'(雨)는 측성, '막'(幕)도 측성, '운'(運)도 측성이다. 이 무렵에는 아직 평측을 구분하여 시를 지을 줄 몰랐던 것이다. 더구나 각 시구는 연(聯)을 이루지 못했으니, 대우를 맞추어 두 구를 짓는 연구(聯句)의 방법은 익히지 않았던 듯하다.

그런데 얼마 지나서, 유모 개화(開花)가 보리를 맷돌에 갈고 있는 것을 보고 김시습은 큰 소리로 이렇게 읊었다.

비도 안 오는데 천둥 소리 어디서 나지   無雨雷聲何處動
누런 구름이 풀풀 사방으로 흩어지네.   黃雲片片四方分

맷돌 가는 소리를 청각적으로 묘사하고 누런 보릿가루가 흩어지는 모습을 시각적으로 묘사한 것이다. 이 두 구는 각각 '2-4-6 부동'의 규칙을 지키고 있고, 안짝 구(홀수번째 구)와 바깥짝 구(짝수번째 구)는 평측이 서로 반대여야 한다는 염법(廉法)을 지켰다. 비로소 김시습은 두 구를 연결하여 연을 이루는 방법을 터득하였다. 사람들은 모두 그를 신통하게 여겼다. 이 구를 보면 안짝 구와 바깥짝 구가 대장(對仗)을 이룬 '연구'(聯句)는 아니지만, 염법을 지켜 연을 만든 것을 보면 아마 이 무렵에 이미 김시습은 연구를 지을 줄 알았던 것 같다.

어린아이가 연구를 잘 지으면 신동(神童)이라고 부르는 일은 이미 고려 중엽부터 있었다. 고려조의 대문호 이규보(李奎報, 1168~1241)는 열한 살 때 훌륭한 연구를 지어 당시 직문하(直門下)이던 숙부의 동료들에게서 기동(奇童)이라는 칭찬을 들었다.* 그런데 김시습이 이 맷돌 시를 지은 것은 서너 살 때의 일이니, 그 조숙한 천재성을 충분히 짐작할 수 있다.

그보다 앞서 서거정에게도 아주 어려서 연구를 지었다는 일화가 전한다. 서거정은 대여섯 살 때 중국 사신들이 머무는 태평관(太平館)에 들어가 손가락으로 창문을 뚫고 안을 엿보다가 중국 사신에게 붙잡혀 야단을 맞았는데, 대(對)를 잘 지어 풀려났다고 한다. 중국 사신이 "손가락으로 종이 창을 뚫어 구멍〔孔子〕을 이루었네"(指觸紙窓成孔子)라고 안짝 구를 말하자, 어린 서거정은 "손에 밝은 거울 쥐고 얼굴 돌려〔顏回〕 대한다"(手持明鏡對顏回)라고 바깥 구를 답하여,14) 공자(孔子)에 안회(顏回)로 멋지게 짝을 맞추었다. 이른 나이에 연구를 지을 줄 알았다고 전하는 신동들의 일화는 그 밖에도 상당히 많다.

김시습은 서너 살 때 연구를 매우 많이 지었지만, 공책을 몽땅 잃어버려 전하지 않는다고 스스로 술회하였다. 그런데 어린 그가 지은 시구들은 시의 한 구절이나 한 연을 이루기는 했지만, 규칙적으로 운자를 놓은 것은 없었다. 어릴 때 지은 완전한 형태의 시를 동몽시(童蒙詩)라고 하는데, 조선시대의 문인들은 대부분 동몽시를 문집에 한두 편 남겨 조숙성을 과시하곤 하였다. 고려시대의 정지상(鄭知常, ?~1135)도 세 살 때 흰 물새를 보고 오언절구를 지었다는 일화가 전한다.** 그러나 세 살 때의 김시습은 아직 완전한 형태의 시를 지은 것이 아니라, 연구를 지을 줄 알았던 듯하다.

---

* 물론 이규보가 이 나이에 비로소 연구를 지을 줄 알았던 것은 아닐 것이다. 당시 가구(佳句)를 즉석에서 지어냈기에 칭찬을 받았다고 보아야 한다. 『東國李相國集』(민족문화추진회 1990년 영인 표점 한국문집총간 1) 卷首, 年譜, 戊戌(公年十一) 조항 참조.
** 조선 후기의 실명씨, 『서경총람』(西京摠覽)(한국향토사연구전국협의회, 『향토사연구』 12집, 2000, 119~169쪽 영인)에 일화가 전한다. 정지상은 "꽉꽉 우는 백구 새는, 머리를 구부려 하늘을 우러러 노래하네. 흰 털은 푸른 물 위에 떴고, 붉은 발바닥은 맑은 물결을 밟고 있네"(喧喧白鷗鳥, 頭曲仰天歌. 白毛浮綠水, 紅掌踏淸波)라는 절구를 세 살 때 지었다고 한다.

김시습은 어린이를 위한 학습 교재인 『정속』(正俗)과 『유학』(幼學), 『자설』(字說) 등을 차례로 읽었다. 그는 특히 『정속』을 읽어서 유학의 윤리관을 공부하였다. 『정속』은 원나라 때 일암왕(逸庵王)이 유교의 교양을 아이들에게 가르치기 위해 엮은 교화서로, 원래 이름은 『정속편』(正俗編)이다. 부모에게 효도하고 형제간에 우애로우며 집안을 평화롭게 하고 자손을 가르치며 친척 사이에 화목하고 이웃과 향촌사회에서 올바르게 살아가는 문제를 다룬 내용이다.[15] 1518년(중종 13)에 김안국(金安國, 1478~1543)이 구결을 달고 언해하여 경상도에서 『정속언해』(正俗諺解)를 간행할 만큼, 조선 전기에 널리 읽혔다.

『유학』과 『자설』은 무엇을 가리키는지 분명하지 않다. 『자설』은 혹 『초학자회』(初學字會)를 가리키는지 모른다. 『초학자회』는 뒷날 세조 초에 판서 최항(崔恒, 1409~1474)과 참의 한계희(韓繼禧, 1423~1482)가 언문으로 주를 달다가 두 사람 모두 부모의 상으로 일을 끝내지 못했는데, 세조 4년 10월 15일의 실록 기사에는 중추 김구(金鉤, ?~1462)와 참의 이승소(李承召, 1422~1484)에게 명하여 우보덕 최선복(崔善復) 등 12인을 거느리고 주를 찬(撰)하게 했다는 기록이 있다.[16]

김시습은 『정속』을 다 읽고 나서 『소학』(小學)을 공부하여 대체적인 뜻을 이해하였다. 『소학』은 1187년에 송나라 학자 유자징(劉子澄)이 아동을 가르치기 위해 엮은 교과서로, 내편 4권과 외편 2권으로 이루어져 있다. 조선시대에는 명나라 진선(陳選)이 주를 많이 달고 정유(程愈)가 여러 해설들을 엮은 『소학제가집주』(小學諸家集註)가 널리 유통되었다.[17] 1518년에 역시 김안국이 언해하여 간행하였다. 조선시대를 통틀어 가장 많이 인쇄되었고, 그만큼 널리 읽혔던 책이다.

이렇게 『정속』과 『소학』을 읽는 과정에서 김시습은 한문의 문리가 트여 문장을 지을 수 있게 되었다. 지은 글이 수천여 언(言)에 이르렀다.

김시습은 우리말을 먼저 배우지 않았기 때문에 자라서도 말을 더듬었다. 하지만 붓과 먹을 쥐면 마음속의 생각을 글자로 다 써냈다. 신동이었다.

_ 이계전과 조수에게 수학

다섯 살 되던 1439년(세종 21, 기미)에 김시습은 이웃에 사는 이름 높은 학자 이계전(李季甸, 1404~1459)의 문하에서 『중용』(中庸)과 『대학』(大學)을 읽었다.

이계전은 한산(韓山) 이씨 가문의 사람으로, 고려 말의 대학자 목은(牧隱) 이색(李穡, 1328~1396)의 손자이자 조선 초의 대학자 권근(權近, 1352~1409)의 외손자이다. 세종 때 집현전 학사가 되었고, 집현전의 수찬(修撰)으로 있던 1436년에 왕명으로 김문(金汶) 등과 함께 『자치통감강목훈의』(資治通鑑綱目訓義)를 편찬하였다. 부당한 일에 대해서는 매섭게 간쟁했지만, 성품이 온화하고 도량이 넓었다. 김시습을 가르칠 때 이계전은 서른다섯이었다.

이계전은 김시습을 큰아들 우(堣)와 함께 가르쳤다. 이우는 개(塏)·파(坡)·봉(封) 등 이른바 한산재자(韓山才子)의 맏형이었다. 이파(李坡, 1434~1486)는 1450년(세종 32)에 진사시에 합격하고, 이듬해 증광문과에 급제하여 벼슬길에 오른다. 이봉(李封, 1441~1493)은 1465년(세조 11)에 이르러 별시문과에서 장원으로 급제하여 벼슬길에 오른다.

이파는 자가 평중(平仲)이고, 자호를 송국재(松菊齋)라고 하였으며, 벼슬이 의정부 좌찬성에 이른다. 1486년(성종 17)에 갑자기 죽었는데, 명헌(明憲)이라는 시호를 내렸으며, 『성종실록』에 졸기(卒記)가 있다.[18] 사신(史臣)의 논평에 따르면, 이파는 사람됨이 활달하고 시원스러우며 용모가 아름답고 담론하기를 좋아했으며, 풍류가 있고 세련되어 한 시대의 추앙을 받았다고 한다. 의리(義理)의 학문에 널리 통하였고, 문장과 경제(經濟)로 자부했으며, 벼슬한 사람들의 이력과 씨족, 세대를 모두 기억하고 조정의 고사를 많이 알 만큼 총명하였다. 다만 일을 의논할 때 영합하려고 힘썼으며, 호사스럽고 허황되어 재물욕이 많았다. 경연관이 되어 대궐 문 곁방에서 입시(入侍)를 기다릴 때 자기도 모르게, "금년은 쌀값이 너무 싸서 면포를 많이 살 수 없겠군"이라고 했다고 하여 경시되었다.

이파의 청·장년기는 김시습이 활동한 시기와 겹친다. 하지만 김시습의 문집에서는 그에 관한 기록이 별로 없다. 훗날 수락산 시절, 이파가 평안도 관찰사 겸 평양감사로 있으면서 시를 보내오자 15수나 화운시(和韻詩)를 지어 답하지만, 격이 달라 왕래할 수 없다는 뜻을 가만히 내비쳤다. 김시습은 그 시에서 그가 그간 한산 이씨가의 집을 찾지 않았다는 사실을 말하였다.[19] 이계전이 세조가 정권을 찬탈할 때 동조하여 공신록에 그 이름이 오르자, 이계전 및 그 아들들과의 왕래를 끊었던 듯하다.

이계전은 김시습보다 먼저 어린 서거정도 가르쳤다.[20] 이계전과 서거정은 모두 권근의 외손이었다. 또 서거정의 고모부 진호(秦浩)의 딸이 이계전에게 시집갔으므로, 이계전은 서거정의 고종 사촌이기도 하였다. 게다가 서거정은 당대의 저명한 학자 최항을 매부로 두었으므로, 이계전·최항·서거정은 혈연으로 이어지면서 학맥을 이루었다.

김시습이 이계전의 문하에 들어간 것은 곧 당대의 최고 학맥과 인연을 맺었다는 것을 뜻한다. 하지만 그는 그 가문의 사람들과 지속적으로 왕래하지는 않았다. 하지만 만년에 「양양부사 유자한에게 속내를 토로한 서한」에서 김시습은 자신이 이계전의 문하에서 공부했다고 스스로 밝혔다. 스승에 대한 예우를 지킨 것이다.

그 무렵, 김시습은 시문에 뛰어났던 조수(趙須, 생몰년 미상)에게도 배웠다. 당시 조수는 성균관 사예(司藝)로 재직하면서, 성균관 부근 마을에 살았다. 조수는 언젠가 김시습에게 '열경'이라는 자(字)를 지어주고 격려하는 뜻의 자설(字說)을 함께 적어주었다. 자는 본래 관례(冠禮)라는 성인식을 치를 때 덕망 있는 어른이 지어주는 것이다. 통례로 볼 때 조수가 그에게 자를 지어준 것은 18세 무렵에 관례를 치르고 혼인을 하게 되었을 때의 일인 듯하다. 하지만 김시습은 조숙했기 때문에 일찌감치 자를 받았는지도 모른다.

조수는 이미 고령이었다. 1401년(태종 원년)의 증광문과에 급제하여 벼슬을 살았는데, 1409년 태종이 외척 민무구(閔無咎) 형제를 제거할 때 아버지 조호(趙瑚)와 서형 희민(希敏)이 사사된 후 30년간 관동을 떠돌아다녔다. 세종이 그의 재주를 아껴 1435년(세종 17)에 성균관 사예로 임명하였고, 집현전 학사들도 지도하도록 시켰다. 김시습이 나던 해의 일이다.

조수는 문학에 뛰어났고, 성격 또한 호탕하였다. 안평대군(安平大君)이 그에게 『이태백집』을 주자, 자신의 배를 어루만지면서 그 속에 『이태백집』이 전부 들어 있다면서 사양했다는 일화가 전한다.[21] 또 한유(韓愈) 문장에 정통하여, 책을 보지 않고 외워서 가르칠 정도였다.[22] 그래서 1438년(세종 20)에 최만리(崔萬理), 김빈(金鑌), 이영서(李永瑞)와 함께 왕명에 따라 『주문공교한창려집』(朱文公校韓昌黎集)을 새로 편찬하는 일에 참여하였다.* 김시습은 조수에게서 한유의 글을 배웠을 법하다.

_ 정승 허조의 내방

최치운과 조수는 김시습이 신동이라고 선전하였고, 그 때문에 그의 이름은 서울에 널리 알려졌다. 마침내 1439년(세종 21) 초봄에 70세의 고령이던 정승 허조(許稠, 1369~1439)가 다섯 살의 김시습을 찾아왔다. 당시 다른 사람들은 황색 옷을 즐겨 입었으나, 그는 검소하여 회색 옷을 입었다.

허조는 1438년에 정승이 되어 황희(黃喜, 1363~1452)와 함께 국정을 담당하고 있었다. 그는 중국 유학의 새로운 흐름을 참조하여 조선 유학의 정통성을 재확립하려 했던 인물이다. 형 허주(許周, 1359~1440)는 판한성부사를 지내다가 벼슬에서 물러났고, 아우 허척(許倜)은 역시 노령으로 재상이 되었다. 형은 부형의 도리로 아우들을 대하고, 아우들은 자제의 예로 형을 섬겨 우애가 두텁기로 유명하였다.

허조는 김시습을 만나자마자 글자를 불러주고 시구를 지어보라고 하였다.

"애야, 늙은 날 위해 늙을 노(老) 자로 시구를 지어보거라."

김시습은 말이 떨어지자마자 "노목개화심불로"(老木開花心不老)라고 읊었다. "늙은 나무에 꽃이 피니 마음은 늙지 않았다"는 뜻이다. 허조는 무릎을 치

---

* 이 책은 주희(朱熹)의 『한문고이』(韓文考異)와 위중거(魏仲擧)의 『오백가주음변창려집』(五百家註音辯昌黎集), 한순(韓醇)의 『신간훈고당창려선생문집』(新刊訓詁唐昌黎先生文集)을 참조하여 여러 주석들을 골라서 모은 책으로, 활자로 간행되었다.

며 어떻게 이런 재주가 있을까 감탄하였고, 혀를 끌끌 차면서 "정말 신동이로군!" 하였다. 허조는 이해 음력 2월 14일(정해)에 졸하였으므로, 그가 김시습을 방문한 것은 초봄의 일이다.[23]

뒷날 허조의 아들 후(詡)와 손자 조(慥)는 단종의 손위(遜位) 때 사육신과 함께 수절하였다. 수양대군의 무리가 김종서, 황보인(皇甫仁, ?~1453) 등을 제거하고 이른바 정난(靖難)의 공을 경축하는 연회를 열었을 때, 허후는 재일(齋日)이라는 핑계를 대고 고기를 먹지 않았다. 또 김종서와 황보인을 효수(梟首: 죄인의 목을 베어 높은 곳에 매달던 처형)하려고 하자 말렸다. 이때 이계전이 그의 재덕을 아껴서 귀양 보낼 것을 청하였으나, 세조는 목을 졸라 죽이게 하였다.* 허후의 아들 허조(許慥)는 사육신과 함께 단종의 복위를 도모하다가 붙잡혔는데, 참형을 당하기 전에 자살하였다. 이 개결(介潔)한 선비 허조는 김시습과 교분이 있었다.

이렇게 정승 허조가 김시습을 인정한 뒤로 사대부들이 그를 자주 방문하였다. 왕실의 종친들도 서적을 주면서 큰 인물로 성장하리라고 기대하였다.

당시의 일을 그는 뒷날 「답답함을 풀어보인다」(叙悶)의 셋째 시에서 다음과 같이 회고하였다.[24]

여덟 달 만에 말을 알아들었고	八朔解他語
두 돌에 글 지을 줄 알았다.	二朞能綴文
비와 꽃을 시구로 읊었고	雨花吟得句
새소리와 눈물을 손으로 만져 알았지.	聲淚手摩分
높은 정승은 집에 왕림하시고	上相臨庭宇
종친들은 서적을 선사하시며	諸宗貺典墳
내가 벼슬길에 나아가	期余就仕日

* 남효온은 허후를 위해 전(傳)을 지으면서, 처음에는 세조가 그의 재덕을 아껴서 죽이려고까지 하지 않았다고 적었다. 『秋江集』(민족문화추진회 1988년 영인 표점 한국문집총간 16) 권8, 「許詡傳」.

경학으로 명군을 보좌하길 기대하셨다.　　　　　　經術佐明君

_ 세종의 장려

세종도 김시습에 대한 소문을 들었다. 즉시 지신사(知申事: 도승지)에게 전지(傳旨)를 내려, 김시습을 대언사(代言司: 승정원)로 불러 과연 그가 신동인지 아닌지 알아보게 하였다. 사가(私家)의 아이를 군주가 친견한다는 것은 전례가 없는 일이었으므로, 세종은 승정원(承政院)에서 그를 시험하게 했던 것이다.

그런데 지신사라는 직명은 김시습이 태어나기 전인 1433년(세종 15)에 도승지로 개명되었고, 대언은 승지로 바뀌었으니, 지신사라든가 대언사라든가 하는 명칭은 아칭(雅稱)이다.

승지는 승정원에 들어온 김시습을 안아서 무릎 위에 앉혔다. 그리고는 "네 이름을 넣어 시구를 지을 수 있겠느냐?"라고 물었다. 김시습은 곧바로 응수하였다.

올 때는 포대기에 쌓인 김시습이죠.　　　　　　來時襁褓金時習

'시'(時)라는 글자가 두 번 들어간 것이 흠이기는 하지만, 칠언(七言) 근체시(절구나 율시)의 한 구절을 멋지게 지어보인 것이다.

승지는 벽에 그린 산수화를 가리켰다. "저걸 두고 또 시구를 지을 수 있겠느냐?"라고 하자, 김시습은 머뭇거림 없이 시구를 불렀다.

정자 같은 배 집에는 누가 있는가.　　　　　　小亭舟宅何人在

승지는 이런 식으로 거듭 시험했고, 김시습은 그때마다 시구를 척척 지었다. 또한 중사(中使: 환관)가 휘호(揮毫)를 해보라고 권하자, 김시습은 앙증맞은 손으로 글씨를 써내려갔다. 그 글씨는 마치 용이 날 듯한 기세였다.

승지는 어전에 들어가 사실을 아뢰었다. 세종은 김시습의 조숙한 천재성에 감탄하면서 다음과 같이 전지(傳旨)하였다.

> 내가 친히 인견(引見)하고 싶지만 관례에 없던 일이어서 사람들이 듣고 놀랄까 봐 두렵다. 집으로 돌려보내어 그 아이의 재주를 함부로 드러나게 하지 말고, 지극히 정성스레 가르쳐서 키우도록 하라. 성장하여 학문을 성취한 뒤에 크게 쓰고자 하노라.

세종은 김시습에게 비단 도포를 선사하였다. 김시습이 「답답함을 풀어보인다」의 둘째 시에서 그렇게 밝혔다.

그런데 전하는 말에 따르면 세종이 비단 50필을 하사했다고도 하고, 또는 100필을 하사했다고도 한다. 그리고 또 어떤 이야기에는, 비단 50필을 스스로 가져가라고 명하고 어떻게 하는가 보았더니, 김시습이 50필을 풀어 끝과 끝을 묶은 뒤 허리춤에 앞 끝을 묶어서 끌고 나갔다고도 한다.[25] 사람들은 그것을 보고 그의 천재성을 더욱 칭송했다는 것이다. 그러나 아무리 비단 필을 푼다 해도 원래의 무게에는 변함이 없는 법. 50필의 끝과 끝을 맞이어 허리에 묶고 끌고갔다는 것은 사실일 리가 없다.

김시습은 뒷날 「양양부사 유자한에게 속내를 토로한 서한」에서 당시의 지신사가 박이창(朴以昌)이었다고 분명히 밝혔다. 박이창은 대제학을 지낸 박안신(朴安臣, 1369~1447)의 아들이며, 판사 박이녕(朴以寧)의 형이다. 그가 승정원의 동부승지에 임명된 것은 세종 25년인 1443년 4월 12일(정유)인데, 세종 27년인 1445년 2월에는 좌부승지가 되었고, 세종 29년인 1447년 4월 27일(무오)에는 인수부윤(仁壽府尹)에 임명되었다.* 따라서 박이창이 승지 직책에 있던 시

---

* 『세종실록』에 따르면, 세종 25년인 1443년 4월 12일(정유) 도승지에 조서강(趙瑞康), 좌승지에 이승손(李承孫), 우승지에 강석덕(姜碩德), 좌부승지에 유의손(柳義孫), 우부승지에 황수신(黃守身)이 임명되었고, 박이창은 동부승지에 임명되었다. 같은 해 9월 3일(갑인)에는 도승지에 이승손, 좌승지에 강석덕, 우승지에 유의손, 좌부승지에 황수신이 임명되었고, 박이창은 우부승지로 승진했으며, 새로 이사철(李思哲)이 동부승지에 임명되었다. 그러다가 세종 27년인 1445년 2월에는 좌부승지가 되었다. 1445년 9월 22일에는 부승지의 자격으로, 함흥 사람 박정(朴丁)이라는 자가 큰 상을 바라고 시

기는 1443년 4월 12일부터 1447년 4월 26일까지이니, 만일 그가 김시습 자신이 말한 것처럼 대언사에서 김시습을 시험했다고 한다면, 그것은 적어도 1443년 이후의 일이 아니면 안 된다. 즉, 김시습이 세종의 장려를 받은 것은 흔히 생각하듯 다섯 살 때의 일이 아니라, 적어도 아홉 살 무렵의 일인 셈이다.

그러므로 이자가 「매월당집서」에서 "(청한자는) 7, 8세에 경적(經籍)에 통달하고 9세에 시문을 즉석에서 지어 이름이 서울에 떠들썩하여, 임금님의 각별하신 칭찬이 여러 번 드러났다"고 기록한 것은 매우 타당하다. 그러나 김시습을 추종했던 남효온은 「사우명행록」에서 "(김시습은) 다섯 살에 능히 글을 지었다. 세종이 명하여 승정원에 불러서 시를 짓게 하였다"고 해서, 김시습이 다섯 살 때 글을 지을 수 있었던 사실과 세종이 그를 승정원에 불러서 시를 짓게 한 사실을 같은 시기의 일인 듯이 적었다.[26] 아마도 세간의 전설을 따른 것 같다.

어떤 기록에는 세종이 박이창에게 "동자지학 백학무청공지말"(童子之學 白鶴舞靑空之末)이라는 구절을 내어 김시습에게 대구를 지어 올리게 했다는 말도 있다.[27] "아동의 학문은 마치 백학이 푸른 하늘 가에서 춤을 추는 격이로군"이라는 뜻으로, 변려(騈儷: 대부분 4자 구와 6자 구의 대우를 쓰고 화려한 표현을 사용하는 문체)의 형식으로 이루어진 시구이다. 그러자 김시습은 이 구절에 대하여, "성주지덕 황룡번벽해지중"(聖主之德 黃龍翻碧海之中)이라고 대를 맞추었다고 한다. "성군의 덕은 마치 황룡이 푸른 바닷속에서 꿈틀거리는 것과 같으십니다"라는 뜻이다. 그러나 변려문은 과거 공부를 할 때 비로소 익히는 것이 보통이므로, 아무래도 이 야사는 사실이 아닌 듯하다.

또 세종이 낸 운(韻)에 맞추어 김시습이 「삼각산」(三角山)이라는 제목의 시를 지었다는 말도 있다.[28] 그 시는 다음과 같은 절구(絶句)였다고 한다.[29]

삼각산 높은 봉우리가 맑은 하늘에 솟아났기에　　　三角高峰貫大淸

국경 근처에 새 땅을 발견했다고 허위 보고를 한 사실을 두고, 그 자를 국가 기망의 대죄로 다스려야 한다고 주장해서 그 사건을 병조에 처리하도록 세종을 움직였다.(최완수, 『조선왕조 충의열전』, 돌베개, 1998, 55쪽)

거기 올라 북두성 견우성도 손으로 딸 만하네.	登臨可摘斗牛星
저 산악이 구름과 비를 일으킬 뿐 아니라	非徒嶽岫興雲雨
우리나라도 만세토록 안녕케 하리.	能使邦家萬歲寧

전하는 말에, 세종은 이 시를 보고 기특하게 여기면서도 기뻐하지 않았다고 한다. 이 시에는 나라의 번영을 비는 뜻이 들어 있지만 스스로 조정의 신하가 되겠다는 뜻이 없고, 세상과 왕가를 삼각산 높은 봉우리에서 내려다보는 오만함이 들어 있기 때문이라는 것이다.

이 시에 대하여 뒷날 김시습은 "삼각산 같은 잡시는 근거 없는 허무맹랑한 말로, 모두 다 무뢰한 이들이 망령되이 전한 것입니다"라고 말하여, 자신의 작품이 아니라고 부인하였다.30) 하지만 그와 교분이 깊었던 홍유손은 김시습이 죽은 뒤 제문에서 다음과 같이 이 시에 대하여 언급하였다.31)

공께서는 태어나	公之生兮
다섯 살에 이르러 명성이 드넓었지.	造五歲而名恢
삼각산을 읊은 절구는	詠三角之一絶
노유학자들 마음을 철렁하게 하였기에,	使老儒而心灰
온 세상이 그 때문에 떠들썩하게	擧世爲之謹駭
공자가 환생했다고 말하였네.	云仲尼之復生

홍유손은 「삼각산」시가 전하자 세간 사람들이 김시습을 두고 공자처럼 "나면서부터 알았던"(生而知之) 인물이라고 평하게 되었다고 회고하였다.

그런데 세종의 명을 받아 승지가 시험했을 때 김시습이 지은 시구는 완전한 형태의 시도 아니고, 두 구로 짝을 이룬 연(聯)도 아니다. 하나하나 시 구절에 불과하다. 그렇지만 김시습이 박이창의 시험을 받은 것이 아홉 살 무렵이라면, 그가 그 무렵에 「삼각산」시와 같은 절구를 짓지 못했을 리가 없다.

김시습이 「양양부사 유자한에게 속내를 토로한 서한」에서 이 시를 자기가 지었다는 말이 낭설이라고 한 것은 겸손의 뜻을 담은 것이 아닌가 한다. 다만 홍유손도 남효온처럼 '오세'(五歲) 운운했는데, 이것은 당시 널리 전하는 말을 옮긴 것이리라.

비록 승지가 시험할 때 김시습은 낱구만 지어보였지만, 얼마 안 가 그는 온전한 시를 지을 줄 알았다. 길에서 늙은 부인이 두부(豆腐)를 주며 먹으라고 하자, 그는 곧바로 다음과 같은 시를 읊었다고 한다.[32]

바탕은 두 돌(맷돌) 틈에서 나오지만	稟質由來兩石中
둥글고 빛나는 것이 동쪽에서 뜬 달 같구나.	圓光正似月生東
용(龍) 삶고 봉(鳳) 구운 음식에는 미치지 못해도	烹龍炮鳳雖莫及
이 빠진 대머리 영감에게는 아주 좋아라.	最合頭童齒豁翁

이 시는 금세 온 도성에 알려졌다. 사람들은 김시습의 재능을 놀라워하여 그의 이름을 선전하였다.

김시습은 일고여덟 살에 유가 경전에 통달하였고, 아홉 살에는 시문을 즉석에서 지을 수 있었다. 그의 천재성은 호사가들에 의해 야담의 자료로 미화되고 또 와전되어 각종 문헌에 많이 남아 있다.

김시습을 숭배했고 이른 시기부터 김시습의 시문을 간행하려고 애썼던 윤춘년은, 세종이 김시습을 시험한 것이 다섯 살 때의 일이며, 그 천재성이 드러나 모두 김시습을 '오세'(五歲)라고 불렀다고 하여, 다음과 같이 기록하였다.[33] 하지만 이 기록은 연도에 관한 한 신빙성이 없다.

다섯 살에 영묘(英廟: 세종)께서 승정원에 부르시어 시로 그를 시험한 뒤 크게 칭찬하시고 비단 50필을 내려주시며 제 스스로 가져가게 하니, 선생이 각기 그 끝을 연이어 끌고 나감에 사람들은 더욱 기특하게 여겼다. 길에서 늙은 부인이 두부를 주며 먹도록 하니, 곧 시로 읊었다. …… 이에 이름이 온 나라에 진동하여 사람들이 지목하여 '오세'(五歲)라 일컬었지, 감히 이름을 부르지 못하였다.

세간 사람들이 김시습을 '오세'라고 불렀다면, 그것은 그가 다섯 살 때부터 시구를 지을 줄 알았기에 그의 조숙한 천재성을 예찬한 애칭이었을 것이다. 조선 후기의 박지원도 「선귤당기」에서 김시습이 벌써 다섯 살 때부터 호가 있었다고 비꼬았으니, '오세'라는 애칭은 조선 후기에도 널리 알려졌던 것 같다. 설악산의 오세암이 김시습과 관련이 있다는 전설도, 그 사실 여부와 관계없이 역시 김시습이 '오세'로 애칭되었다는 한 증거일 것이다.

오세(五歲)는 발음이 '오세'(傲世)와 같으므로 김시습이 스스로 세간을 내리깔아 본다는 생활 태도를 우의적으로 표현하려고 '오세'를 별호로 삼았다는 설도 있다. 하지만 김시습은 '오세'라는 호를 사용한 일이 없다. '오세'(傲世)는 '췌세'(贅世)와 글자가 비슷하므로 후대인들이 혼동한 것이리라.

세종의 명으로 김시습을 시험한 박이창은 1450년에 문종이 즉위하자 중추원부사·형조참판·경창부윤·평안도 감사를 지냈는데, 9월에 성절사(聖節使)로 명나라에 갈 때 많은 양곡을 가지고 간 것이 죄가 되어 귀국길에 의주에서 체포되었고, 국법을 어긴 것을 부끄러이 여겨 스스로 목숨을 끊었다. 그러므로 김시습이 변신을 시도하는 성종 초에 그는 이미 고인이어서, 자신이 재능을 시험했던 이 조숙한 천재를 이끌어줄 수가 없었다.

뒷날 50세 무렵에 김시습은 세종의 장려를 받았던 그 어린 시절을 회상하여 「동봉 여섯 노래」의 세번째 노래에서 이와 같이 말하였다.

영묘(세종)께서 아시고 궁궐로 부르시매
큰 붓 휘둘러 용이 날 듯 글씨 썼도다.

재주 있다고 소문났던 어린 시절을 회상하면서 김시습은 "뜻을 못 이루고 일신과 세상이 어긋났도다"(志願不遂身世違)라고 한탄하였다. 「답답함을 풀어 보인다」(敍悶)의 둘째 시에서 그는 이렇게 말한다.[34]

아주 어릴 때 황금 궁궐에 나갔더니　　　　　　少小趨金殿

영릉(세종)께서 비단 도포를 내리셨다.	英陵賜錦袍
지신사(승지)는 날 무릎에 앉히시고	知申呼上膝
중사(환관)는 붓을 휘두르라고 권하였지.	中使勸揮毫
참 영물이라고 다투어 말하고	競道眞英物
봉황이 났다고 다투어 보았건만	爭瞻出鳳毛
어찌 알았으랴 집안일 결딴나서	焉知家事替
쑥대머리처럼 영락할 줄이야!	零落老蓬蒿

유가 경전의 공부와 도가, 불교와의 인연

_ 김반과 윤상에게 수학, 성균관에서 공부

다섯 살 때부터 열세 살에 이르기까지 김시습은 이웃에 살던 대사성(大司成) 김반(金泮: 생몰년 미상)의 문하에 나아가 『논어』, 『맹자』, 『시경』, 『서경』, 『춘추』를 배웠다. 김반은 권근의 문인으로 경서에 밝았다. 당시 김구(金鉤) · 김말(金末)과 함께 경서와 역사서에 통달하였고, 성리학에 조예가 깊어 같은 시기에 성균관 교수로 뽑혔다.35)

또한 김시습의 이웃에는 겸사성(兼司成)이었던 윤상(尹祥, 1373~1455)이 살고 있었다. 김시습은 그의 문하에 나아가 『주역』과 『예기』를 공부하였다. 윤상은 예천 사람으로, 정몽주(鄭夢周, 1337~1397)의 문인 조용(趙庸)이 예천에 유배되었을 때 그에게 수학하였다. 학문이 뛰어나 성균관의 사예, 사성, 대사성을 거쳤다. 1448년(세종 30)에는 예문관 제학으로서 세손(뒷날의 단종)의 성균관 입학례를 거행할 때 특명으로 성균관 박사가 되었다. 하지만 문종 초에 고령으로 낙향했고, 낙향한 지 3년 만에 졸하였다. 저서로 『별동집』(別洞集)이 있으나,

김시습과 관련된 시문은 남기지 않았다.

윤상은 조용을 통하여 정몽주의 학통을 이어받았으며, 오랫동안 성균관의 교육에 종사함으로써 조선조의 성리학을 진작시켰다. 또 김종직의 아버지 김숙자(金叔滋, 1389~1456)에게 『주역』을 가르침으로써 사림파의 학맥을 여는 데 크게 기여하였다. 김시습이 윤상에게 수학한 것은 1448년부터 1452년 사이, 윤상이 성균관 박사로 있을 때의 일이다.

김시습은 윤상에게 경학을 공부했으므로, 정몽주의 맥을 이은 사림파를 형성하는 데 일정한 위치를 차지할 수도 있었다. 그러나 기묘하게도 그는 사림파의 거두인 김종직과는 전혀 교류하지 않았다. 김종직의 문하에 드나들었던 남효온과는 그렇게 절친했으면서도 말이다.

김시습은 역사서와 제자백가서(諸子百家書)를 일정한 스승 없이 스스로 열람하여 공부하였다. 이 시기의 그는 지적 호기심이 왕성하였다.

그런데 김시습이 김반과 윤상에게 수학한 것은 문하에 나아가 집지(執贄: 예물을 올리고 문하에 들어감)한 것이 아닐 수 있다. 김시습은 특례 입학의 형태로 성균관 학생으로 있으면서 그들의 훈도(薰陶)를 입었던 듯하다. 당시에는 소과에 합격해서 진사나 생원이 된 뒤 성균관에 입학하여 대과를 준비하는 것이 보통이었다. 하지만 소과에 합격하지 않은 유학(幼學: 벼슬하지 않은 유생)도 곡물을 납부하고 성균관에서 공부할 수 있었다. 즉, 성균관의 상재(上齋)와 하재(下齋)는 각각 50명, 동재와 서재는 각각 100명이 정원이었는데, 상재에는 소과 합격생이 기숙(寄宿)했고, 하재에는 사학(四學: 조선시대에 나라에서 인재를 기르기 위해 한성의 네 곳에 세운 교육기관. 중학·동학·남학·서학이 있었음) 유생 가운데 특별 전형을 치러 합격한 사람들이 기숙하였다. 이에 비해 동재와 서재에는 곡물을 납부하고 입학한 학생들도 기숙할 수 있었다.[36]

김시습은 세조의 왕위 찬탈 이후 호남을 떠돌던 28~29세 때 지은 「김직강과 옛날 이야기를 하며」(與金直講話舊)라는 시에서 "20년 전 반궁에서 공부할 때, 청금(青衿: 유생의 옷) 걸친 학생들이 학문을 같이하였지"(二十年前學泮宮, 青衿濟濟道相同)라고 회고하였다.[37] 그리고 1472년(성종 3) 동지충추부사로 있던 고태필(高台弼)에게 "성균관 학생 때 방석에 같이 앉아, 형님 동생 하던 것이 벌써 오래 전 일이구려"(芹宮衿佩昔同氈, 爲弟爲兄已數年)라고 하여, 성균관에서 함께 수학하던 시절을 추억하였다.[38] 또 전라도를 여행할 때 만난 태인(泰仁) 현감 정석(鄭奭)도 그의 선배였다.

또한 최숙정(崔淑精, 1433~1480)은 수락산 시절의 김시습을 만나「승려 설잠에게 주다」(贈僧雪岑)라는 시를 적어, 그 서문에서 "설잠은 속명이 김시습인데, 나와 근궁(芹宮)에서 함께 노닐었다. 헤어진 지 수십 년 만에 홀연히 도성 안에서 만났는데, 시를 지어 달라기에, 즉석에서 입으로 불러서 주었다"라고 하였다.[39] 근궁은 문묘(文廟)를 가리키고, 또 문묘를 병설하고 있는 성균관을 가리킨다.

김시습은 뒷날 관서 지방을 방랑하고 엮은 시집의 발문에서 "거자(擧子: 과거시험에 응시하던 사람)가 되었을 때 친구들이 지필을 주면서 과거시험에 응하라고 하였다"라고 회고한 것을 보면,[40] 그는 분명히 과거에 응시할 자격을 갖춘 거자였다. 또한 그는 향시의 일종이라고 할 한성시에도 응한 것 같지 않으니, 아마도 성균관의 하재(下齋)에서 일정 기간 재적하면서 과거에 응시할 자격을 얻었던 듯하다.

_ 모친의 별세

김시습이 열다섯 살 되던 해인 1449년, 어머니가 별세하였다. 모친이 세상을 떠난 뒤, 김시습의 외할머니는 유일한 외손자인 그를 사랑으로 길러주었다. 외할머니는 그를 시골 농장으로 데리고 가서 상례를 치르도록 하였다. 시골 농장은 강릉 부근이 아니었나 추측된다. 그러나 김시습이 시묘살이 3년의 기한을 미처 채우지 못했을 때, 외할머니도 세상을 떠났다.

김시습은「답답함을 풀어보인다」에서는 열세 살에 어머니를 잃었다고 했으나,「양양부사 유자한에게 속내를 토로한 서한」에서는 열다섯에 어머니를 잃었다고 하였다. 그런데「준상인에게 올리다」(贈峻上人) 20수 시의 서문에서는 "내가 임신년(1452년, 문종 2) 여름에 상기를 마쳤을 때, (준상인은) 조계에 머물러 있었다"(僕於壬申夏, 制弭, 錫曹溪)고 했으니, 아마도 열다섯 살 되던 해 겨울에 어머니를 잃은 것이 분명하다.[41]

간혹 이 구절을 '복어임신, 하제, 미석조계'(僕於壬申, 夏制, 弭錫曹溪)로 끊어 읽고, "내가 임신년에 하제를 지내면서 조계, 즉 송광사(松廣寺)에서 석장(錫杖)을 쉬고 있었다"고 풀이하며 하제를 하안거(夏安居)로 보지만, 그것은 잘못이다.* '제'(制)는 3년상에 있는 것을 말한다. 상중에 있는 사람은 명함 위에 '제' 자를 쓰는 관습이 있었다. '미'(弭)는 '마치다'의 뜻이다. 또한 이 글은 전체적으로 볼 때 '준상인'을 주어로 하는 까닭에, '석'(錫) 앞에서 주어(준상인)를 생략하였다.

그런데 「준상인에게 올리다」 제1수를 보면, 조계에 있던 절은 대숲이 우거진 서쪽에 있던 것으로 묘사되어 있으므로, 이 절은 서울에 있던 조계사**가 아니라 송광사(松廣寺)를 가리킨다. 즉, 이 제1수의 마지막 구에서 "대숲 서쪽 돌다리 동쪽"이라고 절의 위치를 말한 것을 보면 그 절은 대가 잘 자라는 지리산 자락의 절, 다시 말해 조계산의 송광사이지 않으면 안 된다. 송광사는 본래 길상사(吉祥寺)라는 자그마한 절이었는데, 보조 국사 지눌(知訥, 1158~1210)이 정혜결사(定慧結社) 도량을 팔공산 거조사(居祖寺)에서 승주군(지금의 순천) 신평리의 조계산 자락으로 옮겨 1197년에 크게 확장하고 수선사(修禪社)라 부르다가, 다시 명칭을 바꾼 절이다. 이 절에서 고려조에 국사 칭호를 받은 열다섯 분의 고승이 나왔고, 조선조에 들어온 뒤인 1400년에 고봉(高峰: 法藏) 화상이

---

* 이러한 잘못은 세종대왕기념사업회에서 간행한 『국역 매월당』(1977~1980)에서부터 이미 나타나 있다. 필자에게 불교를 가르쳐주신 김지견(金知見) 박사도 「沙門 雪岑의 華嚴과 禪의 世界」, 『매월당학술논총: 그 문학과 사상』(강원대학교 인문과학연구소, 1988)에서 역시 잘못 해석하셨다. 생전에 질정(質正)하지 못한 것이 한스럽다. 이 끊어 읽기는 민족문화추진회에서 간행한 한국문집총간본 『매월당집』의 구두에 와서 부분적으로 바로잡혔다. 한국문집총간본은 '僕於壬申夏, 制弭錫曹溪'로 끊었다.

** 서울의 조계사는 삼각산에서 동쪽으로 떨어져 나간 취봉(鷲峰) 줄기가 남쪽으로 흘러 석가령(釋迦嶺)을 이루고 석가령에서부터 동쪽으로 흘러 조계를 형성했는데, 거기에 조계사가 있었다. 동소문을 통해 그곳에 이를 수 있었는데, 조계사 경내에는 폭포가 있었다고 한다.

절간을 크게 중축한 공으로 추배(追配: 추가로 배향함)되었다.[42)]

울긋불긋 남산은 울연히 솟은 연꽃 모양	南山紫翠鬱芙蓉
절은 조계 제1봉에 있도다.	寺在曹溪第一峯
만고의 천지간에 한 쌍 짚신	萬古乾坤雙草屨
백 년의 신세는 짧은 지팡이 하나.	百年身世短瘦筇
때때로 달을 마주하여 공안(公案)을 보리	有時對月看僧話
어디 마른 소나무 아래 분향하고 앉았나.	何處焚香坐枯松
우리 선사의 진면목을 알려거든	要識吾師眞面目
대숲 서쪽 돌다리 동쪽에서 찾으시게.	竹林西畔石橋東

이 시에서 조계산을 남산이라고 한 것은 홍양(興陽: 지금의 전남 고흥 남양면)에서 보면 남산 5리에 있기 때문이리라.

김시습은 모친상을 마치고 준상인의 덕을 흠모하여 한때 호남의 송광사에 머물렀지만, 곧 상경하여 과거 공부를 했던 것 같다.

당시 김시습의 아버지는 몸이 약했으므로 집안일을 꾸려나가기 위하여 어쩔 수 없이 후처를 맞아들였다. 계모는 김시습에게 애정을 보이지 않았다. 뒷날 김시습은 「양양부사 유자한에게 속내를 토로한 서한」에서 당시의 괴로웠던 심경을 "부친이 계모를 얻으셔서 세상사가 어그러지고 각박해졌다"(又得繼母, 世事乖薄)라는 말로 뭉뚱그려 표현하였다. 또한 양양부사 유자한이 그에게 천침(薦枕)할 여인을 보냈으나 그녀를 가까이하지 않고 퇴짜를 놓은 뒤 유자한에게 서신을 보내어, 그러한 여인은 돈을 바라고 온 것일 뿐이라고 가혹하게 말하는데, 그것은 아마도 어릴 때 계모에게서 받은 상흔(trauma)이 여성관에 영향을 끼친 결과인지도 모른다.

김시습은 1452년에 모친상을 마치고 상경하였다. 이 조숙한 천재는 남달리 심리적 고통이 컸다. 캄캄한 길을 홀로 가야 하는 것과 같은 참담한 심경이었다. 그때의 일을 그는 훗날 「답답함을 풀어보인다」(叙悶) 넷째 수에서 이렇게

회고하였다.[43]

열셋(열다섯의 잘못)에 어머니 여의고	失母十三歲
외할머니 손에 이끌려 자랐지만	提携鞠外婆
할머니도 곧 땅 속 몸 되시매	未幾歸窀穸
생업이 홀연 쓸쓸해졌지.	生業轉懍儸

_ 도가, 불교와의 인연

김시습은 외모가 볼품 없었고 성격은 매몰찼다. 예절을 잘 따지지 않아 위엄이 적었으며, 성격이 너무 소탈해서 구속되는 것을 아주 싫어하였다. 그러한 태도는 사실은 자유를 추구하는 정신세계가 그렇게 겉으로 드러난 것이었다.

김시습은 모친상을 계기로 인생의 문제를 깊이 사색하게 되었다. 그의 사유는 기성의 관념틀을 벗어났으며, 특정한 종파를 옹호하는 논리를 뛰어넘었다. 그는 이미 10대에 노자의 『도덕경』(道德經)과 장자의 『남화경』(南華經)뿐 아니라, 도가의 경전이라고 할 『황정경』(黃庭經)을 탐독하였다. 하지만 아직 조선의 도가적 학풍이 형성되어 있지 않았으므로, 도가사상을 체계적으로 익히지는 못하였다. 그가 도가사상을 체계적으로 공부하게 되는 것은 승려 차림으로 관서를 여행할 때, 그리고 뒷날 수락산에 은거할 때이다.

김시습은 1452년 여름에 모친상을 마치고 조계, 곧 조계산 송광사에 머물면서, 거기에 석장(錫杖)을 쉬고 있던 준상인(峻上人)에게서 불법을 배웠다. 인간사에 관한 의문이 많았을 시기였으므로, 그는 불교 교리를 깊이 받아들였다. 뒷날 김시습은 준상인에게 주는 시를 무려 20수나 연작하는데, 그 서문에서 이렇게 말하였다.

준상인은 선문의 노숙(老宿: 고승)이다. 처음에는 호남의 은둔할 만한 곳에서 서너 해 동안 석장을 머물다가, 도력(道力)이 이루어지자 경승지를 두루 여행하였다. 그러다가 홀연 서울을 방문하자 선비들과 부인들이 그의 명망을 흠모하여 모두 그리로 쏠렸으니, 교화하는 바가 그와 같은 사람이 다시 없었다. 마침내 이름난 재상과 불교를 독실하게 믿는 거사들이 한사코 청하였으므로, 이에 따라 국상(國喪)의 큰 발원(發願)을 맞추어주었다. 그것이 다 끝나자 다시 호남을 유력(遊歷)했으니, 용모와 풍채에 도골(道骨)이 있었다. 나는 임신년(1452년, 문종 2) 여름에 상기를 마쳤는데, (준상인은) 조계에 석장을 머무르고 있었다. 마침내 함께 상사대(上社臺: 윗암자)에 머물면서 보매, 과연 평소에 듣던 바 그대로였다. 준상인은 도리를 흠모하여 세속을 초탈하려는 마음이 언사의 바깥에 뚜렷이 드러났다. 그래서 매일같이 선도(禪道)의 오묘한 관문에 대하여 여쭈었더니, 말씀이 낭낭하였다. 이에, 지난날 경승들을 찾아보면서 즐겼던 일들을 회상하여 서너 시련(詩聯)을 붓을 내달려 적어, 푸른 봉우리와 맑은 시내 사이에서 먹고 자는 지금 내 생활의 한 멋으로 삼고자 해서, 붓을 잡아 내달려 짓는다.[44]

준상인은 처음에 호남에서 석장을 머물면서 도력을 쌓았다. 그 뒤 방외(方外: 세속을 벗어남)의 여행(遠遊라고도 함)을 하였다. 도력을 얻기 위하여 스님이 방외의 여행을 떠나는 것은 고려 말 때부터의 관습이었다. 세조가 왕위를 찬탈한 후에 김시습이 방외의 여행을 떠나는 것은 이러한 관습을 따른 면이 있다.

준상인은 여행 끝에 서울에 들어와 많은 선비들과 부인들의 존경을 받았고, 그러다가 다시 호남으로 떠났다. 김시습은 1452년 여름에 상기를 마치고, 송광사에 머물면서 상사대에 거주하던 그의 도력을 접하게 되었다. 본래 사(社)는 고승을 중심으로 이루어지는 소규모의 불교단체를 말하고, 사대(社臺)는 그 고승이 앉는 자리를 말한다. 준상인은 세속을 초탈하려는 마음이 바깥의 언사에 나타났다. 예사 승려가 아니었다. 김시습은 매일 윗암자로 그를 찾아가 선도(禪道)의 오묘한 이치를 공부하였다. 이상이 위의 서문에서 알 수 있는 내용이다.

이 준상인에 대해서는 지금까지 함허당(涵虛堂) 기화(己和, 1376~1433)의 제자 홍준(弘濬) 선사를 가리킨다고 보는 설이 있었다.* 홍준은 세종 30년인

---

* 이능화(李能和), 『조선불교통사』(新文館, 1918), 395쪽. 필자도 역주본 『(매월당 김시습) 금오신화』

1448년에 내불당(內佛堂)이 건립되자 경론(經論)을 가지고 입계(入啓)한 고승으로, 효령대군·신미(信眉)·학조(學祖)·김수온과 함께 기화 선사의 문인이다. 홍준 선사는 1457년(세조 3)에 신미와 함께 기화의 『금강경오가해설의』(金剛經五家解說誼)를 『금강경오가해』(金剛經五家解)에 편입하여 간행하고,[45] 역시 신미와 함께 『선종영가집』(禪宗永嘉集)과 『증도가』(證道歌)[46]를 엮었다.

그러나 김시습이 송광사에서 불법을 배운 준상인은 성종 초에 정인사(正因寺)의 주지로 있었던 설준(雪峻)을 가리키는 듯하다. 설준은 정인사 주지로 있으면서 남효온 같은 재야 지식인이나 조정의 몇몇 고관들과 가까이 지낸 승려이다. 본래 사족의 자제로, 안평대군 이용(李瑢, 1418~1453) 문하에서 글을 배운 사람이었다.** 안평대군은 또 수암대화상(秀菴大和尙) 즉 신미에게서 반야사상을 배웠다.

이때 김시습은 준상인, 즉 설준에게서 불교를 배운 것이 틀림없으나, 그에게서 수계(受戒)를 받은 것 같지는 않다.

준상인에게 올린 20수 가운데 제8수는 뒷날 허균이 엮은 시선집 『국조시산』(國朝詩刪)에 「무제」(無題)라는 제목으로 실린다.[47]

종일 짚신 신고 발길 가는 대로 가니	終日芒鞋信脚行
산 하나 지나면 또 한 산이 푸르다.	一山行盡一山靑
마음이 집착 없거늘 육체에게 어이 부림당하랴	心非有想奚形役

(홍익출판사, 2000)의 해제에서 이능화의 설을 따랐다. 하지만 김지견 박사는 준상인을 홍준 선사라고 보는 이능화의 설에 의문을 제기하였다. 김시습이 준상인을 만난 것은 18세 때이고, 홍준 선사는 벌써 4년 전에 내불당에 입계하여 간경도감에서 역경에 종사하기도 한 당대의 명승이었으므로, 김시습이 준상인을 회고하면서 그저 선문의 노숙인 호남승 정도로 적고 있는 이상, 준상인을 홍준과 동일인이라고 보는 것은 아무래도 무리라고 하였다. 그런데 소설가 이문구 씨는 장편소설 『매월당 김시습』(문이당, 1992)에서 준상인을 설준이라고 추정하고, 김시습이 임신년에 송광사에 머물렀다고 보았다(251~252쪽).
** 『성종실록』 권24, 성종 3년 11월 3일(을미)의 사평. "설준은 사족(士族)의 아들로 젊어서 머리를 깎고 중이 되었다. 이용(李瑢) 문하에서 교유하며 글을 배웠는데, 사경(寫經)을 구실로 마을에 출입하면서 계율을 범한 일 또한 많았다."

도는 본래 이름할 수 없나니 어찌 빌려 이루랴.	道本無名豈假成
밤이슬 마르기 전에 산새들 지저귀고	宿露未晞山鳥語
봄바람 끝없는 속에 들꽃이 환하더니,	春風不盡野花明
단장 짚고 돌아가매 일천 묏부리 고요하고	短筇歸去千峯靜
푸른 벼랑에선 저녁 안개 어지러이 일어나네.	翠壁亂烟生晩晴

칠언율시이되, 평성 청운(靑韻)의 청(靑) 자와 경운(庚韻)의 행(行)·성(成)·명(明)·청(晴) 자를 통압(通押: 같은 운목에 속하지 않고 옆의 운목에 속하는 글자를 함께 압운함)하였다. 자유롭게 써내려간 시이다.

이 시에 나오는 "심비유상"(心非有想)은 복잡한 생각이 없다는 뜻이다. "도본무명"(道本無名)은 도가(道家)의 말을 취해왔다. 천지가 생성되기 전의 상태를 무명(無名)이라 하는데, 여기서는 작위성을 벗어난 우주 자연의 본래 모습을 뜻한다. "밤이슬 마르기 전에 산새들 지저귀고, 봄바람 끝없는 속에 들꽃이 환하더니"라는 표현은 번뇌와 욕심을 벗어난 진여(眞如)를 뜻한다. 허균이 지적했듯이 김시습은 이 시에서 진여를 깨달은 경지〔悟入眞如〕를 드러냈다.*

이 시에는 선종의 진여연기론(眞如緣起論)의 사상이 담겨 있다. 주지하듯이 선종은 불성(佛性)사상과 수행자 각자의 주체적 자각을 중요시한다.

모든 사람의 본래 바탕은 완전하고 온전한 것이거늘, 번뇌와 욕심이 이것을 얽어매어 자유를 방해한다. 그런데 자유롭기 위해서는 자신의 본래성을 단번에 자각하여 그 본래성에 내맡겨 무심히 살면 된다고 선종은 가르친다. 그 본래성을 불경에서는 '진여'라고 한다. 진여는 '있는 그대로의 그 무엇'이라는 뜻이니, 언어·사유·행위를 매개로 규정하기 전에 즉자적으로 주어진 그 무엇을 말한다. 그러나 그것은 행위·언어·사유의 규정 방식에 따라 우리에게 인지되므로 절대 타자가 아니라 연기에 의해서 우리에게 드러나게 마련이며, 연기에 따라

---

* 홍만종의 『소화시평』(안대회 역, 국학자료원, 1993, 143쪽)도 이 시를 두고, "도리를 깨달은 사람〔悟道者〕의 말"이라고 평하였다.

진여가 드러나는 양태도 무수하다. 그렇기에 선종에서는 수행의 당사자가 자기만의 주체적 행위·언어·사유로 진여를 손상 없이 드러내라고 말한다.

진여에는 인연과 결합하여 변화하는 작용과 어느 경우에도 변하지 않는 작용이 있다. 인연과 결합하여 변화하는 진여의 작용 때문에 사람마다 번뇌의 차별이 생긴다. 그러나 불변하는 진여는 불생불멸하므로 그것을 돈오(頓悟)에 의하여 단박에 자각해야 한다. 그런데 진여를 가리는 번뇌는 인연에 의해서 만들어졌으므로 그 자체는 무상하며, 그것은 결코 자기 동일성을 갖지 못한다. 따라서 무심(無心)의 상태가 되면 그 번뇌는 저절로 소멸한다는 것이다. 그래서 선종은 진리론으로는 진여연기론을 말하고, 수행론으로는 돈오무심(頓悟無心)을 중시한다.

김시습은 이렇게 18세 때 진여에 이르는 불교 교리를 공부했으므로, 그 무렵 유교와 불교의 근본 도리가 같은가 다른가 하는 문제에 대하여 심각하게 반성했을 것이다. 그러한 고민의 결과가 수락산 시절에 썼다고 추정되는 잡문 형식의 논문으로 결집되기에 이르렀다고 생각된다.

조선을 건국하는 데 주도적인 역할을 한 사대부들은 그때까지 사상적으로나 경제적으로 우위에 있던 불교를 배척하고 사원 소유의 토지와 인민을 국가에 환속시켰다. 그러나 조선 초의 군주들은 불교가 왕실의 안녕과 미래를 보장하는 종교라고 인식하였으며, 사대부의 권력을 억제하고 왕실의 권위를 내세우기 위하여 불교의 세력을 이용하였다. 세종은 만년에 불교를 믿어 내불당을 짓고 흥천사중수경찬회(興天寺重修慶讚會)를 열었다. 세조도 간경도감(刊經都監)에서 불경을 번역하게 하고, 원각사(圓覺寺)를 대대적으로 중수했으며, 해인사(海印寺) 대장경을 간행하여 반포하였다. 또한 많은 사대부들도 여전히 불교를 믿었고, 기층민의 의식 속에도 불교가 살아 있었다.

그러나 유학자들은 『맹자』에서 "양주(楊朱: 중국 전국시대의 학자. 유교와 다른 이단 사상의 대표자)와 묵적(墨翟: 중국 전국시대의 학자. 유교와 다른 이단 사상의 대표자)을 배척할 만한 말을 할 수 있는 자는 성인의 무리로다"(能言拒楊墨者, 聖人之徒乎)라고 한 말이나, 주희가 "불씨의 해악이 양주·묵적보다 심하다"(佛

氏之害, 甚於楊墨)라고 한 말을 깊이 새겨서 불교를 경계하였다. 하지만 조선 초의 간각(刊刻) 기술이 고려 때 사찰에서 축적된 기술을 계승했다는 사실에서 드러나듯이, 조선 세종·성종 연간에 사대부 문화가 개화할 수 있었던 것은 고려의 불교 문화를 자양분으로 삼은 면이 있었기 때문이다.

이러한 분위기 속에서 유교와 불교가 근본은 같다고 주장하는 사람들도 있었다. 즉, 고려 말의 이색이나 조선 초의 권근·김수온 등은 유·불의 조화로운 발전을 부정하지 않았다. 또 고려 말 이래로 높은 경지에 이른 유가일수록 불가와의 교유를 기탄(忌憚)하지 않았다. 고려 말의 유학자 이제현(李齊賢, 1287~1367)·이숭인(李崇仁)·이색 등은 탄상인(坦上人)·환암(幻庵: 普覺國師)·귀곡(龜谷: 覺雲)과 교유하였고, 신숙주(申叔舟, 1417~1475)·이석형(李石亨, 1415~1477)·성삼문·유성원·강희맹(姜希孟, 1424~1483)·이승소(李承召)·조위(曺偉)·임원준(任元濬, 1423~1500)·이파·서거정 등은 일암(一庵: 學專上人) 선사[48]와 사귀었다. 조선 태종·세종 때는 만우(卍雨: 屯雨라고도 함. 호는 千峰)*가, 세종·세조 때는 계정(桂庭: 省敏)이 시를 아는 승려, 곧 시승(詩僧)으로서 이름이 높았다.

조선 초의 유학자들은 불가의 방외적 삶을 동경하였다. 그리고 불교가 유학과 유사한 면이 있고, 승려 가운데 유학을 흠모하는 사람이 많다는 이유로 불가에 대해 은밀한 호감을 표시하였다. 시승에 대해서는 더 우호적이었다. 더 나아가 불교의 과욕양심설(寡慾養心說)은 유가의 설과 비슷하다고도 하였다.**

---

* 만우(卍雨)는 월창(月窓)과 함께 고려 말, 조선 초의 대표적인 시승(詩僧)이다. 심경호, 「詩僧 卍雨와 義砧」, 『한국 한시의 이해』(태학사, 2000), 245~261쪽 참조.
** 서거정은 "승려의 모습이 사람과 같고 사람의 말을 하니 교유할 수 있다고 하되, 밭을 갈지도 않고 베를 짜지도 않으며 부모와 군주도 업신여겨 인륜과 인사를 끊으니 교유할 수 없다"고 했으나, 다른 한편으로는 "불도자는 마음을 잘 닦는다. 그들이 도리를 실천하는 것은 우리 유학자와 아주 비슷하다. 옛 불도자 가운데 고수는 대부분 우리 유학자들과 사귄다"라고도 하였다. 『四佳集』 권6, 「贈熙上人序」. "浮屠氏善治心. 其爲道, 與吾儒者略相近. 古浮屠上首, 多慕吾儒, 喜與遊者." 또한 『四佳集』(민족문화추진회 1988년 영인 표점 한국문집총간 10) 문집 권4, 「贈守伊上人序」·「送印上人詩序」 참조.

김시습은 뒷날 불교 교리에 조예가 깊다고 이름이 나서 불교를 숭상한 종실의 존경을 받고, 그래서 원각사 낙성회(중흥회)에 초청된다. 하지만 그는 왕실의 보호를 받는 불교 종단에 간여하지 않았다. 진여의 도리에 이르는 가르침만을 소중하게 여겼을 뿐, 그 가르침을 이용한 속세간에서의 영달은 원하지 않았다. 그의 그러한 불교관은 이미 10대 후반의 젊은 시절에 형성되었던 것이다.

_ 과거 공부와 결혼

1452년 여름에 모친상을 치르고 난 18세의 김시습은 '조계'(曹溪), 즉 조계산 송광사에 머물면서 불교 공부를 하고 있었다. 3년상을 치르면서 얻은 병을 치료할 기회가 온 것이다. 문종이 즉위하여 2년이 된 해, 음력 4월의 일이었다.

그런데 몸이 약했던 문종이 이해(1452년) 음력 5월 14일에 승하하고, 5월 18일에 어린 단종이 즉위하였다. 다음해는 계유년으로 식년(式年: 정기적으로 과거를 보는 子·卯·午·酉 등의 간지가 든 해)의 문과시험이 있을 예정인데다가 새 왕이 즉위한 것을 기념하는 증광문과(增廣文科)가 베풀어질 것이며, 또한 소과 생원시도 증광시가 있을지 모른다고 기대하였으리라. 김시습은 곧 서울로 올라와 안신(安信), 지달하(池達河), 정유의(鄭有義), 장강(張綱), 정사주(鄭師周) 등과 형제처럼 지내면서 함께 과거 공부를 하였다. 아버지와는 떨어져 살았다.

안신은 뒷날 김시습이 양양에 거처할 때 돌봐주는 유자한(柳自漢)의 사위이자 안중선(安仲善)의 부친이다. 본관은 광주(廣州)이다.[49] 지달하는 한어와 외교 문서의 글인 이문(吏文)에 밝아서 성종 때 이조정랑을 지낸다. 장강은 사유(師儒)로 추천된다. 정유의는 본관이 동래(東萊)로, 목사를 지낸 결(潔)의 아들이다. 훗날 현감을 지낸다.[50] 하지만 정유의나 정사주는 『조선왕조실록』에 기록이 없다.

뒷날 김시습은 「양양부사 유자한에게 속내를 토로한 서한」에서, 부친의 엄한 훈도를 입지 못하고 쓸쓸하게 과거 공부를 하던 때에 친우들과 친형제처럼 지내며 즐거웠던 일을 다음과 같이 회상하였다.

그 무렵 저는 혼자 서울 집에서 어르신(유자한을 가리킴)의 사위이자 안중선의 아버지인 안신, 그리고 지달하, 정유의, 장강, 정사주와 함께 공부하면서 마치 형제처럼 긴밀한 교분을 맺었습니다. 저는 어려서부터 영달(榮達)을 좋아하지 않았거늘, 친척과 이웃에서 모두들 지나치게 칭찬하였기 때문에 몹시 부끄러웠습니다.[51]

이해에는 2월 10일(기묘)에 생원시가 실시되어, 김시습의 '족형'인 손순효 등 100명이 생원이 되어 있었다.[52] 그러나 김시습은 상중이었으므로 시험에 응하지 않았다.

상기를 마치고 송광사에 잠시 머물다 서울로 돌아온 후 김시습은 남효례(南孝禮)의 딸을 아내로 맞았다. 남효례는 당시 훈련원(訓練院) 도정(都正)으로 있었으니, 무계 집안의 사람이었다. 훈련원 도정은 정3품의 품계에 해당하는 직위이므로, 무관으로서는 꽤 성공한 사람이었다.

남효례의 본관은 영양(英陽)으로, 남령(南領)의 세 아들인 맹명(孟明)·중명(仲明)·계명(季明) 가운데 맹명의 둘째 아들이다. 위로 효인(孝仁), 아래로 효지(孝智)의 형제가 있었다. 아들이 없던 그는 같은 무계 집안의 이 천재 사위를 대단히 사랑했을 것이다. 하지만 그에 관련된 기록은 김시습의 문집에는 남아 있지 않다. 조선 중기의 풍수와 천문(天文)·역점(易占)에 밝았던 남사고(南師古, 생몰년 미상)도 본관이 영양인데, 그와 남효례와의 관계는 분명하지 않다.

남씨와의 부부 생활은 그리 오래가지 않은 듯하다. 김시습은 부인 남씨에 관한 이야기를 전혀 시와 문으로 남기지 않았다. 그의 초혼 사실도 윤춘년이 기록한 「매월당선생전」(즉 「매월당서」)에 나와 있을 따름이다.[53]

김시습은 1472년(성종 3) 성균관의 동창생 동지중추부사 고태필이 아내를 잃자 그에게 준 시에서 부부의 사별을 낭만적인 색채로 노래하여 슬픔을 이기도록 하였다.[54] 아마도 그 시는 스스로 부인의 사별을 회상하는 의미가 담겨 있지 않나 싶다.

이 저녁 짝 잃은 원앙새가 애처롭구려	此夕堪嗟鴛失侶
여생에 계수나무 가지 이을 계교가 없다니.	餘年無計桂枝連
향주머닌 그대론데 임은 어디 있는가	香囊尙在人何處
채색 휘장 텅 비고 봉황 홀로 조누나.	彩帳初空鳳獨眠
항아가 약 훔쳐 달아날 줄 알았더라면	早識姮娥偸藥去
굳게 숨겨두고 건네주지 않았을 것을.	堅緘局鐍莫相傳

진(晉)나라 때 가충(賈充)의 딸은 한수(韓壽)라는 미남과 사통하여, 자기 집에 전하는 귀한 외국 향수를 훔쳐다가 한수에게 주었다. 가충이 그 향내를 맡아 사실을 알고는 딸을 마침내 한수에게 시집보냈다는 고사가 있다.[55] 또 유궁(有窮)국의 제후 예(羿)의 아내였던 항아(嫦娥)는 남편의 불사약을 훔쳐 달나라로 도망갔는데, 불사의 몸이 되었지만 고독을 견뎌야 하는 결과를 낳았다는 고사도 있다. 가향(佳香)이라도 훔쳐다줄 정도로 나를 사랑했던 아내가, 마치 항아가 남편의 불사약을 훔쳐 달나라로 도망간 것처럼, 나와의 약속을 저버리고 홀로 저승으로 가고 말았다. 김시습은 친구 아내의 죽음을 애도하면서 문득 부인 남씨의 일을 회상하고, 쓸쓸한 심경이 되었을 것이다.

제 2 부

● 방랑의 길

단종의 죽음

무소의 뿔처럼 혼자서 가라.
— 숫타 Sutta 契縷

_ 과거 낙방

세자 시절 학문과 정치를 익혀 현명했던 문종은 37세로 왕위에 올랐지만, 병약하여 2년 4개월 만인 1452년 5월 14일에 승하하고 말았다. 문종은 처음에 어린 세자의 장래를 영의정 황보인(皇甫仁), 좌의정 남지(南智), 우의정 김종서(金宗瑞)에게 부탁했는데, 남지가 병으로 사직하자 그 후임인 정분(鄭苯, ?~1454)에게 대신 당부하였다.

열두 살의 단종이 1452년 5월 18일에 즉위하고, 해를 넘겨 원년을 칭한 1453년(계유) 2월에 새 군주의 즉위를 축하하는 문과 증광시(增廣試)가 베풀어져, 40명이 홍지(紅紙: 문과 급제 증서)를 받았다. 문과에 앞서 생원시가 치러져 1백 명의 신방 생원이 나왔다. 6월에는 진사시가 부활되었는데, 진사시의 고시 과목 가운데 십운시를 고시로 바꾸고, 시(詩)와 부(賦)를 한 장(場)에서 시험하게 하는 한편, 상설로 열게 하였다. 이해 가을에는 3년마다 정기적으로 실시되는 식년(式年) 문과시험에서 33명의 급제자가 나왔다. 역시 식년의 생원시와 진사시도 이 가을에 있었다. 이해에는 생원, 진사와 문과 급제자의 사태(沙汰)가 난 셈이다.

『문과방목』(文科榜目)에 따르면, 이해 2월 10일 증광문과의 방방(放榜: 조선시대에 과거 급제자에게 합격증서로 패를 주던 일)을 했을 때, 을과에 이숭원(李崇元)·손순효·성간(成侃, 1427~1456) 등 3인, 병과에 정예손(丁禮孫) 등 7인, 정과에 이문환(李文煥)·이우(李堣) 등 30인이 합격하였다.[1] 2월에 치른 생원시의 1등은 김상(金湘)이고, 6월에 치른 진사시의 1등은 최한보(崔漢輔)였다.

한편, 가을의 식년문과에서는 을과에 김수녕(金壽寧, 1436~1473) 등 3인, 병과에 노사신(盧思愼, 1427~1498) 등 7인, 정과에 양순석(梁順石)·정극인(丁克仁, 1401~1481) 등 23인이 합격하였다. 김수녕은 이해 생원시에 합격하더니, 식년문과에도 합격하였다. 정극인은 오랫동안 불우하게 지내다가 53세로 김수녕이 장원한 방에 정과(3등) 13인으로 합격하였다. 가을의 생원시에서는 김성원(金性源)이 1등, 진사시에서는 윤탁(尹濯)이 1등이었다.

김시습은 훗날 관서 지방을 유행한 시를 엮은 시집의 발문에서, 자신이 젊어서부터 명리를 좋아하지 않아 생업을 돌아보지 않았고, 청빈하게 뜻을 지키려는 마음이었기에 평소 산수간에 방랑하면서 좋은 경치를 만나면 시를 읊고자 했다고 하였다.[2] 그리고 '거자'(擧子)가 되었을 때 친구들이 지필을 주면서 과거시험에 응하라고 했으나, 마음에 두지 않았다고도 술회하였다. 그렇기 때문에 김시습이 아예 과거를 보지 않았다고 여기는 사람도 있다.

하지만 김시습은 아예 과거를 보지 않은 것이 아니다. 그는 단종 원년 봄의 과거에 응시하였다. 김시습은 뒷날 함께 과거를 보았던 전진충(全盡忠)이라는 사람을 만나서, "계유년 과거장에 나아갔더니, 예조에 한 마리 수리가 날았다"(癸酉赴春闈, 南宮一鶚飛)고 회고하였다.[3] 춘위(春闈)는 과거장을 말한다. 김시습은 이 시에서 전진충을 '수리'에 비유했지만, 결과는 둘 다 낙방이었다.

뒷날 김시습은 전진충을 만나고 헤어질 때, '하릴없이 박옥(璞玉: 쪼거나 갈지 않은 옥)을 품고 돌아가야 했던' 이때의 일을 회고하였다.

계유년 과거장에 나아갔더니	癸酉赴春闈
예조에 한 마리 수리가 날았다.	南宮一鶚飛
그대 만났더니 감독관을 따라가	遇君隨計吏
과장에 들자고 나와 약속하더니,	約我入荊闈
도화 뜬 물결 미처 넘실대지 않을 때	未綽桃花浪
하릴없이 박옥을 품고 돌아갔었지.	空懷璞玉歸
유우석(劉禹錫) 같은 그대도 지금껏 굴하고	劉公今久屈
나 역시 검은 옷을 걸치고 있다니.	余亦染緇衣

그런데 김시습은 「양양부사 유자한에게 속내를 토로한 서한」에서 다음과 같이 말하였다.

> 얼마 있다가 마음과 세상일이 서로 어긋나 전패(顚沛: 엎어지고 자빠짐)할 때 영묘(英廟: 세종)와 현묘(顯廟: 문종)께서 잇따라 빈천(賓天: 서거)하셨습니다.

여기서 "마음과 세상일이 서로 어긋나 전패할 때"라는 것은 과거에 낙방한 사실을 가리키는 듯하다. 그런데 김시습은 마치 자신이 전패할 때 세종과 문종이 서거한 것처럼 술회하였다. 하지만 그는 세종과 문종이 서거했을 때는 아직 모친의 상중에 있었고, 과거에서 낙방하여 '전패할 때'는 단종이 즉위한 뒤였다. 아마도 이 회상은 "광묘(光廟: 세조) 초년에는 고구(故舊: 옛 친구)와 교목(喬木: 국가 사직을 지탱해오던 명신)들이 모조리 귀신 명부에 올랐다"는 참혹한 사실을 말하기에 앞서, 자신의 '전패'와 세종·문종의 서거라는 비통한 사실들을 한꺼번에 연상한 것이라고 생각된다.

김시습은 이해의 과거에 합격하지 못한 채 '처사'(處士)로서 일생을 마쳤다.*

---

* 이문구의 소설 『매월당 김시습』(문이당, 1992) 33쪽에서는 김시습이 "경오년(세종 32)의 사마시에 나아가 이우(李堣)·이파(李坡)·노사신(盧思愼) 등과 나란히 급제하여 열일곱에 생원이 되었던 것"을 언급하였으나, 소설적 허구인 듯하다.

1736년(영조 12) 6월에 영월의 유학 박현제(朴賢齊)가 김시습·남효온의 사우(祠宇)에 편액을 내려주기를 청하였을 때 상소문에서, "고(故) 처사 김시습은 미친 체하면서 중이 되어 떠돌아다니며 돌아오지 않았고, 처사 남효온은 상서(上書)하여 소릉(昭陵: 문종의 비 현덕왕후릉)의 복위를 청하였으나 회보(回報)가 없자 죽을 때까지 과거를 보지 않다가, 뒤에 연산군에게 부관참시당하였다"라고 언급한 예에 나타나듯, 김시습은 그의 추종자였던 남효온과 함께 '처사'로 기억되어왔다.[4] 단, 1791년(정조 15) 2월 21일(병인) 정조가 장릉에 배식단을 세우고 추향할 사람을 정하는 전교를 내릴 때는 "고 처사 김시습과 태학생(太學生) 남효온"이라고 했으니, 남효온의 경우는 성균관에 적을 두었으나 김시습은 성균관에 적을 두지 않았던 것으로 알려져 왔음을 알 수 있다.[5] 그러나 실은 두 사람 모두 성균관에 재학한 일이 있었다.

김시습은 계유년, 즉 1453년(단종 원년)의 어떤 과거에 응시했던 것일까? 앞의 시에서 "도화 뜬 물결 미처 넘실대지 않을 때"라고 한 것을 보면, 초봄에 실시된 과거에 응시하였던 듯하다. 그렇다면 먼저, 2월에 실시된 생원시에 응시했을 가능성이 있다. 또 한편으로는 김시습이 이해 2월에 실시된 증광문과에 응시했을 가능성도 있다. 단, 김시습은 소과(小科)를 거치지 않았고 음사(蔭仕: 조상 덕으로 벼슬길에 나아감)하지도 못했으므로 과연 문과에 응시할 자격이 있었는지 의심할지 모른다. 하지만 1435년(세종 17) 식년시에서 벼슬 살지 않고 생원도 아닌 유학(幼學)으로서 문과에 급제한 사람이 4명이나 되는 것을 보면,[6] 당시에는 유학이면서도 문과에 응시할 자격이 부여되는 예가 있었다.

김시습은 성균관에 재학하면서 원점(圓點: 출석 점수)을 받아 직접 문과에 응시할 자격을 얻었을 수 있다. 다만 1791년(정조 15)의 전교에서 그를 '태학생' 남효온과 구별하여 '처사'로 칭한 것을 보면, 김시습은 원점을 받지 못하고 성균관에 한때 적만 두었을 가능성이 높다.

그런데 그의 추종자였던 남효온이 수필집 『냉화』(冷話)에서, 김시습이 계유년 감시(監試), 곧 소과에서 '숭의전'(崇義殿)이라는 시제(詩題)가 출제되자 시를 지은 것이 있다고 소개한 점을 보면, 김시습이 6월에 실시된 진사시에 응시했다.[7] 숭의전은 문종이 고려 태조 왕건을 위해 마전현(麻田縣)에 세운 사당으로, 왕숭례(王崇禮)라는 농부에게 3품의 품계를 주고 숭의전사(崇義殿使)로 삼아 관리하게 하였다. 『냉화』에 따르면, 계유년의 감시에 '숭의전'에 관한 시가 문제로 나오자 김시습은 "숭의전이 마전에 있어, 대대로 그 집을 복호(復戶)시켜주네"(崇義殿在麻, 世世復其家)라는 시를 지었다는 것이다. 그렇다면 김시습은 계유년 2월의 생원시에 응시했다가 낙방하고, 6월의 진사시에도 응시했다가 낙방했던 것인지 모른다.

본래 조선의 과거는 문관 벼슬길에 나아가는 인물을 뽑는 소과(小科: 사마시, 감시라고도 함)와 대과(大科: 문과라고도 함), 그리고 문관 벼슬에 있는 인물들을 재시험하는 중과(重科)의 세 시험이 중심을 이루었다. 이 시험들은 무관을 뽑는 무과, 중인 계층을 대상으로 한 역과(譯科)·잡과(雜科)와 구별되었다. 소과는 다시 경전의 학습 정도를 시험하는 생원시와 시문의 제작 능력을 시험하는 진사시로 나뉘었다. 진사시는 폐지와 부활을 반복한 끝에 세종 20년인 1438년의 식년시에서 생원시와 함께 양두장(兩頭場)으로 설치되어, 진사시를 감시초장(監試初場), 생원시를 감시종장(監試終場)이라고 하였다.[8] 그 뒤 진사시는 폐지되었다가 1453년(단종 원년)에 부활되었고, 1894년의 갑오경장에 이르기까지 존속하였다.

진사시는 부(賦) 1편과 고시(古詩)·명(銘)·잠(箴) 가운데 1편을 시험하다가, 뒤에는 30구 이상의 부 1편과 30구 이상의 시 1편을 시험하였다.* 한편, 생원시의 초시는 경문 몇 구절을 암송하여 채점하고, 회시는 사서의(四書疑) 1편과 오경의(五經疑) 1편을 고시 과목으로 하였다. 뒤에는 오경의 가운데 '춘추의'를 빼서, 사서의·사경의(四經疑) 가운데 1편을 시험하였다. 소과(진사시·생원시)는 초시(初試)와 복시(覆試)의 2단계 시험을 치렀는데, 초시는 지방과 서울

---

* 조선 전기에는 문과 장원보다 진사시 장원을 더 높이 쳤다. 사대부의 귀한 집 자제들이 진사과를 벼슬길로 들어서는 지름길이라고 여겼으며, 진사시는 다른 무엇보다 '인물'을 중시했기 때문이다. 허균의 지적이다. 『惺所覆瓿藁』(민족문화추진회 1991년 영인 표점 한국문집총간 74) 권22,「惺翁識小錄」上.

의 거주지별로 시험을 보았으므로 향시(鄕試)라 하고, 복시는 초시 합격자를 서울에 모아 예조에서 주관하여 시험을 치렀으므로 회시(會試)라고 하였다.

과거 응시 자격은 명문화된 규정은 없었지만, 『경국대전』(經國大典)에 따르면 죄를 범하여 관직에 임명될 수 없는 사람, 국가 재정을 횡령한 관리의 아들, 재가했거나 절개를 잃은 부녀자의 아들과 손자, 서얼 자손은 문과와 소과에 응시할 수 없었다. 또 1417년(태종 17)에 정해진 법에 따르면, 문과에 응시하기 위해서는 생원이나 진사가 되어 성균관에서 적어도 300일간 수학하여 성균관 식당에 아침저녁 두 끼를 참석하여 받는 원점(圓點)을 300점 따야 했다. 하지만 원점을 줄여주는 예가 많았고, 영조 이후에는 원점을 묻지 않았다. 그리고 소과를 거치거나 음사(蔭仕)를 통해 성중관(成衆官: 임시직) 또는 교도(敎導: 교수·훈도·학장의 세 직책이 있음) 따위의 말단직에 있으면서도 문과(대과)에 응시할 수 있었다.

'오세'라는 별호를 들을 만큼 조숙했던 천재인지라, 김시습은 계유년 과거의 낙방으로 너무나 낙담했을 것이다. 김시습과 같이 공부했던 지달하는 1465년(세조 11) 문과에 급제해 이조정랑까지 오르고 장강은 1469년(예종 원년) 문과에 급제해서 사유(師儒)로서 명성이 있었다.

김시습은 과거에 떨어진 뒤 서책을 싸서 삼각산 중흥사(重興寺)로 올라갔다.

_ 계유정난

김시습이 과거에 떨어진 그해, 곧 1453년(단종 원년) 10월 10일에 수양대군은 좌의정 김종서, 영의정 황보인, 이조판서 민신(閔伸), 병조판서 조극관(趙克寬) 등을 죽이고 안평대군 이용(李瑢, 1418~1453)과 그 아들을 강화도 교동(喬桐)에 안치하였다. 이른바 계유정난(癸酉靖難)이다. 김종서는 1452년 12세의 단종이 즉위했을 때 좌의정으로서 황보인·정분과 함께 문종의 유지를 받들어 어린 왕을 보필해왔다. 큰 범〔大虎〕이라는 별호가 붙을 만큼 지혜와 용기를 겸비한 인물이었다.

이보다 앞서 9월 29일, 수양대군은 한명회(韓明澮, 1415~1487), 권람(權擥,

1416~1465), 홍달손(洪達孫, 1415~1472) 등과 모의하였다. 그리고 단종이 누님 경혜(敬惠) 공주의 집으로 간 틈을 타 10월 10일에 좌의정 김종서의 집을 습격하여 일가족을 참살한 뒤, 영의정 황보인 등을 대궐로 불러들여 궐문에서 모조리 죽인 것이다. 대권을 잡은 수양대군은 스스로 의정부 영사가 되고 이조판서와 병조판서 직을 겸임해서 인사권을 장악했으며, 내외병마도통사를 겸하여 군사권을 장악하였다. 그리고 정인지를 좌의정, 한확(韓確, 1403~1456)을 우의정으로 삼았으며, 집현전에 명하여 자신을 찬양하는 교서를 짓게 하였다. 그리고 10월 15일에는 하위지를 사간원 좌사간, 성삼문을 우사간, 이개(李塏, 1417~1456)를 사헌부 집의로 임명하여 안평대군과 많은 충의지사들을 죽이는 데 앞장서게 하였다. 안평대군은 10월 18일에 사사하였다. 이 계유정난으로 수양대군, 정인지, 한확을 비롯하여 이사철(李思哲), 박종우(朴從愚), 박중손(朴仲孫), 김효성(金孝誠), 권람, 홍달손, 최항, 한명회 등 37명이 정난공신이 되었다.

본래 수양대군과 안평대군은 세종 말년부터 알력이 있었다.

안평대군은 세종 말에 집현전 출신 문인들이나 원로 중신들과 함께 큰 시회(詩會)를 여러 번 가졌다. 팔경시첩(八景詩帖) 시회나 초정(椒井) 온탕에서의 시회는 그 대표적인 예이다.* 이현로(李賢老), 이승윤(李承胤), 이개·박팽년·성삼문 등은 시에 뛰어난 그를 사백(詞伯) 또는 동평(東平)이라고 일컬었다. 안평대군은 1447년(세종 29, 정묘) 4월 20일 밤 꿈에 도원(桃源)에서 놀면서 박팽년·최항·신숙주와 시를 지었다고 하며, 안견(安堅)에게 그 일을 그림으로 그리게 하였다. 또한 그 화축(畵軸)에 시와 부(賦)를 짓는 모임을 열었다. 이 시회에는 신숙주, 이개, 하연(河演), 송처관(宋處寬), 고득종(高得宗), 강석덕(姜碩

---

* 1442년(세종 24) 7월에 열린 팔경시첩 시회에는 하연·김종서·정인지·조서강·강석덕·안지·안숭선·이보흠·남수문·신석조·유의손·최항·박팽년·성삼문·신숙주·윤계동·김맹·승려 천봉 만우·이영서 등이 참여했고, 1444년(세종 26) 4월 22일에 열린 초정 온탕 시회에는 하연·최항·박팽년·이개·황수신·이사철·김요·정연(鄭淵: 또는 '渊')·유의손·이승량·신숙주 등이 참여하였다. 안평대군과 집현전 학사의 시회에 대해서는 김남이의 「집현전 학사의 문학 연구」(이화여자대학교 국문과 박사 논문, 2001) 참조.

德), 정인지(鄭麟趾), 박연(朴堧), 김종서, 이적(李迹), 최항(崔恒), 박팽년, 윤자운(尹子雲), 이예(李芮), 이현로, 서거정, 성삼문, 김수온, 만우(卍雨), 최수(崔脩) 등이 참여하였다.[9]

1450년 2월에 세종이 서거하고, 7개월 뒤인 9월에 안평대군은 백악의 서북쪽 산기슭에서 지난날 꿈에서 보았던 '도원'의 풍광과 같은 곳을 발견하고 그곳에 무계정사(武溪精舍)를 열었다. 그리고 9월 21일에는 무계정사에서 큰 시회를 가졌다. 그는 "정신을 기쁘게 하고 은자를 머물게 할 만한 곳"인 무계정사의 풍광을 다섯 수의 연작시로 노래하고,[10] 성삼문・박팽년・서거정에게 화답하도록 하였다.* 그 뒤 다시 비해당(匪懈堂) 48영 시회를 열어, 최항・신숙주・성삼문・이개・김수온・이현로・서거정・이영윤・임원준이 참여하였다.

그런데 1451년(문종 원년) 1월 19일에 혜빈(惠嬪) 양씨(楊氏)가 밀계(密啓)를 올려, 안평대군이 사직을 위태롭게 하려고 무뢰배를 모으고, 이현로의 말을 듣고서 무계정사를 '곁가지의 용이 일어날'〔旁龍所興〕 땅에 지었다고 하였다. 또는 성녕대군의 종 김보명(金寶明)이 안평대군에게 "보현봉(普賢峯) 아래가 비기(秘記)에서 말하는 '장손에게 이롭고 만대에 이르도록 왕이 일어난다는 땅'입니다"라고 유혹하여 그곳에 무계정사를 지었는데, '장손'이란 안평대군의 아들 의춘군(宜春君)을 가리킨다고 하였다. 그리고 그 밀계에 따르면 김종서는 안평대군과 유대를 맺었고, 어떤 문신들은 안평대군에게 자신을 '신하'라 칭했다고 하였다.

혜빈 양씨는 세종의 특명으로 단종을 양육했던 사람이다. 그녀가 밀계를 올렸다는 것은 『문종실록』에 나오지 않고, 1453년(단종 원년) 5월 19일조의 실록

---

* 안평대군의 시는 이러하다. "은거지 승사는 깊은 가을에 있으니, 두 눈에 들어오는 햇살이 내 마음에 맞도다. 서리가 단풍을 물들여 숲은 타는 듯하고, 이슬이 국화에 맺혀 황금 달빛이 번득이네. 높다란 벼랑은 장생화 그려진 화축이요, 흐르는 물은 소리 없는 태고의 거문고. 개울 남쪽과 북쪽에 배와 밤 익어가니, 한가하게 원숭이를 따라 찾아나선다"(幽居勝事在秋深, 滿眼寒光適我心. 霜染丹楓林燒火, 露團黃菊月鱗金. 懸厓有軸長生畵, 流水無聲太古琴. 溪北溪南梨栗熟, 閑隨猿狖也相尋). 또한 朴彭年, 「次武溪酬唱五首」(『朴先生遺稿』); 成三問, 「次武溪酬唱五首」(『成謹甫集』 권1); 徐居正, 「山居四時用諸賢韻書貴公子精舍五首」・「再和五首」(『四佳集』 시집 권2) 등 참조.

기사에 나온다.[11] 본래 혜빈 양씨에게서 태어난 수춘군(壽春君) 이현(李玹, 1430~1455)은 안평대군의 둘째 처남 정자제(鄭自濟)의 사위였으므로, 혜빈 양씨가 안평대군의 모반을 밀계했다는 말은 신뢰하기 어렵고, 그 내용도 의심스럽다.

그런데 단종 원년 6월 8일의 실록 기사에 따르면, 안평대군과 이현로가 '비'〔雨〕라는 제목으로 주고받은 시에 안평대군의 정치적 야망이 드러나 있다고 한다.* 또 정문형(鄭文炯, 1427~1501)은 안평대군이 야심을 나타낸 다음 시를 보았다고 하였다.

이 시대에 지극한 사람이 있어도	時雖有至人
온 세상에 충직한 신하가 없구나.	擧世無都兪
정녕 향기로운 난초 뿌리 같아서	正如馨蘭根
초나라 상택(湘澤) 가에서 슬퍼하누나.	空悲楚澤隅
하늘이 만물을 내었으니	皇天生萬物
어찌 궁한 길에서 시들게 하랴.	豈使枯窮途

사실 세종 말부터 단종 초까지, 안평대군을 포함한 여덟 공자가 모두 강성하여 인심이 흉흉하였다. 더구나 재상 정분(鄭苯)은 삼조(三朝)에 걸친 원로이면서도 어린 임금을 덕으로 이끌지 못하고, 1453년(단종 원년) 6월에 창덕궁의 인정전을 보수하는 대토목 공사를 일으켰다. 이석형은 「느낌이 있어서」(有感)라는 시를 지어 그 일을 개탄하였다.[12]

| 세 조정에서 경세제민에 힘써 온 노대신 | 經濟三朝一老臣 |
| 조정 깊숙한 곳에서 띠를 드리우고 있군. | 廟堂深處儼垂紳 |

* 시는 두 수이다. "하늘 기상은 청명한 날이 적고, 인생은 변고가 많네. 누가 후세를 기다린다 말하랴, 늙어감을 장차 어찌하리"(乾象淸明少, 人生變故多. 誰云待後歲, 老去將如何). "작은 해에 아름다운 빛이 돌아, 만물이 광채를 더하네. 어느 때나 일색이 커져서, 밝고 밝게 사방을 비출꼬"(微陽有佳色, 萬物增彩光. 何時日色大, 明明照四方).

그해의 사업을 묻지 마시게	當年事業人休問
궁궐 전각이 반나절 만에 새로워졌으니.	神殿神宮不日新
유월 더위에 땀이 흘러 넘치거늘	炎天六月汗如流
누가 만백성 시름을 근심하랴.	誰念嗷嗷萬姓愁
지난해 곡식 다 없어지고 햇곡은 못 거두어	舊穀已亡新未穫
아침밥 잇기 어렵고 저녁도 거르건만	朝湌難繼夕仍休
사역시키는 북소리 우레 같더니	才聞役鼓雷霆振
어느새 궁궐이 하늘 위로 솟았도다.	俄見神宮雲漢浮
이것이 이 시대의 태평세월 일이니	自是當年太平事
백성들 시름은 말하지 마시게.	傍人愼莫道民憂

　1453년 10월에 수양대군은 영의정에 올라 의정부에서 연회를 베풀었다. 진로에 고심하던 박팽년은 "조정 깊은 곳에 슬픈 거문고 가락 울려나니, 세상 만사를 도무지 모르겠네"(廟堂深處動哀絲, 萬事如今摠不知)라는 시를 지었다. 수양대군은 그 속뜻을 모르고, 이 시를 판자에 새겨 의정부 벽상에 걸도록 했다고 한다.[13] 박팽년은 선배 하위지에게 도롱이를 주며 은거를 권하였다. 하위지는 "도롱이를 줌은 마땅히 뜻이 있어서겠지, 오호의 아지랑이 낀 달을 찾기 좋아라"(持贈蓑衣應有意, 五湖煙月好相尋)라는 시를 보내어 은거의 뜻을 밝혔다. 하지만 그들은 죽음을 맞는다.[14]

　수양대군의 '정란'으로 많은 사람들이 죽어 나갔다. 그러나 그 살육의 장을 보았을 김시습은 아무런 말이 없었다. 하긴 성삼문의 경우도 어린 군주를 보호할 계책으로 묵묵히 지내던 터였다. 한명회를 비롯한 정인지, 최항, 신숙주는 집현전 직제학이던 성삼문을 우사간으로 임명하여 안평대군을 죽여야 한다는 상소에 적극 참여하게 하지 않았던가. 성삼문은 10월 17일의 상소에서 안평대군의 무옥(誣獄)을 밝히려 했으나 여의치 못하였고, 다시 안평대군을 사사해야 한다는 상소에 참여하였다. 그리고 11월 4일, 안평대군이 사사된 것을 기념하는 논공행상에서 성삼문은 정난공신 3등에 오르기까지 하였다.

그런데 수양대군은 10월에 정란을 일으키면서 함길도 도절제사로 있던 이 징옥(李澄玉, ?~1453)을 김종서의 일당으로 몰아 파면하고, 그 후임으로 은밀히 박호문(朴好問)을 보냈다. 이징옥은 분개하여 박호문을 죽이고 반란을 일으켰다가 종성판관 정종(鄭種) 등에게 피살되었다. 『단종실록』에 따르면, 그는 종성에서 스스로 '대금황제'라 칭하고 여진족에게 도움을 청했다고 한다. 하지만 조선 정조 때의 명재상 채제공(蔡濟恭, 1720~1799)은 이징옥이 수양대군의 불법성을 명나라에 직소하여 단종의 복위를 꾀했다고 하였다.[15]

수양대군의 정란과 이징옥의 반란으로 민심은 흉흉하였다. 백성들 사이에는 "지금 세상 사람들을 다 죽이려고 한다"는 유언비어가 나돌았으며, 무리를 지어서 달아나고 집안의 가재도구를 파묻기도 했으며, 또는 배를 구해 멀리 도피하려고 하였다. 도성에서는 '하루에도 네댓 번씩 놀라서'〔一日五驚〕야단법석이었지만, 조정은 민심을 안정시키지 못하였다.[16]

이러한 사태를 지켜보면서 김시습은 무엇보다도 스승 이계전의 처신에 당혹감을 느꼈을 것이다. 이계전은 수양대군의 주구(走狗)가 되어 김종서와 안평대군을 제거하는 데 적극 참여하였고, 그 공으로 정난 일등공신에 올라 병조판서가 되었다.

어쩌면 이때까지만 해도 김시습은 수양대군의 거사가 국난을 바로잡는 충정에서 나온 것이라고 믿었는지 모른다. 아니면 아직 세간에 나가서 명성을 얻고 정치 이념을 실현하고자 하는 뜻이 강했기 때문에 불의에 대하여 잠시 눈을 감고 어린 군주를 보필할 날이 있기를 기대했는지 모른다. 그는 당시의 심경을 어디에서도 밝히지 않았다. 다만, 뒷날 이 무렵 벼슬을 얻고자 독서한 일을 되돌아보고, 당시의 세태를 비판한 글이 있다.[17]

세상 사람은 '분경'하며 추천을 의뢰해서	世人奔競倚吹噓
학식 없는 무지한 이가 대궐 뜰을 거니누나.	不學無知步玉除

'분경'이란 벼슬을 얻으려고 권세 있는 자의 집을 드나드는 것을 말한다. 당

시 많은 지식인들은 의(義)와 이(利)를 변별하는 데 어둡고 세력의 향배(向背)에 촉각을 세워서는 '손을 뒤집어 구름을 만들고, 손을 엎어서 비를 만드는' 작태를 부렸다.

김시습은 탄식하였다. 옛날의 군자는 입신하려고 조급하게 굴지 않고 천작(天爵: 존경을 받을 만한 타고난 덕행)을 닦았을 뿐이다. 옛날 은나라의 현자 이윤(伊尹)이 신(莘) 땅에서 밭을 갈고, 주나라의 현자 여상(呂尙: 呂望, 太公望)이 위수(渭水)에서 낚시했을 때, 어디 벼슬을 구하려는 마음이 있었겠는가? 그런데도 탕(蕩)임금이 이윤을 세 번 청하고 문왕(文王)이 여상을 한 번 보고서 각기 그들을 등용하자, 그들은 곧 "호랑이가 바람을 따르고 용이 구름을 따르듯"(虎從風, 龍從雲) 조화를 드러냈다. 이미 그들에게는 도덕이 내재했으므로 군주를 인도하고 도와줄 수 있었던 것이다.

그러나 지금 시대에 벼슬하는 사람들은 어떠한가? 세력에 아부해서 선전하고 추천을 받아 구차하게 벼슬길에 오르고, 심지어 벼슬을 받은 뒤에야 비로소 일을 배우는 자도 있다. 그들이 군주에게 건의하는 내용은 다 봉급을 받자는 것이요, 제 일신을 위한 것일 따름이다.

이렇게 생각하면서 김시습은 책을 덮었다. 진실로 벼슬을 살려는 사람이라면 이윤이나 여상만큼 도덕을 닦지 못했을진대, 반드시 글을 읽어나가야 한다. 그렇게 한다면 비록 신중히 사색하고〔愼思〕 독실하게 실천〔篤行〕할 수 없다 해도 불학무지(不學無知)의 상태는 면할 수 있을 것이 아닌가?

김시습은 경서를 읽는 한편으로 『손자』(孫子)·『오자』(吳子) 같은 병법서를 읽었으며, 검술에도 관심을 두었다.[18] 무계 집안에 태어났기에 병술에 관심을 두었을 수 있다. 하지만 어쩌면 그는 살육의 장을 지켜보면서, 난세를 수습하는 실질적인 방법으로 병법(兵法)에 대한 문제를 심각하게 연구했는지도 모른다. 더구나 북변(北邊)의 건주(建州) 야인들은 국경의 북부를 소란케 하고 있었다.

사실 병법은 전쟁이 잔혹하다는 사실을 일깨우고 전쟁을 중지하는 방법을 강구한다. 나라의 평화와 안전을 위해 불가피하게 군대가 요청된다는 사실을 뚜렷이 인식했던 인물로는 삼국시대의 간웅(奸雄) 조조(曹操)를 손꼽는다. 그는

『손자병법』을 읽으면서 무력에 의지하다가 나라의 멸망을 초래해서도 안 되고, 도덕정치만 표방하다가 외적의 침입을 막아내지 못해서도 안 되며, 전쟁을 없애기 위해 일시적으로 전쟁이 필요하다고 역설하였다.*

『손자병법』은 말한다. "전쟁이란 나라의 가장 중대한 문제다. 백성을 모두 살리느냐 모두 죽이느냐를 판가름하는 마당이며, 나라가 생존하느냐 멸망하느냐를 결정짓는 갈림길이다"(兵者, 國之大事, 死生之地, 存亡之道, 不可不察也).

김시습은 이러한 구절들을 가슴 깊이 새겨두고 있었을 터이다.

_ 단종의 양위 소식을 듣고 중흥사를 박차고 나서다

1455년 윤6월 11일, 단종은 위협에 못 이겨 숙부 수양대군에게 왕위를 물려주었다.

세조는 상왕이 된 단종을 창덕궁으로 알현하러 가서, 개국·정사·좌명·정난의 4공신 및 후손들과 회맹(會盟)하는 연회를 끝낸 뒤 경복궁 사정전으로 들어와 2차로 잔치를 벌였다. 이때 김시습의 스승 이계전은 세조에게 술이 과하니 그만 들어가라는 충언을 했다가, 머리채를 붙잡혀 뜰 아래로 끌려내려가 곤장을 맞는 모욕을 당하였다. 세조는 곤장을 치게 한 뒤 한참 있다가 다시 앞으로 나오라고 해서, "내가 너를 사랑하여, 너를 좌익공신의 높은 등급에 두려 한다"고 하였다.[19] 세조는 그의 충성을 시험했던 것이다.

이계전은 1453년의 계유정난에 참여하여 공신 1등에 녹훈되었고, 다시 사육신을 제거하는 데 공을 세워 좌익공신에 올라 있었다. 하지만 그는 수양대군의 집권을 반대했던 이개(李塏)의 숙부였기에 수양대군의 의심을 받아왔던 것이다. 이개는 사육신의 한 사람이다.

이 무렵 김시습은 삼각산(북한산) 등안봉(登岸峰) 아래 있는 중흥사(重興寺)에서 공부를 하고 있었다. 아마 과거 준비를 했던 것 같다.

* 조조는 '하늘과 땅 사이에서 사람이 가장 귀하다'는 대원리를 실제 정치에 도입하여 인재를 등용했던 정치가였다. 그는 『손자병법』을 발굴하여 텍스트를 교정하고 주석을 달면서 '난세를 수습하여 바로잡으려는' 소명의식을 그 속에 담았다.

중흥사는 '中興寺'로도 적는데, 고려시대의 고승 보우(普愚, 1301~1382)가 중흥한 사찰로, 보우는 이 절의 동봉(東峰)인 태고대에 머물렀다.[20] 보우는 현각(玄覺, 665~713) 선사의 '영가체'(永嘉體) 노래를 본받아 칠언의 운문으로 이루어진 「태고암가」(太古庵歌)를 지었다. 그 가운데 일부를 보면, 산수 자연의 역동성 속에 깃들여 있는 불법의 활발한 실질을 비유적으로 묘사하였다.

산 위에 흰 구름 희고 또 희며	山上白雲白又白
산 속에 흐르는 샘 뚝뚝 떨어지고 또 떨어지네.	山中流泉滴又滴
그 누가 흰 구름의 형용을 제대로 볼 줄 알랴	誰人解看白雲容
갰다간 비 오고, 때로는 번개 치듯 하는구나.	晴雨有時如電擊
그 누가 이 샘물 소리를 제대로 들을 줄 알랴	誰人解聽此泉聲
천 번 돌고 만 번 굴러 쉬지 않고 흐르는 물.	千回萬轉流不息

중국 하무산(霞霧山) 주지로 있던 그의 스승 청공 대사(淸珙大師)는 「태고암가」를 평하여, "참으로 공겁(空劫) 이전의 소식을 얻었다"라고 하였다.

보우의 산수 감상 태도는 김시습에게 일정한 영향을 끼쳤을 법하다. "흰 구름"과 "쉬지 않고 흐르는 물"은 김시습이 일생 사랑한 자연의 모습, 자연의 생명을 상징한다.

김시습은 중흥사에서 공부하면서 보우의 「태고암가」에 담긴 출세간의 뜻을 곱씹어보았을 것이다. 그러면서도 세상일을 과감하게 잊을 수는 없다는 결론에 이르렀을 것이다.

그러다가 김시습은 서울에서 온 사람에게서 단종의 양위 사실을 전해 듣고는 깜짝 놀랐다. 방문을 걸어 잠그고 사흘 동안 바깥에 나가지 않았다.

이제까지 그는 당대 최고의 학자들을 스승으로 모시고 군자로서의 덕 함양과 도덕적 실천을 존중하는 유가사상을 익혔으며, 인의의 이상정치를 실현해야 한다는 정치철학을 철석같이 믿어왔다. 그러나 세조의 왕위 찬탈은 가치체계를 완전히 뒤집어엎고 말았다. 아니, 올바른 이념이 현실 속에서 전혀 실현될 수 없다는 사실을 분명히 알게 되었다. 그는 현실 공간에 남아 있을 의지를 상실하였다. 통곡 끝에 그는 책을 불살랐다. 현기증을 느끼고 똥통에 빠졌다. 김시습이 똥통에 빠진 것은 시국에 연루되지 않기 위해 일부러 미친 행동을 한 것이라는 이야기도 있다.

이 무렵, 조정에서 벼슬 살던 사람들 가운데는 세인들이 보기에 기이한 행동을 하여 속내를 감춘 인물들이 여럿 있었다. 권절(權節, 1422~1494)은 평소 수양대군과 정분이 있었지만 계유정란 때는 귀머거리 노릇을 하며 정란에 참여하지 않았고, 세조가 즉위한 뒤에 여러 번 관직을 내렸지만 병을 핑계로 문 밖을 나지 않았다.[21] 이맹전(李孟專, 1392~1480)은 단종이 죽은 다음해에 고향 선산으로 돌아가 눈멀고 귀먼 사람처럼 행세하면서 친한 벗들까지 사절하고 30년간이나 두문불출하였다. 그러면서 매월 초하루에는 아침해를 향해 절을 하며 병이 낫기를 기도했는데, 집안 사람들조차도 그 속마음을 헤아리지 못하였다.

김시습은 조정에서 벼슬 살았던 신하가 아니었으므로, 통념의 의리상 굳이 거짓으로 미친 짓을 할 필요가 없었다. 아마도 그는 가치가 뒤바뀐 사실을 알고는 순간적으로 미쳤던 듯하다. 그 뒤로는 갖가지 기행으로 미친 사람처럼 행동하였다.

당시의 사람들은 김시습이 절개를 지키기 위해 거짓 미친 척하였다고 여겼다. 김시습의 친구 송간은 자신의 육촌 동생이자 역시 김시습의 친구였던 송경원에게 보낸 글에서 이렇게 말하였다.

> 친구 김열경(金悅卿)이 거짓 미친 척한 것에 대해서는 그 광경을 아직 자세히 알지 못하네. 다만 중정(中正)을 중시하는 관점에서 논한다면 어떻다 평해야 할지 알 수 없겠네. 그러나 그가 초연하게 세상 바깥으로 나가, 깨끗해서 속세의 더러움이 없는 점은 남보다 몇 층이나 높구만.[22]

송경원은 이렇게 답하였다.

> 친구 김열경의 양광(佯狂: 거짓으로 미친 체함)을 두고 "깨끗해서 속세의 더러움이 없다"고 말씀하신 것은 지극히 온당한 평이라 하겠습니다. 그 친구의 타고난 품성이 남달리 뛰어났기에 오늘날 절조를 지키는 것이 이렇게 남보다 지나치다고 하겠지요. 기자(箕子) 같은 성인도 거짓 미친 척한 적이 있으니, 광(狂)이라는 한 글자는 천고에 좋은 주제라고 할 수 있겠습니다.[23]

기자는 은나라 왕족이었으나 주(紂)왕이 포학하게 굴자 머리를 풀어헤치고 거짓으로 미친 짓을 하며 노예같이 굴었다고 한다. 뒤에 주나라 무왕이 은나라를 멸망시킬 때 동쪽으로 망명했다가, 나중에 무왕을 위해 정치와 도덕철학 강령을 아홉 부문으로 나누어 서술한 홍범구주(洪範九疇)를 헌정했다고 전한다. 그가 미친 짓을 했다는 이야기는 사마천(司馬遷)이 지은 역사책 『사기』(史記)의 「송세가」(宋世家)에 나온다. 송경원은 김시습이 기자와 마찬가지로 난세를 살아가기 위해 거짓 미친 척하였다고 본 것이다.

김시습 자신도 「기자찬」(箕子贊)이라는 글에서 기자의 거짓 미친 행동을 찬미한 적이 있다.

> 주(紂)가 옥으로 술잔을 만들자, 기자는 몹시도 근심하였고, 주왕이 음란하고 방탕해지매, 기자는 죽기로 간하였지. 주가 듣지 않고 그를 가두어버리니, 어떤 사람은 "버리고 가라"고 말하였으나, 기자는 "만일 버리고 간다면 임금의 죄악을 드러내어 나만 잘났다고 하는 것이 된다"고 말하였네. 그리고는 머리 풀어 산발하여 거짓 미친 체하며, 노예가 되어 숨어살면서, 거문고를 타며 슬퍼하였으니, 그 마음을 누구에게 말할 것인가? 천 년 뒤에 알아주는 이 있다면 내 뜻 반드시 밝혀지리라. 당나라 유종원(柳宗元)이 비문(碑文)을 지었으니, 그 글만은 믿을 만하도다. 세대가 비록 멀지만, 오직 그대만은 잘 헤아렸도다.[24]

유종원은 기자의 비문을 적어, 기자가 거짓 미친 체한 것은 국가의 중흥을 기대하면서 시기를 본 것이라고 하였다. 김시습은 유종원의 비문이 기자의 뜻을 잘 헤아렸다고 평하였다. 그렇다면 그가 거짓 미친 체한 것도 결국 세간을 완전히 벗어나려 한 것이 아니었다. 그는 세간에 남아 세간의 추이를 응시했던 것이다.

송간은 김시습의 '미친 짓'이 중정(中正)에서 벗어난 측면이 있다고 하였다. 좀 지나쳤다는 말이다. 하지만 그 자신도 단종이 영월로 쫓겨간 뒤에는 세상과의 인연을 끊고 미치광이 행세를 한다.

김시습이 중흥사를 나온 뒤 어디로 향했는지는 분명하지 않다. 또 그 길로 도망해서 승려가 되었다는 설이 있으나, 이것도 확실하지 않다.

전하는 말에 따르면 김시습이 법명으로 삼은 설잠(雪岑)은 설악산을 뜻하며, 김시습이 중흥사를 나와서 처음으로 숨은 곳이 설악산이었으므로 설잠이라고 했다고 한다. 그가 설악산 오세암(五歲庵)에서 삭발했다는 전설도 있다. 하지만 김시습이 이때 승려가 되어 설악산으로 향하였을지 모르나, 설잠이라는 법호가 반드시 설악산과 관련이 있다고는 볼 수 없다. 설잠은 설산(雪山), 곧 히말라야 산을 뜻하며, 『열반경』(涅槃經)에서 말한, 석존(부처)이 과거 세상에 보살의 도를 수행하던 곳을 말한다. 김시습은 보살행을 실천하겠다는 뜻을 이 법호에 담은 듯하다.

세조의 정변과 찬탈은 유학사상의 핵심이라고 할 왕도(王道)의 붕괴를 뜻하였다. 김시습은 세조의 정변과 찬탈에 대하여 직접 비판한 시문을 남기지는 않았다. 하지만 세조의 정변을 비판하는 그의 의식은 50세 때 관동에서, 후한 말 동탁(董卓)의 발호를 비판하여 쓴 다음 시에 암시적으로 나타나 있다.[25] 동탁은 한나라 왕실을 강화한다는 명분으로 어린 황제 유변(劉辯)를 폐위시키고 헌제(獻帝)를 옹립하였다. 세조의 행위가 꼭 그러하였다.

개에게 뼈다귀를 주지 마라	毋投與狗骨
개들은 떼로 모여 어지러이 다투어선	集類亂喋唭
자기 무리와 어긋날 뿐만 아니라	不獨其羣戾
종당에는 주인과도 어그러지리라.	終應與主乖

주(周) 왕실 높인다며 정벌을 일삼고	尊周專戰伐
한(漢) 왕실 안정시킨다며 어린 황제 죽이다니.	安漢弒嬰孩
명분을 엄하게 해서	莫若嚴名分
근왕의 예법을 지킴만 못하리라.	勤王作止偕

 세조의 왕위 찬탈로, 이제 현실 공간은 왕도가 실현될 가능성이 차단되고 힘의 논리, 게임의 법칙이 지배하는 패도(覇道)의 세상이 되었다. 패도의 등장은 김시습을 방랑의 길로 내몰았다.

_ 강원도 초막동에서 겨울을 난 듯하다

 중흥사를 나와 떠돌던 김시습은 포천을 넘어 강원도 김화(金化) 남쪽 복계산 자락의 사곡촌(沙谷村)으로 발걸음을 옮겼던 것 같다. 거기에서는 세조의 정권에 서기 싫어 서울을 떠난 박계손(朴季孫, 1415~1475)이 산중 생활을 하고 있었다. 사곡촌은 지금은 철원군에 편입되어, 이름도 근남면 잠곡리로 바뀌었다. 즉, 잠곡1리 복계산 기슭의 초막동이 박계손이 은둔했던 곳이라고 한다.

 박계손은 본관이 영해(寧海)로, 병조판서까지 지냈지만 세조가 즉위하자 사곡촌으로 들어왔으며, 백이·숙제의 숙제에서 이름을 따와 숙손(叔孫)으로 이름까지 고쳤다. 자는 자현(子賢)이다. 박계손과 그 부친 박도(朴渡, 1396~1459), 숙부 박제(朴濟), 형 박인손(朴璘孫, 1417~?), 박제의 세 아들 박규손(朴奎孫, 1426~1494)·박효손(朴孝孫, 1428~1495)·박천손(朴千孫, 1431~1503) 등 영해 박씨 일가 일곱 사람이 모두 이곳에 은거하였다. 박도는 사복정을 지냈고, 박제는 예조좌랑, 박규손은 예빈경, 박효손은 예조참판, 박천손은 사직의 벼슬을 지냈던 사람들이다.[26]

 사곡촌에는 벼슬을 버린 조상치도 들어와 살았다고 한다. 조상치는 길재(吉再, 1353~1419)의 문인인데, 단종 3년인 1455년에 집현전 부제학에 임명되었었다. 세조가 왕위에 오른 뒤 그를 예조참판에 임명했으나 사직하고 은거하였다.

김시습과 조상치, 그리고 영해 박씨가의 일곱 사람이 초막동에 모여 살면서 절의를 다졌다는 전설이 있기 때문에, 뒷날 거기서 조금 떨어진 곳에 이들을 기리는 구은사(九隱祠)라는 사당이 세워졌다. 김시습이 살았다고 전해지는 곳은 매월대(梅月臺)라고 불린다.

　그러나 1791년(정조 15) 2월 21일(병인) 장릉의 배식단에 추향할 사람을 정할 때, 내각은 임영(林泳, 1649~1696)이 지었다는 조상치의 묘지(墓誌)를 인용하여, "세조가 왕위를 물려받자 경상도 영천(永川)에 물러가 살면서 일생 동안 서쪽을 향해 앉지 않았다"고 하였다. 이 기록에는 조상치가 초막동에 머물렀다는 사실이 나타나 있지 않다.

　김시습이 초막동에서 박계손(박숙손), 조상치와 겨우내 함께 지내며 단종의 복위를 꾀했다는 설이 있다. 사실인지 아닌지 알 수가 없다. 다만 김시습이 조상치, 박규손, 박도, 박효손, 박계손과 같은 운자를 사용한 같은 형식의 「자규사」(子規詞)를 지은 것을 보면, 김시습이 그들과 자리를 같이하여 단종의 처지를 통곡한 일이 있었던 것 같다. 그것은 1457년 6월, 단종이 영월로 유배간 뒤의 일이다.

　박계손은 세조의 조정에서 빈번하게 부르자, 더 깊이 들어가 자취를 감추기 위해 부형을 모시고 현재의 함경남도 남부에 있는 문천(文川)의 운림산(雲林山) 수한동(水寒洞)으로 들어가 살았다.[27]

　사실 김시습은 그들을 초막동에서 처음 만난 것이 아니라, 수한동에서 처음 만났을 가능성이 있다. 이것은 더 뒷날의 일이니, 그렇다면 김시습은 1456년 겨울을 초막동에서 난 것이 아니다. 어떤 설을 따라야 할지 알 수 없다.

　박계손은 뒷날 수한동에 은둔해 살면서 자호를 포신(逋臣: 도망간 신하)이라 하였으며, 스스로 묘지명을 지어 김시습에게 보여주었다. 김시습은 그의 자찬(自撰: 스스로 지음) 묘지명을 읽다 말고 눈물을 흘렸다. 1475년(성종 6)에 박계손이 61세로 일생을 마감하고 문천의 초한사(草閒寺) 산이동(酸梨洞)에 묻히자, 김시습은 그의 행장을 지었다. 이것은 모두 뒷날의 일이다.

_ 여섯 신하의 죽음

1456년(세조 2) 6월에는 성삼문, 박팽년, 이개, 하위지, 유성원, 유응부 등 여섯 신하가 단종의 복위를 꾀하다가 사형당하였다. 그리고 김문기(金文起, 1399~1456)도 관련되었다는 사실이 드러나서 처형되었다. 병자년에 벌어진 앙화라 하여 병자화(丙子禍)라고 한다. 이 사건의 주동자를 '사육신'이라고 부르게 된 것은 남효온의 「육신전」(六臣傳)에서 비롯되었다.

본래 성삼문을 비롯한 박팽년, 이개, 하위지, 유성원 등의 집현전 학사들은 무인 성승(成勝), 유응부, 김질(金礩), 그리고 단종의 외숙 권자신(權自愼) 등과 상왕인 단종을 복위시키기로 모의하였다. 그들은 이해 6월 1일 창덕궁 광연전(廣延殿)에서 명나라 사신을 접대하는 연회가 열릴 때, 칼을 차고 왕을 모시는 별운검(別運劍)이었던 박쟁(朴崝)·성승·유응부가 세조와 세자, 추종 세력을 모두 죽일 계획을 세웠다. 성승은 바로 성삼문의 부친이다. 그러나 광연전이 비좁아 세자가 나오지 않았고, 별운검의 입시가 취소되고 말았다. 그 참에 모의에 참여했던 김질이 고변(告變)을 하고 말았다.

김질은 세종 때의 명신 조서강(趙瑞康, ?~1444)과 홍여방(洪汝方, ?~1438)을 고모부로 두었고, 안평대군과도 가까이 지냈다. 집현전 수찬을 역임하고 성삼문, 최항, 신숙주 등과 함께 문종의 총애를 받았다. 그는 사육신과 모의하기를, 거사가 성공하면 장인 정창손(鄭昌孫)을 영의정으로 추대하자고 하였다. 하지만 별운검의 입시가 취소되자 모의 사실이 발각되어 해를 입을까봐 두려워하여, 장인 정창손에게 사실을 알리고 함께 고변하였다.

성삼문은 인두로 살을 지지는 데도 조금도 굴하지 않고, 주공(周公)을 닮겠다고 하던 수양대군이 결국 왕위를 찬탈한 사실을 매섭게 비난하였다. 「절필」(絶筆)이라는 시에 그 꿋꿋한 기상이 드러나 있다.[28]

임금의 밥을 먹고 임금의 옷을 입어	食君之食衣君衣
평소에 품은 뜻 어긴 적이 없었지.	素志平生莫有違
이 죽음으로 충의가 어디 있는지 알게 되리라	一死固知忠義在

현릉(문종)의 송백이 꿈속에 어렴풋하구나.　　　　　　顯陵松柏夢依依

전하는 말에 따르면, 성삼문은 수레에 실려 형장으로 끌려갈 때 다음과 같은 시를 읊었다고도 한다.[29]

울리는 저 북소리 목숨을 재촉하네　　　　　　擊鼓催人命
머리를 돌이키니 해가 저무누나.　　　　　　　回頭日欲斜
황천에는 객점 하나 없다는데　　　　　　　　黃泉無一店
오늘 밤은 뉘 집에서 자고 갈까.　　　　　　　今夜宿誰家

어숙권의 『패관잡기』에 따르면, 이 시는 사실은 명나라 손분(孫蕡, ?~1393)이 남옥(藍玉)의 옥사 때 연좌되어 형장에 끌려가면서 지은 시라고 한다.* 따라서 이것을 성삼문의 시라고 하는 것은 후대인의 부회(附會: 근거가 없고 이치에 맞지 않는데도 억지로 맞추는 것)이겠으나, 성삼문의 태도는 꼭 이렇게 죽음 앞에서도 초연했을 것이다.

또 다른 사육신 이개도 죽음에 임하여 쓴 시에서 "사직이 온전할 때 삶 또한 중하지만, 사직이 위태할 때 죽음도 영예로운 법"(禹鼎重時生亦大, 鴻毛輕處死猶榮)이라고 일갈하였다.[30]

김시습은 육신이 체포되었다는 말을 듣고 한성으로 달려갔다. 당시 그는 공

---

* 어숙권은 양억(梁億)의 『금헌휘언』(今獻彙言)을 인용하여 이 사실을 논증하였다. 이러한 임형시(臨刑詩)는 이미 오대(五代) 때 강위(江爲)가 지은 것에서 기원한다. 강위의 시는 북송 때 도악(陶岳)의 『오대사보』(五代史補)에 실려 있고, 그것을 근거로 『전당시』(全唐詩)도 권741에 수록하였다. 또한 이 시는 원잡극(元雜劇)에도 이용되었다. 하지만 최근의 연구에 따르면 이 시는 일본의 오오츠 황자(大津皇子)가 지은 것이 기원이며, 중국의 임형시는 그 영향에서 나온 것일 수 있다고 한다. 오오츠 황자의 시는 일본의 오우미노 미후네(淡海三船, 722~785)가 751년에 편찬했을 것이라고 추정되는 『회풍조』(懷風藻)에 실려 있다. 강위의 시가 수록된 『오대사보』는 그보다 훨씬 늦은 1012년에 간행되었다. 金文京, 「從全唐詩一首臨刑詩談日韓資料在漢學研究上之價值」, 『中華文史論叢』 64(上海古籍出版社, 2000. 12) 참조.

주 동학사(東鶴寺)에 있었다고 한다. 그는 성삼문이 고문을 당하고 박팽년이 항절(抗節)하는 마당에 나아가, 그들의 절의 행동을 지켜보았다.[31] 허조(許慥)가 김문기에게 보낸 서한에 그 사실이 기록되어 있다. 허조는 김시습의 조숙한 천재성을 알아보았던 정승 허조(許稠)의 손자이다. 그 또한 절의를 지킨다.

그런데 사육신과 함께 집현전 학사를 지냈고, 세종 말년과 문종 초에 안평대군의 시회에 참여했던 서거정은 일체 침묵하였다. 그는 내면의 갈등을 숨긴 채 세조와 성종 대의 문화 사업을 도왔다.

이렇게 여섯 신하는 1456년 6월에 자살하거나 죽임을 당하였다. 단종의 외삼촌으로 모의에 참여했던 권자신과 성삼문의 부친 성승도 참형을 당하였다. 형장은 군기시(軍器寺)터로, 지금의 서울 시청 본관 동쪽에 있었다. 형장이 새남터였다는 말도 있다.

시신은 저잣거리에 널브러져 있었다. 아무도 그들의 시신을 수습할 엄두를 내지 못하였다. 『연려실기술』(燃藜室記述) 따르면 김시습이 박팽년, 유응부, 성삼문, 성승 등(다른 한 사람은 기록이 없다) 다섯 시신을 수습하여 노량진에 묻고 작은 돌로 묘표를 대신했다고 한다.[32] 그런데 다른 기록에 따르면 조선 숙종 때는 노량진에 세 기의 무덤만 나란히 있을 뿐 "성씨지묘", "이씨지묘"라고 적혀 있던 작은 돌들도 없어졌다고 한다. 하지만 허목(許穆)이 1651년(효종 2)에 지은 「육신의총비」(六臣疑塚碑)와 남구만(南九萬, 1629~1711)이 1708년(숙종 34)에 지은 「노량육신묘비」(露梁六臣墓碑)가 남아 있으니, 당시 노량진에는 사육신의 것이라고 전하는 외로운 무덤들이 있었음을 알 수 있다. 허목이 노량진의 묘를 '의총'(疑塚: 확실히 단정되지 않는 묘)이라고 한 것은 아직 육신이 신원되지 않았기 때문에 그들을 추모하는 뜻을 밝히지 못하여 그런 것이다.*

* 허목(許穆)의 「육신의총비」는 『기언』(記言) 권16에 수록되어 있고, 남구만(南九萬)의 「노량육신묘비」는 『약천집』(藥泉集) 권19(민족문화추진회 1994년 영인 표점 한국문집총간 132)에 수록되어 있다. 오원(吳瑗, 1700~1740)은 1737년(영조 13)에 노량진의 사육신묘를 돌아보고, 허목이 '의총'이라고 한 것은 잘못이며, 남구만은 장릉(단종)의 의논을 막은 자이므로 그의 비문은 걸맞지 않다고 비난하였다. 『月谷集』(민족문화추진회 1998년 영인 표점 한국문집총간 218) 권2, 「衿陽遊記」 참조.

_ 단종의 죽음

이듬해인 1457년(세조 3) 6월, 단종은 노산군(魯山君)으로 강등되어 영월로 유배되었다. 대비 송씨도 부인으로 강등되었다. 단종은 처음에는 청령포(淸泠浦)에 유배되었으나, 홍수가 나면 물에 잠길 우려가 있다고 해서 객사(客舍)의 동헌으로 거처를 옮겼다. 노산군은 매죽루(梅竹樓), 즉 지금의 자규루(子規樓)에 올라 사람을 시켜 피리를 불게 하고 슬픈 심경을 위로하였다.

노산군은 중국 촉나라 임금 두우(杜宇)가 신하에게 쫓겨난 뒤 죽어서 자규새로 환생하여 밤마다 피나게 운다는 고사를 떠올리며, 시를 읊었다고 한다. 그 시는 "달 밝은 밤, 촉왕 혼령 울 때, 수심 가득 머금고 누대 머리에 기대었다" (月白夜, 蜀魂啾. 含愁情, 依樓頭)라고도 하고, "세 궁을 다 버리고 벽산에 머무니 가슴에 타는 심정 두견이 알랴마는, 하늘도 모른 체하여 내 더욱 서러워라"라고도 한다. 어떤 노래가 단종의 노래였는지 알 수 없지만, 피맺힌 귀촉도(歸蜀道) 전설은 단종의 양위 사실과 연결되었으며, 그 뒤 같은 주제의 시가가 많이 나왔다. 불의와 폭거(暴擧)에 대한 항의의 목소리가 그 시가들에 담겨 있다. 김시습도 단종을 두우에게 비겨 「자규사」(子規詞)를 불렀다. 조상치, 박규손, 박도, 박효손, 박계손과 함께 같은 운자를 사용해서 같은 가행체(歌行體) 형식의 노래를 지었다.[33]

뒷날 생육신으로 추앙되는 원호(元昊)는 단종 초에 집현전 직제학으로 있다가 수양대군의 위세가 날로 강해지자 병을 칭하고 향리인 원주로 돌아갔다. 그는 단종이 영월로 유배되자 강물을 바라보고 시를 짓기도 하고, 문을 닫아걸고 책을 쓰며 매일 단종의 거처를 향해 눈물을 흘렸다고 한다. 그는 「시절을 한탄하는 노래」(歎世詞)를 지었다.[34]

동쪽 산마루를 보니	瞻彼東岡
솔잎이 푸르러라.	松葉蒼蒼
캐어다 찧으면	采之擣之
고픈 배를 채우겠지.	療我飢腸

아득히 하늘 한쪽 바라보매	目渺渺兮天一方
오색 구름 궁궐 생각에 마음이 어둡구나.	懷黯黯兮雲五光
아아, 백이 숙제여 아득하여 짝할 이 없구나,	嗟夷齊邈焉寡儔兮
부질없이 수양산에서 푸른 풀만 캤다니.	空摘翠於首陽
세상 사람 모두 의를 잊고 이익만 따르는데	世皆忘義徇祿兮
□□□□ 방황하고 있노라.	□□□□而徜徉

김시습의 친구 송경원은 스스로 맹세하는 시를 지어서, "살아서 산 속 사람이 되고, 죽어서도 산 속 귀신이 되려네"(生爲山中人, 死爲山中鬼)라고 하였다. 김시습은 그와 부둥켜안고 울었으며, 「채미가」(採薇歌)를 부르며 영월을 바라보면서 통곡했다고 한다.[35]

「채미가」는 고죽국(孤竹國)의 왕자 백이가 주나라 곡식을 먹는 것은 수치라고 여겨 수양산에 숨어들어가 고사리를 캐먹으면서 불렀다는 노래이다. 무왕이 은의 주왕(紂王)을 토벌하려고 제후를 이끌고 출전하자 백이는 말 앞에 나아가 토벌을 시역(弑逆: 임금을 죽이는 일) 행위라고 말렸으나 받아들여지지 않자 수양산으로 들어갔고, 결국 굶어서 죽었다. 『사기』 열전(列傳)의 맨 첫머리에 「백이열전」이 있고, 그 속에 이 「채미가」가 인용되어 있다.[36]

저 서산에 올라 고사리를 캐노라	登彼西山兮 采其薇矣
폭(暴)으로 폭을 바꾸면서도 잘못을 모르다니.	以暴易暴兮 不知其非矣
신농·우·하 이미 몰하였나니 어디로 돌아가랴.	神農虞夏忽焉歿兮 我焉適歸矣
아아, 가리라, 천명이 쇠하였도다.	于嗟徂兮 命之衰矣

아무리 '폭=폭정'이라 해도 그것을 '폭=무력'으로 바꾸는 것은 잘못이다. 그것은 정의의 세계, 인의의 세상이 도래하는 것을 방해할 따름이다. 폭력에 폭력으로 맞설 때 인간의 심성 속에 야수가 자라듯이. 더구나 수양대군이 단종을

폐위한 것은 폭정을 종식시키자는 것도 아니었다. 이른바 선양(禪讓)의 형태를 빌려 왕위에 오르고, 더구나 조카를 살해한 것은 어떤 논리로도 정당화될 수 없다. 당시 절의를 중시한 지식인들은 모두 그렇게 생각하였다.

단종이 영월에 유폐되어 있을 무렵, 경상도 순흥(지금의 경상북도 영주시 순흥면 읍내리)의 부사 이보흠(李甫欽, ?~1457)이 금성대군(錦城大君) 이유(李瑜)와 함께 단종의 복위를 도모하다가 발각되었다.

금성대군은 세종의 여섯째 아들, 세조의 넷째 아우로, 사육신과 연관이 있다는 이유로 순흥에 유배되었다. 그는 이보흠과 거사를 모의하여, 격문을 돌려 남쪽 지방 인사들을 모아 영월로 가서 단종을 모셔와 단종을 복위시키기로 하였다. 그런데 순흥부 관청의 관노가 금성대군과 이보흠의 대화 내용을 엿듣고 금성대군의 시녀를 꾀어 격문을 훔쳐서는 한성으로 향하였다. 이보흠은 한성으로 말을 달려, 관노보다 먼저 모반의 변고를 알렸다. 이 일로 금성대군은 사사되고, 이보흠 자신도 격문의 초안자라는 이유로 교살당하였다.* 이 사건이 있자 좌찬성이던 신숙주는 단종을 제거하자고 제안하였다. 영의정 정인지와 좌의정 정창손, 수양대군의 참모 격이었던 이조판서 한명회도 거들었다.

이렇게 하여 마침내 1457년 10월 24일, 단종(노산군)은 영월에서 죽음을 맞았다. 금부도사가 차마 사약을 올리지 못하여 시중들던 아이들을 시켜 단종을 목 졸라 죽이게 하였다. 그렇게 비명에 간 단종의 시신은 아무도 거두지 않았으나, 나중에 호장 엄흥도(嚴興道)가 거두어 염하였다.

단종이 영월에서 죽은 이듬해인 1458년(세조 4, 무인) 봄, 세조는 계룡산 동학사에 명하여 초혼각을 세워 단종을 제사지내도록 하였다. 어떤 기록에 따르면 세조는 그 한 해 전인 1457년 9월, 육신을 처형한 지 1년 뒤에 오대산과 속리산을 거쳐 동학사에 들렀다가 삼은각(三隱閣)과 그 옆의 육신단을 보고 느낀 바가 있어 금단(錦緞) 8폭에다 '병자원적'(丙子寃籍)이라는 네 글자를 쓰고는

---

* 조현명(趙顯命)이 지은 금성대군 이유의 시장(諡狀)에 따르면, 이보흠이 자수한 것이 아니라 기천(基川)현감이 관노가 지니고 있던 격문을 빼앗아 서울에 가서 모반 사실을 알렸다고 기록되어 있다. 趙顯命, 『歸鹿集』 II(한국문집총간 213) 권17, 「錦城大君(李瑜)諡狀」.

「원혼기」(冤魂記) 안에 육신과 그 부자 형제 등 연좌해서 죽은 사람 100여 명의 이름을 차례로 적었다고 한다.[37] 그런데 다시 「추부기」(追付記)에 따르면, 단종의 이름과 안평대군·금성대군 등 여러 종실, 계유정란 때 죽은 신하와 자손의 이름 100여 명을 적었다고 하였다. 이것은 1458년(세조 4) 봄에 적은 것인지 모른다.

동학사는 삼한 때부터 있던 고찰이다. 조선 초에 길재가 월영(月影)·운선(雲禪) 두 승려와 함께 고려 말의 충신 정몽주를 위하여 제단을 모으고 제사를 올렸고, 다시 유방택(柳方澤)이 포은 정몽주, 목은 이색, 야은 길재 등 '삼은'을 위해 제사를 지냈다. 이것이 속칭 삼은각이다. 뒷사람이 유방택, 이숭인, 나계종(羅繼從)의 신위를 거기에 함께 모신다.

사육신을 위한 초혼각은 이 삼은각 옆에 지어졌다. 이것은 뒷날 숙모전(肅慕殿)이 되었다. 세조는 동학사를 택하여 절의 인사들을 표창하는 초혼 예식을 거행함으로써 원혼을 달래고 신하들의 충절을 권장하였다. 어쩌면 단종의 초혼이 각 지역에서 행해지는 것을 차단하려는 정치적 목적도 있었을 것이다. 당시 민간에서는 도성 안이나 길거리, 냇가에서 당(幢)·번(幡)을 늘어 세우고 떡과 과일을 베풀고 승려를 맞이해와서 죽은 혼을 소리쳐 부르는 풍습이 있었다.* 그러한 풍습에 비추어볼 때, 세조 정권이 단종의 초혼례가 거리에서 대규모로 일어나는 것을 우려했을 가능성도 있다.

1458년 봄, 김시습은 동학사로 향하였다. 이때 전 부제학 조상치, 전 참판 이축, 전 정랑 정지산, 전 동지중추부사 송간, 진사 조려, 전 교리 성희 및 승려 명선·월잠·운파도 "각각 동서남북에서 모였다."[38] 계획하여 모인 것이 아니

---

* 1458년(세조 4) 7월 16일(신축)과 같은 해 7월 28일(계축)에 사헌부가 "길거리의 무식(無識)한 무리들이 초혼을 한다고 핑계하고, 또는 도성 안의 길거리에서, 또는 냇가에서 당(幢)·번(幡)을 늘어 세우고 떡과 과일을 베풀고 승도(僧徒)를 맞이해와서 죽은 혼을 소리쳐 부르니, 금하지 않을 수 없습니다. 청컨대, 지금부터 법령을 범(犯)하는 자가 있을 것 같으면 중하게 논죄(論罪)하고, 아울러 승도와 가장(家長)과 그 방(坊)의 관령(管領)을 죄주게 하소서"라고 청하여, 세조가 따랐다고 한다. 『세조실록』에 기사가 있다.

라, 세조의 명이 있은 뒤에 비로소 제일(祭日)에 맞추어 각자 여러 방향에서 모여든 것이리라.* 그들은 과실과 어물 등을 갖추어 상왕(단종)을 제사지냈다.[39] 축문은 조상치가 지었다.[40]

해의 차례는 성화 3년 정해 3월 14일 신축의 날, 전 행이조참판 조상치는 감히 임금 전하의 영전에 밝게 고합니다. 멀리 영월산을 바라보니 눈물이 흘러 말을 못하겠습니다. 의리를 회계산의 예에서 취하여 이곳에 사당을 세우고, 석철의 일을 본떠서 지팡이와 신을 봉안하는 제사를 받드나이다. 이에 절기를 만나 감히 변변찮은 예물을 올리나이다. 흠향하소서. (歲次成化三年丁亥三月十四日辛丑, 前行吏曹參判曹尙治, 敢昭于王殿下之靈. 遙望越岑, 有淚無辭. 取義會稽, 建祠于斯. 引石徹事, 奉杖履祀. 玆値節辰, 敢薦菲禮. 尙饗.)

이 제문은 형식을 잘 갖추었다.** 하지만 이상한 점이 있다. 즉, '성화 3년 정해 3월 14일 신축'의 날짜가 문제이다. '성화 3년 정해'는 세조 13년, 즉 1467년이고, 그해의 3월 14일은 '신축'이 아니라 '기묘'이다. 3월 14일이 신축이었던 해는 세조 4년인 1458년뿐이다. 아마도 '성화 3년 정해'라는 연도 표기는 후대의 사람이 채워넣은 것인지 모른다. 그렇다면 김시습이 조상치 등과 동학사에서 단종을 제사지낸 것은 1458년의 일이었다고 보아 무리가 없을 듯하다.***

---

* 소설가 이문구 씨는 『매월당 김시습』에서 대략 다음과 같이 서술하였다.
"조상치는 경상도 영천으로 내려가 있었고, 이축은 김종서·황보인·정분이 암살당할 때 경기도 고양에 은둔했으며, 송간은 여산(礪山)에 은거하다가 홍양 마륜촌(馬輪村) 산중으로 옮겨 살았다. 성희는 성삼문의 당숙으로, 모진 고문에도 불구하고 불복하여 김해에 귀양갔다가 방환(放還)되어 맏아들 담수(聃壽) 등 자제들과 공주의 월전(月田)에 이주해 있었다. 정지산은 정분의 대를 잇기 위해 공주 사곡촌으로 이주해 있었다."
** 사(辭)·사(斯)·사(祀)·예(禮)가 운자이고, 제문의 본문은 4언의 구를 가지런히 이어나갔다.
*** 이 경우 날짜를 중시하는가 연호와 간지를 중시하는가 하는 선택의 문제가 있다. 성화 3년, 즉 세조 13년(정해)에 동학사에서 제를 올렸다면, 그것은 김시습이 금오산에 있을 때가 되지만, 「유금오록」에서는 그해에 동학사 부근으로 향했음을 시사해주는 시를 찾아볼 수가 없다. 더구나 조상치와 함께 제향에 참여했다고 적혀 있는 인물들이, 탄선이 1459년의 제향 때 참여했다고 적은 인물들과

그때 단종의 시신을 거두어 암장하고는, 단종의 어포(御袍)를 지니고 망명하던 엄흥도가 김시습을 만나 함께 동학사에 이르렀다는 이야기가 있다. 하지만 그 사실을 입증해줄 만한 기록은 없다. 조상치 등은 단종의 의관과 궤장(几杖)을 가져다가 제사를 지냈다고 하였다. 또 그렇게 단종의 의관과 궤장을 두고 제사를 지냈다면, 그것은 세조의 조정이 허용하지 않고는 불가능한 일이었다.

김시습은 제문을 낭독하고서 오열하였다. 그때 그가 지었다는 「제각초혼사」(祭閣招魂辭)라는 글이 전한다.[41] 하지만 앞서 말했듯이 이 제문은 글의 내용으로 보아 가을에 지은 것이 분명한데다가, 사용한 어휘는 조상치의 축문과 매우 흡사하다. 후대의 다른 사람이 조상치의 축문에 의거하여 지어낸 글인지도 모른다. 그 글은 압운을 밟지 않은 초사체이다.

물 맑고 산 깊고 달도 중천에 올랐도다.	水麗兮山深兮月午兮
오르내리시는 임금님 영혼이 내림하셨네.	陟降王靈來臨兮
큰 은혜를 감명 깊이 생각하여	感思洪恩兮
석철(石徹)을 모방하여 왕의 의관과 궤장을 가져다 사당에 두나니	倣石徹取帝衣冠几杖而廟祀兮
회계산에서 우(禹)임금에게 제사한 그 의식을 도입하나이다.	引會稽上大禹祠之祭儀兮
산 과일과 시내 고기 따위로	山果川魚之屬兮
가을에 곡하고 눈물로 글 지어 초혼하오니	哭秋賦淚招魂兮
예식은 갖추지 못하였으나 의리는 여기에 있습니다.	禮雖未盡義在玆兮
부디 흠향하기를 바라나이다.	敢請尙饗

대부분 동일하다. 승려 명선의 이름이 명석(明釋), 월잠의 이름이 월봉(月峯)으로 나타나 있을 따름이다. 조상치 축문을 읽고 김시습이 제사를 올린 것은 세조 4년의 일이라고 보는 것이 타당하며, 조상치의 축문에 날짜가 '성화 3년 정해'라고 적혀 있는 것은 뒷사람의 개찬이라고 생각된다.

제사가 끝난 뒤 조상치는 영천으로 향하면서 김시습에게 이러한 시를 주었다.[42]

새 울고 꽃 지고 봄이 저무는 때	鳥啼花落春將暮
무한한 충정을 풀잎에나 적어보네.	無限衷情草葉題
이별에 임하여 손 마주 잡고 말을 잊었다	握手臨岐還默默
구름 따라 물 따라 동으로 서로 가야 하기에.	隨雲隨水各東西

조상치는 영천에 은거하면서 스스로 묘비를 지어 "노산조 부제학 포인 조상치의 묘"(魯山朝副提學逋人曺尙治之墓)라 썼다. 그리고 자서(自序)에 "노산조라고 쓴 것은 오늘(지금 조정)의 신하가 아님을 밝힌 것이고, 벼슬 품계를 쓰지 않은 것은 임금을 구제하지 못한 죄를 드러낸 것이며, 부제학이라 쓴 것은 사실(전 조정의 조관이었다는 사실)을 인몰하지 않기 위해서이고, 포인(도망자)이라 쓴 것은 망명하여 도피한 사람임을 말한 것이다"라고 하였다. 그리고 아들에게, "내가 죽거든 이 돌을 무덤 앞에 세우라"고 하였다. 시문은 임종할 때 모두 태웠다.

김시습은 조상치에게 다음과 같은 시를 주었다. 단, 반드시 앞의 시에 화답하여 쓴 것은 아니다.[43]

만리 청산에 해 저물 때	萬里蒼山日暮時
반달이 선방의 울타리를 비추네.	半輪明月照禪籬
옥 골짝에 송백이 삼삼하게 늘어선 곳	森森玉洞羅松栢
찬 샘을 움켜 마시려다 머뭇거리네.	掬飲寒泉暫躊躇

차가운 샘물을 손으로 움켜 마시려다가 잠깐 머뭇거린다고 하였다. 평정한 마음을 유지하려 하지만 또 다른 의식이 일어나 평정을 잃는다. 그렇게 또 다른 의식이 간섭하는 것은 세간에 대한 염려가 남아 있기 때문이 아니겠는가!

그들 가운데 조려는 경상도 함안(咸安)의 진사인데, 죽을 때까지 폐인 노릇을 하였다. 그는 뒷날 생육신의 한 사람으로서 김시습과 동등한 제사 예식을 받는다.* 조려는 어느 중양절에 「높이 올라」(登高)라는 시를 지어, "눈을 들어 돌아보니 강산은 저물고, 땅 넓고 하늘 높은데 생각만 아득하네"(回頭擧目江山暮, 地濶千高思渺茫)라고 말하고, 또 "복희·헌원씨 세상이 멀어졌으니 슬픔이 어이 끝 있으랴, 방훈(放薰: 요임금)·중화(重華: 순임금)를 못 보니 마음만 애닯아라"(羲軒遠矣悲何極, 華勛不見心自傷)라고 탄식하였다.[44]

---

* 『매월당집』 권6에 수록된 「어떤 사람이 여항으로 가는 것을 전송하여」(送人之餘航)라는 제목의 시가, 혹 김시습이 조려에게 준 시가 아닐까 한다. '여항'은 함안군 서남쪽에 있는 진산(鎭山)이다.

관서를 유람하다

_ 분노를 잊기 위해 호탕한 유람에 나서다

김시습은 충의 때문에 분노가 일어나자 하루라도 그저 되는 대로 세상을 살아나갈 수가 없었다. 깨어 있는 의식은 그를 괴롭혔다. 그 고통을 잊을 길은 방랑뿐이었다. 그는 명산을 편력하면서 가슴속에 쌓인 울분을 발산하기로 하였다. 운천(雲泉)의 승사(勝事), 즉 구름 따라 물 따라 다니는 즐거움을 추구하기로 한 것이다. 하지만 그 방랑에는 육신을 괴롭게 하려는 뜻도 담겨 있었다.

1458년 봄, 동학사에서 단종에게 제를 올린 김시습은 승려의 차림으로 발걸음을 북쪽으로 향하였다. 평양에 들러 대동강을 건너고, 묘향산에 이르렀다. '호탕한 유람'이 관서에서 시작된 것이다. 그가 언제 수계(受戒)를 받았는지는 분명하지 않으나, 그 자신의 술회로 보건대 관서 유람에 오를 때는 분명히 승려의 복색을 취하였다. 즉, 뒷날 1485년에 지은 「동봉 여섯 노래」(東峯六歌)에서 그는 당시의 암담했던 심경을 곱씹어, "어찌 알았으랴, 유가의 명분을 어기고서 10년 동안 관산 길로 분주할 줄을!"(焉知儒名反相誤, 十年奔走關山路)이라고 하였다.

1458년 가을에 김시습은 관서 지방을 유람하고 지은 시를 『유관서록』으로 엮고, 그 후지(後志)인 「탕유관서록후지」(宕遊關西錄後志)에서, 자신이 불의의 세간을 차마 보지 못하는 까닭에 현실계를 벗어나 승려의 행각으로 산수간에 은거하게 되었다는 사실을 밝혔다.

> 하루는 갑자기 개탄스러운 일을 당하고는, 남자가 이 세상에 태어나 도를 행할 수 있는 상황이라면 제 한 몸을 깨끗이 한다면서 인륜을 어지럽힘[潔身亂倫]이 부끄럽지만, 도를 행할 수 없을진댄 홀로 자기 자신만을 착하게 수양함[獨善其身]이 옳다고 여겼다. 속세의 바깥을 떠다니면서 북송 때의 도사 진단(陳搏: 호 圖南)과 당나라의 도사 손사막(孫思邈)의 풍모를 사모하여 그들처럼 도사의 행각으로 살아갈까 하였으나, 우리나라에는 아직 그러한 풍속이 없어 머뭇머뭇하였다. 그러다 어느 날 저녁에, 만일 장삼을 걸치고 산인(山人: 山僧)이 된다면 소원을 풀 수 있으리라고 문득 깨달았다.[45]

김시습은 유학의 이념이 붕괴된 통탄스러운 사실을 "개탄스러운 일"이라는 말로 뭉뚱그려 표현하였다. 처음에는 북송의 도가사상가였던 진단과 당나라의 도사 손사막의 풍모를 따라 도사로 나설까 생각하였다. 하지만 도사가 되는 것은 당시 조선의 풍속과 맞지 않았다. 그래서 승려의 차림새를 취하기로 하였다.

김시습이 처음으로 승려의 옷을 입은 것은 한 해 전 중흥사를 박차고 나올 때의 일이었을지 모른다. 그가 「탕유관서록후지」에서 관서 지방을 유람할 때 처음으로 승려의 행색을 취했다고 언급한 것은, 스스로의 호탕한 유람을 되돌아보고 자기의 행동을 변호하기 위해서일 수도 있다. 그런데 이때 김시습은 승려의 신분 증명서인 도첩(度牒)을 지니지 않았다. 그가 도첩을 받는 것은 경주 금오산 시절인 1465년(세조 11) 3월에 효령대군의 권고로 원각사 낙성회에 참석했을 때이다. 그때 김시습은 세조에게서 '계권'(戒券), 즉 도첩을 받고 시를 남기게 된다.

김시습은 머리를 깎고 중의 옷을 걸쳤지만 수염만은 그대로 두었다. 이를 두고 중국 원나라 말 명나라 초에 천연(天淵)이라는 승려가 수염을 길렀다는 고사와 유사하다고도 한다. 실은 승려가 체발(剃髮)하고 수염은 기르는 것은 원나라 때의 일반적인 풍속이었던 듯하다. 성천(成川) 법홍산(法弘山)의 법홍사(法興寺)에는 고려 때 우리나라에 왔던 인도의 고승 지공(指空), 왕사 나옹 혜근(懶翁惠勤), 그리고 무학 존자(無學尊者)의 화상이 조선 후기까지 남아 있었는데, 모두 체발은 하였으되 수염은 그대로였다는 기록이 있다.46) 그렇다면 김시습이 출가할 때 '수염은 그대로 두었던' 것은 고려 말 이래의 유풍을 따른 것이었을 가능성이 크다. 따라서 그 사실에 큰 의미를 부여하기는 어려울 듯하다.

어쨌든 김시습은 수염은 남긴 채 머리는 삭발하고 치의(緇衣: 승려가 입는 검은 옷)를 걸친 괴이한 용모로 떠돌기 시작하였다. "머리 깎은 이와 벗하며 산수에 놀기" 시작한 것이다.47)

김시습은 출가 당시의 심경을, 뒷날 이렇게 고백하였다.

> 이교(異教)가 크게 일어나고 사문(斯文: 유학)이 쇠미해지니 제 뜻은 벌써 황량해졌습니다.48)

"이교가 크게 일어나고 사문이 쇠미해졌다"는 말은 글자 그대로 보면 불교가 융성하고 유학이 시들해졌다는 뜻이다. 하지만 세조의 호불정책 때문에 불교가 융성해진 사실을 가리킨 것이 아니다. 숨은 뜻이 있다. 즉, 가치가 뒤바뀌어 유교 윤리나 정치 이념을 부정하는 작태가 횡행하게 된 사실을 두고 그렇게 말한 것이다. 왕도(王道)가 실현될 가능성이 차단되고 패도(覇道)의 세상이 온 것을 드러내놓고 비난하기 어려웠으므로 그렇게 에둘러 표현한 것이다.

어차피 김시습에게는 유·불·도의 어떠한 종교도 부분적 의미밖에 지니지 않았다. 그는 이제 자신의 본래성을 찾는 고독한 방랑길에 오른 것이다. "산수에 방랑하면서 좋은 경치를 만나는 대로 시를 읊고 구경도 하고자 했던" 것은, 그것이 현실의 구속을 벗어날 수 있는 유일한 길이라고 생각했기 때문이다. 김시습은 또 이렇게 말하였다.

> 만일 내가 벼슬길에 있으면서 이 깨끗한 놀이[淸翫]를 다 하려 했다면 그럴 수 없었을 것이요, 자유자재하게 놀지도 못하였을 것이다. 아! 인생이 천지 사이에 생겨나 명리에 근심하고 생업에 급급하여 그 몸을 고달프게 하기를, 뱁새가 들완두를 그리워하고 박이 나무에 매달리듯 한다면 어찌 괴롭지 아니하랴? 그래서 이 글을 적어 속사(俗士)를 격동시키고자 한다.[49]

그는 자신의 방랑을 "호탕한 유람"[宕遊]이라 일컫고 "깨끗한 놀이"[淸翫]라고 불렀지, 방외에 노닐어 도력을 양성하겠다는 목적을 내걸지는 않았다. 또 이 글을 짓는 것은 '속사(俗士)'를 격동시키려 해서라고 하였다. 그는 스스로 명리에 마음을 빼앗긴 '속사'이기를 거부하고, 자유자재하게 유희(遊戲)하려고 하였다. 따라서 호탕한 놀이라고 하였다.

고려 말 조선 초의 승려들이 방외의 유람을 통하여 도력을 키웠던 것과 달리, 김시습은 아무 목적의식 없이 자유로운 여행길에 나섰다. 또한 그의 유람은 조선 중기 이후로 많은 선비들이 산수 유람을 통해서 기세를 양성하거나, 또는 글쓰기의 바탕으로 삼았던 것과도 의미가 달랐다. 왜냐하면 그 유람은 비장(悲壯)한 행각이었기 때문이다.

_ 개경에서: 나나니벌에 침탈당한 고려 역사의 회고

1458년(세조 4), 스물넷의 봄. 김시습은 호탕한 유람길에 나섰다. 어떠한 선험 논리에도 이데올로기에도 제약을 받지 않으면서 관서의 풍광과 역사와 삶을 눈으로 보고 귀로 듣고 가슴으로 받아들였다. 때로는 객수에 지치고 자주 연민에 빠지기도 하였다. 때로는 사찰을 찾고 고승을 만나 불법을 논하여 법열(法悅)을 느끼는가 하면, 옛 도읍지의 황량한 궁전과 변방의 수루를 돌아보며 역사의 흥망성쇠에 감회를 느꼈다.

관서(關西)는 철령(鐵嶺) 서쪽이라는 뜻인데, 평안도를 가리킨다. 관서로 가

기 위해 김시습은 낙하(洛河)를 건너 호곶(壺串)을 거쳐 송도(松都)로 들어갔다.

낙하는 임진강의 하류로, 경기도 교하현 북쪽 26리에 낙하도(洛河渡)가 있고 하류에는 탄포(炭浦)가 있다. 낙하는 남북의 사람과 물자가 끝없이 오가는 중요한 곳이었다. 또한 한강과 임진강은 통진(通津) 북쪽에 이르러 조강(祖江)으로 합하며, 송도 서쪽에는 옛날 중국과의 교역에서 중요한 구실을 했던 벽란(碧瀾)이 있다. 김시습은 낙하를 건너면서 그 지역 사람들이 뿌리 깊게 신앙하는 조강의 신, 낙하의 신, 벽란의 신에 관한 이야기를 들었다. 그리고는 뒷날 『금오신화』를 지을 때 「용궁부연록」(龍宮赴宴錄) 속에서 그들의 모습을 따스하게 형상화한다.

김시습은 호곶에서 고려 흥망의 역사를 회고하였다. 그런데 고려가 멸망한 원인을 바라보는 그의 시각은 조선 초 『고려사』나 『동국통감』(東國通鑑)의 역사의식과 크게 다르지 않다. 그도 그러한 관찬 역사서와 마찬가지로, 고려 말의 우왕과 창왕을 신돈(辛旽)의 자식으로 여겨 위조(僞朝: 왕위 계승의 정통성이 없는 조정)로 보았고, 고려 왕실이 교만과 사치를 일삼다가 멸망했다고 보았다. "그때 위조의 신씨 교만함과 사치함을 숭상하여, 1백 척 높은 누각이 물가에 치솟았군"(僞辛當日事驕奢, 百尺高樓壓水涯)[50]이라 말하는 그의 어조는 고려의 멸망 사실에 대하여 냉소적이다.

송도에 들어서서의 첫마디는 "오백 년 공업이 이미 글러서, 석양의 방초에 이는 수심 어이하랴"(五百年功事已訛, 夕陽芳草奈愁何)였다.[51] 저자에서 마주친 어떤 젊은이는 고려 왕조의 원한을 알지 못한 채 화원(花園), 즉 기방(敎坊)에서 유행하는 노랫가락을 흥얼거릴 따름이었다.

송도는 곧 고려의 오백 년 도읍지 개경(開京)을 말한다. 고려 태조가 도읍을 정하면서 처음에는 개주라고 했다가 뒤에 개경, 개성이라 하였다. 그 밖에도 허다한 이름이 있다. 송도라는 이름은 송악이라는 산이 있기 때문에 구전되어온 명칭이다.

개성은 멸망한 왕조의 잔영을 지녀서 역사가 만들어둔 독특한 아름다움이 있으며, 무상감(無常感)을 자아냈다.

부소산(扶蘇山: 송악산) 아래 있는 옛 궁궐터를 찾은 김시습은 고려가 멸망한 의미에 대하여 곰곰이 생각해보았다. 그리고 "고려 왕이 근본을 확고하게 하지 못하여, 끝내 나나니벌에게 사로잡혔군"(麗王不作苞桑計, 終使螟蛉就活擒)이라고 말하였다.52)

그렇다. 고려가 망한 것은 『주역』 비괘(否卦)에서 "뽕나무 뿌리에 얽히듯 근본을 확고하게 하라"는 포상의 교훈을 지키지 못한 탓이다. 하지만 새로운 왕조는 무엇인가. 결국 나나니벌이 뽕나무벌레와 나비 유충을 자기 새끼로 삼아버린 것(실은 다른 벌레의 몸에 자기 알을 낳아 영양분으로 삼는 것이지만)과 무엇이 다른가. 이렇게 생각하다가, 문득 세조의 찬탈이라는 것도 나나니벌이 다른 벌레를 자기 새끼로 삼는 일과 같지 않은가 하는 데 생각에 미쳤다. 위험한 생각이었다.

하지만 조선 왕조가 들어서서 송도의 동대문 근처에 세운 목청전(穆淸殿)을 돌아보며, "요컨대 알겠네, 억만 년 조선 운수가, 틀림없이 선왕의 웅대한 창업에서 비롯되었음을"(要知億億朝鮮祚, 必自前王肇造雄)53)이라고 하였다. 조선은 위화도 회군이라는 의거를 통하여 웅대한 창업을 했으므로 국운이 영원하리라고 다시 생각했던 것이다.

김시습은 고려 때의 큰 가람이었던 안화사(安和寺), 왕륜사(王輪寺), 광명사(廣明寺), 불은사(佛恩寺), 금신암(金神菴), 영통사(靈通寺), 복녕사(福寧寺), 화장사(華藏寺)에 들렀다. 안화사, 왕륜사, 광명사, 불은사는 전각만 남고 승려들이 사라져 적막한 광경이었다.

왕륜사는 고려 왕건이 궁예를 몰아내고 수도를 송도로 옮기면서 세웠던 사찰이다. 고려의 역대 왕들이 수시로 행차하고, 많은 신자들이 사리를 배알하러 모였던 곳이다. 하지만 이미 퇴락하여 불상에는 나나니벌이 구멍을 뚫은 흔적이 있었고, 담과 문에는 이끼가 돋아 있었다. 색이 바랜 단청은 무상감을 자아냈다.

하지만 한천동(寒泉洞) 어귀의 연복사(演福寺)에는 200척 높이의 웅장한 오층탑이 그대로 남아 있었다. 연복사는 광통보제사(廣通普濟寺)라고도 한다. 고려 인종 초에 사신으로 왔던 송나라의 서긍(徐兢)은 『고려도경』(高麗圖經)에 사찰의 모습을 자세히 기록해두었다. 정전(正殿)에는 나한 500구가 모셔져 있었고, 정전 서쪽에는 오층탑, 정전 뒤에는 법당, 법당 곁에는 승거(僧居)가 있었다고 한다. 동탑서전(東塔西殿)의 독특한 배치인데, 남원의 만복사(萬福寺)와 같았다. 절은 한때 퇴락했다가 공양왕 때 다시 중창했고, 오층탑은 조선 태조가 등극한 12월에야 낙성하였다. 이 거대한 사찰을 일으키느라 민력(民力)을 대대적으로 동원했으므로 반대도 없지 않았다. 김시습이 올라 보았던 그 탑은 1563년(명종 18)에 절과 함께 불타버리고 만다.

김시습은 성거산에 올라 "이제부터는 명승을 찾아, 만리 강호를 마음대로 달리리라"(從我欲尋形勝, 萬里江湖任意馳)[54] 하였고, 천마산에 올라서는 "꼭대기는 인간 세상 아니기에, 허공에 의지하여 멀리 보고자 하노라"(絶頂非人世, 憑虛試欲望) 하고 호기를 부렸다.[55]

'송도 3절'의 하나로 꼽히는 박연(朴淵)은 못의 형태가 박 모양이라 그런 이름이 붙었다. 김시습은 '표연'(瓢淵)이라고 적었다. 『금오신화』의 「용궁부연록」에서도 표주박 '표'(瓢) 자를 썼다. 고려 때 이영간(李靈幹)이라는 사람이 문종을 놀라게 한 용의 죄를 따지는 글을 못 속에 던져, 용이 등을 물 밖으로 드러내 보이자 매질을 하여 못 물이 새빨갛게 되었다는 전설이 있다. 또 박연에 사는 용의 딸이 박진사가 부는 피리 소리를 듣고 반해서 원래의 남편을 죽이고 박진사를 남편으로 맞았다는 전설도 있다. 김시습은 그러한 전설에 대해서는 전혀 언급하지 않았다. 오히려 "마침내 옥혈을 이루고 옥산을 일으켜, 땅을 차고 하늘을 흔드는 우레 같은 소리"(竟作玉穴瓊岑起, 蹴地掀天聲如雷)[56]의 웅장함을 칠언 장편의 고시로 노래하였다.

또한 김시습은 옛 국학(성균관)에 노닐면서 승려의 행각으로 떠도는 자신의 처지를 되돌아보았다. 오관산(五冠山) 골짝에서는 효자가 불렀다는 「오관산가」의 고사를 환기하였다. 나무로 만든 닭이 '꼬끼오' 하고 울어야 어머니가 늦으시기를 바란다고 하는 노래이다. 아마도 어머니에 대한 그리움이 뭉클 일어나지 않았을까.

송도에서 김시습은 현학(玄學: 도가사상)을 공부한 민담(閔澹)이나 이몽가

(李蒙哥, 1405~1487) 같은 거사들을 만나 토론하였다. 민담에 대해서는 자세한 사항을 알 수가 없다. 이몽가는 본관이 여흥(驪興)이고, 자는 계팽(季澎)이며, 뒤에 호양(胡襄)이라는 시호를 받는다. 이몽가에게 준 시에서 김시습은 "성현께서 정미하게 다다른 귀취(歸趣: 귀추)를 알려면, 태극이 나뉘기 전에 참예(參詣)하라"(欲識聖賢精到趣, 須參太極未分先)[57]고 대언(大言)을 내뱉었다. 천지가 나뉘기 전의 혼융한 상태를 깨달아야 한다고 한 것이다.

김시습은 개경유수(留守)에게서 우대를 받았다. 그는 유수에게 준 시에서 "정치의 공적이 어떠한지 알려면, 뽕나무 삼밭에 비와 이슬 고른 것을 살펴보라"(欲知爲政多功業, 看取桑麻雨露均)[58]라고 예찬하는 듯, 간언하는 듯한 말을 하였다.

_ 평양에서: 역사의 반추와 기층민에 대한 동정

김시습은 개경을 떠나 금교도(金郊道)로 해서 황해도로 접어들었다. 황해도에는 다만(茶滿)과 신흥(新興) 사이를 잇는 기린도(麒麟道), 금곡(金谷)과 남산(南山)을 잇는 청단도(靑丹道), 흥의(興義)와 단림(丹林)을 잇는 금교도의 세 길이 있다.

행장이라야 주렁주렁 매단 짚신 켤레들뿐. 흥의의 관(館: 숙박시설)에서 하룻밤, 안성(安城)의 관에서 하룻밤, 다시 용천(龍泉)의 관에서 하룻밤을 묵었다. 봄바람이 아직 찬 밤, 싸늘한 창가에 홀로 등불을 켜고 앉아서는 잠을 잘 이루지 못하였다. 절령(岊嶺)에는 눈이 남았고, 기화요초(琪花瑤草: 아름답고 기이한 화초)도 없다. 하지만 아름다운 난초〔猗蘭〕와 같은 길동무가 있었다. 그 길동무가 누구였는지는 확실하지 않다.

김시습은 동선역(洞仙驛)과 경천역(敬天驛)을 거쳐 평안도로 들어가는 대동도(大同道)를 택하였다. 대동도는 중화군(中和郡) 서쪽에 있는 생양(生陽)에서 의순(義順)까지 이어지는 길이다. 생양에서 하루 묵고 재송원(裁松院)을 지날 때 벌써 1458년, 스물네 살의 봄이 다 지나갔다.

평양에 들어선 김시습은 금수산, 봉황대, 능라도, 기린굴, 조천석, 영명사,

부벽정과 같은 유적지 하나하나에 관심을 두었다.

연광정(練光亭)과 부벽정(부벽루)은 서로 짝을 이루는 경승이다. 연광정은 평양감사의 술자리가 벌어지는 곳으로 안주의 백상루(百祥樓), 의주의 통군정(統軍亭)과 함께 평안도 3대 누각의 하나로 꼽힌다. 관서 8경의 하나이기도 하다. 부벽정은 본디 영명사의 남헌이었는데, 고려 예종이 이곳에서 팔관회를 열면서 개국공신 김낙(金樂)과 신숭겸(申崇謙)을 위해 「도이장가」(悼二將歌)를 지은 것으로 유명하다.

대동강변 언덕에는 평양의 여섯 문 가운데서도 가장 정교한 대동문이 있고, 그 바깥에 나루터가 있었다. 고려 중엽의 정지상(鄭知常)은 「친구를 전송하며」(送友人)라는 시에서, "대동강 이 물이 어느 때 다하겠나, 이별의 눈물이 해마다 푸른 강물에 더하니"(大洞江水何時盡, 別淚年年添綠波)[59]라고 읊었다.

저녁이면 화려한 유람선과 상선들이 대동문 밖 버들숲 우거진 곳에 정박했고, 사람들은 물살을 거슬러 올라가 대동문 부근에서 질탕하게 놀았다. 뒷날 김시습은 『금오신화』의 「취유부벽정기」(醉遊浮碧亭記)에서, 평양의 역사 공간을 먼저 서술하고 대동강 가의 질탕한 놀이를 서술하면서 이야기를 풀어나간다.

김시습은 평양 여행에서 두 가지 중대한 시야를 갖추게 된다. 그 하나는 신화 세계 및 민속에 대한 관심이고, 다른 하나는 어부나 상인의 아내와 같은 기층민의 애환에 대한 동정이다.

평양은 고조선의 서울이다. 김시습은 주나라 무왕이 기자를 이 땅에 봉하고 신하로 삼지 않았다는 전설을 그대로 믿었다. 그가 기자 전설을 믿은 것은 우리 역사의 장구함을 믿었기 때문이다. 상고사에 관한 문헌 기록이 너무도 적어 우리 역사의 위대성을 증명할 길이 없기에, 기자의 전설을 받아들임으로써 우리 민족이 일찍부터 고유한 문화를 이루어왔음을 입증하고자 한 것이다. 김시습은 기자의 무덤과 기자가 구획했다는 정전(井田)을 돌아보고, 기자가 여덟 가지 정교(政敎) 원칙을 정리했다는 옛일을 상상하였다.

하지만 김시습은 우리 역사가 기자에서부터 시작하는 것이 아님을 잘 알았다. 단군의 사당을 돌아보면서 성군 세종이 사당을 세운 의미를 되새겨보았을 것이다. 『삼국유사』에 따르면, 단군이 오랫동안 고조선을 다스리다가 늙어서 아사달에 숨었으며, 단군이 고조선을 다스린 것은 중국의 요(堯)임금 때와 같은 시기라고 하였다. 김시습은 우리 민족의 역사를 끌어올려 준 일연(一然) 선사의 민족주의사상에 새삼 감명을 받았을 것이다.

단군신화와 기자의 전설을 상기하면서, 김시습은 우리 상고사에서 벌써 찬탈 사실이 있었음을 떠올렸다. 그래서 뒷날 『금오신화』의 「취유부벽정기」에서 기씨(箕氏)의 딸이라는 여인의 혼백을 등장시켜, 아버지 준왕(準王)이 위만(衛滿)의 손에 나라를 잃어버리고 이리저리 떠돌게 되었던 사연을 슬프게 이야기하도록 하였다. 그런데 기씨 딸은 신선이 된 단군의 구원을 받아 하늘나라로 올라간다. 김시습은 단군신화와 기자조선이 역사적 맥락으로 이어진다고 보았기에, 소설에 그러한 구원의 메시지를 담았던 것이리라.

김시습은 평양에서 벌어지는 '음사'(淫祀) 가운데 단군, 기자, 후토(后土: 토지를 맡은 귀신), 분연(墳衍: 물가와 저지대를 맡은 귀신)을 모시는 제사는 민간의 삶에 공덕이 있다고 보았다. 그래서 『초사』(楚辭)의 구가(九歌) 형식을 이용하여 네 편의 시를 지었다.[60] 단군과 기자를 제사지내는 것은 세종 때 국가 제례로 확정되어 있었다. 하지만 당시 평양에서 지낸 제사는 민간신앙의 형태를 띠었던 것 같다. 김시습은 그 제사 방식을 세밀하게 관찰하였다.

성 밖 동북쪽 20리 되는 곳에는 영명사(永明寺)가 있어, 강물과 평탄한 들판을 굽어보아 경치가 좋았다. 거기 머물면서 김시습은 고구려의 역사를 회상하였다. 영명사는 4세기 말 고구려 광개토왕이 창건했다고도 하고, 고구려 구제궁(九梯宮)이 있던 터라고도 하는데, 대동문 앞길로 해서 청류벽(淸流壁)·부벽루를 지나 모란봉으로 오르는 초입에 있었다. 영명사 남쪽 기슭에는 고구려 시조 동명왕이 기린마를 길렀다고 전하는 기린굴(麒麟窟)이 있다. 동명왕은 기린마를 타고 이 굴 속으로 들어가 대동강 가운데 있던 조천석(朝天石)으로 나와서 하늘로 올라갔다고 하며, 조천석에는 기린마의 발자국이 남아 있다고 전한다. 김시습은 조천석을 소재로 시를 지음으로써 신화의 세계로 상상의 날개를 펼쳤고, 인간 역사의 무상함을 느꼈다.

한편, 김시습은 별포(別浦)에서 고달프지만 건강한 삶을 살아가는 어부의 모습을 보았다. "작년에 관가에서 어세(漁稅)를 토색(討索)하기에 가족을 이끌고 외딴섬으로 들어갔으나, 금년에 또 마을 아전이 와서 세금을 재촉하므로 집 팔아 배를 사서 물풀 사이에 떠돌고 있습니다"라고 하소연하던 어부는, 늙은 아내가 받아온 한잔 술에 거나하게 취하여 배따라기 노래를 부르며 떠나갔다.[61]

대동강 가에서는 상인 아내의 넋두리를 들었다. 달콤한 말에 넘어가 상인의 아내가 된 여인은 그리움이 칭칭 얽혀 가슴을 쥐어뜯지만, 상인의 마음은 길 위의 쑥대 같아 머물 곳을 모르고 휘휘 날아갈 따름이다. 김시습은 상인의 아내가 겪는 생이별의 고통, 더 나아가 인간 사회 곳곳에서 일어나는 이별의 고통에 깊이 공감하였다.

김시습은 평양에서 부윤으로 있던 김연지(金連枝, 1396~1471)와 소윤(종4품직) 송처검(宋處儉, 1410~1477)을 만났다.

김연지는 이미 예순 살이 넘어 있었고 실무형 관료였는데, 그와는 의례적인 인사를 주고받았다. 김연지는 본관이 원주로, 1411년(태종 11)에 생원시에 합격하고 1413년에 처음으로 관직에 나간 후, 1467년(세조 13)에 지중추원사(知中樞院事)·봉조하(奉朝賀)에 제수되었다.

송처검은 마치 당나라의 한유(韓愈)가 승려 문창(文暢)에게 불교를 버리고 유교로 귀의하라고 종용했던 것처럼, 승려 행색의 이 젊은이에게 불교를 버리라고 점잖게 타일렀다.

송처검은 사육신의 한 사람인 유성원의 처남이었던 송처관(宋處寬, 1410~1477)과 형제간이었을 듯하다. 송처관은 본관이 청주로, 자형(姊兄) 유성원이 죽은 뒤 누이가 품을 팔고 빌어먹는데도 거두지 않았다고 해서 비난을 받았지만, 1456년에 이조참의가 되어 가선대부의 품계에 올랐다. 김시습이 평양을 유람하던 무렵(1458년)에는 전라도 관찰사로 나가 있었다.

송처검에게 화답한 세 편의 시에서 김시습은 유학자와 승려가 상종하는 일은 오래 전부터 있었다고 하면서, 당나라 때 이고(李翶)가 유학자이면서도 불교에 조예가 깊었던 예를 들었다.[62] 김시습은 아마 유교와 불교의 본지를 심각하게 논하려는 뜻은 별로 없었던 듯하다. 유교의 본지를 따른다고 하면서 실제로는 의리 문제에 투철하지 못한 일반 유학자들의 태도에 조금 언짢았는지 모른다. 그렇다고 상대를 비난하려는 뜻은 없었다. 그래서 그 둘째 시에서 이렇게 말하였다.

유학자와 승려가 상종함은 본디 있었던 일	儒釋相從本固然
이고도 일찍이 약산에서 깨달았죠.	李翱曾悟藥山前
정치 맑아 종일토록 아무 공무 없으리니	政淸終日應無事
공문〔佛門〕에 참예함은 어느 곳에선지요?	參了空門那介邊

김시습은 평양의 고위 관리들에게 시승으로서 대접을 받았으며, 중국에 가는 사신들을 위해 베푸는 전별연에도 참여할 수 있었다.

_ 변경의 풍물과 애국 행위에 대한 예찬

평양을 떠난 김시습은 서북면으로 깊이 들어갔다.

작은 고을 순안(順安)이나 영유(永柔)도 성세를 구가하는 듯하였다. 마침 순안의 학교에서는 낙성식이 거행되었는데, 임(任) 아무개 현령이 기념하는 글을 청했으므로 김시습은 「낙성기」(落成記)를 써주었다.(63) 후한 때 중모(中牟)의 수령 노공(魯恭)이 선정(善政)을 베풀었더니, 해충이 경내를 범하지 않았고 덕화(德化)가 새・짐승에게까지 미쳤으며 아이들까지도 어진 마음을 지니는, 세 가지 기이한 일이 일어났다고 한다. 김시습은 그와 같은 이적(異蹟)이 이곳에서도 일어날 것이라고 찬양하였다.

또한 순안과 영유에는 성균관에서 같이 공부했던 동료들이 종9품의 훈도(訓導)라는 교관직에 근무하고 있었다. 위축되어 있는 그들을 위로하여 김시습은 시를 주었다.(64)

청천강을 끼고 있는 안주(安州)는 증조부 김윤주(金允柱)가 목사로 재직했던 곳이었으므로 감회가 남달랐을 것이다. 안주 성벽의 백상루(百祥樓)에 올라서는 을지문덕 장군이 수나라의 대군을 물리친 옛 역사를 회고하였다. 또 만경루(萬景樓)에 올라 한적한 경치를 살펴본 뒤, 청천강 가에 이르러 까닭 모를 수심에 잠겼다.

청천강 근처에는 당 태종이 양만춘이 쏜 화살을 눈을 맞고 도망갔다는 안시성(安市城)이 있다고 알려져 왔다. 실제 안시성은 요동에 있었지만, 당시 사람들은 그곳에 안시성이 있었다고 믿었다. 안시성터로 알려진 곳을 돌아보면서 김시습은 민족의 기개를 느꼈다.

안주를 떠난 그는 소고(所古)와 초천(草川)을 잇는 어천도(魚川道)로 접어들어, 속고리(速古里: 古里라고도 함)역과 어천역에서 쉬었다. 인가가 별로 없어서 단조로운 길이었다.

영변은 철옹성이라는 별명이 있을 만큼, 관서 제1의 요새이다. 1231년(고려 고종 18)에 몽고의 살리타(撒禮塔)가 함신진(咸新鎭)을 빼앗으려고 철주(영변)의 성을 공격했을 때, 수령 이원정(李元禎)이 고수하다가 힘이 다하자 창고에 불을 지르고 처자를 불 속에 들게 한 다음 자결했던 곳이다. 김시습은 그 사실을 시로 노래하지는 않았다. 하지만 무사들의 진용을 보고, 이민족의 침략에 대비하는 그들의 늠름한 모습을 찬탄하였다.

마침 영변에서는 평안도 절제사로 있던 구치관(具致寬, 1406~1470)이 순찰을 나왔으므로 김시습은 그에게 시를 올렸다.[65] 구치관은 세조 정권의 좌익공신 3등에 책봉되고 능성부원군(綾城府院君)에 봉해져 있었으며, 세조 3년인 1457년에는 중국에 사신으로 갔다왔다. 김시습이 만난 구치관은 문무를 갖춘 53세의 기골이 장대한 장부였다. 구치관은 정직하고 아첨을 모르는 성격이었으며, 오로지 자신의 임무에만 충실하였다. 뒷날 구치관은 1460년 건주위(建州衛)의 여진족이 침입해오자 그들의 공격을 막아내는 데 공을 세웠고, 1462년에도 진서대장군(鎭西大將軍)으로서 여진족을 물리치고 개선한다. 김시습은 그에게서 용맹스러운 기상을 엿보았다. 또 김시습은 왕명을 받들어 서울로 가는 절제사 구문신(具文信, 1415~1485)을 만나보고 그에게도 시를 바쳤다.

관서의 변경에서는 군사들이 수렵을 하면서 병법을 훈련하고 있었다. 김시습은 무관의 위대한 공적을 악부(樂府)라는 노래체 형식의 시「장군을 위한 노래」(將軍行)로 찬미하였다. 당시의 변새시(邊塞詩: 변방의 이국적 풍경과 군사의 기개를 노래한 시 양식)에 필적한다.[66]

관서 천릿길에 병사를 인솔하여	關西千里帥戎兵
펄럭이는 깃발이 온 성에 빛나네.	閃閃旌旗耀一城
말은 숨죽이고 호령을 기다리고	萬馬不嘶聽號令
삼군은 일이 없어 평화를 노래하네.	三軍無事賀昇平
높은 산에 부는 질풍에 꿩 날아가고	山高風勁雉飛疾
나뭇잎 진 서리 하늘에 매가 노려본다.	木落霜淸鷹眼明
장쾌한 기상을 한번 펼쳐보고자	欲逞壯心時一展
기마를 나눠 수렵에 나서네.	分圍千騎獵行營

김시습은 영변 가까이 묘향산의 보현사(普賢寺)에서 걸음을 멈추었다.

보현사는 고려 정종 8년에 창건되었는데, 여러 차례의 전란으로 소실되고 다시 지어지곤 하였다. 공민왕 때의 명승 나옹 혜근(懶翁惠勤, 1320~1376)도 중창하였다. 나옹은 인도 출신의 고승 지공(指空)에게서 가르침을 받고 와서 간화선(看話禪)을 제창하였다. 간화선은 임제종(臨濟宗)에서 화두(話頭)를 근거로 깨달음을 구하는 방법이다. 김시습은 오히려 화두 없이 마음을 비추어 깨달음을 구해나가는 조동종(曹洞宗)의 묵조선(默照禪)에 더 깊은 관심을 가졌다. 다만 김시습은 나옹의 인품에 크게 감명을 받았던 것 같다. 뒷날 나옹을 찬미한 시들을 여럿 남겼다.

김시습은 묘향산의 비로봉·문수봉·보현봉·지장봉·관음봉·미륵봉·나한봉·의상봉·상원봉의 아홉 봉우리를 돌아보고, 아미봉·관음사·고적대(高迪臺)를 돌아보았다. 묘향산에서는 멀리 장백산(長白山: 백두산)과 적유령(狄蹂嶺)이 바라다보이는 듯도 하였다. 우적암(偶寂菴)에서는 두견새 울음소리를 듣고 일어나 도연명(陶淵明)의 시를 읊고 화운시를 지었다. 보현사에서 지내는 나날, 김시습은 마음의 평안을 얻었다. "사람이란 백 년을 못 사는 법, 이렇게 지내는 즐거움이 어떠하오?"라고 남들에게 묻고 싶어졌다. 거기서 한성 동쪽 30리에 위치한 누원(樓院)에서 함께 지낸 적이 있는 상수좌(祥首座)와 해후하였다.[67] 관음사에서는 여러 스님들과 불교철학을 논하였다.

이 무렵 그의 유불사상은 보현사에 붙어 살면서 가슴속 생각을 적어 어떤 사람에게 준 시에 잘 나타나 있다. 그는 말하였다. 도학을 공부하는[問道] 유교 공부와 마음을 들여다보는[觀心] 불교 공부가 그리 차이가 없다고.[68]

나는 방외의 사람으로서	以我方外人
방외의 선사를 따라 노니나니,	從遊方外禪
도를 물으면 도 더욱 굳세지고	問道道愈梗
마음을 보면 마음 더욱 닦이누나.	觀心心更研

사실 불교에서 말하는 관심(觀心)도 이미 마음을 대상화하는 것이기에 그것은 절대경에 이르는 방법이 아닐 것이다. 그러나 이 시기의 김시습은 마음의 대상화가 절대경에 이르는 데 장애가 되리라는 점을 심각하게 반성하지 않았다. 그로서는 마음의 평화를 얻는 것이 더욱 문제였다.

_ 부평 같은 삶

1458년의 가을, 김시습은 보현사를 떠나 희천(熙川)으로 향하였다. 해발 2,000m가 넘는 낭림산(狼林山)과 해발 1,909m의 묘향산(妙香山), 그리고 해발 1,566m의 대암산(大巖山) 등 험준한 산악이 늘어선 곳이다. 김시습은 희천군수를 만나 말하였다.

"이곳에 와서 보니 백성들이 편히 살며 서로간에 소송하는 일이 없고, 정치가 맑아 아전들의 횡포가 없군요. 마을 곳곳에 뽕나무가 자라고 있는데다가 관청 뜰에는 새들이 지저귀고 있어, 하루 종일 보다 보니 이곳이 곧 무릉도원(武陵桃源) 같다는 생각이 드는군요."

김시습은 관서에서 잠시 지내다가 다음해에는 북쪽 국경 끝까지 모두 돌아보려고 생각하였다. 그리고는 아미봉에 올라서 외쳤다. "영마루가 구름을 끊어 구름 한 점 없으니, 바람을 타고 하늘 끝을 바라보려 하노라"(割斷嶺雲無一點, 御風吾欲望天涯)라고.[69]

하지만 거기서 발길을 돌렸다. 그 북쪽으로는 이민족이 출몰하는데다가 여행을 하기에는 너무 길이 불편했던 것 같다. 그해 초가을, 올 때 거쳤던 어천(魚川)을 다시 건너 평양으로 향하였다.

서울서 3백 리 떨어진 어느 산촌에서 지은 「협곡의 인가」(峽中人家)라는 시에는 고달픈 삶을 되돌아보는 고뇌의 심리가 드러나 있다.[70]

두메 들어서니 인가 드물고	入峽人家少
가파른 곳에 귀리만 푸르구나.	崆峒燕麥青
물 따라 구름 따라 삼백 리 길	水雲三百里
세월은 역사(驛舍) 따라 흘러가네.	歲月一長亭
산길은 들풀에 묻혔고	野草埋山徑
한가한 꽃은 작은 뜰에 떨어지누나.	閑花落小庭
이 몸은 어디에 머물 건가?	此身何處泊
천지간에 멋대로 떠다니는 부평초 신세.	天地任浮萍

인가 드물고 귀리만 무성한 협곡에서, 하늘 아래 마른풀 신세로 서성이는 스스로의 모습을 되돌아보니, 슬픈 마음이 뭉클 일었던 것이다. 그윽하고 고요함을 추구했지만 고단한 심사가 불쑥 일어났다.

김시습은 안주에서 다시 안시성과 백상루를 둘러보았다. 백상루에서 그곳 교관으로 있던 친구의 전송을 받고는 숙천(肅川: 평원군의 지명)으로 내려왔다. 풍작이어서 농촌 곳곳이 활기에 넘쳐 있었다. 숙천부사를 만나 대접을 받고, "산봉우리마다 신의 자취가 있는 듯 참으로 기기묘묘해서 여기 경치에 비길 만한 곳이 달리 없을 듯하군요"라고 칭송하였다.

_ 『고문진보』와 『성리군서』를 구함

김시습은 숙천에서 『고문진보』(古文眞寶)와 『성리군서』(性理群書)를 구하였다. 너무 기뻐서 책을 선사한 사람을 위해 시를 남겼다.

『고문진보』는 주나라 때부터 송나라 때까지의 고시와 고문을 엮은 책이다. 본래 원나라 초기에 진력(陳櫟)이라는 사람이 고문 101편을 가려뽑은 『비점고문』(批點古文)이라는 책이 있었는데, 원나라 때 임정(林楨)이라는 사람이 따로 『선본대자제유전해고문진보』(善本大字諸儒箋解古文眞寶)를 펴냈고, 명나라 때인 1437년 무렵에는 유섬(劉剡)이 『비점고문』 101편과 『선본대자제유전해고문진보』 후집 29편을 뒤섞어 『상설고문진보대전』(詳說古文眞寶大全)을 엮었다. 조선시대에는 주로 『상설고문진보대전』을 보았다. 이 책은 1452년(단종 즉위년) 8월 8일(무진)에 경오자(庚午字)로 간행되어 신하들에게 하사된 일이 있다.[71] 시기로 보아 김시습이 구한 것은 경오자 활자본이었을 가능성이 높다.

김시습은 또한 『성리군서』를 구하였다. 아마 그것은 1415년(태종 15, 을미) 8월에 평양에서 목판으로 간각(刊刻)된 바 있는 『신간음점성리군서구해』(新刊音點性理群書句解)였을 것이다. 이 책은 송나라 건양(建陽) 사람 웅절(熊節)이 편하고 웅강대(熊剛大)가 주를 붙인 것으로, 둘 다 주자학자인데, 특히 웅절은 주희에게서 수업하였다. 웅강대의 주는 천박하고 얕은 수준이다. 모두 23권이며, 송나라 여러 유학자들의 글을 모아 분류하여 엮은 것으로, 맨 앞에는 주돈이(周敦頤)·정호(程顥)·정이(程頤)·장재(張載)·소옹(邵雍)·사마광(司馬光)·주희 등의 초상과 전도지파(傳道支派)를 싣고, 찬(贊)·훈(訓)·계(戒)·잠(箴)·규(規)·명(銘)·시(詩)·부(賦)·서(序)·기(記)·설(說)·녹(錄)·변(辨)·논(論)·도(圖)·정몽(正蒙)·『황극경세』(皇極經世)·『통서』(通書)·문(文)을 실었으며, 7현의 행실로 끝을 맺었다. 수록한 글은 7현을 중심으로 하되, 양시(楊時) 등 송나라 때의 여러 학자들이 지은 것도 간혹 들어 있다.[72]

『성리군서』는 명나라 영락 연간에 『성리대전』(性理大全)을 편찬할 때 크게 참고가 되었다. 즉, 『성리대전』은 제유(諸儒)의 격언을 수록할 때는 『근사록』(近思錄)을, 문을 수록할 때는 이 『성리군서』를 토대로 더 수집하였다. 김시습이 활동할 당시에는 『성리대전』이 유행하기 시작했는데, 김시습은 아직 그 책을 구하지는 못하였던 듯하다. 『성리대전』은 성리학의 주요 개념들을 정리한 책으로, 조선 지식인들이 성리학을 이해하는 데 상당히 중요한 참고서로 쓰였다.

김시습은 『고문진보』를 숙독하여 고문의 혜경(蹊徑: 길)을 더욱 차근차근 밟아 나가고, 『성리군서』를 열람하여 성리학의 기본 개념을 익혔다. 이 무렵 철학사상은 한층 체계를 갖추기 시작하였으리라.

_ 다시 평양으로 돌아오던 중 하등극사 일행을 만나다

김시습은 수군 기지를 찾아가 수군절제사로 있던 채명양(蔡明陽)을 만나 대화를 나누었다. 그 뒤 평양으로 향하던 김시습은 하등극사(賀登極使)로서 명나라에 사신으로 가는 김수온 일행을 만났다. 이때의 하등극사는 명나라 영종(英宗)이 이해(1458년) 1월에 복위한 것을 축하하러 가는 사절 일행이었다. 영종은 이미 1436년부터 1449년까지 14년간 재위하다가, 천자의 자리를 경제(景帝)에게 물려주고는 1450년부터 1457년 초까지 상왕(上王)으로 있었다. 영종은 이해 1월에 복위해서 2월에 경제를 폐위시키고 천순(天順)이라는 연호를 사용하다가, 1464년 1월에 세상을 떠난다.

사신 일행은 김수온을 상사(上使: 上价라고도 부름)로 하여 원효연(元孝然), 김연지, 임원준으로 이루어져 있었다. 김연지는 앞서 평양에서 만났던 노련한 관료였다.

김수온은 바로 당대의 유명한 승려 신미(信眉) 대사의 아우로, 김시습과는 10년 전부터 면식이 있었다. 김수온은 세종 때 문과에 급제하여 관직에 나섰는데, 유학에 통달해서 사서오경의 구결(口訣: 한문 구절의 끝에 다는 토)을 정한 바 있으며, 역사와 시문에도 뛰어났다. 세조 때 서거정, 강희맹과 더불어 문학가로 명성이 높았다. 하지만 모친도 만년에 여승이 될 만큼 집안이 모두 불교와 밀접한 관련을 맺었다. 김수온은 불교를 좋아한 세종과 세조 때 불경의 국역 간행사업에 적극 참여하게 된다.

김수온은 김시습이 승려의 행색으로 자기를 찾은 것이 못내 못마땅하였다.

그가 승려가 된 데는 달리 이유가 있다는 소문이 있었기 때문이다. "유학을 버리고 이단에 빠진 것은 무슨 마음인가? 우리 유학의 도는 본래 물외(物外)에서 찾을 것이 아닐세. 유학이 불교와 다른 단적인 뜻을 알려면 『논어』와 『맹자』를 자세히 읽어봐야지!" 김수온은 시를 보내어 이렇게 꾸짖었다.[73]

김시습도 또한 시로 넌지시 답하였다. "이 길이 비록 다르지만 마음을 기른다는 점에서는 똑같지요. 마음 기르는 방법을 다른 데서 찾을 게 무어 있습니까? 다만 일마다 자유자재하여 막힌 데가 없어야 하는 것이지, 돌아가신 성현이 남긴 찌꺼기에 불과한 경전을 뒤적일 게 무어 있단 말입니까?"

김시습의 답변은 개성소윤 송처검에게 했던 말과 같았다. 유교와 불교의 본지를 심각하게 논하자는 의도는 없었다. 그는, 유교의 본지를 따른다고 하면서 실제로는 의리 문제에 투철하지 못한 유학자들의 행태에 불만을 가지고, 불교와 유교의 지취(旨趣)가 같으며, 일상의 삶에서 의리를 어떻게 실천하여 마음을 닦아나가느냐 하는 것이 중요한 문제라고 밝혔다. 사상의 육화(肉化)가 가장 중요하다고 본 것이다.[74]

세인은 눈 흐리고 또 마음까지 뒤숭숭해	世人蒿目又蓬心
관직 물러나면 진리를 찾아나서겠다고 말하지.	盡說休官擬遠尋
아무래도 그건 헛된 계책이라 끝내 실질이 없나니	虛計萬般終失實
구레나룻 희어지면 늙음이 육신을 침범하는 법.	鬢邊霜雪老侵尋

부귀영달에 눈이 흐리고, 또 욕망으로 마음까지 뒤숭숭한 사람들은, 날이 가고 달이 가도록 이 세상이 결함(缺陷)의 상태라는 사실을 의식하지 못한다. 자신의 참된 모습을 찾아나서려는 결단을 하지 못한 채, "관직에서 물러나면 진리를 찾아나서겠다"고 말하는 것이다. 북송 때의 고승 대혜(大慧: 宗杲)가 말했듯이, 대부분의 관료 지식인들은 "발 밑의 대사인연(大事因緣)"을 소홀히 하여 인생을 낭비하였다. 바로 김수온 당신이 그러고 있다고 김시습은 넌지시 비판하였다.

원효연(元孝然, ?~1466)은 실무 관료였다. 세종 때 진사시에 합격한 뒤 단종이 즉위한 1452년에 장령에 임명되고 검상·사인 등을 거쳤으며, 1454년에는 대마주경차관(對馬州敬差官)이 되어 대마도의 세견선 문제를 해결하였다. 1455년에 세조가 즉위한 뒤 좌익공신 3등으로 예조참의에 임명되고, 경상도 관찰사로 나갔다. 1456년에 예조참판을 거쳐 대사헌이 되었다가, 1458년에는 덕녕부윤(德寧府尹)으로서 사절단에 참여하였다. 귀국 후에도 비교적 평탄한 관료 생활을 하였다.

한편, 임원준은 당시 36세의 출세욕이 강한 문인이었다. 본래 효령대군의 농장에서 일하던 미천한 신분이었으나, 세종이 그의 글 솜씨에 탄복하여 동반(문반) 직을 주었다. 1456년(세조 2) 문과에 을과로 급제하여 집현전 부교리가 되었고, 다음해 중시에서 병과로 합격하여 여러 벼슬을 거쳤다. 의약과 풍수에도 밝은 재주꾼이었지만, 욕심이 많고 교활하였다. 그의 아들이 연산군 때의 간신 임사홍(任士洪, 1445~1506)이다.

김시습은 명나라로 가는 사신 일행을 만나보고, 세상이 변했다는 것을 느꼈다. 이미 세상은 절의를 지키느냐 지키지 않느냐 하는 것이 문제가 아니었다. 실무형 관료들이 많이 관직에 나아가 정무를 담당하고 있음을 알고, 김시습은 자신이 현실의 흐름에서 외떨어져 있다는 사실을 깨달았을 것이다.

_ 대성산 광법사에 머물며 김영유, 박철손의 내방을 받다

김시습은 평양에서 대성산(大成山)의 광법사(廣法寺)에 머물렀다. 대성산은 인흥부(仁興部)에 속하며, 일명 구룡산(九龍山) 또는 노양산(魯陽山)이라고도 하는데, 묘향산에서 맥이 이어져왔다. 산 정상에는 고구려 장안성의 유지(遺址)라고 전하는 산성이 있다. 광법사는 고구려 때 아도(阿道)가 창건했다는 전설도 있으나, 고려시대에 창건된 듯하다. 나옹 선사가 1358년에 원나라에서 귀국한 후 이곳에서 설법을 베푼 바 있다. 천왕문을 들어서면 시왕전이 있고, 법뢰각(法雷閣)·대웅전·백련당(白蓮堂)·적묵당(寂默堂)이 잘 배치되어 있었다. 김시습이 광법사에 머물 때 평양소윤 김영유(金永濡)와 판관(수령직) 박철손(朴哲

孫)이 술을 가지고 그를 찾아왔다. 김시습은 그들의 선정을 예찬하는 시를 남겼다.[75] 그 시는 조선 후기에도 법뢰각에 현판으로 새겨져 걸려 있었다.[76]

내 듣자니 옛 산승 가운데	我聞古山僧
술 사다가 도원량(陶元亮: 陶淵明)을 맞은 사람 있고	沽酒引元亮
또 어떤 전운사는	亦有轉運使
산사에서 마음껏 마시고 노래했다 하오.	山寺恣飮唱
이들은 모두 호기로운 무리로	是皆倜儻輩
세속에 구애받지 않았던 게죠.	不爲時俗牽
더구나 지금은 태평한 시절	況此淸平時
온 집에서 밥 짓는 연기 피어오르고	萬井生炊烟
백성들은 부유하여 농상(農桑)을 즐기며	民富樂耕桑
정치 맑아 아무 시끄러움 없는 때이니	政淸無喧闐
초제(절간)에 올라	可以上招提
이 솔바람소리를 들어보구려.	聽此松風絃
솔바람소리는 운치 유장하여	松風絃韻長
세속의 귀를 깨우칠 수 있다오.	亦能醒俗耳
태수는 수레를 재촉 마시고	太守勿促駕
연하(煙霞) 속에 한 밤 묵으시구려.	更宿烟霞裏
달 밝고 하늘에 서리 가득하니	月明霜滿天
새벽 종소리 들으면 정녕 기쁠 거외다.	晨鐘聞亦喜

김영유는 세조가 즉위했을 때 원종공신 2등에 올랐고, 1457년(세조 3)부터 평양소윤으로 있었다. 비록 세조 정권의 공신첩에 이름이 오른 인물이지만, 근실하고 공평하다고 평가받는 실무 관료였다. 그는 그 이듬해에 자산읍 수령을 전송한 일로 무고를 입고 의금부로 끌려가서 파직되었다가, 얼마 안 되어 성균관 사예로 복직되었다.

_『도덕경』과 『주심경』을 구하다

김시습은 평양에 있을 때 이씨(李氏) 성을 가진 노인에게서 노자의 『도덕경』 한 질을 받았다.* 그 책이 어떠한 주석본인지는 알 수 없으나 아마도 세간에서 하상공(河上公)** 주(注)라고 말하는 주석본일 가능성이 높다.[77]

김시습이 『도덕경』 상·하경 81장에서 어떠한 사상을 읽었는지 확실하지 않다. 왕도정치의 이상이 사라진 현실을 우려했던 그는, 후대의 학자가 다음과 같이 노자의 출현에 대해 말했던 것과 같은 사실에 주목했음직하다.

> 대도(大道)가 숨자 순박한 풍속이 나날이 멀어져 황(皇)은 강등하여 제(帝)가 되고 제(帝)는 강등하여 왕(王)이 되었으며 왕은 강등하여 패(霸)가 되니, 이로써 위에서는 충(忠)과 신(信)이 얇아지고 아래서는 사기와 거짓을 꾸미게 되었다. 노자가 주나라 말년에 나서 주나라의 도(道)가 문(文) 때문에 문드러짐을 보고, 문(文)을 구함은 질(質)로써 구함만 같은 것이 없기에, 그가 존숭한 것은 텅 비고 고요함·느긋하고 간이함·순박하고 신실함이었고, 천박하게 여긴 것은 성인의 도리와 지혜·예법과 의리·교묘함과 이로움이었다.[78]

김시습이 『도덕경』을 읽은 것은 이미 의리 정신이 쇠퇴하고 기교가 중시된 시대의 일이다. 노자는 인의(仁義)를 도외시하고 내쫓았지만, 그것은 근본과 본질로 돌아가서 다투지 않는 덕을 순치(馴致)하기 위해서였다. 김시습은 그 근본 지향에 공감하여, 남들과 기교를 다투지 않고 근본으로 돌아가기로 했을 것이다. 또한 장자(莊子)와 달리 장광설을 펼치지 않고 어눌(語訥)을 중시하는 노자

---
* 『매월당집』 시집 권9, 유관서록(遊關西錄)에 「노인이 내게 도덕경 한 질을 주기에」(老翁授我道德經一部)라는 시가 있고, 그 시보다 앞에 「이 노인에게 드리다」(贈老翁李君平壤)라는 시가 있어, 김시습이 평양의 이씨 노인에게서 『도덕경』을 얻었음을 알 수 있다.
** 하상공은 한나라 때의 선인(仙人)으로, 문제(文帝)가 노자의 『도덕경』 읽기를 좋아하여 안 풀리는 대목이 있으면 하상공에게 가서 묻게 하곤 했다고 한다. 명나라 진원빈(陳元贇)이 엮은 『노자통고』(老子通考)에서 하상공장구(河上公章句)를 평설한 것이 있다. 뒤에는 명나라 설혜(薛蕙)의 『노자집해』(老子集解)가 유통되었으나, 김시습이 활동할 당시에는 아직 설혜 주가 유통되지 않았다.

에게 더 공감했을 법하다.

한편, 평양에서 김시습은 무구자(無垢子: 원나라 焦養直인지 미상)가 주석한 『주심경』(註心經)을 얻었다. 이 『주심경』이 송나라 학자 진덕수(眞德秀, 1178~1235)가 엮은 『심경』(心經)에 주를 붙인 것인지, 불경의 하나인 『반야바라밀다심경』(般若波羅蜜多心經)에 주를 붙인 것인지 확실하지 않다.

진덕수는 경서와 주희 등 여러 학자들의 저술에서 격언을 가려뽑아 『심경』(心經)을 엮었는데, 1492년에는 명나라의 정민정(程敏政, ?~1499?)이 주를 붙인 『심경부주』(心經附註)가 간행되었다. 그것은 김시습이 죽은 뒤의 일이다. 『심경부주』가 『심경』보다 더 유행했으나, 『심경』 자체도 이미 1234년과 1242년에 송나라에서 간행되었으니, 원나라 때 이미 『심경』의 여러 판본이 나왔을 것이다.[79]

어쩌면 김시습이 평양에서 얻은 『주심경』은 『반야바라밀다심경』의 화엄 현수(華嚴賢首) 주석본이었을지 모른다. 『반야바라밀다심경』은 줄여서 '반야심경' 또는 '심경'이라고 하며, 전문이 14행에 불과한 작은 경이지만 『대반야경』(大般若經)의 정수를 뽑아 모은 것으로, 각종 불사(佛事)에서 자주 독송(讀誦)된다. '반야바라밀다'는 인간의 진실한 생명을 깨달았을 때 나타나는 근원적인 완전한 지혜라는 뜻으로, 이 경은 온갖 법(法)이 모두 공(空)이라는 이치를 말하고, 보살이 이 이치를 볼 때는 모든 고액(苦厄)을 면하고 열반을 구경(究竟)하여 아뇩다라삼먁삼보리(阿耨多羅三藐三菩提: 無上正等正覺. 즉, 더없이 뛰어난 부처님의 깨달음)를 증득(證得: 깨닫는 것)한다고 설하였다.

이렇게 김시습이 평양에서 구한 『주심경』이 진덕수의 『심경』인지, 『반야바라밀다심경』의 주석본인지는 명확하지 않다. 그런데 김시습은 『주심경』의 주석가 '무구자'가 불교에 붙지 않았고 노자의 문에도 들어가지 않았으며, 우활한 유학자도 아니라고 평하였다. 또 삼교는 진수(進修: 進德修業) 방법이 다를 뿐 본지(취지)는 동일하다고 말하였다. 김시습은 『주심경』을 읽으면서, 무엇으로 마음을 깨끗하게 할 것인가 하는 물음을 스스로에게 던졌다. 이 물음에 대하여 그는, 마음을 묶어두지 말고 그저 놓아두라[放下着]고 스스로 답하였다. 인간에게는 부처가 될 수 있는 본성인 불성(佛性: 自性心)이 있으므로, 그때 그때 찌꺼기를 제거하면 마음은 자연스레 깨끗해질 것이라고 하였다.[80] 그는 어떠한 관념이나 구속에서도 자유로운 활달자재한 마음 상태를 추구했던 것이다.

_ 평양에서 「유관서록」을 엮다

1458년 가을, 김시습은 평양 부근의 초막에 머물면서 봄부터 가을까지 관서지방을 여행하며 지었던 시들을 엮어 「유관서록」이라 이름하고, 후지(後志)를 엮었다. 차를 달이고 묵상에 젖으면서, 승려 행색으로 방랑길에 오른 의미를 다시 생각해보았으며, 관서의 험준한 산악과 초목금수의 기괴한 형상들을 다시 환기하였다.

김시습은 「유관서록」의 후지에서 관서의 호탕한 유람을 다음과 같이 술회하였다.

드디어 송도로 향하여 옛 성에 올라보고 텅 빈 마을터에서 서성거리매, 궁전에는 벼와 기장이 우쑥 자라났고 능묘에는 오동과 가래나무가 무성하니 어찌 느낌이 없었겠는가? 또 천마산과 성거산 등 여러 산에 올라 여러 봉의 높은 형상과 박연과 추폭(湫瀑)의 웅장함을 보고, 관서로 들어가 험준한 절령(岊嶺)을 넘고 파도 이는 패수(浿水)를 건너, 기자(箕子) 도읍에 남아 있는 정전(井田)과 성곽의 유지와 궁궐·종묘의 장관과 인물의 번화함과 뽕나무·삼이 무성함을 보고는, 은나라 왕자[기자]의 유풍이 실추되지 않았음을 짐작할 수 있었다. 그곳을 거쳐 살수의 강기슭을 따라 거슬러 올라가 안시성에 들어가니, 수나라·당나라와 싸우던 참혹하고 맹렬하던 자취가 어슴푸레하게 상상되어 뒷날의 시인·묵객으로 하여금 배회하고 서성대게 하여 천고의 한을 격동시켰다. 또 묘향산에 올라가 남쪽으로 발해에 있는 섬들의 아득한 모습을 바라보고 북녘으로 북녁 사막에 있는 산하의 험난한 형세를 보며, 바위굴에 앉아 밝은 달을 짝하였다. 어떤 때는 시냇가의 바위에 의지하고 어떤 때는 높은 봉우리에 올라가 하늘에 치솟은 소나무와 참나무, 낭자하게 깔린 채소와 버섯, 기이한 새와 짐승, 흐드러지게 자라난

풀과 나무를 보았는데, 그것들 모두가 나에게 기꺼이 시를 읊조리게 하기에, 또는 나뭇잎에 쓰고 또는 바위 벼랑에 써놓았다. 오두막집으로 돌아와 편안한 마음으로 묵상에 젖어 차를 달이고 나물을 먹으니, 분잡한 생각들을 떨쳐버리고 세간에 연연하는 마음을 잊어버릴 수 있었다.[81]

관동을 유람하다

_ 송도에서 겨울을 나고 내금강으로 향하다

1458년 말의 겨울, 김시습은 개성에 있었다.

그는 지공(指空) 선사의 상을 찾아보았다. 지공 선사는 인도 마가다국의 왕자로, 법명은 선현(禪賢)이다. 지공은 그의 호이다. 중국에서 승려 생활을 했는데, 원나라에 유학갔던 나옹에게 법의(法衣)를 전해주었다. 1326년 3월에 원나라 황제의 배려로 금강산에 향을 사르기 위해 개성 감로사(甘露寺)에 와서 금강산을 다녀온 뒤, 순비(順妃)의 청으로 개성 동쪽 숭수사(崇壽寺)에 주석하였다. 왕부터 일반 민중까지 모두 그가 열었던 감로(甘露)의 도량으로 달려갔다. 공민왕 때 입적하였다.

지공이 고려에 들어온 지 불과 5개월밖에 되지 않은 1326년 8월에 벌써 고려 종실의 창원군(昌原君)이 『서천백팔대조사지공화상선요록』(西天百八代祖師指空和尙禪要錄)을 간행하려고 했으므로, 당시 79세였던 민지(閔漬, 1248~1326)가 「불조전심서천종파지요서」(佛祖傳心西天宗派旨要序)를 지어 지공의 도력을 예찬한 바 있다.[82] 지공이 고려 지식인들에게 고승으로서 대단히 칭송받았다는 사실을 짐작할 수 있다.

새해가 되어 1459년, 김시습의 나이 스물다섯이었다.

세조가 등극한 지 5년째, 왕위를 찬탈하는 데 주도적인 역할을 했던 인물들이 모두 요직을 독점하고 정권은 점차 안정되어갔다.

김시습은 관동으로 다시 방랑길에 오르려고 결심하였다. 송림사(松林寺)를 돌아본 뒤, 남쪽으로 임진강을 건너 파주(坡州)로 들어갔다. 그런데 평소 알고 지내던 노승이 분포(盆浦: 지금의 반포)에 새로 불당을 지어 그에게 들렀다 가라고 하였다. 그래서 잠시 한성으로 들어와 분포의 절간에서 노승을 만나보고[83] 북쪽으로 향하여 포천(抱川)의 민가에서 묵었다.

포천에서는 북쪽으로 영평(永平)을 거쳐 관동 땅으로 들어가는 길을 취하였다. 내금강을 목표로 한 것이다. 당시 금강산으로 가는 길은 포천·영평을 지나 강원도 김화(金化)로 해서 내금강으로 향하는 길과, 유점사(楡岾寺)를 거점으로 하는 외금강 행로가 있었다. 금강산은 강원도 고성군과 회양군에 위치하는 산으로, 통천과 간성에까지 걸쳐 있다. 흔히 태백산맥이라 말하는 백두대간의 분수령 서쪽 회양군에 있는 지역을 내금강, 분수령 동쪽 고성군에 있는 지역을 외금강, 고성군 바다에 있는 경승(景勝)을 해금강이라 한다.

내금강은 백두대간 분수령 서쪽에서 시작하는데, 분수령을 넘어서면 외금강에 이른다. 김시습은 내금강만 유람하고, 철원(鐵原)을 거쳐 그해 겨울에는 경기도로 왔다가 다시 원주(原州)로 가서 오대산(五臺山)에 들른 뒤, 강릉(江陵)으로 향하였다.

_ 내금강을 유람하며 쉴 곳 없는 처지를 곱씹다

김시습의 내금강 유람은 장안사(長安寺)에서부터 시작되었다. 훗날 일제강점기에 일제가 내금강을 탐승(探勝)하기 위하여 시설한 금강산 철도의 경착역(經着驛)도 장안사였다.[84] 김시습은 장안사를 시발로 표훈사(表訓寺), 정양사(正陽寺), 진헐대(眞歇臺), 백천동(百川洞), 만폭동(萬瀑洞), 원통암(圓通庵), 진불암(眞佛庵), 보덕굴(寶德窟), 망고대(望高臺), 원적암(圓寂庵), 국망봉(國望峰), 개심폭(開心瀑), 송라암(松蘿庵) 등의 명소를 두루 찾아보고, 가을에 철원 쪽으로 나왔다.

조선 영·정조 때 '사가'(四家: 이덕무, 박제가, 유득공, 이서구)의 한 사람이자 『북학의』(北學議)의 저자로 저명한 박제가(朴齊家, 1750~?)는 장편의 「금강산」 시를 남겼는데, 그 첫머리에 "지팡이 짚고 하루에 하나씩 오른다 해도, 백 년에 삼 분의 일은 다녀야 일주할 수 있지"(携筇一日一峰登, 百歲三分始一周)라 하였고, 또 "그림으로 그리려 해도 빠뜨리게 되니, 천억으로 흩어두어 마음껏 찾아볼 일"(縮入丹靑猶掛漏, 散爲千億恣窮搜)이라고 하였다. 금강산이 이루는 세계가 얼마나 광대한지를 극명하게 말한 구절이다.

천하명산의 기괴한 형세는 인간의 내부에 있는, 자신도 모르는 힘을 발산하게 만드는 것일까? 아니면 반대로, 평범한 속물들을 두렵게 하고 왜소함을 절절히 깨닫게 만드는 것일까?

금강산의 심장은 만폭동의 가장 깊은 곳에 있는 마하연(摩訶衍)이라는 사찰이라 한다. 해발 846m의 높은 대 위에 있는데, 뒤에는 중향성(衆香城)이, 앞에는 혈망봉(穴望峰)과 담무갈봉(曇無竭峰)이 병풍을 둘러친 듯 늘어서 있다. 이 마하연은 본래 신라 문무왕 원년에 의상 대사가 창건했고, 신라의 마의 태자가 이곳에서 생을 마치려 했으며, 고려의 나옹 화상이 이곳에서 수도하였다. 김시습은 마하연을 두고 "몇백 겁을 두고 소원을 세운 것은, 평생에 한 번 이 산 앞에 와보는 일"(百㤼億生曾有願, 一身一到此山前)이라 하였다.[85] 장엄한 기분에 싸여 한 말이다.

김시습은 내금강에서 푸른 벼랑에 학이 깃들여 이슬 내린 달밤에 기이한 울음을 우는 소리에 마음이 끌렸다.[86] 그리고 사람에게 경계심을 갖게 하려고 말을 건네듯이 우는 산새들에게 호기심을 느꼈다. 그래서 '위수추리', '역막파공', '불여귀', '비비' 등 네 마리 새의 지저귐을 말소리로 풀었다. '위수추리'(爲誰趨利)는 "누구를 위해 명리를 쫓아 내달려가느냐?"고 꾸짖고, '역막파공'(亦莫把空)은 "역시 공(空)을 파악하지 못하고는"이라고 엄하게 야단치며, '불여귀'

(不如歸)는 "돌아감만 못하리"라고 충고하고, '비비'(悲悲)는 "슬프고 슬프다"라고 한탄하는 듯하였다.[87] 세간 사람들은 무엇 때문에 도회지의 먼지 이는 길에 분주하단 말인가? 풍진(風塵)이 사람 얼굴에 들러붙어 영예와 모욕 때문에 하늘을 원망하기 일쑤라니. 눈에 가득한 것은 슬픈 일뿐이고, 기로에서 갈 길이 막혀 울지 않을 수 없다. 침이나 탁 내뱉고 떠나서 계수나무 숲 속에 누움만 못하리라(「위수추리」). 그러나 세속을 떠났노라 말하는 승려들은 치의(緇衣)를 걸치고 좌선을 하지만, 공(空)이 무엇인지를 도무지 체득하지 못한다. 인간 세상의 도리를 업신여기고 세상의 군주와 어버이를 저버리고 저렇게 좌선을 하지만, 삼생(三生: 전생·금생·후생)의 일은 해결하지 못하고 가슴만 답답하며 머리에는 일백 자 먼지만 쌓인 꼴이다. 차라리 속세간으로 돌아가 궁민(窮民)이 됨만 못하지 않은가!(「역막파공」)

슬프고 슬픈 세상일을 말하자니 눈물만 줄줄 쏟아진다. 고작 백 년밖에 살지 못하는 인생이건만, 남의 부림을 당하여 재갈을 물리고 사는 꼴이란! 자기 분수에 안주할 줄 모른다면 어디서 나의 천진(天眞)을 즐길 수 있으랴!(「비비」) 오로지 기심(機心: 삿된 욕망)을 버리고 나의 분수를 달게 여겨 안주하는 것이 상책이라고 김시습은 새삼 생각하였다.

자규(두견이)를 노래한 시 「불여귀」에서는 방랑의 애달픔을 토로하였다. 자규의 울음을 '불여귀', 즉 '돌아감만 못하다', '얼른 돌아가라'로 음차(音借)해서 적고, 세속의 기심을 잊겠다는 뜻을 새삼 다짐한 것이다.[88]

돌아감만 같지 못하다만	不如歸去好
어느 곳이 돌아가 쉴 곳인가?	何處可安歸
벼슬길엔 바람과 파도가 사납고	宦路風濤惡
벼슬아치 집엔 아는 이 드물어.	侯門知識稀
늘 근심 걱정하면서	爲人長戚戚
제 몸과 그림자가 서로 불쌍히 여길 뿐.	弔影正依依
임천에서 내 분수 달게 여겨	莫若甘吾分

함정에 빠지지 않음이 더 나으리.　　　　　　　林泉不履機

_ 양주 회암사에서 『원각경』을 읽다

　내금강을 돌아본 김시습은 단발령(斷髮嶺)을 넘어 철원으로 나왔다. 거기서 그는 금성현(金城縣), 즉 지금의 철원군에 있는 보리진(普提津)을 건너 철원에 있는 보개산(寶蓋山)·심원사(深源寺: 지금의 石臺寺)를 거쳐, 경기도 땅으로 들어왔다.

　그는 1459년 말, 겨울을 한성 부근에서 났다. 1460년 봄에는 동학사에 가서 단종을 제사지냈을 수도 있다. 『동학지』(東鶴誌)에 보면, '1459년 봄'에 자신을 매월 처사(梅月處士)라고 하는 젊은 남자가 와서 과일과 민물고기를 단종에게 올렸다는 옛 기록이 인용되어 있다.

　김시습은 겨울을 서울 부근에서 나면서 소요사(逍遙寺), 도봉산, 삼각산(북한산), 수락산(水落山), 회암사(檜巖寺)를 둘러보았다. 특히 경기도 양주의 회암사에서는 동별실(東別室)에 기거하면서 선정(禪定)에 들었다.

　회암사는 인도 승려 지공(指空)이 인도의 아라난타사(阿羅難陀寺)를 모방하여 지은 것이라고 한다. 보우(普愚)가 이 절에서 출가했고, 나옹도 이 절에서 깨달음을 얻었다. 김시습은 이곳에서 지공의 의발(衣鉢: 가사와 바리때)을 보았고, 나옹의 의발도 참예(參詣: 참배)하였다.[89]

　1459년 말에 김시습은 『원각경』(圓覺經)을 읽었다. 원래 명칭이 『대방광원각수다라요의경』(大方廣圓覺修多羅了義經)인 이 불경은, 석가여래가 문수·보현·미륵·원각·현선수 보살과 문답하는 형식을 빌려 원돈(圓頓)의 교리를 설법한 내용이다.

　불교에서 깨달음의 풍광(風光)은 화엄학에 남김없이 다 표현되어 있지만, 어떻게 깨달음에 이를 것인가 하는 문제는 중생의 주체적 결단과 수행에 달려 있다. 『원각경』은 화엄의 진리를 기초로 하면서 절대 각성의 등불을 높이 쳐들어 상·중·하의 근기(根機)를 전부 고려하고 오(悟)와 수(修)를 모두 구비했기에, 법성(法性)·법상(法相)·파상(破相)의 삼종(곧 화엄종·법상종·삼론종)과

남·북 두 선종을 적절하게 포괄하는 경전이라고 한다. 그렇기에 『원각경』은 『화엄경』과 달라서, 오경(悟境)에 몸을 두면서도 여전히 긴 꿈에 빠져 있는 인간의 실존 자체를 해명하는 데 중점을 둔다. 장엄하고 화려한 연화장세계(蓮華藏世界)의 오경을 한껏 전개하지는 않는다. 그만큼 소박하고 반성적이다. 김시습은 『원각경』의 소박하고도 반성적인 사유 양식에 매력을 느꼈으리라.

또한 이 겨울에 김시습은 해사(海師)라는 고승에게서 불경의 강해(講解)를 들었다. 해사는 혹 해초(海超)라는 선사를 가리키는지도 모른다. 김시습은 자신을 명주(明珠: 야광주)처럼 닦아준 해사에게 수정으로 만든 염주를 답례품으로 올렸다.[90] 김시습으로서는 불교의 진리를 더욱 정밀하게 이해하게 된 겨울이었다.

_ 나그네의 넋은 매달린 깃발과 같아라

1460년, 세조 6년 봄에 김시습은 왕심역(枉心驛), 도미협(渡迷峽), 용진(龍津), 월계협(月溪峽)을 거쳐 양평, 지평(砥平), 여주, 원주를 지나 관동으로 들어갔다. 스물여섯의 나이로 어디에도 정착하지 못하고 몸을 지팡이(선장) 가는 대로 내맡겼다. 이 길은 훗날 정철(鄭澈, 1536~1593)이 강원도 관찰사가 되어 강원도로 들어갈 때 "평구역(平丘驛) 말을 갈아 흑수(黑水)로 돌아드니 섬강(蟾江)은 어디메오 치악(稚岳)이 여기로다"라고 한 여정과 같다. 그도 이 역로를 취해 나아갔지만, 길을 그대로 따라 나간다는 심사는 아니었다.

김시습은 지팡이(청려장)를 가로 메고, 짚신을 신고, 옷소매를 펄럭이며 길을 갔다. "나 같은 사람은 본디 맑고도 호탕한 사람이라, 만리로 집을 삼으니 마음이 넓고 넓도다"(我曹自是淡宕人, 爲家萬里心恢恢)[91]라고 호기를 떨쳤다. 물욕을 버린 자만이 누릴 수 있는 자유를 한껏 즐기겠다는 심산이었다.

그 사이 김시습은 용문산의 용문사, 여주 신륵사(神勒寺), 원주 동화사(桐花寺: 桐華寺), 치악산을 둘러보고 시를 남겼다.

김시습은 가치가 뒤바뀐 현실에 대하여 분노하는 마음을 삭였다. 구름 흐르는 대로 떠도는 납자(衲子)의 길, 그 길은 자신을 찾아나가는 무한한 여정이다.

다만 평정의 이면에 아직도 고뇌의 앙금이 남아, 불쑥 전면에 드러나곤 하였다. 언제 지은 지 알 수 없지만 「저녁나절에 느낌이 있어」(晚意)라는 시에서 나타나듯, 관조의 세계에 잠기고자 하는 마음가짐이었을 것이다.[92]

일만 골짝 일천 봉 그 너머에서	萬壑千峯外
외론 구름과 더불어 홀로 새 돌아오네.	孤雲獨鳥還
올해는 이 절에서 지내건만	此年居是寺
내년에는 어느 산을 향해 갈 거나?	來歲向何山
바람 자니 솔 비친 창 고요해지고	風息松窓靜
향 사그러진 뒤 선실이 한가하다.	香銷禪室閑
이승은 내 벌써 끊어버렸나	此生吾已斷
행적을 수운(水雲)에 머물리라.	棲迹水雲間

이 시는 선취(禪趣: 선적인 취향)가 짙다. 조선 후기의 임경(任璟)이 『현호쇄담』(玄湖瑣談)에서 김시습의 시를 평하여, "은빛 나무에 서리가 하얗게 내려 앉았고, 구슬 누각에 달빛이 쏟아져내렸다"[93]고 한 말이 이러한 시에 해당되지 않을까?

외부를 향한 애정은 늘 나 자신에게 소원함을 전제한다. 자연 속에 몸을 맡긴다고 해도 세속의 미련을 완전히 끊을 수 있을까? 스스로 생각해도 안타깝기만 하다. 하지만 편안하게 돌아갈 곳이 애당초 없는 그에게는 객수(客愁)를 말할 틈이 없다. 뒷날 1462년, 호남 여행길에서 "가을바람에 세상 길은 정녕 쓸쓸하기만 한데, 정처 없는 나그네의 넋은 매달린 깃발 같아라"(世路秋風正簫索, 旅魂飄泊似縣旌)[94]라고 내뱉었듯이, 그의 방랑은 호사가의 나들이가 아니었다.

첫번째 관동 유람 때 김시습이 지은 산수시는, 산수 속에서 불만의 심경을 털어버리며〔消遣〕자연과 친화를 시도한 시였다. 그러면서도 자연에 동화되지 못한 채 산수와의 거리를 느끼는 모습이 뚜렷하였다. 몇몇 시는 『신증동국여지승람』에도 수록되었다.

원주 치악산을 넘은 김시습은 각림사(覺林寺)에서 묵고 오대산으로 향하였다. 오대산은 현재 평창군에 속하지만, 당시에는 강릉에 속하였다. 그는 방림역(芳林驛), 진부역(珍阜驛: 珍富驛으로도 표기함), 성원(省原)을 거쳐 월정사(月精寺)에 이르렀다. 화사한 봄 풍경이 그의 눈앞에 펼쳐졌다.

오대산은 문수보살이 상주하는 성지로, 643년(신라 선덕여왕 12)에 자장 율사(慈藏律師)가 그곳에 월정사를 창건했다고 한다. 오대산에는 또 705년(성덕왕 4)에 중창한 상원사(上院寺)가 있는데, 이 절에는 석가여래의 사리를 모신 적멸보궁(寂滅寶宮)이 있다.

월정사 축대 밑에 있는 금광연(金光淵)은 오늘날 금강연(金剛淵)이라 부른다. 거기서 김시습은 봄물이 콸콸거리고 온 산에 철쭉꽃이 붉은 역동적인 봄 풍경을 짧은 시에 담았다. 자연의 생명력에 접하여 힘이 솟았다.[95]

1백 길 얼음 벽 아래 다시 물이 감도니	百丈砯崖水又回
도화랑(桃花浪: 얼음 녹은 봄물)이 우레같이 세차다.	桃花怒浪激如雷
산 가득한 철쭉은 타는 듯 붉구나	滿山躑躅紅於燒
우문(용문) 물고기가 아가미를 볕 쪼일 때로세.	正是禹門魚曝腮

오대산은 중대, 서대, 남대, 동대, 북대로 이루어져 있다. 김시습은 다섯 곳을 모두 돌아보고 대마다 시를 읊었다.

_ 동해 물을 쏟아부어 일만 섬 수심을 씻어내고 싶다

김시습은 뒷날, "(달마 대사처럼) 바람벽 바라보며 참선하는 데 내 어찌 능하겠냐만, 오랫동안 산승들과 친한 것은 한가한 것 사랑해서라네"(面壁觀空我豈能, 愛閑長是伴山僧)[96]라고 하여, 자신이 속세간을 벗어난 한적(閑寂)을 좋아해서 한인(閑人)인 승려의 길을 택했다고 하였다.

하지만 김시습은 선(禪)을 삶의 행위 영역으로 연장시켜 보았다. 특히 여행도 선의 한 행위일 수 있었다. 후대의 일이지만 정약용(丁若鏞, 1762~1836)은 해일(海鎰)이라는 스님이 영남으로 유람갈 때 글을 주어, 유람도 선(禪)의 하나라고 하였다.[97] 중국 송나라 때 약심(葯甚)이라는 스님이 불경을 보는 자를 보고, "당신이 보는 책은 모두 글이고, 내가 보는 책은 모두 선(禪)이다"라고 했다는데, 주희는 약심이 삼먁삼보리심(三藐三菩提心)을 발하였다고 인정하였다. 정약용은 이 고사를 들어, 유람하며 관람하는 일 하나하나가 모두 선이라고 말하였다.

김시습은 그렇게 유람, 곧 선의 길을 가고 있었다. 그는 오대산을 떠나 대관령을 넘었다. 양의 창자처럼 구불구불하고 험한 길, 조도(鳥道: 새도 넘기 어려운 험한 길)에 드문드문 설치된 역. 늙은 나무는 산신당을 에워싸고 있고, 맑은 안개는 바다와 산을 덮고 있었다.[98] 구산역(丘山驛)을 거쳐 강릉의 홍제원(弘濟院)에 이르러서야 안도의 숨을 내쉬고 "바닷가 흰 갈매기가 나와 같이 한가하여, 기심 잊고 마주 대하여 봄볕 아래 희롱하누나"(汀畔白鷗閑似我, 忘機相對弄春暄)라고 읊었다.[99]

김시습은 오래오래 대관령 밖의 나그네가 되어, 죽순(竹筍)으로 배를 불려볼까 생각하였다. 그런데 강릉의 문수당(文殊堂)에서 섬돌의 잡초가 구름 속에 묻혀 있는 광경을 물끄러미 쳐다보면서, 그는 사찰도 또한 세상살이에 따라 쇠퇴한다는 사실을 깨달았다. 한송정(寒松亭)에도 걸음을 옮겨보았다. 깨진 섬돌은 풀에 묻혀 여우나 토끼가 지나다니고, 해당화 진 곳에 자고새가 잠들어 있다. 곰곰이 생각해보면 옛 신선들은 지금 어디 있단 말인가? 신선의 자취도 창해가 뽕밭으로 바뀜에 따라 함께 변하고, 티끌 세상의 부평 같은 인생은 나이만 들어간다. 이러한 생각에 이르자 그는 숨이 막히는 느낌이었다.

경포대(鏡浦臺)와 한송정에 이르렀을 때는 마침 구름이 걷히고 바람이 멎었으며, 하늘은 맑고 바다는 고요하여, 허공에 걸린 거울이 끝없이 펼쳐져 있는 듯하였다. 김시습은 부상(扶桑: 동쪽 바다의 해 뜨는 곳에 있다는 신성한 나무. 곧 동쪽 끝)의 모퉁이를 끝까지 다 바라보아 마음과 눈을 장쾌하게 하려고 하였다. 몸은 정말로 소식(蘇軾: 東坡)이 「적벽부」(赤壁賦)에서 "하루살이 같은 생명을 천지 사이에 부친 것이요, 큰 바다에 자그맣게 좁쌀 한 알이로다"라고 한 것과 같

다고 생각하였다.[100]

경포대에서 동해를 바라보던 그는 불현듯 몽환의 세계를 보았다. 현실세계를 벗어나고 싶은 충동을 느낀 그는, 장편의 칠언고시(七言古詩)를 연이어서 뿜어냈다. 「파랑새」(靑鳥), 「고래의 희롱」(鯨戲), 「해돋이」(日出), 「미려」(尾閭), 「교실」(鮫室), 「신기루」(蜃樓), 「천침」(天琛), 「물귀신」(水怪) 등 장편의 시가 이때 이루어졌다.

아침에 해가 기어오른다는 부상(扶桑)이 아득히 안개 속에 어른거리는 듯했으며, 하늘에 닿을 듯한 흰 물결은 삼신산을 지고 있다는 신령한 자라의 등짝을 치는 듯한 소리를 냈다. 또 붉은 구름이 땅에 거꾸로 꽂혀 있는 것은 신기루가 비낀 것이 아니랴! 그는 홀연히 선유(仙遊: 신선이 되어 노닒)의 장대함을 깨달았다.[101]

대숲에 와서 우는 파랑새는 은으로 이루어진 신선궁에서 한 통의 편지를 물고 온 듯하였다. 저 파랑새는 세상 바깥 신선의 거처인 십주(十洲)를 일찌감치 보았기에 인간 세상의 모든 것이 허(虛)요 공(空)인 줄 알리라.[102]

아침 해가 부상 위로 솟아나자 자색 기운이 허공에 흩어져 비단을 펼친 듯 찬란하였다. 이윽고 구름이 걷히고 맑게 갠 하늘 아래 푸른 파도가 천리 만리 한없이 펼쳐졌다. 큰 고래가 물결 타고 파도 따라 너울너울 춤추며 동해의 물을 한꺼번에 들이마실 기세더니, 갑자기 갈기를 흔들어 놀란 물결이 흩어지고 흰 무지개가 허공을 꿰뚫더니 우레가 친다. 무지개 낚싯대에 달〔月〕 갈고리를 달아 천 마리 소를 미끼로 삼아 저 고래를 잡아다가 세상 사람들의 아침저녁 찬으로 베푼다면 호탕한 가슴이 더욱 장쾌할 것만 같았다.[103] 아니, 긴 끈으로 해〔日〕수레를 잡아매어 일만 팔천 년을 하나의 봄으로 만들어서 세상 사람들을 『장자』에서 말하는 큰 참죽나무처럼 요절하는 일 없이 만들고도 싶었다.[104]

대지는 여덟 기둥에 의해 떠받들려 끝도 없고 한계도 없이 펴져 있고, 하늘과 대지 사이에는 물이 차 있어서 그 물이 미려(尾閭)로 끊임없이 흘러들어간다고 한다. 그렇게 장대한 물을 얽히고 뒤틀린 나의 간담(肝膽)에 쏟아부어 일만 섬 수심을 다 없앨 수는 없을까?[105]

따지고 보면 대지 위의 산악만 우람한 것이 아니다. 바닷속에도 높고 큰 봉우리와 깊은 골짜기가 있어, 그 골짜기 속에 인어〔鮫人〕의 궁궐이 있다지? 산호가지는 뜰에 그늘을 이루고 옥 같은 푸른 열매는 추녀 끝에 매달려 있다고 들었다. 인어는 얇고 흰 비단인 빙초(氷綃)를 짜서 옥황상제에게 올려 예상(霓裳: 무지개 치마)을 만들게 하는데, 분잡스레 바쁜 인간세계를 쓸어낼 수 있게 빙초 한 폭을 잘라서 인간에게 팔았다. 인어는 인간 세상을 떠나 바다로 들어갈 때 눈에서 옥구슬을 쏟으면서 갔다고 하였다. 인어는 그렇게 떠나가고 만 것인가. 푸른 바다는 다시 가없고 하늘은 또 아득하기만 하다.[106]

봉래산 곁에 굴조개들이 만들어내는 호산(蠔山)에는 소반 크기의 대합〔車螯〕이 있어 기(氣)를 토하여 누대(樓臺)를 이룬다. 그것이 신기루라고 하는 것이다. 어떤 때는 아방궁(阿房宮)의 복도(複道)가 비낀 것도 같고, 어떤 때는 백옥경(白玉京: 달세계) 열두 다락과도 같다. 하지만 그것도 잠깐 새에 사라져 자취조차 보이지 않고, 바닷가에는 해가 목욕을 하고 있는 모습이 보일 따름이다.[107]

김시습은 장대한 동해를 바라보면서, 인간 세상이란 마치 뽕밭이 푸른 바다가 되듯이 잠시도 쉬지 않고 변한다는 사실을 생각하였다. 도를 얻은 사람들은 호탕하게 형체를 잊어버리고 육합(六合: 천지와 사방) 바깥으로 부유(浮游)하면서 거북이나 참죽나무처럼 수명을 유지하는 법이다.[108]

그의 시는 울음과 섞이고 급기야는 조롱조가 되었다. 노랫가락의 형태인 악부(樂府)풍으로, 장편의 오언고시(五言古詩)를 폐부 속에서부터 짜냈다. 시의 제목도 악부의 형식을 빌려 세 글자로 지었다. 「상전을 탄식한다」(歎桑田), 「정위를 조롱한다」(嘲精衛), 「천계 소리를 듣다」(聽天鷄), 「반도를 생각한다」(懷蟠桃), 「서불을 조롱한다」(嘲徐市), 「진시황을 애도한다」(哀秦皇) 등의 시에서는 신선의 이야기와 선계를 꿈꾸었던 과거 인물들을 신랄한 어조로 비웃어보았다.

발구산(發鳩山) 속에 있는 정위(精衛: 상상의 새)는 어째서 서산의 나무를 물어다가 바다를 메워 염제(炎帝: 중국 고대의 제왕인 神農氏)를 구하려고 한단 말인가? 자신의 능력도 헤아리지 못하고 그 큰 뜻을 끝내 바꾸지 않다니, 네 방촌(方寸)의 마음을 다하려 하다가는 결국 부질없이 네 창자만 썩일 따름이리라.[109]

진시황은 또 어떤가? 그는 전국시대의 여섯 나라를 토벌하고 교만에 차서 스스로 태평세월을 이루었다고 자만하였다. 그리고는 수명을 일만 년까지 늘릴 수 있으리라 믿어, 소화(銷化: 형체를 바꾸어 신선이 됨)의 술법에 현혹되어 삼신산에 가서 불사약을 구하게 하였다. 하지만 그 말로가 어떠하였나? "양자강 상산(湘山)에서 큰 바람을 만나 건너지 못하자 노해서 상산의 나무를 베어 벌거숭이로 만들었으니, 계교가 어찌 그리 졸렬하였나?"(阻風楮湘山, 爲計何潦倒) 지금은 여산(驪山) 아래 석마(石馬)가 봄풀에 묻혀 있다 하지 않는가?

삼신산에 꿀맛 같은 벽도(碧桃)가 있다는 말은 허무맹랑한 말일 따름이다. 그렇다면 나는 왜 신선의 세계를 동경하는가? "어찌하면 여덟 날개를 떨쳐서, 삼신산을 한번 보아 그 아득하게 광활한 세계를 다 볼 수 있을지?"(安得奮八翼, 一覽窮遼闊) 신선의 세계를 상상하는 것은 허망한 저 세계에 대한 흥미 때문이 아니다. 억눌린 이 세계에서 이탈하기 위해서이다. 김시습은 너울너울 춤을 추며 신선이 되어 노니는 자태를 「유선가」(遊仙歌) 여섯 수로 상상해보았다.[110] 그 가운데 첫째 수는 이러하다.

학을 타고 바다 위 봉래산을 소요하니	駕鶴逍遙海上山
봉래 궁궐이 오색 구름 사이에 솟아 있네.	蓬萊宮闕五雲間
인간 세상은 풍파 밑에 잠겨 있어	人寰正在風波底
인생 백 년을 그저 고생만 할 뿐.	百歲勞勞不自閑

_ 대관령을 넘어 다시 오대산으로

김시습은 강릉에서 해안을 따라 위로 거슬러 올라가, 관동 팔경으로 손꼽히는 삼일포(三日浦)·총석정(叢石亭)을 보고, 관북 지방인 함경도 영흥(永興) 땅 화주(和州)에 있는 국도(國島)까지 유람할 계획이었다. 하지만 같이 간 사람에게 사정이 있어 양양(襄陽) 이북 지역은 밟지 못하였다.[111]

김시습은 강릉에 두세 달 머물렀다. 강릉의 경포대를 거닐며 평안한 마음을 느꼈던 그가 어째서 그곳에 정착하지 않았는지, 그것은 알 수가 없다. 아직도 그의 마음은 쉴 곳을 모른 채 천 갈래 만 갈래 갈라져 있었기 때문인지 모른다.

김시습은 다시 대관령을 넘어, 여름에 오대산에 들렀다. 서늘한 밤 기운 아래 소나무와 삼나무의 향내를 맡으면서, 이곳이야말로 자취를 감출 만한 곳이 아닐까 잠시 생각해보았다.[112]

산 속에 밤이 깊어	山中夜將半
찬이슬 기운이 옷에 엄습한다.	寒露襲衣裳
둥지 새는 놀라 꿈을 깨고	宿鳥驚殘夢
반디는 낮은 담을 넘어 지나간다.	流螢過短墻
안개 걷히자 일만 골짜기 고요하고	烟收萬壑靜
달이 밝아 오봉(오대산)이 서늘하구나.	月白五峯凉
어느 곳이 참으로 숨을 만한가	何處堪眞隱
솔과 삼나무 향기 십 리에 풍기는 이곳.	松杉十里香

김시습은 나옹이 지니고 다녔다는 향반(香槃: 밥그릇)과 승상(繩床: 끈으로 엮은 침상)을 보고 공경하였다.[113] 나옹은 원나라에 들어가 지공(指空)에게서 2년간 배운 뒤 다시 허리에다 승상을 매달고 절강(浙江)으로 가 평산 처림(平山處林)에게서 법의(法衣)를 받았다. 1358년(공민왕 7) 우리나라로 돌아와서 오대산 속에 석장을 머물고는 승상을 암자 벽에 걸어두고 지난 추억을 더듬었다. 그가 죽은 지 이미 오래, 승상의 노끈은 쥐가 쏠아 끊어지고 다리는 좀이 먹어 상했지만, 김시습은 그것을 어루만지며 나옹을 흠모하였다.

김시습은 오대산에 처음으로 작은 당(堂)을 지었다. 그리고는 남쪽 창이 저물어가도록 그 속에서 빈둥빈둥하였다. 손수 나물을 땄으며, 산중 암자에 거처하는 순로(淳老), 여로(如老), 전선로(田禪老) 등 여러 선사와 깨달음에 대하여 이야기하고, 자신의 시를 즉흥적으로 읊어서 감격시키기도 하였다. 어느 곳이 과연 은둔하기에 적합한가에 대해 이때까지의 여행 경험을 토대로 이야기하자, 전선로는 정선(旌善)의 벽파산(碧波山)이 은둔처로 더 적합하다고 주장하였다.

전선로의 말을 들으며 김시습은 문득, 세상 어느 곳에도 진정으로 숨어들 곳은 없는 것이로구나 하고 생각하였다. 그는 홀홀 오대산을 떠났다. 평창(平昌)의 백양진(白楊津)을 넘어 평창관에서 하룻밤을 묵고, 다시 마제진(馬蹄津)을 건너 평창 부근에서 중추절의 만월을 바라보았다. 그리고 영월을 거쳐 주천현(酒泉縣)의 누각에 올라보았다. 여행길의 어느 나루에서 그는 안면 있는 사람을 만났다. 가을바람에 누런 잎이 뱃전으로 떨어지는 날, 객지에서 아는 사람을 잠깐 만났다 다시 이별하는 마음이란 얼마나 쓸쓸한지!

관동의 명산들을 편력한 뒤, 김시습은 고단함을 느꼈다. 추석이 가까워 달이 둥근 밤, 「길을 가다가」(途中)라는 시에서 그는 떠돌이 행각이 어느 때나 다할 것인가, 외롭고 고단한 심사를 내비쳤다. 남국으로 가서 정착하고 싶은 생각이 문득 들었다.[114]

관동의 산을 다 돌자	關東山已盡
남국의 달이 비로소 둥글었군.	南國月初圓
눈 아래엔 봉우리 무수하고	眼底峯無數
허리춤엔 엽전 차고 나다니는 몸.	腰間錢又纏
앉은자리 따뜻하지 못한 지 오래	長年席不暖
폐부에선 온종일 달군 김이 나오고	竟日肺生烟
떠도는 이 생활을 어느 때 다하여	遊歷何時遍
초가 포단에 앉아 일만 인연 그치랴.	團茅息萬緣

_ 「유관동록」을 엮다

1460년(세조 6, 경진) 9월, 김시습은 그해 봄에 개성을 떠나 9월까지 관동을 유람하면서 지은 시들을 「유관동록」으로 정리하고, 후지(後志)를 남겼다. 그 글에서 먼저, 관동의 맑고 시원한 자연이 비루하고 옹색한 가슴을 씻어낼 수 있으리라 생각하여, 관서 여행 끝에 관동으로 향했다고 하였다.

우리나라는 땅이 비록 아주 좁다고 하지만, 산수가 맑고 고와서 달인(達人)과 군자들이 흠모하였다. 공자도 "구이(九夷: 동방 이민족의 지역)에 살고 싶다"고 하였다. 심지어 속말에 따르면, 어떤 중국인은 "고려국에 태어나서 직접 금강산을 보고 싶다"고 말했다고 한다. 천석(泉石)이 맑고 시원하여 비루하고 옹색한 가슴을 씻어낼 수 있기 때문에 그런 것이다. 나는 관서에서부터 와서 다시 관동으로 들어가 금강산·오대산에 노닐면서 명승지를 찾아보았는데, 산 모습은 기괴하고 시내의 물빛은 영롱했으며, 개심대(開心臺)의 높은 폭포와 풍령(楓嶺: 설악)의 흰 바위, 명연(鳴淵)에 괸 물은 모두 사람의 마음과 눈을 씻어줄 수 있었다. 그런데 골짝이 깊고 나무숲이 조밀하여 속인이 거의 이르러 오지 않은 곳으로는, 오대산이 가장 훌륭하였다.[115]

또한 김시습은 강릉의 동쪽, 경포대와 한송정에서 마음과 눈을 장쾌하게 했던 일과 광활한 천지 자연 속에 하루살이 같은 몸뚱이, 좁쌀 같은 존재에 불과한 인간의 왜소성을 자각했던 일을 환기하였다. 그리고 삼일포, 총석정과 국도를 유람할 수 없었던 일을 애석해 하였다. 같이 갔던 사람 때문에 뜻을 이루지 못한 것이지만, 누구를 탓하랴, 그 모든 것이 다 내 탓이다. 내 자신이 '뜬구름 같은 자취로 동으로 번쩍 서로 번쩍하기 때문에 이렇게 된 것일 따름이다'라고 그는 생각하였다. 다른 날 관동을 다시 유람하게 되면 그때는 반드시 삼일포와 총석정, 국도를 먼저 보겠으며, 만일 그럴 수 있다면 오늘의 이 애석한 마음을 흡족하게 할 것이기에 죽더라도 상관없다고 여겼다.[116]

호남을 유람하다

_ 호서 땅에서 경생원과 조리를 만나다

1460년(세조 6) 10월, 김시습은 호서 지역으로 향하였다. 도중에 단종의 기일에 맞추어 동학사로 향했을지도 모른다.

먼저 그는 청주의 경(慶)씨 성을 가진 생원 집에 묵었다. 경생원은 어쩌면 경연(慶延)이라는 효자이거나, 그 집안 사람이었는지 모른다. 경연은 병든 부친이 겨울에 회를 잡숫고 싶다고 하자 하룻밤을 얼음 구멍 속에 들어가 검은 잉어를 구했고, 또 부친이 신감채(辛甘菜)가 잡숫고 싶다고 하자 하늘에 대고 울어서 신감채가 자라나게 했다는 인물이다. 부친이 돌아가시자 3년간 시묘살이를 했고, 오십이 넘도록 모친을 극진히 봉양하여 정성(定省: 아침에 문안드리고 저녁에 이부자리를 펴드리는 일)을 게을리 하지 않았다. 세조가 징벽(徵辟: 덕망 있는 사람을 불러 쓰는 일)하였으나 벼슬에 나아가지 않았고, 1478년(성종 9)에 이르러서야 초빙에 응하여 사재시 주부(司宰寺主簿)가 되었다.*

그 뒤 김시습은 개태사(開泰寺), 은진(恩津) 객사, 삼례역(參禮驛), 앵곡역

(鶯谷驛), 금구현(金溝縣), 금산사(金山寺), 귀신사(歸信寺) 유지를 거쳐 내장산(內藏山)으로 들어가 영은사(靈恩寺), 용굴(龍窟)을 돌아보고 정읍(井邑)으로 나갔다. 노현(蘆峴), 미륵원(彌勒院), 장성현(長城縣), 단암역(丹巖驛)을 지나면서, "반평생 긴 세월을 길로써 집을 삼아, 일만 물 일천 산이 시야에 아득하였다." (半生長以路爲家, 萬水千山眼底賒).[117]

그런데 그보다 앞서 김시습은 청주의 경(慶)생원 집에 묵으면서, 『원사』(元史)를 읽고 몽골족이 중원을 침략하여 차지했다가 명나라가 일어나 몽골족을 몰아내고 중원을 탈환했던 역사에 감동하였다.

마침 청주에 사는 진사 조리(趙籬: ?~1485)가 찾아와 불우함을 한탄하기에, 곤(困) 자를 내놓고 시를 지어보자고 제안하였다. 해학을 하여 마음을 풀어줄 심산이었다. 조리는 본관이 양주(楊州)로 조말생의 조카이니, 즉 조말생의 아우 종생(從生)의 아들이다. 그는 족형 조극관(趙克寬)이 계유정난 때 살해된 이후 청주에 유배되어 있었다. 뒷날 성종 연간에 금고에서 풀려 임실현감과 고부군수를 지낸다. 하지만 이때는 우울한 나날을 보내고 있었다. "그대는 서원(西原: 청주)의 새장 속에 있는 새라서 고단하고, 나는 지금 즐겁게 노닐며 산림에서 고단하이." 김시습은 그에게 『주역』을 공부하라고 권하였다.[118]

삶의 고단함이 머슴 목동과 다를 바 없다 해도　　困雖廝奴牧豎爭
이치 궁구하여 터득하면 미래를 깨닫는 법.　　　精硏入理悟平生
시절에 궁해서 죽음에 이른대도 보거나 『주역』을.　時窮致命須看易
유종의 미 거두어야 군자의 덕 누리리라.　　　　　遂志可終君子亨

곤(困)이라는 글자는 사는 집〔囗〕이 낡아서 그 안에 있는 목재〔木〕가 문드러졌다는 뜻이고, 또 나무가 바깥으로 자라지 못하는 형상이다. 『주역』의 곤괘(困

* 징벽을 받은 사람이라는 뜻으로 징군(徵君)이라고 불렸으며, 자는 대유(大有)이다. 남효온의 『추강집』 권7, 「냉화」(冷話)에 그에 관한 기록이 있다.

卦: 坎下兌上, 澤水, ䷮)는 상괘가 태(兌)로서 못(澤)이고 하괘는 감(坎)으로서 물〔水〕이니, 못의 물이 새어 아래로 흘러가 못 물이 말라버린 것을 상징한다. 따라서 곤궁(困窮)하다는 의미이다. 또 괘의 형태를 보면 구이(九二), 구사(九四), 구오(九五)의 세 양효(陽爻)가 음효(陰爻)에 뒤덮여 있어서 자유롭지 못하므로 곤궁하다. 그런데 곤괘의 괘사(卦辭)는 "곤궁한 때이지만 형통하고 올곧다. 대인이라 길하고 허물이 없되, 말이 있으면 신뢰를 받지 못한다"라고 경계한다. 곤괘의 아래가 험난함을 뜻해도 위는 희열을 뜻하니, 곤란한 처지라 하더라도 올바른 도리를 지키면 즐거울 수가 있기 때문이다. 또 이 괘의 구이(九二)의 효는 강건하면서 중용의 덕을 지키고 있으니, 대인(大人)은 곤궁한 상황에서도 올바른 도리를 지킴으로써 복을 받을 수 있음을 알 수 있다. 하지만 곤궁한 상황에 있을 때는 침묵을 지켜야 하는 법. 쓸데없이 남에게 불평을 털어놓아서는 안 된다. 그래서 김시습은 이렇게 말하였다.

흑과 백이 서로 다퉈 나다니는 길 위험하니	黑白相搏道路危
말을 해도 믿어주지 않거늘 어디로 갈 것인가?	有言不信向安之
삼효(三爻)에 그 아내를 보지 못하는 화가 있어도	三雖不見其妻禍
구사(九四) 효에서 서서히 구원의 때가 있으리.	九四徐徐援有時

김시습은 학이 닭 무리로 오인되는 것을 애처롭게 여겨 푸른 봉우리를 향해 놓아주었다. 그리고 채색오리(아마도 청둥오리)도 흰 마름 우거진 물가로 가서 자유스럽게 놀도록 놓아주었다. 자유를 향한 자신의 바람을 그렇게 표출한 것이다.

_ 은진에서 노사신과 가시 돋친 말을 주고받다

김시습은 은진현 객사에서 노사신을 만났다. 노사신은 1451년(문종 원년)에 생원시에 합격하고 1453년(단종 원년)에 27세로 문과에 병과로 급제한 뒤 집현전 박사에 선임되었으며, 집현전 부수찬·성균관 직강·예문관 응교에 이르렀으나 벼슬을 내놓고 보진 거사(葆眞居士)를 자처하던 참이었다. 집현전에 있을 때는 서적 수장처인 장서각(藏書閣)에서 독서에 전념하여 '진박사'(眞博士)라 일컬어졌던 인물이다.

노사신은 김시습이 인간 세상에 머물지 않으려는 뜻을 잘 알고 있지만, 절간에 머물지 않고 고단하게 짚신 발로 온갖 곳을 돌아다니는 이유는 알 수 없다고 시로 물었다.[119]

즐률 지팡이〔선장〕 짚고 표연히 산 위로 올라가서	椰標飄然山上去
한사코 인간 세상에 머물려 하지 않는구려.	掉頭不肯留人間
암자에는 부들 방석이 있을 것이거늘	一菴自有蒲團在
어찌하여 짚신 발로 천하를 돌아다니오?	何用芒鞋遍九寰

김시습은 풍파 많은 뜬세상에서 벼슬하는 노사신을 가련하게 여기면서, 자신은 "득실에 부끄럼이 많아서" 세상에 나갈 수 없다고 하였다. 그래서 이렇게 답하였다.

뜬세상 풍파가 이 같이도 드넓다니!	浮世風波如許闊
푸른 솔과 흰 돌은 인간 세상에서 멀고 말고.	青松白石遠人間
옛날 놀던 자취는 봄날의 꿈과 같아	舊遊踪跡如春夢
세상을 벗어나지 못했던 잘못에 부끄럼 느낀다오.	得失多慚不出寰

김시습은 노사신과 심정적인 괴리를 느꼈다.

노사신은 이 무렵 잠시 은둔했지만, 결국 1459년(세조 5) 세자 우문학, 이듬해 사헌부 지평, 1462년에는 세자 좌문학에서 다섯 자급(資級: 벼슬아치의 위계)을 뛰어넘어 동부승지에 제수되고, 우부승지를 거쳐 1463년에 도승지로 초배(超拜)되었다. 1455년에는 호조판서로서 최항과 함께 『경국대전』 편찬을 총괄하였으며, 1466년 발영(拔英)·등준(登俊)의 두 과가 설치되었을 때 장원을 하였다. 건주위 정벌에서 군공 2등에 오르고, 남이(南怡)·강순(康純)의 역모 사건을 처리한 공으로 익대공신 3등에 오르는 등 세조의 조정에서 크게 성공하였다. 1471년에는 성종의 즉위를 보좌한 공으로 좌리공신에 오르고, 1492년에는 좌의정, 1495년에는 영의정에 이른다.

노사신은 서거정과 함께 세조·성종 연간의 고급 문신이었고, 국가의 편찬 사업을 주도한 핵심 인물이었다. 1476년 12월에는 서거정·이파와 함께 『삼국사절요』(三國史節要)를 편찬하여 올리고, 1481년에는 서거정과 함께 『동국통감』을 엮었으며, 강희맹·서거정·성임(成任, 1421~1484)·양성지(梁誠之, 1415~1482)와 함께 『동국여지승람』 편찬을 총재(總裁)하였고, 1482년에는 이극돈(李克墩, 1437~1504)과 함께 『통감강목』을 신증(新增)하였다. 그러나 노사신은 젊은 시절 은진현 객사에서 인연을 맺었던 김시습을 돌아보지도 않았다.

김시습도 호남 여행 이후 노사신과 더 이상 시를 주고받지 않았다. 그의 후원을 기대하지 않았던 듯하다.

_ 호남 여행

호남의 익산으로 접어든 김시습은 미륵원(彌勒院), 즉 현재의 미륵사 유지가 있는 곳에서 직강(直講)을 지낸 바 있는 옛 친구 김 아무개를 만났다. 김직강은 천불경(千佛經)에 적을 올려 출세를 빌고 있었다. 김시습은 스무 해 전 성균관에서 함께 공부하던 시절을 회고하면서 껄껄 웃다가, 시사(時事: 당시의 세상일)에 말이 미치면 귀머거리인 양 못 들은 체하였다. 그는 향로를 피워둔 좌탑에서 공(쑾)을 보았다. "세제(世諦: 차별이 있는 현실 생활의 이치)를 논하자면 속된 말 많을 것이니, 거문고 줄 튕겨 옛 곡조나 타리라"(若論世諦應多俗, 且拂絲桐彈古風)[120] 하고는, 김시습은 손을 내저으며 장성으로 향하였다.

장성현의 지명은 만리장성의 이름과 같다. 김시습은 문득 진시황이 장성을 쌓을 때 인민들이 그 몹쓸 위정자에게 복역하던 참혹한 일을 떠올렸다. "우리 장성현은 하늘이 관하(關河)의 험준함을 시설해준 것이다. 그렇거늘 위정자들이 토목공사를 일으켜 인민을 괴롭힌다면 멸망을 자초하고 말 것이다. 지금 시대는 어떠한가?' 김시습은 혼잣말을 되뇌었다.

봄날, 김시습은 전주를 찾았다. 만경대(萬景臺)에 오르고, 동정(東亭)의 시회에 참여했으며, 천왕사(天王寺)의 쓸쓸한 유적지를 돌아보았다. 전주에서 만드는 종이인 금강전(錦江牋)을 펼쳐 벼락같이 붓을 달려 시를 적기도 하였다. 화암사(花巖寺)에서는 수사회(垂絲檜)가 한밤에 보내오는 향내에 취해보았다.

그 뒤 김시습은 보안현의 변산(邊山)으로 향하여 능가산(楞伽山)과 사성전(四聖顚: 四聖殿)에 올라 맑은 기운을 맛보았다. 능가산은 영주산이라고도 하며, 내소사(來蘇寺)를 병풍처럼 둘러싼 산이다. 능가산에는 원효가 살았다는 원효방이 있었으니,[121] 김시습은 그곳을 둘러보았을 것이다. 다만 이때 원효와 관련된 시를 남기지는 않았다. 김시습은 내소사와 변산의 암혈을 돌아보았으며, 아봉(丫峰)에서 한가한 구름과 함께 거주하면서 삽창동(揷槍洞)으로 노승을 찾아가기도 하였다. 그리고 청림사(青林寺)와 용계사(龍溪寺)도 찾았다.

내소사는 본래 633년(백제 무왕 34)에 혜구(惠丘)가 소래사라는 이름으로 창건한 고찰이며, 청림사・선계사・실상사와 함께 변산의 4대 명찰로 꼽혔다.* 『신증동국여지승람』에는 소래사라고 적혀 있는데 김시습은 내소사라 했으니, 소래사가 내소사로 불린 것은 꽤 오래된 일인 듯하다.

또한 변산의 선계산 불사의방(不思議房: 현재의 불사의암)에서 진표 율사(眞表律師)의 박피 도상(剝皮圖像)을 참배하였다. 『삼국유사』에 따르면, 진표 율사는 열두 살에 금산사(金山寺)에서 체발한 뒤, 스물일곱 살에 불사의방으로 가서 미륵상을 모시고 3년 동안 법을 구했으나 소득이 없자 절망하여 바위 아래로 몸을 던졌는데, 그때 푸른 옷을 입은 동자가 나타나 그를 받아서 도로 바위에 올려놓았다고 한다. 진표 율사는 삼칠일을 기약하고 온몸을 바위에 내던지는 참회행을 하여 사흘째 되는 날 손과 발이 떨어져 나갔다. 그런데 이레째 되는 날 지장보살이 나타나 그의 손과 발을 도로 붙여주고 가사와 발우를 주었다. 마침

---

* 지금은 그 네 사찰 가운데 내소사만 남아 있다. 청림사는 전란으로 불타고 없어졌지만, 그곳에 있던 1222년(고려 고종 9)에 주조된 동종은 1853년(조선 철종 4)에 내소사로 옮겨져 있다.

내 삼칠일이 되는 날에는 천안(天眼)을 얻어 도솔천중이 오는 형상을 보았다. 이때 지장보살과 미륵보살이 나타나 교계(敎戒)를 주었으므로 그는 산을 내려와 금산사를 중창했다고 한다. 김시습 당시에는 진표 율사의 참회행을 그린 그림이 불사의방에 있었다.

김시습은 서해의 섬들을 바라보면서 호탕한 기운으로 긴 노래를 불렀다.[122] 망해대(望海臺)라고 불리는 산꼭대기에서 백여 리 밖에 있는 바다를 바라보았던 듯하다. 동해의 자라를 낚으려 했던 마음은 수그러졌지만, 그는 청해의 한 구비에서 호탕하게 노니는 스스로의 모습을 되돌아보면서, 뒷날 늙어서 산 언덕에 머물면 광활한 광경을 바라보았던 지금의 일을 추억으로 삼겠다고 생각하였다.

이제 가을이었다. 천원역(川原驛)에 이르러 능악(楞岳)에 올라가다 내려왔다. 대나무로 얽은 천원 객사에서는 경력(經歷: 종4품 벼슬)이던 고태필과 비바람소리를 들으며 함께 침상에 누워 옛이야기를 나누었다. 고태필은 현감으로 있다가 1453년(단종 원년)의 증광문과에서 정과로 합격한 사람이다. "고경력은 어느 때 서울을 떠나 이 먼 곳으로 왔소?" 하고 묻자, 고태필은 "강호 어느 곳에서 맑은 시를 읊었는지 자세히 말해주시오"라고 말하였다. 저녁나절 매화는 석별의 거문고 위에 떨어지고 있었다.

김시습은 다음해(1461년, 세조 7) 봄, 산역(山驛)에서 더부살이를 하였다. 살구꽃 가지에 비둘기가 울고 석양이 누각 안으로 비칠 때는 선경에 든 기분이었다. 하지만 그만 병이 나고 말았다. 어떤 사람이 권하여 무당을 청했는데, 무당의 말이 귀신의 꾸지람을 받는 것이라고 하였다. 당시 전라감사는 사신 길에 평양에서 김시습을 만난 적이 있던 원효연이었다. 그도 의원을 보내왔다. 의원은 편두통이라고 진단했으나, 김시습은 무당의 말도 의원의 말도 잘못이고, "시궁(詩窮: 시 짓는 일에 골몰하여 사람을 곤궁하게 만드는 일)이 나의 원수"라고 여겼다. 원효연은 뒷날 세조가 『묘법연화경』을 언해하게 했을 때 참여하여, 김시습과 다시 만난다.

성균관 동북쪽에 살던 옛 이웃인 최경례(崔景禮) 안무사(按撫使)가 산역의 집으로 그를 찾아왔다. 김시습은 자기 옛집의 근황을 물었다. 때는 여름, 담 너머 붉은 살구는 씨가 생겼으리라. 태인(泰仁)현감으로 있는 정석(鄭奭) 선배도 태화탕(太和湯: 술) 단지를 가지고 자주 찾아주었다.

김시습은 부안성(扶安城)에서 군졸들이 평안하게 지내는 것을 보고 안도하였다. 고부성(古阜城)에 들어가서는 율호(律湖)에 오리가 떠서 노는 것을 바라보았고, 황폐한 전원을 보고는 오히려 토산물 바치는 액수(額數: 납부하도록 정해진 공물의 양)가 적어 다행이라고 여겼다.

_ 시를 통한 백제 역사 논평

호남을 여행하면서 김시습은 그곳 사람들이 싸움에서 결코 물러나지 않고 은혜나 원수를 반드시 갚고야 마는 드센 기질이 있음을 보았고, 그러한 민풍이 곧 백제의 유풍이라고 생각하였다.

김시습은 백제의 역사를 반추하였다. 이미 관서 지방을 유람할 때부터 역사를 시로 노래하는 영사시(詠史詩)를 여러 편 남긴 적이 있었다. 하지만 관서를 유람하면서 쓴 시들은 인간 세상의 허무함을 노래하는 회고조가 짙었다. 그런데 호남 여행에서는 백제의 옛 사적을 들어서 현실을 직접 또는 간접적으로 비판하기에 이르렀다.

김시습은 「백제의 옛일을 읊다」(詠百濟故事)라는 제목 아래 다섯 수의 시로 백제의 역사를 연속적으로 다루었다. 그 첫째 수는 중국에서 백 사람이 건너와 옛 백제를 열었다는 전설을 소재로 했고, 둘째 수는 견훤이 완산에서 일어나 신라와 적대한 일을, 셋째 수는 견훤의 세 아들이 견훤을 금산에 구금한 일을, 넷째 수는 견훤이 고려로 와서 투항한 일을, 다섯째 수는 고려 태조가 황산성에서 후백제를 성토한 일을 각각 소재로 하였다.[123]

김시습은 원삼국시대의 백제를 질박한 국가로 이상화하고, 후백제의 역사를 다루면서 점차 타락의 길로 접어든 과정을 논하였다. 그 둘째 수는 이러하다.

견훤이 완산에 성을 두었을 때　　　　　　　甄氏城完山

의기가 얼마나 호방했던지.	意氣何豪淩
붉은 옷 그 노인은 어디 사람이었나	朱衣何處翁
신이 내려 엉겼노라 행적을 가탁하여	托迹神降凝
옛것 뒤엎고 혁신하여	革舊自鼎新
부절 쥐고 백성들을 다스렸지.	握符治黎烝
북으로 한강 가에 접하고	北接漢江濱
동으로 두류산 언덕에 이르러	東至頭流陵
억세어 남이 무시하지 못하자	剛强人不侮
부강을 자만해서 조심하지 않았나니,	富庶心不懲
사로국 땅을 침범하여	侵彼斯盧境
용과 범이 미워하듯 하다가	龍虎相猜憎
올빼미처럼 자식에게 잡혀먹어	卒被梟鏡禍
고기 썩듯 문드러져 망하고 말았지.	魚爛相分崩

역사책에 따르면, 견훤은 키 크고 지혜 많은 아들 금강(金剛)을 귀여워하여 자리를 물려주려고 했는데, 935년 3월에 맏아들 신검(神劍)이 견훤을 금산사에 가두고 왕위를 찬탈한 뒤 금강을 죽였다고 한다. 견훤은 석 달 뒤인 6월, 경비군사들을 술에 취하게 만든 뒤 막내아들 능예(能乂), 딸 애복(愛福), 첩 고비(姑比)를 데리고 나주로 도망쳐, 해로를 이용하여 고려에 귀부(歸附)하였다.

김시습이 백제의 역사를 바라본 시각은 당시의 관찬(官撰) 역사서가 지닌 편향적 사관과 다르지 않다. 하지만 역사를 통하여 현실의 문제를 암암리에 비판한 태도는 주목할 만하다. 즉, 그의 영사시는 '옛일을 제시함으로써 지금 일을 비판함'(以古刺今)의 원리를 충분히 구현하였다. 이것은 처음 관서로 방랑의 길을 나섰을 때 개성에서 고려의 역사를 생각하던 것보다 한층 해부적인 시선을 갖춘 것이다.

니체는 과거를 이야기함으로써 삶의 의미를 생산하는 방식에는 현재와 과거의 어디에 무게중심을 두는가에 따라 '기념비적 역사', '골동품적 역사', '비판적 역사'의 세 가지가 있다고 하였다. 기념비적 역사는 과거의 영광을 재현하는 데 이바지할 수 있는 과거의 일들을 찾아 기록하는 것이고, 골동품적 역사는 과거에 안주함으로써 과거의 전통을 보존하려는 것이다. 비판적 역사는 과거를 부정하고 과거에 대항하며, 과거의 사건을 기록하는 데 그치지 않고 진리를 구현하려는 것이다.

김시습은 과거를 부정하고 과거에 대항하는 역사적 시선을 갖추었다. 비록 역사의 운동을 신뢰하지는 않았으나, 기념비로서의 역사나 골동품적 역사를 서술할 생각은 없었다. 역사를 논단하려는 의식이 앞섰다.

_ 인간의 조건

김시습은 1461년 겨울을 전라도 진원현(珍原縣) 진산(鎭山)의 인월정사(印月精舍)에서 났다. 인월정사는 신행(信行)이라는 스님이 얽은 집이다. 대나무 가지에 은빛 눈이 흩뿌릴 때, 신행은 김시습을 맞았다.

"노경에 접어들어 석장일랑 걷어두고 천석(泉石) 가에 한가히 머물면서 평소의 즐거움을 마음껏 누리고 싶어서 산 남쪽 기슭 맑은 냇가의 고요하고 깊은 곳에 터를 가려서 초막을 지어두었소. 부디 편안히 묵으셔서 내 초막을 빛내주구려."

김시습은 그 초막에 인월(印月)이라는 편액을 써주고, 명명한 자초지종과 불교의 이치를 시로 적어주었다.[124] 그 시의 후반만 보면 다음과 같다.

저 만 길 깊이의 못을 보매	觀彼萬丈潭
바람 고요하고 물빛 맑은데	風靜波光徹
가을달이 그 밑을 찍어〔印〕	秋月印其底
밝고 맑아라.	囧囧頗淸越
부딪쳐도 흩어지지 않고	觸之不可散
뒤흔들어도 없어지지 않아,	蕩之亦不失
늙은 스님 마음이	可比老師心

도의(道義)로 옹골참과 같구려.	道義愈激烈
활연히 본원에 통달하니	豁然徹本源
불생불멸, 무시무종(無始無終).	不生亦不滅
정관(靜觀)하매 만상이 맑아져	靜觀萬象澄
방촌의 내 마음에 불인(佛印)이 찍혔도다.	印我方寸地
도무지 그것을 이름하기 어려워	到頭竟難名
암자에 이름 붙여 뜻을 붙인다만,	名菴聊以寄
마음〔집념·견식〕을 놓아버리면	他年放下着
이 또한 군일이리.	是亦渾閑事

　김시습은 그 동안의 여행에서 자연 경물을 주체와 격리시켜 보지 않고 그것과 친화를 모색해왔다. 그런데 호서·호남 여행에서는 자연과 인간의 문제보다도 세계 속 존재로서의 인간의 문제를 더 생각하기 시작하였다. 인간 존재는 이지러진 세계 속에서 흔들리지만, 그렇게 흔들려도 다 없어지지 않고 다 부서지지 않는 청정한 자성심(自性心)을 지니고 있는 것이 아닌가! 못에 잠긴 달의 모습을 보면서, 김시습은 그 진리를 새삼 깨달았다.

　곧, 그는 화엄학에서 말하는 이사무애(理事無礙: 현상계와 법계가 서로 장애하지 않음)의 이치를 확인하고, 마음의 진여(眞如)를 논하였다. 징관(澄觀)은 『연의초』(演義鈔)에서 이렇게 말한 바 있다.

　"사(事: 현상계)와 이(理: 법계)가 둘로 갈리는 것은 바다와 물결의 관계와 같다. 물결 하나가 전체 큰 바다에 편재하여 바다와 동일하기 때문이요, 큰 바다가 전부 작은 물결에 있어서 바다가 둘이 아니기 때문이다. 또 모두가 한 물결에 있고, 또 모두가 모든 물결에 있으면서 하나의 바다를 같이하기 때문이다."

　김시습은 현실적인 모든 분별의 근저에 놓여 있는 본래적 절대경(絶對境)을 본원(本源)이라고 말하였다. 이 절대경은 무명(無明)에 의해 감추어져 있다. 따라서 인간 존재란 그러한 절대경에 도달하려고 하면서 도달하지 못하는 한계를 등에 지고 있는 것이다. 그는 인간의 조건을 또렷하게 의식하였다.

인월정사에 머물면서 김시습은 소나무를 심었다. 제멋대로 거리낌없이 살아가는 사람이라는 뜻에서 탕옹(宕翁)을 자처한 그가, 소나무가 지닌 세한후조(歲寒後彫: 추운 겨울에 온갖 초목이 다 시든 뒤에도 시들지 않고 남아 있음)의 마음을 어여삐 여겨 산문(山門) 앞에 소나무를 심은 것이다. 그 뜻은 결코 얕지 않았다.

겨울 한때 김시습은 진원의 가성사(佳城寺)에도 몸을 의지하였다. 성긴 발에 바람이 고요하고 달빛이 나한당(羅漢堂)에 가득한 밤, 승려와 평상에 마주앉아 차를 달이면서 인생의 문제를 논하였다. 이때 그는 "욕심을 버린다는 것도 또한 망념일 따름이니, 티끌 세상에 대한 염려를 버리려고 한다면 미칠 수도 있는 게 아니겠소?"(欲抛機心皆是妄, 擬遺塵慮亦能狂)라고 말하였다.[125] 결국 몽상(夢想)을 완전히 없애버릴 수 없다는 것이 인간 존재의 조건이고 보면, 시를 지어 한바탕 웃어보는 것도 하나의 방편이리라.

진원에서는 어떤 사람이 비단실로 신발을 엮고 반죽(斑竹) 껍질로 굽을 박아 선사하였다. 마침 김시습은 서쪽 바닷가에 있는 산에 노닐려고 했으나 물과 돌에 발이 해져 오르지 못하던 참이었다. 대단히 감격한 그는, 그 신발을 황금으로 만든 쌍 쟁반보다 더한 보배로 여기면서 흰 버선과 푸른 행전(行纏)을 기웠다. "이 마음을 길이 잊지 않아서, 죽을 때까지 지란(芝蘭: 난초)의 교계를 맺고자 하오"(願因余懷永不忘, 死生作契如芝蘭).[126] 김시습은 남의 호의를 선선히 받아들이고 진정으로 감사할 줄 아는 심성의 소유자였다.

_ 백성의 소생을 반가워하다

충청도 청주를 거쳐 호남 지방을 떠도는 여행은 1462년(세조 8)까지 계속되었다.

영광(靈光)의 비린내 나는 해시(海市)에서는 어촌 사람들이 어염(魚鹽)의 이익을 얻고 있는 모습을 흡족하게 바라보았다. 나주에 도착한 김시습은 목사의 주연(酒筵)에 초대되어 갔다가, 질편한 잔치가 끝난 뒤 홀로 역루에 기대어 한숨을 쉬었다.[127]

금성(錦城) 꽃 속에 질탕한 봄놀이	金城花裏作春遊
꽃나무 아래 생황과 노랫소리가 수심을 더한다.	花底笙歌蕩客愁
관청 큰길 작은 매화는 비 맞아 벌어지고	官路小梅經雨柝
역정(驛亭) 실버들은 바람에 불려 부끄러운 듯.	驛亭絲柳被風羞
짙은 구름 덮인 바다에서 뿔피리 소리 들리는 밤	陣雲橫海時聞角
창 너머 옥 같은 달 대하여 홀로 누각에 기대었다.	珪月當窓獨倚樓
해거름 호남은 곱절 쓸쓸하구나.	日暮湖南倍惆悵
오색 구름 서북쪽이 서울〔神州〕이러니.	五雲西北是神州

이 시의 "관청 큰길 작은 매화는 비 맞아 벌어지고" 구절은 『신증동국여지승람』의 나주목 조항에 실려 있을 만큼 유명하다. 그런데 이 시에는 나그네의 외로운 모습이 각인되어 있다. 꽃이 흐드러지게 핀 속에서 생황이 울고 노랫가락이 흘러나오니 수심을 잊을 만도 하였다. 하지만 잔치가 끝나 돌아가는 길은 외롭기만 하였다. 관아 앞으로 난 큰길가에 작은 매화가 비 맞아 봉오리를 터뜨렸고, 역정의 수양버들은 바람에 가지를 나부끼고 있다. 바다에 검은 구름이 낀 저녁 뿔피리 소리가 기괴한 느낌을 자아내고, 둥근 달이 오르기 시작할 때 홀로 누대에 기대어 있던 그는, "호남에 날 저물매 서글픔이 곱절이다. 서북쪽 오색 구름 비낀 곳이 서울이러니"라는 넋두리를 내뱉었다. 너무도 멀리 와 있구나, 세간의 번화함을 벗어난다는 것이 그만 너무 멀리 벗어나고 말았구나, 하는 생각이 문득 들었을 것이다.

그러나 김시습은 현실 공간을 평화스런 세계로 인정하고 질끈 눈을 감았다. 그래서 「탕유호남록」(宕遊湖南錄) 후지(後志)에서 "성상(聖上)의 교화가 흡족하고 어진 은택이 흘러, 이 동해 바다 구석에 사는 창생(蒼生: 백성)들이 번성하지 않음이 없게 되었다"고 하고, 또 "국경에는 근심이 없고 난리를 알리는 봉화도 멎었다. 이것은 성스런 왕조의 상서라 하겠다"[128]라고도 하였다. 눈여겨볼 만한 말이다. 백성들의 안위와 행복을 걱정했기에 창생들이 화평하다는 사실에 일단 만족했으며, 마침내는 세조의 치정을 찬양하는 뜻마저 내비쳤다. 현실계를 있는 그대로 승인하려는 의식을 엿볼 수 있다.

나주목의 금성사〔錦城山祠〕에서는 산신을 제사지내는 촌민들의 질펀한 잔치를 보고 흐뭇한 미소를 지었다.[129]

빈 산 속 옛 사당	古廟空山裏
봄바람에 초목이 향기롭다.	春風草樹香
안개 구름은 봄기운을 더하고	煙雲增壯氣
우레와 비는 봄 신의 위엄을 돕는데,	雷雨助威光
장구와 북으로 일 년 평안을 기원하고	缶鼓祈年樂
돼지 다리로 풍년 들기를 비누나.	豚蹄祝歲穰
노인들 취해 부축받아 돌아가고	老翁扶醉返
흰 술은 신당 제상에 흥건하여라.	白酒瀝神床

그런데 김시습은 민간의 굿을 보면서 오히려 신과 자신의 부조화를 경험하였다. 마치 일찍이 굴원이 『초사』의 구가(九歌)에서 신과 인간의 부조화를 노래한 것처럼.

_ 송광사에서 준화상과 재회하다

김시습은 호남의 보살사(菩薩寺)에서 뜰에 가득 피어난 무화(楙花)를 보았으며, 광주 무등산(無等山)에 올라 아름드리 교목을 올려다보았고, 규봉(圭峰)의 난야(蘭若: 절)에 들렀다.

그리고 다시 화순(和順)을 거쳐 조계산 자락에 있는 승보종찰(僧寶宗刹) 송광사를 찾았다. 18세 때 모친상을 치른 여름, 잠시 머물렀던 절이다. 그는 진락대(眞樂臺), 호대(虎臺), 조계루(曹溪樓), 십이영당(十二影堂)을 둘러보고 잔잔한 즐거움을 시로 지었다.

애초에 보조 국사가 정혜결사운동을 펴기 위해 도량을 찾을 때 모후산(母后山)에서 나무 학을 만들어 날리자, 그 나무 학이 내려앉은 곳이 국사전 뒤에 있는 진락대였다. 지금은 자취가 없지만, 김시습 당시에는 있었다. 12영당은 16분의 국사 가운데 12분의 영정을 모셨던 곳을 말하는 듯하다. 현재는 16국사의 영정이 국사전에 모셔져 있지만, 당시에는 영당이 별도로 있었는지 모른다.* 풍암(楓巖)과 그 문하의 영정을 모신 진영각(眞影閣), 즉 풍암영각은 1852년(철종 3)에야 건립되었으니, 김시습이 말한 12영당이 아니다. 송광사는 내팔경(內八景)과 외팔경(外八景)의 풍광을 끌어안고 있다.

김시습은 송광사에서 '준상인'에게 무려 20수나 되는 시를 헌정하였다.130) 「준상인에게 올리다」(贈峻上人)의 제20수는 다음과 같다.

어찌 세상에서 풀칠하는 길손이 되랴	豈作人間糊口客
일찍이 축융봉에 살던 신선이라는데.	自言曾住祝融峯
마음은 한밤중 달빛 비친 매화에 엉겨 있고	心凝半夜梅花月
도(道)는 깊은 산 속 서걱대는 잎새에 메아리치네.	道響深山樹葉風
선지(禪旨)는 열 권 책으로 이미 논하였고	禪旨十編曾己議
현관(玄關)의 한 구는 벌써 통하였다.	玄關一句己窮通
평생의 자취를 그 누가 알랴	平生蹤跡人誰識
불법(佛法)을 물으매 공(空)한 쪽에 기울지 않았구려.	問法方知不落空

김시습은 준상인을 선지(禪旨)와 현관(玄關)에 밝은 고승으로 묘사하였다.

* 고려시대에 전라도 송광사에서 출현한 16국사의 승법사원(承法嗣院)은 1780년(정조 4)에 이룩되었다고 전하는 현 국사전 영정에 기록되어 있다. 즉, 보조 국사(普照國師) 지눌(知訥), 진각 국사(眞覺國師) 혜심(慧諶), 청진 국사(淸眞國師) 몽여(夢如), 진명 국사(眞明國師) 혼원(渾元), 원오 국사(圓悟國師) 천영(天英), 원감 국사(圓鑑國師) 충지(冲止), 자정 국사(慈靜國師), 자각 국사(慈覺國師), 담당 국사(湛堂國師), 혜감 국사(慧鑑國師) 만항(萬恒), 자원 국사(慈圓國師), 혜각 국사(慧覺國師), 각진 국사(覺眞國師) 복구(復丘), 정혜 국사(淨慧國師), 홍진 국사(弘眞國師), 고봉 법장(高峯法藏)이다. 그런데 1678년(숙종 4)에 조종저(趙宗著)가 지은 「송광사사적비」(松廣寺事蹟碑)에서는 16명 가운데 제8세 자각 국사가 빠져 있다. 이에 대해서는 일본의 스가노 긴파치(管野銀八)가 「고려 조계산 송광사 16국사에 대하여」, 『청구학보』(靑丘學報) 제9호(1932)에서 논증한 바 있다. 하지만 조선 초에 12국사의 영정만 있었다는 사실에 대해 언급한 다른 문헌은 발견하지 못하였다.

이 준상인은 바로 18세의 김시습에게 불법을 전한 설준(雪峻)이다. 설준은 앞서 말했듯이 사족의 자제로서 안평대군 문하에서 글을 배운 사람이다. 세조 연간에 교종판사(敎宗判事)가 되었고, 예종 원년에는 서울 동쪽 연희방의 흥덕사에 머물다가, 1473년(성종 4)에 고양(高陽)의 경릉(敬陵: 덕종의 능. 신도읍 용두리)[131] 동쪽에 있던 정인사(正因寺)의 주지로 옮겨간다. 정인사는 1459년(세조 5)에 창건되었고, 1471년(성종 2)에 인수대비(세조의 아들 덕종의 비인 소혜왕후)의 명으로 중건하기 시작하여 1473년(성종 4)에 낙성을 보았다. 김수온이 중창기를 지었다.[132] 정인사가 중창될 때, 설준이 주지가 되었다. 이 무렵 김수온과 최항이 시를 지어주었다.[133]

_ 운봉현을 넘어 해인사로 향하다

김시습은 송광사에서 한때 마음의 평화를 얻었을 것이다. 하지만 그곳에 오래 머물지는 않았다.

발걸음을 북쪽 남원(南原)으로 옮겼다. 광한루(廣寒樓)에서 피리 소리를 들으며 선경에 온 듯한 착각에 빠져보았고, 안신원(安愼院)에서 매미 소리를 들으며 계절이 지나감을 느꼈다. 팔라현(八螺峴), 즉 팔량치[八良峙]를 넘고 운봉현(雲峰峴)으로 들어가 지리산을 보았다. 가을이 깊어, 서리맞은 홍시가 골짝에 빨간 빛을 띠고 있었다.

지리산을 넘으면 경상도 함양(咸陽)이다. 거기서 그는 당나라 때의 시인 유창(劉滄)과 허혼(許渾)이 중국의 함양, 곧 장안의 수심에 찬 경관을 노래했던 시구들을 떠올리며, "나령에 남은 구름 보며 나그네 심사 헤매이고, 두봉에 늙은 나무는 사람의 오장을 괴롭힌다"(螺嶺殘雲迷客思, 頭峰老樹惱人腸)고 토로하였다.[134]

김시습은 거창 견암사(見巖寺: 현재의 고견사와 마주보는 곳에 있던 절)를 거쳐 합천 해인사로 향하였다.

_ 『탕유호남록』을 엮다

김시습은 호남 지방을 유람하면서 지은 시들을 그해에 바로 엮지는 못하였다. 경주 금오산의 용장사 부근에 거처하던 계미년, 즉 1463년(세조 9) 가을에야 『유호남록』으로 엮고, 후지(「탕유호남록후지」)를 적었다.

내가 관동을 다 유람한 뒤 다시 호남에 이르러 늙은 매화와 성근 대나무, 겨울 치자와 아름다운 난초를 보았다. 귤·유자와 가을에 익은 벼, 비자와 동백과 동청(冬靑: 사철나무)도 역시 멋진 볼거리였다. 감, 밤, 생강, 면화, 바다 지방의 여러 진품들도 많는데, 백제는 바로 이런 것들에 의지하여 부유할 수 있었다. 그러나 천석(泉石)의 승경은 전혀 없었다. 호수로 말하면 벽골(碧骨)·율호(律湖)가 있으나 이미 말라버렸고, 괴어 있는 것은 더러운 물풀 서너 떼기에 불과하였다. 그런데 거주하는 백성들이 실하고 물산이 풍부한 것은 관동의 네댓 곱절이나 되니, 그렇기에 백제가 그것을 믿고 강성하여 교만하게 굴다가 망한 것이다. 지금도 민속이 억세어서 싸움을 하면 굴복시킬 수가 없으며 (지더라도) 보복하려고 꾀하곤 하니, 이것이 백제의 유풍이다. 그러나 성상(聖上)의 교화가 흡족하고 어진 은택이 흘러, 이 동해 바다 구석에 사는 창생들이 번성하지 않음이 없게 되었다. 잘살게 되자 비로소 사람들이 착해져서 저마다 학문으로 나아가 억세고 뻗대는 습속을 바꾸어 효성스럽고 우애로우며 염치를 알게 되었고, 대대로 훌륭한 인재가 나와 왕실을 보필하였다. 이에 국경에는 근심이 없고 난리를 알리는 봉화도 멎었다. 이것은 성스런 왕조의 상서라 하겠다.[135]

왕조가 번영하여 백성들의 삶이 윤택해지기를 기원하는 넉넉한 마음이 이 글에 넘쳐난다.

제3부

금오산의 은둔

경주에서 원효를 추모하다

_ 경주 용장사 경실에 정착하다

　호남 지방 여행이 끝나가던 1462년 늦가을, 김시습은 팔라현(팔량치)과 운봉현을 넘어 경상도 함양으로 들어갔다. 그리고 거기서 거창의 견암사를 거쳐 합천 해인사로 향하였다.

　해인사에서는 최치원(崔致遠)이 신선들과 놀았다고 전하는 유상곡수(流觴曲水: 굴곡이 진 물길을 따라 술잔이 떠가게 만든 유지)의 유적지를 돌아보았다.[1] 현재 유상곡수의 유적지로는 경주의 포석정이 남아 있지만, 김시습 당시에는 해인사 앞에도 그 비슷한 유적지가 있었던 것 같다.

　김시습은 경주로 발걸음을 옮겨 정착할 곳을 찾기로 하였다. 28세의 해가 저물어가고 있었다. 스물여덟. 사대부 자제들이라면 이미 벼슬길에 들어서서 허리춤에 인끈을 차고 있을 나이였다. 그러나 김시습에게는 그 어떤 장래도 없었다.

　그는 경주 남산인 금오산(金鰲山) 중턱에 있는 용장사(茸長寺)에서 경실(經

室) 하나를 얻어 살기로 마음먹었다. 경주로 들어온 후 그는 줄곧 용장사 경실에 머물렀던 듯하지만, 그가 용장사 경실을 언급한 것은 1463년 봄에 쓴 「용장사 경실에 거처하면서 느낌이 있어서」(居茸長寺經室有懷)라는 시에서가 처음이다.[2]

이 시에서 김시습은 고독하지만 평온한 마음을 이렇게 노래하였다.

용장산은 깊고 으슥하여	茸長山洞窈
찾아오는 사람이 없네.	不見有人來
가랑비는 시냇가 대숲으로 옮아가고	細雨移溪竹
살랑 부는 바람은 들판 매화를 보호하지.	斜風護野梅
작은 창 아래 사슴과 함께 잠들고	小窓眠共鹿
마른나무 의자에 먼지와 함께 앉았다.	枯椅坐同灰
어느새 처마 아래	不覺茅簷畔
뜨락 꽃은 졌다가 또 피네.	庭花落又開

용장사터는 삼화령 맞은편, 현재 삼층석탑이 남아 있는 부근인 듯하다.

당시 경주부윤은 김담(金淡, 1416~1464)이었다. "정사가 공평해 소요가 일지 않았다."[3] 김담은 초목 속에 놓여 있던 봉덕사 종을 가져다가 관아에 매달고 변방의 수비 사졸(士卒: 군사)을 동원할 때 울리도록 하였다.* 김시습은 그것을 치적의 하나로 보아, 특별히 「봉덕사종」(奉德寺鍾)이라는 시에서 그 사실을 언급하였다. 그만큼 경주는 안심하고 거주할 만한 곳이라고 그는 느꼈다.[4]

김담은 세종 때 천문학자로 활약했으며, 단종 즉위년인 1452년에 홍문관 직제학과 충주목사를 지내고, 세조가 즉위한 1455년에는 안동부사, 1458년에는 경주부윤이 되어, 1463년 봄에 이조판서로 소환되기까지 부윤으로 있었다. 당

---

* 『신증동국여지승람』에는 1460년에 영묘사에 옮겨다 걸었고, 다시 뒷날 예춘년(芮春年) 부윤이 남문 밖에 집을 지어 걸고 군사를 징집할 때 타종했다고 기록되어 있다.

시 통판은 신중린(辛仲磷)이었고, 경상감사(관찰사)는 김개(金愷)였다. 그런데 1463년(세조 9, 계미) 여름에는 정흥손(鄭興孫)이 한때 부윤으로 부임하였다. 신중린은 그대로 통판으로 있으면서 객관(客館)의 중건을 실질적으로 주관하다가, 1464년(세조 10, 갑신) 겨울에 감찰로 소환되었다. 신중린의 뒤를 이어 양석견(楊石堅)이 통판으로 왔다.

다시 1466년(세조 12, 병술) 정월에는 정흥손이 임기 만료로 소환되고, 최선복(崔善復)이 부윤으로 부임했으며, 2월에는 양석견 대신 정난손(鄭蘭孫)이 통판으로 온다.⁵⁾ 최선복은 경주의 향교를 중흥하려고 힘썼다.⁶⁾ 김시습은 최선복의 이름을 '선복'(善福)이라고 적었다. 김시습은 그에게 시를 올려 "영각(鈴閣)에 해가 길면 발이 땅에 드리웠고, 금당(琴堂: 지방관이 공무를 보는 東軒을 말함)에 가을이 깊으면 달빛이 침상에 있도다"(日長鈴閣簾垂地, 秋老琴堂月在床)라고 하였다. 정무를 잘 처리하여 송사(訟事)가 없고 한가함을 예찬한 것이다.⁷⁾

김시습이 경주로 들어갔던 1462년 겨울에는 어릴 때 면식이 있던 서거정(徐居正)이 봉명사신으로 경주에 왔으나, 김시습은 그와 만나지 못하였던 듯하다.

경주 남산을 금오산이라고 부르게 된 것은 당나라 때의 시인 고운(顧雲)이 신라의 최치원에게 준 시에서 "내가 듣자니 동해에 세 마리 금오(金鰲: 금자라)가 있어, 금오가 머리에 산을 높이 이고 있다 하네"(我聞海上三金鰲, 金鰲頭戴山高高)라고 쓴 데서 비롯되었다고 한다.⁸⁾ 여기서 '오'(鰲)는 '오'(鼇)와 같다. 본래 금오는 신화의 상상체계에서 동해의 봉래산을 떠받치는 존재였는데, 우리나라가 중국의 동방에 있으므로 우리나라 전체를 금오와 연관시키기도 하였다. 그래서 금오라는 이름의 산은 전라도 광주나 나주(능주)에도 있다. 하지만 김시습 자신은 여러 시에서 경주 남산 일대를 금오라고 표현하였다.

김시습은 용장사 경실 부근에 매화와 장미를 심었으며, 경실 북쪽에는 잣나무, 남쪽에는 삼목을 심었다. 또 죽순을 보호하고 뜰의 대를 씻어주었다.⁹⁾ 그러던 어느 날 뜰에 백화사(白花蛇)가 슬금슬금 기어가는 모습을 보고, 김시습은 자신이 한 마리 뱀과도 같다고 생각하였다.¹⁰⁾

독 있다지만 네 모습 아름답구나	嘉爾稟形雖至毒
몸 죽이고 이마 갈아 인(仁)을 이루나니.	殺身摩頂便成仁
꿈틀꿈틀 산초 그늘 속에서 자득한다만	蜿蜒得意椒陰裏
속인 발소리 들으면 흠칫 놀라네.	時聽跫音驚俗人

 뱀은 땅을 기어다니며 정수리까지 갈아없앨 듯하기에 그 모습이 마치 살신성인의 인(仁)을 실천하는 구도자를 상징하는 것 같아 보인다. 하지만 속인의 발자국 소리에 흠칫 놀라곤 하는, 동심(動心)을 잘하는 존재다. 그것은 자주 평상심을 잃어버리는 김시습 자신의 모습이었다.
 김시습은 용장사 경실에 머물던 1463년 가을에, 1462년 호남 지방을 유람하면서 지은 시들을 정리하여 『유호남록』으로 엮고, 그 시집 뒤에 「탕유호남록 후지」를 적었다. 아마도 서울로 책을 사러 가기 전에 서둘러 정리했던 것 같다. 스스로 지은 시들을 마치 온권(溫卷: 유력자에게 평가받기 위해 습작 시문을 엮은 것)처럼 묶어 뜻맞는 이에게 보일 심산이었던 듯하다.

 _ 경주에서의 소요

 김시습은 경주의 여러 유적을 돌아보며 인간의 역사와 삶의 문제에 대해 사색하였다. 여염이 들어서고 무너진 전각만 남은 선방사(禪房寺), 역시 여염이 들어서고 석조와 솥만 남은 홍륜사(興輪寺), 목탑만 남은 영묘사(靈廟寺)를 보면서 무상감을 느꼈다. 또 사찰 경내에 여염이 들어선 것을 보면서 성(聖)과 속(俗)의 상생, 윤회보덕을 문득 떠올렸다. 그렇기에 "흥망이란 곧 끝없이 반복되는 법, 옛일과 지금 일로 미래를 추론하며 눈을 자주 돌린다"(興亡便是無窮事, 今古推來眼屢回)[11]라든가, "어디가 길손의 한을 가장 자아내는가, 무너진 담에 봄비 내려 풀이 무성한 그곳"(何處最堪添客恨, 壞垣春雨草芃芃)[12]이라고 애상감에 젖는 한편, "옛 속인은 승려에게 시주하고 지금 승려는 속인에게 시주하니, 돌고돌아 덕 갚음도 무방하구나"(俗古施僧僧施俗, 輪迴報德亦無嫌)[13]라고 생각하며 허헛 쓴웃음을 웃어도 보았다.

지금의 경주시 사정리(沙正里)에는 신라 최초의 사찰인 흥륜사가 있었다. 『삼국유사』에 따르면, 아도(阿道)가 263년(미추왕 2)에 성국공주(成國公主)의 병을 낫게 하고 '천경림'(天鏡林)에 절을 세워주기를 청한 것이 이 절을 창건한 연기(緣起)라고 한다. 오늘날에는 5세기 중엽 눌지왕 이후에 흥륜사가 창건되었다고 본다.[14] 527년(법흥왕 14) 이차돈이 순교하자 절을 확장하게 하여 544년(진흥왕 5) 2월에 완공했으며, 왕은 '대왕흥륜사'(大王興輪寺)라는 호(號)를 내려주었다. 그 뒤로 흥륜사는 왕실의 원찰(願刹)로서 번영하였다. 그런데 이 절에서는 민간인의 탑돌이도 성행하였다. 『삼국유사』의 김현감호(金現感虎) 설화에서 김현이 호랑이 처녀와 인연을 맺은 곳도 이 절이었다. 그러나 조선조에 들어와서는 절이 완전히 황폐해지고, 거대한 석조(石槽: 물을 부어 쓰도록 만든 돌그릇)와 배례석(拜禮石)만 남았다.[15] 인면문(人面文) 와당이 출토된 곳도 여기이다. 김시습은 「흥륜사지」(興輪寺址)의 둘째 수에서 흥륜사의 폐허를 "석조는 팽개쳐지고 가마솥에는 불꽃이 끊겼으며, 전각의 남은 터는 여염으로 변했도다"(石槽遇困鐺辭炎, 殿閣餘墟化里閻)라고 묘사하였다.

김시습은 황룡사(黃龍寺)의 황룡대상, 즉 장륙상(丈六像) 동상이 홀로 언덕에 서 있는 모습을 보고 주나라 태조 묘에 있었다고 하는 함구(緘口)의 금인(金人)을 상상하였다.[16] 『공자가어』(孔子家語)라는 옛 책에 보면, 공자가 주나라 태조 후직(后稷)의 사당에 들어가보니 그 오른쪽 계단 앞에 말을 조심하라는 뜻에서 입을 봉함해둔 청동상이 있었다고 한다. 김시습은 생각하였다. 보리심(菩提心)을 발휘하여 중생을 구제한다고 하는 것도 도리가 행해지는 시대의 일이다. 만일 도리가 행해지던 시대, 이를테면 주나라 시대가 파괴되는 괴겁(壞劫)의 시간에 처했다면, 함구하여 원통한 일을 당하지 않는 것이 상책이다. 그렇기에 저 금동의 장륙존상도 지나간 시절의 흥망성쇠를 자잘하게 논하지 않고 언덕에 우뚝 말없이 서 있는 것이 아니겠느냐.[17]

동상이 우뚝 언덕에 서서	銅人屹立向丘原
지나간 흥폐일랑 말하질 않네.	興廢從來欲不言

| 주나라가 파괴되는 괴겁의 시기에 처한다면 | 周主若逢遭壞劫 |
| 이타행(利他行)이 원통한 일 피함만 하랴? | 利他何似勿遭寃 |

함구하고 있는 장륙존상의 모습은 곧 시사(時事)를 입에 담지 않으려는 김시습 자신의 형상이기도 하였다.

월성, 포석정, 오릉, 경순왕 묘, 계림 등 경주에는 신라 왕조의 번영상을 말해주는 유적이 많았다. 경순왕 묘는 정수원(淨壽院) 옛 절터에 있었고, 관아에서 사람을 보내 해마다 제사를 받들게 했으므로 고을 아전이 제사를 지내고 있었다. 그것을 보고 김시습은 마음이 아팠다.[18]

1462년의 겨울을 경주에서 보낸 김시습은, 1463년 봄에도 경주의 곳곳을 소요하였다.

김시습은 천주사(天柱寺)에서 봄꽃을 구경하였고, 안하지(安夏池) 유지에 가화(嘉禾), 즉 보리가 우쑥 자란 것을 보았다. 천주사는 신라의 내불당으로 제석원(帝釋院)이라고 했는데, 사람들이 명화를 뜰에 심어 불상에 바쳐 복을 빌어 왔지만 성가시게 생각한 승려들이 모두 파 없앴다고 한다. 또 안하지에 대해서는 "못을 바다처럼 넓게 파서 고기와 소라 키웠고, 용 목에서 물을 끌어대어 형세가 높고 높았도다"(鑿池爲海長魚螺, 引水龍喉勢岌峨)라고 묘사하였다.[19] 현재의 안압지를 가리키는 듯하다.

김시습은 조선 태조의 어용을 봉안하고 제사지내는 집경전(集慶殿)에 들러, 이성계가 회군한 사실을 예찬하여 "압록강을 건너자 군사들 마음이 괴로웠으나, 와서 소생시키매 백성 원한 풀렸다네"(渡鴨軍心苦, 來蘇民怨夷)라고 하였다.[20] 이에 비하여 첨성대(瞻星臺)를 두고는 "이것은 하늘을 우러러 살펴서 덕을 닦는 기구이거늘, 어찌하여 옛 성 곁에서 짙은 연기 들쓰고 있는가?"(此是仰觀修德器, 如何員贔故城傍)라고 질문하였다. 그리고는 첨성대를 대신하여, "주나라에는 영대(靈臺)가 있었지만 나라가 엎어지고 망하여 부끄럽고, 당나라에서는 측천무후 같은 악독한 여군주도 명당을 별도로 세우지 않았는가?" 하고 반문하였다. 또 "당시의 군주들이 천문의 변화를 살피지 않았던 것이지, 내(첨성대)가 재앙을 가져다준 것이 아니라오"(時君不省乾文變, 非是由吾致禍殃)라고 하였다.[21] 국가의 흥망은 그 원인이 다른 데 있는 것이 아니라 군주 자신의 덕에 있다는 점을 강조한 말이다.

이해 정월, 김시습은 백률사(栢栗寺) 누각에 올라 멀리 석탈해(昔脫解: 탈해왕)의 사당 곁에 속절없이 달만 둥그렇게 뜬 모습과 경애왕의 능 곁에 여염이 들어찬 모습을 바라보면서 무상감에 젖었다.[22] 그리고 역시 정월에 부자묘(夫子廟: 공자묘), 서천 넘어 김유신 묘, 빈현루(賓賢樓), 월성터, 문천(蚊川), 동정(東亭), 분황사(芬皇寺) 석탑, 동천사(東川寺)의 사계화(四季花: 월계꽃·상춘화), 남정(南亭), 봉덕사 종, 불국사, 김알지대왕릉, 신라 재상 차공의 묘, 선덕왕릉, 월성당(月城堂), 천왕사(天王寺) 유적지, 북천의 김주원 유적지, 천룡사(天龍寺), 남쪽 교외의 대로원(大櫓院), 사나대상(舍那大像) 등을 두루 찾아보았다.[23]

김시습은 경주의 여러 유적과 경승을 두루 탐방하고 시를 남겼지만, 몇몇 풍경만을 특별히 선정하여 4경(景)이니 8경이니 12경이니 명명하지는 않았다. 그와 같은 시대의 제도권 문인 서거정은 경주 12영을 읊었고, 그보다 뒤의 인물 어세겸(魚世謙, 1430~1500)도 그 12영에 차운(次韻)한 시들을 남겼으나, 김시습은 그렇게 하지 않았다. 서거정이 정한 12영은 계림영이(鷄林靈異), 오산기승(鼇山奇勝), 포정감회(鮑亭感懷), 문천빙망(蚊川聘望), 반월고성(半月古城), 첨성노대(瞻星老臺), 분황폐사(芬皇廢寺), 영묘구찰(靈妙舊刹), 오릉비조(五陵悲弔), 남정청상(南亭淸賞), 문옥저성(聞玉笛聲), 과유신묘(過庾信墓) 등이다. 이 12영은 경주의 주요 경승을 망라하고 시어를 풍부하게 사용했지만 풍경을 공식화하고 시어의 중첩·배열을 과시했을 뿐, 김시습의 시에서와 같은 체험과 반추의 절실한 의식은 찾아보기 어렵다.[24]

_ 매화를 찾아나선 마음

경주의 여러 유적지를 소요하던 1463~1465년의 어느 해 정월, 김시습은 홀로 지팡이를 짚고 눈길에 매화를 찾아나섰다.[25]

눈길로 그대(매화) 찾아 홀로 지팡이 앞세우고 가니	雪路尋君獨杖藜
그 가운데 참 취미를 깨달은 듯 아득한 듯.	箇中眞趣悟還迷
유심(자신)이 도리어 무심(매화)의 부림을 당하여	有心却被無心使
삼 별 비끼고 서쪽에 달 질 때까지 배회하였네.	直到參橫月在西

김시습은 자기 자신을 유심(有心)한 존재라고 하였다. 가슴속에 수심이 가득한 상태를 두고 한 말이다. 이에 비해 매화는 무심(無心)한 존재. 자연의 본성대로 살아가는 존재이다. 그 무심한 존재에게 유심한 존재인 자신이 부림을 당한 듯, 시간이 이슥하도록 배회한다고 하였다. 무심한 존재에게 부림받는다는 것은 실은 부림을 당하는 것이 아니다. 무심한 존재에게 이끌려 나도 그 무심의 경지에 들어가는 것을 말한다.

세간 사람들은 매화를 담병(膽甁: 목이 길고 배가 불룩한 병)에 꽂아두고 밝은 창 곁에 종이 병풍을 둘러쳐주고는 매일 보지만, 너무 가까이 하다보면 결국 가볍게 여기게 되는 법. 눈 녹아 질척질척한 땅을 밟는 일은 무척 성가시지만, 눈 속에 절로 피어 있는 매화를 찾아나서는 것이야말로 진정으로 매화를 사랑하는 방식이라고 김시습은 생각하였다.[26] 인위(人爲)를 배격하고 자득(自得: 본연의 모습을 지켜 여유로움)을 사랑한 것이다.

김시습은 매화의 기품과 매화를 찾아나서는 즐거움을 노래한 시들을 14수나 연이어 지었다.[27] 고전시에서 매화에 대한 연작시를 남긴 예로는, 원나라 때 만들어진 『영규율수』(瀛奎律髓)라는 시선집에 들어 있는 장택민(張澤民)의 매화시 36편이 있다. 장택민은 화분에 심어 기르는 분매(盆梅)를 노래하지 않고 특이하게도 지매(地梅: 땅에 자연스레 피어 있는 매화)를 읊었다. 김시습도 지매를 주로 읊었다. 그가 자신의 정신세계를 드러내는 상징물로 매화를 노래하기 시작한 것은 이때부터이다.

매화는 청사(淸士), 은일(逸民), 은둔(隱遁)의 상징이다. 중국 송나라 때 매화를 몹시 사랑한 사람으로 임포(林逋: 호는 和靖)와 육유(陸游: 호는 放翁)가 있다. 임포는 항주의 서호(西湖)에 숨어, 결혼도 하지 않고 매화를 아내 삼고 학을 자식 삼아 그것들만 사랑하며 살았다. 육유는 비바람이 불거나 아프더라도 매화를 찾아다녔다. '탐매'(探梅)라고 한다. 심지어 육유는 "어찌하면 이 몸이 천만 개로 되어서, 매화나무 하나마다 육방옹이 하나씩일 수 있으랴"(何方可化身千億, 一樹梅花一放翁)라고까지 하였다.[28] 김시습은 육유의 매화시를 어려서부터 애송하다가 그와 마찬가지로 매화에 미쳤는데, 경주에 머물면서 매화에게 더욱 각별한 뜻을 지니게 되었다고 하였다.[29]

내 일찍이 육방옹처럼 미쳐서	我曾恰似放翁狂
삼십 년 동안 매화와 격의 없이 지냈거늘	三十年來物我忘
오늘 그대(매화)를 보매 다시 뜻이 각별하니	今日見君還有意
내일은 하상(霞觴: 술잔)을 들고 찾으리라.	明朝定欲道霞觴

김시습은 매화의 일생에 자신의 이상을 가탁하였다.[30]

꽃 필 때 품격은 뭇 꽃 중에 빼어나고	花時高格透群芳
열매(매실)는 간 맞춰 음식 맛 향기롭네.	結子調和鼎味香
시종 큰 절개를 보존하니	直到始終存大節
다른 방초가 어이 짝하랴.	衆芳那敢窺其傍

매화가 한창인 것은 벼슬길에 들어서서 학덕과 재식을 발휘하는 것을 말하고, 매실로 음식 맛을 조화롭게 하는 것은 원숙한 재상의 풍모를 말한다. 이것이야말로 김시습이 원했던 이상적인 삶이었을 것이다. 그 이상을 이루지 못한 서운함이 이 시의 이면에 놓여 있다.

김시습은 매화 꽃잎이 바람에 떨어져 말발굽에 짓밟혀 진흙에 더럽혀지는 것을 보면서 자기 자신을 타일렀다. "절대로 바람결에 말발굽을 쫓아가지 말아라, 가는 건 좋다만 꾐받음은 잘못이네. 한번 진흙에 더럽혀진 뒤로는, 올곧은 이름이 비방을 받게 되지"(切莫隨風逐馬蹄, 歸時雖好惹還非. 自從一見塵泥涴,

護得貞名世上誹). 그는 매화를 보면서 그 정결(貞潔)한 월하정신(月下精神)을 사랑하고, 세간 명리를 쫓아다니지 않겠다는 뜻을 다잡았던 것이다.[31]

_「무쟁비」와 원효 추모

1462년 겨울부터 1465년 사이, 김시습은 경주 남산에 머물면서 분황사에 있던 화쟁 대사(和諍大師), 곧 원효(元曉)의 비를 보고 성(聖)과 속(俗)을 넘나들며 매임이 없었던〔不羈〕 원효의 삶을 추모하였다.

그는 「무쟁비」(無諍碑)라는 제목으로 시를 지었는데, 이 시는 일명 '군불견체'(君不見體)라고 불리는 칠언고시 형식이다.[32]

그대는 못 보았나 신라 이승 원욱(元旭) 씨가	君不見新羅異僧元旭氏
머리 깎고 신라 저자에 도를 행한 것을.	剔髮行道新羅市
당에 가서 불법 배워 고국으로 돌아와	入唐學法返桑梓
승속(僧俗)을 넘나들며 민간에 다니매	混同緇白行閭里
거리 아동과 아녀자도 경홀(輕忽)하게 대하여	街童巷婦得容易
그를 두고 아무개 집 아무개라 가리킬 정도.	指云誰家誰氏子
그러나 큰 무상(無常)의 도를 가만히 행하여	然而密行大無常
소 타고 법을 펴서 종지(宗旨)를 풀이하니	騎牛演法解宗旨
불경의 소초(疏鈔)가 책 상자에 가득해	諸經疏抄盈巾箱
후인들이 보고서 다투어 따랐도다.	後人見之爭仰企
죽은 뒤 국사로 봉하고 무쟁이라 시호 내려	追封國師名無諍
곧은 돌에 사적 새겨 크게 칭송하매	勤〔勒〕彼貞珉頗稱美
비갈 위 금가루 광채가 찬란하고	碣上金屑光燐燐
불화와 사(辭)도 훌륭하구나.	法畵好辭亦可喜
우리도 환어(幻語) 잘하는 무리라서	我曹亦是善幻徒
환어에 대해서는 대략 아는 편.	其於幻語商略矣
다만 나는 옛 도를 좋아해 뒷짐 지고 읽을 뿐	但我好古負手讀

아아 서쪽서 오신 분(달마)을 보지는 못하누나.　　　吁嗟不見西來士

첫 구에서 말하는 "신라 이승 원욱 씨"는 원효(元曉)를 가리키는 것이 분명하다. 왜냐하면 '무쟁 대사'(無諍大師)라는 말이 원효의 추시(追諡: 추증된 시호)인 '화쟁 대사'와 같은 의미이기 때문이다. 원효를 원욱이라 한 것은 '효'(曉)와 '욱'(旭)이 다 같이 아침 해를 뜻하는 글자라서 바꾸어 쓴 것이다. 고려 정종의 이름이 요(堯)이므로 그 글자를 피하느라, 아침 해 효(曉)와 뜻이 같은 아침 해 욱(旭)으로 대체하였다.*

원효는 서른네 살에 의상과 함께 당나라로 가려다가 고구려군에게 붙잡혀 돌아왔고, 마흔넷에 다시 의상과 함께 당나라로 가려다가 도중에 해골에 괸 물을 마시고 "진리는 밖에서 찾을 것이 아니다"라고 깨달아 그냥 돌아왔다고 알려져 있다.[33] 그런데 김시습은 시 「무쟁비」에서, 원효가 당에 들어가 불법을 배웠다고 하였다. 원효가 중국에서 불법을 배웠다는 전승도 있었던 듯하다.

「무쟁비」 18구는 세 부분으로 나뉜다.** 제1분단은 신라 승려 원효가 불법을 깨우친 뒤 성(聖)과 속(俗)을 넘나들면서 민간에서 불법을 선포한 일을, 제2분단은 원효가 『금강삼매경론』(金剛三昧經論)·『대승기신론소』(大乘起信論疏), 『판비양론』(判比量論) 등 100부 240여 권이나 되는 저술[34]을 남겨 후대 교학의 존경을 받은 사실을 서술하였다. 다음으로 제3분단은 원효가 고려 때 추시(追諡)

---

* 조선 전기의 김시습이 고려 정종의 이름(堯)을 피하여 '효'(曉)를 '욱'(旭)으로 대체한 이유는 분명하지 않다. 어쩌면 '화쟁대사비'의 표기를 그대로 따랐을 가능성이 있다. 고려시대의 피휘(避諱)에 대해서는 이근식·하정용, 『삼국유사 교감 연구』(신서원, 1997) 권말의 피휘 일람표 참조. 정종의 이름 요(堯)를 피하여 『삼국유사』는 권1의 기이(紀異) 조에서 당요(唐堯)를 당고(唐高)라 하였다. 요(堯)를 고(高)로 대체한 것이다. 단, 고려 문헌 가운데 편방의 요(堯)를 피한 예는 달리 보이지 않는다. 현재 '화쟁대사비'는 조각밖에 남아 있지 않으므로 다른 자료의 출현을 기대해야 할 형편이다.
** 구말(句末) 글자의 운속(韻屬)에 따라 세 부분으로 나뉜다. ① 氏(상성 紙/평성 支) 市(상성 紙) 梓(상성 紙) 里(상성 紙) 易(거성 寘) 子(상성 紙), ② 常(평성 陽) 旨(상성 紙) 箱(평성 陽) 企(거성 寘), ③ 諍(평성 庚) 美(상성 紙) 燐(평성 眞/거성 震) 喜(상성 紙) 徒(평성 虞) 矣(상성 紙) 讀(입성 屋) 土(상성 紙), 이 시는 상성(紙韻)을 본운으로 사용하되 거성(寘韻)을 통압하였으니 통운시(通韻詩)이며, 더 구체적으로 말하면 주종통운(主從通韻)이다.

받은 사실을 서술하고, 자신은 불법을 논하지만 참된 진리에는 이르지 못했다는 안타까움(또는 불교적 진리와 자신과의 거리 확인)을 토로하였다. 이 시는 이러한 갖가지 사실을 담아내기 위해 여러 가지 압운 방식을 복합적으로 사용하여 매우 파격적이다.* 한시를 창작하면서 익힌 다양한 시 양식을 한데 모아둔 듯하다. 심정을 자유롭게 표출하기 위해 '무작위적으로' 여러 형식을 한데 얽매어두었다고 보아야 할 것이다. 그것은 성과 속을 넘나들었던 원효의 '불기'(不羈: 얽매이지 않음)의 삶을 그리는 데 매우 적절한 방법이자, 원효의 삶을 모범으로 삼고자 했던 김시습 자신의 정신 지향을 표출하는 데도 가장 효과적인 형식이었다고 말할 수 있다.

원효는 고려시대 때 보살(菩薩)이나 성사(聖師)라 일컬어졌다. 대각 국사 의천(義天, 1055~1101)은 마명(馬鳴)과 용수(龍樹)라야 원효에 필적할 수 있다고 하였다. 1101년(고려 숙종 6)에는 원효와 의상에게 국사(國師)의 호를 추봉했으며, 70년 뒤 명종(재위 1171~1197) 때는 최유청(崔惟淸, 1095~1174)이 지은 글을 새긴 '화쟁국사비'를 분황사에 세웠다.[35] 12세기 중반에는 원효의 불법을 계승하는 해동종(海東宗: 法性宗)이 확립되었다. 해동종은 분황종(芬皇宗)이라고도 한다. '화쟁국사비'는 정유재란(1597년)으로 분황사가 소실될 때 파손된 듯하며, 대좌만 남았다. 1976년에 작은 조각이 발견되어 동국대학교 박물관에 소장되어 있고, 『대동금석서』에 40여 글자의 탁본 단편이 실려 있다.[36]

『삼국유사』는 원효의 전기를 「원효불기」(元曉不羈)라는 제목으로 실어두었

---

* 구의 형식을 보면, 한 편을 8구로 짜고 대우를 사용하는 사영운(謝靈運)의 고시 형식이 아니라 신식 고시 형식을 취했으며, 세 부분이 각기 형식이 다르다. ① 제1분단에서는 각 구마다 압운하는 백량체의 압운 방식을 사용하였다. ② 제2분단에서는 짝수째 구에 지(旨: 상성 紙)와 기(企: 거성 寘)를 통압하여 칠언고시의 일반적인 격구 압운 방식을 취하되, 홀수 구에는 상(箱: 평성 陽)과 상(常: 평성 陽)이라는 동일 운속(韻屬)의 글자를 사용하였다. 이것은 곧 한시의 잡체시 가운데 하나라고 할 쌍운법(雙韻法)을 취한 것이다. ③ 제3분단에서는 지(旨: 상성 紙)와 기(企: 거성 寘)를 통압하여 칠언고시의 일반적인 격구 압운 방식을 취하였다. 이러한 압운 방식은 매우 이례적이다. 김시습의 『매월당집』(梅月堂集)을 전부 조사해보더라도 이와 같은 형식으로 지은 것은 흔치 않다. 김시습은 '고시 19수'의 형식을 이용한 「고풍」 19수도 남겼지만, 대부분의 고시는 신식(악부가행체 포함)을 따랐다.

다. 원효는 소를 타고 거리를 다니면서 빨래하는 여인에게 말을 걸고, 냇가에서 고기를 잡아먹었으며, 부친을 모르는 채 자랐고, 열두 살까지 말을 하지 못했던 사복(蛇福: 신라 진평왕 때의 異人)을 위해 그 어머니를 장사지내주었다. 원효는 사복을 위해 그 어머니의 시체 앞에서 "나지를 말아라, 죽는 것이 괴롭다. 죽지를 말아라, 나는 것이 괴롭다"라고 축원했는데, 사복이 너무 길다고 하자 "죽고 사는 것이 모두 괴롭구나"라고 하였다. 두 사람이 상여를 메고 활리산으로 가서 장사지낼 때, 사복은 '연화장계관'(蓮花藏界寬)에 들어가겠다고 하면서 풀뿌리를 뽑은 뒤 어머니 시신을 업고 그 속으로 들어갔다. 그러자 땅이 메워지며 구멍이 없어졌다고 한다. 『삼국유사』 권4 「사복불언」(蛇福不言) 조에 나오는 민중 불교에 관한 설화이다.[37]

그런가 하면 원효는 분황사에서 『화엄경소』(華嚴經疏)를 쓰고, 황룡사에서는 사자후(獅子吼: 설법)를 토하였다. 원효는 계율을 어기고 설총을 낳은 후로 속인의 의복으로 바꾸어 입고 자칭 소성 거사(小姓居士)라고 했으며, 광대 짓을 모방하여 큰 박을 가지고 놀았다. 김시습의 「무쟁비」 넷째 구에 나오는 "혼동치백"(混同緇白)이라는 말은 원효가 승속(僧俗)을 넘나들었던 사실을 가리킨다. 남조 양나라 때 왕승유(王僧孺)가 지은 「참회예불문」(懺悔禮佛文) 등에서 이미 치(緇)는 승도(僧徒), 백(白)은 속인을 가리키는 말로 사용한 예가 있다.

원효는 화엄사상을 부연하여 "일체에 걸림이 없는 사람은 단번에 생사를 벗어난다"(一切無㝵人, 一道出生死)고 주장하였다. 곧 원효는 중생의 마음에 철저한 자유가 내재하고 있다고 보았으며, 그 스스로 자유인으로 살았다. 거리에서 「무애가」(無㝵歌)를 부르고 무애 춤을 추면서 교화하여, 가난하고 몽매한 무리까지도 모두 부처의 이름을 알도록 하였다.

고려 중엽의 문인 이인로(李仁老, 1152~1220)는 원효의 '무애행'(無㝵行)에 대하여 이렇게 적었다.

"원효 대성(大聖)은 백정과 술장수 같은 시중 잡배들 속에 섞여 지냈는데, 한번은 목이 굽은 조롱박을 어루만지면서 저자에서 노래하고 춤추며 무애라고 이름하였다. 이러한 일이 있은 뒤로 호사가가 금방울을 위에 달고 채색 비단을 밑에 드리워 장식하고 이를 두드리면서 앞으로 나아갔다 뒤로 물러갔다 하였다. 그리고 경론(經論)에서 게송(偈頌)을 끌어와서 '무애가'라고 하였다. 밭 가는 노인까지도 이것을 본받아 유희로 삼았다."[38]

김시습이 「무쟁비」에서, 거리의 아동과 부녀자도 원효를 손가락으로 가리키며 아무개라고 했다고 한 것은 중국의 마조(馬祖)에다 원효를 견준 것이다. 마조는 당나라 십방(什邡)의 키장수집 아들이었는데, 도(깨달음)를 얻어 고향에 가자 빨래하던 노파가 보고서 "저애가 참 기특하기도 하군. 키장수집 아들이 아닌가!"라고 하였다. 그러자 마조는 "고향에 와서 가르친다는 것은 말이 안 되는군"이라고 했다고 한다. 일반 민중도 친근하게 여길 만한 인물이었다는 일화이다. 원효도 그러하였다. 원효는 신라 불교에 가장 활력을 불어넣은 민중 사상가였다. 원효는 광대의 노래에 무애가를 붙여 부르고 다니면서 개인의 깨달음을 강조하였다. 불교사상을 강렬한 국가의식과 연결시키려는 의도가 없었다. 김시습은 원효가 지향한 민중불교운동에 깊이 공감하여 이러한 시를 남겼다.

그런데 김시습은 불법의 이치를 글로 읽어 터득할 수는 있지만 불교의 진리를 진정으로 체득하지 못함을 한탄하였다. 그는 환어(幻語)를 얼추 안다고 했는데, 환어는 불교의 도리를 논하는 말, 곧 법담(法談)을 말한다. 법담은 모든 사물이 환(幻)이라고 보기 때문이다. 다만 '환어'라는 용어는, 어쩌면 김시습이 스스로 진리에 이르지 못하는 미숙함을 자조하여 특별히 사용한 말인지 모른다.

김시습은 어떤 특정한 종파가 절대 진리를 구현한다거나 지시한다고 보지 않았다. 그에게서 유교나 불교는 모두 부분적 의미밖에 지니지 않았다. 김시습은 이렇게 말하였다.

"선(禪)의 이치는 아주 깊어서 다섯 해나 생각해서야 투명하게 깨우쳤다. 이에 비하여 우리 유학의 도는 본래 등급이 있어서, 건강한 사람이 사다리를 오를 때 한 발을 들면 곧바로 한 층을 올라가는 것과 같다. 불교처럼 돈오해서 상쾌한 즐거움은 없지만, 여유롭게 차츰 젖어드는 맛이 있다."

이것은 유가의 입장에서 불교를 포섭한 논리이다. 그러나 그로서는 종파적 분별식(分別識)이 그리 문제가 되지 않았다. 참된 진리에 도달하는 것이 크나큰 바람이었다.

김시습은 원효의 신이한 탄생설화에 대해서는 관심을 두지 않았다. 『삼국유사』에 기록된 민간의 설화를 보면,[39] 원효는 그 어머니가 별똥이 품안으로 들어오는 꿈을 꾸고 나서 잉태하였고, 해산할 때는 오색 구름이 땅을 덮었다고 한다. 원효의 어머니는 골짜기의 밤나무 아래를 지나다가 홀연 해산을 했으므로, 남편의 옷을 나무에다 걸어두고 거기서 지냈으며, 그래서 그 밤나무를 사라수라 부르게 되었다고 한다.[40] 이 이야기의 함의는 잘 알 수 없지만, 요컨대 그것은 신성한 존재의 탄생을 알리는 설화라고 할 수 있다.

_ 불사(佛事)에 몰두한 역대 사적 비판

김시습은 불교와 유교의 근본 사상을 함께 받아들였다. 불교사상에 대하여 결코 배타적이지 않았다. 하지만 역대로 불사(佛事)에 골몰하다가 나라를 그르친 사적은 심하게 비판하였다. 그 대표적인 시가 1463년~1465년 무렵에 지은 「선덕왕릉」(善德王陵)이다. 각 구마다 운자를 사용하고 두 구마다 운자를 바꾼 격렬한 어조의 장편 고시이다.[41]

그대 못 보았나	君不見
여씨〔呂后〕가 한 왕실을 업신여기매	呂氏憑陵漢室時
한 왕실이 위급하기 짝이 없었던 것을.	漢室岌岌嗟將危
그대 또 못 보았나	又不見
측천무후가 당 황실에 부엉이짓 하여	武氏鴟張唐帝家
당 황가의 공업을 어지럽힌 것을.	唐家功業終紛拏
자고로 잘난 여자란 나라를 뒤엎게 마련이니	由來哲婦必傾城
부인이 광장설(廣長舌) 지니면 재앙이 가볍지 않도다.	婦有長舌厲非輕
신라 여왕은 이름을 선덕이라 하였다만	新羅女王名善德
치적은 없고 사특한 일만 숭상했네.	治則莫聞崇怪慝
일생의 호사를 비할 바 없어	一生好事無與比

불교의 신기한 일을 좋아하더니	大喜浮屠神異事
임종에 뉘우치지 않고 도솔에 묻혀선	死猶不悛瘞兜率
낭산 남쪽을 귀신 머무는 집으로 하였지.	狼山之南神所室
신라가 저절로 멸망에 이른 것은	馴致新羅自滅亡
부처에게 아첨한 것이 남상(기원)이었나니,	只緣佞佛爲濫觴
지금도 들판에 그 무덤이 남아	而今原野有培塿
억새풀 속에 여우 토끼 달리누나.	萑葦叢中狐兔走
인생 백 년 뒤에는 이름만 남는 법	百年後事但留名
구린내와 향내는 남들이 평하리.	遺臭遺芳人所評
공업을 이룬다면 일생에 족하기에	但得功業一生足
섶 입혀 들에 버려져도 무방하리라.	衣薪棄野亦不惡

　김시습은 신라시대 제(齊)와 안(顔) 두 집안에서 각각 딸 천녀와 용녀를 위해 절을 세웠다는 천룡사의 연기에 대해서도 비판적으로 대하였다. 천룡사는 경주 내남면 용장리 고위산(高位山) 천룡곡에 있으며, 불국사의 말사이다. 애초에 절을 지을 때는 수명 연장을 축원했지만, 그것이 이미 진토(塵土)의 꿈으로 화하고 말았다고 김시습은 냉소하였다.42) 불법을 빌려서 신이한 기적을 바라거나 수명을 연장하려고 하는 기복신앙을 그는 인정하지 않았던 것이다.

　김시습은 동산(東山), 즉 토함산에 올라 바다를 바라보면서 무궁한 생각에 잠겼다. 그래서 "동쪽으로 아스라한 곳에 있는 부상(해뜨는 곳)을 바라보노라니, 바다와 하늘이 맞닿아 끝없고 생각도 무궁하여라"(東望扶桑縹緲中, 海天無際思無窮)로 시작하는 시를 지어 말하였다. 인간 세상에서 어느 누구도 단약(丹藥)을 만들어 불멸의 삶을 이루었다는 말은 들은 일이 없다. 그렇거늘 옛날 춘추시대 제(齊)나라 경공(景公)은 산동성 임치(臨淄)의 남쪽 우산(牛山)에 노닐다가, 자신의 나라가 그토록 아름다운데 자신은 조만간 죽어야 한다는 사실을 슬퍼하여 눈물을 흘렸다니! 살아 있는 인간이라면 반드시 죽음을 맞고, 번영하는 국가도 쇠망하고 만다는 것이 인간사의 당연한 법칙이거늘……43)

_ 차나무를 심다

용장사에 거처하면서 김시습은 마음의 평정을 찾아나갔다. 그는 자그마한 동산을 개간하여 차나무를 심고, 다신(茶神)으로 추앙되는 당나라 육우(陸羽)의 『다경』(茶經)을 열심히 읽었다. 차는 운유(雲腴)라고도 하며, 운각(雲脚)·운화(雲華)라고도 한다. 김시습은 특히 작설차를 좋아하였다. 작설은 설다(雪茶)라고도 부른다. 중국의 고품 차에 봉병(鳳餠)과 용단(龍團)이 있지만, 김시습은 작설이 그것들보다 못하지 않다고 하였다. 봉병과 용단은 차를 갈아서 반죽하여 일정한 크기로 만든 뒤 봉과 용의 무늬를 넣은 것이다.

차나무는 그늘에서 자라야 엽록소의 양이 증가하고 섬유소의 함량이 적어 품질이 좋아진다고 한다. 그래서 김시습은 차를 그늘에서 키우기 위해 울타리를 쳤다.

남국의 부드러운 봄바람이 일어날 때쯤 차숲에서는 뾰족한 부리처럼 부풀어오른 자리에서 연한 움이 돋아나온다. 그 움이 겨울이면 또 줄기와 이파리로 자라고, 가을에 그 줄기와 이파리 사이에서 생겨난 움이 다음해 봄이면 붉은 싹〔紫笋〕을 피운다. 그 싹이 곧 '영발아'이니, 그것을 청자에 담아 활활 타는 불로 달여내면 게눈 같은 거품이 생기고 솔바람소리 같은 끓는 소리가 난다. 그것을 마음 맞는 사람들과 함께 둘러앉아 마시면 두 눈이 밝아지는 것을 느낄 수 있다.[44] 이 우아한 취미만은 시골의 비루한 사람들과는 공유할 수가 없었다. 김시습은 차에 대해서만은 한껏 고상함을 추구하였다.

김시습은 찻잎을 달여 마시는 것만 사랑한 것이 아니었다. 곡우(穀雨: 24절기 중 여섯째로, 양력 4월 20일경)에 차의 움이 터서 비를 맞아 옥구슬을 늘어뜨리고 있는 모습 또한 사랑하였다. 「차를 기르며」(養茶)라는 시를 보면 다음과 같다.

해마다 차나무에 새 가지 자라는데	年年茶樹長新枝
그늘에 키우느라 울을 엮어 보호한다.	蔭養編籬謹護持
육우의 『다경』은 색과 맛을 논하였고	陸羽經中論色味
관가와 도고는 창(槍)과 기(旗)만 취한다.	官家榷處取槍旗

봄바람 불기 전에 싹이 먼저 뽑아 나고	春風未展芽先抽
곡우 돌아오면 잎이 반쯤 벌어지네.	穀雨初回葉半披
조용하고 따스한 작은 동산에 잘 보듬어	好向小園閑暖地
비 온 뒤 옥 같은 꽃 피어나도 무방하지.	不妨因雨着瓊蕤

육우의 『다경』은 차의 색과 맛을 중요시하였고, 관가와 도고(都賈: 도매상)는 '창'과 '기'만 높이 친다. '창'이란 새로 나오는 싹이 뾰쪽하게 말려 있어 창 같이 생긴 것을 말하고, '기'는 창보다 먼저 나와 잎이 다 펴지지 않고 조금 오므라들어 있어 펄럭이는 깃발같이 여린 잎을 말한다.[45] 그러나 김시습은 곡우 전에 따는 애잎도 좋고, 옥 같은 꽃도 아름답다고 하였다. 곡우 전에 따른 애잎은 극세작(極細作)의 차를 만들 수 있지만, 옥 같은 꽃은 그냥 관상용이다. 김시습은 차의 여러 면모를 모두 사랑하여 꽃의 아름다움까지 말하였다. 그런데 그는 관가와 도고가 '창'과 '기'만 높이 친다고 말하여, 관청의 다세(茶稅)가 무거운 것을 은근히 걱정하였다. 조선 초부터 다세가 무거워 일반 민중이 고통받는 것을 염려하는 뜻이 없지 않다.[46]

_ 진사 김진문과 상재생 주계정이 따르다

용장사에 기거하는 김시습을 김진문(金振文)이라는 진사가 자주 찾아주었다. 김진문은 경주에서 선사(善士)라 일컬어질 만큼 착실한 젊은이였다.

어느 날, 김진문은 김시습에게 갑자기 어째서 승려가 되었느냐고 물었다. 김시습은 그에게 시를 주어 자신의 뜻을 넌지시 밝혔다.[47]

"하늘이 만물을 냈으니 기(氣)가 있으면 이(理)가 있고, 이가 있으면 도(道)는 같소. 어째서 유학을 공부하는 사람과 불교를 공부하는 사람을 갈라서 논한단 말이오? 나는 비록 치갈(緇褐)을 걸친 중의 모습이지만, 뜻은 중의 그것과 다르오. 어찌하여 어리석고 허황된 자와 마찬가지로 간색인 자색(紫色)이 정색인 주(朱)의 색을 어지럽히도록 내버려두겠소? 나는 종파적 차별상에 사로잡혀 있는 중들과는 다르단 말이오."

그리고는 또 말하였다.

"도가 서로 같다고 이미 말했으니, 피차를 따질 게 무어 있겠소? 이제부터 날이면 날마다 숲과 저자를 찾아다니기로 합시다."

김시습은 김진문과 함께 모기내〔蚊水〕에 가서 목욕을 하고, 부자묘(夫子廟)에서 바람을 쐬었으며, 옛 성의 추재(楸梓: 가래나무) 숲에서 놀았다.

뒷날 김시습은 김진문에게, 경주에서 마구 써냈던 시고들을 정리해 습유록(拾遺錄)을 만들어 달라고 부탁하였다. 그 몇몇 수들을 뒷날 『유금오록』에 수록한다.

김시습은 경주 북쪽에 사는 상상(上庠) 출신의 주계정(朱繼楨)과도 왕래하였다. 상상은 상재생(上齋生), 곧 생원시나 진사시에 합격하고 성균관의 상재에 기거하면서 공부하는 사람을 말한다. 김시습은 주계정에게 부친 시에서 이렇게 말하였다.

성남의 소나무 잣나무 무성한 곳이 나의 초가	城南松栢是吾廬
성북의 매화 대나무 아름다운 곳이 그대의 집.	城北梅篁卽子墟
봄눈 녹아 매화꽃 반쯤 벌어지면	春雪始融梅半吐
내 장차 흥에 겨워 견여(肩輿) 타고 찾으리다.	我將乘興訪肩輿

_ 강개한 뜻에서 『초사』를 읊다

용장사 경실에서 김시습은 마음의 평화를 얻은 듯하였다. 하지만 현실과의 괴리를 자각할 때마다 강개한 마음이 되고 말았다. 마음의 심층에 있는 무의식의 세계가 그의 의식세계를 괴롭혔다.

그는 머리를 풀어헤치고 누워 미친 듯이 노래를 불러 피를 토하면서, 현릉(顯陵: 문종의 능)의 묘역에 있는 소나무와 잣나무가 삼삼(森森)한 것을 꿈속에서 느꼈다. 절의의 뜻을 굳혔으며, 결함세계를 응시하는 비통한 감정을 토로하였다. 현릉은 본래 문종(李珦, 1414~1452)과 현덕왕후(顯德王后 權氏, 1418~1441)의 묘로, 단종 즉위년인 1452년에 현재의 경기도 구리시 안창동에 조성되었다. 현덕왕후는 곧 단종의 생모, 단종을 출산하고 승하해서 1450년(문종 즉위년)에 왕후로 추숭(追崇)되고, 소릉(昭陵)으로 명명되었다. 그런데 1457년(세조 3)에 현덕왕후 집안의 동생이 단종 복위 사건에 연루되자 현덕왕후의 능은 파헤쳐져 세가로 옮겨졌다가, 뒷날 1513년(중종 8)에야 복위되고 동원이강(同原異岡)의 능을 이루게 된다. 김시습이 현릉의 묘역을 꿈에 보았다는 것은 깊은 의미가 있음을 짐작할 수 있다. 바로 단종의 비극과 현덕왕후의 폐위 사실을 통분해 하는 뜻을 가만히 드러낸 것이다.

김시습은 자신을 스스로 굴원(屈原)에 견주었다. 밤이 깊어 귀뚜라미가 서당(西堂)에 울면, 잠을 이루지 못하고 일어나 앉아 『초사』(楚辭)를 읽었다. 그러면 더욱 강개해지고 격정 때문에 머릿속이 더욱 맑아져 편안하게 잠을 이루지 못하였다. 그 끝에 그는 마치 당나라 시인 두목(杜牧)이 영사시에서 즐겨 사용하던 '만일 ~하다면(한다면)'의 가정 수법을 이용하여 이러한 논평을 남겼다.[48]

산하에서 용이 싸워 누가 이길지 알 수 없었거늘	龍戰山河不可期
그대가 죽지 않았다면 나라가 위태하지 않았을까?	如公無死得無危
춘신군 첩이 왕비 되어 부추(負芻)가 포로 되었나니	春申納妃負芻虜
그 역시도 선생이 애 끊었을 때인 것을.	亦是先生腸斷時

굴원이 멱라수(汨羅水)의 바위를 끌어안고 죽지 않았다 하더라도, 군웅이 할거하는 난세를 어찌할 수 없었을지 모른다. 『주역』 곤괘(坤卦)에서 말했듯이 "용이 들에서 싸우니 그 피가 검고 누렇던" 시대였다. 초나라 말기에 황헐(黃歇)은 경양왕(頃襄王)을 섬기고 태자 완(完)과 함께 진(秦)나라에 볼모로 갔다가 태자를 본국으로 도망하게 하고 뒤에 가까스로 사면되어 돌아왔다. 그 뒤 정승이 되어 춘신군에 봉해졌으나, 임금이 아들을 못 낳자 잉태한 자기 첩을 임금에게 바쳤다. 그 아들이 초나라 마지막 왕 부추(負芻)이다. 김시습은 왕조의 쇠망은 왕통의 혼란에서 비롯된다고 말하고자 한 듯하다. 그렇다면 조선의 왕조는? 그는 흠칫 몸을 떨었으리라.

역사를 회고하면서 김시습은, 결국 국가의 흥망성패는 어진 한 사람의 힘만으로는 어쩔 수 없는 운수가 있는 게 아닌가 생각하였다. 악은 한두 사람이 제어할 수 없을 정도로 현실에서 큰 힘을 행사해왔다. 이렇게 생각이 미치자 그는 비통한 생각에 젖지 않을 수 없었으리라.

원각사 낙성회에 참여

> 고깃덩어리 같은 돌이 있었다.
> 주린 새가 먹으려 했다.
> 그는 부드러운 고기로 생각하고
> 쪼아먹어 허기를 면하려 했다.
> 그러나 끝내 먹지 못하고
> 부리만 상한 채 날아가버렸다.
> ― 잡아함 제246경

_ 서울로 책을 사러 갔다가 효령대군을 만나다

1463년(세조 9, 계미) 가을, 지난해에 호남을 유람하면서 지은 시를 『유호남록』으로 엮고 난 김시습은 돌연 서울로 올라갔다. 책을 사서 금오산으로 가져가 불교와 유교의 근본 사상을 착실히 공부할 작정이었다. 스물아홉, 무언가 장대한 뜻을 품었는지 모른다.

김시습은 서울에 들어와 창덕궁 부근의 향교동에 임시 거처를 마련한 듯하다. 그곳은 각양각색의 사람들이 모여드는 곳이었다. 그보다 조금 뒤에 성현(成俔)은 소란스러움을 피해 증조부 이래로 향교동에 가지고 있던 집터를 팔고 남대문 밖 5리쯤 되는 서산 기슭으로 옮겨간다.[49] 그만큼 그곳은 번잡하였다.

김시습은 서울에서 효령대군(孝寧大君, 1396~1486)을 만났다. 대군은 당시 예순여섯으로, 세조의 권력을 승인하여 왕과 왕실의 존경을 한몸에 받고 있었고, 동시에 권력의 향배(向背)에 깊은 영향력을 행사하고 있었다. 그러한 그가 스물아홉의 젊은 승려 김시습을 어떻게, 왜 만나게 되었는지, 추측할 근거가 되어줄 기록이 없다.

효령대군은 왕실을 중심으로 밀교 같은 성격의 불교를 신앙하는 일에 앞장 섰다. 세조 또한 사대부의 권력을 억제하고 왕실의 존엄성을 높이기 위해 불교를 장려하였다. 뒷날 1464년(세조 10) 원각사(圓覺寺)가 창건될 때 효령대군은 조성도감(造成都監)의 제조(提調)로서 일을 감독했고, 다시 『원각경』(圓覺經) 국역(國譯) 사업이 시작되자 간행을 지휘하였다. 그에 대해서는 대단히 청렴하다는 평과, 정반대로 탐욕스럽다는 평이 엇갈려 있다. 즉, 그는 만년에 추위 더위를 가리지 않고 좁은 별실을 침소로 쓸 만큼 청렴했다고 한다. 그러나 그것은 겉만 그랬을 뿐이고 실제로는 탐욕스러워, 거짓 문서로 남의 재산을 빼앗은 일이 많았다는 말도 있다.[50]

세조는 이미 대군으로 있을 때 "석씨(釋氏)의 도가 공자보다 나은 것이 비단 하늘과 땅의 차이 정도가 아니다"라고 했으며, 즉위한 뒤에는 '호불(護佛) 군주'로 자처하였다. 원각사와 정인사를 세우고 해인사, 상원사, 월정사, 회암사, 신륵사, 표훈사, 유점사, 낙산사 등을 중수했으며, 정업원을 다시 세웠다. 또 대군과 대신들을 거느리고 금강산의 장안사, 정양사, 표훈사 등을 순행(巡行)하며 물자를 주었고, 명복을 기원하기 위한 기신제(忌晨祭)나 수륙재(水陸齋), 사찰 건립 및 불상 조성에 따른 경찬회와 각종 법회를 수시로 열었다. 세조가 호불정책을 편 이유는 개인적 성향이나 종교적 심성 때문만은 아니었을 것이다. 겉으로 유교 이데올로기를 주장하는 문신 세력에 맞서서 왕실과 왕권의 권위를 내세우고 통치력을 과시하려는 정치적 이유도 있었을 것이다.

김시습이 효령대군과 대면할 수 있었던 것은, 그가 진작부터 불법으로 명성이 있었기 때문이리라.

_ 내불당의 『법화경』 언해 사업에 참여

마침 세조는 간경도감을 설치해서 『법화경』, 즉 『묘법연화경』을 언해하려고 하였다. 김시습은 효령대군의 추천으로 그 언해 사업에 참여하였다. 당시 세조는 각종 불사(佛事)를 일으키고 불사에 참여한 승려들에게 도첩(度牒)을 발행하고 있었다. 이것은 추정이지만, 김시습은 도첩을 받기 위해서 궁중 불사에 참여할 마음을 가졌는지 모른다.

세조는 1457년(재위 3) 6월에 경상도 관찰사에게 대장경 50부를 인출하게 해서 각 도의 대사찰에 나누어 소장케 하였다. 1459년(재위 5)에는 세종이 지은 『월인천강지곡』(月印千江之曲)에 자신이 지은 『석보상절』(釋譜詳節)을 합편해서 『월인석보』(月印釋譜)로 간행토록 하였다. 이 책은 죽은 부모와 일찍 죽은 아들의 명복을 빌기 위해 편찬한 것이라고 했으나, 사육신 및 단종의 죽음에 따른 정신적 고통을 벗어나 구원을 얻으려는 것이 편찬 동기였던 듯하다. 다시 1461년(재위 7) 6월에는 간경도감을 설치하여 고승 신미(信眉)·수미(守眉)·홍준(弘濬)과 대신 윤사로(尹師路)·황수신(黃守身)·한계희 등의 주재로 불경을 간행하고 번역하도록 했으며, 그 자신도 불경의 국역과 구결에 참여하였다. 그 결과 『능엄경』, 『법화경』, 『금강경』, 『심경』, 『원각경』, 『영가집』 등 주요 경전들이 재위 기간중에 국역 간행되었다. 또한 세조는 『금강반야경』, 『법화경』, 『지장경』, 『범망경』, 『기신론』을 금자(金字)로 베끼는 불사도 거행했으며, '영산회상곡'을 만들었다.

『묘법연화경』은 고려와 조선에서 가장 많이 필사되고 간행된 불교 경전으로, 줄여서 『법화경』이라고도 말한다. 이 『법화경』에는 변상도(變相圖: 淨土의 모양과 지옥의 참상을 그린 그림)가 여럿 붙어 있다. 그 가운데 영산회상도(靈山會相圖)는 항마촉지인(降魔觸地印)*을 결(結)한 석가모니가 사리불에게 설법하는 주위를, 솟아나오는 구름에 싸인 열 제자, 보살중, 사천왕, 팔부중 등의 권속과 시방제불 등이 에워싸고 있는 도상(圖像)이다.

『묘법연화경』의 언해본은 1463년에 완성되어, 윤사로가 9월 2일에 상전문(上箋文: 완성된 서책을 올리면서 경위를 간략하게 적은 글)을 썼다.[51] 『묘법연화경』 언해본의 간기(刊記)를 보면, 영천부원군(鈴川府院君) 윤사로, 의정부 좌찬성

---

* 모든 악마를 굴복시켜 없애버리는 모습으로, 결가부좌한 채 왼손을 무릎 위에 놓고 오른손을 내려 땅을 가리킨다.

남원부원군 황수신, 예조판서 연성군(延城君) 박원형(朴元亨), 호조판서 창녕군 조석문(曺錫文), 병조판서 무송군(茂松君) 윤자운(尹子雲), 공조판서 김수온, 인순부윤(仁順府尹) 원성군(原城君) 원효연(元孝然) 등이 언해 및 간행에 간여한 것으로 기록되어 있다. 김시습의 이름은 올라 있지 않다. 이 가운데 원효연은 김시습이 호남의 산역(山驛)에서 병들어 있을 때 호남 관찰사로 있으면서 약을 보내준 사람이다.

 김시습은 1463년 가을, 열흘 동안 내불당에서 역경 사업을 도왔다. 내불당은 본래 소헌왕후(昭憲王后)가 서거한 뒤 세종이 그 명복을 빌기 위해 경복궁 동북쪽 삼청궁(三淸宮) 서쪽, 백악산(북악산) 남쪽 기슭, 대궐 뒷산의 반곡(盤谷)에 지은 절이다. 김시습은 내불당에 안치된 순금불을 바라보면서, 군주의 맹목적인 불교 숭상을 은근히 염려하는 뜻을 내비쳤다.[52] 이미 사금(砂金)을 채취하느라 백성들이 말할 수 없는 고통을 겪었고, 또 불상을 주조하느라 만금을 허비했으니, 그 불상이 과연 고통받는 백성을 위로하고 살려낼 수 있겠는가? 그는 의문을 품었다.

여수의 교룡이 요기를 내뿜고	麗水蛟龍吐沴氣
남만의 독 안개도 두려운데	南蠻瘴霧亦可畏
열사병을 무릅쓰고 일만 근 모래를 일어	觸熱淘沙一萬鈞
어쩌다 몇 알을 얻으매 귀하기도 하니	往往數粒逢可貴
두렵고 놀라운 일 몇 번이나 겪었을까.	可畏可愕幾番遭
일백 번 단련하느라 만금을 또 허비해서	入冶百鍊輸萬費
천자에게 헌상하여 진보가 되었다만	入貢帝庭便成珍
몇 년이나 백성의 내장을 쪼개었던가?	幾年鑿破民腸胃
서너 덩이로 겨우 반 자 크기 주조하여	數錠鑄出半尺許
면목이 참모습보다 나은 게 환어(불설)와 같네.	面目過眞如幻語
우리 임금이 백보대(연화대)에 안치하고	我王置之百寶臺
아침저녁 종을 치며 주문을 읽으시어	朝朝暮暮撞鐘詛

나라와 백성 부유하고 비바람 순조로워	壽國富民風雨序
온 세상이 신선국 되도록 기도하시네.	四海安妥爲佾洲
몸뚱이 작아도 관계됨이 크나니	一軀至小所係巨
백성들을 보듬어 살려내어 줄는지?	頗可勞民蘇息不

또 세조에게 헌정한 큰 바다 조개를 노래한 「거거라」(車渠螺: 큰 바다 조개)라는 시에서는 "우리 임금이 수나라 문제보다 불교를 좋아해서, 탑 쌓고 상서 부름이 그만 못할 게 없네"(我王好佛邁隋文, 建塔致瑞那擅美)[53]라고 하였다. 세조를 수나라 문제에 비긴 것은, 뒷날 그가 지은 「수문」(隋文)이라는 글에서 "만일 마음을 바치지 않고, 몸 바치고 재물 바치는 것이 백천만을 헤아린들 도(道)에 무슨 보탬이 되겠는가?"(如不捨心, 捨身捨財, 百千萬計, 奚益於道)라고 말한 내용과 대조할 때, 그 비판의 뜻을 짐작할 수 있다.

김시습은 세조의 불심과 효심을 의심하지 않았다. 세조가 내불당에 송이버섯 대여섯 개, 포도 일고여덟 송이, 율무 한 움큼, 팥배 일고여덟 개를 차례로 보내온 일이 있었다. 그러자 김시습은 "주상이 몇 군데나 보내는가?"라고 중사(中使: 내시)에게 물었다. "종실이나 외척이 새 철 음식을 바칠 때마다 반드시 문소전(文昭殿)에 먼저 드리고 그 다음에 이곳으로 보내시고 나서야 드십니다"라는 말을 듣고, 김시습은 세조가 선왕을 제사하고 부처를 봉양하는 효성을 지녔다는 사실에 감동하였다.[54] 문소전은 곧 태조의 비 신의왕후 한씨의 위패를 모신 사당인데, 태조와 태종의 위패도 함께 모신 전각이다.

김시습은 세조의 『법화경』 번역 사업 자체에 대해서는 다음과 같이 예찬하였다.[55]

구중 심처에서 법화경을 번역하니	蓮經譯自九重深
가릉빈가(迦陵頻伽: 묘음조) 한 구절이 뭇 새 울음보다 뛰어나다.	一句頻迦出衆禽
장안에 처음 온 산스크리트 경전은 언어가 난삽했고	梵筴到秦言尙澁

구마라습의 한역(漢譯)은 취지를 찾기 어렵더니,	華言自什趣難尋
지금의 낭랑한 제어(諦語)는 은하처럼 밝고	琅琅諦語昭雲漢
뚜렷한 진전(眞詮)은 묘음(妙音)을 풀어냈네.	歷歷眞詮演妙音
한나라와 당나라의 번역한 자취를 보건대	觀彼漢唐飜解迹
등란(騰蘭)과 현장(玄奘)이 우리 군주 마음만 하랴?	奘蘭能似我王心

김시습은 이 시 뒤에 자신의 감회를 적었다.

"한나라의 등란과 당나라의 현장은 불경을 한역한 공이 있다. 하지만 등란은 '호인'(胡人)이었고 현장은 불경을 해석하는 승려로서, 번역을 한때의 자랑거리로 삼았을 뿐이다. 그들에 비하여 우리 군주(세조)는 문치(文治)와 무공(武功)이 역대의 제왕보다 뛰어나며, 정무를 보시는 여가에 백성을 제도할 목적으로 직접 불경을 번역해서 백성을 교육시키려고 하시니, 참으로 천고의 제왕 가운데 다시 듣지 못할 업적을 이루었다."

김시습은 이렇게 세조의 불경 언해 사업을 예찬하였다.

또한 김시습은 "지금의 주상은 내란을 크게 안정시키고 선대의 유지를 이어받았으니 그 공덕의 아름다움은 만세에 전할 만한 것으로, 사실 천고에 고작 한 번 있을 만한 것이다"라고 말하였다.[56] 세조에 대해 그는 요순의 정치를 일으켜 주기를 기대하였다. 그러나 그 기대는 오래가지 않았다.

_ 『묘법연화경별찬』을 짓다

김시습은 『묘법연화경』과 인연이 깊다. 뒤에 보듯, 그는 무량사에서 죽는 해에 무량사에서 간행된 목판본 『묘법연화경』에 발문을 남긴다.

김시습은 『묘법연화경』을 선(禪)과 연결시켜 해석하여, 당시의 여러 승려나 불교학자와는 다른 관점을 취하였다.

본래 『묘법연화경』은 천태종의 소의(所依) 경전인데, 천태종은 지관(止觀)과 교학(敎學)을 동시에 수행하는 교선겸수(敎禪兼修)의 종파이다.

『묘법연화경』의 종취(宗趣)는 중국 천태산의 지자 대사(智者大師, 538~

597)가 지은 『법화현의』(法華玄義)와 『법화문구』(法華文句)가 유행하면서 선(禪)에 속했으나, 김시습이 보기에 '근대의 강사(講士)들'은 그 종지(宗旨)를 연구하되 단지 교학의 글귀에서 쟁론할 뿐이고 선가(禪家) 쪽에서 감변(勘辨: 이치를 따짐)하려고 들지 않았다.* 그래서 그는 별찬(別贊)을 지어, 『묘법연화경』의 의취(意趣)를 선가의 관점에서 파악하였다.

『묘법연화경』은 이 경을 하나밖에 없는 교리라고 내세우고, 이 경을 믿으면 누구나 부처가 되어 영원히 안락을 누릴 수 있다고 설교한다. 법화라는 말은 진흙 속이기 때문에 흰 연화가 피어나듯이, 이 세상이 더럽고 악하기 때문에 아름다움을 더한다는 뜻이다. 본래 인도에서 태어난 불경이지만, 구마라습의 한역 7권 28편 품이 주로 읽혀왔다.** 이 28편은, 부처가 깨달음의 방편(方便)으로 세 종류의 수행 방법을 설교했지만 깨달음의 방법은 사실 한 종류밖에 없으며, 모든 생명 있는 존재는 누구나 성불할 수 있다고 단언하고 있다. 김시습은 그 28편 각각에 찬(贊)과 게송(偈頌)을 붙였다.

제3품인 「비유품」(譬喩品)은 삼승과 일승을 세 가지 수레와 한 가지 수레에 비유하여 설명하였다. 어떤 마을의 부잣집에 불이 나서 불기둥이 솟아올랐으나, 아이들은 노는 데 정신이 팔려 뛰쳐나오라고 타일러도 듣지 않았다. 주인은 아이들에게 문 밖에 양에 맨 수레, 사슴에 맨 수레, 소에 맨 수레가 있으니 마음대로 가지라고 하였다. 그러자 아이들은 다투어 뛰쳐나왔다. 주인은 또 사랑하는 자식들을 위해 화려한 수레를 만들어 흰 소를 매어 똑같이 나눠 가지라고 하였다. 그 주인은 처음에는 아이들이 준비한 정도와 취미에 맞게 세 가지 수레를

---

* 김시습은 "내가 이 경을 읽으면서 눈으로 자세히 보니 유연히 선가의 의취가 있었다. 그래서 짧은 게송을 붙이는 한편, 그 기이한 자취를 서술하는 바이다"라고 하였다. 성균관대학교 대동문화연구원 편, 『梅月堂全集』수록, 「묘법연화경별찬」 서문 참고.
** 28품은 「서품」, 「방편품」, 「비유품」, 「신해품」, 「약초유품」, 「수기품」, 「화성유품」, 「오백제자수기품」, 「수학무학인기품」, 「법사품」, 「견보탑품」, 「제바달다품」, 「권지품」, 「안락행품」, 「종지용출품」, 「여래수량품」, 「분별공덕품」, 「수희공덕품」, 「법사공덕품」, 「상불경보살품」, 「여래신력품」, 「촉루품」, 「약왕보살본사품」, 「묘음보살품」, 「관세음보살보문품」, 「다라니품」, 「묘장엄왕본사품」, 「보현보살권발품」 등이다.

준비했던 것이고, 나중에는 화려한 수레를 함께 갖게 한 것이다. 부처도 모든 사람들을 고통과 번뇌에서 구원하기 위해 그 수준에 맞게 성문(聲聞)·연각(緣覺)·보살(菩薩)의 삼승(三乘) 교리로 설교하지만, 궁극적으로는 모두 부처가 될 수 있다는 일승 교리를 깨닫게 하려고 한다. 여기서 불타는 집은 고통과 번뇌로 가득한 현실세계를 말한다. 그런데 김시습은 「비유품찬」(譬喩品贊)에서, 불타는 집이 바로 연화장이라고 하였다. 현실세계를 벗어난 다른 곳에 연화장이 있는 것이 아니라고 본 것이다.

기둥과 대들보 반쯤 기울고	柱根樑棟半欹斜
화염이 뜨거워 더없이 괴로워라.	烟焰相煎苦莫加
장자의 한 수레, 본래의 소망을 뛰어넘었으니	長者一車超本望
불타는 집이 바로 연화임을 알겠도다.	從知火宅是蓮花

제7품인 「화성유품」(化城喩品)은 조화를 부려서 만든 성곽에 대한 비유를 들어서, 삼승은 일승에 이르기 위한 수단이라고 설교한다. 어떤 길잡이가 많은 사람을 이끌고 보물산을 향해 가는데, 길이 멀고 사람들이 지쳐서 더 갈 수가 없었다. 그러자 길잡이가 조화를 부려 화려한 성을 만들어놓고 그 성까지만 가면 모든 피로가 풀린다고 타일렀다. 사람들이 힘을 내어 그 성에 이르자, 길잡이는 보물산이 지척에 있으니 따라나서라고 하였다. 이렇게 해서 길잡이는 사람들을 이끌고 보물산에 닿았다. 이 비유에서 조화로 만든 성은 소승(小乘)의 경지이고, 보물산은 부처의 경지, 길잡이는 부처를 뜻한다.

하지만 김시습의 관점은 달랐다. 그는 「화성유품찬」(化城喩品贊)에서, 물 넘고 산 넘어 보물산을 찾아나서지만 사실 보물산은 길잡이가 거짓으로 만든 성, 바로 이 현실 공간에서 조금도 옮겨간 적이 없다는 점을 강조하였다.[57]

일승의 미묘한 법은 둘도 아니고 셋도 아니네. 이승의 땅을 가짜로 이름하여 휴식한다면, 일승의 참된 진보가 있는 곳은 멀지도 않고 막히지도 않기에 임시로 거짓 성(化成)을 세워 안온시켰다네. 이러한 비유는 자상하건만, 어이하여 의심해서 깨우치지 못하는가. 불쌍하게도 소과(小果)의 증거를 취하려 들고 지난날의 인연을 차례대로 열거하니, 이렇기에 불지혜는 이해하기 어렵고 믿기도 어려운 법. 저 소승이 점교(漸敎)든 점입(漸入)이든 간에, 만일 큰 성이 환상인 줄 안다면 비로소 보물산도 진짜가 아님을 알리라. 그렇다면 끝내 무엇으로 증명할 것인가? 그림자 없는 나무에 꽃이 만발하니, 마음대로 따서 법왕에게 바치도록 내버려두라.[58]

또한 김시습은 다음과 같은 게송을 붙였다.

고향은 아스라이 먼 변방에 있으니	故鄕遼敻隔邊陲
물은 넓고 산은 멀어 길 더욱 어긋난다.	水闊山遙路轉差
길잡이가 방편으로 거짓 성을 만든 곳에서	會得導師權化處
보물산이 조금도 옮겨간 적 없음을 알리.	方知寶所不曾移

『묘법연화경』의 핵심은 제16품인 「여래수량품」(如來壽量品)이다. 여래수량은 부처의 수명이라는 뜻으로, 「여래수량품」은 부처가 영원한 존재로서 우리를 구원한다는 사상, 즉 구원실성(久遠實成)의 본불(本佛)사상을 말하였다. 부처는 가야성에서 처음 부처가 된 듯 알고 있지만, 실은 아득한 옛날에 이미 부처가 되어 있었다. 부처는 그때부터 늘 이 세상과 다른 세상에 있으면서 어떤 때는 연등부처로 태어나고, 어떤 때는 저승에도 가서 무수한 사람들을 교화하였다. 다만, 부처는 자기가 영원히 살아 있다고 말하면 사람들이 어느 때나 만나볼 수 있다고 생각하여 공경하지 않을 것이므로 80년밖에 살지 못하고 세상을 떠날 것이라고 말했다고 한다.

김시습은 「여래수량품찬」(如來壽量品贊)에서, "법계의 몸은 본래 들고 남이 없지만 대자비(大慈悲)의 원력(願力)으로 오고감을 보였다"고 하였다.

청정한 법계의 몸은 본래 출입이 없건만, 대자비의 원력으로 오고감을 보이다. 여래의 수명을 알고 싶은가? 비록 미진수(微塵數)의 한량없는 먹〔墨: 즉, 글자〕으로도 비유키 어려우리. 연등불(燃燈佛)의 뒤를 이어 보리(菩提: 깨달음)를 증득(證得)한 것은 평지에 창파를 일으킨 격이고, 왕궁에 내려와서 열반에 든 것은 노파가 황엽(黃葉)을 돈이라고 하여 아이의 울음을 그친 격이로세. 생(生)이 아닌데 생을 나투어보이니, 세상의 모든 물마다 달빛이요, 멸(滅)함이 아닌데 멸함을 나투어보이니, 하늘 가운데 일월이로세. 방편으로 중생들을 위하여 법을 말하고 열반을 보인 것은, 마치 의사가 약 처방을 남겨두고 가겠다고 하는 것과 같으니, 그렇다면 어찌하여 현세에는 보이지 않는가? 당처를 떠나지 않아 항상 담연(湛然)하지만, 찾으려면 그대여 볼 수가 없다네.[59]

부처는 본래 생(生)도 멸(滅)도 없으며, 그 자리를 떠나지 않아 항상 담연하다. 그렇다면 현실의 바로 지금이 열반의 즉처(卽處)인 셈이다. 김시습은 이 찬(贊)에서 현실의 바로 그 자리를 중시해야 한다는 사상을 펴보였다.

제20품인 「상불경보살품」(常不輕菩薩品)은 부처가 지팡이나 나무나 돌로 맞는 모욕을 당하더라도 상대방에게 예배하면서 남자 여자의 구별 없이 누구에게나 수기(授記: 설법)를 주었기에, 보리를 빨리 얻어 도과(道果)를 이루었다고 말한다. 그런데 김시습은 「상불경보살품찬」(常不輕菩薩品贊)에서 "법에는 높고 낮음이 없고, 모든 부처는 중생의 마음속에 있다. 중생들이 그때 그때 부처를 이루어, 나와 남의 상(相)을 떠난다. 중생들의 몸 안에서 모든 부처가 생각생각마다 참을 증득한다"[60]라고 하여, 중생들이 지금 바로 그 자리에서 부처를 이룬다는 사실을 말하였다. 나와 남의 상(相)을 떠나 진정한 존재로 거듭 태어나는 것에는 상하귀천의 구별이 없다고 강조한 것이다.

부처는 자신의 몸을 태운 그 빛으로 세계를 비추는 존재가 되었다고 한다. 『묘법연화경』의 제23품인 「약왕보살본사품」(藥王菩薩本事品)은 개개인이 누구나 그러한 존재가 되어야 한다고 설교한다. 김시습은 그 찬(贊)에서, 한 글자도 세우지 않으면서도 법을 연설하고 한 몸을 아끼지 않고도 몸가짐을 정밀하게

했던 것이 정진(精進)이요 참 공양〔眞供養〕이라고 말하였다. 그리고 격앙된 마음으로 게송을 읊었다.[61]

약왕보살은 몸을 사르고 두 팔을 불태워	藥王燒身燃兩臂
뚜렷한 모범을 수행자에게 보였도다.	分明標格示行人
이렇게 불법에 정통하여 수지(受持)한다면	若能如是精持法
이것이 부처의 은덕에 보답한다 이름하리.	是則名爲報佛恩

세상 사람들은 너나 할 것 없이 모두 슬픔과 고통에 싸여 있다, 그것이 인간의 조건이다. 하지만 내 몸을 사르고 두 팔을 불태워 남의 슬픔과 고통을 치유한다면, 함께 슬픔과 고통을 디디고 보물산으로 이르리라. 김시습은 결심하였다. 나의 정신을 나의 집 속에 가두어두지 않고, 중생을 향해 개방하리라고.

김시습은 『묘법연화경』을 수지(受持: 가르침을 받아 잊지 않고 지님)하는 자는 반드시 본지를 체(體)로 삼고 묘행을 용(用)으로 삼아 지(知)와 행(行)을 둘 다 온전히 함으로써 자유자재해야 한다고 강조하였다.

혹시 이름〔名〕과 모양〔相〕이나 따르고 글귀와 글자 수나 따진다면, 이는 예전 그대로 봉한 데 헤매고 껍질에 걸리는 것이니, 그 거리가 어찌 흰 구름이 천만리 가리고 있는 상태에 그치겠는가? 그러므로 이 경을 강론하는 자는 삼대나 좁쌀만큼 많지만, 이 경을 옳게 풀이하는 자는 십분의 일도 못 된다. 그러니 쥐가 찍찍거리듯 새가 짹짹거리듯 떠드는 자들을 낱낱이 어찌 다 지탄하여 말하겠는가?[62]

그러나 중생들은 근기(根機)가 모두 같지 않다. 김시습은 현실적, 경험적 안목으로 그 점을 명확히 인식하였다. 하지만 근기가 아직 익지 않은 자에게도 자유자재함, 성불의 기회는 열려 있다. 즉, 이 경을 듣기만 해도 부처가 될 종자(種子)의 인연을 맺을 수 있다고, 김시습은 말하였다.

비록 이와 같은 것이라 하지만, 옛사람이 말하기를 "듣기만 하고 믿지를 아니해도 오히려 부처가 될 종자의 인연을 맺게 되고, 배워서 성취하지 못했어도 그래도 인간이나 천상에 태어날 과보(果報)와 같다"고 하였으니, 꼭 일률적으로 말할 수는 없다 하겠다. 하물며 이 경은 자비와 지혜로써 체(體)를 수립하여, 성내는 사람이나 기뻐하는 사람이나 편벽된 사람이나 원만한 사람이 모두 한결같이 보배 있는 곳에 들어가게 되고, 비방하여 헐뜯고 꾸짖어 욕하는 이도 모두 수승(殊勝)한 인연을 맺게 되며, 잠깐 한 게송만 지니거나 따라서 좋아하는 자도 모두 원성(圓成)할 것이다.[63]

김시습은 『묘법연화경』 언해 사업에 가담했지만, 불경의 자구(字句)를 한 글자 한 글자 풀이하는 것으로 그치지 않았다. "세간의 법에 물들지 않고, 연화가 물 속에 있듯이 존재하는"(不染世間法, 如蓮花在水) 인간을 지향하는 『묘법연화경』의 정신을 온전히 실천하고자 결심하였던 것이다.

김시습의 『법화경별찬』은 '연경별찬'(蓮經別贊), '연경수품찬송'이라고도 불린다. 이 책은 그가 죽은 지 31년 뒤인 1524년(중종 19)에 경상북도 문경에 있는 지화산(地華山) 쌍룡사(雙龍寺)에서 개판(開版: 처음으로 목판에 새겨서 간행함)되고,[64] 다시 1546년(명종 원년)에 황해도 서흥(瑞興)에 있는 숭덕산(崇德山) 귀진사(歸眞寺)에서도 재간행되었다.

_ 금오산실의 복축

1463년 가을에 『법화경』 언해 사업에 참석하고 금오산으로 돌아온 김시습은 한동안 용장사 경실에서 생활하다가, 1465년(을유) 봄에는 '금오산실'(金鰲山室)을 복축(卜築: 살 만한 곳을 가려서 집을 지음)하였다. 그것은 1465년 봄에 원각사 낙성회에 불려가서 지은 시 「원각사 낙성회」의 병서(幷序)에서 "내가 을유년 봄에 금오산실을 복축하여 마치 일생을 마치려는 듯이 하였다"(余於乙酉春卜築金鰲山室, 若將終身)고 술회한 데서 알 수 있다.[65] 아마도 본래 용장사가 있던 남산 용장골의 용장사 부근이나, 후대에 매월당의 유지가 있었다고 전해지는 천룡사(天龍寺) 부근에 작은 집을 지었던 듯하다.

그런데 1463년 가을부터 1465년 봄까지 김시습이 어떠한 생활을 했는지는 분명하지 않다.* 아마도 그는 1462년 겨울부터 1463년 가을까지 경주의 유적지를 배회했던 것과 마찬가지로, 일대의 유적지를 소요하면서 울분을 삭이고, 또 한껏 자적(自適)한 심경을 추구했을 듯하다. 김진문이나 주계정 같은 진사 출신의 인물들과 유불의 도리에 대하여 논하고, 모기내 가에서 목욕을 했으며, 날이면 날마다 수풀과 저자를 찾아 노닐었을 것이다. 그러면서도 밤이면 『초사』를 읽고 비통한 심정을 토로했을 것이라고 생각된다.

1465년 봄에 금오산실을 엮으면서, 김시습은 절의의 뜻을 더욱 굳히고 정치현실이나 현실 생활에 대해서는 눈감을 생각을 굳혔던 듯하다. 그것이 그에게 뒷날 "마치 일생을 마치려는 듯이 하였다"고 술회하게 했던 것이 아닌가 여겨진다. 김시습은 결함세계를 응시하는 비통한 감정을 시로 토로하였다.(66) 다시는 세간으로 돌아가지 않겠다는 결심이었다.

_ 원각사 낙성회에 참여하고 도첩을 받다

금오산실에서 일생을 마치려던 김시습의 계획은, 1465년(세조 11) 3월 그믐에 경주부 관원들이 찾아오면서 틀어졌다. 효령대군이 말을 보내어 원각사 낙성회에 참석하라고 종용한 것이다.

이보다 한 해 전인 1464년(세조 10) 5월, 효령대군이 양주 회암사에서 원각법회를 열었을 때 여래가 나타나고 수백 개의 사리로 분신하는 기적이 일어났다고 한다. 세조는 왕세자 및 대군들과 의논하여 옛 홍복사(興福寺)터(지금의 탑골공원)** 부근의 가옥 200여 호를 철거하고 중앙에 대광명전(大光明殿), 왼쪽에

---

* 김시습이 일단 정리했을 『유금오록』에는 1466년 정월에 경주부윤으로 부임한 최선복(崔善復)에게 준 시가 있는데, 오히려 1465년 봄에 원각사 낙성회에 참석하고 돌아올 때 지은 시나, 돌아와서 그해 가을에 지은 시가 그 뒤에 놓여 있는 등, 시만 두고 보면 그의 생활을 편년별로 살펴볼 자료가 부족하다.
** 홍복사는 홍복사(弘福寺)라고도 하며, 조선 태조 때 조계종 본사로 지정되었다가 태종의 억불정책

선당(禪堂), 오른쪽에 광장을 만들어 1465년 4월에 원각사를 낙성하였다. 6월부터는 동(銅) 5만 근을 모아 종을 주조하기 시작해 1466년 정월에 완성하였다. 또 1467년(세조 13) 4월 8일에는 십층석탑(3층 기단, 10층 탑신)을 완성하고, 분신 사리와 신역(新譯) 『원각경』을 안치하였다.[67] 이 석탑은 흰 대리석을 사용했으므로, 조선의 문인 학자들은 그 탑을 '백탑'(白塔)이라고 불렀다.

세조는 원각사에 운수천인도량(雲水千人道場)을 베풀었다. 운수천인도량이란 1천 명의 승려를 공양하고 불법을 펴는 일로, 천승공양(千僧供養)·천승재(千僧齋)·천승회(千僧會)라고도 한다. 빔비사라(頻婆娑羅王)가 1천 명의 비구에게 공양하겠다고 약속하여 그가 죽은 뒤 마하가섭(摩訶迦葉)이 1천 명을 모아 경장(經藏: 불경)을 결집(結集: 편찬)한 데서 기원한다. 중국 남북조시대부터 성행하여 군주와 귀족들이 자주 행했으며, 일본에서도 효덕천황(孝德天皇)이 652년에 강경(講經: 불경 강독)을 한 후로 천승공양을 자주 벌였다.

천인도량을 베풀려 하자 여러 승려들이 모두 "이번 모임에 설잠이 없을 수 없다"고 했으므로, 효령대군은 세조에게 김시습을 부르도록 청하였으며, 이에 세조는 허락하였다. 그래서 3월 그믐, 효령대군은 경주부에 명을 내려 김시습에게 상경을 종용했던 것이다.

"성상께서 옛 흥복사를 새로 중수하여 원각사라 명명하고 스님들에게 낙성회에 모이도록 소집했는데, 내가 선사를 성상께 추천했더니 성상께서도 경사스러운 모임에 참석하라고 명하셨소. 그러니 선사께서는 산중이나 계곡에서 먹고 마시던 마음을 풀고서 거절하지 말고 참석하시오."

김시습은 칩거하겠다는 뜻을 갑자기 바꾸어 낙성회에 참여하기로 결심하였

으로 폐사되었으며, 그 터는 공해전(公廨田: 경비를 충당하기 위해 나누어진 토지)이 되어 있었다. 세조 때 원각사가 들어섰지만, 그 뒤 1505년(연산군 11) 2월에는 기생과 악사들을 관장하는 장악원(掌樂院)을 옮겨와 연방원(聯芳院)을 삼으려 했으나 시행되지 못하고 빈터로 남았다. 그러다가 중종반정(1506년) 다음해부터 한성부의 일부가 들어가서 청사 건물로 썼지만, 한성부 우윤 성윤조(成允祖)가 1510년(중종 5)에 급병을 얻어 죽자 원각사를 폐사한 불벌(佛罰)을 받았다는 소문이 돌아 다시 빈터가 되고 말았다. 그래서 1512년(중종 7) 이후로는 사대부와 백성들의 집이 밀집하였다.

다. 뒷날의 술회에 따르면, "좋은 모임은 늘 있는 것이 아니며 번창하는 세대는 만나기 어려운 것이다. 달려가 치하하고 곧 돌아와 여생을 마치리라" 하고 생각했다는 것이다.

그는 처음에는 망설였을 것이다. 하지만 천인도량을 여는 것이 진정한 참회의식일지 모르며, 올바른 정치를 구현하는 전기(轉機)가 될지도 모른다고 생각하였다. 더구나 좋은 모임은 늘 있는 것이 아니며 번창하는 세대는 만나기 어려운 법이라는 생각이 들자, 박차듯이 자리에서 일어났다.

날짜를 다투어 상경해서 천인도량에 참석한 그는, 효령대군의 요청으로 찬시(讚詩)를 지어 당대의 현실을 성대(聖代)로 인정하였다.[68]

시가에 버려졌던 급원(절터)이	給園初敵市街前
성군의 큰 계획으로 만만년 가게 되었도다.	聖曆鴻圖萬萬年
솜옷에 둥근 머리는 부처님 만나는 날이요	毳服圓顱逢竺日
치건에 도포 입고서 요순시대를 송축하네.	緇巾曲領頌堯天
향연은 어가 따라 너울거리고	香煙裊裊隨龍駕
서기는 불상을 감싸 면면하구나.	瑞氣縣縣繞佛邊
일민(逸民)이 참여할 줄 누가 알았으랴	誰信逸民參盛會
오색 구름 꽃 속에 주선함이 즐거워라.	五雲朵裏喜周旋

경찬회에는 솜옷에 둥근 머리를 한 승려와 치건에 도포를 입은 유가 문신들이 모였다. 김시습은 자신은 승려도 아니고, 문신은 더더욱 아니며, '일민'으로서 참여한다고 하였다.

일민이란 정치세계와 단절한 채 은거하는 사람을 말한다. 『후한서』(後漢書) 「일민전」에 수록된 일민들은 '벼슬살이를 하지 않음'〔不仕〕, '사직하고 떠남'〔辭去〕, '일어나지 않음'〔不起〕, '불러도 오지 않음'〔不至〕, '숨어 삶'〔隱閉〕을 통하여 한결같이 정계와 단절하였다. 김시습은 정치와 무관한 일민으로서 자기의 시대를 태평시대로 보고, 그 태평시대를 살고 있다는 기쁨을 느꼈다. 하지만 동시에 '일민'이라는 말을 사용함으로써, 당시의 정치 현실을 완전히 인정할 수 없다는 뜻을 가만히 드러냈다.[69]

고위 관료들과 여러 문신들이 치하하는 것을 바라보면서 김시습은, "온갖 정치를 제대로 하고 불교도 숭상하니, 백관들이 태평성대를 축하하네"(庶政已修崇竺法, 千官初賀捧堯天)[70]라고 하였다. 또 세조가 친히 계권(契券: 출가하여 수계한 자에게 관에서 급여한 도첩)*을 적어 내려주자, "불법을 널리 반포하여 요 임금 때와 같은 태평 시절에 가깝고, 왕도정치의 강령을 넓히시어 순임금의 날을 펴셨네"(掀飜佛法堯天近, 恢廓王綱舜日舒)[71]라고 예찬하였다. 치세를 인정한 것이다. 다시 세조가 대사면을 반포하자, "부처의 감식은 귀신 같아 쉽게 알 수 없지만, 계간(鷄竿)의 혜택은 뭉게구름처럼 피어오른다"(佛鑒如神非淺識, 鷄竿霈澤政油然)[72]고 하였다. '계간'은 사면령을 내릴 때 나무에 새긴 닭을 장대에 높이 내걸었던 옛 풍습에서 나온 말이다.

불교는 현세간에서의 실천을 중시하므로 유교의 치국 이념과 조화를 이룰 수 있을 것이다. 그렇게 생각한 김시습은, 세조가 불의의 방법으로 권력을 장악한 것에 대해서는 분노했지만, 태평성대가 오기를 기대하였다.

또한 김시습은 이때 세조에게서 '계권', 즉 도첩(度牒)을 받아 승려로서 신분을 보장받았으므로, 행동이 훨씬 자유로워졌다. 세조의 정권을 인정하지 않았기에 승려의 행색을 취한 그가, 승려로서의 신분을 세조로부터 인정받은 것은, 아이러니라고 하지 않을 수 없다.

---

* 『매월당전집』 속집 권2에 「수계권」(受契券)이라는 시가 있고, '어제'(御製)라는 주(註)가 붙어 있다. 『매월당시사유록』(1624~1627년 간행)에도 '受契券'으로 표기되어 있다. 이 시의 제목은 '계권(契券)을 받다'로 풀이해야 할 것이다. 이때 '계권'은 증서라는 뜻이니, 도첩을 가리킬 것이다. 『매월당시사유록』에서 「受□契券」과 같은 식으로 '契' 자 위에 공경을 표시하는 공격(空格)을 둔 것을 보면, 이와 같은 해석이 옳다. 또 이 시에서는 "노란 종이에 자색 도장 찍은 것을 궁궐 섬돌로 내려주시니"(紫尼黃紙降彤除)라 하고, "성은을 말로 이루 다 표현할 길이 없습니다"(聖恩難以語言攄)라고 하였다. 도첩을 내려준 성은에 감사한 것이다.

_ 호국불교와의 거리

그러나 세조에게서는 참회의 자세를 찾아볼 수가 없었다. 불교는 세조의 정치 권력을 정당화하는 쪽으로 이용되었다.

김시습이 「원각사찬시」(圓覺寺讚詩)를 지어 효령대군에게 바치자 효령대군은 그것을 곧바로 세조에게 바쳤다. 세조는 그것을 보고, "이 찬시는 매우 훌륭하다. 환궁하여 그를 인견(引見)할 것이니 그때까지 절에 머물러 있게 하라"고 하였다. 그러나 김시습은 세조를 만나볼 마음이 없었다. 그는 "오직 산수나 즐기면서 놀고 싶은 생각뿐이었다"고 술회하였다. 숨은 뜻이 있는 말이다.

뒷날 김시습은 이때의 일을 회고하여, 서울에 머문 지 "며칠이 되지 않아" 길을 떠났다고 회상하였다. 길을 떠나는데 세조의 소명(召命)을 두세 번이나 받았으나 끝내 질병을 핑계로 응하지 않고 금오산으로 향했다고도 하였다.[73] 그런데 실은 그는 여름 한철을 서울 부근에 머물렀다. 서울에 체류한 날이 며칠에 불과하다고 한 것은 심리적인 시간을 말한 것일 뿐이다.

김시습은 백성들이 불교에 쏠려서는 안 된다고 경고하기 시작하였다. 세조가 왕세자에게 사리를 거두게 하는 것을 보고는 시를 지어, "다만 어리석은 백성을 현혹시키지 않는다면, 천추의 이 즐거움도 크게 허물될 것 없으리"(但勿愚氓多眩惑, 千秋此樂且無愆)[74]라고 하였다. 불교에 의한 우민화정책을 우려한 말이다. 이것은 뒷날 지은 논문 「송계」(松桂)나 「부세」(扶世) 등 잡저(雜著)의 논조와 통한다.

「거거라」(車渠螺) 시의 후지(後志)에서 그는, 군주가 불교를 숭상하는 것을 비판하고 백성을 근본에 두는 정치를 해야 한다고 더욱 강한 어조로 논한다. 즉, "불교를 믿는 데는 손실도 있고 이익도 있다"고 전제하되, 수나라 문제의 호불은 그나마 백성들에게 피해가 없었다고도 할 수 있지만, 세조의 지나친 호불은 엄중한 결과를 초래할 수 있다고 경계하였다. 그래서 "옛날 고려의 태조는 도선의 도참술을 믿고 삼한을 통합하여 오백 년의 기업(基業)을 물려주었지만, 그 후 공민왕은 편조(遍照)의 청담(淸談: 우주의 근원을 無로 보고 무에 대해 논하는 이야기)에 빠져 자신의 한 몸도 지키지 못하였다"고 말하였다. 김시습은 호불정책이 오히려 대중의 삶을 피폐하게 만들리라고 우려하였기에, 세조의 호불정책을 비판하였다. 군주에 의해 잇따라 이루어지는 대대적인 불사는 결국 불교를 대중의 삶에서 유리시키고, 불사를 통하여 기존의 권력 구조가 고착화되게 마련이었다.

이미 신라불교에서도 의상(義湘: 義相)* 대사가 "하나가 모두이고 모두가 곧 하나"(一卽一切, 多卽一)임을 외쳤지만, 그것이 결국 권력 구조를 고착화하는 데 기여했다는 사실을 김시습은 잘 알고 있었을 것이다. 그는 차라리 원효 대사가 「발심수행장」(發心修行章)에서 "행자(行者)라도 지음(행위·행동)이 맑으면 온 하늘이 함께 찬양하지만, 도인(道人)이라도 속세에 연연하면 착한 신이 버린다"라고 말한 대중 구원의 메시지를 더욱 좋아했던 것이리라.

김시습은 세간에 오래 머물 수가 없었다. 이미 그는 「원각사 낙성회」 시의 서문에서, "달려가 치하하고 곧 돌아와 여생을 마치려는 것이 평소의 심경이었다"고 밝힌 바 있다. 더구나 그는 세조에게서 인정(仁政)과 호불(好佛)의 균형을 기대하기 어렵다는 사실을 깨달았다.

_ 책을 구입하다

김시습은 불사에 참여한 뒤 상으로 얼마간 돈을 받았다. 아마도 효령대군이 내려준 것인 듯하다. 그 돈으로 그는 『맹자대전』, 『성리대전』, 『자치통감』, 『노자』 등의 서적을 구입하였다. 일부는 교서관(校書館)에서 구입한 것이다. 또는 이 책들은 1463년 가을에 『법화경』 언해 사업에 참여한 대가로 구입하여 그해 가을에 금오산으로 가져갔던 것인지 모른다. 그러나 현전하는 『매월당집』의 「유금오록」에서는 원각사 낙성회에 참석하고 도성을 떠나기 위해 효령대군에게 청원하여 올린 시와 세조의 귀환령을 고사하는 시 사이에 들어 있으므로, 여기서는 일단 원각사 낙성회 이후의 일로 서술한다.

* 의상(義湘)의 법호에 대하여 작고하신 김지견(金知見) 박사는 '義相'이 옳다고 논했으나, 아직 '義湘' 쪽이 통용되고 있다. 金知見, 「法界圖圓通記의 해제」(한국정신문화연구원, 1995년 영인 『法界圖圓通記』 卷首), 11~16쪽.

『맹자대전』은 『사서오경대전』(四書五經大全) 가운데 하나로, 세종 때부터 조선 유학의 기본 텍스트가 된 책이다. 또 『성리대전』 역시 세종 때부터 성리학의 기본 개념을 이해하는 데 가장 많이 참고하던 책이다. 한편, 『자치통감』은 세종 때 역사학과 정치학의 이론적 토대가 된 책으로, 세종 스스로 경복궁의 사정전(思政殿)에서 여러 신하들과 함께 훈의(訓義)를 달았다.

이보다 앞서 1419년(세종 원년)에 명나라 영락제(永樂帝)가 칙령(勅令)으로 편찬한 『사서오경대전』을 보내오자, 세종은 1427년(재위 9)에 충청도·전라도·경상도·강원도에 각각 판각을 분담시켜 1435년(재위 17)에 이르러 전부 판각을 끝냈다. 다시 1426년(재위 8)에는 『사서오경』과 『성리대전』을 중국에서 사오도록 했는데, 그해 11월에 귀환한 진헌사(進獻使)가 『사서오경』과 『성리대전』을 『통감강목』과 함께 바쳤다.

세종 때는 문학과 정치학을 나란히 발전시켰는데, 정치학의 기본 이념은 사마광(司馬光)의 『자치통감』과 주희(朱熹)의 『자치통감강목』을 주요한 근거로 삼았다. 세종은 1421년(재위 3) 3월에 『자치통감강목』을 주자소(鑄字所)에서 간행하도록 명하고, 다음해 겨울에 집현전의 교정이 끝나자 1423년 8월에 하사하였다.[75] 1434년(재위 16) 6월에는 집현전에 『자치통감』의 훈의를 편찬하도록 명하여, 1436년(재위 18) 2월 계해에 『자치통감사정전훈의』(資治通鑑思政殿訓義)를 반포하였다. 김시습의 어릴 적 스승인 이계전도 그 일에 참여하였다. 1436년 7월에는 다시 이계전과 김문(金汶)에게 『통감강목』에 훈의를 끼워넣도록 지시했고, 1438년(재위 20) 11월에는 『자치통감강목사정전훈의』(資治通鑑綱目思政殿訓義)를 병진자(丙辰字)로 간행하게 하였다.

김시습이 『통감강목』을 구입한 것은 당시 사대부 지식층의 독서 경향과 무관하지 않았다. 게다가 『자치통감사정전훈의』와 『자치통감강목사정전훈의』를 편찬하는 데 스승 이계전이 참여했으므로, 스승의 학문을 비판적으로 계승하기 위해서라도 김시습은 『통감강목』을 철저히 공부할 필요를 느꼈을 것이다. 김시습이 역사를 노래한 시나 역사적 인물의 일대기를 쓴 글에서 『통감강목』의 정통 사관과 절의관이 배어나오는 것은 결코 우연이 아니다.

_ 서울 동쪽 산에 일시 머물다

1465년(세조 11) 4월 원각사 낙성회에 참석했던 김시습은, 그해 여름을 서울의 동쪽 산에서 묵었다. 아마도 도봉산 근처에 일시 거처를 마련했던 듯하다.[76] 그것은 그가 그해 4월에 서거정을 방문하여 경주 금오정사를 기념할 만한 시를 써달라고 청한 후, 여름 한철 그를 자주 방문했던 사실에서 추측할 수 있다. 서거정과의 교유 사실에 대해서는 뒤에 살펴볼 것이다.

이보다 앞서 김시습은 효령대군에게 산으로 돌아가는 것을 허락해 달라는 청을 시로 적어보냈다.[77] 본래 초라한 집에서 한갓지게 살던 몸이 구중 궁궐에서 불러주시는 은혜를 입어 진정으로 감당하기 어렵다는 마음을 적은 시였다. 궁중의 불사에 참여하라고 세조가 직접 어명을 내렸으니, 그 은혜는 지극하다면 지극하다고 할 수 있다. 하지만 산야(山野)를 사랑하는 병이 고황(膏肓: 몸속 깊은 곳) 속에 들어 도무지 치료할 길이 없다. 오히려 여로에 올라 새벽녘에 얼핏 잠들어 꾸는 꿈이 꽃보다 더욱 감미롭고, 산으로 돌아가겠다는 상념은 실타래보다 얼키설키 꼬여만 간다. 천리 멀리 금오산을 생각하니, 푸른 봉우리에 보름달이 몇 번이나 비추었던가!

그렇기에 김시습은 도성을 나섰다. 이때 김시습이 법회에 왔다가 절 뒷간에 스스로 빠졌으므로, 승려들이 미쳤다고 여겨 그를 내쫓았다는 이야기도 있다.

귀환하라는 세조의 명이 뒤따랐다. 수레를 돌리라는 왕명이 은근했으므로, 김시습은 일단 수레를 돌려 서울로 와서 「중도에 다시 명하시어 부르시므로 한사코 사양하면서 속내를 토로한 시」(半途復命召固辭陳情詩)를 바쳤다.[78] 그 대체적인 내용은 이러하다.

신은 죄를 지어 모친을 일찍 잃었으므로 어릴 때부터 양육을 받지 못한데다가 3년간 시묘(侍墓)를 하면서 움막에서 생활하느라 지금의 고질병을 얻었으므로, 한여름과 한겨울만 되면 다시 심해지곤 합니다. 처음에는 산수를 구경한 다음 성상의 은혜에 보답하려고 했으나, 겨우 서른에 고질병이 몸에 스며들어 뜻대로 할 수가 없으니, 안타까운 일입니다. 그런데 남쪽은 기후가 따뜻하여 조금 안심

(安身)할 수 있으므로 벌써 띠집을 지어놓고 요양을 한 지가 여러 해 되었습니다. 바라건대 영원히 세간을 떠난 한나라 엄광(嚴光)의 굽힐 줄 모르는 절개를 인정하시고, 자비로운 은혜를 베푸시어 산야에 버려져 있게 해주십시오. 미천한 이 신하가 감히 어떻게 동문에 갓을 걸어두고 가겠습니까만, 병든 저의 가마 뒤에는 많은 책만 뒤따릅니다. 만일 임금의 은혜로 산야에 묻혀 살려는 원래의 뜻을 지키게 된다면 오색 구름 있는 곳에서 향을 피우고 길이 축원하겠나이다.[79]

이렇게 시를 올려 금오산으로 돌아가겠다는 뜻을 분명히 밝혔건만, 김시습은 곧바로 금오산으로 돌아가지는 않았다. 서울 부근에 일시 거처를 마련하고 서거정을 찾았고, 양주의 회암사와 송도 천마산의 여러 산사를 유람하였다.[80] 그가 경주 금오산으로 향한 것은 8월 말이 되어서였다. 그것은 그가 서울에서 금오산으로 돌아온 가을에 병으로 누워, 열흘이 지나 병석에서 일어났을 때는 이미 가을이 깊어 있었다는 시를 남긴 사실에서 알 수 있다.[81]

김시습은 앓아 눕기도 하였다. "객중에 그대로 몸져누우니, 수심이 삼실같이 어지럽다"(客中仍病臥, 愁緖亂如麻)는 토로는 이 시기에 나온 것이리라. 마음에 내키는 것은 오직 술뿐이고, 번민을 떨쳐버리는 데는 시 짓는 일보다 나은 것이 없었다. 바깥을 내다보며 김시습은, '한낮이 되어 뜨락이 그늘져 고요한데, 나비의 유충인 청충(青蟲)은 꼭 나와 같이 실을 토할 줄 아는구나' 하고 생각하였다.

길을 떠나지 못하자 김시습은 차츰 안달이 났다. "동도로 향하자니 갈 길 수천 리, 옛 산의 솔과 대는 아직도 의연하리"(將向東都路數千, 故山松竹尙依然). 그러나 생각하면, 이 우주란 길손이 잠깐 머물다 가는 하나의 역사(驛舍)와 마찬가지이다. 동쪽이든 서쪽이든 내가 가고자 하는 곳이 어디 정해져 있는 것인가?

당시 본래 계룡산 산사에 거처하던 계담(戒澹)이 김시습의 문도를 자처하여 그를 따랐다. 계담은 김시습이 회암사와 송도 천마산에 있는 산사를 유람하러 떠날 때 같이 갔다.[82]

김시습이 세조의 귀환 명령에 답하여 고사하는 뜻의 진정시(陳情詩)를 올리고 나서 곧바로 금오산으로 향하지 않고 그해 여름 서울 근교에 머문 이유는, 분명하지 않다.

_ 서거정을 찾다

김시습은 1465년(세조 11) 4월, 서거정을 찾아가 금오정사의 제시(題詩)를 청하였다. 서거정은 당시 정계의 향방과 관련하여 마음이 불편한 상태였으므로 병을 핑계로 인사를 끊고 수락산 부근 전장(田莊)에 있던 참이었다. 붓을 내던지고 시 읊기도 그만둔 지 여러 날이었다. 하지만 김시습이 하도 부탁하므로, 붓을 달려 근체시 여섯 수를 적어주었다.[83] 서거정의 문집인 『사가집』(四佳集)에 짧은 서문과 함께 「정사 경취의 총론」(摠言精舍景趣), 「춘」(春), 「하」(夏), 「추」(秋), 「동」(冬), 「해후했다가 이별하는 뜻을 적음」(敍邂逅離別之意)의 여섯 수가 실려 있다.[84]

서거정은 그 시의 서문에서, 설잠을 이미 24년 전에 알았으나 그간 소식을 몰랐다고 하였다. 그런데 불쑥 김시습이 그를 찾아간 것이다. 김시습은 이렇게 청하였다.

나는 계림 남산에 땅을 가려 서너 칸 되는 정사를 짓고 도서를 좌우에 벌여두고 그 사이에서 소요하고 음영하고 있습니다. 산중 사계절의 맛을 이루 다 말할 수 없을 정도지요. 나는 그곳에서 장차 늙을 예정이고, 또 그곳에서 입적할 생각입니다. 근자에 천리 멀리 여행길을 떠났다가 서울에 당도했는데, 내일이면 지팡이를 돌릴 예정입니다. 부디 선생께서 한마디 기념될 말을 내려주셔서 내 정사를 빛내주시길 바랍니다.[85]

서거정은 금오정사의 경치를 총괄하여 다음과 같이 노래하였다.

| 어느 해에 정사를 돈 들여서 세웠던가? | 何年精舍側金開 |
| 만리 강산을 방안에서 볼 수 있다지. | 萬里江山入座來 |

하늘이 나지막한 금오산은 바다로 이어지고	鰲極天低連瀚海
해가 뜨는 계림은 봉래산에 가깝다네.	鷄林日出近蓬萊
반월성에는 누런 잎 지고	半月城頭黃葉落
첨성대 아래는 흰 구름 모이리라.	瞻星臺下白雲堆
상인께서 건곤을 꿰뚫어보는 독안(獨眼)으로	上人一隻乾坤眼
동해를 작은 술잔처럼 보시네.	坐瞰東溟小似杯

아마도 김시습은 이때 곧바로 금오산으로 돌아갈 생각이었으므로, 송별의 뜻을 함께 적어 달라고 한 듯하다. 서거정은 「해후했다가 이별하는 뜻을 적음」이라는 시에서 이렇게 말하였다.

스님을 못 본 지 삼십 년	不見上人今卅年
다시 봐도 얼굴이 안 변하셨군.	重來面目摠依然
방외에 노닐어 삼생(三生)의 바람을 보상하였고	遊方始償三生願
면벽(面壁)하여 일미선(一味禪)에 참여하셨다지.	面壁會參一味禪
나는 지둔(支遁)과 방외지교(方外之交) 맺듯 하고	交遊我欲同支遁
선사의 시는 선권(善權: 송의 시승 靖安 高氏)을 이었군요.	詩句師應繼善權
가고 가서 옛 산을 어느 때 이를까	去去故山何日到
상방(上方) 앞 누운 소나무가 눈에 보일 듯하네.	也知松偃上方前

이때 김시습은 서거정의 시 가운데 두 수를 차운(次韻)하였다.[86]

서거정은 자가 강중(剛中), 호는 사가정(四佳亭) 또는 정정정(亭亭亭)이다. "사계절 멋진 흥취를 남들과 함께하네"(四時佳興與人同)에서 뜻을 취하여 '사가'(四佳)라는 호를 사용하였다. 사계절이 각각 자신의 공을 이룬 뒤 물러나는 것처럼 은둔하겠다는 뜻을 담은 것이다.[87]

권근의 외손이자, 이름난 학자 조수와 두보 시의 전문가 유방선(柳方善)에게서 학문과 시를 배운 그는, 세종조의 생원·진사 양과에 급제하고, 문과에 급제한 후 사가독서(賜暇讀書)도 하였다. 집현전 관원으로 있으면서 여러 학자들의 인정을 받았고, 안평대군의 시회에도 참여하였다. 그런데 1452년(문종 2)에 수양대군의 종사관으로 북경에 갔다온 것이 인연이 되어 세조의 조정에서 요직을 거치고 있었다.

김시습은 서거정의 고종 사촌인 이계전 문하에서 수학했으므로 서거정과는 어릴 적부터 알고 지냈을 것이다. 하지만 두 사람이 자주 만나게 된 것은 1465년 4월, 김시습이 원각사 낙성회에 참석한 직후이다.

5월에 김시습은 죽순, 구기자, 송이버섯, 고사리 등 산중의 네 가지 맛을 그리워하여, 서거정을 찾아가 산중 생활을 진진(津津)하게 이야기하고는 그 넷을 소재로 4수의 시를 지어 달라고 하였다.[88]

김시습이 작설차를 선물했을 때 서거정은 「잠상인이 작설차를 보내온 것을 감사하는 시」(謝岑上人惠雀舌茶)를 지어보냈다. 또 김시습이 오언율시 두 수를 서거정에게 보내자, 서거정은 차운시 두 수를 지었다.[89] 6월에 서거정은 시를 보내어, 자신과 김시습의 관계를 한유(韓愈)와 시승 문창(文暢)의 관계에 견주었다.[90] 때로 김시습은 서거정에게 유방(遊方)의 즐거움을 이야기하였다. 또 작설차와 청초혜(靑草鞋: 푸른 풀로 엮은 신)를 보냈고, 술을 들고 찾아와 즐거운 한때를 보내면서 시를 직접 수창(酬唱)한 적도 많았다. 대부분 희필(戱筆)이다. 「청은이 술병을 끼고 찾아오다」(淸隱携酒見訪)라는 제목의 시는 이러하다.[91]

소매 속에 '반야탕'을 넣고	袖中般若湯
찾아와 홍진의 객에게 먹이네.	來餉紅塵客
비 내렸다 날 개니 또한 좋아라	旣雨晴亦佳
씻은 듯 연꽃이 깔끔하구나.	荷花淨如拭
오늘 저녁이 무슨 저녁인가	今夕是何夕
두 사람 마주하여 술잔을 기울이는 밤.	兩人相對酌
소매 잡고 머물게 하였더니	挽袖更小留
산에 달이 흰 빛을 토하누나.	山月將吐白

『반야경』을 들고 와서 법담(法談)하는 것을 두고 '반야탕'이라 한 것이다. 서거정은 김시습을 두고, "유자에서 달아나 묵자로 돌아가고 묵자에서 양자로 돌아갔네"(逃儒歸墨墨歸楊)[92] 또는 "공자도 불자도 노장도 아니라네"(非孔非佛非老莊)[93]라고 해서 희필을 날리기도 하였다.

김시습이 계담과 함께 회암사로 놀러갔다가 송도 천마산의 여러 산사로 향할 때,[94] 서거정은 시를 지어 유람길을 축수해주었다.

서거정은 이보다 앞서 1451년(문종 원년) 겨울, 수양대군이 사은사(謝恩寺)로 명나라에 갈 때 집현전 교리로서 수행했는데, 도중에 모친상을 당하여 귀국하였다.* 시묘살이를 하던 1453년(단종 원년)에 계유정란이 일어나자, 그는 광릉 나루 근처에 있는 별장에 은거하였다. 1455년 윤6월에 즉위한 세조는, 서거정의 탈상을 기다렸다가 9월 2일에 그를 지제교 겸 예문관 응교에 임명하고, 원종공신(原從功臣) 1등에 올렸다. 서거정은 세조 초의 관제(官制) 개편 작업에서 주요한 역할을 하였다.**

1456년(세조 2) 윤6월에 별운검 사건이 일어나고 집현전이 혁파되자, 서거정은 성균관 사예로 관직을 옮겼다. 그는 김수온, 한명회, 임원준과 친분이 두터웠으므로, 사육신에 대하여 아무 논평도 하지 않았다. 1457년(세조 3)에는 중시(重試)에서 장원하여 통정대부 우사간에 특별히 제수되고, 지제교를 겸하였다. 이때 대사헌 김세민(金世敏)과 함께 금성대군 이유(李瑜)의 죄를 논했으니, 단종을 죽음으로 내몬 책임이 없지 않다. 그 뒤 공조참의·예조참의·이조참의를 지냈고, 중추원부사를 겸하였다. 1460년(세조 6) 6월에 이조참판 김수(金脩)가 이끄는 사은 사절의 부사로 명나라에 갔다가, 10월 7일에 귀국하였다. 공조

---

* 압록강을 건널 때 서거정의 모친이 작고했다는 사실을 알리는 서신이 왔지만, 수양대군은 이를 숨겼다. 그런데 서거정은 파사보(婆娑堡)에서 달에 변고가 있는 꿈을 꾸고 모친의 신변이 불길하다고 여겨 눈물을 흘렸다. 수양대군은 그 효성에 감동하며 소식을 말해주고 도중에 귀국시켰다고 한다.
** 서거정은 병조판서 이계전, 우찬성 정창손(鄭昌孫), 예문제학 박팽년, 예조참판 하위지, 집현전 부제학 김예몽(金禮蒙)·송처관(宋處寬), 직제학 강희안(姜希顔)과 이개(李塏), 직집현전 이승소, 수찬 심신(沈愼)과 김수녕(金壽寧), 부수찬 정효상(鄭孝常)·성간(成侃)과 함께 일하였다. 『世祖實錄』, 세조 원년 9월 2일의 기록 참조.

참의를 거쳐 11월 10일에는 예조참의에 임명되었다. 그러나 자신과 동년인 성간이 예조참판이어서 심기가 불편하였다.

1460년 10월, 중국에 사신으로 갔다가 오는 길에 서거정은 영평부(永平府)의 역리로 있는 조정(曺整)이라는 사람의 조카를 위해 영평팔경시를 지어주었다.[95] 서거정은 그 가운데 「갈석에 맑은 햇빛 쪼일 무렵」(碣石晴照)이라는 시에서 자신의 포부를 펴보였다.

예부터 해문에는 파도 심한데	海門從古浪奔雷
한 줄기 황하가 넘실넘실 흘러오네.	一帶黃河袞袞來
내 이번에 갈석산에 올라	我欲攀緣登碣石
발해가 술잔보다 작음을 보리라.	俯看溟渤小於杯

김시습은 뒷날 서거정의 이 연작시를 보고 차운하였다.[96] 그 첫 수인 「고죽국의 맑은 바람」(孤竹淸風)에서 그는 백이 숙제가 '이폭역폭'(以暴易暴: 폭정을 폭력으로 바꿈)을 비난했던 사실을 거론하고, 상산 사호(商山四皓: 한 고조 때 네 사람의 은둔자. 東園公·綺里季·夏黃公·角里先生)가 절개를 잃은 것에 대비시켰다.

역폭(易暴)의 잘못을 모른다고 크게 노래하여	長歌易暴不知非
아름다운 이름이 만고에 빛나누나.	一代芳名萬古輝
상산의 지초가 번쩍거린다 하더라도	商嶺紫芝雖曄曄
어찌 북산 고사리의 맑은 풍모만 하랴.	淸風爭似北山薇

이 시를 보면 김시습은 서거정과 정치사상이 달랐음을 알 수 있다. 하지만 김시습이 서거정의 영평팔경시에 차운한 것은, 그를 여전히 믿고 따랐기 때문이리라.

한편, 서거정은 평생 승려들과 가까이 지냈으므로 승려 행색인 김시습을 특별히 멀리할 이유가 없었다. 더구나 그는 불교의 과욕양심(寡慾養心)이 유교와 통하는 면이 있다고 보아, 사상적으로는 불교를 일부분 인정하였다. 벼슬길에 들어서기 전인 1439년에 일암(一庵) 스님[學專上人]을 만났고, 계정(桂庭: 省敏)과 사귀었다. 개경사(開慶寺)에서 공부할 때는 80여 세의 천봉(千峰: 卍雨·屯雨) 스님을 만났고, 또 지우(智牛)와 사귀었다. 1452년에는 흥덕사(興德寺)에서 신련(信連), 덕행(德行), 초우(楚牛), 이열(伊悅), 연희(演熙) 등의 스님과 교제하였다.⁹⁷⁾ 1465년에 설잠 김시습과 다시 만났을 때도 흔쾌한 마음이었다.

김시습은 원각사 낙성회가 끝난 뒤 서울 근교에 머물 때 서거정 주변을 맴돌았다. 서거정이 다름 아닌 세조의 정권을 돕는 관각 문인이라는 사실을 염두에 두지 않았다.

서거정은 당대의 지성이었다. 문학의 대가로서 국가의 전책(典冊)과 사명(詞命)을 모두 그의 손으로 지었으며, 국가의 각종 출판 사업에서 중요한 역할을 담당하였다. 1488년(성종 19)에 죽기까지 여섯 왕을 섬기며 45년간 조정에 봉사하고, 6조 판서를 두루 거친 뒤 한성판윤 두 번, 대사헌 두 번, 황비(黃扉: 재상의 직위)를 다섯 번이나 지낸다. 특히 대제학을 23년이나 맡았고, 45년 동안이나 경연에 참여하였다.

서거정은 사상적으로도 매우 폭이 넓어서, 성리학을 비롯하여 천문, 지리, 의약, 복서(卜筮), 성명(性命), 풍수에 모두 정통하였다. 남긴 저술만 보더라도 시문집으로 『사가집』이 있고, 『역대연표』·『동인시화』(東人詩話)·『태평한화골계전』(太平閑話滑稽傳)·『필원잡기』(筆苑雜記)·『동인시문』이 있다. 또 다른 사람과 함께 『동국통감』·『동국여지승람』·『동문선』·『경국대전』·『삼국사절요』를 엮었으며, 『향약집성방』(鄕藥集成方)을 국역하였다.

서거정과의 교유는 김시습의 지적 욕구에서 비롯된 것이었던 듯하다.

_ 서울에서 예술세계를 접하다

김시습은 서울에 머물면서 여러 사대부들의 연석에 참석하여 사치스러운 생활과 예술세계를 접할 기회를 가질 수 있었다.

그는 이 무렵 유행하던 〈연강첩장도〉(烟江疊嶂圖)와 〈유황고목도〉(幽篁古木

圖)를 보았던 듯하다. 그래서 뒷날 『금오신화』의 「이생규장전」을 지을 때 이생이 최처녀의 규방에서 이 두 그림을 보는 장면을 설정하게 된다.

"이생이 최처녀의 뒤를 따라가보니 누각에 오르는 사닥다리가 방안에 있었다. 사닥다리를 타고 올라가자, 과연 층다락이었다. 문방구와 책상이 매우 가지런하고 깔끔하였다. 한쪽 벽에는 〈연강첩장도〉와 〈유황고목도〉가 펼쳐져 있었는데, 모두 명화(名畫)였다."[98]

〈연강첩장도〉는 본래 송나라 왕선(王詵, 1036~1104 이후)이 54세 되던 1089년에 안개 낀 강 위에 첩첩 산봉우리가 펼쳐져 있는 광경을 그린 그림이다.* 소식(蘇軾)은 왕공(王鞏)이 소장하고 있는 〈연강첩장도〉를 보고 「연강첩장도시」를 지었다. 그 시는 『고문진보』에도 수록되어 조선의 문인들 사이에 널리 알려져 있었다. 그리고 원나라 때 조맹부(趙孟頫, 1254~1322)는 소식의 「연강첩장도시」를 행서로 썼고, 뒤에 그 글씨를 두고 명나라 때 심주(沈周)와 문징명(文徵明)이 그림을 보충해넣었다.[99] 조맹부는 또 별도로 1303년에 〈중강첩장도〉(重江疊嶂圖)[100]를 그렸다. 〈연강첩장도〉는 그 뒤 화제(畫題)로 계승되어, 명나라 말기 동기창(董其昌, 1555~1636)의 그림에도 나타난다. 김시습은 아마도 왕선의 원화를 모방한 그림이나 조맹부의 〈중강첩장도〉를 모방한 그림을 보았던 듯하다.

한편, 〈유황고목도〉는 대나무와 고목을 함께 그린 그림으로, 원나라 때 가구사(柯九思)가 〈고목신황도〉(古木新篁圖)를 그린 이후, 원나라 육광(陸廣)의 〈고목유황도〉(古木幽篁圖), 왕원중(王元中)의 〈고목유황도〉, 명나라 항성모(項聖謨)의 〈고목유황도〉가 연이어 나왔다.[101] 가구사는 문동(文同, 1018~1079)을 사사하여 묵죽(墨竹)을 쳤는데, 반드시 고목과 연초(煙梢: 안개 낀 나뭇가지), 상월(霜樾: 서리 맞은 나무)을 나란히 그려서 대나무 떨기와 어우러지게 하였다. 구불구불한 나뭇가지와 죽석(竹石)은 소식의 필법을 따랐으며, 큰 나무의 몸통과

---

* 왕선은 이성(李成)과 곽희(郭熙)에게서 산수화를 배우고, 이사훈(李思訓)의 착색 산수법을 익힌 사람이다. 그의 〈연강첩장도〉는 본래 중화궁(重華宮)에 저장되어 있다가, 현재는 상하이(上海)도서관에 소장되어 있다.

줄기는 단번에 그렸다. 또한 조맹부도 가구사의 화의(畫意)와 유사한 〈과목죽석〉(窠木竹石)을 남겼고, 명나라의 왕불(王紱)도 비슷한 화풍의 〈고목죽석〉(古木竹石)을 그렸다.[102] 이 〈고목유황도〉는 조선의 화단에 영향을 끼쳐서, 이정(李霆, 1541~1622)의 〈풍죽도〉(風竹圖)[103]도 그 영향에서 나왔다. 김시습은 원나라 화가가 그린 〈고목유황도〉의 진품이나 모조품을 보았던 듯하다.

김시습은 「이생규장전」에서 〈연강첩장도〉와 〈유황고목도〉의 제화시를 창작해 삽입해두게 된다. 그 〈연강첩장도〉 제화시 가운데 첫 수는 이러하다.

누가 붓끝에 힘이 넘쳐	何人筆端有餘力
강 한가운데 첩첩 산을 이렇게 그려냈나.	寫此江心千疊山
웅장하여라, 삼만 길의 방호산이여	壯哉方壺三萬丈
아지랑이 구름 속에 반나마 솟았구나.	半出縹緲烟雲間
먼 곳 형세는 3, 4백 리 바깥에 어렴풋하고	遠勢微茫幾百里
시야 가까이 청소라 모양 쪽머리〔산〕우뚝하여라.	近見崒嵂靑螺鬟
푸른 물결은 가없이 공중에 떠 있고	滄波淼淼浮遠空
저물녘 멀리 바라보는 사람, 고향 생각에 젖었구나.	日暮遙望愁鄕關
이 그림을 대하여 내 마음 쓸쓸해져	對此令人意蕭索
비바람 부는 소상강 만에 배 띄운 듯하여라.	疑泛湘江風雨灣

〈연강첩장도〉를 보면서 김시습은 그 그림 속에 있는 산들을 동해의 신선이 산다는 방호산(方壺山)이라고 보았다. 열어구(列禦寇)가 지었다는 『열자』(列子)라는 책에서 "발해(渤海) 동쪽에 큰 골짝이 있고 그 속에 다섯 개의 산이 있는데, 셋째가 방호산이다"라고 했는데, 그것을 의식적으로 차용하여 선경을 상상한 것이다.

또한 김시습은 〈유황고목도〉를 보고 제화시〔題幽篁古木圖〕를 남겼다.[104]

그대 못 보았나	君不見

진 왕실 쇠하여 법도 무너지자	晉室陵夷綱紀壞
풍류스런 높은 선비들 청담을 숭상한 것을.	風流高士尙淸話
또 못 보았나	又不見
전국시대 군웅들 다투어 형정이 무너지자	戰國爭雄刑政頹
칠원의 오만한 관리(장자)가 골계를 말한 것을.	漆園傲吏談滑稽
어떤 이는 소탈하여 죽림에서 노닐고	或愛放曠遊竹林
어떤 이는 고목 같은 생활로 마음을 죽은 재에 비겼지.	或以槁木擬灰心
옛사람은 아득해서 다시 일어날 수 없거늘	古人邈矣不復作
공연히 천 년 뒤 역사책에 일화를 남겼구나.	空餘千載留方冊
지금 이 그림을 보면서 생각이 아득하여	今觀此畵思杳杳
맑은 흥취가 풍진 바깥으로 일어난다.	淸興已在風塵表
대숲에선 잎이 떨어 거문고 소리 내고	幽篁蕭瑟葉相戰
고목은 가지 얽혀 울퉁불퉁하구나	古木査牙枝相繚
미친 듯 굽은 뿌리와 마른 기둥 가지는 다정도 하고	狂根枯幹如有情
반 꺾인 겨울 가지는 소리를 내는 듯해라.	半折寒枝如有聲
방 깨끗이 비우고 한 폭 그림을 펼치자	淨掃虛堂展一幅
흰 벽에서 마치 자연의 소리를 듣는 듯해라.	素壁如聞天籟鳴
훌륭한 화공이 천공(天工)을 누설하여	良工能事泄天工
나의 케케묵은 진토의 흉금을 씻어주네.	滌我萬古塵土胸
위언과 문어가*는 이미 귀신 되었으니	韋偃與可已爲鬼
어느 누가 붓 휘둘러 높은 자취를 전했나.	阿誰下筆傳高蹤
상상해보니, 붓에 먹을 적실 때	遙想含毫吮墨時
대와 나무만 보았지 견식을 모두 잊었으리.	只見竹木忘所知
견식만 잊었으랴, 자기 자신도 잊어서	豈獨忘知亦忘我

* 위언(韋偃)은 당나라 때의 화가로, 산수·대나무·인물을 잘 그렸다. 이 시에서 언급한 여가(與可) 는 송나라 때의 화가인 문동(文同)의 자(字)이다. 그는 대나무와 산수를 잘 그렸으며, 대나무 그림은 조선 전기의 귀인들 사이에서 애호되었다.

사물과 나를 모두 잊고 초연히 앉아	物我兩忘修然坐
잠깐 사이에 변화의 무궁한 실마리를 풀었으리.	須臾變化無窮緖
묘리는 붓끝 하나 까딱 않는 곳에 있기에	妙在毫芒不動處
마음에 체득하여 손으로 응하였고,	得之於心應在手
마음이 격앙되어 붓은 조화를 몰아댔으리.	筆驅造化意軒擧
한 가지 한 줄기도 사려를 거치지 않고	一枝一幹不經思
너울너울하고 굽어 서린 것이 모두 차례가 있네.	婆娑盤屈有倫序
이치에 부합한 경지는 형언할 길이 없고	理會冥造莫可狀
궁극의 경지에 이르러야 말로 나타나는 법.	眞到極則但形語
담담히 마주하여 미세한 사심을 끊어버려	澹然相對絶離微
화공의 기심(機心)은 그토록 오묘하였으리.	畫師機心妙如許
속된 선비가 어이 터득해 알랴	畢竟俗士那得知
마침 산동(山童)이 약 절구를 찧는군.	時有山童敲藥杵

뒷날 「이생규장전」에서 김시습은 〈유황고목도〉의 제화시를 새로 지었다.[105]

그윽한 대숲에선 바스스 소리나는 듯하고	幽篁蕭颯如有聲
기괴하게 솟은 고목은 정감을 품은 듯하네.	古木偃蹇如有情
미친 듯 서린 뿌리는 이끼를 담뿍 나게 하고	狂根盤屈惹莓苔
구부러진 늙은 가지는 바람과 우레를 물리쳤네.	老幹夭矯排風雷
가슴속에 홀로 조화의 굴을 지녔으니	胸中自有造化窟
기묘한 경지를 어찌 남에게 말하랴.	妙處豈與傍人說
위언과 문여가도 이미 귀신이 되었나니	韋偃與可已爲鬼
천기를 누설한대서 몇이나 알겠는가.	漏洩天機知有幾
맑은 창가에서 담담하게 이 그림 마주하여	晴窓嗒然淡相對
환상의 필묵을 보며 삼매경에 드노라.	愛看幻墨神三昧

「이생규장전」에 삽입된 제화시가 주로 그림의 소재와 화법에 대하여 노래하고 있는 데 비해,「제유황고목도」는 청흥(淸興)의 화사(畵思), 즉 그림의 주제와 정신을 논하고 신묘한 운필을 상상하였다.

신숙주가 안평대군 이용의 수장품을 대상으로 적은 『화기』(畵記)에 따르면, 안평대군도 문여가의 〈풍죽도〉 1점과 〈죽순도〉(竹筍圖) 4점을 수장하고 있었다.[106] 아마 김시습도 문여가의 그림을 직접 보았을 것이다.

또한 김시습은 당시 유행하던 조맹부의 글씨도 감상할 수 있었다. 조맹부는 호가 송설(松雪)이어서 그의 글씨체를 송설체라고도 부른다. 본래 송나라 종실 사람이었으나 원나라에 항복한 뒤 한림학사와 승지를 지냈다. 그는 왕유(王維)·이성(李成)·곽희(郭熙)·동원(董源) 등의 화풍을 배웠으며, 해서체와 행서체, 산수화로 우리나라에 많은 영향을 끼쳤다. 김시습은 역시「이생규장전」을 쓰면서, 최처녀의 규방 한쪽 벽에 조맹부의 해서체를 본받은 글씨체로 사계절의 경치를 읊은 시가 각각 네 수씩 붙어 있다는 설정을 한다.

_ 금오산으로 돌아가다

김시습은 서울의 예술 문화에서 많은 감명을 받았고, 서거정과의 교유에서 기쁨을 얻었지만, 결국 서울 근교에 안주하지는 못하였다.

그는 서울 근교에 머물면서 금오산실로 돌아가고 싶은 충동을 수시로 느꼈다. 그래서 「옛 동산이 그립다」(憶故山)라는 시를 지었다.[107]

금오산 아래 나의 오두막	金鰲峯下是吾廬
죽순과 고사리 살찌고 푸성귀 넉넉한 곳.	筍蕨香肥饒野蔬
장석이 고향 말로 신음했을 적보다 마음 절실하고	莊舃越吟心更切
장한이 가을날 고향 그리던 마음보다 더하다.	季鷹秋思意何如
고향의 매실과 살구는 익어 떨어졌을 텐데	故山梅杏已黃落
나그네 주머니에는 동전 한 닢 없구나.	客館橐囊無貯儲
구름 천 리 동쪽을 바라보매	東望水雲千里外

물과 구름 깊은 그곳, 돌아가고 싶어라.　　　　　　　　　水雲深處可歸歟

　　월나라 사람 장석(莊舃)이 초나라에서 벼슬을 했지만 병이 들어서는 월나라 말소리로 앓았듯이, 또 장한(張翰)이 제나라에서 벼슬을 할 때 가을바람이 불자 고향의 농어회와 순챗국이 먹고 싶어져서 벼슬을 내던지고 돌아갔듯이, 김시습은 옛 동산인 금오산을 절절이 그리워하였다.[108]
　　1465년 가을, 그는 비로소 금오산으로 걸음을 재촉하였다.
　　김시습은 태평 시절의 일민을 자처하며, 경주 남산으로 향하는 말머리를 재촉하였다. 선산(善山)을 지나 공산(公山: 팔공산)을 바라보며 길을 갔다. 장수도(長水道)의 아화역(阿火驛)에서는 잠을 이루지 못했고, 새벽닭이 울자마자 말에 채찍질을 하였다. 경주 남산은 이제 지척이었다.[109]

새벽닭 꼬끼오 울어댈 때	曉鷄喔喔鳴一聲
문을 나서 말 몰아 긴 길을 간다.	出門策馬行長道
숲 으슥하고 달빛 어둡고	林深月黑路無人
삼성(參星)만 반짝반짝.	但見參星一皓皓
찌륵찌륵 풀벌레 울어대고	啾啾喞喞草蟲鳴
나그네 적삼은 시냇가 풀 이슬에 젖는데	征衫浥濕溪邊草
분주하던 십 년 일이 꿈같이 아득하고	十年奔走杳如夢
주머니 속엔 일천 수의 시고(詩稿)뿐.	只有囊中千首藁
늙고 병들어 남에게 얽매이고 보니	而今老病被他牽
공을 일찍 거두지 못한 것이 한스러워라.	却恨收功苦不早
명예와 이익을 마음에 두지 말고	莫將聲利掛胸懷
돌아가 네 동산의 오디를 먹는 게 좋으리.	歸去食汝園葚好

　　어둡고 차가운 새벽길을 가는 쓸쓸함, 남에게 휘둘려 살아야 했던 지난날의 굴욕감, 그 때문에 김시습은 몸을 떨었다.

금오산실의 은둔

쉬고 싶었네,
티끌 세상을 벗어나서
심장을 뜯기는 아픔을 근본부터 떠나서.
— 잡아함 제100경

_ 열흘을 앓고 난 뒤 문명사를 조망하다

김시습은 1465년(세조 11) 가을에 경주 남산으로 돌아갔다. 이후 1471년(성종 2)에 변신을 결심하여 서울로 향하기까지, 그는 용장사 부근의 금오산실에서 주로 생활하였다.

서울에서 돌아오자마자 김시습은 가을이 깊도록 열흘이나 앓아 누웠다. 서울 생활에서의 긴장이 풀려서 갑자기 병이 든 것인지 모른다. 어쩌면 시절이 변하리라 기대했던 것이 어긋나고, 음험한 정치 권력이 불교의 성스러운 영역을 훼손하고 있다는 사실을 또렷이 알게 되자 상심하여 병이 났을지 모른다. 서른한 살의 한창 나이였고, 오랜 방랑 속에서 다져진 몸이지만, 고독과 상심은 그를 안에서부터 허물어뜨리려 하였다.

김시습은 초당에 누워서 빗줄기가 창 밖의 파초 잎을 쉴 새 없이 때리는 소리를 들었다. 그 소리는 평생의 웅어리진 창자를 씻어내줄 것만 같았다.[110]

열흘을 앓고 난 뒤에 일어난 김시습은 한껏 게으름을 피웠다. 몸은 야위었지만, 근력이 없는 것은 아니었다. "몸은 파리하지만 근력은 강건하니, 흡사 팔찌 위에 앉은 매로다"(身羸筋力健, 恰似在鞲鷹).* 그는 팔찌에 앉아 사냥감을 찾아 이제라도 날아갈 듯 매서운 긴장 상태에 있는 매와도 같은 근력과 정신력의 소유자였다. 하지만 실제로는 아무 할 일도 없는 존재다. 한겨울 추위에 축 늘어진 파리〔凍蠅〕와도 같이.

문득 현재의 일에 느낌이 있어, 얼른 붓을 잡아 「감흥시」(感興詩) 11수를 내리 지었다. 이 시는 주희의 「재거감흥시」(齋居感興詩)에서 시상을 얻어 중국의 역사와 조선의 역사를 문화사·사상사적 관점에서 개괄한 것이다.[111] 김시습은 우주 생성의 항상성을 믿었다.

> 천도는 수레와 같고, 일원(一元: 본체)은 잠시도 쉼이 없다. 사시가 정연하게 갈마들어 바뀌고 별들이 질서 있어 또렷또렷하며, 굳건한 하늘과 순한 땅이 돌아가는 굴대처럼 우주를 생성하여, 한순간이라도 멈추면 만물이 자라지 않는다. 군자는 하늘의 움직임을 본받아 지극한 정성으로 화목을 이루어야 한다.[112]

김시습은 문명의 영웅인 삼황오제(三皇五帝)가 황극(皇極)을 세웠으나, 주나라가 쇠퇴하면서 대도(大道)가 없어지고 공리(功利)를 중시했으며, 독존(獨尊)의 지위에 있어야 할 유교가 도교나 불교와 정립(鼎立: 세 세력이 솥의 발처럼 서로 대립함)하는 상대적 종파로 바뀌고 말았다고 개탄하였다. 이러한 역사관은 그의 「고풍」(古風) 19수에서도 반복된다.[113] 「고풍」 19수는 더욱 염세적인 성향을 띠고 있어 수락산 시절에 지은 것으로 판단되지만, 주제의식은 이 「감흥시」 11수와 같다. 「고풍」 19수는 중국의 고전시문 선집인 『문선』(文選)에 수록된 고시 19수의 시풍을 이용하여 심경을 가탁한 시이다.** 「고풍」 19수에서 김시습은

---

* 이 시는 수락산에서 지었을 가능성도 있다. 다만, 병석에서 일어난 뒤의 심사는 경주에서 앓고 난 뒤의 심사와 같았으리라 생각된다. 『梅月堂集』 권7, 疾病, 「病後」.

** 본래 고시 19수는 전한 무제 때 여러 사람들이 지은 오언시 작품을 총괄한 것으로, '연애가' 또는 '비관 염세의 심경을 가탁한 시' 등 주제 내용이 다양하다. 『옥대신영』(玉臺新詠)에서는 그 가운데 8수를

세간사란 훼손의 과정이라고 보았다. 그는 그 시에서 대략 다음과 같은 내용을 논하였다.

> 태고의 정치는 결승(結繩)이면 족해서 인민들이 모두 명랑하였다. 하늘이나 땅이나 모두가 태평하였고, 해와 별이 밝게 드리웠다. 문화 영웅인 성인은 천극(天極)을 이어 느긋하게 중도(中道)를 밟아서, 만물을 이루고 성장을 도와 하늘의 조화에 협찬하였다. 요순은 천운을 법받아 옥형(玉衡)으로 칠정(七政: 일월과 오성)의 때를 고르고, 묘당(조정)에서는 군주와 신하가 도유(都兪: 토의)하였다. 주나라가 쇠하자 사람들은 감감하게 사치를 다투었다〔貿貿趍華競〕. 이러한 때에 소왕(素王: 공자)이 나와 옛 성인을 이어, 삼천 제자를 인솔해서 백성의 어리석음을 깨우쳤다. 하지만 도가 행하지 않았으므로, 바다에 떠서 해동으로 가려 하였다. 여러 제후국이 서로 물어뜯고 집어삼키면서 분분하게 격투하던 때라서, 인의(仁義)를 추구하는 것을 되려 굼뜨다 여기고, 모두들 명리를 쫓느라 야단들이었다. 성현이 다시 나온다 해도 쇠미한 상태를 구할 수 없었으므로, 초나라의 미치광이 접여(接輿)는 산 나무가 제 스스로 재앙을 초래한다고 노래하였다.
> 이때 파파 흰머리의 주하사(柱下史) 노자가 함곡관을 나가다가 윤희(尹喜)를 만나 『도덕경』을 가르쳐 선유(仙遊)하면 영원히 죽지 않는다고 하였다. 노자는 천예(天倪: 자연)와 조화하라는 지극한 말을 했지만, 자줏빛 간색이 붉은 원색을 어지럽힌다고 경계하셨던 공자의 말씀처럼, 대도(大道)가 이로부터 여러 갈래로 나뉘고 이단들이 어지러이 일어났도다.[114]

김시습은 도교에 대하여, 그것이 언뜻 진리를 말하는 듯하지만 세상 밖의 일을 다루어 세간의 일은 모른 체한다고 비판하였다. 또 불교에 대해서는, 마음을 다룬다는 점에서 주공·공자의 도와 같지만 진실과 가짜가 섞여 있다고 비판하였다. 그런데 우리나라의 역사는 불교의 이(利)에 미혹하고 유학의 도가 미약했

매승(枚乘)이 지었다고 했으나, 그의 이름을 빌려 다른 사람이 지은 것이라고 보는 것이 정설이다.

기에 파행을 겪어오지 않았던가! 그는 「감흥시」 제7수와 제9수에서 대략 다음과 같이 말하였다.

> 삼한 이래로 설총과 최치원은 문장으로 풍속(문명)을 이루었으나 방언(方言)과 오랑캐 풍속(불교)이 횡행하여 인의(仁義)를 말하지 못하였고, 고려에서는 안향(安珦)과 이제현이 주돈이(周敦頤)와 장재(張載)를 사모했으나 인습에 얽매여 제 수준에 오르지 못하였다.

그런데 다행히 조선의 태조가 예악을 갖추고, 세종이 삼황오제를 본받아 대도를 이루었다고 김시습은 말하였다. 여기서 그는 체제의 저항자라기보다 체제의 번영과 영속을 기원하는 음유 시인의 모습을 취한다. 이것은 뒷날 같은 주제를 다룬 「고풍」 19수에서 그가 "바쁘디 바쁜 인생 백 년에, 이렇다저렇다 말할 게 무어 있나. 속히 신 벗어던지고, 한갓진 곳에 거처하여 분잡을 피할 일"(擾擾百年內, 何足以云云. 不如脫屨去, 僻處遠囂紛)이라고 염세적인 언사를 오만하게 내뱉는 것과는 사뭇 달랐다.

김시습은 우리나라 역사에 대하여 깊은 관심을 가지면서도 신라의 역사를 중심에 두고 논하지 않았다. 「감흥시」 제7수에서 그는, "사찰과 탑을 여기저기 세우고, 조석으로 종을 울리면서, 불교의 이로움만 알았지 해로움을 알지 못하였다. 내생의 복만을 알았지 반란이 일어날 줄 몰랐다"라고 신라사를 개괄하였다. 「감흥시」는 이렇게 신라 문명사를 개괄했지만, 역사의 서술체계를 세우려는 의식은 없었다.[115]

_ 만남, 그리고 인연

김시습은 경주로 돌아와서도 서거정과 시를 주고받았다. 1467년(세조 13)에 서거정이 보낸 「계림의 잠상인에게 부치다」(寄鷄林岑上人)라는 칠언율시가 서거정의 문집 『사가집』에 남아 있다. 당시 서거정은 형조판서였으나, "나도 또한 최근 몇 년 불일(佛日)을 탐하였거니, 만일 귀거래한다면 실컷 참선하리라"(我

亦年來貪佛日, 若爲歸去飽參禪)라고 속내를 토로하였다.[116] 12월에 형조판서에서 공조판서로 옮긴 뒤, 1468년(세조 14) 봄에 김시습의 시에 차운한 시에서는 "나와 상인은, 한 사람은 구름 되고 한 사람은 용이 되고파라. 구름과 용으로 서로 의지한다면, 어디 이별이 있으랴. 이로써 만세토록 끝까지 간다면, 만세토록 그칠 때가 없으리"(我願與上人, 爲一雲一龍. 雲龍相倚附, 何曾有別離. 以此終萬古, 萬古無休時)라고도 하였다.[117] 아마도 이 무렵 서거정은 김시습의 소탈한 성품과 청정한 태도를 상당히 좋아했던 듯하다.

하지만 1468년 봄 이후로 김시습은 서거정과 당분간 시를 주고받지 않는다. 그리고 1471년(성종 2) 김시습이 서울로 상경한 후, 특히 1473년 수락산 폭천정사에 정착한 후로 김시습은 서거정을 찾아가 시를 구하게 된다.[118]

경주의 부윤과 통판은 김시습을 우대했던 듯하다. 1467년에 이염의(李念義)가 부윤으로 왔고, 그의 뒤를 이어 1470년 무렵에는 전동생(田桐生)이 부임해왔다. 전동생이 부윤일 때 유자빈(柳自濱)이 통판으로 왔다.[119]

김시습은 통판 유자빈과 각별한 교분을 쌓았을 것이다. 그것은 김시습이 50대 초에 양양 부근에 정착했을 때, 유자빈의 아우 유자한(柳自漢)이 그의 뒤를 돌봐주기 때문이다.

유자빈은 본관이 진주이며, 참판 양식(陽植)의 아들이다. 뒷날 아우 자한(自漢), 자분(自汾)과 함께 삼형제가 모두 과거에 급제하고, 관직 생활에서는 청렴하기로 이름이 난다. 그 가운데 유자한은 1460년(세조 6, 경진)에 신숙주가 독권관(讀卷官: 과거의 최고 책임자)으로 실시한 평양 별시에서 9인을 선발할 때 장원을 했고, 1466년(세조 12, 병술)에 등준시에 올라 도사(都事)를 거쳐 사간(司諫)에 이른다.

한편, 유자분은 음보(蔭補)로 고을살이를 하다가, 세조가 학열(學悅)에게 금강산 유점사(楡岾寺)를 중창하게 하고 그 기념으로 강원도 고성(高城)에서 베푼 고성 별시에서 탐화랑(探花郎, 3등급)이 되었으며, 전첨(典籤) 직에 머물렀다.

유자빈은 1461년(세조 7, 임오) 신숙주가 독권관으로 실시한 과거에서 장원을 하여,[120] 경주의 통판으로 부임하였다. 유자빈과 유자한은 신숙주가 관장한 과거에서 장원을 했으므로 정치적 행로를 일찌감치 결정지었다. 조선 조정은 독권관과 급제자 사이에 좌주(座主: 試官)와 문생(門生)의 관계가 고착되는 것을 막기 위해 고심했지만, 그 관계를 막을 수는 없었다. 신숙주는 세조의 정권을 만들어낸 결정적 인물이었으므로, 유자빈이나 유자한도 그의 정치적 이념을 묵묵히 지킬 수밖에 없었을 것이다. 그렇기에 그들은 기술 관료로서 직무에 충실하였다.

유자빈은 김시습이 금오산을 떠날 때까지 여러모로 후원을 해주었던 듯하다. 하지만 유자빈은 1479년(성종 10, 기해)에 사섬시(司贍寺) 정(正)을 지낸 뒤,[121] 관직이 의정부 사인(舍人)에 머물고 만다. 정치적으로 역량 있는 인물은 아니었다.

_ 백률사 옥판사와의 교류

1466년(세조 12, 병술) 정월에 최선복(崔善復)이 경주부윤으로 왔다. 김시습은 그에게 시를 올려 교분을 쌓았다.[122]

또한 김시습은 이 무렵 백률사의 옥판사와 친교를 맺고 백률사에서 수계(修禊: 3월 3일에 물가에서 재액을 떨어버리는 의식)의식이 있자 경하하는 시를 보냈다. 『신증동국여지승람』에 따르면 백률사는 경주 금강산(金剛山)에 있으며, 전단(栴檀: 향나무)으로 만든 불상이 있었다고 한다. 현재 경주시 동천동 굴불사 터를 지나 이른바 소금강산이라고 하는 곳에 있다. 이곳에는 이차돈 순교 공양비가 있는데, 이차돈의 순교와 신라의 화랑 부례랑을 구출한 대비천의 전설로 유명하다. 고려 때 정지상(鄭知常)이 쓴 제시(題詩)가 있었고, 사대부들의 발걸음이 끊이지 않던 곳이다.[123] 김시습은 백률사의 수계에 대하여 다음과 같은 시를 지어보냈다.

옛사람으로서 계를 닦은 사람이 곧 향도였고	故人修禊卽香徒
천고의 난정〔왕희지 고사〕도 이 때문에 즐거웠네.	千古蘭亭以此娛
삶은 끝이 있기에 약례(約禮)해야 하리	生死已期要實約

인연 문제로 하필 불교를 배우랴.	因緣何必學浮屠
꽃 앞에 술동이 두고 서로 불러 마시고	花前有酒相呼飮
병환중에 돈 없으면 거두어 도와주네.	患裏無錢勸聚扶
이것이 옛 도읍의 어질고 후덕한 일	此是舊都仁厚事
그 밖의 군일이야 그대가 알 것 있나?	其餘閑事子知乎

김시습은 계원들이 서로 도와 궁핍함을 이기고 꽃피는 봄날에 함께 술잔을 주고받는 일을 즐겼다. 그는 딱히 가진 것이 없었지만, 궁핍함을 몰랐다.

더구나 백률사의 옥판사는 법요(法要)에 밝은 승려였으므로, 10여 명의 도반(道伴)과 함께 옥판사의 법석에 참석하여 오월 염천의 더위를 잊고 청풍을 맞아들였다. 「백률사에서 옥판사 법석에 참예하고」(柏栗寺參玉版師)는 장편 오언고시로 일운도저(一韻到底: 하나의 운으로 끝까지 써내려감)한 시이다.

듣자니 옥판사는	吾聞玉版師
법요를 잘 설하여서	善說諸法要
사람마다 선열에 배부르며	人人飽禪悅
도과의 기약이 멀지 않다는군.	道果期非遙
백률사는 성북에 있는데	柏栗在城北
돌길이 너무 멀다만	石路何迢迢
솔 문은 정말 상큼하여	松門實瀟洒
번열이 곧 사라질 정도.	熱惱來旋消
남방의 여름 오월	南方夏五月
무더운 아지랑이가 지글지글한데	溽暑蠻煙焦
십수 명과 우정을 맺어	結友十數輩
법석에 참예하여 번뇌를 벗어나네.	參請離煩囂
스님 말씀이 "티끌 세상 사람 가운데	師言塵世人
색(色)과 미(味)에 찌들었던 자로서	色味爲熏歊

이 고해를 떠나려거든	若欲離此苦
먼저 나의 절에 모이라.	先集我琳條
만 길로 너의 몸을 보호하고	萬尋陰汝體
규도(圭刀: 약)를 골고루 주겠으니	分賜均圭刀
설한에 견디며 맑은 바람 낳고	耐雪產淸風
꽃 핀 달밤에 곱게 체질하라.	細篩花月朝
한 알이면 고질병을 낫게 하고	一丸沈痼瘁
두 알이면 가슴속을 씻어주며	二丸磊塊澆
세 알을 채 먹지 않은 사이에	三丸吃不得
두 어깻죽지에 솔솔 바람이 일어나리라.	唯覺兩腋風蕭蕭
또 오래 단련해서 영아의 기운을 보존하면	又有久鍊積功嬰兒在
드넓은 가슴의 우리 옥황을 도우리라" 하네.	佐我玉皇胸宇寥
높다란 치관(豸冠)은 표준이 되고	豸冠嵯峨作標準
비단 도포에는 누런 솔개 그림 서려 있네.	錦袍錯落盤黃鵰
"염매로 간 맞춘 지 오래니	塩梅調鼎已多時
너희 백성들을 기갈증에서 소생시키리라.	蘇汝下民飢渴憔
이 사이에 또 맛을 시험하면	旣到此間且試嘗
사대(四大: 地·水·火·風)의 법미가 풍족하리라."	四大法味當薰饒
모두 정례(頂禮)하고 받들자	衆集頂禮信受奉
지혜의 검으로 비기(悲器)의 불을 끊어주시네.	智惠劍斷悲火燒
실컷 먹고 상방의 풍죽루에 누웠더니	飽臥上方風竹樓
오경에 지는 달이 산허리로 가라앉누나.	五更落月沈山腰
이제 스님의 방편이 뛰어남을 깨달았으니	始覺老師方便多
또 불러주시길 간절히 바라나이다.	企望他日冀見招

_ 소라고 부르면 소, 말이라고 부르면 말이라 하지

금오산에 있으면서 김시습은 여러 승려와 벗하였다. 그러자 그를 아는 사람들은 그가 불교를 즐겨 한다고 여겼다. 하지만 그는 이도(異道)로 명성을 얻으려 한 것이 아니었다. 그래서 세조가 또 전지(傳旨)하여 불렀지만 명을 따르지 않은 것 같다. 처신이 더욱 예법에 맞지 않게 되고 세속 일에 굼떠서, 어떤 사람은 그를 천치(바보)라 하고 어떤 사람은 그를 미치광이라 하였다.

『장자』 「천도」(天道) 편에 보면, "나를 소라고 부르면 소라고 여기고, 나를 말이라고 부르면 말이라 여긴다"(呼我牛也, 而謂之牛. 呼我馬也, 而謂之馬)라는 구절이 있다. 그도 남들이 소나 말이라 부르면 그것을 받아들이고 거역하지 않았다. 시비는 남들에게 내버려두자는 심산이었다.

김시습은 술에 취해 경주의 거리를 쏘다녔다. 갓 쓴 양반들 가운데 풍모 있는 이들이 그를 따랐다. 김시습은 그들과 동해를 바라보려고 금오봉과 동봉(토함산)의 정상에 올라서는 흉금을 활짝 열었다. 그 가운데는 순흥 안씨 집안의 사람도 있었다. 안 아무개가 뒷날 사마시에 합격하자 김시습은 「안생원에게 기념으로 주다」(贈安生員)라는 시를 지어주며 지난날을 회고하였다.[124]

내가 동도에 있을 때	余在東都時
술에 취해 저자로 놀러 다니면	被酒遊街路
갓 쓴 이들이 나를 따랐는데	冠者從我行
모두 풍모가 있었다만	介介有風度
그 중 안씨 댁 자제가	其中安氏子
시(詩) 잘하고 부(賦)도 잘하였다.	能詩又能賦
손잡고 함께 금오봉에 올라	相携金鰲峰
동쪽으로 넓은 바다 굽어보고는	東瞰滄溟闊
웬만한 물은 물이 아닐 만큼	固知難爲水
가슴 너무도 활달하였지.	胸襟何豁達

그러나 김시습은 밤이면 『이소경』(離騷經)을 읊으면서 비통해 하였다. "고요한 밤 이소경을 읽어나가니, 외로운 충성 어이 이다지도 슬프단 말인가?"(夜

靜讀離騷, 孤忠何慘怛)라고.

_ 이시애의 난

1467년(세조 13) 5월에 이시애(李施愛, ?~1467)가 난을 일으켰다. 그 소식을 듣고 김시습은 어떤 생각을 하였을까? 그 사건을 직접 언급한 시가 『유금오록』에는 없다.

이시애는 길주 출신의 호족으로, 북방민 회유정책의 일환으로 중용되어 1451년(문종 원년)에 호군, 1458년(세조 4)에 경흥진 병마절제사를 거쳐 첨지중추부사, 판회령부사(判會寧府事)로 있었다. 세조는 즉위한 뒤 지방관을 중앙에서 파견하여 체제를 강화하기 시작했는데, 1467년에 모친상을 당해 상중에 있던 이시애가 유향소(留鄕所)의 불만과 지역민의 불평에 편승해서 반란을 일으켰다. 그는 남도의 군대가 함길도 군민을 다 죽이려 한다고 함길도 사람들을 선동하는 한편, 함길도 절도사 강효문(姜孝文)이 한명회·신숙주와 결탁하여 함길도 군대를 이끌고 모반하려 한다는 말을 조정에 흘렸다. 결국 그는 강효문과 길주목사 설징신(薛澄新)을 반역죄로 몰아 함부로 처단하고 자기 스스로 절도사를 사칭한 뒤, 단천·북청·홍원을 공격하고 함흥을 점거하였다.

처음에 세조는 이시애의 말을 믿고 신숙주를 투옥했다가 사실이 아니라고 판단하고는, 구성군(龜城君) 준(浚)을 4도 병마도통사로 삼고 조석문(曺錫文), 허종(許琮), 강순(康純), 어유소(魚有沼), 남이(南怡) 등을 대장으로 하여 3만의 관군을 출동시켰다. 이시애는 이원(利原)의 만령(蔓嶺)에서 패하여 경성으로 퇴각한 뒤, 여진으로 도망하려 하였다. 이때 이시애의 처조카인 사용별좌 허유례(許惟禮)가 이시애의 부하 이주·이운로·황생을 설득하여 이시애를 체포하였다. 8월에 이시애는 참형을 당하였다.

난이 평정된 뒤 길주는 길성현으로 강등되고, 함길도는 남북 2도로 분리되었으며, 유향소는 폐지되었다. 한편, 구성군 준과 조석문, 어유소, 허종, 허유례 등 41명은 조선조 제6차 공신인 정충적개공신(精忠敵愾功臣)으로 녹훈(錄勳)되었다.

김시습은 뒷날, 어떤 사람이 이시애의 난 때 산중으로 피난했다가 돌아왔다는 이야기를 전해 듣고 다음과 같은 시를 남겼다.[125]

전쟁이 아직 진정되지 않아	干戈猶未定
나라 안이 어수선하자,	四海尙紛紛
수풀 아래 의지하여 노숙하고	露宿依林下
바닷가로 달려가 풍찬(風餐)하였네.	風餐走海邊
어이 알았으랴, 인의의 국토가	那知仁義域
오래도록 개와 양의 세상 될 줄을	遠作犬羊天
고향으로 살아 돌아왔으니	桑梓生還幸
나는 이제 고통의 짐에서 벗어났도다.	吾今已息肩

김시습은 이시애의 난을 지켜보면서, 인의의 국토가 개와 양, 즉 도적의 세상으로 바뀌는 것을 경험했던 자신의 체험을 떠올리고 몸서리를 쳤으리라. 단종이 죽은 뒤 그가 방랑을 떠난 것은 "수풀 아래 노숙하고" "바닷가로 달려가 풍찬(風餐)했던" 것이 아니고 무엇인가? 금오산에서 그는 어깨의 짐을 내려놓고 가까스로 쉬고 있었다.

_ 집구시 1백 수를 이루다

1468년(세조 14) 겨울에 김시습은 금오산에 있으면서, 「산거집구」(山居集句) 100수를 이루었다. 눈 오는 밤, 화로를 끼고 앉았노라니 찾아오는 사람의 발자국 소리도 전혀 없이 고요했지만, 바람과 대숲이 우수수 소리를 내어 흥을 일으켰다. 그래서 데리고 있는 동자와 함께 화로의 재를 헤쳐 불씨를 키워가면서 고인의 시구를 모아 율시를 만들었다. 이것이 산에 사는 취미로 적당하지 않은가? 스스로 그렇게 생각했는데, 어느새 1백 수가 되었다. 1476년(성종 7, 병신) 서울의 성동에 은거해 살 때, 김시습은 그 1백 수를 꺼내어 장정하고 후지(後志)를 붙인다.[126]

집구시(集句詩)는 여러 사람들의 시구를 따와 기워서 시를 만드는 것이어서, 백가의(百家衣)라고도 부른다. 중국의 왕서왕(王舒王)이 처음으로 제창하고, 북송의 황정견(黃庭堅)이 모방하여 같은 식으로 시를 엮었다. 우리나라에서는 김시습보다 앞서 고려 중엽에 임춘(林椿)이 심약(沈約), 송지문(宋之問), 장열(張說), 소정(蘇頲), 한유(韓愈), 장적(張籍), 유우석(劉禹錫), 백거이(白居易) 등의 시구를 따서 오언시와 칠언시 모두 280여 수를 만들어『백가의집』(百家衣集)을 엮은 적이 있다. 임춘이 국자좨주(國子祭酒)로 있다가 불행히도 단명한 뒤에, 무신정권의 재상 최우(崔瑀)가 그것을 3권으로 편찬하여 경주에서 간행케 한 것이 있는데, 조문발(趙文拔)이 서문을 썼다.[127] 그 뒤 조선에 들어와 1439년(세종 21)에 이국선(李國宣)이 경연청(經筵廳)에 보관되어 있던 그 책을 등사하여 안동에서 판을 새겨 널리 전파하였다. 이때 남수문(南秀文, 1408~1443)이 발문을 썼다.[128] 이 책은 이렇게 해서 경주·안동 일대에 널리 전하였을 터이므로, 김시습이 금오산에 머물 때 그 책을 얻어볼 수 있었을 것이다.[129]

집구시는 옛사람의 시에서 한 구절씩 따서 서로 맞추어 새로 시를 만들되, 말과 뜻이 어울려 완전히 창조한 것같이 해야 하며, 기억력이 비상하지 않으면 만들 수가 없다.

김시습은 육유(陸游), 왕안석(王安石), 소식, 백거이, 장재(張載), 왕건(王建), 주숙진(朱淑眞), 요합(姚合) 등 중국 시인의 시구를 가려뽑아 집구시를 만들었다.

그런데 그 가운데는 '추강'(秋江)의 시구를 뽑은 것도 들어 있다. 이 '추강'이 남효온을 가리키는 것 같지는 않다. '추강'이라는 호를 사용하는 다른 인물인 듯한데, 아직 밝히지 못하였다. 김시습이 집구시를 만든 1468년은 남효온이 15세일 때이다. 남효온이 김시습을 만나는 것은 빨라야 1471년 김시습이 서울로 올라간 이후의 일이다.

단, 지금 전하는 집구시 1백 수는 한번에 이루어진 것이 아닐 수 있다. 즉, 김시습이 집구시 1백 수를 이룬 뒤 성동에 거처하던 1476년 후지를 쓸 무렵 원래의 집구시를 일부 수정했을 수 있다.

_ 『금오신화』 창작

김시습은 금오산실에서 '풍류기화'(風流奇話)를 창작하여 단편소설집을 엮었는데, 이것이 바로 『금오신화』이다. 당시에 읽히던 기존의 전기소설(傳奇小說)과는 다른 소재와 발상으로 새로운 이야기를 엮었다고 해서 '신화'라는 이름을 붙였다. 한문 고전에서 '신'(新)은 혁신의 의미를 지니며, 때로는 기존의 가치에 대한 저항 의지를 반영한다.

그런데 실은 김시습이 이 소설집을 언제 이루었는지 알 수가 없다. '금오'가 '금오산'을 가리킨다고 보면 금오산실에서 엮은 것 같으나, 뒷날 금오산을 그리워해서 그런 이름을 붙였다고도 볼 수 있기 때문이다. 김시습이 『금오신화』를 완성한 직후 이찬(李瓚)이라는 젊은이가 찾아오려고 해서 김시습이 그에게 시를 적어준 것이 있다. 하지만 이찬이라는 인물의 행적도 명확하지 않다.[130] 다만 『금오신화』의 구상은 관서·관동·호남을 여행한 뒤 금오산에 정착한 다음에 이루어졌으리라.

『금오신화』는 「만복사저포기」(萬福寺樗蒲記), 「이생규장전」(李生窺牆傳), 「취유부벽정기」(醉遊浮碧亭記), 「남염부주지」(南炎浮州志), 「용궁부연록」(龍宮赴宴錄)의 다섯 편이다. 다섯 이야기는 구성이 매우 정교하고, 시를 삽입하여 인간의 심리와 분위기를 독특하게 암시하였다. 「남염부주지」는 예외지만, 다른 네 작품은 모두 시(칠언절구, 칠언율시, 배율, 잡언 장편고시, 칠언고시)나 사(詞)·초사체(楚辭體)를 이용하여 정경을 묘사하고 사건의 흐름을 암시하며 극적 긴장을 고조시켰다. 특히 「만복사저포기」에서 여러 여인들이 각자의 심리를 저마다 다른 시풍 속에 담아낸 것은 문학적 수사의 극치를 이룬다.

김시습은 개인의 본래성을 구현할 수 없을 만큼 훼손된 사회 현실의 실상을 응시하고, 그 대립을 자각하는 데서 느끼는 고통과 슬픔을 담아 『금오신화』를 집필하였다. 그는 귀신, 염왕, 용왕, 염부주(閻浮洲), 용궁 같은 비현실적인 소재를 이용했고, 죽은 사람의 혼이 돌아온다거나〔還魂〕 꿈속에서 이계(異界)에 노닌다거나 인간이 귀신과 사랑을 나눈다거나 하는 기이한 상상을 거리낌없이 글로 적었다. 그러면서도 그 기이한 상상에만 탐닉하지 않고, 우리가 살아가는 생활세계의 실상과 의미를 생생하게 드러냈다. 특히 「만복사저포기」는 고려 말 왜적의 침략을 배경으로 하고, 「이생규장전」은 고려 말 홍건적의 난을 배경으로 하였다. 외적의 침략으로 민족 구성원의 삶이 유린당한 사실을 아프게 그려낸 것이다.

한편, 「취유부벽정기」는 옛 도읍 평양을 무대로 삼아, 풍경 속에 민족사의 흐름이 스며 있다는 사실을 환기시켰다. 「남염부주지」는 조선 초에 유행한 지옥의 관념을 소재로 삼으면서, 올바른 이념이 실현되지 못하는 현실의 악(惡)의 상태를 고발하였다. 「용궁부연록」은 개성의 박연폭포에 산다는 용 전설을 끌어와 환상의 공간 속에서 모든 고통이 소멸된 환희를 유쾌하게 노래하였다.

『금오신화』를 엮은 뒤에 김시습은 시 두 수를 적었다. 『금오신화』의 목판본에 '갑집의 뒤에 쓴다'(書甲集後)라는 제목으로 실려 있는 시이다.[131] 그 첫째 수와 둘째 수는 다음과 같다.

낮은 집 푸른 담요에 온기가 남은 때	矮屋青氈暖有餘
들창에 매화 그림자 가득하고 달이 밝아라.	滿窓梅影月明初
긴긴 밤 등 심지 돋우며 향 피우고 앉아서는	挑燈永夜焚香坐
세상에 없던 책을 한가하게 저술하노라.	閑著人間不見書
옥당(玉堂)에서 붓 놀릴 마음 없기에	玉堂揮翰已無心
깊은 밤 소나무 비낀 창 아래 정좌하였다.	端坐松窓夜正深
차관과 동병, 오등 팔걸이뿐인 정갈한 방에서	香罐銅瓶烏几淨
글귀 찾아 풍류기화를 적어본다.	風流奇話細搜尋

옥당이란 당·송과 고려에서는 한림원, 조선에서는 홍문관을 가리킨다. 여기서는 왕조의 사업을 꾸미는 문한(文翰) 담당 기관을 두루 가리키는 말이다. 김시습은 옥당에서 붓 놀리는 것과는 전혀 다른 의미의 문학을 하였다. 풍류기화를 민간에서 수집하여 그것을 표현하기 위한 적절한 글귀를 가려나갔다. 시

어에 "수심"(搜尋)이라고 씌어 있는데, 본래는 앞사람의 글귀를 베낀다는 말이다. 여기서는 글귀를 따고 찾아낸다는 수장적구(搜章摘句)나 심장적구(尋章摘句)와 같은 말이니, 글귀를 가려서 지어나갔다는 뜻이다.

『금오신화』는 기이한 이야기를 창의적으로 재구성하는 전기소설(傳奇小說) 양식이다. 전기소설은 중국 당나라 때부터 발달하기 시작했는데, 육조시대에 괴이한 일을 단순히 기록하고 인과(因果)를 밝혔던 지괴(志怪: 괴상한 일을 기록함)소설과는 다르다. 당나라 문인들은 출세할 기회를 잡으려고 할 때 온권(溫卷: 습작 노트)을 만들어 문장력을 과시했는데, 간혹 전기소설을 그 속에 끼워두기도 하였다. 마침내 배형(裵鉶)이 기문(奇聞: 기이한 이야기)을 모아 『전기』(傳奇) 3권을 엮었다. 뒤에 명·청대에 이르면 '전기'는 희곡을 가리키는 말로도 쓰였다. 이렇게 '전기'라는 용어는 중국문학에서 발생했지만, 기이한 일을 창의적으로 재구성하거나 창작하는 문학 전통은 우리나라에서도 일찍부터 형성되었다.

『수이전』(殊異傳)의 일문(逸文: 저술 전체가 남지 않고 일부만 남은 글)이나 『삼국유사』, 『삼국사기』 등에 실린 설화들을 보면 소설적 요건들을 꽤 많이 갖추고 있다. 고려시대에는 각 지역별로 설화를 정착시킨 풍토기(風土記)나 소설집이 많았을 것이다. 『금오신화』는 그러한 서사문학의 계보 속에서 나온 것이다. 또한 김시습의 시대에는 세조 자신이 『태평광기』(太平廣記)에 대해 깊은 관심을 보일 만큼, 군왕과 사대부들 사이에 어느 정도 소설 애호층이 형성되어 있었다. 특히 그 당시 명나라 구우(瞿佑, 1347~1433)의 『전등신화』(剪燈新話)가 유행했는데, 김시습도 그 소설집을 높이 평가하였다.[132] 사실 『금오신화』의 다섯 단편은 『전등신화』에서 일부 착상을 얻거나 표현을 따온 것이 있다.* 소급해서 말

---

* 「만복사저포기」는 『전등신화』의 「등목취유취경원기」(藤穆醉遊聚景園記)에서 착상을 얻었고, 「이생규장전」은 「위당기우기」(渭塘奇遇記)에서 착상을 얻었으며, 「취유부벽정기」는 「등목취유취경원기」와 「감호야범기」(鑑湖夜泛記)에서, 「남염부주지」는 「영호생명몽록」(令狐生冥夢錄)에서, 「용궁부연록」은 「수궁경회록」(水宮慶會錄)과 「용당영회록」(龍塘靈會錄)에서 일부 착상을 얻었다. 특히 '발원'과 '윤회', '명혼'(冥婚), '규장'(窺墻), '절사'(節死)와 '환생' 등의 모티프는 『전등신화』의 몇몇 소설에서 취해온 면이 있다.

한다면, 『금오신화』의 환생담이나 귀신설화는 중국의 지괴소설 『수신기』(搜神記) 이래의 문학적 전통을 이은 측면도 있다.

하지만 『금오신화』는 『전등신화』나 『수신기』를 직접 이은 것이 아니다. 김시습은 우리나라를 배경으로 삼고 우리나라 사람을 등장시켜 민족의 설화와 상상을 토대로 하면서 자신만의 독특한 사상을 담아냈다.

즉, 「남염부주지」에서 박생이 염마왕으로 취임하는 것은 민간의 전승을 계승한 것이다. 이미 『수서』(隋書)에 입전(立傳)되어 있는 한금호(韓擒虎)라는 인물은 죽어서 한염라(韓閻羅)가 되었다고 전하며, 송대의 공명정대한 인물들이었던 구준(寇準)·범중엄(范仲淹)·포증(包拯)도 모두 죽은 뒤에 염라왕이 되었다고 믿어왔다. 속인이 염라왕이 된다고 믿는 전승은 우리나라에도 있었을 법하다. 김시습은 그러한 민간 전승을 이용하여, 현실계의 부조리를 역설적으로 부각시키는 방법을 사용하였다. 또 「용궁부연록」에 등장하는 조강신(祖江神), 낙하신(洛下神), 벽란신(碧瀾神)은 조선 민중의 수신사상을 직접 반영하고 있다. 김시습은 그 신들을 매우 생동적이고 친근한 모습으로 그려냈다.

여러 사람이 지적했듯이, 『금오신화』의 이야기 속에는 김시습의 자전적 사실이 담겨 있는 듯도 하다. 이를테면 「만복사저포기」에서 남원 여인의 환신(幻身)이 삼대를 통해 양생을 받들겠다고 약속한 것은 작가가 세종에게서 받은 은총에 끝까지 보답하겠다는 염원을 보인 것이고, 또 「이생규장전」의 최처녀가 도적의 칼날에 쓰러지면서까지 정조를 지킨 사실은 김시습 자신이 세조 정권에 지조를 팔지 않겠다는 굳센 의지를 표현한 듯하다. 「취유부벽정기」에는 기준(箕準)이 위만(衛滿)에게 나라를 빼앗긴 사실과 기준의 딸인 선녀가 조상의 도움으로 천상으로 올라간다는 사건이 서술되어 있는데, 앞의 것은 은연중에 세조의 정권 탈취를 가리키고, 후자의 선녀는 어린 단종을 상징한다고도 볼 수 있다. 「남염부주지」에서 박서생이 염라왕의 다음 직책을 맡는 것은 찬탈자 세조를 저승에서나마 처단하겠다는 의지를 담은 듯하다. 또한 「용궁부연록」에서 작가는 세종의 은총을 입은 자신의 과거를 추억하고 있으며, 한서생은 작가 자신을, 용왕은 세종을, 용녀는 문종과 단종을 그려낸 것이라고도 볼 수 있다.

그런데 『금오신화』 속 다섯 작품의 주인공들은 모두 훼손된 세계 속에서 온전한 사랑이나 올바른 이념을 구현해내지 못한다. 또한 그 인물들은 불완전한 보통 사람의 모습을 그대로 지니고 있으며, 일상의 희로애락을 경험한다. 「이생규장전」·「취유부벽정기」·「민복사저포기」의 이생·양행·홍생, 「남염부주지」·「용궁부연록」의 박생·한생이 모두 범부(凡夫)이다.

　『금오신화』의 고독한 인물들은 김시습 자신을 형상화한 것이다. 소설의 비극적 결말은 현존하는 세계를 부정하면서 초월하기를 희망하는 심리를 반영한다. 『금오신화』에서 현존하는 인간세계는 대단히 부정적이며, 그 속에서의 인간의 삶은 고독과 우수로 점철된 비극적인 것이다. 하지만 김시습은 동시에 운명의 횡포 앞에 굴하지 않는 인간의 아름다움과 숭고함을 묘사하였다. 또한 그는 사회 구조가 고착되어감에 따라 인간성이 말살되어가는 상황을 경험하고, 남녀가 애정을 실현함으로써 인간성과 인륜을 회복할 수 있으리라고 기대하였다.

　『금오신화』는 이승이든 저승이든, 속세든 용궁이든, 실재하는 현실 공간이든 상상 속에서 그려낼 수 있는 상징의 공간이든, 그 어떤 것도 독립적으로 원만구족(圓滿具足)한 의미를 지니지 못한다는 사실을 거듭 확인시켜준다. 자기 자신에게, 또 분별지에 휘둘리고 있는 독자에게, 이 소설은 우리가 사는 현실세계가 결함세계일 따름이라는 사실을 아프게 환기시킨다. 결함세계 속에 사는 등장인물들은 모두가 완전한 가치를 실현하지 못하고 있다는 사실을 자각함으로써 슬픔을 느끼는 존재들이며, 독자들은 이 소설을 통해 그 슬픔에 공감한다. 하지만 그러한 자각은 결코 현실 도피를 유도하지 않으며, 오히려 개개인에게 현실에 살면서 현실을 부정하는 자기 혁신의 고투를 요구한다.

　김시습은 번뇌에 찬 현실을 초탈할 필요는 있지만 그 현실을 떠나서는 안 된다고 생각하여 현실주의 정신으로 불교사상을 받아들였다. 그렇기에 「남염부주지」에서는 '불교를 이용하여 불교를 부정하는 역설적 수법'을 동원하였다. 즉, 미신적·비합리적인 생활의식을 비판하고 이성에 기초한 민본적 정치체제를 구현해야 한다는 주장을 폈다. 「남염부주지」에서 김시습은 우주의 이치인 정도(正道)가 존재한다는 사실을 믿고자 하였다. 나라를 다스리는 임금은 덕망이 있어야 하며, 천명(天命)과 민심이 떠나면 임금도 자리를 지킬 수 없음을 강조하였다.

김시습은 수락산 시절에 지은 '잡저'(雜著)의 한 글에서, 천당 지옥 설을 '허설'(虛設)로 규정하고,[133] "십이부의 불경에서 인연으로 비유하는 따위의 일은 모두 부처가 진실된 마음에서 말한 것이 아니다"라고 단언하였다. 그는 다만, "불교에서 교(敎)는 방편이니 권도와 진실을 병행한 것이고, 선(禪)은 곧바로 가리키는 것〔直指〕이니 순전히 참된 말〔實語〕이다"라고 하여, 선(禪)의 직지본심(直指本心)을 높이 평가하였다. 하지만 그는 선사이면서 부처를 좋아하지 않았고, 어떠한 종교나 철학 사상도 부분적 의미밖에 지니지 않으며, 그때 그때 상황에 맞추어 쉽게 풀거나 때로는 왜곡하기도 하는 언설에 불과하다고 보았다.* 모든 상대적인 가치를 부정함으로써 본래의 자아를 찾고자 했기에, 자기의 본래성을 '직지'(直指)하는 일 자체만을 소중하게 여겼다.

김시습은 『금오신화』에서 민족주의적 역사의식과 함께 민족적 초월의 상상 세계를 펼쳐보였다. 사람과 신(귀신) 사이의 연애, 별세계 탐방과 같은 신괴(神怪)한 이야기를 거리낌없이 적어내려갔다. 예를 들면, 「취유부벽정기」에서 개성 상인의 자제 홍생은 평양 부벽루에 올랐다가 신녀 기씨(箕氏)를 만나 그녀에게서 선계의 술과 음식을 대접받고, 그녀가 지은 시를 감상하다가 돌아온다. 홍생은 상사병에 걸려 앓던 중 꿈에 신녀에게서 선관이 되었다는 소식을 듣고 죽어 시해(屍解: 尸解. 형해만 남기고 신선이 되어 떠남)하였다.

한편, 「취유부벽정기」에는 우리나라 역사를 '단군왕검—기자조선—고구려—고려'의 흐름으로 이해하는 역사관을 담고 있다. 홍생이 부벽루에서 만난 기씨녀는 자신의 가계와 일생을 이야기하면서, 다음과 같이 말한다.

저는 은나라 임금의 후손이며 기씨(箕氏)의 딸이어요. 우리 선조이신 기자께서

---

* 김시습을 추종한 남효온이 수락산에 은둔하던 시절의 김시습에게 준 시(「贈東峯」) 2수 가운데 첫 수에서, "선사께선 불법을 좋아하지 않으신다"(禪師不喜佛)라고 하였다.

는 실로 이 땅에 봉해지고는 예악과 전형(典刑)을 모두 탕왕(湯王)의 가르침에 따라 행하셨고, 여덟 가지 금법(禁法)으로 백성을 가르치셨지요. 그래서 문물제도가 갖추어져 찬란하게 빛난 것이 1천여 년이나 되었어요. 그런데 하루아침에 나라의 운수가 어려워져서 재환이 닥쳐와, 돌아가신 아버지 준왕(準王)께서 필부의 손에 패전하여 마침내 종사(宗社: 나라)를 잃었습니다. 위만(衛滿)이 그 시기를 타서 보위(寶位)를 훔쳤으므로 조선의 왕업이 추락하고 말았지요. 저는 이리저리 떠돌며 낭패를 겪으면서도 굳게 절개를 지키기로 스스로 맹세하여 죽기만 기다릴 따름이었습니다. 그때 홀연히 한 신인(神人)이 나타나 저를 다독이시면서 이렇게 말씀하셨습니다. "나는 본디 이 나라의 비조(鼻祖)이다. 나라를 차지하여 다스린 뒤에 바다 섬에 들어가 신선이 되어, 이미 수천 년이나 죽지 않고 살고 있다. 너는 나를 따라 하늘나라의 자부(紫府) 현도(玄都)에 들어가 한가하게 지내며 즐길 수 있겠느냐?"라고요.[134]

기씨를 하늘나라로 데리고 간 신인은 곧 단군이다. 단군은 여기서 민족 전체의 비조로 인식되어 있으며, 기자는 문명 개국의 성군으로 묘사되어 있다. 김시습은 우리 민족의 역사는 시간적으로는 단군에서 기자로 이어졌지만, 민족의 정체성은 단군과 기자에 의해 서로 보완된다고 보았던 것이다. 그가 그려보인 단군의 형상은 『삼국유사』나 『제왕운기』(帝王韻紀)에서 단군이 기자에게 왕위를 넘겨주고 아사달에 들어가 산신이 되어 1,908세를 살았다고 적은 기록과 부합한다.*

그런데 단군이 홀연 신인으로 나타나 기씨를 자부 현도로 데리고 가서 현주(玄洲)의 불사약을 먹게 했다는 대목을 보면,[135] 단군이 복식(服食)·연단(煉丹)

---

* 조선시대의 지식인들은 단군에서 기자로 이어지는 고조선의 연속성과 계통성을 인정하였다. 이것은 고대 한국이 건국 초기부터 세련된 중원 문물의 세례를 받아 일찍부터 여타 변방 국가들과는 다른 높은 문화 수준을 지녀왔다는 자부심을 담은 것이다. 또한 기자가 비록 중국에서 동래(東來)했다고 하나 은(殷)의 왕족이어서, 고조선과 은 모두 동이계(東夷系) 종족이라는 친연감(親緣感)과 동질감(同質感)이 작용했기 때문이라고도 할 수 있다. 鄭在書, 「한국 도교문학에서의 神話의 專有」(동방비교문학회, 2002년 발표 논문) 참조.

하는 신선으로 그려져 있음을 알 수 있다.* 홍생의 시에서 동명왕을 '성제'(聖帝)로 표현한 것도 한국 도교의 맥락과 관계가 있다.** 『금오신화』 이후에 도교와 신화를 함께 이야기하는 서사물은 대부분 꿈과 신기루에 관한 단형의 산문들로 명맥을 이어가다가, 조여적(趙汝籍, 1588년경 활동)의 『청학집』(靑鶴集)과 홍만종(洪萬宗, 1643~1725)의 『해동이적』(海東異蹟), 이의백(李宜白, 1711~?)의 『오계일지집』(梧溪日誌集) 등으로 개화한다.136)

『금오신화』는 그 동안 일본에서 목판본으로 간행되어, 일본의 에도시대 문학에 일정한 영향을 끼쳤다. 이 일본 목판본은 모두 16세기 중반에 조선의 윤춘년이 간행한 목판본을 계승한 것이다.137)

당시 사람들 가운데 『금오신화』를 읽어본 사람들은 김시습의 재능을 중국 당나라의 시인 이하(李賀)에 견주었다. 김시습은 만년에 스스로 그린 초상화에 붙인 찬(「自寫眞贊」)에서 "이하를 내리깔아 볼 만큼, 해동에서 최고라고들 말하지"(俯視李賀, 優於海東)라고 하였다. 김시습의 『금오신화』는 귀계를 들여다보는 자의식을 드러냈다는 점에서 이하의 음산하고 기괴한 환상과 견줄 만하다고 여긴 때문이리라.

_ 소요 생활과 기층민의 삶에 대한 동정

원각사 낙성회에 참석했다가 금오산으로 돌아온 뒤로 김시습은 한기(寒氣)에 몸을 상하여 질병이 잇따랐다. 그래서 바닷가에서 노닐고 경주 부근에서 소

---

* 단군이 거처하는 곳을 자부(紫府)라 한 것은 갈홍(葛洪)의 『포박자』(抱朴子)에서 황제(黃帝)가 동방 청구(靑丘) 땅에서 자부(紫府) 선생을 뵙고 『삼황내문』(三皇內文)을 얻어갔다는 기록을 의식한 표현이라고 볼 수도 있다(葛洪, 『抱朴子 內篇』, 「地眞」, "黃帝東到靑丘, 過風山, 見紫府先生, 受三皇內文, 以劾召萬神"). 하지만 그렇다고 단군신화를 신선사상의 원점으로 생각한 것은 아니라고 본다. 김시습은 「遊仙宮 贈柳別提」(『매월당집』 권3)에서 "한 동이 옥 염교 술은 요지의 술, 두 권 황정경은 자부의 보배"(一樽玉薤瑤池醞, 兩卷黃庭紫府珍)라고 하여 '자부'라는 표현을 극히 일반적인 시 언어로 사용하였다.
** 이 작품은 단군·기자·동명왕 등 한국의 신화 및 전설상의 인물들을 등장시켜 독특한 풍격(風格)을 구현하였다. 그래서 김태준(金台俊)은 "당시에서는 도저히 볼 수 없는 향토색을 보유하고 …… 자주적 정신을 가진 작품"(金台俊, 『朝鮮古代小說史』, 서울: 正音社, 1950, 101쪽)이라고 하였다.

요하며 매화와 대나무를 찾아나서 항상 시를 읊고 취하였다.

이 무렵에 지은 시들은 집구시를 제외하고는 대부분 흩어졌다. 즉, 『유금오록』에는 1468년(세조 14) 봄 이후부터 1471년(성종 2)까지 쓴 시들이 꽤 많이 누락되었다. 김시습은 진사 김진문에게 부탁해서 흩어진 시들을 주워 모은 습유록(拾遺錄)을 만들어 『유금오록』 뒤에 붙였는데, 거기에는 고작 17개 제목의 24수가 수습되어 있을 따름이다.

그 시들을 보면, 김시습은 원성(原城)·평해(平海)·망양정(望洋亭)·신광현(神光縣) 법광사(法廣寺)를 다녔고, 군산(君山)·죽령(竹嶺)·조령(鳥嶺)을 넘었다. 동쪽으로는 바닷가 울진(蔚珍) 성류굴(聖留窟)에서 묵고, 우릉도(羽陵島: 현재의 울릉도)를 바라다보며 해안에서 묵기도 하였다. 거기서 북쪽으로 경상도 청하현(淸河縣)을 지나 태백산으로 향하여 강원도 정선을 거쳐 삼척에서 살구꽃이 피고 지는 것을 보았다. 김시습은 비록 『유금오록』의 후지(後志)에서, 경주 시절 한기에 몸을 상해 멀리 여행하는 것을 달가워하지 않았다고 술회했으나, 간혹 상당히 멀리까지 발길을 옮긴 적도 있었음을 알 수 있다.

이때 김시습은 한가하게 풍광을 둘러본 것만은 아니었다. 농민들의 피폐한 삶을 목격하고 눈물지었다. 칠언시 「산가의 고충을 노래한다」(咏山家苦) 여덟 수에는 기층민의 삶을 동정하는 그의 절절한 감정이 잘 나타나 있다.[138] 그 둘째 수와 셋째 수를 보면 이러하다.

해도 지기 전에 범 무서워 사립문 닫았다가	哺時畏虎掩門扉
해뜰 무렵에야 비로소 기동하여 고사리를 뜯누나.	至卯方吡煮蕨薇
심산 아무리 깊은 곳이라 하더라도	縱是深山更深處
요역과 전부(田賦)를 지체할 수 있겠는가?	戶徭田賦可依違
척박한 밭에 싹 자라면 사슴 돼지 먹어대고	薄田苗長麛犯吃
가라지 조 등장하면 새와 쥐가 훔쳐먹네.	莠粟登場鳥鼠偸
관가에 세금 바치고 남는 비용 없거늘	官稅盡輸無剩費

| 빚 대신 소 뺏아가니 어이 견디랴? | 可堪私債奪耕牛 |

_ 왜관에서 일본 승려 준장로와 만남

김시습은 금오산에 있으면서 바닷가로 여행을 떠났을 때, 왜관을 둘러보고 그곳에 와 있던 일본 승려 준장로와 만나 대화를 했으며, 시 두 편을 남겼다.

조선은 건국 직후부터 왜에게 교역을 허가해줌으로써 경제적인 욕구를 충족시켜, 그들을 평화적인 통교자로 전환시키고자 하였다. 그러나 왜인들이 차츰 무질서하게 내왕하자, 조선에서는 폐단을 줄이기 위해 1407년(태종 7)부터 경상도 병마절도사 강사덕(姜思德)의 건의에 따라 부산포(釜山浦)와 내이포(乃而浦)를 왜인의 정박처로 한정하였다. 그러나 도항 왜인이 급증하자 1418년에는 염포(鹽浦)와 가배량(加背梁) 두 곳을 더 늘려 4곳으로 한정했다가, 1419년(세종 원년) 쓰시마 정벌로 일시 폐쇄하였다. 그 후 쓰시마 도주의 간청으로 1423년(세종 5) 다시 부산포와 내이포 두 곳을 허락했고, 1426년(세종 6)에는 동래의 부산포와 웅천(熊川)의 제포(薺浦), 그리고 울산의 염포 세 곳에 왜관을 두는 삼포(三浦)제도를 확립하였다. 제포에는 30호, 부산포에는 20호, 염포에는 10호의 항거(恒居) 왜인을 거주케 하면서 도항 왜인의 접대와 교역을 허가하였다.* 김시습은 왜관을 '도이거'(島夷居)라고 부르고 다음과 같은 시를 남겼다.[139] 아마도 그가 둘러본 왜관은 금오산에서 하룻길인 염포의 왜관이었던 듯하다.

바닷가에 살며 이익을 꾀하느라	濱海爲生利
띠집 수십 가호가 모여 있네.	茅茨數十家
성미 급하고 고깃배도 자그마하며	性躁漁艇小
풍속도 다르고 말은 재빠르다.	俗異語言奢
고향은 멀리 푸른 하늘가에 있고	鄕遠靑天際

* 1544년 부산포에만 단일 왜관제도를 설치한 후 임진왜란 때 폐쇄했다가, 임란 후 몇 차례 장소를 옮긴 뒤 1678년에 초량왜관을 신축했으며, 1872년 메이지(明治) 정부에 의해 점령될 때까지 두 나라의 외교와 무역의 중심지로 존속한다.

몸은 푸른 물가에 붙여 사누나.	身棲碧水涯
우리 임금의 교화 아래 투항하였으니	來投王化裏
주상께서 긍휼히 여기고 가상히 여기시네.	主上正矜嘉

김시습은 왜인들이 고향을 멀리 떠나 물가에서 고단하게 사는 것을 동정하면서, 그들이 주상의 보살핌으로 교화되어 변고를 일으키지 않는 것을 다행으로 여겼다.

또한 김시습은 일본 승려 준장로와 대화를 나누고 다음과 같은 시를 남겼다.[140] '장로'는 선종에서는 주지승, 율종에서는 종문의 주관자, 화종(和宗)에서는 고승, 화엄종에서는 관장(管長)에서 은퇴한 고승을 가리킨다. 그러나 우리나라보다는 일본에서 잘 사용하였다. 아마도 준장로는 아시카가 막부(足利幕府) 시절 교토(京都) 오산(五山: 天龍寺·相國寺·建仁寺·東福寺·萬壽寺)의 고승으로서 외교 실무를 맡았던 선승(禪僧)이었던 것 같다.

고향 멀리 떠나 마음 쓸쓸하기에	遠離鄕曲意蕭條
고불과 산꽃을 보며 적적함을 잊누나.	古佛山花遣寂寥
철관에 차를 달여 손님에게 제공하고	鐵鑵煮茶供客飮
질화로에 불 피워 향을 태우네.	瓦爐添火辦香燒
봄 깊으매 바닷달이 쑥대 문 안에 들어오고	春深海月侵蓬戶
비 멎자 산 사슴이 약초 싹을 죄 밟았군.	雨歇山麛踐藥苗
선 경지와 나그네 정이 아담하기에	禪境旅情俱雅淡
밤새도록 담소해도 무방하리라.	不妨軟語徹淸宵

이 시를 통하여, 타국의 승려에게서 같은 선취와 여정(旅情)을 발견하고 밤새 정겹게 담소하는 김시습의 모습을 상상할 수 있다. 상대에 대하여 선의 경지와 나그네의 정이 아담하다고 하였다. 그 자신 그렇게 아담한 심경이었기에 동류의식을 발견한 것이리라. 우악스럽지 않고 너그러운 심경이 잘 드러나 있다.

그런데 이 시에는 고불(古佛) 앞에 꽃을 꽂아두고 질화로에 향을 피우고는 무쇠 주전자에 차를 달여 마시는 다도(茶道)의 광경이 묘사되어 있다. 그 모습은 15세기 이후 일본에서 발달한 초암다(草菴茶)의 광경이다. 초암다는 귀족풍인 서원다(書院茶)와 달리 질박함을 추구하는 다도이다. 즉, 인가에서 떨어진 곳에 네 개의 기둥을 세우고 이엉을 덮은 초가에서 차를 즐기는 것을 말한다. 일본의 초암은 고려·조선의 초정(草亭)에서 영향을 받았다고 한다. 그런데 어떤 사람은 김시습의 이 시를 근거로 삼아 김시습이 일본의 초암다에 영향을 주었다고 말한다.[141] 하지만 시의 내용으로 보면, 김시습은 초암다를 즐기는 준장로에게서 차 대접을 받은 것이지, 김시습이 초암다를 그에게 전해준 것은 아니다. 하지만 이 시는 김시습과 일본의 초암다, 나아가 일본 불교와의 관계를 알려주는 중요한 자료임에 틀림없다.

_『유금오록』의 정리

젊은 시절 관서·관동·호남 일대를 방랑하고, 금오산에 은거하면서 서울과 경상도와 관동 남부를 오갔던 7년 동안, 김시습은 인생과 역사를 응시하는 깊은 시선을 갖게 되었다.

그는 관서·관동·호남 지방을 방랑하던 시절에 지은 시들을 각각 『유관서록』·『유관동록』·『유호남록』으로 엮고, 그 뒤에 후지(後志)를 적었다. 마찬가지로 금오산에 은거하면서 서울을 오가거나 경상도와 관동 남부를 오가면서 지은 시들은 1473년(성종 4, 계사) 봄, 성동의 폭천정사에 있으면서 『유금오록』으로 엮었다.

김시습은 『유금오록』의 후지에서 금오산 시절의 고통스러웠던 추억과 소요하며 즐거웠던 추억을 동시에 떠올렸다. 특히 병에 관하여 특별히 언급한 것을 보면, 그가 원각사 낙성회에 참여하고 돌아온 후에 마음의 병을 앓아 몸까지 상했던 사실을 짐작할 수 있다.

금오산에 있은 뒤로 멀리 나가 노니는 것을 사랑하지 않았으며, 그래서 그런지

한기(寒氣)에 몸이 상하여 질병이 잇따랐다. 그러나 바닷가에서 느긋하게 노닐고 옛 도읍의 교외에서 마음껏 서성이면서 매화를 찾고 대를 심방(尋訪: 찾아봄)하여 항상 시를 읊고 취함으로써 스스로 즐거 하였다.[142]

『유관서록』, 『유관동록』, 『유호남록』과 『유금오록』은 김시습이 세상을 떠난 뒤, 선조·광해군 때의 문인 기자헌에 의해 거듭 선별되어 『매월당시사유록』으로 엮이고, 17세기 초에는 그것이 경주에서 목판으로 출간되었다. 그래서 그 네 시집을 '사유록'이라고 부른다.

이 사유록에는 김시습의 전체 시 작품 가운데 1/4 분량에 해당하는 450여 수의 작품이 들어 있다. 모친이 일찍 돌아가시고 부친의 재혼으로 가정의 따스함을 느끼지 못했고, 조숙한 천재로서 과거에 낙방하는 좌절을 맛보았으며, 세조의 왕위 찬탈이라는 패도(覇道)의 시대상을 겪으면서, 김시습은 떠가는 구름 흘러가는 물[行雲流水]처럼 정처 없이 떠돌았다.

그런데 김시습이 엮은 『유관서록』·『유관동록』·『유호남록』·『유금오록』을 보면, 각 권의 마지막에는 다음 지역으로 이동하여 적은 시를 수록하였다. 그의 여행은 지역별로 구획된 것이 아니라, 하나의 지역에서 또 다른 지역으로 연결되었다. 고독한 방랑자의 발걸음은 한 지역에 안주하지 못했던 것이다.

언뜻 보기에 금오산 시절은 차나무를 심고 매화를 찾아나서는 등 평온한 생활을 한 것 같지만, 실은 결코 그렇지 않았다. 그 시기에 그는 두 번이나 서울에 다녀왔고, 서울에서 병을 얻어 지친 몸을 이끌고 경주로 돌아왔으며, 경주로 돌아온 뒤에도 울진과 삼척까지 발길을 뻗었다. 그 스스로는 '방탕한 유람'이라는 뜻에서 '탕유'라고 이름 붙였지만, 그의 여행은 고독한 방랑이었으며, 울분의 방랑이었다. 어느 곳에도 안주할 수 없다는 사실을 똑똑히 깨달은 방랑이었다.

그러나 한편으로 그는 가뿐함을 느꼈을 것이다. 생명의 약동에 즐거워했을 것이다.

그가 걸어간 길은 대체로 역로(驛路)였다. 하지만 그 길은 결코 곧게 뻗은 길이 아니었다. 구불구불하며 자유분방한 곡선과 곡면이 지배하는 길이었다.

그 길의 흐름은 생명의 고동과 보조를 같이했다. 합리적·주지적·기하학적인 계획의 형태가 아니었다. 김시습의 사고 활동과 감정의 흐름은 그 여행길을 따라 고동쳤다. 김시습은 자리를 박차고 나선 뒤로, 육중한 무게를 떨쳐버리고 자유롭게 돌아다닐 수 있었기에 가뿐함과 행복감을 느꼈을 것이다. 서양의 속담에 "자연에는 어디에도 직선이라곤 없다"는 말이 있다. 그렇게 굴곡진 자연의 길 속에서 그는 분방하게 사유하고 때로는 뜨겁게 감정을 분출할 수 있었다.

이렇게 해서 이루어진 김시습의 시에 대하여 이자(李耔)는, "옛 서울들을 유람한 것을 보면 반드시 서성이면서 북받치는 마음으로 슬프게 노래를 불러, 여러 달이 지나도 돌아가기를 잊었다. 오늘의 일에 마음 상하고 옛일을 슬퍼한 것을 보면, 수택장(數宅藏: 자기 글을 여러 벌 베껴 여러 곳에 보관함)이나 점귀부(點鬼簿: 귀신을 점고하는 장부라는 뜻으로, 앞사람들의 시구나 표절하는 것을 말함) 따위나 엮는 시인이 해낼 수 있는 바가 아니다"[143]라고 하였다. 그의 시가 표절이나 답습을 하지 않았다고 평한 것이다. 또한 그의 시가 호탕(浩蕩)해서 밀물인 듯 썰물인 듯 연기인 듯 구름인 듯하고, 바람을 내몰고 비를 호령하며, 노하여 꾸짖고 기뻐 웃는 것이 모두 시어가 되었다고 하였다. 김시습의 시는 성률(聲律)에 구속되지 않으면서도 형식과 구조가 문란하지 않고, 글귀를 아로새기려고 애쓰지 않아 순수한 아름다움이 있다.[144]

이산해도 「매월당집서」에서, 김시습이 "초연하게 속세를 멀리 벗어나 세상을 흘겨보면서 산수 좋은 곳에서 휘파람 불며 거만 부리고, 형체 밖에서 방랑한 데 이르러서는 행동거지가 한가하고 쾌적하여 외로운 구름이나 홀로 나는 새와도 같은 면이 있으며, 마음속이 환하고 맑아서 얼음이 들어 있는 옥으로 만든 병과 가을밤에 뚜렷하게 떠 있는 달에 뒤지지 않으니, 높은 풍모와 아담한 운치는 붓으로 형용하기 어려울 정도다"[145]라고 하였다. 김시습이 방랑을 통하여 맑고 높은 정신세계를 담아내는 문학을 창작할 수 있었다는 말이다.

김시습의 시는 성정(性情)에 뿌리를 두었으므로 단련과 수식을 일삼지 않아도 자연스레 시구를 이루어 장편이든 단편이든 군색하지 않았다. 그는 극도로 근심하고 분노하는 마음과 굴곡지고 뒤엉킨 가슴을 시원하게 할 수 없으면 반드시 시나 글로 발산하였다. 자유자재로 붓을 놀려, 처음에는 장난하는 듯 희롱하는 듯 조금도 마음에 두지 않았지만, 들었다가 꺾어내리고 열고 닫고 하는 변화를 이루 다 헤아릴 수 없을 정도이며, 여러 체제를 드러내고 일만 가지 형상을 다 나타냈다. 또는 높이 올렸다가 급히 꺾어내리고, 그윽하면서도 갑갑할 정도로 뜻을 깊이 함축해서, 읽는 사람으로 하여금 슬프고 허전하게 만들고, 두렵고 엄숙하게 만든다. 또는 호기 부리고 질탕하며, 또는 한가하고 심원하면서, 간혹 농지거리와 활달한 말과 재치 있는 말을 섞기도 한다. 마치 물이 맑고 잔잔하게 구부구비 흐르다가, 갑작스런 폭풍을 만나 기슭과 바위에 부딪치면 울부짖고 격동해서 그칠 줄 모르는 것과 같다. 그것은 바로 '평평함을 얻지 못해서 울리는'〔不平而鳴〕 문학이었다. 이자가 김시습의 의식세계를 '불평'으로만 설명한 것은 그의 의식의 깊이를 포괄한 말이라 할 수 없지만, 그의 설명은 적어도 김시습의 시에 대해서는 딱 들어맞는다고 할 수 있다.

  율곡 이이도 김시습이 지닌 시 정신의 넓이와 깊이를 예찬하였다. 김시습의 시는 "성률과 격조를 그리 따지지 않았으나, 기이하여 놀랄 만한 부분은 시적 상상력이 높고 멀어서 보통 사람의 생각을 벗어났으니, 글귀나 아로새기는 자들이 발돋움하고 바라볼 수 있는 것이 아니다"라고 하였다.[146]

제4부

● 현실 참여의 의지와 좌절

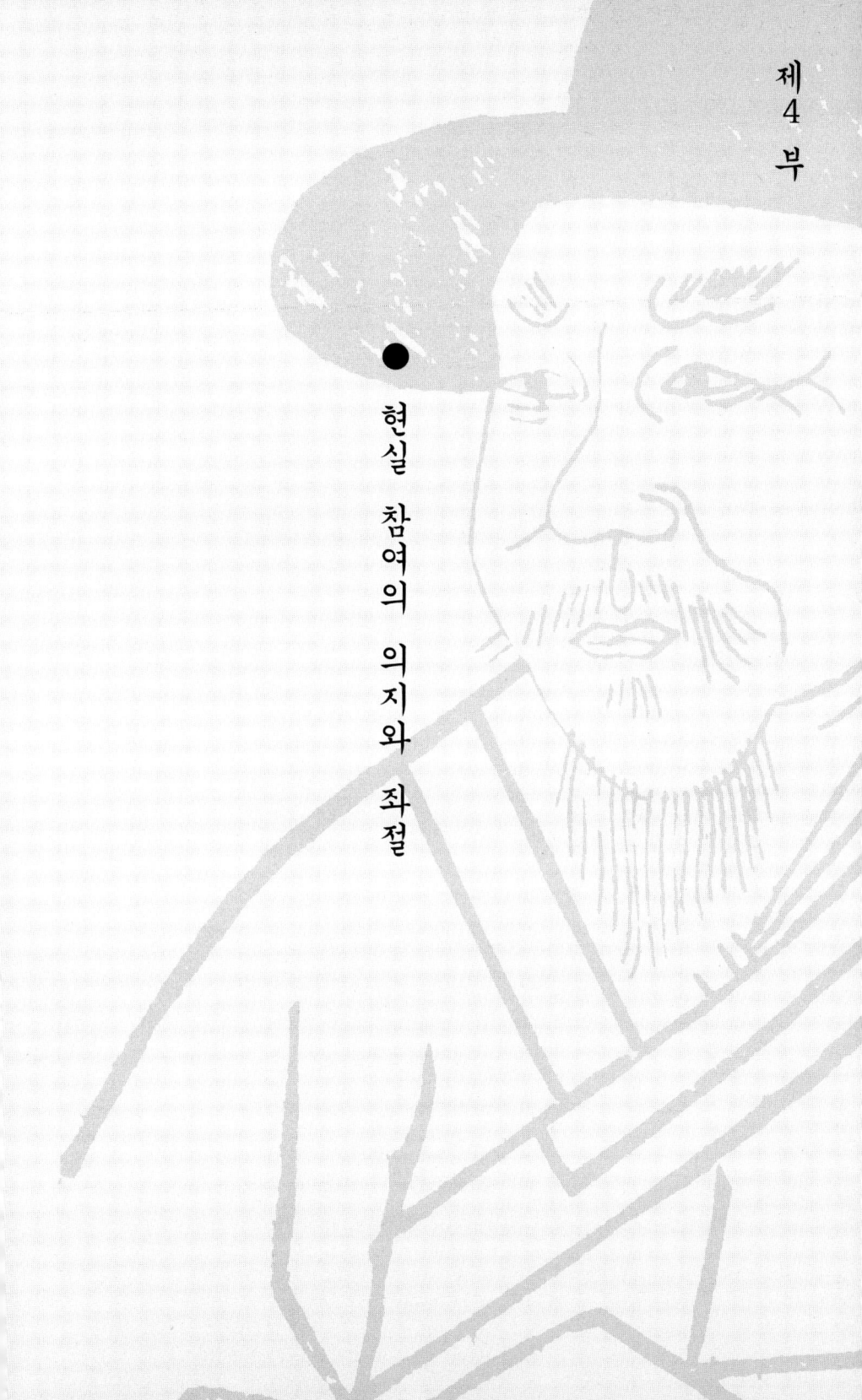

변신의 시도

> 이게 누굴까. 왜 나를 두렵게 하려는 것일까. 사람일까, 신일까, 아니면 간교한 사람일까. 이렇게 생각하다가 드디어 깨달았다. 이는 반드시 파피야스(Papiyas)가 나를 어지럽게 하려고 하는 것임을.
> ― 잡아함 제1199경, 제1200경, 제1201경

_ 성종의 등극 이후, 서울로 올라오다

김시습이 금오산에서 생활한 지 6년이 되던 1469년(기축) 겨울, 어린 왕 성종이 즉위하였다. 김시습 자신은 37세로, 청장년의 한창 나이를 넘긴 뒤였다.

계유정난과 병자옥으로 여러 종실 인사들과 수많은 세신(世臣)들을 살육했던 세조는 그 전해인 1468년 9월 16일 재위 14년 만에 서거하였다.

세조는 분명 왕권을 강화하고 관료 정치체제를 견고하게 했으며, 북방 야인(野人)의 소요를 진정시킴으로써 조선이 발전하는 데 더욱 단단한 기반을 쌓은 영명한 군주였다. 더구나 그는 세종 때 여러 문화 사업에 참여했던 경험을 바탕으로 서적 간행과 유교 문화 확산에 큰 힘을 기울였다. 그 업적을 부인할 수는 없을 것이다. 또 1417년에 나서 1468년에 서거했으니, 향년 52세였던 만큼 천수를 다했다고도 할 수 있으리라.

하지만 세조는 만년에 신경병을 앓아 잠을 이루지 못했다. 그래서 문사들을 모아 경전과 역사를 논하였고, 때로는 배우를 궁 안으로 끌어들여 해학을 하게

한 뒤 깔깔 웃곤 하였다.[1] 만년에 이렇게 불면증에 시달려야 했던 세조의 처지를 가련타 여겨 동정해야 할지…….

세조가 서거한 뒤 그 둘째 아들인 예종 광(晄, 1441~1469)이 즉위했으나, 겨우 1년 2개월 동안 군주의 자리에 있다가 이해(1469년) 11월 28일 29세로 서거하였다. 예종은 세자로 있을 때 정치를 대리한 경험이 있었지만 세조의 왕비였던 정희대비(貞熹大妃) 윤씨가 수렴청정을 하여 정무를 총괄하지 못한데다가, 남이(南怡)·강순(康純)의 반역 사건이 일어나는 등 어수선한 분위기를 바꾸지 못하였다. 예종이 요절한 뒤, 예종의 아들은 네 살에 불과했으므로 세조의 장남인 덕종의 두 아들 가운데 차남 잘산군(乽山君: 耆山君 娎, 1457~1494)이 등극했으니, 이 사람이 성종이다.

잘산군(자산군)은 어려서부터 형 월산군(月山君: 婷)보다 명민했다고 한다. 뇌성벽력이 몰아치던 날 어린 환관이 벼락을 맞아 죽자 주위 사람들이 모두 넋을 잃었으나, 그는 태연함을 잃지 않을 정도로 담력이 컸다고도 한다. 성종이 원년(1470) 4월 6일에 금강산 유점사(楡岾寺)에 써준 교서(敎書)가 현재 전하는데, 필력을 보면 그 영명한 자질을 충분히 짐작할 수 있다.[2] 그러나 즉위했을 때 고작 열세 살이었으므로, 역시 정희대비가 수렴청정을 하였다. 성종이 친정(親政)을 실시하는 것은 즉위 7년 만인 1476년에 이르러서이다.

이때 김시습은 이제는 유교 이념에 충실한 바른 정치가 이루어지리라고 기대했던 듯하다. 왕위를 찬탈한 세조의 조정에는 설 수 없지만, 현군의 자질을 지니고 있다는 새 왕의 조정에서는 벼슬 못할 이유가 없다고 생각하였으리라. 그래서 마침 누군가가 상경을 권유하자, 금오산실에서 일생을 마치려던 마음을 고쳐먹었다.

김시습은 1471년(성종 2, 신묘) 봄에 서울로 올라왔다. 그리고 서울과 근교를 왕래하다가 이듬해인 1472년(성종 3, 임진) 가을에 성동(城東), 즉 도성 동쪽에 있는 수락산 폭천(瀑泉) 부근에 터를 잡았다. 1473년(성종 4, 계사) 봄에 적은 『탕유금오록』의 후지(後志)에서 김시습은, "신묘년 봄에 누군가의 청으로 서울에 들어왔다가 임진년 가을에 성동의 폭천정사(瀑泉精舍)에 은둔해서 터를

잡아 집을 짓고 일생을 마치려 했다"고 하였다.[3]

그런데 김시습을 서울로 청한 '누군가'라는 인물이 양희지(楊熙止, 1439~1504)라는 설이 있다.

양희지는 본관이 중화(中和)이며, 1471년(성종 2)에 금오산으로 과거 공부를 하러 들어갔다가 열흘 동안 김시습과 함께 지내보고는 그에게 벼슬을 권하였다.[4] 당시 김시습은 날마다 명수(明水: 치성을 드릴 때 떠놓는 물)를 갖추어 예불하고는, 예불이 끝나면 곡(哭)을 하고 곡이 끝나면 노래하며 노래가 끝나면 시를 짓고, 시가 끝나면 또 곡을 하고는 시를 태워버렸다.[5] 양희지는 "명교(名敎: 유교) 중에 즐거운 경지[樂地]가 있거늘, 어찌하여 이렇게 괴로움을 겪소? 지금 주상은 명철하고 성스러우시며, 선(善)을 좋아하시고 선비를 사랑하시니, 열경아, 나가서 벼슬하구려"라고 말하였다. 불교의 고행이나 산야의 검약한 생활이 아니라 인륜과 명분을 지키는 생활 속에도 즐거움이 있다고 부추긴 것이다. 김시습은 "후우" 하고 한숨을 쉬면서 감사하고는, "가행(可行: 양희지의 자)아, 그대는 힘쓰구려. 이 광인(狂人)이야 어찌 벼슬 살 수 있겠소?" 하였다. 사실 양희지는 김시습의 후원자가 될 만한 처지가 아니었다. 그는 1462년(세조 8)에 생원·진사 양과에 합격하고 1464년에 성균관에 입학한 뒤 1467년의 식년문과 초시, 1468년의 별시문과 초시에 합격했으나 회시(會試)에는 불리했으므로, 1469년에 성균관에 다시 들어갔다.

양희지는 1465년에 태학생 남효온과 함께 원각사 창건을 비판하는 상소를 올렸고, 1469년(성종 즉위년)에는 문묘 밖에서 기도하던 무당을 쫓아낼 만큼 유교의 원리에 충실했던 인물이다. 그는 1470(성종 원년)의 별시문과나 이듬해(1471년) 3월 29일의 별시문과에는 응시하지 않은 채, 1471년 초에 금오산으로 글을 읽으러 갔다가 김시습을 만난 듯하다. 양희지는 1474년(성종 5)에 이르러 문과에 급제하여, '희지'(稀枝)라는 이름과 '정보'(楨父)라는 자를 하사받았다. 성종 때 사헌부 직을 거쳐 형조판서에 올랐으며, 연산군 때는 대사헌을 지낸다. 1477년(성종 8)에는 홍덕사에서 김시습의 제자 선행(善行)을 만나 시를 주어 김시습에게 전해주도록 하였다.[6] 그러나 금오산에서 김시습을 만났을 당시의 양희지는 과거 낙방생에 불과하였다. 그러한 그의 권유로 김시습이 그때까지의 결심을 뒤바꾸었던 것 같지는 않다.

아마도 양희지가 아니라 다른 누군가의 청이 있었을 것이다. 김시습은 그 누군가의 청을 듣고 서울로 올라왔다. 그리고는 새 조정에서 벼슬을 하겠다고 마음먹었다. 그래서 육경(六經: 유교 경전들)을 다시 익히기 시작하였다. 또 과거를 보겠다는 생각으로 과거시험에 부과되는 시 형식과 문장 형식도 익혔다. 김시습은 뒷날 「양양부사 유자한에게 속내를 토로한 서한」에서 술회하기를, "성상께서 등극하셔서 현인을 등용하고 충간(忠諫)의 말을 따르시기에, 벼슬길에 나아갈까 생각하게 되었습니다"라고 하였다.

_ 또 다른 설잠

김시습이 서울로 올라오기 전에 서울에는 '설잠'(雪岑)이라는 법호를 지닌 또 다른 승려가 있었다. 이 '설잠'은 1468년(세조 14)에 의금부 옥에 갇혔고, 또 이듬해인 예종 원년에 의금부에서 국문을 받은 뒤 환속당한 인물이다. 즉, 이 '설잠'은 1468년 2월에 수원 북평(北平)에 온정(溫井: 온천)이 있다고 알렸는데, 세조가 파산군(巴山君) 조득림(趙得琳)을 시켜 조사하게 했더니 사실이 아니었으므로 그를 의금부 옥에 가두게 하였다.[7] 또한 이듬해 6월에는 흰 돌에 백랍(白蠟)을 칠해 백옥이라 사칭했으며, 속인의 옷과 갓을 입고 남의 호패와 신부(信符: 대궐에 드나들 때 필요한 문표)를 받아서 영추문(迎秋門)으로 들어오다가 잡혀 의금부에서 국문을 당하고는 곤장 100대에 귀양 3년의 벌을 받은 뒤 환속당한 것이다.[8] 공교롭게도 법명은 같지만 김시습과는 다른 인물이다. 김시습이 실속도 없는 사기를 쳐서 그런 곤욕을 당했을 리가 없다.* 또한 귀양 3년의 벌을 받고 환속당했다면, 1472년에 수락산에 폭천정사를 짓고 거처할 수 없었을

---

* 이 동명이인의 '설잠'에 대해서는 김영태, 「설잠 당시의 대불교정책과 교단 사정」, 『매월당 학술논총: 그 문학과 사상』(강원대학교 인문과학연구소, 1988. 7)에서 처음으로 자세히 언급하였다. 김태영 님은 만일 그 설잠이 설잠 김시습과 동일인이라면 그가 32~33세 때의 일인데, "무엇 때문에 실속도 없는 사기로 그런 곤욕을 당했겠는가? 아무래도 동명이인일 것으로 보인다"라고 하였다.

것이다.

그런데 여기서 우리는 한 가지 풀리지 않는 의문점이 있음을 깨닫게 된다. 앞서 보았듯이 김시습은 금오산 시절, 원각사 중흥회에 참석한 뒤 세조가 친히 쓴 '계권'(契券), 즉 도첩을 받았다. 하지만 그는 어떤 절의 주지(住持)로도 지내지 않았다. 그렇다면 그는 승단에서 어떤 위치였는가?

김시습은 스스로 '비추'(比芻)라고 했고, 서거정은 그를 '상인'(上人)이라고 불렀다. 비추는 필추(苾芻) · 픽추(煏芻) · 비추(備芻)라고도 적으며, 모두 산스크리트 bhikṣu를 음역한 것으로, 흔히 '비구'라고 말한다. 상인은 승려를 높여서 부르는 말이다.

세종은 1424년(재위 6) 4월에 예조의 계청(啓請: 주청)에 따라 조계종 · 천태종 · 총남종을 합쳐 선종으로 삼고, 화엄종 · 자은종 · 중선종 · 시흥종을 합쳐 교종으로 삼았다. 그리고 전국에 36개의 사찰만 남기고 양종에 18사씩 배정하여 논밭과 승려의 수를 정했으며, 승록사(僧錄司)를 폐지하고 흥천사를 선종의 도회소(都會所: 本山)로 삼고 흥덕사를 교종의 도회소로 삼았다. 이때부터 양민이나 사대부가의 자제가 승려가 되려면 도첩을 받아야 했다.

김시습이 승려가 되었던 시기인 세조 초에는 승단의 분위기가 자유로웠다. 즉, 세조는 왕위를 물려받은 다음달(1455년 8월)로 원년을 칭하고 이조에 전지하여 내웅(乃雄), 윤제(允濟), 신관(信寬), 해향(海香), 신성(信性), 해총(海聰), 성유(性乳) 등에게 직첩(職牒)을 내리게 하였다. 그리고 도첩을 받을 승려에게는 관청에서 지체 없이 도첩을 발급하게 하고, 사찰에 대해서는 공부(貢賦: 나라에 바치던 물건과 세금) 이외의 잡역은 없애도록 하였다. 하지만 승려가 되려면 도첩을 받아야 하는 사실은 변함이 없었다. 김시습은 도첩을 받았기 때문에 모든 잡역에서 면제되었다. 더구나 그는 세조에게서 '계권'을 받았으므로 승단 내에서의 권위를 국가 권력에 의해 인정받은 셈이다. 그러나 그는 어느 한 사찰에서 오래 머무르지 않았고, 왕실 불사를 빌미로 승단에 영향력을 행사하려 하지도 않았다. 그것은 그가 자유인으로 살아가려 한 의지에서 비롯된 것이 아닐까?

_ 김수온을 찾아가다

금오산에서 서울로 올라온 뒤 김시습은 김수온(金守溫)을 찾아갔다. 그것은 김수온이 남긴 문집 『식우집』(拭疣集)에 실려 있는 「이생에게 주다」(贈李生)라는 시와 「법란 도자에게 주다」(贈法蘭道者)라는 시에서 추측할 수 있다. 「이생에게 주다」는 안동 출신의 이생이 김수온에게 『장자』를 배우러 왔을 때 준 시로, "설잠은 방외의 벗이다"(雪岑方外友)라는 구절이 있고, 그 구절 아래 "설잠 대선을 따라서 왔기 때문에 이렇게 말한 것이다"(伴雪岑大選故云)라는 자주(自註)가 붙어 있다. 그리고 「법란 도자에게 주다」라는 시의 제목에는 "설잠 대선의 제자이다"(雪岑大選弟子也)라는 주해 구절이 덧붙어 있다. 현전하는 『식우집』은 잔권(殘卷)인데다가 본래의 시가 연도별로 잘 정리되어 있지 않아 김수온이 그 시들을 지은 시기는 분명하지 않지만, 앞뒤의 시들에서 추측한다면 대체로 성종 2~3년 사이에 지은 것으로 추정된다.[9]

당시 김수온은 『장자』에 밝다는 명성이 있어서 20세의 이생이 김시습의 소개로 그에게 『장자』를 배우러 온 것이다. 그러나 김수온은 이제 남은 해는 좌선이나 하면서 베개 높이 베고 달게 잠이나 자겠으니 문자는 묻지 말아 달라고 완곡히 거절하였다.[10]

법란 도자는 남방에 거주하던 승려였던 듯하다. 그렇기에 김수온은 그에게 준 시에서 "초택의 아홉 뙈기 밭을 갓 갈았다"(楚澤九畹初分張)라는 표현을 사용하였다. '초택'은 남방 지역을 뜻한다. 한편 '도자'는 선종에서 아직 승려가 되지 않은 수행자를 가리키는 말이다. 법란 도자는 김시습의 현전 문집에는 이름이 나오지 않는다. 김수온은 그 시에서 "한 손으로 우담발화의 낙예(落蘂: 떨어진 꽃잎, 꽃술)를 따고 싶으니, 설잠에게 방편을 묻고자 한다"고 하였다.[11] 설잠 김시습을 도법(道法) 높은 승려로 인정하고 있었던 것이다.

김시습은 김수온과는 오래 전부터 알고 지냈다.

단종이 세상을 떠난 후에 승려의 행색으로 관동을 유람하던 김시습은 평양 부근에서 하등극사(賀登極使)로서 명나라에 사신으로 가는 김수온 일행을 만난 적이 있다. 김시습은 그때 이미 10년 전부터 그와 구면이라고 하였다. 당시 김수온은 김시습에게 "유(儒)를 버리고 묵(墨)으로 돌아감은 무슨 마음인가, 이 길은 본래 물외에서 찾을 것이 아니로다"(舍儒歸墨是何心, 此道元非物外尋)라고 넌지시 비꼬는 내용의 시를 보냈고, 김시습은 그 시에 화운하여 "마음을 기르는 공부라는 점에서 불교와 유교는 한가지"라고 답하였다. 이 이야기는 이미 앞에서 한 바 있다.*

또 1463년에 김시습이 『묘법연화경』 언해 작업에 참여했을 때, 김수온은 공조판서로서 그 언해 및 간행에 간여했으므로, 그때도 김시습과 교유했을 것이다.

김수온은 세조·성종 때 고관을 지냈던 인물로, 고승 신미(信眉)를 형으로 두었다. 세종 때 문과에 급제하여 관직에 나섰고, 세조 때 서거정·강희맹(姜希孟)과 더불어 문학가로 명성이 높았다. 그는 효령대군, 신미, 학조(學祖), 홍준(弘濬)과 함께 함허당(涵虛堂) 기화(己和)에게서 불교를 배웠다. 어머니도 만년에 여승이 되었는데, 그 어머니가 죽었을 때 화장을 했다. 그래서 유학자임을 표방한 관료들의 비난을 샀다.[12]

그런데 김수온은 이생에게 준 시나 법란 도자에게 준 시에서, 김시습을 '설잠 대선'(雪岑大選)이라고 밝혔다.[13]

'대선'은 본래 승과시(僧科試)에 합격한 뒤 불법을 쌓은 고승을 가리키는 듯하다. 승과시에 합격한 승려를 입선(入選)이라 부르는 것과 유사한 말이다. 하지만 김수온이 김시습을 '대선'이라 부른 것은 존칭인 듯하다.**

김수온은 1475년(성종 6) 원일(정월 초하루)에 쓴 시에서 "괴이해라, 괴애(김수온 자신의 호) 노인은 어찌해서 늘 한 몸으로 두 몸뚱이 되는가? 유학자의 옷을 입은 사람이거늘, 어이하여 묵행(墨行: 여기서는 불교 신자로서의 행적)을 하는가?"(自怪乖崖老, 恒爲一兩身. 旣能儒服客, 何用墨行人)라고 하여, 스스로 유교

---
* 이 책의 「예비적 고찰」 '귀속을 거부한 사상 편력'(52쪽) 참고.
** 본래 조선 초의 선종은 선종선(禪宗選)에 합격한 승려가 중덕선사(中德禪師), 대선사(大禪師)에 이르고, 다시 도대선사(都大禪師)가 되어 선종을 관장했으나, 1566년(명종 21)에 교종·선종과 승과가 폐지되어 이 법계가 없어졌다. 승력들의 위계와 칭호에 대해서는 알 수 없는 부분이 많다.

와 불교를 넘나들고 있음을 말하였다.[14] 그의 문집 이름인 '식우'(拭疣)는 '고름을 닦는다'는 뜻이다. 본래 '고름 닦은 종이'〔拭瘡疣紙〕, '똥 닦은 종이'〔拭不淨紙〕라고 하면 선종에서 불교 경전의 절대적 권위를 부정하여 쓰는 말이다. 김수온은 선종의 그 표현을 빌려다가, 자신의 시문을 '고름 닦은 종이'에 불과하다고 말한 것이다. 그는 시에서도 고답성을 버리고 독특한 세계를 열었다. 한 예로, 고려 가요 「만전춘별사」(滿殿春別詞)를 한시로 번안(翻案)하여 소악부(小樂府) 양식의 「노랫말을 적다」(述樂府辭)를 남겨, 남녀 사이의 강렬한 애정을 비유와 상징, 반어와 역설의 언어로 충실하게 번역하였다. 예교(禮敎)의 구속에서 벗어나 감정의 자유로운 유출을 지향했음을 짐작할 수 있다.*

시월 꽁꽁 언 얼음 위	十月層氷上
냉기 엉긴 댓잎 자리.	寒凝竹葉栖
임과 함께라면 얼어죽으리	與君寧凍死
새벽닭이야 울든 말든.	遮莫五更鷄

김시습도 언젠가 농염한 가요를 지었는데, 그 가운데 한 수는 「만전춘별사」의 시상과 통하는 면이 있다. 즉, 김시습이 지은 「죽지사」(竹枝詞) 3절(絶) 가운데 제2수가 그것이다.[15]

나는 일백 자 응달 벼랑의 얼음	儂如百尺陰崖氷
그대는 바지랑대 높이로 오른 햇볕.	爾似一竿陽曦騰
바지랑대 걸린 햇볕을 가져다가	願借一竿朝陽暉
응달 벼랑 꽁꽁 얼음을 녹이고파라.	銷我百尺陰崖凝

* 「만전춘별사」(滿殿春別詞)의 노랫말은 "어름우흿 댓닙자리 보와 님과 나와 어러주글만뎡 어름우흿 댓닙자리 보와 님과 나와 어러주글만뎡 졍(情)둔 오늜 밤 더듸 새오시라 더듸 새오시라"이다.

김수온의 문집 『식우집』은 성종의 명에 따라 갑진자(甲辰字)로 간행되었으나, 현재 잔권(殘卷)만 남은데다가 초간본 자체가 시문을 정밀하게 수습(收拾)하지 못하였다. 그래서인지 『식우집』에서는 김시습과 관련된 기사를 달리 찾아볼 수가 없다. 이생에게 준 시와 법란 도자에게 준 시가 고작이다.

하지만 김시습은 서울 동쪽에 거처할 때 김수온과 상당히 깊은 관계를 지녔던 듯하다. 뒷날 김시습은 「양양부사 유자한에게 속내를 토로한 서한」에서 자신이 벗으로 상대했던 서울 친구로 서거정, 김뉴(金紐, 1420~?)와 함께 김수온을 꼽았다. 실제로 홍유손(洪裕孫)이 김수온과 서거정을 어느 절에서 만나 즉석시를 지었을 때 김시습이 같이 있었다는 기록도 전한다. 또한 김수온은 유자한의 모친이 별세했을 때 만시(輓詩)를 지었다.[16]

그런데도 불구하고 김시습이 김수온을 대한 태도는 매우 냉정하였다. 뒤에 보듯, 김수온에게서 『장자』를 배웠다는 승려 조우(祖雨)를 김시습이 골려주었다는 이야기도 전하고, 김수온이 1481년(성종 12)에 좌화(坐化: 앉은 채로 입적함)했다는 말을 전해 들은 김시습이, 김수온은 욕심이 많은 사람이므로 좌화했을 리 없다고 일축했다는 이야기도 전한다.

그런데 김시습과 김수온에 얽힌 일화 중에 가장 널리 알려진 것은, 지성균관사(知成均館事) 김수온이 '맹자가 양혜왕을 만나다'(孟子見梁惠王)라는 제목으로 성균관 유생을 시험했다는 말을 듣고 김시습이 조롱했다는 이야기이다. 김시습은 상사생(上舍生)의 작문인 것처럼 속여 김수온에게 자기 글을 보이게 하였는데, 그 글은 대체로 "양혜왕은 왕을 참칭(僭稱: 분수에 넘치는 칭호를 자칭함)한 자이기 때문에 맹자가 만나서는 안 되었다"는 뜻이었다고 한다. 김수온은 그 글을 보고 단번에 김시습의 글인 줄 알고는 그가 어느 산에 있느냐고 물었다는 것이다. 이 이야기는 이이의 「김시습전」에 실려 전한다.

김수온은 유교와 불교를 회통하려고 하였기에 김시습과는 매우 친연성이 있었지만, 결국 그는 관각(館閣) 문인, 즉 제도권 내의 문인이었고 권력에 추수하는 인물이었다. 김시습은 그의 그러한 측면을 결코 인정할 수 없었던 것 같다.

_ 어유소, 고태필 등과 옛정을 잇다

서울에 올라온 김시습은 전부터 알던 여러 사람과 만나거나 서신을 띄웠다. 자신을 천거해주기를 바라서였던 듯하다. 먼저, 어려서 이웃에 같이 살았고 당시 영안북도 절도사로 있던 어유소(魚有沼, 1434~1489)에게 무려 13수나 시를 부쳤다.[17] 어유소는 1470년에 영안북도 절도사 겸 경성부사에 임명되었다가, 1471년에 모친상을 당하여 3년 상복을 입었다. 하지만 북방 수비를 위해 조정에서 그를 기복(起復)시켰으므로, 1471년 7월 "국가의 일이 다급하여 대효를 끝내지 못하였다"(大孝未終王事迫)며 다시 조정에 나아갔다. 이때 김시습이 어유소에게 바친 시 가운데 두 수만 들면 다음과 같다.[18]

지난해 전쟁 뒤 백성들을 진무하다가	去年兵後撫黔黎
부월(장군의 위엄을 상징하여 군주가 내리는 도끼) 짚고 빈소로 달려가 울부짖었지.	
	仗鉞奔喪九死哦
묘도에서 지전 사르며 운명할 듯 슬퍼하고	神道燒錢哀似隕
절간의 법석에선 뼈를 도려내듯 애통해 하였네.	梵宮陳席痛如刲
선산의 묘소들을 하나하나 참배하여 제사하고	松楸歷歷參於羹
창창한 하늘을 우러러 절하였지.	穹昊蒼蒼仰以稽
대효(대상)를 마치기 전에 왕사가 급하매	大孝未終王事迫
「북산」 노래* 마치며 눈물이 개울을 이루었네.	北山歌罷淚成溪
그대와 이웃에 살아	幸與公家接近隣
죽마 타고 놀며 빈번히 왕래하던 옛일이 그립구려.	戲嬉竹馬往來頻
그대는 황석공에게 병법을 전해 받아 명장이 되고	君傳黃石爲名將
나는 치문(불교)에 들어가 도인이 되었다오.	我入緇門作道人

* 「북산」(北山)은 『시경』 소아(小雅)의 편명. 임금을 섬기느라 어버이를 봉양하지 못하는 것을 한탄한 내용이다.

옛 고향 아니라서 나는 요동 학의 말을 하고*	鄕舊已非遼鶴語
변방을 평정하매 그대는 목야(牧野)에서 응양(鷹揚)하는 몸.**	邊城初定牧鷹身
다른 날 상봉하여 공업을 따질 적에	相逢異日論功業
누가 옳고 누가 그른지 자세히 말해보세.***	誰是誰非細細陳

어유소는 1475년 2월에 우참찬에 오르고, 영안북도 절도사는 그대로 겸한다. 또한 김시습은 "성균관 시절에 한 담요에 같이 앉아 형님 동생 했던"[19] 고태필에게 화원의 꽃을 재배하는 방법을 알려주었다.[20] 김시습은 이미 호남 여행길에 천원(川原)의 객사에서 고태필과 함께 묵은 일이 있었다.[21]

고태필은 세조 원년인 1455년에 좌익원종공신 2등에 올랐고, 1472년(성종 3)에는 동지중추부사 겸 황해도 관찰사가 되지만, 어머니가 늙었다는 이유로 곧 사직하였다. 그 뒤 1472년 가을 고태필은 아내 김씨를 잃었는데, 이때 김시습이 위로하는 시를 지어보낸다.[22] 또 같은 해에 고태필이 동지중추부사에 갓 임명되어 화원에 꽃 기르는 방법을 자문하자, 김시습은 시로 답장을 보냈다.[23]

김시습은 이미 여러 가지 꽃과 풀, 약초를 재배하여 그 특성을 하나하나 파악하고 있었다. 그렇기에 그는 사계화(장미)・여뀌・국화・자지(紫芝)・파초(芭蕉)・원추리・해당화・작약・아가위꽃〔棠花〕・달꽃〔月花〕・푸른 연〔青蓮〕・목련(木蓮)・서향화(瑞香花)・배추꽃〔菜花〕・흰 국화・붉은 여뀌〔紅蓼〕・토끼풀〔苜蓿〕・산삽주〔山薊〕・황정(黃精: 둥굴레)・승검초〔當歸〕・생강〔子薑〕 등을 소재로 영물시(詠物詩)를 지었다. 게다가 김시습은 가산(假山: 정원에 돌을 모아 쌓아서 만든 산)을 만들고 자분(瓷盆)에 꽃을 심는 방법에 일가견이 있었으므로, 고태필에게 정원을 만들고 분재하는 방법을 가르쳐주었다.

---

* 요동(遼東) 사람 정영위(丁令威)가 신선을 공부하고 학이 되어 고향으로 돌아왔으나 아는 사람이 없자 다시 하늘로 올라갔다는 고사를 이용하였다.
** 목야(牧野)는 주 무왕(周武王)이 은(殷)의 폭군 주(紂)를 섬멸한 곳. 여상(강태공)이 무왕을 도와 공을 이룬 것을 끌어다 상대방(어유소)의 공적을 언급한 것이다.
*** 세조의 공신이나 조정 신하들과 김시습 자신의 처세를 대비시키는 뜻을 함축하는 듯하다.

_ 옛 산이 그립다

김시습은 서거정과의 관계를 다시 회복하였다. "내가 영남에서 와서 머문 지 며칠이던가. 장안에 문호가 많지만 아무도 이 은둔처로 날 찾아오는 이 없는데, 그대가 좋은 시를 자주 보내니 나와는 진실로 희한한 단짝이다"라고 하였다.[24]

서거정은 세조 때부터 자형인 최항을 이어 문형(文衡)을 잡고 있었다. 최항은 서거정의 고종 사촌 이계전을 이어 대제학의 지위에 올랐고, 최항이 영의정에 오르자 서거정이 다시 최항을 이어 대제학이 되었으니, 이 혈족은 벌써 80~90년간 문형을 독점하고 있었던 셈이다.[25] 서거정은 1468년 9월 16일 세조가 서거했을 때 고령군 신숙주, 영성군 최항과 함께 세조의 행장을 작성하였다. 1469년(예종 원년) 7월 3일에는 한성부판윤, 7월 26일에는 호조판서가 되었으며, 그해 11월 28일 예종이 서거하자 12월 1일에 국장도감 제조에 임명되었다.

서거정은 성종이 즉위한 뒤 경연에 참여하여 정치에 깊숙이 간여하였다. 1470년 8월 6일에는 의정부 우참찬이 되었고, 10월 20일에는 고령부원군 신숙주, 영성부원군 최항, 좌찬성 노사신과 함께 독권관(讀卷官)이 되었다. 1471년(성종 2)에는 순성명량좌리공신의 호를 받고 달성군에 봉해졌다. 1472년부터 1475년까지 대사헌으로 있을 때는 비리와 비행을 저지른 관원들을 가차없이 탄핵하였다. 특히 그는 윤리 강상(綱常: 삼강오륜)의 문제를 중시하였다. 성균관에서 벽서시(壁書詩)로 스승을 비방한 유생들을 처벌하는가 하면, 여성이 절에 오르는 것을 금지하고 비구니의 산사 출입도 금지시켰다.

서거정은 국가 사업을 계획하고 돕는 관료로 성공하였다. 그는 김시습이 승려 행색인 주제에 왕도정치의 이념을 주장하는 것을 두고, 물정 모르는 짓이라고 여겼을 것이다. 그는 김시습을 천거하지 않았다.

김시습은 정치 현실이 개선되리라고 믿었다. 하지만 정창손과 노사신 등 훈구파가 득세하였다.

김시습은 금오산으로 돌아가지 못하고 서울 근교에서 어정거리는 자신을 한탄하기 시작하였다. 그는 「도연명이 옛 집에 돌아가서 쓴 시에 화운함」(和還

舊居)을 지었는데, 부제를 '꿈에 산방에 이르다'(夢到山房)라고 하였다. 꿈에서 금오산실을 볼 정도로 옛 산이 그리웠던 것이다.[26]

어젯밤에 금오산 꿈을 꾸었는데	昨夜夢金鰲
산새들이 울며 돌아오라 재촉하더라.	峯上啼催歸
산방에는 책들이 가지런하였지	山房册在床
너무도 기뻐하다가 그 끝에 슬프더라.	喜極情啣悲

또 「옛 산이 그립다」(憶故山)라는 시도 지었다.[27]

경기에 발 멈춘 지 서너 해건만	棲迹王畿已有年
여전히 꿈속에선 옛 산으로 돌아가네.	故山歸夢正依然
금오산 천 겹 봉우리에 구름 걷히고	雲收鰲背千重岫
파도 그친 바다에 한 조각 배 떠 있으리.	風定鯨波一葉船
매화 꽃봉오리 눈앞에 삼삼하고	長有梅心懸眼底
창맡 파초의 빗방울 소리 들리는 듯.	可堪蕉雨滴窓前
봄 들어 죽순과 고비 우쑥 자란 때	春來筍蕨年年長
응당 영령은 나 돌아오길 기다리리.	應有英靈待我旋

마지막 구의 "영령"(英靈)은 금오산의 신성한 산신령을 뜻하는 듯하다. 금오산의 산신령과 일체가 되어 평온한 삶을 살았던 나날들이 몹시 그리웠던 것이리라.*

김시습은 금오산으로 돌아가 서울과 단절할 것인지, 서울 동쪽의 수락산에

---

* 김시습은 또 「동도를 그리워하며」(懷東都)라는 시에서도 "…… 몸의 병 때문에 돌아가지 못하는 것이지, 세상 생각에 얽매이는 건 아니다만, 세모쯤엔 돌아가려 해도 그러질 못할 것 같아, 월성 가의 푸른 구름과 가을 나무가 그립구나"(自緣身病不能去, 無復世情相累牽. 歲暮欲歸歸未得, 碧雲秋樹月城邊)라고 하였다. 『梅月堂集』권2, 懷舊, 「懷東都」.

남아 출사(出仕: 벼슬길에 나감)할 기회를 기다릴지 망설이고 있었다.

_ 글쓰기를 통한 정치사상의 개진

김시습은 서울로 올라와 경전을 다시 공부하면서 과거에 대비하여 논변류의 문체를 연마했던 듯하다. 그러면서 중심 사상을 산문으로 체계화하여 진술하는 방법을 수립했던 것 같다. 곧, 산문에서 허구의 인물을 내세운 대화법을 활용하는 방법을 이 무렵에 익혔던 것이 아닌가 추측된다.

김시습은 지식을 얻거나 신뢰할 만한 의견을 말하기 위해서 유연하고 활발하게 사고했으며, 자기와 대화할 때도 대화의 기본 형식을 밟았다. 그의 '글쓰기'는 '철학하는 일'이었다. 상대방의 심리적인 낌새를 잡아 순간적으로 감동시켜서 자기 말을 받아들이게 하는 식의 변재(辯才)를 결코 발휘하지 않았다. '자기 영혼과의 대화'를 글로 적었으며, 변증법적 사유를 통해 신뢰할 만한 결론에 이르고자 노력하였다.

사고의 생명은 남과 활발하게 의견을 교환하는 데 있다. 그런데 철학은 스스럼없는 담화가 아니라, 일정한 절차를 밟은 의문을 준비하고 일련의 질문을 통해 사람들을 논쟁시키며 논리적 귀결로 몰고가는 것이다.* 김시습도 가상의 대화를 통해 진리와 정의를 탐구하였다.

김시습은 글쓰기의 정연한 법칙을 수립하지는 않았다. 그리고 '글 하는 사람의 가르침'(Lehre der Literaten)을 전하려고 서두르지도 않았다. 인도 철학서에서 상용된 귀류논법(歸謬論法, prasagna, reduotio ad absurdum)을 사용하지도 않았다. 하지만 연역적인 논증 또는 묵자의 후학들이 '효'(效)라고 부른 방법을 잘 사용하였다.

김시습은 글쓰기를 통해 무엇보다도 정치사상을 펼쳐나갔다. 그의 정치사

---

* 이를테면 소크라테스는 하나하나의 정의를 문답 형식으로 몇 번이나 음미하고, 내부에 포함되어 있는 모순을 찾아내는 변증법을 활용하였다. 이에 비해 과거 중국인들의 경우, 서로 대화하는 정신이 결여되어 있었다는 지적이 있다. 중국 학자들은 묵자(墨子)가 세운 변론 규정에 변증법이 들어 있다고 주장하지만, 과거의 중국인들이 그 모든 규정을 구체적으로 어떻게 적용했는지는 분명치 않다.

상은 하(夏)·은(殷)·주(周) 삼대의 이상정치를 본받아 인의의 이념을 실현해야 한다는 것과, 인의의 정치를 실현하기 위해서는 나라의 근본인 인민을 사랑하는 정책을 실시해야 한다는 것으로 압축된다. 역사철학의 관점을 드러낸「고금제왕국가흥망론」(古今帝王國家興亡論)과 정치의 이상을 밝힌「정치는 반드시 삼대를 본받아야 한다」(爲治必法三代論)가 대표적인 글이다.[28)]「고금제왕국가흥망론」이 말한 내용은 어찌 보면 경사(經史)에서 읽은 원칙론을 반복한 것에 지나지 않는다. 하지만 그 함의는 매우 풍부하며 시대 비판의 통렬성을 지닌다.

> 불길이 한창 타올라가는 것도 혹 끌 수가 있고, 물길이 하늘에 치닿는 것도 혹 막을 수가 있다. 화단(禍端)은 위태한 데 있지 않고 편안함에 있으며, 복은 경사스러운 데 있지 않고 근심하는 데 있는 법이다. 근심하고 걱정하는 때야말로 복과 경사를 불러오는 기초가 되는 것이요, 무사하고 편안한 때야말로 화단과 해독의 싹이 되는 것이다. 그러므로 제왕의 공업(功業)은 근심하고 걱정함으로 말미암아 일어나고, 편안해 하고 즐거움을 누림으로써 망하지 않는 법이 없다. 오직 대업(大業)만 그런 것이 아니라, 보통 사람의 가정과 일신(一身)의 경우에 제가(齊家)가 되고 안 되고 하는 것과 수신(修身)이 되고 안 되고 하는 것 또한 방촌(方寸: 마음)이 바른가 바르지 못한가에 달려 있을 뿐이다. 그러므로 국가를 다스리고 가정을 편안하게 하는 데는 무엇보다도 심술(心術)을 바로잡는 일이 먼저이다. 그런데 심술을 바로잡으려면 반드시 자기의 의지(意志)를 정성스럽게 해야만 곧 내 마음에 쾌함과 족함이 있게 된다. 그리고 나의 의지를 성실하게 하여 스스로를 속이는 일이 없게 하는 것은, 반드시 먼저 사물의 이치를 궁구하여 그 극에 도달함으로써 자기의 지(知)를 극치에 이르게 하는 데 있다고 하겠다. 그런 뒤에야 이치의 크고 작은 것, 자세하고 거친 것 할 것 없이 그 근본을 정밀하게 연구하여 그 근원을 남김없이 파악할 수 있을 것이다.[29)]

김시습은『대학』에서 말하는 격(格), 치(致), 성(誠), 정(正), 수(修), 제(齊), 치(治), 평(平)의 8조목이 긴밀하게 연결되어야 한다고 믿어 의심치 않았다. 저

심술(心術)을 밝히는 일을 정치의 근본으로 본 것은 주자학자들의 논조와 전혀 다르지 않다. 즉, 주자학자는 세계의 근본은 몸이고 마음은 몸의 주재자로서 '명덕'(明德)과 동일하다고 보았으니, 주희는 『대학장구』(大學章句)에서 "명덕이란 사람이 하늘에서 얻은 것으로 허령불매(虛靈不昧)해서 중리(衆理)를 갖추고 모든 일에 응하는 것이다"라고 규정하고, 다만 명덕이 기품(氣稟)에 구애되고 인욕(人慾)에 가려서 어둑해지는 수가 있으므로 배우는 이는 마땅히 맨 처음의 상태를 회복해야 한다고 논하였다.[30]

김시습도 일반적인 주자학자들처럼 내성(內聖), 즉 인격의 완성을 우선하고 그것을 기반으로 외왕(外王: 바깥으로 왕도정치를 실현함)을 실천해야 한다고 주장하였다. 또 나라의 정치는 편안할수록 위태로울 수 있다는 생각을 잊지 말라는 것은 '거안사위'(居安思危)의 통념을 벗어나지 않았다. 다시 말해 그의 이 글은 유학, 즉 주자학을 공부한 사람이라면 누구나 알 수 있는 명백한 논리를 그대로 서술한 데 지나지 않는다.

단, 이 글에서 우리는 다음과 같은 중요한 사실을 간과해서는 안 된다. 곧, 김시습이 '격물치지'가 '의지를 성실하게 하고 스스로를 속이는 일이 없음'의 관건이라고 보았다는 점이다. 이것은 그가 비록 면벽(面壁)과 참선을 하면서 묵조선(默照禪)을 선호했지만, 모든 지식 활동을 중단하고 모든 문명을 부정해서 야호선(野狐禪)으로 빠지는 것을 배격했다는 사실과 관계가 깊다. 원효의 '불기'(不羈)의 삶에 공감했지만, 동시에 원효가 수많은 소초(疏鈔)를 남겼다는 점을 특별히 언급했던 그였다.

사실 이 글을 지은 시기는 명확하지 않다. 어떤 사람은 김시습이 20대 이전에 지은 글이라고도 추정한다. "역사의 흥망에 대한 이해에 아직 생의 체험이 가미되지 않았기 때문"에 그의 사론이 일반론에 맴돈다는 것이다.[31] 그러나 활자본 『매월당집』에 수록된 시들을 보면, 김시습이 단종이 폐위된 뒤 승려가 되어 방랑을 떠난 후의 시문들부터 모아둔 것임을 알 수 있는데, 이로 미루어 논변체의 글만 방랑 이전의 글을 수록했다고 보는 것은 무리가 있다. 오히려 이 논변류의 글들은 경주에서 올라와 출사를 결심했을 때 연마한 글이라고 보는 것이 옳을 듯하다.

　더구나 김시습은 다른 글들에서도 자신이 살아오면서 직접 체험한 일들을 가미하여 쓴 것이 없다. 그의 논변문은 통념으로 알고 있는 원론적 언설들을 마치 짜깁기하듯 나열한 것이 보통이다. 뒤에 보듯 그는 인물 전기에서도 기왕의 글을 편집하는 형태를 취했지, 자신만의 독특한 견해를 뚜렷하게 제시하거나 편장(篇章)을 구성한 예가 없다. 남들이 모두 아는 일반적인 진리나 사실을 기왕의 문헌에서 발췌하여 짜깁기해서 엮어두는 것, 그것이 바로 김시습의 글쓰기 특징이라고 말할 수 있다. 그것은 당대의 집권층 지식인이 권도(權道: 목적을 달성하기 위해 때에 따라 임기응변으로 일을 처리하는 방도)를 구현한다면서 '자기 합리화'의 논리를 전개할 것을 예상하여, 그러한 가상의 '대항 논리'를 일반적인 보편 논리로 아예 제압하려는 의도를 지녔던 것이 아닌가 한다.

　김시습의 「정치는 반드시 삼대를 본받아야 한다」는 글은 북송의 장재(張載: 橫渠)가 신종(神宗, 1048~1085)의 자문에 응하여 "정치를 하면서 삼대(하·은·주)를 본받지 않는 것은 결국 구차한 도리입니다"(爲政不法三代者, 終苟道也)라고 답했던 말에서 논제를 끌어온 것이다. 신종은 장재의 대답을 듣고 기뻐하며 장재를 숭문교서(崇文校書)로 삼고 왕안석(王安石)과 함께 신법(新法)을 의논하게 했는데, 장재는 왕안석과 뜻이 맞지 않자 병을 핑계로 물러났다고 한다. 그렇다면 김시습이 이러한 제목으로 글을 쓴 것은 자신이 견지하는 유가 정치론이 '우활'(迂闊)하다는 비판을 받을지도 모르지만, 권도(權道)를 중시하는 시류의 정치론에 대해서는 정면에서 비판한다는 뜻을 드러낸 것이 아니겠는가!

　이 글은 논(論)의 문체이다. 조선 전기에는 논의 문체가 과거시험에 출제된 일이 별로 없었지만, 조선 중종 이후 논의 문체가 과거시험에 부과되면서 일반 문인들 사이에 논의 모범 답안을 선별하여 공부하는 풍조가 생겼다.* 이때 편찬

---

* 고려시대의 경우 1139년(인종 17, 기미) 이후에 본고시인 제술과(製述科)의 중장(中場)에서 논(論)이나 책(策) 가운데 선택하게 했고, 1154년(의종 8, 갑술) 이후로는 제술과의 초장(初場)에서 논과 책을 교대로 부과했으므로 논은 과문(科文)의 하나로 진작부터 중시되었다. 그러나 1344년(충목왕 즉위년, 병신) 이후로는 제술업의 종장에서 책만 부과하였다. 조선시대에 들어와서는 1407년(태종

된 책 가운데 하나가 1541년부터 1583년 사이에 간행되었다고 추정되는 『동국논선』(東國論選)인데, 이것은 과거시험에 대비하여 논의 명작을 골라서 편찬한 것으로, 선별된 작품 가운데는 과거 답안지가 여럿 들어 있다.[32] 그런데 이 선집 속에 김시습의 「정치는 반드시 삼대를 본받아야 한다」는 글이 실려 있으며, 그것도 선조 연간에 간행된 『매월당집』과는 본문이 조금 다르다.[33] 이미 그의 논문은 여러 사람에게 필사된 형태로 읽히고 있었다는 사실을 짐작할 수 있다.

김시습은 「정치는 반드시 삼대를 본받아야 한다」에서, 왕위 찬탈을 탕(湯)·무(武) 혁명의 모델로 합리화해서는 안 된다고 주장하였다. 그 글에는 수양대군의 찬탈을 비판하는 뜻이 들어 있다. 곧, 『맹자』의 논리를 원론대로 끌어와, 폭정을 타도한다는 명분으로 무력 혁명을 일으키는 것은 부당하며, 하물며 폭정이 아닌데도 혁명으로 정권을 탈취하는 것은 더더욱 정당화될 수 없는 일이라는 사실을 엄중하게 경고한 것이다.

김시습은 「민을 사랑하는 이치에 대하여」(愛民義)라는 논문을 남겨, "민을 사랑하라"는 정치철학을 주장하였다.[34] 이 글도 활자본 『매월당집』 권20에 수록되어 있다. 『매월당집』 권21에 수록된 「나라의 근본을 보살피라는 잠언」(邦本箴)과 같은 사상이다.

「민을 사랑하는 이치에 대하여」에서는 『서경』 「오자지가」(五子之歌)에서 우 임금의 유훈(遺訓) 제1조라고 거론한 "인민이 곧 나라의 근본이니, 근본이 안정되어야 나라가 평안하다"(民惟邦本, 本固邦寧)를 정치의 큰 강령으로 제시하였다. 『서경』에 이러한 말이 있다.

7, 정해) 3월의 문과 중장에서 논이나 표(表) 가운데 하나를 선택하도록 하였다. 하지만 『경국대전』에는 문과 중장에 부(賦)·송(頌)·명(銘)·잠(箴)·기(記) 가운데서 하나를 택하고, 표(表)·전(箋) 가운데서 택일하도록 명시되어 있으나 논(論)은 빠져 있다. 그런데 1538년(중종 33) 9월에 문무 현직 관리를 대상으로 실시한 탁영시에서 문과에 논이 부과되어 나세찬(羅世纘)이 으뜸으로 뽑혔으며, 또 1525년(중종 20, 을유)의 정시(庭試) 초시(初試)에서 논이 부과되어 역시 나세찬이 으뜸으로 뽑힌 점으로 보아, 중종조 후반에 식년시가 아닌 문과 별시나 정시 초시, 탁영시에서 논이 부과된 일이 자주 있었던 듯하다. 이긍익(李肯翊)의 『연려실기술』(燃藜室記述) 가운데 「등과총목」(登科摠目)을 보면, 1534년(중종 29, 갑오)에도 시제(試題)로 '왕도론'(王道論)이 부과되었다.

인민〔民〕은 친하게 가까이해야지, 천시해서는 안 된다. 인민은 나라의 근본이니, 근본이 견고해야 나라가 평안하다. 내가 천하의 인민을 보건대, 범용한 남자와 여자라 하더라도 나보다 나을 수가 있다. 한 사람의 몸에 몇 가지 과실이 겹치면, 원망은 눈으로 보듯 분명하게 나타나지 않으랴? 아직 조짐이 나타나기 전에 방지하도록 해야 한다. 나는 수많은 인민들에게 군림하면서, 마치 썩은 고삐로 여섯 필의 말을 모는 것과 같이 두려워하고 조심한다. 남 위에 있는 사람이 어찌 외경하지 않을 수 있겠는가?[35]

김시습은 『서경』의 이 말을 인용하고, 인민과 군주는 상호 의존관계라는 사실을 강조하였다. 그리고 이상적인 정치는 '어진 정치'〔仁政〕라고 하였다.

『서경』에서 말하기를, "인민은 나라의 근본이니, 근본이 견고해야 나라가 평안하다"고 하였다. 무릇 인민이 군주를 추대하여 그로써 군주에 의지하여 살아간다고 하더라도, 군주가 왕위에 올라서 부리는 대상은 실로 인민 대중이다. 민심이 귀의하여 따르면 만세가 흐르도록 군주가 될 수 있다. 그러나 민심이 떠나서 흩어지면, 『맹자』「양혜왕 하」에서 적절하게 표현하였듯이 하루 저녁도 안 되어 아무도 복종하지 않는 한낱 필부가 되고 만다. 군주와 필부 사이는 머리카락 하나보다 더 미세한 차이로 격해 있을 뿐이니, 어찌 조심하지 않을 수 있으랴? 그러므로 곡물 창고와 재물 창고는 백성의 몸이요, 의상과 모자와 신발은 백성의 가죽이요, 술과 음식과 반찬은 백성의 기름이요, 궁궐과 수레는 백성의 노동으로 얻은 것이요, 공부(貢賦)와 기물은 백성의 피에서 나온 것이다.
『맹자』「등문공 상」에서 하·은·주의 세법에 대하여 논했듯이, 백성이 노동을 해서 생산한 것의 십분의 일을 위에다 바치는 것은, 군주로 하여금 그가 지닌 총명(지혜)을 이용하여 백성인 나를 다스리게 하고자 해서이다.
그러므로 군주는 음식을 받아먹으면 곧 인민들도 자기처럼 음식을 잘 먹는지 생각하고, 옷을 걸치면 곧 인민들도 자기처럼 옷을 잘 입는지 생각한다〔생각해야 한다〕. 심지어 궁실에 거처하면서는 만백성이 안도하고 있는지를 생각하고, 수레를 타면서는 만백성이 평화롭고 경사스러운지를 생각한다. 그러므로 송나라 태종의 「계석명」(戒石銘)에서는 "네가 입은 옷과 네가 먹는 밥은 인민의 피다"라고 하였다. 그렇기에 평소 물품을 받을 때마다 인민을 불쌍히 여기고 민망히 여겨야 한다. 어찌 망령되게 무익한 일을 벌여 번거롭게 부역을 시켜서 백성들의 농사 시기를 빼앗아 원망과 한숨을 일으키고, 화평한 기운을 상하게 하여 하늘의 재앙을 불러 기근으로 절박한 처지에 놓이게 하여, 자애로운 어버이와 효도하는 자식들을 서로서로 보전할 수 없게 만들어 유랑하여 흩어지게 하고 시체가 되어 도랑과 골짜기에 뒹굴게 한단 말인가?

아! 상고(上古)에 군주의 덕이 성하고 나라가 태평할 때는 군주와 인민이 한 몸이었으므로 「강구요」(康衢謠)에서 말하듯이 인민들은 제왕의 권력이 "나와 무슨 관계에 있는지를 알지 못했으며", 그렇기 때문에 『열자』(列子) 「중니」(仲尼) 편에서는 거리의 동요를 채집하여 말하기를, "우리들 뭇 백성을 세움은 그대의 극(極: 표준, 법)에 의하지 않은 것이 없다"고 하였다. 또 부지불식간에 임금의 법칙을 순종하게 되었으므로, 그 때문에 『십팔사략』의 「제요도당씨」(帝堯陶唐氏)에 보면 인민들이 말하기를, "해가 돋으면 농사를 짓고 해가 지면 들어가서 쉬나니, 제왕의 권력이 나에게 무슨 관계가 있는가?"라고 했다고 한다.

그러나 세대가 내려와 말세가 되자 폭주(暴主)가 교만하고 포학하게 굴어 인민이 원망하고 한숨을 쉬었다. 그 때문에 『서경』「오자지가」에 보면 우임금이 노래하기를, "썩은 고삐로 여섯 필의 말을 모는 것과 같이 조심한다"고 하였다. 또한 같은 「오자지가」에서 또 "원망이 어찌 밝게 눈앞에 있지 않으랴, 조짐이 보이기 전에 도모해야 하리니"라고 하였다. 그 때문에 『서경』「탕서」(湯書)에 나와 있듯이 인민들은 걸임금을 태양에 비유하여 "이 해는 언제나 망할꼬? 내 너와 함께 망하리라"라고까지 하였다. 심지어 『사기』「은본기」(殷本紀)에 보면 "주(紂: 주왕)는 사구(沙丘)에서 노닐며 밤낮으로 주지육림(酒池肉林)의 광란을 벌였고", 『서경』「태서」(泰誓)와 『백호통』(白虎通)「예악」에 나와 있듯이 "겨울 강을 건너는 사람의 정강이를 쪼개보고 임부의 배를 갈라 태아를 꺼내보는 짓을 하면서도", 『서경』「태서」에서 지적하였듯이 "난폭하게 굴어도 사람에게 상처

입히는 일은 없다"고 말했다고 한다. 전국시대에 들어와서는 강대국이 약소국을 집어삼키며 전쟁을 일으키고 공격해대는 재앙이 자주 일어나서, 죄 없는 백성을 사역(使役)해 꼭 죽을 곳으로 몰아넣었으니, 너무도 심하였도다!

그런데 진·한 이후로는 방사(方士: 단약을 만들어 복용해서 장생불사한다고 자칭하는 도교의 술사)와 노자, 석가의 말이 나날이 새로 나오고 달마다 번성해서, 도관·사찰과 제사에 비용을 허비하여 백성을 더욱 번거롭게 했으니 어찌하랴? 백성들의 생업은 날로 쇠퇴하여 궁한 마을과 좁은 골목에 사는 인민들은 생업을 유지할 수 없게 되었고, 그래서 다투어 도망가서 옷을 달리 입고 모습을 바꾸어 [승려나 도사가 되는 등 이단에 빠짐] 숨어사는 것을 편안하게 여기에 되었으니, 군주가 누구와 함께 나라를 다스리겠는가? 그러므로 군주가 나라를 다스릴 때는 오로지 인민을 사랑하는 것을 근본으로 삼아야 한다. 또한 인민을 사랑하는 방법이란 이른바 '어진 정치'일 따름이다.[36]

"그렇다면 어진 정치란 어떻게 하는 것인가?"라는 가상의 질문에 대하여, 김시습은 인민이 각자 본업에 힘쓰도록 해주는 것이라고 대답하였다.

어진 정치란 입김을 불어넣어 따스하게 함도 아니고 손으로 쓰다듬어줌도 아니다. 오직 농사와 잠업(蠶業)을 장려하고 각자 생업에 힘쓰도록 권장하는 것일 따름이다.[37]

"본업에 힘쓰도록 권장하는 방법은 어떠한 것인가?"라는 질문에 대하여 김시습은 구체적인 방안을 이렇게 밝혔다.

번거롭게 명령을 내려 인민의 생업을 어지럽히기를, 아침에 효유(曉諭: 깨달아 알도록 타이르는 것)하고 저녁에 권장하는 식으로 하는 것이 아니다. 세금을 덜고 요역(徭役)을 가벼이 하며, 농사 시기를 빼앗지 않는 것에 있을 뿐이다. 그러므로 성인(공자)은 『춘추』의 경문에서 궁궐을 짓고 성곽을 쌓는 일에 대해서는 그 일을 어느 계절에 했는지 반드시 기록하여, 백성을 수고롭게 하는 것이 중대한 문제라는 사실을 후세 임금에게 경계하였다.[38]

김시습은 민생의 안정 문제에 대해 관념론적으로 접근하지 않았다. 인민의 삶의 본질을 생업, 즉 노동에서 찾았고, 그 노동이 가치 있는 일로 실현될 수 있도록 하는 것이 진정한 '인정'(仁政)이라고 보았다.

_ 생태사상과 절용(節用)의 중시

김시습은 「생물을 사랑하는 이치에 대하여」(愛物義)라는 글에서 생태사상을 비교적 논리적으로 진술하였다. 만물을 낳고 낳음이 '인'(仁)이라고 보는 주자학의 관점에서 『주역』「계사하전」(繫辭下傳)의 "천지의 큰 덕을 생(生)이라 한다"(天地之大德曰生)라는 말을 해석하고, 생물을 사랑하고 아끼는 이치란 어떤 것인가를 문답식으로 논하였다. 김시습은 장재(張載)의 「서명」(西銘)에 나오는 "민(民)은 나와 동포요, 생물은 나와 함께한다"(民吾同胞, 物吾與也)라는 구절을 인용하고, 인간은 생물을 어질게(仁) 대해야 한다고 주장하였다.

『맹자』「진심 상」에, "군자는 생물에 대해서는 그것을 사랑하기는 해도 어질게 대하지는 않는다. 백성들에 대해서는 그들을 어질게 대하기는 해도 친족같이 대하지는 않는다. 친족을 친족으로서 친하게 대하여 나아가 백성들을 어질게 대하며, 백성들을 어질게 대하여 나아가 생물을 사랑하기에 이른다"(君子之於物也, 愛之而弗仁. 於民也, 仁之而弗親. 親親而仁民, 仁民而愛物)라는 구절이 있다. 김시습은 이 구절을 주희(朱熹)의 『맹자집주』(孟子集注)와는 달리, "군자는 사람에 대해서는 사랑하되 어질게 대하지 않고, 생물에 대해서는 어질게 대하되 사랑하지 않는다"(君子之於人也, 愛之而勿仁. 於物也, 仁之而勿愛)고 해석하였다. 『맹자집주』에 따르면, 『맹자』의 구절에서 물(物)은 금수초목을 가리키고, 애(愛)는 '취하는 것을 때에 맞춰 하고 쓰는 것을 절제 있게 한다'는 뜻이라고 풀이한다.[39] 그런데 김시습은 생물과 인간의 교류 및 기의 유통을 중시하여 생물을 어질게 대하되, 생물을 취하여 쓸 때는 그것을 '죽일 수도 있다'고 강조하였다.

어떤 이가 나에게 물었다.

"생물을 사랑하는 이치란 어떤 것인가?"

나는 이렇게 답하였다.

"저마다 그 본성을 따르게 하는 것에 지나지 않는다. 『주역』(「계사하전」 1장)에 이르기를, '천지의 큰 덕을 생(生)이라 한다'고 하였다. 무릇 낳고 또 낳는 것은 천지의 큰 덕이요, 살고자 하는 것은 생물의 본성이다. 그러므로 생물의 살고자 하는 본성에 근거하여, 천지의 낳고 또 낳는 큰 덕을 본받아서, 생물로 하여금 저마다 그 본성을 이루게 하여, 깊은 애정과 두터운 은택 속에서 발생하고 성장케 할 따름이다."

그 사람이 더 자세하게 논해주기를 청하였다.

그래서 나는 이렇게 논하였다.

"사람과 생물은 천지의 대화(大化) 사이에서 함께 생겨났으니, (장재의 「서명」에서 말했듯이) '민은 나와 동포요, 생물은 나와 함께한다.' 그러므로 사람이 가장 먼저요, 만물이 그 다음이다. 군자는 사람에 대해서는 사랑하되 어질게 대하지 않고, 생물에 대해서는 어질게 대하되 사랑하지 않는 법이다.

생물에게 어질게 대함을 두고 말하면 다음과 같다.

『맹자』「양혜왕 상」에서 말했듯이 촘촘한 그물은 웅덩이나 연못에 들이지 못하게 하고, 도끼와 자귀는 적당한 때를 가려서 숲에 들이게 한다. 물고기는 한 자가 되지 않는 것은 저자에서 팔지 않고, 『예기』「곡례 하」(曲禮下)에서 말했듯이 새끼와 알은 취하지 않는다. 『사기』「은본기」에서 탕왕이 그랬다고 하듯이 그물을 열어놓고 새가 잡히지 않기를 기원하며, 『논어』「술이」(述而) 편에서 공자가 그렇게 했다고 언급하였듯이 낚시질은 하되 그물질은 하지 않고 주살은 당기되 잠 자는 새를 쏘아 잡지는 않는다. 『시경』 소남(召南)「추우」에서 이르기를, '저 무성한 갈대밭에 한 번 쏘아 다섯 마리의 암퇘지를 잡았으니, 아 추우(騶虞)*로

---

* 천자의 수렵장에 있는 새와 짐승을 관리하는 관리. 『주례』(周禮) 춘관(春官) 종사(鍾師)의 하위 분직(分職)이다. 『시경』 소남 「추우」 편은 문왕이 인민을 애련하게 여겨, 그 덕화(德化)가 초목과 조수(鳥獸)에게까지 이른 사실을 찬영(贊詠)한 내용이라고 전한다.

다!'라고 한 것이 이 뜻이다.

생물을 사랑하지 않음을 두고 말하면 이렇다.

『서경』에서 말했듯이 순임금이 백익(伯益)에게 산과 연못에 불을 지르게 하였고, 『맹자』「등문공 하」에서 무왕이 그렇게 했다고 언급하였듯이, 호랑이와 표범과 무소와 코끼리를 내쫓아서 멀리 가게 하였다. 또한 『좌전』에 말했듯이 옛 사람은 봄에는 봄 사냥을, 여름에는 여름 사냥을, 가을에는 가을 사냥을, 겨울에는 겨울 사냥을 하였다. 그리고 닭이며 돼지, 개, 큰돼지를 길러 출산과 성장할 때에 맞춰 적절히 돌보면, 『맹자』「양혜왕 상」에서 말했듯이 칠십 노인들이 고기를 먹을 수 있다. 『주역』「계사하전」에서 이르기를, '짐승 잡는 그물과 어망을 만들어서 사냥하고 고기를 잡는다'고 한 것이 이러한 뜻이다.

이런 까닭에 군자가 짐승을 기르는 것은 늙고 병든 백성을 위해서요, 고기를 잡고 사냥을 하는 것은 잔치와 제사를 받들기 위해서다. 따라서 오로지 그 일이 적당한지 어떤지 짐작해야 할 뿐이지, 어질게 대한다고 해서 반드시 죽이지 않는 것은 아니며, 죽인다고 해서 모두 잡는 것을 이득이라 여기는 것이 아니다. 그러므로 『서경』「오자지가」의 서문에서 '하나라 왕 태강(太康)이 100일이 지나도록 돌아오지 않았다'고 한 구절은 태강의 지나친 즐김을 원망한 것이고, '열 지은 횃불이 한꺼번에 타오르네'라는 『시경』 정풍(鄭風)「대숙우전」의 시구는 대숙(大叔: 춘추시대 정나라 장공의 아우)의 사냥을 풍자한 것이다. 하지만 그렇다고 그것이 어찌 반드시 태강이나 대숙이 마치 『서경』「무성」(武成)에서 은나라의 주왕(紂王)이 무도한 것을 비판하여 말했듯이 생물을 잔인하게 함부로 죽였기 때문에 그런 표현을 했겠는가? 백성을 위해 생물의 해로움을 제거하는 것은 백성을 기르고자 해서이다. 그러므로 백성과 생물을 대하는 그 차례를 두고 말해서는 『맹자』「진심 상」에서 '백성에게 어질게 대하고서 만물을 사랑하라'고 했고, 그 중요한 것을 두고 말해서는 『논어』「향당」(鄕黨)에서 '사람이 다쳤는가 했고, 말에 대해서는 묻지 않았다'고 하였다. 이것이 군자가 만물을 사랑하는 의리이다."[40]

김시습은 불교에서 살생을 금하는 계율이 유교의 본지(本旨)와는 상이하다고 논하였다. 유가의 본지는 살생을 무조건 금하는 것이 아니라, 짐승을 죽이는 것은 허용하되 "단지 백성들에게 해로운 것을 제거하여 백성을 기르기 위한 것"이다. 하지만 불교를 믿는 사람들은 "백성들에게 서로 먹게 하면서 짐승은 죽이지 않는다고 말하니, 그것이 무슨 좋은 일이란 말인가?"라고 되물었다. "백성들에게 서로 먹게 한다"는 표현은 『맹자』「양혜왕 상」에서 "사람은 짐승이 서로 잡아먹는 것도 미워하는 법이다. 그렇거늘 백성의 부모가 되어 정치를 행하되 짐승을 끌어와서 사람을 먹게 하는 상황을 면하지 못한다면, 어디 백성들의 부모라고 할 수 있겠는가?"라고 한 내용을 염두에 둔 표현이다. 이는 세조의 정권이 '사람을 먹게 하는 상황'이라고 넌지시 비판한 것이다. 여기서 그의 생태 사상은 먼저 정치 권력의 폭압(暴壓)을 제거해야 한다는 정치철학과 연결된다.

김시습은 만물이 지니고 있는 각각의 본성에 따라 그것을 화육(化育: 하늘과 땅의 자연스러운 이치로 만물을 만들어 기름)하되 순서를 두어 중요한 것을 우선해야 한다고 전제하였다. 그리고 중심에 두어야 할 것은 인간이라고 하면서, 인간을 위해서라면 금수나 초목도 적당한 선에서 죽이고 사용할 수 있다고 보았다. 이렇게 인간을 만물과 구별하여 배타적으로 중시하는 이 같은 생각은 마침내는 인민을 사랑하라는 정신으로 연결된다.

김시습은 글의 끝 부분에서 당대의 정치가 그 근간의 경중을 가리지 못하고 본말을 뒤바꾼 결과, 백성들이 서로 잡아먹는 지경에 이르도록 만들었다고 개탄하였다. 즉, 김시습은 나라의 근본인 백성을 먼저 생각하기보다는 자신의 명리와 사욕에 급급한 정치 현실을 비판하고, 애민(愛民)과 덕치(德治)를 강령으로 삼아야 한다고 주장하였다. 「생물을 사랑하는 이치에 대하여」라는 글에서 그는 만물을 사랑하는 방법에 관해 번다하게 예들을 들었지만, 결국 그 중심축은 어디까지나 애민정신에 있었다.

김시습은 인간의 욕망을 부정적으로 보지 않았다. 다만 사욕을 줄이고 공의(公義)를 회복해야 한다고 보았다. 이러한 관점에서 김시습은,「생재설」(生財說)에서 이재(理財) 문제를 논하여, 군주가 "인으로써 재물을 낳고 의로써 사용을 절제해야 한다"(仁以生財, 義以節用)는 주장을 선명하게 제시하였다.

김시습은 「생재설」에서 이 세상이 일시적이고 사사로운 이익과 영원히 변하지 않는 공의(公義)의 대립 구조로 이루어져 있다고 보았다. 백성의 재물을 함부로 거두어들이는 일은 사리를 추구하는 것이고, 어진 정치를 행하여 재물을 늘리는 일은 공의를 따르는 것이다. 사람이라면 누구라도 재화를 늘리려고 하지만, 군주는 솔선하여 재물을 낳는 도리[生財之道]를 지켜야 한다고 하였다. 『대학』에 "재물을 늘리는 데 큰 도리가 있으니, 생산하는 사람은 많고 먹는 사람은 적으며, 만들어내는 사람은 빠르게 하고 쓰는 사람은 천천히 하게 한다면 재물이 항상 넉넉할 것이다"라고 경계한 말이 있다. 김시습은 그 말이야말로 곧 이재의 문제에서 인(仁)의 도리를 지키는 방법을 밝힌 내용이라고 보았다.

군주가 인으로써 아랫사람을 어루만지면 백성들이 스스로 안도하여 제각기 자기의 산업 터로 달려갈 것이니, 이렇게 되면 놀고 먹는 사람은 적어지고 생산하는 사람은 많아질 것이다. 또 인으로써 아랫사람을 부리면 신하들이 스스로 있는 힘을 다하여, 간악한 자와 위선하는 자는 부끄러워 물러가는 까닭에, 직위를 훔쳐 지니고 소찬(素餐: 하는 일 없이 녹을 먹는 것)하는 사람이 적어져 먹는 사람도 자연 적어질 것이다. 또 인으로써 백성들에게 임한다면 함부로 흥작(興作)을 하지 않아 나라에서 과한 부역이 번거롭지 않은 까닭에, 백성들이 농사 시기를 빼앗기지 않아 일하는 것이 빠를 것이다. 그리고 인으로써 사물을 본다면 전곡(錢穀) 및 기용(器用)과 관련하여 공력을 계산하고 수입을 헤아려 지출하는 까닭에, 쓰는 사람이 자연 천천히 쓸 것이다. 대체로 천지가 생산하는 재화와 모든 물건에는 각각 분한(分限: 일정한 한도)이 있어 함부로 허비해서는 안 된다. 참말로 아껴 쓰지 않기를, 마치 숲을 불질러서 새를 사냥하고 못물을 말려서 물고기를 잡듯 한다면, 영락없이 곤궁하여 필경 죽음을 당하게 될 것이다. 그렇거늘 하물며 고의로 백성을 괴롭히고 재물을 상하게 하면서까지 널리 이익 없는 일을 해서야 되겠는가? 군주가 정말로 어진 정치를 실행하여 재물을 늘리고 의(義)를 지켜 비용을 절제한다면, 백성들의 저축은 바로 나의 저축이요 나의 창고는 바로 백성들의 창고이기에, 상하가 서로 밑천이 되고 본말이 서로 붙들어 주어 나라의 재물이 고갈될 근심과 백성이 원망하는 혐의가 없어질 것이다. 그러면 이른바 "오래된 곡식이 겹겹이 쌓여 붉게 썩은 것을 다 먹지 못한다"고 한 것처럼 국가의 재화(財貨)가 넉넉하게 될 것이다.[41]

김시습은 상홍양(桑弘羊), 유안(劉晏), 왕안석(王安石) 등이 이재(理財)라는 명목으로 돈을 모으고 조정이 상품을 전매하여 백성들과 이익을 다툰 것을 비판하였다. 그는 자영농이 많아야 국가가 안정된다고 보는 경제 논리 위에서, 분배의 정의를 중시하는 유가의 기본 사상을 명료하게 밝힌 것이다.

성동에서의 생활

_ 수락산 폭천정사에 거처하다

김시습은 1472년(성종 3)부터 수락산(水落山)의 폭천정사에 거처하기 시작하였다. 수락산은 서울 중앙 관아에서 동쪽 30리에 있으며, 삼각산·도봉산과 정족(鼎足)을 이루는데, 초발(峭拔)의 형세는 두 산보다 못하지만 수석(水石)의 아취는 더 낫다. 그렇기에 그러한 산 이름을 갖게 되었는지 모른다.[42] 김시습은 이후 10년 동안 그곳에서 살면서 흙을 만져 채소도 일구었다. 벼슬하여 머리에 관(冠)을 쓰는 것도 원하지 않았고, 선(禪)에 몰두하는 것도 달가워하지 않았다. 다만 서책 5천 권을 뒤적이면서, 햇볕에 배를 쬐며 한가하게 낮잠 자는 것을 좋아하였다. 방안에 내서(불교 서적)·외서(유교 서적)·제자백가서를 가득 두고 읽었으며, 외출할 때는 수레에 책을 싣고 다녔다.[43]

숙종 때 '염퇴청고'(恬退淸苦)의 지절을 지녔던 소론계 사상가로서 수락산 석천동에서 은둔 생활을 했던 박세당(朴世堂, 1629~1703)에 따르면, 수락산 동쪽에 김시습의 '매월당' 유지(遺址)가 있었고, 그 근처에 흥국사(興國寺)와 은

선암(隱仙庵)이 있었다고 한다.[44] 곧 '매월당'은 수락산 동쪽 봉우리 만장봉(萬丈峯)에 있었으며, 김시습은 이 만장봉을 사랑하여 그것을 동봉이라 부르고 동봉이라는 호를 사용했다고 한다.

박세당과 비슷한 시기의 노론계 문인 이희조(李喜朝, 1655~1724)는 1682년(임술, 숙종 8)에 수락산에서 노닐고 「수락산에 노닌 기록」(遊水落山記)을 지어, 그 첫머리에서 이렇게 말하였다.

> 수락산은 서울 동쪽 교외 30리 바깥에 있다. 산 남북에 모두 물과 바위가 있다. 그 가운데 옥류동(玉流洞)이라는 곳이 가장 빼어나다. 옥류동은 매월당 김시습이 이름 붙인 것이다. 흰 바위와 은빛 폭포가 있어서 이를 마주하면 시원해져 정신을 잃을 정도다. 가다가 산 중턱에 이르니 또 윗폭포가 있어 이름이 금류(金流)라고 하는데, 더욱 기이하고 장대하여 볼 만하다. 그리고 그 가장 높은 봉우리에 매월당의 옛터가 남아 있다.[45]

김시습은 성동 수락산에 정착한 뒤로 서거정을 찾아가 시를 구하고 시통을 교환하였다. 김시습은 「품은 생각을 적어서 사가정에게 올리다」(書懷上四佳亭)라는 시에서, "강산 풍월을 즐기는 이 나그네 생활과 그대의 험난한 벼슬살이를 비교하면 어느 것이 더 낫습니까?" 하고 넌지시 물었다.[46]

작은 모래톱을 굽어보는 정정정	亭亭亭壓小蘋洲
붉은 꽃 다 지고 잎은 수심 띠었구려.	落盡紅衣葉帶愁
험난한 벼슬길이 이다지도 좋습니까	九折名途如許好
서너 칸 초가살이에 나는 근심 없다오.	數間茅屋我無憂
나그네 십 년에 천리 강산을 다 보았고	江山滿眼十年客
가을 풍광은 초가에 가득 들어오오.	風月一窩千里秋
나는 성동 비폭에 지팡이를 걸었소만	掛錫城東飛瀑上
그대는 이즈음 날 생각하고 있으신지.	君侯當日憶儂不

서거정은 김시습의 천진함을 사랑하였다.⁴⁷⁾

나는 잠선이란 분의	我愛岑禪者
참된 본래 면목을 사랑하네.	本來面目眞
도는 육조 혜능(慧能)에게서 나왔고	道從惠能出
시는 무본(無本) 승려(당나라 시인 賈島)와 친하며	詩與無本親
높은 꾸짖음은 이미 군주에게 알려지고	高誚已聞主
청담은 능히 사람을 움직이지.	淸談能動人
그대와의 교유는 너무도 행운이오	交遊多自幸
후생의 인연을 다시 맺고 싶구려.	更結後生因

　서거정은 김시습의 높은 꾸짖음(高誚)이 이미 군주에게 알려졌다고 하였다. 당시 김시습이 단순히 시승(詩僧)이나 광선(狂禪)으로 분류되지 않고 시대와 현실에 경종을 울리는 고덕(高德)이라는 평판이 있었다는 사실을 짐작하게 한다.
　처음에 서거정은 김시습과 세간 밖의 교제를 하고 있는 것을 진심으로 좋아했던 것 같다. 김시습이 삼복 더위에 술을 가지고 방문했을 때, 서거정은 「청은이 술병을 끼고 찾아오다」(淸隱携酒見訪)라는 제목의 시를 지었다.⁴⁸⁾
　이렇게 김시습은 서거정에게 차나 부채를 예물로 보내거나 시를 부치면서 옛 정분을 다시 확인하고자 하였다. 하지만 서거정은 차츰 김시습이 환어(幻語), 즉 불교의 이치를 잘 말하고 그때 그때 담소를 잘한다며 애련해 하는 마음으로 바뀌어갔다.⁴⁹⁾ 서거정은 김시습의 담박한 삶을 좋아하여, 그가 산상인(山上人)을 위해 산중의 사계절 경치를 시로 묘사해 달라고 졸랐을 때 대취한 끝에 붓을 빨리 내달려 오언율시를 한 수 써주었다.⁵⁰⁾ 하지만 서거정은 차츰 김시습과 심정적으로 거리감을 느꼈으며, 결국 그를 시승 이상으로 대하지 않게 되었다.
　그런데 서거정이 그를 천거하지 못한 이유는 또 있었다. 서거정은 58세 되던 1477년(성종 8)에 조카 서팽형(徐彭衡)이 천추사(千秋使) 일행에게 사사로이 중국 물건의 무역을 부탁했다가 적발된 일이 있었으므로 그도 연루되어 우찬성

직에서 파직당했다가 서너 달 만에 복직했기 때문이다. 그 사건이 일어났을 때 대사간 이세좌(李世佐)와 대사헌 김영유(金永濡)는 그를 중벌에 처해야 한다고 주장했는데, 이 일을 두고 서거정은 1477년에 소화(笑話)·일화집『태평한화골계전』(太平閑話滑稽傳)을 엮으면서 그 서문에서 "살모사, 독사, 교룡, 악어 같은 온갖 괴물들이 꼬리를 물고 달려들어 아가리를 벌름거리고 침을 흘리며 살을 뜯어먹고 뼈를 부수려 하였다"고 술회하였다.[51]

더구나 당시 조관(朝官: 조정에서 일하는 신하)들의 탐학은 극에 달해 있었다. 서거정은『태평한화골계전』에 다음과 같은 소화(笑話)를 실어두었을 정도이다.

> 어떤 조정의 관리가 외직으로 나가 진양(晉陽: 진주)을 다스렸는데, 행정 명령을 내리는 것이 몹시 가혹하고 세금을 거두는 것이 한도가 없어서, 비록 산중의 과일이나 채소라 할지라도 쓸 만한 것은 하나도 남겨두지 않았고, 절간의 중들 또한 그 폐해를 입었다. 하루는 경상도 청도(淸道)에 있는 운문사(雲門寺)의 중이 그를 뵈려고 찾아갔는데, 태수가 묻기를 "자네 절의 폭포는 금년에도 물론 아름답겠지?" 하였다. 중은 폭포가 무엇인지 모르는 자였으니, 이에 그것도 역시 세금을 물릴까봐 두려워 즉시 대답하기를, "저희 절의 폭포는 올 여름에 돼지들이 다 먹어버렸나이다"라고 하였다.
> 강릉에는 한송정(寒松亭)이 있다. 그곳은 산수의 경치가 관동에서 가장 아름다웠다. 그래서 사화(使華)와 빈객(賓客)들이 즐겨 유람하기 때문에 말과 수레가 사방에서 모여들어 고을에서 공출하는 비용도 헤아릴 수가 없었다. 그러므로 사람들이 항상 투덜거리기를, "한송정은 언제 호랑이가 물어 갈꼬?" 하였다.
> 어떤 사람이 시를 지었으니, "폭포는 금년에 돼지가 먹었건만 한송정은 언제나 호랑이가 물어 갈꼬?"(瀑布當年猪喫盡, 寒松何日虎將歸)라고 하였다.[52]

서거정은 명망 높은 문인-관료였지만, 그도 벼슬살이가 살얼음판을 걷는 것과 마찬가지로 위태위태하다는 느낌을 늘 지니고 있었다. 그 자신도 비록 유교의 근본 이념에 충실하지 못하고 세조의 정권에 재빨리 가담했지만, 그가 보기에 조정 관리의 상당수는 탐욕에 젖어 있었다. 서거정은 보신(保身)을 위해서라도, 이 광태(狂態)를 보이는 승려 김시습을 섣불리 천거할 수 없었다.

_ 정업원에서 불경을 가르치고 사간원의 지탄을 받다

김시습은 1475년(성종 6) 5월에 정업원(淨業院)에 들러 불경을 가르치면서 이틀 밤을 묵었다. 누구의 주선이었는지는 알 수 없다.

정업원은 비구니가 묵는 곳이었으므로, 단번에 문제가 되었다. 1475년 5월 26일에 사간원 관리들은 당시 승려와 비구니의 음란한 행각이 일어난 것을 개탄하면서, "설잠이라는 중은 본래 계율을 모르면서 불경을 가르친다는 평계로 정업원에 출입하여 이틀 밤을 머물러 잤으니, 그 사이에 음란한 일이 있었는지도 알 수 없습니다"라고 하였다.[53]

이 무렵 김시습은 객과 청한자의 문답 형식으로 불교의 현실적 기능과 승려로서의 처세에 관하여 숙고하였다. 이 문답체 논문은 10편에 달한다.* 그 제10편인 「인애」(仁愛)에서 가상의 객은 "불가의 도에 이미 자비와 인애의 방법이 있으니 고승을 국정에 참여하게 해도 좋겠는가?"라고 물었다. 이에 대하여 청한자, 곧 김시습은 이렇게 답하였다.

> 같은 짐승이라도 사슴이나 노루가 마당에 오면 사람들이 모두 괴이하게 여기고, 개나 양이 산에 살면 사람들이 모두 의아하게 여기는 것은, 그 사는 곳이 같지 않기 때문이다. 혹시 그들을 쓴다 해도 머리를 숙이고 고삐와 재갈을 받겠는가?[54]

송나라의 혜림(慧林)이나 후주(後周)의 회의(懷義)는 본래 스님이었지만, '외방에 나가서는 장수가 되고 조정에 들어와서는 재상이 되어'(出將入相) 군주와 정치를 함께 의논하였다. 하지만 혜림은 흑의 재상(黑衣宰相)이라는 비웃음

---

* 『매월당집』 권16에 '잡저'(雜著) 10장, 권17에 '잡저' 10장이 수록되어 있다. 권16의 '잡저' 10장은 불교의 문제를 논하였고, 권17의 '잡저' 10장은 도교·도가 사상의 문제를 다루었다. 전자를 '잡저' 전(前) 10장, 후자를 '잡저' 후(後) 10장이라 부르기로 한다.

을 샀고, 회의는 신(腎)을 떼고 고자가 되었다는 조롱을 받았으며, 끝내 불순한 말 때문에 죽임을 당하여 삼교(三敎)에 모두 죄인이 되었다. 처세하는 데 도리를 잃었기 때문이라고 말할 수 있다. 그렇기에 청한자는 "사람이 세상을 살아가려면 궁할수록 강직해야 하고 위태할수록 절개를 지켜야 한다"고 전제하고, 승려였던 자가 세상에 나와 승복을 벗는다면 결코 지인(至人)이 아니라고 잘라 말하였다.

이 글 속의 청한자는 당나라의 영일(靈一)과 관휴(貫休), 송나라의 가구(可久)와 혜홍(慧洪) 같은 시승들이 각각 재주와 덕이 서로 어우러진 진정한 고승들로, "좀스러운 무리가 한갓 문장 수식이나 일삼아서 한때 빛이 나는 것과는 비교할 수 없다"고 높이 평가하였다. 그 스스로 '시승'의 길을 가리라 마음먹은 것이리라. 그래서 가상의 객이, 동진의 도안(道安)·지둔(支遁)·혜원(慧遠), 당나라의 대전(大顚), 송나라의 요원(了元)이 명사 사귀기를 좋아한 것은 불도(佛徒)로서 세상의 존중을 받고자 함이 아니었겠는가 하고 반문했을 때, 청한자는 그들 가운데는 유학을 숭상한 자도 있고, 도를 존중한 자도 있으며, 또는 불광(佛光)을 넓히려고 요청에 응한 자도 있는데, 다른 한편으로는 사대부들의 담소(談笑), 회해(詼諧: 해학), 시예(詩禮), 변혹(辯惑), 시식(詩式)으로 말미암아 순치되어 넉넉하게 도에 들어간 자도 있다고 말하였다.[55]

비록 이 말은 사대부 유학자를 주체로 설정하고 유학자들이 시승과 교유하며 시승을 감화시키는 방식에 대하여 말하였지만, 거꾸로 시승이 주체가 되어 유학자들과 교유하는 방식을 열거한 것이라고도 할 수 있다. 두 말할 것도 없이, 김시습 자신이 '시승'으로서 세간에 처하는 방식이 그 말 속에 모두 나타나 있다고 하겠다.

_ 박계손의 부음을 받고 오열하다

1475년(성종 6), 박계손(박숙손)의 부음이 날아왔다. 박계손은 수양대군의 왕위 찬탈에 울분을 느껴 병조판서 직을 그만두고 은퇴했던 절의의 인물이다. 그는 처음에 강화도 김화 초막동에 은둔했고, 뒷날 다시 더욱 산 깊은 함경도 운림산 수한동으로 부형(父兄)을 모시고 숨어 들어가 살았는데, 이때에 이르러 61세로 삶을 마감한 것이다. 무덤은 문천의 초한사(草閒寺) 산이동(酸梨洞)에 있다. 배위(配位: 남편과 아내가 다 죽었을 때, 그 아내에 대한 경칭)는 한양 조씨로 좌측에 부장하였다. 아들은 훈(薰)·난(蘭)·영(苓)·줄(苗)이며, 외손도 많았다.

뒷날 김시습은 그의 일생 사적을 기록한 「병조판서 박공 행장」(兵曹判書朴公行狀)을 지었다. 김시습이 남을 위해 써서 남긴 유일한 행장 형식의 글이다.

> 공이 조정에 있을 때의 휘(諱)는 계손이고, 입산한 뒤의 휘는 숙손이며, 자(字)는 자현(子賢)이다. 단종조에 벼슬이 병조판서에 이르렀으며, 경태 6년(세조 원년, 1455) 김화(金化)의 초막동에 은퇴하여 정재(靜齋) 조상치와 자규사(子規詞)를 주고받았는데, 그 내용이 아주 애처로웠다. 당시에 조정에서 자주 불렀지만, 깊이 은퇴하여 자취를 감출 계획으로 부형을 모시고 문천의 운림산 수한동으로 들어가 스스로 포신(逋臣: 죄 짓고 도망간 신하)이라 호하고 스스로 묘지명을 지어 나에게 보여주었다. 그 묘지명을 다 읽기 전에 눈물이 내 볼을 적셨다. 아아! 억센 풀이 질풍을 만나고 우뚝한 기둥이 파도에 시달렸구나. 위대하다, 공이여! 공은 이 세상에서 부끄러움이 없으리라.[56]

이 뒤에 김시습은 박계손의 가계와 생몰·상례·후손에 대하여 적고, 다음과 같이 울부짖었다.

> 나는 산수에 유랑하는 뜨내기여서 세상에서 알아주는 이가 없고 오직 공만이 나를 알아주었는데, 이제는 끝장이구나. 이제는 끝장이구나. 아! 이 세상에서 나는 누구와 짝이 된단 말인가?[57]

고독감이 김시습의 마음을 짓눌렀다.

_ 흰 구름과 동무하다

김시습은 마음의 평정을 지키려고 애를 썼다. 「세모에 성동의 폭포 정상에 거처하매 푸른 솔과 흰 바위가 아주 마음에 들기에 도정절(도연명)의 귀전원시 다섯 수에 화운하다」(歲晩 居城東瀑布之頂 靑松白石 甚愜余意 和靖節歸園田詩五首) 가운데 제1수를 보면 이러하다.[58]

세모에 성동 끝에 거처하니	晩居城東陲
수석이 중국의 여산보다 낫군.	水石勝廬山
찬 바위에 의지하여 터 잡아 집 짓고	卜築依寒巖
궁하게 산 지 서너 해.	窮居逾數年
검은 표범은 남산에 숨고	玄豹隱南山
신룡은 구룡연에 잠겼다.	神龍襲九淵
내 현빈(玄牝: 도)의 문을 닦고	修我玄牝門
내 강궁(絳宮: 마음)의 밭을 김매어	鋤我絳宮田
남은 목숨 보전하리니	足以保殘生
어찌 세간의 부침에 연연하랴.	豈戀浮沈間
들 사슴은 섬돌에서 순하고	野鹿馴階除
산새는 처마 머리에 지저귀네.	山鳥鳴簷前
예주경(도가서) 읽고 나자	讀罷蘂珠經
향 연기는 전자체(篆字體)로 사라진다.	古篆消香烟
동쪽 시냇가로 방초를 찾아가고	尋芳東澗涯
남산 머리에서 약을 캐나니	採藥南山巓
명리 세상을 한번 버리매	一抛利名場
만사가 모두 한가로워라.	萬事多閑閑
북창 아래 거들먹거리며	笑敖北窓下
홀로 기뻐하며 흐뭇해 하노라.	自喜陶陶然

남산의 표범은 안개비가 내릴 때는 털빛이 상할까봐 산을 나와 가축을 먹지 않는다는 이야기가 있다.[59] 표은(豹隱)이라는 숙어를 만든 이 고사를 끌어와, 김시습은 당시의 세상에서 벼슬 사는 것을 수치로 여긴다는 뜻을 분명히 하였다. 또한 『노자』에서 말한 만물을 생성하는 근원인 '현빈의 문'을 닦겠다고 하였다. 현빈의 문은 불교의 표현을 빌리면 진여(眞如: 우주 만유의 실제로, 현실적이며 차별 없이 평등한 절대 진리)의 마음이다. 이 시는 같은 운자를 거듭 사용하고 같은 글자를 또 사용했으니, 형식을 지키겠다는 뜻이 아예 없다.

김시습은 「고풍」(古風)이라는 제목의 19수 연작시 가운데 첫 수인 「산 속에 무엇이 있는가」(山中何所有)에서 명리의 장을 벗어나 흰 구름과 벗하겠다는 세외심(世外心)을 드러냈다.[60] 어느 사이엔가 산중의 흰 구름은 그의 가장 친한 벗이자 그의 정신세계의 상징물로 되었다.

산중에 무엇이 있나	山中何所有
흰 구름이 낙락장송에 얽혀 있지.	白雲縈長松
그저 심상하게 친할 뿐	只可尋常親
그 자취를 따를 수 없네.	不可追其蹤
물외의 교분을 맺으니	物外託交契
거허(駏驉)와 공공(蛩蛩)같이 단짝관계.	始終如駏蛩
변화가 너무도 한가하고 오묘해서	變化頗閑妙
마음을 기쁘게 하네.	可以怡心胸

이 시는 남조 양나라 때 화양진인(華陽眞人) 도홍경(陶弘景)이 지은 「산 속에 무엇이 있느냐고 물으시는 데 대하여 시를 지어 답하다」(詔問山中何所有 賦詩以答)에서 첫 구를 따와, 그 구절을 맨 처음에 두고 은둔의 뜻을 토로하는 방식을 취한 연작시 가운데 하나이다. 도홍경은 "산중에 무엇이 있나, 산머리에 흰 구름이 많지. 다만 스스로 즐길 수 있을 뿐, 군주에게 올릴 수는 없어라"[61]라고 하였다. 자연에 동화되어 사는 혼자만의 즐거움을 불가언설(不可言說)의 언

설로 말한 것이다. 김시습은 그 고사를 생각하면서, 구름과 물외의 교분을 맺어 기쁘다는 유유자적(悠悠自適)한 심경을 혼잣말처럼 내뱉었다.

흰 구름은 김시습의 동무였다. 아니 북해에 있다는 말 비슷한 짐승인 거허(駏驉: 버새. 암탕나귀와 수말 사이에서 태어난 잡종이라는 설이 있음)와 공공(蛩蛩)의 관계와 같았다. 거허와 공공은 궐(蟨)에게서 달고 맛있는 풀을 얻어먹고 자라는데, 사람이 오는 것을 보면 두 짐승이 궐을 업고 도망간다고 한다. 게다가 흰 구름은 여유 있고 오묘하다. 김시습은 구름을 닮고 싶었다.

또한「잠깐 갰다간 잠깐 오는 비」(乍晴乍雨)에서는 무위자연(無爲自然)을 추구하는 뜻을 드러냈다.[62]

갰다 했더니 또 비가 오니	乍晴還雨雨還晴
하늘의 움직임도 그러하거니 세태야 어떠하랴.	天道猶然況世情
나를 칭찬하는가 했더니 어느새 나를 헐뜯고	譽我便是還毁我
명예를 피하는 척하다가 명예를 구하네.	逃名却自爲求名
꽃이 피고 지는 걸 봄이 어찌 다스리리	花開花謝春何管
구름 가고 구름 와도 산은 다투지 않는구나.	雲去雲來山不爭
사람들에게 말하나니, 부디 기억해두오	寄語世人須記認
예말고 평생 어디서도 즐거울 수 없다는 걸.	取歡無處得平生

실제와 동떨어지게 남을 칭찬하는 사람은 그 태도를 갑자기 바꾸어 언제 상대를 헐뜯을지 모를 일이다. 외간(外間)의 명예와 모욕은 나의 본질과는 사실 아무런 관련이 없다. 그렇기에 김시습은 변덕스러운 세태 인정에 휘둘리지 않겠다고 하였다. 봄은 꽃 때문에 봄다워진다고 하지만, 봄은 꽃이야 피든 지든 관심 없이 자연의 순리에 따라 가고 올 따름이다. 산 위로 넘나드는 구름에 따라 산의 얼굴도 달라지게 마련이라지만, 산은 구름이야 가든 오든 아무것도 요구하는 법 없이 그저 저 흐르는 대로 맡겨놓을 뿐이다. 인간은 공연히 제 스스로 바빠 입신출세다 부귀공명이다 안달하지만, 설사 바라는 대로 그것들을 얼

었다 한들 마침내 그것이 무엇이랴? 기쁨도 잠깐의 일, 그것에는 새로운 고뇌가 따라붙게 마련이다. 그러고 보면 어디든 뿌리내려 생애를 자득(自得)할 만큼의 기쁨을 얻을 곳이란 이 지상에 아무 데도 없다. 대자연처럼 욕심 없이, 얽히지 말고 당당하고 유유히 순리대로 살아가는 거기에 오히려 삶의 즐거움이 있을 것이다.

_ 승려 조우를 골려주다

어느 날, 김시습은 승려 조우(祖雨)가 어느 종실의 집으로 찾아가는 것을 보고 가만히 그 뒤를 따라가, 큰 소리로 외쳤다. "조우란 놈은 노사신에게서 수학했으니 그놈이 어찌 사람 축에 들겠느냐? 만일 이곳에 왔다면 내가 꼭 그놈을 죽이고 말 테다!' 조우는 뒷날 송광사 주지가 되어 우송광(雨松廣)이라 불리는 고승인데, 노사신에게서 『장자』를 배운 일이 있다. 조우는 김시습의 말을 듣고 분함을 이기지 못하여 냅다 달려나오며 "자네가 감히 드러내놓고 대재상을 꾸짖을 수 있느냐? 만일 나를 죽이고 싶거든 마음대로 죽여봐라!' 하였다. 김시습은 조우를 움켜잡고 때리려 하였다. 좌객(座客)들이 모두 싸움을 말리는 바람에 조우는 겨우 몸을 빼 달아날 수 있었다.

그 뒤 조우가 수락산으로 김시습을 찾아오자, 김시습은 선뜻 그를 맞았다. 그리고는 조우에게 밥을 지으라고 하였다. 그런데 조우가 밥을 다 지어 떠서 먹으려 하자, 순가락이 입에 미처 닿기 전에 발로 땅을 차서 밥숟가락 위로 흙먼지를 일으켰다. 결국 조우는 한 숟가락도 들지 못하였다. 김시습은 "너는 노사신에게 글을 배웠으니, 네가 어찌 사람이냐?'라고 했다고 한다.[63]

뒷날 이 이야기를 두고 선조 때의 도가사상가 박지화(朴枝華, 1513~1592)는, "동봉은 일찍이 주공과 공자를 대단찮게 여기고, 탕왕(湯王)과 무왕(武王)을 그르다고 여긴 적이 있었다. 그런데 노사신이 그때 총애받는 정승이었기 때문에 필시 이와 같이 했을 것이다"라고 말하였다.

규장각본 『해동전도록』(海東傳道錄)에 따르면, 박지화는 조선 단학파의 계보에서 김시습 — 승려 대주(大珠)의 계보를 정렴(鄭礦)과 함께 계승한 것으로 되어 있다.[64] 그는 김시습을 흠모했으므로 조우의 일화를 두고 김시습의 마음을 읽어낼 수 있었던 것이리라. 김시습은 그렇게 현실 정치 상황에 불만을 품고 있었고, 그 비판의식을 거침없이 드러냈다.

김시습은 폭천정사에서 머물 때 유생이 찾아오면 반드시 공·맹을 이야기하고 불법에 대해서는 말하지 않았다. 사람들이 어쩌다 수련에 대해 묻는 일이 있다 해도 또한 선뜻 말하지 않았다. 그는 유학자에게는 유교를, 불교도에게는 불교를 논하여, 유학과 불교를 넘나들었다. '잡저'(雜著) 전(前) 10장에서는 유교의 관점에서 불교의 효용성을 논하였고, 심오한 불교철학을 바탕으로 『십현담요해』와 『대화엄법계도주병서』를 지었다.

_ 친척 손순효

김시습은 수락산 시절에 손순효(孫純孝, 1427~1497)와 왕래하였다. 그는 본관이 평해(平海)이며 자가 경보(敬甫)인데, 김시습은 그를 족형이라고 불렀다.

어느 눈 오는 날, 손순효가 방문하고 돌아가자 김시습은 「도정절이 방참군에게 답한 시에 화운한 시」(和靖節答龐參軍) 6수를 적어서 보냈다.[65] 당시 손순효는 호조의 벼슬을 맡고 있었는데, 김시습의 운둔 생활을 예찬하고 도연명의 「귀거래사」를 적어 건네주며, 은둔하고 싶다는 뜻을 넌지시 말하였다. 김시습이 그에게 준 여섯 수 가운데 첫 수는 이러하다.

연못가의 글귀 얻어	得句池塘
편지로 전해주시니	傳我尺書
비바람 치는 밤 침상에 나란히 누워	對床風雨
웃고 또 즐겼네.	載笑載娛
나귀에서 채 내리지도 않고	騎驢未下
벌써 내 산집을 칭송하시다니.	賞我山居
등 덩굴은 낮은 울에 걸리고	藤掛短籬
흰 눈이 오두막을 안았다고.	雪擁矮廬

"연못가의 글귀 얻어"라는 말은 육조 때 송나라 시인 사영운(謝靈運)이 지은 「연못가 누각에 올라서」(登池上樓)라는 시구 가운데 "연못가에 봄풀이 돋는다"(池塘生春草)고 한 구절에서 따와, 손순효와 자기가 족친의 관계이면서 시적 상상력을 북돋워주는 사이라는 사실을 말한 것이다.* 또 "비바람 치는 밤 침상에 나란히 누워"는 소식(蘇軾: 東坡)과 아우 소철(蘇轍)의 고사에서 따온 구절로, 역시 손순효와 자신의 관계가 형제와 같음을 말한 것이다.

손순효는 칠휴거사(七休居士)라는 호를 사용하였다. 휴(休)는 '쉬다'는 뜻도 있지만 '좋다'는 뜻도 있으니, 자기에게는 정치에 나가지 않고 쉴 만한 일곱 가지 이유와 좋은 일이 있다는 뜻이다.

당나라의 사공도(司空圖, 837~908)는 만년에 다리 병이 나서 퇴직하고는 중조산(中條山) 왕관곡(王官谷)에 살면서 정자를 지어 '삼휴'라고 하였다. 그는 자기 재능이 부족하므로 쉴 만한 이유가 한 가지 있고, 자신의 분수로 보건대 쉴 만한 이유가 또 한 가지 있으며, 늙어서 귀가 먹었으므로 쉴 만한 이유가 다시 한 가지 더 있다고 하였다.

한편, 송나라 문인 손방(孫昉)은 품질 낮은 차와 거친 밥이지만 실컷 먹을 수 있으므로 좋고, 떨어진 옷과 이불을 기워 따스하므로 좋으며, 엄벙덤벙 평온하게〔三平二滿〕날짜가 지나가므로 좋고, 욕심 부리지도 않고 질투하지도 않으면서 늙었으므로 좋다고 하여, 스스로 '사휴거사'라 하였다.

손순효는 앞의 고사에서 삼휴를, 뒤의 고사에서 사휴를 끌어와 '칠휴거사'라 하였다.

이미 김시습은 세조 연간에 서울로 왔을 때 남산으로 손순효를 찾아간 일이 있다.(66)

칠휴거사는 느긋하고 한가한 분　　　　　　　　　七休居士休休者

* 사영운은 조카인 사혜련(謝惠連)을 늘 칭찬하여, 사혜련을 마주하고 있노라면 좋은 시구가 떠오른다고 하였다. 그러던 어느 날 영가(永嘉)의 서당(西堂)에서 시를 짓다가 종일토록 완성하지 못하고는 잠이 들었는데, 그 꿈에 사혜련을 만나보고 "연못가에 봄풀이 돋는다"라는 구절을 얻었다고 한다.

쉴 곳을 얻어 느긋하고 한가하네.	得休休處便休休
구름 산과 꽃 달을 늘 동무하고	雲山花月長爲伴
시와 술과 향과 차로 근심을 쏟아버리지.	詩酒香茶自買憂
긴긴 밤 초 심지 잘라가며 술 마시고	剪燭夜飮淸夜永
밤이 짧으면 밤을 이어 낮까지 노닐지.	銷沈宵短繼宵遊
칠휴의 유유자적하는 바를 알려거든	欲知七休遨遊處
오월 연못에 바람 가득한 때를 기다리세.	風滿池塘五月秋

수락산을 찾은 손순효는 김시습과 청담을 나누고 헤어졌다. 사립문까지 전송 나온 김시습은 이별을 서러워하기까지 하였다.[67]

청담을 미처 못 다하고	淸談未了
소매 그림자 나뉘게 되어	袂影將分
사립문 앞에서 전송하니	相送柴門
기쁨 걷히고 슬퍼지누나.	唧悲斂欣
훗날 저녁 생각나면	異夕情思
멈춘 구름처럼 그리움 짙으리.	靄靄停雲
홍진이 일만 길이니	紅塵千丈
그 음성 그 모습을 어이 들으랴.	音容曷聞

손순효는 임금이 사냥하는 데 따라가서 잔뜩 취했다가 몰이꾼에게 몰린 호랑이와 마주치자 술김에 삭정이를 꺾어 활에 매어 겨누었다고 해서 한동안 이야기된 적이 있다. 호방한 인물이기는 하지만 됨됨이를 칭찬하는 사람은 없었다.

뒷날 남효온이 소릉(昭陵: 문종의 첫 부인, 단종의 생모)의 복위 상소를 올렸을 때, 손순효는 서거정과 함께 강력하게 그의 처벌을 주장하였다. 1485년에는 임사홍(任士洪)을 두둔하다가 왕의 비위에 거슬려 경상도 관찰사로 나갔다. 곧이어 우찬성을 거쳐 판중추부사를 지냈다. 현달(顯達)했지만, 인품에 대한 시비가 없지 않았다.

_ 문도 선행(善行)

김시습을 추종하던 인물로 선행(善行)이라는 승려가 있었다. 선행은 이미 김시습이 승려로 행각할 때부터 그를 지극한 마음으로 믿고 따랐다. 김시습은 그를 심하게 다루었다. 마음에 울분이 일어나면 선행에게 매와 회초리를 사정없이 휘둘렀다. 그래도 선행은 그를 떠나지 않았다. 금오산에 있던 김시습에게 아까운 재주 썩이지 말고 벼슬 살라고 권했던 양희지(楊熙止)는 1477년(성종 8) 봄에 흥덕사에서 우연히 선행을 만나보고는, 선행이 시를 청하자 동봉(김시습)에게 자신의 뜻을 전해 달라면서 시 두 수를 지어주었다.[68]

총명한 그대 스승 따라 불법을 배우며	從師問法爾聰明
천산만수를 지팡이 하나로 떠돌았군.	萬水千山一杖輕
근래 동봉 거사는 안녕하신가	近日*東峯無恙否
슬픈 노래로 전송한 뒤 그리움 이네.	悲歌相送有餘情
동봉 거사는 재덕을 감추고	東峯居士韞才賢
절간에 이름 숨긴 지 이십 년.	蘭若藏名二十年
어찌하여 조정에 돌아오지 않는가	何不歸來廊廟上
빛나는 새 태양이 중천에 걸렸거늘.	光華新日揭中天**

양희지가 이 시에서 "빛나는 새 태양이 중천에 걸렸거늘" "어찌하여 조정에 돌아오지 않는가"라고 김시습에게 물은 점에 주목할 필요가 있다. 김시습이 절간에 이름을 숨긴 것은 옛 조정인 세조의 조정에 서지 않으려는 뜻이었다는 사실을 그는 알고 있었다. 또한 그만 그 사실을 알고 있었던 것이 아니다. 당시의

---

* "근일"(近日)은 다른 텍스트에 "차문"(借問)이라고 쒸어 있다고 한다. 『대봉집』 권1의 주에 의한다.
** "신일게중천"(新日揭中天)은 다른 텍스트에 "일월려신천"(日月麗新天)이라고 쒸어 있다고 한다. 『대봉집』 권1의 주에 의한다.

사대부들은 모두 김시습이 승려로 행각하는 것을 세조 정권에 대한 저항이라고 여겼을 것이다.

  선행은 힘이 세어 쌀 두 섬을 지고도 힘이 남았다. 쌀을 지어오고 나무를 나르는 것은 전부 선행의 몫이었다.[69] 김시습은 선행과의 일상사를 시로 남기거나, 다른 절로 떠나는 그를 위해 시를 지어주었다. 선행은 김시습에게 심하게 매를 맞으면서도 곁을 떠나지 않았다. 어떤 이가 이상하게 여겨 물으니, 선행은 이렇게 대답했다고 한다.

  우리 스님이 산 속에 계실 때, 작은 표주박에 물을 가득 채워서 불좌(佛座) 앞에 바치고 아침부터 밤이 새기까지 사흘간을 그렇게 앉아 계셨습니다. 선정(禪定)에 드시길 이렇게 하시니, 이분이 부처님이 아니고 누구이시겠습니까? 그래서 제가 진심으로 복종하여 떠날래야 떠날 수가 없는 것이랍니다.[70]

  하지만 선행은 김시습의 법맥을 이은 제자가 아니었다. 김시습은 어떤 파나 어떤 종이라고 표방한 적이 없으니, 법맥이 아예 없었다. 선행도 불법을 닦는 것보다 시 짓기를 더 좋아한 시승이었다. 언젠가 선행이 스승을 흉내내어 시축(詩軸)을 엮자 김시습은 다음과 같은 시를 적어주었다.[71]

이 나이 마흔 넘어 또 몇 해	年來四十又加年
이름 나지 못하고 도도 깊지 못하다.	於世無聞道未玄
넌 두 기(紀)를 넘은 배추벌레	汝作桑虫逾二紀
난 세 잠을 잔 봄 누에.	我如春蟻已三眠
한가한 속에 옛 잘못 반성하고	閑中猛省前非事
이제가 옳다는 시(도연명「歸去來辭」)를 꿈에서도 읊노라.	夢裏常吟今是篇
상(商)이 날 깨우쳤다는 공자 말씀은 옛말이로군.	商也起予終古語
더욱 채찍질하여 청풍명월을 노래하게나.	清風明月勸加鞭

김시습은 선행을 두고는 2기(紀)가 된 배추벌레라 말하고 자신은 세 번 잠을 자고 난 봄 누에라고 하였다. 자신이 더 푹 삭았다는 뜻인 것 같다. 공자는 제자 상(商), 즉 자하(子夏)가 『시경』 시편의 뜻을 말하자 "네가 나를 깨우쳤다"고 탄복했지만, 김시습이 보기에 선행은 아직 시 공부가 덜 되었다. 그래서 시 공부에 더 매진하라고 일러준 것이다.

김시습은 허름하게 띠로 덮은 초가에서 선행과 둘이 의지하고 지내는 날이 많았다. 비가 흩뿌려 아무도 찾아오지 않는 우중충한 날, 뺑대(뺑대쑥의 줄기)로 만든 사립까지 닫아 걸어놓고, 뜰에 등나무 덩굴이 배나무 위를 덮어서 녹음을 이루고 약초가 빗속을 아랑곳하지 않고 붉고 도톰한 싹을 터뜨린 것을 물끄러미 바라보다가, 선행에게 시를 지어보이며 "그저 말로에 몸에 병이 없기만 생각하고, 평소 머리에 굴레가 없는 것을 기뻐할 따름이지"72)라고 위로하였다.

또 언젠가 장맛비 내리던 날, 이런 시를 지어 선행에게 보여주었다.73)

작은 집 뺑대문을 닫고 있자니	小室掩蓬門
적적해서 너를 대해 말을 하는 거다.	寥寥對爾言
뜨락의 꽃은 피었다간 떨어지고	庭花開便落
섬돌의 풀은 깎아도 도로 성하구나.	階草劉還繁
묵좌(정좌)하려 해도 시마(詩魔)가 방해하니	默坐詩成崇
성가신 일도 없는 걸, 낮잠이나 자자.	閑眠事不煩
궁한 삶을 누가 좋다 말하랴	窮居誰道好
장맛비에 울타리 무너졌구나.	積雨壞籬樊

의식세계의 심화

_ 도연명에게 공감하다

　김시습은 도연명의 시에 화운(和韻)하여 60여 수의 시편들을 남겼다.[74] 도연명은 도잠(陶潛)을 말하는데, 자(字)로 더 잘 알려져 있다. 그는 정치적 이상이 무너지자 노장사상으로 전향하여 현실과 격리된 은일한 삶 속으로 침잠했으며, 「귀거래사」(歸去來辭)를 남겨 후대에 '최고의 은일 시인'으로 추앙된다. 김시습은 수락산 기슭에 은거하던 40대에 집중적으로 화도시(和陶詩)를 지었다.

　앞서 보았듯이, 김시습은 수락산에 잠시 거처하던 시기에도 「도연명이 옛집에 돌아가서 쓴 시에 화운함」(和還舊居)을 지어, 부제를 '꿈에 산방에 이르다'(夢到山房)라고 한 적이 있었다. 그러나 대부분의 화도시는 수락산에 정착한 뒤에 지은 것 같다. 김시습은 이 시기에 자신의 처세를 굴원(屈原)이나 도연명의 그것과 유사하다고 스스로 인식하였다.

　도연명(365~427)은 동진시대에 벼슬을 했으나, 404년에 유유(劉裕, 356~422: 송나라 초대 황제인 고조)가 일어나 실권을 장악하고 불의가 횡행하자, 오만한 독우(督郵: 지방 감찰관) 앞에서 오두미(五斗米: 다섯 말의 쌀. 지방 수령의 봉급) 때문에 허리를 굽힐 수 없다고 하며 팽택령(澎澤令)의 벼슬을 버리고 고향 시상(柴桑)으로 돌아갔다. 그 뒤 15년이 지난 56세 때 동진이 유유에게 멸망하고 송(유송이라고 함)이 들어서자, 도연명은 더욱 절개를 지켰다. 그러한 인간적 풍모 때문에 도연명은 조선의 문인들에게 깊은 영향을 주어 많은 '화도시'(和陶詩)가 출현하였다.[75]

김시습은 세조의 단종 폐위를 불의로 여겨 절의의 뜻을 굳혔으므로, 도연명의 귀거래에 깊이 공감하였다. 따라서 그가 지은 화도시 60여 편은 단순히 은일 지향의식을 드러내는 전원시 이상의 의미를 지녔다.

김시습은 자신과 세상 사이의 간격을 뛰어넘을 수 없다고 느꼈다. 「풀이 성해서 콩 싹이 드물다」(草盛豆苗稀)라는 시에서는 부귀가 내 몸을 옥죄는 것보다는 '즐겁게 살겠다'〔行樂〕고 선언하고, 도연명의 시에 화운이나 하겠다고 하였다.[76]

내게 몇 마지기 밭이 있는데	我有數畝田
울퉁불퉁 벼랑 곁에 있지.	高下依巖碕
콩 심고 김매지 않았더니	種豆蕪不治
풀만 무성하고 콩 싹이 드물다.	草盛豆苗稀
하늘 우러러 흥얼흥얼 노래하며	仰天歌嗚嗚
가만히 옛사람을 생각하네.	靜言思古人
사람은 모름지기 즐겁게 지낼 일	人生行樂耳
부귀는 내 몸을 괴롭히는 것.	富貴勞我身
내 몸은 다시 생각하지 말자	我身勿復慮
잘 되고 못 되고는 하늘에 달린 걸.	否泰在蒼旻
여러 사람 떠들고 짓씹어대어	衆人正啁噍
세상과 나는 서로 모순되었네.	世我相矛盾
도연명의 시에나 화운하면서	細和淵明詩

조화가 하는 대로 무(無: 죽음)로 돌아가리.　　　　乘化以歸盡

　　김시습은 제자 선행을 시키거나 스스로 쟁기를 잡아 밭 가는 일을 하였다. 하지만 애써 뿌린 콩 싹이 자라지 않고 잡초만 무성하여, 자아의 황량한 모습을 환기시킬 따름이다.
　　결국 김시습은 먼저 자신의 마음을 가꾸어 도연명의 자적(自適)했던 경지를 닮고자 하였다.[77]

아침 되어도 닫은 문 열지 않지만	朝來不啓關
때로 바람 불어와 절로 열리네.	時有風自開
한낮에 북창 아래 누우면	晝日臥北窓
내 마음 너그러워지네.	可以寬吾懷
일과 세상이 어긋나고	事與世相違
도(道)와 시(時)가 어그러져도.	道與時多乖

　　김시습은 이렇게 말한다. "남들은 나더러 미친 짓을 잘 한다고 하지만, 내 소원은 남들이 그런 내 겉모습에 헷갈리지 말기를 바란다. 군자의 의지는 굳세고 강하여 돌리기 어려운 법"(人謂我能狂, 我願人不迷. 所以君子志, 剛強難可廻)[78]이라고.
　　도연명의 시대인 위진시대에 이르러서는 유가·불가·도가가 교섭하여 영향을 주고받는 새로운 사조가 전개되었기에, 도연명에게서도 삼교 융화의 냄새가 풍긴다. 당시의 명승 혜원(慧遠), 도가의 승려 육수정(陸修靜)과 도연명에 얽힌 저 유명한 '호계삼소'(虎溪三笑)의 고사는 역사적 진위에 대해서 논란이 있긴 하지만,* 도연명에게 삼교 융화적 측면이 있었음을 잘 말해준다. 도연명의

---

* 호계(虎溪)는 여산(廬山)의 계곡 이름이다. 그곳에는 명승 혜원(慧遠)이 건립한 동림사(東林寺)가 있고, 절 입구에는 호계교(虎溪橋)가 있다. 혜원은 엄격한 계율을 지키며 호계교 밖으로는 한 발자국도 나가지 않았는데, 그가 그 다리를 건너면 산의 신호(神虎)가 포효하여 경고했다고 한다. 혜원은

「귀거래사」에는 노장사상의 현실 도피적인 경향과 함께 유가적인 사상이 나타나 있다.

도연명은 '자서전'이라 할 「오류선생전」(五柳先生傳)에서 유가적 출처관(出處觀)을 드러냈고, 연작시 「음주」(飮酒)의 마지막(제20수) 부분에서는 올바른 도리가 행해지지 않는 현실에 대한 울분을 쏟아냈다. 그의 음주와 은일은 죽림칠현의 음주와 은일과는 달랐다. 예컨대, 죽림칠현의 한 사람인 유령(劉伶)의 「주덕송」(酒德頌)은 예교(禮敎), 즉 유교를 백안시하려는 의도에서 음주를 높이 평가하였다. 그러나 남송의 철학자 주희(朱熹)는 도연명이 유교의 이념을 품었으나 현실에서 받아들여지지 않아 울분을 안에 감추고 은둔한 사람이라고 했고, 그렇기에 그의 시가 호방한 기운을 띤다고 칭송하였다.**

김시습도 「고금군자은현론」(古今君子隱顯論)에서 도연명의 은일이 시중(時中)을 얻었다고 높이 평가하였다. 유가적 관점에서 도연명의 은일을 설명한 것이다.

> 정절(靖節: 도연명의 시호)이 유송(劉宋)에서 신하 노릇을 하지 않은 것은 세상과 어긋났기 때문이다. 백이(伯夷)가 주(周)나라를 버리고 떠나가니 그를 일러 성인(聖人) 중에서 맑은 이라 하였고, 전금(展禽)이 노(魯)나라에서 벼슬하니 이를 일러 성인 중에서 화(和)한 이라 하였으며, 이윤(伊尹)이 은(殷)나라로 가니 이를 가리켜 성인 중에서 자임(自任)한 이라 하였다. 그들이 성인이란 점에서는

동림사에서 도교의 승려 육수정(陸修靜), 그리고 도연명을 초청하여 경전과 문학에 관하여 토론하기를 즐겼는데, 하루는 이들을 전송할 때 고담준론에 정신이 팔려 그만 호계교를 넘고 말았다. 이때 갑자기 산꼭대기에서 호랑이가 울부짖는 소리가 들려왔으므로 세 사람은 마주보며 파안대소했다고 한다. 이에 대해 송(宋)의 누약(樓鑰)은 「소동파의 삼소도찬에 쓴 발문」(跋東坡三笑圖贊)에서, "혜원이 죽었을 때 육수정은 겨우 10세였고, 그가 여산에 처음 들어간 시기는 혜원이 죽은 지 30여 년, 그리고 도연명이 죽은 지 20여 년이 지난 뒤이므로 세 사람이 만날 수는 없었다"고 한다. 松枝茂夫·和田武司 공저, 『隱逸詩人 陶淵明』(日本 東京: 集英社, 1983).

** 도연명은 그 호방한 기운을 겉으로 드러내지 않은 채 평담(平淡)하고 자연스러운 표현 속에 감추고 있으며, 바로 그 점이 도연명 시의 미학적 특성이라고 한다. 『朱子語類』권140, 「論文 下」. "陶淵明詩, 人皆說是平淡. 據某看, 他自豪放, 但豪放得未不覺耳."

한가지이다. 이사(李斯)가 진(秦)나라에서 벼슬하고 양웅(揚雄)이 신(新: 왕망이 제멋대로 스스로 천자라고 했던 나라)에서 벼슬한 것은 나아가고 물러남이 비록 다르다 하지만, 이익을 구하고 의리를 배반한 점에서는 한가지이다. 그렇기 때문에 선비의 거취와 은현(隱顯: 세상에 드러남과 숨음)은 먼저 그것이 의에 맞는가 맞지 않는가, 그리고 도리를 행할 수 있는가 없는가를 헤아리는 데 달려 있을 따름이다. 반드시 버리고 갔다고 현명하고 벼슬에 나아갔다고 아첨이라고 할 수 없으며, 숨었다고 고상하고 나타났다고 구차하다고 할 수는 없다.[79]

또한 김시습은 「도연명이 봄날 옛 농가를 그리워하며 지은 시에 화운함」(和春懷古田舍) 2수에서 도연명의 은일을 결단 행위로 보았다.[80]

천고에 이름 높은 시상의 그분	千古柴桑子
아름다워라 군자시여.	猗歟君子人
귀거래사를 음미해보면	一味歸來篇
청풍이 물씬 새로워라.	穆如淸風新
방에 들어가면 동이에 술이 그득하였고	入室酒盈樽
거닐며 꽃나무를 보고 흐뭇해 하였지.	浪遊榮木欣
변화에 내맡겨 무(죽음)에 이르도록	以此乘化盡
기쁨이 언제나 진진하였네.	悅豫常津津
나 또한 기편자(불구자, 불완전한 자)로서	余亦畸偏子
산천을 이웃으로 삼는다오.	山泉爲四隣

김시습은, 옛날부터 술에 빠졌던 사람은 수십 명에 이르지만 절행과 표치(標致)가 뚜렷한 자는 오직 도연명과 완적(阮籍)이며, 그 가운데 도연명이 더 낫다고 하였다. 도연명은 유유(劉裕)가 동진을 멸하고 송나라를 세우는 등 강좌(江左) 지방이 소란한 것을 슬퍼하여 인간 세상을 잊고자 했던 것이지 주색에 빠져 어쩔 수 없이 그랬던 것은 아니었다고, 그는 도연명을 변론하였다.[81] 그것

은 자신이 술을 마시는 이유가 시사(時事) 때문이라는 사실을 은근히 내비친 것이 아니고 무엇인가!

　김시습은 도연명의 정신 경계에 공감했지만, 완전히 도연명과 같은 태도를 취한 것은 아니었다. 그는 여전히 서울 조사(朝士: 조정 벼슬아치)들의 비방을 듣고 있었고, 거기서 마음의 평온을 잃기도 하였다. 「도연명의 음주 시에 화운함」(和淵明飮酒詩) 제9수에 보면 그러한 심경이 드러나 있다.[82]

뭇 사람은 나를 오활하다 헐뜯으며	衆人訕我迂
물이 더러우면 흙탕질하면 되지 않느냐 말한다.	何不淈其泥
그렇지만 저급한 속요는	雖然下里曲
양춘곡과 조화할 수 없는 법.	不與陽春諧
남들은 내가 미친 척한다고 하지만	人謂我能狂
나는 남들이 미혹되지 않기를 바라네.	我願人不迷
군자의 뜻은	所以君子志
굳세고 강하여 되돌리기 어렵나니.	剛强難可廻

　굴원(屈原)의 「어부사」(漁父辭)에 보면, 굴원이 쫓겨나서 상수(湘水) 가를 초췌한 모습으로 방황할 때 어부가 그를 보고, "세상이 모두 혼탁하면 어째서 그 진흙을 퍼서 흙탕질하지 않느냐?"고 묻는 말이 있다. 세상이 모두 술에 취해 있거늘 홀로 깨어 있는(獨醒) 그는 결국 죽음을 택하고 말았다.

　김시습을 두고도 당시 어떤 사람은 세상의 흐름에 몸을 내맡겨 마치 물오리가 물결을 따라 떴다 가라앉았다 하는 것처럼 부침(浮沈)을 잘하라고 권하였다. 하지만 김시습은 저급한 하리파인곡(下里巴人曲)은 품격이 높은 양춘곡과 조화를 이룰 수 없듯이, 자신의 고결함은 속세간의 인정 세태와 어울릴 수 없다고 단호하게 말하였다. 그리고 자신의 '거짓 미치광이짓'을 보고 그것이 자신의 본질이라고 여겨서는 안 된다고 경고하였다. 자신의 겉 행태만 보고 규정하지 말라는 뜻이다. 그리고 자신은 군자로서의 뜻이 억세고 강하여 결코 흔들리지 않으리라고 말하였다.

그런데 「도연명의 음주 시에 화운함」 제13수에서 김시습은, 술에 취해 한껏 호기를 부리면서도 지극한 이치에 접근한 자득(自得)의 기쁨을 토로하였다.[83]

나는야 본시 인간 밖의 사람	我本人外人
마침 또 인간 밖 경지 찾았네.	偶尋人外境
취향에 들어 기분이 좋아	醉鄕且陶然
오똑하게 깨어 있길 원치 않는다.	兀爾不願醒
기세등등 자득한다만	意氣頗自得
행동은 추스리질 못하네.	動作無所領
이 몸은 거들먹거려 웃어도	此身或笑傲
이 마음은 언제나 깨어 있나니,	此心常悟穎
하늘을 우러러보며	仰視宇宙間
천리가 정말 분명한 걸.	至理誠煥炳

또 「도연명의 음주 시에 화운함」 제7수에서는 "동쪽 울타리 아래서 국화를 캐다가, 유유히 남산을 보던"(采菊東籬下, 悠然見南山)[84] 도연명의 경지를 상상하였다.[85]

가을바람 왜 이리 차기만 한가?	秋風何凄凄
무서리가 국화꽃에 담뿍 내렸네.	微霜粘菊英
그 누가 국화꽃을 따려고	何人掇其英
훌쩍 세상을 벗어날 건가?	脩然離世情
외로운 새는 돌아올 줄 아나니	獨鳥自知還
지는 해 서산으로 기울녘.	落日西山傾
봉황새는 날아서 내리지 않고	鳳鳥翔不下
까마귀는 깃들이려다 놀라네.	昏鴉棲復驚

| 잠자코 그칠 곳에 그치니 | 哩哩且止止 |
| 내 일생 벌써 넉넉하구나. | 我已足平生 |

봉황이 내려오지 않고 낙조에 까마귀가 깃들이려다 놀라 퍼덕이는 광경은 김시습이 지닌 불안의 심리를 반영하는지 모른다. 하지만 그는 외로운 새처럼 홀로 자연 속으로 돌아왔고, 자연 속에서 자신의 한평생이 넉넉하리라고 기대하였다. 인간세계의 세세함과 번다함을 초월해서 그윽한 운치를 유지하리라 예상하였다.[86]

그러나 수락산 기슭에서 전해 듣는 서울의 소식은 늘 김시습의 마음을 괴롭혔다. 도연명의 시에 차운하여 자신의 자족감을 노래한 시에서조차 '어그러졌다'〔違·乖〕, '기울어졌다'〔傾·頹〕, '막혔다'〔阻〕 등 갈등 양상을 표현하는 시어가 많이 등장한다. 대도(大道)가 행해지지 않고, 비색(否塞)한 운명 또한 풀릴 길이 없었다. 그렇기에 그는 불의의 세간과 타협하지 않고 '군자'로서의 지조를 지키겠다는 다짐을 또 반복해야 했다.

_ 굴원을 추모하여

경주 금오산 시절, 김시습은 『이소경』을 읽고 굴원의 불우했던 처지와 보상받지 못했던 충정을 추모하면서 통곡하였다. 또 수락산 시절에도 굴원의 『초사』(楚辭)를 읽고 스스로의 심경을 겹쳐보곤 하였다. 언젠가 김시습은 『초사』 9장 가운데 한 편인 「회사부」(懷沙賦) 1편에 주석을 하였다.[87] 「회사부」 1편은 시속의 작태를 극언(極言)하고 슬퍼하고 애처로워 하는 감정이 속에서 움직여 말로 나타난 것이 아주 절실하므로, 사마천도 『사기』 「굴원열전」에 이 부를 초출(抄出)하여 실어두었다.

「회사부」는 굴원이 바위를 끌어안고 스스로 물에 빠지겠다고 말했다는 것이 통설이지만, 장사(長沙) 지방을 생각하면서 거기 가서 죽음에 임하려는 뜻을 말한 것이라고 보는 설도 있다. 김시습은 어떠한 풀이가 맞는지 논하지 않았는데, 아마도 통설을 따른 듯하다.

그런데 후한 때 왕일(王逸)의 『초사장구』(楚辭章句)가 문장의 뜻을 천착(穿鑿)하는 데 치우치거나, 송나라 홍홍조(洪興祖)의 『초사보주』(楚辭補註)가 여러 텍스트의 대조와 훈고(訓詁)를 정밀하게 했던 것과는 달리, 김시습은 자신의 견해에 따라 대의를 파악하려고 하였다. 따라서 글자의 차이를 고증한다든가 음운을 밝힌다든가 명물(名物)을 해석한다든가 하지 않았다. 이러한 것은 그가 『십현담요해』를 저술한 방식과 맥이 통한다.

이를테면 「회사부」의 첫머리는 굴원이 남행할 때의 심정을 노래하는, "양기가 성한 맹하에 초목은 무성한데, 상심하고 길이 슬퍼하며, 걸어서 강남 땅에 다다랐네"(滔滔孟夏兮, 草木莽莽. 傷懷永哀兮, 汨徂南土)로 시작한다.

이 구절에 대해 왕일은 "도도(滔滔)는 양기가 성한 모양이다. 『사기』에는 도도(陶陶)라고 씌어 있다. 회(懷)는 사(思)이고, 영(永)은 장(長)이다. 골(汨)은 가는 모양이고, 조(徂)는 왕(往)이다. 토(土)는 어떤 판본에는 거(去)로 적혀 있다"고 글자의 뜻을 풀이하거나 판본의 글자 차이를 밝힌 뒤, "음력 사월 맹하에는 순양(純陽)의 기운이 작용해서 따뜻하여 만물을 성장시켜 초목의 무리가 무성하게 성장하지 않는 것이 없는데, 자신은 임금의 은혜를 입지 못하고 홀로 쫓겨난 것을 상심하여 초목만도 못함을 말한 것이다"라든가, "초목이 무성하고 큰 것을 보면서 홀로 골연(汨然: 돌연)히 쫓거나 강남 땅 외딴 곳에 가서 거처했기 때문에 상심하고 길게 슬퍼함을 말한 것이다"라고 그 의미를 천착하였다.

이에 비하여 홍홍조는 『설문해자』(說文解字)를 인용해서, "도(滔)는 물이 크게 넘실거리는 모양이며 타(他)와 도(刀)의 반절이다. 또 도(滔)는 모으는 것이며 음은 도(陶)다"라든가, "망(莽)은 막(莫)과 보(補)의 반절이다. 골(汨)은 월(越)과 필(筆)의 반절이니, 『이소경』에 보인다"라고 훈고(訓詁)와 주음(注音)을 하고는, "앞에서는 바야흐로 중춘(仲春: 음력 2월)이 되어 동쪽으로 옮겨간다고 하고서 여기서는 양기가 성한 맹하라고 한 것은, 굴원이 중춘에 나라를 떠나서 맹하에 남쪽 지방에 이른 것이다"라고 하였다. 홍홍조는 『초사』「애영부」(哀郢賦)에서 "바야흐로 중춘에 동으로 옮겨감이여"(方仲春而東遷)라고 했던 구절과 이 「회사부」와의 관계를 탐색한 것이다.

왕일과 홍흥조와는 달리 김시습은 자구 해석과 명물 고증은 하지 않고, 굴원이 처했던 상황을 재구성하고 남쪽으로 유배길에 오르게 된 굴원의 심리에 다가가려 하였다.

> 이 구절은 초하의 아주 뜨거운 때에 초목이 앞길을 가로막아 울창하다는 사실을 말한 것이다. 바야흐로 이러한 때 굴원은 참언(讒言)을 입고 무고(誣告)에 걸려 마음에 상처를 받아 깊이 애통해 하는 정을 품고, 군주의 명령이 있는데다 또 당시의 무리들에게 질투를 받아서 잠시라도 머물러 있을 수가 없어 상남(湘南)으로 귀양을 가게 되었다. 『형초세시기』(荊楚歲時記)에서 말하기를, "굴원은 5월 5일에 빠져 죽었다. 형초의 풍속에, 그날 각서(角黍)와 밀종(蜜粽)*으로 굴원을 제사지내고, 다투어 물을 건넌다"고 하였다. 지금 맹하라고 했으니, 아마도 이 부(賦)를 맹하에 짓고서 단오에 빠져 죽은 듯하다.[88]

「회사부」는 굴원(또는 굴원에 가탁한 작중 인물)이 무도(無道)한 세상에서 자신의 가치를 인정받지 못하는 것을 탄식하고, 운명이 다했음을 알고 죽음을 결의한 내용이다. 마지막의 난(亂: 노래의 마지막 부분)에서는 다시 한번, 자신의 가치를 인정받지 못하고 충직한 마음을 이해받지 못한다는 사실을 알고서 죽음을 결의하였다.

김시습은 그 "처음의 행동을 고치고 상도에서 벗어나는 것은 군자가 부끄러워하는 바라네"(易初本迪兮, 君子所鄙)라는 구절[89]에 대하여, "세상을 좇아 구차하게 살려는 마음으로 그간 지켜온 도리를 바꾸어버리는 짓을 군자는 비루하게 여긴다"라고 풀이하였다. 그러면서 『중용』(中庸)에서 자로(子路)가 강(强)함에 대하여 물었을 때 공자가 "나라에 도가 없어 죽음에 이르게 되더라도 변하지 않는다"고 하고, 또 "강하구나 억세구나"라고 한 말이 바로 굴원의 강함에 해당

---

* 각서는 찹쌀 가루에 대추를 이겨서 섞고, 꿀에 반죽하여 소를 넣어 송편처럼 만든 다음 기름에 지진 웃기떡의 한 가지로 '주악'이라고 한다. 밀종은 찹쌀 가루를 식물의 잎에 싸서 찐 떡으로, 흔히 종자(粽子)라고 한다.

한다고 하였다.[90]

「회사부」에서 굴원은, 선과 악을 변별하지 못하는 뭇사람들이 선과 악을 변별하는 자신을 오해하는 것이, 마치 눈 밝은 이루(離婁)*가 사물을 식별하려고 눈을 가늘게 뜨자 뭇사람들이 이루의 눈이 나쁘다고 오해하는 것과 같다고 슬퍼하였다. 김시습은 "세인이 탐학하고 질투하여 군자의 선함을 변별하지 못한다는 사실을 더할 수 없이 심하게 말한 것이다"라고 해설하였다.[91] 또한 김시습은 "근(瑾)을 품고 유(瑜)를 쥐고 있으면서도, 곤란하여 말할 바를 알지 못하네"(懷瑾握瑜兮, 窮不知所示)라는 구절을 읽고, "군자는 도 지키는 일을 보물로 삼아야지, 난세에 값을 함부로 매겨 팔아서는 안 된다"고 하였다. 『논어』에서 자공(子貢)이 공자에게 "지금 여기에 아름다운 옥이 있는데, 궤에 싸서 간직해둘까요, 좋은 값을 구해서 팔까요?"라고 하자, 공자가 "팔아야지, 팔아야지. 나는 적절한 값을 기다리는 자다"라고 하였다. 김시습은 이 구절이 공자의 그 말뜻과 통한다고 보았다.

「회사부」의 난(亂)에는 "사람이 태어나 명이 있기에, 각각 정한 바가 있어라. 마음을 안정하고 뜻을 넓히나니, 내 무엇을 두려워하랴"(人生有命兮, 各有錯兮, 定心廣志, 余何畏懼兮)라는 구절이 있다.[92] 김시습은 이 구절에서 천명을 알고 본분을 지키며 선을 행하는 마음을 안정시키고 뜻을 광대하게 하는 수양 방법을 중시하였다.

> 명(命)은 바른 이치[正理]이다. 이 구절은 "사람은 나면서 각각 천리를 품부(稟賦)받는데, 어진 사람은 그 아끼는 바의 본분을 지키므로 그 선을 행하는 마음을 다시 안정시키고 그 마음을 너그럽게 하고 그 숭상하는 뜻을 광대하게 할 수 있으며, 그 결렬(決烈)한 기운을 분발할 수 있으니, 어찌 족히 소인이 나를 해하려는 것에 놀라고 두려워하여 스스로 올바르게 처신하지 않으랴"라고 말한 것

---

* 이주(離朱). 중국의 황제시대에 살았다는 전설상의 인물로, 백 보 떨어진 곳에서도 털끝이 보일 만큼 시력이 좋았다고 한다.

이다. 『중용』에서 말한 "환난에 처해서는 환난의 처지에서 행해야 할 도리를 행한다"는 뜻이다.[93]

굴원을 추모한 김시습은 굴원의 『이소경』을 모방하여 자신의 삶을 되돌아보고(「擬離騷」), 한나라 때의 문인·학자인 가의(賈誼)의 「상수에 빠진 원혼을 조문함」을 모방하여 굴원을 추모했으며(「擬弔湘纍」), 스스로 「멱라연의 노래」(汨羅淵賦)를 지었다.[94]

_ 광기를 발하다

김시습은 세속을 떠나 자적한 마음만 지닌 것이 결코 아니었다. 아무것도 이루지 못한 채 흘러가는 세월이 두려워, "홀홀 시절은 바뀌거늘, 어정대어 아무것도 이루지 못했네"(冉冉時代序, 淹留空無成)[95]라고 탄식하였다.

자신의 처지를 돌아보고 우울함을 느낀 김시습은 자화상을 그리듯 자신의 지난날을 술회했으며, 조롱조의 말로 시를 적어 스스로를 비웃었다. 또 도연명의 시에 화운한 시와 굴원이 『이소경』의 형식을 딴 시로도 울적한 심사를 담아보았다. 「도연명의 음주 시에 화운함」 20수(和淵明飮酒詩 二十首)나 「도정절의 형·영·신에 화운함」 3수(和靖節形影神 三首)에서는 특히 자유로운 정신세계를 희구했으며, 「상수에 빠져 죽은 굴원을 조문한 시를 모방하여 짓다」(擬弔湘纍)에서는 세상을 부정하는 뜻을 드러냈다. 세상의 불의를 참지 못하여 비분강개한 뜻을 토로했던 굴원에게 스스로를 비기는 일이 더욱 많아졌다.[96]

그는 자신이 세상으로부터 버림을 받은 것이 아니라, 도리가 행해지지 못하는 세상을 스스로 잠시 버린 것이라고 생각하기로 하였다. 그러한 자부심이 우주의 생생(生生)하는 기운과 동화된 듯한 호방한 기질로 상승하였다.

김시습은 곧잘 술 속으로 도망하였고, 술에 취해 속에 있는 생각을 대범하게 내뱉었다. 지은 시기는 알 수 없지만 「술에 취해서」(醉酒)라는 시에서 그의 취흥(醉興)이 어떠했는지를 살필 수 있다.[97]

술 얻고는 미치도록 기쁘다	得酒無端喜欲狂
넘어지고 자빠지는 내 인생.	百年人世定蹉跎
장자는 호접몽에서 깨어 꿈과 현실을 분간하지 못했고	莊周初醒胡蝶夢
당나라 원재는 코 큰 마귀〔李輔國〕의 꾀임에 살해되었지.	元載新挑鼻準魔
꽃핀 세 갈래 길에 노님은 장후(蔣詡)와 같고	花徑浪遊同蔣詡
시단에서 독보함은 조나라 염파(廉頗) 같구나.	詩壇獨步似廉頗
산에게 묻나니, 나는 대체 무엇 하는 자냐	問山我是何爲者
우주가 열린 뒤로 나를 아는가 모르는가.	宇宙開來知我麼

김시습은 자신을 장후(蔣詡)에게 견주었다. 이 비유는 심상치 않다. 장후는 왕망(王莽)이 한나라의 정권을 빼앗자, 관직을 버리고 고향에 은둔해서 오직 구중(求仲)·양중(羊仲) 두 사람하고만 교유했으며, 그래서 세 갈래 길을 열었다고 한다. 김시습은 자신의 은둔이 장후와 마찬가지로 '불의한 세상과 단절한다'는 의미를 지닌다고 내비친 것이다.

일찍이 왕적(王績)은 「취향기」(醉鄕記)를 써서 세상일에 성가심을 당하지 않고자 취향에 젖는다고 하였다. 한유(韓愈)는 왕함(王含)을 전송하는 글(「送王秀才序」)에서, 완적(阮籍)과 도잠(陶潛)의 시를 읽고는 그들이 잔뜩 웅크려 세상과 교섭하지 않으려 했으나 그래도 때로는 사물과 시비에 감정이 흔들렸으므로 술로 도망한 것이 아닌가 하였다. 한유는 안회(顔回)나 증삼(曾參)은 성인을 스승으로 삼아서 혹 미치지 못할까 급급했지 다른 일에는 여유가 없었으므로 "어찌 술 따위에 가탁하여 혼명 속으로 도망할 수 있었으랴"(尙麴櫱之託, 而昏冥之逃耶)라고 반문하면서, 그렇기 때문에 취향에 노니는 무리가 불우하다는 사실을 알겠다고 덧붙였다. 그러한 논리에서 보면 김시습이야말로 그 재능을 인정받지 못해 불우한 사람이 아니겠는가! 그래도 김시습은 자신이 시단(詩壇)에서만은 독보적인 존재라고 자긍심을 토로해보았다.

사실 천재라는 그의 명성은 여전하였다. 김시습은 괴로웠다. 자제를 그에게 보내 수학케 하려는 귀인들도 많았다. 하지만 야인으로 생활하는 동안, 그는 책과 거리를 두고 말았다. 오랫동안 경전과 역사서를 공부했지만 구두(句讀)가 다 틀리고, 눈이 어두워서 행간을 따라 읽는 것도 힘든데다가 정신이 혼미하여 잘못 이해하는 것이 많다고 스스로 말하였다. 이 말은 남의 자제를 받아들이지 않으려고 구실로 한 말일 수도 있지만, 어느 정도 그 당시 그의 생활을 스스로 고백한 것이기도 하다. 어쩌면 그는 정신을 한 군데로 집중하기 싫었다고 해야 옳을 것이다. 가죽나무가 목재가 되지 못한 채 천명을 다하듯, 그도 세상에 쓰이지 않고 세월을 그냥 지그시 흘려보내는 것이 더 좋았다. 강이나 호수에 도롱이 걸치고 나가 낚시질이나 하면서.[98]

어떤 날은 재판정에 들어가 잘못을 옳다고 주장하는 궤변으로 반드시 이기고는, 일이 판결되자 껄껄 웃으며 송사 문서를 찢어버렸다. 김시습에게는 조상에게 물려받은 전답과 노비가 있었다. 그런데 어떤 자가 그 전답과 노비를 탈취하려고 하자 증빙 문건을 가지고 재판정에 들어가 논변해서 승소하였다. 그러나 관아를 나오면서 그는 문건을 전부 찢어버리고 껄껄 웃었다고 한다.[99] 이 일화가 사실이라면, 적어도 이때까지 김시습은 전답과 노비를 소유하고 있었던 것 같다. 하지만 그는 소유욕이 없었다.

김시습은 스스로 농사를 지으면서 농민들의 삶에 공감하였다. 편안히 거처하며 배불리 먹는 무리들에게 끓어오르는 증오를 느꼈다. 또한 김시습은 제목(除目: 관리 임용 통고지)에서 부적합한 인물이 높은 직위에 임명되었다는 사실을 보면, "백성이 무슨 죄가 있기에 이 자가 그런 임무를 맡게 되었는가?"라며 여러 날을 통곡하였다.[100] 그 울음은 인민들의 고통을 한 목소리로 짜낸 것인 듯 산을 울렸을 것이다.

언젠가는 농사꾼이 밭 갈고 김 매는 형상을 나무로 깎아두어 100여 벌이나 되었다. 그는 그것들을 책상 옆에 벌여놓고 온종일 바라보았다. 그러다가는 문득 통곡하고 태워버렸다.[101]

김시습은 금오산 시절에 그랬던 것처럼, 종종 시정(市井)의 한량한 젊은이들과 어울려 취한 채 거리에 쓰러지기도 하였다. 그러다가 달밤이면 굴원의 『이소경』을 외면서 통곡하였다. 그는 고독의 늪에 잠긴 광인이었다.

_ 노동의 중시

김시습은 수락산에서 스스로 농사를 지었다. "생계 꾸림은 졸렬하다만, 성동에다 밭이랑을 빌려 콩과 조를 심어 수확하였다"고 스스로 말했고, "나는 성동에 밭을 빌려서, 벼슬 구하지 않고 노동을 한다"(我乞城東畝, 作力代學干)고 하였다.[102] 또 "서리 내린 가을에 토란을 후원에서 거둘 때, 가을 국화가 앞뜰에 가득하다"(霜芋收後園, 秋菊盈前庭)[103]라든가, "땔나무 주우며 산길을 지나고, 차조기 뜯으며 새 밭을 찾는다"(拾樵過幽徑, 采苴尋新畲)[104]고도 하였다.

「풀이 성해서 콩 싹이 드물다」라는 시에서는 서너 마지기의 밭이 바위 벼랑에 들쭉날쭉 있고 거기에 콩을 심었다고 했으며, 「김매기」(耘苗)라는 시에서는 짚신 발로 긴 가래를 메고 남쪽 언덕의 열 마지기 '벼 밭'(禾田)을 간다고 하였다. 또 「산 밭」(山畲)에서는 돌밭에 자갈이 많은데다가, 그나마도 밭이 울퉁불퉁하고 반은 덩굴에 덮여 있으며 둔덕이 험해서 벼가 자라지 않는다고 하였다.[105] 이렇게 직접 노동에 종사했던 김시습의 모습은 도연명과 닮은 점이 있다.

도연명은 자서전이자 자신이 지향하는 삶의 모습을 적은 「오류선생전」에서, "봄부터 가을로 계절이 바뀌도록, 채원(菜園)에서 부지런히 일하였다. 풀을 베고 흙을 북돋워주면, 작물은 우쑥 자라났다"(春秋代謝, 有務中園. 載耘載耔, 乃育乃繁)라고 하였다. 육체노동을 고통이나 노고라 여기지 않고 생의 충실화, 생의 기쁨이라고 파악한 것이다. "풀을 베고 흙을 북돋워주면, 작물은 우쑥 자라났다"라는 구절에서는, 노동이 세계의 생명과 조화하는 즐거움일 수 있음을 말하였다. 또 「계묘년 초춘에 옛 농가를 그리워하다」(癸卯歲始春懷古田舍) 제2수에서는 "쟁기를 들고 제철 농사를 기쁘게 하고, 얼굴을 밝게 펴고 농부를 권면한다(秉耒歡時務, 解顏勸農人)"고 하였다.[106] 「경술년 구월에 서쪽 밭에서 올벼를 수확하다」(庚戌歲九月中于西田穫早稻)에서는 농사의 고통을 노래했으나, 고통을 노래한 이 시도 농사의 기쁨을 노래한 시와 마찬가지로 실제 체험에 깊은 뿌리를 두고 있다.

이 점은 김시습의 경우도 마찬가지이다. 「풀이 성해서 콩 싹이 드물다」, 「김매기」, 「산 밭」 등의 시를 보면, 척박한 밭을 갈아본 사람만이 느끼는 노동의 고통과 기쁨이 동시에 담겨 있다.[107] 그래서 김시습은 「도연명이 서쪽 밭에서 올벼를 수확하고 지은 시에 화운함」(和於西田穫早稻)의 후반부에서, 스스로 땅을 빌려 농사를 짓는 괴로움과 즐거움을 함께 말하였다.

배부르고 싶고	飽食欲未飢
옷 따스하길 바라는 건,	暖衣欲未寒
사람마다 꼭같은 마음이지만	雖是物情同
넉넉하기란 정말 어려운 법.	所瞻良獨難
나는 성동에 땅을 빌려	我乞城東畝
녹봉 대신 노동하여 수확하니,	作力代學干
반은 새와 쥐가 갉아먹어도	雖半雀鼠耗
맑은 시절의 신하로서 얼굴을 펼 만하다.	足啓淸臣顔
묽은 죽이 아침저녁으로 번들거려도	淖糜光朝曛
구름 덮인 소나무 문을 굳게 잠그고.	堅鎖雲松關
처지를 달게 여겨 아첨도 교만도 않기에	甘處不諂驕
탄식할 일 하나 없구만.	足以無永歎

또 「도연명의 권농 시에 화운함」(和靖節勸農) 6수에서는 장수나 재상의 재질로 태어난 사람이라 해도 제갈공명이 남양에서 청경우독(晴耕雨讀)하고 진중(陳中)이 짚신을 삼았던 일을 본받으라고 하였다.[108]

노동을 중시한 김시습은 「도연명의 권농 시에 화운하여 적은 시의 서문」(和靖節勸農序)에서 인민들에게 붙어사는 우족(右族: 명문 거족의 고귀한 집안)이나 좌도(左道: 名敎에 위배되는 사상을 따르는 무리. 즉, 불교의 승려)에 대한 적개심을 드러냈다.

우리나라 습속이 농사 짓는 일을 노비에게 맡기기 때문에 놀고먹는 자들이 많고, 이도(異道)를 숭상하기 때문에 기생(寄生)하는 자들이 늘어가고 있다. 소위

한산(閑散)한 우족(右族)이나 하는 일 없이 살아가는 좌도(左道) 등이 모두 일하지 않고 놀면서 민(民)에 붙어사는 부류들이다.[109]

김시습은 이 서문 뒤에 시를 붙여, "아아, 손 놀고 있는 무리들은, 세상일을 도무지 돌아보지 않누나"(嗟嗟游手輩, 世務專不觀)라고 개탄하였다.

또한 김시습은 부유한 사람들이 남에게 베풀지 못하고 인색하게 구는 것을 사갈(蛇蠍: 뱀과 전갈)처럼 여겼다. 그래서 아예 「인색한 귀신을 쫓는 시」(退慳鬼)를 지었다.[110]

김시습은 동한시대의 마소유(馬少遊)가 "재물이 많으면 널리 베푸는 것이 귀한 일이지, 그렇지 않으면 수전노(守錢奴)일 따름이다"라고 한 말을 인용하여, 세상의 부유하고 풍족한 사람들이 제 몸을 봉양하는 것도 아끼기 때문에 꿰미로 엮인 돈이 녹슬고 곡식이 썩다가 결국 후세 자손들을 교만하고 사치하게 만들어서 집안에 해를 끼친다고 개탄하였다. 먹을 것 얻으면 더 먹고, 옷을 기워 만들면 그 몸에 걸치면 될 일, 돈을 저축하면 요귀에게 시달리고, 곡식을 아끼면 쥐들에게 곳집을 줄 뿐이다. "모름지기 이 생명을 사랑하고 아껴야 하는 법, 인생 백 년은 하나의 뜬 먼지와 같기에"(此生須愛惜, 百世一浮塵). 김시습은 이렇게 지나친 욕심을 경계했으니, 그것은 그가 『노자』를 따라 '욕심을 줄이는' 〔寡慾〕 삶이 가치가 있다고 보았기 때문이리라.

김시습은 한때 치악산에서 '화전'을 일구었고, 금오산에서 '봄 밭'을 가꾼 일도 있었다.[111] 이렇게 직접 노동을 했기 때문에 그는 농민들의 애환을 잘 알았다. 지은 시기는 알 수 없지만 「큰 쥐」(碩鼠)라는 시는 그러한 그의 심경을 잘 반영한다고 생각한다. 이 시는 『시경』 「석서」 편의 시 정신을 계승하되 4언이 아니라 5언 1구의 형태로 3장을 지었다.[112]

큰 쥐야 큰 쥐야	碩鼠復碩鼠
우리 마당의 곡식을 먹지 말아라.	無食我場粟
삼 년 동안 너와 친하였기에	三歲已慣汝

난 널 죽이지 못하겠구나.	則莫我肯殺
맹세코 네 땅을 버리고	逝將去汝土
저 즐거운 나라로 가련다.	適彼娛樂國
큰 쥐야 큰 쥐야	碩鼠復碩鼠
칼날같이 예리한 어금니로	有牙如利刃
이미 내 작물을 해치고는	旣害我耘耔
또 내 수레 굄목을 쏟아	又囓我車軔
나를 나다니지 못하게 하고	使我不得行
나아가지도 못하게 하였구나.	亦復不得進
큰 쥐야 큰 쥐야	碩鼠復碩鼠
늘 찍찍 소리내어	有聲常喞喞
간사한 말로 사람을 해쳐	佞言巧害人
사람 마음을 떨게 하다니.	使人心怵怵
어찌하면 매정한 고양이를 구하여	安得不仁猫
죄다 붙잡아 씨도 없이 하랴.	一捕無有孑
큰 쥐가 한번 새끼 까면	碩鼠一産兒
젖먹이들이 내 집에 가득하누나.	乳哺滿我屋
나는 너를 높였던 영모씨가 아니니	我非永某氏
너를 장탕의 감옥에 넣고	付之張湯獄
네 깊은 소굴을 메워버려	墳汝深窟穴
너희 자취를 없애버릴 테다.	使之滅蹤跡

이 시는 큰 쥐가 곡식을 축내고 수레 굄목을 쏟아대는 폐해를 보고 쓴 것이다. 또한 큰 쥐는 농민의 삶을 피폐하게 만드는 아전이나 목민관을 비유하여 말한 것이라고도 볼 수 있다. 민생을 해치는 자들에 대한 분노의 목소리가 거세다.

_ 시인 김시습

　김시습은 현실과의 불일치를 한층 절감하고 도교의 양생법인 '수도연형'(修道鍊形)에 빠지기도 하였다.[113] 그렇지만 내면의 갈등은 곧잘 울분으로 나타났다. 김시습보다 20세 연하로 그를 추종한 남효온은 수락산 시절의 김시습에게 준 시(「贈東峯」) 2수 가운데 첫 수[114]에서 '시인' 김시습의 생활을 다음과 같이 묘사하였다.

시문으로 이름 나길 삼십 년이건만	文名三十載
서울 땅은 일체 밟지 않으시네.	足不履京師
앞 바위에 폭포를 얻어두고	水落前巖得
뜨락 나무들은 봄 맞아 아름답다.	春來庭樹宜
선사께선 불법을 좋아하지 않으시고	禪師不喜佛
제자들은 모두 시 짓기를 잘한다.	弟子總能詩
한스러운 것은 내 몸이 매어 있어	自恨身纏縛
스승 찾아뵐 뜻을 이루지 못하는 것.	尋師意未施

　김시습은 현실을 우울하게 응시하여 고통과 슬픔을 담아내는 시인, 자연과 벗하여 정신의 자유를 구가하는 시인으로, 본인은 원하지 않았지만 '명성'을 얻었던 것이다.

　이보다 앞서 경주에 있을 때 김시습은 어떤 손님과 시에 대하여 이야기를 한 적이 있었다.[115] "시는 과연 배워서 일정한 경지에 이를 수 있는 것인가?"라는 객의 물음에 김시습은 아니라고 하였다. "시는 전할 수 없는 것이오." 그러면서 김시습은, '산 고요하며 구름이 들에서 걷히고, 강물 맑으며 달이 하늘에 오르는 때'(山靜雲收野, 江澄月上天)에 포착되는 오묘함을 알아야 한다고 말하였다. "시의 법은 마치 찬 샘〔寒泉〕과도 같소." '찬 샘물이 돌에 부딪치면 오열하는 일이 많지만, 연못에 가득하면 시끄럽지 않고 고요하듯'(觸石多嗚咽, 盈潭靜不喧), 궁극의 시는 굴원이나 장자처럼 비분강개한 말을 내뱉는다든가, 위진

시대의 시처럼 나번(拏煩: 뒤섞여 시끄러움)해서는 안 된다고 그는 덧붙였다. 시의 현관(玄關: 깊고 묘한 이치에 드는 문)은 참으로 말하기가 쉽지 않지만, 요컨대 평범하고 진부한 하격(下格)을 매섭게 끊어버려야 한다고 강조하였다.

　　김시습은 시인들과 이야기하는 것을 좋아하였다. 시인이 찾아오면 그는 푸른 솔 아래 중인(重茵: 겹으로 만든 풀방석)을 깔고 청담(淸談)을 나누느라, 어떤 때는 밤을 지새기도 했고 어떤 때는 어둠이 깔리는 것도 몰랐다. 또 어떤 때는 적적하게 처량한 빗소리를 들으면서 벽의 솔등〔松燈〕불꽃이 잦아드는 것을 보다가, 시인이 찾아오면 너무나 기뻐서 오히려 한마디 말도 못하고 새벽녘까지 서로 바라보기만 하였다.[116] 그들이 추구한 시는 어떤 것일까?

흰 구름과 맑은 산, 경계가 기이하다	白雲淸峭境偏奇
너울대는 소나무에게 속마음을 이야기하지.	堪與搖松話所思
산마루 달이며 시내 바람의 깊은 멋을	山月溪風深有趣
외인에겐 우리 알리지 맙시다.	莫教輕許外人知

　이 무렵에 김시습이 추구한 시는 '산마루 달과 시내 바람'의 맑고 고고한 경지였다. 앞서 보았듯이 그는 「고풍」 19수의 첫 수에서도 '장송에 얽혀 있는 흰 구름'(白雲縈長松)과 아무 작위(作爲) 없이 심상(尋常)으로 친하다고 하였다.[117] 김시습의 시는 내면의 정서를 솔직하게 드러내어 한층 쾌활하였다. 그는 장난스레 지은 시[118]에서 이와 같이 말하였다.

문장은 도로서 높이 칠 것 못 되나	文章於道未爲尊
시 삼백을 공문(孔門) 제자는 배웠지 않나.	三百餘篇學孔門
"자하(子夏)가 날 일으켰다" 엔 말문 막히지만	商也起予能杜口
대자연이 문장을 빌려주니 말이 없으랴.	大塊假我可無言
성대한 풍광이 간담〔詩心〕을 휘저어	風烟藹藹揮肝膽
주옥 같은 글귀를 낭랑하게 뱉어내니	珠玉琅琅入吐呑

| 천수 시(이백)가 만호후를 가벼이 여길 만해, | 千首輕侯應有分 |
| 취한 붓끝에 미친 노래가 넘실대는 걸. | 狂歌醉墨自瀾翻 |

두보는 「화양 유소부에게 준다」(貽華陽柳少府)라는 시에서 "문장은 작은 기예에 불과하니, 도로서 높이 칠 것이 못 되네"(文章一小技, 於道未爲尊)라고 하였다. 하지만 이백은 「봄 밤 도리원에서 연회를 하고 엮은 시첩에 쓴 서문」(春夜宴桃李園序)에서 "대지가 나에게 문장을 빌려주었도다"(大塊假我以文章)라고 하였다. 김시습은 이백이 내적 창작 욕구와 천성(天成: 억지로 꾸미지 않고 저절로 이루어짐)을 중시한 점에 더 공감하였다.

한시의 경(景)에는 대부분 정(情)이 가탁되어 있다. 그런데 김시습은 자연 자체를 상징물이나 비유물로 파악하지 않고, 그 자체의 청정미(淸淨美)를 응시하고자 하였다. 사찰을 소재로 한 시, 누정시(樓亭詩), 상심낙사(賞心樂事)에 관한 시에서뿐만 아니라, 방랑하는 가운데 경관 하나하나에 눈을 주면서 쓴 시에서도 자연의 청정미를 노래하였다.

김시습은 자연을 현실 생활의 질곡에서 벗어나 안주할 곳으로 파악했으며, 어떤 때는 무진(無盡)의 공덕을 지닌 진여(眞如)의 모습으로 여겨 때때로 기쁨을 느꼈다.

본래 당송시대 이후로 선리(禪理)와 선취(禪趣)를 시에 담는 예가 많았다. 이미 신수(神秀, 606~706)와 혜능이 시로 불법을 나타내는 방법을 확립했고, 선객들은 깨달음을 얻었을 때 말로 표현할 수 없는 그 '절대 경지'를 상징적인 시구로 표현하였다. 물론, 깨달은 '자성'(自性)을 묘사하는 '능설'(能說: 자성을 말함)과 '소설'(所說: 자성이 말해지는 것)은 절대 경지가 아니다. 하지만 선종에서는 형상이 없는 것을 사물에 가탁하여 우회적으로 선을 말하는 경우가 많다. 관념의 내용을 구상적으로 인상 지우기 위해 자극적인 말귀를 사용하여, '몸'을 '냄새나는 가죽 주머니'라고 한다든가, '본질'을 '안목'(眼目)이라고 한다든가, 돌아다니면서 수행하는 승려를 '운수'(雲水)라고 하는 것이 그 예이다. 특히 선종은 보편적인 진리를 세계의 어느 한 사물을 빌려서 표현하는 일경(一鏡)의 방법을 잘 활용한다.

　김시습은 시에서 보편적 진리를 이 세계의 어느 한 사물을 빌려서 표현하는 일경(一鏡)의 방식을 자주 활용하였다. 또 구상적인 관념을 구상화시키는 자극적인 말귀도 사용하였다. 그러한 자극적인 말귀를 특별히 환어(幻語)라고 한다. 김시습과 교제한 당시 사람들은 김시습이 환어를 잘 한다고 했고, 김시습 스스로도 환어를 좀 할 줄 안다고 하였다. 그는 불교의 교리를 감각적으로 표현하는 방법을 구사했고, 때로는 자연 묘사를 통해 보편적 진리를 제시하였다.

　선종의 선사들은 감각을 신뢰하고, 현실계를 긍정하며, 현실의 자연세계를 그대로 인정하는 경향이 있다. 이 경향에 대해서 대주 혜해(大珠慧海) 선사는, "미혹한 사람은 법신이 모양이 없으면서도 사물에 응하여 모양을 나타내는 줄을 모르고, 드디어 청청한 푸른 대나무가 모두 이 법신이며, 울울한 노란 꽃은 반야(般若: 智慧)가 아님이 없다고 한다. 노란 꽃이 만일 반야라면, 반야는 곧 마음이 없는 것과 같다. 푸른 대나무가 만일 법신이라면, 법신은 곧 초목과 같을 것이다. 사람이 죽순을 먹는 것이 바로 법신을 먹는 일이 될 것이니, 이 같은 말을 어찌하여 상대하겠는가?"라고 경계하였다.* 하지만 선에서는 하늘과 땅 사이의 모든 사물이 진리를 표현한 것이라고 보기에 이르곤 한다.

　김시습도 감각을 신뢰하고 현실세계를 긍정했지만, 자연을 인간세계와 분리해서 절대시하지는 않았다. 김시습은 일상생활이 곧 깨달음이라는 사실을 인정하면서도, 훼손된 현실까지 그대로 승인하지는 못하였다. 김시습은 그 두 세계관 속에서 끊임없이 고뇌하였다. 본래 불교에서는 "일승으로 나아가려거든 육진(六塵: 色·聲·香·味·觸·法)을 싫어하지 마라. 육진을 미워하지 않는다면 곧 정각(正覺)과 같다"고 하여 일상생활이 그대로 깨달음이라고 말한다. 그러나 김시습은 그 점을 순순히 인정할 수가 없었다.

　김시습은 끝내 평정심을 유지하지 못하였다. 너무나도 파탄이 잦았다. 끓어

---

* 선사들이 감각을 중시한 경향에 대해서는 나카무라 하지메, 「동양인의 사유방법(2)」(제3편 중국인의 사유방법) 제11절 '자연의 본성 존중' 참조. 대주 혜해(大珠慧海)의 말도 간접 인용한다. 中村元, 『東洋人の思惟方法(2)』(春秋社, 1961), 204쪽.

오르는 울분을 억제하지 못하고, 고독의 수렁 속으로 떨어졌다. 그렇기에 자연과 일체가 된 도취적(陶醉的)인 감정에 몰입하지 못할 적이 많았다.

어느 해에「가을 생각」(秋懷)이라는 제목으로 지은 시를 보면, 그러한 파탄을 엿볼 수 있다.[119]

우물에 오동잎 지고 매미 우는데	井梧搖落早蟬鳴
저녁 하늘 눈에 가득 가을빛 띠네.	滿眼秋光拂晚晴
더위 가시매 대자리 차가워 싫고	暑散已嫌筠簟冷
바람 불어오매 칡옷이 헐렁하군.	風來渾覺葛衣輕
빈 뜰에 떨어진 잎은 이리저리 뒹굴고	庭空墜葉飄還起
넓은 하늘엔 뜬구름 흩어졌다 모이누나.	天闊浮雲滅又生
맑은 이 시름을 씻어 없애지 못하니	一段淸愁消不得
마루 밑 귀뚜라미 소리 어이 견디랴.	那堪床下語蛩聲

평상심을 유지하려고 하지만 마음속 깊이에서 솟구치는 분노와 그 끝에 느끼는 수심은 김시습의 독특한 시 정신을 구성하였다. 그의 시 세계는 조선 초의 시단에서 달리 유례가 없다.

조선 초의 시단은 정도전과 권근이 기초를 마련하고, 변계량(卞季良, 1369~1430)과 유방선(柳方善, 1388~1443)이 자양(滋養)을 주었다.* 그 뒤 15세기 중반에는 집현전 출신의 여러 문인들이 나왔다. 즉, 정인지(鄭麟趾)·신숙주·최항·서거정이 문병(文柄)을 잡았고, 성삼문·박팽년·유성원·이개·하위지·이석형·김수온·강희맹·이승소(李承召)·김수녕·성간 등이 한문학을 한 걸음 더 발전시켰다. 이 시기에 문인들은 사상의 이완 또는 여유를 지녀서, 제자백가서나 소설류도 두루 읽었다. 그리고 집현전이 중심이 되어『자치통감훈

---

* 권근은 태종 7년에 올린「권학사목」(勸學事目)에서 '문신중월부시법'(文臣仲月賦詩法)을 건의했는데, 이 법은 이후 항례가 되어 문학을 진작하는 데 큰 구실을 하였다. 유방선은 불교 승려들 사이에 전해오던 두시(杜詩) 학습의 맥을 이어 조선 초의 사대부들에게 시학을 가르쳤다.

의』(資治通鑑訓義)·『찬주분류두시』(纂註分類杜詩)·『명황계감』(明皇誡鑑)을 편찬했으므로, 젊은 문인들은 자연히 통감학, 시학, 소설류에 깊은 관심을 갖게 되었다.

이 시기의 관료 문인들은 대체로 국가를 경영하거나 중국에 자국의 문화를 자랑할 때 문학을 활용하고, 원만한 정신 상태를 시나 산문에 담았다.* 그 중심에 바로 서거정이 있었다. 서거정은 관청에서 일을 보면서 여유 있는 뜻을 담아 시를 짓거나, 한가롭게 생활하면서 심심풀이로 시를 지었다. 그는 1478년(성종 9)에 왕명으로 강희맹, 양성지(梁誠之, 1415~1482)와 함께 『동문선』 133권을 편찬해서 우리 문학의 독자성을 천명하는 큰 업적을 이루었지만, 그 자신의 문학은 내적인 깊이를 갖지 못하였다.

한편, 15세기 후반에 이르러 중앙에 진출한 사림은 문학사상에 전기를 가져왔다. 김종직(金宗直)은 초부체(楚賦體)나 우의적인 내용의 영사시(詠史詩)로 절의를 중시하는 사상을 담아냈으며, 애민사상과 향토의식을 시에 담았다.

그런데 그 어느 쪽과도 달리 김시습은 자아와 현실에 대한 우울한 응시를 시 속에 담아냈고, 자연 속에서 불완전한 인간세계와 대비되는 조화로운 세계를 엿보았다. 후자는 전자의 변주(變奏)이다.

김시습은 문학 수업이 매우 탄탄하였다. 현실에 대한 비판의식을 영사시의 '진고자금'(陳古刺今: 이상적인 옛 사실을 서술함으로써 부정적인 당대 현실을 풍자하는 방식) 원리로 구현한 것을 보면 그 사실을 짐작할 수 있다. 그러면서도 그는 기존의 시 형식들을 자유로이 이용하여 내면의 의식을 토로했지, 수사에 치중하지 않았다.

---

* 물론 이 시기의 관료 문인이 모두 시적 상상력이나 문학적 성취가 높지 않았던 것은 아니다. 이를테면 성현(成俔)은 고답적인 이념에 집착하지 않고 불교, 도교, 민간신앙의 사상적 충격을 흡수하면서 폭넓은 문학 활동을 하였다. 그는 명분론에 얽매이지 않았기 때문에 우리 것, 민속적인 것에 애정을 갖고 접할 수 있었다. 또한 성간은 악부가행체(樂府歌行體: 옛 노랫가락을 모방한 시 양식)를 이용하여 민생들의 고난을 드러냈다.

_ 역사란 무엇인가

김시습은 역사가 지닌 현재적 의미와 보편적 의미를 더욱 진지하게 사색하였다. 그가 정치적 사건이나 인물에 관심을 가져서, 영사시(詠史詩)·논인시(論人詩)와 인물찬(人物贊)·인물전(人物傳)을 지은 것은 대개 수락산 시절의 일이라고 추정된다.

김시습은 이미 원유(遠遊)를 통하여 공간과 풍토의 개별성이 지닌 의미를 중시하였다. 그렇기에 그는 역사서를 읽으면서도 역사적 사건의 개별성에 주목하고, 그것이 지닌 현재적 의미를 유추하였다. 하나의 인물과 사건은 시간적으로나 공간적으로나 독특한 것이어서 다른 어떠한 것과도 바꾸어놓을 수 없지만, 그 개별성은 개별성으로 끝나지 않는다. 역사적 현상은 일회성을 넘어서서 보편적 의미를 지닌다. 김시습은 이러한 사실을 잘 알았다.

김시습은 유가 역사관에 따라 하·은·주 삼대를 이상시대로 설정하고 그 이후의 역사를 쇠퇴로 보는 복고적 관념을 지녔다는 점에서, 그의 역사관은 관변(官邊)의 역사가와 다를 바가 없었다. 하지만 관변의 역사 서술은 왕조의 정통성을 정당화하고자 복고적 관념을 그 궁극의 논리로까지 관철시키지는 않으며, 따라서 유가 역사 서술의 기본 목적인 감계론(鑑戒論)의 목표와 배치되는 면을 드러내게 마련이다. 그런데 김시습은 과거의 역사를 감계론의 관점에서 서술함으로써 바로 당대의 역사를 비판했으며, 이것은 관변의 역사 서술과는 달랐다.

김시습은 삼대를 이상으로 설정하였다. 하지만 복고로의 회귀를 주장하지는 않았다. 기념비적인 역사를 서술하려 한 것도 아니다. 과거의 역사를 통해서 현실을 비판하려고 했기에, 그의 시선은 현실적이고 해석적이다.

김시습은 이상시대였던 삼대 이후로 왕조마다 건국 사업은 반드시 도적에서부터 시작되었다고 단언하였다.[120] 그가 보기에 역사는 의리 이념에 배치되는 부당한 정변이나 혁명에 의해서 전개되었다. 그렇다고 그가 반드시 역사의 퇴보만을 주장한 것은 아니다. 그는 인간에게 이익을 도모하는 마음이 있고, 그것이 오히려 역사를 움직여왔다는 사실을 꿰뚫어보았다. 다만 그 이익을 도모하는 마음을 은폐하기 위해 탕왕(湯王)과 무왕(武王)의 혁명을 구실로 삼은 것이 문제라고 지적하였다. 그래서 "사람마다 마음 있어 자기 이익 도모하니, 뉘 능히 자신의 사사로운 이익을 추구할 계산이 없으랴. 아, 탕임금과 무왕이 그들의 주둥이를 열어주어, 간웅(奸雄)이 나라 빼앗는 자료로 삼는 것을 막지 못했네"(人各有心謀己利, 誰能無計逞身私. 吁嗟湯武開他喙, 難道奸雄取國資)[121]라고 하였다. 패술(伯術, 覇術)은 왕도(王道)와 다른 것이거늘, 후대의 역사는 패술을 왕도로 정당화해 왔던 것이 아닌가![122]

이러한 인식은 바로 당대의 역사인 세조의 정변을 바라보는 그의 심정과 연결되어 있다. 그렇기에 그는 뒷날 49세 때 두타(頭陀: 탁발승)의 모습으로 관동으로 떠나서 지은 시에서 다음과 같이 논하였다.[123]

개에게 뼈다귀를 주지 마라	毋投與狗骨
개들은 떼로 모여 어지러이 다투어선	集類亂喋唯
자기 무리와 어긋날 뿐만 아니라	不獨其羣戾
종당에는 주인과도 어그러지리라.	終應與主乖
주(周) 왕실 높인다며 정벌을 일삼고	尊周專戰伐
한(漢) 왕실 안정시킨다며 어린 황제 죽이다니.	安漢弑嬰孩
명분을 엄하게 해서	莫若嚴名分
근왕의 예법을 지킴만 못하리라.	勤王作止偕

김시습은 후한 말에 동탁(董卓)이 왕실을 강화한다는 명분으로 어린 임금 유변(劉辯)을 폐위시키고 헌제(獻帝)를 옹립했던 중국의 역사를 인용하여, 세조의 왕위 찬탈이 부당하다는 사실을 간접적으로 비판하였다.

김시습은 역사적 인물들의 삶의 방식을 자세히 살펴 논인시(論人詩)를 지었다. 그는 굴원을 대상으로 삼가 그 충정과 불우한 죽음을 노래한 시를 많이 남겼다. 또 한나라 문제 때 장사왕(長沙王) 태부로 좌천되었던 가의(賈誼)에 대해서도, 굴원을 경조(敬弔)했던 그 마음이 굴원의 충성과 같았으리라고 예찬하였다.

이에 비하여 양웅(揚雄)은 왕망(王莽)의 신(新: 왕망이 세운 나라 이름)을 찬미하여 아부했으나 친구에게 연좌되어 극형을 당할까봐 천록각에서 뛰어내렸으니, 그것은 이욕에 눈이 어두웠던 결과라고 비판하였다. 그리고 송옥(宋玉)은 굴원을 생각하여 초혼을 하고 위로하는 그윽한 정을 지닌 시인으로 추억하였다.

김시습은 굴원과 가의의 역사를 읽고 함부로 세상에 나가 평생을 그르칠 수 없다고 다짐하고, 또 송옥의 일을 떠올리면서 역사 속에서 시인이나 작가가 어떠한 위치에 있는가를 생각하였다.[124]

천 년 뒤의 나는 충성된 마음 품고	我生千載抱忠誠
연하 속에 자취 감춰 세월을 보내노라.	棲迹烟霞歲月更
나라 생각하는 회포에 젖어 한 곡조 노래하고	戀國壯懷歌一闋
지금을 슬퍼하는 외로운 분노에 세 번 휘파람.	傷今孤憤獻三聲
이 세상에 혹처럼 붙어 살며 재주 없어 우습다만	贅疣自笑無機巧
외톨이기에 욕됨 없음을 자랑하지.	塊獨常誇少辱榮
굴원과 가의의 전기를 자세히 읽었거늘	細閱史編原誼傳
함부로 세상에 나가 일생 그르칠 게 무어 있나.	何須浪出誤平生

김시습은 무왕의 혁명과 백이 숙제의 운명에 관하여 거듭 심각하게 반추하였다. 사마천은 『사기』의 열전에서 「백이열전」을 그 첫머리에 두고, 천도(天道: 하늘의 섭리)의 존재에 대한 회의를 드러냈지만, 조선 초에는 아직 『사기』가 그다지 많이 읽히지 않았다. 그런데도 김시습이 백이의 운명에 관하여 그토록 반추한 것은, 역시 그가 당대 현실과 자신의 문제를 돌아보고 인간의 존재 조건에 대하여 깊이 성찰하고 있었다는 단적인 증거일 것이다.

후대로 올수록 탕왕과 무왕을 칭하는 자가 많아지지만, 설령 도탄에 빠진 백성을 구할 수 있을지라도, 과연 탕왕이나 무왕과 같은 행위가 정당하다고 할 수 있을까? 김시습은 반문한다.[125]

후세에 분분하게 탕왕 무왕 찾지만	紛紛湯武後來多
백이 숙제의 선견이 어떠하였던가?	想得夷齊先見何
백성들을 도탄에서 구했다지만	縱救生民塗炭裏
공적보다 죄과가 훨씬 많아라.	細論功過已相差

은나라 주왕 신민들은 억만으로 마음이 달라	商紂臣民億萬心
이러한 선비 하나 찾아내기 어려웠거니	如斯二士政難尋
서백(문왕)보다 더한 잘못 돌이키기 바라고서	冀回西伯重詿誤
말 앞에서 말렸으나 그 뜻을 막지 못하였다.	叩馬危言意莫禁

기양에서 봉황 울고 아침 해 빛나매	岐陽鳴鳳耀初輝
은나라 옛 도읍 돌아보니 일이 이미 글렀구나	回顧朝歌事已非
주나라 곡식 먹는다면 절의에 부끄럽기에	食粟已爲慚節義
수양산 고사리를 먹다 굶어죽어도 무방한 일.	不妨餓死首山薇

김시습은 무왕의 구민(救民)은 의리 면에서 결코 정당하지 못하다고 말하였다. 현실을 잠정적으로 승인했던 사유(四遊: 관서·관동·호남 여행과 금오산 은둔) 시기의 관념보다도 더 급진적이다. 그는 뚜렷이 알고 있었다. "기양에서 봉황 울고 아침 해에 빛나매", 천운이 돌아오면 한 개인의 능력과 의지는 무기력하기만 하다는 것을. 의리를 지키는 자에게는 '굶어죽는 일', 즉 순절(殉節)만 남을 뿐이다.

그런데 김시습은 순절보다도 적극적인 절의를 중시하였다. 즉, 비간(比干)·굴원(屈原)·오원(伍員)이 간쟁(諫諍)을 하다가 받아들여지지 않자 목숨을 버린 사실을 특히 예찬하였다. 그들의 죽음은, 군주가 그들의 간언을 받아들이지 않고 끝내 멸망했다는 사실을 통해서 그 가치가 더욱 높아졌다.

당나라 시인 두목(杜牧, 803~853)은 「아방궁부」(阿房宮賦)에서 "진나라 사람은 저 스스로를 불쌍히 여길 겨를이 없어서 뒷사람이 그것을 슬피 여긴다. 뒷사람은 또 그것을 슬피 여기면서도 거울로 삼아 경계하지 않았으므로 더 뒷사람으로 하여금 그 뒷사람을 불쌍히 여기게 만든다"(秦人不暇自哀而後人哀之, 後人哀之而不鑑之, 亦使後人而復哀後人也)고 하였다.[126] 김시습은 그 말에 깊이 공감하였다.

김시습은 또 노중련(魯仲連), 악비(岳飛), 백이 숙제, 문천상(文天祥), 상산 사호(商山四皓), 제갈량, 장량(張良), 소무(蘇武) 등의 사적을 시로 노래하였다.[127]

김시습은 남송 말기의 충신 문천상의 일을 논인시로도 다루었고, 달리 찬(贊)[128]도 지었다. 「문산을 애도한다」(哀文山) 3수는 그 제목에서도 알 수 있듯이 애도의 뜻이 강하다.

문천상은 강서성 길주(吉州) 사람으로, 주자학을 배웠던 학자이다. 원나라 군사가 침략하여 남송의 마지막 황제가 광동성 신회현(新會縣) 남쪽 애산(崖山) 앞 섬으로 들어갔을 때 그는 항전하다가 포로가 되어 북경으로 끌려갔는데, 끝까지 항복하지 않고 순절하였다. 남송도 결국 멸망하였다.

이 역사적 사실을 회상하면서 김시습은 한 개인의 절의나 영웅 행위가 역사에서 과연 무슨 의미를 지니는가 회의하고 서글퍼하였다. 그러나 결과가 무슨 상관 있으랴? 오로지 순수한 동기가 중요할 따름이다. 더구나 사후의 평가라는 것은 괘념할 바가 아니라고, 김시습은 그 두번째 시에서 강개한 어조로 말하였다.[129]

강직함이 몸 속 깊이 배어 뜻 변치 않았으니	素患堅貞志不移
지난날 글 읽던 때 처음 뜻을 어이 잊으랴?	可忘平昔讀書時
느긋하게 의(義)에 나가 차라리 죽을지언정	從容就義寧終斃
구차히 살려고 목숨을 빌 수야 있나.	苟活偸生豈敢爲
개 돼지 무리가 고비사막에서 일어나더니	犬豕一朝生朔漠
천길 거센 풍파가 남방에 일어났네.	風濤千丈起南陲
외로운 신하가 무슨 말을 많이 하랴	孤臣何必多言語
죽으면 그만인 걸, 죽은 뒤 평가를 어찌 따지랴.	死耳寧論死後知

그리고 김시습은 왕망과 전한 선제(宣帝)의 역사적 사실을 읊으면서, 제왕학의 관점을 드러냈다. 또한 조선의 역사와 관련하여 태조와 세종의 치적을 예찬하였다.[130]

고려 말부터 조선 전기까지는 중국의 사실을 소재로 한 영사시가 발달하였다. 이 영사시들은 소재 선정에 한계가 있기는 하지만, 감계(鑑戒)와 현실 비판을 의도하기도 하고 자기 성찰과 자아 비판을 담기도 하여, 역사적 사실을 주체적으로 평가하는 의론을 펼쳤다.

고려 말 이곡의 「영사」(詠史) 27수는 후한의 역사적 사실을 통해 작가가 처한 당시의 정치 현실을 비판한 수준 높은 연작 영사시이다. 또한 조선 초기부터 우리 역사를 소재로 한 영사시들도 많이 나와, 민족의식을 한시 속에 표현하였다. 외교시의 백미인 권근의 응제시 24수는 조선인의 문화적 자부심을 드러낸 좋은 예이다. 김시습의 영사시는 그러한 문학적 전통을 계승하였다.

특히 조선 초부터 통감학(通鑑學)이 발달하고, 자국의 역사서 편찬 사업이 관(官)의 주도로 추진된 것도 많은 문인들의 역사관을 형성하는 데 영향을 주었다. 이미 고려 말에는 『통감강목』을 경연의 교재로 채택했고, 세종조에는 사정전 훈의본(思政殿訓義本) 『통감』을 간행하였다. 또한 세종은 『명황계감』을 저술하고 세조는 그 언해와 주석을 명하였으니, 이 시기의 지식인들은 역사에 관한 지식이 풍부하였다. 또 『고려사』·『고려사절요』·『동국통감』이 관의 주도로 간행되었으며, 역사를 종관(縱觀)할 수 있는 연표와 계보도[131]도 여럿 나왔다.

이에 따라 조선 초기부터 영사시들이 매우 다양하게 창작되었다. 화병(畵屛)에 적는 제시(題詩)도 있고, 역사서를 읽고 난 독후시도 있다.[132] 당대 현실의 문제를 생각하다가 과거의 역사를 연상함으로써 짓기도 하고, 유적지를 여행하면서 기필(起筆)하거나 예문관의 월과(月課)나 정시(廷試)에서 회고시 및 영사시 제작을 부과받기도 하였다.

한편, 김시습은 「당서를 읽고」(讀唐史), 「광무제 본기를 읽고」(讀光武紀), 「역사서를 보고 내키는 대로 적다」(看史謾題)와 같은 독사시(讀史詩)를 남겼다.[133]

「당서를 읽고」는 5언 38구의 비교적 긴 시로, 당나라의 흥망성쇠를 돌아보고 느낌을 토로한 것이다.[134] 수나라 말 당 태종이 먼저 진왕(秦王)에 봉해졌다가 배적(裵寂)과 유문정(劉文靜)의 추대를 받아 대당 제국을 열었으나, "처음 대통을 드리울 때 의형(儀刑: 법도와 위의)이 인망을 저버려, 가정 일과 형제 사이의 일로 비방을 면치 못했으며", 그로부터 역대로 재앙의 싹이 안에서 자라났다고 하여, 김시습은 궁내와 왕실의 화목을 국가의 장래를 결정짓는 가장 중요한 기초로 보았다. 조선을 건국한 후에 왕자의 난, 계유정란 같이 왕실 내의 권력 암투가 잦았던 사실에 대하여 은연중 비판한 것이다.

당나라는 건봉(乾封) 이후 문사 원만경(元萬頃)의 권한이 재상을 능가했고(북문학사라고 일컬어졌다), 이렇게 조정이 혼란한 틈을 타 안녹산(安祿山, 705~757)이 어양(漁陽)에서 반란을 일으켰다. 또 헌종은 불골(佛骨: 사리)을 봉상(鳳翔)으로 받아들였으며, 당나라 말기에 이르러서는 내시들이 군사를 궁중에 불러들여 축국 놀이를 하는 등 병권을 장악하였다. 이로써 태종 때의 정관(貞觀)의 치적(治績)은 다시 찾아볼 수 없었고, 내시들이 옥새를 멋대로 사용했으며, 번진(藩鎭: 주로 변경 지방의 수비 병정을 통할하던 軍職)이 할거했다는 것이다. 김시습은, 비록 당나라의 헌종·무종·선종이 영특한 군주였고, 왕애(王涯)·위징(魏徵) 등 재상들도 현명했지만 '책비*가 많아'[責備多] 삼대에 비길 수 없었다고 결론지었다. 삼대를 이상으로 설정하고, 그것과의 거리에 따라 역사를 품평하는 역사관이 잘 나타나 있다.

한편, 「역사서를 보고 내키는 대로 적다」라는 장편 시는, 도도한 역사의 흐름 속에서 인간 존재가 얼마나 왜소한지 자조한 내용이다.[135]

산 깊어 고요하여 시끄러운 소리 없나니	山深寂無譁
산새가 푸르릉 수풀 속으로 날아간다.	幽鳥趁林莽
바람 고요하여 하늘 소리 멎었고	風恬天籟息

---

* 남에게 모든 일에 한 가지 허물도 없이 다 잘 해주기를 바라는 것. 즉, 남을 허용하지 않고 독단에 빠지는 것을 가리킨다.

소나무 대나무도 가만히 서서 음향이 없다.	松竹靜無響
앞시대 역사서를 훑어보매	細讀前代史
가슴속이 시원하게 열리누나.	胸次開晃朗
누가 알랴, 천 년 전의 실정이	誰知千載情
한 치 마음 위에 환하게 비출 줄.	耀我方寸上
선한 일은 기쁘고 악한 일은 가증스러워	善喜惡可憎
입술과 목구멍으로 포폄한다오.	唇喉有褒賞
도태하고 격려하는 사이에	淘汰激揚間
먼 상상이 쌓이는 듯도 하여라.	彷彿貯遐想
나는 연 땅 조 땅의 지식인이 아니건만	我非燕趙士
강개한 마음으로 굽어보고 처다볼 뿐.	慷慨徒俯仰
옛날은 지금과 어이 그리 멀단 말인가?	古今一何遠
하늘과 땅 사이는 어이 그리 드넓은가?	天地一何廣
이내 몸을 그 속에 두고서	置我在其中
가리고 고름을 내 손바닥에서 하네.	掄擇在我掌
내가 만일 그 세상에 살았더라면	我若居其世
조치를 어디로 하였을까?	措置擬何嚮
생각에 잠겨서 눈썹을 찡그리는 사이	佇思瞪眉間
그대로 망연하여 황홀하게 되누나.	政爾忘惚恍
유유하게 얻는 것 있어	悠然有所得
얽고 합하여 두셋은 분별하지.	錯綜辨參兩
당대에 시행하지 못하여 한스럽기에	恨不施當世
탄식하며 통분해 하는 마음 많다네.	歎息多悵怏
이[蝨] 잡으며 한바탕 긴 한숨	捫蝨一長吁
석양빛이 서실 창 안으로 파고드는군.	落日穿書幌

역사의 포폄(褒貶: 옳고 그름, 착하고 악함을 판단하여 결정하는 것)을 중시한

김시습은 『춘추』를 탐독하고, 「좌씨춘추를 읽고」(讀左氏春秋)와 「춘추를 읽고 쓴 시」(讀春秋詩)[136]를 남겼다. 「좌씨춘추를 읽고」에서는 공자가 미언(微言)으로 포폄을 했지만, 정의가 사라지고 선악이 분분한 당대 현실을 되돌릴 수는 없었다고 안타까워하였다.

조개와 도요새가 언제까지 대치할지 모를 일	蚌鷸相持未可期
분분하게 성패가 몇 번이나 되었더냐.	紛紛成敗幾多時
맹세의 피 마르기 전에 칼날을 서로 맞대고	不乾詛血猶交刃
어린 주검 묻지도 않고 다시 거북점을 쳤지.	未瘞殤骸又鑽龜
주 왕실은 한 가닥 실보다 더 가는 운명	王室細於單縷緊
패자의 공적 뒤뚱거려 바둑알 포갠 듯하였다.	霸功岌似累棋危
슬프다, 공자는 도끼와 곤룡포로 포폄하였다만	哀哉尼父明斧袞
쇠한 봉황 상한 기린이라 지난 일 돌이킬 수 없었다.	衰鳳傷麟耐可追

「춘추를 읽고 쓴 시」에서는 호안국(胡安國)의 『호씨춘추』를 높이 평가하였다. 당시 지식인들 사이에서는 『호씨춘추』가 널리 읽혔는데, 김시습도 나름대로 춘추학(春秋學)의 깊이와 높이를 담았다. 그것도 운목(韻目)에 속하는 운자(韻字)의 수가 적은 입성 운을 사용하여 칠언 44구의 장편으로 엮었다. 대단한 기세이다.[137]

위대하여라 큰 성인(공자)의 근엄한 붓이여!	偉哉大聖謹嚴筆
아(雅)가 망하고 왕도의 자취 사라진 뒤에 일어나	作於雅亡王迹滅
맨 먼저 대의를 세우고 천자를 높여서	首建大義尊天子
'왕 정월'이라고 대서 특필하였다.	大書特書王正月
이적을 배척하고 역적을 성토해 기강을 바로잡고	攘夷討賊整紀綱
글자마다 화려한 곤룡포요 서슬 퍼런 도끼일세.	字字華袞與鈇鉞
슬프다, 주 천자의 수레가 서쪽으로 다시 가지 못하고	嗚呼周轍不復西

대부가 정권을 농락하고 제후들이 정벌을 일삼다니.	大夫擅政侯專伐
천왕의 이름은 빈 그릇만 감싸쥐었으니	天王之名擁虛器
위태롭고 뒤뚱대어, 깃발 장식 매달린 것 같았지.	危哉岌乎如旒綴
아래는 능멸하고 위는 쇠잔하여 조공마저 해이해선	下陵上替貢獻弛
수레 요구 금 요구 그치질 않았다네.	求車求金求不絶
다섯 제후가 차례로 주 왕실을 높이는 척했지만	五覇迭興似尊周
거짓과 권력일 뿐 진실이 아닌 걸 어찌하랴!	爭奈詐力非眞實
천자의 위세를 끼고 제후에게 명령하다니	欲挾天子令諸侯
여우가 범의 위력 빌려 짐승들 억누르는 격.	狐假虎威百獸屈
이래서 공자께서 크게 슬피 탄식하여	是故夫子大傷嘆
춘추에 의로운 전쟁은 없다고 말씀하셨네.	曰無義戰曾有說
오랑캐야 중국과 같은 예로 할 수 없지만	夷狄不與華夏例
오나라 초나라는 본시 왕실과 연계되었기에	吳楚自是連王室
재변 있으면 꼭 썼고 의심나면 빼버렸고	灾異必書疑則闕
월식은 적지 않고 일식은 꼭 적었으니	月食不書必書日
그건 성인이 후세에 경계를 드리우려는 뜻.	此皆聖人警後世
근심함이 깊었고 염려 또한 간절하였다.	憂之也深慮之切
백대의 왕도 바꾸지 못할 법을 크게 세웠으나	大建百王不易法
서쪽 교외에서 기린 잡았다는 기록이 끝말이었네.	西狩獲麟是終訣
후대인이 성인을 인정하거나 죄 줌이 이 책에 달렸으니	知聖罪聖在此書
화공이 정신을 운용하는 기술과 같았지.	猶如畫工運神術
마침내 천 년 먼 후까지	遂使遙遙千載下
난신과 적자들이 모두 무릎 꿇었지.	亂臣賊子皆屈膝
아, 공양씨(公羊氏)와 곡량씨(穀梁氏)는 잘못 풀이하고	嗚呼公穀傳其訛
좌씨(左丘明의『좌전』)의 부과(浮夸)함은 정상이 아니라서	左氏浮夸不經出
후인들은 경문이 분명히 참모습 잃었다고 의심하니	後人疑必失其眞
죽간(竹簡)이 뒤섞이고 빠진 것 많기에.	簡編斷錯多遺闕

한유(韓愈)는 남은 경문을 구하고자 삼전(三傳)을 버렸고	昌黎束傳求遺經
왕안석(王安石)은 너덜너덜한 공보(公報: 朝報)라 하였네.	臨川斷爛無可質
한나라 유학자들은 대일통을 분명히 말했지만	漢儒明言大一統
분분하고 역력하게 의론이 갈렸더니,	紛紛歷歷議論別
호안국이 한번 번다한 것을 깎아버린 뒤로	自從胡氏一刪煩
큰 의리를 표명하여 서리 눈보다 늠름하다.	表出大義凜霜雪
나는 본디 천 년 뒤 연 땅 조 땅의 인사로서	我本千載燕趙士
칼 어루만지고 축(筑)을 타며 오열했지.	撫劍擊筑悲嗚咽
책상에 펼쳐놓고 한 번 읽곤 한 번 길게 탄식하니	披床一讀一長嘆
서풍이 날 위해 쓸쓸히 불어오네.	西風爲我吹淅淅

김시습은 스스로를 연 땅 조 땅의 인사〔燕趙士〕라고 하였다. 불의를 참지 못하고 비분강개하는 인사라는 뜻이다. 그는 역사를 돌아보며 의리 문제를 새삼 반추했던 것이다.

_절의의 인물과 현인들을 추앙하다

김시습은 역사 속에서 절의를 지켰거나 어질다고 추앙받는 인물들을 중심으로 찬(贊)과 전(傳)을 지었다.[138] 인물찬의 대상은 하나라 관용방(關龍逄), 상(은)나라 왕자 비간(比干), 기자(箕子), 백이 숙제, 초나라 신포서(申包胥), 초나라 굴원, 난성(欒成), 영유(寗兪), 제나라 왕촉(王蠋), 한나라 장량(張良), 소무(蘇武), 공승(龔勝), 이업(李業), 촉한 무후(武侯: 제갈량), 송나라 악비(岳飛), 문천상(文天祥), 염계 선생(濂溪先生: 周敦頤) 등이다. 염계 선생을 제외한 다른 사람들은 모두 충절을 지키다 죽은 사람들이다.[139]

한편, 인물전의 대상은 예양(豫讓), 오원(伍員), 제갈량, 주돈이(周敦頤), 소옹(邵雍), 장재(張載), 정호(程顥), 정이(程頤), 악비, 문천상 등이다. 충절을 지키다 죽은 인물과 북송의 도학(道學) 선생들을 입전(立傳: 일생 사적을 傳의 형식으로 적어 후대에 남김)한 것이다.

김시습은 기자의 찬을 짓고, 또 영사시를 지었다.[140] 김시습은 은나라가 망하자 기자가 몸을 깨끗이 지니고 동쪽으로 피신하여 조선의 문명을 열었던 사실을 그 주석에서 인정하였다. 하지만 찬영의 내용은 그 사실에 초점을 두기보다는 주왕(紂王)의 음란함과 방탕함을 극력 간했다가 간언이 받아들여지지 않자 거짓으로 미친 체하면서 노예가 되어 숨어살았던 사실에 더욱 초점을 맞추었다. 그래서 김시습은 유종원(柳宗元)이 지은 기자 비문(「箕子碑」)의 취지에 공감하였다.[141]

주왕이 옥으로 술잔을 만들자, 기자는 몹시도 근심하였고,
주왕이 음란하고 방탕해지니, 기자가 죽기로 간하였다.
주(紂)가 듣지 않고 가두자, 어떤 사람은 떠나라 하였지만,
기자는 말하길 내가 떠나면, 군주의 죄악이 드러나 안 된다 했네.
머리 풀어 산발하고선, 거짓 미친 체 노예가 되어 숨어살면서.
거문고 타며 슬퍼하였으니, 이 마음을 그 누구에게 말할 것인가?
천 년 뒤라도 알아주는 이 있다면, 내 뜻 마땅히 밝혀지리라.
당나라 유종원이 비문을 지었으니, 그 글은 믿을 만해라.
세대는 비록 멀지만, 오직 그대만은 미루어 알았도다.

紂爲玉杯, 箕子甚患. 紂爲淫佚, 箕子極諫.
不聽而囚, 人曰可去. 子曰若去, 彰惡自譽.
被髮佯狂, 爲奴隱處. 彈琴自悲, 此情誰語.
千載有知, 我志應著. 唐柳作碑, 其文可據.
世雖遠而, 惟爾能恕.

유종원의 비문에는 "주나라 시대는 아직 오지 않았고 은나라 제사는 아직 끊어지지 않았으며, 비간(比干)은 벌써 죽고 미자(微子)도 이미 가버린 그때, 만일 주왕(紂王)의 죄악이 무르익지 않았는데 스스로 죽고, 주왕의 아들 무경(武

庚)이 난리를 염려하고 나라를 보전하려고 생각한다면, 국가에 그럴 만한 인물이 없으니 그 누구와 함께 나라를 중흥하여 백성을 다스리겠는가? 이것은 진실로 인간사에서 혹 그럴 수도 있는 일이다. 그렇다면 선생이 참아가며 그와 같이 한 것은 그 뜻이 여기에 있었던 것이 아닐까?"142)라고 적혀 있다. 기자의 거짓 미치광이 행동을 보신(保身)이나 결신(潔身: 지조나 품행에 오점 없이 몸을 깨끗이 갖는 것)의 방편이라고 보는 통념을 뒤집은 번안(翻案)의 글인데, 특히 역사를 가정함으로써 인물의 심리를 재해석하였다. 김시습은 그 설에 동의하면서, 소극적 보신이나 결신을 배격한다는 뜻을 분명히 하였다.

김시습은 기자의 행적에서, 제왕의 종친으로서 후세에 모범이 될 만한 사적을 보였다고 하였다. 그래서 그 찬에 붙인 후서(後序)에서, 서한의 경제(景帝) 때 황족으로서 지방을 다스리던 일곱 제후가 반기를 들고 서울을 공격하다가 모두 패망한 사실이나, 삼국시대에 사마씨의 진(晉)나라 왕족이었던 경(冏)이 황제의 자리를 넘보다가 패망한 사실을 기자의 행적과 비교하여, "천 년 후에 동성(同姓)의 친족으로서 종국(宗國)을 부지(扶持)하는 아름다운 뜻을 세울 수가 있으니, 제왕의 친척 가운데 천하에 모범이 되어 후세에 전할 만한 것은 오직 기자의 「홍범」(洪範)과 주공의 『주례』(周禮) 외에 또다시 무엇이 있어 찬을 지을 수 있겠는가?"143)라고 하였다.

한편, 김시습은 「백이 숙제 찬」에서 "포학한 정치를 바꾸려고 포학한 무력을 사용한"(以暴易暴) 문제를 심각하게 논하고, 그 부당함을 간하다가 굶어죽은 백이·숙제를 진정한 지식인이라고 예찬하였다.144)

하늘이 무왕에게 명하여, 저 은상(殷商)을 제거케 하였으나,
비록 죄인을 죽이는 것이라 하더라도, 살육은 실로 상서롭지 못하기에,
천 년이 지난 뒤에까지도, 구실(口實)이 슬플 수밖에.
그렇기에 저 백이 숙제가, 칼날의 서슬을 무릅쓰고,
말고삐를 붙들며 간했으니, 그것이 너무도 옳은 말이었지만,
이미 정해진 일로서, 중지할 수 없었고,

좌우 사람이 그들을 죽이려 하자, 여상(呂尙: 姜太公)이 의사(義士)라고 살려두었도다.
천하가 주나라를 종주로 삼으매, 백이 숙제는 부끄럽게 여겨,
수양산에 숨어살며, 고사리만 캐먹다 굶어죽었나니,
채미가(고사리 캐는 노래)는 이러하였네.
"저 서산에 올라감이여, 고사리를 캐도다.
포학으로 포학을 바꿈이여, 그 잘못을 알지 못하다니!'

天命武王, 翦彼殷商. 縱曰誅罪, 實是不祥.
千載之下, 口實可傷. 故彼夷齊, 觸犯鋒鋩.
叩馬以諫, 其言孔臧. 業已定矣, 不可中止.
左右欲兵, 呂扶義士. 天下宗周, 夷齊乃恥.
隱于首陽, 采薇餓死. 采薇歌曰,
登彼西山兮, 采其薇矣.
以暴易暴兮, 不知其非矣.

김시습은 이 찬 뒤에 긴 안어(按語: 자기 견해를 밝힌 말)를 덧붙여두었다.

백이 숙제가 무왕의 거사에 대하여 "폭력으로 폭력을 바꿈"이라고 말한 까닭은, 무왕이 비록 죄인을 토벌하여 백성을 위로했다고 하더라도 아버지의 시신이 아직 빈소에 있는데 상복과 삼띠를 두른 채 신하로서 임금을 쳤으니, 무왕의 포악함은 주(紂)보다도 더 심하다고 보았기 때문이다. 또 주(紂)의 포악함은 늙어 죽을 때까지 고칠 수 있었을지 모르고, 또 설사 고치지 못하고 망한다 해도 후세에 악인을 징계할 수 있었겠지만, 무왕의 포악함은 그보다 더 심할 수 없을 만큼 심하여 만세에 너무도 큰 오명을 전했기 때문이다. 김시습은 이렇게 백이 숙제의 심리를 추론하였다.

김시습은 자신의 견해를 더 부연하였다. 대개 장사도 지내지 않은 채 군사를 일으킨 것은 뒷세상에 불효하는 자의 구실이 되었고, 신하로서 임금을 시역

(弑逆)한 것은 뒷세상에 임금의 자리를 빼앗는 자의 구실이 되었다. 맹자도 이미 무왕의 혁명이 잘못이라는 사실을 헤아렸으므로 "신하로서 임금을 치는 일은 탕왕이나 무왕이라면 괜찮지만, 탕왕이나 무왕이 아니라면 그것은 찬역(篡逆: 반역)이다"라고 하였다. 그러니 경계하지 않을 수 있겠는가? 이어서 김시습은 왕위를 찬탈하여 제왕의 업을 이루었던 역대 인물들에 대한 증오심을 토로하였다.

> 아! 한나라 말년의 조조(曹操)나 위나라 말년의 사마염(司馬炎)이 자기 임금을 깔보고 능멸하여 멋대로 날뛰다가 찬탈하여 제왕의 업을 이루었다. 그러므로 『주역』에 이르기를, "범이 먹이를 노려 눈을 부릅뜨듯 욕심이 목에 차 그칠 줄 모른다"고 하더니, 바로 이것을 말한 것이다. 이것이 뒷날의 난리를 낳게 만든 시초임을 어찌 이루 다 말할 수 있겠는가! 그리고 백이 숙제의 말에 어찌 부끄럽지 않겠는가![145]

다시 김시습은, 강태공은 백이 숙제를 의사(義士)로 떠받들고 한나라 고조는 정공(丁公)의 목을 베었으니, 옛사람이 대업을 창시하고 성공을 도모하는 맨 처음에 자기에게 거스르는 자는 살리고 자기를 따르는 자를 죽인 것은 어째서인가, 가상의 객을 설정하여 자문하였다. 절의의 인물에 대한 당시의 평가에 일관성이 있는가 없는가를 따져 물은 것이다.

이 문제에 대해 김시습은 "그 뜻으로 말하면 같다"고 스스로 답하였다. 강태공이 백이 숙제를 떠받든 것은 후세에 군주를 시해하는 마음을 그치게 하고 의사(義士)의 절개를 표창하려는 의도에서였으며, 한고조가 정공의 목을 벤 것은 후세에 용맹도 없으면서 남의 신하가 되어 두 마음을 품는 자를 징계하는 영원한 거울이 되게 한 것이라는 사실이다. 결국 그 두 경우는 모두 "신하된 자는 임금을 충성으로 섬겨야 한다"는 준엄한 꾸짖음을 담고 있다는 것이다.[146] 김시습은 백이 숙제의 일을 찬양하고도 마음을 아직 다하지 못하여 다시 시를 지었다.[147]

한편, 김시습은 북송의 도학가인 주돈이, 소옹, 장재, 정호, 정이의 전(傳)을 지었다. 이 전의 자료는 중국의 역사서『송사』(宋史)의「도학열전」(道學列傳)에서 취해왔다. 이것은 곧 북송의 도학가를 높이 평가했기 때문이라고 할 것이다.

김시습의 이러한 입전은 주자학이 발달하기 시작한 조선의 사상 풍토에서 어쩌면 당연한 것이라고 하겠지만, 주희를 입전하지 않은 점과 소옹을 입전한 점은 주목할 필요가 있다. 본래『송사』권427에서 권430까지 4권에 걸쳐 도학자로 입전되어 있는 인물은 주돈이, 정호, 정이, 장재, 소옹과 유현(劉絢), 이호(李籲), 사량좌(謝良佐), 유초(游酢), 장석(張繹), 소병(蘇昞), 윤돈(尹焞), 양시(楊時), 나종언(羅從彥), 이통(李侗), 주희(朱熹), 장식(張栻), 황간(黃榦), 이번(李燔), 장흡(張洽), 진순(陳淳), 이방자(李方子), 황호(黃灝) 등이다. 김시습은 아마도『송사』권427 열전 제186 도학 1의 서문에서 밝혔듯이 주돈이, 장재, 정호, 정이, 주희와 소옹을 도학의 정맥으로 보되, 나머지 정주(程朱: 정호·정이와 주희) 문인들까지는 입전하지 않은 듯하다.

이것은 뒷날 정조가 동궁 시절부터 엮기 시작하여 이덕무(李德懋) 등의 수정 증보로 1791년에 완성된『송사전』(宋史筌)에서 주돈이, 장재, 정호, 정이, 주희를 '오현'(五賢)으로 별도 입전한 것과 대비해보면 그 차이가 드러난다.[148] 김시습이 주희의 전을 작성하지 않은 것은 차후의 과제로 남겨두었을 가능성이 있다. 그런데 그가 소옹을 각별히 입전한 것은『송사』「도학열전」의 서론을 따른 것으로, 뒷날 성리학의 순수 논쟁을 거친 뒤에 확립된 것과 같은 순수 도통론의 관념이 아직 없었기 때문이라고 생각된다.

김시습은 주돈이의 전에서 본래『송사』열전에 수록되어 있던 주돈이의「태극도설」을 옮겨 적지 않았다. 그 대신『통서』(通書)에 대하여 "말은 간략하면서 도리가 크고, 글은 진실하면서 의리가 정밀하여, 공자와 맹자의 본원을 얻었으니, 배우는 사람들에게 크게 공이 있었다"(言約而道大, 文質而義精, 得孔孟之本源, 大有功於學者)라는 평어를 덧붙였다. 이것은 열전에 인용된『통서』서문의 말을 재인용한 것이다. 김시습은 주돈이의「태극도설」은 별도의 태극론으로 정리하였다.

또 장재의 전에는 「동명」(東銘)과 「서명」(西銘)을 전재하지 않았다. 「서명」은 특히 유학을 공부하는 이들에게 존중받는 글이었다. 세종은 안평대군에게 비해당(匪懈堂)의 호를 내릴 때* 「서명」을 마음에 새기라고 명하였다. 그리고 정이의 전에는 「역전서」(易傳序)와 「춘추전서」(春秋傳序)를 옮겨 적지 않았다. 대체로 김시습은 도학가의 전을 재편집하면서, 인품과 학문의 연원을 잘 알 수 있도록 편장(篇章)을 고려하였다.

김시습은 소옹(邵雍, 1011~1077)이 『주역』에 밝았고, 미래를 예견하는 통찰력이 있었다는 일화를 길게 서술하였다. 소옹이 연구한 주역 상수학(象數學)에 관심을 가졌기 때문이라고 생각된다.

북해(北海)의 이지재(李之才)는 『주역』을 하남의 목수(穆脩)에게서 전수받았고, 목수는 충방(种放)에게서 충방은 또 진단(陳摶)에게서 전수받았으니, 그 원류가 아주 멀다. 이지재는 드디어 선생에게 하도·낙서와 복희씨의 64괘사를 가르쳐 주었다. 선생은 이로 말미암아 깊은 뜻을 탐구하고 숨은 이치를 찾아내어 오묘한 경지를 깨닫고 신(神)과 묵계(默契)하게 됨에 깊은 도리에 통철(洞徹)했으니, 왕양(汪洋: 미루어 헤아리기 어려움)하고 호박(浩博)한 학문은 거의 그가 스스로 터득해서 얻은 것이다. 그의 학문이 더욱 노숙해지고 갈수록 덕이 높아지자 마음 씀이 고명(高明)하여 그것으로 저 천지의 운화(運化)와 음양의 소장(消長)을 관찰하며 멀리는 고금의 세태 변천과 적게는 나는 새, 달리는 짐승, 풀과 나무의 성정(性情)에 이르기까지도 깊이 나아가고 곡진(曲盡)하게 통달하여, 이른바 미혹하지 않았다 하겠다. 그리고 상류(象類)에 의존하지 않았으나 추론하면 자주 미래를 맞히더니, 드디어는 복희씨의 선천(先天)의 뜻을 부연하여 글 수십만 말을 저술하고, 이것을 일러 『황극경세서』(皇極經世書)·「관물내외편」·「어초문대」(漁樵問對)라 하였다. 그러나 세상에서 그 도리를 아는 사람은 적었다. 오직

---

* 장재의 「동명」에 "옥루(집의 가장 구석진 곳)에 있을 때에도 욕됨이 없고, 본 마음을 보존하고 본성을 길러 게을리 하지 않네"(不愧屋漏爲無忝, 存心養性爲匪懈)라고 하였다. 「서명」에서는 "백성은 나의 형제이고, 만물은 나의 동류이다"(民吾同胞, 物吾與也)라고 하였다.

백순(伯淳: 정호의 자)만이 일찍이 선생과 함께 종일 의논하다가 물러가 탄식하여 말하기를, "요부(堯夫: 소옹의 자)의 학문은 내성외왕(內聖外王)의 학문이다"라고 하였다. 선생의 지식과 사려는 남보다 뛰어나, 일을 만나면 그때마다 앞서 알았다.

치평(治平: 북송 영종의 연호) 연간에 선생이 손님과 함께 천진교로 산책 나갔다가 두견새 우는 소리를 듣고는 서글픈 기색을 띠며 말하기를, "낙양에 전에는 두견새가 없더니, 이제 처음으로 여기 왔구려. 천하가 잘 다스려지려면 땅 기운이 북쪽에서부터 남쪽으로 내려가고, 천하가 장차 어지러워지려면 남쪽에서부터 북쪽으로 올라오는 법인데, 지금 남방의 땅 기운이 여기에 이르러 왔구려. 새들은 날짐승이라 다른 것들보다 먼저 기운을 탄다오. 앞으로 두 해 안에 천자가 남방의 선비를 등용하여 재상을 삼을 것이고, 그 자는 남방 사람들을 많이 끌어들여 전적으로 변경(變更)에만 힘쓸 것이니, 천하에는 그때부터 일이 많아질 것이오"라고 하였다. 그러더니 희녕(熙寧: 북송 신종의 연호) 초에 신종이 왕안석을 등용했고, 왕안석은 신법으로 변경할 때 장돈(章惇)·채변(蔡卞)·여혜경(呂惠卿) 등을 끌어들여 백성들이 괴로움을 겪었으니, 선생의 말은 과연 들어맞았다. 정숙(正叔: 정이의 자)도 일찍이 말하기를, "마음이 허명(虛明)하므로 자연히 일의 추이를 잘 알 수 있다"고 하였다.[149]

이 글에서 이지재의 역학이 진단, 목수, 충방에게서 비롯되었다고 적은 것은 『송사』 열전에 없던 부분이다. 또한 천진교에서 두견의 울음을 듣고 왕안석의 집권 사실을 예견했다는 부분도 널리 알려진 고사를 토대로 첨가하여, 정이의 논평과 연결해둔 것이다.

소옹의 상수학은 '원회운세설'(元會運世說)에 집약되어 있다. 그는 모든 사물은 모두 '이'(理)를 갖추고 있으며, 그 이를 상수학을 통해 구명할 수 있다고 보았다. 즉, 『황극경세서』 「관물외편」(觀物外篇)에서, 그는 "유(類)를 추리하는 것은 생(生)을 말미암아야 하며, 체(體)를 판단하는 것은 상(象)을 거쳐야 한다. 생(生)은 나타나지 않으므로 역추(逆推)하고, 상(象)은 이미 이루어졌으므로 순관(順觀)하면 된다. …… 이렇게 추리해가는데 사물의 실정을 어찌 모르겠는가?"150)라고 하여, 사물의 본질을 파악하기 위해서는 현상 속에 나타나는 어떤 표상을 파악하여 그로부터 추리해야 한다고 보았다. 그는 우주의 시간을 30진법과 12진법을 교대로 적용하여 분절해서, 30일(日)을 1월(月), 12월(月)을 1세(歲), 30세(歲)를 1세(世), 12세(世)를 1운(運), 30운(運)을 1회(會), 12회(會)를 1원(元)으로 정한 뒤, 각 단위마다 어떤 주기적 현상이 나타나리라고 기대하였다.

김시습은 소옹의 예지적 혜안에 크게 감복했지만, 소옹의 상수학을 적극적으로 설명하지는 않았다.

_ 불교의 권력 예속에 대한 비판

조선 전기에 사대부들의 권한이 증대되면서 불사는 궁중 중심으로 점차 위축되어갔다. 성종을 이어 연산군과 중종조를 거치면서 사찰과 승단은 아예 황폐해진다.

성종 즉위 초에 사대부 집권층은 유학을 숭상하고 이단을 물리쳐 무당을 성 밖으로 내쫓고 승려를 저자에 들어오지 못하게 하였다. 1471년(성종 2)에는 도성의 염불소(念佛所)와 간경도감을 폐지하고, 1473년(성종 4)에는 사족 부녀의 출가를 금지하였다. 다시 1475년(성종 6)에는 도성 안팎의 비구니 사찰 23개 소를 훼철했으며, 1477년(성종 8)에는 축수재(祝壽齋)를 금지하였다. 그 뒤 1492년(성종 23, 임자)에 이르러서는 도첩제마저 폐지하고, 도첩이 없는 승려는 환속시켜 군역에 충당하였다.

하지만 성수청(星宿廳)의 국무(國巫)와 선종·교종의 주지(住持)는 그대로 두었다. 민간에서는 가사(家祀)라고 일컬으면서 여름 겨울 없이 생고(笙鼓: 笙簧과 太鼓) 소리가 끊이지 않으며 사람의 생사 화복이 모두 무당에게서 말미암는다고 하고, 칠칠재(七七齋)·수륙재(水陸齋)·일재(日齋)·재승반불(齋僧飯佛)을 행하여 사람의 수요 귀천과 죽은 후의 영고(榮苦)가 모두 부처에게서 말미암는다고 생각하였다.*

김시습은 조정에서 척불(斥佛)을 행하는 것과 민간의 종교적 심성이 왜곡되는 것을 보면서 불교가 지닌 세상 구원의 요소를 부활시키고 그것을 새 시대의 또 다른 패러다임으로 제시하고자 하였다. 물론 김시습은 성리학의 사상도 새로운 패러다임으로 중요시했으므로 그만큼 여러 사상들을 체계화할 필요를 느꼈으리라.

김시습은 불교가 제도권 내에 편입되어 인간 구원의 기능을 상실하는 것을 우려하였다. 그는 유교나 불교, 나아가 도교(도가) 가운데 어느 하나의 종파가 절대 진리를 구현한다고 여기지 않았다. 그에게서 유교나 불교는 모두 삼승의 부분적 의미밖에 지니지 않았다. 이자는 「매월당집서」에서 김시습이 경주에서 사상적 고뇌를 일단락 지은 것처럼 기술하였다. 즉, 김시습은 경주 시절에 이미 이렇게 말했다고 적었다.

> 선리(禪理)는 아주 깊어서 생각하기를 다섯 해나 해야만 투명하게 깨우친다. 우리 도로 말하면 본래 등급이 있어서 마치 건강한 자가 사닥다리를 오를 때 한 발을 들면 곧장 한 층을 올라가는 것과 같다. 돈오(頓悟)하여 신속하게 결판을 내는 즐거움은 없지만, 우유(優游)하여 젖어드는 맛이 있다.[151]

이자의 기록은 김시습이 유가의 관점에서 선리(禪理)를 포섭하는 논리를 세웠다고 본 것이다. 물론 김시습은 유가의 관점에서 선리를 포섭하여 논리적인 글을 남겼다. 즉, 그는 수락산에 은둔했던 37세 이후부터 47세로 환속하기 전까지의 시기에 지은 것으로 추정되는 잡저(雜著) 전(前) 10장을 통해 유교적인 관점에서 불교의 근본 교리를 긍정하고, 군주의 지나친 호불과 과도한 불사(佛事)를 배격하였다.[152] 그 글은 대화체로 되어 있는데, 대화의 주체는 유학과 불교를

---

* 유학(幼學) 남효온은 1478년(성종 9) 4월 15일에 올린 상소에서, 재앙을 물리칠 방안의 하나로 무당과 부처를 물리쳐야 한다고 주장하면서, 당시 조정에서 국무(國巫)를 두고 각 사찰마다 주지(住持)를 두어 국가 비용을 허비하고 있다고 비판하였다. 『成宗實錄』 권91, 성종 9년 4월 15일(병오)의 기록.

넘나들면서 자신의 중심 사상을 드러내어 불교 비판을 거듭 비판하였다.

김시습은 '잡저' 전(前) 10장 가운데 「산림」(山林)과 「삼청」(三請)에서, "뜻을 잡아 일이 규구(規矩: 일상생활에서 지켜야 할 법도)를 넘어도 그 나름대로 법도가 찬란하여 일대의 스승이요 만세의 법칙이 되고자" 자임하였다. 한갓 "예(禮)를 묻고 정치를 물어 당시의 일을 결단하거나 학업을 닦고 의혹을 풀어 한때의 소용에 이바지하려는 것이 아니라", 실로 "다함 없는 보배로운 마음을 쓰게" 하겠다는 포부를 드러냈으니, 그는 현실에 간접적으로 참여하는 길을 택한 것이다.[153]

김시습은 먼저 「송계」(松桂)에서 "자애를 강조한 부처의 근본 뜻이야말로 군자는 백성을 사랑하고 부모는 자식을 사랑하고, 남편은 아내를 사랑함을 알도록 하는 데 있다"고 하여, 유교의 실천 윤리 규범을 기준으로 불교의 교리를 풀이하고 이상적인 왕도정치에 귀결시켰다. 또 「위주」(魏主)에서는 "부처의 가르침은 안민제중(安民濟衆: 민중을 편안하게 하고 구제함)에 있다"고 하여 민생을 중시하는 관점에서 불교사상을 논하였다.

한편, 김시습은 「인주」(人主)에서 인애를 인·의·충·신의 개념으로 확장하여 논하고, 양무제의 혹불(惑佛)을 비판하였다.[154] 그리고 「양무」(梁武), 「위주」, 「수문」(隋文)에서는 중국의 역대 호불(好佛) 군주가 인의의 정치를 착실하게 수행하지 않고 전쟁을 일삼으며 백성의 재물을 착취해서 불사(佛事)를 일으킨 것을 비판하였다. 다만 수나라 문제는 예악(禮樂)과 제도를 정비하고 자비로 세상을 제도했으므로 그나마 호불 군주의 모범일 수 있다고 하였다.

김시습이 호불 군주를 비판한 것은 불교의 사회적 폐단을 염두에 두고 한 일이었을 듯하다. 사찰에 대한 면세와 특혜로 국가 재정이 어려워지고, 많은 백성들이 승려가 됨으로써 노동 인력이 고갈되었다는 사실은 이미 유학자들이 날카롭게 비판한 바 있다. 이색(李穡, 1328~1396)은 그나마 온건하게 비판했지만 최해(崔瀣, 1287~1340), 백문보(白文寶, 1303~1374), 정몽주는 불교 교리를 정면으로 비판하였다. 그들의 비판 이론은 정도전의 『불씨잡변』(佛氏雜辨) 19편[155]과 「심기리편」(心氣理篇)으로 집약되었다.

정도전은 불교의 사회적 폐단 가운데 하나로 걸식하는 관행을 지적하였다. 그는 「홍범」의 팔정(八政)에서 식(食)과 화(貨)를 앞에 두었고, 공자도 "먹을 것부터 풍족하게 하라"고 했거늘, 석가모니는 농사를 포기하게 하여 생활의 근본을 끊어버렸다고 비난하였다. 불교의 가르침같이 하려면 지렁이처럼 아예 먹지 않은 뒤에라야 가능할 것이라고 정도전은 비아냥거렸다.

고려 말에 이르면 승려들이 화려한 전당(殿堂)에 앉아 사치스러운 옷을 걸치고 좋은 음식을 먹으며 마치 왕자처럼 향락하였고, 넓은 전원(田園)과 많은 노복(奴僕)을 두고 구름처럼 많은 문서들을 처리하였다. 그러므로 "번뇌를 끊고 세간을 떠나 청정하고 욕심 없이 수행한다"는 정신은 찾아볼 수 없었다고 정도전은 한탄하였다.

앞서 말했듯이 김시습은 성동에 밭을 빌려서 콩과 조를 수확했고, 후원에서 토란을 거두었다. 그는 노동을 중시했으며, 한산우족(閑散右族)이나 무료좌도(無聊左道)가 많은 사실에 분개하였다. 그가 이렇게 노동을 중시한 것은 뒤에 보듯이 집로(執勞)를 중시하는 그의 독특한 불교사상과 관련이 있다. 또한 그것은 배불론에 대한 유력한 반론이기도 하다.

정도전은 불교의 윤회설과 인과설을 부정하고, 불교와 유교에서 비슷하게 사용되는 용어(心, 性, 虛, 寂, 仁과 慈悲, 知行과 悟修 등)의 차이를 밝혀 불교의 본체론을 비판하였다. 그리고 불교의 출가수행법, 지옥설, 화복설을 비판하고, 역사적 사실을 예로 들어 불교를 배척하였다. 그는 불교에 대해 "윤리를 훼손하고 풍속을 무너뜨리며, 가산이 기울게 하여 집안을 파산시키고, 아비와 자식을 흩어지게 만든다. 사람들이 금수로 돌아가고 도탄에 빠져 고생하는 것을 이루 다 말할 수 없다"고 하였다. 정도전의 이러한 관점을 김시습은 부정하지 않았다.

정도전은 불교의 지옥설, 자비설, 화복설이 비록 중생을 선도하고 교화하기 위해 방편으로 제기된 것이라고는 하지만, 그 교리 자체가 황당무계할 뿐만 아니라 효과도 크지 않다고 보았다. 이를테면 지옥설은 부처에게 공양하지 않고 중에게 밥을 주지 않으면 반드시 지옥에서 고초를 받을 것이라고 협박하려는 의도를 담고 있다고 지적하였다.*

정도전은 호불 군주였던 양무제와 당현종이 결국 비참한 화를 면하지 못했던 예를 들어 불교의 화복설이 허위임을 실증했으며, 한유(韓愈)의 "부처 섬기기를 공경히 할수록 생명은 더욱 단축되었다"는 말을 자주 인용하였다.

화복설에 대해서는 김시습도 불교가 옳고 그름을 따지지 않고, "우리 부처에게로 오는 자는 화를 면하고 복을 얻을 수 있다"고 하니 당치 않다고 비판하였다. 군자는 자기 마음을 바르게 하고 자기 몸을 닦을 뿐이며, 그러면 복은 구태여 구하지 않아도 저절로 이르고, 화는 구태여 피하지 않아도 저절로 멀어지는 것이라고 하였다. 그런데 불교 교리에 따르면 비록 십악의 대죄를 지은 사람이라도 부처에게 귀의하면 화를 면하고, 아무리 도가 높은 선비일지라도 부처에게 귀의하지 않으면 화를 면할 수 없다고 하니, 이것은 설령 거짓이 아니라 할지라도 공도(公道)가 아니므로 경계해야 한다고 논하였다.

이렇게 김시습은 불교의 출가수행법, 화복설을 비판했지만, 동시에 그는 불교사상의 긍정적인 요소를 강조하였다. 「송계」에서 그는 "석가의 가르침으로 백성들이 분수에 편안해져서 세상의 어지러움이 그쳤다"고 주장하였다.[156] 또 「부세」(扶世)에서는 "석가가 왕위와 가정을 버린 것은 천륜을 어지럽히고 세상을 동요케 한 것이 아니라, 어리석은 지도(至道)를 사모하여 백성을 깨우쳤으므로 탕왕, 무왕의 권도(權道)와 같다"고 역설하였다.[157]

「수문」에서는 "불교를 버리고 쓰지 않더라도 반드시 북위의 도무제(道武帝), 북주의 무제, 당나라의 무종(武宗)처럼 다 없애고 근원을 막을 것은 없으며, 불교를 행하여 마땅함을 얻더라도 반드시 양무제나 수문제 같이 탐닉하여

---

* 정도전은 지옥의 존재를 믿지 않았다. 사람이 죽은 뒤에는 기(氣)가 분산되므로 형체나 정신을 가지고 갈 곳이 없다는 이유에서였다. 그러므로 지옥에 떨어져 육체가 썰리고 찧이고 갈리는 갖가지 고초를 받는다고 하지만, 죽은 자는 형체가 썩어 없어지고 정신 또한 흩어져버려 비록 불태우고 찧고 갈려고 해도 할 것이 없다는 것이다. 또 불법이 중국에 들어오기 전에는 죽었다가 다시 살아난 사람이 있었지만, 어쩐 일인지 지옥에 잘못 들어가 이른바 시왕(十王)이라는 것을 본 사람은 단 한 사람도 없었다고 덧붙였다. 鄭道傳, 『三峯集』(한국문집총간 6) 권5, 佛氏雜辨 '佛氏地獄之辨'; 『국역 삼봉집』 I(1977년 초판, 솔출판사, 1995년 재판) 권5, 326~327쪽.

돌아서지 못할 정도로 할 것은 없다"고 하였다.[158] 지나친 억불과 도를 넘은 숭불을 모두 비판한 것이다. 김시습은 적어도 불교의 자애와 석가의 깨달음이 치국에 도움이 된다고 믿었다.

김시습은 군주의 지나친 불사에 대해서 비판했으나, 불교의 구원적 요소를 부정한 것은 아니었다. 「무사」(無思)에서 그는 "정신을 날로 가다듬고 사려하여, 도(道)를 하는 까닭과 배우는 까닭을 찾아나가는 것이 중요하다"고 하였다.[159] 결국 불교 체험에서 가장 중요한 것은 인간 개체가 자신의 '본래성', 곧 '생명'을 만나는 과정이라고 보았던 것이다.

김시습에 앞서 불교의 여러 고승들은 배불론에 대한 반론을 준비하였다. 김시습의 불교 효용론은 그러한 논리에 힘입은 바가 없지 않을 것이다. 즉, 득통선사(得通禪師, 1376~1433)가 저술했다고 전하는 『현정론』(顯正論)과 『유석질의론』(儒釋質疑論)이 바로 그것이다.* 득통 선사는 함허당(涵虛堂)이라는 당호나 기화(己和)라는 법호로 잘 알려진 고승대덕이다.

『현정론』은 서론과 14개 항의 문답으로 이루어져 있는데, 불교의 궁극적인 목표가 개개인의 해탈에 있으며, 그 방법은 "정(情)을 제거하고 성(性)을 드러내는 것"(去情顯性)이라고 하였다.[160] 정(情)은 곧 무명(無明)을 말한다. 사람에게는 염(染)과 정(淨)이 있고 선과 악이 있지만, 그것은 원래 성(性)이 미혹하여 만들어진 것이므로 누구든 자신의 본성을 깨닫고 정을 자주 제거하여 마음의 바름을 얻으면, 그 이익은 마음에서 일신, 집안, 나라, 천하로 미친다고 하였다.[161] 나아가 『현정론』은 교화 면에서 유교가 불교를 보완할 수 있다고 보면서, 유교의 오상(五常)과 불교의 오계(五戒)를 배당하였다. 즉, 죽이지 않음[不殺]을 인(仁), 도둑질하지 않음[不盜]을 의(義), 간음하지 않음[不淫]을 예(禮), 술 마시지 않음[不飲酒]을 지(智), 함부로 말하지 않음[不妄語]을 신(信)에 대응시

---

* 『현정론』은 1544년(중종 39)에 토산(兎山) 학봉산(鶴鳳山) 석두사(石頭寺)에서 『함허당득통화상현정론』(涵虛堂得通和尙顯正論)이라는 제목으로 1책이 목판 간행되었다. 『유석질의론』은 1537년(중종 32)에 흥덕(興德) 소요산(逍遙山) 연기사(烟起寺)에서 1책으로 목판 간행되었다. 두 책 모두 동국대학교 출판부 1994년 간행 『한국불교전서』 7(조선시대 편 1)에 배인(排印) 수록되어 있다.

컸다.[162]

『현정론』의 뒤를 이어 저술되었다고 전하는 『유석질의론』은 서론과 19개 항의 문답으로 이루어져 있다. 이 책은 유·불·도 삼교는 성인이 백성의 병을 가르치는 큰 가르침이되 순서와 방법이 다를 뿐이라고 전제하고, "삼교가 모두 마음에 근본했으나 유교는 마음의 자취를, 불교는 진심을, 도교는 자취와 진심 사이를 접한 도"라고 규정한 뒤, "나타나 볼 수 있는 것은 자취이고 오묘하여 볼 수 없는 것은 성(性)이니, 볼 수 없는 것은 도가 멀고 깊으며, 볼 수 있는 것은 가깝고 얕다. 따라서 유교는 불교의 대각(大覺)의 경계에 미칠 수 없다"고 결론을 지었다.

『현정론』과 『유석질의론』은 삼교를 절충하거나 불교가 우위에 있다고 은근히 주장했을 뿐, 사실 인간 존재의 문제를 근본적으로 다룬 것은 아니다. 그런데 김시습은 1475년(성종 6)에 『십현담요해』를 저술하고, 1476년(성종 7)에 의상(義相: 義湘)의 『대화엄일승법계도주병서』에 주를 달아서 인간 존재의 근본 문제를 사유하였다.

_ 일연의 『중편조동오위』를 전하다

김시습은 일연의 『중편조동오위』를 전하고 『십현담요해』를 저술함으로써 선종 가운데서도 신라의 무상(無相, 684~762),* 중국의 마조 도일(馬祖道一, 709~788) 등 집로(執勞)를 중시하는 법맥을 이었다.[163]

김시습은 일연(一然) 스님이 엮은 조동선(曹洞禪)의 귀중한 문헌인 『중편조동오위』(重編曹洞五位)를 전하였다.** 『중편조동오위』는 일연이 51세 되던

---

* 무상은 신라 성덕왕의 셋째 왕자로 태어나 불법에 눈을 뜬 뒤 당나라로 유학하여 마침내 자주(資州) 덕순사(德純寺)에 이르러 당화상(唐和尙) 처적(處寂)의 법맥을 이었다. 무상 선사의 법맥과 전기 및 관련 자료는 불교영상회보사의 『淨衆無相禪師』(1993) 참조.
** 이 책은 일연의 비문에 그의 생전 저술 가운데 하나로 언급되어 있지만, 국내에서는 자취를 감추었다. 하지만 민영규(閔泳珪) 님이 일본 교토(京都)대학 도서관에 소장되어 있는 일본 연보(延寶) 8년(1680) 간행본의 권두 서문에 나오는 '회연보'(晦然補)에서 '회연'이 일연의 자(字)라는 사실을 밝힘으로써 일연이 지은 『중편조동오위』가 세상에 알려졌다. 즉, 서문 끝에 "중통(中統) 원년(1260), 실

1256(고려 고종 6) 여름에 두륜산(頭輪山) 길상암(吉祥庵)에서 옛 간본을 참고로 해서 바로잡고 자신의 견해를 덧붙인 것이다. 이 책은 상·중·하로 이루어져 있는데, 상권은 「동산오위현결」(洞山五位顯訣)로 혜하(慧霞)가 편하고 광휘(廣輝)가 석(釋)하였으며, 회연(일연)이 보(補)하였다.

그런데 일본 간행본『중편조동오위』에는 회연, 즉 일연의 서문이 시작되는 부분에 "傳付守澄上主雪岑"이라는 여덟 글자가 있어 설잠, 즉 김시습이 어떤 형태로든 이 책의 전승에 관여했음을 알 수 있게 한다. 단, "傳付守澄上主"는 "강이 끝난 후에 수증 상주에게 이 책을 증여하였다"라는 뜻인데, 수증은 일본의 승려로 김시습보다 2백여 년 전의 인물이며, '설잠'(雪岑)과는 아무 관계가 없다고 한다.***

선종은 남천축국의 바라문 달마가 중국에 들어와 남북조의 양나라 무제 때 세운 종파로, 교리에 의존하기보다 마음으로써 마음에 전하므로 별전(別傳)이라 한다. 달마 이후 선종의 맥은 혜가(慧可), 승찬(僧璨), 도신(道信), 홍인(弘忍)에게 전했으며, 거기서 남쪽〔南宗〕의 혜능(慧能)과 북쪽〔北宗〕의 신수(神秀)가 양립하였다. 선종은 사원이 없었으나, 백장 회해(百丈懷海, 749~814)가 처음으로 선원을 만들고, 독자적 규정인 청규(淸規)를 제시하였다. 그 뒤 선종은 통쾌한 임제종(臨濟宗), 근엄한 위앙종(潙仰宗), 세밀한 조동종(曹洞宗), 기특한 운문종(雲門宗), 상세한 법안종(法眼宗) 들이 각각 종풍을 드날렸다. 임제종은 공안(公案)을 헤아림으로써 깨달음을 얻는 공안선(公案禪: 看話禪)을 세웠으나, 조동종은 공안에 의지하지 않는 묵조선(默照禪)을 수행하였다.

일연은『중편조동오위』서문에서, 조계종이 석두(石頭)에서부터 동산(洞山)

침(實沈: 庚申年) 납월(12월) 8일 봉소헌(鳳笑軒)에서 회연(晦然: 一然)이 서(序)하다"라고 쓰어진 것이 그 단서였다. 일연이 지은 이 책은 대한불교진흥원에서 발행하는 격월간지『불교와 문화』에 1999년 여름호(통권 30호)부터 겨울호(통권 32호)까지 3회에 걸쳐 번역, 연재되었으며, 2002년에 김시습의『십현담요해』와 함께 번역, 간행되었다. 일연 지음, 이창섭·최철환 옮김,『일연 스님의 중편조동오위』(대한불교진흥원, 2002. 2) 참조.
*** 민영규 선생님의 설로, 2003년 2월 10일 면담에서 가르침을 받았다.

에 이르러 성했다가 그 뒤 신라로 전해졌고, 동산 양개의 오위설에 대한 주석을 고려 조계수선사(曹溪修禪寺)의 제3세인 청진 국사(淸眞國師) 소융 몽여(小融 夢如, ?~1252)와 의논하게 된 경위를 다음과 같이 서술하였다.

양개(良价) 선사가 내려주신 모범을 관찰해보면 진실로 헤아리기 어려운 일이다. 설봉(雪峰)은 천오백 명의 선지식(善知識)이었지만 푸줏간〔屠間〕에서 아홉 번이나 맛을 보며 손가락을 더럽혔고, 운거(雲居) 스님은 문수보살의 화현〔妙光幻有〕으로 동쪽 땅에 일곱번째 태어난 대종사였지만 대장간 용광로 속에 두 번이나 몸을 던져 망치로 제련(製鍊)해주기를 청하였으니, 어찌 그 용맹스러움을 비할 수 있으랴. 그러나 장석(匠石)이 죽자 (그 제자는) 잡은 도끼를 휘두를 데가 없고, 해인(海印)의 빛이 사그러짐은 거문고 타는 손가락이 신통치 못함이라. 진실로 하나의 달을 보지 못하면 세 척의 배가 갈 길을 잃고, 달을 가리키는 손가락에 집착하여 길을 잃고 한 근원으로 다시 되돌아가지 못하다면 아홉 갈래로 더더욱 멀어지듯이, 다른 데서 미혹되면 결국 하나가 아닌 곳으로 가게 된다. 이런 점을 잊지 않도록 지적해주는 것이 좋은 지도자가 갖는 근심이니, 조산(曹山) 스님이 온갖 가르침과 주석을 사양하지 않으신 이유가 바로 여기에 있다. 이어서 혜하(慧霞) 스님이 편집하고 광휘(廣輝) 스님이 해석하여 이 기록이 세상에 퍼졌다. 그러나 글의 맥락이 뒤엉켜서 연구하기가 조금 어려웠는데, 요즘 들어 보법 노겸(普法老謙) 선사가 송본(宋本)을 얻어 중간(重刊)하면서 조산과 동산의 흩어진 글을 다시 모으고, 아울러 소산(疎山)과 말산(末山) 두 스님의 어결(語訣)을 배열하여 하편을 만들었다. 그런 가운데 자세하지 못한 곳은 보완했지만 지나치게 오류가 많고 잘못이 적지 않았다. 이러한 근심을 가슴속에 품고 있다가 한번은 조계(曹溪)의 소융(小融) 화상을 찾아뵌 일이 있었는데, 화제가 조동종의 가세(家世)에 미치자 화상께서도 이 문제를 언급하시며 새삼 탄식하셨다. 그러나 한두 번 다시 묻고 가르침을 받을 겨를이 없었으니, 이제 와서 후회해도 어찌해 볼 수 없는 일이다. 다행히 인연을 만난다면 개정본을 내야겠다고 혼자 마음속으로 생각했지만, 다사다난한 세상을 만나는 바람에 본뜻을 실행하지 못하였다. 그러다가 다음해인 병진년(1256) 여름 윤산(輪山: 경남 남해 소재)의 길상암(吉祥庵)에 머물면서 여유가 생기자 삼가(三家)의 구본(舊本) 어구(語句)를 읽고 검토하는 일에 힘을 쏟았다. 그 말들을 뒤섞어서 법문의 성격에 따라 끼워넣어 옛 본의 형태대로 두 책으로 분리하여 어린 학인들이 찾을 때를 대비하였다. 동문(同門)의 색상인(索上人)이 이를 보고 원고가 혹시 없어질까 염려하여 나무에 새겨 찍어내자고 절실히 요청해서, 나는 "좋습니다. 맑은 법수(法水)에 의지해서 막혀 있는 병든 풀들을 한번 씻어내는 것이 나의 바람이니, 그대가 이 일을 해보도록 하십시오"라고 말하였다.[164]

김시습이 이 책의 전승에 간여한 것은 분명하지만, 이 책의 편집에 어떻게 간여했는지는 알 수가 없다. 다만, 그가 『십현담요해』에서 오위설을 부연한 것으로 보아 이 책에서 사유의 단서를 얻었으리라고 짐작할 수 있다. 조동종은 무차별 가운데 차별 현상이 화합한 상태인 '정중묘'(正中妙)를 높이 치므로, 그 가풍을 '정중묘협(正中妙叶) 고창쌍거(高唱雙擧)'라고 한다. 특히 임제종 계통에서는 공안을 헤아려 생각함으로써〔商量〕깨달음을 얻으려는 공안선(公案禪)에 의지했으나, 조동종 계통에서는 공안에 의지하지 않는 묵조선(默照禪)을 수행했으므로, 김시습도 조동종의 묵조선에서 깊은 영향을 받았으리라는 점을 짐작할 수 있다.

_ 『십현담요해』를 저술하다

김시습은 1475년(성종 6)에 조동종의 적통 운거 도응(雲居道膺, ?~902)의 법사(法嗣)였던 동안 상찰(同安常察, ?~961)이 지은 『십현담』에 주해하였다. 그 저술이 곧 『십현담요해』로, 독립해서 필사로 전하는 것도 있고, 「조동오위군신도」(曹洞五位君臣圖)와 합철되어 『조동오위요해』(曹洞五位要解)라는 제목이 붙은 필사본도 전한다.[165] 『십현담요해』 끝에는 "성화 을미년 도절(桃節) 재생패(哉生覇)에 청한자 필추(芯蒭: 비구) 설잠이 폭천산에서 주를 쓰다"라고 서명되어 있다. 성화 을미년은 조선 성종 6년인 1475년이고, 도절 재생패는 3월 16

일이다. 김시습이 41세 때 저술한 것임을 알 수 있다.

동안 상찰의 『십현담』은 정편정위설(正偏正位說)로 인간과 세계에 관한 인식을 논하였다. 정(正)은 음(陰), 편(偏)은 양(陽)이니, 정은 본체요 본래성이고 편은 현상이요 현실성이다. 정[음]은 정(靜)·체(體)·공(空)·이(理)·평등(平等)·절대(絶對)·본각(本覺)·진여(眞如), 편[양]은 동(動)·용(用)·색(色)·사(事)·차별(差別)·상대(相對)·말각(末覺)·생멸(生滅)을 뜻한다. 편과 정이 서로 작용하여 다음과 같은 수행의 다섯 단계가 나온다.*

- ● 정중편(正中偏): 정 중의 편. 본체계를 가리키는 현상. 전체[一] 안의 개체[多], 부처 안의 중생, 공 안의 색, 평등 속의 차별, 보편 속의 특수, 이치 속의 사물.
- ● 편중정(偏中正): 편 중의 정. 현상계에 숨어 있는 본체. 개체[多] 안의 전체[一], 중생[世界] 안의 부처, 색(色) 안의 공, 차별 속의 평등, 특수 속의 보편, 사물 속의 이치.
- ◉ 정중래(正中來): 정 중에서 오다. 본체에서 의식적으로 현상계로 돌아옴. 지혜가 생활로, 앎이 실천으로 바뀜.
- ○ 겸중지(兼中至): 겸 중에 이르다. 양계가 조화를 이룸. 이원성을 넘어서 크게 깨달음. [또는 편중지(偏中至)라고도 한다.]
- ● 겸중도(兼中到): 겸 중에 낙착되다. 조화의 핵심에 이름. 위의 네 위에 조금도 막히지 않고 모두를 융합해서 자유자재함.

궁극의 경지인 겸중도는 '이류 속에서의 행각'[異類中行]이라고 한다. 대승 보살이 성불한 후에 열반에 안주하지 않고 육도(六道)**의 윤회 속에 뛰어들어

---

* 조동종을 세운 동산 양개(洞山良价, 807~869)가 이미 학인들을 지도하는 수단으로 그 다섯 위[正偏五位]를 사용했고, 동산의 제자 조산 본적(曹山本寂, 840~901)은 그 이치를 그림으로 그리고 각각을 임금과 신하의 차례로 비유하였다.
** 중생이 선악의 결과를 일으키는 원인에 따라 윤회하여 이르는 여섯 세계. 곧 지옥도(地獄道), 아귀

축생 등 모든 중생을 제도함을 말한다. 그것을 구상적 언어로 표현한 것이 '피모대각'(被毛戴角)이니, 몸에 털을 입고 뿔을 얹은 소가 되어 갖은 고생을 감수하면서 중생을 위해 일한다는 뜻이다. 김시습은 바로 이 대보살행사상에 깊이 공감했기 때문에 『십현담』을 주해했을 것이다.

『십현담요해』의 첫머리에는 김시습의 서문이 붙어 있다. 김시습은 자신의 주해가 "뱀 그림에 발을 더 붙인 격"이요, "갈등(葛藤) 위에다 가지와 덩굴을 더 보탠 격"이라고 말하면서도, 그것이 『십현담』을 이해하는 한 방편일 수 있으리라고 자부하였다. 갈등은 흔히 교종에서 교리를 논하는 것을 두고 선종에서 비판하는 말이다. 여기서는 이론을 위한 이론을 두고 한 말이다.

> 『십현담』은 부처와 조사들의 현관(玄關: 불가사의한 도로 들어가는 관문)이어서 무한한 지혜를 가진 이가 아니면 능히 그 문호를 엿볼 수조차 없다. 그런데 동안상찰 선사는 이 현관 속을 향해 돌입했고, 특별히 자비심을 발휘하여 방향을 잃고 헤매는 이들에게 길을 열어보였으니, 이는 중생의 지견(知見: 지식과 견문)을 더해 줌에 있어 해롭지 않다고 하겠다. 산승이 거기에 다시 뱀의 발을 더 그려 붙였으니, 이것은 갈등 위에다 가지와 덩굴을 더 보탠 격이다. 그러나 달을 가리키는 손가락이 없다면 어리석은 아이들은 달을 보지 못할 것이고, 토끼를 잡는 데 올무를 쓰지 않는다면 탐욕스런 우인(虞人: 수렵장의 관리자)은 토끼를 얻을 수가 없다. 그것과 마찬가지로 이 『십현담』을 이해하려면 반드시 손가락과 올무를 말미암아야 달을 보고 토끼를 잡을 수 있다. 그리고 나서는 나의 갈등을 돌려주어야 할 것이다.[166]

『십현담』은 심인(心印), 조의(祖意), 현기(玄機), 진이(塵異), 연교(演敎), 달본(達本), 환원(還源), 전위(轉位), 회기(廻機), 일색(一色)의 10현(玄)에 각각 7언의 게송(偈頌)을 붙인 것이다. 그 게송들은 조사선(祖師禪)의 활구 공안(活句

도(餓鬼道), 축생도(畜生道), 아수라도(阿修羅道), 인간도(人間道), 천상도(天上道).

公案)에 대해 평창(評唱: 評說·評釋)을 하지 않고 논리적으로 접근하였다. 김시습은 『십현담요해』를 엮어, 중국 법안종(法眼宗) 문익(文益, 885~958) 선사의 주를 먼저 적고, 그 뒤에 자신의 주를 붙였다.

「심인」(心印)의 게송은 "묻노라 그대여, 심인이 무슨 모습으로 생겼는고? 심인을 누가 감히 주고받을 수 있는가?"(問君心印作何顏, 心印何人敢授傳)인데, 여기에 김시습은 다음과 같이 주를 달았다.

> 달마도 심인을 가지고 오지 않았고 이조(二祖: 혜가)도 심인을 구하러 가지 않았다. 그러니 무엇을 주었으며 무엇을 받았겠는가? 마침내 어떻게 일러야 하겠는가? 추울 때는 불을 가까이하고, 더울 때는 서늘한 바람을 쐰다.[167]

그리고 「심인」의 마지막 부분에서 김시습은 작위하지 않는 가운데 무심의 경지에 이르러야 한다고 강조하였다.

> 첫 구에서 여섯째 구에 이르기까지는 정성(情性)도 잊고 사려(思慮)도 끊는 것을 논하였다. 모색(摸索)해도 얻을 수 없는 소식(消息)은 완연한 무심(無心)이다. 그러나 한결같이 정성을 잊고 사려를 잊으면 공(空)에 떨어져서 능히 진보하지 못할까 염려된다. 그러므로 일이란 무사(無事) 속에 있음을 알아야 한다.[168]

「연교」의 주에서 김시습은, 부처가 녹야원(鹿野苑)에서 4제(四諦)*·12인연(十二因緣)**·6바라밀(六波羅蜜)*** 등을 설법한 뒤, 식견 얕은 자들이 실제로

---

* 불교의 중심 교리. 4성제(四聖諦)라고도 한다. 고(苦)에 관한 진리〔苦諦〕, 고의 원인에 관한 진리〔集諦〕, 고의 소멸·열반에 관한 진리〔滅諦〕, 적정(寂靜)·통찰·깨달음으로 이끄는 여덟 가지 성스러운 진리〔道諦, 八正道〕를 말한다.
** 과거에 지은 업(業)에 따라 현재의 과보(果報)를 받으며, 현재의 업에 따라 미래의 고(苦)를 받는 12가지 인연. 무명(無明), 행(行), 식(識), 명색(名色), 육입(六入), 촉(觸), 수(受), 애(愛), 취(取), 유(有), 생(生), 노사(老死)를 말한다.
*** 보살이 생사의 고해(苦海)를 건너 열반에 이르기 위해 실천해야 할 여섯 가지 덕목. 보시(布施), 지

있다고 집착하므로 방등경전(方等經典)****을 설하고 나서 『반야경』을 설하여 모든 법이 공이라고 했지만, 다시 사람들이 공에 집착하므로 마지막에 『법화경』과 『열반경』을 설하여 일승(一乘)의 묘법을 이루게 했다고 말하였다. 부처의 교설은 『화엄경』에서 시작하여 『열반경』에서 매듭지어졌다고 일컬어지는데, 그 사이에는 화의적(化儀的: 형식적)으로든 화법적(化法的: 내용적)으로든 여러 차이를 지닌 경전들이 있다. 김시습은 『법화경』과 『열반경』을 궁극적인 일승의 경전으로 보았으니, 이것은 천태학의 영향을 받은 결과이다.

김시습은 「연교」의 게송인 "용궁에는 의약의 처방이 가득하고, 학수에서 담론을 마쳤어도 이치는 현묘하지 못하네"(龍宮滿藏醫方義, 鶴樹終談理未玄)에 대하여, 『화엄경소』(華嚴經疏)를 인용하여 문수보살이 아난과 더불어 철위산에서 법장(法藏: 경전)을 결집(結集: 편찬)하고는 용궁에 간직했다고 말하고, 『열반경』의 비유를 끌어와 반자(半字: 한자의 획을 줄여 쉽게 쓴 속자)의 가르침은 소승의 구부(九部) 경전을, 만자(滿字)의 가르침은 십이부 경전을 말하며, 중생들이 지닌 탐하고 성내고 어리석은 병을 치료할 약을 증세에 따라 처방했으므로 경전이 12부나 될 만큼 많아졌다고 하였다. 그리고 부처는 열반에 들 때 두 숲이 흰 빛으로 변한 학수(鶴樹) 현상이 일어난 회상(會上)에서 "처음 녹야원에서부터 마지막 발제하(跋提河)에 이르기까지 그 사이에서 한 글자도 설한 적이 없다"고 최후에 "말했다"고 하는데, 부처가 그런 말을 한 것도 결국 제2기(第二機: 제2급 정도의 낮은 작용. 第二頭, 向下)에 떨어진 것으로, 향상(向上: 최고의 깨달음, 부처의 경계)의 현기(玄機: 헤아릴 수 없이 깊고 미묘한 이치)가 아니라고 하였다. 그래서 김시습은 "부모가 낳아준 입으로는 끝내 남을 위해 전하지 못하네"(父母所生口, 終不爲人傳)라고 단호하게 말하였다.

김시습의 『십현담요해』는 훗날 한글로 번역되었다. 이 언해본은 1548년(명종 2) 강화지(江華地) 마리산(摩利山) 정수사(淨水寺) 승려 희조(熙祖)가 판각했

지계(持戒), 인욕(忍辱), 정진(精進), 선정(禪定), 지혜(智慧)를 말한다.
**** 대승경전 가운데 화엄(華嚴), 반야(般若), 법화(法華), 열반(涅槃) 등에 속하지 않는 경전.

다. 2009년, 고 성철(性澈) 스님(1912~1993) 서고에서 발견되었다.

_ 『화엄석제』를 짓다

김시습은 화엄(華嚴)사상과 선(禪)사상을 결합하여 『화엄석제』(華嚴釋題)를 지었다. 『화엄석제』는 80화엄의 경제(經題: 경전의 제목)인 '대방광불화엄경'(大方廣佛華嚴經) 일곱 글자를 중심으로 80화엄을 평창(評唱)한 것이다. 이미 화엄종의 4조 청량 징관(清涼澄觀, 738~839)은 화엄과 선을 결합했고, 5조 규봉 종밀(圭峯宗密, 780~841)은 선교 일치를 주장했는데, 규봉이 입적한 뒤 화엄종은 세력을 잃었지만 화엄사상은 오히려 선가(禪家) 쪽에서 매우 중요하게 다루어 왔다. 김시습의 이 저술은 화엄과 선을 결합시켜온 중국 불교 및 한국 불교의 전통을 이은 것으로, 불교사에서 매우 중요한 의미를 지닌다.*

김시습이 언제 『화엄석제』를 지었는지는 분명하지 않다. 아마도 『대화엄일승법계도주병서』를 지을 무렵에 화엄과 선을 결합시키는 문제를 진지하게 탐구하여, 그것과 같은 취지의 이 글을 지었으리라 추정된다. 이 저술은 1524년(명나라 연호 嘉靖 3)에 문경(聞慶) 쌍룡사(雙龍寺)에서 『연경별찬』(蓮經別讚), 곧 『묘법연화경별찬』과 함께 목판으로 간행되었다.**

김시습은 『화엄석제』에서 80화엄의 대의에 관하여, 최초의 11권은 중생을 위해 개발한 신문(信門), 그 다음 41권은 중생을 위해 개발한 해문(解門), 그 다음 7권은 중생을 위해 개발한 행문(行門), 그 다음 21권은 중생을 위해 개발한 증문(證門)이라고 명료하게 설명하였다.

『화엄경』은 존재세계의 실상인 화엄법계의 소식을 들려주는 경으로, 존재세계의 수많은 현상들이 모두 수많은 인연에 따라 이루어진 것이어서, 발생시킨

---

* 玉城康四郎,「華嚴釋題の佛教學的意義」,『梅月堂學術論叢: 그 文學과 思想』(강원대학교 인문과학연구소, 1988. 7), 33~58쪽 및 金知見,「雪岑의 華嚴과 禪의 世界」,『華嚴思想과 禪』(민족사, 2002. 2), 225~251쪽 참조. 이하의 내용은 작고하신 김지견 박사의 평소 가르침을 따른다.
** 그 배인본(排印本)이 동국대학교 한국불교전서 편찬위원회, {한국불교전서} 7(동국대학교 출판부, 1986)에 수록되어 있다.

것도 없고 만든 자도 없으며 아는 자도 없고 이룬 자도 없이 있는 그대로 세계가 성취되어 있음을 말한다. 이렇게 화엄법계는 규정이 없는 존재세계이기에, 그것을 시간과 공간 속에서 인과 범위에 따라 대상화할 수가 없다. 그렇기에 김시습은 『화엄석제』에서 "티끌처럼 많은 국토들이 자타간에 터럭 끝만큼의 거리도 없으며, 역사적 시간이 처음부터 끝까지 이 자리의 일념을 떠나서 있는 것이 아니다"(無邊刹境, 自他不隔於毫端, 十世古今, 始終不離於當念)라고 했고, 선승 두순(杜順)이 「법신송」(法身頌)에서 비유적으로 말했던 "회주의 소가 풀을 먹음에 익주의 말이 배부르다"(懷州牛喫禾, 益州馬腹脹)라는 말을 끌어왔다. 김시습은 논리적 구조와 시간적 계기(繼起)를 초월하여 성기(性起: 우주 만물이 항상 변하지 않는 본성에서 나타남)를 깨달아야 한다고 강조하였다.

그런데 김시습은 성기에 대한 깨달음은 결코 불경계(佛境界)를 대상화함으로써 이루어낼 수 있는 것이 아니라, 중생의 신심(身心)에 의해서 이루어진다고 하였다. 그는 "법계라는 것은 다름 아닌 모든 중생의 신심 본체이다"(法界者, 一切衆生之身心本體也)라고 말하고, 자기 일착(自己一着)이야말로 불퇴전(不退轉)의 깨달음을 얻을 수 있는 당처(當處)라고 보았다. 김시습은 바로 화엄 법계를 바깥에서 규정하지 않고, 범부(凡夫)의 마음이 곧 부동지불(不動智佛)임을 인정해야 한다고 보았던 것이다.

김시습은 선의 체험을 인간 주체의 실존에서 찾았다. 그래서 그는 수락산 시절에 '성지'(誠之)라는 사람을 위해 『인천안목』(人天眼目)을 강하였다. 『인천안목』은 송나라의 지소(智昭)가 선종 제가(諸家)의 요의(要義)를 모은 책으로, 조선에서 여러 번 간행되었다. '인천안목'이란 인간계와 천상계에 살고 있는 모든 사람을 위한 안목이라는 말로, 세계의 모든 이들을 위한 지표(指標)라는 뜻이며, 지혜가 더없이 뛰어난 인물을 가리키기도 한다.

김시습은 '성지'를 위해 다음과 같은 시를 지었다.*

---

* 이 '성지'를 양성지(梁誠之, 1414~1482)라고 보는 설이 있으나, 근거가 없다. 김시습이 자신보다 연장자의 본명을 시 제목으로 썼을 리 만무하다. 더구나 이 시는 '석로'(釋老) 부문에 들어 있으므로, '성지'는 불문(佛門)의 사람이었을 가능성이 있다. 창녕 성씨 가문의 한 사람이었던 것 같으나,

보리와 열반의 길 아득한 것 아니니	菩提涅槃路非遙
그깟 공부했자 반나절의 일일 뿐.	參介工夫在半朝
한 구를 꿰뚫을 때 천 구절이 환해지고	一句透時千句透
성심(聖心) 지운 곳에 망심(妄心)도 지워지네.	聖心消處妄心消
조등(祖燈) 잇는 것은 다만 나의 문제이니	祖燈似續皆吾分
심인(心印)의 전지(傳持)를 밖에서 맞을 게 아니지.	心印傳持不外邀
그저 이 마음 성성(惺惺)하다면	但得惺惺方寸地
삼구(三句)와 삼요(三要)는 따져 무엇하리.	何論三句與三要

김시습은 화엄의 성기법계(性起法界)가 돈오(頓悟)의 선 체험과 근본적으로 서로 의지하고 있다고 보았다. 또한 깨달음이란 별도의 광경을 보는 일이 아니라, 바로 지금의 늘 깨어 있는 마음 상태를 뜻한다고 보았다. 이것은 그가 '일상 응연의 곳'〔日常應緣之處〕에서 마음 닦는 일을 무엇보다 중시했던 것과 무관하지 않다.

_ 『대화엄일승법계도주병서』를 저술하다

김시습은 1476년(성종 7)에 의상(義湘·義相, 625~702)의 『일승법계도합시일인』(一乘法界圖合詩一印)에 주를 달아 『대화엄일승법계도주병서』(大華嚴一乘法界圖註幷序)를 엮었다. 이것은 신라의 의상과 고려의 지눌(知訥)이 화엄과 선을 연결시켜 온 사상사의 맥을 이은 것이다.[169] 김시습의 이 책은 그가 죽은 지 불과 13년 뒤인 1502년(임술. 당시 연도를 표기하던 관습에 따르면, 명나라 연호인 弘治 15)에 용수사(龍壽寺)에서 개간(開刊)되었고, 그로부터 60년 뒤인 1562년(임술. 명나라 연호인 嘉靖 41) 7월에 재간(再刊)되었다.[170]

의상의 『일승법계도합시일인』(줄여서 『法界圖記』 또는 『법계도』)은 '법성원융무이상'(法性圓融無二相)에서 시작하여 '본래부동명위불'(本來不動名爲佛)로

확실하지 않다. 『梅月堂集』 권3, 釋老, 「誠之來學人天眼目」.

끝나는 칠언 30구(句)의 게송(偈頌)이다. 그래서 '법성게'(法性偈)라고도 한다. 현재 한국 불교에서는 종파를 가리지 않고 불교의식이 끝날 무렵에 의상의 이 법성게를 독송한다. 또한 이 『법계도』는 깨달음의 경지에 드러난 우주 전체를 그림으로 그린 것이어서 '해인도'(海印圖)라고도 하는데, 중앙에서 시작하여 54번 꺾인 끝에 다시 한가운데에서 끝나는 도형으로 이루어져 있다. 게송 앞에는 『법계도』를 짓는 의도를 적었고, 뒤에는 『법계도』의 의미를 설명한 석문(釋文)을 붙였다. 고려의 균여(均如, 923~973)가 『일승법계도원통기』(一乘法界圖圓通記) 3권을 지었고, 고려 승려(體元이라고 傳함)가 『법계도총수록』(法界圖叢髓錄)을 엮었다. 김시습은 그 맥을 이어 『대화엄일승법계도주병서』를 지은 것이다. 뒤에 한말의 유문(有聞)은 『법성게과주』(法性偈科註)를 이어 지었다.[171]

의상은 해동 화엄의 초조(初祖)로, 36세 때인 661년에 당나라 사신의 배를 타고 당나라로 들어가, 다음해에 지상사(至相寺) 지엄(智儼, 602~668)을 찾아가서 화엄 교학의 진수를 전해 받은 뒤 『일승법계도합시일인』를 지어 인가를 받고, 668년 지엄이 입적한 후에 귀국하였다.

『법계도』의 게송은 자리행(自利行), 이타행(利他行), 수행(修行)의 세 부분으로 이루어져 있다. '자리행'은 진리의 실재를, '이타행'은 진리의 공덕을, '수행'은 진리의 증득 과정을 서술했는데, 전체 30구 가운데 18구절이 '자리행'에 대해 서술하였다.

이 도식은 법계 자체와 연기제법(緣起諸法)을 구분하면서도,[172] '一中一切 多中一', '一卽一切 多卽一'의 사상을 곳곳에서 논하여 일(一)과 다(多)를 부정하였다. 즉, 하나의 티끌과 전체 우주가 상즉(相卽)하고, 한 순간이 영원과 상통한다는 화엄사상을 함축적으로 드러낸 것이다.

화엄종의 교학을 대성한 현수 대사(賢首大師) 법장(法藏)은 거울 등불을 만들어 법계무진(法界無盡)의 이치를 설명한 바 있다. 즉, 거울 열 개를 가지고 팔방에다 하나씩 세우고 그 위와 아래에도 하나씩 놓아 거울 면이 서로 마주하게 만들되 거울들의 간격을 각각 똑같이 하여 그 가운데에다 불상을 놓고는 불을 하나 켜서 그것을 비추어 그것들이 서로서로 비추고 비추이는 모양을 가지고,

어떠한 사물이든 그것만이 고립되어 있는 것이 아니라 다른 모든 것에 한정되고 영향을 받아서 성립한다는 중중무진(重重無盡)의 관계를 직관적으로 이해시켰다.

『화엄경』은 근기(根機)와 법(法) 사이에 어떠한 상흔도 찾아볼 수 없는 청정무구(淸淨無垢)한 기법일체관 위에 성립한다. 이것은 『법화경』과 다르다. 『법화경』은 부처가 이(理)를 열어보여 중생들이 증오(證悟)하도록 하기에 근기와 법(法)에 분열과 대립이 있을 수 있음을 예상한다. 화엄세계에서는 이승(二乘)의 실체가 부정되며, 모든 이승은 이미 회귀를 다했기에 다시 회귀하지 않는다. 그렇기에 『화엄경』은 "모든 중생에게 모두 불성이 있다"(一切衆生, 悉有佛性)는 가장 본원적인 구경(究竟)의 일승교를 건립하였다.

그런데 일(一)과 다(多)의 부정을 말하는 사상은 도(道)를 일(一)로 표현하는 노자나 장자의 철학과 다르지 않고, 태극을 일(一)로 보거나 성(性)이나 도(道)를 일(一)로 보는 주자학과 다르지 않다. 불교에서의 조화는 초월세계에서 이루어지지만, 주자학의 조화는 현실세계에서 성취된다는 차이가 있기는 하다. 하지만 '위대한 단일성'을 뜻하는 도(道)는 장자의 제물(齊物)사상이나, 주자학의 이일(理一)사상과 통할 수 있다.

김시습은 의상의 『일승법계도합시일인』에서 현실세계를 조직하는 하나의 패러다임을 이끌어내고자 하였다. 그러나 그것은 온전한 하나가 존재할 때만 현실적 역량을 발휘할 수 있으리라. 온전한 하나가 존재하지 않는 한 그 패러다임은 허구일 따름이다. 바로 지금의 현실세계를 위대한 단일성의 세계로 인정하는 관점은 실제로 불완전한 현실을 그대로 인정하고, 결국 현실에 대한 타협과 굴종의식을 낳을 수 있다. 김시습은 원각사 낙성식에 참석한 뒤 온전한 하나의 부재를 확인하였다. 그런 그가 『일승법계도합시일인』을 주석하면서 꿈꾼 것은 실은 감미로운 환상과도 같은 것이었다.

김시습은 『화엄경』의 이사무애(理事無礙)[*]와 사사무애(事事無礙)[**]의 논리를

---

[*] 차별 없는 평등한 세계인 진리계와 차별의 세계인 현상계는 서로 독립하여 있는 것이 아니라 하나

신분 질서의 문제로까지 확장하지는 않았다. 사실 중국에서나 고려에서 불교가 그처럼 퍼졌는데도 신분 질서에 대한 관념이 바뀌지는 않았다. 불교는 송학(宋學)에 지배적인 영향을 주었지만, 유교의 신분 윤리를 방해하지 않는 범위에 그쳤다. 유교의 근본 이념은 과연 사사무애의 관념과 조화할 수 있을까?*** 유교의 인의사상은 만민 평등의 대동(大同)사회를 중세 질서 속에 실현시킬 역량을 지녔던 것일까? 이 문제에 대해 김시습은 논문을 남기지도 않았고, 시로 언급하지도 않은 듯하다.

_명승의 강론에 참여하고 젊은 승려들을 가르치다

김시습은 수락산에 거처할 때 낙산사 선상인(禪上人)에게 증시 3수를 남겼다.173) 선상인은 열선사(悅禪師), 곧 학열(學悅) 선사이다. 김시습은 그 첫 수에서 "한번 보자마자 깨끗한 의표가 옛 친구 같구려, 면목을 사모한 지 이미 오래 되었다오"(一見淸標似舊知, 羨墻面目已多時)라고 하고, "어느 땐가 대사에게 도를 물으러 가면, 눈동자에 낀 백태를 금 칼로 긁어내주시겠죠?"(從師問道他時去, 積瞖玄眸肯刮鎞)라고 청하였다.

그 뒤에 김시습은 학열 선사의 『열반경』과 『화엄경』 강의에 참여하고 돌아와, 「낙산 방장의 좌하에」(洛山丈室座下)라는 제목174)으로 5수의 시를 지어 부쳤다. 학열 선사는 본래 영가(永嘉), 즉 안동(安東) 출신으로 형과 아우는 유림에 발탁되었다. 김시습은 학열의 법문을 칭송하여, "선사는 높고 매섭게 기봉(機鋒: 날카로운 논조)이 있어, 일찍이 육상의 종지를 설파하였죠"(禪師高峻有機鋒, 曾破提娑六相宗)라고 말하였다. 원문의 제사(提娑)는 보통 '提舍' 또는 '底

의 걸림 없는 상호관계 속에 있다는 뜻이다.
** 모든 존재들이 서로 융화하여 현상계 자체가 그대로 진리의 세계라는 뜻이다.
*** 만일 이(理)만 높이 주장하면 결국 묵자의 겸애설과 같은 것이 되고 말아 공부자의 의(義)를 말할 수 없고, 이와 반대로 분수(分殊)만 말한다면 결국 양주(楊朱)의 이기주의에 떨어져서 인(仁)을 잃고 말 것이다. 궁극적으로는 분수(分殊)에 입각해서 이일(理一)을 추진해야 유교의 인도(仁道)가 확립된다고 말할 수 있다.

沙'로 적으며, 법을 설하여 사람을 제도한다는 뜻으로 설(說, Tīrṇa bhāṣya)을 말한다. 육상의 종지는, 『화엄경』에서 성안(聖眼)이 생각하는 제법(諸法)의 체성(體性)은 하나하나의 사상(事相) 가운데 총상(總相)·별상(別相)·동상(同相)·이상(異相)·성상(成相)·괴상(壞相)의 여섯 상이 원융(圓融)하다고 말한 것을 가리킨다. 육상원융(六相圓融) 또는 육상원융(六相圓融)이라고 말한다.

학열은 신미(信眉)에 버금가는 고승이었다. 신미는 김수온의 형이다. 세조는 신미, 학열에 또 한 사람 학조(學祖)를 더하여 3화상이라고 부르며 깊이 존경했다고 한다.[175] 단종 때는 부지돈녕부사였던 권총(權聰)이 별장에 불당을 세우고 학열을 맞이하여 거처하게 하였다. 그런데 학열이 불당에서 권총의 비첩과 관계하다 발각되자 도망하고 비첩은 자결하는 사건이 있었다.[176] 그 뒤 세조는 1467년(세조 13) 낙산사를 중수할 때 감독하는 일을 학열에게 맡겼는데, 이때 학열은 역군(役軍) 가운데 도망하는 자가 있으면 언제나 속물(贖物)을 바치게 하였다. 그래서 바가지나 솥까지 징발했으므로 강원도 내에 원성이 일었다. 그런데도 학열은 "만일 민폐를 헤아리면 큰 일을 이룰 수가 없다"고 말했다고 『실록』의 사신(史臣)은 적었다.[177]

학열은 예종 때도 식화(殖貨: 재화를 늘리는 일)에만 골몰하는 탐학한 승려라는 지탄을 받았다. 그가 머물던 강릉 지역 사람들이 조정에 진정하여, "승려 학열이 연화(緣化: 佛事에 시주를 받음)를 빙자해서 식화에만 전념하여 그 작폐 때문에 민간의 고통이 매우 심하다"라고 했던 것이다. 또한 탐음(貪淫)하고 잔학하여 못하는 일이 없었으며, 심지어 살림집을 마련하여 부녀자를 숨겨두었다는 지적마저 있었다.[178] 이러한 고발이 있자 공문서를 발송해서 추국(推鞫: 죄를 다스리는 것)하게 했으나, 끝내 편결을 내리지 못하였다.

1476년(성종 7) 6월 26일, 경연에서 지평 박숙달(朴叔達) 등이 학열(學悅)·학조(學祖)·신미(信眉)·설준(雪俊)과 같은 자들이 재물을 늘리면서 민폐를 끼친다고 지적하며 환속시켜야 한다고 청했으나 성종은 듣지 않았다.[179] 그때 박숙달은 "학열은 강릉 백성들에게 큰 이익이었던 둑을 허물어 밭을 만들고, 근처의 민전(民田)을 빼앗아 합해서 벼 5, 60여 석을 수확한다고 합니다. 또 재물과 곡식을 거두거나 빌려줄 때 백성들을 심하게 침학(侵虐)합니다. 청컨대, 그 둑을 도로 쌓도록 하고, 제자 중들 가운데 40세 이하인 자들은 모두 환속시켜 한 변진(邊鎭)의 정예한 군졸로 충원하도록 하십시오"라고 하였다.

『실록』에 따르면 학열은 1483년(성종 14) 12월 전에 이미 고인이었다.[180] 『실록』의 사신(史臣)은 학열을 탐학한 승려라고 비판했으나, 사초(史草)의 기록과 사신의 비판에 유가의 배불 관념이 끼여들어 있을 가능성이 높다. 김시습이 보기에 학열은 도법(道法)이 높은 고승대덕이었다.[181]

난수정 앞에서는 갈매기와 친하고	難水亭前狎泛鷗
의상대 가에서는 조각배를 보노라.	義湘臺畔看扁舟
참선 마음 담박하기는 창해와 같고	禪心淡泞如蒼海
법상이 평화롭기는 흰 소와 같구려.	法相雍容似白牛
늙어가매 이마에는 눈이 생겼고	老去頂顖應有眼
한가하여 구름과 달 외엔 짝이 없으리.	閑來雲月更無儔
파도 소리 산 빛은 티끌마다 불법이 있다는 게송	波聲山色微塵偈
지각 없는 사람에겐 꿈 이야기 그만두었네.	無智人前說夢休

김시습이 18세가 되어 불법을 깨우칠 때 자극을 주었던 설준(雪峻) 스님은, 1473년(성종 4, 계사)에 고양의 정인사 주지로 있었다. 그러나 수락산 시절에 김시습은 그와 왕래한 흔적을 남기지 않았다. 정인사는 조선 왕실의 추존왕 덕종의 능침(陵寢: 능)인 경릉 가까이에 두어 덕종을 위해 천복(薦福)하기 위한 절이었다. 경릉은 현재 서울의 서오릉 가운데 하나이다. 이 절은 문종의 능침인 현릉과도 가까웠다. 조선 왕실은 이 절을 매우 중시해 봉선사와 제도가 같게 중창하여, 1473년(성종 4, 계사) 4월 초파일에 낙성식을 거행하였다. 김수온의 중창기가 『신증동국여지승람』에 실려 있다.

그런데 1468년(세조 14) 정월에 오성정(梧城正) 이치(李穉)의 아내이자 판사(判事) 정지담(鄭之澹)의 딸인 정씨가 과부로 있으면서 불사를 벌이다가 설준

(雪岾)·심명(心明)·해초(海超)와 번갈아 사통한 뒤 아이를 두 번이나 가졌다고 하여, 당시 사람들이 시를 적어 걸었다는 기록이 있다.[182] 그 시에, "오성정의 아내 정부인, 몰래 탁발한 이와 간통하여 작은 중을 낳았군. 장안의 화류객에게 말하나니, 어찌 왕래하며 인연을 맺지 않는가?"라고 하였다. 1469년(예종 원년) 5월에는 정씨가 흥덕사의 중 설준을 가까이하여 노비 30구를 주고 문권을 작성했다고 한다.[183]

그런데 1472년(성종 3) 11월에 사간원은 정인사 주지인 설준의 종적이 해괴하다고 하여 문초하기를 청했으나, 성종은 듣지 않았다.[184] 그 이듬해 7월 16일(을사)에는 대사헌 서거정이 차자(箚子: 간단한 서식의 상소문)를 올려, 정인사 주지로 있는 설준이 문리(文理)를 조금 알면서도 지나치게 간사하고 교활하여 기강을 무너뜨렸다고 지적하였다. 서거정은 7월 18일(정미)에도 사찰에서 일어나는 여승과 부녀자에 의한 풍기 문란을 논하면서 설준의 일을 거론하였다. 7월 20일(기유)에는 사헌부 집의 현석규(玄碩圭)도, 설준이 "부녀와 여승을 묵어가게 하면서 승도들에게 문을 지키게 하고 수종(隨從)한 노복들은 들어가지 못하게 하는 등, 정황과 행적이 괴이하므로 엄하게 다스려야 한다"고 주장하였다. 김질(金礩)·윤자운(尹子雲)·임원준(任元濬) 등도 설준에게 죄를 물어야 한다고 청했으므로, 성종은 "대비에게 승품(承稟: 명령을 받음)하겠다"고 하였다. 당시 설잠이 인수대비의 보호를 받고 있었음을 짐작할 수 있다. 7월 21일(경술)에도 대사간 정괄(鄭佸) 등이, 설준은 죽은 여승 해민(海敏)을 추천(追薦: 죽은 사람의 명목을 빌고 기일 같은 때에 불사를 하는 일)한다고 일컫고 큰 법회를 열어 추잡하고 더러운 여승과 부녀자들을 불러모아 이틀 밤을 지냈으므로 힐문해야 한다고 청하였다. 성종은 설준에 대하여 장(杖) 80대를 속(贖)바치게(죄에 해당하는 만큼 돈으로 바치게) 하라고 할 뿐, 죄를 더 물을 수는 없다고 하였다. 그러자 7월 27일(병진)에 이르러 서거정은 설준을 볼기 때리고 환속시켜 변방의 군졸로 편입시켜야 한다고 주장하였다.[185]

설준은 "경성에 기식(寄食)하면서 명리를 구했다"는 이유로 사대부들의 미움을 사고 있던데다가, 과부의 집에 출입하여 더러운 소문이 났기 때문에 지탄을 받은 것이다.

1473년(성종 4) 8월 8일(정묘) 시강관 홍귀달(洪貴達, 1438~1504)은, 설준은 장(杖) 80대를 속바쳤는데, 장형에 해당하는 죄를 지은 자는 고신(告身: 직첩)을 빼앗는 것이 상례이므로 설준의 고신 3등을 빼앗아야 한다고 주장하였다.[186]

1476년(성종 7) 6월 26일(정유) 경연에서 지평 박숙달(朴叔達) 등은 학열, 학조, 신미, 설준과 같은 자들이 재물을 늘리면서 민폐를 끼친다고 지적하며 환속시킬 것을 청했으나, 성종은 선왕대의 일을 바꿀 수 없다고 고집하였다.[187] 그러나 1479년(성종 10) 이후에 설준은 환속되어 회령에 충군되었고, 1489년(성종 20) 무렵에 그의 면포(綿布)를 노린 회령 갑사에게 무참히 살해되고 만다.

이렇게 설준은 비참한 최후를 맞았지만, 성종 초만 해도 여러 문인들에게서 존경을 받았다. 남효온도 그를 위해 시를 지어 바친 것이 있다.[188] 그런데도 김시습은 수락산 시절에 그에게 시를 바치지 않았다. 시문이 수습되지 않았을지도 모른다.

"산중에 온 지 다섯 번 춥고 더운 때", 곧 수락산에 정착한 지 5년이 지난 1475년 무렵, 김시습은 20대의 승려 민상인(敏上人)과 그 동료들에게 불법을 가르쳤다. 민상인은 운문사(雲門寺)의 승려로, 말은 온화하고 지기(志氣)는 우아했으며, 뜻은 높되 늘 마음을 조심하였다. "소년 상인의 이름은 민인데, 미목이 반듯하고 눈동자가 가을 물같이 맑았다"(少年上人敏其名, 眉目稜稜秋水清).[189] 웅대한 문장은 한유(韓愈)와 유종원(柳宗元)을 배웠고, 우아한 시구는 이백과 두보를 본받았으며, 기이한 담화는 노자와 장자를 섞었고, 붓 쓰는 법은 석고(石鼓: 小篆에 가까운 700여 자가 새겨져 있는 북 모양의 돌)의 전자(篆字) 필법을 전하였다. 당시 김시습은 산마루 흰 구름을 반려로 삼아 "높고 높은 만 길 저 푸른 언덕 같은 마음을 지니고, 벙어리처럼 오똑히 앉아서 가는 날을 보내고 오는 달을 맞았다"(峩峩萬丈蒼厓心, 日往月來兀如瘖).[190]

그런데 홀연 민상인이 멀리서 와 두어 달을 묵으면서 청담(淸談)을 나누게 되었으니, 김시습은 10년 쌓인 답답한 창자가 일시에 가시는 듯하여 화서향(華胥鄕: 상상 속의 이상향)에 드는 기분이었다. 두 사람이 마주하여 웃으면 마치 산에 꽃이 피어나는 듯하였다. 이백(李白)은 「산 속에서 은둔자와 대작하면서」(山中與幽人對酌)에서 "두 사람 대작하면 산에 꽃이 피니, 한 잔 한 잔 또 한 잔(兩人對酌山花開, 一杯一杯又一杯)"이라고 하여, 자연 속에 어우러져 우정을 나누었던 호방한 맛을 느꼈으리라. 그래서 김시습은 민상인에게 시를 주어 "일만 권 도서 가지고 이 산에서 늙으려 하니, 부디 그대여 돌아오구려, 내가 그대를 기다리려니. 언젠가 돌 샘에서 차를 끓일 적에, 청산의 풍연 속에서 옷소매 함께 떨어봅시다"(萬卷圖書老此山, 願子歸來吾遲汝. 他年煎茶石澗邊, 衫袖共拂靑山烟)라고 당부하였다.[191]

그 뒤 민상인은 동료들을 데리고 김시습을 찾아왔다. 이때 김시습은 시를 적어서 불법을 논하였다. 그 대체적인 내용은 다음과 같다.

그대는 보라, 청정한 도는 티끌에 물들지 않는다. 분노와 욕심, 오직 그것 때문에 마음이 제상(諸相)에 가리는 것이다. 그래서 옛 성인도 경계하기를, 분노를 억누르고 욕심을 막으라고 하였다. 이것이 바로 지름길이니, 군자는 모름지기 홀로 있음을 삼가야 한다. 정욕이 한 번이라도 싹트면, 그것 때문에 얽히고 갇히는 법. 천축국의 옛 선생이 설산(히말라야)에서 머리를 깎은 것은 오직 이 중생을 위한 것이었으니, 중생들이 골몰하여 스스로 반성하지 못하자 태자가 입는 화려한 면복을 벗어 던지고, 부지런히 여섯 해 동안 고요함을 닦았다〔修靜〕. 성(聲)과 색(色)의 즐거움을 싫어하고, 이무기와 구렁이가 들끓는 경지를 사랑하였도다. 부디 그대들은 담박한 마음을 보존하여, 하루아침에 깨우치기를 기약하라. 그러면 비로소 알게 되리라, 중생을 건네는 배는 원래가 큰 거룻배라는 것을.[192]

김시습은 불교의 징분질욕(懲忿窒慾)이 유학의 신독(愼獨: 혼자 있을 때도 도리에 어긋남이 없도록 말과 행동을 삼가는 것)과 같은 공부라고 보았으며, 궁극적으로 욕심이 없는 담박한 마음〔淡泊心〕 상태를 유지해야 하루아침에 청정한 자성심(自性心)을 깨우칠 수 있다고 가르쳤다. 그러한 자기 수양이 이루어졌을 때 비로소 중생을 제도(濟度)하는 배가 큰 거룻배일 수 있다고 하였다.

민상인은 운문산의 납매(臘梅: 섣달에 피는 매화)가 봄이 되면 일찍 피어나고, 천 줄기 대나무가 있어 푸른 자태를 드러낸다고 말하면서 운문사로 꼭 놀러오라고 청하였다. 김시습은 "앞으로 내 몸이 건강하다면, 운문산 모퉁이로 가서, 매화 곁에 작은 집 얽고, 대숲에서 글을 평하고 고치고 싶다"고 토로하였다.[193]

또 언젠가 민상인은 흰 버선을 만들어 김시습에게 부치면서 시를 함께 보냈다. 김시습은 민상인이 지은 시의 운을 이용하여 고맙다는 뜻을 적어보냈다.[194]

익숙한 손으로 꿰매고 가느다란 끈으로 엮었으니	信手縫來綴細繩
한 올에 한 번 정성, 말로 표현키 어렵구려.	一縷一愨竟難媵
약야계 위에 있는 운문사를	若耶溪上雲門寺
그대와 오르리라 흰 버선 푸른 행전으로.	白韤靑縢爲子登

김시습은 수락산 시절에 여러 승려들과 교유하였다. 그 가운데서도 가장 가까이 지낸 승려는 춘천의 소양강에 초가를 두고 있는 학매(學梅)였다. 그는 춘천의 아름다움을 10경으로 열거하여 진진하게 묘사했던 듯하다. 김시습이 지은 「춘성십경시」(春城十景詩)는 학매의 말을 듣고 지은 것이 아닐까 한다.[195] 김시습은 춘성(춘천)의 거리에서 취하여 노는 광경, 소양강에 편주를 띄워 낚시하다가 모진(暮津: 현재의 母津)으로 거슬러 올라가는 광경, 청평산 선동(신선골)으로 약을 캐러 들어가는 광경, 화악(花岳)의 비폭 가로 스님을 찾아가는 광경, 신연(新淵)에서 낚시하는 광경, 소양강 안의 고산(孤山)과 백빈주(白蘋洲)로 배를 불러 건너는 광경, 강정(즉, 소양정)에서 손님을 전송하는 광경, 취한 김에 백접리(白接䍦: 흰 두건)를 뒤집어쓰고 나귀 등에 실려 고음(苦吟: 시어를 찾으려고 숙고하는 일)하면서 석교를 건너는 광경, 송원(松院)에서 말에 꼴을 먹이는 광경, 추림(楸林)에서 독수리를 활로 쏘고 토끼를 쫓아 수렵을 하는 광경 등을 상상하여 생동감 있게 묘사하였다.

학매는 늦가을에 근친(覲親)을 한다면서 춘천으로 떠났다. 그때 김시습은 송별시 3수를 지어주었다.[196]

우두산 아래 물이 갓 불어나	牛頭山下水初肥
나룻배는 바람에 잎새처럼 날리리.	野艇風恬一葉飛
화악산과 청평산은 몇 길이나 높을까	花岳淸平高幾丈
공중에서 푸른 물을 떨구어 나그네 옷 적시리.	浮空滴翠濕征衣

그 다음해 벽두에 학매가 근친에서 돌아오자, 김시습은 그를 위해 시 2수를 지어보였다. 그 동안 좋은 사람〔可人〕이 없어 지은 시를 남에게 보이지 못했고, 바둑도 적수가 없어 통에다 바둑돌을 넣어둔 채로 종이 장막에 그려진 매화만 자세히 보았노라고, 반가움을 표현하였다. 그리고 학매를 공자의 제자 증점(曾點)에게 견주며, 앞으로 반드시 너와 함께 청산으로 가겠다고도 하였다.[197] 그 뒤 학매는 또 춘천으로 돌아간 듯하다.[198]

훗날 김시습이 강릉에 있을 때 학매 상인이 거처에 들르자, 김시습은 시를 지어 "매상인과 함께 지팡이 짚고서, 용천의 복지를 내키는 대로 소요하리라" (我欲與梅同策杖, 龍泉福地任盤桓)라고 하였다.[199] 용천 복지란 강릉 부근의 용천사를 가리키는 듯하다.

학매는 여름에 김시습을 찾았다가 중하(中夏)에 춘천으로 돌아갔던 듯하다. 중하에 이별한 지 스무 날 만에 다시 만나 무척 기뻐했으나, 그 여름 끝에 학매가 다시 근친을 하러 떠나자 서운하여 4수를 지었다.[200] 그 가운데 한 수는 다음과 같다.

올해는 오래도록 흙비가 내렸기에	今年霾雨久
흉년이 아닌지 그쪽에서 오는 사람에게 묻는다.	凶歉問來方
강물이 몇 삿대나 불어났소?	江水幾篙漲
채소밭은 다 상했겠죠?	菜田應盡傷
하늘 일도 저러하거늘	天事旣如彼
인간 세태를 어찌 알랴.	人情那敢詳
관동에 돌밭 메마른 땅은	關東磽薄地

| 관가의 조세를 감당할 수 있으려나. | 官租可能當 |

김시습은 또 향산(香山)의 장로 심은(尋隱) 상인과 교유하였다. 심은 상인은 철령 동쪽 향산에 있는 절의 주지였는데, 김시습과는 이미 수년 전에 만난 적이 있었다. 어느 땐가 심은 상인이 향산으로 돌아가자 그의 시권에 5수의 시(「送尋隱上人歸故山詩卷」)를 적어주었다.[201] 그 세번째 시에서 김시습은 10년을 강호에서 떠돌던 자취를 되돌아보고, 흰 구름 감돌고 청람(青嵐) 이는 산 속에 묻혀 '목마르면 물 마시고 배고프면 밥 먹는' 자유자재한 삶을 본분으로 안다고 하였다.

이 한 몸 한가하게 흰 구름 가에 의지하매	一身閑倚白雲端
암자가 허무 속에 있어 산기운 뚝뚝 듣네.	菴在虛無滴翠巒
온갖 새 꽃을 입에 물어도 봄은 적적하여라	百鳥啣花春寂寂
외로운 원숭이 발우 잡은 곳에 달이 둥글어라.	孤猿捧鉢月團團
십 년 자취는 강호의 꿈이요	十年蹤跡江湖夢
천리 행장은 운수의 자취.	千里行裝雲水癬
산중에 이른 뒤론 모두 다 씻어버리고	自到山中渾鍊洗
목마르면 마시고 배고프면 먹는다오.	而今渴飮又飢餐

심은 상인에게 준 5수 가운데 다섯째 수에서는, 북종선이니 남종선이니 하는 종풍의 차별과 미혹을 벗어나 깨달았다 운운하는 것도 고선(枯禪)에 빠진 것에 불과하니, 이제부터는 푸른 산에 잠들리라고 하였다.

상인을 못 만난 지 서너 해	不見上人今數年
만나보니 풍모가 그대로구려.	相逢風韻政依然
풍상에 바뀌어 눈썹 빳빳이 일어섰고	眉毛剔起風霜換
세월 흘러가 나막신 굽 닳았을 뿐.	屐齒刓餘歲月旋
북종이다 남종이다 도무지 군말.	北敎南禪渾剩語

미혹하다 깨우쳤다 함은 고선(枯禪: 활발발하지 못한 선)에 빠진 것일 뿐. 先迷後悟入枯禪
이제부턴 천 갈래 만 갈래 길을 헤매지 않고 從今不踏千差路
푸른 산 깊은 곳에 다시 잠들리. 更向碧峯深處眠

김시습은 뒤에 다시 심은 상인을 위해 「심은」(尋隱)이라는 '인명시'를 썼다.[202)]
 김시습은 일생 동안 참으로 많은 승려들과 교유하였다. 그들 가운데는 그나마 일생 사적을 알 수 있는 인물도 있으나, 대부분은 사적을 잘 알 수가 없다. 윤춘년은 「매월당선생전」에서 김시습의 '제자승'(弟子僧)으로 도의(道義)와 학매를 꼽았다.[203)] 학매와의 관계는 김시습이 남긴 시를 통해 그 교유 사실을 확인할 수 있었지만, 도의와의 관계는 잘 알 수가 없었다. 도의는 뒷날 해인사 주지로 있을 만큼 고승이었던 것 같다.[204)]

도가 양생설의 수용
방외인들과의 교유와

_ 남효온, 이정은 등과의 교유

수락산 시절의 김시습은 당시의 정치 구조에서 소외되어 있으면서 자유를 추구했던 방외인(方外人)들과 두루 교유하였다. 유생 남효온, 종실의 이정은(李貞恩), 아전 출신의 홍유손(洪裕孫) 등이 그 대표적인 인물이다.

남효온은 조선의 건국 공신 가운데 한 사람이자 영의정을 지낸 남재(南在)의 5세손이어서 가문에 대한 자긍심이 컸다. 증조 남간(南簡)은 예문관 직제학을 지냈으며 청백리로 이름을 날렸고, 할아버지 남준(南俊)은 사헌부 감찰까지 지낸 혁혁한 집안이었다. 하지만 부친 남전(南恮)은 생원에 그쳤으므로, 집안이 많이 기울어 있었다. 그는 1478년(성종 9)에 소릉(昭陵), 즉 문종의 비 현덕왕후릉(顯德王后陵)의 복위를 주장했다가 받아들여지지 않자 세간과의 관계를 거의 끊다시피 한다.

남효온은 수락산으로 김시습을 찾아나섰다가 길을 잃은 일이 있었다. 산길을 30리나 더 가서 계곡의 샘이 나타나자 길에 처져 있는 복숭아 가지를 휘어잡아 열매를 따먹고서야 허기를 잊을 수 있었다. 그리고는 시 2수를 지었다.[205] 그 둘째 수에서, 속세간에서 온 자신이 김시습의 은둔지로 향하는 길을 결코 찾지 못하리라는 '거리감'을 이렇게 표현하였다.

맹수들 지나간 자취 채 마르지 않았군	虎豹新過跡未乾
짙은 구름 속 어디가 도인의 거처인가.	雲深何處道人檀
하늘에 솟은 숲 속, 길이 없는 듯하여	參天樹木疑無路
돌 틈에 다람쥐 숨는 모습 가만히 바라본다.	靜看蒼鼯竄石間

또 언젠가는 「동봉 거사를 찾아」(訪東峯居士)라는 시를 지었다.

온 강에 꽃이 지니 여름도 반나마 지난 때	一川花落夏將半
죽장 짚고 푸른 행전으로 대무(大巫)를 찾아간다.	竹杖青纏訪大巫
지독한 더위도 백설 같은 공을 괴롭히지 못하고	執熱不煩公白雪
극도로 즐거우니 객은 이별가를 부르지 말자.	盡歡休唱客驪駒
잎 진 나무에 바람 불 때 구름 낀 골짝에 누웠고	風吹禿樹臥雲壑
곤산(坤山)에 거문고 소리 울려 노파가 곡하는 듯.	琴徹坤山哭老嫗
내일 아침 말 몰고 저자로 들어가면	策馬明朝將入市
그 후로 푸른 산이 나를 기억해줄지.	碧峰他日記余無

김시습은 남효온에게 무현금(無絃琴: 줄이 없는 거문고)과 작은 종(鐘)을 그려 보내 달라고 하였다. 무현금은 도연명의 일을 떠올리게 한다. 도연명은 음률은 모르지만 줄 없는 거문고를 두고 술이 오르면 그것을 어루만지면서 자신의 속내를 가탁했다고 한다.[206] 남효온은 무현금과 종 그림을 종복에게 들려 보내고, 아울러 다음과 같은 시를 2수 지어 부쳤다.[207] 먼저, 무현금을 두고 지은 시이다.

길잡이 없는 오솔길에 숲이 어둡더니	無媒逕路樹陰陰
소나무 위 달이 처마를 엿볼 때 대숲은 희리.	松月窺簷白竹深
줄도 없는 거문고, 들어줄 이 없을 게고	琴到無絃聽者少
옛 오동(거문고)만 잠 못드는 이의 마음에 비껴 있으리.	古桐橫在五更心

다음은 종 그림을 두고 지은 시이다.

단약 화로와 도경은 우인(신선) 집에 놓여 있고	藥罏經卷羽人家
산삼 잎 새파랗고 두구 꽃 피었으리.	蔘葉青青豆蔲花
독경 뒤 작은 종 치며 한가하시니	經罷小鍾閒事在
송진(松津) 다 비우고 명하주도 드시구려.	松肪酌盡酌明霞

남효온은 주계정(朱溪正) 이심원(李深源), 안응세(安應世) 등과 친교를 맺었으며, 조신(曺伸)과도 내왕하였다. 마음가짐이 맑고 넓었으며, 소탈하면서도 우아하여, 티끌만치도 속세의 때가 묻지 않았다.[208] 술을 즐겨, 취하면 과격한 언사를 거침없이 하였다.[209] 나중에 김종직 문하에서 김굉필(金宏弼), 정여창(鄭汝昌)과 함께 수학하였다.

이정은(李貞恩)은 태종의 왕자 익녕군(益寧君)의 아들로, 수천부정(秀川副正)으로 있다가 도정(都正)으로 승급하였다. 부정은 종친부나 돈녕부의 부정으로, 종3품이었다. 종실들은 기득권이 인정되어 과거를 거치지 않고도 벼슬을 받았다. 그러나 직책이 당하관의 명예직이어서 생애를 술과 풍류로 보냈다. 일종의 귀공자로, 유유자적하며 분방한 삶을 살았다. 음률에 뛰어났다.[210]

홍유손은 남양의 아전에게서 태어났다. 가난하여 겨우 몸을 가릴 정도였고, 때로는 속옷도 못 입고 다녔다고 한다. 그러나 열 살 때 이미 경전에 두루 통했고, 열두 살 때는 남효온과 함께 세조의 부름을 받고 별전에 나아가 시를 지어 궁중에 이름이 났다. 약관에는 사서와 제자백가서에 두루 통하였고, 시문을 지을 때는 초고 없이 즉석에서 지었다. 과거에 응시했으나 제술(製述: 시나 글을 짓는 것)은 하지 않고, 종일토록 술에 취해 희어(戱語)만 쓰고 나왔다. 젊어서는 원각사에 기거하면서 독서를 했는데, 남효온은 그를 가리켜 "시는 황산곡(黃山谷: 黃庭堅)을 섭렵하고 문장은 장자와 같으며, 재주는 제갈공명과 같고 행실은 동방삭과 같다"고 했으나, 김시습이나 남효온만큼 후인들의 추앙을 받지는 못하였다.[211] 출신이 낮아서 그렇다는 말도 있다.

김시습보다 10여 세 연하였던 홍유손은 김시습을 스승처럼 모셨다. 언젠가 (1475년, 즉 성종 6년 이전) 김수온과 서거정이 퇴근하던 길에 원각사에 들렀다가 그를 불러 운을 부르고 시를 짓게 하니, 홍유손이 즉석에서 응대하였다. 그는 중련(中聯)에서 "청산과 녹수가 내 경역이니, 명월과 청풍을 누가 주장하랴?" (靑山綠水吾家境, 明月淸風孰主張)라고 하였다. 그 곁에서 시를 듣고 있던 김시습이 이 연을 듣고 눈물을 흘리면서 서거정을 지목하여, "강중, 너는 능히 이럴 수 있겠나?"(剛中, 汝能如是乎)라고 했다고 한다. 홍유손의 활달 자재한 정신 태도를 높이 치고, 서거정이 정신(廷臣)의 자리에 연연하는 것을 질타한 것이다. 이 일화는 조금 과장되었는지 모르겠으나, 홍유손이 원각사에서 김수온과 서거정, 김시습이 모인 자리에서 시를 지은 일이 있는 것은 사실이다. 당시 홍윤성(洪允成, 1425~1475)도 함께 있었다.[212]

홍유손은 성품이 활달하여 언행에서 구속을 받지 않았다. 향리 신분을 면하려고도 하지 않았는데, 1481년(성종 12)에 남양군수 채신보(蔡申保)가 그의 문장과 재능을 아깝게 여겨 아전의 신역(身役)을 면제해주었다. 1482년(성종 13)에는 남효온, 이정은, 이총(李摠), 우선언(禹善言) 등과 함께 죽림칠현을 자처하였다.

홍유손은 영남으로 내려가 점필재 김종직에게 두시(杜詩)를 배웠다. 이때 김종직은 그를 "이 사람은 안연(顏淵: 안회)이 누추한 골목에서 거친 밥과 물만 마시고 살면서도 즐거워했던 이유가 무엇인지 잘 알고 있는 사람이다"라고 칭찬하였다. 뒷날 두류산(현 지리산)에 들어가 공부하였다. 그런데 훈구파가 왕실과의 혼인을 기반으로 세력을 확대하여 갖은 비리를 자행했으나 김종직이 건백 (建白: 의견을 말함)하지 않자, "무엇 때문에 남의 벼슬과 녹을 헛되이 취하고 있습니까? 지금 학자들은 불교나 노장학을 미워하면서도 실제 행동은 불로학(佛老學)을 벗어난 자가 하나도 없습니다"라고 비판하였다.[213] 남양부사 박처륜(朴處綸)은 홍유손이 "세상을 가볍게 여기고 큰소리를 한다"(輕世高談)고 미워하여 그를 아전의 부역에 복원시켰다.

1498년(연산군 4) 8월에 유자광(柳子光), 윤필상(尹弼商) 등이 죽림칠현의 행적을 무고하는 계를 올려, 홍유손은 '여럿이 모여 술을 마셔대며 조정을 비방하고'(群飮誹謗), '남을 업신여기고 세상을 가벼이 여겼다'(傲物輕世)는 죄목으로 9월에 제주도로 유배되었다. 8년간 제주도에서 유배 생활을 한 그는, 1506년 중종반정이 있은 후에 서울로 돌아왔다. 1510년(중종 5)에는 59세로, 부역을 면하고자 회시(會試)에 응시하여 진사가 되었다. 월산대군이나 왕후의 오라버니로서 파주목사였던 윤탕로(尹湯老)가 모두 그를 상객(上客)으로 여겼다.

홍유손은 처음에는 성리학을 공부했으나, 점차 불교나 노장사상에 관심을 기울였다. 김시습은 그에게 『천둔검법연마결』(天遁劍法鍊魔訣)을 전수했고, 홍유손은 그것을 밀양 박씨 묘관(妙觀)에게 전수시켜, 조선 단학파(丹學派)의 맥을 형성했다고 전한다.[214] 실제로 홍유손은 성균관 유생인 김 아무개에게 보낸 글(「贈金上舍書」)에서, 병을 다스리는 방책은 의약에 있는 것이 아니라, 혈기를 잘 조절하여 보호하는 데 달려 있다고 말하였다. 그리고 선가의 옥함보방(玉函寶方)에 수록된 설도 모두 양생술이며, 만일 음식을 절제하지 않고 심신을 잘 지키지 않는다면, 몸이 위태한 지경에 빠지고 말 것이라고 경고하였다.[215] 그는 같은 글에서, 수명의 길고 짧음은 모두 자기 스스로 취하는 것이지 남이 그렇게 되도록 시키는 것이 아니며, 하늘이 주고 빼앗는 것이 아니라고도 하였다. 몸을 중시하는 그의 양생관은 김시습의 사상과 통하는 면이 있다.

또한 홍유손은 김시습처럼 민족 신화를 중시하였다. 「금강산에 대하여」(題金剛山)라는 시에서 그는, 금강산을 불사의 신선으로 상상하여 신화시대부터 현세까지 구속 없이 노니는 초시간적 심령(心靈)의 경지를 노래하였다. 그리고 민족의 개국 시조인 단군과 상고사의 인물인 준왕(準王), 전설적인 화랑인 영랑(永郞) 등의 사적을 상상하면서 초월의 상상을 해보았다.[216]

단군이 제위(帝位)에 오른 때보다도 일찍 태어나	生先檀帝戊辰歲
준왕(準王)의 마한 건국도 목격했으리.	眼及箕王*號馬韓
영랑(永郞)과 더불어 용궁에 노닐다가	留與永郞遊水府
다시 봄 술맛에 이끌려 세상에 남았구나.	又牽春酒滯人間

안응세(安應世, 1455~1480)는 청담하고 쇄락하였다. 그는 평소 "불의한 재물을 집안에 보태둔다든지, 불의한 음식으로 오장육부를 채우는 것은 범할 수 없는 일이다"라고 말했다고 한다. 비록 세속을 백안시하지는 않았으나 남을 잘 인정하지 않았고, 산야기(山野氣: 자연을 편애하는 성질. 보통 말라비틀어지고 초췌한 기운을 말함)가 있어서 세상의 분화(紛華: 분잡하고 화려함)를 좋아하지 않았다.** 꽃피고 달 밝은 날이면 주점을 찾아 밤새도록 술을 마시고 길에서 취하였다. 남효온과 함께 복사꽃 핀 장안의 밤 거리를 헤매고 다니다가 남의 집 담장 밖에서 술을 마시며 시를 논하기도 하였다.[217] "베옷에 술이 떨어져 자국이 남아도" 그들은 즐거워하였다.

남효온은 친구들을 일컬어 "시선(詩仙) 안자정(안응세)은 갈매기의 주인"(詩仙安子挺, 已作鷗鷺主), "물외에 노니는 청한자(김시습)는 최근에 부처에게 참례한단다"(物外淸寒子, 近聞參佛祖), "시를 논할 이는 오직 숙도(조신)뿐"(談詩惟叔度)이라고 하였다.[218]

안응세는 1480년(경자)의 진사과에 합격했으나, 그해 9월에 26세로 죽었다. 애처롭게도 노모가 계시고 아이는 어렸다. 당나라 시인 이하(李賀)가 28세로 요절한 것보다도 더 어린나이에 세상을 뜬 것이다. 남효온은 「안자정(안응세) 만시」(挽安子挺)[219]와 「안자정을 곡하다」(哭安子挺)[220]라는 시를 남겼다. 9월 20일에 회장(會葬)을 하고 장례가 끝났을 때 무덤 앞에 앉아 술을 따르면서, 남효온

---

* 기왕(箕王)은 단군의 뒤를 이어 고조선의 임금이 되었다고 하는 기자(箕子)가 아니라, 기자의 후예로서 고조선의 마지막 임금이었던 기준(箕準), 즉 준왕(準王)을 말한다. 그는 위만(衛滿)에게 나라를 빼앗기고 남행(南行)하여 마한(馬韓)을 세웠다고 한다.
** 남효온이 『냉화』에서 회고한 말이다. 『秋江集』 권7, 雜著, 「冷話」, '子挺非意之食, 未嘗一接於口' 등.

은 고작 베 한 필과 쌀 한 말을 제수로 올리는 초라한 처지를 서러워하며 눈물을 흩뿌렸다.221) 김시습도 장례에 참석하였을 것이다. 뒤에 남효온은 안응세의 시집을 엮고 그 발문에 해당하는 시를 지었다.222)

남효온은 언젠가 이정은과 함께 달밤에 비파를 들고 이종준(李宗準, ?~1499)*의 집으로 가서 비파를 켰고, 이종준은 그들을 위해 살구나무 아래 자리를 깔고 조촐한 술자리를 마련하였다. 거기서 그들은 소식(동파)의「월하」(月下) 시운에 차운하여 연구(聯句)를 지었다. 그리고 다시 온 장안을 휩쓸고 다니다가 권경유(權景裕)의 집에 가서 묵었다. 그렇게 거리낌없는 호방한 놀이를 즐겼던 것이다.223)

_ 이파에게 시를 보내다

김시습은 관직에 있는 여러 사람들과 교분을 쌓았다. 1477년(성종 8) 가을에는 평양부윤(平壤府尹)으로 있는 사람의 시에 무려 15수나 화운(和韻)하여 보냈다.224) 이 연작시는 長·狂·涼·腸·陽의 운자(長은 首句入韻)를 사용한 7언 율시 형식으로, 김시습의 시적 기교가 한껏 돋보이는 작품이다. 제목은「기수의 운에 화운함」(和箕叟韻)인데, '기수'는 기영(箕營), 즉 평양의 책임자인 '평양부윤'이라는 말이다. 김시습은 그 '기수'(箕叟)에 대하여 "공께서 문과 무에 둘 다 뛰어나심을 즐거워하나니, 퇴근 후에는 느긋하게 미치지 않을 정도로 술을 마시네"(喜公文武兩優長, 公退委蛇醉不狂)라고 하여, 그가 문과 무에 모두 뛰어난 인물임을 암시하였다.225) 또 김시습은 그 인물에 대하여 "봉후 이장군은 범상한 분이 아니네"(封候李將非凡骨) 라고 하여 그가 이씨임을 말하였다. 이 인물은 실은 김시습의 어릴 적 스승인 이계전의 아들이자, 그의 친구였던 이파(李坡)였다. 이파는 이해(1477년) 8월 15일(기유)에 자헌대부의 품계에 올라 평안도 관찰사에 임명되었다. 같은 시기에 강희맹은 이파 밑에 평양서윤(平壤庶

---

* 자는 중균(仲鈞)이고, 호는 부휴자(浮休子)이다. 남효온, 종실 이정은(李貞恩), 권경유(權景裕) 등과 어울렸다.

尹)으로 나간 농서 이씨(隴西李氏)를 위해「조롱에 대해 해명하는 노래」(解嘲詞)를 지었다.*

당시에 평안도 관찰사는 평양부윤을 겸했으므로, 1871년의 『관서읍지』(關西邑誌) 평양지(平壤志) 환적(宦蹟) 조에는 "李坡, 兼府尹"으로 기록되어 있다.[226] 평양의 실무는 서윤이 맡아보았다. 강희맹은 한산 이씨의 재자(才子)로서 상국(相國: 영의정, 좌의정, 우의정의 총칭)의 벼슬을 지낸 이파가 도주(道主), 즉 관찰사로 있기에 법령이나 제도를 혁신하고 새로 설치하기가 쉬우리라 말하고, 이 아무개가 이파와 함께 중앙의 요직으로 돌아오리라고 축원하였다.

김시습은 이 연작시의 마지막인 제15수에서 스스로의 불우한 처지를 자조하였다.

> 반 자 남짓한 장문의 편지를 열어보고는, 펼쳐 읽어가면서 의아해 하며 미칠 것만 같았소. 세상은 뜬구름같이 자주 뒤바뀌어 슬픔과 한을 건디기 어려우니, 정말로 인간사는 성했다가는 쇠하고 뜨거웠다가는 차가운 법인가 보오. 금란지계의 친구가 이미 계수나무 꺾은 이들의 명부(과거 급제 명부)에 들었거늘, 그 황금빛 버선을 마구간처럼 더러운 곳으로 들여놓게 될 줄을 누가 알았겠소? 문 앞을 지나면서 주저하는 이유가 무엇이냐구요? 추악할 정도로 못난 제가 이양(李陽) 같은 분을 좋아한다고 남들이 말할까 혐의해서라오.[227]

이양(李陽)은 중국 후조(後趙) 때 의협심이 있던 인물인데, 석륵(石勒: 후조

---

* 이씨는 젊어서 문묵(文墨)으로 발신(發身: 천하고 가난한 처지에서 벗어나 앞길이 펴는 것)하고 아울러 사어(射御: 활쏘기와 말타기)로도 명성을 올린, 이른바 문무의 자질을 갖춘 사람이었다. 이조의 낭관으로 수년간 일하다가 평양서윤으로 나가자 사람들은 모두 "전조(銓曹: 즉, 이조)에서 다른 직으로 서용(敍用: 재임용)되는 자들은 대각(臺閣: 사간부와 사간원의 총칭)이 아니면 다른 요지로 나가는 법인데, 사무가 번거로운 외관으로 나가다니 이 아무개는 굴(屈)한 것이야!"라고 조롱하였다. 하지만 이 아무개가 정랑으로 있을 때 이조의 판서 직을 지낸 강희맹은「조롱에 대해 해명하는 노래」에서, 이 아무개가 평양서윤으로 나가는 일은 결코 굴한 것이 아니라고 하였다. 姜希孟, 『私淑齋集』(민족문화추진회 1988년 영인 표점 한국문집총간 12) 권5,「解嘲詞」.

를 건국한 高祖)이 어려서 이웃에 살 때 함께 격투를 하였다. 뒤에 석륵이 귀해진 다음에 이양에게 고을에서 제일가는 저택을 주었고, 여러 고을의 벼슬을 시켜 주었다. 김시습은 이 아무개를 이양에게 견주고 자신을 추악한 자라고 낮추어, 남들의 비웃음을 살까봐 방문을 주저해왔다고 하였다.

김시습은 늦더위 가시고 가을 깊은 쓸쓸한 동봉의 정사에서 이 시를 적으며, 자신에게는 '방옹광'(放翁狂: 육유의 광기), '시주광'(詩酒狂), '하감광'(賀監狂: 하지장의 광기), '소릉광'(少陵狂: 두보의 광기), '시광'(詩狂), '접여광'(接輿狂: 초나라 미치광이 접여의 광기)이 있다고 말하였다.

마치 육유(陸游: 호 放翁)처럼 낭음(朗吟)하며 시에 미쳐본다고 했고, 위백양(魏伯陽)처럼 연단(煉丹: 연금술)을 배운다고도 하였다.[228] 또한 당나라 하지장(賀知章)이 사명산(四明山)에 숨어 광객(狂客)이라 칭했듯이, 산에 묻혀 살며 적적하고 가난한 생활을 달게 여기겠다고도 하였다.[229] 소년 때는 유학자의 신분을 나타내는 서적과 검을 지니고 술잔을 거나하게 들이켰더니만, 이제 동봉에 깊이 숨어서[大隱] 나이가 들수록 점점 광기가 든다고 했는데, 그렇게 광기를 느끼는 것은 맑은 때[淸時], 즉 태평성대를 만났기에 기뻐서 미치겠다는 의미도 있으며, "동산에 달이 밝아 긴 가을 밤에 목놓아 시 읊고 외롭게 휘파람 불어 큰 미치광이가 된 것이다"(月白東林秋夜長, 放吟孤嘯大疎狂)라고도 하였다. 세간 사람들에게는 태평하다고 여겨지는 맑은 시절에 고독한 삶을 살아가던 그였기에, '대소광'(大疎狂)으로서 "구름과 노을에다 늙고 졸렬한 이 몸을 감추기로 하고, 천석의 아름다움으로 간장을 씻어야 했다"(已許雲霞藏老拙, 更將泉石洗肝腸).[230] 마침내 김시습은 자신의 처지를 이렇게 노래하였다.[231]

내 재주는 버선에서 끌러낸 실같이 짧기만 하니*	我材似拆襪絲長
취하여 조물주에게 미친 노래를 바칩니다.	醉訴天公呈我狂

* 버선의 실은 끌러도 짧기만 하므로, 재주가 없음을 겸손하게 말하는 데 쓰인다. 『북몽쇄언』(北夢瑣言)에 "버선 실 끌러낸 것과 같아서, 한 가닥도 긴 것이 없습니다"(如析襪線, 無一條長)라는 구절이 있다.

무능한 꼬락서니 십 년에 너덜너덜하고	樗散十年多濩落
조그마한 오막살이 한 세상 황량하구려.	蝸廬一世正荒涼
고죽(苦竹)의 성근 그림자에 의지해 잠들고	眠依苦竹踈踈影
수심 벌레의 찍찍 우는 창자를 대하여 시를 읊지요.	吟對愁蛩喞喞腸
이 몸 두고 헛늙었다고는 말하지 말아요	莫謂此身空老大
잘난 이름을 은둔처에 전파하리니.	姓名應播考槃陽

당시 조정은 평안도 지역을 안정시키기 위해 남쪽의 농민을 강제 이주시켰는데, 그 이주민들이 평안도의 도회지인 안주(安州)로 흘러들어갔다. 이파는 그 때문에 이듬해(1478) 7월 6일에 압송되어, 7월 19일에는 의금부에서 국문을 받고, 7월 21일에는 장(杖) 80대를 속(贖)바쳐야 했다.[232]

그해(1478년, 성종 9)에 이파의 형 이봉(李封)이 황해도 관찰사로 부임하는데, 그때 서거정은 전송하는 시축에 글을 지어, 이파가 평안도 관찰사로 있을 때 "은혜와 위엄이 둘 다 드러나서 그 지역이 안정되어, 성상께서 서북 지방을 돌아보시는 염려를 누그러뜨렸다"고 예찬하고, 이봉도 이파처럼만 황해도를 다스린다면 성상께서 막중한 책임을 맡기시는 기대를 저버리지 않으리라고 하였다. 글쟁이의 글이 얼마나 미사여구투성이인지 똑똑히 알게 해준다.[233]

_ 남효온의 소릉 복위 상소

1478년(성종 9) 봄, 지난해가 극심한 흉년이어서 농민들은 주린 창자를 끌어안고 보릿고개를 넘고 있었다. 초여름에는 지진이 나고 흙비가 내렸다. 수나라 양제가 토목공사로 백성들을 괴롭힐 때 하늘에서 흙비를 내려 견책(譴責)한 일이 있었으니, 흙비가 내리자 성종은 모든 허물을 자기에게 돌리고 내각에게 직언을 고하라고 명하였다. 높은 지위에 있든 낮은 지위에 있든 관료들은 물론 일반 평민이라도 재앙을 그치게 할 방안을 숨김없이 올리라고 하였다. 사실 재앙은 오늘의 일이 아니었다. "경인년 여름에는 적지천리(赤地千里)*였고, 임진년에는 가을에 복숭아와 오얏꽃이 피었으며, 정유년에는 산이 무너지고 가물었으며 황충(蝗蟲)이 있었고, 무술년에는 지진과 흙비가 있었다."

4월 15일(병오)에 유학(幼學) 남효온은 시정(施政)의 폐단을 일곱 가지로 나열하여 진술하고, 이어서 단종의 생모인 소릉(昭陵)을 복위하라고 주장하였다.[234] 24세였던 그의 글에는 기백이 실려 있었다.**

그때 남효온이 올린 상소의 내용은 다음과 같은 여덟 가지였다.

첫째, 혼인의 폐물로 사치한 물건을 금하고, 스물이 넘도록 혼인을 하지 않으면 그 부모나 형제, 족당을 죄책하여 성혼을 하게 하십시오. 과년한데도 혼자 사는 사람들의 원한을 없애면 음양이 조화하여 재난을 막을 수 있을 것입니다.

둘째, 외직에 나가는 수령을 고를 때 학문에 능하고 어진 사람을 발탁하십시오. 이조(吏曹), 사헌부, 의정부에서 차례로 인물을 잘 살핀 뒤 전하께서 마지막으로 인물됨을 보고 등용해야 합니다. 백성을 다스리는 벼슬에 옳은 사람을 얻으면 백성의 원망이 사라져서 재난을 막을 수 있을 것입니다.

셋째, 산림과 초야에서 인재를 등용하십시오. 산림(山林)의 유일(遺逸: 유능한데도 세상에 벼슬 살러 나오지 않는 인물)인 경연(慶延)과 같은 인물을 신임하시면 어진 사람이 조정에 많이 모여 왕가(王家)를 도와 재난을 막을 수 있을 것입니다.

넷째, 내수사(內需司)를 없애야 합니다. 궁중은 경(卿)에게 지급하는 녹(祿)의 10배를 쓰는 데도 각 고을에 '본궁농사'(本宮農舍)를 세우고 사사로이 곡식과 포백(布帛: 베와 비단)을 비축해서 백성에게 매매하여 이익을 취하고, 또 서울 안

---

* 입춘이 지난 뒤 첫 갑자일에 비가 오면, 그해 봄에 가물어 흉년이 들어서 거둘 농작물이 없는 땅이 된다는 말이다.
** 많은 문헌들이 상소를 올린 시점을 남효온이 18세 때라고 하였다. 『관란유고』(觀瀾遺稿)에서는 강원도 영월의 창절사에 생육신을 향사하게 된 사실을 적으면서 "남효온이 열여덟 살에 상소를 올렸다"고 했고, 『병진정사록』과 『역대요람』에서도 남효온의 상소가 열여덟 살 때 올린 것이라고 하였다. 허균의 「남효온론」(『惺所覆瓿藁』)에서는 "남효온이 상소할 때 겨우 스무 살이었다"고 하였다. 남효온의 후손으로 정조 때 대제학을 지낸 남공철(南公轍)의 「묘지명」에서도 남효온이 상소한 것은 성종 3년 때의 일이라고 하였다. 이것들은 모두 남효온의 의기 있는 행동이 약관일 때 한 일임을 강조하려는 의도에서 와전되거나 전문에 의해 연대를 조절한 결과이다. 김성언, 『남효온의 삶과 시』(태학사, 1997), 36~37쪽 참조.

에는 내수사를 세워 별좌(別坐)와 서제(書題: 서리)들이 고을에 왕래하면서 끝없이 주구(誅求: 백성의 재물을 강제로 빼앗는 것)하고 있습니다. 내수사를 혁파(革罷)하여 민심을 위로한다면 재앙을 막을 수 있을 것입니다.

다섯째, 무당과 불교를 물리쳐야 합니다. 나라의 물자를 축내고 화복설(禍福說)의 설로 사람들을 기만하는 국무(國巫)와 주지(住持)를 없애면 하늘과 사람이 화합하여 재앙을 막을 수 있을 것입니다.

여섯째 학교를 부흥해야 합니다. 현인 군자를 얻어서 사표(師表)를 삼으면 학교가 일어나고 인재가 나올 것이니, 인재가 나와서 명신(名臣)이 성하면 재난을 막을 수 있을 것입니다.

일곱째, 삼강오륜의 덕을 선포하여 풍속을 바로잡아야 합니다. 주관(周官: 즉, 『주례』를 말함)에서 그랬듯이 불효(不孝)와 불목(不睦)한 자에게 형벌을 가해서 나머지 사람을 경계함으로써 교화를 행하면 풍속이 바로잡혀 재앙을 막을 수 있을 것입니다.

여덟째, 문종의 비였던 소릉을 신원하여 추복(追復)해야 합니다.[235]

이 상소에서 첫째부터 일곱째까지 조항은 유교 정치의 이념에서 볼 때 매우 당연한 내용이었다. 그 가운데서도 내수사의 혁파를 주장한 것은 절용(節用)의 이념에, 성균관 사표의 자질을 문제 삼은 것은 흥학(興學)의 이념에 충실한 건의였다. 그러한 것들은 모두 소릉을 추복해야 한다고 주장한 여덟째 내용에 비하면 급진적이라고 할 수 없다.

소릉은 단종의 생모인 안동 권씨를 말한다. 권씨는 화산부원군 권전(權專)의 딸로, 13세인 1431년(세종 13)에 세자궁의 궁녀로 선발되었다. 그 6년 뒤에 원래의 세자빈이었던 순빈(純嬪)이 부덕하다 하여 폐위되자, 그 뒤를 이어 19세에 세자빈이 되었다. 하지만 1441년에 아들(뒤에 단종)을 낳고 사흘 만에 산고(産苦)로 죽었다. 남편인 문종이 1450년에 왕위에 오르자 세자의 생모라 하여 현덕(顯德)왕후로 추숭(追崇)되고, 무덤은 소릉에 봉(封)해졌다. 그 뒤 1452년에 문종이 죽자 그 무덤에 합장되어 같이 현릉(顯陵)이라는 묘호를 받았다.

단종이 수양대군에게 '선양'(禪讓)한 지 3년 뒤, 권씨의 친정 어머니 아지(阿只)와 권씨의 동생 자신(自愼)은 단종의 복위 음모를 꾸몄다는 누명을 쓴 채 처형되고, 아버지 권전은 서민으로 격하되었다. 또 단종이 노산군으로 강등되자, 의정부는 "군으로 강등된 자의 어미가 왕후의 능호를 지니는 것은 마땅치 않으므로, 서민으로 삼고 개장해야 한다"고 주장하였다. 마침내 소릉의 신주(神主)는 종묘에서 철거되고, 평민의 예에 따라 이장되었다.

따라서 소릉을 복위해야 한다는 주장은 세조 정권의 정당성을 부정하는 의미를 지닌다. 그렇기에 남효온이 복위 상소를 올리자 세조의 반정을 도왔던 훈구파는 그를 미친 놈〔狂生〕이라고 하였다. 도승지 임사홍, 영의정 정창손은 그를 국문(鞫問)해야 한다고 주장하였다.

그에 앞서 종실 사람 이심원(李深源)과 신진 정치 세력이 성종에게 세조 때의 훈구 공신들을 기용하지 말 것을 직언한 바 있다. 남효온의 상소 사건도 신진 사류들이 훈구 공신을 배척하기 위해 벌인 투쟁운동의 하나였을 가능성이 높다.*

남효온이 올린 상소 가운데 여덟째 조항을 다시 자세히 보면 이러하다.

신이 삼가 살피건대, 세조 혜장대왕(惠莊大王)은 하늘이 준 용기와 지혜로써 해와 달 같은 밝음을 가지시고 하늘과 사람의 도움을 얻어서, 큰 어려움을 깨끗하게 타개하여 나라를 집으로 삼았으니, 종묘사직이 거의 위태롭다가 다시 안정되었고 백성이 이미 죽었다가 다시 살아났습니다. 그런데 뜻밖에 다스리는 교화가 흡족해질 무렵 재앙이 그 틈을 뚫고 일어나서, 병자년(1456)에 간악한 무리가 난을 일으켜 안팎이 모두 놀라 우리 사직이 거의 기울었으나, 그 무리들이 잇따라 모두 자백을 하였기에 그들을 전부 베어서 없앴습니다. 하지만 남은 화(禍)가 소릉에 미쳐서 20여 년 동안이나 폐위된 채로 있어 원혼이 의지할 바가

---

* 김성언 님은 『남효온의 삶과 시』(태학사, 1997)에서, 남효온의 상소 사건을 신진 정치 세력이 벌인 세조 때의 훈구 공신 배척운동 가운데 하나로 보았다.

없으니, 신이 모르기는 하오나 하늘에 계시는 문종의 영혼이 어찌 홀로 제사받기를 즐겨 하시겠습니까? …… 신의 어리석고 망령된 생각으로는, 소릉을 폐한 것은 사람의 마음에 순응하지 아니한 것이므로, 따라서 하늘의 마음에도 순응하지 않은 것임을 알 수 있습니다. 만일 "허물어버린 신주를 다시 종묘에 들이는 것은 예법에 맞지 않는다"고 한다면, 마땅히 예법 절차에 따라 먼저 존호(尊號)를 추복(追復)하고 나서 예장(禮葬)하셔야 할 것입니다. 그렇게 하여 민심에 답하고 하늘의 견책에 답하며 조종(祖宗)의 뜻에 답하신다면, 떳떳한 도리에 따라 시행하심이 너무도 지당하기에, 어찌 아름답지 아니하겠습니까?[236]

이 상소에서 남효온은 '육신'들을 '간악한 무리'[群奸]라고 표현하였다. 멸문의 화를 당할지 모를 위험을 무릅쓰고 「육신전」을 지어 사육신을 찬미한 것과는 다르다. 집권하고 있던 훈구파의 칼날을 피하려는 고육책이었다.

상소가 승정원에 내려가자, 도승지 임사홍은 남효온이 성균관에 사유(師儒)가 없다고 논한 것은 유생의 신분으로서 할 말이 아니며, "소릉을 추복하라"는 것은 신하로서 의논할 바가 아니라고 비난하였다. 그리고 남효온이 앞서 이심원과 마찬가지로 경연(慶延)을 천거한 점으로 볼 때, 그에게 붕당의 견해가 있다고 비판하였다. 남효온이 강응정(姜應貞)을 부자(夫子)라 높이고, 박연(朴演)을 안연(顏淵)이라고 하며, 소학(小學)의 도(道)를 행한다며 이론(異論)을 숭상하니, 이는 폐풍(弊風)이라고도 하였다. 성종은 소릉의 일을 논하는 것은 적절치 않지만, "구언(求言: 나라에 큰 일이 있을 때 왕이 신하의 직언을 구하는 일)의 명령에 응한 상소이므로 죄를 따질 수 없다고 유보하였다.

4월 16일(정미)의 경연에서 다시, 성종은 소릉 폐위는 선왕조의 일이므로 회복하기 어렵다고 하였다.[237] 정창손은 남효온이 상소한 내용이 모두 적절하지 못하다고 못박았다. 동부승지 이경동(李瓊仝)은 남효온, 이심원, 강응정, 박연 등이 마치 중국 전국시대의 처사(處士)들처럼 횡의(橫議: 함부로 논의하거나 비평함)한다고 비판하고, 남효온이 스승을 부정한 것을 문제 삼았다.[238]

4월 20일(신해)에는 서거정이, 스승을 업신여긴 남효온의 죄를 물어야 한다고 주장하였다.²³⁹⁾ 또 남효온이 한낱 유생의 신분으로 국가의 일을 말했으니, 이것은 매진(媒進: 기회를 잡아 출세함)의 계책을 삼은 것이라고 하여, '부박(浮薄: 실없고 경솔함)한 신진(新進)'을 제어해야 한다고 논하였다.

좌승지 손순효(孫舜孝)는 남효온이 경연을 추천한 것을 보면 이심원과 일당인 듯하다고 논하였다. 손순효는 김시습과 먼 친척관계였던 인물인데도, 김시습을 따르는 남효온을 가차없이 비판하였다. 서거정도 남효온 등을 붕당으로 몰았고, 영경연사 한명회(韓明澮)는 소릉을 추복하는 일은 감히 신하가 말할 사안이 아니니 국문해야 한다고 주장하였다. 하지만 대사간 안관후(安寬厚)는 구언(求言)의 전교를 내렸으므로 남효온을 죄 주는 것은 불가하다고 하였다. 성종도 같은 뜻을 의정부에 전하여 사건을 종결지었다.

5월에 이르러 성종은 왕가의 종친들에게 경고하여, 이심원의 경우와 같이 무뢰한 유생들과 사사로이 친분을 맺고 국정을 비판하는 사례가 다시 발생한다면 즉시 조치하여 조짐을 잘라버리겠다고 하였다. 이심원은 친족이 모인 자리에서 자신의 조부에게 방자하고 도리에 어긋난 말을 했다는 죄목으로 탄핵을 받아, 9월 10일에 장단(長湍)으로 귀양을 갔다.²⁴⁰⁾

이렇게 남효온의 소릉 추복 상소로 조정과 안팎이 시끄러울 때, 김시습은 그 문제에 대하여 아무 이야기도 하지 않았다. 세조의 왕위 찬탈을 불의로 규정한 그였지만, 소릉 추복 상소가 또 다른 피흘림을 가져올까 염려하면서 사태의 추이를 지켜보았는지 모른다. 또한 남효온에게 추복 상소를 올리게끔 했으면서도 사태의 전면에 나서지 않던 정여창 등 김종직 문하의 인물들에 대한 불만이 있었는지도 모른다.

남효온의 상소는 이후 젊은 유생들에게 두고두고 회자되었다. 1482년(성종 13) 봄여름 교체기에 성균관 직방(直房) 벽에 성균관 유생들이 사장(師長)을 비방하여 내걸었던 벽서시(壁書詩)에도 그가 사표(師表)가 될 만한 인물로 거명되어 있다.²⁴¹⁾ 이 벽서시는 바로 십운배율(십운시 또는 百字科)로 적혀 있는데, 그 제5연의 출구(出句)에 "남생이 올린 상소는 마음이 벌벌 떨릴 정도였다네"(南生疏奏心應悸)라는 구절이 나온다.

소릉 복위 상소가 받아들여지지 않은 이후 남효온은 과거에 응시하지 않고 술과 방랑, 은둔을 일삼았다.[242] 김시습은 그를 타일렀다.

나는 영묘(英廟: 세종)조의 사람으로서 노산(魯山: 단종)의 일을 직접 보았으니 이 조정에서 벼슬하기 어렵지만, 자네는 그 뒤에 태어났으면서 벼슬하지 않는 것은 너무 지나치오.[243]

남효온은 1480년 모친의 명으로 생원시에 응시하여 합격했으나, 다시 과거에 응하지 않았다. 과장에 들어 겉봉만 냈다고도 한다.

남효온은 죽은 뒤 1504년(연산군 10)에 일어난 갑자사화 때 부관참시당하나, 1513년(중종 8) 5월 초에 소릉은 결국 복위된다.

_ 『황정경』의 연찬

1480년 이후로 남효온은 김시습과 시와 서신을 자주 주고받았다. 그런데 「동봉에게 올리다」(贈東峯)라는 제목의 두 시 가운데 첫 수에서는 김시습을 "불교를 좋아하지 않는 선사(禪師)"라고 했고, 둘째 수에서는 김시습을 도경(道經)에 심취한 인물로 그렸다. 남효온은 "『내경』(內景)을 한두 달 안에 돌려주기로 해놓고는 해가 바뀌었는데도 안 돌려주면 어떻게 합니까?"(內景, 何不還之? 期以一閱月, 而遂至於易歲, 可乎?)라는 뜻을 조금은 해학적으로 말하였다.[244] 『내경』은 『황정경』의 의소(義疏)를 가리킨다.

산신령과 맺은 약속을	曾與山靈約
어이 차마 어기리오?	寒盟可忍爲
한가로운 꽃들이 골짝에 피어나는 날	閑花開壑日
이 사람이 그대를 찾아가겠소.	老子訪君期
달은 허물 벗는 누에처럼 떠오르고	月上新蛾殼
쌓인 눈이 봄볕에 녹는구려.	時春積雪澌

| 도경을 다 베끼셨습니까? | 道經知寫否 |
| 백일에 영지는 잘 자라는데. | 白日長靈芝 |

김시습은 남효온의 이 시를 받아보고, 「추강의 시에 화운하여」(和秋江) 4수를 적었다.[245]

우습구나 하릴없는 자들이	堪笑消〔磨〕子
나를 까까머리 선생이라 부르니.	呼余髡者師
소년 때는 선비 짓이 좋더니	少年儒甚好
늘그막엔 묵씨(불승)가 알맞네.	晚節墨偏宜
가을철 석 잔 술로 도에 통하고	秋月三杯酒
봄바람에 시 한 수를 읊는다만,	春風一首詩
좋은 사람 불러도 오지 않으니	可人招不得
누구랑 거닐며 즐거워하랴.	誰與步施施

세간의 하릴없는 놈들은 나를 두고 까까머리 선생이라고 비웃는다만, 내 속을 누가 알랴. 나는 봄날의 생의(生意)를 마음껏 즐기련다.

봄 뜻이 부들 못에 가득한 때	春意滿蒲池
고물고물 생명의 힘을 나는 본받네.	蝡蝡活卽師
처마끝 짧아서 되려 기쁘고	茅簷短更喜
바람 햇볕 따스하여 아주 좋구나.	風日暖相宜
시냇가로 매화 찾아가매 흥겹고	溪畔探梅興
술잔 들어 달에게 묻는 시를 짓노라.	樽前問月詩
그대와 나란히 누워 이야기하면서	逢君聯席話
서시를 흉내낸 동쪽 여인 본받으려오.	吾欲效東施

절세 미인 서시(西施)가 아파서 찡그리자, 동쪽 사는 여인이 그 모습을 본떠 찡그렸더니 추하기 짝이 없었다고 한다. "나도 그 여인처럼 당신의 멋진 시를 본받고 싶소. 설혹 추하다고 남들이 욕하더라도"라고 김시습은 겸손하게 말하였다. "하지만 자네, 과거에 응하게."

그대가 근력을 수고롭혀	聞子勞筋力
큰 일을 하려 한다 들었소만,	方將大有爲
부디 운각(芸閣)의 책을 다 읽어	須窮芸閣帙
계수나무 꽃 계절을 저버리지 마시게.	莫負桂香期
고깃배는 낙조에 흔들리고	漁艇搖殘照
갈매기 나는 파도는 넘실대누나.	鷗波漾泮漸
찬방(요사)에는 우정 깊은 벗이요	贊房交契友
집안에는 지란이 가득하네.	滿室是蘭芝

계수나무 꽃의 향기가 풍기는 계절이란, 과거 보는 시절이라는 뜻이다. 과거에 합격하는 것을 계수나무 가지를 꺾는다고 말하는 데서 비롯된다. 운각의 책, 곧 교서관(校書館)에서 간행하는 책들을 전부 읽고서 과거 시절을 저버리지 말고 응시하라고 김시습은 말하였다.

세간 사람들은 너무도 어리석어	世人何貿貿
메추라기처럼 붕새를 비웃네.	斥鷃笑南爲
행실과 학업을 닦는다면	行業如先勵
공명은 저절로 이르러 오리라.	功名自有期
온화한 봄기운은 흙땅에 일고	陽和浮土脉
따스한 햇볕은 봄 물살에 떴구나.	日暖泛春漸
등영각이 지척이나니	咫尺登瀛近
나처럼 지초를 캐지 마오.	憑余莫討芝

등영각이 지척이라는 것은 공명을 곧 이루리라는 뜻이다. 김시습은 남효온이 자신을 본떠 지초처럼 은둔해서는 안 된다고 타일렀다. 이어서 김시습은 다음과 같은 별지(別紙)를 붙였다.

> 선생이 최근 소릉(두보)의 시를 읽고 있구려. 부쳐준 아름다운 시구 속에 두보를 혹애(惑愛)하는 버릇이 나타나 있으니 말이오. 내가 『내경』을 보관하고 돌려주지 않은 것은, 오랫동안 돌려주지 않다가 아예 자기 것인 양 여기게 되어 선생으로 하여금 애타게 기다리시게 하려는 뜻이 아니라오. 선생이 지난해에 붓으로 적어보낸 필적이 분명히 책 상자 속에 있으니, 내가 어찌 잊었겠소? 달이 바뀌고 해가 바뀌어도 돌려주지 않는다고 하신 꾸짖음이 우레같이 무섭구려. 만나서 무릎 웅크리고 크게 껄껄 웃을 날을 기다리오.[246]

남효온은 그 지난해에도 책을 돌려 달라고 채근했던 것이다. 김시습은 "꾸짖음이 우레같이 무섭구려" 하면서 너스레를 부렸다. 이 별지를 보면, 남효온이 읽던 『황정경』을 김시습이 빌려 읽었음을 알 수 있다.

『황정경』은 위진(魏晉)시대에 도가들이 양생(養生)과 수련의 원리를 가르치는 데 사용했던 도교 서적이다. 『포박자』(抱朴子) 「하람」(遐覽) 편에 그 이름이 나오며, 칠언가결(七言歌訣) 형식으로 씌어진 초기 도교 경전이다. 주해서가 아주 많은데, 양구자(梁邱子)와 무성자(務成子)의 주석이 널리 유행하였다. 서양에서도 'Classic of the Yellow Court'로 유명하다. 황정(黃庭)은 인간의 성(性)과 명(命)의 근본을 가리키며, 구체적으로는 뇌〔上黃庭〕·심장〔中黃庭〕·비장〔下黃庭〕 등을 말한다. 원래는 『태상황정내경옥경』(太上黃庭內景玉經)과 『태상황정외경옥경』(太上黃庭外景玉經)이 있는데, 전자인 『내경경』(內景經) 36장과 후자인 『외경경』(外景經)은 내용상 서로 비슷한 부분이 많다. 그 밖에 『태상황정중경옥경』(太上黃庭中景玉經)이 있으나, 『중경경』은 『황정경』에 포함시키지 않는다.

『황정경』은 명리(名利)를 탐내지 말고 염담(恬淡: 욕심 없이 깨끗하고 담담함),

무욕(無慾), 허무자연(虛無自然)의 마음 상태를 지니라고 가르친다. 또 그러한 상태에 이르려면 기욕(嗜慾)을 끊고 호흡을 조절하며 수진(漱津: 타액을 삼키는 것)하고 신성(神性)을 길러, 정(精)·기(氣)·신(神)을 '황정'에 응집시키라고 말한다.

김시습은 도교의 외단과 내단 사상을 모두 받아들였다. 『매월당집』권3에 '선도'(仙道)로 분류되어 있는 그의 시에는 절대 자유의 경지에서 노닐고자 했던 의식이 잘 나타나 있다. 이를테면 그는 「능허사」(凌虛詞)에서 세간을 초극하려는 뜻을 담았다. "인간 세상 풍파 일어나지 않는 곳 없는데, 여덟 나래 바람 타고 오르니 큰 집이 있도다. 하계에는 하루살이 우글거려 좁기만 하고, 티끌이 만 길이라 혐오스러워 어쩌리"(人間無地不風波, 八翼凌風是大家. 下界蜉蝣寰宇窄, 塵埃萬丈賺君何)[247]라고 했고, '흐뭇하고 여유로워 빈 배와도 같고 외로운 구름과도 같은'(陶陶閑閑, 虛舟孤雲) 경지를 지향하였다.[248] 절대 자유의 경지에서 노닒을 '소요유'(逍遙遊)라고 부른다. 현세와의 모순을 깊이 경험하고 있던 김시습은 '능허'(凌虛), 즉 '하늘로 오름'을 추구하였다. 이것은 실은 이상향에 대한 갈구일 뿐이지, 결코 현실의 일은 아니었다.

조선 초의 사상계에서 도교 및 도가의 세계는 불교에 버금가는 금단의 영역이었다. 김시습도 도교에 대해 부정적인 시각을 글로 표명하였다. 즉, 『매월당집』권18에 실려 있는 '잡저'(雜著)의 글들('잡저' 후 10장)에서 복기(腹氣)와 용호(龍虎) 수련으로 수명을 연장하려 한다거나, 무당과 박수의 음사(淫祀)를 용납하는 것을 철저히 비판하였다.

그러나 김시습은 이미 10대에 노장(老莊)의 문전을 출입하였다. 또한 병약한 육체를 치유하려고 연단(煉丹)도 해보았다. 하지만 그는 내단사상보다는 노자의 사상 자체에 충실했던 듯하다.

동양 문화에서는 후한 이래로 유교적 입세(入世)의 인생철학과, 노장의 출세(出世)의 인생철학이 서로 보완해왔다.[249] 그런데 『노자』는 앞서고 뒤처지는 것, 남성다움과 여성다움, 영광과 욕됨, 빈 것과 가득 찬 것 등의 분별에 주의를 기울인 데 비하여, 『장자』는 '삶과 죽음을 도외시하고 처음도 끝도 없는 것'에 관심을 둔다는 점에서 차이가 있다.* 『노자』와 『장자』는 똑같이 '도'(道)와 '덕'(德)이라는 두 개념을 사용했지만, 『노자』는 처세 방법을 중시한 데 비해 『장자』는 인간사회를 초월하려고 하였다.

『노자』는 천지 만물이 생겨나는 전체 원리를 '도'라고 하였다.** 이 도는 의지로 말미암아 작용하는 것이 아니라 스스로 그러한 것[自然]이기에, "인간은 땅을 본받고, 땅은 하늘을 본받고, 하늘은 도를 본받고, 도는 스스로 그러함(자연)을 본받는다"(人法地, 地法天, 天法道, 道法自然).250) 도는 사물이 아니므로 '없는 것'[無]이지만, 천지 만물을 낳을 수 있으므로 '있는 것'[有]이라고 부를 수 있으며, '온갖 묘함의 문'[衆妙之門]이다. 도는 천지 만물이 그로부터 생겨나는 총원리이고, 덕은 한 사물이 그로부터 생겨나는 원리요, 사물이 도에서 얻어내어 그것을 가지고 사물을 완성하는 것이다. 그런데 『노자』는 세계 안에서 일어나는 사물 변화의 공통된 법칙인 '항상됨'을 알라고 가르쳤다. 항상됨을 아는 사람은 자기의 욕심을 따라 함부로 움직이지 않기 때문에 공평하며, 두루 행하면서도 위태롭지 않다.***

『노자』는 인간은 태어나면서부터 욕망을 가지고 있고 욕망을 충족하려는 존재라는 것을 인정하되, 욕망을 만족시키는 방법이 많으면 많을수록 욕망을 만족시킬 수 없고 도리어 해를 끼친다고 경고하고, 욕망을 줄이기 위해서는 욕망의 대상을 감소시켜야 한다고 말하였다. 성스러움을 끊고 지혜를 버릴 것, 인(仁)을 끊고 의(義)를 버릴 것, 교묘한 기술을 끊어버리고 이익을 버릴 것을 말

---

* 전국시대 이후 노자학은 한대 초기에 유행했고, 장자학은 한대 말기에 유행하였다. 청대 중기의 홍량길(洪亮吉)은 한나라가 발흥할 때부터 황로학(黃老學: 도교)이 성행했고, 문제·경제 때는 그것에 의해 정치를 했는데, 한대 말기에 이르자 현묘한 허[玄虛]가 존중되었기 때문에 처음에 황로라고 하던 것을 노장이라고 부르게 되었다고 지적한 바 있다.
** 하늘 땅과 만물보다 앞서서 존재하여 아무 소리도 없고 아무 형체도 없으며, 그 자체로 존립하여 변하지 않되 두루 행하는 것을 '도'라고 하였다. 『老子』上篇 25장, 『武英殿聚珍版叢書』本, 24~25쪽.
*** '항상됨을 안다'는 것은 항상됨에 의거해서 행동하는 것이므로 그것을 '밝게 익힌다'[襲明]고 한다. 『老子覈詁』에 "고대의 습(襲)은 습(習)과 통한다"고 기록되어 있다.

하였다.[251] 또 욕망을 줄이고자 하므로 『노자』는 지식에 반대한다. 지식 자체가 욕망의 대상이며, 지식 때문에 욕망의 대상을 많이 알아 만족할 줄 모르고, 욕망의 대상을 얻으려는 노력이 한계를 모른다. 곧 "학문을 하면 욕망이 날마다 더해진다."[252] 그렇기에 『노자』는 '바라지 않는 것을 바라는' 무욕(과욕)의 경지를 중시하며, '배우지 않는 것을 배운다'는 무지의 경지에 이르러야 한다고 말한다.

김시습은 『노자』의 이러한 측면에 깊이 공감했을 것이다. 그는 사물 변화의 공통된 법칙을 밝게〔明〕 알되, 지식을 욕망을 추구하는 도구로 사용하지 않았다. 보편 관념을 단호하고 간명하게 제시하는 그의 시와 문은 『노자』의 세계인식 방법이나 지식론과 매우 상통하는 면이 있다.

그런데 『노자』는 세상으로부터의 도피만 말한 것이 아니라, 생활세계의 문제도 언급하였다. 즉, 인간은 이 세계에서 생활을 유지해야 하므로 그에 상응하는 인위적인 제작도 필요하다는 사실을 간과하지 않았다. 그래서 『노자』는 "통나무〔樸〕가 갈라지면 그릇이 된다. 성인이 그것을 사용하면 온갖 관리의 우두머리가 된다"(樸散則爲器, 聖人用之, 則爲官長)[253]고 말하였다. 다만 이때 인위적인 제작이 증가되어 그 반대의 결과를 초래하지 않도록 해야 한다고 경고하였다. 하지만 김시습은 『노자』가 생활세계의 문제를 다룬 점에 주목하지는 않았다.

_ 몸의 중시와 양생술의 참조

김시습의 시대에는 우주의 운행을 수학으로 풀어보인 『황극경세서』(皇極經世書)가 유행하였다. 김시습, 남효온과도 교분이 있던 양희지가 권경유(權景裕, ?~1498)에게 부친 서한에 보면, 허반(許磐, ?~1498: 자 文炳)이라는 사람과 『황극경세서』 몇 편에 대해 토론했다는 말이 나온다.[254] 하지만 김시습은 인간의 생명을 중시했으며, 관념적인 수학보다는 도교적인 양생술 자체에 더 깊은 관심을 보였다. 특히 그는 『주역참동계』(周易參同契)에 주목하였다.

김시습은 「수진」(修眞), 「복기」(服氣), 「용호」(龍虎) 3편을 지어 도교적 양생술에 대한 문제를 논했는데, 이 가운데 「용호」는 『주역참동계발휘』(周易參同契發揮)의 내용을 12장으로 나누어 문답식으로 초록한 것이다.[255]

『주역참동계발휘』는 동한의 연단술사 위백양이 지은 『주역참동계』를 원나라 유염(兪琰, 1258~1314)이 청정파(淸靜派)의 관점에서 주석한 책이다. 주희도 『주역참동계고이』(周易參同契考異)를 저술했으므로, 성리학이 발달하는 조선 중기 이후 유학자들은 이 책을 그다지 이단으로 배척하지 않았다. 이를테면 이황(李滉)은 『참동계』를 심신 수련에 응용할 수 있다고 보았다. 김시습은 금단을 수행하면서 『참동계』를 연구함으로써 수련 도교의 맥을 형성하였다.[256]

위백양의 『주역참동계』는 한역(漢易: 한나라 때 역학)의 괘기설(卦氣說)과 음양오행설 등을 끌어들여 연단술의 이론적 기초로 삼았다.[257] 즉, 『주역』의 팔괘와 음양오행설을 결합하고 황로학(黃老學: 도교)의 양생술을 포섭한 수련술, 그리고 연단술을 비교적 정돈된 체계로 정리한 책이다.[258] 특히 『주역참동계』의 후반부에서는 64괘의 순서에 의거하여 화력을 조절해서 연단을 만들어내는 방법과 절기 변화에 순응한 화력의 조절 법칙을 서술하였다. 감(坎)을 수(水) · 월(月) · 음(陰)에 배당하고, 이(離)를 화(火) · 일(日) · 양(陽)에 배당하여 감과 이의 교합이 곧 음과 양의 교합이라고 보았으니, 건과 곤을 바탕으로 삼고 감리를 작용인으로 삼는 음양사상을 전개한 것이다.

『주역참동계』의 주석서로는 주희의 『주역참동계고이』나 『주역참동계발휘』말고도, 원나라의 전진교(全眞敎) 도사 진치허(陳致虛)가 음양파(陰陽派)의 관점에서 지은 『주역참동계분장주』(周易參同契分章註)가 있다. 또 팽효(彭曉)의 『주역참동계통진의』(周易參同契通眞義), 진현미(陳顯微)의 『주역참동계해』(周易參同契解)도 있다. 『주역참동계발휘』는 진작에 조선에 수입되어, 주희의 『주역참동계고이』와 원대의 학자 황서절(黃瑞節)의 부록을 붙여 증보한 것이 갑인자로 간행되었다.[259] 『주역참동계분장주』는 1610년 『동의보감』을 편찬할 때 참고가 되었다.[260] 김시습 당시에는 『주역참동계발휘』에 주희의 『주역참동계고이』와 황서절의 부록을 합친 책이 돌아다녔을 것이다.

김시습은 삼청감(三淸監)으로 있는 점(點)이라는 사람을 찾아갔다. 아마 국립 도교기관인 소격서(昭格署)에서 치르는 과의(科儀)를 보았던 듯하다.[261] '점'은 홍문관의 관직을 얻을 만한 문한(文翰)이었지만 소격서의 직에 있던 인물이다.

현도관 안에서 화랑(花郞)을 보니	玄都觀裏看花郞
문장과 풍류가 한 고을을 빛내겠네.	詩賦風流耀一鄉
잠시 옥당(玉堂)의 글 솜씨를 굽혀	暫屈玉堂揮翰手
도관(道觀)의 수련실(修鍊室)에 왔거니	來參見闕煉砂房
동구 문 깊이 잠그고 주역을 보고	洞門深鎖看周易
단약(丹藥) 솥을 밀봉하여 옥황께 기도하네.	丹竈牢封禮紫皇
훗날 봉황을 타고 삼신산에 가게 된다면	異日登瀛攀鳳辰
조금씩 약을 나누어 백성들을 구제하시길.	刀圭分與濟黔蒼

이 시에서는 소격서 관원을 '화랑'이라고 하였다. 화랑은 본래 신라 때 청년결사(靑年結社)의 지도자급 인물을 일컫는 말이다. 최치원(崔致遠)은 난랑(鸞郞)이라는 화랑을 위해 쓴 비문인 「난랑비서」(鸞郞碑序)에서 그 청년결사가 유·불·도를 아울러 대중을 교화한다고 한 바 있다.[262] 거기서 연원하여 도교에 종사하는 사람을 '화랑'이라고 부르는 관습이 있었던 듯하다.

김시습은 서쪽 암자에 사는 도인에게서 장생(長生)의 도리를 듣고 벽곡(辟穀: 곡식을 먹지 않고 솔잎, 밤, 대추 등을 조금씩 날로 먹고 사는 일)하고 황정(둥굴레)을 복용하는 방법을 배웠다. 도인은 김시습에게, 오곡을 끊고 황정을 먹으면 구시(久視: 장생)할 수 있을 뿐만 아니라 탐욕을 끊어서 일신의 누가 되지 않는다고 가르쳤다.* 김시습은 「황정 복용법을 배우다」(學餌黃精)라는 시에 그 도인

* 황정(黃精)은 둥굴레 속에 해당하는 여러 종의 식물을 통틀어 말한다. 학명을 Polygonatum falcatum A.Gray라고 한다. 가을이나 이른 봄 새싹이 나오기 전에 뿌리를 캐어 잘 씻은 후 말리거나 꿀물 또는 술에 하룻밤 담가두었다가 시루나 증기로 찐 후 말린 것을 약재로 쓴다. 뿌리의 효능은 자양강장제로서 폐를 보하고 뼈와 근육을 튼튼하게 하며, 흰머리를 검게 하고 추위에 견딜 수 있는

의 말을 이렇게 옮겨두었다.[263]

세상 사람은 너무도 허겁지겁	世人苦草草
이(利)와 수(壽)를 위해 힘써	多爲利與壽
구구한 백 년 살이에	區區百歲內
아등바등 본성을 지키지 못하네	逐逐不自守
하루아침에 위기를 맞게 된다면	一朝履危機
후회한들 누구를 탓하랴?	悔恨復誰咎
그대는 세상 밖 사람이 되었으니	子旣世外人
모름지기 세상 밖의 일이나 하게.	須行世外事
세속의 완악한 무리처럼	莫使流輩頑
번복하여 평소의 뜻을 잃지 말고.	反覆失素志

　김시습이 황정을 복용한 것은 장생이 목적이 아니라, '탐욕을 끊음으로써 몸에 누가 되지 않게'(絶貪身無累)하려는 것이었다. 욕심을 줄임으로써 본연의 생명을 유지하려 했지, 생명을 인위적으로 연장하려고 하다가 생명을 해치는 일로 나아가지 않았다.

　김시습은 도교의 양생법을 시험했지만, 그것에 탐닉하지 않았다. 앞서도 말했듯이, 그는 복기(服氣)와 연단(煉丹)으로 수명을 연장하려는 것을 매우 비판하였다. 이것은 『노자』가 인간이 생명 대사에 관여하는 것을 자살 행위와 같다고 경계한 것과 통한다. 『노자』는 생명에 지나치게 집착해서는 안 된다고 하였다.[264] 생명을 더하는 것[益生]을 재앙이라고 보았으며,[265] 사람들이 쉽게 죽는 것은 그들이 삶에 지나치게 집착하기 때문이라고 경고하였다.[266] 『노자』는 "인간은 땅을 본받고, 땅은 하늘을 본받고, 하늘은 도를 본받고, 도는 자연을 본받

내성을 길러주며, 안색을 좋게 하여 오래 살게 한다고 한다. 한의학에서는 황정이 폐와 신의 음을 보(補)하여 진액을 생성하고 건조한 것을 부드럽게 하는 성질이 있으며, 음이 허(虛)하여 가래가 적고 마른기침을 할 때 사삼, 패모 등과 함께 달여 먹으면 좋다고 한다.

는다"²⁶⁷⁾고 했는데, 양생(養生)에서도 생명을 보양하지 않는 것으로써 생명을 보양하는 것이 옳다고 보았다. "삶에 집착함이 없는 것이 삶을 귀하게 여기는 것보다 현명하다"²⁶⁸⁾고 『노자』는 말한 바 있다.

한편, 김시습과 교유했던 홍유손도 양생법을 중시하였다. 그는 모든 일에 성급하여 건강을 해쳤을 때는 마음을 늦추어야 한다고 논하였다.²⁶⁹⁾ 당시 김시습 주위의 여러 사람들이 모두 양생법에 깊은 관심을 갖고 실행에 옮겼다는 사실을 짐작할 수 있다.

김시습은 양생법과 깊은 관련이 있기 때문에 후대의 『해동전도록』(海東傳道錄)에서 도맥의 주요 인물로 나타난다.

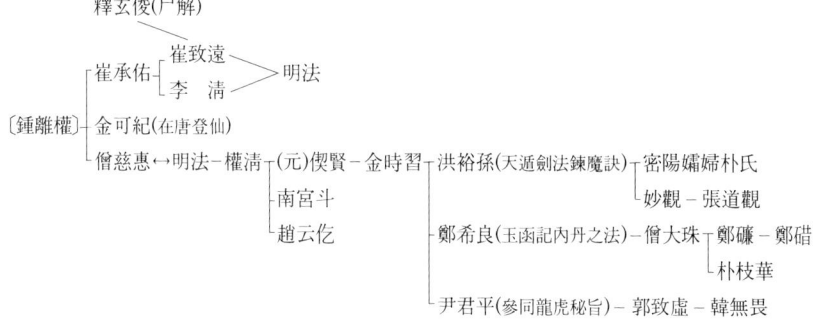

조선의 도맥(道脈)(『海東傳道錄』에 의함)

사승관계 미상자: 南越, 崔灝, 張世美, 姜貴千, 李光浩, 金世麻, 文有彩, 鄭之升, 李廷楷, 郭再祐, 金德良, 李之菡, 鄭斗卿

_「계인설」을 지어주다

1476년(성종 7) 무렵부터 훈구파 신료들은 학열, 학조, 신미, 설준 등 승단 고승들의 권위를 박탈하고자 그들의 전죄(前罪)를 추궁하고 또 새로운 죄목을 찾았다. 1479년(성종 10) 4월 4일(경인)에 사헌부는 도첩이 없는 학심(學心)을 삭발해주었다는 이유로 설준을 환속시켜야 한다고 주장했고, 4월 5일(신묘)에도 대사헌 이극기(李克基)와 대사간 성현 등이 설준을 단죄하자고 청하였다. 성종은 "이 중은 60이 넘었으니 환속시킨다고 한들 어디에 쓰겠는가?"라고 하며, 설준의 환속을 보류시켰다.[270] 하지만 그 뒤 설준은 환속당해 충군되었고, 1489년(성종 20) 무렵에 면포(綿布)를 노린 회령의 갑사에게 살해되고 말았다.[271]

『성종실록』의 성종 10년 4월 13일(기해)의 사신(史臣) 평어를 보면, 당시 신미·학열·학조·설준 등 고승들이 모두 사대부의 지탄을 받았음을 알 수 있다. 이것은 훈구파가 승단을 위축시키려는 처사였다고 생각된다.

> 중 신미, 학열, 학조, 설준은 모두 교만하고 방자하며 위세를 부리는 자들이다. 신미는 곡식을 막대하게 늘렸으므로 해가 백성에게 미쳤다. 학열, 학조, 설준은 욕망이 내키는 대로 간음하여 추문이 중외(中外)에 퍼졌다. 그 가운데서도 학열은 가장 간악하여 가는 곳마다 해를 끼쳤는데, 감사와 수령도 기가 꺾이고 두려워하며 그대로 따랐다. 어떤 사람이 대궐의 벽에 쓰기를, "학열은 권총(權聰)의 첩을 간통한 것을 비롯하여 마침내 1품의 부인까지 간음하였다"고 하였다. 학조는 처음에는 개천(价川)과 사당(社堂)을 간통하고, 마침내 중이 되어 왕래하면서 그대로 간통하기를 그치지 않았다. 후에 남산 기슭의 작은 암자에 살면서 구인문(具仁文)의 친여동생(嫡妹)이 자색(姿色)이 빼어남을 보고 등회(燈會)를 인연으로 개천의 도움을 받아서 드디어 간통하였다. 그 뒤 구씨도 꾀임을 당하여 여승이 되었다. 설준은 일찍이 종실의 부인을 간통하였고, 또 정인사에 있으면서 절의 빚을 빙자하여 곡식을 막대하게 불렸다. 또한 불사(佛事)를 핑계로 여승과 과부들을 불러다 이틀 밤을 묵도록 했는데, 절의 문을 닫아걸어 안팎을 통하지 못하게 했으므로 그 자취를 엿볼 수 없었다.[272]

승단의 고승들이 죄망에 걸리고 승단이 위축되어가던 시기인 1480년(성종 11, 경자) 입추에, 김시습은 계인 상인을 위해 법명의 뜻을 풀이한 「계인설」(契仁說)을 지어주었다. 계인은 팔공산의 절에 있던 승려로, 서울로 오면 수락산으로 김시습을 찾아가곤 하였다. 김시습이 경주 금오산에 있으면서 경상도 일대를 소요할 때, 영천군 신녕현(新寧縣)으로 김시습을 찾아와 그간에 지은 14축의 시를 보이고 평가를 받은 일이 있다. 그때 헤어지면서 김시습은 「인상인에게 주다」(贈仁上人)라는 제목으로 오언고시 장편과 칠언절구 1편을 주었다.

이 글은 '인에 부합한다'는 뜻의 불교 개념인 계인(契仁)을 유교의 인(仁)의 개념을 끌어와 설하였으니, 격의(格義)의 방법을 구사한 것이다. 글의 끝에는 "성화 경자년 입추 날 벽산청은 늙은이가 설을 쓰다"(成化庚子立秋日 碧山淸隱翁說)라고 서명까지 남겼다.[273)]

김시습의 이 글에는 불교와 유교의 거리를 좁혀보겠다는 사상적 고뇌가 담겨 있다.

「계인설」의 전반부에서 김시습은 인(仁)이란 "천지가 만물을 낳는 마음으로 인간이 덕으로 삼는 바"라고 유가적 관점에서 정의하였다. 그리고 인을 행하는 자는 사욕을 이기는 극기(克己)를 이루어야 천지 만물과 더불어 유통할 수 있다고 하였다.

인(仁)이란 천지가 만물을 낳는 마음으로, 내가 이것을 덕으로 삼는 바이다. 대부분 마음의 전덕(全德)은 지극한 이치 아닌 것이 없으며, 인이란 내가 그로 말미암아 태어나서, 만물과 더불어 이 원원(元元)을 함께하는 것이다. 그러므로 성(性) 가운데 주체로서 4덕(元·亨·利·貞)의 으뜸이 되어 나머지를 겸하여 포괄한다. 오직 그것들을 겸하여 포괄하는 까닭에 정에서 발하여 사단(四端)이 되는데, 사단 중에서도 측은이 또 이것을 관통한다. 오직 그것이 관통하는 까닭에 수오(羞惡), 사손(辭遜: 辭讓), 시비(是非)가 그 용(用)이 되어 동정(動靜)하고 운위(云爲)할 때 일찍이 인성(仁性)으로써 체(體)를 삼지 아니함이 없다. 만일 그 체가 없다면, 나의 어버이를 어버이로 대하여 다른 사람에게 미치는 분수와, 존비의 차이에 따라 등급을 두어 예절을 감쇄(減殺)하는 사이와, 공경하고 읍손(揖遜)하는 때와, 옳고 그름과 올바름과 사악함을 분변하는 때에, 사사로운 뜻이 망령되게 일어나 과실이 없을 수 없다. 그러므로 인을 하는 자는 모름지기 극기(克己: 자기의 사욕을 이김)해야 한다. 만일 자기의 사욕을 이긴다면 툭 트여 지극히 공평해서 함양하고 육성하는 것이 혼융하고 온전해질 것이요, 성(性)에 갖추어진 이(理)가 막히거나 차단됨이 없고 사물 사이에 베푼 것도 각각 도리에 합당하지 않은 것이 없어져 천지 만물과 서로 유통하고, 만물을 낳고 낳는[生生] 이치도 두루 통하지 않음이 없을 것이다.[274]

이어서 김시습은 인과 부합하여 인을 어기지 않는다는 뜻의 '계인'에 대하여 논하였다. 그리고 터럭만큼의 사욕도 없이 계인을 실천하는 것이란, 바깥 사물을 접하지도 않고 일에 응하지도 않는 것이 아니라, 일상의 모든 행동에서 사심을 끊어버리는 것이라고 말하였다. 아무 일도 하지 않고 몸을 편안히 해서 쉰다는 뜻의 '휴거'(休去), '헐거'(歇去)*가 아니라고 주의하였다.

그렇다면 계(契)란 무엇인가? 계라는 것은 합하는 것이니, 이른바 '어기지 않는 것'이 바로 그것이다. 어기지 않는 것이란 다만 미세한 터럭만큼의 사욕도 없이 활연(豁然)하게 극도로 깨끗한[靜盡] 것일 따름이다. 그러나 극도로 깨끗하다는 것은 문을 닫고 고요히 앉아서 눈을 감고 머리 숙여 바깥 사물을 접하지도 않고 일에 응하지도 않아서 이른바 휴거(休去)하고 헐거(歇去)하는 것이 아니다. 사물을 만나고 일에 응하는 시위(施爲) 동작(動作)에서 다만 한 점의 사사로운 뜻이라도 아주 끊어버린다면 한 마음의 묘함이 두루 흐르고[周流] 해박(該博)해져서 앞에서 말한 것과 같이 될 것이다.[275]

김시습은 유교의 관점에서 보면 승려가 고요히 앉아 상념을 누르고 참선하는 것은 결코 인(仁)일 수 없다고 비방한다는 사실을 환기시켰다. 그러면서 김시습은 "정좌(靜坐)했을 때는 지극한 이치가 나에게 온전하게 갖추어지고, 외물에 접할 때와 기미(幾微)에 대처할 즈음에는 천명의 성[天命之性]이 무성하게

* '휴'(休)와 '헐'(歇)은 모두 '쉰다'는 뜻으로, '휴헐'(休歇)은 안심할 수 있는 바에 안주하는 것, 제연(諸緣)을 벗어나 휴식하는 것을 말한다. 『벽암록』(碧巖錄), 『경덕전등록』(景德傳燈錄), 『정법안장』(正法眼藏)에서 '휴'와 '헐'의 용례를 발견할 수 있다.

사단(四端)으로 발현되어야 한다"고 말하였다.

> 계인(契仁)은 부도씨(浮屠氏: 승려)이다. 부도씨는 고요히 앉아 상념을 누르며 참선을 하므로 유자들의 비빙을 받는네, 단 그렇게 하더라도 인(仁)일 수는 없다. 하지만 계인씨가 만일 인에 힘을 쓸 수 있다면, 정좌(靜坐)했을 때 혼연한 지리(至理)가 결여되지 않으며, 외물에 접하는 때와 기미(幾微)에 대처하는 즈음에 천명의 성〔天命之性〕이 무성하게 사단(四端) 밖에 발현된다. 그러면 인의 쓰임은 반드시 후후(煦煦: 온정을 베푸는 모양)하고 어루만져준 뒤라야 꼭 그것을 쓸 수 있는 것이 아니다. 뒷날 머리에 관모(冠帽: 벼슬아치의 모자)를 쓰고 국가에 시행하며 조정에 선다면, 가는 곳마다 우러러보지 않음이 없을 것이다. 또 움츠리고 물러나 몸을 감추어 좁은 동리에 살고 외진 골짝을 지킨다 하더라도, 흐뭇하게 스스로 즐거워할 것이며, 등에 넘쳐 흐르는 기운이 양춘(陽春)과 같아 희희(熙熙)하고 관과(寬薖: 너그러운 모양)하여 그 절개를 바꾸지 아니할 것이다. 아아, 아! 인의 국량(局量)이 크기도 하여라![276]

김시습은 이 「계인설」에서 정좌만 일삼는 것을 비판하고, 정좌의 경우에든 일상응연의 곳〔日常應緣之處〕에서든 사사로운 욕망을 절제하고 지극한 이치를 나의 주체 속에 갖추어 그 천명의 성(性)이 사단으로 자연스레 흘러넘쳐야 한다고 주장하였다. 이것은 그가 불교사상과 유교사상을 주체 문제에서 통합한 매우 중요한 언설이다.

그런데 여기서 김시습은 '격의'(格義)의 방법을 사용하여 중심 사상을 정리하였다. 본래 불교에서는 불교의 교리를 설명하기 위하여 『노자』, 『장자』, 『주역』 등에 의지하는 '격의'의 방법을 잘 사용한다.* 김시습도 그 방법을 훨씬 적

---

* 불교가 받아들여진 초기에는 반야부(般若部)의 경전이 많이 번역되었는데, 반야사상이 노자·장자의 사상과 아주 비슷한 점이 있었으므로 당시의 불교학자들은 『반야경』(般若經)에서 설하는 공(空)이 노자·장자의 무(無)와 동일한 것이라고 알고, 노자·장자의 학설에 결부시켜서 『반야경』의 사상을 설명하는 타협적인 해석을 하였다. 위진시대에는 노자·장자의 학설이나 청담(淸談)이 유행했

극적으로 응용한 것이다.

천태 대사 지의(智顗)는 불교의 오계(五戒: 살생, 투도偸盜, 사음邪淫, 망어妄語, 금주禁酒)와 유교의 오상(五常: 仁, 義, 禮, 智, 信의 다섯 가지 덕)을 동일하다고 보았으며, 불교에서 설하는 계(戒)·정(定)·혜(慧)의 3학(學)을 유교의 도덕에 견주었다. 당나라 때 규봉 종밀(圭峯宗密) 선사는 "공자·노자·석가의 교리가 안과 밖으로 서로 도와서 함께 중생들을 이롭게 한다"고 하였다.**

그 뒤로 5대와 송·명 시대에는 3교 일치설이 널리 유행하였다. 송나라 초기의 진단(陳搏)은 3교의 조화에 대해서 말했고, 장상영(張商英)은 「호법론」(護法論)을, 이강(李鋼)은 「삼교론」(三教論)을, 유밀(劉謐)은 「삼교평심론」(三教平心論)을 지어서 3교가 다르지 않다고 주장하였다. 정이(程頤)의 제자 양구산(楊龜山, 1046~1125?)과 사상채(謝上蔡)도 유·불이 일치한다고 보았다. 선종의 승려인 고산 지원(孤山智圓), 명교 대사 계숭(契嵩), 대혜 종고(大慧宗杲), 무준 사범(無準師範)은 모두 3교가 결국 동일한 뜻을 설한다고 보았으며, 명나라의 운서 주굉(雲棲株宏)·감산 덕청(憨山德清)·우익 지욱(蕅益智旭) 등의 선사들은 유·불 조화사상을 주장하였다.

또 불교 내에서도 각 종파의 회통을 주장하는 설이 거듭 제기되었다. 일찍이 규봉 종밀 선사는 교종과 선종이 '서로 파하는 것'〔相破〕이 아니라 '서로 성립시켜주는 일'〔相成〕이라고 보았으며, 불교 내 모든 종파의 '화회'〔和會〕를 역설하였다. 또 대주 혜해(大珠慧海) 선사는 율사(律師)·선사(禪師)·법사(法師)

으므로 그 영향을 받았을 것이다. 이 격의의 방법에 대해서는 불교의 내부에서도 반대론이 나왔으니, 예컨대 가상 대사(嘉祥大師) 길장(吉藏)은 유교나 노자·장자의 학문은 인도에서의 외도(外道)와 같이 결국 '외도'에 지나지 않는다고 배격하였다. 더구나 유교와 불교는 그 실천도덕론에서 전혀 상반되는 경우도 적지 않으므로, 이 점이 가장 심각한 논쟁을 일으켰다.

** 이병산(李屛山)도 이단 철학사상의 존재 이유를 인정하였다. "옛적에 성인이 있었으니, 부처라 하며 공자라 하여 제자백가라 한다. 마음은 곧 하나이나 그 자취는 다르다. 하나라 함은 그 모두가 인간의 선을 행하고자 함이요, 다르다 함은 길을 나누어서 각각 그 가르침을 편 것이다. 천하에 유교가 없어서는 안 되며 제자백가가 없어서는 안 된다고 한다면, 불교도 없어서는 안 될 것이다. 어느 한 교라도 없어지면 곧 천하의 훌륭한 도가 하나 없어지며, 훌륭한 도가 하나 없어진다면 곧 천하의 악한 것이 그만큼 많아질 것이다."

는 모두 일승(一乘)으로서 같다고 하였다.

　김시습은 우주의 '도'(道)는 하나이지만 그것이 각각 다른 형태로 나타나서, 또는 유교 또는 불교로 성립된 것이라고 보았다. 또 불교 내부에 있는 여러 다른 주장들도 모두 받아들여야 한다고 보았기에 『조동오위』에 관심을 갖는가 하면, 『원각경』을 읽었으며, 『화엄석제』를 지었다.*

　그는 하나의 교법에 집착하지 않고 무심(無心)하고자 하였다. 분별을 떠난 경지에 비로소 밝은 빛이 비춘다고 보았던 것이리라.

　삼교가 일치한다고 단순하게 주장하는 것은 타협이나 절충주의로 전락할 우려가 있다.[277] 여러 종교와 여러 철학이 각각 부분적인 진리를 전한다고 인정하고 그것들을 초월하면서 그 모든 것을 포용하는 경지에 서야 절대 진리의 입장이 열릴 것이다. 김시습은 절충을 주장하지 않았다. 불교의 교리를 듣고 싶어 하는 사람에게는 불교의 교리를, 유교사상을 배우고 싶어하는 사람에게는 유교사상을 말해주었다. 그것은 여러 종교와 여러 철학의 뜻이 그대로 일치한다고 처리하지 않았기 때문이리라.

　김시습보다 앞 시대의 정도전은 심성론과 사회적 효용론 면에서 불교를 배척하는 논리를 구축했지만, 김시습은 불교의 심성론을 정면에서 부정하지는 않았다.

　정도전은 불교(특히 『원각경』)가 마음과 성(性)을 진상(眞相)이라 하고 현상적인 천지 만물을 거짓이나 환상으로 보며, 결국 군신·부자 등의 인간관계도 대수롭지 않게 여긴다고 비판하였다.

　정도전은 '마음은 기'〔心卽氣〕이고 '성은 이'〔性卽理〕이므로 마음에는 지각

* 불교에서도 삼론종(三論宗)은 파사현정(破邪顯正)을 위주로 하므로 다른 모든 사상을 공격할 뿐, 다른 사상체계를 융화하려는 사상이 없다. 이 교파는 근본법륜(根本法輪: 근본이 되는 가르침), 지말법륜(枝末法輪: 임시방편의 가르침), 섭말귀본법륜(攝末歸本法輪: 임시방편의 가르침도 진실한 것이라고 밝히는 가르침)의 세 교법을 세우되, 인도의 외도나 중국의 사상은 포함시키지 않았다. 하지만 천태종·화엄종·삼론종·법상종은 불교 내부의 서로 다른 사상에 각각 '방편'의 측면을 중시하여 그 존재 의의를 남겨주었으니, 그것이 교판상석(敎判相釋)이다. 다만, 중국의 교판은 불교 이외의 교설은 제외한다.

(知覺)과 유위(有爲)가 있으나 성(性)에는 지각도 유위도 없다고 하면서, 불교에서는 마음[心]을 성(性)이라 혼동한다고 비판하였다.* 나아가 그는, 불교가 '작용이 곧 성(性)'이라고 보아 사람을 방종케 한다고 비판하였다.**

정도전은 불교는 마음[心]과 형적[跡]을 분리하여 방종을 조장하지만, 유교는 "이 마음이 있으면 반드시 이 자취가 있다"고 하여 둘로 나눌 수 없다고, 불교와 유교를 엄격히 구분하였다. 불교는 "공적(空寂)한 영지(靈智)는 인연에 따라 변하지 않는다"라든가, "인연을 따라 되는 대로 하고 본성에 맡겨 자연스럽게 한다"고 하여 사물에 대한 시비를 억제하라고 말하지만, 유교는 마음이 사물의 주재(主宰)가 되어 사물에 접할 때 마땅하게 작용해야 한다고 본다. 유교의 관점에서 보면 불교의 심성론은 "눈금 없는 저울을 가지고 천하 만물을 저울질하는 것과 같다."

김시습은 불교가 현실세계를 환망(幻妄)과 허위로만 보지 않고 자성(自性)을 갖춘 인간 존재가 구체적으로 삶을 살아가는 곳이라고 해석하는 것에 주목하였다. 또한 그는 그것이 유교, 특히 성리학이 현실세계를 일상응연의 곳으로 파악하는 것과 통한다고 보았다. 불교의 인간론이 욕망을 억제하여[懲忿窒慾] 자성심을 현현할 것을 추구하듯, 유교의 인간론은 사욕을 이기고[克己] 천리(天理)의 이르러옴[理自到]을 경험할 것을 주장한다. 자성심이 절대 관념의 영역에 속하는 반면 천리(天理)는 사회조직의 공리(公理)로서 재정의되겠지만, 김시습은 그 차이를 추급해가지는 않았다. 그는 구도적 수양론에서 불교와 유교의 회통을 이루려 했던 것이다.

또한 김시습은 불교의 심성론을 논하지 않았다. 그는 사상의 육화(肉化)를

---

* 정도전은 『능엄경』에서 말한, "원묘(圓妙)는 명심(明心)이요, 명묘(明妙)는 원성(圓性)이다"라는 것은 명과 원을 심과 성으로 나누어 설한 것이고, 보조 국사(普照國師)의 "마음 밖에 부처가 없으며, 성(性) 밖에 법이 없다"는 말은 부처와 법을 심과 성으로 나누어 설한 것이어서 통찰한 바가 있지만, 상상으로 얻은 것이지 활연하게 진실로 본 것은 아니라고 하였다.
** 정도전의 이러한 비판은 주희의 비판과 통한다. 방거사(龐居士)는 게송에서 "먹을 물과 땔나무를 운반하는 것이 모두 묘용 아닌 것이 없다"고 했지만, 주희는 "만일 작용을 성(性)이라고 한다면, 칼을 잡고 휘둘러 인명을 살상하는 것도 성이라고 하겠는가?"라고 반문하였다.

강조하였다. 사상이 사상으로만 권위를 지니고 실생활에서 구현되지 않는 현상을 우려하였다. 그렇기에 그는 불교나 유교의 신앙 행태를 비판했을 뿐, 불교나 유교 자체를 비판하지는 않았다.

환속과 성리설의 연찬

_ 환속과 재혼

1481년(성종 12) 봄, 김시습은 홀연 머리를 기르고 환속하였다. 마흔일곱 살이었다. 김시습은 다음과 같은 제문을 지어 조부와 부친을 제사지냈다.

『서경』 「순전」(舜典)에 보면 순임금이 오교(오품)를 베푸셨는데 부자유친(父子有親)이 맨 앞에 있고, 『효경』 「오형」(五刑)에 보면 죄 되는 것 삼천 가지를 나열했는데 그 가운데 불효가 가장 컸습니다. 대체로 하늘과 땅 안에 살면서 누가 양육하신 은혜를 저버리겠습니까? 어리석고 못난 소자가 가문을 이어야 할 텐데, 이단에 깊이 빠졌다가 말로에 가까스로 뉘우쳤습니다. 이에 예법에 관한 서적을 살펴보고 경전을 찾아보아 조상을 정성으로 제사지내는 큰 의식을 강구하여 정했습니다. 청빈한 생활임을 참작해서 간략하면서도 깨끗이 차리도록 힘썼고, 젯밥을 올리는 것도 정성으로 하였습니다. 한나라 무제는 일흔 살에야 전승상(田丞相)의 말을 깨달았고, 원나라 덕공(德公)은 일백 살에야 허노재(許魯齋:

許衡, 1209~1281)의 풍모에 교화되었다고 합니다.[278]

『맹자』에 있듯이, 자식으로서 후사를 잇지 못하는 것은 불효 가운데서도 가장 큰 불효이다. 김시습은 그 점을 잘 알고 있었다. 귀신과 제사 문제에 대해서도 심각하게 반성하고 있던 때였으므로, 집안의 제사를 받들어야겠다는 생각이 들어서 환속을 결행했는지 모른다.

또한 김시습은 감정 없는 목석과 같은 사람이 아니었다. 그도 때로는 살 냄새와 지분(脂粉) 내가 그리웠을 것이다. 심지어 당나라의 민요인 죽지사(竹枝詞)의 시상을 빌려와, 고적감을 잊고 정인(情人)을 그리워하는 심경을 문자로 나타낸 일도 있다. 「죽지사」라는 제목으로 3수를 적은 것 가운데, 첫째 수와 셋째 수를 보면 이러하다.[279]

눈보다 흰 종이 장막 둘러두고	一片紙帳白於雲
동창을 젖히곤 밤새 기다리네.	夜撤東窓直到昕
꿈에나마 낭군을 뵈려 해도 잠 못 이루고	擬夢情人眠不得
서너 줄기 향 연기만 삼분이나 줄었어요.	數條香線減三分
밤은 어찌하여 다하지 않는가	夜如何其夜未央
별은 서산에 지고 달빛은 침상에 스며드네.	星移西嶺月侵床
이 세상에 큰 고통은 정이 많은 것	人間最是多情苦
뒤척이며 잠 못 이루고 애간장만 끊어요.	展轉不寐空斷腸

이것은 비록 「죽지사」라는 민요의 시상을 빌려온 것이기는 해도 정인을 그리워하는 마음이 대단히 절실하다. 물론 시적 화자(話者)가 기다리는 정인은 낭군을 뜻하는 것이 아니라, 불법(佛法)을 의미할 수도 있다. 하지만 이렇게 민요를 이용하여 정인을 그리워하는 마음을 애절하게 표현한 것을 보면, 김시습의 마음속에 여성에 대한 애틋한 그리움이 없지 않았을 법하다.

어쨌든 김시습은 갑자기 환속하였다. 그의 행동은 사대부의 눈에 기이하게 비쳤다. 김시습이 머리를 기르고 환속했을 때 서거정은 우스갯말의 시[280]를 지어, "입산이든 출산이든 자유자재로 했으니, 유교에든 불교에든 불가함이 없다"(入山出山皆適意, 於儒於釋無不可)고 하였다. 그러면서도 서거정은 김시습이 가도(賈島)와 장재(張載: 橫渠)에게 견줄 수 있는 인물로, 불교를 배척한 유자라고 하였다.[281]

김시습은 안씨(安氏)의 딸을 아내로 맞았다. 가정을 이루기로 한 것이다. 하지만 그것은 오래가지 못하였다. 아마도 아내와 곧 사별하고 만 듯하다.

_ 일민의 삶

많은 사람들이 김시습에게 벼슬길에 들라고 권하였다. 그러나 김시습은 끝내 뜻을 굽히지 않고 예전처럼 세간사를 등한시하였다.

당시 성종은 문사들을 우대하여 문물에서는 볼 만한 성과가 나왔지만, 기층 농민들의 삶을 개선하지는 못하였다. 1481년(신축)과 1482년(임인)은 '신임 기근'이라 하여 큰 흉년이었다. 민간에서는 아이들을 거리에 버렸다.[282] 특히 사신들이 지나다니는 행로였던 평안도 지방에는 베틀 소리가 그치고 온 동네에 돌림병이 퍼졌으며, 풀숲에는 해골이 드러날 정도였다. 그런데 1482년(성종 13) 봄에 조정은 백성들을 평안도로 이주시키는 정책을 실시하였다. 남도의 농민들은 3년 내리 쟁기질을 하지 못하여 몸을 가누지 못할 정도였는데, 강보에 싸인 아이들까지 데리고 떠나야 했다. 잔학한 관리들은 등을 때리면서 재촉하지만, 아이들이나마 이주시키지 않으려고 어떤 백성은 자결을 택하였다. 중국에서 유행하던 "차라리 건업(建業: 난징의 옛 이름)의 물을 마실지언정 무창(武昌)의 생선은 먹지 않겠네. 차라리 건업에 돌아가 죽을지언정 무창에 살지는 않으리라"라는 동요와 같은 종류의 민요가 떠돌 지경이었다.

이러한 사실을 남효온은 「은진」(恩津)이라는 시에서 처절하게 노래하고, 차라리 기성(箕城), 즉 평양으로 도읍을 옮긴다면 중국과의 거리가 가까워져 사신에 대한 지공(支供: 접대 비용)을 줄일 수 있지 않겠는가 하였다.[283] 김시습도 백성들의 참혹한 사정을 잘 알고 있었을 것이다.

김시습은 분노가 일어나면 여염(閭閻)으로 나다녔다. 하루는 술을 마시고 저자를 지나다가 영의정 정창손을 만나, 그의 이름을 큰 소리로 부르면서 "저놈은 그만 쉬어야 해!"라고 하였다. 하지만 정창손은 못 들은 체하였다.

정창손은 1453년(단종 원년)에 이조판서를 지냈지만, 1455년(세조 원년)에는 3등 공신에 올랐고, 이듬해 사육신의 단종 복위 계획을 사위 김질(金礩)에게서 듣고 역모죄를 고발하여, 그 공으로 2등 공신에 올라 부원군에 봉해졌다. 게다가 1468년 예종이 즉위한 뒤 남이·강순의 옥사를 처리하여 익대공신 3등에 올랐고, 1469년 성종이 즉위하자 대광보국숭록대부로 품계가 올라 원상(院相)이 되었으며, 1471년(성종 2)에는 좌리공신 2등에 올랐다. 또 1475년에는 영의정에 재임명되었고, 1485년 84세로 영의정에 다시 임명되었다. 2년 만인 1487년에 사직하고 86세로 세상을 떠났다. 왕은 그를 청빈 재상이라 일컬었다.

사람들은 그 일로 김시습이 위태로워지리라고 염려하였다. 심지어 평소 가까웠던 사람들까지 절교할 정도였다.

김시습이 조신(朝臣: 조정 신하)을 비판했던 것은 단순한 객기(客氣)가 아니었다. 그것은 자기 자신을 다잡는 엄격함과 표리를 이루었다. 김시습은 거실의 북쪽 벽에 써 붙인 「북명」(北銘)이라는 글에서, 선비로서의 풍모와 염치를 지켜야 한다는 뜻을 다음과 같이 밝혔다.[284]

쪽박 물과 찬밥을 먹을지언정 자리 차지하곤 공밥 먹지 말며
　　　　　　　　　　　　　　水一瓢食一簞切勿素餐
한 그릇 밥 받으면 걸맞는 힘을 써서 의리에 맞아야 하리.
　　　　　　　　　　　　　　受一飯使一力須知義適
하루 닥칠 근심보다는 종신 근심할 일 근심하고　　無一朝之患而憂終身之憂
파리함을 괘념하지 말고 뜻 바꾸지 않는 즐거움을 즐겨야 하리.
　　　　　　　　　　　　　　有不病之癯而樂不改之樂
염치 지키는 선비 풍모를 숭상하고　　敦尙士風廉恥

간특한 세속의 작태를 미워하라.	輕厭俗態詐慝
뭇사람 칭찬에 기뻐하지 말고	勿喜矜譽
뭇사람 깔봄에 노여워 말고,	勿嗔毀辱
기꺼이 천리를 따르면	怡然順理
유연히 깨치게 되리.	悠然有得
무심히 봉우리 위로 피어나는 구름 그림자같이	無心出岫之雲影
사심 없이 허공에 달려 있는 달빛과도 같이	不阿懸空之月色
기거 동작에서 겉껍데기 육신을 잊어버려	動靜語默忘形骸
삼황 때의 순박함을 보존하고	羲皇上世之淳朴
몸가짐과 행동에서 옛 성인을 상상하여	容止軌則存想像
요순 삼대의 전형을 따라라.	唐虞三代之典則
부디 그대는 반성하여	冀子觀省
북쪽 벽에서 느끼시라.	感於北壁

「북명」의 첫째 구는 공자의 제자 안연(顏淵)을 본받아 쪽박 하나의 물과 도시락 하나의 밥을 먹고 누추한 골목에 살더라도 청고(淸苦)함에서 얻는 즐거움을 누릴 일이지, 벼슬길에 나아가 시위소찬(尸位素餐: 직책을 다하지 못하면서 자리를 차지하고 녹만 받아먹음)한다는 비난을 사서는 안 된다는 뜻이다. 『논어』 「옹야」 편과 『시경』 위풍(魏風) 「벌단」(伐檀) 편에서 뜻을 취하였다. 셋째 구는 군자가 하루하루의 걱정거리를 근심해서는 안 되며, 종신토록 인(仁)과 예(禮)를 갖추어 순(舜) 같은 성인이 될 수 없을까 근심해야 한다는 뜻이다. 『맹자』 「이루하」(離婁下)에서 따왔다.

제11~12구는 제9~10구에서 "기꺼이 천리를 따르면 유연히 깨치게 되리라"라고 한 경지를 자연물에 비유하여 상징적으로 제시한 구절이다. '불아'(不阿)는 사사롭지 않다는 뜻이니, 곧 바깥짝의 '무심'(無心)과 같은 말이다.*

----

* 잠(箴)이라는 문체는 구법은 산문적이어도 압운을 한다는 점에서 운문의 요소를 갖춘다. 이 「북명」

김시습은 세간의 칭송과 모욕을 벗어나 옛 성인을 본받아 인(仁)과 예(禮)를 완성하는 생활을 하겠다고 결심하였다. 이때 김시습이 추구한 예란 개인의 삶을 구속하는 외적 형식이 아니었다. 내면의 가치를 있는 그대로 드러내는 것을 뜻하였다. 그에게서 인과 예를 추구하는 삶이란 의(義)와 이(利)를 엄격히 분별하고 인간 본연의 주체성을 확보하는 삶에 다름 아니었다.

김시습은 또 좌탑에 쓴 「탑명」(榻銘)에서 경건한 자세를 유지하자고〔居敬〕 스스로 다잡았다.[285]

화려하고 밝아서 대부의 자리를 장식하는 것도 아니요,	不華皖以飾大夫之簀
빛깔이 알록달록해서 작은 병거(兵車)의 자리를 꾸미는 것도 아니라네.	不斑爛而文小戎之茵
내 토상(土床)을 펼쳐놓으매 봄볕 맞는 듯 따뜻하니,	展我土床溫如陽春
무릎 닿는 부분이 뚫어지도록 새벽녘까지 꼿꼿이 앉아	穿膝累脚危坐待晨
이치를 궁구하고 정밀히 살펴 옛사람을 따르리라.	窮理密察思睎古人
치우치지도 기울지도 않으며 오직 공경하여 몸소 반성하리.	不偏不倚省躬惟寅
어두운 방에 거처하되 높은 손님 대하듯 하며	從居闇室如對大賓
새는 지붕을 부끄러 말고 신(神)을 제사지내듯 하라.	不愧屋漏如在祭神
정신을 집중하면 마음이 늘 깨어 확고하리.	主一無適惺惺堅硬
진흙을 뭉쳐 만든 좌탑이 넓고도 평평해라.	泥團土塑廣博平正
군자라야 너에게 의지하여 거경(居敬)하리라.	惟君子賴爾以居敬

은 첫 구에서 '단'(簞)과 '찬'(餐)을 평성 한운(寒韻)으로 압운하고, 둘째 구에서 역(力)의 직운(職韻)과 적(適)의 맥운(陌韻)을 통압(通押)하였다. 전체의 운자는 적(適: 陌韻), 낙(樂: 藥韻), 특(慝: 職韻), 욕(辱: 沃韻), 득(得: 職韻), 색(色: 職韻), 박(朴: 覺韻), 칙(則: 職韻), 벽(壁: 錫韻)의 아홉 글자로, 한 구 건너씩 압운〔隔句押韻〕하면서 2구 1연마다 대(對)를 이루었다. 『국역 매월당집』은 원문을 잘못 끊어 읽어서 오역을 하였다.

김시습은 『시경』 「억」(抑) 편의 "그대가 실내에 혼자 있을 때, 어두운 방구석에서도 부끄럼 없이 할지라"(相在爾室, 尙不愧于漏室)라고 한 구절을 전거(典據)로 사용하였다. 모시서(毛詩序)에 따르면 이 시는, 위(衛)나라 무공(武公)이 몸소 지어서 남에게 날마다 외우도록 시켜 방만해지지 않도록 경계한 것이었다고 한다. 김시습은 이 시에서 거처의 누추함에 괘념하지 않고 마음을 기르겠다는 뜻을 밝혔다. 또 김시습은 『논어』 「학이」 편의 주희 주에서 "경이란 정신을 집중하여 산란하지 아니함이다"(敬者, 主一無適之謂)라고 했던 정의를 따라, 정신을 집중하는 것이 '거경'(居敬)의 태도라고 보았다.

김시습은 이러한 태도를 1483년 늦봄, 49세 때 또다시 관동으로, 그것도 '두타승'의 모습으로 떠나갈 때도 굳게 지녔다. 그래서 「학문」(學)이라는 글을 지어 『소학』의 실천을 학문의 첫 단계로 설정했으며, 그 글 뒤에 「궁리」(窮理)·「수신」(修身)과 같은 도학시(道學詩)를 붙여두게 된다.

수락산에서 김시습은 『한서』를 구하여 읽었다.[286] 『한서』는 전한(前漢)의 역사를 다룬 단대사(斷代史)인데, 미문(美文)으로 유명하다. 아마도 김시습은 문체를 더욱 연마하려고 했던 듯하다.

이 당시 서거정 등은 「한도십영」(漢都十詠)을 지어 태평성세를 즐거워하는 심리를 담았다. 장의심승(藏義尋僧), 제천완월(濟川翫月), 반송송객(盤松送客), 양화답설(楊花踏雪), 목멱상화(木覓賞花), 전교심방(箭郊尋芳), 마포범주(麻浦泛舟), 홍덕상련(興德賞蓮), 종가관등(鍾街觀燈), 입석조어(立石釣魚)가 그것이다. 즉 서울의 산사, 제천정의 풍경, 반송에서의 이별, 양화도의 눈 내리는 풍경, 남산에서의 꽃구경, 전교(箭郊)로 방초(芳草)를 찾아가는 일, 입석에서의 낚시질 등이 당시 종실 인사나 훈구 관료들이 공감했던 서울의 풍경이었다.[287]

김시습은 서거정과 같은 식의 십영시를 남기지 않았다. 하지만 그는 어느 봄날 수락산에서 서울로 들어가면서 팔경시(八景詩)를 남겼다. 서거정 등과는 별도로 경승(景勝)을 선정하여 심미의식의 차이를 드러낸 것이다.[288] 즉 김시습은 압봉 길의 꽃, 노원의 풀빛, 금계에 뛰는 고기, 선돌의 보리 물결, 고암(북바위. 현재의 종암동·안암동)의 미끄러운 진흙, 제단에 우거진 풀, 왕심이(현재의 왕십리)의 밥 짓는 연기, 보제원의 전별(餞別) 광경을 뽑았다. 이것들은 서거정 등의 10영보다 더욱 서민적이고 더욱 생활적인 풍경들이다.

_ 술에 대한 사색

1481년(성종 12) 2월 5일에 남효온은 남산 어귀에서 술을 과하게 마시고 실수를 하였다. 술에 취해 노래하고 춤을 추다가, 자리가 파할 때는 이리저리 내달려서 저고리며 바지가 온통 진흙투성이가 되었다. 말에 실려 비틀비틀 가는데 아이들은 손뼉을 치며 놀려댔다. 끝내 그는 꼬꾸라지고 넘어져서 몸까지 다쳤다. 27세였던 남효온은 「술을 경계하는 글」(酒箴)을 지어, 자신이 저지른 주사(酒邪)를 회상하고는 다음과 같이 자책하였다.[289]

술이 내린 재앙을 모르는 바 아니건만	非不知酒禍
스스로는 술을 단 엿처럼 여겼구나.	顧自甘如飴
술 먹고 무당 춤추듯 하는 것을 경계한 말은 『서경』에 있고	巫風戒於書
손님 모신 자리의 화사함은 『시경』에서도 노래하였지.	賓筵播於詩
한나라 양웅(揚雄)은 「주잠」을 지어 성제(成帝)를 간하였고	揚雄曾著箴
정나라 백유(伯有)는 술 때문에 죽임을 당하였도다.	伯有死於斯
미친 병 가져오는 이 약을 어찌하랴	胡爲此狂藥
덕을 잃는 것이 늘 이 때문인 것을.	失德常在玆
은나라 유민의 음주를 경계했던 「주고」(酒誥)를	酒誥在方策
마음에 새겨 법규로 삼아야지.	宜念以爲規

이 무렵 김시습은 남효온에게 주거나 답하는 편지 세 통을 『매월당집』에 남겼다.

남효온은 술을 아예 끊어야겠다는 뜻으로 김시습에게 편지를 보낸 듯하다. 1481년 6월에 남효온의 편지를 받아보고[290] 김시습은 편지에 담긴 구슬프고 처량한 표현에 대단히 감동하여, 「추강에게 답하는 글」(答秋江書)을 적어 "아름다운 기질이 아니라면 어찌 능히 두 번 허물을 저지르지 않기를 그같이 확고하게 할 수 있겠는가?'라고 하였다. 그러나 다만, 중도(中道)를 지키는 것이 중요하지 갑작스레 술을 끊겠다고 선언하는 것은 올바른 태도가 아니라고 충고하였다.[291]

김시습은 남효온을 보고 전보다 심하게 마른 모습에 깜짝 놀랐다. 술을 갑작스레 줄이고 또 줄여서 몸이 바짝 마른다면 북당(北堂: 어머니)께서 반드시 근심하실 것이니, 결국 술 걱정을 끼친다면 또다시 효경(孝敬)을 못하게 되리라고 경계하였다.

> 옛날에 삼종(三鐘: 좋은 양의 단위)의 술을 마시다가 그만둔 사람이 있었는데, 약간이라도 과음을 하면 어버이 묘소에서 스스로 매질을 했다고 하오. 그런 사람은 명현(名賢)이기에 무방하다 하겠소. 그러나 선생께서는 인간세계를 곁눈으로 흘겨보고 그 변태를 비웃어 취중 별천지의 일사(逸士)가 되어 늘 술에 젖어 있었거늘, 만일 지금 갑자기 끊는다면 끝내 석학사(石學士: 石崇. 여기서는 술친구를 말함)의 근심을 부를게요. 선생께서는 순리대로 술을 절제하는 것이 좋겠소. 그렇게 안 되면 점차로 끊어야 할 게요. 그렇지 않고 부도씨(승려)처럼 술을 완전히 끊고 계율을 엄격히 지킨다면 선왕이 남긴 중후한 예제(禮制)를 잃을까 염려되므로, 중용과 평상의 이치를 따라서 사람들이 보고 듣고 놀라지 않도록 해 주기를 바랍니다.[292]

김시습은 남효온이 일사(逸士)로서 세상을 비웃으며 늘 술에 젖어 있는 사람이므로 술을 아예 끊어서는 안 될 것이라고 하였다. 그리고는 고전을 인용하여 술의 효능을 말하였다.

> 오호라! 술의 맛이란 격렬한 것만은 아니라오. 석주(昔酒)와 현주(玄酒)가 있는데, 석주는 감주요 현주는 물이죠. 『시경』(大雅 「泂酌」편)에는 형작(泂酌: 길바닥에 괸 물을 퍼서 제사에 바침)이라는 말이 있는데 『춘추』에 그것을 인용했으니, 즉 괸 물을 사용해도 가히 신명(神明)과 통할 수 있는 것이오. 또 관례, 혼례, 향

빈(饗賓: 饗食賓射, 즉 饗射禮)에도 역시 감주를 베풀었죠. 오직 제사에서 강신제 지낼 때 반드시 울창주를 사용하는 것은 그 달콤하고 느긋한 기운을 기름기와 합하여 신명에 이르게 하려는 것이오. 후세에는 풍속이 해이해져서 관혼상제를 할 때 다만 맛좋은 술을 베풀 줄만 알지 단술을 사용한다는 말은 듣지 못했소. 손님이나 주인이 서로 취해서 마침내 관례를 의식에 맞지 않게 하고 혼례를 엄격한 법도대로 진행시키지 못하게 만들며, 상례에서는 슬퍼하는 뜻이 없게 만들고 제사에서는 경의를 바치지 못하게 하여, 예라는 대경(大經: 큰 도리)을 취향에 베풀게 하니, 아주 우습군요. 연빈(燕賓: 燕饗)의 경우, 처음 자리에서는 정숙하다가 큰 술잔으로 고래가 마시듯 하면서부터는, 거문고와 향피리의 연주음악도 듣지 못하고 안주와 채소의 훌륭하고 정갈한 맛도 보지 못한 채 펄쩍펄쩍 뛰고 소리지르며 법도 없이 농지거리를 하죠. 의관을 차린 귀인이나 벌열(閥閱)의 가문도 이 같은데, 백성의 습속이야 더 말해 무엇 하겠소? 이것이 바로 우임금이 의적(儀狄: 한나라 때 처음 술을 만든 사람)을 멀리한 까닭이요, 무왕이 강숙(康叔)에게 훈계한 까닭이라오.[293]

김시습은 이렇게 술의 역사와 술의 오용(誤用)에 관해 도도한 의론을 전개하였다. 이어서 그는 술의 효용과 적극적인 기능에 대해 논하였다.

옛날에 술에 빠진 자가 무려 수십 명이지만 오직 도연명과 완적만이 절행(節行)과 표치(標致)가 있었는데, 그 중에서도 원량(도연명)이 뛰어났었소. 그러나 그들이 그렇게 했던 까닭은 강좌 지방이 소란한 것을 슬퍼하여 인간 세상을 잊은 것이지, 주색에 빠져 헤어나지 못해서 그런 것이 아니었죠. 나머지 주도들이야 더 거론할 필요가 있겠소? 나 자신을 헤아려보더라도 술의 과함이 이 같은데, 어찌 선생에게 억지로 권할 수 있겠소? 하지만 망 대부(왕망 정권에서 대부를 지낸 楊雄)의 「주잠」(酒箴)이나 유유주(柳柳州: 柳宗元)의 「삼계」(三戒)와 같은 것은 말뿐이오. 출신이 바르지 못한데다가 처세도 창황(蒼黃: 정신 없이 다급함)하니, 부도씨의 주계(술에 대한 경계)와 아주 비슷하오. 선생 같은 분이 취할 바가 아니오. 그러니 선생이 어찌 나에게 그런 말씀을 할 수 있겠소? 아아! 선생은 이미 "선조를 위해서는 제사에서 술을 맛보고 어버이를 위해서는 단술을 베풀고 임금께서 내리시면 마신다"고 말씀하셨소. 인간 세상에서 어찌 조상을 업신여기고 임금과 어버이의 뜻을 어길 수 있겠소? 선왕께서 술을 베푼 뜻 또한 이와 같은 것에 지나지 않다오.[294)]

사실 김시습은 이 시기에 새삼 효심을 다졌고, 제사를 중하게 여겼다. 그래서 더욱, 술은 제사에 쓰는 것이니만큼 무조건 끊어서는 안 된다고 하였다. 또 남효온의 모친이 이미 아들의 절주(節酒) 약속을 기쁘게 받아들이셨으므로, 승려처럼 계주(戒酒)의 율을 세워서는 안 된다고도 하였다.

하물며 다시 신명에게 여쭙고 어머니께 고하여 어머니께서 또 기뻐하셨으니 어쩌겠소? 부모님의 뜻을 봉양하고 그 부모님께서 자식의 재롱을 즐기시게 하는 것 또한 부모님을 기쁘게 해드리려는 뜻에서 그러는 것이오. 하물며 잘못을 알고 허물을 고쳐 부모님을 기쁘게 해드리는 것은 선생이 종신토록 크게 효도를 하겠다고 맹세했기 때문입니다. 그러니 정말 선과(善果)를 닦듯이* 하지는 마십시오. 저 또한 최근 시제(時祭) 지내는 때를 맞아 제수(祭需)가 깨끗하지 못하고 인사에 어그러짐이 있기에 제수를 갖춰 진설하지 못하고, 단지 조촐한 채소와 과일, 술 몇 잔을 올렸으니, 속마음이 애통하고 슬퍼서 억제할 수가 없었소. 내가 돌아가신 이들을 섬기는 것도 이와 같은데, 하물며 선생은 살아 계신 분을 섬기는 처지이니 어떻겠소? 옛사람이 말하기를, "나무는 고요하고자 하나 바람이 그치지 않고, 자식이 효도하고자 하나 어버이는 기다려주지 않는다"고 했소. 이것이 바로 내가 옛일을 보고 상심하는 까닭이요, 선생이 살아 계신 어버이를 위해 친히 달고 맛좋은 음식을 올릴 수 있음을 경사로 여기는 까닭이라오. 옛사

---

* 원문에는 '수선과'(隨善果)로 되어 있으나 수(隨)는 수(修)의 잘못인 듯하다. '수선과'(修善果)는 선과를 가져오기 위해 수행한다는 뜻으로, 여기서는 승려처럼 계율을 지킨다는 말이다.

람이 이르기를, "봉양하기는 쉬우나 공경하기는 어렵고, 공경하기는 쉬우나 편안하게 해드리기는 어려우며, 편안하게 해드리기는 쉬우나 오래 하기 어렵고, 오래 하기는 쉬우나 끝마치기 어렵다. 부디 큰 효를 끝까지 다하길 바라네"라고 하였소. 이 말로 선생에게 거듭 권고하오. 글이 여기에 이르니 눈물이 턱에 흐르는구려.295)

김시습은 남효온에게 먼저 송진으로 만든 단술을 들라고 권하였다.

다만 주성이 깊어 혈액에 통하고 장과 위를 두텁게 해왔는데, 오랫동안 마시던 술을 갑자기 그치면 다른 병이 생길까 염려되오. 송진으로 단술을 만든다면 그것으로 술을 대신할 수 있을 게요. 복용하기는 조금 괴롭겠지만, 술은 독이 있는 데 비해 송진은 독이 없어 오장을 편안하게 할 것이니, 부지런히 복용하여 어머니께서 걱정하시지 않도록 하시오. 또 문을 닫아걸어 속인들의 비난을 사지 말고 심신을 길러 하늘이 준 수명을 보전하시오.296)

김시습은 남효온이 만들어주겠다고 한 제복(祭服)이 다 되었으면 사람을 보내 받아오겠다고 말하고, 무더운 때에 특히 부모님을 위해서라도 자중자애(自重自愛)하라고 덧붙였다.297)
김시습은 이해 7월에 남효온과 함께 계인(契仁) 상인이 묵고 있는 봉선사(奉先寺)로 가서 수석을 즐겼다. 그 뒤 며칠이 지나 다시 남효온에게 서한을 내어, 술 끊은 일이 꼭 올바른 것은 아니라고 훈계하였다.298)

옛사람은 술을 빚을 때 얼큰히 취하는 것만으로 참맛을 삼지 않고, 맑은 술과 진국술은 향이 강하게 하고, 단술과 감주는 단맛이 나게 하여, 농후하고 담박함의 차이를 두었소. 그러고도 오히려 그것이 혹 어지러운 데까지 이를까 염려하였소. 이런 까닭에 술 예법을 만들어 한 번 잔을 드리는 예절에 손님과 주인이 백 번 절을 하게 하니, 종일 마셔도 취하지 않았던 것이오. 그래도 오히려 부족하다 여겨, 다시 『의례』에 보면 향음주(饗飮酒)제도를 만들어서 개(介), 준(俊), 사정(司正), 상(相), 찬(贊)과 같은 보조역을 두어 예의에 맞는 위의를 돕게 하였소. 『시경』에 이르기를 "감찰을 세우고 또 속관이 돕는다"고 했으니, 바로 이것을 말한 것이오. 그리고도 술을 함부로 쓸까 두려워하여 『서경』 「주고」(酒誥)에서 "제사에만 술을 쓰라"고 했고, 또 "그 부모가 기뻐하고, 그 일한 보람을 알차게 하기 위해 술을 내라"고 하였소. 『시경』에도 이르기를, (小雅 「常棣」 편에서) "내게 맛좋은 술이 있어 아름다운 손님이 취하도록 즐긴다"고 했으니, 이는 빈객을 향연하는 것이요, (小雅 「常棣」 편에서) "음식 그릇 늘어놓고 취하도록 술을 마시니, 형제가 모두 함께하여 화락하고도 흐뭇하구나" 했으니, 이는 형제를 잔치하는 것이요, (小雅 「伐木」 편에서) "깨끗하게 집안을 청소해놓고, 여덟 개의 그릇에 음식을 차려두고, 살찐 수 짐승을 잡아서, 여러 어른들을 청하리라" 했으니, 이는 친구와 지인을 모아 연회하는 것이라오. 이것이 바로 술 마시는 예절이오. 그러므로 제사에는 준여(餕餘: 제상에서 남은 음식을 물려줌)가 있고, 집을 짓는 데는 낙성연(落成宴)이 있으며, 손님을 위해서는 향연이 있고, 누군가를 전송할 때는 길제사가 있으며, 또 활쏘기에서는 당에서 내려가 마시는 예가 있고, 마을에서는 향음(饗飮)의 예가 있으며, 가정에서는 어버이를 즐겁게 하며 축수(祝壽)의 술을 드리는 예가 있소. 또 제사를 지낼 때는 시음하는 예가 있고, 헌작(獻酌)을 할 때는 잔의 술을 마시는 예가 있소. 이렇게 해서 사람의 마음을 극진하게 하고 사람의 일을 극진하게 했던 것이오. 후세 사람들처럼 웃옷을 걷어붙이고 시끄럽게 떠들어대어, 심지어 석만경(石曼卿)처럼 나뭇가지 끝에서 술을 마시거나 거적때기를 몸에 묶고 목만 내밀고 마셔대며, 개구멍같이 앞니가 빠진 사이로 술을 부어대라고 하는 것이 아니오.[299]

김시습은 "술로써 화단을 낳았다고 해서 당장에 완전히 끊고자 하다니, 이것은 마치 밥을 짓다가 불을 냈다고 해서 일생 동안 불로 밥을 짓지 않으려는 것과 같소. 전적으로 술에 빠진다는 것은 말이 안 되지만, 술을 아주 끊는다는 것도 예법에 크게 어두운 것이요, 중용에서 너무 벗어난 것이니, 군자가 행할 도리가 아니오"라고 하였다.

> 만일 끊어야 하는 것이라면, 공부자(孔夫子)께서 『논어』(「鄕黨」편)에서 "술은 한량없이 마실 수 있으나 어지러운 데까지는 이르지 않는다"고 말하지 않았을 것이요, 또 (「子罕」편에서) "술에 빠져 난폭한 짓을 한 일이 없으니, 내게 무어 거리낌이 있겠는가?'라고 말하지도 않았을 것이오. (『시경』「賓之初筵」에 보면) 위무공(衛武公) 또한 일찍이 허물을 뉘우쳐 말하기를, "석 잔 술에 정신을 잃은 사람에게, 더 마시게 한대서야 되겠는가?'라고 했는데, 위무공 역시 술을 아주 끊은 것이겠소? 다만 경계했을 뿐이오. 선생께서 만일 예의를 버리고 임금과 어버이를 버리고 종족을 멀리하여 홀로 무인지경(無人之境)에 산다면 그럴 수 있소. 그러나 예악과 문물이 갖추어진 이 세상에 살면서 효제(孝悌: 孝友)라는 선왕의 격언을 읽으셨을 텐데, 갑자기 한 잔의 술도 마시지 않겠다는 게요? 또 향연과 헌수에서도 마시지 않으려오? 절제할 수는 있소. 그리고 삼갈 수도 있소. 그러나 죽을 때까지 아예 끊는다는 것은 내가 보기에는 옳다고 할 수 없소.[300]

김시습은 이때 전에 약속했던 신령(神苓: 茯苓)을 인편에 보냈다.

남효온은 그 뒤 병이 깊어 1485년에 이르러서는 정말로 술을 끊고 말았다. 1486년에는 둘째 아들 종손(終孫)이 죽어, 2월에 묻었다. 그 뒤로 남효온은 무악(毋岳)에 올라 통곡하기도 하고 남포(南浦)에서 낚시질을 하며, 신영희(辛永禧)·홍유손 등과 죽림거사(竹林居士)를 자처하였다.

_ 남효온과의 우정

임보신(任輔臣)은 『병진정사록』(丙辰丁巳錄)에서, 남효온이 의분(義憤)을 참지 못하는 성격이었으며, 김시습을 스승으로 섬기고 세상 밖에서 놀아 세속에 관계하지 않았다고 하였다. 신흠(申欽, 1566~1628)도, 남효온은 '조선의 백이'인 김시습의 풍모를 듣고 일어난 사람이라고 하였다.[301] 하지만 남효온에게는 김시습에게서와 같은 복무집로(服務執勞)의 사상을 찾아볼 수 없다. 「인생을 슬퍼하는 부」(哀人生賦)와 「지극한 즐거움을 얻고 지은 부」(得至樂賦)에서는 시절의 불리함을 슬퍼하였다. 또 「은진」(恩津)이라는 시에서는 민중들의 피폐한 살림살이를 묘사하고 탐관의 학정을 비판하였다. 그는 부조리한 현실에 저항하고 그것에 대해 발언했으나, 민중의 생활세계 속으로 들어가지는 않았다.

남효온은 이색, 길재, 정몽주 등 영남과 관련한 인물들의 덕을 추모하고 조선 도학의 도통을 중시하였다.302) 김종직 문하의 도통관을 수용한 결과인 듯하다. 특히 남효온은 사림파의 개산(開山) 격이라고 할 정몽주를 흠모하였다. 이것은 도맥을 중시하지 않았던 김시습과는 아주 다른 점이다.

한편, 남효온은 영사시를 통해 현실 정치를 간접적으로 비판했는데, 그것은 김시습과 비슷하다. 그리고 그는 문명의 개창자인 단군에서 고려까지의 역사를 회고한 시(「登南明峰就懷古詩篇」)를 짓고, 단군의 위대한 행적을 칭송하거나(「謁檀君墓庭」), 기자 묘를 대하고 느낀 우리 역사에 대한 자긍심을 노래했으며(「謁箕子廟庭」), 동명왕과 을지문덕에 대한 경외감을 토로하였다(「宿安州百祥樓」).

또한 궁예의 사적을 추억한 연작시(「經泰封王故都六言三首」)와 백제의 멸망 원인을 논한 연작시(「扶餘懷古」 10수)에서는 과거의 역사를 비판적으로 논하였다. 또 홍건적의 침입을 막다 전사한 고려 군인들의 넋을 위로한 시(「義塚詩」)에서는 국난의 역사를 돌아보는 슬픈 뜻을 드러냈다. 그 밖에 성충(成忠)을 추억한 시(「扶餘懷古」), 쌍계사의 비문을 읽고 최치원을 추억한 시(「讀雙溪寺碑」), 소요산에서 원효의 옛 집을 지나다가 나무에 적은 시(「逍遙山經元曉舊居削木題詩」), 고려 노국공주(魯國公主)의 일을 생각하고 쓴 시(「正陵」)도 역사에 대한 깊은 안목을 갖추었다.

남효온은 젊어서 『노자』에 뜻을 두어 근본으로 돌아갈 것을 기약한 반면에, 『장자』는 세상을 피하는 일만 조장했다고 비판하였다.303) 불교에 대해서도 비판적이었다. 그는 윤회설에 대하여, "사람이 죽어 형체가 없어지면 이(理)와 기(氣)가 나뉘어 형질은 흙으로 바뀌는 법이거늘, 어찌 마음이니 형체니 하는 것이 있겠는가?"304)라고 반박하였다. 그러나 「유와 불을 논함」(儒釋吟)이라는 시에서는 유교와 불교의 종파적 분상(分相)을 초월한다면 본래의 진실은 같다고 하였다. 그 대체적인 내용은 다음과 같다.

> 삼라만상은 모두 각각 다르지만, 옛날과 지금은 한 필 말로 달려가듯 이치가 동일한 법. 만일 가지마다 같기를 바란다면, 그것은 본래 근본이 하나임을 모르는 것이다. 흑과 백은 같은 색일 수 없고, 유교와 불교는 자취가 다르다. 누가 장상영(張商英)이 훌륭하다 말하는가? 유교의 이치를 끌어다가 불교에 붙였거늘. 네모 모양을 깎아 둥근 모양을 만들다니, 무지한 설로 인의를 더럽혔도다. 요컨대, 본원이 똑같음을 똑똑히 알아야 하리라. 『장자』「서무귀」(徐無鬼) 편에서 말하듯이, 황제(黃帝)가 구자산(具茨山)에서 대외봉(大隗峰)을 보려 했을 때 수행하던 여섯 성인(方明·昌寓·張若·諧朋·昆閽·滑稽)과 황제가 모두 양성(襄城)의 들판에서 길을 헷갈렸다는 우언(寓言)이 있지 않은가? 그러니 이 길을 어찌 쉽게 말하랴. 각자가 돌아가 자기의 비천하고 여리고 약한 본성을 지켜야〔守雌〕하리라. 모름지기 황제가 가려 했던 구자산으로 들어가야, 비로소 그대의 의혹이 풀릴 것이다.[305]

장상영은 「호법론」(護法論)에서 격의(格義)의 방법을 이용해서 3교일치설을 주장하였다. 하지만 남효온은 본원의 문제로 돌아가지 않고 차별적 언설을 일시적으로 봉합하려는 것은 잘못이라고 반박하였다. 더구나 남효온은 선(禪)을 좋아하였다. 「7월 12일에 향수암에 묵다」(七月二十日宿香水菴)라는 시에는 그의 선적 취향이 잘 나타나 있다.[306]

굴원의 깨어 있음을 닮으려다 홍취가 시들하매	錯料楚醒迷興味
차 마시는 맑은 취미가 더욱 기이하다.	啜茶淸趣轉奇哉
불당에서 책 읽고 불등을 끄고 나니	長齋讀罷佛燈滅
송월(松月)이 처마 밑에 찬 그림자 들여놓네.	松月入簷寒影來

세간 사람이 마치 술에 취해 있듯이 본질을 잃어버리고 살아갈 때, 굴원은

홀로 깨어 있었기에〔獨醒〕 초췌한 모습으로 강변을 떠돌아야 했다. 남효온은 굴원의 홀로 깨어 있음이 진정 가치 있는 행위라고 헤아려 따라 했으나 뜻과 세상과의 괴리를 경험하고, 삶에 대한 흥취를 잃어버리고 말았다. 다만 차 마시고 마음을 가라앉히는 맑은 취미만이 더욱 기이하여 좋을 따름이라고 여겼다. 불당에 묵으면서 서책도 덮고 등불도 끄고 났더니, 소나무 위로 뜬 달이 법당 처마 밑으로 찬 그림자를 떨구었다. 그 시리도록 청정함에 몸과 마음을 내맡겨 몰아(沒我)의 경지에 이르렀던 것이다.

남효온은 1482년(임인, 29세) 가을부터 1484년(갑진, 31세) 여름에 이르기까지 「귀신론」을 지어 귀신과 신의 문제를 정면으로 다루었다. 이것은 김시습이 지은 「신귀설」을 읽고 자신의 견해를 덧붙인 것이다. 1481년과 1482년의 '신임 기근' 이후로 거리에 굶어죽은 시체들이 널브러져 있는 것을 보고, 새삼 인간의 삶에 대해 성찰하게 되었기에 이러한 저술을 한 것이리라.

남효온은 32세 되던 1485년(성종 16, 을사)에 자신의 처지를 15수의 연작시「스스로를 읊다」(自詠)로 풀어보인다.[307] 친우 안응세는 이미 죽었고, 홍유손은 남쪽으로 가고 없으며, 김굉필(金宏弼)도 곤경에 처해 있었고, 스승으로 모시는 김종직은 아직 당상관 정3품의 첨지중추부사에 갓 올랐을 뿐이다.[308] 그 연작시의 제3수를 보면 그의 궁핍한 처지와 고독한 심경을 잘 알 수 있다.[309]

근심 나서 소갈증이 평소보다 심하다만	愁來渴病倍平昔
장안에 물 값 올랐으니 이걸 어쩌나.	其奈長安水價增
담병 들고 마른 우물로 가는 병든 여종	病婢持瓶枯井上
흐르는 눈물이 날마다 고드름 이루네.	日看雙淚自成氷

남효온은 이해(1485년)에 행주의 경지재(敬止齋)에서 「성론」(性論)을 지었다.[310] 아마도 「심론」(心論)과 「명론」(命論)도 그 무렵에 지었을 것이다.[311] 「성론」은 당시 정여창이 기질지성과 본연지성을 둘로 갈라 보아야 한다고 주장한 데 대하여 반박한 글이다. 또 「심론」은 "마음은 출입이 있다"고 한 정여창의 견

해에 반박한 글이다.

　이렇게 남효온은 시문으로 자신의 감정과 사상을 풀어내는 데 뛰어났으나, 언제나 김시습에게는 미칠 수 없다고 여겼다. 김시습은 문자의 뜻에 구애되지 않고 큰 뜻(大旨)을 보고 대의(大義)를 맛볼 따름이었다.

　남효온은 원호문(元好問: 호 遺山)의 악부체 시에 화운(和韻)해서 「정부원」(征夫怨) 10수를 지어 김시습에게 보여주었다. 그 한편에서는 "흰 풀은 서리에 시들고 달은 허공에 가득한데, 해마다 말에 안장 없이 이리저리 다니누나. 일만 군막에 엄령이 내려 모래밭의 밤이 고요할 때, 부대가 서로 북과 뿔피리 소리로 부르네"(白草凋霜月滿空, 年年鞍馬任西東. 令嚴萬幕平沙夜, 部伍相招鼓角中)라고 하였다. 김시습은 그것을 보고 깔깔 웃었다. 그리고는 『시경』 소아(小雅) 「거공」(車攻) 편의 "우리 그분 사냥 나가시매, 정숙하여 고요하도. 미더운 군자여, 반드시 큰일을 이루리"(之子于征, 有聞無聲. 允矣君子, 展也大成)라는 어구를 끌어와, 군령이 엄할 때는 부대끼리 서로 신호하는 법이 없다고 가르쳐주었다. 남효온이 그 일을 홍유손에게 이야기했더니, 홍유손은 김시습의 독서가 너무 뛰어나다며 탄복했다고 한다.[312]

　김시습이 관동으로 떠나기 전, 언젠가 남효온은 김시습에게 "나의 견식이 어떠하지요?"라고 물었다. 김시습은 "창에 구멍을 뚫고 하늘을 엿보는 격이지"라고 하였다. 다시 남효온이 "동봉(김시습의 호)의 견식은 어떠하게요?" 하자, 김시습은 "나는 넓은 마당에서 하늘을 처다보는 격이지"라고 답하였다고 한다.[313] 그만큼 김시습은 자부심이 강하였다.

_ 시승 계인과 헤어짐

　1481년경, 김시습은 봉선사(奉先寺)에 머물고 있던 계인(契仁) 상인과 두터운 교분을 쌓았다.

　1481년, 김시습이 봉선사에 묵을 때 시승 계인은 "7월 초가 되면 절 연못에 연꽃이 무성하게 핍니다"라고 말하였다. 김시습은 남효온에게 서한을 내어, 함께 가서 시노(詩奴: 시가 졸렬한 승려)에게 붓을 휘두르게 하여 감상하고 싶은데

의향이 어떠하냐고 물었다.[314]

이해 8월에 계인은 영천으로 돌아갔다. 이때 김시습은 「인대사가 고향으로 돌아가는 것을 보내며」(送仁師還鄕)라는 제목으로 오언고시 2편을 지어주었다. 그 첫 수의 내용은 대략 이러하다.

그대는 봉선사에 임시로 거처를 정했고, 나는 수운(漱雲) 폭포 가에 거처하여 멀리 떨어져 그리워하는 마음 괴롭더니, 이제 다시 멀리 이별하게 되어 더욱 처량하구려. 내 다니는 길은 장안으로 들어가고, 그대 가는 곳의 산은 낙동강을 따라 굽어 나가리. 지금 그대가 가는 시기는 바로 8월이라, 단풍이 사람의 눈을 기쁘게 할 거외다. 팔교(八嶠: 팔공산) 위에는 달이 한창 둥글 것이고, 영천(永川)에는 벼가 벌써 익었을 게요. 시선을 모으고 마음으로 생각해보니, 그 땅은 내가 일찍이 밟아본 곳. 풍물은 옛날 그대로 변함이 없고, 강산도 어제와 같이 완연하리. 저 진(晉)의 장한(張翰)이 고향 강동으로 가려 했던 마음과 같아, 돌아가고픈 그대 뜻이 너무도 크기에, 누가 붙잡아 만류하겠소? 담박한 행색이 아득히 멀어져가는구려. 나는 지금 산 한구석에 있으면서, 쫓아가려 해도 쫓아갈 길이 없소. 마치 귀뚤귀뚤 귀뚜라미 울 듯이 시를 읊노라니, 깊은 상념이 그저 가슴을 죄오는구려. 부디 그대는 얼른 돌아와 적막한 나의 마음을 위로해주구려. 산 집에서 그대 오길 기다리며, 저물녘에 긴 대나무에 기대어 있으리다.[315]

_ 종실 사람들과의 교유

김시습은 수락산 시절에 종실 사람들과 교유하였다. 죽림칠현의 이정은도 그런 사람이지만, 이식(李湜, 1458~1488)이라는 인물도 있었다. 이식은 세종의 손자이며 성종의 종숙이다. 서울의 사우정(四雨亭)에서 자적했으므로 호를 사우정이라 하였다. 서거정의 「한도십영」(漢都十詠)에 차운한 시가 유명하다.[316]

이식은 권건(權健, 1458~1501)·신종호(申從濩, 1456~1498)·채수(蔡壽, 1449~1515) 등과 교유했으며, 풍류스럽고 세련되어 당시 종실의 어른이었던 월산대군과 어깨를 겨룰 정도였다. 미목(眉目)이 아름다웠다고 한다. 부림군(富

林君)에 봉해졌으며, 저서인 『사우정집』(四雨亭集) 2책이 1500년에 아들 도안부정(道安副正) 이철(李轍)에 의해 목판으로 간행되었다.

이식은 세속의 그물에서 벗어나 한가하고, 또 세상에 쓸모 없기도 한 사람이라는 뜻에서 한산인(閑散人)을 자처하였다. 종실 사람들은 대부분 정치 권력에서 소외되었으므로, 그는 그런 처지 때문에 불평과 불만의 마음을 지녔을 것이다. 그렇기에 더욱 자유로운 삶을 살아가는 김시습과 뜻이 맞았으리라. 그가 김시습의 시에 차운한 시 두 수가 전한다.[317]

녹수청산은 본디 다스리지 않았소만	綠水靑山本不緇
숙원 풀려고 안장 없어 암자를 찾았더니	夙心鞭馬訪毘尼
그대는 한가하게 도서를 벗하셨군	閑中伴侶唯圖畵
세상 공명은 바둑판 같기에.	世上功名似奕棋
풍모는 이미 들은 지 오래오만,	妙趣慣聞今數載
고담준론은 어느 때로 약속하려오?	高談相話定何時
관모 벗고 남쪽 처마 아래 무릎 오므려 앉아	科頭抱膝南榮下
좋은 시 얻은 걸 기뻐하지만 지을 줄 몰라 부끄럽소.	喜得佳詩愧未知

멋진 시구를 한산인에게 부쳐주니	慇懃佳句寄閑人
말이 궁색하고 재주 성글어 화답을 못하겠소.	語澁才踈不可因
천리 멀리 그리움에 마음은 만 갈래	千里相思心滿緖
한 동이 술에 취해 봄기운이 뺨에 돈는다오.	一尊徑醉臉生春
고단한 늙은이는 산 마을 집에 누웠거늘	衰翁困臥山村舍
세간 손님은 요로에 오른 걸 영화로 여기다니.	世客榮登要路津
어느 때 만나 탑상에 나란히 누워	何日相逢同對榻
너니 네니 느긋하게 술 한잔 걸칠지.	亡形爾汝飮逡巡

성현은 이식의 시격(詩格)이 화평하고 평담(平澹)하며, 전실(典實)하고 온자

(溫藉: 도량이 크고 온후함)하여 씹을수록 맛이 더 나는 사탕수수〔蔗〕같다고 하였다. 또 실없이 들뜨고 과장하거나 지나치게 곱상한 태깔만 지으려는 기색이 없다고 평하였다.[318]

_ 서거정과 결별하다

당대의 최고 문인 서거정은 김시습을 '시승'으로 대우하였다. 하지만 그 둘 사이는 점차 소원해졌다.

1474년(성종 5) 1월 23일 서거정은 달성군 겸 예문관 대제학에 올랐고, 7월 8일에는 의정부 우참찬이 되었다. 1476년(성종 7) 중국 사신 기순(祁順)과 장근(張瑾)이 왔을 때는 원접사 겸 관반(館伴)으로 40여 일간 따라다니며 시를 주고받아 명성을 날렸다. 그해 8월 11일에는 우찬성이 되었다. 1477년에 임원준·임사홍 형제가 향교동의 승문원터를 집터로 삼게 해달라고 청탁했을 때 들어준 일 때문에 탄핵을 받아 한때 벼슬을 내놓았다. 하지만 석 달 뒤인 7월 17일에 예문관 대제학과 홍문관 대제학을 겸해 복귀하였다.

1478년 봄에 남효온이 상소를 올리자, 서거정은 남효온이 성균관의 스승을 비난한 것은 학문 풍토를 혼란시키는 작태라고 혹독하게 비판하고, 그를 처벌해야 한다고 주장하였다. 1479년(성종 10)에는 이조판서로 옮겨, 정병(正兵)에서 빠진 사람들을 색출해서 수군(水軍)에 충당하자는 의견을 내놓았다. 1481년(성종 12) 여름에는 그간 왕명을 받아 편찬한 조선의 인문지리지 『동국여지승람』 50권을 바쳤다. 11월에는 행병조판서가 되었다.

1482년(성종 13) 초부터 병이 심해져 사직을 간청했으나 허락을 받지 못하고, 4월·10월·12월에는 문신들의 제술(製述)을 평가하는 독권관(讀卷官)을 맡아보았다. 1483년(성종 14) 3월 5일에는 의정부 좌찬성이 되었다. 1485년(성종 16) 7월 5일에 좌찬성 직을 사직하는 글을 올렸으나 허가받지 못하였다. 1488년(성종 19)에는 중국 사신 동월(董越)과 왕창(王敞)을 접대하였다. 그 해 12월에 병으로 세상을 떠났다.

서거정은 예악문물의 정비와 정치 명령의 출납을 담당하던 훈구 관료로서 자긍심이 컸다. 1484년(성종 15) 12월 7일에 전교를 받아 지은 「비궁당기」(匪躬堂記)에는 그의 정치철학이 나타나 있다.[319] 『주역』 건괘(蹇卦)의 육이효(六二爻)에 "왕의 신하가 고생하며 애쓰는 것은 자기 몸을 잊고 일하는 까닭"(匪躬之故)이라고 한 구절이 있다. 즉, 비궁(匪躬)이란 신하가 오직 임금만 알고 자기 자신은 위할 줄 모른다는 뜻이다. 그는 그 뜻을 부연하여 이와 같이 말하였다.

> 한마디 말로 임금을 깨우치려 해야지, 온갖 계책으로 임금을 얼러서는 안 됩니다. 경계(警戒)가 되는 유익한 말로 뜻을 펼치려 해야지, 해독을 끼치는 말로 헷갈리게 해서는 안 됩니다. 일을 도모하고 계책을 헤아릴 때는 정성스러운 마음을 열고 공정한 도리를 펼치며, 몸가짐을 바로잡아 아랫사람을 이끌 때는 대체(大體)를 돌아보아야 하지, 세세한 일들은 줄여야 합니다. 아! 일신(一身)의 이해(利害)를 돌보지 않는 '비궁'(匪躬)을 실천한다면, 거의 올바른 도리에 가까울 것입니다.[320]

서거정은 김시습이 다시 방랑길에 나서는 것을 알고 「잠상인 시의 운자에 차운하여 빨리 써내다」(走次岑上人詩韻)라는 시를 주어, 김시습이 사상적으로는 "성인 공자를 흠모하고, 여래 존자를 예찬하며, 제자백가에 출입하여, 이쪽 저쪽에서 원두를 만난 듯하고"(佩服尼丘聖, 稱贊如來尊. 出入千百家, 左右如逢原), "문장은 천기에서 나와 대단히 풍성하여 파도가 뒤집듯 하며, 필세가 굳건하고 의기 어찌 그리 우뚝한지"(文章出天機, 浩汗波濤翻. 筆勢遒以勁, 意氣何昂軒)라고 탄복하였다. 그리고 "그대는 보지 못했나, 경박하게 저자의 이익을 쫓듯 하는 장안 사람들의 교제는, 손 뒤집어 구름 만들고 손 엎어 비 내리게 하듯 하는 것을. 소동파와 참요자(參寥子: 道潛), 그 옛 분들의 교제의 도리를 아는 사람이 적구나. 그대와 함께 그런 교제에 이름을 걸어서 이름을 불후하게 하리라"(君不見長安輕薄市道交, 一生雲雨翻覆手. 蘇學士參寥子, 古人交道知者少, 與爾托名傳不朽)라고 하여 김시습과의 변함없는 우정을 다짐하는 듯하였다.[321]

하지만 김시습은 체제를 비판하는 지성이었고, 서거정은 관각 문인이었다.

아무리 속세간의 가치와 격식을 벗어나 교제를 한다고 해도 그들 사이에는 심정적 괴리가 없을 수 없었다.

서거정은 성종 때 23년간이나 문병(文柄)*을 잡았으며, 풍성하고 넉넉한〔富贍〕 관각(館閣)**의 시를 이상적이라고 보았다. 그는 "대각(臺閣)***의 시는 기상이 호방하고 풍부한 데 비해, 초야의 시는 신색(神色)과 기운이 청담하며, 선도(禪道)의 시는 신색과 기운이 모자라고 메말라 있다"고 하였다.[322] 대각의 시야말로 기량이 넓고 천분이 높으며 인의의 마음이 가득한 대인(大人)에 의해 지어지는 시라고 주장하였다. 북송 때 구양수(歐陽脩)는 조정 대각의 시와 산림 초야의 시를 구분하되 그 둘을 대립적인 사조로 파악하지 않고, 문인들이 모두 현달하여 조정 사업을 장식하는 데 참여하기를 기원하였다. 그러나 그 둘은 흔히 대립적인 사조로 이해되어, 조정 대각시의 관각기(館閣氣)와는 달리 산림 초야시는 산야기(山野氣)를 지닌다고 일컬어진다. 서거정은 『동문선』의 서문 첫머리에서, 도는 제왕의 마음과 치적의 구현인 인문(人文)을 통해서 드러난다고 하고, 『상서』의 훈(訓)·고(誥)·서(誓)·명(命)처럼 통치와 직접 관련 있는 문장을 가장 훌륭한 문학으로 보았다.[323] 그러한 그가 김시습의 '산야기'를 좋아했을 리 없다.

서거정은 정효항(鄭孝恒) 등과 함께 왕명에 따라 조선의 역사서인 『동국통감』(東國通鑑)을 편찬하여 1484년(성종 15)에 일단 작업을 마쳤다. 이 책은 신라 박혁거세에서 고구려, 백제를 거쳐 고려 공양왕에 이르는 1,400년간의 사적을 편년체로 엮었으며, 따로 단군·기자·위만의 고조선 및 한사군·삼한의 사적을 외기(外紀)로 분류하여 책머리에 실었다. 본래는 1458년(세조 4) 9월에 중

---

* 학문과 문학의 추세를 결정짓는 저울대. 예문관 대제학과 홍문관 대제학을 겸하여 과거시험의 최고 고시관이 됨을 일컫는 말이다.
** 본래 송나라의 한림원(翰林院)을 가리키는데, 군주의 명령이나 글을 짓는 일을 맡아보는 관서를 아우르는 말이다. 대체로 홍문관과 예문관을 가리키며, 춘추관을 아울러 부르기도 한다. 대각(臺閣)이라고도 한다.
*** 대각은 본래 사헌부·사간원을 가리키는 말이지만, 여기서는 관각 및 조정을 아우르는 말로 사용하였다.

국의 『자치통감』에 준하는 역사서로 편찬할 계획이었으나, 1467년(세조 13) 5월에 이시애의 난이 일어나고 이듬해 9월 세조가 서거함으로써 중지되었고, 1474년(성종 5) 신숙주가 작업을 진행시켰으나 역시 완성하지 못하고 죽었다. 이에 1483년(성종 14) 10월에 서거정의 발의로 다시 시작되었던 것이다.[324]

『동국통감』은 유교의 명분론과 합리론의 관점에서 역사를 정리하여, 신화나 전설을 거의 삭제하였다. 고려 태조의 「십훈요」(十訓要)에 보이는 도참신앙을 비판한다든가, 고려 말 척불(斥佛)을 극찬하였다. 그런데 서거정 등이 『동국통감』을 편찬한 이듬해, 성종은 사론(史論)을 덧붙이게 하였다. 이때 김부식, 권근, 이첨(李詹, 1345~1405)·최부(崔溥, 1454~1504) 등이 서술한 204편의 사론을 수록하였다. 서거정 등의 사론은 넣지 않았다.[325]

『동국통감』은 서거정 같은 훈구파 계열과 이 시기에 점차 등장하는 최부, 표연말(表沿沫) 같은 사림파 계열의 의사가 절충된 역사서라고 말할 수 있다. 사림파 계열은 한당(漢唐) 유교를 부정적으로 보았기에, 그러한 유학을 대표하는 당나라 태종이나 고려 광종, 최승로(崔承老)를 비판하였다. 또한 인의(仁義)를 강조하고 삼대(三代)만 이상으로 삼는 도학적 명분론을 역사 서술에 담았다.*
이러한 역사 서술에 서거정의 견해가 얼마나 반영되었는지는 잘 알 수 없다.

김시습이 역사에 깊은 관심을 갖고 논찬과 전을 적었던 것은 대체로 이 『동국통감』을 편찬한 시기에 해당한다. 그는 그 나름대로 역사에서 절의와 명분을 중시했지만, 그의 견해는 관찬 역사서에 반영되지 않았다. 말하자면 그는 재야 역사가로서 자신의 견해를 표명한 셈이다. 그러나 그의 역사관은 사림파의 그것과 유사했다고 말할 수 있다.

_ 죽림칠현과의 거리

김시습은 종실 이정은과 남효온, 안응세, 홍유손 등과 깊이 교유했지만, 그

---

*『동국통감』에 대해서는 다음 논저들을 참고하였다. 韓永愚, 『朝鮮 前期 史學史 硏究』(서울대학교 출판부, 1981); 鄭求福, 「東國通鑑에 대한 史學史的 考察」, 『韓國史 硏究』 22·22 합집호(1978).

들이 결성했던 죽림칠현이라는 집단에는 구태여 속하지 않았다.

남효온 등이 동대문 밖 대나무 숲에서 죽림칠현을 결성한 것은 1482(성종 13) 무렵이다. 당시 남효온이 우두머리였고, 홍유손이 차석이었으며, 수천부정 이정은, 무풍부정(茂豊副正) 이총(李摠), 우선언(禹善言), 조자지(趙自知), 부정 한경기(韓景琦) 등이 모임에 참가하였다. 뒤에 연산군 때 가서는 명양정(明陽正) 이현손(李賢孫), 노섭(盧爕), 유방(柳房)이 참여하게 된다.

이정은과 이총은 종실 사람이고, 한경기는 한명회(韓明澮)의 손자였다. 남효온과 우선언은 명문 세족이지만, 홍유손은 아전 출신이었다. 조자지는 홍유손에게서 시를 배웠다. 유방은 연산군 때의 실력자 유자광(柳子光)의 아들이었다.

죽림칠현은 서호(西湖)의 압도(鴨島)나 잠두봉, 동대문 밖 아차산(峨嵯山) 아래 한경기의 집에서 모임을 가졌고, 술자리를 베풀어 저물 때까지 노래하고 춤추곤 하였다. 그러나 1498년(연산군 4) 8월 20일에 불온한 모임으로 지목되어 조정에 물의가 일어나게 된다.

죽림칠현이 결성된 지 얼마 안 되었을 때 부림군 이식은 이정은과 이총에게 시를 주면서 그들을 '잠령칠현'(蠶嶺七賢)이라고 불렀다. 잠령, 즉 잠두봉은 남효온이 은둔했던 곳으로, 지금의 절두산이다. 이총 자신은 양화나루에 별장을 가지고 있으면서 스스로 '서호 주인'(西湖主人)이라고 이름하였다.[326]

죽림칠현은 서로 정자(程子)니 주자(朱子)니 부르면서, 소요건을 쓰고 술을 마시며 세간을 비판하였다. 언젠가는 압도에 모여 밤새워 술 마시면서 시를 지었는데, 남효온은 그때 연속하여 다섯 수를 지었다. 그 가운데 한 수는 이러하다.[327]

잘 드는 칼로 생선 가르니 은빛 회 가늘고	雄劍斫魚銀膾細
풍로로 술 데우매 숯불 연기 푸르다.	風爐煮酒炭烟青
강과 들의 남녀 종이 문전에서 새 노래 부르니	江奴野婢門新曲
다시 술잔 돌려 흠씬 취해버렸다오.	更與傳杯醉酩酊

그들은 술에 취해 소를 타고 다니면서 미친 듯이 춤추고 노래를 불렀다고

한다. 중국 동진 시절 죽림칠현의 한 사람으로 술을 좋아했던 완적(阮籍)이 바로 그들의 이상적 인물이었다.

죽림칠현은 한경기가 아차산 밑에 마련했던 동고(東皐) 별장 주위의 경치를 저마다 여덟 곡〔八詠〕으로 노래하였다.[328] 나른한 봄날 오후에 방석 위에서 졸다가 호접몽의 경지에 빠져드는 일은 「포단의 봄 잠」(蒲團春睡)이라고 제목을 붙였다. 홍유손이 지은 시는 이러하다.[329]

미지근한 구들장에 수 장막 드리우고	石牀火微下流蘇
오후 늦게 풀솜 요를 편다.	晚鋪葦絮木綿褥
아지랑이 낀 고샅에서 제비가 새끼를 돌보는 때	柳巷煙曖燕乳雛
봄기운에 취한 듯 훈기가 물씬하다.	氣如卯醉醺更沃
시혼(시심)은 한가로이 졸음 속으로 빠져드니	詩魂閒入黑甛鄉
유유자적하는 내가 곧 나비로 바뀐 장자가 아니랴.	自適那知化蝶莊
천지는 하나이며 세상은 찰나이거늘	天地一塊世石火
비 온 뒤 개미 떼들, 부지런도 하구나!	蟻群雨後笑閑忙

그런데 김시습은 개별적으로 몇몇 사람과는 친하게 지냈지만, '칠현'의 무리에는 속하지 않았다. 김시습은 권력화된 질서나 가치에 동화되지 않고 자유로움을 즐기는 문인들의 태도에 공감하였다. 하지만 노동을 하지 않고 무료하게 지내는 것에 대해서는 비판하였다. 앞에서 보았듯이 그는 실직은 없고 품계만 있는 우족(右族)이나 할 일이 없어 무료하게 지내는 좌도(左道)를 모두 경계하였다. 따라서 죽림칠현의 방만한 태도에 전폭적으로 공감할 수는 없었을 것이다.

_ 철학 논쟁에 간접적으로 참여하다

1485년 무렵 정여창과 남효온 사이에는 심성(心性)과 명(命)에 관한 논쟁이 벌어졌다. 정여창은 김굉필(金宏弼, 1454~1504), 조광조(趙光祖, 1482~

1519), 이언적(李彦迪, 1491~1553), 이황(李滉, 1501~1570)과 함께 사림오현(士林五賢)으로 추앙받는 학자이니, 도학의 진리를 찾아 실천하는 데 이상을 두었던 신진 사류였다. 그는 글귀나 아로새기는 사장(詞章)에 주력하는 것이 아니라, 성현의 학을 탐구하는 것을 본분으로 삼았다. 그런데 그는 시에 관한 문제, 마음에 관한 문제를 두고 남효온과 서신을 주고받았다.

김시습은 당시에 쟁점으로 대두된, 또는 대두될 철학적 주제들에 관해 스스로의 견해를 시와 문으로 진술함으로써, 그들의 철학 논쟁에 '간접적으로' 참여하였다. 김시습은 성리학이 아직 조선 나름의 논리성을 갖추지 못한 시기에 학문을 시작했으므로, 그에게 주희와 같은, 또는 주희를 능가할 만한 우주관이나 성정론의 체계를 기대하기는 어렵다. 그렇지만 뒷날 율곡 이이는 김시습을 두고 "대체로 유가의 종지를 잃지 않았다"(多不失儒家宗旨)고 하였다.330) 김시습이 성리학의 골격은 잡고 있었다고 평가한 것이다.

김시습은 당시 발흥하던 성리학과 불교적 사유를 회통시키려고 하였다. 김시습은 독서와 사유를 통해 성리학적 우주관을 이해하였다. 그의 사고는 본체론의 관점에서 유교철학을 논한 「태극설」에 집약되어 있다.*

성리학의 비조로 일컬어지는 주돈이(周敦頤: 濂溪)는 『태극도설』(太極圖說)에서 우주의 궁극적인 존재를 태극이라 하고, 이 태극은 모든 소리나 빛깔이나 형태나 냄새가 없어 감각에 포착되지 않으며, 따라서 무엇이라고 형용할 수 없다는 점에서 무극(無極)이라고도 하였다. 무극으로서의 태극은 움직여서 양(陽)이 되고 고요하여 음(陰)이 되며, 음과 양 두 기운이 서로 감응하여 만물을 화생(化生)한다고 설명하였다. 주희에 이르러 태극은 이(理), 음양은 기(氣)로 다시

---

* 이기론(理氣論)과 관련하여 기존의 연구자들은 김시습을 기일원론자(氣一元論者)로 보거나 일원론적 주기론자(一元論的 主氣論者)로 보되, 윤리적인 문제에서는 주리론적(主理論的) 윤리관(倫理觀)을 가진 사람으로, 또는 기(氣)를 강조했지만 이(理)도 무시하지 않았던 사람으로 보는 등 다양한 의견을 제시하였다. 김시습은 사물의 생성과 존재를 모두 기(氣)로 환원하여 논리적으로 설명하지는 않았으나, 이(理)의 독립성과 실재성을 부정하고 우주 만물의 구성과 생성 변화를 기(氣)로 설명했다는 점에서 기(氣)를 중시하는 관점이 강했다고 말할 수 있다.

정의되고, 이는 시간과 공간을 초월하여 존재하는 형식 또는 규율, 기는 시간과 공간 속의 모든 존재들이 갖추고 있는 질료를 가리키게 되었다.

김시습은 주돈이의 『태극도설』을 주희의 『태극도해』로 설명하였다.

> 태극이란 극(極)이 없는 것이다. 태극은 본래 극이 없으니, 태극이 음양이요 음양이 태극이다. 이것을 태극이라 일컫는다. 만일 따로 극이 있다고 하면 그것은 극이 아니다. 극이란 지극하다는 뜻으로, 이(理)가 지극해서 더 보탤 수 없다는 말이다. 태(太)란 포용한다는 뜻으로, 도(道)가 지대(至大)해서 그것과 짝할 것이 없다는 말이다. 음양의 바깥에 따로 태극이 있다면 음양이 되게 할 수 없을 것이요, 태극 속에 따로 음양이 있다면 태극이라 말할 수 없다. 음이 양이 되고 양이 음이 되며 동(動)이 정(靜)이 되고 정이 동이 되니, 이의 무극이 태극이다. 그 기는 곧 움직이고 고요하며 열고 닫고 하는 음양이다.[331]

주돈이는 무극이 태극과 같은 말이라고 했고, 주희는 태극 밖에 무극이 있는 것이 아니라는 점을 강조하려고 '무극이면서 태극'〔無極而太極〕이라고 해석하였다. 김시습은 "태극이란 본래 극이 없다"고 부연하고, 태극과 음양을 상즉(相卽)하는 동일한 것이라고 보았다. 이어서 김시습은 기(氣)가 한 번 음이 되고 한 번 양이 되며, 한 번 움직이고 한 번 고요해지는 모든 것을 이(理)의 지극(至極)이라고 하였다. 이것은 태극을 이(理), 음양을 기(氣)로 보는 주희의 설과 다르지 않되, 태극〔이〕과 음양을 상즉하는 것으로 보고 이와 기의 불가분리, 이와 기의 역동성을 더욱 강조했다는 점에서 주희와 조금 다른 듯하다.

주희에 따르면 모든 사물은 그 사물의 이(理)로 말미암아 존재하며, 이는 사물의 존재를 결정하는 원리요 규범이다. 시간과 공간 속에 존재하는 모든 존재는 이와 기의 결합에 의해 결정되므로, 이와 기는 떨어질 수도 없고 섞일 수도 없으며, 둘도 아니고 하나도 아니다. 그러나 흔히 이와 기가 둘이 아니라고 하면서, 이는 기에 의존하지 않고도 존재하지만 사물과 기는 반드시 이에 의해 존재한다는 이의 절대성을 상정하기 쉽다. 주희는 주돈이의 태극론을 계승하여 태극이 만화(萬化)의 근본이라고 보았다. 즉, 만유가 하나의 태극이고, 또 만유는 각각의 태극을 가지고 있으므로, 통체(統體)로서의 태극이 있고, 또 만물이 각각 지니는 개별적 태극이 있다고 보았다.

김시습은 태극인 이가 기에 앞선다고 생각하지 않고, 태극은 곧 음양이며 이와 기는 서로 나눌 수 없다는 점을 분명히 하였다. 그는 태극[이]은 음양[기] 이전에 실재하는 추상적·절대적인 법칙이나 주재자가 아니라, 음양의 운동 속에서만 구현되는 법칙이며, 기 자체가 운동 변화할 때 이의 법칙이 나타난다고 보았다. 세계의 물질성인 기를 더욱 중시한 것이다. 그렇기에 「천형」(天形)이라는 글에서도, 천지에 있는 모든 것은 기이니 해와 달이 오고가는 것이나 별들이 운행하는 것이나 추위 더위가 서로 교체되는 것이나 음과 양이 서로 바뀌는 것이 모두 다 기이며, 바람이 불고 비와 서리, 이슬이 내리는 것이나 초목이 무성하다가 시드는 것이나 어진 사람과 우둔한 사람으로 구별되는 것이 모두 다 기라고 주장하였다.332) 기 운동의 근원을 음양의 모순된 두 원리로 이해하고, 물질적인 기가 원전(圓轉)하고 쌓여서 천체를 형성할 수 있다고 보았으므로, 기의 물질적인 면을 매우 중시하였다.*

한편, 김시습은 태극, 곧 음양의 능동성이 진실무망(眞實無妄)하고 성실하다[誠]고 하며, 사물과 사람의 존재 근거는 성(誠)으로서 우주와 일관되어 있다고 보았다. 그리고 이 논리를 바탕으로 인간 또한 성실하며, 성실해야 한다고 주장하였다. 사물과 인간의 존재 원리를 인간의 당위 윤리로 바꾼 것이다. 김시습은 「태극설」에서 그 성실함이 인간에게서 드러난 것이 충서(忠恕)라고 말하였다.

> 망녕되지 않고 진실한 것이 성(誠)이다. 성(誠)이라고 하는 것은 쉬지 않는 것이니, 쉬지 않기 때문에 둘이 아니요, 둘이 아닌 까닭에 헤아릴 수 없다. 또한 추

---

* 김시습은 기의 운동 형태에 대해 "기는 원전하며 건행(健行)하여 멈추지 않는다. 하늘은 기가 쌓인 것[積]이다. 해와 달 및 별들은 기가 쌓여서 이루어진 것 중에 빛이 있는 것들이다"라고 하였다. 『梅月堂集』 권17, 雜著, 「天形」; 정진석·정성철·김창원, 『조선철학사』(이성과 현실사, 1988) 참조.

위가 가면 더위가 오고 해서 추위와 더위가 서로 밀어 한 해의 공이 이루어 진다. "하늘이 무슨 말씀을 하랴만, 사계절이 운행하고 만물이 생성한다"(『논어』)고 했으니, 이는 오직 하나뿐인 태극을 두고 말한 것이다. "솔개는 하늘에서 날고 물고기는 못에서 뛰논다"(『중용』, 天道를 말함), "실마리〔端緖〕는 부부에서 시작한다"(『중용』)고 했으니, 인도(人道)는 보이지도 않고 들리지도 않지만 만인(만물)이 지니지 않음이 없고 어느 때라도 그렇지 아니함이 없음을 두고 말한 것이다. 이는 곧 하늘과 사람이 하나로 관류함을 뜻한다. 그러므로 태극의 도는 음양일 따름이요, 일관의 도는 충서일 따름이다.[333]

김시습은 우주의 시공간을 상상해보고 그 관점에서 인간 세상의 협소함과 무상함을 생각해보곤 하였다. 「하루」(一日)라는 시에 그의 그러한 관념이 잘 나타나 있다.[334]

하루 또 하루	一日復一日
하루가 어느 때 다하랴.	一日何時窮
하늘은 수레바퀴처럼 돌고	天如輿輻轉
땅은 개미 둑이 솟은 듯.	地似蟻封崇
굽어보고 쳐다봐도 끝이 없으며	俯仰罔涯涘
차고 기움은 시작도 마침도 없네.	盈虛無始終
그 사이에 세상사는	其間人世事
몇 번이나 쇠하고 흥했던가.	幾替幾興隆

김시습은 천체의 운동이 무궁함을 말하고, 우주 법칙이 일관성 있게 현현해야 할 인간 세상이 치란흥망(治亂興亡)의 무상한 교체로 불완전하고 왜소하다는 사실을 대비시켰다.

김시습은 천리가 인간 세상에서도 일관성 있게 실현되기를 기대했는데, 천리와 인간사가 일관된 도리를 이루려면 천리와 인성의 일관성이 요청된다. 본래 송명의 유학자들은 도덕적 본심과 도덕 창조의 성능(도덕의 실천이 가능한 까닭으로서의 선천적 근거)에 관한 문제를 중점적으로 다루어 천리와 인성의 합일이라는 이론을 구축하였다. 송대 이학은 도덕적 자각으로서의 성(性)과 도덕적 근거로서의 이(理)의 관계를 해명하려고 하였다.* 김시습의 성리설도 이러한 맥락에서 벗어나지 않는다.

다만 김시습은 우주는 무한하며 기(氣)가 순환하는 운동체라고 보고, 태극은 이(理)가 아니라 기라고 보아 이를 기와 별개의 독립체로 보지 않았다는 점에서 이른바 기일원(氣一元)의 관념을 분명히 하였다. 그는 우주 만물의 구성과 생성 변화를 기(氣)로 설명하였다. 이 점에서는 송나라 유학 가운데 장재의 사상과 유사하다. 특히 주희가 이(理)를 원리, 기를 질료로 설명하면서도 이의 독립성과 주재성을 인정했던 것과는 달랐다.

_ 자연의 탐구

김시습은 기의 운동을 음양의 원리로 이해하고, 물질적인 기가 쌓여서 천체를 형성했다고 보았다. 형이상학적인 일반화에만 관심을 기울인 것이 아니라, '자연 과학자'로서 사물을 그 자체의 합법칙성에 따라 이해하려고 노력한 것이다.[335] 김시습은 세상을 이루는 법칙으로서의 이(理)와 물질적 소여(所與)인 기(氣)를 구별함으로써 천문관에서 어느 정도 물리적인 개념에 접근하였다. 하지만 그는 천체 만물의 운동의 주체를 추상화된 이와 기의 개념에 내맡김으로써

---

* 천리와 인성의 문제는 선진 유학에서 제기되었지만, 공자는 인과 천의 합일을 말하지 않았고, 맹자는 심과 성이 일체임을 말하되 심성과 천이 일체라는 사실을 명백히 말하지는 않았다. 또한 『중용』은 천이 인간에 명한 성의 내용이 지닌 의의가 완전히 '그침이 없는 천명'〔天命不已〕의 실체라고는 말하지 않았으며, 또 '그침이 없는 천명'의 실체가 개체 또는 개체의 성에 내재해 있음을 언명(言明)하지도 않았다. 唐君毅, 『中國哲學原論』(台湾: 學生書局, 1980), 524쪽. 모종삼(牟宗三)에 따르면, 송유에 이르러 인의 내용과 천의 내용이 완전히 합일되고, 심성과 천이 일체라는 사실이 밝혀짐으로써 천도성명의 통일이 언명되기에 이르렀다고 한다. 牟宗三, 『心體與性體』(台湾: 正中書局, 1973), 17쪽. 또한 김시습의 인(仁)사상과 성리학적 사유에 대해서는 崔一凡, 「梅月堂의 哲學思想 研究」(성균관대학교 대학원 동양철학교 석사학위 논문, 1980) 참고.

실증 과학에 이르는 길을 봉쇄해버렸다. 이것은 주자학을 공부한 일반 학자들의 관점과 다르지 않다.

김시습은 '잡저' 후(後) 10장 가운데 「천형」(天形)과 「북진」(北辰)에서 우주관과 천문관을 드러냈다.[336] 「천형」은 천지란 무엇이며 어떻게 존재하는가를 논한 글이고, 「북진」은 일월성신(日月星辰)을 음양의 정화로 규정하고 계절의 변화와 인생의 수명에 대하여 논한 글이다.

「천형」은 우주의 구조를 설명한 부분과 유가적인 예(禮)를 논한 부분으로 이루어져 있다. 우주구조론은 주희의 우주론과 유사하다. 주희는 자연세계를 구성하는 물질적 토대를 기(氣)로 보았으며, 그 이론적 토대로 『주역』과 장형(張衡)의 혼천설(渾天說), 정이(程頤)의 설을 인용하였다.* 김시습도 그 설에 근거해서 불가와 도가의 이론을 '허황된 이야기'라고 부정하였다. "하늘은 지극히 맑고 지극히 단단해서 다시 끝이 없으며, 지극히 굳세고 지극히 튼튼해서 다시 쉼이 없다. 대지와 산천은 우뚝하게 회전하는 가운데 떠 있고, 풀과 나와 사람과 물건들은 삐죽삐죽 나타나 천성과 천명 속에서 움직인다. 이것을 하늘의 형상이라 이른다"[337]라고 하였다. 뿐만 아니라 해는 양기, 달은 음기로 이루어져 있으며, 별은 해의 남은 빛이기 때문에 양기로 이루어져 있다고 볼 수 있고, 신(辰)은 해와 달이 만나는 순서에 따라 결정되므로 음양의 두 기가 만나서 형성된 것이라고 보았다.

주희는 물질 보존의 법칙을 중시하고, 혼천설을 지지하였다. 기는 하나로 혼합된 상태로 있다가 둘로 나뉘어 음양이 된다. 처음의 기는 공간에 가득 차 있고 생성·소멸하지 않으며, 공간 그 자체이다. 이 하나의 기가 끝없이 회전하여 회전이 빨라지면서 많은 찌꺼기를 내놓는데, 안쪽은 굳어서 땅이 되고 맑은

---

* 주희 자연학(自然學)이 전국시대의 『장자』(莊子)에 근원을 두었고, 또 도가사상가인 갈홍(葛洪)의 만리강풍설(萬里剛風說)을 긍정적으로 채용한 것을 볼 때[야마다 게이지 지음, 김석근 옮김, 『朱子의 自然學』(통나무, 1996), 55·85쪽], 주희 자연학에는 도가사상이 깔려 있다고 할 수 있다. 이것은 주희 우주론의 가장 근원이 되는 기(氣)라는 개념이 도가에서 말하는 도(道)와 거의 같은 개념이라는 점을 보면 더욱 확실해진다.

기는 하늘이 되었다. 하늘은 반쪽이 땅 위에 덮어씌워져 있고 반쪽이 땅 밑을 둘러싸고 있으며, 끊임없이 왼쪽으로 돌고 있다.

김시습도 같은 식으로 '기의 운행과 회전'에 대한 문제를 논하였다.* 그의 관점은 주희와 다르지 않다. 다만 김시습은 태극과 음양을 별개로 여긴 듯한 주희의 견해338)를 반박하고, 태극과 음양이 일체라고 분명히 강조하였다.

그런데 「천형」에서 김시습은 사람과 물건과 온갖 사상(事象)이 다 하늘의 명으로 나므로 성품을 가다듬어 하늘을 공경해야 한다고 하였다. 이것은 자연과학적 천체의 의미와는 분명 다른 하늘의 모습을 상정한 것이다.

「천형」의 두번째 부분에서는 가상의 객이 『진무경』(眞武經)·『연생경』(延生經) 등 도가 서적을 인용해서 별의 형체와 자취에 대해 질문하였다. 즉, 객은 "자색 도포를 입고 황금 띠를 두른 신이 신검을 안고, 푸른 거북과 큰 뱀이 성인의 발을 받들고 있다. 육정육갑(六丁六甲: 둔갑술을 할 때 부르는 神將의 이름)은 좌우에 따르고, 팔살장군(八殺將軍)은 앞뒤에서 호위한다"는 설이 타당하냐고 물었다. 객은 또 "인간이 천해지거나 귀해지는 것, 오래 살거나 일찍 죽는 것이 모두 천상계의 존재에 의존한다고 보느냐"고도 물었다. 더 나아가 객은 "사람들이 하늘에 제사를 드림으로써 복을 받거나 재앙을 물리쳤으며, 주희도 『초사』「동황태일」(東皇太一) 편의 주에서 별 제사를 배척하지 않았으니, 하늘에 제사를 지내어 인간의 길흉화복을 맡기는 것이 옳지 않느냐?"고 말하였다.339)

그러자 '청한자', 곧 김시습은 하늘의 여러 별들이 형체도 없이 빛만 있다고 말했던 처음의 설과는 논점을 달리하여, 하늘의 별을 제사지내는 것은 부당하지만 공경할 수는 있다고 하였다. 또한 김시습은 "마음을 잡아서 성품을 기르는 것이 하늘을 공경하는 일"이라고 말하고, "하필이면 예절을 범하면서 아첨하는 제사를 지내어 상제와 별에게 잘 보이려고 하겠는가?"라고 반문하였다.340) 그런데 객이 "탕왕과 주공이 하늘에 했던 기도나 제사도 옳지 못한 것인가?"라고 묻

---

* 김시습에 따르면, 하늘은 형체가 없지만 기운이 있으며, 그 기운이 해와 달과 별을 밀어주고, 추위와 더위와 밤과 낮이 왕래하게 한다. 해는 양의 정화, 달은 음의 정화를 얻은 것이며, 별은 해의 남은 빛이 나뉘어 이루어진 것(日+生 → 星)이다. 『梅月堂集』 권17, 雜著, 「天形」.

자, '청한자'는 '하늘을 공경하고 백성을 사랑함'(敬天愛民)과 '왕도정치'(王道政治)의 개념을 끌어와 그 기도나 제사가 정당했다고 답하였다.[341] 객이 하늘에 제사지내는 것에 대해 물을 때, 김시습은 '옳지 않은 일'이라고 대답했으면서도 탕왕이나 주공이 드린 제사나 기도는 예외이고 특별하다고 인정한 셈이다.

김시습은 처음에 "하늘은 기가 쌓인 것, 무형의 것"이라고 규정하고는 뒤에 가서 "하늘이 돕는 것은 순함이요, 사람이 돕는 바는 미더운 것"이라고 바꾸어 규정하였다.

요컨대, 「천형」에서 김시습이 이야기한 하늘의 모습은 두 가지이다. 첫째는 과학적인 우주관에 기초한 하늘이고, 둘째는 인간의 본성과 연관되어 재앙과 복을 내리는 전지전능한 하늘이다. 김시습은 하늘과 인간의 문제에 대해 탐색했으나, 하늘이 지닌 그 두 측면을 논리적으로 연결시키지는 못하였다. 다만 김시습이 자연의 다양한 의미를 탐색하려는 '탐구의 학'을 지향한 점에 주목해야 할 것이다.

김시습에게 자연은 질서였고 안정이었다. 그는 자연만을 절대화시키지는 않았으나, 자연을 믿었고 또 그 변화에 순응하였다. 또한 김시습에게 자연은 세상에 대한 울분과 운명에 대한 비통함을 내뱉어도 넉넉히 받아주는 좋은 친구였다. 더 나아가 자연은 어느 순간에는 그 자신이 되었다. 예를 들어, 그의 시 속에서 묘사하는 쓸쓸한 가을 풍경은 그의 마음 자체였다. 작은 꽃의 흔들림이나 나뭇잎의 떨어짐, 새들의 날갯짓 모두가 그러하였다. 김시습은 직접 화전을 일구고 밭을 갈면서 자연을 경험하고 자연과 일체가 되었다.

결국 김시습은 우리가 자연에 대하여 탐구하고 자연 속에서 살아갈 때 가질 수 있는 여러 상념과 사상을 모두 지니고 있었으며, 어느 한쪽도 배제하지 않은 채 자연과 더불어 살았다고 말할 수 있다.

_ 귀신에 관한 사색

김시습의 시대에는 귀신의 존재를 인정할 것인가, 귀신이 존재한다면 어떻게 증명할 것인가, 또 그 귀신을 어떻게 모셔야 하는가 하는 문제가 철학적인 논점이 되어 있었다.

당시 사대부들은 성리학을 이데올로기로 받아들였지만, 집에서는 불교를 믿는 사람이 많았다. 죽어서 『주문공가례』에 따라 장사지낸 것이 『실록』의 졸기(卒記)에 덕목으로 기재될 정도였으니, 실제로는 유교식 장례나 제사를 지내는 사람이 그리 많지 않았던 것 같다. 심지어 사대부들은 죽은 뒤 위패를 절에다 모셔두는 풍습이 있었다. 사대부들이 이러했으니, 일반 민중의 경우는 더 말할 것도 없다. 당시에 이루어진 필기류 저작인 성현의 『용재총화』에는 음사(淫祀)에 관한 일화가 여럿 수록되어 있다. 따라서 성리학의 이데올로기를 수용한 사대부들로서는 귀신의 존재를 증명하고, 그 올바른 제향 방식을 수립하는 것이 큰 과제였다.

김시습도 성리학을 새 시대의 패러다임으로 인정한 만큼, 역시 같은 문제를 스스로의 과제로 삼지 않을 수 없었다. 어느 날, 김시습은 남효온에게 두 가지 예화를 들어 귀신 문제에 대하여 논하였다.

예전에 어느 선승이 밤에 용변을 보려고 당(堂)에서 내려가다가 생물을 밟았는데, 찢어지는 소리가 났다. 스님은, 낮에 두꺼비가 섬돌 아래 있었으니 자신이 밟아 죽인 것은 분명 두꺼비일 것이므로, 지옥에 가서 두꺼비를 죽인 응보(應報)를 받으리라고 두려워하였다. 그래서 좀처럼 잠을 못 이루다가 새벽 무렵에 잠깐 잠이 들었는데, 꿈에서 두꺼비가 지옥 관리에게 소송하는 글을 올리니, 소의 머리를 한 관리가 다가와 시왕 앞에서 자신을 꽁꽁 묶더니만 통째로 굽고 불로 지지는 벌을 내리고는 아비무간지옥에 넣으려고 하였다. 스님은 꿈에서 깨어나 신앙심을 더 굳게 지니고는 앉아서 날이 새기를 기다렸다. 날이 샌 뒤 일어나 섬돌 아래를 보니, 두꺼비는 없고 오이가 당(堂)의 섬돌 아래 발 딛는 곳에 있을 뿐이었다.

또 한 선비가 있었다. 어두운 밤에 산 속을 가는데 곡성이 들리기에 그 소리가 나는 곳을 찾아가니, 곡성이 점점 가까워지며 소리가 커졌다. 그 소리를 따라가다가 한 마을 입구에 이르러 그 소리를 가만히 들어보니, 소리는 계곡의 돌 사이에서 나는 것이었다. 더 다가가서 가만히 살펴보매, 상수리나무 낙엽이 계곡을 막아서 소리를 내고 있었다. 낙엽을 치우자 소리가 곧 멈추었고, 낙엽을 놓자 다시 소리가 났다. 그래서 정신을 고요히 하고 귀를 기울여보니, 물소리만 있고 곡성은 없었다. 처음 곡성을 들었던 곳으로 되돌아가서 들어보니, 곡성이 처음과 같았다.³⁴²⁾

김시습은 이 두 가지 일을 이야기한 뒤 다음과 같이 말하였다.

> 정말로 지옥이나 곡성이 있는 것이 아니라, 마음의 의심과 두려움이 마음속에 외물(外物)을 만드는 것이네. 무릇 마음이란 조심스레 다루면 있는 것이고, 버리면 없어지는 것이니, 없어지면 사념(邪念)이 생기고, 사념이 생기면 외물에 이끌릴 뿐이지. 외물에 이끌려서 마음을 보존하는 방도를 알지 못하면, 정신이 소모되고 게을러져, 모든 혈맥이 어지럽고 맑지 않아 무형(無形)·유형(有形)의 것들이 눈을 가리고 무성(無聲)·유성(有聲)의 것들이 귀를 막네. 그래서 그런 상태에 익숙해져서 구할 수 없는 지경에까지 이르면, 마음과 정신도 그에 따라 없어지고 형체와 기운도 흩어져버리고 말지. 보통 사람이 이러한 사람을 보면 진실로 귀신에게 씌운 사람이라고 여기니, 어찌 그럴 리 있겠는가! 이것으로 보건대, 혼자만의 견식도 없고 또 스승과 친구의 도움도 없어 성리학에 어두워 화복설을 믿음으로써 벌벌 떠는 사람은, 어두운 밤에 사람 없는 곳으로 들어가는 것과 같아, 누구나 다 이러한 병에 걸리는 법이오.³⁴³⁾

김시습은 성리학에 대한 자신만의 독특한 견식이 있거나 스승이나 벗에게서 배운 바가 없으면 귀신에 관해 미혹된 관념에 빠진다고 하였다. 성리학자들은 흔히 학문의 연원을 중시하여 스승이나 벗에게서 배운 바를 높이 치는 법인데, 김시습은 혼자만의 견식〔獨見之知〕을 병렬하여 거론했으니, 그가 평소 혼자만의 견식을 중요시해왔던 태도가 이 말에서도 드러난다.

어쨌든 김시습은 성리설에 투철함으로써 그릇된 귀신관을 버려야 한다고 남효온에게 말하였다. 남효온은 김시습의 이 말이야말로 '어리석은 사람을 깨우치는 지남(指南)'〔破愚之指南〕이라고 하고, 자신의「귀신론」(鬼神論) 속에 김시습의 말을 길게 인용해두었다.

한편, 김시습은 언젠가 「귀신에 관하여」(神鬼說)라는 논문을 작성하여 귀신의 문제를 정면으로 다루었다.[344]

김시습은 이 논문에서, 장재가 『정몽』(正蒙) 「태화」(太和) 편에서 "귀신은 음양 두 기의 양능이다"(鬼神者, 二氣之良能也)라고 했던 것이나, 『중용』에서 "귀신의 덕은 성대하도다. 보려고 해도 보이지 않고, 들으려 해도 들리지 않지만, 사물을 생성하고 형태 지어서 빠뜨릴 수가 없다"(鬼神之爲德, 其盛矣乎! 視之而弗見, 聽之而弗聞, 體物而不可遺)고 했던 것을 바탕에 깔고, 귀신을 올바로 섬기는 방법에 대하여 논하였다. 음사(淫祀)가 유행하는 현실을 계도하려는 의도에서였다.

천지 사이에는 오직 하나의 기(氣)가 풀무질(橐籥)할 뿐이다. 그 기는 굽기도 하고 펴기도 하며, 찼다가는 빈다. 굽히고 폄은 묘(妙)요, 차고 빔은 도(道)이다. 펴면 가득 차고 굽히면 텅 비며, 가득 차면 나오고 텅 비면 도로 들어간다. 나오는 것을 신(神)이라 하고, 돌아가는 것을 귀(鬼)라 한다. 그 참된 기는 하나이되, 그것이 나뉘면 각기 일만 가지로 달라진다.

순환하고 왕복하며 꽃이 피고 시들어 떨어지는 것은 조화의 자취이니, 음과 양 두 기가 소멸하고 성장하는 양능(良能)에 의해서 일어나지 않는 것이 없다. 그리하여 그 체(體)는 진실로 실되어 망령됨이 없고, 그 덕(德)은 만물을 형태 지워 하나도 빠뜨림이 없다. 그 용(用)은 양양하게(아슴푸레하게) 위에 있는 듯하고 좌우에 있는 듯해서, 사람으로 하여금 밝고 밝은 신의 존재 때문에 훈호처창(焄蒿悽愴: 기가 물씬물씬 일어나 사람을 悚然하게 만듦)하게 만든다.

그 기는 천지의 정기(正氣)이다. 그러므로 신은 예법에 합당하지 않으면 흠향(歆享)하지 않는다. 그 지성(至誠)은 천지의 도이다. 그러므로 마땅히 제사지내야 할 귀신이 아닌데도 제사지내면 아첨이 된다. 비록 온갖 의례를 갖추어 흠향한다고 해도, 그 의식이 제물에 미치지 못하는 것이다……

의례가 있으면 귀신이 있는 것이니, 의례가 지극하다는 것은 곧 성(誠)의 참됨을 말한다. 귀신이라는 것은 성(誠)의 묘용(妙用)이요, 귀신을 귀신으로 대하는 것은 정성을 극진히 함을 드러내는 것이다. 그러므로 『중용』 25장에서 "사람에게 정성이 없으면 무엇을 하더라도 아무 일도 하지 않는 것과 같다. 그러므로 군자는 성(誠)을 존중한다"고 말하였다. 이것은 곧 귀신이 지극하게 작용하는 것이요, 정기(正氣)가 밝게 나타나는 것이다. 성인이 능히 해내는 일은 애당초 일에 뜻을 두어 하는 것이 아니다. 추위와 더위가 추이하여 오가고, 해와 달이 교대로 밝으며, 밤이 가면 낮이 오는 도라고 하는 것은, 이(理)가 저절로 그러한 것이요, 기(氣)가 기인 바로서, "변화를 이루고 귀신을 운동하게 한다."(『주역』, 「계사전」)

돌이 진(晉)나라에서 말한 것(『좌전』, 昭公 8년의 사실), 신이 신(莘) 땅에 내린 것(『좌전』, 莊公 32년 가을 7월의 조), 대들보에서 휘파람 분 것(韓愈의 「原鬼」), 방안을 들여다보아도 보이지 않는 것(한유의 「원귀」), 화와 복을 알려준 것, 빽빽한 숲에 의지한 것, 이런 것들은 사악하고 패려궂은 기이다. 그러한 기는 사람의 마음이 미혹되어 감응해서 부른 것이 그렇게 하도록 시키는 경우가 있다. 또는 기가 아직 미진하여 비명에 죽고도 오히려 무형(無形) 속에 체류하여, 마치 거울에 입김을 불면 안개가 끼고 추위가 심하면 얼음이 되는 것과 같은 경우가 있다. 후자의 경우는 아주 오래되면 자연히 사라지게 마련이니, 돌아갈 곳이 있거늘 돌아가지 않은 것은 아직 없었다.

그러므로 『주역』에서 말하기를, "정기(精氣)는 사물을 이루고 유혼(游魂: 떠도는 혼)은 변이를 일으킨다. 따라서 『주역』은 귀신의 정상(情狀)을 남김없이 파악해 두었다"라고 하였다. 지극히 잘 다스려지는 세상과 지극한 경지에 이른 사람〔至人〕의 분수에는 이런 일이 없었다.[345]

김시습의 이 글은 남효온의 글이나 채수(蔡壽)의 글과 통하는 부분이 많다. 특히 채수가 쓴 「귀신에 대하여 묻다」(問鬼神)의 다음과 같은 언설을 보라.

화월(花月)의 요(妖)와 석목(石木)의 괴(怪)가 대들보 위에서 휘파람을 불어 소리를 내고 방안을 들여다보아도 보이지 않는 것으로 말하면, 이것은 천지간의 한 요괴일 따름이다. 어찌 음과 양 두 기의 양능이라고 말할 수 있겠는가? 그렇거늘 어째서 후세 사람들은 마땅히 제사하지 않아야 할 신에게 아첨하고 그 신을 섬겨서 요행의 복록을 구하며, 오늘날의 사대부 집안에서도 또한 무격의 요망하고 허탄함에 혹하여 깊이 믿고 돈독히 섬겨 세속의 풍조에 빠져들어서는 담담하게 여기고 그것을 괴이타 여기지 않는단 말인가?[346]

김시습의 「귀신에 관하여」는 『중용』 제16장에서 나오는 "귀신의 덕이라고 하는 것은 성대하도다. 그것을 보려 해도 보이지 않고, 그것을 들으려 해도 들리지 않으며, 만물의 체가 되어 만물을 낳고 하나도 남김이 없다. 천하의 사람들로 하여금 재계하여 몸을 맑게 하고 의복을 갖추어 제사를 지내게 한다. 양양하게 위에 있는 듯하고 좌우에 있는 듯하다"라고 한 내용을 다시 확인한 것이다.

따라서 김시습의 이 글은 『묵자』(墨子)가 쓴 「귀신의 일을 밝힘」(明鬼)에서 귀신이 어진 이를 상 주고 포악한 자를 벌한다는 사실을 반복하여 논한 것과는 취향이 다르다. 『묵자』는 천하의 이익을 일으키고 천하의 해악을 제거하기 위해서는 귀신의 존재를 밝혀두어야 한다고 주장하였다. 그리고 귀신의 존재를 확인하는 방법을 설명한 다음, 과거의 역사에 나타난 귀신에 관한 사실을 차례로 서술했으며, 성왕의 정치가 귀신 섬기기를 근거로 이루어졌다는 점을 논하였다.[347] 『묵자』의 논설과는 대조적으로 김시습은 귀신론을 현실정치론과 연결시키지 않았다. 김시습은 명분이 없거나 도덕적 정당성을 지니지 않은 개인이 음사(淫祀)에 의존해 복을 받거나 위안을 얻으려는 행위를 비판하였다.

김시습은 뒷날 서경덕(徐敬德, 1489~1546)이 죽기 한 해 전에 쓴 「귀신사생론」(鬼神死生論)에서, 주기론의 관점을 관철시켜 귀신을 기로 규정한 것과 같은 확실한 결론에 이르지는 못하였다. 서경덕은 인간의 죽음도 우주의 기(氣)에 환원된다는 생각으로 기의 불멸성을 자신 있는 어조로 강조하였다. 즉, 사람도 결국은 기(氣)가 모여서 이루어진 것이기 때문에 사람이 나고 죽는 것은 기가 모였다 흩어졌다 하는 것에 불과하다는 것이다. 그리고 그 기는 모였다 흩어졌다 하면서 변화는 있을지언정 없어지지는 않는다는 것이다. 사람뿐만 아니라 귀신이나 모든 만물들이 같은 기가 모이고 흩어지는 데 의해 생겨나고 없어진 다는 것이며, 존재하는 물건의 차이는 기가 어떻게 모였는가에 따라 결정된다는 것이다.[348]

_ 「양보음」에 차운한 뜻

김시습은 「양보음」(梁父吟)이라는 옛 노랫가락의 한시에 맞추어 화운시를 한 수 지었다. 언뜻 대수롭게 보이지 않지만, 이 시에는 그 자신의 구세적 열정과 좌절감이 동시에 배어 있다. 본래 「양보음」은 제(齊) 지방에서 불려온 옛날 가요로, '梁甫吟'으로도 표기한다. 송나라 곽무천(郭茂倩)이 엮은 『악부시집』(樂府詩集)에는 상화가사(相和歌辭)로 분류되어 있다. 그 노래의 가사는 대체로 다음과 같다.[349]

제나라 성문을 나서서	步出齊城門
탕음의 마을을 멀리 바라보매	遙望蕩陰里
마을에 세 개의 무덤이 있어	里中有三墓
뭉긋뭉긋 비슷도 하여라.	累累正相似
이것이 누구 무덤이냐 물으니	問是誰家墓
전강과 고야자 무덤이라나.	田彊古冶子
힘은 남산도 밀어젖힐 수 있고	力能排南山
문장은 지기(地紀)마저 끊을 수 있었거늘,	文能絕地紀
하루아침에 참언을 당하여	一朝被讒言
두 복숭아 때문에 세 사람이 죽었도다.	二桃殺三士
누가 이런 모략을 잘하였나	誰能爲此謀
제나라 재상 안자가 그 사람.	相國齊晏子

이 노래는 춘추시대 제나라의 용사였던 전개강(田開疆), 고야자(古冶子), 공

손접(公孫接)의 비극을 소재로 한 것이다. 세 사람은 제나라의 왕 경공(景公)을 섬기던 호걸들인데, 재상 안자(晏子)가 그 세 사람이 힘을 합치면 제나라가 위험하다고 생각하여 계략을 쓴 것이 큰 화를 부른 사건이다. 이 사건은 안자의 언행록인 『안자춘추』(晏子春秋)에 자세히 기록되어 있다.

안자의 계략대로 경공은 세 호걸을 모이게 한 뒤 복숭아 두 개를 내리면서, "스스로 공로가 있다고 생각하는 사람이 받아먹게나"라고 하였다. 공손접과 전개강이 하나씩 낚아채자 고야자는 분노하여, "나는 주군을 따라 황하를 건널 때 헤엄을 칠 줄 몰랐는데도 물로 뛰어들어 큰 거북을 잡아 죽여서, 사람들이 나를 두고 하백(황하의 신)이라고 칭송하였다"라고 말하며 복숭아를 건네라고 하였다. 공손접과 전개강은 부끄럽게 여겨 복숭아를 건네주고는 각각 제 목을 칼로 찔러 죽고 말았다. 그러자 고야자도 자기 행동을 부끄러이 여겨 자살하였다. 경공은 그들을 후하게 장사지내주었다고 한다.

제갈공명은 17세부터 27세까지 융중(隆中)에서 청경우독(晴耕雨讀)하던 시절에 이 노래를 즐겨 불렀다고 한다. 『삼국지』「제갈량전」에 나오는 이야기이다. 제갈공명은 고향 제나라의 노래인「양보음」을 애창하면서 세 호걸이 안자의 간계에 빠져 무참히 살해되었던 슬픈 운명을 동정했을 것이다.[350] 또한 그는 방약무인(傍若無人)한 세 호걸들을 제거하고 나라의 안태(安泰)를 도모한 안자의 지략에 동조했을지도 모른다.

그러나 김시습은 충량(忠良)한 신하가 모함을 받아 세상에 받아들여지지 못하는 현실을 개탄하며, 이「양보음」에 차운하였다. 그는 성명(聖明)의 군주를 만나 국가 사업을 위해 지략을 다하겠다는 포부가 있었기에 스스로의 불우함을 더욱 한탄하였다.

김시습은 불우함을 서글퍼하면서 스스로의 본성을 지켜 천진한 삶을 살겠다는 뜻에서「자연음」(自然吟) 3수를 노래하였다.[351]

사륙변려 문장도 높지 못하고	四六文章已不高
풍운 월로 읊는 시도 호방하지 못하다.	風雲月露未爲豪

다만 도덕과 인의를 가지고	只持道德兼仁義
기·용방·설·고요(皐陶)와 같이지려 하였으나	欲與夔龍及契皐
성현도 끝내 시절을 만나지 못하였거늘	賢聖有心終不遇
게으르고 운수 박한 내가 어이 만나랴.	踈慵無命可能遭
산 속 송라(松蘿) 위에 뜬 달만이	山中唯有松蘿月
낯선 나일망정 솜옷을 비춰주네.	不擇親踈照縕袍

더러운 차림도 욕보이지 못할 만큼 유하혜는 조화를 실천했고	不辱汙冠柳下和
내 다리를 상하지 말라고 초광은 노래했네.	無傷吾足楚狂歌
두 분 마음과는 실질에서 벗어났지만	兩人心地雖乖實
평소의 회포는 조금도 다름이 없구나.	一種平懷少僞訛
벼슬에 나아가면 권세를 다투다가	進仕豐湾爭勢位
물러나면 원망하며 곤두박질.	退休寧怨困蹉跎
시절에 맞춰 가고 멈추고 사사롭게 매이지 않아	時行時止無私繫
올곧게 도리를 행하여 내 뜻대로 살아가리.	直道從容肆志多

무한한 대지 위에 다만 이 한 몸	大塊無垠有一身
이 몸은 곧 갈천씨의 백성이네.	此身今是葛天民
가슴속에는 삼천의 의례가 들어 있고	胸中禮樂三千字
눈 아래 건곤은 일만 팔천 년.	眼底乾坤萬八春
방에 들고 당에 올라 성현 경지 다 보고	入室升堂窮聖域
꽃과 버들 곁에서 내 천진을 즐기지.	傍花隨柳樂吾眞
후생이 두렵다 하니 미래를 어이 알랴	後生可畏焉知繼
큰 도는 사람을 기다려 이루어지는 법.	大道從來必待人

김시습은 갈천씨(葛天氏)의 백성, 즉 전설의 평화스러웠던 시대에 천진하게 살던 사람처럼 일민으로서 천진한 삶을 살아가겠다고 말하였다. 그러나 동시에

성현의 경지를 엿보고, 세상사를 내리깔아보는 자부심을 드러냈다. 이 시기의 김시습은 '큰 도리를 실행하겠다'는 의욕과 자부심, 나아가 기대감이 강했으며, 그렇기에 더욱 심정과 세간사와의 괴리를 심하게 느꼈던 것이다.

그러나 김시습은 현실과의 괴리를 절절하게 느끼고 우수에 젖었다. 그만큼 「홍엽」(紅葉)이라는 시에 당시의 상황이 잘 드러나 있다.[352]

가을 노을 오려 얕고 깊은 붉은 것을 만들다니	秋霞剪作淺深紅
청녀(신의 보조)는 정도 많고 오묘해라.	青女多情巧不窮
낙조 밖에서 붉은 잎들 불타는 듯하고	點點欲燒殘照外
첩첩한 산 속에 층층이 그림 같구나.	層層如畫亂山中
마음이 서글퍼서 두어 줄 적어보니	數行書字悲心事
켕기던 근심이 저녁 바람에 떨어지네.	幾个牽愁落晚風
깊은 가을에 잎이 진다 원망하지 마라	莫向秋深怨零落
동군(봄신)이 마땅히 꽃 떨기를 이어주려니.	東君應又綴殘叢

자연은 가을이면 잎이 지고 봄이면 다시 꽃을 피우는 조화의 세계이다. 인간도 또한 자연의 일부로서 온전한 조화를 느껴야 하거늘, 그렇지가 못하다. 허무감은 어느새 가슴속을 파고들어, 그것을 쉽사리 툴툴 털어버릴 수가 없다.

인간사는 모순에 차 있지만 계절은 어김없이 찾아오고 또 흘러갔다. 서리 갓 내린 어느 날, 김시습은 정신이 맑아지는 느낌을 얻었다. 「갓 내린 서리」(新霜)에서 그는 애써 평담한 심경을 가져보았다.[353]

푸른 하늘은 씻긴 듯 별이 여기저기 반짝이고	碧空如洗綴踈星
바람 급하더니 온 바위에 밤 서리 가득하다	風緊千岩半夜霜
가느다란 구슬꽃[서리]은 기왓장을 수놓고	細細玉花粘古瓦
둥글둥글 옥 꽃술[서리]은 담 이끼를 수놓네.	團團瓊蘂點苔墻
달빛 아래 모래밭을 덮어 더욱 희게 하고	侵於沙月偏教白

숲 속 잎새에 내려 노란색을 변케 하네.	着到山林損却黃
파초 잎 늘어지고 연 줄기 끊어졌는데	蕉葉已殘荷柄折
한기가 다시 은빛 평상을 얼구네.	餘寒更作凍銀牀

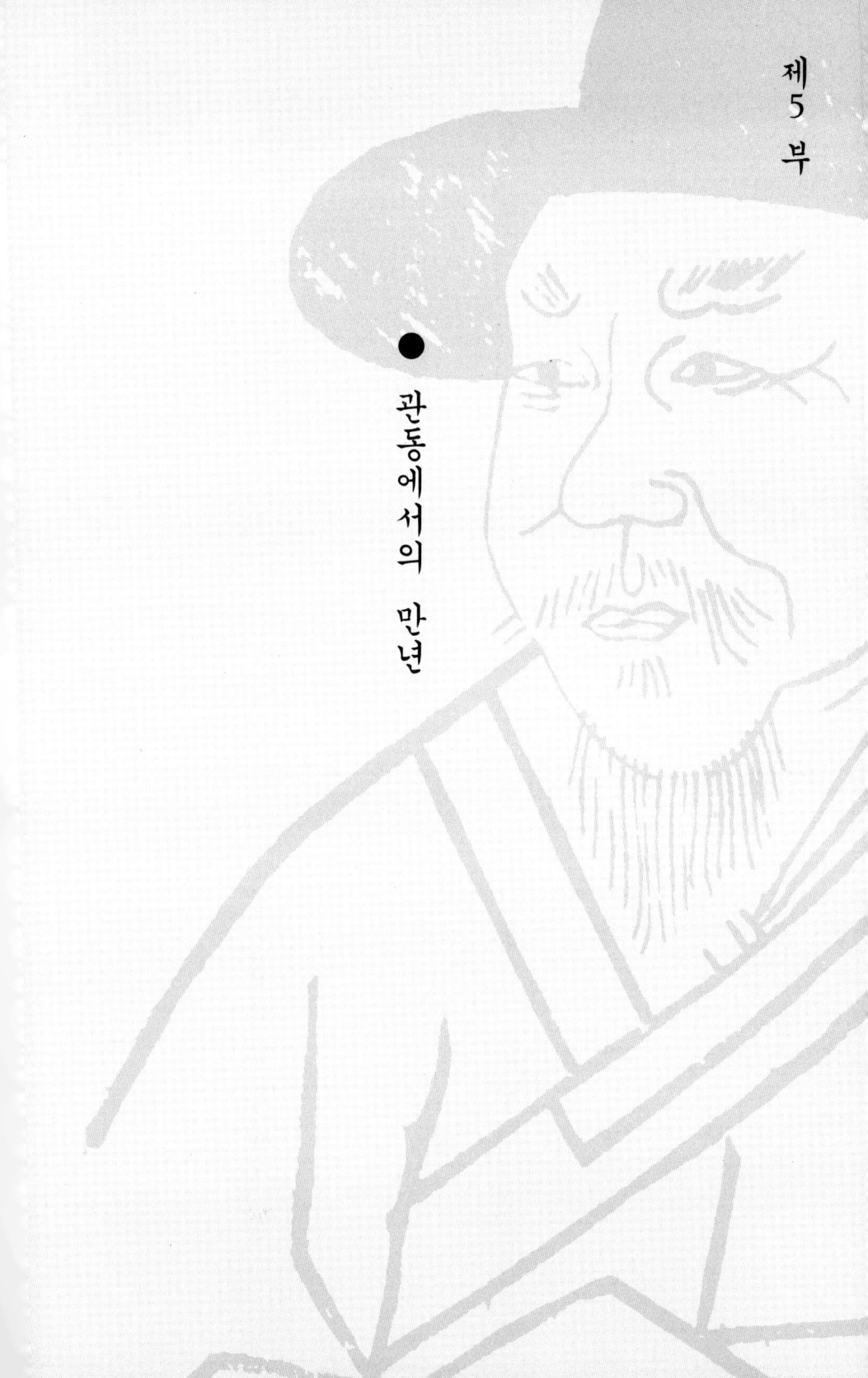

제5부

관동에서의 만년

다시 관동

> 무엇이 가장 큰 명예입니까.
> 무엇이 가장 큰 재물입니까.
> 무엇이 가장 큰 덕망입니까.
> 무엇이 가장 큰 친구입니까.
> ―잡아함 제1282경

_ 관동으로 두타행을 떠나다

안씨와의 결혼 생활은 그리 길지 않았다. 아마도 1년 만에 사별로 끝난 것 같다. 더구나 1482년(성종 13, 임인)에는 폐비(廢妃) 윤씨를 사사하는 사건이 일어나서 정국이 어지러웠다. 성종의 계비 윤씨는 1476년에 세자 융(濧: 뒤의 연산군)을 낳았으나 1479년에 부덕하다는 이유로 폐비되었고, 이해에 이르러서는 사약을 받았던 것이다. 이 사건에 얽힌 궁내 여성들의 알력과 신료들의 갈등에 대해서는 여기서 설명할 필요가 없을 것 같다. 수락산에 거처하던 김시습은 그 일련의 사건들을 똑똑히 알고 있었고, 그 때문에 그 순결한 정신은 또다시 상처를 입고 말았던 듯하다.

김시습은 더 이상 서울 근교에 머물 마음이 없었다. 그는 관동으로 방랑의 길을 떠났다. 2차 방랑으로 일컬어지는 이 유랑이 시작된 것은 1483년(성종 14, 계묘), 49세의 늦봄 때였다.

이해 3월 19일, 김시습은 육경(六經), 제자백가서(諸子百家書), 역사서를 수레에 싣고 관동의 산수를 두루 본 뒤에 기장 심을 땅을 구해 농사 짓고 살 계획으로 떠났다. 지난날 한때 거처했던 춘천으로 들어가겠다고 하였다. 다시는 서울로 돌아올 뜻이 없었다.

김시습의 중년 이후 가장 오랫동안 지기로 남아 있던 남효온은 동대문 밖까지 탁주를 갖고 따라가서 김시습의 손을 잡고는, 이 이별이 다시는 만날 기약이 없는 이별이 되리라 생각하며 눈물을 흘렸다. 그때 남효온은 어머니의 엄명으로 과거 공부를 하러 절간으로 들어갔다가 견디지 못해 뛰어나온 뒤, 행주(幸州)에 은거하거나 한강의 압도(鴨島)에서 움막을 짓고 술과 낚시로 세상사를 잊고 지내던 참이었다.

남효온은 이 전별연(餞別宴)에서 여러 편의 시를 지었다. 먼저 오언고시[1]에서는, 김시습을 허유(許由)에 견주었다. 패택(沛澤)에 은거하던 허유는 요(堯)임금이 천하를 양도하려 하자 받지 않고 영수(潁水)의 북쪽, 기산(箕山)의 남쪽에 숨었다. 그것은 요임금의 성덕이 박하여 그런 것이 아니다. 허유가 외곬로 산수를 즐기는 성격이라서 그런 것이다. 이렇게 말한 뒤 남효온은, "밝은 군주가 임하고 있는 지금 세상은, 풍한객(미치광이)을 달가워하지 않겠지만, 진퇴에 운수가 정해져 있으니, 명예를 얻지 못한다고 근심할 일이 무어 있겠습니까?"(況當聖明時, 不喜風漢客, 行藏有定命, 得失何戚戚)라고 덧붙였다. 김시습이 불가피하게 풍한객, 곧 세상에서 손가락질 받는 미치광이가 될 수밖에 없는 처지임을 위로한 것이다.

하지만 남효온은 이어서, "광포한 바람이 번화한 서울 거리에 불매, 온통 여우와 토끼의 자취뿐이네. 인간 세상 사는 재미가 시들해져서, 이제 관동의 외딴 산수를 즐기려 가시는구려"(終風十二街, 莫非狐兎跡. 人寰世味飫, 關東山水僻)라고 하였다. 김시습이 관동 산수에 자취를 숨기려고 가는 것은 서울 거리에 온통 광포한 바람이 불고 여우와 토끼들이 날뛰기 때문이라고 하였다. 아아, 그대가 미치광이인 것은 그대 탓이 아니오!

남효온은 김시습이 춘천의 옛 은거지로 돌아갈 때 자신이 겪을 고독감과 사문(斯文: 유교 이념을 근간으로 하는 문화)의 쇠락을 안타까워하였다. 그래서 다시

이런 송별시를 지었다.[2)]

그대를 보내려고 병든 몸 일으켜	爲送吾君起病身
흥인문(동대문) 밖에서 여름 먼지를 들썼다오.	興仁門外觸炎塵
오늘 저녁 이별하면 하늘가에 계시리	天涯離別自今夕
메밀꽃 앞에서 눈물을 삼킬 그대.	蕎麥花前忍淚人
동교에서 서남자(徐男子)를 전송하고 나면	東郊餞飮徐男子
세간 이야기 나눌 모용(茅容) 같은 이 다시 없으리.	不與茅容說世間
인의의 도가 설 땅 없음이 안타깝지만	吾道傷心立無地
선생께서야 배 두드리며 인생이 한가로우리.	先生坦腹百年間

　모용(茅容)은 동한 때의 학자이다. 마흔 살에 농사를 지으며 살았는데, 나무 밑에서 비를 피하면서도 꼿꼿이 앉아 있었다고 한다. 곽태(郭太: 자는 林宗)가 이 모습을 보고 기인이라고 여겨, 그의 집에 묵었다. 모용은 아침에 닭을 잡아 어머니를 봉양하고 자신은 객과 함께 채소로 식사를 하였다. 곽태는 더욱 탄복하여 그를 데려다 학문을 전수했고, 마침내 모용은 큰 학자가 되었다고 한다.
　남효온은 김시습을 모용과 같은 인물이라고 하였다.* 아마도 복무집로(服務執勞)하고 천지 자연의 운행을 경건하게 숭앙하는 면이 있었음을 지적한 말이라고 생각된다.
　김시습은 이별에 임하여 남효온에게 다음과 같은 시를 주었다.[3)]

옛사람도 지금 사람과 비슷하고	昔人似今人
지금 사람도 뒷사람과 같으리.	今人猶後人

---

* '서남자'가 곽태 모친의 영전에 생추(生芻) 한 속을 바친 서치(徐穉: 자는 孺子)를 가리키며, 그로써 김시습과의 각별한 교분을 말한 것이라면, 남효온은 스스로를 곽태에게 견주었던 것인가. 확실치는 않다.

인간 세상은 흐르는 물과 같아	世間若流水
유유히 흘러 가을 가고 봄이 오네.	悠悠秋復春
오늘은 소나무 아래서 술을 나누지만	今日松下飮
내일 아침에는 깊은 산 속을 향하려오.	明朝向嶙岣
깊은 산 푸른 봉우리 속에서	嶙岣碧峰裏
그대를 그리는 정 실타래 같으리.	思爾情輪困

뒷날 남효온은 행주의 은둔지에서 이 시를 다시 꺼내보고, 그 운자를 사용하여 자신의 그리움을 드러냈다.[4] 그는 김시습을 '풍한'(風漢: 미치광이)이라 부르되, 참된 도를 보존한 인물로 추억하였다.

가을 장맛비가 초가 처마를 적시는 밤	秋霖濕茅榮
일어나 앉아 멀리 그분을 생각한다.	夜起憶遠人
나는 바른 길 배우려다 개 모습 그린 꼴	學道反類狗
우두커니 앉아 세월만 보내다니.	坐度秋與春
세상 사람은 미치광이를 기억하지 못하고	世不記風漢
우리 도는 깊은 산에나 묻혔구나.	吾道屬嶙岣
괜스레 술 나라 속 헤매다가	空然醉鄕裏
집 헛간에 고꾸라지고 말았네.	顚沛倒吾困

그런데 전하는 말에는 김시습이 관동으로 떠나기 하루 전에 크게 다쳤지만, 다음날 멀쩡하게 회복되어 훌훌 떠났다는 이야기가 있다.[5]

그 이야기에 따르면, 남효온 등이 하루 전에 김시습을 찾아와 용산의 수정(水亭)에서 담소를 나누었는데, 김시습이 홀연 창 밖 몇 길이나 되는 높이에서 떨어져 심하게 상해서 숨도 쉬지 못할 지경이었다고 한다. 사람들이 놀라서 아래로 달려가 구해내고는, 이렇게 상처가 중하니 내일 어떻게 출발할 수 있겠느냐고 걱정하였다. 그러자 김시습은 태연히, "그대들이 먼저 가서 누원(樓院)에서 기다리면 내가 힘써 일어나 출발하겠다"고 했다는 것이다. 그 말대로 사람들이 누원으로 갔으나, 그들이 누원에 이르러 보니 김시습이 벌써 와 있었으며, 더구나 높은 데서 떨어져 상한 기색이라고는 조금도 보이지 않았다고 한다. 그러자 남효온은 김시습에게 "공이 어찌 환술(幻術)로 우리를 속이느냐?"고 꾸짖었다는 것이다.

하지만 김시습은 세간 사람을 혼란하게 하는 환술을 좋아하지 않았다. 이러한 전설은 다 뒷사람이 꾸며낸 이야기일 것이다.

김시습은 두타(頭陀), 곧 탁발승의 모습으로 관동으로 떠났다. 두타는 산스크리트 'dhuta'를 한자로 표기한 것으로, 수행자들이 탁발(托鉢)하는 것을 말한다. 불교에서도 선(禪) 수행자들은 사람이 겪는 쾌락과 고통을 모두 전생의 업보라고 보고, 어떤 모욕에도 성내지 말고 고통을 겪어내고자 한다. 그들은 간단한 옷을 걸치고 걸식을 하되 곡식을 삼가고 나무 아래나 묘지에 살며, 앉을 때는 가부좌를 하고 바로 앉아야 하며, 잘 때도 눕지 않는다. 바로 김시습이 이어받은 법맥의 연원이라고 할 수 있는 김화상(金和尙) 무상(無相)이 곧 두타행을 했으니, 김시습이 두타의 모습으로 방랑길에 오른 것도 그 근본이 있다고 말할 수 있다.

중국의 사천 지방 성도(成都)에서 많은 이들을 구제한 신라 김화상, 곧 무상은 풀잎으로 몸을 감싸고 단식하다시피 음식을 줄였으며, 먹을 것이 떨어지면 흙을 먹었다고 한다. 김화상은 묘지나 숲 속에서 두타행을 했으며, 결국 묘지 근처에 정중사(淨衆寺)를 짓고 대중을 교화했다고 한다.[6]

중국이나 일본의 경우에 두타의 모습으로 여행하는 승려들은 도회지든 산골이든 두루 돌아다니면서, 인과설(因果說)에 따라 중생을 교화하고 시체를 처리하거나 병든 자의 고통을 덜어주는 사회사업을 하는 일이 많았다. 특히 일본의 나라(奈良)시대에는 행기(行基)라는 승려가 전국을 돌아다니면서 서민들을 교화하고 원령(怨靈)을 달래는 일을 했고, 그것을 본받아 심지어 제왕이나 귀족들까지도 산에서 산, 절에서 절로 두타 순례를 떠나는 것이 유행처럼 번졌다. 일본의 불교가 신라나 백제의 불교에서 많은 영향을 받은 것을 보면, 우리의 고

대국가시대에도 이러한 두타행이 성하였을 가능성이 있다. 『삼국유사』 곳곳에 나오는 거사(居士)의 존재는 그러한 두타행을 실천한 사람들이 아니었을까 생각된다.

일본에서는 또 산복(山伏)이라고 하여, 험준한 산 속에 숨어살면서 산령(山靈)을 체득하고 주술을 행하는 유형도 있었다. 이들도 역시 전국을 여행했으며, 조직을 이루어 정보 전달자 역할도 하였다. 고려나 조선의 불교에서는 이 같은 유형은 나타나지 않은 듯하다. 아마도 김시습은 두타행이 지향한 원래의 정신을 구현하고자 고통스러운 여행길에 오른 것이었다고 생각된다.

_ 공부의 참 의미를 생각해보다

김시습은 비록 두타의 모습으로 관동을 향해 떠났지만, 길을 가면서도 마음으로 유학의 근본 가르침을 되새기고 있었다.

김시습은 여행길에 올라 「궁리」(窮理)와 「수기」(修己)라는 시를 지어 배움〔學〕의 문제를 거듭 깊이 생각하였다. 그리고 뒷날 「학문」(學)이라는 글을 지어 『소학』(小學)의 내용을 실천하는 것을 공부의 첫 단계로 설정하고, 그 두 시를 글의 끝에 붙여두었다.7) 『소학』은 주희의 편(編)이라고 알려졌을 테지만, 사실은 주희의 문인 유자징(劉自澄)이 경서나 고금의 전기(傳記) 중에서 수신과 도덕에 관한 글을 모아 6편으로 엮은 것이다. 중종 때에 오면 심학(心學)이 중시되면서 『소학』이 더욱 중요한 수신 교과로 부각된다. 김시습의 「학문」이라는 글은 그러한 사상 경향을 열었다고 말할 수 있으리라.

> 소학의 방법은 물 뿌려 비질하고 응대하며 집안에서는 효도하고 나가서는 공손하며 행실에 조금이라도 어긋남이 없게 하는 것이니, 이것을 행하고 남은 힘이 있거든 시서(詩書)를 읽고 음송하고 노래를 음미하고 발 구르며 춤추되 생각함에 조금이라도 지나침이 없어야 한다.8)

이 본문 다음에 김시습은 다음과 같은 안어(按語)를 적었다.

사람의 본성은 본디 선하지만 기질에는 차이가 있으므로 처음 배울 때는 반드시 이와 같이 길러서 근력과 뼈를 단속하고 훈도(薰陶)하고 함양하여 그 덕성을 바탕으로 한 뒤라야 막힘이 없을 것이다. 이치를 궁구하고〔窮理〕 몸을 닦는 것〔修身〕이 학문의 대체(大體)이다. 밝은 천명이 성해서 안과 밖의 구별이 없어지고, 덕을 높이고 학업을 넓힘으로써 마침내 처음으로 되돌아가게 된다. 옛적에 부족하지 않았을진대, 지금 어찌 남음이 있겠는가?[9]

"옛적에 부족하지 않았을진대, 지금 어찌 남음이 있겠는가?"라는 말은 사람의 본성은 늘고 줆이 없이 애당초 인간에게 갖추어져 있다는 말이다. 불교의 언표로 말하면 자성심(自性心)은 이미 인간에게 갖추어져 있어, 사람은 누구나 성불(成佛)해 있다는 의미이다.

김시습은 이 「학문」이라는 글 뒤에 대략 다음과 같은 내용의 「궁리」 시를 붙여두었다.

하나의 이치는 치우침이 없기에, 그것을 궁구하면 만 가지 이치에 통하여, 정밀한 것과 거칠고 큰 것을 망라하고, 세밀한 것과 넓은 것을 관통하리. 나에게 있어서 앎의 대상은 끝이 없기에, 저 물(物)에 대하여 궁구하기를 끝없이 하리. 정밀히 연구하여 신묘(神妙)함에 이르면 칼은 너른한 틈새에서 놀리라.[10]

「수기」는 다음과 같은 내용이다.

군자는 반드시 몸을 닦아야 하니 몸을 닦으면 반드시 단정하고 엄숙해지리라. 사랑함과 미워함, 공경하고 슬퍼하고 게으름을 잘 살피지 않으면 문득 편벽해지리라. 그렇기에 군자의 마음은 가득 찬 것을 받들고 옥을 잡듯 해야 하네. 외면은 의리(義理)로써 방정하게 하고 마음은 공경으로써 곧게 지녀야 하리. 능히 공경하고 정성을 지켜서 사사로움에 이기고 욕망을 억제하면, 행동거지(行動擧止)와 위의(威儀)가 정연(整然)하여 스스로 조신해지리라.[11]

김시습은 '궁리'와 '수기'를 병행할 것을 주장하였다. 궁리에만 편중하면 주지주의에 빠져, 결국 번쇄(煩瑣)한 지식 추구로 흐를 우려가 있다. 또 수기에만 치중하면 유교의 근본 학문 태도인 박학(博學)을 소홀히 하여 공소(空疎: 내용이 빈약하고 엉성함)한 관념에 빠질 수 있다. 그 두 가지를 지양(止揚)한 곳에서만 인격의 주체를 확립할 수 있다는 점을 김시습은 새삼 확인한 것이다.

_ 망념을 다스릴 수 있을 것인가

김시습은 무상 선사처럼 두타행을 시행했지만, 정작 무상 선사가 납자(衲子: 선승)를 제도(濟度)하기 위해 내걸었던 것과 같이 무억(無憶)・무념(無念)・막망(莫妄)의 삼구(三句) 용심(用心: 정성스런 마음을 쓰는 것)을 제대로 실행했는지는 의문이다. 이 삼구는 과거를 추억하는 일이 없고, 미래의 영고성쇠(榮枯盛衰)를 염려하는 일이 없으며, 항상 바른 지혜와 상응하여 틀림이 없도록 하라고 가르친다. 그런데 김시습은 과거를 추억했으며, 미래를 염려하였다. 그렇다면 삼구를 지키지 못한 것일까?

그는 망념이 일어나는 것을 억지로 막지는 않았다. 그러나 과거를 추억하되 과거에 집착하지는 않았으며, 미래를 염려하되 미래를 미리 살려고 하지는 않았다. 과거의 추억이 떠오르면 떠오르는 대로 시로 옮겼고, 현재와 미래를 염려하면 염려하는 대로 시로 적었다. 그것을 애써 잊으려고 하지 않았기에 거기에 집착하지 않을 수 있었다. 그렇다면 그의 시들은 그대로 마음을 흐리게 하지 않는 한 방법이었던 것이 아닐까?

김시습이 만년에 관동에서 지은 시들을 모은 시집 13・14권을 보면, "세상과 이 몸이 서로 어그러졌다"(世與身相乖)는 표현이 끊임없이 변주되어 나온다.[12] 그는 마음과 현실의 괴리를 느끼면서 여전히 자조(自嘲)하고 있었다. 하지만 한편으로는 자연의 온전한 조화를 찬미하고 그 자연 속에 스스로를 동화시키려고 하였다.

김시습은 관동의 어느 길에서 한꺼번에 여러 수의 즉흥시를 지었다. 고독감과 울분을 씻기 위해 「흥나는 대로 짓다」(因興謾成)라는 제목으로 지은 시가 10

수나 된다.[13] 그는 넋두리하듯 "남아의 삶과 사업이라는 것도 고작 백 년에 불과하고, 죽은 뒤의 명성이라는 것은 참이 아니다"(男兒行止百年身, 身後餘名不是眞)라고 말한다. 그렇다면 굴원의 『이소경』이나 송옥(宋玉)의 『초사』(楚辭)라는 것도 그렇고 그런 것이고, 인의(仁義)의 정치를 실현하기 위해 세상을 떠돈 공자와 맹자도 부질없이 분주했던 것이 아니겠는가? 일생 동안 취해 있다 해도 무엇이 한스러우랴, 이백처럼 1천 수의 시로 미친 듯 노래하는 것이 절로 신명 나는 법이니, "이 모두 천기에서 나왔지 억지로 지은 것 아니기에, 범상한 자의 눈으로 이 한가한 사람을 비웃지 마시오"(盡是天機非強做, 莫將凡眼笑閑人)라고 그는 말하였다.[14] 그는 세속에 매이지 않은 자유인으로 동서남북을 떠다니는 '한인'(閑人)을 자처했고, 천기(天機)에서 나오는 시를 뿜어내는 시인으로 자부하였다.

하지만 그가 자유인이 된 것은 풍진세계에 영합해서 살 수 없기 때문이었다. "뱀 돼지 횡행하여 길이 아득하고, 승냥이 이리 날뛰어 풍진세계 어두워라!"(蛇豕縱橫迷道路, 豺狼跳躑暗風塵)라는 탄식이 절로 나왔다.[15] 그렇기에 그는 다음과 같이 체념의 소리도 하였다.[16]

애초 진흙 속에 오래 도사리려던 것 아니라	初心不欲久泥蟠
요와 순 임금을 잘 도우려 하였더니	贔戲虞唐揖讓間
세상사 어긋나서 공연히 절름대고	世事蹉跎空躑躅
인정이 각박하여 홀로 초라하구나.	人情浮薄獨蹣跚
장자는 세속 고치려고 제물론을 말했고	莊生矯俗言齊物
오태백은 권도 따라 남만을 교화하였네.	泰伯從權去化蠻
거취는 운명 있어 예측하기 어려운 법	自有行藏難預算
대장부 죽어 삼나무 관 덮어야 끝이지.	丈夫終訣蓋杉棺

_ 한때 곡운에 은둔하다

김시습이 다시 관동으로 가서 처음 머물던 곳이 어디인지는 확실하지 않다.

다만 관동으로 가서 지은 시들을 엮은 『관동일록』을 보면, 춘천에 먼저 들른 것으로 되어 있다. 그런데 조선 후기에는 서울에서 춘천으로 가는 길이 두 갈래였다. 하나는 한강과 북한강을 따라 길을 가거나 배로 거슬러 올라가 신연(新淵)을 거쳐 춘천으로 들어가는 길이고, 다른 하나는 경기도 포천에서 백운령(본래 이름은 도마치)을 넘어 춘천의 외사창이 있던 곡운 일대(현재의 화천 사내면)를 거쳐 춘천으로 들어가는 길이었다. 김시습이 어떤 길을 택했는지는 분명하지 않으나 신연에서 지은 시가 있는 것을 보면 한강과 북한강변을 따라갔을지 모른다.* 하지만 조선 후기의 기록에 김시습이 곡운 일대에 은둔했다는 설이 있는 것으로 보아, 백운령을 넘어 곡운에 일시 정착한 뒤 춘천으로 들어갔을 가능성도 있다.

뒷날 김수증은 「곡운기」(谷雲記)라는 글에서 곡운정사(즉, 화음동정사)를 경영하게 된 경위를 기술하면서, 자신이 명명한 곡운구곡(谷雲九曲) 가운데 제3곡인 신녀협(神女峽)이 곧 김시습이 은거했던 곳이라고 하였다. 곡운구곡은 방화계(傍花溪), 청옥협(青玉峽), 신녀협, 청은대(清隱臺), 첩석대(疊石臺) 등등이다. 신녀협은 본래 기정(妓亭)이라고 불렸으나, 김수증이 주희의 무이구곡(武夷九曲)의 한 구비 이름을 따서 신녀협으로 고친 것인데, 다시 정녀협(貞女峽)으로도 고쳤다.

> 청옥협(青玉峽)에서 1리쯤 가자 이른바 여기정(女妓亭)이 있었다. 신녀협(神女峽)으로 바꾸고, 또 정녀협(貞女峽)이라 이름하였다. 솔나무 우거진 벼랑이 높고 상쾌하여 물과 바위를 굽어보고 있어 아주 맑고도 넓다. 수운대(水雲臺)라 이름하였다. 여기 사람들이 전하기를, 매월당이 머물며 완상(玩賞: 즐겨 구경함)하던 곳이라 하므로 뒤에 청은대(清隱臺)로 고쳤다. 개울 하나를 건너 또 1리쯤 올라가서 청람산 동남쪽에 이르렀다. 이곳은 속칭 대박삽(大樸挿)이다. …… 첩석대(疊石臺)에서 1리쯤 가면 관창(官倉)이 있어서 촌민에게 쌀을 사고 판다. 그 서

---

* 『관동일록』의 시들을 보면, 소양정에 들른 기록이 먼저 나오고 신연이 뒤에 나오는 등, 앞뒤의 순서가 어그러진 것이 많다. 따라서 행로를 단정하기 어렵다.

쪽에 버려진 터가 있는데, 전하는 말에 따르면 오세동자 김시습의 집터라고 한
다. 매월당은 어려서 총명하여 세상 사람들이 다 그를 오세(五歲)라고 칭했는데,
돌아다닌 발자취가 예맥(穢貊) 지역에 두루 널려 있다. 신녀협에도 그분의 옛 자
취가 있으니, 이것도 그분이 남기신 터임은 의문의 여지가 없다. …… 계곡 안은
넓고 평평하고 토지가 매우 기름져서, 유영(遊泳)하고 소요할 만하며 은둔해서
경작하고 살 만하다. 그 중에서도 귀운동(歸雲洞)이 제일가는 구역으로, 정히 6
곡의 상류가 만나는 곳에 해당한다. 또 그 동쪽과 서쪽에 모두 매월당의 유적이
서너 리도 안 떨어진 가까운 거리에 있어서, 근처의 언덕 하나 골짝 하나(즉, 은
자의 거처)가 모두 당시 매월당이 짚신에 지팡이 짚고 다니던 곳이다. 그렇거늘
수백 년간 매몰되었으니 감개에 젖는다. 마침내 매월당의 시어를 취하여 그 뒤
쪽의 작은 골짝을 채미(採薇)라 이름하고는 유유히 은둔할 곳으로 삼았다.[17]

김수증의 조카 김창집(金昌集, 1648~1722)은 곡운구곡에 노닐고, 천고의
인물 김시습과 흥취를 같이하게 된 기쁨을 이렇게 노래하였다.

삼곡이라 선녀 자취 밤배로 찾아나서니	三曲仙蹤杳夜船
빈 누대와 소나무 달은 천 년 전과 다름없다.	空臺松月自千年
초연히 깨닫겠네 청한자 놀던 흥취	超然會得淸寒趣
흰 돌에 나는 여울 너무도 어여뻐라.	素石飛湍絶可憐

관동에서 김시습은 스스로 산 속 사람임을 자처하였다. 바깥 세상은 명군과
어진 신하가 만나 태평세월을 이루고 있다고 말할 수 있다. 사람들은 대부분 과
거에 응시한다, 음보(蔭補: 조상의 덕으로 벼슬을 얻는 것)한다 하여 태평성대의
조정에서 벼슬을 살고 있거늘, 나만은 푸른 벼랑 곁 늙은 나무가 하늘 높이 치
솟아 있는 곳에 평상을 펴고 앉아 있다. 인간 세상은 너무 험하여 머물기 어렵
고, 또 나를 천상(즉, 초월계)에 안내해줄 사람도 없다. 그러니 그저 하늘을 바라
만 볼 뿐이다. 그래서 그는 뒷날 양양에 정착한 뒤「산 속 사람」(山中人)이라는

제목의 시를 지어 이렇게 말하였다.[18]

산 속의 늙은 나무는 하늘에 참례하고	山中老木參天長
산 속 사람은 평상에 의지해 앉아 있네.	山中人兮今倚床
약수와 봉래 길은 멀고 멀고	弱水蓬萊路迢遞
아스라한 황금 대궐에는 구름이 망망하도다.	層城金闕雲蒼茫
인간 세상은 험난하여 머물기 어렵고	人間嶮巇難爲居
천상은 안내자 없어 쳐다만 볼 뿐.	天上無媒徒瞻望
높이 솟은 계수나무엔 짐승이 튀어올라 있거늘	桂樹偃蹇獸騰倚
그대는 어이하여 푸른 벼랑 곁에 머물며	君胡爲兮蒼崖傍
돌아가지 않는가, 성군이 군림하는 이 시절에.	盍歸來乎遭明良

_ 춘천에서

김시습은 일단 곡운에 머물다가 춘천으로 간 듯하다. 춘천에서 그는 소양정(昭陽亭)을 둘러보았고, 청평사(淸平寺)에서는 한동안 기거하였다.

춘천의 소양정에서 읊은 오언율시 「소양정에 올라」(登昭陽亭) 세 수 가운데 첫 수는 세상 바깥으로 초월하려는 마음을 담은 시 가운데 압권으로 꼽힌다. 허균이 『성수시화』(惺叟詩話)에서, 이 시를 김시습 시의 일두(一頭: 최고)로 뽑았다.[19]

새 나는 바깥에 하늘은 다하건만	鳥外天將盡
근심결에 한(恨)은 하염없구나.	愁邊*恨不休
산은 대부분 북쪽에서 굽어 오고	山多從北轉

* '수변'(愁邊)이라는 시구는 두보의 시 「다시 눈을 소재로」(又雪)에 "수심결에 강물을 바라보나니, 어찌 북으로 향해 조정으로 가랴?"(愁邊有江水, 焉得北之朝)와 진여의(陳與義)의 시 「길 가다 한식을 만나」(道中寒食)에 "돌아가는 기러기를 객지에서 만나고, 꾀꼬리 어지러운 울음을 수심결에 듣네"(客裏逢歸雁, 愁邊有亂鶯)에도 있다. 그러나 『매월당집』에 따르면 이 구절은 "시 읊은 끝에도 한스런 마음은 그치지를 않는구나"(吟邊恨不休)이다.

강은 절로 서쪽을 향하여 흐른다.	江自向西流
기러기 내려앉는 모래펄은 아스라히 깔렸고	鴈下沙汀遠
배 돌아오는 옛 기슭은 그윽하여라.	舟回古岸幽
어느 때에야 세상 그물 벗어나	何時抛世網*
흥 타고 여기서 다시 놀랴.	乘興此重遊

시인 김창흡(金昌翕, 1653~1722)은 1713년(숙종 39) 12월 상순에 이 시를 편액에 써서 소양정에 걸었다. 『관동지』 춘천읍지에 그 사실이 기록으로 남아 있다.

"이 한 편의 율시는 매월 김공이 읊은 것이다. 내가 듣기에 김공의 운유(雲遊: 雲水처럼 떠돎)는 일찍이 관동 지방을 두루 다 돌아다녔지만 이 춘주(春州: 춘천)에 발자취를 남긴 것이 가장 많다고 하는데, 그가 다닌 길을 찾아보면 하나하나 똑똑히 알 수 있을 정도이다. 이 읊은 것을 보면, 흥을 붙인 것이 심원하고 경치를 묘사한 것이 진실되어 천연으로 이루어졌다. 그러므로 소양정 시로는 마땅히 이것을 윗자리에 두어야 한다."[20]

또한 김시습은 청평사에 들러서 그곳 세향원(細香院)에 한동안 머물렀다. 청평사는 973년(광종 4) 중국의 영현 선사(永賢禪師)가 경운산(慶雲山: 오봉산의 옛 이름)에 절을 짓고 백암선원(白岩禪院)이라는 참선도량을 열었던 곳에, 1068년(문종 22) 춘주도(春州道) 감창사(監倉使) 이의(李顗)가 보현원(普賢院)을 세운 데서 비롯된다. 이 절이 대찰의 면모를 갖춘 것은 이의의 아들 이자현(李資玄, 1061~1125)이 이곳에 머문 뒤이다. 이자현은 청평사에서 작은 곡란암(鵠卵庵)을 짓고 참선을 하였다. 김시습은 그곳 청평사에서 오언율시 「길손이 있다」(有客)를 지어 고적감(孤寂感)과 초탈의식을 드러냈다.[21]

---

* '세망'(世網)은 사회의 법률 예교나 윤리 도덕 등 인간에 대한 속박을 말한다. 이 시구는 백거이의 시 「가을 산」(秋山)의 "어느 때에야 세속 그물에서 벗어나, 이곳에 와 문 닫아걸고 살랴"(何時解塵網, 此地來掩關)라고 한 구와 시상이 같다.

청평사에 객이 있어	有客淸平寺
봄 산에서 자적(自適)한다.	春山任意遊
새 울어 외론 탑 고요하고	鳥啼孤塔靜
꽃은 떨어져 실개울에 흐르며	花落小溪流
맛난 나물은 때를 알아 빼어나고	佳菜知時秀
향기로운 버섯은 비 맞아 부드럽다.	香菌過雨柔
시 읊으며 신선골에 들어가매	行吟入仙洞
인생 백 년의 시름이 사라지네.	消我百年愁

'유객'(有客)이라는 제목은 두보의 시[22]에서 나온 것으로, 자조와 자기 성찰의 뜻이 담겨 있다. 이 시의 수련(首聯)에는 유한(幽閑)과 초매(超邁)의 품격이 잘 나타나 있기에, 허균은 "한껏 한적하다"(閑適自任)고 평하였다. "새 울어 외론 탑 고요하고"는 고독감을, "꽃은 떨어져 실개울에 흐르며"는 공허감을 담고 있다.

「청평산 세향원 남쪽 창에 쓰다」(題淸平山細香院南窓)라는 제목의 칠언율시 두 수는, 청평사 세향에서 도가적 삶을 상상해본 시다.[23]

아침 해 뜰 무렵 새벽빛 밝아오매	朝日將暾曙色分
산 안개 걷히는 곳에 새들이 짝을 부르네.	林霏開處鳥呼群
먼 봉우리의 푸른 빛은 창 열면 보이고	遠峯浮翠排窓看
이웃 절의 성근 종소리는 고개 너머 들리누나.	隣寺踈鍾隔巚聞
파랑새는 소식 전하러 약 달이는 부엌을 엿보고	靑鳥信傳窺藥竈
벽도화는 꽃이 져서 이끼에 떨어지네.	碧桃花落點苔紋
도인이 하늘에 조회하고 돌아왔나보군	定應羽客朝元返*
솔 아래 소전(小篆) 글씨 한가롭게 펼쳐지니(차 연기 오르니).	松下閑披小篆文

* 『기아』(箕雅)와 『대동시선』(大東詩選)에는 '반'(返)이 '과'(過)로 표기되어 있다.

이 시에서 "碧桃花落點苔紋"은 평측을 어겼다. 그만큼 격률에 얽매이지 않고 분방하다. 허균은 『성수시화』에서, 김시습의 다른 시들이 유희를 주로 하여 한껏 긴장했다가 끄트머리에서 맥없이 풀어지는 것과 달라서, 이 시는 "상투적인 틀을 벗어나 화평하고 아담하다"(脫去塵臼, 和平澹雅)고 평하였다.[24]

김시습은 청평사에서 "즐겨 많은 경전을 말하여 법리를 궁구했던, 이 선생을 불러일으킬 사람 없구나"(樂道百篇窮法理, 無人喚起李先生)라고 하여, 진락 선생(眞樂先生) 이자현을 추모하였다.[25] 또 이자현이 겨우 무릎을 들이고 앉아 참선했다는 식암(息庵), 곧 곡란암을 돌아보고 세간 사람들에 대해 "시시비비하여 어디에 쓸 것이며, 부지런 부지런 애쓴들 무슨 꼴이랴?"(是是非非將底用, 營營碌碌竟何顔)라고 조소하였다. 그러고서 자신은 선동(仙洞)의 소나무로 가린 창 아래서 『황정경』 내・외편이나 자세히 살피겠다고 하였다.[26]

이자현은 1089년(선종 6)에 과거에 급제하여 대악서승(大樂署丞)이 되었으나, 벼슬을 버리고 아버지가 세웠던 보현원으로 들어가 문수보살의 진신(眞身)을 두 번이나 친견하였다. 그리고는 문수보살의 크나큰 지혜로 불법의 뜻을 깨달은 도량이라는 뜻에서 절 이름을 '문수원'(文殊院)으로 바꾸고, 많은 건물과 암자를 세웠다. 이자현은 이곳에서 나물 밥과 베옷으로 생활하며 선(禪)을 즐겼고, 『능엄경』(楞嚴經)*을 연구하였다. 그를 존경한 예종은 사람을 시켜 다향(茶香)과 금백(錦帛)을 보내고 궁궐로 청했으나, 끝내 응하지 않았다. 죽은 뒤 진락(眞樂)이라는 시호가 내렸다.

그 뒤 고려 중기의 원진 국사(圓眞國師) 승형(承逈, 1172~1221) 스님이 이 절에 와서 "『수능엄경』은 마음의 본바탕을 밝히는 지름길이다"라고 적은 「문수원기」(文殊院記)**를 읽고 감명을 받아, 『능엄경』을 공부해서 능엄선(楞嚴禪)을

---

* 『능엄경』의 원래 이름은 '대불정여래밀인수증료의제보살만행수능엄경'(大佛頂如來密因修證了義諸菩薩萬行首楞嚴經)으로, 줄여서 '수능엄경'이라고도 한다. 10권으로, 당나라 때 반랄밀제(般剌蜜帝)가 번역하였다. 심성(心性)의 본체를 천명한 불경이다.
** 이자현이 죽은 뒤 고려 조정에서 진락(眞樂)이라는 시호를 내리고 세운 비이다. 즉, 「진락공중수청평산문수원기」(眞樂公重修淸平山文殊院記)로, 비문은 김부철(金富轍)이 짓고, 글씨는 탄연(坦然)이

주창하였다. 1327년(충숙왕 14) 원나라 황제 진종(晉宗)의 황후는 불경과 함께 돈 1만 꾸러미를 시주하여, 그 이식(利息: 이자)으로 황태자와 왕자들의 복을 빌고, 그들의 생일날 승려들에게 공양을 올리는 반승(飯僧)을 행하도록 하였다.*** 1367년(공민왕 16)에는 나옹(懶翁) 스님이 공민왕의 청에 따라 2년 동안 머물렀다.

그런데 『고려사』는 이자현이 농장을 두었다고 기록하고, 이자현의 은거가 이름을 구하려는 수작이었다고 비난하였다. 뒷날 퇴계 이황은 42세 되던 1542년(중종 36)에 재상어사(災傷御史)로서 강원도의 흉작 상황을 조사하러 갔다가 청평산 아래를 지나면서 이자현의 일을 떠올렸다. 그래서 「청평산 밑을 지나다가 느낌이 있어서」(過淸平山有感)라는 시를 지어, "흰 달은 하늘 가득히 소회를 밝혀주고, 산 안개 자취 없듯 뜬 영화를 버렸다"(白月滿空餘素抱, 晴嵐無跡遣浮榮)고 이자현을 예찬한 뒤, 서문을 부쳐 도도한 논의를 전개하였다. "첫째, 이자현의 은거를 두고 이름을 구하려는 수작이었다고 비난하는 것은 영리를 탐하는 사대부들이 불편한 마음이 있어서 그렇게 논한 것이 아니겠는가? 둘째, 이자현이 농장을 두었다는 것은 확실치 않은 이야기일 뿐더러, 설령 농장을 두었다 해도 영리를 추구한 것은 아니다"라고.

예로부터 이자현에게 비길 만한 고인(高人)과 일사(逸士)가 어찌 적었겠는가? 그러나 흔히 궁벽한 곳에서 농사를 짓거나 고기를 낚던 출신이었기에 돌이나 나무와 함께 살고 사슴과 함께 놀아 찬밥 먹고 푸성귀 씹는 데 본래부터 익숙하던 처지여서 마음에 꺼릴 바가 없었으므로, 자연 속으로 아주 가서 돌아오지 않는다 해도 어려울 것이 없었다. 하지만 명예와 이익의 터전을 헌신짝 버리듯 하고

썼다. 현재는 파편만 동국대학교 박물관에 소장되어 있다.
*** 이때 그 내력을 기록한 비를 세웠는데, 현재 비는 남아 있지 않으나 이제현(李齊賢)의 『익재난고』(益齋亂藁) 권7에 「유원고려국청평산문수사시장경비」(有元高麗國淸平山文殊寺施藏經碑)의 전문이 수록되어 있다. 이 글은 서거정 등이 편찬한 『동문선』에도 실려 있다. 청평사는 1555년(명종 10)에 허응 보우(虛應普雨)가 대대적으로 중창하였다.

비단옷 걸친 생활 속에서 벗어나 원망도 후회도 없이 시종 변하지 않은 이자현 같은 사람은 하나 있을까 말까 한 존재이다. 그러니 어찌 가상하지 아니한가? 어떤 사람은 이르기를, 이자현의 거취는 명성을 위해 그러한 것에 가까워 나쁘게 평할 거리가 된다고 말한다. 나는 그 말을 이해할 수 없다. 무릇 침류소석(枕流漱石: 바위를 베개 삼고 흐르는 물에 양치함)하여 바윗굴에서 말라죽었다는 명성과 화려한 의복을 걸치고 국가에서 세워준 훌륭한 비문에 사적이 실리며 음악으로 칭송해주는 명성을 비교한다면, 어느 것이 낫다 하겠는가? 세속의 소견으로는 두 가지가 다 명성이라 하겠지만, 한쪽은 고초가 심하고 한쪽은 너무도 안락하여 그 차이가 심하다. 이자현으로 말하면 화려한 명성은 부끄럽게 보여서 결연히 떠나기를 마치 몸을 더럽히기라도 할까봐 염려하듯 하여, 흔연히 고초를 택해서 흔들림 없이 한 생애를 마쳤다. 이와 같은데도 명성을 위해 한 짓이라고 한다면 어찌 인정에 타당한 논조라 하겠는가? 탐학하고 인색했다는 말 또한 정당한 언론이라 하겠는가? 이 점에서 볼 때 나는 그가 가슴에 반드시 혼자 즐기는 것이 있어서였지, 결코 세속에서 이렇다저렇다 할 바가 아니라고 확신한다. 그렇기에 나는 이자현에게 못내 정이 간다.[27]

이황보다 앞서 김시습도 이자현의 은거가 "가슴에 반드시 혼자 즐기는 것이 있어서였다"고 변론하였다. 이황은 김시습에 대해 '색은행괴'(索隱行怪: 은미한 것을 캐내고 남과 다른 괴이한 짓을 함)의 무리라고 조금 폄하했지만,[28] 이자현에 대한 평가만은 같았다. 두 사람 다 세속에 안주하지 않고 인간 본연의 모습을 추구하려 했기에, 이자현에게서 그러한 구도적 인물의 전형을 발견했던 것이 아니겠는가?

관동에서 김시습은 실은 이자현과 같은 여유로움을 추구했는지 모른다. 그래서 뒷날 양양에서 지은 「한가로운 뜻」(閑意)이라는 시에서 이렇게 노래하였다.[29]

내 분수 편히 살 걸 이미 허락했으니	已許安吾分
마음을 아는 이 늙은 하늘이 있네.	知心有老天

산마루 구름 나무 끝에 가로 걸렸고	嶺雲橫樹杪
담쟁이 속의 달은 창 앞을 밝게 비추네.	蘿月照窓前
어정거리다 남의 뒤에 있게 되었고	蹭蹬爲人後
떴다 쉬었다 물건 연분에 막혀버렸네.	浮休任物緣
한평생을 이와 같이 살 뿐이어서	一生如此耳
대체 다시 또 무얼 바랄 것인가?	夫復更何焉

김시습은 이렇게 세속의 아집과 편견에서 벗어나 원기를 회복한 듯하였다.

_ 춘천에서 인제로

김시습은 나그네의 즐거움이 집에서 가난하게 사는 것만 못하다는 사실도 잘 알았다. 안연(顔淵)의 안빈낙도보다 여행자의 삶이 더 고통스러웠다. 그는 춘천에서 홍천, 인제를 향하는 길에 고탄(古呑)을 지나다가 이런 시를 읊었다.[30]

청산은 아득히 멀고	渺渺青山遠
걷고 또 걷네, 푸른 물가를.	行行綠水濱
높은 뫼에는 저녁 햇살 남아 있고	高峯留晚照
오솔길은 개암나무가 막아섰다.	小路礙荒榛
하늘과 땅 일만 리	萬里乾坤闊
평생을 불우한 이 사람.	平生落魄人
이제 알겠네 나그네 즐거움이	始知爲客樂
가난한 살림살이만 못하다는 것을.	不及在居貧

방랑의 길은 새로운 풍경과 인간을 만나 생명력을 느끼는 환희의 순간으로만 이어지는 것은 아니다. 산을 넘고 물을 건너 다음 쉴 곳에 이르기까지 고통의 연속이다. 고독의 순간이 지속된다. 김시습은 문득, 오순도순 단란한 가정을 이루는 것이 나을지 모르겠다는 생각을 해보았다.

김시습의 기행시는 물과 관련이 많다. 물은 질서정연하게 끝없이 흘러 진보의 힘을 느끼게도 한다. 정지하는 곳 없이 자유자재로 흐르는 모습은 무한 연기(緣起)의 사슬과도 같다. 김시습에게 운동과 정태(靜態)는 서로 떨어질 수 없는 두 국면으로 파악되었다. 불쑥불쑥 포악함을 드러내기도 하지만, 그것도 운동의 일부로 여겨졌다.

도점(陶店)으로 가는 길에 김시습은 즉흥적으로 다음과 같은 시를 읊었다.*

아이는 잠자리 잡고 노옹은 울타리 고치고	兒打蜻蜓翁掇籬
작은 시내 봄 물에 물새가 멱을 감네.	小溪春水浴鸕鷀
청산 끊어진 곳에 갈 길 멀어라	青山斷處歸程遠
등나무 가지 꺾어 비껴 메고 가노라.	橫擔烏藤一个枝.

이 시의 후반부는 소식(蘇軾)의 「갈석암에서 담 암주에게 주다」(碣石庵戲贈湛庵主)에서 "산림의 분이여 조정의 사람을 비웃지 마오, 이 늙은이 손에는 까만 등나무 지팡이가 쥐어져 있다오"(莫把山林笑朝市, 老夫手裏有烏藤)라고 한 것을 뒤집었다. 소식은 자신이 비록 관리 생활을 하고는 있지만 산림에 있는 사람만큼이나 한가하고 자유롭다는 뜻을 말하였다. 그런데 김시습은 그렇게 강변할 필요도 없었다. 그는 목적지 없는 먼 길을 떠나는 자유인이었다.

이 시에서 김시습은 방외인으로서의 한가로움을 한껏 즐겼다. 인간만큼이나 시도 초탈하다. 허균은 김시습이 지은 이 시의 빼어남을 선망하여, 『세설신어』(世說新語)에서 환이(桓彝)가 왕도(王導)의 모습을 보고 "아룡(왕도의 字)이기에 저렇게 빼어나다"(阿龍故自超)라고 한 말을 인용하였다.[31] 더 군말이 필요없

---

* 허균의 『국조시산』(國朝詩刪) 권2에는 「산길을 가다가 즉흥적으로 읊다」(山行卽事)라는 제목으로 실려 있고, 첫 구가 "兒捕蜻蜓翁補籬"로 쓰여 있다. 또 결구의 '개'(个)가 '개'(箇)로 쓰여 있다. 이 시는 수구입운(首句入韻)하되 평성(平聲) 지운(支韻: 籬, 枝)과 지운(之韻: 鷀)을 통압(通押)하였다. 절구로서는 파격이다. 결구의 담(擔) 자는 '메다'의 뜻일 때는 평성이므로, 평측을 어겼다. 이 시는 『기아』(箕雅)와 『대동시선』(大東詩選)에도 실려 있다. 『梅月堂集』 권1, 紀行, 「陶店」.

으며, 자신은 도무지 미치지 못한다는 고백이다. 허균은 또 "세속의 틀을 완전히 벗어나"(脫去塵臼) 화평(和平)하고 담아(澹雅)하다고도 하였다.³²⁾ 섬세하게 글자나 아로새기는 자들이 도저히 따라갈 수 없다.

춘천 부근의 길을 가다가 지은 오언율시 「길을 가다」(途中)에는, 먼 길을 가는 고독한 방랑자의 심사가 잘 나타나 있다.*

맥국(춘천 일대)에 첫눈 날리자	貊國初飛雪
춘성(춘천)에 나뭇잎 성글다.	春城木葉踈
가을 깊어 마을에는 술이 있지만	秋深村有酒
객지 생활 오래도록 생선을 못 먹네.	客久食無魚
산 멀어 하늘이 들에 드리웠고	山遠天垂野
강 멀어 땅이 허공에 붙었구나.	江遙地接虛
외로운 기러기는 석양 밖으로 날고	孤鴻落日外
나그네 말은 머뭇거릴 뿐.	征馬政躊躇

춘천은 옛날 맥국의 수도였다는 전설이 있다. 김시습은 영욕의 오랜 역사를 품고 마치 시간이 정지한 듯 고요한 풍광을 지닌 춘천을 사랑하였다. 하지만 그 풍광을 바라보다가 문득 서글픔을 느꼈다.

이 시에서 "객지 생활 오래도록 생선을 못 먹네"는 제(齊)나라 사람 풍원(馮諼)이 맹상군(孟嘗君)의 식객으로 있으면서 대접받지 못하자 칼을 두드리며 푸념했던 말을 슬쩍 가져다 쓴 것이다.³³⁾ 세상과 어긋나 평생을 떠돌아다니게 된 우울한 심사를 전고(典故)에 가탁한 것이다. 관동의 어느 역루에 올라서는 다음 시(「登樓」)를 지었다.

---

* 허균은 경련(頸聯: 제5·제6의 두 구)에 대하여 "드넓고 아득한 느낌이다"(自覺廣遠)라고 평(評)하였다. 『속동문선』(續東文選) 권6에도 실려 있다. 『梅月堂集』 권13, 關東日錄, 「途中」; 『國朝詩刪』 권4.

날 저물자 산빛이 아름다워라.	向晚山光好
옛 역루에 올라 바라보네.	登臨古驛樓
말 울부짖으며 사람은 멀리 떠나가고	馬嘶人去遠
파도는 기슭을 씹어대건만 노 소리 부드럽다.	波囓棹聲柔*
유량(庾亮)의 홍취 옅지 않으니	不淺庾公興
왕찬(王粲)의 수심을 녹일 만하군.	堪消王粲憂**
내일 아침 관문을 나서면	明朝度關外
구름 가에 산봉우리 겹겹이겠지.	雲際衆峯稠

"유량의 홍취가 옅지 않다"는 말은 동진시대 유량이 막료들과 누대에 올라 달 구경했던 홍취에 견줄 만큼 가을날 달밤의 홍취가 옅지 않다는 뜻이다.*** "왕찬의 수심을 녹일 만하군"은 난세에 타향의 누대에 올라 고향을 그리워하는 마음을 담은 구절이다. 한나라 말엽의 왕찬(王粲)이 형주(荊州)의 누대에 올라 「등루부」(登樓賦)를 지은 고사를 빌려왔다. 허균은 이에 대하여 "조탁(彫琢: 매끄럽고 아름답게 다듬음)을 가하지 않았고 퇴고를 하지 않았는데도 절로 고아하고 절로 평원(平遠)하여 더할 나위 없이 최고의 품격이다. (매월당의) 많은 시가 대부분 이와 같다"고 하였다.[34]

김시습의 시 가운데 이렇게 서경과 서정이 균형을 이룬 예는 그리 많지 않다. 김시습의 시는 서경보다 서정에 몰두하는 경우가 많다. 직설적이기까지 하고, 열병에 걸린 것처럼 말을 할 때도 있다. 산수간에 의탁하여 탕유(宕遊: 질탕한 놀이)를 거듭하고 일민으로서의 청한(清閒)한 삶을 살아온 그였지만, 기심(機

---

* 이 시는 『속동문선』과 『기아』(箕雅)에 실려 있는데, '파설'(波囓)이 '파정'(波靜)으로 쓰어 있다. 또 『기아』에는 '도'(棹)가 '노'(櫓)로 표기되어 있다. 『梅月堂集』에서는 권13, 關東日錄에 실려 있다.
** '소우'(消憂)라는 어휘는 왕찬의 「등루부」(登樓賦)에 보이는 "이 누대에 올라 사방을 바라보면서, 짐짓 한가한 날을 즐겨 근심을 씻도다"(登茲樓以四望兮, 聊暇日以銷憂)라는 구절에서 따왔다.
*** 동진의 유량(庾亮)이 무창(武昌)을 다스릴 때, 가을밤 누대에 올라 은호(殷浩)·왕호(王胡) 등 막료들과 달 구경하면서 시를 읊었다는 고사가 『세설신어』(世說新語) 「용지」(容止)에 기록되어 있다.

心: 세상사의 온갖 인연)을 완전히 벗어나지 못한 불완전한 인간이었다. 세상 그물에서 벗어나겠다는 다짐과 안타까운 탄식이 오히려 솔직하고 인간적이다.

「저녁나절에 돌아오면서」(暮歸)는 또 어떤가?[35]

나그네 가는 길은 청산 밖이오	客路靑山外
사람들은 푸른 물가로 가네.	人行綠水濱
들판 구름은 나직하게 산 위로 지나가고	野雲低度巘
달은 강에 비치어 나를 따르네.	江月照隨身
대 빽빽하니 마을터 가까이 있고	竹密村墟近
연기 아니 저문 빛 고르더라.	煙生暮色均
유유히 남북으로 달려 다니니	悠悠走南北
어느 곳이 길 통하는 나루일까?	何處是通津

들판의 흰 구름은 허령하고 맑아서 조금도 더러움에 물들지 않은 본래의 마음을 상징하고, 저문 강에 비치는 달은 만물을 고루 비추는 불법의 현현(顯顯)을 상징한다. 하지만 어느 곳에서 진정한 나를 찾을 수 있을까, 김시습은 여전히 반문하였다.

김시습은 한때 산 속에 정착했는데, 그때 도인을 만나 친하게 지냈다. 그래서 「산 속에 살면서 산 속의 도인에게 주다」(山居贈山中道人)라는 극히 담박한 연작시를 지었다.[36] 그 셋째 수에서 김시습은 "구름 덮인 소나무를 사랑하는 취미는 한가롭기에 더욱 고아해지고, 눈 속의 대나무 같은 심경은 늙을수록 군세지네"(雲松趣味閑來雅, 雪竹襟懷老去剛)라고 하였다.[37]

김시습은 동진 때의 승려로 명사들과 교유했던 지둔(支遁)을 자신에게 비기고, 지둔과 허순(許詢)이라는 사람이 세속의 규율에 얽매이지 않고 교유했던 일을 추억하였다. "구름 덮인 소나무", "눈 속의 대나무"는 세속을 벗어나 산수 속에 숨고 매인 곳 없이 떠도는 방랑자의 친구이다. 그 넷째 수는 세간의 구속을 받은 적이 없다는 기염을 토하였다. 이른바 '기발한 시'(奇詩)이다.

봄 산을 동무 없이 홀로 가노라니	春山無伴獨行時
원숭이는 쌍쌍이 앞뒤로 따르네.	猿狖雙雙先後隨
떡갈나무 잎은 시내 덮어 오솔길 없어지고	櫟葉蔭溪迷小徑
솔 그루터기는 바위에 넘어져 길을 막았네.	松槎偃石碍通歧
해마다 밤을 주워 가난함을 잊고	年年收栗忘貧歉
곳곳마다 초가 엮어 편한 대로 살아가네.	處處團茅任適宜
평생 따져보아도 바쁜 일이 없어	點檢一生忙事少
세간의 구속을 겪은 적 없다네.	世中羈勒不曾知

첫 구 "봄 산을 동무 없이 홀로 간다"는 구절은 두보의 시「장씨의 은거에 쓴다」(題張氏隱居)에서 "봄 산을 동무 없이 홀로 찾아가매, 나무 찍는 소리에 산이 더욱 그윽하다"(春山無伴獨相求, 伐木丁丁山更幽)고 한 의경(意境)을 연상케 한다. 일곱째 수는 다음과 같다.

또 다른 삶이 있어 푸른 산에 사니	別有生涯住碧山
한가로운 정취를 세인에게 말하지 않으련다.	閑情不欲語人間
이끼 낀 외길을 긴 대숲으로 내고	莓苔一逕通脩竹
소나무 천 그루로 작은 산을 에워쌌네.	松檜千株匝小巒
산새 내려와 법회(法會)를 엿보고	巖鳥下窺宗炳社*
골짜기 구름은 찾아와 조사의 현관(玄關)을 보호하네.	洞雲來護祖師關
누가 널 위해「초은사」(招隱士)를 지어	阿誰爲爾題招隱
"붉은 계수나무를 어떻게 오르려오?"라고 하랴.	丹桂叢生怎可攀

---

* 동진 때 여산(廬山) 동림사(東林社)의 고승인 혜원(慧遠)이 종병(宗炳), 뇌차종(雷次宗) 등 승속(僧俗) 18명의 현인과 더불어 결사(結社)를 맺고 염불(念佛)을 하였다. 이 절의 연못에 백련(白蓮)이 있었기에 이 결사를 백련사(白蓮社)라 하였다. 종병사(宗炳社)는 바로 이를 가리킨다. 후대에 스님이나 부처를 존숭하는 문사를 읊는 전고(典故)로 사용된다.

회남소산왕(淮南小山王) 유안(劉安)의 「초은사」에 "계수나무가 산 속 깊이 떨기를 이루며 자라서, 아름답고 무성하여 가지가 서로 얽혀 있도다. …… 원숭이는 떼지어 휘파람 불고 호랑이 표범은 울부짖나니, 계수나무 가지를 붙잡고 잠시 머물리로다"(桂樹叢生兮山之幽, 偃蹇連蜷兮枝相繚. …… 猿狖群嘯兮虎豹嗥, 攀援桂枝兮聊淹留)라는 구절이 있다.[38] 김시습은 그 구절을 거꾸로 끌어와, 아무도 나를 불러줄 사람은 없는 듯하기에 푸른 산 속에서 '별도의 삶'을 살겠다는 뜻을 밝혔다.

김시습은 소박한 생활을 즐겼고 소박한 아름다움을 사랑하였다. 이웃의 구도자에게 자근자근 자기 생활에 대해 이야기하기를 좋아하였다. 「산 속에 살면서 산 속의 도인에게 주다」라는 시의 다섯째 수를 보면, 오랜만에 손님이 찾아온 것을 반기는 홍조 띤 그의 얼굴을 상상할 수 있을 정도이다.

손님 와서 말없이 평상에 마주 앉으니	客來無語對筠床
숲 속 아지랑이가 저녁 노을에 물씬 붉구나.	林靄霏霏染夕陽
산령(호랑이)이 괴롭히는 것은 두렵지 않아도	不怕山靈來惱我
들쥐 놈이 양식 훔치는 건 몹시 화난다오.	深嗔野鼠解偸粮
땅 화로에 불 피워 밤을 좀 굽고	地爐撥火將煨栗
구리 주전자에 샘물 채워 찻물을 끓여보죠 뭐.	銅鑵盛泉欲煑湯
이런 일로 육신의 부림을 당한다고 하겠소,	不是苦爲形所役
숨어사는 생활에는 이런 게 보통 일.	隱居生業此尋常

한낮의 아지랑이가 스러지고 또 저녁놀도 저물어갈 무렵, 잘 아는 손이 왔으니 까다로운 예법을 따질 필요가 없다. 손을 위해 밤을 굽고 찻물을 끓이겠다고 말한다. 하지만 언제 시작할지는 모른다. 손과 은거 생활의 일상사를 이야기하는 그 대화 자체를 즐기고 있다. 사람과 사람이 마주하여 흉금을 털어놓고 이야기하는 것을 오언(晤言)*이라고 한다. 김시습은 바로 오언의 참맛을 즐기고 있는 것이다.

또한 김시습은 꾸밈없는 질박하고 탈속한 경지를 사랑하였다. 언젠가는 「어느 곳이 가을 깊어 좋은가」(何處秋深好)라는 제목으로 연작시를 지었다.[39] 이 시는 백거이가 「산 속에 한 선비가 있네」(丘中有一士)라는 시에서 그랬듯이 맨 처음 구를 제목으로 삼아 연작하는 방식**을 이용하고, 또 백거이의 「어느 곳이 술을 잊기 어려운가」(何處難忘酒)라는 시에서 구법을 취한 것이다.[40] 그 첫 수에서 김시습은 처사가 거처하는 가을 산의 경관을 "나뭇잎 떨어져 온 봉우리 여위었고, 이끼 얼룩진 외길은 멀리 뻗어 있네"(木脫千峯瘦, 苔斑一路賖)라고 묘사하였다. 옛 도를 추구하는 외줄기 길을 상징적으로 그려보인 것이다. 그 둘째 수에서는 여덟, 아홉 집밖에 없는 갯마을에 가을이 깊은 광경을 묘사하여, 청정한 아름다움과 강인한 힘을 갖춘 자연의 세계를 찬미하였다.

어느 곳이 가을 깊어 좋은가?	何處秋深好
갯마을 여덟 아홉 집 있는 곳이지.	漁村八九家
맑은 서리는 감잎에 빛나고	淸霜明柿葉
푸른 물결은 갈대꽃에 찰랑이네.	綠水漾蘆花
구불구불 대울타리 아래	曲曲竹籬下
비뚤비뚤 이끼 낀 길이 멀리 뻗었군.	斜斜苔逕賖
가을바람에 낚싯배 한 척	西風一釣艇
노을을 좇으며 돌아오는 그 곳.	歸去逐烟霞

하지만 청정한 자연은 고독감을 자아낸다. 김시습은 산수 자연이 인간의 틈입을 거부하는 것을 느꼈다. 인간은 자연 속에서 점경(點景)으로만 존재할 따름이다. 그러나 자연은 인간 세상에 대한 거부감이나 혐오감을 노골적으로 드러내지는 않는다. 김시습은 그 허허로움을 배워 세상을 보는 시선에서 원망과 증

---

* '오언'은 오어(晤語), 오언(寤言)이라고도 적는다. 완적(阮籍)의 「영회시」(詠懷詩)에 "저녁나절 친우가 그립구나, 오언하여 속내를 쏟고 싶어라"(日暮思親友, 晤言用自寫)라는 구절이 있다.
** 이와 같은 시 형식을 향산체(香山體)라고 한다. 『白氏長慶集』 권1.

오를 버렸다. 눈앞에 산수 자연의 청정한 아름다움이 아름다움 자체로 펼쳐졌다. 「외나무다리」(獨木橋)라는 시에서는 세속과 절연된 비경에 안도하는 심경을 담았다.⁴¹⁾

푸른 물살 위에 가로놓인 작은 다리	小橋橫斷碧波心
짙푸른 산기운 속을 누군가 건너가네.	人渡浮嵐翠靄深
양 기슭에 이끼는 비를 맞아 반짝이고	兩岸蘚花經雨潤
봉우리마다 가을빛은 구름까지 뻗어 있는 때,	千峯秋色倚雲侵
계곡 물소리는 무생의 이야기*를 만들어내고	溪聲打出無生話
솔바람소리는 태고의 거문고를 연주하네.	松韻彈成太古琴
여기서 절까지는 멀지 않으리라	此去精廬應不遠
원숭이 울고 달 밝은 그곳이 동림사**려니.	猿啼月白是東林

김시습은 내면의 우수를 사(詞)라는 양식으로도 표출하였다.⁴²⁾ 염노교(念奴嬌) 조(調)에 맞추어 지은 「산중에서 달을 보며」(山中看月)는 그윽한 정취를 담고 있어 너무도 맑아서 시릴 정도이다.⁴³⁾

작은 창에 가만히 기대어	小窓靜倚
멀리 청산을 보니	看靑山遠碧
아미를 갓 그린 듯하고	蛾眉新畵

* 생겨남도 없고 소멸함도 없는 참된 진리. 열반의 진리. 『오등회원』(五燈會元)에 "남자는 장가들지 않고, 여자는 시집가지 않고서 모두 한데 모여 무생의 이야기를 한다"(有男不婚, 有女不嫁, 大家團欒頭, 共說無生話)라는 구절이 있다. 또 원호문(元好問)의 「오자영 집 초상화」(吳子英家靈照圖) 제1수에, "신령은 무생의 이야기를 터득하여, 조용히 두루마리 속에 계시는 듯하네"(阿靈了却無生話, 想得蕭然似卷中)라는 시구가 있다.
** 동진 때 여산 동림사의 고승인 혜원(慧遠)이 병종(宗炳), 뇌차종(雷次宗) 등 승속(僧俗) 18명의 현인과 더불어 결사(結社)를 맺고 염불을 하였다. 이 절의 연못에 백련(白蓮)이 있었기에 이 결사를 백련사(白蓮社)라 하였다. 보통 절을 가리키는 말이다.

안개 엷고 구름 걷혀 빛살이 방울지듯 한다.	煙淡雲收光欲滴
다시 보니 달은 거꾸로 걸렸는데	更看氷輪倒掛
향 연기는 전자(篆字)처럼 풍겨나고	篆香初薰
차 달이는 연기도 일어나려 하니	茶煙欲起
너무도 맑고 깨끗한 이 경치.	景致多蕭洒
숨은 이는 이 경치를 너무 사랑하여	幽人多愛
산 속 경지에 마음마저 가뿐해라.	好山佳境心快

풍파 많은 인간세계는 잠깐새 스러져	人世風波須臾
꿈같이 흘러가거늘	推遷如夢
사람을 그리도 지치게 하다니.	使人多勞憊
오만 가지 그르치고 나니	錯了千般
어찌 풍류 한화를 깨달으랴.	那箇悟些子風流閑話
일백 자 쌓인 티끌에선	百尺塵埃
이런 청량세계 얻기 어렵네.	難逢如此淸涼界
잊지 말게, 이 먼지 세상에서	須知這裏
몇 번이나 기량이 꺾였나를.	幾般技倆摧敗

김시습은 산수 속에 노닐어 불평불만을 털어버리고 맑은 감흥을 얻고자 하였다. 그리고 때때로 자연을 관조하기도 하였다.[44]

산수를 대상으로 삼아 노래하는 산수시는 본래 산수 자연 속의 은둔을 기반으로 한 것이기에 노장철학과 친연성이 있다. 하지만 노장철학과는 달리 산수속에서 도(道)와 성스러움을 파악하고자 하는 시도 있다.

동진시대에 사영운(謝靈運)이 지은 산수시는 흡사하게 묘사하는 것〔巧似〕을 숭상하여 사실 묘사에 치중했지만, 그러면서도 이미 그 속에 산수 속에 현성(現成)된 성스런 존재와 만나려는 '종교적 파토스'를 담았다. 당나라의 왕유(王維)는 선종의 사유를 시 속에 담아 정심(淨心)을 갖고 외경(外景)을 대하여 공

(空)·적(寂)·한(閑)의 선취(禪趣: 선의 취향)를 표현하였다.[45]

한편, 주자학이 발달한 이후, 산수시는 근원적 실재인 하늘의 생생 운행 과정을 산수 자연 속에서 인식한 사유 체험을 담기 시작하였다. 곧, 천지 만물을 관철하는 일미(一味)의 도리인 이(理)의 현현을 체득한 경지를 담은 것이다.

김시습의 여러 산수시도 그러한 사유 체험과 경지를 담았다. 하지만 마음과 경물이 하나가 된 '심경일여'(心境一如)의 상태는 오래 유지되지 못하고 파탄을 빚곤 하였다.

이 무렵 수재 남 아무개가 김시습에게 시고(詩稿)를 보여 달라고 청하는 서한을 냈다. 김시습은 「남수재에게 부친다」(寄南秀才)라는 시를 지어, 자신의 원고는 횃불로 태우는 것이 친구로서 할 일이라고 말하였다.[46] 이 남수재는 남효온을 가리키는 듯한데, 자세하지 않다.

시고를 찾으니 옹졸해서 부끄럽군.	來覓殘藁愧拙疎
횃불로 태우는 것이 지우(知友)라 하겠네.	一炬燒丙乃知余
내 마음은 조탁(彫琢)에 공교롭지 못하니	余心不是工鉛槧
옥황상제 집을 어이 돌 다듬어 기울까?	鍊石將裨玉帝居

겸손의 뜻도 있지만, 실제로 김시습은 시어나 조탁할 마음이 아니었다. 내면의 고뇌는 쉽게 치유되지 않았다. "내 마음은 조탁에 공교롭지 못하다"고 한 것은 그러한 심리 상태를 내비친 것이리라.

관동의 산과 바다

> 집은 무너지고 사람은 흩어져서 소식마저 끊겼는데,
> 공연히 밝은 달만 배꽃을 비추네.
> (家破人亡音信斷, 空餘月明照梨花)
>
> ―『십현담요해』 설잠 주

_ 독산원을 거쳐 동해로

1485년(성종 16) 봄에 김시습은 진부(珍富)를 넘어 동해 가로 향하였다. 가는 길에 독산(禿山: 민둥산이라는 뜻의 자연 지명)을 거쳤는데, 거기에는 오대산 승려 도안(道安: 자는 高世)이 1483년에 장물(長物)을 내서 만들어둔 원(院)이 있었다. 김시습은 도안의 공덕을 찬양하여 기(記)를 써주었다. 이 글은 김시습의 『매월당집』에 남아 있는 유일한 기(記) 문체의 글이다.

관동은 모두가 산이요, 동해에 임하여 지세가 울퉁불퉁 험한 까닭에 길 가는 것이 힘들고 고생스럽다. 독산원은 오대산의 남쪽 성오평(省塢坪)의 경계에 있으면서, 서쪽으로 진부(珍富)를 눌러 쑥과 명아주가 하늘에 치닿았고, 동쪽으로 대관령에 접하여 소나무와 전나무가 해를 가렸다. 매섭게 추울 때는 얼음과 눈이 두텁게 깔리고, 여름에 비가 오면 진흙과 모래가 질고 미끄러우므로, 길 가는 사람들이 이를 괴로워하였다. 오대산에 사는 중 도안(道安)이 측은해 하는 마음을 일으켜, 저장하고 있던 장물을 모조리 내다가 방 기둥의 앞뒤 구역과 마구간을 합하여 열네 칸을 짓고, 상탑·구들·삿자리를 빠짐없이 갖추었다. 그러자 온 고을 사람들이 모두 그의 선행을 칭찬하였다. 계묘년(성종 14, 1483)에 착공하기 시작하여 갑진년(1484)에 완성하였다. 이듬해 봄에 췌세옹이 이 원(院)을 지나가다가 그 행적을 아름답게 여겨 이 글을 짓는다.[47]

고려, 조선의 승려들은 사찰에서 농장을 경영하고 장리(長利)를 하는 예도 있었지만, 어떤 승려들은 교통이 험한 지역에 길을 닦고 다리를 놓았으며, 행려들의 숙소를 마련하여 중생의 생활에 편의를 가져왔다. 고려 말의 유학자 이제현도 개성 동남문인 보정문(保定門) 밖 양광로(揚廣路)로 통하는 험로에 있던 퇴락한 절간을 중수해서 교통에 편의를 준 승려의 공덕을 예찬한 일이 있다.[48] 도안 승려도 그 한 예였다. 김시습은 다시 도안 스님을 위해 증시를 주고 떠났다.[49]

세상 벗어나 빛을 감춘 채 도에 언제나 평안하여	韜光高世道常安
가벼운 걸음으로 구름 언덕 첩첩 산을 넘으시네.	足躡雲崖萬疊山
이번 떠나면 일만번째, 스스로 웃으시리	此去萬回應自笑
삼청(三淸)의 복지(福地: 절)에 마음대로 소요하면서.	三淸福地任盤桓

「독산원기」(禿山院記)를 적으면서 김시습은 스스로를 췌세옹이라 칭하였다. 세상에 더 이상 쓸모가 없는 군더더기라는 뜻이다. 송나라의 왕초(王樵)라는 학자가 세속과의 관계를 끊고 스스로 '췌세옹'이라고 했던 것과 마찬가지로, 세속과의 관계를 아예 끊는다는 뜻에서였다.

_ 동해 가에 한 점이 되어

김시습은 이미 오십이었다. 그러나 자식도 없고, 세간의 명예도 없었다. "오십에 자식이 없고"(五十已無子), "오십이 되어도 세간에 이름이 드러나지 않았으니 두려워할 만한 존재가 아니다"(五十無聞不足畏). 결국 "뜬 이름으로 오십 년을 살아왔을 따름이다"(浮名五十載).⁵⁰⁾

김시습은 한송정에서, 광활한 우주 자연 속에 미세한 점일 뿐인 자기 자신을 돌아보았다. 석주만(石州慢) 조(調)에 맞추어 글자와 리듬을 다듬은 「한송정」(寒松亭)에서, 그는 그 슬픔을 이렇게 노래하였다.⁵¹⁾

십 리에 차가운 소리	十里寒聲
사르르 높았다 낮았다	蕭颯高低
귓전에 불어오누나.	吹我耳側
하느님 거처하는 붉은 구름 너머에서	疑聞帝居紅雲
저 균천광악 연주가 들리는 듯.	奏彼鈞天廣樂
평소 호기를	生平豪氣
이제 유람에 부쳤거니	如今添却遨遊
만 이랑 파도가 너무도 광활하다.	滄波萬頃何遼廓
그 모두를 이 가슴에	都是一胸襟
삼켰다간 뱉고 펼쳤다가 오므린다.	儘敎伊吞吐舒縮
절구는 돌을 둥그렇게 쫀 것	窪尊斲石團圓
옛 화랑 노닐던 자취.	都是舊時蹤跡
만고에 전하여	萬古相傳
바람에 이끼에 닳고 찌들었어라.	一任風磨苔剝
흐르는 해는 저와 같아	流年如許
탄환마냥 세월은 빠르게 흘러라	跳丸歲月蹉跎
앞사람을 나와 견주면 지금과 같은 법.	前人視我今猶昔
가슴 북받쳐 긴 노래 뽑을 때	慷慨發長歌
물가 가득히 갈매기 나누나.	滿沙汀飛鴨

한송정 주변에는 찻샘, 돌아궁이, 돌절구가 있는데, 그곳은 화랑도가 와서 노닐던 곳이라고 한다. 『신증동국여지승람』에 보인다.[52] 무심한 갈매기들이 모래톱에 가득 날아오르는 것을 바라보면서, 김시습은 가슴이 북받쳤다. 원대한 이상을 결코 실현할 수 없다는 절망감을 느꼈다. 젊은 시절 관동을 유람할 때 동해를 바라보며 신화적 몽환의 세계를 엿보았던 것과는 너무도 달랐다. 이때 김시습은 여러 수의 사(詞)를 더 지었다. 동선가(洞仙歌)조로 경포(鏡浦)를, 만정방(滿庭芳)조로 화표주(華表柱)를, 팔성감주(八聲甘州)조로 백사정(白沙汀)을, 강성자(江城子)조로 동선관(洞仙館)을 노래하였다. 모두 쌍단(雙段)의 긴 노래로, 우울함이 짙게 배어 있다.

_ 우리나라 고인들의 풍모에 대한 예찬

김시습은 우리나라 고사를 소재로 한 네 편의 고사시(故事詩)를 남겼다.[53] 네 편의 고사시는 포폄(褒貶)을 하지 않고 선인의 풍류를 추모한 내용이다. 「시중 김부식이 나귀를 타고 강서로 혜대 상인을 방문하는 모습」(金侍中騎驢訪江西慧臺上人), 「중승 정서(鄭敍)가 동래에 유배가 있으면서 달빛 아래 거문고를 타는 모습」(鄭中丞謫居東萊對月撫琴), 「한림 곽예(郭預)가 비를 맞으며 삼지에서 연화를 감상하는 모습」(郭翰林冒雨賞三池蓮花), 「김거사가 눈 속에 소를 타고 추암에 노니는 모습」(金居士雪中騎牛遊皺巖) 등의 네 수이다.[54] 아마도 이 네 소재를 두고 그린 그림이 있어서, 거기에 제화시로 썼던 것인 듯하다.

이 네 소재가 시적 소재가 된 것은 고려 후기의 대학자 이제현에 의해서이다. 이제현은 이 네 소재를 문생(門生)들에게 내주고 시를 짓게 하였다. 그래서 정추(鄭樞, 1333~1382)의 문집인 『원재집』(圓齋集)에 「동국사영」(東國四詠)이 남아 있다.[55] 다만 김시습의 「동국사영」에는 정추가 소재로 삼은 것 가운데 「쌍명재 최대위 당이 눈 온 뒤에 소를 타고 나가 성북의 추암에 노니는 모습」(雙明崔大尉讜雪後騎牛遊城北皺巖)이 없고, 대신 「김거사가 눈 속에 소를 타고 추암에 노니는 모습」이 들어 있다. 즉, 추암에 노닌 사람을 최당에서 김거사로 바꾸었다. 중간에 전승(傳承)이 바뀐 때문인 듯하다. 또한 김부식과 김거사(정추의 경우 최당)에 관한 시들은 정추의 시와 운자(韻字)가 다르지만, 정서와 곽예에 관한 시는 정추의 시와 운자가 같다.

아마도 김시습은 50세 무렵 관동에 있을 때, 정추의 시를 열람하고 시의 소재로 취했을 가능성이 있다. 정추의 문집 『원재집』은 1418년 영월에서 목판으로 간행되었으므로 관동 지역에 유포되었을 것이며, 김시습도 관동에서 그 문집을 열람할 수 있었으리라 생각된다. 다만 김시습은 또 다른 전승에 의거해서 「동국사영」의 찬영 대상을 한 사람 바꾸어 읊었던 것인지 모른다.

김시습은 이렇게 우리나라 역사 속의 풍류 인사를 노래함으로써 마음을 위로하려 했던 것일까?

_ 강릉의 옥에 갇히다

김시습은 한때 강릉의 감옥에 갇혔던 것 같다. 혹세(惑世)한다는 무고를 입은 것인지는 알 수 없다. 그는 강릉의 감옥 벽에 다음과 같은 시를 남겨 역사의 종언을 비통해 하는 심경을 높은 음조로 토로하였다.[56]

아아, 슬프도다! 기린이 나옴은 제 시절 아니었고	吁嗟麟也出非時
그때 서교에서 기린을 잡은 것은 엽사의 과실이었네.	西狩當年過獵師
공자가 애도하여 쓰다듬지 않았더라면	不是宣尼傷一撫
영원히 너를 사슴이라 일컬었으리.	千秋萬歲謂麢麋

춘추시대 노나라 애공(哀公) 때 노나라 서쪽 교외에서 상서로운 동물인 기린이 붙잡히는 '획린'(獲麟) 사건이 있자, 공자는 『춘추』(春秋)를 집필하던 붓을 꺾었다고 한다. 상서로운 조짐이 있는 시기가 아니거늘, 기린이 나온 것은 제 시기를 탄 것이 아니었다. 하지만 다른 관점에서 보면, 기린이 기린임을 알아본 것은 공자가 알아주었기 때문이 아닌가! 김시습은 스스로를 '기린'에 견주었다. 제 시대에 태어나지 못한 존재. 기린은 다른 동물에게 해를 주지 않으려고 부드러운 뿔을 이고 있을 정도로 인(仁)을 구현한다. 그러한 그의 본성이 알려지기

위해서는 공자와 같은 성인이 꼭 필요하다. 그러나 이 시대에 공자와 같은 지고지덕한 존재는 없다! 김시습은 오열하였다.

시대의 반항아 김시습을 감시하는 눈길은 거기 동해 가에까지 뻗쳐 있었는지 모른다. 김시습은 강릉의 옥을 나온 뒤 북쪽의 고을 양양으로 향하였다. 아마도 금오산 시절 친분이 있던 유자빈(柳自濱)의 아우 유자한(柳自漢)이 양양부사로 부임한다는 말을 듣고 의지처를 구하려 했던 듯하다.

양양에서

_ 현산의 꽃떨기

　1486년 무렵 강릉을 떠나 양양으로 올 때, 김시습은 온갖 꽃들이 각각 자신의 아름다움을 지니고 활짝 피어나 있는 것을 보고 20수의 연작시로 노래하였다. 「현산의 꽃떨기를 노래하다」(詠峴山花叢)라는 제목의 시이다. 현산은 곧 양양의 고려 때 이름이다. 어쩌면 꽃은 양양 기생을 빗댄 것인지 모른다. 그것은 그리 중요하지 않다. 김시습은 이 연작시에서 물물마다 자기 본연의 모습을 지켜 서로 보고 즐거워하는 『주역』의 만물함도(萬物咸睹: 만물이 각기 제자리를 지켜 서로가 서로를 보며 기꺼워함)세계를 노래했고, 사사무애의 화엄장을 거기에서 보았다. 제14수는 이렇다.[57]

아침에 강릉을 떠나 양양에 이르니	江陵朝發到襄陽
천고풍류가 차례로 일어난다.	千古風流取次情
우연히 꽃밭에 들어가 한 송이 꽃을 보니	偶入花叢看一朶

배시시 웃어 온갖 아양 내보이네.　　　　　　嫣然欲笑百媚生

김시습은 양귀비꽃, 복사꽃, 연꽃, 계화, 난초, 매화, 배꽃, 풀꽃 속에서 너울너울 춤을 추며 천진한 웃음을 웃었다. 그 꽃들은 사랑스런 여인의 모습으로 다가왔다.[58]

바람이 비단 적삼 헤쳐 고운 살갗이 드러나　　羅衫風擺露香肌
창 앞에서 수놓는 모습 너무도 사랑스럽다.　　堪愛窓前刺繡時
수놓다 고단하면 바늘 놓고 기지개　　　　　　繡倦針停伸欠後
양양에서 노래하는 현산의 처자여.　　　　　　襄陽調者峴山兒

마지막 수에서는 '천금을 가벼이 여기는 대장부'를 자처하기까지 하였다.[59]

풍류의 정 물씬하여 억제하기 어려워라　　　　風流落落政難禁
취하여 꽃밭에 들어가 찾고 또 찾아보네.　　　醉入花叢深復深
홀연 평상에 앉아 마주보고 웃나니　　　　　　忽爾據床相對笑
대장부 본디 천금을 가벼이 여기는 법.　　　　丈夫本自輕千金

언젠가 김시습은 기생을 읊고 아름다운 꽃을 노래하여, 꽃인지 기생인지 분간할 수 없는 미적 대상을 예찬하였다. 「아름답고 고운 것을 예쁘게 여겨서」(美美艷)에서는 여인의 붉은 입술, 복사꽃 같은 볼, 버들 눈썹, 구름같이 올린 쪽머리, 금비녀, 요구르트 같은 빛깔의 젖을 차례로 노래하였다.[60]

말간 기름 살결에 포도알 같은 한 점　　　　　凝脂肌面點葡萄
비단 적삼 반쯤 벗고 가려운 곳 긁는 모습　　　半脫羅衫癢處搔
남에게 자주 눈 주게 하지 마오　　　　　　　　莫遣別人頻着眼
칼날 없는 그것이 창자 끊는 칼이라오.　　　　無鋒便是割腸刀

김시습은 아예 꽃을 읊는다면서 미인의 요염함을 노래하는 향렴체(香奩體)*로 다섯 수를 짓기도 하였다.⁶¹⁾ 그 제5수는 이러하다.

수놓던 바늘 멈추고 귀기울여 들으니	刺繡停針側耳聞
동쪽 집서 무늬 비단 짜는 소리.	東家伊軋織波紋
물결 무늬 사이에서 원앙 놀이 할 것이라	波間須着鴛鴦戲
붉은 이불 사두고 낭군님 기다리리.	買却絳衾長待君

반대로 김시습은 추한 기생의 모습을 읊기도 하였다.⁶²⁾ 검은 얼굴, 오목한 눈, 큰 코, 두꺼운 입술, 쑥대머리, 쭈그렁 귀, 그것들도 모두 아름다움으로 다가왔다. 두꺼운 입술을 노래한 시를 보면 이렇다.

삼신 할매가 고깃덩이 아끼질 않아	胎神不悋臠堆多
큰 입술 만들고 달팽이까지 붙이고는	壯製唇縫附老蝸
다시 쪽풀 으깨어 늘어지게 발랐으니	更抹靛青平脫緩
말할 때면 메기 두 놈 부딪치는 듯하군.	語搖眞似兩鮎摩

이러한 묘사에는 조선 후기의 판소리에서나 찾아볼 수 있는 투박한 맛이 있다. 아마도 당시 민요에서 그러한 투박한 수사법을 빌려 시 속에 사용했던 것 같다.

김시습은 언젠가 '큰 것'을 손꼽아보고 '작은 것'을 손꼽아보았다. 그는 이 세상이란 거대한 것과 미세한 것, 그것들의 한쪽이 뒤집어져 다른 쪽으로 바뀌고 또 저 다른 쪽이 이쪽으로 바뀌는〔飜轉〕것임을 진작에 알았다.⁶³⁾「큰 것을 말하다」(大言)에서 그는 다음과 같이 노래하였다.

---

* 당나라 한악(韓偓)이 규방 여성이나 궁녀의 자태와 미모를 노래한 시들을 모아 『향렴집』(香奩集)이라고 한 데서, 그와 같은 종류의 시를 향렴체라 한다.

푸른 바다에 낚시 던져 큰 자라 낚아	碧海投竿釣巨鼇
하늘의 땅과 해를 손 안에 감춘다.	乾坤日月手中韜
하늘 밖 구름 속으로 솟는 고니를 지휘하고	指揮天外凌雲鵠
세상을 압도하던 산동 호걸들을 장악하며	掌攧山東蓋世豪
삼천 진토 불국을 한 손에 쥐어 틀고	拶盡三千塵佛界
만리에 뻗친 노한 파도를 한입에 삼키리.	吞窮萬里怒鯨濤
산으로 돌아와 비좁은 인간 세상을 껄껄 웃노라	歸來浪笑人寰窄
팔백 나라 온 천하도 터럭 하나 같은 것.	八百中州*只一毛

이에 비해 「작은 것을 말하다」(小言)에서는 이렇게 노래하였다.

가을 쇠털로 끈 만들어 하루살이 묶었더니	秋毫作紐繫蟭螟
모기 눈썹에 부딪혀 얇은 날개 떨어졌네.	撞著蚊眉墜薄翎
먼지 가늘게 쪼개 사물 형상 마름하고	細析微塵裁物像
가늘게 새기고 수놓아 원숭이 상 만들지.	精雕纖刺塑猴形
분가루는 거울 면〔수면〕에 동글동글 점 찍고	粉糜鏡面團團點
안개는 공중에서 가늘게 떨어지네.	輕霧空中細細零
가을날 한 마리 파리를 가만히 보니	坐看秋天蠅一箇
팔락팔락 날개 치며 푸른 하늘로 올라가네.	翩翩扣翼上靑冥

철 지난 가을, 파리가 가녀린 날개를 치며 하늘을 향해 오르는 모습을 보면서, 김시습은 문득 인간이라는 존재는 그와 같이 스스로의 왜소함을 모르고 지나친 열망과 욕심만 지닌 것이로구나 생각하였다. 가만히 생각해보니, 세상의 사물들을 아름다움과 추함으로 나누어보려는 의식이 자신의 내부에도 딱딱하

---

* '팔백중주'는 '천하'를 뜻하는 듯하다. 무왕이 은나라를 치려 하자 맹진(孟津)에 모여든 제후가 8백이었다고 한다. 중국과 우리나라를 구별한 표현은 아니다. 우리나라는 조선 후기에 전체 읍이 330개였다는 기록이 있다.

게 굳어 있었다. 그는 그 사실을 발견하고 흠칫 놀랐던 것이다.

사물들은 잘난 것은 잘난 것대로, 못난 것은 못난 것대로 자신의 존재를 주장하고 나선다. 그것들이 서로 어우러져 잘나고 못나고 한 세계를 이루고 있다. 잘난 것만을 눈여겨보고 못난 것에는 눈을 주지 않는다는 것은 세계 전체를 올바로 이해하는 태도가 아니다. 김시습은 스스로의 내면에서 한없이 고양된 본래성의 모습과 함께, 한없이 더럽고 못난 현실성의 모습을 보았다. 그 본래성과 현실성이 뒤엉켜 서로 뒤집는 것이 인간이라는 존재이고 현실세계라는 사실을 똑똑히 알았다.

_ 양양 부근 낙진촌에 머물다

김시습은 동해에서 낙진촌(樂眞村)에 머물렀다.[64] 버드나무가 늘어선 시내 언덕에 자리잡은 집 둘레에는 소나무 숲과 대숲이 있었고, 산새소리만 이따금 들리는 곳, 거기서 그는 긴긴 날을 경서와 역사서를 펼쳐보다 졸다 하면서 연줄기에 구멍을 내어 술을 빨아먹는 하통(荷筒) 술잔으로 입술을 적셔가며 취향(醉鄕: 술에 취한 혼몽한 상태)에 노닐었다. 때로는 수침향(水沈香)을 피워놓고 그 연기가 전자(篆字) 모양으로 올라가는 것을 물끄러미 바라보기도 하였다.

김시습은 동해 가에 '낙진당'(樂眞堂)을 얽은 산관(散官)을 보며, 그 한가한 뜻을 예찬하면서도 곧 조정에 들어 국가 사업에 참여하게 되기를 기원하였다. 아마도 그 산관은 후설(喉舌)의 직, 즉 승지를 지내다가 늙은 양친을 봉양한다는 이유로 벼슬을 버리고 동해 가에 누웠던 듯하다. 「낙진당」이라는 제목으로 5수를 지었는데, 그 둘째 수는 이렇다.[65]

안팎에서 군주와 근심을 나누던 후설의 신하	內外分憂喉舌臣
어이하여 인끈을 버리고 동해 가에 누웠나.	如何投綬卧溟濱
밀어도 일어나지 않으시나 창생은 바란다오	人推不起蒼生望
공의 소원은 학발 양친 모시려는 뜻.	公願無違鶴髮親
병 평계로 산림에 처함은 산중 재상 도홍경(陶弘景)	托疾山林陶宰相

가난해도 한적함은 진나라 유민 도연명.	居貧閑適晉遺民
간곡하게 말하오니 그대는 기억하시오	殷勤爲報君須記
지금은 본성을 즐길 때가 아닌 것을.	咄咄今非樂我眞

강릉에 사는 박씨 성을 가진 처사에게는, 세간 사람들은 내닫는 물결같이 벼슬길을 따라 휩쓸려가지만 자신은 낙락장송 아래 누워 상산 사호(商山四皓)의 노래를 소리 높여 부르겠다고 하였다.⁽⁶⁶⁾

김시습은 때때로 상원사에 가서 잠시 머물며⁽⁶⁷⁾ 법석(法席)에 참여하였다. 그리고 그곳에서 안동 고을 수령을 지낸 박 아무개와 이별하면서 시를 써주고는, 한 해가 저물 무렵에 다시 양양으로 향하였다.⁽⁶⁸⁾ 태비원(汰憊院) 다락에 올라 후한 때의 은둔자 엄광(嚴光)이 광무제의 부름을 받아 궁궐로 들어갔다가 다시 은둔지로 돌아갔던 일을 생각하면서 명리와 한가함의 모순관계를 곱씹어보았다. "엄자릉(엄광)은 명리에 등한하지 않았나니, 명리를 좇으면 결국 한가함에 이르지 못하는 법"(子陵不是閑名利, 名利從來不到閑).⁽⁶⁹⁾

상원사에서 양양에 돌아왔을 때는 벌써 가을이 깊었다. 김시습은 문득 수락산을 떠나 3년이 흘렀다는 사실에 놀랐다. 산에 갇혀 있다는 생각에 그곳을 벗어나 바닷가로 왔지만, 그곳은 정말 정들었었는데……. 「발해」(渤海)라는 제목으로 지은 3장 가운데 제2장에 그러한 심사가 드러나 있다.⁽⁷⁰⁾ '발해'는 동해 가를 가리키는 말이다. 이 시는 한 편이 5구로 이루어진 매우 파격적인 시이다. 4구나 8구로 정제된 시 형식에 생각을 구겨넣는 것을 싫어한 결과이다.

내 집은 본래 동성 동쪽에 있어	我居本在東城東
초가의 사면에는 산이 빼곡하고	茅屋四團山叢叢
뜰 나무는 부스스 찬바람에 흔들리리.	庭樹磨戛搖寒風
떠난 지 삼 년이건만 돌아가지 못하다니	而今三載不得返
잔나비 울고 비 오는 밤 산 집이 비었으리.	猿鳴夜雨山堂空

_ 관휴의 시에 화운하다

1485년 봄이 돌아오려는 무렵, 김시습은 당나라 말 오대 때의 승려인 관휴(貫休, 831~912)의 「종릉산거」(鍾陵山居) 24수에 화운하여 24수를 단숨에 써 내려갔다.[71] 김시습은 세간사를 떠올리고는 그것과 대비할 때 스스로의 한가함은 너무도 즐거웠고, 마음을 다잡는 공부의 진수를 알게 되었다고 자부하였다. 자신이 벼슬길을 실제로 지나온 것은 아니지만 속세간의 명리에 뜻을 두었던 적도 있었으니, 그것은 흡사 벼슬길에 나섰던 것과 같다고 여겼다. 그렇기에 "벼슬길은 촉도(蜀道)보다 험하니, 몇 번이나 수심으로 만첩 산을 지나왔던가?"(官路危於蜀道難, 幾回愁過萬重山)라고 술회하고, 명리에 골몰하여 인간 본래의 모습을 잃어버린 세상 사람들을 가련하게 여겼다.

"일생 힘들여 부화함(병리)을 좇는다만, 세상사는 똑바른 듯하다가는 기우는 법"(一生役役逐浮華, 世事從來整復斜).
— 「종릉산거 시에 화운한 24수」 제4수

"우스워라, 티끌 세상에 휩쓸리듯 살아가는 자들아, 너무 거칠지 않으면 너무 자잘하구나"(笑看塵世悠悠者, 無太麁踈便太纖).
— 「종릉산거 시에 화운한 24수」 제5수

"인간사란 얇은 깁보다 더 가볍게 바뀌나니, 돌아가 푸른 노을 아래 눕는 것이 제격이지"(人間變態薄於紗, 端合歸來臥碧霞).
— 「종릉산거 시에 화운한 24수」 제14수

"온 세상 바쁘기는 끓는 물 속 게와 같구나, 누가 물가의 갈매기처럼 한가할 수 있으랴?"(擧世忙如湯裏蟹, 誰能閑似水中鷗).
— 「종릉산거 시에 화운한 24수」 제17수

세간에는 조삼모사(朝三暮四)의 속임수가 횡행하고, 근년의 역사마저 왜곡하고 있지 않은가! 군주를 위해 정무를 통괄하는 능력을 발휘하고 싶지만, 조정에 가득한 사람들 가운데는 진정한 충군 우국의 인사가 없다. 물론 나도 쓸데없는 책을 읽어 행실이 어그러져 있으며, 실없는 소리나 해대고 빈 목소리만 높다. 하지만 곡학아세(曲學阿世)하는 무리가 조정에 가득한 것을 생각하니 구역질이 난다. 조정에 들어 비단 도포 걸치느니, 차라리 담쟁이덩굴과 댓가지로 얽은 삿갓 쓰고 연잎으로 엮은 옷 걸치고 강가에 숨는 것이 낫지 않은가! 김시습은 「종릉산거 시에 화운한 24수」의 제22수에서 이렇게 말하였다.

역사서에는 이따금 '하오'라고 빠진 곳 있으니	夏五史中書往往
조삼모사로 천하 사람들이 그렁저렁 휩쓸려가누나.	暮三天下儘滔滔
이윤(伊尹)처럼 군주 위해 요리하는 솥을 지려 하지만	就君欲負割烹鼎
누가 오자서(伍子胥)처럼 우국하다가 동문에 눈알 걸고 파도에 버려지랴?	憂國誰爲掛眼濤
쓸데없는 책 힘써 읽어 행실이 기괴하고	務讀不經操行詭
실없는 말을 좋아하여 발언만 높아라.	好談無實發言高
잘못 공부한 자들 조정에 가득하니 토할 것 같군.	厭看誤學盈朝列
삿갓에 연잎 옷으로 비단 도포 대신하리.	蘿簦荷衣替錦袍

유가 경전이라고 불리는 『춘추』에도 환공(桓公) 14년 조에 '하오'(夏五)라고만 기록되고 '월'(月) 자가 빠진 것이 있다. 그만큼 역사 기록에는 빠진 것이 많다. 하물며 바로 당대의 역사인 경우에는 올바른 평가를 내리기는커녕 사실도 제대로 기록하지 않는 것이 보통이다. 그런데도 사람들은 자기가 살고 있는 당대의 역사에 대해서 심각하게 생각하지 않고 엄벙덤벙 그렁저렁, 물살에 휩쓸려가듯 쏠려갈 뿐이다.

이제 김시습은 단호하게 말한다. "이곳에서 세간의 일을 말하지 말자꾸나, 말하기만 하면 세간의 잘못된 일만 말하게 되니"(這邊莫說人間事, 說得人間萬事乖)라고.[72)]

작설차의 고운 싹을 따서 손수 달이니, 그 사이에 재미가 물씬하였다. 호연지기가 천지 안에 가득하다는 말은 정말로 이해하기 어렵지만, 호연지기는 분명히 나의 영명한 한 치 마음속에 있다고 느꼈다. 마음속의 호연지기는 거두어 가고 가져오는 사람 없이 저절로 거두어졌다 쓰였다 한다. 마치 가을바람에 온 산의 잎이 다 떨어졌다가 봄비에 일만 그루 매화에 생기가 돋듯이. 연작시의 제9수이다.

호기가 대지에 두루 있다곤 못하지만	難言浩氣遍挻垓
나의 영명한 한 치 마음에는 있다네.	在我靈明方寸臺
거둘 때는 누가 거두어가며	斂處孰爲收了去
쓸 때는 누가 놓는 것인가.	用時誰是放將來
추풍에 온 숲의 잎이 다 떨어지지만	秋風盡脫千林葉
봄비에 일만 포기 매화가 살찌는 법.	春雨能肥萬樹梅
괘를 긋기 전에 벌써 생명이 동하니	卦未畵前生意動
『주역』의 성현을 고요히 모신다오.	易中賢聖靜中陪

김시습은 『주역』을 펼쳐 천지의 운행을 보다 큰 시야에서 가만히 헤아려보면서 영명한 마음의 호기를 자각하였다. 옛날에 성질이 급했던 서문표(西門豹)라는 인물은 가죽을 차고 다니면서 성질을 누그러뜨리려고 노력했고, 성질이 느렸던 동안우(董安于)라는 인물은 활시위를 차고 다니면서 성질을 급하게 하려고 노력했다고 한다. 하지만 그렇게 자기 성질을 다스리려는 것은 모두 작위(作爲)요 인위(人爲)로, 결국 본성을 해치고 말 것이다. 나는 그저 눈앞에 열 지어선 과묵한 산들이 무심하게 구름을 피어나게 하는 것처럼 자연스레 살아갈 따름이다. 내 비록 초라한 몰골이지만 내 천성을 즐기련다고, 김시습은 연작시의 제23수에서 말하였다.

어찌 가죽 찬다 활시위 찬다 수선 떨랴.	肯將多事佩韋絃
구름 솟는 산봉우리가 무심하게 벌렸는 걸.	雲岫無心列眼前
그저 의기 등등하게 이해 지남이 제격이지	只合騰騰經此歲

골똘하게 내년 일 따져볼 게 무어 있나.	何須兀兀度明年
산마루에 가을달 뜬 밤, 이불 쓰고 누워	嶺頭秋月圍衾臥
지붕 뿔에 해 뜨도록 무릎 안고 잔다네.	屋角朝曦抱膝眠
'어찌 뒷사람을 생각하랴' 전하는 말 향기로워	遑恤後人傳謄馥
초라한 몰골로도 내 천성을 즐기리라.	自將潦倒樂吾天

김시습은 24수의 연작시 가운데 마지막 시에서, 불설이니 청담이니 하는 철학적 담론 방식에 매달리지 않고, 자연에 가득 차 있는 생생(生生)의 인(仁)을 체득하여 무작위의 삶을 살아가리라는 뜻을 밝혔다.

서역의 현담(불설)은 불멸을 논하니	西域玄談論不滅
남조(동진)의 청의(청담)와 서로 다르다.	南朝淸議詰無同
사람마다 갈래갈래 이리 쫓고 저리 쫓지만	衆人競逐千差岐
나는야 항상 한 떼기 집(마음)에 산다네	伊我恒居一畝宮
이슬이 침상에 핍박하매 벌레는 즐즐 울고	露逼夜床虫喞喞
바람이 산 나무에 불어 새는 찌륵 우누나.	風吹山木鳥空空
공자께서 말씀하지 않은 바를 고요히 생각하니	靜思尼父無言處
만물은 변화하여 끝없이 낳고 또 낳는 것을.	萬化生生竟莫窮

김시습이 화운한 시는 중국 당나라 말 오대 때의 승려 관휴(貫休)가 지은 연작시이다. 조선조의 문인과 선승 가운데 중국 선승의 시에 깊은 관심을 갖고 이렇게 많은 수를 화운한 예는 달리 없는 듯하다.

관휴는 호를 선월(禪月)이라고 하며, 난계(蘭谿) 즉 절강성(浙江省) 금화현(金華縣)에서 태어났다. 속성은 강(姜)이고 자는 덕은(德隱)인데, 17세 때 출가하여 하루에 『법화경』 1,000자를 암송했다고 한다. 구족계(具足戒: 비구·비구니가 지켜야 할 계율)를 받은 뒤 오(吳), 월(越) 등을 유랑하며 『법화경』과 『기신론』(起信論)을 전하였다.*

당나라 때는 시를 잘하는 승려들이 매우 많았으나, 독자적 문집인 전집(專集)을 남긴 사람은 교연(皎然)과 제기(齊己), 그리고 관휴뿐이다. 관휴의 문집은 이미 송나라 때 간행되었지만, 그것이 널리 알려진 것은 명나라 때 모진(毛晉)이 급고각(汲古閣)에서 그의 문집을 『선월집』(禪月集)이라는 제목으로 간행하면서부터이다.[73] 그런데 김시습은 그 전에 이미 관휴의 시에 화운했으니, 아마도 원나라 때 간본이 있어서 조선 지식인들 사이에 읽혔는지 모른다.

관휴는 시와 선의 결합, 즉 시선(詩禪)을 추구한 승려였다. 선종의 일부 승려들은 종교적 계율을 포기하고 시의(詩意)의 미학을 지향했으며, 결국 의경(意境), 운미(韻美), 묘오(妙悟), 홍취(興趣), 성령(性靈), 신운(神韻) 등 시학의 이론과 선종의 사유 방식을 결합하였다. 그래도 동진에서 수에 이르기까지 3백 년간 시승(詩僧)은 30여 명에 불과하고 작품 수도 아주 적었다. 『전당시』(全唐詩)의 기록에 따르면 당의 시승은 모두 1백여 명이고 시 작품집은 46권이나 되며, 그 가운데 대부분의 시승이 대력(大曆) 연간 이후 100년 사이에 비로소 집중되어 있다. 이 시기에 비로소 시승이 특수한 계층을 형성한 것이다.

당나라 승려 시의 풍격은 대체로 두 부류로 나뉘어, 하나는 왕범지(王凡之)·한산(寒山)·습득(拾得) 등의 통속파이고, 또 하나는 교연(皎然)·영철(靈徹) 등의 청경파이다. 관휴는 자신의 시를 "풍격이 야비하고 저속하며 격률이 낮고 탁한"(風調野俗, 格力低濁) 산노래〔山謳〕의 일종일 따름이라고 하였다. 통속파의 풍격을 지향한 것이다.[74]

통속파의 시는 게송 형식의 영향을 받아 종교적 설교와 도덕 훈계를 위주로 하거나, 임운자연(任運自然)의 인생관을 표현하였다. 이것은 청경파의 엄정한 형식미, 상징 추구와는 구별된다. 그러나 통속파든 청경파든 선승들은 고요한

---

* 처음에 건녕(乾寧) 3년에 형수(荊帥) 성예(成汭)에게 의지했다가, 뒤에 고계홍(高季興)·전류(錢鏐) 등의 막하(幕下)에서 노닐었다. 만년에는 촉 땅으로 들어가 왕건(王建)에게 의지했으며, 왕연(王衍)의 건덕(乾德) 계미년에 81세로 몰하였다. 수묵화(水墨畵)에 능하여, 오·월에서 공부하던 중 꿈에 십육나한(十六羅漢)을 보고 그 상(像)을 그렸는데, 그 형상이 매우 기괴했다고 한다. 그것을 '응몽나한'(應夢羅漢)이라고 일컬었다.

산 속이나 깊고 으슥한 협곡 속에 정좌해 있거나, 또는 고요한 달밤에 솔바람소리를 경청하고 계곡물을 응시함으로써 마음과 만물이 명계(冥契: 암암리에 부합함)하는 경지를 추구했다는 점에서는 같다.

관휴가 조선에서 더 큰 관심을 끄는 것은 조선 후기에 이르러서이다. 영·정조 때의 서얼 출신 문인인 이덕무(李德懋, 1741~1793)는 『청비록』(淸脾錄)을 엮으면서 그 제목을 관휴의 시인 "천지 사이의 맑은 기운이, 시인의 비장에 스며드나니, 천 사람 만 사람 속에, 한두 사람만 알 뿐(乾坤有淸氣, 散入詩人脾. 千人萬人中, 一人兩人知)에서 따왔다고 하였다.* 김정희(金正喜, 1786~1856) 또한 운구(雲句)라는 승려에게 시화선(詩畵禪)의 이치를 논하면서, "그림의 이치란 선(禪)에 통하는 것이니 왕유(王維)는 그림 삼매에 들었고, 약허·능가·거연·관휴 등은 다 신통으로 자유자재하게 유희하여 그림을 그렸다"75)고 언급하였다.

김시습은 조선의 다른 문인들이 관심을 갖기 전에 관휴의 시가 지닌 독특한 풍격을 발견하고 화운하였다. 그러면서도 그 화운시에서 선(禪)의 이치를 논하려 하지 않고 현실에 대한 불만을 있는 그대로 드러냈으며, 영명한 마음의 가치를 깨달은 사실을 밝혔다.

_ 이 밤은 언제 다하려나

50세 되던 해 김시습은 자신의 일생을 돌아보고 「동봉 여섯 노래」(東峯六歌)를 불렀다.76) 그리고 「나는 못났다」(我不如行)고 외쳤다.77)

나는 장량(張良)만 못하다. 그는 병법서 한 권으로 한왕(유방)을 보좌하여 한왕

---

* 이덕무는 다음과 같이 「청비록」의 편찬 의도를 밝혔다. "나는 본디 시를 잘 하지 못하면서도 시를 논하기를 좋아하여, 한가히 지내는 사이에 이목(耳目)이 미치는 대로 고금의 시구(詩句)를 손수 기록하여, 변증(辨證)·소해(疏解)·품평(品評)·기사(記事)를 붙였다. 비록 두서가 없이 한만(閑漫)하지만 머리맡에 늘 간직해서, 남에게는 보이지 않고 오직 내 스스로 즐거워하므로 '청비록'이라 이름하였다." 『靑莊館全書』 권32, 「淸脾錄」1.

이 용이 되어 날아올라서는 상으로 봉후를 시켰으나 다른 데가 아니라 유(留)땅에 봉해지기를 원했고, 공을 이룬 뒤에 물러나서 나라의 원수를 갚는 것으로 만족했으니, 천추만세에 그만한 사람이 다시 없도다.

나는 제갈공명만 못하다. 그는 두 번이나 「출사표」를 올려 충성을 보이고, 선주(유비)가 삼고초려했던 은혜를 잊지 않고 마침내 오장원(五丈原)에서 죽어 강의(剛毅)한 혼이 되었으니, 몸뚱이는 죽었어도 그 의지는 불후하여 천고만고에 길이 존재하도다.

남아로 태어나 이름을 이루지 못하고 몸은 이미 늙어서 머리는 빠지고 모발은 희미해졌는데, 그저 조급한 마음에 허둥대고만 있다니! 한때의 친구들은 모두 다 튀어 날아올라, 장안의 거리에서 앞에는 벽제꾼을 두고 뒤에는 호위병을 끼고 다닌다. 그들은 내게 읍하고 말하기를, "그대는 어이 그리 어리석소? 공명을 이루려면 반드시 일찍감치 벼슬길에 몸을 두어야 한다오"라고 하네. 나는 머리를 끄덕여보였지만 마음으로는 허용하지 않았으니, 장부의 처신에는 절로 도리가 있는 법이기에. 그렇다고 어찌 제후가 찾아오자 담 너머로 도망하는 구질구질한 짓을 하여, 은둔했다가 재상까지 되었던 이윤(伊尹)이나 여상(呂尙) 같은 인물들을 무색하게 만든단 말인가! 한바탕 껄껄 웃으며 구름을 바라보다가 외로이 휘파람을 불며, 몸을 기울여 눈을 흘겨보매 산봉우리만 험하게 우뚝 솟아 있구나.[78]

1485년의 여름과 겨울을 어떻게 지냈던가, 김시습은 시를 별로 남기지 않았다. 동지가 가까워진 무렵, 긴긴 밤 가위에 눌려서인지 홀연 깨어나서 지은 「밤이 얼마나 되었는가」(夜如何)라는 제목의 시 두 수는, 밝음이 손상을 입은〔明夷〕 세상에서 광기를 억제하지 못한 외침과도 같다.[79] 그 첫 수만 보면 이러하다.

밤이 얼마나 되었나 아직 다하지 않았구나.   夜如何其夜未央
숱한 별 찬란하여 빛발을 쏟누나.   繁星粲爛生光芒

깊은 산 깊고 깊어 가물가물 어두운데	深山幽邃杳冥冥
아아 그대는 어찌 이런 산골에 머무는가!	嗟君何以留此鄉
앞에는 범과 표범 뒤에는 늑대와 이리	前有虎豹後豺狼
게다가 산 올빼미 날아와 곁에 앉는 곳.	況乃鵩鳥飛上傍
인생살이란 뜻 맞음이 귀한 법	人生百歲貴適意
그대는 어이해서 홀로 허둥대는가?	君胡爲乎獨遑遑
나 그대 위하여 오래된 거문고를 타려 하나	我欲爲君彈古琴
거문고 아래 구멍 커서 그 소리 구슬프네.	古琴跣越徒悲傷
나 그대 위하여 긴 칼로 검무를 추려 하나	我欲爲君舞長劍
칼 노래 강개하여 애간장을 끊으리.	劍歌慷慨令斷腸
아아 슬프다 선생이여, 무엇으로 위로하랴.	嗟嗟先生何以慰
삼동 이 긴긴 밤을 어이한단 말이오.	奈此三冬更漏長

김시습은 바닷가 마을에서 여러 청년들과 어울렸다.[80] 만나서도 서로의 심사를 잘 모르고 대면해서는 의심하는 청년, 사투리가 심하여 잘 알아들을 수 없지만 가끔 승낭이 같던 마음을 열고는 흘긋흘긋 쳐다보면서 헤헤 웃는 모습이 밉지가 않다. 또 온화하고 예절을 잘 알며 박식한 청년도 있다. 그런 청년과는 『노자』와 『장자』에 대하여 이야기하고 두보와 이백 풍의 시를 지어 서로 보이기도 하면서 서산에 해가 질 때까지 대화를 나누었다. 그뿐인가, 귀한 집 자제이지만 실의하여 배를 타고 노닐며 술동이 밑에 나뒹구는 청년과는 술동이에 담긴 죽엽주를 큰 바가지로 나누어 마시면서 '십 년의 원통함'을 씻었다. 그리고 한 걸걸한 청년과는 나이 차이도 잊고 서로 윷놀이를 하면서 고래고래 소리를 질러댔다.[81]

바닷가에 뉘 집 아들인지	海上誰家子
윷 던지며 큰 소리로 외치네.	樗蒲大叫呼
울근불근 씩씩한 기운	憑陵多壯氣

옷옷 벗는다 우활타 마라.	袒裼勿迂踈
시원하게 던져 먼저 채(采)가 나왔으나	快擲先多采
뒤에 노(盧)가 나와 부끄럽구만.	羞看後作盧
이런 일 말고	除非如此外
무어 즐길 일 있으랴.	更有可相娛

'저포'(樗蒲)는 본래 나무로 만든 주사위 같은 것을 던져서 그 사위로 승부를 다툰 놀이라고도 하고, 다섯 개의 나무를 가지고 다투는 놀이라고도 한다.* 진(晉)의 모용보(慕容寶)는 저포신(樗蒲神)에게 빌어, 만일 부귀해질 것이면 세 노(盧)가 나오도록 해달라고 맹세의 말을 한 뒤 저포를 던지자 과연 세 개의 노가 나왔다고 한다. 이연수(李延壽)의 『북사』(北史)에는 백제(百濟)의 여러 놀이 가운데 저포라는 것이 있다고 하여, 일찍이 우리나라에서도 저포 놀이를 했다는 것을 알 수 있다. 조선에서는 아마도 윷을 저포라고 말한 것 같다.

그런데 어떤 청년은 기러기도 떨어뜨릴 만큼 궁술이 뛰어났고, "칼을 어루만지면 변방이 고요해지고, 창을 휘두르면 북쪽 오랑캐가 다 도망갈" 정도로 무인의 기질이 있는데도 동해 가에서 웅크리고 있었다.[82] 그 청년을 보고 김시습은 다시 시름에 잠기고 말았다.

김시습은 굴원의 「하늘에게 묻는다」(天問)라는 초사(楚辭)의 뜻을 빌려와 「천문을 모방하여」(擬天問)라는 3수의 연작시를 지었다.[83] 하늘은 어째서 선량한 사람과 도리를 실행하는 왕조에 재앙을 내리고, 악한 사람과 도리를 실행하지 않는 왕조에 상서를 내린단 말인가? 하늘은 어째서 화평하고 명랑한 시절을 오래 두지 않고 거두어가고 마는가? 하늘은 어째서 만물을 균등하게 내지 못하

---

* '摴蒲', '樗蒲', '樗蒱', '摴蒱'로도 표기한다. 원래 호인(胡人)의 말을 가차(假借)한 것이어서 표기가 일정하지 않다고 한다. 일육(一六), 박혁(博奕), 원현도(袁玄道), 저(樗·摴), 포(蒲·蒱)라고도 한다. 한나라 이전에는 다섯 개의 나무를 가지고 노는 놀이라고 했다. 『태평어람』(太平御覽) 「방술」(方術) 저포복(樗蒲卜)에 보면, "노자(老子)가 서융(西戎)에 들어가 저포를 만들었는데, 저포는 오목(五木)이다"라고 기록되어 있다. 그런데 『당국사보』(唐國史補)에 따르면, 여섯 개의 말(馬)과 다섯 매의 투(骰: 주사위)를 가지로 노는 놀이로 기록되어 있다.

고 잘나고 못난 차별을 만들었단 말인가? 천도(天道)는 과연 존재하는가?

_ 태평세월이소서

1486년(성종 17, 병오) 정월 초이렛날, 채소밭 두렁에 눈이 녹고 고마운 봄바람이 버드나무 가지를 녹색으로 물들이기 시작하고 매화 가지에도 따스한 기운이 돌아오고 있었다. 이날은 인일(人日)이라는 절기로, 나물밥을 해먹는 날이었다. 쉰하나의 김시습은 가마[轎子]처럼 작은 판잣집에 들어앉아 백발로 푸른 산을 마주하면서 질화로에 국수와 나물을 삶고 구리 솥에 나물 줄기를 볶았다. 방 하나 덩그러니 있을 뿐 가구라고는 없었으며, 가족이 없으니 마치 쪽박이 물 위에 떠가듯 하는 신세다. 유유히 세상 돌아가는 일을 보니, 차라리 술에 취해 깨지 않음만 못한 듯하였다. 그러나 대체 어느 곳에 머물러야 한단 말인가, 근심이 들어 무료하기 짝이 없었다. 하지만 화평한 바람이 옥수(玉樹: 매화)에 불어오고 맑은 기운이 상서로운 구름으로 변하며, 낮이 활짝 개어 산천이 밝아지고 밤이 밝아서 별과 북두성을 또렷이 알아볼 수 있었다. 이것은 바로 풍년이 들 조짐, 태평세월이라는 사실을 예찬하는 것으로 족하지 않은가. 김시습은 스스로를 위로하였다.[84]

김시습은 옥 초를 세우고는, "태평하여 옥 초를 세웠다"(太平調玉燭)라는 말로 시작하는 시 다섯 수를 연속으로 지어, 상서로운 조짐이 일어나고 있다고 찬양하였다. 마치 그런 태평성대가 오기를 기도하는 주술과도 같은 언어였다. 김시습은 마지막에 다음과 같은 노래를 불러 민중의 고단한 삶이 치유되기를 진심으로 기도하였다.[85]

옥 초 노래 끝내나니	玉燭歌初罷
노래가 이런 해를 가져왔으면!	歌如得此年
자주 수해와 가뭄을 만나서	頻遭苦水旱
잠기고 볶임을 원망해왔지.	屢值怨沈煎
조물주 마음(우주자연의 이법)을 헤아릴 수 없기에	鴻造旣不測

어리석은 백성이 가련해라.	蚩氓堪可憐
바라건대 금년에는 풍년이 들어	願言今歲熟
벼와 곡식이 창고에 넘쳐났으면!	禾穀溢倉廛

동해 가에서 김시습의 생활은 몹시 곤궁하였다. 메밀을 껍질째 찧고 배추 뿌리를 잎새째 갈아서 국에 넣어 수제비를 만들어서는 그것을 마시다시피 먹으면서 하하 웃었다. 반찬이라고는 배추 절임 하나요, 상에 차린 것은 소금뿐이다. 쥐는 부엌에 먹을 게 있나 훔치러 들어왔다가 빈 질그릇만 뒤집어놓고, 새들은 서로 싸우다가 판자의 처마를 떨어뜨렸다.[86]

이렇게 가난했지만 김시습은 마음의 평온을 찾은 듯하였다. 하지만 이미 모발이 희었고, 구레나룻도 희게 늘어졌으며, 귀가 어두워졌다. 게다가 눈까지 어두워져서 한 획이 둘로 보이고 겸(兼) 자가 어(魚) 자로 보였다. 어금니는 벌레 먹어서, 젊은 시절 번쾌(樊噲: 홍문의 연회 때 항우로부터 유방을 지켜낸 무인)처럼 눈 부릅뜨고 돼지 어깨고기 뜯던 때와는 달랐다. 연하고 단것만 가려 먹고 작은 감자도 푹 삶아서 먹어야 했으며, 어쩌다 잡은 어린 닭도 삶고 볶고 해야 맛을 알았다.[87]

1486년에 김시습은 동사(東寺)의 제로(濟老)에게 시[88]를 주었고, 상원사의 장로에게 답하는 시[89]를 썼다. 상원사의 장로는 방장에 참예하라고 했으나, 김시습은 "본디 백의로 방장에 참예하려 했으나, 종문의 풍도를 붙잡아 오르기 어려운 걸 어이하겠습니까?"(白衣本欲參方丈, 奈得門風莫可攀)라고 완곡하게 거절하였다.

이해(1486년) 봄에 김시습은 많은 시를 지었다. 다른 해에도 시를 많이 지었겠지만, 이해의 시만이 특히 『명주일록』에 많이 남아 있다. 마음속 갈등을 풀어 버리려고 그랬는지 모른다. 태평세월의 일민을 자처해보지만, 현실은 결코 태평한 세월이 아니다. 그러한 생각이 들 때마다 부아가 치밀었다. 「막비」(莫匪)라는 시를 보면 그의 울분이 여전함을 살필 수 있다.[90]

이 시는 인민을 착취하는 탐관에 대한 비판의식을 우언(寓言)으로 담았는데,

시상의 전환에 따라 운자를 자주 바꾸어 복잡한 심사를 그대로 드러냈다. '막비'란 '다 이런 게 아닌가, 다 이런 것이지'라는 뜻이다.

후인(하급 무장)은 창과 여덟 모 창대를 메어야 하거늘	候人何戈殳
저런 자들이 삼백 명이나 무릎 덮개를 하다니.	彼子三百芾」
저기 솔개와 올빼미를 흘끗 보니	眄彼鳶與鴟
휘파람 소리내며 높이 빨리 날다가는	縱嘯高飛疾」
다시 거리와 골목에서 노략질하여	亦復掠街巷
당돌하게 썩은 쥐를 낚아채네.	搪揆攫腐鼠
나도 그 사이에 끼고 싶어서	我欲厠其間
악착같이 여러 해를 지내온 셈이라네.	偓促數寒暑」
대낮에 제 마음껏 날아올라	白晝恣飛翔
한껏 난폭하게 구니	强梁猶不足
뭇 새들도 그 뒤를 따라	羣鳥亦隨後
남의 집을 함부로 쪼는군.	啄亂人家屋」
담장의 여우는 또 무슨 일로	墉狐亦何事
앞다투어 이리 달리고 저리 달리나.	奔走爭先後
교활한 쥐는 그 틈을 노려	黠鼠覬其隙
구멍에 숨었다간 들창을 뚫네.	依穴或穿牖」
그 뒤로 이것을 본받는 자들	後來效此者
좌우에 분분하게 늘어서	紛紛在左右
다투어 제 일신 계책을 꾸며	競顧一身計
더듬 수를 쓰는구나.	又作摸稜手」
해치(해태)는 사악한 자를 치지 못하고	獬豸不觸邪
지녕초(指佞草)는 간악한 자를 구별 못하네.	指佞不辨姦
아아 불쌍한 백성들이여	嗟嗟赤子輩
어찌해야 안도할지 모르겠구나.	不識何以安

| 이 생각에 공연히 뒤적이며 | 思之空展轉 |
| 나도 모르게 눈물을 줄줄 쏟노라. | 不覺涕汍瀾」 |

이 시는 『시경』의 국풍(國風) 가운데 조풍(曹風) 「후인」(候人)이라는 시에서 "저 후인이 창과 창대를 메고 있는 것은 마땅하지만, 저러한 소인이 삼백 명이나 붉은 무릎 덮개를 하고 있는 것은 어째서인가"(彼候人兮, 何戈與祋. 彼其之子, 三百赤芾)라는 구절에서 뜻을 취해왔다. 소인인 후인이 300명이나 승진해서 대부(大夫: 장교) 이상이나 사용하게 되어 있는 붉은 무릎 덮개[赤芾]를 했고, 그 때문에 조나라가 망했다는 해설이 있다. 「후인」 편의 비판의식은 소아(小雅) 「대동」(大東) 편의 "사인(私人: 사가의 사람 또는 종복)들이 백관의 직에 등용되다니"(私人之子, 百僚是試)라는 구절과도 통한다.

모시서(毛詩序)에 따르면, 주나라 동쪽의 소국인 담(譚)이 정역(征役)으로 고생하여 그 나라 대부가 「대동」 편을 지어 고통을 호소했다고 하는데, "서도(즉, 서주) 사람들은 권문 사가의 종복들까지도 백관 직에 연결되어 이익을 좇아 사사로운 당을 짓고 있다"고 개탄하였다. 또 위풍(魏風) 「벌단」(伐檀) 편에서는, 위나라의 위정자들은 수렵을 하지 않고도 뜰에 담비를 걸어두는 사치를 부렸기 때문에 진나라에게 거듭 영토를 침삭(侵削)당했다고 개탄하였다. 이러한 시들은 권력 구조의 잘못이 비극을 초래한다고 경고한 것이다.

『맹자』 「이루 상」에 보면, "천하에 도가 있으면 덕이 적은 사람은 덕이 큰 사람에게 부림을 받고, 어질지 못한 사람은 아주 어진 사람에게 부림을 받는다"(天下有道, 小德役大德, 小賢役大賢)고 하였다. 『주역』 이괘(履卦, 兌下乾上)의 「소상전」(小象傳)에서도, "상괘가 하늘이고 하괘가 못인 이괘의 상을 본받아, 윗사람과 아랫사람을 분별해야 인민의 마음을 안정시킬 수 있다"고 말하였다.

그러나 지금은 올바른 도리가 행해지는 세상이 아니다! 김시습은 관직과 작호를 신중히 수여해야 하거늘, 부당한 권력 구조가 결국 인민을 착취하는 결과로 이어진다는 사실을 목격하고 깊이 근심하였다. 이 무렵에 김시습은 「나무 베는 노래」(折薪辭) 8수를 지어, 갈등하는 마음을 넋두리로 풀어버리려 하였다.[91]

그 첫 수를 보면 이렇다.

허리에 낫 차고, 어깨에 도끼 메고, 아침에 산에 올라 저녁에 돌아온다, 오솔길로. 구름말(雲騣)은 간들거리며 산봉우리에 감겨 있구나. 돌계단을 오르려 하지만 나무들이 뒤얽혀 막고, 시내를 건너려 하지만 뾰죽한 돌들이 내 발을 깨무는구나. 산 속 사람아! 두약(杜若)같이 아리땁지만, 아득하여 좇을 수가 없어 슬프고 슬프다오. 서리 바람은 북쪽 숲에서 늙고, 잎은 어지러이 떨어져 나뭇가지는 쓸쓸하기만 하다. 날아가는 새는 어느 가지에 의지할 것인가? 원숭이는 가지에 걸려 슬프게 울부짖네. 조정에는 기(夔)와 용(龍) 같이 훌륭한 분들이 가득하거늘! 그대를 어이할 것인가? 산 속에서 나무를 베노라! 박달나무 베고, 섶을 베고, 싸리나무를 베노라. 어이하여 곰과 말곰과 동무가 되어서는 돌아가지 않는가, 밝은 조정으로![92]

김시습은 밝은 시대에 조정으로 향해야 한다고 스스로를 타일러도 보았다. 하지만 「나무 베는 노래」의 제8수를 보면, 결국 바위에 깃들이고 나무에 깃들여 천명을 즐기는 삶에 만족하고자 하였다.

외딴 바위틈에서 살며 홀로 크고 넓은 곳에 거처하노라. 아름다운 사람이여, 마음이 기쁘지 않아라. 동해 가를 소요(逍遙)하며 멀리 떠난 길손 되어 아득히 멀리 표랑하나니, 이제 어디에 머물 것인가! 내 장차 짐새(鴆鳥)더러 아름다운 사람을 중매서라 하리라만, 짐새가 내게 일진이 좋지 못하다고 고하니, 내 장차 솔개와 올빼미를 동무하리라. 솔개와 올빼미가 내 곁에 있어 괴롭구나. 인생이란 임시로 더부살이하는 것, 아득한 창해의 부평초와 같은 존재. 바윗굴에 거처하고 나무숲에 깃들임이여! 편안히 처하여 천명을 즐김으로써 자신을 보전하리라.[93]

_ 설악에 정착하다

김시습은 양양의 설악으로 들어갔다. 김시습은 설악을 서봉(西峰)이라고 불렀다.[94] 그가 머물던 곳은 현재의 현북면 법수치(法水峙) 근처 검달동(黔達洞) 이라는 곳이다.* 즉, 영조 때 편찬된 『여지도서』(輿地圖書) 강릉진관 소속 양양부 고적(古跡) 조의 '검달동' 항을 보면, "(검달동은) 부의 남쪽 80리에 있다. 곧 김시습이 집터를 가려서 거처한 곳이다. 동구에는 자지(紫芝: 영지)가 있는데, 전하는 말에 오세동자가 채취하던 것이라고 한다"(在府南八十里, 卽金時習卜居處. 洞有紫芝, 所傳五歲童子所採云)라고 기록되어 있다.[95] 이 기록은 19세기 말의 『양양부읍지』 및 『양양군읍지』에도 계승되어 있다.[96] 단, 1918년에 제작한 지도(1919년 간행)에는 나오지 않는다.[97]

김시습은 양양의 설악 골짝에서 보리와 조 같은 곡식을 심고 경작하여, 보리와 조는 한 말에서 한 섬까지 수확하였다.[98] 또 그곳에서 몇몇 머리 깎은 이들과 가까이 지냈다. 불로(佛老) 같은 이단의 사람들과 벗하기를 좋아하여 그런 것은 아니었지만, 물외를 벗어난 사람들과 산수에 노니는 것을 즐기는 일 외에는 다른 즐거움이 없었다.**

김시습은 이 시기에 지방 청년들에게 육경(六經)과 자사(子史)를 가르치기도 했으나, 일정한 제자를 두지는 않았다. 청년들 가운데는 성갑(成甲)이라는 사람과 김효남(金孝南)의 족인이 있었다.***

또한 이 시기에 강릉 사람 최연(崔演)이 설악으로 김시습을 찾아가 수학했

---

* 현재는 명주사 및 운문암, 청심대를 통해 소나드리 휴게소를 지나 법수치리 대승폭포 및 검달동으로 이르게 되어 있다. 현재의 지점을 확인할 때 양양시청의 도움을 받았다.
** 유자한에게 보낸 서한에 다음과 같은 말이 있다. "머리 깎은 이는 본래가 물외(物外)의 인간이요, 산수(山水) 또한 물외의 경계입니다. 몸이 물외에 놀고자 하면 머리 깎은 이와 벗이 되어 산수에 노는 것이지, 만일 형용은 머리를 깎았는데 몸가짐이 속되다면 그들과는 상대하지도 않습니다." 『梅月堂集』 권21, 書, 「上柳自漢書」 제3서.
*** "지금 저를 따르는 사람은 성갑(成甲)과 김효남(金孝男)의 먼 족인(族人)으로, 제물(祭物)과 숙전(熟奠: 잘 익은 술)을 베풀고자 하니 그가 올린 문서의 말을 잘 들어주십시오." 『梅月堂集』 권21, 書, 「上柳自漢書」 제3서.

다는 일화가 전한다. 유몽인(柳夢寅)의 『어우야담』(於于野譚)에 그 일화가 실려 있다. 간재(艮齋)라는 호를 가진 최연(1503~1549)이 그 사람이라는 설도 있으나, 그는 김시습이 세상을 떠난 후의 인물이다. 다른 사람의 일이거나, 전설에 불과한 일인지 모른다.[99]

최연은 김시습이 설악산에 숨어 있다는 말을 듣고는, 젊은 사람 대여섯 명과 함께 찾아가 그에게 글을 배우겠다고 청하였다. 그때 김시습은 다른 사람은 모두 거절하고 최연만은 가르칠 만하다고 여겼으므로, 최연은 반 년 동안 제자의 도리를 다하여, 잠을 잘 때도 일어나 다닐 때도 곁을 떠나지 않았다.

그런데 달이 높고 밤이 깊은 때 자다가 깨어 살펴보면 김시습은 어디로 갔는지 자리가 텅 비곤 하였다. 최연은 이상히 여겼으나, 감히 산에 올라가 그를 찾으려고 하지는 못하였다. 이런 일은 한두 번이 아니었다. 하루는 한밤중에 달이 밝을 때, 김시습이 옷을 입고 건을 쓰고 몰래 나가기에 최연이 그 뒤를 따라갔더니, 김시습은 골짝을 하나 지나고 고개를 하나 넘었다. 가만히 보니 고개 밑에 커다란 너럭바위가 있는데, 사람들이 앉을 수 있을 만큼 넓었다. 너럭바위에는 어디서 왔는지 알 수 없는 두 사람의 손님이 있었고, 그들은 김시습과 읍례를 하고는 너럭바위에 앉아 대화를 나누었다. 최연은 멀리 떨어져 있어서 그들이 무슨 말을 하는지는 알 수가 없었다. 한참 있다가 손님들과 헤어지는 것을 보고, 최연은 먼저 돌아와 자리에 그대로 누워 자는 척하였다.

이튿날 김시습은 최연에게 이렇게 말하였다. "너를 가르칠 만하다고 여겼더니, 이제 네가 얼마나 번거롭고 조급한지를 알았다. 더 가르칠 수 없다!" 그리고는 최연을 물리쳤다. 그때 김시습이 대화를 나눈 손님이 사람인지 신선인지는 끝내 알 수가 없었다고 한다.

이 일화는 김시습의 선풍도골(仙風道骨)을 과장한 것이라고 생각되지만, 한편으로는 그가 일정한 제자를 두지 않았다는 사실을 잘 반영한 예라고 말할 수 있다. 실제로 김시습은 「와서 공부하겠다는 사람을 거절하며」(拒來學)라는 시를 남긴 일도 있다.* 자신의 학문이 부족하다는 것을 이유로 제자 들이는 것을 거절했지만, 김시습은 유난히 결벽증이 있었던 듯하다. 윤춘년도 「매월당선생전」에서 "선생의 공부는 더욱 깊고 명성도 더욱 멀리 들려서 도(道)를 묻고자 하는 사람들이 모두 그를 찾는 것이 천백(千百)을 헤아렸으나 선생은 일부러 미친 체하여 경망하고 조급한 행동을 하고, 또는 나무나 돌로 치려고 했으며, 또는 활을 당겨 쏘려고도 하여 그 뜻을 시험하였다"고 적었다.[100]

_ 양양부사 유자한과 교유하다

1487년에 양양부사 유자한이 공손하게 예를 갖추어 김시습을 청하였다.

유자한(柳自漢, ?~1504)은 1459년 평양의 별시문과에 1등으로 급제하고, 1465년에는 중시문과(重試文科)에 병과로 급제하였다. 또 성종 때 여러 청요직을 거치다가, 1486년에 양양부사로 부임하였다. 뒤에 귀조(歸朝)하여 벼슬을 살다가 1504년의 갑자사화에 연루되어 귀양간 뒤 그곳에서 죽었다. 유자한은 양양부사로 부임했을 때 의창(義倉)의 환자〔還上, 還穀〕에 따른 폐단을 상소하여 백성들을 구휼하였다.

유자한이 안주와 술을 보내고 다시 쌀을 보내주자, 김시습은 감사의 뜻을 표하고 찬송시와 함께 다음과 같은 서한을 올렸다.

제가 바닷가에서 즐겁게 노닌 지도 벌써 3년이 되었습니다만, 일찍이 관인(官人)께서 대접해주시는 일도 없었거니와 또한 나아가서 뵙지도 못했으니, 천성이 곧고 도도하여 그렇게 된 것입니다. 하지만 어리석은 백성들이나 무식한 농사꾼들이 저를 '말'이라 부르면 그렇다고 응대하고 '소'라고 부르면 그렇다고 응대하여, 스스로 평소의 바람을 이루어 걱정이 없었습니다. 그런데 어르신으로서의 풍도를 지니신 원님께서 지난번에 공손하게 예를 표하시며, 저 같은 산

---

* "경전과 역사서를 오래도록 연찬했지만, 구두(句讀)와 훈석(訓釋: 풀이)이 모두 다 잘못이네. 눈 어두워 줄 따라 읽기 잘못하고, 마음 어두우매 잘못된 이해가 많아라. 용 잡는다고 공력만 허비했고, 구 다듬다가 곧 시마(詩魔)에 사로잡혔네. 정히 가죽나무처럼 한산함이 좋으리, 강호에서 짧은 도롱이 입고 지내리"(研窮經史久, 句語儘差訛. 眼暗循行誤, 心昏錯會多. 屠龍空費力, 琢句便成魔. 正好爲樗散, 江湖荷短蓑).『梅月堂集』권15, 雜賦,「拒來學」.

관(山冠) 야복(野服)의 존재를 비루하게 여기지 아니하시고 매우 정성스레 말씀하시는 것을 보니, 참으로 재상의 그릇이요, 빛을 높여 스스로를 양성하시는 분이 분명합니다. 안주와 술을 보내주시고 또다시 쌀을 보내주시니, 멀리 바라보며 이제 축수하여 덕을 기려 사례하고, 찬송시 몇 편을 별폭(別幅)에 적어 올립니다. 종이에 가득한 것이 모두 찬송시이오니, 비록 거칠고 졸렬한 것이기는 합니다만, 그것을 상자에 넣어두셨다가 후세 자손들에게 적덕(積德)을 우러러보는 자료로 삼게 하시기 바랍니다.[101]

이때 김시습이 보답으로 올린 시가 「느낀 일이 있어 명부에게 올리다」(有感觸事呈明府) 3수인 듯하다.[102]

산야인의 옷차림에 녹봉 먹지 않는 사람이거늘	野服山冠不食人
어이하여 나를 불러 ○○○	如何招我□□□
가을바람은 우수수 베옷 자락에 날리고	秋風摵摵吹衣布
서릿달은 삼삼하게 두건을 비추네.	霜月森森照角巾
마음 맞는 일 없어 개탄만 하던 참에	事少可心惟慨歎
다정하게 대해주시니 코가 시어 우물거린다오.	情多酸鼻漫逡巡
물외에서 도리어 허물입을 줄 누가 알았으랴	誰知物外飜成累
진세에 잘못 떨어져 몸만 그르쳤구려.	落在塵寰誤此身

김시습은 그 둘째 수에서 유자한을 백아(伯牙)의 곡조를 알았던 종자기(鍾子期) 같은 무재(茂宰: 훌륭한 수령)라고 일컬었다.

유자한은 흉년의 구황책과 관련하여 상소를 올리려고 하였다. 그래서 김시습을 양양으로 불러 글을 대신 지어 달라고 부탁하였다. 김시습은 곧바로 초안하여 올리려고 하다가, 그냥 총총히 비를 무릅쓰고 산골짝으로 돌아왔다. 그리고 산골 집에서 초안을 작성하여 보냈다.

그 중에서도 특히 이번에 상소를 편 뜻은 지극히 아름다운 것으로, 비원(備員: 막료, 식객)과 여진(旅進: 주견 없이 남 따라 진퇴하는 사람)이 취할 만한 뜻은 아니지만, 그러나 진실로 황정(荒政: 흉년 구제책)의 요책입니다. 제가 명을 받던 날 곧바로 초안하여 중도에 써 올리려 했습니다만, 산으로 돌아갈 일이 총총하여 비를 무릅쓰고 그대로 골짝에 돌아와 초가 서재에 앉은 뒤 깊이 생각하고 다듬어 초고를 작성하여 올리는 것이니, 한번 자세히 보시고 취하십시오.[103]

이어서 김시습은 도도한 문장론을 전개하였다.

대부분 작문에서는 허식(虛飾)으로 말을 많이 하려 하지 말고, 다만 실제의 말을 펴고 엮어서 처음과 끝이 일관되게 해야 하며, 자자구구(字字句句) 정성 어리고 발월(發越: 향기를 밖으로 발산함)한 뒤에야 사람의 마음을 감격시킬 수 있는 것입니다. 어찌하여 제갈량의「출사표」와 호전(胡銓)이 고종에게 올린 봉사(封事: 상소문)를 보지 않으십니까? 비록 그들은 끝내 뜻을 펴지 못하고 말았지만, 천 년 아래에까지 충성이 뚜렷하게 드러나, 그 글을 읽는 사람들이 제갈량과 호전의 정신이 죽지 않고 밝게 빛나며 저 높이 길이 살아 있음을 알 것이니, 이 어찌 작문의 모범이라 하지 않겠습니까? 오늘날 과장(科場)의 글은 언뜻 보기에는 훌륭한 듯하지만 뜻이 없고 그저 以·之·而·乎만 가지고 얕은 뜻을 꾸미므로, 그 말이 비록 입술에 흐른다 해도 그 뜻은 새벽 이슬과 봄날 서리처럼 실질이 없습니다. 이것이 당나라 한유가 고문으로 돌아간 이유이고, 송나라 주자(주희)가 위백양의『참동계』를 선진시대의 글과 비슷하다고 하여 발휘한 까닭입니다. 전일에 올린 글은, 생각건대 글은 좋으나 긴요한 말이 없지 않나 싶습니다. 그러므로 의론을 전개한 것이 미적미적하면서 결단을 내리지 못하였습니다. 말은 돈독하고 진실함을 다하려 했습니다만, 영공의 생각에는 어떠하신지요? 자세히 살펴보시고 채택하소서.[104]

김시습은 문장에서 달의(達意)를 중시했고, 진정한 속내가 드러나야 한다고 보았다. 또 과거시험의 문장이 以·之·而·乎와 같은 허사(虛詞)를 사용해서 얕은 뜻을 꾸미는 데 주력하는 것을 비판하였다. 자신의 글에 대하여 비록 "글은 좋으나 긴요한 말이 없지 않나 싶다"고 겸손해 했지만, 스스로의 글쓰기는 과장(科場)의 글과 다르다는 자부심이 있었다.

김시습은 점차 유자한과 격의가 없어지자 방달(放達: 말과 행동이 거리낌 없음. 放曠)한 천성이 나타나, 유자한을 만나면 농담과 익살을 떨었다. 그리고는 혹 그의 비위를 건드리지나 않았나 조금 우려하였다. 그러나 김시습을 좋아한 유자한은 그에게 아예 동구를 나와 양양에 정착하여 『장자』를 가르쳐주기를 청하였다. 김시습은 서한을 냈다.[105] 이 서한의 첫머리에서 김시습은 지난날 서울에서 김수온, 서거정, 김뉴(金紐)와 격의 없이 지내던 때의 광경을 회상하고, 유자한이 자신을 포용해줄 것을 청하였다.

> 전일에는 영공을 뵈옵고 익살을 떨었는데, 혹 비위를 건드리지나 않았는지요? 저는 본래 천성과 버릇이 연하(煙霞: 산수)를 좋아하고 풍운(속세)을 조롱하여, 세상 사람을 향해 말하기를, "난 지체 높은 사람이나 고위 관료라 하더라도 한번 보면 정(情: 상대의 배경)을 잊고 사귄다"고 하였습니다. 서울의 옛 친구인 문량(文良: 김수온), 강중(剛中: 서거정), 자고(子固: 김뉴)는 본디 오래된 친구 사이로 서로 허물없이 대했지만, 비록 새로 사귄 사람이라 하더라도 서로 말할 수 있다면 편히 악수하고 단란하게 글을 토론하고 시를 평가하며 감히 앞서거니 뒤서거니 해서 서로 의견 충돌을 하지 않고 모나면 모나는 대로 둥글면 둥근 대로 구멍을 파고 자루를 깎으며, 또 좁으면 좁은 대로 넓으면 넓은 대로 그 바라와 뚜껑을 만드니, 여전히 이러한 태도가 있어서이지 부질없고 오만한 사실은 없습니다. 옛날 전국시대 때 전자방(田子方)이 위나라 제후를 만난 것은 아랫사람으로서 윗사람을 접한 것이요, 진(晉)나라 사람 유량(庾亮)이 여러 보좌를 누대에 머물게 하고 잔치를 베풀어준 것은 윗사람으로서 아랫사람을 접한 것입니다. 이것은 다 멋진 표치(標致)로서 지조 얕은 이가 의논할 바가 못 됩니다. 지금은 세상 풍속이 어두워 지위와 형세가 있으면 하루살이가 태양을 향하는 것과 같

고, 지위와 권세를 얻으면 곱사등이〔蓬蒢〕가 몸을 꼿꼿이 펴려는 것과 같아서, 아첨으로 나아가고 뜻 맞추는 것으로 기쁨을 삼고 있습니다. 그래서 송나라 사람 범질(范質)은 "받들어 지킬 줄 알지 못하는 사람을 일러 '장난을 친다'고 하리라"고 했으니, 이는 그러한 태도를 깊이 경계한 것입니다. 제가 어디에도 없는 상상의 땅〔無何有之鄕〕에 초나라 위왕(威王)이 혜자에게 주었다고 하는 큰 박〔魏瓠〕을 심은 지가 오래되었는데, 영공께서 달게 여겨 가져다 쓰시겠습니까? 하하! 저는 마음속에 별다른 뜻은 없고, 다만 세상을 이와 같이 교정하고자 합니다. 서로 정분을 도탑게 하며 지내자는 것이니, 부디 어긋나고 삐걱거리는 일이 없기를 저는 소망합니다. 원컨대, 못나고 더러운 저를 포황(包荒: 감싸고 허용함)해주시기 바랍니다.[106]

또한 김시습은 평소에 함께 산수를 즐기던 산승들과 헤어지기 섭섭하므로 동구를 완전히 나갈 수는 없다는 뜻을 완곡하게 말하고, 먼저 산으로 들어가 천불(薦佛)한 뒤에 다시 양양으로 돌아와 『장자』 내외편을 찾아놓고 기다리겠다고 약속하였다.

저와 더불어 노니는 자 가운데는 머리 깎은 이가 두세 사람 있는데, 다 세상 밖에 노니는 사람들입니다. 바야흐로 저와 더불어 연하(烟霞)에서 배회하고 소요하여 각각 자기의 즐기는 바를 즐기려던 참이었습니다. 영공이 저를 초대하여 동구를 나오라 한다는 말을 듣고는 모두 어찌할 바를 몰라 갈팡질팡하고 있습니다. 어떻게 처신해야 할지 모르겠습니다. 만일 『남화』(南華: 莊子)를 보시려고 하신다면 제가 산으로 돌아가 부처님께 예불을 드린 뒤에 다시 뵙고서 내외편을 찾아놓고 기다리겠습니다. 하지만 만일 한 편만 보시더라도, 정말로 당나라 나지원(羅知遠)이 현종(玄宗)에게, "폐하께서 만일 저의 학술을 배우신다면 천하의 임금이 되실 수 없을 것입니다"라고 말한 것과 같아질 텐데, 영공은 돌아가 벼슬을 북궐(北闕: 왕궁)에 바치고 사직할 수 있겠습니까? 하하![107]

그리고 김시습은 자기를 따르는 성갑(成甲)과 김효남의 족인이 제물을 진설하고 숙전(熟典: 해마다 올리는 제사)을 올리려고 진장(陳狀)한 말을 들어 달라고 하였다. 그는 "이 사람의 진장(陳狀)은 실제 사실이 없으면서 그 말만 꾸민 것이 아닌데, 전날 교활한 아전 때문에 길이 막혀서 뜻을 이루지 못했습니다"라고 하였다. 성갑과 김 아무개가 올리려던 제향은 혹 단종의 추모 제사가 아니었을까? 알 길이 없다.

이 무렵 김시습은 양양 부근에 거처하는 사람들의 민원을 유자한에게 대신 호소하여 일을 해결해주곤 하였다. 곁에 사는 이청(李淸)의 일을 해결해준 것이 그 한 예이다.*

유자한은 김세준(金世俊)이라는 사람을 시켜서 김시습을 양양으로 나오도록 청하였다. 아마도 막부의 객으로 더 가까이 두려고 했던 것 같다. 그러나 김시습은 거절하였다.

> 특별히 김세준을 시켜서 저를 부르시니 더욱 감격스러울 따름입니다. 하지만 명부(明府)께서는 진수(陳壽)의 『삼국지』에서 조조(曹燥)나 황조(黃祖)가 예형(禰衡)을 대우한 일이나, 송기(宋祁)의 『당서』(唐書)에서 엄무(嚴武)가 두보(杜甫)를 대우한 것을 어찌 보시지 않으신단 말입니까? 그 일들은 모두 만고에 웃음거리를 제공한 일들입니다. 제가 서쪽 봉우리에 은둔해 있던 터에, 영공께서 겸손하고 공순한 몸가짐으로 스스로를 양성하고 어진 이를 존중하며 뭇사람을 잘 받아들여주시는 것을 알게 되어 기뻤습니다. 다만 저는 진나라 주천(酒泉)의 남산에 은둔했던 송섬(宋纖)이나 후한 때 은자로 천거되었던 원안(袁安)과 같은 높은 선비가 되기에는 자격이 모자라기에 한스러워할 뿐입니다. 하하![108]

---

* "전날에는 긴장을 풀어 실례했습니다만, 영공께서는 관대하시게도 꾸짖지 않으시고 곁에 있는 이청(李淸)의 애걸을 들어주셨으니, 감사하고 또 감사합니다"(前日落魄失禮, 令寬不嗔, 聽隣李淸哀乞, 感謝感謝). 『梅月堂集』권21, 書, 「上柳自漢書」제4서.

_ 유자한의 출사 권유를 뿌리치다

김시습은 유자한에게, 얼마 전 맑은 저녁에 나막신 차림으로 험한 산을 오르다가 지쳐 병이 났으므로 모레쯤 가서 만나겠다고 하였다. 유자한은 자신의 자제와 조카를 가르치고 함께 벼슬길에 나아가라고 청하였다. 김시습은 "대장부의 뜻을 이루기에는 너무 늦었습니다"라고 거절하였다.

저의 천성이 본래 소탕(疎宕: 예법을 차리지 않고 호탕함)하여 산이 밝고 물이 아름다움을 즐깁니다. 마침 마음을 알아주고 사람을 사랑하며 선비를 좋아하는 분을 만나, 그림자를 혼미하게 하여 이 먼지 세상에 떨어지고 말았기에, 산림에 묻혀 지내는 취미가 썰렁해졌습니다. 하지만 상공(相公)의 자제와 함께 대장부의 뜻을 다하고자 하기에는, 아! 이미 늦었습니다. 소탕한 마음은 예전과 같이 굳지만, 지인의 뜻에 보답하려는 뜻이 마음속에 새로 맺혔으므로, 자못 분하고 원통해진 것이 이미 서너 날입니다. 기상을 보건대, 조공(趙公)은 비록 본디 좋은 벗과 인도자가 없어 문학적 취향에 어두운 듯하지만, 날마다 나아가고 달마다 전진하면 문장의 뜻을 해석하지 못할 리가 없으리니, 그렇다면 마치 잘 달리는 말이 채찍 그림자만 보아도 즉시 달려가듯 하고, 또 둑을 넘어서 측면으로 흐른 물이 족히 밭이랑에 물을 댈 듯할 것입니다. 다만, 윗길로 오르는 일은 공력을 1백 배로 쓰지 않는다면 찬란하게 결실을 맺지 못할 것입니다. 다독거려서 할 수 없다면 반드시 매와 회초리를 가한 후에야 분발시킬 수 있을 것입니다. 또 사람이란 요순(堯舜)이 아니니, 누가 능히 완벽하게 훌륭할 수 있겠습니까? 만일 그를 엄하게 가르치지 않는다면 그는 성취할 수 없을 것입니다. 어찌 나무 위에 표주박이 저절로 생겨날 리가 있겠습니까? 저는 몸이 아주 불편하여 나라(螺臝: 교양)의 부담을 제대로 질 수가 없기에, 크게 놀라게 해드릴 것 같습니다. 상공께서 허락하실지 어떨지요? 만일 제가 고하는 말씀을 들어주신다면 어찌 감히 시키시는 대로 하지 않겠습니까? 만일 귀에 거슬리신다면 감히 다 말씀드리지 못하겠습니다.[109]

유자한은 김시습에게 가업을 일으키라고 권유하였다. 자기 자제와 함께 과거 공부를 해서 응시하라고 거듭 권했던 것이다. 그러나 김시습은 중추(8월) 26일에 편지를 써서, 자신의 출생 이후의 행적을 자세히 서술하고 천거를 사양하였다. "선비는 세상과 모순되면 은퇴하여 스스로 즐기는 것이 그 본분이거늘, 어찌 남의 비웃음과 비방을 받아가며 억지로 인간 세상에 머물 수 있겠습니까?"(士之身世矛盾, 退居自樂, 蓋其所分耳. 安得受人嗤謗, 而强留人世乎)[110] 이것이 그 이유였다.

유자한은 여자 종을 김시습에게 보내주었다. 그러나 그 여인은 돈을 보고 남자를 찾는 사람이었다. 그 여인이 자신과 진정으로 결합하지 않을 것임을 똑똑히 알았던 김시습은, 선뜻 여인과 상대하고 싶지 않았다. 그래서 일부러 달빛 아래 경치를 구경하는 척하면서 하는 짓을 보았더니, 과연 그 여자는 떠나가버렸다. 유자한은 그 여인을 매우 야단쳤다. 그 소식을 듣고 김시습은 감사해 하였다.[111]

김시습은 유자한을 만나 "천리마가 백락(伯樂)을 만나서 갈기를 떨치며 길게 울고, 백아(伯牙)가 종자기(鍾子期)를 만나서 손을 들어 마음껏 거문고를 타는 격"이라고 하였다. 하지만 자신에게는 출사 권유를 거절할 수밖에 없는 이유가 있다고 말하였다.

> 저를 알지 못하는 사람은 저를 두고, "집이 가난하여 제 뜻을 펼 수 없게 되자 낙담하여 떠돌아다니다 이런 곳까지 흘러들어왔다"고 말합니다. 또 어떤 사람은, "노비를 모조리 팔아먹고 궁해져서 여기까지 굴러온 게지"라고 말합니다. 정말 우스운 말들입니다. 그러한 말들은 모두 다 「삼각산」 시와 염양(厭禳), 한필(漢筆)* 등과 같이 뜬금없는 말일 따름입니다. 헛된 명성은 조물주도 꺼리거늘, 한결같이 어찌 이런 극한 상태에까지 이르게 되었는지요?
> 상국(相國)께서는 저를 비루하다 여기지 않으시고 저를 지극히 넓고 큰 은혜로

---

* 염양(厭禳)과 한필(漢筆)은 무엇을 가리키는지 알 수 없다.

대우해주시니, 오랜 지기인 괴애(乖崖: 金守溫의 호)와 사가(四佳: 徐居正의 호), 금헌(琴軒: 金紐의 호) 등이 저를 대해주었던 것과 똑같으십니다. 그래도 저는 거짓으로 방광(放曠)한 척하여 일부러 뵈옵는 일을 소홀히 하고 있습니다만, 그럴수록 저를 더욱 공손히 대하셔서, 심지어 제게 성대한 조정에서 벼슬 살라고 권하시기까지 하십니다. 그만큼 저를 깊이 염려해주시고, 더할 나위 없이 두터운 은혜를 내려주신다는 사실을 잘 알고 있습니다. 저도 상국의 자제들과 함께 고요한 곳을 택하여 차분히 글을 읽고 싶습니다. 하지만 그럴 수가 없습니다. 금년에는 이 골짝에 보리며 조를 한 말(斗)에서 한 섬(斛)까지 심었는데, 땅도 본래 기름지므로 이 가을에는 이삭을 드리워 주렁주렁 달린 곡식을 수십 곡(斛: 휘, 10말)은 수확할 수 있으리라고 생각하였습니다. 그러면 그것을 가지고 가까운 고을로 가서 상국 어른의 보살핌을 받는다면, 내년에는 풍족하게 지낼 수 있으리라 여겼던 것이지요. 그런데 이번에 골짝에 돌아와보니, 불과 며칠도 안 되는 사이에 곡식들이 모조리 산 쥐에게 짓밟혀서 이삭이라고는 하나도 남지 않았으니, 우두커니 서서 탄식할 뿐입니다. 만일 양식이 다 떨어져 궁핍해서 남에게 기식(寄食)한다거나 관가의 도움으로 호구(糊口)하여 어깨를 움츠리고 그저 "예, 예" 하면서 먹을 것 마실 것이나 구한다면, 선비로서의 지기(志氣)는 땅에 떨어지고 말 것입니다. 그렇게 되면 곁에 있는 사람들이 또 말하기를, "궁해서, 어서 와서 먹으라고 주는 음식[嗟來之食]을 염치없이 받아먹는군!"이라고 할 것입니다. 옛사람이 말하기를, "늙을수록 더욱 지기를 굳건히 해야 하고, 궁할수록 더욱 건실해야 한다"고 했는데, 그 말은 바로 저에게 해당할 것입니다.[112]

『맹자』 「이루 상」(離婁上)에 보면, 맹자의 문인인 노나라 사람 악정자(樂正子)가 노나라에 사신온 제나라 총신(寵臣) 왕환(王驩)을 따라 제나라에 갔다가 마침 제나라에 있던 맹자를 뵙게 되었다. 그 사실을 안 맹자는 악정자에게, "그대가 자오(子敖: 왕환)를 따라서 여기에 온 것은 그저 포철(餔啜: 후루룩 마시고 쩝쩝 먹어댐) 때문이다. 나는 생각지도 못하였다, 그대가 옛 도리를 배우면서 그저 포철에 연연하다니!"(子之從子敖來, 徒餔啜也. 我不意, 子學古之道, 而以餔

嘑也)라고 질책하였다. 맹자는 제자의 기회주의적 태도를 꾸짖은 것이다. 주희의 『맹자집주』는 "악정자가 따를 바를 선택하지 않고, 그저 먹을 것만 구했다는 뜻이다. 이것은 악정자의 죄를 바로잡으려고 절절하게 책망한 것이다"라고 풀이하였다.[113]

그리고 『예기』 「단궁 하」(檀弓下)에 보면, 제나라에 큰 기근이 들었을 때 검오(黔敖)가 길가에 먹을 것을 내놓고 굶주린 사람에게 먹게 했다는 이야기가 있다. 그때 한 굶주린 사람이 소매로 얼굴을 가리고 걸음을 옮길 때마다 두 발을 모으면서 비틀비틀 걸어왔다. 검오가 왼손으로 먹을 것을 받치고 오른손으로 마실 것을 들어서 "자아, 받아먹어라"라고 말하자, 그 굶주린 사람은 눈을 치켜뜨고 바라보면서 "나는 '자아, 받아먹어라' 하고 주는 음식은 먹지 않았기에 이런 지경에 이른 것이오"라고 말하고는 사양해서 결국 굶어죽었다고 한다. 김시습은 그 두 고사를 환기하면서, 마지막까지 인간적인 자존심을 지키고자 하였다.

후한의 마원(馬援)은 늘 손님에게 말하기를, "장부가 뜻을 가지면서는 곤궁할수록 마땅히 지기(志氣)가 건실해야 하고, 늙을수록 마땅히 지기가 더욱 굳건해야 한다"(丈夫爲志, 窮當益堅, 老當益壯)고 했다고 한다. 김시습은 그 말을 이끌어와서, 궁할수록 지기를 올곧게 다지겠다고 하였다. 이어서 김시습은 자신의 처신이 지극히 어려워 인간 세상에서 살아갈 수 없는 이유를 다섯 가지 들었다. '오불가설'(五不可說)인 셈이다.

저의 처신은 지극히 어려워, 인간 세상에서 살 수가 없습니다. 여기에는 다섯 가지의 불가한 이유가 있습니다.
세상 사람들은 남을 장속(裝束: 복식)으로 판단하지 심지(心志)로 판단하지 않습니다만, 저는 더러운 것을 빨고 기운 곳을 꿰매는 일이 없습니다. 이것이 첫째로 불가한 이유입니다.
처(妻)나 첩(妾)을 두면 곧 살림 살 계획을 세우니, 그렇게 되면 생계를 꾸리는 데 얽매여 빈부(貧富)의 문제에서 자유자재하지 못할 것입니다. 이것이 둘째로 불가한 이유입니다.

또 설사 처와 첩을 얻는다고 하더라도 어떻게 도연명(陶淵明: 陶潛)의 배필이었던 적씨(翟氏)*와 양홍(梁鴻)의 배필이었던 맹광(孟光)** 같은 여인을 얻을 수 있겠습니까? 이것이 셋째로 불가한 이유입니다.

비록 옛 친구가 가련하게 여겨서 벼슬 하나에 천거해준다 하더라도 그 관직이 낮고 봉급이 박하다면 갑자기 뜻과 기운을 펼 수가 없습니다. 또 저의 성질이 어리석다 할 만큼 정직하여 범용(凡庸)하고 무능한 무리에게 받아들여질 수 없을 것입니다. 이것이 넷째로 불가한 이유입니다.

저는 깊은 산골짝에 살면서 다만 산색이 밝고 물빛이 고운 것만 사랑해온지라, 밭 갈고 김매는 농사일에는 마음을 두어오지 않았는데, 더구나 금년 농사에서 또 손해를 보았습니다. 이제 동구 밖으로 나가 목숨 부지하기를 구한다면, 사람들은 곧 "여전히 곤궁하므로 처신을 그렇게 하는 게지!"라고 말들 할 것입니다. 이것이 다섯째로 불가한 이유입니다.[114]

김시습은 자신이 세상에 나간다면 남의 비웃음이나 사고 비방을 들을 것이라고 하여, 산간에 사는 것을 즐기겠다고 잘라 말하였다.

더구나 선비의 몸이 세상과 모순되면, 은퇴하여 살면서 스스로 즐거워하는 것이 대체로 그 본분일 따름입니다. 어떻게 남의 비웃음과 비방을 받아가며 억지로 인간 세상에 남을 수 있겠습니까?[115]

---

* 도연명은 부인 적씨(翟氏)와의 사이에 아들 다섯(儼·俟·份·佚·佟)을 두었다〔楊勇, 『陶淵明集校箋』(臺灣: 盤庚出版社, 1979)의 「陶淵明世系圖」 참조〕. 하지만 『진서』(晉書) 열녀전(列女傳)에는 적씨가 입전(立傳)되어 있지 않으며, 「도연명전」(陶淵明傳)에도 부인의 사적은 언급되어 있지 않다. 그러나 귀거래를 감행하는 도연명의 처지를 이해하고 함께 녹거(鹿車)를 타고 은둔한 것을 보면, 적씨는 현명한 부인이었음에 틀림없다는 것이 김시습의 생각이었던 것 같다.
** 원문은 양지맹광(梁之孟光)이다. 맹광은 후한 사람 양홍(梁鴻)의 처로, 자는 덕요(德瑤)이다. 살이 찌고 추하며, 얼굴이 검고 힘이 세었다. 나이 30에 양홍에게 시집왔는데, 처음에는 꾸미는 데만 힘썼다. 양홍이 7일이 되어도 보지 않으니, 머리를 묶고 베옷을 걸치고는 물을 긷고 밥을 지었다. 양홍과 함께 패릉 산중에서 논밭을 일구며 살다가, 뒤에 회계(會稽)에서는 품삯 방아를 찧었다.

김시습은 유자한의 따뜻한 관심에 감사하면서도, 금년 농사를 망치고 말았으므로 긴 보습〔鑱〕을 만들어 복령(茯苓: 버섯)과 창출(蒼朮: 국화과의 여러해살이풀인 '삽주'의 뿌리)을 캐려 한다고 하였다. 그리고 "실의하여 볼품없이 세상을 사는 것이, 소요(逍遙)하면서 삶을 살아나가는 것에 비해 나을 수가 있겠습니까?"라고 거절의 뜻을 분명히 하였다.

김시습은 양양부사 유자한의 조카 유회(柳薈)에게 산중의 답답함을 호소하는 시를 지어보냈다. 유회는 유자빈의 셋째 아들이다. 유자빈은 도성에서 노닐 때 김시습과 자주 대화를 나누던 사이인데, 이미 생사가 갈렸으므로 유회를 볼 때마다 마음이 상하였다. 유회의 이름은 아마도 이수(頤叟) 김수녕(金壽寧, 1436~1473)이 지어준 듯하다. 김시습은 김수녕이 소년일 때 호기가 있어서 공경(公卿)들을 압도했던 일을 회상하면서 존몰(存沒)의 느낌에 젖었다. 유회는 아직 벼슬을 살지 않았다. 김시습은 그에게 부집(父執: 아버지의 친구로 나이가 비슷한 어른) 되는 분들이 조정에 있어서 추천해줄 터인데, 왜 벼슬을 살지 않느냐고 넌지시 꾸짖었다.[116]

유회에게 보낸 시 세 수는 모두 희작(戲作)이다. 김시습은 첫 수와 둘째 수에서 유회의 풍정(風情)을 부채질하고 깔깔 웃었다.[117]

객관에서 심심하여 술에 반쯤 취해보니	客館無聊酒半醺
예쁜 꽃 한 송이가 기이한 향기를 뿜어내네.	好花一朶吐奇芬
사내 남아라면 가는 곳마다 풍류가 있는 법	男兒到處風流在
날마다 고당(高唐)에서 채색 구름 꿈꾼다오.	日日高唐夢綵雲

'고당'은 초나라의 운몽택(雲夢澤)에 있는 누대 이름으로, 초나라 양왕이 꿈에 무산(巫山)의 신녀를 만난 곳이다. 신녀는 아침에 떠나면서 아침이면 구름, 저녁에는 비가 되어 무산에 머물겠다고 하였다. 채색 구름은 아름다운 여인을 상징한다.

서쪽으로 장안을 바라보매 갈 길이 멀다만	長安西望道途遙
양양의 기생들이 특별히 아름답네.	花語襄陽特地嬌
앞날이 더 많아 마음 급해진 않아서	明日漸多心不迫
이제부턴 버드나무에 긴 가지 친친 얽으리.	柳枝從此綰長條

버드나무에 긴 가지를 친친 얽는다는 것은 남녀의 얽힘을 상징한다. 이런 시를 쓰다니, 김시습은 문득 지분 냄새가 그리웠던 것일까?

_ 선행도 떠나고, 서울 친구들이 그립다

김시습은 무료함을 달래기 위해 새로운 시를 짓고는 낭랑하게 읊었다. 곁에는 젊은 시절부터 김시습을 따랐던 선행이 있을 뿐이었다. 김시습은 선행과 저포(윷놀이)를 하면서 소일하였다. 지난날 호서, 호남으로 떠돌다가 청주에 잠시 있을 때는 둘이 함께 힘들고 괴로운 일을 일부러 해서 소일했고, 서울의 동쪽 수락산에 있을 때는 쌍륙(雙六)을 하면서 서로 고함을 질러대곤 했던 일이 생각났다.

김시습은 선행과 저포 놀이를 하면서 "노(盧) 나와라", "독(犢) 나와라" 하고 큰 소리로 목이 찢어지도록 부르짖었다. "지는 놈이 가서 작설차 달여내기다!"

선행은 예전처럼 힘이 세지는 않았으나 여전히 나무를 잘 팼다. 하지만 이제 그도 옛날의 그가 아니었다. '늙음이란 어쩔 수가 없구나', 김시습은 한숨을 쉬었다.[118]

선행은 다음해 세모에 더 깊은 산으로 떠났다. 김시습은 「깊은 산으로 들어가는 선행을 전송하며」(送善行入深峯)라는 시를 써주면서, 우울해 하였다.[119]

깊은 산으로 가는 너를 보내노라	送汝深峯去
깊은 산에는 눈이 많이 쌓였을 텐데	深峯積雪多
사람 발자국은 아예 없고	定無人履迹
짐승만 마주칠 테지.	唯有獸相過

일만 나무는 창같이 매섭고	萬木寒如戟
일천 봉우리는 소금같이 희리.	千峯白似鹺
산 속에 있는 몇 채 집은	山中幾箇屋
높이 매달려 꼭꼭 문 닫고 있고.	閉戶架欹嵯

김시습은 서울의 친구들이 그리웠다. 특히 남효온이 그리웠다. 남효온은 1485년에 개성 일대를 여행했고, 1486년 2월에는 둘째 아들 종손(終孫)을 잃어 마음고생을 심하게 겪었다. 그해에 어머니(이씨)의 분부대로 의령과 칠원에 있던, 5대조 남재(南在) 이래로 전해오는 토지를 돌아보러 가는 길에 공주 국선암(國仙菴)에서 새해를 맞고,[120] 1487년에는 지리산에도 올랐다. 그 여행 끝에 서울로 돌아와 있었다.

그간 남효온은 1483년(성종 14, 계묘)에 김시습이 관동으로 떠나면서 남겨준 시를 행주의 초가에서 몇 번이고 꺼내어 읽어보곤 하였다. 앞서 보았듯이 어느 날인가는, 「행주 전장에서 동봉을 그리워하면서, 동봉이 나를 이별하면서 쓴 시에 차운하다」(幸州田莊憶東峯次別我韻)라는 시를 지었다.[121]

김시습은 방외에 노니는 한적한 심경을 노래하려고 했지만, 그러한 삶을 택할 수밖에 없는 현실에 대한 분만(憤懣: 화)의 감정을 완전히 삭이지는 못하였다. 그럴수록 참된 벗이 그리웠다.

참된 벗을 그리워하는 이러한 독백에서 고독감, 허허로운 심경을 읽을 수 있다.[122]

산 속에 나무 그늘 울창하여	山中樹陰翳
인적 없이 적막한 때.	牢落少人蹤
멀리 바라보며 높이 나는 새를 슬퍼하고	極目憐高鳥
상심하여 먼뎃 봉우리를 근심한다.	傷懷愁遠峰
남은 일생이 하잘것없어	餘生成潦倒
뜬세상에 추한 몰골 한스러워라.	浮世歎龍種

| 어느 날에야 장안으로 돌아가 | 何日長安去 |
| 이 마음을 백공(남효온)에게 말하랴. | 情懷話伯恭 |

_ 다시 갑갑해진 산중 생활

김시습은 산 속 생활이 편치 않았다. 답답하였다. 당나라의 문인 유종원(柳宗元)은 「산에 갇힌 사람의 노래」(囚山賦)를 지은 일이 있다.[123] 산 속의 생활을 한가하다고만 말하는 것은 옳지 않다. 때로는 산에 갇혀 있다는 느낌이 들기 때문이다.

김시습은 동해 가에 살면서 「답답한 것을 펴다」(敍悶)라는 시 6수를 지어 지나간 시절을 회고하기도 하고, 스스로의 처지에 실소하기도 했으며, 혼잣말을 하고 탄식을 내뱉었다.[124]

김시습은 관동 농민들의 현실을 잘 알고 있었다. 무엇이 그들을 괴롭히는지를. 1486년에 지은 「쥐를 국문하다」(鞫鼠)라는 시는 언젠가 지은 「큰 쥐」(碩鼠) 3장의 뜻과 통한다.[125] 또한 1487년의 상원(上元)에 달 점 치는 것을 보고 시골 사람들의 이야기를 기록하면서 시절을 걱정하여 시 2수를 지었다.[126] 그 첫 수를 보면 이렇다.

해마다 새로운 보름달이	年年新望月
동북쪽에서 올라오네.	必自艮方昇
남방 사람들은 주림에 허덕인다고	南人多苦餓
북녘에 전하여 믿지만	北地轉來憑
흐느껴 우는 이곳 곡소리를 어이 차마 들으랴	忍聽嗷嗷哭
하나같이 불쌍한 모습, 애처로워라.	哀看箇箇矜
부디 근거 없는 세금 줄여서	願言蠲濫吹
사방 백성들을 고루 구제하기를.	均濟四方蒸

관아에서는 주림에 허덕이는 남쪽 지방보다 여기는 나은 편이라고 말하면

서 세금을 더 걷으려고 한다. 하지만 이곳 백성들은 곡을 할 정도로 비참하다. 김시습은 낭설을 퍼뜨리면서 명목 없는 세금을 더하지 말고, 사방 백성을 모두 구제해야 한다고 말하였다.

김시습은 용렬한 자들이 공경의 벼슬을 꿰고 있다는 소식을 듣고는 분노가 다시 끓어올랐다. 가죽나무 숯으로 불을 때다가 불꽃이 제대로 일어나지 않는 것을 보고 짜증이 나던 터였다. "마치 저 용렬한 자들은 이 가죽나무 숯과도 같군!" 하며, 김시습은 입에서 나오는 대로 「가죽나무 숯 노래」(椵炭行)를 불렀다.

가죽나무 숯은 성질이 성기고 약해서, 불을 피워도 불꽃이 오르는 것이 적군. 겨우 일어났다가는 다시 사그라들어, 음식을 익혀도 미적지근해서 맛이 없지. 흡사 용렬하고 게으른 사람과도 같아, 본시 사내 대장부의 뜻이 없는 자가 굽신굽신 "예, 예" 하면서 실상이 없고, 이익에 골몰하되 얻는 것 하나 없는 것과 같군. 그런 자들은 집 일도 잘 처리하지 못하고, 벼슬자리에 있으면서 주견도 없어 변변치 못하지. 그런 자들은 자기 자신만 낭패를 보는 데 그치는 것이 아니라, 대개는 많은 사람들에게서 속임을 당하거나 놀림을 당하지. 어찌 상수리나 참나무 숯과 같을 수 있나! 상수리나 참나무는 이글이글 불똥이 튀어, 마치 공자의 제자였던 안회(顏回)가 하나를 들으면 열을 알던 그런 재질과 같지. 또 손빈(孫臏)이나 오기(吳起)가 대쪽 쪼개듯 시원하게 적을 격파하는 병법을 쓰는 것과도 같지. 가죽나무, 너는 뒤로 물러나 있거라. 참나무야, 너는 나와 굳게 약속하여 변치 말자꾸나.127)

이렇게 방언(放言)과 위언(危言)을 하다가도 「재갈 물림을 그만두지 말라는 노래」(莫休鉗歌)를 지어 스스로를 반성하였다. 김시습은 가을날 잔디에서 노래하는 귀뚜라미, 그늘에서 나와 굽혔다 폈다 하는 하루살이에 자신을 비유하여, 세상에 나지 않을 것을 또 다짐하였다.128)

아서라 말아라 두어라 천 길 높은 곳의 봉황아　　　莫莫莫千仞鳳

세상의 막막한 티끌에 떨어질까 두렵구나.	恐下九州塵漠漠
세상을 보고 더 멀리 날개 치거라	見世遙曾翮
공자도 진 땅과 채 땅에서 곤욕을 당하셨으니.	孔聖猶遭陳蔡厄
쉬어라 그쳐라 그만해라 심연의 용아	休休休九淵龍
대인을 만나 깊은 웅덩이에서 일어날 때	逢遇九五起泓湫
인정을 받더라도 거듭 목을 움츠려라	見可重縮頭
제갈공명도 공을 못 이루고 변방에서 죽었나니.	孔明無成死邊郵
귀뚜라미는 가을을 기다려 잔디에서 노래하고	促織俟秋而吟莎
하루살이는 그늘에서 나와 굽혔다 폈다 하네.	蚍蜉出陰而屈閧
하필 괴롭게 명리를 구할 게 있나	何必苦求名利多
집에 푸른 담요 있거늘.	家有青氈在
그대의 절조가 천 년 멀리 전할 것을 축하해서	嘉君節操傳千載
스스로 자만하여 하하하 웃으며	內自誇呵呵呵
날마다 거문고 타고 백설가를 노래하나니	日日彈琴歌白雪
결단코 음을 아는 자 있어	決有知音者
초청하지 않아도 당 아래 와서 듣고	不速而來聞堂下
혀를 끌끌끌 차지만은 않으리.	也無必咄咄咄

_ 지팡이와 오건으로 떠도는 삶의 반추

언젠가 김시습은 방랑길에 늘 사용하는 지팡이, 오건, 누더기옷, 짚신을 물끄러미 쳐다보다가, 그 고마움을 새삼 느끼고 그것들을 예찬하는 글을 지었다. 즉 「주장찬」(桂杖贊), 「오건찬」(烏巾贊), 「순의찬」(鶉衣贊), 「초갹찬」(草屩贊)이 그것이다.[129]

김시습은 「주장찬」에서 기댈 곳 없이 떠도는 자신의 몸을 의지해주는 주장, 즉 지팡이에게 고마움을 표시하였다.

자빠지지 않는 것이 상상(上上)이요, 엎어지지 않는 것이 하하(下下)라. 젊었을 때는 빌리지 않았어도* 늙으면 값나가고, 평탄하면 널 버리지만 위험하면 잡는다. 값지고도 단단하고 길고도 반듯하니, 환난(患難)에 의지하고 횡역(橫逆: 갑작스런 사고)을 물리친다. 네가 나를 부축하지 않으면 내가 너를 부축한다. 즐률(櫛栗)나무 지팡이거나, 명아줏대 지팡이야, 시내 구비 바위 모서리를 너 아니면 어찌 지나랴? 진흙 미끌미끌한 언덕과 눈 내린 다리(橋)에서 너를 믿고 으스대며 콧노래도 하며 간다. 그렇기에 요망한 것 숨어버리고, 귀신 또한 돕는 게지. 내가 네 공을 가상히 여겨 좌우에 두고 공경하니, 부디 용으로 화하여 우뚝 솟은 험한 바다 위 푸른 봉우리로 자취를 감추지는 말아다오.130)

「오건찬」에서는 풍류객을 자처하지 않고 북산의 계수나무 아래 소요하는 은둔 생활을 기꺼워하였다.

소나무 위에 바람 불 때 내 머리털 잡아주고, 수풀 속 오솔길에서 작은 상투를 보호해주네. 우뚝하면 다행으로 여기고 꺾이면 비웃기에, 똑바로 쓰고서 곧추 앉는다네. 금리(錦里)의 오사(烏紗)와 심양(瀋陽) 땅의 칡베로 만들었지. 곽임종(郭林宗: 郭太)의 늘어진 건(巾)도 아니요, 번선생(樊先生: 杜牧)의 거꾸로 쓴 갓도 아니야. 오얏나무 아래에서 바로잡고, 용산(龍山)에서 떨어질까 근심하다니! 나는 너와 함께 당(堂)에서 매화꽃 구경에 넋이 나가 있다가, 끝내는 이마를 드러내고 북산(北山)의 계수나무 가지 달빛 비치는 댕댕이 곁에 너를 걸어두는 것이 아니겠는가?131)

「순의찬」에서는 성치 않은 짧은 도포와 검고 누렇게 바랜 찢어진 누더기옷이 내 몸을 편하게 해주는 옷이라고 하였다.

---

* '빌리지 않는다'(叵假)는 말은 곧 '不借'로, 이 말은 '값이 헐다'는 뜻과 같다. 김시습은 젊은 시절의 상황과 대비시켜 '늙으면 빌린다'고 하지 않고 '늙으면 값나간다'고 하였다.

어찌 옷이 없다 하랴? 갈옷〔褐衣〕이여, 나의 옷이 편하고 또 길하여 아침 햇볕 쬘 수 있는 것만 못하네. 헌 솜 도포 입고도 다섯 겹 실로 만든 염소 가죽 옷을 부러워하지 않고, 백 군데나 기운 옷을 걸친 것이 주유(珠襦: 옥구슬로 치장한 저고리)와 옥갑(玉匣)으로 일만 사람 전송받으며 북망산(北邙山)에 돌아가는 것과는 다르다네. 아! 물총새 깃으로 만든 관모와 수놓은 옷에 번영(繁纓: 제후의 말 장비)과 적불(赤芾: 예복을 입고 무릎 위를 가리는 옷)이 번쩍번쩍 빛난다 해도, 어찌 이 성치 못한 짧은 두루마기와 너풀너풀 찢어진 비단으로 만든 옷의 검고 누런색만 하겠는가?132)

김시습은 「초갹찬」에서 벼슬 높은 사람들이 신는 가죽신〔靴〕과 지방 수령이 신는 신발〔鳧舃〕보다 자연 속에 노니는 방랑자의 초갹, 즉 짚신이 한결 낫다고 하였다. 벼슬길의 고난과 공허함보다는 방랑자의 한가로움을 선택함으로써 정신적 자유를 얻은 즐거움을 자위한 것이다.

오경(심야)에 서리 밟으며 누각(漏刻: 물시계) 그치기를 기다리는 가죽신도, 벼슬길에는 풍파 많구나. 만리 창공에 올라 오리신〔鳧舃〕* 신고 신선처럼 노닐던 것도, 마침내는 공허하구나. 나의 이 짚신은 발에 들이기가 편하니 들쭉날쭉하기는 동산(東山: 謝安)의 납극(蠟屐)**에 짝하고, 곱고 부드럽기는 소릉(少陵: 杜甫)의 승리(僧履)와 같도다. 흰 버선 푸른 행전(行纏)으로 좋은 산 아름다운 물에 노닐면서, 창랑(滄浪)의 물결***에 발 씻고 장후(蔣詡)와 도잠(陶潛)의 세 갈래 길

---

* 부석(鳧舃): 후한 때 왕교(王喬)가 섭현(葉縣)의 현령이 되었는데, 매월 초하루와 보름이면 서울에 왔다. 먼 길을 왕래하는 데 수레가 없었으며, 또 올 때는 항상 오리 두 마리가 날아오는 것을 보고 현종이 이상하게 여겨 태사 하망지(何望之)에게 명하여 그물을 펴서 잡아보도록 했더니, 걸린 것은 한 켤레의 신발이었다는 고사이다. 『후한서』「方術傳」에서 나온다.
** 동산의 납극〔東山之蠟屐〕: 동진(東晉) 때의 사안(謝安)은 동산 근처에 별장을 짓고 자주 산에 올랐는데, 신에 밀랍을 칠했으므로 납극(蠟屐)이라고 하였다. 그는 산 속, 바위 집에 머물고 계곡에 임해서는, "이것이 백이(伯夷)와 무어 멀리 떨어져 있는가?"라고 하였다.
*** 탁족어창랑지파(濯足於滄浪之波): 굴원의 「어부사」(漁夫辭)와 『맹자』「이루 상」(離婁上)에 실린

을 산책하고 소요하면서 손으로 춤추고 발로 뛰면, 그대는 무어라 할 것인가?[133]

이미 관동에서의 생활도 7, 8년이나 되었다. 기운이 쇠한 것도 느끼고 병에 자주 걸리는 그때, 김시습은 쓸쓸하였다. 만나는 사람도 옛 친구는 아니었으며, 마주하는 것도 지는 꽃이었다.[134] 율무 염주를 손으로 돌리며 쇠털 벙거지를 쓴 모습, 그것도 자신의 참모습은 아니었다. 다음은 「길손이 있다」(有客)라는 시이다.[135]

오랑캐 귀신 같은 길손이 있다	有客如蠻鬼
주절주절 오랑캐 말〔불설〕을 해대는.	侏離語帶胡
제 말에, 스무 해 동안	自言二十載
남쪽 북쪽으로 돌아다녔다나.	身遍北南區
율무 염주를 주먹에 두르고	薏苡珠回拳
쇠털 모자를 머리에 쓰고서.	牛毛帽戴顱
어이해서 본업을 버리고	如何違本業
고생고생 먼 길을 돌아다녔나.	役役走長途

본업을 버리고 먼 길을 고생고생 돌아다녔던 이 길손의 모습은 바로 김시습의 자화상이다.

동해 가에서 지은 김시습의 시는 응답을 잃어버린 외침과도 같았다. 그가 외친 목소리는 그를 정당화해줄 다른 목소리를 얻지 못하였다. 부르기와 응하기의 창화(唱和)관계를 상실한 독백만이 바닷가에 울렸다.

'봄날의 시름은 어째서 생기는가?' 까닭 없는 의문이 일었다. 강물과 강가의 꽃에는 무한한 정이 서려 있거늘. 강원도 북쪽 험난한 관새 지역까지 발걸음을

창랑가(滄浪歌)이다. 「어부사」에서는 "창랑의 물이 맑으면 내 갓 끈을 씻을 수 있고, 창랑의 물이 흐리면 내 발을 씻을 수 있네"(滄浪之水清兮, 可以濯吾纓, 滄浪之水濁兮, 可以濯吾足)라고 하여, 인생사는 모두 자연스럽게 돌아가는 대로 맡겨야 한다는 것을 의미하였다.

옮겨보았다. 흘러가는 구름과 시내를 따라 발걸음을 옮겼거늘, 그 구름과 시내가 싫어졌다. 멀리 흰 연기가 솟아나는 바닷가 마을. 변방이라 그런가, 갑작스레 뿔피리 소리가 멀리 초루(譙樓)에서 울려나온다. 여기가 바로 애간장을 끊는 곳, 김시습은 서쪽을 바라보면서 흐르는 눈물을 억제하지 못하였다.[136]

중흥사의 밀담

_ 1491년 중흥사에 나타나다

1491년(성종 22, 신해) 봄, 김시습은 중흥사에 있었다. 중흥사는 수양대군이 찬탈하기 전까지 그가 글을 읽던 바로 그 절이다. 김시습이 중흥사에 유숙하자 남효온과 김일손(金馹孫)이 찾아왔다.[137] 김일손은 당시 22세의 청년이었는데, 김시습이 수락산에 거처하던 시절에 이미 마음으로 벗을 맺었다. 이른바 망년지우(忘年之友)였다.

김시습이 중흥사에 와서 머물자 남효온과 김일손은 술을 가지고 찾아와, 사람을 물리치고 셋이 앉아 담소를 나누었다. 무슨 이야기를 나누었는지는 알 수 없으나, 시국에 관한 이야기를 했을 가능성이 높다. 그들은 밤새 토론을 했다. 그리고는 함께 백운대에 올랐고, 도봉산에 이르렀다. 그들은 그렇게 닷새 동안 함께 지냈다.

김일손(金馹孫, 1464~1498)은 본관이 김해(金海)로, 사헌부 집의 김맹(金孟)의 아들이다. 1486년(성종 17) 9월에 진사가 된 뒤, 같은 해 식년문과 갑과에 제2인으로 급제하였다. 그 뒤 승문원 권지 부정자(權知副正字)를 거쳐, 정자(正字)로서 춘추관 기사관(春秋館記事官)을 겸했으며, 진주교수(晉州教授)에 제수되었으나 곧 사직하고 고향에 돌아가 운계정사(雲溪精舍)를 열었다. 이때 김종직(金宗直)의 문하에 들어가 수업하였다. 1490년(성종 21) 7월 8일 이조에서 '쓸 만한 사람으로서 침체(沈滯)되어 있는 자'의 한 사람으로 천거했으므로, 승문원 주서를 시작으로 다시 벼슬길에 나아갔다. 그 뒤 1491년(성종 22) 3월 13일에는 홍문관 박사로 있으면서 성종이 동교(東郊)의 적전(籍田)에서 모내기를 살핀 뒤에 내린 선온(宣醞: 임금이 내리는 술)을 받았는데, 이때 경연의 사경(司經)을 겸하고 있었다. 김일손이 중흥사에서 남효온과 함께 김시습을 만났을 때는 홍문관 박사로 있던 시기인 듯하다.

그 봄에 김시습은 다시 양화도(楊花渡)에서 뱃길을 이용하여 관동으로 돌아가려 하였다. 그러자 김일손과 남효온은 송별시를 적었다. 다음은 그때 김일손이 지은 두 수의 시이다.[138]

삼월의 열수(한강) 굽이 양화도	三月楊花洌水灣
조각 구름 외론 학처럼 떠나는 그대를 전송하오	片雲孤鶴送君還
난초 향기는 바람결에 추강(남효온) 방으로 들고	芝蘭風入秋江室
고사리는 봄 온 설악산에 자라난다오.	薇蕨春生雪嶽山

오세 신동은 도정절(도연명)과 같아	五歲神童猶靖節
맑은 풍모는 백 년 뒤 완악한 자를 염치 있게 바꾸리.	百年清士可廉頑
언젠가 나란히 지팡이 짚고 금강산 찾아가	聯筇他日金剛去
봉정(설악산) 원두에서 돌문을 두드리리.	鳳頂源頭叩石關

"고사리가 봄 온 설악산에 자라난다"고 했고, "오세 신동이 도정절(도연명)과 같아, 맑은 풍모는 백 년 뒤 완악한 자를 염치 있게 바꾸리"라고 했으니, 김시습을 백이와 같은 청(清)의 성인으로 추앙한 것이다.

이보다 앞서 1488년 9월에 남효온은 김해에서 올라오는 맏사위 이온언(李溫彥: 자는 和叔)의 영구(靈柩)를 조령(鳥嶺) 남쪽에서 맞았다. 이온언은 부친의 임지였던 김해로 글공부를 하러 가 있었는데, 병을 얻어 요절한 것이다.

_ 김일손이 소릉 복위 상소를 올리다

김시습, 남효온과 중흥사에서 회동한 그해 가을, 10월 19일(임술)에 김일손은 소릉 복위 상소를 올렸다. 김일손은 1491년(성종 22) 4월 22일에 김종직에게 교자군(轎子軍)을 내려주도록 다른 일을 끌어대어 아뢴 죄로 사헌부의 탄핵을 받아, 충청도사(忠淸都事)로 좌천되어 있었다.[139] 그는 「소릉의 복위를 청하는 상소」(請復昭陵疏)를 올리면서 충청도사 직을 사임하였다. 그 글은 『성종실록』에는 실려 있지 않고, 그의 문집 『탁영집』에 수습되어 전한다.

삼가 엎드려 생각하옵건대, 우리나라는 정말로 깨진 곳 없는 금사발과 같아 바깥에서 수모를 받은 일이 없습니다만, 신이 살펴보는 바로는 오히려 한 가지 잘못이 있습니다. 조정을 받드는 신하가 하늘을 이고 땅을 밟고 살되, 강상(綱常: 삼강오륜)이 어그러진 속에서도 희희낙락하며 무엇이 어그러졌는지도 모르고들 있으니, 탄식하지 않을 수 없습니다. 예부터 제왕의 묘(廟)는 배위(配位: 부부가 다 죽었을 때, 아내를 높여 이르는 말) 없이 임금의 신위만을 홀로 모시지 않는 법인데, 오직 우리 문종(文宗)의 묘는 배위 없이 임금의 신위를 홀로 모시니, 강상과 전례(典禮)을 훼손함이 이보다 더 큰 일이 없습니다. 광묘(光廟: 세조)께서 세상을 구제할 계책을 깊이 쌓아두셔서 여론이 핍박하므로 왕위를 선양받고 소릉을 폐위했으나, 아마 광묘의 본의는 아닐 것입니다.

신이 듣건대, 문묘께서 동궁에 계실 때 소릉(문종의 비)이 이미 돌아가셨으니, 소릉이 노산군의 음모와 관련이 없다는 것은 분명합니다. 만일 어머니였기 때문이라고 한다면, 당시 주모자들의 경우 그 아들은 주살하되 그 딸을 용서한 것은 딸은 바깥일에 간여하지 않는다는 이유에서였으니, 그것과 비교하더라도 불합리합니다. 더구나 송현수(宋玹壽)는 노산군의 외삼촌이고 아들은 거(琚), 조카는 영(瑛)인데, 이들은 이미 선왕의 은혜와 용서를 입고 여러 조정에서 지위를 가졌거늘, 소릉은 다시 용서할 수 없는 것입니까? 예전에 한(漢)나라 소제(昭帝) 때 상관황후(上官皇后)의 아버지 안(安)이 반역을 꾀하다 처형을 당했으나 황후는 나이가 어려 모반에 관련되지 않았으므로 폐위되지 않고 모경부인(母敬夫人)으로 추봉(追封)되어 조정에서 능을 설치하고 제사를 지냈습니다. 우리나라에서는 소헌왕비(昭憲王妃)의 아버지 심온(沈溫)이 사사되고 그의 처 안(安)씨는 적몰(籍沒)을 당해 관노비가 되었는데, 이때 죄인의 딸이 왕비가 될 수 없다는 의견이 있었으나, 태종께서는 '아! 이 무슨 말이냐. 공비(恭妃: 소헌왕후)는 조금도 동요할 필요가 없느니라'고 하셨습니다. 세종 때에 이르러 대신이 말하기를, '왕비의 어머니가 죽어 천인이 되는 것은 은혜로움과 의로움의 관점에서 보면 있을 수 없는 일이니, 특별히 천민 문건을 없애고 작첩(爵牒: 작위 임명장)도 돌려주고 그 자식들을 사면해주십시오. 이는 친정 부모의 죄가 살아 있는 왕비에게 미치지 않는 것이요, 왕비의 은혜가 이미 죄에 연루된 부모에까지 미치기 때문입니다'라고 하였습니다.

신이 엎드려 생각하건대, 소릉이 생전에 중전 자리에 있다가 죽어서 존호를 받았고, 문종 연간에 폐위하고 쫓아낸다는 명이 일찍이 없었는데, 사가의 아우 때문에 그 능묘를 훼손하는 일이 소릉이 세상을 떠난 지 15년 뒤에 벌어졌습니다. 이 일은 한나라 소제가 상관황후를 용서하고 태종께서 공비에게 동요하지 말라고 하신 것과 대단히 다르니, 이것이 어찌 강상과 전례를 어그러뜨린 일이 아니겠습니까! 우리 성조(聖朝)는 인택(仁澤: 은혜와 덕택)이 깊고 두터워서 가히 오제(五帝)에 더해 육제(六帝)가 될 수 있고 삼왕(三王)에 더해 사왕(四王)이 될 수 있거늘, 그 행동과 조처가 도리어 잡박(雜駁)한 패왕(霸王)의 나라인 한나라에 미치지 않기에, 신은 그것을 병통으로 여기고 있습니다.[140]

김일손은 소릉이 폐위된 지 이미 37년이 흘렀고 명분이 있으므로 지금 소릉을 복위한다고 해도, 공자가 말한 "아버지의 법도를 3년 동안 바꾸지 말아야 효(孝)라 일컬을 수 있다"〔三年無改〕의 가르침에 어긋나지 않는다고 덧붙였다.

김일손의 소릉 복위 상소는 세조의 즉위 사실과 그로 말미암아 배출된 공신의 존재 명분을 간접적으로 부정하는 것이었다. 그는 "광묘(세조)께서 세상을 구제할 계책을 깊이 쌓아두셔서 여론이 핍박하므로 왕위를 선양받고 소릉을 폐위했으나, 아마 광묘의 본의는 아닐 것입니다"라고 했으니, 세조 즉위의 정당성을 근본적으로 부정한 셈이다. 그것은 곧 남효온이 소릉 복위 상소를 올렸던 정신을 계승한 것이기도 하다. 이 상소문은 『성종실록』에 실려 있지 않다.

이때 성종의 비(批: 상소에 대한 임금의 답변)는 다음과 같았다.

"너는 남들이 능히 하지 못하는 말을 하였으니, 충성스러움과 굳셈은 높이 살 만하다. 나 또한 마음이 편치 않은 것이 여러 해 되었다. 그러나 이 일들은 지극히 중대한 일이니 마땅히 잘 헤아리고 짐작하는 법도에 따라야 할 것이다. 너는 이 일로 사직하지 말고 가서 명을 따르라."[141]

김일손은 곧 홍문관 부수찬·성균관 전적·사헌부 장령·사간원 정언을 거쳐 홍문관 수찬·병조좌랑·이조좌랑을 지냈으며, 홍문관의 부교리·교리 및 사간원 헌납·이조 정랑을 지냈다. 그는 1496년(연산군 2, 병진) 정월 병오에도 또다시「소릉의 복위를 청하는 상소」를 올렸다. 또 사간원 헌납으로 있을 때도「소릉의 복위를 청하는 사간원 연차(聯箚: 연명하며 왕에게 올리는 글)」를 올렸다.

이 두 상소는 모두『연산군일기』에는 실려 있지 않고, 김일손의 문집인『탁영집』에 실려 전한다.[142] 그 가운데「소릉의 복위를 청하는 사간원 연차」의 내용은 다음과 같다.

> 삼가 엎드려 생각하옵건대, 문종의 원비(元妃) 권씨가 죽은 일이 노산군이 양위한 것보다 먼저였으나 한 때에 추폐(追廢)를 당하여 문종께서 종묘에서 홀로 제사를 받게 되었으니 이는 예(禮)가 모자란 것이며, 사리상 측은한 일입니다. 성종께서 일찍이 적몰당한 노비를 노산군 부인 송씨에게 돌려줘 생활의 바탕을 마련해주시고, 그 족속들을 용서하시어 모두 벼슬길에 오를 수 있게 하셨으니, 성종의 지극하신 뜻을 알아볼 수 있습니다.

엎드려 바라옵건대, 어서 소릉을 복위하시어 문묘(文廟) 종석(宗祏: 돌로 만든 신위를 모셔 두는 곳)의 배위(配位)로 되돌리옵소서.[143]

김일손은 또한 김종직의 「조의제문」(弔義帝文)을 사초(史草)에 수록하는 매우 과감한 행동을 하였다. 이 때문에 1498년(연산군 4) 유자광(柳子光) 등 훈구파가 일으킨 무오사화 때, 김종직의 「조의제문」을 사초에 실은 일과 소릉 복위 상소를 올린 일 때문에 능지처참형을 받았다.

김일손이 「조의제문」을 수록한 것은 김종직이 왕위 찬탈을 불의로 규정한 데 공감했기 때문일 것이다. 하지만 김종직의 비판의식은 김시습과는 달리 순정성(純正性)이 떨어진다는 혐의가 없지 않다. 윤증(尹拯, 1629~1711)이 한 다음과 같은 말을 기억해둘 필요가 있다.

> 일찍이 점필재(김종직)의 「조의제부」(弔義帝賦)를 읽었는데, 분명히 그것은 뜻이 있어서 표현한 것이다. 그 문집을 열어보니, 「도연명의 술주 시에 화운함」과 「고풍」 두 수(하나는 양나라 간문제를 읊었고, 또 하나는 당나라 문종을 읊었다)와 연홍(演弘)을 읊은 작품들은 모두 우연한 것이 아닌 듯하다. 가만히 생각하니, 이 늙은이가 만일 탕(湯)·무(武)의 뜻을 그리다고 여겼더라면 차라리 김열경(김시습)이 한 것처럼 하는 것도 불가하지 않았을 터이다. 그런데 광묘(세조) 기묘년(1459, 세조 5)의 과거에 급제하여 벼슬이 대부에 이르렀는데도 도리어 이 같은 말을 시부(詩賦)의 음영에 드러냈으니, 예양(豫讓)이 말한 "남의 신하로서 두 마음을 품은 자"라고 하겠다. 어찌 부끄럽지 아니하냐?[144]

어쨌든 김일손이 소릉 복위 상소를 처음 올린 것이 1491년 남효온과 함께 중흥사에서 김시습을 만난 뒤의 일이라는 사실은, 그의 '의거'가 김시습의 '절의'와 깊은 관련이 있음을 짐작케 한다. 김일손도 김시습에게서 '청'(淸)의 전형을 발견하고 떨쳐 일어났던 것이 아니겠는가?

김일손은 중종 때 이르러 비로소 신원되어 홍문관 직제학에 추증되었다. 시호는 문민(文愍)이며, 저서로는 『탁영집』(濯纓集)이 있고, 「회로당기」(會老堂記)·「속두류록」(續頭流錄) 등의 글이 『속동문선』(續東文選)에 수록되어 있다.

_ 남효온의 죽음

1491년 봄, 남효온은 중흥사에서 김시습과 이별한 뒤 남쪽 지방으로 방랑을 떠났다. 1492년(성종 23) 가을, 남효온은 전라도 나주 남쪽의 장흥을 여행하였다. 기생과 정을 나누지 않은 것도 아니고, 그 지방 문인들과 시와 술로 한때를 즐기지 않은 것도 아니었건만, 마음속은 공허하였다. 토지신을 제사지내고 백주에 국화꽃을 띄우며 하루를 즐긴다는 사기(社期: 입추 뒤 다섯번째 戊日), 한잔 술에 애끓으며 억지로 스물한 수를 연거푸 지었다. 시를 써내려갈수록 서울에서 어울리던 벗들이 그리웠다. 그가 떠올리는 벗들 가운데 김시습도 들어 있었을 법하다.[145]

행주에 가을바람은 더위를 몰아가고	微涼推暑幸州城
강풀은 아득히 십 리에 푸르러니.	江艸茫茫十里平
어찌하면 옛 친구와 무릎 마주하여	安得古人連膝坐
조각배에 달빛 싣고 뱃놀이 함께 하랴.	一船明月載同行

남효온은 주희의 일을 떠올렸다. 주희는 마흔일곱 살에 상소하여 군주의 사려를 넓히고, 친구 여조겸(呂祖謙: 자는 伯恭)에게 스스로의 좌우명이 홍(弘)·대(大)·평(平)·수(粹) 네 글자라는 것을 밝혔지만, 만년에는 채원정(蔡元定)에게 학문을 전수하고 은둔하면서 둔옹(遯翁)이라는 호를 사용하였다. 결국 주희에게는 "차가운 샘물 가의 한 칸 남짓한 오두막이, 참동계를 연구하기 알맞은 곳이었다"(寒泉一間舍, 端合證參同)고 남효온은 논하였다.[146]

또 남효온은 원나라의 유학자 허형(許衡)의 일도 생각해보았다. 몽골족이 송을 무너뜨리고 중원을 차지했을 때, 허형은 원나라에서라도 요순의 도를 행하려고 몽골의 신하가 되어 미개한 그 민족을 가르쳤으나, 결국 "모난 것과 둥근 구멍은 서로 맞지 않는 법, 마침내는 교화된 사람이 하나도 없었다"(方圓不能周, 畢竟無新民).[147] 허형의 일을 떠올리면서 남효온은 당대의 현실이 요순의 사회로 나아갈 조건을 전혀 갖추지 못한 것이 아닌가 회의하였다.

남효온은 1492년에 39세로 세상을 떠났다. 그 뒤 1504년의 갑자사화 때, 김종직의 문인이었고 소릉 복위를 상소하여 정치체제를 어지럽혔다는 이유로 부관참시당한다. 그에게는 충세(忠世)라는 미친 아들이 있었는데, 연산군은 그 아들마저 죽이라고 했다고 한다. 허봉(許篈, 1551~1588)의 『해동야언』(海東野言)에 따르면, 그의 무덤은 수렵장 금표(禁標) 안에 있어서 양화도 강변으로 시신을 가져와 형을 행하였다. 그래서 가족들이 시체를 수습하지 못했다고 하는데, 하지만 현재는 그의 무덤이라고 일컫는 것이 고양군 갈두리(葛頭里: 知道邑 大壯里 추정)에 있다고 한다.[148]

남효온은, 1513년(중종 8)에 소릉이 복위되면서 억울함을 벗어 좌승지에 추증되었으며, 1782년(정조 6)에는 다시 이조판서로 가증(加贈)되고 '문정'(文貞)이라는 시호를 받았다. 장흥의 예양(汭陽)서원, 함양의 서산(西山)서원, 의령의 향사(鄕祠), 고양의 문봉(文峰)서원에 제향되었으며, 생육신이 창절사에 제향되었다. 그가 사육신의 행적을 적은 「육신전」은 숙종 때 단행으로 간행되어 널리 읽혔다. 그 밖에 성종, 연산군 때 사대부 문인들의 일화를 적은 「냉화」(冷話), 사우(師友) 50여 명의 언행과 일화를 기록한 「사우명행록」이 문집 『추강집』에 들어 있다.

제6부

죽음과 추모

죽음

> 누가 진실로 알고, 누가 여기서 그것을 선언할 수 있으랴. 그것이 어디서 태어났고, 이 창조는 어디서 오는가를. 신들은 이 세계의 태어남보다 늦다네. 그렇다네, 그것이 최초에 어디서 와서 존재하는 것인가를 뉘 알 수 있으랴.
>
> —파니니 산스크리트 문형

_ 무량사에서의 마지막 글: 『묘법연화경』 발문

58세 되던 1492년 무렵부터 김시습은 무량사에 있었다. 57세 때인 1491년(신해) 봄에 중흥사에서 남효온과 김일손을 만나 5일간 같이 지낸 뒤, 양화도에서 관동으로 간다면서 뱃길을 떠났던 김시습은 일단 관동으로 갔다. 하지만 그 뒤 곧 호서로 향하여 무량사를 찾았다. 무량사는 부여군 외산면 만수리 표고 570m의 만수산 남쪽 기슭에 자리잡은 사찰로, 마곡사의 말사이지만 규모가 비교적 큰 편이다. 신라시대에 통효 범일(通曉梵日) 국사가 창건했다고 한다.

현재 만수산 무량사라는 편액이 걸려 있는 일주문을 지나 계곡 사면에 오르면 천왕문이 있고, 천왕문을 지나면 극락전과 마주하게 된다. 본전 건물인 극락전에 이르기 전에 석등과 5층석탑이 있다. 극락전은 중층 목조인데, 내부는 상하의 구분 없이 하나로 통해 있다. 극락전 서쪽에는 영산전과 명부전이 있고, 극락전 뒤편 계곡 건너에는 산신각이 있다. 전에는 산신각에 김시습의 영정이 봉안되어 있었던 듯하나, 지금은 영산전에 봉안되어 있다. 그런데 어째서 김시습이 말년에 무량사를 찾았는지는 확실하지 않다.*

　김시습은 1493년 봄에 『법화경』에 발문을 썼다.¹⁾ 이 『법화경』은 그보다 한 해 앞서 무량사에서 판각된 것이었다. 김시습과 『법화경』은 실로 깊은 인연이 있다.

　전 광명사(廣明寺) 주지 지희(智熙)는 조충효(趙忠孝)라는 인물의 시주와 홍산현감 이영화(李英華)의 도움을 받아, 1491년(신해) 2월부터 1492년(임자) 5월에 이르기까지 『법화경』을 간각(刊刻)하고는 1493년에 인쇄하여 반포하려고 하였다. 이 『법화경』의 판목 글씨체는 위부인체(衛夫人體)²⁾ 주자(鑄字)의 자본을 따랐다. 간기(刊記)에는 '조각질'(彫刻秩)로, 대선사(大禪師) 처옥(處玉) 외 2명, 참학(參學) 철정(徹禎), 사직(司直) 이장손(李長孫) 외 2명 등의 이름을 기록하였다.³⁾

　지희는 마침 무량사에 기식하고 있던 김시습에게 발문을 부탁하였다. 김시습은 중춘, 즉 2월에 『법화경』 발문을 지어, 점수(漸修)와 돈오(頓悟)와 원만(圓滿)이 서로 떨어질 수 없음을 논하였다.⁴⁾ 이어서 김시습은 지희 선사의 『법화경』 간행 불사(佛事)의 공덕을 예찬하고, 그 승인(勝因: 매우 훌륭한 善因)과 회향(回向: 자기의 공덕을 남에게 돌려줌)으로써 세조・예종・덕종(德宗)이 왕생하고 금상(今上: 성종)이 강녕하시길 기원하였다. 글의 일부만 보면 다음과 같다.

　　화엄 선사 지희(智熙)가 만수산 무량사에 거처하면서 현릉께서 춘궁(春宮: 동궁)의 질환을 낫게 해달라고 『법화경』의 글자를 극히 오묘하게 주조해서 찍어냈던 것을 다시 판목에 새겼는데, 글자체가 아주 공교(工巧)하고 새기는 것이 신이할 정도로 빼어나다. 신해(1491) 봄 2월에 시작해서 임자(1492) 여름 5월에 마쳤다. 일을 처리함이 정밀하고 상세할 뿐만 아니라, 정성스럽고 간절함도 비할 바가 없다. 이른바 '정'(精)이란 다른 것이 섞이지 않고 순수함을 뜻한다. '성'(誠)

---

* 무량사에는 김효종(金孝宗)이 은거하고 있었는데, 김효종은 단종의 비보를 듣고 벼슬을 팽개친 인물이라고 해서, 훗날 창절사에 김시습과 함께 제향되었다. 그런데 김효종은 본래 1457년(세조 3) 8월에 원종공신(原從功臣) 3등에 녹훈되었던 인물이다. 김시습이 그와 교감하는 바가 있어 무량사로 갔다고는 보기 어렵다.

이란 망녕되지 않고 진실함을 뜻한다. '상'(詳)이란 있는 대로 다함[悉]이요, '간'(懇)이란 지극함[至]이다. 정밀하고 성실하며 상세하고 간절하므로, 둘로 따로따로 여기지 않을 수 있다. 둘로 따로따로 여기지 않을 수 있기에, 나의 삶과 부처 사이에 틈이 없으며, 그렇기에 나의 유통이 곧 부처의 유통이다. 부처의 원(圓)이 자재(自在)하고 장엄(莊嚴)하므로 나의 원도 자재하고 장엄하다. 그렇다면 보은(報恩)의 네 가지 일*과 삼계(三界)의 고통에서 벗어남**도, 오히려 손바닥을 뒤집듯 쉬운 일이다.[5]

김시습은 이 글에서 가르침의 방법, 주관과 객관의 통일이라는 불이(不二)의 문제를 논하기보다는,*** 돈오와 점수와 원만의 문제를 다루었다. 여기에 그 자신이 젊은 시절부터 가졌던 절실한 문제의식이 담겨 있다.

부처는 처음에 일승을 설했으나, 중생이 알아듣지 못하자 삼승의 가르침을 설하고 교육하여, 마지막으로 『법화경』에서 일승을 설하였다고 한다. 여기서 처음의 일승은 『화엄경』에 해당한다고 한다. 『법화경』은 순수한 원교(圓敎)임을 선언하기 때문에 완전한 가르침이라고 하며, 부처가 이 세상에 출현한 본심(본래의 목적)을 설한 경이라고 찬양되어왔다. 그러나 『법화경』은 여전히 근기에 대한 방

---

* 보은사사(報恩四事): 의복(衣服)·음식(飮食)·와구(臥具: 누울 때 쓰는 물건들)·탕약(湯藥) 또는 방사(房舍: 방)·의복·음식·탕약의 네 가지로, 일체 제불(一切諸佛: 과거세, 현재세, 미래세의 모든 부처님)을 공양(供養)하고 공경(恭敬)하는 일을 말한다.

** 발고삼유(拔苦三有): 발고는 괴로움에서 구제(救濟)해주는 것을 말한다. 삼유(三有)의 유(有)는 존재한다는 뜻으로, 삼유는 곧 삼계와 같은 말이다. 선악의 업인(業因)에 따라 받는 고(苦)와 낙(樂)이 각각 다른 욕유(欲有), 색유(色有), 무색유(無色有)의 셋을 말한다. 욕유는 식욕·수면욕·음욕이 왕성한 세계, 색유는 탐욕은 없어졌으나 아직 물질을 완전히 여의지 못한 세계, 무색유는 수(受)·상(想)·행(行)·식(識)의 4온(四蘊)만 존재하는 순 정신세계를 말한다.

*** 불교에서는 주관이 객관에서 분리되어 객관을 대상화해서 인식하면 주관이 객관에 집착해서 번뇌가 발생한다고 보고, 주관과 객관의 분열을 초월한 궁극의 경지인 근본무분별지(根本無分別智)에 도달하라고 가르친다. 그런데 불교는 그 진리를 어떤 식으로든 중생에게 전달하려고 하므로 언어를 부정하지 못한다. 『유마경』(維摩經)에서는 31보살보다 문수보살, 문수보살보다 유마힐이 진리에 더 깊이 참입(參入)한 듯하지만, 31보살도 언어를 단서로 불이법문에 들어가는 방법을 제시하여 그 자체로서 유효성을 지닌다.

편의 문제를 다루어, 그 가르침이 시공의 범주에 구속되지 않을 수 없다. 이때 시공을 초월하여 영원히 움직이지 않는 무엇을 추구하는 것이 『화엄경』의 입장이다. 그래서 비로자나불이 『화엄경』을 설법할 때 해인삼매(海印三昧)에 들어가자 삼라만상이 일시에 환히 드러나고, 삼세의 제법이 일시에 드러났다고 한다. 따라서 화법(化法)의 관점에서는 『법화경』과 『화엄경』이 똑같이 원교(圓敎)이지만, 화의(化儀)의 관점에서 보면 『법화경』은 점(漸), 『화엄경』은 돈(頓)이다.*

김시습은 『법화경』과 『화엄경』의 관계에 대하여 명확하게 밝히지 않았다. 오히려 점과 돈의 상즉(相卽)을 말하고, 어떤 근기라도 바로 지금 원만 성숙을 이룰 수 있다고 논하였다. 그리고 사찰에서 행해지는 『법화경』의 판각 불사(佛事)에 일정한 의미를 부여하였다.

『법화경』이 조선시대에 가장 많이 판각되고 독송된 것은, 그것이 여인의 성불(成佛)왕생까지도 선포하여 궁중 여인과 사대부 여인, 평민 여인들에게까지 복음으로 여겨졌기 때문일 것이다. 『법화경』 「제바달다품」(提婆達多品)에 보면 사가라용왕(娑竭羅龍王)의 여덟 살 난 딸이 성불한 이야기가 나온다.

사리불(舍利弗)은 "여성의 몸은 더러워 불법을 받을 기(器)가 아니다. 여성에게는 다섯 가지 장해(障害)가 있어, 범천왕(梵天王)·제석(帝釋)·마왕(魔王)·전륜성왕(轉輪聖王)·불신(佛身)이 될 수 없다"고 하였지만, 사가라 용왕의 딸은 보주(寶珠)를 부처에게 헌상하고는, 자신의 성불이 보주의 헌상과 수납보다 훨씬 신속하다고 선언하고, 순식간에 남자로 변화하여 사바세계(娑婆世界) 남방(南方)에 있는 무구세계(無垢世界)에서 부처의 모습을 현성한다.**

---

* 『법화경』과 『화엄경』의 관계에 대해서는 아라키 켄고(荒木見悟) 저, 심경호 옮김, 『불교와 유교』(예문서원, 2000), 1장과 2장 참조.
** 『법화경』은 "남자로 변화하였다"(變成男子)고 했으므로, 이것을 두고 역시 여성을 차별했다고 말할 수 있을지 모른다. 그러나 인도 사회의 전통적인 여성 멸시 상황을 생각한다면, 가능한 한 전통적인 가치관과 충돌을 피하기 위해 변칙적으로 '변성 남자' 설을 세웠다고 보는 것이 옳으리라. 본래 제법(諸法)의 공(空), 무차별 평등을 설하는 대승불교의 이념에서 성 차별은 있을 수 없으므로, '변성 성불'도 그러한 기본 정신을 지니되 현실적·사회적 제약을 의식하여 그렇게 '변성'을 말했을 것이라고 생각된다. 菅野博史, 「法華」, 中村元 編著, 『新佛敎語源散策』(東京書籍, 1986), 259~261쪽.

김시습은 『법화경』에 담겨 있는 이 평등사상에 깊이 공감하였던 것이 아닐까? 유교에서도 인간의 양지(良知)·양능(良能)을 진심으로 믿는다면 결국 같은 평등사상에 이르게 되리라는 것을 그는 생각하였을 법하다.

김시습은 유학자였다. 그러나 그는 불교사상을 체득한 사상가이기도 하였다. 어떻게 한 사람의 의식 속에서 종파가 다른 사상이 혼재, 또는 조화를 이룰 수 있을까 의심할지 모른다. 그러나 김시습이야말로 종파를 뛰어넘어 자신만의 중심 사상을 세우기 위해 치열하게 모색한 사상가였고, 특정 종파의 교조적 사상을 신앙하기를 거부하고 사상의 체화(體化)를 추구한 회의주의자이며 해체주의자였다. 그가 내면에 지닌 사상은 결코 유교라든가 불교라든가, 또 달리 도가 사상이라든가 하는 '목록'에 의해 분류할 수가 없다. 김시습은 임종하던 해에 「법화경발문」을 지어주고도, '췌세옹 김열경'이라고 서명했지 법호 '설잠'을 사용하지 않았다. 이것은 불교를 논했고 승려의 행색이었지만 불문에 귀속하기를 거부했던 그의 정신 지향을 너무도 인상적으로 보여주는 예라고 할 것이다.

_ 무량사에서 죽음

1493년(성종 24, 계축) 2월, 무량사에서 선승들과 중인들이 "애애애"(哀哀哀)를 외치는 소리가 들려왔다. 무량사 선방에서 59세로 죽은 김시습의 장례를 마치고 거애불사(擧哀佛事)를 행하였던 것이다.

광진자(狂眞子) 홍유손은 김시습의 부음을 듣고, 길이 멀어 달려가지 못하고 다음과 같은 제문을 지었다.

사람들이 공께서 선세(蟬蛻: 매미가 허물 벗듯 육신을 버리고 죽음)하셨다는 말을 전하면서 각자 크게 놀라고 슬퍼하여, 시큰한 눈물을 주르르 흘리기까지 했습니다만, 어찌 그런다고 정 표시를 다하는 것이겠습니까? 한달음에 달려가 상례에 임하려 했으나, 강남이어서 길이 멀기 때문에 글월을 봉함하여 멀리서 조문하면서 평소 담아두었던 회포를 펴나이다.

아아! 공께서는 세상에 나서서 다섯 살 되어 이름을 날리셨으니, 삼각산을 읊으신 절구는 늙은 선비의 마음을 서늘하게 하였습니다. 그래서 온 세상이 놀라 떠들썩하게 말하기를, "중니(공자)가 다시 태어났다"고 하였습니다. 그러나 공께서는 빈(賓)이 되는 것(과거시험을 통해 벼슬길에 나감)을 즐겁게 여기지 않으시고 서교(불교)에 의지하여 모습을 바꾸시니, 추로(鄒魯: 공자와 맹자가 태어난 곳)의 밝은 도리(유학)에 통하고 오축(불교의 발상지)의 현묘한 학설(불교)을 궁구하여 만물과 나를 무상(無相: 차별 없는 경지)*에 혼합하고 성령(性靈)을 일월(日月)과 가지런히 하였습니다. 그래서 많은 사람들이 의지하여 따라서 인과설과 화복설을 따져 물었습니다. 공께서는 그 허탄하고 망령됨을 싫어하여 오정(烏程: 초 땅에서 나는 술)에 의탁하여 빛을 가리시니〔化光同塵〕, 속내를 알지 못하는 사람들은 공을 미쳤다고 여겼습니다. 또한 공의 내면의 진실에 흠복(欽服)하여 헌면(軒冕: 수레와 모자. 즉, 높은 지위)과 청자(靑紫: 공경의 벼슬)의 무리가 모두 공과 어깨를 나란히 하는 친구가 되어, 함께 물외(세상 구속의 바깥)에서 넘나들었습니다. 그러나 세상 이치를 깊이 깨달으시고 오만하게 구시며, 부상(扶桑: 동해의 신목. 즉, 동해)의 그 끝까지 한껏 다 보았으니, 하물며 구름이 다 걷힌 감색(곤색) 하늘을 시선 닿는 데까지 본 것이야 더 말해 무엇 하겠습니까? 명산과 대천에는 오직 공의 발자취만 두루 남았으며, 기암괴석과 이름난 물은 공께서 감상하신 뒤에야 비로소 빛나게 되었습니다.

만년에는 추강(남효온)과 서로 만나 지극한 이치를 숨김없이 이야기하셨고, 월호(月湖: 秀川正 李貞恩)와 함께 소요하셔서 떠나고 만남에 그 믿음을 잊지 않으셨습니다. 그러나 행우(杏雨: 남효온)께서 공보다 먼저 가서(한 해 먼저 죽음) 백아(伯牙)에게 거문고 줄을 끊게 하시더니, 오늘 공의 시해(尸解: 몸을 남기고 신선이 되어 감. 죽음)를 슬퍼하게 되다니, 어찌 현천(玄泉: 황천)으로 쫓아가고 싶지 않겠습니까? 상상컨대 구천(九天)에서 유희하시고, 마음대로 시를 주고받으며 너울너울 날아다니시면서, 반드시 티끌 세상을 내려다보시고, 또한 손뼉을 치

---

* 원문에는 '무가'(無家)로 되어 있는데, '무상'(無相)의 뜻으로 풀이하였다. 신활자본 『梅月堂全集』 부록2에 수록된 홍유손 제문에는 '무상'(無相)으로 적혀 있다.

며 크게 웃고 계시겠지요. 평소 저자에서 함께 술 마시던 술동무들도 모두 슬프게 울고 애통해 하면서, 다시는 만나볼 수 없을 것임을 한탄하고, 이승과 저승이 영원히 막힌 것을 아프게 여기고 있습니다.

생각하건대, 공의 말씀은 범상하셨지 괴상하게 굴면서 남다른 이치를 찾는 것이 아니었으니, 비록 그 마음속에 쌓은 것을 말하지 않는다 해도 그 본래의 깊은 깨달음을 그 누가 모르겠습니까? 공은 비록 숨기셨지만 마음으로 가만히 부합하였으니, 공을 알아줄 사람으로는 우리만한 이가 없을 것입니다.

아아! 공이 세상을 떠난 것은 저 인위적인 허위를 미워해서가 아닙니까? 그러나 죽음이 삶보다 낫다고 한다면, 비록 만세(萬世)라 해도 그것은 오히려 잠깐이리니, 어찌 공께서 가고 머무름(죽음과 삶)에 마음을 두겠습니까? 밤과 낮의 추이(推移)를 따라서 느긋하게 자적(自適)하실 것입니다. 항상 있어 없어지지 않을 터이지만 누가 보겠습니까? 사람의 육안이 몽롱하기에 우스울 따름입니다. 환술(幻術)을 나타내어 기이한 일을 지음은 진실로 우리 공께서 싫어하신 바입니다. 공께서 가심은 사사로움이 없으시지만 사람들이 슬퍼함에는 사사로움이 있기에, 그저 세상의 습속을 따라서 멀리서 영원하시기를 천도(薦度)합니다.

하늘에 계신 공의 영령이시여, 미미한 정성이나마 이때에 받으소서!⁽⁶⁾

김시습은 죽으면서 다비(茶毘)를 하지 말고 절 옆에 묻어 달라고 하였다. 다비는 화장을 말한다. 승려들은 처음에는 김시습의 말대로 시신을 절 옆에 가매장하였다. 하지만 3년 뒤에 파보았더니, 얼굴이 마치 살아 있는 사람 같았다고 한다. 승려들은 그가 틀림없이 부처가 되었다고 여겨, 다비를 거행하였다. 그때 사리를 봉안하는 부도(浮屠)를 세웠다. 절 어귀의 서편에 그의 것이라고 전하는 부도가 있다. 그때 나왔다고 전하는 사리 한 점이 별도로 부여박물관에 보관되어 있다.

_ 홍유손의 고난과 남효온의 부관참시

1498년(연산군 4) 8월에는 유자광이 윤필상(尹弼商)을 사주하여 계(啓)를 올려⁷⁾ 홍유손과 관련된 옥사가 발생한다. 그 나흘 후인 14일에는 유자광이 직접

계를 올려 홍유손을 탄핵하였다. 같은 달 20일에는 의금부에서 홍유손의 공초(供招: 자백 문건)가 올라온다. 그런데 유자광은 자신의 아들인 유방(柳房)이 이 사건에 연루된 것을 알고, 사흘 뒤인 23일에 다시 계를 올려 홍유손을 제외한 나머지 사람들의 방면을 청하여 윤허를 얻어낸다. 그래서 홍유손은 달을 넘겨 9월 중순에 제주도로 귀양간다. 유자광이 홍유손을 가까이하고자 했으나 들어주지 않아 화를 입었다는 기록도 있다. 홍유손은 이해에 귀양갔다가 중종반정으로 8년 만에 풀려났다.

홍유손이 남긴 시문은 그 아들 지성(至誠)이 선조 연간에 『소총유고』로 엮는다. 단, 원래의 책은 잔결(殘缺)되고, 후손 술조(述祖)·익구(益九) 등이 1810년에 증보해서 활자로 간행하였다. 그는 임금은 마땅히 덕을 근본으로 인정을 구현해야 한다는 내용의 「경연부」(經筵賦)를 남겼는가 하면, 불교의 천당 지옥과 인과응보론이 인간의 양심을 밝히는 데 도움이 된다는 「존자암개구유인문」(尊者菴改構侑因文)도 남겼다.

1504년(연산군 10)에 갑자사화가 일어나자, 남효온은 부관참시를 당하였다. 연산군은 생모 윤씨가 성종의 비로 있다가 1479년에 폐비되고 이듬해에 사사된 일을 분통해 하여, 그 사건에 간여한 인물들을 말살하였다. 연산군은 이 사건이 종료될 무렵 새삼스럽게 무오년의 일을 거론하여 종실 이총(李摠)을 구금했다가 참형에 처했으며, 이총의 막역한 벗이었던 남효온도, 소릉 추복 상소를 올려 군주를 업신여겼다는 죄목으로 부관참시했던 것이다.

그 뒤 중종 초인 1512년과 1513년에 걸쳐 대간(臺諫)이 소릉의 복위를 네 달 동안이나 복합 상소하고 조정에서 논란을 벌인 끝에, 1513년(중종 8) 5월 초에 소릉이 복위되었다. 이때 소릉을 현릉 왼쪽으로 옮기고, 신주를 종묘에 들여놓았다. 하지만 그 뒤 선조는 남효온의 「육신전」을 보고 "그릇되고 망녕되이 조상을 욕한 말이 많으니, 모두 불질러버리겠다"고까지 할 만큼, 소릉의 복위 문제를 탐탁하게 여기지 않았다. 영의정 홍섬(洪暹, 1504~1585)이 설득하자 비로소 선조도 감동받았다고 한다.[8]

추모

_ 윤춘년 등의 추모와 시문 수습

김시습이 죽은 뒤, 여러 지식인들이 그의 처지를 동정하고 그의 사상 편력에 공감하였다. 이미 앞서 말했듯이 1511년(중종 6) 3월 14일(갑자)에 이세인(李世仁)은 성종조 문사들의 유고를 간행하자고 건의했는데, 그때 김시습과 남효온의 문집도 함께 간행해야 한다고 주장하였다. 즉, 그날의 석강(夕講)에서 참찬관 이세인은 다음과 같이 건의하였다.

성종조에 문사들을 교육 양성하여 인재가 크게 성했으니, 최숙정·성현·조위·유호인(兪好仁)·박은(朴誾)·김맹성(金孟性)·어세겸(魚世謙) 같은 이들이 모두 한때의 명현이요, 김시습·남효온은 과거에 합격한 사람은 아니지만, 또한 한때의 문사입니다. 그런데 그 문장과 유고가 모두 묻히고 없어져 전하지 않으니, 후대의 사람들이 무엇을 근거로 그 당시 문장이 성했던 사실을 알겠습니까? 또 시사(詩詞)는 본래 그 풍요(風謠)를 노래하여 읊은 것이기에, 그것으로 풍속이 융성한지 더러운지, 정치가 발전하는지 쇠퇴하는지를 알 수 있으므로 정치체제에 크게 관계됩니다. 따라서 그것들이 민멸(泯滅)해서 전하지 않게 해서는 안 됩니다. 앞의 몇 사람들의 경우, 그 자손들이 반드시 선인의 유고를 가지고 있을 터이니, 청컨대 모아 거두어 편집, 간행해서 전파함이 매우 마땅한가 합니다.[9]

중종은 "전에 이미 명하여 이 사람들의 문집을 모아 편집, 개간하게 했으니, 다시 명하여 속히 간행하게 해야겠다"고 허락하였다.

김시습의 시문을 수습하고 간행하는 데 큰 힘을 기울인 사람은 이자와 윤춘년이다.

이자는 한산 이씨 명문가의 문인으로, 고조는 이종학(李種學)이다. 곧 그는 이곡(李穀)·이색(李穡)의 후손이다. 그는 김시습이 죽은 후에 그 시문을 처음으로 모았다. 이자는 주계부정 이심원(李深源)에게서 수학했으니, 이심원은 남효온이 단종의 생모 소릉을 복위하라고 주장했던 1478년, 그보다 앞서 세조의 훈구 공신들을 기용하지 말 것을 성종에게 직언한 사람이다. 이자는 1519년에 기묘사화가 일어나자 삭탈 관직된 후 음성과 충주에 거주했고, 복직되지 않은 채 1533년에 병사하였다. 『기묘명현록』(己卯名賢錄)에 이름이 올랐다. 그가 김시습의 유고를 수집하려고 애쓴 것은 기묘사화 이후 세상의 동정에 환멸을 느끼던 차에 김시습에게서 청절(淸節)의 전형을 발견하고 흠모해서였다.

윤춘년은 1545년(명종 즉위년)에 을사사화가 일어나자 친족인 소윤 윤원형(尹元衡)과 합세하여 대윤 일파를 제거하는 데 앞장섰고, 1546년에 병조좌랑이 되어 윤원로(尹元老)를 제거하였다. 그 뒤 윤원형의 총애를 받아 대사헌까지 이르렀는데, 윤원형의 '서얼허통론'을 반대하지 못했다는 이유로 비난을 받았다. 1565년 예조판서로 재직할 때 윤원형이 제거되자 파직된 뒤, 향리에서 병을 얻어 1567년에 죽었다. 집에 요사스러운 일이 생겨 정신이 이상해져서 밤이면 밀실에서 혼자 무당굿을 하고 북 치고 춤추며 귀신에게 제사하다가 죽었다는 말도 있다. 윤춘년의 문집으로는 일본 텐리(天理)도서관에 필사본 『학음고』(學音

稿)가 전한다.[10]

　윤춘년은 여러 가지 책을 간행하였다. 대사간으로 있던 1553년에는 명판본 『시법원류』(詩法源流)를 찍어내면서 시론을 첨부하여 발문을 썼다.[11] 또 임기(林芑)와 함께 1547년부터 『전등신화구해』(剪燈新話句解)를 엮었는데, 자신이 외직으로 나간 뒤 1559년(명종 14)에 임기가 단독으로 집해(集解)를 완성하자, 뒷날 그것을 정정하여 1564년(명종 19)에 간행하고 발문을 썼다.

　윤춘년은 윤원형에게 아부하여 을사사화 때 많은 선비를 추방했기 때문에 경망하다는 평을 면치 못하였다. 또 '불교와 도교의 찌꺼기'들을 주워 모아 자칭 도(道)를 얻었다고 자랑했다는 혹평도 받았다.

　윤춘년은 김시습을 공자에 견주었다. 그러자 1551년에 종성 수령은 기괴한 행적의 김시습을 공자에게 비유한 것은 부당하다고 비난하였다. 윤춘년은 그러나 서한을 보내어, "제가 김시습을 성인에 가깝다고 한 것에 대해서는 여전히 할 말이 있습니다. 저는 그의 행적을 두고 말한 것이 아니라, 그의 마음가짐을 두고 말한 것입니다"[12]라고 밝혔다. 그는 심지어 김시습을 '동방의 공자'라고 했고, "공자를 못 보면 열경(김시습)을 보면 된다"고 말했다.[13]

　윤춘년은 1551년(명종 6) 가을에 「유관서관동록서」(遊關西關東錄序)를 적었는데, 그 무렵 김시습의 『관서록』과 『관동록』을 묶어서 간행했다. 또 별도로 「매월당서」를 지은 것으로 보아, 김시습의 다른 시문들도 별도로 간행했을 가능성이 있다.* 이 서문은 『매월당집』과 『금오신화』의 책머리에는 「매월당선생전」이라는 제목으로 실려 있지만, 문집 『학음고』에 「매월당서」라는 제목으로 수록되어 있다. 그는 『금오신화』를 '갑집'(甲集)이라고 하였는데, 갑집 표기는 한 사람의 저작물을 유별로 나누어 간행할 때 '갑, 을, 병……'으로 분류하는 방식에 따른 것이다.

　『선조수정실록』 1567년(선조 즉위년) 10월 5의 기록에는 윤춘년의 졸기(卒

---

* 2004년에 이르러 윤춘년이 간행했을 것으로 추정되는 을해자본 『매월당집』의 잔편이 발견되었다. 박철상, 「을해자본 『매월당집』 잔편 발굴의 의미」, 『문헌과 해석』 27(문헌과해석사, 2004. 6. 30), 215~235쪽.

記)가 실려 있다.[14] 그 기록에 따르면 윤춘년은 사람됨이 가볍고 허황하여 학도들을 모아놓고 시문 강설하기를 좋아했으나, 담론하는 것은 모두 불로(佛老)의 이야기였다고 한다. 윤춘년은 성인이란 천심과 부합되는 자를 말할 따름이라고 하여, 의리는 따지지 않고 무엇인가 일을 이루기만 하면 그것으로 천심과 부합된 것이라고 하였다. 요승 보우(普雨)가 학업에 대해 질문하자, "보우는 선(禪)으로 마음을 깨치고 그칠 곳을 알았다. 다만 정성(定性)의 경지에 미치지 못했을 뿐이다"라고 일정하게 평가했다고 한다.

허탄한 인물이라는 비판을 받기도 했지만, 윤춘년은 결코 주색과 뇌물은 좋아하지 않아 칭송을 받았다. 대사헌으로 있을 때는 법을 공정하게 집행했고, 판서 직에 있을 때 개혁한 것도 많았다고 한다. 그는 스스로 '도를 실천하는 사람'이고자 했다고 한다. 그가 구도적 열정 때문에 김시습을 추모했으리라는 사실을 짐작할 수 있다.

이 밖에 임진왜란 무렵까지 선조 연간의 문단에서 대가로 손꼽혔던 노수신(盧守愼, 1515~1590)도 김시습의 친필 시 17수를 모아 첩(帖)으로 묶어 후세에 전했다. 노수신은 포의(布衣) 시절에 사찰의 벽이나 승려의 시축(詩軸) 속에서 김시습의 시들을 발견하여 모았다고 한다. 뒷날 허목(許穆)이 그 시첩을 보고 발문을 남겼다.[15]

한편 17세기 초의 문인 기자헌(奇自獻)은 노수신이 배접한 김시습의 친필 유고를 1604년(선조 37)에 얻어 보고, 다른 유고를 더 모아 김시습의 '기행' 시를 중심으로 『매월당시사유록』을 엮었다. 즉, 기자헌은 「유관서록」과 「유관동록」에다 「유호남록」과 「유금오록」을 합하여 사유록(四遊錄)을 엮고, 다시 「기산명」(紀山名), 「제금오신화」(題金鰲新話), 산거집구(山居集句) 등을 '별집'(別集)으로 붙였다. 그는 김시습이 금오산 시절에 세조의 불사(佛事)에 불려갔을 때 지은 시들을 빠뜨리지 않고 수록하였다. 기자헌은 광해군 때 영의정까지 올랐으나, 이이첨(李爾瞻) 일파와 반목하여 인목대비 폐위 문제로 유배를 가는 등 고난을 겪었다. 그러다가 1623년의 인조반정 직후 반정 세력에게 죽임을 당하였다. 그는 평소 산수 유람을 즐겼고, 외가서(外家書)와 하원기위(遐遠奇偉)의 술법서도 두루 읽었다고 하니, 정신적으로 김시습의 원유(遠遊), 방랑을 흠모하였기에 김시습의 사유(四遊) 시들을 편집하였을 것 같다. 기자헌이 엮은 책은 아마도 그의 사후에 다른 누군가가 일부만 초록하여 경주에서 판각하였던 듯하다. 『매월당시사유록』의 고본(古本)에는 권말에 기자헌의 서문(「梅月堂詩四遊錄後序」)이 있고(단, 저자명은 없다), 그 뒤에 경주부에서의 판각 경위를 밝힌 지어(識語)가 붙어 있었다. 최근의 연구에 의하면 이 지어는 경상도 관찰사를 지낸 박경신(朴慶新, 1560~?)이 쓴 것으로, 경주부윤 윤효전(尹孝全, ?~1619)이 『매월당시사유록』을 판각한 사실을 알려준다고 한다.[16]

_ 후대 지식인들의 추모

후대 지식인들은 김시습을 여러 사당에서 배향(配享)해오고 있다. 특히 잘 알려진 사당으로는 창절사(彰節祠), 청일사(淸逸祠), 청절사(淸節祠)를 꼽을 수 있다.

김시습은 영월읍 영흥리에 있는 창절사(彰節祠)에 배향되어 있다.[17] 창절사는 단종의 복위를 위해 충절을 지킨 사육신을 비롯한 10인의 위패를 봉안하고 있다. 본래 1685년(숙종 11)에 노산군의 묘역을 보수할 때, 강원감사 홍만종의 발의로 노산묘 아래쪽에 사육신의 위패를 봉안하기 위한 육신사를 세웠던 데서 비롯된다. 이 육신사는 노산묘를 장릉으로 추숭한 후에도 그대로 있었는데, 1705년(숙종 31) 육신사를 장릉 밖으로 옮겨 지으면서 명칭을 창절사로 고친 것이다. '창절'은 불의에 항거하고 대의를 따르며 비장하게 최후를 마친 충신의 절개를 길이 표창한다는 뜻으로, 숙종의 사액(賜額)이다. 1758년(영조 34)에 조정에서 사육신에게 관직과 시호를 내리고, 1791년(정조 15)에는 김시습과 남효온을, 1828년(순조 28)에는 박심문(朴審問)을, 1833년에는 엄흥도를 추가로 배향하여 충신 10위의 위패를 봉안하기에 이르렀다.

한편, 김시습의 영정은 무량사에서 30리 가량 떨어진 청일사(淸逸祠)에도 모셔져 있다.[18] 청일사는 1622년에 홍산현감 심종직(沈宗直)이 무량사 옆에 세운 사당인데, 후대 사람이 홍산의 향교와 현청에서 가까운 홍산면 교원리(校院里) 2구로 옮겨왔다. 대원군의 서원 철폐령 때 헐렸다가 1884년(고종 21)에 다시 지어졌다. 이 현재의 청일사는 청풍각(淸風閣)이라는 소각(小閣)과 사당으로 이루어졌다. 사당 입구에서 오른쪽에 김효종, 왼쪽에 김시습을 모시고 있다.

김시습이 살았던 서울의 수락산에는 1686년에 박세당(朴世堂, 1629~1703)이 세운 김시습 영당(影堂)이 있었다. 박세당의 「석림암기」(石林菴記)에 따르면 영당의 위치는 채운봉(彩雲峰) 서남쪽 기슭, 소향로(小香爐)의 북쪽이라고 한다. 현재 수락산 장암역에서 서계(西溪)를 끼고 장자곡(長者谷)과 궤산정(簣山亭)을 지난 곳에서 마주치는 노강서원(鷺江書院)이 곧 그곳이다.

박세당은 1668년(현종 9) 40세로 수락산에 들어와 은거했는데, 먼저 은선암의 승려들에게 권하여 김시습을 기념할 만한 암자로 석림암을 짓게 한 뒤, 다시 1680년(숙종 6)에 영당을 짓고 홍산 무량사에 있던 김시습의 영정을 모사해와서 봉안하였다.[19] 김시습의 영정은 삭발은 했지만 수염을 깎지 않은 모습이었다. 1700년에는 양주 사람들이 사액을 청하는 건의를 하여, 1701년(숙종 28)에 김시습의 청풍대절(淸風大節)을 기린다는 뜻의 '청절사'(淸節祠)라는 편액을 받았다.

1729년(영조 5)에는 청절사 앞 시내에 작은 정자를 세워, '청풍정'(淸風亭)이라 이름했으며, 당대의 명필 윤순(尹淳, 1680~1741)이 편액 글씨를 썼다. 이 사당은 대원군 때 철거되었다가 1968년에 노강서원으로 이름을 바꾸어 건축되었다. 본래의 노강서원은 1695년(숙종 21) 중전 민비의 폐출을 죽음으로 막았던 박태보(朴泰輔, 1654~1689)를 기리기 위해 노량진에 세웠던 서원인데, 6·25전쟁으로 소실된 뒤 1968년에 이곳으로 옮겨왔다.

박세당은 41세 때인 1669년(기유)에 노론의 송시열에게 패한 후 은둔을 택하여 현실 구원의 사상을 구축했는데, 그때 그가 추앙한 인물이 김시습이었다. 그는 김시습의 유적지를 찾아보고는 다음 시를 지었다.[20]

칡덩굴은 섬돌을 묻고 풀은 길을 덮었다	藤蔓籠階草覆逕
깊은 숲에 가을 저물어 행인 끊어지고.	深林秋晚斷人行
바위틈에 적막하게 은둔했던 유적을 보고	巖栖寂寞對遺跡
천고의 맑은 분을 그리며 서글퍼하노라.	怊悵空懷千古淸

박세당은 김시습을 "천고의 맑은 분"(千古淸)이라고 하였다. 백이와 같은 맑은 분이라는 뜻이다.

박세당은 52세 때 『대학사변록』(大學思辨錄)을 저술하고, 그 다음해(1681년, 신유, 53세)부터 『신주도덕경』(新註道德經)과 『남화경주해산보』(南華經註解刪補)를 저술하여 노장과 성리학을 통합하려는 사상적 고투를 했는데, 그것은 김시습과 닮은 면이 있다.[21] 게다가 그는 30대 후반 무렵 홍문관의 도서를 열람하면서 농업의 경작과 경영에 관한 참고 내용을 책으로 엮기 시작하여, 48세 때인 1676년(숙종 2)에 『색경』(穡經)을 엮었다. 자급자족의 농업 경영을 중시한 점도 김시습의 농경 중시 사상과 통하는 면이 있다.

박세당은 김시습의 절개와 지조가 백이 숙제와 같다고 보았다. 고려 말 조선 초의 길재(吉再)가 비록 항절(抗節)과 높은 품격의 문장을 지녔지만 김시습에게는 조금 못 미치는 부분이 있다고도 하였다. 박세당은 한유(韓愈)가 「백이송」(佰夷頌)에서 했던 말을 바꾸어, 김시습은 "홀로 서서 자신의 믿는 바를 실행에 옮기고, 우주 끝까지, 역사의 종언까지 결코 남의 시비(是非)를 돌아보지 않을 사람"(特立獨行, 窮天地亘萬世而不顧者)이라고 논평하였다.[22]

박세당이 김시습을 흠모한 것은 그의 삶에 공감하였을 뿐 아니라, 사상적 고투에서도 깊은 감명을 받았기 때문인 듯하다. 박세당은 노장의 학설이 비록 성인의 대법(大法: 인륜의 질서)과는 어긋나지만, "노장의 본래 의도를 분명하게 파악하는 작업을 통하여 먼저 성인의 법도와의 차이를 이해할 수 있을 뿐만 아니라, 그것을 취사 선택하는 분명한 기준을 마련하는 계기로 삼을 수 있다"[23]고 하였다. 그는 유가나 묵가(墨家: 결국 불교를 가리킴)의 주장은 모두 하나의 온전한 전체〔大全〕에 근원하되 개별적 사상 체계를 지닌 소성(小成)이므로, 시비 판단의 바른 기준을 잃지 않으려면 천리의 밝음〔天理之明〕에 비추어보아야 한다고 주장하였다.[24] 또한 피차・시비의 사이나 경계에 진리의 기준을 설정하여, 동심원의 중앙인 환중(環中)을 지향함으로써 보편적 인식에 이를 수 있다고 하였다.[25] 원효가 만법귀일(萬法歸一: 모든 차별이 결국 근원적인 한 이치로 돌아감)을 믿어 종파적 대립을 초월한 화쟁(和諍) 논법을 편 것과 마찬가지로, 김시습도 박세당도 사상의 회통을 추구하였던 것이다. 박세당이 김시습을 흠모했던 것은 절의 사실만을 두고 그런 것이 아니었음을 짐작할 수 있다.

박세당은 "도를 지향하는 한 방내(方內)·방외(方外)를 구분하지 않으며, 또한 도에 노니는 자는 이것과 저것의 상대적 분별을 잊는다"[26]고 하였다. 그러면서도 그는 자기 사상체계의 내적 구조를 유지하기 위해 자신이 근본 유자라는 사실을 강변했으며, 김시습을 유학자로 분류하였다. 즉, 그는 자신과 김시습이 "옷도 이단의 것이 아니고, 본성도 또한 동일하다"(服不異而性亦同)고 규정하였다.[27]

후대의 사람들이 김시습을 얼마나 추모했는지는 그의 화상, 즉 초상화를 배알하고 시문을 남기거나 그의 일생을 개괄하는 시문을 적은 사실에서도 알 수 있다. 먼저, 조선 후기에 김시습의 화상이 있었다고 거듭 언급되는 곳을 열거해 보면 다음과 같다.

- 무량사의 산신각에 걸었던 화상: 정유재란(1597년) 이전까지 나이 든 모습을 그린 원본이 있었다. 현재 대웅전 서쪽의 작은 각에 모셔져 있는 화상은 그 모본(模本)인 듯하다. 충청남도 유형문화재 제64호로 지정되어 있다. 17세기에 간행한 『매월당시사유록』의 권수(卷首)에 김시습의 「찬」(贊)과 함께 실려 있는 것은 무량사 화상을 저본으로 모각(模刻)한 것이다. 둥근 모자를 쓰고 수염을 기른 모습이다.
- 강릉의 삼왕촌 영당에 걸려 있던 화상: 본래는 무량사 화상을 임모한 것이었던 듯하다. 김시습 자신의 「화상찬」이 붙어 있었다. 단, 숙종 때 김수증이 모사한 이후 없어졌다. 뒤에 김시습의 후손 김종림(金宗霖)과 종인 김학화(金學和)가 새로 화상을 그려 봉안하였다.[28] 1927년 신활자 간행 『매월당집』의 권수에 실려 있는 것은 이 화상을 모각한 것인 듯하다.
- 김수증이 강릉 영당에 있는 것을 모사하게 해서 곡운의 영당에 걸었던 화상: 김수증과 오철준(吳哲俊)이 「화상찬」을 썼다. 그 화상첩은 서청순(徐淸淳)의 집에 있다가 초혼각으로 옮겨져 봉안되었다.[29] 승려의 옷차림이되 수염을 기른

모습이었다고 한다.
- 박세당이 수락산에 세운 매월당을 계승한 창절사에 걸려 있던 화상
- 금오산 천룡사 계곡 매월당에 걸려 있던 화상: 영조 때 이충익(李忠翊)이 보았다는 화상이다. 천룡사 계곡이란 혹 용장사터를 가리키는지 알 수 없다. 1670년(현종 11)에 경주부윤 민주면(閔周冕)이 용장사 부근에 당을 짓고 봉안한 화상이 이것이었던 듯하다. 용장사 부근 매월당은 그 뒤 금령으로 철거되었다.
- 설악산 오세암에 걸려 있던 화상: 19세기 초 서유영(徐有英)의 참관기에 따르면, 속인의 모습을 그린 것과 승려의 모습을 그린 것 두 종류였다고 한다.
- 기림사(祇林寺) 입구 매월영당(梅月影堂)에 봉안되어 있는 화상: 1878년(고종 15)에 경주 유림이 기림사 주지에게 부탁하여 당을 짓고 초상을 보안하게 되었다고 한다. 특이하게도 신선의 모습이다.
- 일본 텐리(天理)도서관에 소장되어 있는 화상: 19세기, 비단 채색, 도포에 분홍색을 입혔다. 『매월당시사유록』의 권수에 모각된 화상과 구도가 같다.

그런데 이러한 화상들은 김시습이 스스로 그렸다고 하는 원래의 자화상과 계승관계에 있는 것도 있겠지만, 전혀 다른 사람들에 의해 각기 다른 시기에 모사된 것도 있다. 일종의 상상화도 있다. 화상의 복색도 달랐다. 말하자면 그를 추모하는 사람들마다 제각각 김시습의 초상을 마음속에 그리면서 그를 흠모해왔던 것이다.

현재 일반적으로 널리 알려진 무량사의 김시습 화상은 유학자의 복색으로 되어 있다. 현종·숙종 연간의 박태보(朴泰輔)는 「김동봉화상찬」(金東峯畵像贊)을 짓고, "홍산 무량사의 동봉 화상은 이율곡이 말한 '동봉이 스스로 그렸다'고 한 것인데, 유학자의 옷차림이니 그 의중을 알 수 있다고 하겠다"라고 하였다.[30]

박태보는 다음과 같은 화상찬을 지어, 김시습이 승려 행각을 했던 것은 '더러운 자취'이지만, 스스로 유학자의 옷을 입은 자화상을 그려 유학자로서의 본마음을 분명히 드러냈고, 좌화(坐化: 앉은 자리에서 그대로 입적하는 것)하지 않고

유학자로서 죽었다고 논하였다.

좌화(坐化)는 예법에 어긋나니	坐化非禮
삿자리를 바꾸어 임종하는 일을 나는 알 따름.	易簀吾知
머리 깎은 치류(승려)의 입에서	緇髡之口
어찌 이런 말을 할 수 있었으랴?	豈肯有斯.
초상을 만고에 남겼으니	像留萬古
승려의 자취는 한때에 더러움이었네.	跡穢一時
선생의 마음은	夫子之心
너무도 뚜렷하여 의심할 게 없어라.	皦然無疑.

공자의 제자 증삼(曾參)은 위독해졌을 때 자리에 깐 삿자리가 신분에 맞지 않는다고 다른 것으로 바꾸게 한 뒤 죽었다고 한다. 『예기』「단궁」(檀弓) 편에 나오는 고사이다. 김시습은 다비를 하지 말라는 유언을 했으니, 박태보는 그것을 두고 유학자로서의 죽음을 택했던 것이라고 강조하였다.

김수증이 모사하도록 했던 김시습 초상은 승려의 옷차림이되 수염을 기른 모습이었다. 송시열이 1672년(현종 13, 임자) 11월에「화상발」(畫像跋)을 쓴 것이 있다.

공자께서 선세(先世)의 성현을 서열 매긴 것이 많았는데, 오직 머리를 자르고 문신을 했던 태백(泰伯)을 거론하여, 천하를 삼분할 만큼 지덕을 갖추었으나 은 나라에 복종하여 섬긴 문왕의 지극한 덕과 아울러 일컬었으니, 선유(先儒: 선배 유학자. 주자를 말함)가 말하기를, "그 뜻이 은미하다"고 하였다. 우리나라 습속이 옛것을 좋아해서, 옛 성현이 남긴 화상을 간직하기를 좋아하는 사람이 많다. 그런데 이제 연지(延之: 김수증)가 홀로 매월당의 진영(眞影)을 모사해서는, 공께서 놀던 춘천의 산골에 초당을 짓고 걸어두려 한다. 내가 그 진영을 자세히 살펴보니, 비록 수염이 있기는 해도 갓과 옷으로 말하면 분명히 치류(緇類: 승려)가 입는 옷이다. 내 일찍이 율곡 선생께서 하교를 받고 지은 공의 전기를 읽어보았는데, 공은 젊어서는 유생이었으나 중간에 치류가 되었고, 만년에는 머리를 길러 정상으로 돌아왔다가 임종할 때 이르러 다시 두타의 모습으로 바뀌었으니, 대체로 그 형상이 세 번 바뀌었거늘, 이 치류의 모습만 남겨두고 스스로 「화상찬」까지 지은 것은 역시 그 사이에 뜻이 있었던 것이 아니겠는가? 아마 공께서 출가하여 행적을 방종하게 한 것은, 실은 그 몸을 숨기고 가려버리는 뜻에서였다. 하지만 백세 뒤에라도 후인이 그 기상과 정신을 한 조각 화폭에서 본다고 한다면 그나마 매월공의 사람됨을 알 수 있을 것이다. 금년 여름에 성삼문 공의 신주가 갑자기 인왕산의 끊어진 산기슭 아래서 나와, 경향(京鄕)의 사대부들이 홍주(洪州) 땅 노은동(魯恩洞)에 봉안하였다. 뒷날의 군자들이 이 두 분을 아울러 일컫기를 공자의 말과 같이 할 것인가, 그래서 적막하지 않을 것인가? 연지가 이미 그 대왕고 석실산인(石室山人) 김상헌(金尙憲)을 위해 도산(陶山)에 도연명의 취석(醉石)·고송(孤松)·오류(五柳) 등의 이름을 새겨두고, 또 이어서 이번 일을 하니, 그 느낀 바가 깊어서일 것이다. 아아, 비록 공이 생존해 계신다고 하더라도 일곱 자의 체구에 불과할 터이고, 지금은 또 일곱 치의 짧은 명주에 실려 있는데도, 논하는 자들이 "이것이 드러나고 숨고 하는 것은 세상의 도리에 긴요한 문제이다"라고 말하는 것은 어째서인가?[31]

순조 연간의 노론계 성리학자 홍직필(洪直弼, 1776~1852)은 창절사를 돌아보고 「수락산에 노닌 기록」(遊水落山記)을 남겼는데, 창절사의 김시습 화상은 두타의 모습이라고 했고, 김시습의 기(氣)와 절(節)은 만장봉을 닮았다고 하였다.

이분은 일찍이 성대한 이름을 얻어 오세동자라 해서 온 나라가 다 아는 터였기에, 진실로 갓을 망가뜨리고 탕건을 찢어버리지 않았더라면 능히 몸을 지켜 해악을 멀리하지 못했을 것이다. 행적을 불문에 가탁한 것은 스스로 정절을 지킴으로써 영릉(세종)을 떠받들고자 해서였다. 뜻을 굽히지 않고 몸을 욕되지 않게 한 것은 마치 은나라의 백이 숙제와 같았고, 몸은 맑음의 이념에 부합하고 폐하여도 권도(權道)에 맞은 것은 오나라 태백(太伯)과 중옹(仲雍)처럼 했으니, 말하자면 백중(伯仲: 태백과 중옹)과 이제(夷齊: 백이와 숙제)를 합하여 한 사람으로 만든 셈이다. 인간의 최고 표준을 이미 확립하고 하늘의 기강도 추락시키지 않았으니, 생육신 중에서도 이분이 가장 실천하기 어려운 일을 하였다. 아! 김열경은 사람 가운데 만장봉이요, 만장봉은 산 가운데 김열경이다. 기(氣)와 절(節)이 서로 어울렸으니 마땅히 천지와 더불어 함께 없어지지 않을 것이다.[32]

한편, 19세기 전반의 문인 서유영(徐有英)은 설악산 오세암(五歲庵)에서 김시습의 화상을 배알하고 시를 지었다.[33] 그 내용으로 보면, 당시 설악산 오세암에 김시습의 화상 두 개가 별도로 모셔져 있었음을 알 수 있다. 시의 내용을 대략 풀어보면 다음과 같다.

동봉은 호걸의 인사로, 오세에 신동이라 불렸다네. 말을 하기만 하면 사람을 놀라게 했고, 기이한 기운은 긴 무지개를 토해내듯 하였지. 지존께서 친히 보시고 끌어안아주셨으니 은혜와 예우는 그때까지의 신하들에게는 없던 일이네. 그러나 왕의 승하로 모두 비통해 하였고, 어린 왕은 양위하시고 월중(곧 영월)으로 물러나셨으니, 차라리 수양산 고사리를 캐먹다 굶어죽을지언정, 위수에 살던 여상이 주나라 무왕을 도왔던 공적과 같은 새 조정의 공신들을 높이 치지 않았다네. 동학사에서 단종의 초혼례를 올리며, 노래하면서 충성의 피를 제물로 바쳤고, 결국 산문 속에 자취를 맡겨 표연히 조롱(鳥籠)의 구속을 벗어나셨지. 우리 영묘(세종)를 뵈올 면목이 없다고 했던 그 말, 너무도 비통하니 어이 다 표현하랴. 지금 내가 설악에 와보니 초상화가 절간에 있는데, 하나는 속인의 모습이고 하나는 치류(승려)의 모습으로, 미간을 찌푸려 근심하는 형용이로구나. 이분 가신 뒤 4백 년에 맑은 이름이 해동에 가득했거늘, 이제야 생초(비단)에 그린 초상화로 얼굴을 뵈옵게 되니, 두 번 절하여 그 높은 풍모에 읍하노라.[34]

또한 후대 지식인들은 김시습의 일생 사적을 시나 문으로 적었다. 윤춘년이 「매월당선생전」을 지었고, 이이가 선조의 명을 받들어 다시 「김시습전」을 지었다는 사실은 이미 여러 곳에서 언급하였다.

정조 연간의 소북계 문인 유경종(柳慶種)은 김시습을 논한 시에서 그의 일생 사적을 대략 다음과 같이 개괄하였다.

> 양혜왕이 '무엇으로 우리나라를 이롭게 하겠느냐?'고 물은 말로 김수온이 태학생 남효온을 시험했다는 말을 듣고, 속내를 있는 대로 드러내어 그 자가 『맹자』를 아느냐고 비판하였지. 천고의 김열경이여, 너무 장난이 지나쳤던 것이 아니었던가! 머리 깎아 성스런 세상에서 도망했으니, 그 행사는 주나라 곡식 먹기를 부끄러워 수양산에 숨었던 백이보다 더 심하였네. 속세로 돌아왔다가는 다시 불교로 돌아가, 처음부터 끝까지 세상과 어긋났도다. 전답과 종복을 남이 탈취하려던 소송에서 이긴 뒤 관아를 나서며 문서를 찢으면서 웃었고, 농부의 형상을 나무로 깎아 책상에 벌여놓고는 눈물을 흘리며 태워버렸지. 승려들이 설법을 해달라고 했을 때는 당 아래로 소를 끌어오게 하고 그 꽁무니에 꼴을 놓아 승려들의 어리석음을 비웃었으니, 오묘한 본지를 어찌 가벼이 보여주랴? 강중(서거정)은 옛 친구였다만, 정재상(정창손)에 대해서는 "저놈을 어이 쓰랴!"라고 하였네, 국토 안의 사방을 두루 돌아다녀 자취가 깔렸으니, 평생의 뜻이 고결하였소. 지금도 해상의 달은 벽산 속에 남아 빛을 비추고 있구려. 자화상은 역시 우연히 남은 것일 뿐이려니, 제사를 지내는 것은 이분이 바라던 일이 아니리라.[35]

김시습의 지식인들은 그의 전(傳)을 새로 작성하기도 하였다. 허목과 이건창(李建昌, 1852~1898)이 대표적인 예이다. 허목은 노수신이 수습해서 엮은 「동봉친필시첩」(東峯親筆詩帖)에 발문을 썼을 뿐 아니라, 자신이 엮은 「청사열전」(淸士列傳)에 김시습을 입전(立傳)하였다.[36] 허목은 김시습의 사적을 「청사열전」에 넣은 이유를 다음과 같이 말하였다.

세상에서 도리가 사라진 변풍(變風)의 시대를 당하여, 세상에서 도망하고 세속과의 관계를 끊고는, 혹 그 자취는 더럽게 해도 그 행실은 깨끗하게 하는 자가 있으니, 몸가짐을 맑게 지녔기에 세상을 버렸어도 권도(權道)에 부합하기 때문에, 성인도 인정한 바 있다. 그래서 청사열전을 짓는다.[37]

구한말의 양심적인 소론계 정치가이자 지식인이었던 이건창도 「청은전」(淸隱傳)을 지어, 김시습을 김인후(金麟厚, 1510~1560)와 함께 입전하였다. 이건창은 「청은전」을 짓는 동기에 대하여 다음처럼 말하였다.

공자께서는 (『논어』「미자」편에서) "그 뜻을 굽히지 않고 그 몸을 욕되게 하지 않은 사람은 백이와 숙제라고 할까!"라고 하셨고, 또 (역시「미자」편에서) 주나라 태왕의 아들 우중(虞仲: 仲雍)과 주나라 일민 이일(夷逸) 등을 일러 "은거하면서 방언(放言: 할 말을 거리낌없이 함)을 하여 몸은 청(淸)에 부합하게 지녔고, 세상을 버리고는 권(權)에 부합하도록 하였다"라고 말하였다. 무릇 백이, 숙제, 우중 이 세 명의 군자는 내가 그 이름을 들어보았지만, 이일은 어떤 사람인가? 비록 성스러운 공자를 통해 전해졌으나, 이름은 전하되 그의 사적은 전해지지 않는다. 공자께서 문헌이 빠져 있음을 탄식하신 것도 이런 일 때문이다. 은자의 관점에서 보면 사적이 전해지지 않는 것이 진실로 좋지만, 옛것을 좋아하고 덕을 숭상하는 선비는 오히려 유감을 갖는다. 그래서 「청은전」을 짓는다.[38]

그런데 이건창이 지은 김시습의 전에는 사실과 어긋나거나 의심 가는 부분이 있다. 세종이 다섯 살인 김시습을 불러 직접 시로 시험했고, 당시 뒷날의 단종이 세손으로서 입시했다고 한 것은 사실과 다르거나 확인이 되지 않는 내용이다.

한편, "세조가 노산군을 영월 청령포로 좌천시키고, 세종 때의 옛 신하인 박팽년·성삼문 등을 찾아 죽였으며 노산군 또한 죽게 했을 때, 김시습이 서울 동쪽 수락산에 있다가 변고를 듣고 크게 곡하며 책을 모조리 불사르고 선비 옷을 찢으며 삭발하여 스님이 되어서는 스스로 설잠이나 청한자라 칭하였다"라고 한 부분에서는, 김시습이 병자년의 사건 때 '수락산에 있었다'는 데 의문이 가지만, 김시습이 그 사건 후에 승려가 되었다고 한 것은 어느 정도 수긍이 간다. 또 김시습이 승려가 된 뒤 "밤낮으로 부르짖고 발광하며 포의를 남루하게 걸치고 새끼로 띠를 삼아 옷을 묶고 길에 다니면서 걸식하였다"고 한 부분은, 관동·관서의 유람 사실을 생략한 어법인 듯하다.

이건창은 김시습이 불교에 대하여 전혀 몰랐으며, 세조가 왕위를 찬탈한 후 무언가 일을 하려 했으나 하지 못하게 되자 불문에 몸을 맡겨 스스로의 의지를 꺾고 삭인 것이라고 보았다.[39] 김시습이 울분을 삭이기 위해 스스로 미친 체한 것은 사실이지만, 불교에 대하여 전혀 몰랐다고 하였으니, 이 점은 사실과 어긋난다.

이건창은 김시습이 마흔 남짓한 나이에 머리를 기르고 아내를 취한 뒤, 대단히 가깝게 지내면서 자식을 낳았으나, 얼마 있다가 아내와 자식이 죽자 두타행을 했다고 하였다. 김시습이 두번째 부인인 안씨와의 사이에 자식을 두었다는 사실은 달리 기록을 찾아볼 수 없으나, 이건창은 또 다른 전승을 알고 있어서 이렇게 적은 것이 아닌가 한다.[40]

세세한 부분에서는 확실하지 않거나 잘못이 있지만, 이건창의 글은 일민 김시습의 모습을 생생하게 전해주는 면이 있다.

_ 민중의 사랑을 받아온 김시습

어떤 사람들은 김시습이 지었다고 전하는 시조를 입에서 입으로 옮겼다. 숙종, 영조 때의 문신인 이형상(李衡祥, 1653~1733)의 집안에 전하는 『병와가곡집』(甁窩歌曲集)에 김시습의 시조가 한 수 실려 있다.[41]

맹자(孟子) 견(見) 양혜왕(梁惠王)하신대 첫 말씀이 인의예지(仁義禮智)
주문공(朱文公) 주(註)에도 그 더욱 성의정심(誠意正心)
우리는 하올 일 없으니 효제충신(孝悌忠信)하리라.

이 시조는 유교의 덕목을 나열한 내용인데, 품격이 그리 높지 않다. 김시습이 지었다고 보기에는 무리가 있다. 하지만 김시습은 일상생활에서 덕(德)을 실천하는 것을 중요하게 생각했고, 그것도 누구나 알기 쉬운 언어로 말하곤 했으니, 이 시조는 김시습의 사상을 잘 알아차린 것이라고 할 수 있다. 실제 작가는 아닐지 몰라도, 뒷사람들이 김시습의 정신세계를 잘 보여주는 시조를 끌어다 댄 것이 아니겠는가?

후대의 민중들 사이에 김시습은 환술(幻術)을 잘하는 사람으로 알려졌다. 김시습이 관동으로 떠나기 하루 전에 크게 다쳤지만, 다음날 멀쩡하게 회복되어 훌훌 떠났다는 전설은 이미 살펴본 바 있다. 또 세상에서는 김시습이 곰과 맹호를 부리고 술을 피로 변하게 했으며, 숨을 내뿜어서 무지개를 만들고 주술을 써서 오백나한을 청해왔다는 이야기를 전하였다. 윤춘년은 「매월당선생전」(「매월당서」)에서 이러한 이야기가 있다는 사실을 소개해놓고, 그러한 이야기들을 다 믿을 수는 없다고 하였다.

아마도 김시습이 환술을 부렸다는 말은, 그가 평소 색은행괴(索隱行怪)를 좋아하지 않았으므로 결코 사실이 아닐 것이다. 하지만 그를 사랑하는 민중들은 기어코 김시습에게 환술의 힘을 부여하여 신령한 존재로 만들어놓고야 말았다.

근세의 문인들은 금강산 만폭동 중로방(中路房)의 백룡담(白龍潭) 오른편 벼랑에서 김시습이 새겼다고 전하는 각자(刻字)를 보고, 그의 정신세계를 흠모하였다. 정인보(鄭寅普)가 거기서 시조를 지은 것은 그 대표적인 예이다. 중로방에 있었다는 글씨의 내용은 이러했다고 한다.

樂山樂水, 人之常情也. 我則登山而哭, 臨水而哭. 豈無樂山樂水之情, 而有此哭無窮歟!

그 뜻은 "산과 물을 좋아하는 것은 사람이라면 누구나 지니는 감정이다. 그런데 나는 산에 올라서도 곡을 하고 물에 임해서도 곡을 한다. 어찌 산과 물을 좋아하는 감정이 없어서 이렇게 끝없이 곡하는 것이겠는가!" 이다. 끝 줄에는

"기축년 중하에 44세 늙은이가 금강산에 들어가 적다"(己丑仲夏, 四十四歲翁入 金剛題)라고 새겨져 있었다고 한다.[42]

그런데 만일 김시습이 이 글을 썼다면, 그것은 그가 수락산에서 승려 설잠으로 살아가고 있을 때 쓴 것이 된다. 즉, 44세 때라면 1478년(성종 14)에 해당하며, 간지로는 무술년이다. 또 1478년에서 가장 가까운 기축년은 1469년(예종 원년)인데, 그때 김시습은 35세였다. 따라서 이 각자의 글은 김시습이 지었다고 보기 어렵다. 하지만 이 글은, 세속의 불의에 분노하여 산수를 떠도는 사람이 지었음직하기에, 근세 지식인들은 그 각자 앞에서 김시습의 일생을 새삼 반추하지 않을 수 없었을 것이다.

정인보는 「관동해산록」(關東海山錄)에서, "김공은 세종 을묘생이니 기축에 44세(라는 것이) 맞지 아니하나, 다른 이로는 이 같은 인간의 지애(至哀)와 심산(深山)의 낭적(浪跡)이 있을 것 같지 아니하여 일생의 행종(行踨)을 비궤(秘詭)하게 하는 이라 후인으로 하여금 의심하게 한 것이 도리어 이 어른의 진적(眞蹟)에 대한 일징(一徵)이 아닐는지 누가 알랴?"고 하였다. 그리고 정인보는 이 각자를 보고 세 수의 시조를 지었는데, 그 둘째 수와 셋째 수는 이러하다. 띄어쓰기만 현대식으로 고쳐보면 다음과 같다.

오세(五歲)에 매치신 한(恨) 그대로 천추(千秋)로다
무단(無端)히 늣거우니 뵙는 듯도 한저이고
노릉(魯陵)은 한(恨) 업스서라 '우룸 끼쳐' 두시니

산(山) 올라 우셨다니 산(山) 보시면 설더니까
물 당해 우셨다니 물 보시면 설더니까
임 보신 산과 물이야 그대 설다 하리까

들리는가, 그의 웃음소리

　조숙한 천재, 외로운 방랑자, 꿈꾸다 죽은 늙은이. 생전에 그의 삶을 제대로 이해한 사람은 그리 많지 않았다. 하지만 아무도 그의 죽음을 미워하지 않았다. 뒷날 그를 절의의 화신으로 받든다든가, 천재 시인으로 추앙한다든가 하는 것은 그의 진면목을 온전하게 파악한 것이라고는 하기 어렵다. 세간의 명리를 벗어나 지팡이 하나, 짚신 한 쌍으로 무심한 구름과 사심 없는 달빛처럼 자적하던 사람이 그, 김시습이다. 가고 오고 앉고 눕고 하는 모든 것이 자유자재했으나 때때로 분노가 치밀면 광기를 발했고, 그 끝에 우울해 하였다. 그리고 자연 속에서 평온함을 되찾고, 인간의 본래성을 추구하는 진지한 사색의 내용을 글로 적었다. 세간의 불의를 너무나도 미워했지만, 현세간의 당처(當處)가 곧 인간 존재의 본래성을 추구할 수 있는 유일한 곳이라고 믿고 현실 속에 남았다.
　김시습은 언젠가「깔깔대며 웃는다」(謔浪笑)라는 시[43]를 지었다. 홍유손이 제문에서 말했듯이, 김시습의 영혼이 천상에서 티끌 세상을 굽어보며 깔깔 웃어대고 있을 소리가 꼭 이러할 것이다. 그 웃음소리가 지금도 들리지 않는가?

나는 알지, 나는 알지	我會也我會也
손뼉 치며 깔깔 한바탕 웃노라.	拍手呵呵笑一場
옛날 잘난 이 모두 양(羊: 본질, 생명)을 잃었나니	古今顯達俱亡羊
시냇가에 초가 지어 사는 것만 못하리.	不如結茅淸溪傍
험한 길에 서서 버티려 애쓰다니	畏途側足令人忙
편히 앉아 아침 햇볕 쪼임만 못하리라.	不如安坐曝朝陽
인생 백 년은 기장밥 익는 시간일 뿐	百年熟黃粱
담소하며 뽕나무로 거북 삶는 걸 경계하는 것이	談笑防龜桑
백 번 친 빈 옳기에	百了千當
좌망(坐忘: 무아의 경지에 듦)만 못하리라.	不如坐忘
푸른 산 높디높고	碧山峩峩
푸른 시내 넘실대는 곳에서	碧澗泱泱
홀로 노래하고 홀로 춤추며	自歌自舞
근심도 즐거움도 모두 잊으리.	憂樂兩忘
쓰러지다간 눕고	或偃或卧
길 가다간 주저앉고	或行或坐
땔나무를 줍다간	或拾隳樵
참외 따면서.	或摘甛苽
한 벌 베 적삼에	一領布衫
팔 걷어붙여	半眉躶臂
앙상한 뼈, 솟은 힘줄 드러내고	骨癯䪫筋癰
농군 모자 끈을 늘어뜨린 채	野冠粗纓下軃
남과 나의 구별을 아예 모르리.	眼底不見人與我
달 아래 요뇨탄 가를 거닐며 노래 뽑다가	步月長歌腰裊灘
구름 자욱한 골짝으로 들어간다, 어허허.	笑入煙蘿洞雲鎖

연보

1435년(을묘, 세종 17) 1세
본관은 강릉(江陵)으로, 서울 성균관 북쪽 반궁리(泮宮里)에서 태어났다. 김주원(金周元)의 22대손으로, 아버지는 일성(日省), 어머니는 선사(仙槎) 장씨(張氏)이다. 최치운(崔致雲)이 시습(時習)이라는 이름을 지어주었다. 태어난 지 여덟 달 만에 글을 알아, 외할아버지가 『천자문』(千字文)을 가르쳤다.

1436년(병진, 세종 18) 2세
외할아버지에게서 『당현송현시초』(唐賢宋賢詩抄)를 배웠다.

1437년(정사, 세종 19) 3세
시구를 짓기 시작하였다. 『정속』(正俗), 『유학』(幼學), 『자설』(字說), 『소학』(小學)을 공부하였다.

1439년(기미, 세종 21) 5세
이계전(李季甸)의 문하에서 『중용』(中庸), 『대학』(大學)을 배웠다. 조수(趙須)에게도 배워, 그에게서 열경(悅卿)이라는 자를 받았다. 정승 허조(許稠)가 찾아왔다.
세종(世宗)이 승정원을 시켜 김시습을 시험한 뒤, 그 능력을 칭찬하여 비단을 하사하였으며, 이에 오세(五歲)라는 별명으로 알려지게 되었다고 한다. 이후 13세까지 김반(金泮)에게서 『논어』(論語)・『맹자』(孟子)・『시경』(詩經)・『서경』(書經)・『춘추』(春秋)를, 윤상(尹祥)에게서 『주역』(周易)・『예기』(禮記)를 배우고, 역사서와 제자백가서는 스스로 공부하였다. 아마도 성균관 하재(下齋)에 묵으면서 김반 등에게 수학했던 것 같다.

1449년(기사, 세종 31) 15세
겨울에 모친이 별세한 듯하다.

1452년(임신, 문종 2, 단종 즉위년) 18세
여름에 3년 상기를 마쳤다. 그 직후, 조계산(曹溪山) 송광사(松廣寺)에 머물며 준상인(峻上人: 雪峻)에게 불교를 배웠다. 상경하여 안신(安信) 등과 과거 공부를 하였다. 이 무렵 남효례(南

孝禮)의 딸과 결혼하였다.

1453년(계유, 단종 원년) 19세
봄에 과거에 응시했으나 낙방하고, 삼각산 중흥사(重興寺: 中興寺)로 공부하러 갔다. 그런데 단종(端宗)의 양위 사실을 전해 듣고는 책을 불사르고 방랑길에 올랐다. 강원도 김화(金化) 남쪽 사곡촌(沙谷村)으로 들어가, 박계손(朴季孫: 叔孫) 등 의리를 지키려고 은둔한 지사들과 함께 생활했다는 설이 있다.

1456년(병자, 세조 2) 22세
병자옥(丙子獄)이 일어나 성삼문(成三門), 박팽년(朴彭年)이 항절(抗節)하는 것을 지켜보았다. 박팽년, 유응부(兪應孚), 성삼문, 성승(成勝)의 시신을 수습하여 노량진에 묻고 작은 돌로 묘표(墓表)를 대신했다고 전한다. 「자규사」(子規詞)를 지었다.

1458년(무인, 세조 4) 24세
봄에 세조가 동학사(東鶴寺)에 사육신을 위한 초혼각을 세우자, 여름에 동학사로 가서 조상치(曺尙治) 등과 함께 단종을 제사지내고 「제초혼각사」(祭招魂閣辭)를 지었다.
이후 승려 차림으로 관서 지방을 유람하기 시작하였다. 개성에서 민담(閔澹), 이몽가(李蒙哥)와 현학(玄學)에 대해 토론하고, 평양(平壤)에서 소윤 송처검(宋處儉)을 만나 유교와 불교에 대해 토론하였다. 순안(順安) 학교 낙성식에 참여하여 기문(記文)을 지었다. 순안과 영유(永柔)에서 성균관 시절의 동료를 만나고, 영변(寧邊)에서는 평안도 절제사 구치관(具致寬)을 만났다. 보현사(普賢寺)에 묵으며, 관음사(觀音寺) 여러 스님들과 불교철학에 대해 논하였다. 가을, 희천(熙川)으로 향하였다. 북쪽 국경 지방을 여행하려던 계획을 포기하고 평양으로 되돌아갔다. 숙천(肅川)에서 『고문진보』(古文眞寶)와 『성리군서』(性理群書)를 구하였다. 수군절제사 채명양(蔡明陽)을 만났으며, 명나라 사신으로 가는 김수온(金守溫) 일행을 만났다. 평양에서는 대성산(大成山) 광법사(廣法寺)에 머물렀는데, 평양소윤 김영유(金永濡)와 판관 박철손(朴哲孫)이 찾아왔다. 또 이씨 노인에게서 『도덕경』(道德經)과 『주심경』(註心經)을 얻었다. 겨울에 개성에 머물며, 관서 지방을 유람하면서 쓴 시들을 모아 『유관서록』(遊關西錄)을 엮고 후지(後志)를 지었다.

1459년(기묘, 세조 5) 25세
송림사(松林寺)를 돌아본 뒤 파주(坡州)로 향하여, 관서에 이어 관동 지방을 유람하기 시작하였다. 포천(抱川)을 거쳐 내금강 장안사(長安寺)와 마하연(摩訶衍)을 구경하였다. 철원(鐵原)으로 가서 보리진(普提津), 보개산(寶蓋山), 심원사(深源寺)에 들렀다. 다시 경기도로 와서, 겨울에 한성 부근의 소요사(逍遙寺), 삼각산(三角山), 수락산(水落山), 회암사(檜巖寺)에 머물렀다. 회암사에서는 『원각경』(圓覺經)을 읽고, 고승 해사(海師)에게서 불경 강해(講解)를 들었다.

1460년(경진, 세조 6) 26세

다시 관동으로 떠나 오대산(五臺山)을 유람하고, 강릉(江陵)으로 가서 홍제원(弘濟院), 문수당(文殊堂), 한송정(寒松亭), 경포대(鏡浦臺)를 구경하였다. 동해를 보고 「탄상전」(歎桑田), 「조정위」(嘲精衛) 등의 악부풍 장편 오언고시와 「유선가」(遊仙歌) 여섯 수를 지었다. 강릉에서 두세 달을 머물다가 여름에 오대산으로 들어가 그곳에 당(堂)을 짓고 살면서 순로(淳老), 여로(如老), 전선로(田禪老) 등과 담론하였다. 다시 길을 떠나 평창(平昌) 백양진(白楊津), 마제진(馬蹄津)에서 추석을 맞은 뒤, 영월(寧越)을 거쳐 주영현(酒永縣)으로 나왔다.
9월, 관동 지방을 유람하면서 쓴 시들을 모아 『유관동록』(遊關東錄)을 엮고 후지(後志)를 적었다.
10월에는 호서로 향하였다. 청주(淸州)에 사는 경(慶)생원의 집에 묶으며, 조말생(趙末生)의 족형제 조리(趙籬)의 처지를 위로하였다. 은진현(恩津縣) 객사에서 노사신(盧思愼)을 만나 시를 주고받았다. 익산 미륵원(彌勒院)을 거쳐 장성현(長城縣)에 이르렀다.

1461년(신사, 세조 7) 27세

봄에 전주(全州)를 거쳐 변산(邊山)의 능가산(楞伽山) 내소사(來蘇寺), 사성전(四聖顚)에 들른 뒤, 선계산 불사의방(不思議房)에 가서 진표율사(眞表律師)의 박피도상(剝皮圖像)을 참배하였다. 가을에 천원역(川原驛)을 거쳐 능악(楞岳)에 올랐다. 이 무렵 백제의 역사를 반추하며 「영백제고사」(詠百濟故事)를 지었다. 전라도 진원현(珍原縣) 진산(鎭山)의 묘월정사(卯月精舍)와 가성사(佳城寺)에서 겨울을 났다.

1462년(임오, 세조 8) 28세

영광(靈光)의 어염을 구경한 뒤 나주(羅州) 목사의 잔치에 참여하였다. 보살사(菩薩寺)와 광주(光州) 무등산(無等山)을 거쳐 송광사를 찾아 준상인을 만나 그에게 「준상인에게 올리다」(贈峻上人) 20수를 지어 올렸다. 남원(南原), 함양(咸陽), 건암사(見巖寺)를 거쳐 해인사(海印寺)에 들렀다. 경주에 이르러 정착할 결심을 하고 금오산(金鰲山) 중턱 용장사(茸長寺)의 경실(經室)에 머물렀다. 이 무렵 화쟁 대사(和諍大師) 원효(元曉)의 비를 보고 「무쟁비」(無諍碑)를 지었다.

1463년(계미, 세조 9) 29세

경주(慶州)의 신라 유적을 돌아보는 한편, 당나라 육우(陸羽)의 『다경』(茶經)을 읽고 직접 차를 길렀다.

가을에 『유호남록』(遊湖南錄)을 엮고 후지를 지었다.
가을, 책을 사기 위해 서울에 올라와 창덕궁(昌德宮) 부근의 향교동에 임시 거처하였다. 효령대군(孝寧大君)의 추천으로 열흘 동안 내불당에서 『묘법연화경』(妙法蓮華經) 언해 사업에 참여하였다. 이 무렵 『묘법연화경』 7권 28편에 대하여 각각 찬(贊)과 게송(偈頌)을 붙인 듯하다.

1465년(을유, 세조 11) 31세

경주로 내려가 용장사 또는 천룡사(天龍寺) 부근에 금오산실(金鰲山室)을 짓고 정착하였다. 하지만 3월 그믐에 효령대군의 요청으로 원각사(圓覺寺) 낙성회에 참여하여 「원각사찬시」(圓覺寺讚詩)를 지었다. 이때 세조에게서 '계권'(契券), 즉 도첩(度牒)을 받았다. 또 효령대군의 하사금으로 『맹자대전』(孟子大典), 『성리대전』(性理大典), 『자치통감』(資治通鑑), 『노자』(老子)를 구입하였다. 도성 밖으로 나갈 때 세조의 환도 명령을 받았으나, 「반도복명소고사진정시」(半途復命召固辭陳情詩)로 사양하였다. 하지만 금오산으로 향하지 않고, 도봉산 근처에서 여름을 보냈다.
4월, 서거정(徐居正)을 찾아 금오정사의 제시(題詩)를 청하는 등 서거정과 교유하였다.
가을에 금오산으로 돌아갔다.

1465~1468년

이 무렵 『금오신화』(金鰲新話)를 지은 듯하다. 술에 취해 경주의 거리를 활보하기도 하고, 밤이면 『이소경』(離騷經)을 읽으며 비통해 하기도 하였다. 또 농민들의 피폐한 삶을 보고 「산가의 고충을 노래한다」(咏山家苦)를 지었다. 왜관(倭館)에서 일본 승려 준장로(俊長老)를 만났다.

1468년(무자, 세조 14) 34세

겨울, 고인의 시구를 모아 「산거집구」(山居集句) 100수를 지었다. 9월에 세조가 서거하고 예종(睿宗)이 즉위하였다. 그러나 예종은 한 해 만에 서거하고, 1469년 성종이 즉위하였다.

1472년(임진, 성종 3) 38세

누군가의 청으로 상경하여 도봉산 밑 또는 성동(城東)의 수락산 폭천(瀑泉) 부근에 터를 잡고 임시로 거처하였다. 새 조정에서 벼슬하겠다는 생각으로 육경(六經)을 다시 익혔다. 또 어유소(魚有沼)에게 시(「寄永安節度使魚相國」 13수)를 보내는 등 여러 사람을 만나며 서신을 띄웠고, 성균관 동료 고태필(高台弼)에게 꽃 재배하는 방법을 알려주었으며, 그의 아내가 죽자 애도시를 지었다.
이 무렵 논변류 문체를 연마하여 「고금제왕국가흥망론」(古今帝王國家興亡論), 「정치는 반드시 삼대를 본받아야 한다」(爲治必法三代), 「백성을 사랑하는 이치에 대하여」(愛民義), 「나라의 근본을 보살피라는 잠언」(邦本箴), 「생물을 사랑하는 이치에 대하여」(愛物義), 「재물을 생산하는 이치에 대하여」(生財說) 등을 지은 듯하다. 그리고 잡저(雜著) 10편을 지어 유교의 관점에서 불교의 문제점과 효용성을 논한 듯하다.

1473년(계사, 성종 4) 39세
문도 선행(善行)과 함께 수락산 폭천정사에 살면서 직접 농사를 지었다. 봄에 금오산 시절에 지은 글들을 『유금오록』(遊金鰲錄)으로 엮었다.

1475년(을미, 성종 6) 41세
5월에 정업원(淨業院)에서 이틀 밤을 묵으며 불경을 가르친 일로 사간원의 탄핵을 받았다. 이 무렵 젊은 승려 민(敏)상인과 동료들에게 불법을 가르쳤다. 일연(一然)의 사상을 계승하여 『십현담요해』(十玄談要解)를 지었다.

1476년(병신, 성종 7) 42세
여름에 금오산에 은거할 때 지은 「산거집구」를 장정하였다.
12월에 의상(義湘: 義相)의 『일승법계도합시일인』(一乘法界圖合詩一印)을 주해하여 『대화엄일승법계도주병서』(大華嚴一乘法界圖註幷序)를 엮었다. 이 무렵 『화엄석제』(華嚴釋題)를 지은 듯하다.

1477년(정유, 성종 8) 43세
이계전의 아들로, 어릴 때 함께 공부했던 평양부윤 이파(李坡)가 시를 보내오자, 화운시(「和箕叟韻」 15수)를 지어보냈다.

1478년(무술, 성종 9) 44세
남효온(南孝溫)이 소릉(昭陵) 복위 상소를 올렸으나, 표면적으로는 관여하지 않다. 이후 남효온이 음주·방랑·은둔 생활을 하자, 그를 타일렀다.

1480년(경자, 성종 11) 46세
남효온과 서신을 주고받으며 왕래하였다. 이 무렵 『황정경』(黃庭經)을 읽는 등 도교의 내단·외단 사상을 흡수하고 도가적 양생술에 관심을 가져 『주역참동계』(周易參同契)에 주목하였다. 또 「수신」(修身), 「복기」(服氣), 「용호」(龍虎) 세 편을 지어 양생 문제를 논하기도 하고, 어느 도인에게서 벽곡(辟穀)과 황정(둥굴레) 복용법을 배우기도 하였다.
입추에 팔공산 승려 계인(契仁) 상인을 위해 법명을 풀이한 「계인설」(契仁說)을 지었다.

1481년(신축, 성종 12) 47세
봄, 환속하여 조부와 부친의 제사를 지내고, 안(安)씨와 결혼하였다. 그 뒤 『한서』(漢書)를 구해 읽었다. 이 무렵, 술을 끊겠다는 남효온에게 중도(中道)를 지키라고 충고하였다.
7월, 남효온과 계인 상인이 묵는 봉선사(奉先寺)에 가서 수석을 즐겼다.
8월, 계인 상인이 영천으로 돌아가자 「인대사가 고향으로 돌아가는 것을 보내며」(送仁師還鄕) 두 편을 지어 전송하였다. 이식(李湜), 이정은(李貞恩) 등 종실 사람들과 교유하고, 남효온의 죽림칠현 사람들과 교유하였다.

1473~1483년
도연명(陶淵明)의 시에 화운한 화도시를 짓고, 「고금군자은현론」(古今君子隱顯論)을 지었다. 이 무렵 굴원(屈原)의 심정을 자신에게 투영하여, 굴원의 「회사부」(懷沙賦) 한 편에 주석을 한 「회사부정의」(懷沙賦正義)를 지은 듯하다. 또 기자(箕子), 백이(伯夷), 숙제(叔齊), 주돈이(周敦頤), 소옹(邵雍), 장재(張載), 정호(程顥), 정이(程頤) 등의 찬(贊)과 전(傳)을 지었다. 그리고 감계론적 역사관을 바탕으로 「관사유감」(觀史有感), 「술고」(述古), 「문산을 애도한다」(哀文山), 「당서를 읽고」(讀唐史), 「역사서를 보고 내키는 대로 적다」(看史謾題), 「독춘추시」(讀春秋詩) 등 많은 영사시(咏史詩)와 독사시(讀史詩)를 지었다.
기층민의 피폐한 삶을 방관하는 조신(朝臣) 등을 비판하고, 「북명」(北銘), 「궁리」(窮理) 등의 글을 통해 선비로서 지켜야 할 바를 논하였다. 또한 「태극설」(太極說), 「천형」(天形) 등을 지어 성리설을 체계화하였다.
족친인 손순효(孫舜孝)와 왕래했으며, 낙산사(洛山寺)의 학열 선사(學悅禪師), 춘천 승려 학매(學梅) 등과 교유하였다.

1483년(계묘, 성종 14) 49세
안씨와 1년 만에 사별한 듯하다. 폐비 윤씨 사건으로 정국이 혼란하자, 두타(頭陀)의 모습으로 다시 관동으로 떠났다. 처음에는 곡운(谷雲)에 일시 정착한 듯하나, 곧 춘천으로 향하였다. 청평사(淸平寺)에 한동안 머물다가 홍천(洪川), 인제(麟蹄)로 이동하였다.

1485년(을사, 성종 16) 51세
봄에 오대산을 넘다가 독산(禿山)에서 승려 도안(道安)이 만든 원(院)에 들러 「독산원기」(禿山院記)를 지었다. 그 뒤 강릉으로 가서 체류하였다. 한때 강릉의 옥에 갇혀, 옥중에서 「강릉옥벽에 쓰다」(題江陵獄壁)라는 제목의 시를 지었다.
그 뒤 양양(襄陽)으로 향하여 바닷가의 낙진촌(樂眞村)에 머물렀다. 당말 오대의 승려 관휴(貫休)의 시에 화운한 시(「和鍾陵山居詩二十四首」)와 「동봉 여섯 노래」(東峯六歌)를 이때 지은 듯하다. 바닷가 마을에서 마을 청년들과 어울리는 생활을 하였다.

1486년(병오, 성종 17) 52세
양양의 설악 쪽으로 들어가, 현재의 현남면 법수치(法水峙) 부근에 있는 검달동(黔達洞)에 정착하여 농사를 지었다.

1487년(정미, 성종 18) 53세
양양부사 유자한(柳自漢)이 술과 음식을 보내오자, 서한(「上柳自漢書」)을 보내는 등 그와 친밀하게 교류하였다. 유자한의 청으로 구황책에 관한 상소문을 대신 짓고, 유자한에게 『장자』를 가르치기도 하였다. 유자한이 여인을 보내주었지만 물리쳤고, 출사를 권유했지만 사양하였다. 「양양부사 유자한에게 속내를 토로한 서한」(上柳襄陽自漢陳情書)에 그 사실이 나타나 있다.

1487~1490년
문도 선행이 떠나갔다. 이 무렵 「가죽나무 숯 노래」(假炭行) 등을 지어 용렬한 자들이 벼슬을 차지하고 있는 현실을 비판하고, 「자갈 물림을 그만두지 말라는 노래」(莫休銜歌)를 통해 세상에 나가지 않을 뜻을 다졌다. 한편으로는 은일의 답답함을 「답답함을 풀어보인다」(敍悶)라는 시로 노래하였다.

1491년(신해, 성종 22) 57세
봄에 중흥사에 머물렀다. 남효온, 김일손(金馹孫)의 방문을 받고 5일 동안 함께 지내면서, 백운대(白雲臺)와 도봉산을 유람하였다. 그 뒤 일단 설악으로 돌아간 듯하다. 이해 10월 임술에 김일손이 소릉 복위 상소문을 올렸다.

1493년(계축, 성종 24) 59세
무량사에 머물렀다. 2월, 지난해 무량사에서 간행한 『묘법연화경』에 발문을 쓰고 '췌세옹 김열경'(贅世翁 金悅卿)이라고 서명하였다.
3월에 병들어 세상을 떠나고, 유언대로 절 근처에 매장되었다. 홍유손이 「제선생문」(祭先生文)을 지었다.

1495년(을묘, 연산군 원년)
무량사 승려들이 김시습의 시신을 화장하고 부도를 만들었다고 전한다.

1502년(임술, 연산군 8)
용수사(龍壽寺)에서 『대화엄일승법계도주병서』가 목판으로 간행되었다.

1511년(신미, 중종 6)
3월, 이세인(李世仁) 등이 유고 간행을 조정에 건의하였다.

1521년(신사, 중종 16)
이자(李耔)가 김시습의 시문을 모으고 서문(「梅月堂集序」)을 썼다.

1524년(갑신, 중종 19)
문경(聞慶) 쌍룡사(雙龍寺)에서 『묘법연화경별찬』과 『화엄석제』가 목판으로 간행되었다.

1551년(신해, 명종 6)
윤춘년이 『유관서관동록서』를 엮고 목판으로 간행하려 하면서, 「매월당선생전」(「매월당서」)을 지었다. 윤춘년은 이 무렵에 『금오신화』를 목판본으로 간행한 듯하다.

1562년(임술, 명종 17)
7월, 통도사(通度寺)에서 『대화엄일승법계도주병서』가 재간되었다.

1582년(임오, 선조 15)
왕명으로 『매월당집』을 편찬하기 시작하였다. 이이(李珥)가 왕명을 받아 「김시습전」을 지어, 7월 15일에 올렸다.

1583년(계미, 선조 16)
12월 18일에 이산해(李山海)가 「매월당집서」를 지어 올렸다. 이 무렵에 운각(芸閣)에서 재주 갑인자(계유자)로 『매월당집』 시집 15권과 문집 6권이 간행된 듯하다.

1585년(을유, 선조 18)
3월, 구봉령(具鳳齡)에게 활자본 『매월당집』이 내사(內賜)되었다. 영본(零本)이 고려대학교 만송문고(晚松文庫)에 소장되어 전한다.

1624년(갑자, 인조 2)
기자헌(奇自獻)이 엮은 『매월당시사유록』(梅月堂詩四遊錄)이 목판으로 간행되었다.

1668년(무신, 현종 9)
박세당(朴世堂)이 김시습을 추모하기 위해 수락산에 석림암(石林巖)을 지었다.

1670년(경술, 현종 11)
경주 매월사(梅月祠)에 전사(專祀)되었다.

1685년(을축, 숙종 11)
영월(寧越)의 창절서원(彰節書院)에 향사(享祀)되었다.

1701년(신사, 숙종 28)
양주(楊州) 사람들의 건의로 석림암에 '청절사'(淸節祠)라는 편액이 하사되었다.

1704년(갑신, 숙종 30)
함안(咸安)의 서산서원(西山書院)에 향사되었다.

1762년(임오, 영조 3)
영월의 팔현사(八賢祠)에 향사되었다.

1782년(임인, 정조 6)
4월, 이조판서에 추증되었다.

1784년(갑진, 정조 8)
3월, 청간(淸簡)이라는 시호를 받았다.

1927년
김시습의 후손 김봉기(金鳳起)가 『매월당집』 시집 15권 4책, 문집 6권 1책, 부록 2권 1책, 총 23권 6책을 신활자로 간행하였다.

미주

_ 책머리에

1. 『梅月堂集』 권1, 述懷, 「漫成」 2수 가운데 제2수, 제1연. 김시습의 문집 『梅月堂集』은 민족문화추진회에서 日本 蓬左文庫藏本 改鑄甲寅字本(癸酉字本, 李山海 1583年 序文)을 저본으로 1988년에 영인 표점하여 한국문집총간 13에 수록한 것을 따른다. 성균관대학교 대동문화연구원에서 1973년에 영인한 『梅月堂全集』에 수록된 『梅月堂集』도 이 蓬左文庫藏本이다. 대동문화연구원 영인 『梅月堂全集』은 1583년 이산해 서문 활자본 『梅月堂集』 외에, 1927년 후손 金鳳起 간행의 신활자본 『梅月堂集』에서 別集과 續集 등 부록을 抄錄하고, 또 김시습의 다른 여러 시문과 저술을 거의 망라하였다. 이하 1583년 이산해 서문 활자본 『梅月堂集』에서 인용한 것은 『梅月堂集』이라 밝히고, 기타 시문이나 관련 자료로 대동문화연구원 영인 『梅月堂全集』에 수록된 것을 인용할 때는 『梅月堂全集』이라 밝히기로 한다.
2. 『梅月堂集』 권1, 紀行, 「陶店」 중에서.
3. 『梅月堂集』 권14, 溟州日錄, 「自語」.
4. 다음의 두 지적은 김시습의 시가 체재와 성률에 구애받지 않았음을 짐작케 해준다. "不規規於聲律, 以典章不紊. 不剌剌於詞華, 而大璞愈麗."(李耔, 「梅月堂集序」, 『梅月堂集』 卷首); "故不事鍛鍊繡繪, 而自然成章. 長篇短什, 愈出而愈不窘."(李山海, 「梅月堂集序」, 『梅月堂集』 卷首)
5. 許筠, 『惺所覆瓿藁』 권25, 說部 4, 「惺叟詩話」. 민족문화추진회, 『국역 성소부부고』 III(1967년 초판, 1989년 중판), 204~205쪽.

_ 예비적 고찰

1. 『梅月堂集』 권7, 疾病, 「無量寺臥病」.
2. 『梅月堂集』 권14, 溟州日錄, 「東峯六歌」.
3. 李鼈의 「六歌」와 그 계보에 대해서는 최재남, 「藏六堂六歌와 六歌系時調」, 『어문교육논집』 7(부산대학교, 1983)과 「六歌의 수용과 전승에 대한 고찰」, 『관악어문연구』 12(서울대학교 국문학과, 1987) 참고.
4. Stephen Owen, *Traditional Chinese Poetry and Poetics*(The University Wisconsin Press, 1985); 謝思煒, 「자전 시인 두보를 논함―또한 중국과 서양의 자전시의 전통을 논함」, 『文學遺産』(1990年 3期, 上海古籍出版社, 1990).

5. 尹春年의 「梅月堂先生傳」은 조선 목판본(중국 大連도서관 소장) 『金鰲新話』의 권두에 실려 있고(현전본에서는 첫 장이 떨어져 나갔다), 또 1583년 이산해 서문 활자본 『梅月堂集』의 권두에도 실려 있다. 윤춘년의 문집인 필사본 『學音稿』(일본 텐리도서관 소장 今西龍 구장, 李書九 手寫本, 『동방고전문학연구』 2, 동방고전문학회, 2000년 8월 영인, 安大會 해제)에는 「梅月堂序」라는 제목으로 들어 있다.
6. 李珥는 선조 15년(1582) 4월에 「金時習傳」을 지으라는 왕명을 받았다(『선조수정실록』 권16, 선조 15년 4월의 기록 참조). 활자본 『梅月堂集』 권두에 실려 있는 「金時習傳」은 萬曆 10년 7월 15일에 작성한 것으로 되어 있다. 당시 이이의 직함은 資憲大夫 吏曹判書 兼弘文館大提學 藝文館大提學 知經筵成均館事 同知春秋館事 五衛都摠府都摠官이었다.
7. 萬曆 11년, 즉 선조 16년(1583) 12월 18일에 작성한 것으로 되어 있다.
8. 『梅月堂集』 권14, 溟州日錄, 「我生」.
9. 韓愈의 「送窮文」에 보면, 궁귀는 가난을 가져오는 귀신이다.
10. 『梅月堂集』 권19, 贊, 「自寫眞贊」.
11. 徐有英, 『雲皐詩艸』(한국정신문화연구원 藏書閣 소장, 필사본 1책), 「雪嶽五歲菴拜梅月堂畵像」; 서유영, 『錦溪筆談』(서울대학교 규장각 가람문고본).
12. 고려대학교 중앙도서관 晩松文庫 소장 목판본 『梅月堂詩四遊錄』은 기자헌 편찬본을 일부 초록하여 간행한 것이다. 이 목판본에는 최초의 편찬자가 밝혀져 있지 않지만, 정조 말 徐有榘가 편한 『鏤板考』에 '奇自獻 편'이라고 밝혀져 있다. 徐有榘 著, 洪命憙 校訂, 『鏤板考』(大同出版社, 1941) 권6, 集部 上, '梅月堂四遊錄'.
13. 李賀의 '苦吟'에 대해서는 李商隱의 「李賀小傳」에 잘 나타나 있다.
14. 南孝溫, 「師友名行錄」, 『秋江集』(민족문화추진회 1988년 영인 표점 한국문집총간 16). 또한 1927년 간행 신활자본 『梅月堂集』(고려대학교 중앙도서관 소장) 부록 권1, 「遺蹟搜補」에 재수록. 이하, 한국의 한문문집으로서 민족문화추진회에서 영인 표점하여 한국문집총간 속에 수록한 것을 인용할 때는 한국문집총간의 책 번호만 밝힌다. 자세한 서지사항은 책 뒤의 참고문헌란을 참고.
15. 金安老의 『龍泉談寂記』. 편자·연대 미상의 野史集인 『大東野乘』(민족문화추진회 1971년 간행 『국역 대동야승』 III)에 수록. 또한 1927년 간행 신활자본 『梅月堂集』 부록 권1, 「遺蹟搜補」에 재수록.
16. 許穆, 「淸士列傳」, 『記言』 권11, 中篇(한국문집총간 98), 72쪽. 또한 1927년 간행 신활자본 『梅月堂集』 부록 권1, 「遺蹟搜補」에 재수록.
17. 『東京雜記』의 기록은 『동경지』를 계승한 것인 듯한데, 『동경지』는 어느 때 편찬되었는지 확실하지 않다. 『東京雜記』는 1711년(숙종 37)에 南至薰이 添補하여 再刊하고, 1845년(헌종 11)에 成原默이 증보하여 3권 3책으로 중간하였다. 이 중간본은 1910년에 조선고서간행회에 의해 신활자로 간행되고, 1913년에 최남선의 조선광문회에 의해 신활자로 중간되었다.
18. 『中宗實錄』 권13, 중종 6년 3월 14일(갑자)의 기록. 조선왕조실록의 원문을 인용할 때는

국사편찬위원회 편, 탐구당 1981년 간행의 축쇄보급판 『조선왕조실록』을 이용한다. 이하, 서지사항은 생략한다.
19. 『中宗實錄』 권98, 중종 37년 7월 27일(을해)의 기록.
20. 성균관대학교 대동문화연구원에서 1973년에 간행한 『梅月堂全集』의 「解題」(崔珍源 著) '梅月堂全集의 書誌' 참조. 김봉기 중간본을 1927년에 간행했다고 보는 것은 이 「해제」에 의한다.
21. 宋錫夏 씨가 소장했던 필사본이다. 원래의 목판본은 6·25兵火로 소실되었다고 한다.
22. 尹春年, 「遊關西關東錄序」, 『學音稿』(日本 天理圖書館 所藏本). 『攷事撮要』1585년 간행본(南文閣 영인본)은 정형우·윤병태 공편, 『韓國의 冊板目錄(上)』(연세대학교 국학연구원 국학연구총서 4, 1994)의 영인물 참조. 『고사촬요』의 1585년 간행본을 선조 원년본으로 오인하여 윤춘년 편 『매월당집』이 청주에서 간행되었으리라 추정한 예가 있으나, 잘못이다.
23. 『梅月堂詩四遊錄』(서울대학교 규장각 소장 목판본 및 고려대학교 중앙도서관 晩松文庫 목판본). 이 책의 편찬자를 奇自獻이라고 밝힌 것은 徐有榘의 『鏤板考』이다. 그 뒤 임형택, 「매월당시사유록에 관한 고찰」(『韓國漢文學硏究』 26집, 한국한문학회, 2000. 10)은 그 간각자가 경주부윤 尹孝全이라고 밝혔다.
24. 趙明基 씨가 소장했던 책이다. 본래 『大華嚴一乘法界圖註幷序』는 1502년(임술, 弘治 15년) 龍壽寺 開刊의 목판본과 1562년(임술, 嘉靖 41) 7월 재간본이 있었으나, 재간본만 조명기 박사가 소장하였다. 현재 『梅月堂全集』에 수록된 것은 조명기 박사의 재간본을 다시 필사한 것이다. 이에 대해서는 金知見, 「法界圖圓通記 解題」(한국정신문화연구원, 1995년 영인 『法界圖圓通記』 卷首), 8~9쪽 참조. 또한 이 책은 동국대학교 1994년 간행 『한국불교전서』 7에 排印 수록되어 있다.
25. 『生六臣合集』(서울대학교 규장각 소장, 1832년 영천 용계서원 간행 목판본)은 모두 9권 3책으로, 김시습의 시문을 권5와 권6에 수록하였다. 또한 권두에 이자와 이산해의 「梅月堂本集序」를 활자본 『매월당집』에서 옮겨 실었다. 간행할 때 이맹전의 후손 李家鉉이 教讐, 成近默이 編次하고, 金陽淳이 出資하였다.
26. 이 이야기는 坦禪이 80세인 1466년에 초혼각을 중수하고 지은 「東鶴寺招魂閣事蹟」에 나온다. 그 글은 『莊陵史補』에 「東鶴聞見錄」이라는 이름으로 수록되어 있고, 신활자본 『梅月堂集』 부록 권2에 「上王服喪錄」이라는 이름 아래 다시 수록되었다. 하지만 그 원문은 趙旅의 문집 『漁溪先生集』(西山書院藏板, 1992. 3. 10)에 실려 있는 것이 옳다고 본다.
27. 蔡東陽이 1864년(고종 원년) 8월에 지은 「招魂閣重修記」와 鄭奭鉉이 1884년(고종 21)에 지은 「招魂閣東西廡創建記」에는 김시습이 제사를 지낸 뒤에 세조가 초혼을 했다고 적혀있다. 채동양과 정석현의 글은 신활자본 『梅月堂集』 부록 권2에 실려 있다. 『梅月堂全集』 부록 권2, 「招魂閣重修記」·「招魂閣東西廡創建記」.
28. 申光洙의 「嚴參判興道碑陰記」 등에도 그러한 사실이 언급되어 있지 않다.
29. 단종을 제사지낼 때 김시습이 지었다는 「祭閣招魂辭」는 한 편만 신활자본 『梅月堂集』 부

록에 실려 전한다. 『梅月堂全集』 부록 권2, 「祭閣招魂辭」.
30. 1927년에 간행된 신활자본 『梅月堂集』 부록 권2, 「雲波謹識」 참조. 이하, 신활자본 『梅月堂集』으로부터의 인용은 대동문화연구원 편 『梅月堂全集』을 이용하고, 서지사항은 생략한다.
31. 『肅宗實錄』 권33, 숙종 25년 2월 10일(경술)의 기록.
32. 『肅宗實錄』 권38, 숙종 29년 10월 5일(정축)의 기록.
33. 『肅宗實錄』 권38, 숙종 29년 10월 13일(을유)의 기록.
34. 『正祖實錄』 권13, 정조 6년 4월 19일(을유)의 기록.
35. 우리나라의 시호법은 『增補文獻備考』에 나와 있다. 또한 兪尙根, 「이조시대의 贈諡제도」, 『象隱趙容郁博士頌壽紀念論叢』(1971), 87~102쪽 참조. 簡의 뜻에는 그 밖에 '一德不懈, 正直無私, 正氣無邪, 平易不訾, 治典不殺'가 있다.
36. 『正祖實錄』 권32, 정조 15년 4월 19일(계해)의 기록.
37. 『正祖實錄』 권41, 정조 18년 9월 30일(갑인)의 기록.
38. 宋時烈, 「谷雲精舍記」, 『宋子大全』 권142(한국문집총간 113), 62~63쪽.
39. 金昌協, 「有志堂記」, 『農巖集』 권24(한국문집총간 162), 183~184쪽; 『梅月堂全集』 부록 권2에 수록.
40. 『中宗實錄』 권98, 중종 37년 7월 27일(을해)의 기록.
41. 尹根壽, 「漫錄」, 『月汀集』 別集 권4(한국문집총간 47), 378쪽.
42. 李濟臣 찬 「行狀」, 洪遇 찬 「神道碑銘」; 尙震, 『泛虛亭集』 권7(한국문집총간 26). "金時習嘲鄭昌孫曰: '汝爲議政如此其久, 可謂朝廷有人乎? 今臣渺然一身, 亦千萬指目之所萃, 口笑腹非, 必有甚於時習者矣."
43. 李耔, 「梅月堂集序」, 『梅月堂集』 卷首 참조.
44. 『梅月堂集』 권6, 簡寄, 「寄長湍閔處士」. 閔處士는 『梅月堂集』 권9, 遊關西錄, 「與閔居士澹話」 시에 보이는 '閔澹'인 듯하다.
45. 徐居正, 『四佳集』(한국문집총간 10) 권13, 「淸隱携酒見訪」.
46. 徐居正, 「戱書贈戒仁上人 兼示淸隱師 淸隱今長髮還俗」, 『四佳集』 詩集 권44 제20.
47. 朴趾源, 『燕巖集』(1932년 朴榮喆 간행 신활자본, 한국문집총간 252) 권7, 鍾北小選, 「蟬橘堂記」.
48. 歐陽脩, 『歐陽文忠公集』(四部叢刊本) 권44, 「六一居士傳」.
49. 洪裕孫, 「祭金悅卿時習文」, 『篠叢遺稿』(한국문집총간 12); 『梅月堂全集』 별집 권2에도 수록.
50. 李珥, 「金時習傳」, 『梅月堂集』 卷首. "自以聲名早盛, 而一朝逃世, 心儒跡佛, 取怪於時."
51. 李珥, 「金時習傳」, 『梅月堂集』 卷首. "橫談竪論, 多不失儒家宗旨."
52. 李珥, 「金時習傳」, 『梅月堂集』 卷首. "惜乎! 以時習英銳之資, 贐磨以學問踐履之功, 則其所成就, 豈可量乎?"
53. 金知見, 「沙門 雪岑의 華嚴과 禪의 世界」, 『梅月堂學術論叢: 그 문학과 사상』(강원대학교 인문과학연구소, 1988. 7). 또한 정주동 선생은 이를 "道學的 편견", "시습을 高節化시키

기 위한 피상적인 견해"라 하였다(정주동, 『매월당 김시습 연구』 2판, 민족문화사, 1983).
54. 李耔, 「梅月堂集序」, 『梅月堂集』 卷首. "況吾淸寒, 行儒而迹佛, 明理而該釋, 又其平生, 落拓不偶, 踽踽荒虛, 誠不足掩者哉?"
55. 李山海, 「梅月堂集序」, 『梅月堂集』 卷首. "其所以卷懷深藏, 長往不返, 抛棄名敎, 幻形禪門, 如病如狂, 大駭流俗者, 抑何意歟?"
56. 『梅月堂集』 권12, 遊金鰲錄, 「無諍碑」.
57. 『梅月堂集』 권20, 辨, 「異端辯」.
58. 『梅月堂集』 권1, 古風, 「古風」; 『梅月堂集』 권12, 遊金鰲錄, 「佛國寺」·「善德王陵」; 『梅月堂集』 권13, 關東日錄, 「因興漫成」·「述古」; 『梅月堂集』 권14, 溟州日錄, 「東峯六歌」; 『梅月堂集』 권20, 說, 「契仁說」.
59. 丹學系譜를 밝힌 韓無畏의 『海東傳道錄』(1610)에 "중국에서 전래된 도맥이 최치원을 거쳐 청한자 김시습에게 전해졌다"라고 적혀 있다. 李能和 著, 李鍾殷 譯, 『朝鮮道敎史』(보성문화사, 1977) 참조.
60. 存三抱一이라고 한다. 『梅月堂集』 권17, 雜著, 「修眞」 제5.
61. 金侖壽, 「淸寒子 金時習의 龍虎或問의 分章 校勘」, 이종은 편, 『한국 도교 문화의 초점』(아세아문화사, 2000. 11).
62. 『梅月堂集』 권17, 雜著, 「服氣」·「龍虎」 참조.
63. 『梅月堂集』 권9, 遊關西錄, 「得註心經一部」.
64. 『梅月堂集』 권9, 遊關西錄, 「和金文良韻」. 또한 이 이야기는 任輔臣이 1556년(명종 11)부터 1557년까지 지은 野史隨錄인 『丙辰丁巳錄』(京城古書刊行會, 1909~1911년 간행, 『大東野乘』 수록; 민족문화추진회, 1979년 간행 『국역 대동야승』 I 제3권 수록)에도 전한다.
65. 車宗三의 『心體與性體』(台灣: 學生書局, 1973)는 신유학의 특질을 원교적으로 해석한 바 있다.
66. 李耔, 「梅月堂集序」, 『梅月堂集』 卷首.
67. 金安老, 『希樂堂文稿』 권8; 『梅月堂全集』 부록 권1, 遺蹟搜補.
68. 和陶詩 「和於西田穫早稻」(拙於生事 乙城東畝 種菽粟以穫)이나 역시 같은 和陶詩 「和靖節勸農」(둘 다 『梅月堂集』 권8, 和陶에 수록)이 그 대표적인 예이다.
69. 閔泳圭, 「金時習의 曹洞五位說」, 『大東文化硏究』 13(성균관대학교 대동문화연구원, 1979); 校錄 「曹洞五位要解」, 『梅月堂學術論叢: 그 문학과 사상』(강원대학교 인문과학연구소, 1988. 7); 「四川講壇」, 『세계일보』(1991. 1. 연재).
70. 『梅月堂集』 권8, 和陶, 「和靖節勸農」 6수. 다음과 같은 서문이 붙어 있다. "東國山多險阻, 夷原偏小, 嶺北窮谷之民, 以謂土寒不蓺, 多荒阡曠野, 不務耕種, 歲窮, 以藊菽充飢, 而國俗恃臧獲, 故懶遊者多, 信異道, 故寄食者繁. 所謂閑散右足, 無聊左道, 皆遊手而仰食於民者. 余惜之, 和此篇以告, 其人庶或惑乎!"
71. 『梅月堂集』 권3, '仙道'의 시편들 참조.

72. 『梅月堂集』 권3, 仙道, 「凌虛詞」 5수 가운데 제5수.
73. 阮籍, 「大人先生傳」, 『晉書』 권49, 列傳 제19 阮籍傳(『晉書斠注』, 藝文印書館 影印 二十五史 8).

_ 제1부 수학 시절

1. 성균관대학교 대동문화연구원 1973년 간행 『梅月堂全集』(이하 『梅月堂全集』) 부록 卷首 「世系圖」 참조.
2. 『三國史記』 권10, 「新羅本紀」 제10 '元聖王'의 기록에 따른다.
3. 이러한 기록은 『三國史記』 권10, 「新羅本紀」 제10 '元聖王' 조와 『三國遺事』 권2 「紀異」 '元聖大王' 조, 『新增東國輿地勝覽』 권44 강릉대도호부 인물 조, 그리고 『강릉김씨세보』에 전한다.
4. 『梅月堂集』 권12, 遊金鰲錄, 「北川金周元公址」.
5. 고려 공민왕 때 이부상서 李居仁은 강릉부사로 부임한 뒤 『溟州古記』를 바탕으로 김주원의 「王族圖」를 편찬하였다.
6. 김시습은 「上柳襄陽自漢陳情書」(『梅月堂集』 권21)에서 "至吾曾祖而止奉翊. 父承其蔭, 纔占仕端, 以病故不克就仕"라 하였다.
7. 『世宗實錄』 권109, 세종 27년 7월 경인의 기록 참조.
8. 이 고사는 이를테면 『剪燈新話』(瞿佑 著, 周楞伽 校注, 『剪灯新話』, 上海古籍出版社, 1981) 권4, 「鑑湖夜泛記」에도 나온다.
9. 1583년 이산해 서문, 『梅月堂集』 권13, 遊金鰲錄, 「過蔚珍」.
10. 『梅月堂集』 권8, 和陶, 「和靖節答龐參軍」의 부제 '族兄孫敬甫, 雨雪訪我, 和此追贈.'
11. 『梅月堂全集』 부록 권1, 「遺蹟搜補」 수록, 『四遊錄』에서 抄出.
12. 李仁老 저, 유재영 역주, 『破閑集』(일지사, 1978) 하권 28조.
13. 이 책은 『四庫全書』에 수록되지 않았으나, 중국과 일본의 여러 도서관에 元刊本의 殘本 혹은 完帙이 전하고, 명나라 때 抄本도 있다. 최근 李更·陳新 校證, 『分門纂類唐宋時賢千家詩選校證』 上·下(人民文學出版社, 2002, 12)가 나와서 열람에 편하게 되었다. 조선시대 시학의 진흥을 꾀했던 연산군은 1505년(연산군 11) 5월 계묘에 『詩學大成』, 『唐詩鼓吹』, 『續鼓吹』, 『三體詩』, 『唐音』, 『詩林廣記』, 『唐賢宋賢詩』, 『瀛奉律髓』, 『元詩體要』 등을 校書館에서 간행하게 하였다. 이것들이 조선 전기에 널리 읽힌 시선집이라고 보아도 무방할 것이다. 심경호, 「근대 이전의 한시 학습 방식에 관하여: 聯句·古風 제작과 抄集·選集의 이용」, 『어문연구』 115호(한국어문교육연구회, 2002. 9), 246쪽 참조. 단, 본인의 이 논문에서는 『唐賢詩』와 『宋賢詩』를 별도의 책으로 보았다. 잘못이기에 바로잡는다.
14. 洪萬宗, 『詩評補遺』 上(1938년 신활자본, 趙鍾業 1989년 편, 韓國詩話叢編 3).
15. 孝父母, 友兄弟, 和室家, 訓子孫, 睦宗族, 厚親誼, 恤鄰里, 愼交友, 待幹僕, 謹喪祭, 重墳墓, 遠淫祀, 務本業, 收田租, 崇儉朴, 懲忿怒, 賑飢荒, 積陰德 등 18조목으로 되어 있다.

16. 『世祖實錄』 권4, 세조 4년 10월 15일(기사)의 기록 참조.
17. 세종 때는 별도로 『集成小學』 100권을 수입하여 주자소에서 간행하였다.
18. 『成宗實錄』 권188, 성종 17년 2월 25일(신축), 의정부 좌찬성 李坡의 卒記.
19. 『梅月堂集』 권6, 酬答, 「和箕叟韻十五首」.
20. 徐居正, 『四佳集』 文集 권5, 「送黃海道李觀察使詩序」.
21. 李肯翊, 『燃藜室記述』(朝鮮光文會本, 景文社, 1976년 영인) 권3, 世宗朝故事本末, 「世宗朝名臣」.
22. 徐居正의 『筆苑雜記』(古書刊行會 鉛印, 『大東野乘』 수록; 민족문화추진회 『국역 대동야승』 1)에 그러한 일화가 전한다.
23. 『世宗實錄』 권88, 세종 21년 2월 14일(정해)에 허조에게 祭祀를 내려준 기록이 있다.
24. 『梅月堂集』 권14, 溟州日錄, 「叙悶」 제3수.
25. 『梅月堂集』 권두에 수록된 尹春年의 「梅月堂先生傳」. 또한 정조 초 金載久가 엮었다는 『朝野會通』도 이 기록을 인용하였다. 『조야회통』의 기록은 『梅月堂全集』 부록 권1, 遺蹟搜補에 抄出되어 있다.
26. 南孝溫, 『秋江集』(한국문집총간 16) 권7, 雜著, 「師友名行錄」.
27. 『朝野會通』과 『丙子錄』. 『梅月堂全集』 부록 권1, 遺蹟搜補.
28. 『東京誌』에도 세종이 韻을 불러 김시습에게 「삼각산」 시를 짓게 했다는 전승이 실려 있다. 『신증동국여지승람』(아세아문화사, 1983년 영인) 권21, 경상도 경주부 佛宇 茸長寺 조항 주 참조.
29. 柳夢寅의 『於于野譚』(景文社, 1979년 영인) 권1, 忠義 조항에 실려 있다. 『芝峰類說』이나 1923년 간행 『梅月堂集』 권4에도 실려 있으나, 글자에 차이가 있다.
30. 『梅月堂集』 권21, 書, 「上柳襄陽自漢陳情書」 참조.
31. 『生六臣合集』(1844년 永川龍溪書院 간행, 고려대학교 晩松文庫 소장) 권8.
32. 尹春年, 「梅月堂先生傳」, 『梅月堂集』 卷首. 『學吟稿』에는 「梅月堂序」로 되어 있다.
33. 尹春年, 「梅月堂先生傳」, 『梅月堂集』 卷首.
34. 『梅月堂集』 권14, 溟州日錄, 「叙悶」 제2수.
35. 徐居正, 『筆苑雜記』 권1(古書刊行會 鉛印, 『大東野乘』 수록).
36. 李肯翊, 『燃藜室記述』 別集 권7, 官職典故, 「成均館」.
37. 『梅月堂集』 권11, 遊湖南錄, 「與金直講話舊」.
38. 『梅月堂集』 권6, 投贈, 「贈高同知」.
39. 崔淑精, 『逍遙齋集』(한국문집총간 13), 권1, 「贈僧雪岑」. "雪岑, 俗姓名金時習, 與余同遊芹宮. 相別幾十年, 忽遇都中, 請作詩, 馬上口呼以贈."
40. 『梅月堂集』 권9, 「宕遊關西錄後志」.
41. 『梅月堂集』 권3, 釋老, 「贈岑上人 二十首」의 서문.
42. 『梅月堂集』 권3, 釋老, 「贈岑上人二十首」 제1수.

43. 『梅月堂集』 권14, 溟州日錄, 「叙悶」 제4수.
44. 『梅月堂集』 시집 권3, 釋老, 「贈岭上人二十首」 序. "峻上人, 禪門老宿. 初於湖南有可隱之處, 住錫數年. 道力旣成, 歷遍雲水, 忽過京洛, 士女輻湊, 望風而靡, 所化無同. 乃因名宰及善信居士固請, 因雅適大願. 訖, 復遊湖南, 容儀有道骨焉. 僕於壬申夏, 制弸, 錫曹溪, 遂同住上社臺, 果如素聞. 其慕道超脫之心, 著于語辭之表, 每日扣問禪關, 語琅琅然. 因其囊日探翫景, 却掃數聯, 以資碧峯淸澗眠食之一味, 拈翰走爾."
45. 吳京厚, 「함허당 기화의 유불조화론」, 홍윤식 외, 『한국 문화의 전통과 불교』(연사 홍윤식 교수 정년퇴임 기념논총, 2000. 2).
46. 『禪宗永嘉集』과 『證道歌』는 모두 중국 당나라 때의 승려인 永嘉玄覺 대사가 저술한 책이다.
47. 『青丘風雅』・『續東文選』・『箕雅』・『大東詩選』에도 실려 있는데, 글자에 약간씩 출입이 있다. "心非無像"의 像은 『國朝詩刪』과 『小華詩評』의 인용을 따라서 想으로 고친다.
48. 『慵齋叢話』(경산대학교, 2000) 권7에 기록이 보이며, 徐居正의 「送印上人詩序」(『四佳集』 문집 권6)에도 기록이 있다.
49. 申用漑, 『二樂亭集』(한국문집총간 17) 권15, 「吏曹參議李公墓碣銘」에 의하면, 李世仁(星州人)의 後夫人이 慶州 安氏로, 尙衣院直長을 지낸 安仲善의 딸, 司醞直長을 지낸 安信의 손녀이며, 柳自漢의 외손녀라고 한다.
50. 『楊州趙氏族譜』(趙重男 編輯, 1980)를 보면 趙瓉의 딸을 아내로 맞았음을 알 수 있다.
51. 『梅月堂集』 권21, 書, 「上柳襄陽自漢陳情書」. "獨之京舍, 與相之甥仲善之父安信, 池達河, 鄭有義, 張綱, 鄭師周同學, 相交猶兄弟焉. 自少不喜榮達, 而且以親戚隣里濫譽爲悲矣."
52. 『文宗實錄』 권6, 문종 2년 2월 10일(기묘)의 기록.
53. 尹春年, 「梅月堂序」, 『學吟稿』; 「梅月堂先生傳」, 『梅月堂集』 卷首.
54. 『梅月堂集』 권6, 投贈, 「贈高同知」.
55. 『晉書』 39 列傳9, 「賈充傳」에 나온다.

_ 제2부 방랑의 길

1. 태학사 1988년 영인 『國朝文科榜目』 참고.
2. 『梅月堂集』 권9, 遊關西錄 卷末, 「宕遊關西錄後志」. "余自少跌宕, 不喜名利, 不顧生業. 唯以清貧守志爲懷, 素欲放浪山水, 遇景吟翫. 嘗爲擧子, 朋友過以紙筆, 復勵薦鶚, 猶不干懷."
3. 『梅月堂集』 권6, 投贈, 「逢全盡忠」.
4. 『英祖實錄』 권41, 영조 12년 6월 1일(갑자)의 기록.
5. 『正祖實錄』 권32, 정조 15년 2월 21(병인)의 기록.
6. 김창현, 「조선 초기 과거급제자의 출신 배경」, 『한국학 논집』 35(한양대학교 한국학연구소, 2000. 10), 81쪽. 幼學으로서도 과거에 응시할 수 있었다는 사실은 表沿末(1449~1498)이 병과 급제한 1472년(성종 3)의 식년문과에 幼學 趙文㻇이 역시 병과 급제한 사실에서 확인된다. 表沿末, 『藍溪集』(한국문집총간 15) 권2 末, 「科擧榜目」 참조.

7. 南孝溫, 『秋江集』 권7, 雜著, 「冷話」.
8. 이때 진사과가 다시 설치된 것은 이보다 앞서 세종 17년에 집현전 대제학 李孟畇 등이 세종의 시학 진흥책을 추진하는 방편으로 건의했기 때문이다. 『世宗實錄』 권68, 세종 17년 6월 26일(병인)의 기록 참조.
9. 「夢遊桃源圖」와 讚詩에 대해서는 안휘준·이병한의 『安堅과 夢遊桃園圖』(예경산업사, 1991) 참조.
10. 박팽년의 「武溪酬唱」(『朴先生遺稿』)에 안평대군의 시가 함께 실려 전한다.
11. 『端宗實錄』 권6, 단종 원년 계유 5월 19일의 기록.
12. 李石亨, 『樗軒集』(한국문집총간 9) 卷上, 「有感」.
13. 『莊陵志』(세종대왕기념사업회, 1979년 국역) 권2.
14. 河緯地, 「答朴仁叟彭年借蓑衣」, 『丹溪遺稿』(한국문집총간 8). 이 시에 대해서는 『芝峯類說』 권13에 시화가 있다.
15. 蔡濟恭, 『樊巖集』(한국문집총간 236) 권55, 傳, 「李節度傳」; 金成俊, 「李澄玉과 六鎭」, 『史叢』 12·13합집(1968).
16. 權文海, 『大東韻府群玉』, '一日五驚' 조. 「許四宰傳」을 인용하였다.
17. 『梅月堂集』 권4, 書畵, 「淨几讀書」. 이 시에는 장문의 自註가 붙어 있어서, 젊은 시절 그의 갈등을 유추할 수 있다.
18. 許穆의 「淸士列傳」(『記言』 中篇 권11)에 보면, 김시습이 어떤 사람에게 보낸 편지를 인용하여, "十三通經史百家, 磊落慷慨. 十九學孫吳兵法, 今已消亡矣"라 하였다."
19. 『世祖實錄』 권2, 세조 원년 을해 8월 기미(16일)의 기록.
20. 그가 죽은 뒤 고려 말의 대학자 李穡이 「圓證國師塔碑」를 지었다. 李英茂, 「太古普愚의 人物과 思想」, 『建大史學』 5(건국대학교 사학회, 1976) 참조.
21. 李珥, 『栗谷全書』(한국문집총간 44) 권13, 序, 「栗亭亂稿序」.
22. 『梅月堂全集』 부록 권1, 「諸家雜記」. "西齋宋侃, 寄宋遜壑書曰: '至於金友悅卿之佯狂, 恨未詳其光景, 若論以中正, 則未知如何?'"
23. 『梅月堂全集』 부록 권1, 「諸家雜記」 인용, 『遜壑實記』 기록.
24. 『梅月堂集』 권19, 贊, 「箕子贊」. "紂爲玉杯, 箕子甚患. 紂爲淫佚, 箕子極諫. 不聽而囚, 人曰可去. 子曰若去, 彰惡自譽. 被髮佯狂, 爲奴隱處. 彈琴自悲, 此情誰語. 千載有知, 我志應著. 唐柳作碑, 其文可據. 世雖遠而, 惟爾能恕."
25. 『梅月堂集』 권1, 述懷, 「述古」 10首 가운데 제9수. 이 「述古」 10수는 『梅月堂集』 권13, 關東日錄에도 수록되어 있는데, 글자가 간혹 다르다.
26. 영해박씨대종회 편, 『영해박씨대동보』 권1(대경출판사, 1987). 단, 박계손의 생몰년을 1428~1494년이라고 적은 것은 김시습이 쓴 「兵曹判書朴公行狀」과 차이가 있다. 여기서는 김시습의 설을 따른다.
27. 『梅月堂全集』 속집 권1, 「兵曹判書朴公行狀」.

28. 『成謹甫集』권1, 「絶筆」. 이 시는『추강집』에서는 성승의 작품이라고 했으나,『노릉지』와 야사에는 성삼문의 작품으로 기록되어 있다. '莫有違'가 '莫願違'로 표기된 곳도 있다.
29. 『大東奇聞』에서도 성삼문의 「절명사」라고 하였다.
30. 成俔의 『慵齊叢話』에 보면, 이 시가 이개의 「臨絶作」이라고 전한다.
31. 『梅月堂全集』부록 권1, 諸家雜記, 「副提學許慥與金白杖文起書」.
32. 李肯翊, 『燃藜室記述』, 端宗記事本末.
33. 『梅月堂全集』續集 권1, 「子規詞」.
34. 元昊, 『觀瀾遺稿』(한국문집총간 9) 권1, 逸稿, 「歎世詞」.
35. 『梅月堂全集』부록 권1, 「遺蹟搜補」수록, 『遯壑遺事錄』의 기록.
36. 『史記』(中華書局, 표점본, 1982년 제2판) 권61, 「伯夷列傳第一」.
37. 李範奭·宋杜憲 共編의 『東鶴誌』(서울대학교 규장각 소장, 1920년 간행 연활자본)에 따른다.
38. 坦禪의 「東鶴寺招魂閣事蹟」(1466) 참고. 이 글은 『莊陵史補』에 「東鶴聞見錄」이라는 이름으로 수록되었고, 『梅月堂全集』부록 권2에 「上王服喪錄」이라는 이름 아래 다시 수록되었다. 趙旅의 문집 『漁溪先生集』(西山書院藏板, 1992. 3. 10)에는 "成化 2년 맹춘 八叠 僧 坦 禪 記"라고 기록되어 있다.
39. 坦禪, 「東鶴寺招魂閣事蹟」. "天順戊寅, 我世祖四年春, 自上特命鶴寺, 招魯山魂設飯享之. 建招魂閣, 使儒釋輩守護. 翼年春, 梅月堂金時習, 提學曺尙治, 參判李蓄, 正郎鄭之産, 同知宋侃, 進士趙旅, 校理成熺, 與僧明禪·月岑·雲波, 精備山果川魚等物, 各自東西南北來, 祭上王, 修補招魂閣. 成化二年孟春, 八叠, 僧坦禪記."
40. 『梅月堂全集』부록 권2, 「祝文」.
41. 『梅月堂全集』부록 권2, 「祭閣招魂辭」.
42. 『梅月堂全集』부록 권2, 「靖義諸臣列傳」, '集賢殿副提學忠貞公曺尙治'.
43. 『梅月堂全集』부록 권1, 「遺蹟搜補」에 인용된 『野逸錄』과 『搜古誌』에 의한다.
44. 尹舜擧 撰, 「趙旅傳」, 『漁溪集』(한국문집총간 11) 권2 附錄. 시의 제목은 「九日登高」로 7언 율시인데, 首聯과 頸聯만 인용하였다.
45. 『梅月堂集』권9, 遊關西錄, 「宕遊關西錄後志」. "一日忽遇感慨之事, 以謂, '男兒生斯世, 道可行, 則潔身亂倫, 恥也. 如不可行, 獨善其身, 可也.' 欲泛泛於物外, 仰慕圖南思邈之風, 而國俗且無此事, 猶豫未决. 一夕忽悟, '若染緇爲山人, 則可以塞願.'"
46. 조선 후기 실명씨, 『西京摠覽』(한국향토사연구회전국협의회, 『향토사연구』12집, 2000, 119~169쪽 영인) 수록, 「遊東明都記」133쪽 상단 오른쪽.
47. 『梅月堂集』권21, 書, 「上柳襄陽自漢陳情書」.
48. 『梅月堂集』권21, 書, 「上柳襄陽自漢陳情書」.
49. 『梅月堂集』권9, 遊關西錄, 「宕遊關西錄後志」. "若吾在宦途, 欲窮此淸翫, 不可得也, 而又不能自在遊戱矣. 嗚呼! 人生天壤之間, 戚戚於利名, 營營於生業, 以困其身, 如鷦鷯之戀苕, 鮑瓜之繫樹, 豈不苦哉! 是爲志以激俗士."

50. 『梅月堂集』 권9, 遊關西錄, 「壺串」.
51. 『梅月堂集』 권9, 遊關西錄, 「松都」.
52. 『梅月堂集』 권9, 遊關西錄, 「花園」.
53. 『梅月堂集』 권9, 遊關西錄, 「穆淸殿」. 목청전은 고려의 것과 조선의 것이 별도로 있었다(高裕燮, 『松都의 古蹟』, 열화당, 1977). 여기서는 조선 왕조의 목청전을 말한다.
54. 『梅月堂集』 권9, 遊關西錄, 「登聖居山」.
55. 『梅月堂集』 권9, 遊關西錄, 「遊天磨山」.
56. 『梅月堂集』 권9, 遊關西錄, 「瓢淵」.
57. 『梅月堂集』 권9, 遊關西錄, 「又贈李居士(蒙哥)」.
58. 『梅月堂集』 권9, 遊關西錄, 「謁留守」.
59. 鄭知常, 「送友人」, 『破閑集』(趙鍾業, 1989년 편, 韓國詩話叢編 1) 卷下.
60. 『梅月堂集』 권9, 遊關西錄, 「擬楚辭九歌四首」.
61. 『梅月堂集』 권9, 遊關西錄, 「漁父」.
62. 김시습의 화답시는 「和宋少尹處儉韻」 3수인데, 유·불의 문제를 다룬 것은 두번째 시이다. 그 뒤 김시습은 별도로 율시 한 수(「上宋少尹」)를 그에게 바쳤다. 모두 『梅月堂集』 권9, 遊關西錄에 수록되어 있다.
63. 『梅月堂集』 권9, 遊關西錄, 「守任公新學校 勸余作落成記 題後記事以贈」.
64. 『梅月堂集』 권9, 遊關西錄, 「贈敎官舊友」.
65. 『梅月堂集』 권6, 投贈, 「上具節制(致寬)」·「上具節制宣召赴京(文信)」.
66. 『梅月堂集』 권8, 行, 「將軍行」.
67. 『梅月堂集』 권9, 遊關西錄, 「與祥首座話舊」.
68. 『梅月堂集』 권9, 遊關西錄, 「寓普賢寺 書懷贈人」, 모두 12구 가운데 5~8구.
69. 『梅月堂集』 권9, 遊關西錄, 「峩眉峯」.
70. 『梅月堂集』 권9, 遊關西錄, 「峽中人家」.
71. 『端宗失錄』 권2, 즉위년(임신) 8월 8일(무진)의 기록에 보면, 1450년(세종 32)에 명나라 사신 倪謙이 『상설고문진보대전』을 전해준 일이 있으니, 경오자본의 간행은 그것과 관련이 있을지 모른다. 1472년(성종 3)에 『상설고문진보대전』이 晉州에서 整版되었다. 金宗直이 「詳說古文眞寶跋」을 적었다. 『佔畢齋集』 권4, 「詳說古文眞寶大全」. 경상도 함양의 玉山書院에 소장되어 있는 것이 이 판본이다.
72. 楊詩 외에 羅仲素, 范浚, 呂大臨, 蔡元定, 黃幹, 張栻, 胡宏, 眞德秀 등의 글을 실어두었다. 『四庫全書總目提要』 권92, 子部 儒家類 2, 「性理羣書句解二十三卷」 참조.
73. 『梅月堂集』 권9, 遊關西錄, 「和金文良韻」에 김수온의 原詩가 붙어 있다.
74. 『梅月堂集』 권9, 遊關西錄, 「和金文良韻」 2수 가운데 제2수.
75. 『梅月堂集』 권9, 遊關西錄, 「平壤少尹金永濡·判官朴哲孫特來慰我廣法寺 以詩謝而留之」. 단, 실명씨의 『西京摠覽』(한국향토사연구회전국협의회, 『향토사 연구』 12집, 2000년에 李

在崑 씨 해제와 함께 영인)에 따르면, 이 시의 제목은 「金少尹永濡·朴判官哲孫持酒來慰 於廣法寺 詩以留之」로 되어 있다.
76. 실명씨, 『西京摠覽』 참조. 단, 시의 원문은 『梅月堂集』에 수록된 쪽이 더 정련되어 있다. 특히 『서경총람』에는 '更宿煙霞裏'의 '裏' 자가 빠져 있다.
77. 『老子集解』는 集解 2권, 考異 1권으로, 惜陰軒叢書 第14函에 들어 있다.
78. 申綽이 1793년(정조 17, 계축) 3월 갑자에 편찬한 「老子旨略序」에 나오는 말이다. "大道旣隱, 淳風日遠. 皇降而帝, 帝降而王, 王降而覇. 忠臣薄於上, 詐僞飾於下. 老君生于周末, 見周道之弊於文. 救文無如以質, 故其所尊者, 虛靜寬簡樸信也. 所薄者. 聖知禮義巧利也." 申綽, 『石泉遺稿』(서울대학교 규장각 소장 필사본, 민족문화추진회 한국문집총간 255), 「老子旨略序」.
79. 조선에 수입된 때는 분명하지 않지만, 1523년(중종 18) 이전에 전라도 광주에서 목판으로 간행한 것이 있으므로, 조선 중엽 이후에 대단히 유행했다는 사실을 짐작할 수 있다. 그 뒤 1564년(명종 19)에 평양 목판본, 1564년경에 해주 목판본 등이 나왔다. 그런데 李滉은 『심경』 그 자체는 신명같이 공경하고 부모같이 존신해야 하지만, 주석을 붙인 정민정은 인간적인 면과 학문적인 면에서 비난할 점이 있음을 크게 애석히 여겨, 「心經後論」을 저술하였다. 이황 생전에 이미 이 「심경후론」을 붙인 『심경부주』가 2종이나 나왔다. 즉, 1566년(명종 21)경 문천군(文川郡) 간행 목판본과 1579년(선조 3)경 경주 간행 목판본이 있었던 듯하다. 그 뒤 조선 중기부터 조선 말까지 이황의 「심경후론」을 붙인 『심경부주』가 무려 26종 가량(일본 목판본 3종 포함)이나 간행되었고, 그 가운데 6종은 활자본이다. 『심경부주』의 조선판본에 대해서는 윤병태, 「퇴계와 心經附註」, 『한국의 철학』 8호(경북대학교 퇴계연구소, 1979. 12), 67~81쪽; 「心經附註 有後論本의 版本: 退溪書誌의 硏究 其四」, 『한국의 철학』 8호, 83~113쪽 참조.
80. 『梅月堂集』 권9, 遊關西錄, 「得註心經一部」. "…… 此心何以淨, 放下着而已 ……."
81. 『梅月堂集』 권9, 遊關西錄, 「宕遊關西錄後志」. "遂向松都, 登眺故城, 徘徊墟里, 宮殿陵墓, 鞠爲梧楸禾黍, 寧不感乎! 又登天摩·聖居諸山, 以觀衆峰巑岏之狀, 瓢淵湫瀑之雄, 而入關西, 登岊嶺之險, 涉浿水之波, 以觀箕都卄田城郭之址, 宮祠廟觀之壯, 人物之繁華, 桑麻之蔚翳, 可想殷之宗子餘風不墜矣. 由是而遡薩水之涯, 入安市之城, 隋唐攻戰之跡, 依俙然慘烈, 使後之騷人墨客, 徘徊跼躅, 足以激千古之恨. 又登香嶺, 南望渤瀣, 島嶼之縹緲, 北眺朔漠山河之險阻, 坐巖局, 伴明月, 或倚澗邊之石, 或登巍峨之峯, 見松櫟參天, 蔬菌狼藉, 鳥獸之奇怪, 草木之精華, 皆使我欣然吟哦, 或題樹葉, 或書巖崖. 還于蓬廬, 條然默坐, 煮茗茹蔬, 足以遣慮而忘情矣."
82. 閔漬, 「佛祖傳心西天宗派旨要序」, 『西天百八代祖師指空和尙禪要錄』(서울대학교 규장각 소장). 그 글의 일부를 보면 이러하다. "帝京親對△日角默傳妙旨, 因受△△御香名以往觀金剛山, 而出來越泰定三年三月△日, 到于我王京城西甘露寺, 城中士女咸曰, '△釋尊復出, 遠來至此, 盍往觀乎?' 莫不鷄鳴而起, 奔走往來. 道路如織, 寺門如市者, 幾於二旬. 及△師

移錫到處, 皆然. 至往金剛山, 然後乃已. △師以是年四月下旬, 還自波山, 因受檀越順妃之請, 住錫于城東崇壽寺, 與其門弟, 及諸山精衲之願赴者, 約爲一夏安禪於寺之西南高□處, 別作□場依最上無生□法, 大開甘露之門. 於是, 自王親戚里公卿大夫士庶人乃至. 愚夫愚婦, 爭先雲集於□場者, 日以千方計. 凡得聞一言一話者, 如得無價寶珠而歸, 雖或但望揚眉動目者, 亦如渴飮甘露者焉. 嗜酒肉者, 斷酒肉, 好巫覡者, 絶巫覡. 至有棄富貴如弊屣, 視身□如浮漚, 貪競之風, 漸息, 驕淫之俗, 稍變. 又當大旱, △師乃一念興悲卽, 致雨暘順, 適荒年化爲豊年. 若非大悲菩薩乘宿, 願力而來化者, 孰能如是哉!'

83. 『梅月堂集』권10, 遊關西錄, 「盆浦僧舍(漢京)」.
84. 崔承洵, 「梅月의 關東遊歷考」, 『강원문화연구』 11(강원대학교 강원문화연구소, 1992. 8).
85. 『梅月堂全集』 속집 권1, 遊關東錄, 「摩訶衍」.
86. 『梅月堂集』 권10, 遊關東錄, 「巢鶴」·「閒鶴」 참조.
87. 『梅月堂集』 권10, 遊關東錄, 「咏四禽言」.
88. 『梅月堂集』 권10, 遊關東錄, 咏四禽言, 「不如歸」.
89. 『梅月堂集』 권10, 遊關東錄, 「指空衣鉢」·「懶翁衣鉢」.
90. 『梅月堂集』 권10, 遊關東錄, 「謝海師講經以水晶數珠爲答」.
91. 『梅月堂集』 권10, 遊關東錄, 「渡迷峽」. 관동으로 떠났다가 다시 경기도로 와서 盆浦의 절에 들른 뒤, 또다시 관동으로 갈 때 渡迷津, 즉 지금의 팔당 부근에서 쓴 시이다.
92. 『梅月堂集』 권10, 遊關東錄, 「晩意」.
93. 任璟, 「玄湖瑣談」, 『詩話叢林』(亞細亞文化社, 影印本, 1973), 467쪽. "梅月堂金時習, 銀樹霜被, 珠臺月瀉."
94. 『梅月堂集』 권11, 遊湖南錄, 「八螺峴」 中에서.
95. 『梅月堂集』 권10, 遊關東錄, 「金光淵」.
96. 『梅月堂集』, 권1, 述懷, 「排遣」.
97. 丁若鏞, 『與猶堂全書』 I(新朝鮮社, 1934년 新活字本), 詩文集 권13, 「送浮屠海銘遊嶺南序」.
98. 『梅月堂集』 권10, 遊關東錄, 「大嶺」.
99. 『梅月堂集』 권10, 遊關東錄, 「白沙汀」.
100. 『梅月堂集』 권10, 遊關東錄, 「宕遊關東錄志後」. "又江陵東城, 鏡浦之臺, 寒松之汀, 乃仙者之所曾遊嬉處也. 適是日, 雲收風止, 天淸海淨, 鏡空無際, 極扶桑之隅, 壯心目之觀, 以吾身擬之, 正蘇子所謂: '寄蜉蝣於天地, 渺滄海之一粟' 者也."
101. 『梅月堂集』 권10, 遊關東錄, 「鏡浦臺」.
102. 『梅月堂集』 권10, 遊關東錄, 「靑鳥」.
103. 『梅月堂集』 권10, 遊關東錄, 「鯨戲」.
104. 『梅月堂集』 권10, 遊關東錄, 「日出」.
105. 『梅月堂集』 권10, 遊關東錄, 「尾閭」.

106. 『梅月堂集』 권10, 遊關東錄, 「鮫室」.
107. 『梅月堂集』 권10, 遊關東錄, 「蜃樓」.
108. 『梅月堂集』 권10, 遊關東錄, 「歎桑田」.
109. 『梅月堂集』 권10, 遊關東錄, 「嘲精衛」.
110. 『梅月堂集』 권10, 遊關東錄, 「遊仙歌」.
111. 『梅月堂集』 권10, 遊關東錄, 「宕遊關東錄志後」. "所恨爲同伴所牽, 不能遡遊國島·三日浦·叢石亭."
112. 『梅月堂集』 권10, 遊關東錄, 「淸夜遊五臺」.
113. 『梅月堂集』 권10, 遊關東錄, 「懶翁裝包」.
114. 『梅月堂集』 권10, 遊關東錄, 「途中」.
115. 『梅月堂集』 권10, 遊關東錄, 「宕遊關東錄志後」. "我國地雖偏狹, 山水淸麗, 達人君子之所景慕者也. 夫子欲居九夷, 至有俗語中國人云, '願生高麗國, 親見金剛山,' 以其泉石蕭爽, 可滌鄙恡之胸故也. 余自關西, 又入關東, 遊金剛·五臺, 以尋形勝, 山形奇詭, 溪色玲瓏, 以至開心之飛瀑, 楓嶺之白石, 鳴淵之渟泓, 皆可洗人心目, 而洞深樹密, 俗子罕到, 則五臺爲最."
116. 『梅月堂集』 권10, 遊關東錄, 「宕遊關東錄志後」. "後日重遊, 必先見此, 以愜余今日之懷, 死亦足矣. 所謂浮雲踪跡, 倏忽西東, 故致然耳."
117. 『梅月堂集』 권11, 遊湖南錄, 「宿參禮驛」.
118. 『梅月堂集』 권11, 遊湖南錄, 「與趙進士困戲相謔」 3수 가운데 제2수와 제3수. 趙籬의 몰년과 家系는 『楊州趙氏族譜』에서 확인할 수 있다. 字는 疑之이다.
119. 『梅月堂集』 권11, 遊湖南錄, 「恩津縣客舍 遇盧文學 因次其韻」.
120. 『梅月堂集』 권11, 遊湖南錄, 「與金直講話舊」.
121. 李奎報, 『東國李相國集』(한국문집총간 1) 권9, 「八月二十日 題楞迦山元曉房 幷序」; 권23, 「南行月日記」 참조.
122. 『梅月堂集』 권11, 遊湖南錄, 「望島」.
123. 『梅月堂集』 권11, 遊湖南錄, 「咏百濟故事」. '百人濟海而來居', '甄氏起於完山', '三子囚父於金山', '甄萱來奔於高麗', '麗祖聲罪於黃山城'.
124. 『梅月堂集』 권11, 遊湖南錄, 「珍原鎭山有老僧信行欲築精舍以印月名之」. 또한 『新增東國輿地勝覽』 전라도 珍原縣의 印月寺 조에 수록되어 있다.
125. 『梅月堂集』 권11, 遊湖南錄, 「佳城寺羅漢堂與僧話」.
126. 『梅月堂集』 권11, 遊湖南錄, 「有惠斑箬鞋者謝之」.
127. 『梅月堂集』 권11, 遊湖南錄, 「遊羅州牧謁太守」.
128. 『梅月堂集』 권11, 遊湖南錄, 「宕遊湖南錄後志」. "聖化融洽, 仁澤滂沱, 海隅蒼生, 罔不繁庶, 旣富方穀, 人人進學, 變强剛之俗, 爲孝悌廉恥之域, 代出良材, 世輔王室, 邊境無虞, 狼烟頓息, 此聖朝至治之一端也."

129. 『梅月堂集』 권11, 遊湖南錄, 「錦城祠」. 이 시는 『新增東國輿地勝覽』의 나주 錦城山祠 조에 채록되어 있다.
130. 『梅月堂集』 권3, 釋老, 「贈峻上人」 20수.
131. 『新增東國輿地勝覽』 권11, 京畿道 高陽郡 陵墓 敬陵 조항에 수록된 姜希孟의 시에 따르면, 敬陵은 원래 園陵이라 하였다. 즉, 姜希孟의 시에 "露盤高聳彩雲邊, 遙認園陵卽寺前"이라는 구절이 있다.
132. 『新增東國輿地勝覽』 권11, 京畿道 高陽郡 佛宇 正因寺 조, 金守溫의 「正因寺重創記」. 1987년에 편찬된 『고양군지』에 따르면, 현재는 이 절의 위치조차 파악할 수 없다고 하였다. 고양군편찬위원회, 『고양군지』(1987), 1080~1083쪽.
133. 金守溫, 『拭疣集』 권4, 「次河東府院君韻 贈正因寺雪峻長老」; 崔恒, 『太虛亭集』 권1, 「贈雪峻上人三首」.
134. 『梅月堂集』 권11, 遊湖南錄, 「咸陽」.
135. 『梅月堂集』 권11, 遊湖南錄, 「宕遊湖南錄後志」. "余旣遊關東, 又抵湖南, 喜見老梅辣竹, 冬梔猗蘭. 橘柚秋熟, 樺栢冬靑, 亦一勝觀也. 至於柿栗薑綿海國諸珍, 乃百濟所賴以富者也. 其泉石之勝, 皆複如也. 湖則碧骨·律湖, 今已涸矣, 而所瀦者, 汚菜數頃而已. 且居民之實, 物産之富, 倍簁關東, 此百濟之所恃以强, 而所驕以亡者也. 至今民俗强悍, 見鬪則不能屈下, 思欲圖報, 此百濟之遺風也. 但聖化融洽, 仁澤滂沱, 海隅蒼生, 罔不繁庶. 旣富方穀, 人人進學, 變强剛之俗, 爲孝弟廉恥之域, 代出良材, 世輔王室. 邊境無虞, 狼烟頓息, 此聖朝至治之一瑞也."

_제3부 금오산의 은둔

1. 『梅月堂集』 권11, 遊湖南錄, 「流觴曲水舊址」.
2. 『梅月堂集』 권12, 遊金鰲錄, 「居茸長寺經室有懷」.
3. 『梅月堂集』 권12, 遊金鰲錄, 「奉德寺鍾」.
4. 김시습은 경주부 남쪽 5리 五陵 북쪽에 金淡이 건축한 南亭에 대해서도 시를 읊었다. 『梅月堂集』 권12, 遊金鰲錄, 「南亭」.
5. 이상 부윤과 통판의 교체 사실은 徐居正, 「慶州客館」東軒記」(『新增東國輿地勝覽』 권21, 慶尙道 慶州府 '客室' 客館 조항 수록) 참조.
6. 1832년에 작성된 『慶尙道邑誌』(서울대학교 규장각 소장) 경주부 '邑誌' 宦蹟 조항 참조.
7. 『梅月堂集』 권12, 遊金鰲錄, 「上崔府尹」.
8. 『新增東國輿地勝覽』 권21, 경상도 경주부 '山川' 金鰲山 조항.
9. 『梅月堂集』 권12, 遊金鰲錄, 「種梅」·「種薔薇」·「種栢」·「種杉」·「護筍」·「洗竹」.
10. 『梅月堂集』 권12, 遊金鰲錄, 「白花蛇」.
11. 『梅月堂集』 권12, 遊金鰲錄, 「禪房寺」.
12. 『梅月堂集』 권12, 遊金鰲錄, 「登靈廟寺浮圖」.

13. 『梅月堂集』 권12, 遊金鰲錄, 「興輪寺址」.
14. 한국불교연구원 저, 『신라의 廢寺』 I(한국의 사찰 3, 일지사, 1974), 54쪽.
15. 흥륜사의 石槽와 拜禮石은 현재 국립경주박물관에 보관되어 있다.
16. 『梅月堂集』 권12, 遊金鰲錄, 「戱黃龍大像」. 황룡대상은 현재 금당터에 대좌만 남아 있다. 장륙상대좌라고도 한다.
17. 『梅月堂集』 권12, 遊金鰲錄, 「戱黃龍大像」.
18. 『梅月堂集』 권12, 遊金鰲錄, 「敬順王廟」.
19. 『梅月堂集』 권12, 遊金鰲錄, 「安夏池舊址」.
20. 『梅月堂集』 권12, 遊金鰲錄, 「集慶殿」.
21. 『梅月堂集』 권12, 遊金鰲錄, 「問瞻星臺」・「代瞻星臺答」.
22. 『梅月堂集』 권12, 遊金鰲錄, 「栢栗寺樓登眺」.
23. 『梅月堂集』 권12, 遊金鰲錄, 「夫子廟」・「庾信墓」・「賓賢樓」・「故城址」・「蚊川」・「車亭翫月對友」・「芬皇寺石塔」・「東川寺看四季花」・「南亭」・「奉德寺鍾」・「佛國寺」・「金氏陵」・「車公墓」・「善德王陵」・「月城堂」・「天王寺址」・「北川金周元公址」・「天龍寺感舊」・「大櫓院懷古」・「謁舍那大像」.
24. 徐居正과 魚世謙의 12영은 『新增東國輿地勝覽』(아세아문화사, 1983년 영인) 권21, 경상도 경주부 '題詠' 조항에 수록되어 있다. 서거정의 12영은 『四佳集』 1705년 중간본(한국문집총간 10・11) 補遺 3에 재수록되어 있다. 창작 시기는 미상이다.
25. 『梅月堂集』 권12, 遊金鰲錄, 「探梅」 14수 가운데 제6수.
26. 『梅月堂集』 권12, 遊金鰲錄, 「探梅」 14수 가운데 제9수. "世人培養膽瓶中, 紙帳明窓竟日同. 不覺數交多取贄, 何如苦訪雪泥融."
27. 『梅月堂集』 권12, 遊金鰲錄, 「探梅」.
28. 陸游, 「梅花絶句」 제3수(『劍南詩稿校注』, 錢仲聯 校注, 上海古籍出版社, 1985).
29. 『梅月堂集』 권12, 遊金鰲錄, 「探梅」 14수 가운데 제10수.
30. 『梅月堂集』 권12, 遊金鰲錄, 「探梅」 14수 가운데 제3수.
31. 『梅月堂集』 권12, 遊金鰲錄, 「探梅」 14수 가운데 제14수.
32. 『梅月堂集』 권12, 遊金鰲錄, 「無諍碑」.
33. 원효가 해골에 괸 물을 마셨다는 설화에 담긴 사상에 대해서는 조동일, 「원효 설화의 변모와 사상논쟁」, 『한국의 문학사와 사상논쟁』(지식산업사, 1996); 서대석, 「설화에 반영된 원효 사상과 민중의식」, 『한국 문화와 역사 인물 탐구: 원효・설총・일연』(한국정신문화연구원・경산시청, 2001. 6) 참고.
34. 현전하는 것은 20부 22권이라고 한다.
35. 『新增東國輿地勝覽』에 따르면 화쟁국사비는 韓文俊(?~1190)이 지었다고 하지만, 1665년(조선 효종 6)에 간행된 『金石淸玩』에서는 崔詵(?~1209)이 비의 글자를 썼으며 고려 명종 때 건립하였다고 되어 있다. 崔惟淸의 묘지명에는 그가 화쟁국사비명을 지었다고 적혀 있

다. 아마 최유청이 지은 글을 최선이 써서 그것을 비에 새긴 듯하다. 金相鉉, 『고려시대의 원효 인식』, 『정신문화연구』 제17권 제1호 통권 54호(한국정신문화연구원, 1994. 3).
36. 金相鉉, 『역사로 읽는 원효』(고려원, 1994), 285~289쪽. 또 원효의 사적을 적은 비문으로는 신라 애장왕(재위 800~808) 때 高仙寺 삼층석탑 부근에 세워진 誓幢和尙碑가 별도로 있다. 그 파편은 1915년에 閼川 상류 暗谷里에 있는 고선사터에서 발견되었으며, 비 조각은 국립중앙박물관에 보관되어 있다.
37. 김영태, 『삼국유사 所傳의 신라 불교사상 연구』(신흥출판사, 1979).
38. 李仁老, 『破閑集』(趙鍾業, 1989년 편, 韓國詩話叢編 1) 卷下, '昔元曉大聖'云云條.
39. 이것은 아마도 일연 선사가 그 당시에 직접 들었던 이야기인 듯하다. 그는 원효 대사와 같은 고향에서 태어났고, 당시에는 원효에 대한 구비 설화가 많이 있었기 때문이다. 吳大赫, 「元曉 說話의 구조와 의미」, 『佛教語文論集』 제2집(한국불교문학사연구회, 1997) 참조.
40. 조동일 님은 밤나무 아래서의 탄생설화는 『삼국유사』에만 수록되어 있는데, 원래는 상당한 의미가 있는 설화였으나 그 의미가 잊혀졌다고 보았다. 조동일, 『삼국시대 설화의 뜻풀이』(집문당, 1990) 참조.
41. 『梅月堂集』 권12, 遊金鰲錄, 「善德王陵」.
42. 『梅月堂集』 권12, 遊金鰲錄, 「天龍寺感舊」.
43. 『梅月堂集』 권12, 遊金鰲錄, 「登東山嶺望海」.
44. 『梅月堂集』 권5, 茶, 「雀舌」.
45. 鄭英善, 『한국의 茶文化』(너럭바위, 1990), 44쪽.
46. 李穆(1471~1498)의 「茶賦」(『李評事集』, 한국문집총간 18) 幷序의 "茶自入稅, 反爲人病"이나, 金宗直의 「茶園」(『佔畢齋集』 권10, 한국문집총간 12) 등을 통하여 다세가 과중했음을 짐작할 수 있다. 김종직의 「茶園」은 그가 咸陽군수로 있을 때 백성들의 다세를 덜어주기 위해 관영 차밭을 만든 내용이다.
47. 『梅月堂集』 권12, 遊金鰲錄, 「贈金進士(振文)」.
48. 『梅月堂集』 권12, 遊金鰲錄, 「讀楚辭」.
49. 『慵齋叢話』(경산대학교, 2000) 권3.
50. 서초구 방배동의 淸權祠가 효령대군의 사당이다. 묘소도 함께 있다. 시호는 靖孝이다.
51. 동국대학교 박물관에 天順 7년, 즉 1463년 간행의 『묘법연화경』이 있고, 그 권말에 이 上箋文이 붙어 있다.
52. 『梅月堂全集』 續集 권2, 「純金鑄像」.
53. 『梅月堂全集』 續集 권2, 「車渠螺」.
54. 『梅月堂全集』 續集 권2, 「讚四種御膳」. "先出團團三四釘, 奉薦先王兼事竺."
55. 『梅月堂全集』 續集 권2, 「新譯蓮經」.
56. 『梅月堂全集』 續集 권2, 「車渠螺」 시의 後識. "主上大靖內亂, 聿修堂構, 其功德之美, 可傳於萬世, 實千古一遇."

57. 이하의 찬과 게송은 『梅月堂全集』 別集 권1, 「妙法蓮華經別讚」에서 취하였다.
58. 『梅月堂全集』 別集 권1, 妙法蓮華經別讚, 「化城喩品讚」. "一乘微妙法, 無二亦無三. 假名二地以休息, 一眞珍寶所, 無遠亦無阻, 權立化城以安穩, 向來譬喩諄諄, 胡乃狐疑未了. 哀愍小果之取證, 歷陳夙昔之因緣, 是知佛慧, 難解難信. 任他小乘, 漸敎漸入, 若了大城之是化, 方覺寶所之非眞. 然則畢竟以何爲證, 無影樹頭花爛熳, 從他採獻法中王."
59. 『梅月堂全集』 別集 권1, 妙法蓮華經別讚, 「如來壽量品讚」. "淨法界身, 本無出沒. 大悲願力, 示有去來. 欲識如來壽量, 假饒塵墨難喩. 續燃燈證菩提, 平地蒼波, 降王宮入涅槃, 老婆黃葉. 非生現生, 萬水蟾光, 非滅現滅, 天心日月. 權爲衆生, 說法示滅, 宛如醫師留藥告云. 伊麼則古佛現在, 奈何不見. 不離當處常湛然, 覓則知君不可見." 頌은 이러하다. "如來壽量曠無攀, 只爲衆生換舊顔. 未識慈尊須急去, 堂堂常在古靈山."
60. 『梅月堂全集』 別集 권1, 妙法蓮華經別讚, 「常不輕菩薩品讚」. "法無高下, 諸佛心中. 衆生時時成佛, 相離我人. 衆生身內, 諸佛念念證眞."
61. 『梅月堂全集』 別集 권1, 妙法蓮華經別讚, 「藥王菩薩本事品讚」.
62. 『梅月堂全集』 別集 권1, 妙法蓮華經別讚 끝 부분.
63. 『梅月堂全集』 別集 권1, 妙法蓮華經別讚, 「普賢菩薩勸發品讚」. "…… 雖然如是, 古人道: '聞而不信, 尙結佛種之因. 學而不成, 猶蓋人天之報', 則不可以一槩論. 況此經, 以悲智立體, 瞋喜偏圓, 同入寶所, 訕謗罵辱, 俱結勝緣, 暫持一偈, 隨喜亦圓."
64. 「법화경별찬」이 쌍룡사에서 개판된 이유는 알 수 없다.
65. 『梅月堂全集』 續集 권2, 「圓覺寺落成會」 幷序.
66. 『梅月堂全集』 續集 권1, 「贈李邆菴碩孫」 제3수. "散髮狂歌嘔血臥, 顯陵松栢夢森森."
67. 金守溫의 「大明朝鮮國大圓覺寺碑銘」(『拭疣集』 補遺, 한국문집총간 9)에 보면, 1464년에 십층석탑인 窣覩婆(탑)를 세워 분신 사리와 신역 『원각경』을 안치하고, 1467년 4월 8일에 졸도파가 이루어지자 법회를 열었다고 하였다. 탑의 營建 사실에 대해서는 蘇在龜, 「圓覺寺址十層石塔의 硏究」(한국정신문화연구원 한국학대학원 석사 논문, 1986. 11) 참조.
68. 『梅月堂全集』 續集 권2, 「圓覺寺落成會」.
69. 奇自獻이 김시습의 '관동록', '관서록', '호남록', '금오록'을 합해 『梅月堂詩四遊錄』을 엮으면서 붙인 後序도 이 점을 지적하였다.
70. 『梅月堂全集』 續集 권2, 「望卿雲百官致賀」.
71. 『梅月堂全集』 續集 권2, 「受契券」.
72. 『梅月堂全集』 續集 권2, 「初日上觀點香大赦下詔」.
73. 『梅月堂全集』 續集 권2, 「圓覺寺讚詩」 後志. 1465년(세조 11, 을유) 가을에 쓴 글.
74. 『梅月堂全集』 續集 권2, 「上命王世子捧犽㝫收舍利」.
75. 1434년(세종 16) 7월 신묘에는 갓 주조한 갑인자 대자로 『자치통감강목』을 간행케 하였다. 또 1430년(세종 12) 3월 무오에 상정소가 계품한 取才經書諸藝數目의 '유학' 조에 『通鑑』과 『宋鑑』이 들어 있다.

76. 서거정은 『四佳集』 시집 권14 제12에 수록된 「次韻岑上人見寄」에서, 岑上人(즉 김시습)의 일을 회상하며 "도봉산으로 머리 돌려, 시선 닿는 데까지 바라보며 서성인다"(回頭道峯山, 極目空踟躕)라고 하였다.
77. 『梅月堂集』 권12, 遊金鰲錄, 「乞還山呈孝寧大君」. 自註에서 "이때 서울에 오래 머문 것은 대군이 만류했기 때문이다"(時淹滯於京, 因大君之拘留也)라고 하였다.
78. 『梅月堂集』 권12, 遊金鰲錄, 「半途復命召固辭陳情詩」.
79. 『梅月堂集』 권12, 遊金鰲錄, 「半途復命召固辭陳情詩」. "圖南欲下華山廬, 聖詔殷勤復返車. 萬里歸心同泛梗, 一團旅計似池魚. 微臣豈敢掛冠去, 病轎只隨連軸書. 倘獲霑恩令遂志, 挿香長祝五雲居."
80. 서거정의 『四佳集』 시집 권13 제11에 「送淸寒遊檜岩寺仍向松都諸山寺」와 「送澹師從岑上人遊檜岩天磨諸山寺」라는 시들이 남아 있다.
81. 『梅月堂集』 권12, 遊金鰲錄, 「草堂病臥書懷」. "京洛歸來病臥床, 一年人事付閑忙. 無端窓外芭蕉雨, 滌我平生磊塊腸." 및 「病臥彌旬 至秋深方起 感今思古 作感興詩 十一首」 참조.
82. 徐居正, 『四佳集』 시집 권12 제10, 「送戒澹還鷄龍故山」과 『四佳集』 시집 권13 제11, 「送澹師從岑上人遊檜岩天磨諸山寺」 참조.
83. 서거정, 『四佳集』 시집 권12 제10, 「余早識岑上人 有不得相見者二紀 一日來謁余 仍言曰 岑卜地于鷄林南山 開精舍數楹 左右圖書 逍遙吟咏於其間 山中四時之樂 有不可勝言者 岑將老于此 寂于此 日者遊方千里 來抵于京 明當杖錫言旋 幸先生賜一言 侈吾精舍 余久病之餘 閣筆停吟者有日 重違師命 走書近體六首 以贈行軒云」.
84. 徐居正, 『四佳集』 시집 권12 제10, 「摠言精舍景趣」・「春」・「夏」・「秋」・「冬」・「敍邂逅離別之意」 등 6수의 근체시.
85. 徐居正, 『四佳集』 시집 권12 제10, 「余早識岑上人 有不得相見者二紀 一日來謁余 仍言曰 岑卜地于鷄林南山 開精舍數楹 左右圖書 逍遙吟咏於其間 山中四時之樂 有不可勝言者 岑將老于此 寂于此 日者遊方千里 來抵于京 明當杖錫言旋 幸先生賜一言 侈吾精舍 余久病之餘 閣筆停吟者有日 重違師命 走書近體六首 以贈行軒云」.
86. 『東文選』 권7 수록, 「次徐相居正韻二首」.
87. 徐居正, 『四佳集』 文集 권1, 「七休亭記」.
88. 徐居正, 『四佳集』 시집 권13 제11, 「岑上人言山中四味求予詩走書以贈」.
89. 徐居正, 『四佳集』 시집 권13 제11, 「次韻岑上人二首」. 過・華・波・茶를 운자로 하는데, 김시습의 原詩는 전하지 않는다.
90. 徐居正, 『四佳集』 시집 권13 제11, 「戲贈岑上人」. "……今日逢師笑一場, 逃儒歸墨墨歸楊. 塵中邂逅顔如舊, 方外交遊味亦長. 韓愈序傳文暢別, 杜陵詩在贊公房. 篇章往復憖非分, 留與山門姓字香……."
91. 徐居正, 『四佳集』 시집 권13 제11, 「淸隱携酒見訪」.
92. 徐居正, 『四佳集』 시집 권13 제11, 「戲贈岑上人」.

93. 徐居正, 『四佳集』 시집 권13 제11, 「淸寒訪還詩以爲謝」.
94. 徐居正, 『四佳集』 시집 권13 제11, 「送淸寒遊檜岩寺仍向松都諸山寺」・「送澹師從岑上人遊檜岩天磨諸山寺」.
95. 徐居正, 『四佳集』 시집 권7, 「永平府八景爲驛丞曹整姪子作」에 수록되어 있다. 원래는 10경이었는데, 曹整이 둘을 빼버려 팔경시로 전한다. 「孤竹淸風」・「碣石晴照」・「龜谷藏春」・「蓮塘避暑」・「灤江大渡」・「江亭文會」・「南山石虎」・「都山積雪」 등이다.
96. 『梅月堂集』 권6, 酬答, 「四佳先生赴京於途中作永平八景奉和」. 「孤竹淸風」・「碣石晴照」・「龜谷藏春」・「蓮塘避暑」・「灤江大渡」・「江亭文會」・「南山石虎」・「都山積雪」.
97. 徐居正, 『四佳集』 문집 권6, 「贈熙上人序」・「贈行上人序」.
98. 심경호 역, 『(매월당 김시습) 금오신화』(홍익출판사, 2000), 104쪽. 원문은 이러하다. "生隨之. 樓梯在房中. 緣梯而昇, 果其樓也. 文房几案, 極其濟楚. 一壁展煙江疊嶂圖・幽篁古木圖, 皆名畵也."
99. 雙鉤本으로, 대만의 국립고궁박물관에 소장되어 있다.
100. *Processing the Past*에 "Rayered Rivers and Tiered Peaks"로 소개되어 있다.
101. 『石渠寶笈 秘殿珠林』(대만 국립고궁박물관, 1971)에 의한다.
102. 둘 다 대만 국립고궁박물관에 소장되어 있다. 『故宮書畵圖錄』에 의한다.
103. 이 그림은 현재 간송미술관에 소장되어 있다.
104. 『梅月堂集』 권4, 書畵, 「題幽篁古木圖」.
105. 심경호 역, 『(매월당) 금오신화』(홍익출판사, 2000), 「이생이 담 너머를 엿보다」(李生窺牆傳), 104~105쪽.
106. 申叔舟, 『保閑齋集』, 「畵記」.
107. 『梅月堂集』 권12, 遊金鰲錄, 「憶故山」.
108. 『梅月堂集』 권12, 遊金鰲錄, 「乞還山呈孝寧大君」.
109. 『梅月堂集』 권12, 遊金鰲錄, 「阿火驛早行望參星有感」.
110. 『梅月堂集』 권12, 遊金鰲錄, 「草堂病臥書懷」. 시의 원문은 미주 81번 참조.
111. 『梅月堂集』 권12, 遊金鰲錄, 「病臥彌旬至秋深乃起 感今思古作感興詩 十一首」.
112. 『梅月堂集』 권12, 遊金鰲錄, 「病臥彌旬至秋深乃起 感今思古作感興詩 十一首」의 첫째 수. "天道似機輪, 一元無暫息. 四時迭推移, 星辰環歷歷. 乾健又坤順, 大化如轉軸. 一息若暫停, 萬彙不能毓. 君子法天運, 至誠體於穆."
113. 『梅月堂集』 권1, 古風, 「古風十九首」.
114. 『梅月堂集』 권1, 古風, 「古風十九首」. 제2수에서 김시습은 "上古結繩治, 民物何熙皞. 天地相交泰, 日星垂顯顯. 聖人繼天極, 從容履中道. 裁成而輔相, 參贊乎天造"라 하고, 제3수에서는 "虞唐法天運, 玉衡齊七政. 都兪一堂上, 未施民先敬. 奈何周衰後, 貿貿趨華競. 素王如不作, 誰能繼前聖"이라 하였다. 또한 제4수에서는 "闊袖曳長裾, 巍巍東魯翁. 率其三千徒, 啓迪民顯蒙. 彈琴杏壇下, 郁郁揚儒風. 吁嗟道不行, 擬欲浮海東"이라고 했으며, 제5

수에서는 "鳳兮何德衰, 麟也被西狩. 列國競吞噬, 紛紛相格鬪. 仁義反爲迂, 利名爭輻輳. 聖賢雖復起, 委靡莫能救. 所以狂接輿, 歌山木自寇"라고 하였다. 그리고 제6수에서는 "幡幡柱下史, 出關逢尹喜. 授以道德經, 仙遊終不死. 至言和天倪, 高談亂朱紫. 大道自此歧, 紛然異端起"라고 하였다.

115. 정구복, 「김시습의 역사철학」, 『한국사학사학보』 2(한국사학사학회, 2000. 9).
116. 徐居正, 『四佳集』 시집 권14 제12, 「寄鷄林岑上人」.
117. 徐居正, 『四佳集』 시집 권14 제12, 「次韻岑上人見寄」.
118. 徐居正, 『四佳集』 시집 권21 제14, 「雪岑來求詩」.
119. 이상의 사실은 徐居正, 「倚風樓記」, 『新增東國輿地勝覽』 권21, 경상도 경주부 '樓臺' 倚風樓 조항 참조.
120. 『保閑齋集』 부록, 姜希孟 찬, 「文忠公行狀」. 이 시험에서는 成俔, 李瓊仝, 柳洵, 崔淑精, 朴良, 李則, 金季昌이 同榜 及第하였다.
121. 洪貴達, 『虛白亭集』(한국문집총간 14) 권2, 「司贍寺蓮亭記」.
122. 『梅月堂集』 권12, 遊金鰲錄, 「上崔府尹善福」 참조.
123. 『新增東國輿地勝覽』 권21, 경상도 경주부 '佛宇' 백률사 조항, 金恩政 「西樓記」 참조.
124. 『梅月堂集』 권6, 投贈, 「贈安生員」.
125. 『梅月堂集』 권2, 時事, 「有人逢施愛之叛於永安 逃竄山谷生還 因其語以紀之」.
126. 『梅月堂集』 권7, 「山居集句」.
127. 『東文選』 권84, 序, 「百家衣序」.
128. 『東文選』 권103, 跋, 「百家衣跋」.
129. 현전본으로는 誠庵古書博物館과 연세대학교 도서관, 그리고 경북대학교 南權熙 교수가 소장한 것이 있다. 이 가운데 성암고서박물관 소장본은 서문과 발문, 목록이 완전하게 갖추어져 있다. 許興植 교수의 해제와 함께 계간 『서지학보』 13호(한국서지학회, 1994. 9)에 영인 소개되었다.
130. 『梅月堂集』 권6, 尋訪, 「苓李生欲訪(瓚)」. "奇話初修抛册眠, 山童報我薜濤牋." 李瓚은 宗室 坡令公과 이름이 같으나 동명이인일 듯하다. 오히려 경주 시절 김시습을 따랐던 안동 출신의 이생이 그가 아닐까 생각된다.
131. 大連圖書館 所藏, 木板本 『金鰲新話』 卷末. 또한 『梅月堂集』 권6, 題詠 조항과 『續東文選』 권9에도 실려 있다.
132. 『梅月堂集』 권4, 文章, 「題剪燈新話後」.
133. 『梅月堂集』 권23, 「雜說」, 浮屠家, 敎是方便 條.
134. 심경호 역, 『(매월당 김시습) 금오신화』(홍익출판사, 2000), 143쪽.
135. 『金鰲新話』, 「醉遊浮碧亭記」. "忽有神人撫我曰: 我亦此國之鼻祖也. 享國之後, 入于海島, 爲仙不死者, 已數千年. 汝能隨我紫府玄都, 逍遙娛樂乎? 余曰: 諾. 遂提携引我, 至于所居, 作別館以待之. 餌我以玄洲不死之藥, 服之累日, 忽覺身輕氣健, 磔磔有換骨焉."

136. 朴基龍의 조사에 의하면 한국의 신선설화는 史書에서 28개, 文獻說話集에서 239개, 口碑說話集에서 398개로 모두 합해 665개이다. 朴基龍, 「韓國 仙道說話 硏究」, 韓國古典文學會 編, 『國文學과 道敎』(太學社, 1998), 301쪽.
137. 1999년 여름에 고려대학교 중문과 최용철 교수가 중국 大連도서관에서 임진왜란 이전의 조선 목판본을 발견하였다. 大連도서관의 이 초기 목판본은 일본의 文祿・慶長 연간에 의사 曲直瀨正琳(1565~1611)의 養安院에 들어갔다가, 栗田萬次郞이라는 사람의 손을 거쳐 大連도서관에 收藏된 것으로 보인다. 최용철, 「금오신화 조선 간본의 발굴과 그 의미」, 『중국소설 연구회보』 39호(1999. 9).
138. 『梅月堂集』 권12, 遊金鰲錄, 「咏山家苦」.
139. 『梅月堂集』 권12, 遊金鰲錄, 「島夷居」.
140. 『梅月堂集』 권12, 遊金鰲錄, 「興日東僧俊長老話」.
141. 淺川佰敎, 『釜山窯と對州窯』(彩壺會, 1930), 66쪽. 일본인 淺川佰敎가 처음 언급하였다.
142. 『梅月堂集』 권12, 遊金鰲錄 卷末 自識. "自居金鰲, 不愛遠遊, 因之中寒, 疾病相連. 但優遊海濱, 放曠郊塵, 探梅問竹, 常以吟醉自娛." 다른 遊錄의 예에 따라 이 自識을 後志라고 부르기로 한다.
143. 李耔, 「梅月堂集序」, 『梅月堂集』 卷首. "觀其遊覽舊都, 必徘徊躑躅, 慷慨悲歌, 累月忘歸. 傷今悼古, 類非詩人數宅藏點鬼簿者之所能辦."
144. 李耔, 「梅月堂集序」, 『梅月堂集』 卷首.
145. 李山海, 「梅月堂集序」, 『梅月堂集』 卷首. "迹其所爲, 題詩而哭, 刻木而哭, 刈禾而哭, 登嶺必哭, 臨岐必哭, 則平生微意所存, 雖未可易窺, 而大要皆不得其平者乎? 至於超然高蹈, 睥睨一世, 嘯傲山水之鄕, 放浪形骸之外, 行止閑適, 有同孤雲獨鳥, 方寸瑩澈, 無愧冰壺秋月, 則其古風雅韻, 有難以筆札形容, 古人所謂特立獨行, 亘萬世而不顧者, 庶幾近之矣."
146. 李珥, 「金時習傳」, 『梅月堂集』 卷首. "聲律格調, 不甚經意, 而其警者則思致高遠, 逈出常情, 非雕篆者所可跂望."

_ 제4부 현실 참여의 의지와 좌절
1. 成俔, 『慵齋叢話』(朴洪植 外 挍勘・標點, 慶山大學校 開校二十周年紀念事業團 學術行事委員會, 2000) 권5. "世祖晩年違豫不能寐, 多聚文士, 講論經史, 或引詼諧之人, 以資談笑."
2. 이 교서는 楡岾寺의 雜謠를 면제하고 煮鹽盆 세금을 면해주겠다는 내용이다. 국립중앙박물관, 『(유리 원판 사진) 아름다운 金剛山』(1998), 78~79쪽.
3. 『梅月堂集』 권12, 遊金鰲錄 권말, 後識. "辛卯春, 因請入京, 壬辰秋, 隱城東瀑泉精舍, 卜築終年云. 癸巳春, 志." 원문에는 後志라는 말이 없으나, 다른 遊錄의 예에 따라 「遊金鰲錄後志」라 이름한다.
4. 李可臣이 1524년(중종 19, 갑신)에 지은 楊凞止의 「행장」에 나와 있으며, 蔡濟恭이 1787년(정조 11, 정미)에 지은 양희지의 「신도비명」에서도 그 기록을 답습하였다. 양희지의 「행장」

과 「신도비명」은 『大峯集』(한국문집총간 15) 권3, 35~45쪽에 수록되어 있다. 이가신의 「행
장」은 지은 시기를 "正德十九年甲申二月日"로 적었는데, 명나라의 연호 정덕은 16년으로
끝나고(1521), 갑신년은 嘉靖 3년이다. 착오가 있는 듯하다.

5. 『大峯集』 권3, 李可臣의 「行狀」.
6. 『大峯集』 권1, 「贈善行浮屠」(二首幷小序).
7. 『世祖實錄』 권45, 세조 14년 2월 병오·기유의 기록.
8. 『睿宗實錄』 권6, 예종 원년 6월 신미의 기록.
9. 金守溫, 『拭疣集』(한국문집총간 9) 권4, 「贈李生」·「贈法蘭道者 雪岑大選弟子也」. 「贈李生」
앞에는 「呈李三宰」가 실려 있는데, 이 시는 내용으로 보아 遁村 李集의 현손인 李克培(1422
~1495)가 '삼재', 즉 의정부 左參贊으로 있을 때 준 시이다. 이극배는 예종 원년인 1469년
에 '사재', 즉 右參贊이었으니, 그가 좌참찬으로 승진한 것은 성종 초라고 생각된다. 따라서
「贈李生」은 성종 초인 1470년 이후에 지은 시일 가능성이 높다. 또 「법란 도자에게 주다」의
경우에는 그보다 조금 앞에 「서사재(서거정)가 밀양부사 임수창을 전송하면서 준 시에 차운
하다」(次韻徐四宰餞密陽府使林壽昌)라는 시가 있다. 임수창은 1473년(성종 4) 7월에 밀양
부사를 그만둔 것으로 『실록』에 적혀 있으니, 이 시도 또한 성종 초에 지은 것임을 짐작할
수 있다. 그런데 김시습이 서울로 올라온 것은 1471년(성종 2)의 일이므로, 김수온이 이 시
들을 지은 추정 시기와 모순되지 않는다.
10. 金守溫, 『拭疣集』 권4, 「贈李生」. "擧世趨名利, 惟君好古先. 縱令探孔籍, 必欲讀莊編. 四
六依申語〔同學有申前逑四六一通故云〕, 詞章誦趙聯〔誦趙自立詩故云〕. 雪岑方外友〔伴雪岑
大選故云〕, 磷石契中賢. …… 家在東京地, 身遊北闕天. 妙齡年二十, 壯志路三千. …… 老
境無餘事, 殘年學坐禪〔李思任爲全羅節制, 刊圓覺, 詩如此, 觀者今齒〕. …… 擾擾嫌虛迹,
閑閑似地仙. 拏書休問字, 高枕正酣眠."
11. 金守溫, 『拭疣集』 권4, 「贈法蘭道者 雪岑大選弟子也」. "…… 南國□□帝黃裔, 楚澤九畹初
分張. ……栽培戒定開菩提, 優曇一朶傾羣芳. 我欲隻手綵落蘂, 試問雪岑方便方."
12. 任輔臣, 『丙辰丁巳錄』(『大東野乘』 수록) 기록 참조.
13. 金守溫, 『拭疣集』 권4, 「贈法蘭道者 雪岑大選弟子也」.
14. 金守溫, 『拭疣集』 권4, 「乙未元日」 3수 가운데 제1수.
15. 『梅月堂集』 권8, 歌, 「竹枝詞三絶」 제2수.
16. 金守溫, 『拭疣集』 권4, 「柳自漢母氏挽詞」.
17. 『梅月堂集』 권6, 簡寄, 「寄永安節度使魚相國(有沼)十三首」.
18. 『梅月堂集』 권6, 簡寄, 「寄永安節度使魚相國(有沼)十三首」, 제6수와 제9수.
19. 『梅月堂集』 권6, 投贈, 「贈高同知」. "芹宮衿佩昔同甋, 爲弟爲兄已數年."
20. 『梅月堂集』 권5, 花草, 「高中樞初種園花不知所以養」.
21. 『梅月堂集』 권11, 遊湖南錄, 「與高經歷留川原館」.
22. 『梅月堂集』 권7, 傷悼, 「哀高觀察妻金氏亡以高公之意哀悼之」. 김시습은 이 뒤에 다시 「贈

23. 『梅月堂集』 권5, 花草, 「高中樞初種園花不知所以養」.
24. 『續東文選』 권3, 「上徐剛中」. "…… 我自嶺南來, 淹留知幾日. 長安多門戶, 無人來剝啄. 好詩屢問聘, 寧不比鷸蚌……."; 『梅月堂集』 권6, 投贈에 「上四佳亭」 2수가 있으나 이 시와는 다르다. 더 뒷날 지어보낸 시이다.
25. 徐居正, 『四佳集』 권2, 文集, 「太虛亭集序」.
26. 『梅月堂集』 권8, 和陶, 「和還舊居」.
27. 『梅月堂集』 권2, 懷舊, 「憶故山」.
28. 『梅月堂集』 권18, 論, 「古今帝王國家興亡論」・「爲治必法三代論」.
29. 『梅月堂集』 권18, 論, 「古今帝王國家興亡論」. "燎之方揚, 寧或滅之, 浪之滔天, 寧或遏之. 禍不在於危而在於安, 福不在於慶而在於憂. 憂虞之際, 福慶之基, 宴安之時, 禍毒之萌. 故帝王之業, 莫不以憂慮而興, 以逸豫而亡也. 非特大業爲然, 匹夫一家一身之齊不齊, 脩不脩, 在於方寸之正與不正如何耳. 故大抵治國安家, 以正心術爲先, 然欲正心術, 必先誠其意, 乃可快足於己. 而我意之誠, 罔有自欺者, 則在於必先致知以格物. 而後理之巨細精粗, 可精究其本, 而盡其源矣."
30. 朱熹, 『大學章句』 首章. "明德者, 人之所得乎天, 而虛靈不昧, 以具衆理而應萬事者也. 但爲氣稟所拘, 人欲所蔽, 則有時而昏. 然其本體之明, 則有未嘗息者. 故學者當因其所發而遂明之, 以復其初也."
31. 정구복, 「김시습의 역사철학」, 『한국사학사학보』 2(한국사학사학회, 2000. 9), 49~50쪽 참조. 또 이 논문은 주 50)에서 "권17의 글은 20대에 지은 것으로 생각된다"고 하였다. 그러나 명백한 증거를 대지는 않았다.
32. 羅世纘의 「崇節義」는 1525년(중종 20, 을유)의 庭試 初試에서 으뜸으로 뽑힌 글이고, 또 「抑戒」는 1538년(중종 33, 무술)의 擢英試에서 으뜸으로 뽑힌 글이다. 이에 대해서는 심경호, 「목활자본 東國論選」, 『국문학 연구와 문헌학』 (태학사, 2002) 참조.
33. 활자본 『梅月堂集』에 수록된 글에서 "故觀萬物者, 擇其可觀而觀之, 不必鳳凰松栢爲盡觀也. 法古治者, 擇其可法而法之, 不必三代爲盡美而可法也"라는 부분은 위아래 구문의 구조로 보아 '盡觀'이 '盡美而可觀'이어야 옳다. 『東國論選』에는 '盡可觀'으로 씌어 있어, 빠진 글자가 있다. 그런데 邊欄 상단부에 '美而'라는 두 글자가 빠졌음을 지적한 按語가 필기되어 있다. 즉, 『동국문선』 편찬자는 활자본 『梅月堂集』을 참고로 하지 않았던 것으로 보인다.
34. 義는 이치에 근거하여 설명해 나가는 문체를 말한다. 『文體明辨』에서 字書를 인용하여, "義란 理이다. 이치에 뿌리를 두고 소통해가는 것 또한 義라고 한다"고 하였다. 이는 원래 『예기』의 「冠義」・「祭義」・「射義」 등에서 비롯되었는데, 그 문체는 오히려 송나라에 들어와서 발달하였다. 『宋文鑑』에 문체의 하나로 설정되어 있다.
35. 『書經』 夏書, 「五子之歌」. "民可近, 不可下. 民惟邦本, 本固邦寧. 予視天下, 愚夫愚婦, 一能勝予. 一人三失, 怨豈在明? 不見是圖, 予臨兆民, 懍乎若朽索之馭六馬. 爲人上者, 奈何不敬?"

36. 『梅月堂集』 권20, 義, 「愛民義」. "書曰: '民惟邦本, 本固邦寧.' 大抵民之推戴而以生者, 雖賴於君, 而君之苞御以使者, 實惟民庶. 民心歸附, 則可以萬世而爲君主. 民心離散, 則不待一夕而爲匹夫. 君主匹夫之間, 不啻豪〔毫의 잘못〕釐之相隔, 可不愼哉! 是故, 倉廩府庫, 民之體也. 衣裳冠履, 民之皮也. 酒食飮膳, 民之膏也. 宮室車馬, 民之力也. 貢賦器用, 民之血也. 民出什一以奉乎上者, 欲使元后用其聰明, 以治乎我也. 故人主進膳, 則思民之得食如我乎, 御衣則思民之得衣如我乎. 乃至居宮室而思百姓之按堵, 御車輿而思萬姓之和慶. 故曰: '爾服爾食, 民膏民脂.' 平常供御, 可矜可憫. 豈可妄作無益, 煩力役, 奪民時, 起怨咨, 傷和氣, 召天灾, 迫飢饉, 使慈親孝子, 不能相保, 流離散亡, 使顚仆於溝壑乎? 嗚呼! 上古盛時, 君民一體, '不知帝力', 則爲之謠曰: '粒我蒸民, 莫匪爾極.' 不識不知, 順帝之則, 爲之語則曰: '日出而作, 日入而息, 帝力何有於我哉?' 至於世降, 暴主驕虐, 百姓怨咨, 則爲之歌曰: '若朽索之馭六馬', '怨豈在明? 不見是圖', 爲之語則曰: '時日曷喪, 予及汝偕亡!' 乃至酒池肉林, 而俾晝作夜, 斮脛剖孕, 而謂暴無傷. 至於戰國, 强呑弱幷, 而戰伐攻傷之禍屢起, 役無辜之民, 驅必死之地, 亦已甚矣! 奈何秦漢以還, 加以方士老佛之談, 日新月盛, 而宮室祭祀無益之費, 更攘於民? 民之生業, 日以彫喪, 窮閻委巷, 不自聊生, 競逋逃, 改形服, 以竄伏爲安, 則君誰與爲國乎? 是故, 人主治國, 專以愛民爲本, 而愛民之術, 不過曰仁政也."

37. 『梅月堂集』 권20, 義, 「愛民義」. "非照嫗也, 非摩拊也. 惟勸農桑, 務本業而已."

38. 『梅月堂集』 권20, 義, 「愛民義」. "非煩擾出令, 朝諭暮獎也. 在薄賦輕徭, 不奪其時而已. 故聖人於春秋, 凡營宮榭, 築城郭, 必書以時, 戒後世人主勞民爲重事."

39. 朱熹, 『孟子集註』, 「盡心上」 45章.

40. 『梅月堂集』 권20, 義, 「愛物義」. "或問於余曰: '愛物之道奈何?' 曰: '不過各遂其性而已. 『易』曰: 「天地之大德曰生」. 夫生生者, 天地之大德, 而欲生者, 萬物之本性. 故因萬物欲生之本性, 體天地生生之大德, 使物遂其性, 而化育於深仁厚澤之中而已.' '請詳論之.' '人與物, 共生天地大化之間, 而「民吾同胞, 物吾與也」, 故人爲最, 物其次焉. 君子之於人也, 愛之而勿仁, 於物也, 仁之而勿愛. 語其仁之也, 則數罟不入洿池, 斧斤以時入山林, 魚不滿尺, 市不得鬻, 不麛卵, 祝網失禽, 釣而不網, 弋不射宿. 故『詩』曰: 「彼苴者荄, 壹發五豝, 于嗟乎! 騶虞」, 是也. 語其勿愛也, 則薄使益焚山澤, 驅虎豹犀象而遠之, 春蒐夏苗, 秋獮冬狩, 鷄豚狗彘之畜, 無失其時, 七十者可以食肉矣, 『易』曰: 「爲之網罟, 以佃以漁」, 是也. 是故君子畜其禽獸者, 爲民之老病也, 爲之漁獵者, 爲供其宴祀也. 但斟酌其事之可宜, 不必仁而不殺, 殺而盡獲之爲得也. 故三〔十의 잘못〕旬不返, 怨太康之逸豫, 火烈具擧, 刺太叔之于田, 豈必殘忍暴殄爲哉? 欲其爲民除害, 以養其民. 故語其次則曰: 「仁民而愛物」, 語其重則曰: 「傷人乎, 不問馬」, 此君子愛物之義也."

41. 『梅月堂集』 권20, 說, 「生財說」. "仁以撫下, 則民自按堵, 各趨其業. 故遊食者少, 而生之者衆矣. 仁以使下, 則臣自竭力, 姦僞戢退, 故竊位而素餐者少, 而食之者寡矣. 仁以馭民, 則不妄興作, 力役無煩, 故不奪民時, 而爲之者疾矣. 仁以視物, 則其於錢穀器用, 計其功力, 而量入爲出, 故用之者舒矣. 盖天地所生財貨百物, 各有限劑, 不可妄費. 苟不節用, 如焚藪獵禽,

竭澤取魚, 坐見窮瘁, 而莫之贍矣. 況可故爲勞民傷財, 廣無益之事乎? 人主苟能仁以生財, 義以節用. 則民之儲貯, 卽吾之儲貯, 吾之府庫, 卽民之府庫, 上下相資, 本末相持, 而無匱乏之患, 怨讟之嫌, 而所謂陳陳相因, 紅腐不食者, 有裕於國用矣."

42. 朴世堂,「石林菴記」,『西溪集』 권8(한국문집총간 134), 146쪽. "水落山, 在京城東三十里, 與三角·東峯, 鼎足 而峙. 雖峭拔之勢, 少遜於二山, 而水石之趣, 獨勝焉. 山之得名, 意蓋以此."
43. 『續東文選』 권3,「上徐剛中」. "…… 我不願冠顚, 我不願學禪. 但喜五千卷, 曬復時閑眠. 行則車連軫, 住則充樑椽. 內外百家書, 浩汗相鉤連. ……."
44. 朴世堂,「石林菴記」,『西溪集』 권8.
45. 李喜朝,「遊水落山記」,『芝村集』 권19(한국문집총간 170), 401쪽. "水落山, 在東郊三十里外. 山南北皆有水石, 而獨其所謂玉流洞者爲最勝. 洞蓋梅月堂所名, 而白石銀瀑, 對之爽然自失. 行到山半, 又有上暴, 名金流, 益奇壯可觀. 又其上最高峯下, 有梅月堂故基在焉."
46. 『梅月堂集』 권6, 投贈,「書懷上四佳亭」.
47. 徐居正,『四佳集』詩集 권13 제11,「寄淸寒」, 398쪽.
48. 그 뒤로 서거정이 김시습이나 그 문도를 위해 지은 시들을 『四佳集』에서 찾아보면 다음과 같다. 「淸寒訪還 詩以爲謝」,「次韻淸寒見寄」,「淸寒說遊方之樂 詩以誌之」,「寄淸寒」,「又寄淸寒」,「贈淸寒」(1),「贈淸寒」(2),「次韻淸寒見寄」,「岑上人贈淸草鞋寄詩次韻」,「走次岑上人詩韻」,「岑上人用僕所寄詩韻 作坐住行三篇 見示求和 次韻三首」,「送淸寒遊檜岩寺 仍向松都諸山寺」,「淸寒門徒從澹 袖空紙求詩 戲書贈之」,「送澹師從岑上人遊檜岩天磨諸山寺」,「次韻淸寒見寄」,「次韻岑上人訪林亭 走筆三首」,「又用前韻三首」,「又用前韻三首」,「寄淸寒 六言二首」,「次韻岑上人訪林亭有作 二首」,「岑上人見訪 走題古風一篇 喜其迅速依韻卽賦答之」,「次韻岑上人見寄」(이상 『四佳集』 詩集 권13 제11),「寄鷄林岑上人」,「次韻岑上人見寄」(이상 『四佳集』 詩集 권14 제12),「雪岑來求詩」,「僧雪岑來訪」,「雪岑爲山上人 索賦山中四時景 大醉走書四十字以贈」,「僧雪岑來訪 作詩求和」,「僧雪岑來訪」,「林亭晩唫 次岑上人韻」,「寄雪岑上人二首」(이상 『四佳集』 권21 제14),「寄岑上人」(『四佳集』 권29 제17),「僧雪岑來訪 索詩」(『四佳集』 권31 제19),「戲書贈戒仁上人 兼示淸隱師 淸隱今長髮還俗」(『四佳集』 권44 제20).
49. 徐居正,『四佳集』시집 권21 제14,「僧雪岑來訪」. "…… 憐渠多善幻, 談笑亦逢場."
50. 徐居正,『四佳集』시집 권21 제14,「雪岑爲山上人 索賦山中四時景 大醉走書四十字以贈」.
51. 徐居正,「太平閑話滑稽傳序」 참조. 『太平閑話滑稽傳』은 사대부 사회에서 전해 내려오던 일화를 모두 300여 조나 모은 방대한 내용으로, 1482년에 간행되었다. 조선 후기의 安鼎福(1712~1791), 근대의 方鍾鉉(1905~1952)과 鄭炳昱(1922~1982)이 소장하고 있었다. 안정복 手澤本은 187화, 방종현 구장본은 146화, 정병욱 구장본은 112화를 각각 싣고 있다. 최근 고려대학교 晚松文庫에 앞뒤쪽에 약간 낙장이 있기는 하지만 1~2권 1책 초간본이 전해지고 있다는 사실이 확인되었다. 초간본의 간행지는 전라도 나주였던 것으로 짐작된

다. 魚叔權의 『攷事撮要』를 보면, 나주에 『太平閑話滑稽傳』의 책판이 있다고 기록되어 있다. 李來宗 역주, 『太平閑話滑稽傳』(대학사, 1998), 6쪽 참조. 「太平閑話滑稽傳序」는 다음과 같다. "且子平生, 淸修苦節, 氷蘗其操. 頃以纖芥無妄之災, 驚塵駭浪, 猝起於不測之地. 衆咀群螫, 蚊鱷百怪, 駢首接足, 鼓吻垂涎, 欲飽其肉而齦其骨. 賴仁聖在上, 至明旁燭, 生死而肉骨之. 曾不動心忍性, 馳怪騁奇, 惟技是擅. 昔列禦寇莊周, 見道精, 憤世深, 作爲詭激之說, 奇崛之文, 鼓舞變化, 動盪發越, 間出無稽不經之說, 猶得罪於聖門. 蓋莊列, 聖門之罪人, 而子, 莊列之罪人. 吾爲子不取."
52. 徐居正 원저, 李來宗 역주, 『태평한화골계전』(태학사, 1998) 권1 제1화 '폭포' 참조. 원문은 다음과 같다. "有一朝官, 出宰晉陽, 政令苛暴, 徵斂無藝, 雖山林果蔬, 利無小遺. 寺社髡緇輩, 亦受其弊. 一日, 雲門寺僧來謁, 州宰曰: '汝寺瀑布, 今年想佳.' 僧不知瀑布爲何物, 恐亦徵斂, 應聲曰: '我寺瀑布, 今夏爲猪喫盡.' 江陵有寒松亭, 山水之勝, 擅關東. 使華賓客之遊賞, 輪蹄轇輵集, 供費不貲. 州人常詬曰: '寒松亭, 何日虎來將去?' 有人作詩云: '瀑布當年猪喫盡, 寒松何日虎將歸.'"
53. 『成宗實錄』 권55, 성종 6년 5월 26일(甲戌)의 기록.
54. 『梅月堂集』 권16, 雜著, 「仁愛」 第十. "曰: '同是獸也, 麋鹿來場, 則人共怪之, 犬羊居山, 則人共訝之, 以其所居之處不同故也. 脫若用之, 其可俯受鞿鎖乎?'"
55. 『梅月堂集』 권16, 雜著, 「仁愛」 第十. "曰: '唐之靈一·貫休, 宋之可久·惠[慧]洪, 皆高僧也, 與士大夫相往來, 呼爲詩老, 豈非才華也? 子何以才爲譏也?' 曰: '靈一, 律僧, 以淸高爲世所推. 貫休, 亦高僧, 以德行賜紫. 以至可久, 蕭然一室, 不留餘物. 惠洪優於禪學, 長於詩話, 其才足以倖德, 其德足以容才, 非如瑣瑣之徒, 徒事藻華, 以耀一時者之比也.' …… 曰: '爲僧莫若道安, 與習鑿齒交遊, 崇儒也. 爲僧莫若惠遠, 送陸脩靜過虎溪, 重道也. 自餘先德, 或爲佛光而赴請, 或爲談笑而交遊, 或以詼諧而伏之, 或以詩禮而誘之, 或辯惑而柔之, 或詩式而友之, 皆馴致優柔而入於道也. 豈與流輩放浪跌宕, 揚波激浪而爲哉?'"
56. 『梅月堂全集』 續集 권1, 行狀, 「兵曹判書朴公行狀」. "公在朝之諱季孫, 入山諱叔孫, 字子賢. 魯山朝官至兵判, 景泰六年莅(絶의 오자인 듯함)跡于金化草幕洞, 與曹靜齋尙治, 唱酬子規詞, 極悽惋. 時旋招頻繁, 乃謀深入而晦跡. 陪其父兄, 登文川雲林山水寒洞, 自號遯臣, 自製墓文以示余, 余讀未半, 有淚交頤. 噫! 草勁疾風, 砥屹頹波. 猗歟, 公哉! 公無愧焉!"
57. 『梅月堂全集』 續集 권1, 行狀, 「兵曹判書朴公行狀」. "余以山水浪跡, 世莫知我, 而惟公知之. 已焉哉! 已焉哉! 余將疇契?"
58. 『梅月堂集』 권4, 園林, 「歲晚 居城東瀑布之頂 靑松白石 甚愜余意 和靖節歸園田詩五首」 가운데 제1수.
59. 『古列女傳』(四部叢刊影印據觀古堂藏明刊本) 권2, 「陶荅子妻」.
60. 『梅月堂集』 권1, 古風, 「古風十九首」. 평측법에서 二四不同조차 지키지 않은 고체시이되, 押韻만은 上平聲 冬韻을 규칙적으로 놓았다. 이 「고풍」 19수는 『文選』에 수록된 고시 19수의 시풍을 이용하여 심경을 가탁한 시이다. 본래 고시 19수는 전한 무제 무렵에 여러 사람

들이 지은 오언시 작품을 총괄한 것으로, 연애가나 비관 염세의 심경을 가탁한 시 등 주제가 다양하다. 『玉臺新詠』에서는 그 가운데 8수를 枚乘이 지었다고 했으나, 위탁이라고 보는 것이 정설이다.

61. 陶弘景, 「詔問山中何所有 賦詩以答」. "山中何所有, 嶺上多白雲. 只可自怡悅, 不堪持贈君."
62. 『梅月堂集』 권4, 雨雪, 「乍晴乍雨」.
63. 尹根壽, 「漫錄」, 『月江集』(한국문집총간 47) 권4.
64. 玄默子 洪萬宗이 1666년(현종 7)에 仙家 40인의 사적을 편찬한 『海東異蹟』에 그의 사적이 실려 있다. 홍만종은 선가 40인을 『旬五志』에 수록할 때도 박지화의 사적을 수록하였다. 李鍾殷 역주, 『海東傳道錄』(普成文化社, 1986); 梁銀容, 「道敎書韓無畏撰海東傳道錄について」, 『朝鮮學報』 105(朝鮮學會, 1982), 11쪽; 심경호, 「朴枝華論」, 『한국 한시의 이해』(태학사, 2000).
65. 『梅月堂集』 권8, 和陶, 「和靖節答龐參軍」 自註. "族兄孫敬甫雨雪來訪我. 和此追贈."
66. 『梅月堂集』 권6, 尋訪, 「南山訪七休」.
67. 『梅月堂集』 권8, 和陶, 「和靖節答龐參軍」 6수 가운데 제4수.
68. 楊熙止, 『大峯集』 권1, 「贈善行浮屠」(二首并小序). "善行, 東峯金悅卿弟子也. 自東峯託跡緇素, 善行師事之, 一心尊信. 雖受筆楚, 終不倍. 域中山川, 東峯之足跡殆遍, 而善行無不從焉, 可尙也. 今勿相逢於興德寺. 其歸, 請一言. 遂口號與別, 冀以報東峯云. 時成化十三年也."
69. 『梅月堂集』 권14, 溟州日錄, 「析薪」 自註. "예전에 동봉에 있을 적에 선행이 쌀 두 섬을 짊어지고도 힘이 남았다"(昔在東峯, 善行負二斛, 力贍).
70. 尹春年, 「梅月堂先生傳」, 『梅月堂集』 卷首. "其弟子有曰善行者, 事之累年, 雖受筆楚, 終不辭去. 或怪而問之, 行曰: '吾師嘗於居山時, 盛水于小瓢, 捧蜷于佛座前, 自朝達夜, 至于三日, 禪定如此, 卽是佛也. 余心服而不能去'云."
71. 『梅月堂集』 권3, 釋老, 「贈善行題詩軸」.
72. 『梅月堂集』 권4, 雨雪, 「雨中示善行」. "窮廬與汝兩相依, 寂寂茅茨獨掩扉. 藤蔓覆梨張綠暗, 藥苗冒雨拆紅肥. 惟思末路身無病, 却喜平生首不覊. 魚鳥亦知吾所樂, 林泉終日自亡機."
73. 『梅月堂集』 권4, 雨雪, 「風雨示善行」.
74. 『梅月堂集』 권8에 '和陶'라는 분류목 아래 20제 59수가 실려 있다. 도연명의 시는 현재 124수가 전하는데, 그 반 이상 되는 시에 次韻한 것이다. 김시습의 화도시는 그 밖에 권4에 1제(5수), 권15에 2제(2수)가 더 있다. 이 시들도 수락산 시절의 작품인 듯한데, 『梅月堂集』에서는 다른 권에 수록하였다.
75. 南潤秀, 「韓國의 和陶辭에 관한 연구」(고려대학교 대학원 박사학위 논문, 1989).
76. 『梅月堂集』 권2, 田圃, 「草盛豆苗稀」 中에서.
77. 『梅月堂集』 권8, 和陶, 「和淵明飮酒詩」 其九의 부분.
78. 『梅月堂集』 권8, 和陶, 「和淵明飮酒詩」 其九의 부분.
79. 『梅月堂集』 권18, 論, 「古今君子隱顯論」. "靖節之不臣於宋, 世我乖也. 伯夷去周, 言聖之淸,

展禽仕魯, 言聖之和, 伊尹之殷, 言聖之任, 其爲聖則一也. 斯仕於秦, 雄仕於新, 出處雖殊, 其不利犯義則一也. 是故, 士之去就隱顯, 必先量其義之適與不適, 道之可行與不行而已, 不必去而賢, 就而諂, 隱而高尙, 顯而苟且也."

80. 『梅月堂集』 권8, 和陶, 「和春懷古田舍」.
81. 『梅月堂集』 권21, 書, 「答秋江書」 제1서. "古之沉於酒者, 無慮數十人, 惟陶阮有節行標致, 而元亮其優者也. 然其所以如此者, 傷江左之衰亂, 相忘人世而已, 非徒沉酒無何者也."
82. 『梅月堂集』 권8, 和陶, 「和淵明飮酒詩」 其九.
83. 『梅月堂集』 권8, 和陶, 「和淵明飮酒詩」 其十三.
84. 陶淵明, 「飮酒」 五, 楊勇, 『陶淵明集校箋』(臺灣: 盤庚出版社, 1979).
85. 『梅月堂集』 권8, 和陶, 「和淵明飮酒詩」 其七.
86. 南龍翼은 『壺谷漫筆』에서, 이 시가 "신묘하고 아득한 느낌을 준다"(神邈)고 하였다.
87. 『梅月堂集』 권23, 騷註, 「懷沙賦正義」.
88. 『梅月堂集』 권23, 騷註, 「懷沙賦正義」. "言初夏甚熱之時, 草木蔽鬱於前路. 方此時, 原被讒罹訴, 抱傷懷甚哀之情, 以君命, 又爲時衆所嫉, 故不少留滯, 而往竄湘南也. 荊楚歲時記云, 原於五月五日沉死, 荊俗, 其日以角黍蜜粽, 祭原, 競渡. 今云孟夏, 疑此賦作於孟夏, 而端午沉死耳."
89. 『史記』, 「屈原列傳」의 「正義」에는 "(言)遭世不道, 變易初行, 遠離常道, 君子所鄙"(도가 없는 세상을 만나서 처음의 행동을 바꾸고 상도를 멀리하여 벗어나는 것은 군자가 비루하게 여기는 바이다)라고 하였다.
90. 『梅月堂集』 권23, 騷註, 「懷沙賦正義」. "以徇世苟且之心, 變易所守之道, 乃君子之所可醜者. 昔子路問强, 孔子曰: '邦無道, 至死不變, 强哉矯!' 屈子其强乎!"
91. 『梅月堂集』 권23, 騷註, 「懷沙賦正義」. "玄文處幽兮, 矇謂之不章. 離婁微睇兮, 瞽以爲無明"(검은 무늬가 어두운 곳에 놓이면 장님들은 밝게 드러나지 않는다고 생각하고, 이루가 눈을 가늘게 뜨면 장님들은 눈 밝지 못하다고 여기네)에 대한 해설.
92. 錯의 음은 措, 人은 一本에 民으로 적혀 있다. 有命의 有는 一本에는 稟으로 기록되어 있다.
93. 『梅月堂集』 권23, 騷註, 「懷沙賦正義」. "命, 正理也. 言人生各稟天理, 賢者守其所惜之素分, 故更安定其爲善之心, 寬其懷, 廣大其所尙之志, 奮其決烈之氣, 何足慮小人之害我者爲驚懼, 而不自處以正乎? 所謂: '素患難, 行乎患難'之意."
94. 이상 모두 『梅月堂集』 권22, 騷賦에 수록.
95. 『梅月堂集』 권8, 和陶, 「和淵明飮酒詩」 其三.
96. 김시습은 『梅月堂集』 권16, 雜著 10장(前 10장)과 권20, 辨, 「異端辨」에서 자신을 '방외인'이자 '강개지사'로 규정하였다. 尹柱弼, 「朝鮮 前期 方外人文學에 관한 當代人의 認識 硏究」(한국정신문화연구원 한국학대학원 박사학위 논문, 1991. 1) 참조.
97. 『梅月堂集』 권5, 酒, 「醉酒」.
98. 『梅月堂集』 권15, 雜賦, 「拒來學」 참조. 『梅月堂集』 권15, 雜賦의 시들은 50세 이후 관동

지방의 강릉과 양양에서 지은 시들인 듯하다. 하지만 제자를 받지 않으려 했던 태도는 수락산 시절에도 마찬가지였던 듯하므로 여기에 인용하였다.
99. 『梅月堂全集』 부록 권1, 「遺蹟搜補」에 수습되어 있는 『名臣錄』과 『龍泉談寂記』의 기록 참조.
100. 李耔, 「金時習傳」, 『梅月堂集』 卷首. 단, 李耔의 「梅月堂集序」나 尹春年의 「梅月堂先生傳」은 이 일화를 언급하지 않았다.
101. 李耔의 「梅月堂集序」와 李珥의 「金時習傳」에서 언급하였다.
102. 『梅月堂集』 권8, 和陶, 「和於西田穫早稻」.
103. 『梅月堂集』 권8, 和陶, 「和淵明飮酒詩」 其十六.
104. 『梅月堂集』 권15, 雜賦, 「和淵明和柴桑詩」. 『梅月堂集』 권15, 雜賦의 시들은 50세 이후 강릉과 양양에서 지은 것인 듯하다. 하지만 사상이나 생활 태도는 수락산 시절의 그것과 통하므로 여기에 인용하였다.
105. 『梅月堂集』 권2, 田圃, 「草盛豆苗稀」·「耘苗」·「山畬」.
106. 도연명의 「癸卯歲始春懷古田舍」는 계묘년, 즉 403년(元興 2) 도연명이 39세 때 지은 것으로, 제목은 "계묘년 초봄에 농가에서 회고하다"라는 뜻이다. '회고'는 자신의 옛일을 돌아보았다고도 풀이되고, 옛 어진 이를 추억했다고도 풀이된다. 도연명의 시에 대한 해석은 李長之의 설을 따른다. 李長之 著, 松枝茂夫·和田武司 譯, 『陶淵明』(筑摩書房, 1966).
107. 『梅月堂集』 권2, 田圃, 「草盛豆苗稀」·「耘苗」·「山畬」.
108. 『梅月堂集』 권8, 和陶, 「和靖節勸農」 6수 가운데 제6수. "너희 호화로운 귀족을 경계하고, 너희 촌사람을 경계하노라. 와룡도 몸소 밭 갈았고, 진중도 짚신을 삼았다. 장수나 재상의 자질을 지닌 才子들은, 이것을 본받기를 달가워 않누나. 천 년 뒤의 너희는, 어찌 이 미풍에 따르지 않느냐"(戒爾華胄, 警爾村鄙. 臥龍躬耕, 陳仲織履. 將相之才, 不屑斯軌. 爾生千載, 寧不服美).
109. 『梅月堂集』 권8, 和陶, 「和靖節勸農序」. "國俗特藏獲, 故懶遊者多. 信異道, 故寄食者繁. 所謂閑散右族, 無聊左道, 皆遊手而仰食於民者."
110. 『梅月堂集』 권15, 雜賦, 「退慳鬼」. 『梅月堂集』 권15, 雜賦는 대체로 50세 이후 강릉과 양양에 있을 때 지은 듯하지만, 시의 주제가 수락산 시절의 시와 통하므로 여기에서 다루었다.
111. 『梅月堂集』 권1, 述懷, 「書懷」. "雉岳去年鋤火種, 鼇岑昔日治春疇." 치악산에서 화전을 일군 것은 관동을 유람하다 잠시 정착했을 때의 일인 듯하다.
112. 『梅月堂集』 권5, 獸, 「碩鼠」.
113. 『梅月堂全集』 부록 권1, 「遺蹟搜補」. "入居水落精舍, 修道煉形. 見儒生則言必稱孔孟, 絶口不道佛法. 人有問修煉事, 亦不肯說."; 南孝溫, 『秋江集』 권7, 雜著, 「師友名行錄」. "入居水落精舍, 修道鍊形."
114. 南孝溫, 『秋江集』 권2, 「贈東峯」 2수 가운데 제1수.
115. 『梅月堂集』 권4, 文章, 「學詩」 2수.
116. 『梅月堂集』 권15, 雜賦, 「與詩人打話」 4수. 인용한 시는 제3수. 『梅月堂集』 권15의 雜賦

는 대체로 50세 이후 관동 지방의 강릉과 양양에서 지은 시들인 듯하다. 하지만 이 시에 나타난 생활상이나 시 창작 상황에 대한 묘사는 수락산 시절의 그것과 통하는 듯하므로 여기에 인용하였다.

117. 『梅月堂集』 권1, 古風, 「古風十九首」.
118. 『梅月堂集』 권4, 文章, 「戲爲」.
119. 『梅月堂集』 권3, 節序, 「秋懷」.
120. 『梅月堂集』 권1, 述懷, 「觀史有感」 自註. "論三代以下開國, 必自賊黨."
121. 『梅月堂集』 권1, 述懷, 「觀史有感」 2수 가운데 제1수.
122. 『梅月堂集』 권1, 述懷, 「看史傷心」 3수 가운데 제2수. "군주를 죽이고 나라를 빼앗을 때 탕임금과 무왕을 말하고, 주인을 배반하고 간웅에게 붙을 때 呂尙(姜太公)과 伊尹을 말한다"(弑君取國言湯武, 叛主依姦道呂伊).
123. 『梅月堂集』 권1, 述懷, 「述古」 10수 중에서. 또한 『梅月堂集』 권13, 關東日錄, 「述古」 10수 가운데 제8수. 이 「述古」 10수는 『梅月堂集』 권1 述懷 조항과 권13 關東日錄에 두 번 실려 있다. 몇몇 시에서 글자의 차이가 발견되지만, 동일한 시이다. 129~130쪽 참조.
124. 『梅月堂集』 권1, 述懷, 「感懷」 5수. 제1수는 屈平, 제2수는 賈誼, 제3수는 揚雄, 제4수는 宋玉을 논하였다. 마지막으로 제5수는 「自敍」로서 자신의 이야기를 하였다.
125. 『梅月堂集』 권2, 詠史, 「夷齊」 3수.
126. 『梅月堂集』 권2, 詠史, 「詠三諫臣」 自註. "自古諫臣多矣, 未有如此三人. 諫君不聽, 隕命捐軀者, 而主終不悟, 以至於滅亡. 正杜舍人所謂: '秦人不暇自哀而後人哀之, 後人哀之而不鑑, 亦使後人而復哀後人也.'"
127. 魯仲連(「魯仲連」), 岳飛(「精忠旗」・「哀班師」・「岳王廟」), 伯夷・叔齊(「夷齊三首」), 文天祥(「哀文山」 3수), 商山四皓(「四皓翁」), 諸葛亮(「臥龍」・「武侯廟」), 張良(「墜橋履」・「留侯引」), 蘇武(「哀蘇武」 2수) 등이다.
128. 『梅月堂集』 권19, 贊, 「文天祥贊」.
129. 『梅月堂集』 권2, 詠史, 「哀文山」 3수 가운데 제2수.
130. 『梅月堂集』 권2, 陵廟, 「讀健元陵碑」・「健元陵」・「顯陵」.
131. 서거정의 『歷代年表』(1478)와 權踶의 『歷代世年歌』 및 『東國世年歌』, 金正國의 『歷代承統圖』(1532) 등이 그 예다.
132. 題畵屛의 영사시로는 중국 역사를 소재로 한 뛰어난 작품이 많다. 신숙주의 「題古畵屛十二絶」(『保閑齋集』 권7)과 강희맹의 「題任侯士洪屛風」(『私淑齋集』 권4) 등이 그 예이다. 독후기의 영사시는 중국 사적을 소재로 한 것도 있고, 우리 사적을 소재로 한 것도 있다. 후자의 대표적인 예로는 김시습의 시 말고도 서거정의 「讀三國史」(『四佳集』 권3), 兪好仁의 「偶閱三國史兼採雜記作東都雜錄」(『潘溪集』 권2), 李塏의 「讀麗史恭愍紀」(『松齋集』 권2) 및 「讀東史箕子紀」(같은 책 권2) 등이 있다.
133. 『梅月堂集』 권2, 詠史, 「讀唐史」・「讀光武紀」・「看史謾題」.

134. 『梅月堂集』 권2, 詠史, 「讀唐史」. "隋季何板蕩, 英雄漏巨網. 仙李起晉陽, 魁梧衆所嚮. 秦王撥亂姿, 裵劉首推獎. 定業建大唐, 開國鴻基壯. 嗟哉垂統初, 儀刑絶人望. 閨門兄弟間, 未免招物謗. 從此歷代主, 禍芽自內長. 北門醜聲振, 漁陽茄鼓盪. 皆不謀涓涓, 竟致掀天浪. 鳳翔納胡骨, 掖庭動毬響. 仍之唐祚衰, 貞觀徒緬仰. 閹寺擅大寶, 藩鎭守邊壤. 二百九十曆, 委靡難側掌. 三宗稱英主, 王魏稱良相. 然而責備多, 可擬三代上. 披帙閒興亡, 掩卷出遐想. 似我生此世, 乍喜乍惆悵. 往來不憚煩, 孰云千載曠. 感我偶觸目, 啼鳥趨林莽."
135. 『梅月堂集』 권2, 詠史, 「看史謾題」.
136. 『梅月堂集』 권4, 書畵, 「讀左氏春秋」・「讀春秋詩」.
137. 『梅月堂集』 권4, 書畵, 「讀春秋詩」.
138. 『梅月堂集』 권19, 贊; 『梅月堂集』 권20, 傳에 수록.
139. 이 외에 虞舜, 閔子騫의 찬이 있는데, 편집 순서로 볼 때 만년 작이라고 생각된다.
140. 『梅月堂集』 권19, 贊, 「箕子贊」 말미에 "因想其情思, 以爲短什"이라 밝히고 '什載詩藁'라는 주를 붙였으나, 기자를 읊은 '단형'의 영사시는 『梅月堂集』 권2, 詠史 조에 수록되어 있지 않다. 없어진 듯하다.
141. 『梅月堂集』 권19, 贊, 「箕子贊」.
142. 柳宗元, 「箕子碑」, 『增廣注釋音辨柳先生集』 권5(上海涵芬樓用元刊本景印, 四部叢刊 集部). "當其周時未至, 殷祀未殄, 比干已死, 微子已去, 向使紂惡未稔而自斃, 武庚念亂以圖存. 國無其人, 誰與興理? 是固人事之或然者也. 然則先生隱忍而爲此, 其有志於斯乎?"
143. 『梅月堂集』 권19, 贊, 「箕子贊」. "可以立千載之下, 同姓之親, 拳拳不忘, 扶持宗國之美志, 而帝王宗戚中, 爲法天下, 可傳後世者, 惟箕子洪範, 周公周禮之外, 更復何有? 可勝贊哉!"
144. 『梅月堂集』 권19, 贊, 「伯夷叔齊贊」.
145. 『梅月堂集』 권19, 贊, 「伯夷叔齊贊」. "嗚呼! 漢魏之季, 曹操司馬炎, 蔑視其君, 憑陵跋扈, 篡成帝業. 易曰: '虎視耽耽, 其欲逐逐', 此之謂也. 其權輿生亂之首, 曷勝道哉? 夷齊之言, 寧不忸怩?"
146. 『梅月堂集』 권19, 贊, 「伯夷叔齊贊」. "太公之扶夷齊, 欲以止後世篡弑之心, 而旌義士之節. 漢高之斬丁公, 欲以懲後世戰陣無勇而爲人臣懷二心者之永鑑. 其意趣與時事雖殊, 其欲後世爲人臣者事君以忠之心, 則未嘗異也."
147. 『梅月堂集』 권2, 詠史, 「伯夷叔齊」.
148. 정조 연간에 완성된 『송사전』의 체제에 대해서는 김문식, 「송사전에 나타난 이덕무의 역사인식」, 『한국학논집』 33집(한양대학교 한국학연구소, 1999. 10) 참조.
149. 『梅月堂集』 권20, 傳, 「邵雍傳」. "北海李之才, 受易於河南穆脩, 脩受种放, 放受陳搏, 源流最遠. 之才遂授先生以河圖洛書伏羲六十四卦象. 先生由是探賾索隱, 妙悟神契, 洞徹蘊奧, 汪洋浩博, 多其所自得者. 及其學益老, 德益卲, 玩心高明, 以觀夫天地之運化, 陰陽之消長, 遠而古今世變, 微而飛走草木之性情, 深造曲暢, 庶幾所謂不惑, 而非依倣象類, 億則屢中者, 遂衍伏羲先天之旨, 著書數十萬言, 曰『皇極經世書』・「觀物內外篇」・「漁樵問對」, 然世

之知其道者鮮矣. 惟程顥伯淳, 嘗與先生議論終日, 退而歎曰: '堯夫, 內聖外王之學也!' 先生知慮絶人, 遇事能前知. 治平中, 先生與客散步天津橋上, 聞杜鵑聲, 慘然不樂曰: '洛陽舊無杜鵑, 今始至. 天下將治, 地氣自北而南, 將亂, 自南而北. 今南方地氣至矣. 禽鳥飛類, 得氣之先者也. 不二年, 上用南士作相, 多引南人, 專務變更, 天下自此多事矣.' 至熙寧初, 神宗用王安石變新法, 引章惇·蔡卞·呂惠卿等, 民受其苦, 先生言果驗. 程頤正叔嘗曰: '其心虛明, 自能知之.'"

150. 『皇極經世書』, 「觀物外篇」. "推類者必本乎生, 觀體者必由乎象, 生則未來而逆推, 象則旣成而順觀. …… 推此以往, 物寍逃哉?"

151. 李耔, 「梅月堂集序」. "禪理頗深, 思量五載, 乃得透開. 如吾道自有階級, 若健者之升梯, 纔擧一足, 遽達一重, 無頓悟快決之樂, 而有優游涵泳之味."

152. 『梅月堂集』 권16, 雜著, 「無思」·「山林」·「三請」·「松桂」·「扶世」·「梁武帝」·「人主」·「魏主」·「隋文」·「仁愛」.

153. 尹柱弼, 「朝鮮 前期 方外人文學에 관한 當代人의 認識 硏究」(한국정신문화연구원 한국학대학원 박사학위 논문, 1991. 1).

154. 『梅月堂集』 권16, 雜著, 「人主」 第七. "淸寒子曰: '事佛當盡仁愛, 以安民濟衆爲本, 求法當學智慧, 以鑑徹事機爲先. 梁主旣知慈悲是佛心, 至於禁牲牢, 唱蔬果, 以儉制身, 以卑自捨, 當字惠小民, 載戢干戈, 導以仁義, 勸以農桑, 使家給人足, 天淸地寧, 匹夫匹婦, 皆得其所, 則天下之民, 靡然嚮風, 皆願爲聖人氓, 於是, 敎之以仁義, 導之以忠信, 使四境無虞, 人神胥說, 則梁主但拱手法宮, 尊嚴如佛耳.'"

155. 즉「佛氏輪廻之辨」,「佛氏因果之辨」,「佛氏心性之辨」,「佛氏作用是性之辨」,「佛氏心跡之辨」,「佛氏昧於道器之辨」,「佛氏毀棄人倫之辨」,「佛氏慈悲之辨」,「佛氏眞假之辨」,「佛氏地獄之辨」,「佛氏禍福之辨」,「佛氏乞食之辨」,「佛氏禪敎之辨」,「儒釋同異之辨」,「佛法入中國」,「事佛得禍」,「捨天道而談佛果」,「事佛甚謹年代尤促」,「闢異端之辨」이다. 鄭道傳, 『佛氏雜辨』(『三峯集』 권5, 한국문집총간 6).

156. 『梅月堂集』 권16, 雜著, 「松桂」 第四. "自周衰以後, 秦漢以下, 以迄于今, 安有一世不競刀錐之利, 圖尺寸之功哉? …… 不有釋氏之敎使安其分, 則將見勇者奮而鬪, 智者靜而謀, 擧阡陌之人, 皆紛紛而蜂起矣. 如何而可保哉?"

157. 『梅月堂集』 권16, 雜著, 「扶世」 第五. "若非悉達輕其寶位, 慕其至道, 以警愚民, 則誰能開膢盲聾, 而使格其非心乎? 故君子其所化民者博, 其所失者小, 則爲之也, 其所失者大, 而所化者小, 則不爲也."

158. 『梅月堂集』 권16, 雜著, 「隋文」 第九. "捨之而不用, 未必盡滅而塞源如三武, 行之而得宜, 未必耽溺而不返如二主."

159. 『梅月堂集』 권16, 雜著, 「無思」 第一. "淸寒子曰: '無思無慮者, 道之體也. 精慮不怠者, 立功之要也. 常觀世間之事, 一不經慮, 萬事瓦裂, 況至眞無妄之道, 其可怠惰而得乎? 故季文有三思之行, 宣聖立九思之目. 曾子記慮得之語, 夫子有遠慮之戒. 自非天性聰明, 無待勉

強, 孰能不思? 且人之氣質有昏明愚智之不同, 苟非攷攷兀兀, 安得齊於上聖乎? 必硏精思慮, 日鍊月磨, 以造乎自得之域, 然後可以言道者無思也無慮也."

160. (傳)得通己和, 『顯正論』(한국불교전서 7, 동국대학교 출판부, 1994) 서두. "竊觀三藏指歸, 只要令人去情顯性而已."

161. (傳)得通己和, 『顯正論』. "若教人人依此而修之, 則心可得而正矣, 身可得而修矣, 可以齊家, 可以治國, 可以平天下矣."

162. (傳)得通己和, 『顯正論』. "佛之所謂正戒, 卽儒之所謂五常也. 不殺, 仁也. 不盜, 義也. 不淫, 禮也. 不飮酒, 智也. 不妄語, 信也." 이것은 천태 대사 智顗의 설을 응용한 것인 듯하다.

163. 閔泳圭, 「金時習의 曹洞五位說」, 『大東文化硏究』 13(성균관대학교 대동문화연구원, 1979); 校錄 『曹洞五位要解』, 『梅月堂學術論叢: 그 문학과 사상』(강원대학교 인문과학연구소, 1988. 7); 『四川講壇』(『세계일보』 1991년 1월 연재).

164. 一然, 『重編曹洞五位』(한국불교전서 6, 동국대학교 출판부, 1994) 序文. "且觀价之垂範, 固難擬議, 雪峯是一千五百人善知識, 九嚼屠門而染指, 雲居是妙光幻有, 東土七生大宗師, 再投爐鞴以請槌. 況其獰焉者乎? 匠民云亡, 操斧失措, 海印沈輝, 按指不妙. 苟一月之未窺, 則三舟領略, 有執指之迷. 一源之不復, 則九流扶疎, 有殊致之惑. 致之不一, 指之不忘, 良導之憂也. 斯曹山所以種種指注而不辭也, 霞以編之, 輝以釋之, 此錄之所以行也. 而辭言糾纏, 尋究稍難. 比有普法禪師老謙, 得宋本重刊, 又拾曹洞之遺文, 幷疏山木山二家語訣, 排爲下篇. 憮其不甚詳, 過致多乖謬, 爲失不淺, 嘗自介懷. 曾謁曹溪小融和尙, 語及曺洞家世, 和尙亦以此云, 慨然流嘆者再三. 然未暇一二諮稟, 噬臍無及矣. 心竊自謂, 遇幸因緣, 心須改正, 値世多難, 未償素志. 越內辰夏, 寄錫輪山吉祥菴, 因有餘閑, 乃將舊本三家語句, 務便檢閱, 錯綜其辭, 隨門夾入, 依舊離爲二册, 以備童蒙之求. 同袍上人索觀之, 懼藁本之或泯, 切有刀梓之請. 予曰: "嘉矣, 庶憑法水之清, 一洗榛莾之茂, 子其圖之!"

165. 『十玄談要解』 단행본은 대동문화연구원 편 『梅月堂全集』과 동국대학교 편 『한국불교전서』 7에 수록되어 있고, 「曹洞五位君臣圖」와 합철된 『曹洞五位要解』는 민영규 님이 소장하고 있다. 두 책의 서지적 고찰에 대해서는 韓鍾萬, 「雪岑의 十玄談要解와 曹洞禪」, 『매월당학술논총: 그 문학과 사상』(강원대학교 인문과학연구소, 1988), 85~97쪽 참조. 또한 민영규 님이 소장한 『조동오위요해』의 校錄本이 역시 『매월당학술논총: 그 문학과 사상』, 187~432쪽에 수록되어 있다. 또한 별도의 校本이 동국대학교 출판부 1994년 간행 『한국불교전서』 7에 수록되어 있다.

166. 『梅月堂全集』 別集 권2, 「十玄談要解序」. "玄談十篇, 乃佛祖玄關, 非沒量漢, 莫能顗覷其門戶. 同安禪師, 向關裡撩入, 慈悲忒煞, 開示迷途, 不妨益衆生知見. 山僧重畫蛇安足, 葛藤上, 更加枝蔓. 然月不因指, 痴兒不能見, 兎不尋蹄, 饑虞不能得. 理解此譚, 必因指腕, 見月得兎了, 還我葛藤徠." 이 서문 뒤에 "成化乙未, 桃節, 哉生霸, 清寒子芯芻雪岑, 注于瀑泉山中"이라고 필사 날짜와 이름이 적혀 있다.

167. 『梅月堂全集』 別集 권2, 「十玄談要解」, '心印何人敢授傳' 注. "達摩不將心印而來, 二祖不

求心印而往. 授个什麽? 傳个什麽? 畢竟作麽生道? 寒時向火, 熱時乘凉."
168. 『梅月堂全集』別集 권2, 「十玄談要解」, '無心猶隔一重關' 注. "自初句至六句, 極論忘情絶慮. 摸索不得底消息, 宛是無心. 然一向忘情絶慮, 怕落空去, 不能進步. 須知事在無事裏始得."
169. 金知見, 「沙門 雪岑의 華嚴과 禪의 世界」, 『梅月堂學術論叢: 그 文學과 思想』(강원대학교 인문과학연구소, 1988) 참조.
170. 이 책의 판본과 전승에 대해서는 金知見, 「法界圖圓通記의 解題」, 『法界圖圓通記』(한국정신문화연구원, 1995) 'Ⅲ. 法界圖의 전승', 5~11쪽.
171. 『法界圖』의 전승과 각 저술의 판본·필사본에 대해서는 金知見, 「法界圖圓通記의 解題」, 『法界圖圓通記』(한국정신문화연구원, 1995) 'Ⅲ. 法界圖의 전승', 5~11쪽.
172. 앞의 4구는 법계 자체를 말하였다. ①法性圓融無二相(法性은 원융하여 이상이 없고), ②諸法不動本來寂(諸法은 부동하여 본래 고요하다), ③無名無相絶一切(이름도 꼴도 없고 모든 것이 끊겼), ④證智所知非如境(證智가 아니면 알 길이 없다). 5구부터 18구까지는 緣起諸法을 말하였다. ⑤眞性甚深極微妙(眞性은 심히 깊고 극히 미묘함), ⑥不守自性隨緣成(自性을 안 지키고 緣을 따라 이룬다), ⑦一中一切多中一(一 속에 一切 있고 多 속에 一이 있다), ⑧一卽一切多卽一(一이 곧 一切요 多가 곧 一이다), ⑨一微塵中含十方(한 티끌 속에 十方을 머금고), ⑩一切塵中亦如是(모든 티끌 속도 또한 그러하다), ⑪無量遠劫卽一念(무량한 먼 劫이 한 생각이요), ⑫一念卽是無量劫(한 생각이 곧 무량한 겁이다), ⑬九世十世互相卽(九世와 十世가 相卽하면서도), ⑭仍不雜亂隔別成(흐트러지지 않고 따로 이룬다), ⑮初發心時便正覺(처음 發心할 때가 곧 正覺이요), ⑯生死涅槃常共和(生死와 涅槃이 항상 함께이다), ⑰理事冥然無分別(理와 事가 冥然하여 분별이 없는 곳), ⑱十佛普賢大人境(十佛과 普賢의 大人 경계이다).
173. 『梅月堂集』 권3, 釋老, 「洛山寺贈禪上人三首」.
174. 『梅月堂集』 권3, 釋老, 「洛山丈室座下五首」.
175. 『成宗實錄』 권161, 성종 14년 12월 무자 조, 史臣의 평어.
176. 『端宗實錄』 권1, 단종 즉위년 6월 갑신 조.
177. 『世祖實錄』 권45, 세조 14년 정월 갑신; 『睿宗實錄』 권4, 예종 원년 3월 정해 조, 史臣의 평어.
178. 『睿宗實錄』 권3, 예종 원년 2월 을묘; 같은 책 권4, 예종 원년 3월 정해 조.
179. 『成宗實錄』 권68, 성종 7년 6월 26일(정유)의 기록.
180. 『成宗實錄』 권155, 성종 14년 6월 정축의 사평에 보면, "학조는 세조 때 신미·학열과 함께 3화상으로 불렸으며, 세조에게서 매우 존경을 받았다. 신미와 학열은 죽고 학조만 남아 直指寺에 퇴거하여 산업을 널리 경영함으로써 백성들에게 많은 폐를 끼쳤다"라고 되어 있다.
181. 『梅月堂集』 권3, 釋老, 「洛山丈室座下五首」 제5수.
182. 『世祖實錄』 권45, 세조 14년 1월 7일(무진)의 기록. 李徽는 敬寧君 李裶의 아들이었다.

183. 『睿宗實錄』 권5, 예종 원년 5월 18일(신축)의 기록. 어떤 사람이 西郊의 松木을 깎아 희게 만들고 거기에 그 사실을 기록하자, 그 문권을 숨기고 말았다고 한다.
184. 『成宗實錄』 권24, 성종 3년 11월 3일(을미)의 기록. 사간원은 "정인사의 주지 설준은 본래 음탕하고 방종하여 戒行이 없었는데, 근자에는 비구니와 부녀자를 맞아들여 밤낮으로 섞어서 거처하고, 중에게 문을 지키게 하고는 비록 奴僕이라도 감히 그 하는 바를 엿보지 못하게 하여 종적이 괴상하니, 청컨대 엄중하게 문초하고 통렬하게 징계하소서"라고 하였다.
185. 『成宗實錄』 권32, 성종 4년 7월 16일(을사) · 7월 18일(정미) · 7월 20일(기유) · 7월 21일(경술) · 7월 27일(병진)의 기록.
186. 『成宗實錄』 권33, 성종 4년 8월 8일(정묘)의 기록.
187. 『成宗實錄』 권68, 성종 7년 6월 26일(정유)의 기록.
188. 南孝溫, 『秋江集』 권4, 「宿正因寺上雪峻和尙」. 번역은 김성언, 『남효온의 삶과 시』(태학사, 1997), 441~442쪽 참고.
189. 『梅月堂集』 권3, 釋老, 「贈敏上人」 3수.
190. 『梅月堂集』 권3, 釋老, 「贈敏上人」 3수 가운데 제2수의 일부.
191. 『梅月堂集』 권3, 釋老, 「贈敏上人」 3수 가운데 제3수의 마지막.
192. 『梅月堂集』 권3, 釋老, 「敏上人同諸伴來問道」. "君看淸淨道, 不爲塵所染. 只緣忿欲生, 竟爲諸相掩. 所以先聖戒, 懲忿又窒欲. 此是徑庭處, 君子須謹獨. 情欲一乍萌, 爲他所桎梏. 天竺古先生, 斷髮雪山嶺. 只爲諸衆生, 汨沒不自省. 卽脫九章衣, 勤修六載靜. 厭彼聲色娛, 愛此龍蟒境. 願保淡泊心, 期取一朝惺, 始知濟人般, 元來是舴艋."
193. 『梅月堂集』 권3, 釋老, 「與南方僧期雲門山」.
194. 『梅月堂集』 권3, 釋老, 「和敏師惠襪韻以謝」 2수.
195. 『梅月堂集』 권6, 題詠, 「有客自春川來 言其鄕中十景 因題以贈」. 10경은 「醉遊春城」, 「返棹昭陽」, 「采藥仙洞」, 「尋僧花岳」, 「釣魚新淵」, 「喚渡孤山」, 「送客江亭」, 「吟過石橋」, 「秣馬松院」, 「伐兔楸林」이다.
196. 『梅月堂集』 권3, 釋老, 「送人感別(有僧覲親)」 3수 가운데 제2수. 첫 수에 "…… 故鄕歸去政秋晩, 黃菊花衰楓葉稀"라고 했으므로, 그의 귀향이 가을의 일이었음을 알 수 있다.
197. 『梅月堂集』 권3, 釋老, 「示學梅」 3수.
198. 學梅는 다시 춘천으로 돌아간 듯하여, 김시습이 봄날에 쓴 오언절구의 증시 한 수가 남아 있다. 『梅月堂集』 권6, 送別, 「重送」. "昭陽春水漲, 花岳暮雲濃. 子去復幾許, 碧山千萬重."
199. 『梅月堂集』 권3, 釋老, 「贈梅師」.
200. 『梅月堂集』 권3, 釋老, 「逢梅又別」.
201. 『梅月堂集』 권3, 釋老, 「送尋隱上人歸故山詩卷」 5수.
202. 『梅月堂集』 권3, 釋老, 「尋隱」. 洪遺達, 『虛白亭集』 권2에 실린 「香山長老」라는 시는 심은

상인을 위해 지은 것이었던 듯하다.
203. 尹春年, 「梅月堂先生傳」, 『梅月堂集』 卷首. "其弟子僧, 日道義, 日學梅."
204. 兪好仁(1445~1494)의 『㵢谿集』(한국문집총간 15) 권5에 「侍持道義詩軸 次徐剛中先生韻」이라는 시가 있다. 그 시에서 道義는 海印寺 住持로 나온다.
205. 南孝溫, 『秋江集』 권3, 「訪淸隱于水落山 失路 將三十里 溪源始窮 而有桃實垂路 攀枝摘食 飢腹果然」 2수.
206. 양나라 昭明太子의 「陶靖節傳」에 나온다.
207. 南孝溫, 『秋江集』 권3, 「東峯求無絃琴 畵小鍾 使蒼頭歸之 兼寄二絶」.
208. 南孝溫, 『秋江集』 卷末, 兪泓, 「秋江集舊跋」. "爲人沖澹而弘毅, 疎曠而典雅, 胸次灑落, 無一點塵氣."
209. 南公轍, 「墓碣銘」, 『秋江集』 권8, 續錄. "公生於景泰甲戌, 爲人淸明豪邁, 在羣輩中, 超然有高士風. 性喜酒, 時時劇飮大醉, 好爲危言詭論."
210. 南孝溫, 『秋江集』 권7, 「師友名行錄」. 李貞恩의 字는 正中, 號는 月湖 또는 嵐谷, 雪窓이다.
211. 洪裕孫은 언제 태어나고 언제 죽었는지 불확실하며, 심지어 96세에 아내를 맞이하고 다시 80년을 살다 죽었다는 설화마저 있다. 그가 죽었다는 1529(중종 24)을 기준으로 계산해보면, 78세를 살았다는 설이 비교적 사실에 가깝다. 참고문헌은 『篠䕺遺稿』, 『秋江冷話』, 『師友名行錄』, 『松窩雜說』, 『燕山君日記』, 『逸士遺事』(張志淵 저, 태학사, 1982년 영인, 143쪽) 등이다.
212. 이 일화는 홍유손의 문학적 재능이 뛰어났음을 알려주는 것이라고 보는 설이 있으나, 그런 해석은 정곡에서 조금 벗어났다. 『篠䕺遺稿』 부록 「行狀」 참조. 홍유손의 시는 『篠䕺遺稿』에 「圓覺寺東上室 金守溫徐居正洪允成呼韻 時金時習悅卿在坐之右」라는 제목으로 실려 있다. 그런데 당시 小集에 모인 사람 가운데 洪允成은 1475년(성종 6)에 타계했으므로 이 일화는 그 전의 일이지 않으면 안 된다. 즉, 이 일화는 김시습이 수락산에 거처하면서 詩僧으로서 도성에 출입할 때 있었던 일이다. 홍윤성은 세조의 정난공신으로 仁山府院君이라는 작호를 받았던 인물이므로, 김시습이 이 小集에 참가했다는 것은 그가 결코 정난공신들과의 합좌를 피하지는 않았다는 사실을 알려준다.
213. 南孝溫, 『秋江集』 권7, 「師友名行錄」의 기록 참조.
214. 李能和 著, 李鍾殷 譯, 『朝鮮道敎史』(보성문화사, 1992), 203쪽.
215. 洪裕孫, 『篠䕺遺稿』 上, 「贈金上舍書」. "治病之策, 不待醫藥, 而要在調保血氣之善. …… 仙家玉函寶方所載之說, 皆養生之術. …… 若不節飮食, 不守心身, 則…… 身至於危."
216. 洪裕孫, 『篠䕺遺稿』 下, 「題金剛山」.
217. 南孝溫, 『秋江集』 권2, 「挽安子挺」 6수 가운데 제6수.
218. 南孝溫, 『秋江集』 권2, 「同叔度曺伸分韻得楚江巫峽半雲雨寄仲仁」.
219. 南孝溫, 『秋江集』 권2, 「挽安子挺」에 1수, 6수가 별도로 수록되어 있다.
220. 南孝溫, 『秋江集』 권2와 권3에 각각 1수씩 수록되어 있다.

221. 南孝溫,『秋江集』권2,「九月二十日 會葬子挺 葬畢 於墳前 用咒飶醱酒」.
222. 南孝溫,『秋江集』권2,「跋子挺詩卷」.
223. 南孝溫,『秋江集』권2,「與正中 乘月掛琵琶 敲仲鈞門 仲鈞聞琵琶聲 倒屣出門 設重茵杏花下 設小酌 次東坡月下詩韻聯句」.
224. 이 시를 1477년(성종 8)에 지은 것이라고 보는 것은, 먼저 김시습이 이 시에서 "淸隱無心酒博凉"(제5수)이라든가 "大隱東峯老更狂"이라 하여 수락산 시절에 쓴 시임을 알 수 있고, 이 시의 '箕叟'를 위해 강희맹이 쓴 「解嘲詞」서문에서 당시 평안도 관찰사가 한산 이상국(즉, 李坡)이라고 언급한 내용, 1478년(성종 9)에 玄碩圭가 兼府尹으로 나간『실록』의 기록, 서거정이 1478년(성종 9, 무술)에 지은 「送黃海道李觀察使詩序」(『사가집』문집 권5)에서 平仲(즉, 이파)이 그 전해에 평안도 관찰사로 나갔다고 적은 기록을 참조한 결과이다. 한편, 평양부윤의 환적을 보면 1469년(예종 원년)에 李尹仁, 1475년(성종 6)에 金之慶, 1477년(성종 8)에 李坡, 1478년에 玄碩圭가 각각 府尹 또는 兼府尹으로 있었다.
225. 『梅月堂集』권6, 酬答,「和箕叟韻」15수 가운데 제9수의 첫 연.
226. 『關西邑誌』(한국한문헌연구소 편, 아세아문화사, 1986년 영인, 한국지리지총서 邑誌十四 平安道 篇 一),「平壤志」, '宦蹟', 262쪽.
227. 『梅月堂集』권6, 酬答,「和箕叟韻」제15수. "折簡初開半尺長, 搖頭披讀訝如狂. 浮雲變化堪悲恨, 人事隆衰爲熱凉. 已許金蘭通桂籍, 那知錦襮納犵腸. 過門赵赳緣何事, 只恐遽蕵說李陽."
228. 『梅月堂集』권6, 酬答,「和箕叟韻」제1수. "寥落精廬秋興長, 朗吟時作放翁狂. 山城驟雨收殘暑, 風樹踈蟬咽晩凉. 湘簟嫩寒驚老骨, 惠泉甘洌浣枯腸. 年來陡覺星霜變, 學取燒丹魏伯陽."
229. 『梅月堂集』권6, 酬答,「和箕叟韻」제3수. "地僻人稀午夢長, 晩年偏學賀監狂."
230. 『梅月堂集』권6, 酬答,「和箕叟韻」제12수.
231. 『梅月堂集』권6, 酬答,「和箕叟韻」제14수.
232. 『成宗實錄』권94, 성종 9년 7월 6일 을축·7월 19일 무인·7월 21일 경진의 기록.
233. 徐居正,「送黃海道李觀察使詩序」,『四佳集』文集 권5. "平仲氏之爲政, 恩威幷著, 一方按堵, 寬聖上西顧之憂. 蕃仲氏之爲黃海, 一如平仲, 能盡其責, 則庶不負聖上委重之意."
234. 『成宗實錄』권91, 성종 9년 4월 15일(병오)의 기록.
235. 번역은 세종대왕기념사업회 국역본을 참고로 하고, 원문은 싣지 않는다. 또한 南孝溫의 상소문은『秋江集』권4 上書에 「上成宗大王書」라는 제목으로 실려 있는데, 글자에 脫誤가 있다.
236. 『成宗實錄』권91, 성종 9년(무술) 4월 15일(병오). "幼學南孝溫上疏曰 …… 其一, 追復昭陵. 臣謹按, 我世祖惠莊大王, 以天錫勇智, 挾日月之明, 得天人之助, 廓淸大難, 化家爲國, 宗社幾危而復安, 斯民飢死而復生. 不意治化方洽, 孽牙其間, 丙子歲, 羣奸煽亂, 驚動中外, 幾傾我社稷, 已而相繼伏誅, 芟刈殆盡, 而餘禍所及, 昭陵見廢, 二十餘年, 冤魂無依, 臣不

知文宗在天之靈, 肯獨享禴祀蒸嘗哉? …… 臣愚妄意, 昭陵之廢, 於人心未順, 天心所未順, 從可知矣. 縱曰: '已毁之主, 禮不當復入宗廟,' 惟當追復尊號, 改以禮葬, 一如先后之禮, 以答民心, 以答天譴, 以答祖宗之意, 出於尋常, 萬萬也, 豈不美哉?'

237. 『成宗實錄』 권91, 성종 9년 4월 16일(정미)의 기록.
238. 이날(4월 16일) 부제학 兪鎭은, 남효온의 상소에서 "누이를 돌보지 않았다"고 지적한 인물이 자신이라고 하면서 待罪를 청하였다. 성종은 이미 지난 일이므로 避嫌하지 말라고 하였다. 『성종실록』 권91, 성종 9년 4월 16일(정미)의 기록 참조. 유진의 매부 趙恬은 李施愛의 사촌 동생인데, 이시애가 伏誅(사형당함)되고 조염도 죽자 온 집안이 달아나 피했으므로 그 누이가 유진의 安城 農舍에 살고 있었고, 그 누이의 딸은 파혼을 당하여 남대문 밖 빈집에 기거하고 있었다. 유진은 사헌부로부터 '不睦'함을 의심받아 論劾당하여 杖 80대에 처해진 일이 있다.
239. 『成宗實錄』 권91, 성종 9년 4월 20일(신해)의 기록.
240. 남효온의 소릉 추복 상소와 이심원의 귀양에 관해서는 김성언, 『남효온의 삶과 시』(태학사, 1997), 34~48쪽 참조.
241. 1482년(성종 13) 윤8월부터 9월까지 조정을 시끄럽게 한 사건으로, 그해 봄여름 교체기에 성균관 直房 벽에 師長을 비방하는 시가 나붙어 문제가 되었다. 처음에 직강 河荊山이 그 시를 발견하고는 "離親遠仕", "殘行之人"이라는 말이 자신을 비방한다고 여겨 시를 찢어버렸으나, 윤8월에 동부학당 훈도 李孟思에게 儒風을 개탄하면서 그 시의 일부를 외워 들려주었고, 이맹사를 통해 성균관을 거쳐 예조에 그 사실이 보고되자, 하형산은 투옥되어 조사를 받았다. 성종은 유풍을 개탄하면서도 取士의 길은 막을 수 없다고 하여, 벽서 시의 장본인을 색출하지 말라고 명했으나, 사건의 파장은 한동안 지속되었다.
시는 다음과 같은데, 평측관계로 보아 제15구와 제16구가 없어졌음을 알 수 있다. "誰云芹館是賢關, 陳腐庸流尸厥官. 舉酒擬脣掀面頰, 叱儒張口肆凶頑. 洪同已逝林同在, 李學纔歸趙學還. 老漢只應忙置産, 免餘端合早投閑. 南生疏奏心應悸, 李子詩章膽亦寒. 衣綠方成何足算, 鴛梁宋籍不須看. 窮妹不恤顔何厚, 將父未遑行亦殘. 〔二句亡〕 陽爲正直陰懷詐, 外示寬柔内實奸. 爲吊芹宮諸弟子, 於何考德且承顔." 이 시에서 洪同은 成均館 同知事 洪敬孫을 말하고, 林同은 성균관 동지사 林守謙, 李學은 學官 李丙奎, 趙學은 학관 趙元卿을 가리킨다. 免餘는 痀瘻에 걸려 있던 直講 金錫元, 南生은 상서하여 사표가 될 만한 인물이 없음을 논한 進士 南孝溫, 李生은 누구인지 모른다. 衣綠方成은 『시경』 邶風〔綠衣〕의 뜻을 취한 것으로, 첩을 끼고 있던 司成 方綱을 가리킨다. 鴛梁宋籍은 小雅〔白華〕의 뜻을 취한 것으로, 첩을 끼고 있던 田籍 宋元昌을 가리킨다. 窮妹不恤은 寡妹를 돌보지 않은 同知事 兪鎭, 將父未遑은 늙은 양친을 돌보지 않은 전적 黃宸孫을 가리킨다. 남효온이 '진사'로 기록되어 있다.
242. 林熒澤, 「韓鮮 前期 士大夫文學」, 『한국문학사의 시각』(창작과비평사, 1984); 尹柱弼, 「朝鮮 前期 方外人文學에 관한 當代人의 認識 硏究」(한국정신문화연구원 한국학대학원 박사

학위 논문, 1991); 金承鎬, 「南孝溫論」, 『素石停年紀念論叢』(이회문화사, 1998) 등 참고.

243. 李性原, 「諡狀」, 『秋江集』 권8, 149쪽. "公早孤, 事母夫人至孝. 不屑爲擧業, 而以母夫人命, 間間勉製應試, 中庚子司馬, 遂不復赴擧. 其友東峯金悅卿謂公曰: '我則受英廟厚知, 爲此辛苦生活宜也. 公則異於我, 何不爲世道計耶?' 公曰: '復昭陵後赴擧, 未晚也.' 悅卿亦不復强之."

244. 南孝溫, 『秋江集』 권2, 「贈東峯」.

245. 南孝溫, 『秋江集』 권2, 「附東峯和詩」.

246. 南孝溫, 『秋江集』 권2, 「贈東峯二首 附東峯和詩」. "先生近讀少陵詩矣. 瓊玖有杜癖. 僕藏內景不還者, 非久假不歸以遲先生耳. 先生於前歲饋信中, 所遺默迹, 歷歷在巾筍矣. 余何忘乎? 易歲易月, 交讙雷同, 俟促膝大噱."

247. 『梅月堂集』 권3, 仙道, 「凌虛詞」.

248. 裵宗鎬, 「梅月堂 金時習의 哲學思想」, 『韓國儒學의 哲學的 展開』(연세대학교 출판부, 1985) 上, 222쪽.

249. 葛兆光 著, 鄭相弘 譯, 『禪宗과 中國文化』(東文選, 1991), 133~150쪽.

250. 『老子』 上篇 25장. 『노자』의 分章은 通行本(魏源, 『老子本義』, 1848)에 의거한다. 『노자』의 해석은 任繼愈 譯註, 『老子全譯』(中國古代哲學名著 全譯叢書, 巴蜀書社, 1992)을 위주로 하되, 齋藤晌의 『老子』(全釋漢文大系 15, 日本 東京: 集英社, 1979)를 참고로 하였다. 이하 동일.

251. 『老子』 上篇 19장. "絶聖棄智, 民利百倍. 絶仁棄義, 民復孝慈. 絶巧棄利, 盜賊無有. 此三者以爲文不足, 故令有所屬, 見素抱樸, 少私寡欲."

252. 『老子』 下篇 48장.

253. 『老子』 上篇 28장.

254. 楊熙止, 『大峯集』 권2, 「答權君饒(景裕)」.

255. 金侖壽, 「淸寒子 金時習의 龍虎或問의 分章 校勘」, 李鍾殷 편, 『한국 도교문화의 초점』(아세아문화사, 2000. 11).

256. 송항룡, 『한국 도교철학사』(성균관대학교 출판부, 1987), 66~74쪽.

257. 심경호 역, 『주역철학사』(廖名春·康學偉·梁韋弦 著, 예문서원, 1994) 제2장 제14절, 251~260쪽 참조.

258. 조선 후기에는 참동계 학파가 형성되었다. 그 가운데 권극중을 비롯하여 남구만, 서명응을 중심으로 전통적인 『참동계』를 따르는 이들의 저서는 참동계 학파의 3대 참동서로 불린다. 조선 후기의 대표적인 『참동계』 주해서들로는 權克中의 『參同契註解』(1639), 南九萬의 『參同契吐註兩章朱子解么』(1673·1712), 徐命膺의 『參同攷』(1786), 姜必孝(1764~1848)의 『古文參同契朱子解』, 姜獻奎(1797~1860)의 『古文參同契兩朱解』, 張之琬(1806~1858)의 『參同契章句』, 金宗陽의 『古本周易參同契集註補』 등이 있다.

259. 책명은 『周易參同契朱註附發揮』라고 할 수 있다. 1673년(현종 14)에 南九萬이 朱註와 부

록만 뽑아 『朱子解周易參同契』로 간행한 후, 『주역참동계주주부발휘』는 조선에서는 유행하지 않았다. 김윤수, 「辛敦復의 丹學三書와 도교 윤리」, 『도교의 한국적 변용』(1996).

260. 『주역참동계분장주』는 팽효의 『주역참동계통진의』, 진현미의 『주역참동계해』와 함께 명나라 때인 1471년에 편찬된 『金丹正理大全』 11종, 1538년에 편찬된 『금단정리대전』 7종, 1591년에 간행된 『道書全集』에 수록되어 있었으므로, 그러한 도가 총서류도 조선시대에 수입되었을 가능성이 있다.

261. 『梅月堂集』 권3, 仙道, 「贈三淸監點」.

262. 金富軾, 『三國史記』, 「新羅本紀」 眞興王 37年條.

263. 『梅月堂集』 권7, 醫藥, 「學餌黃精」.

264. 『老子』 下篇 50장.

265. 『老子』 下篇 55장. 王弼의 注는 益生을 '생명을 연장함'이라고 풀이하였다.

266. 『老子』 下篇 75장.

267. 『老子』 上篇 25장.

268. 『老子』 下篇 75장.

269. 洪裕孫, 『篠䕺遺稿』 上, 「贈金上舍書」.

270. 『成宗實錄』 권103, 성종 10년 4월 5일(신묘)의 기록. 4월 6일(임진)에도 지평 李季男이, 4월 13일(기해)에도 대사간 성현이 설준의 체벌을 요구했으나 성종은 허락하지 않았다.

271. 『成宗實錄』 권234, 성종 20년 11월 29일(계미)의 기록. 우부승지 許誠가 형조에서 三覆한 啓本을 가지고 아뢰기를, "회령 죄수 갑사 徐永生이 중 설준을 죽이고 면포를 탈취한 죄는, 律이 斬不待時에 해당됩니다"라고 하니, 성종이 그대로 따랐다.

272. 『成宗實錄』 권103, 성종 10년 4월 13일(기해)의 史臣 평어. 번역은 국역본을 따르고, 원문은 싣지 않는다.

273. 『梅月堂集』 권20, 說, 「契仁說」.

274. 『梅月堂集』 권20, 說, 「契仁說」. "仁者, 天地生物之心, 而我之所以爲德者也. 盖心之全德, 莫非至理, 而仁者, 我所由以生, 與萬物同此元元者. 故主於性中, 爲四德之長而兼包焉. 惟其兼包也, 故發於情爲四端, 而四端之中, 惻隱又貫通焉. 惟其貫通也, 故以羞惡辭遜是非爲其用, 而於動靜云爲之際, 未嘗不以仁性爲體. 如無其體, 私意妄作, 於親親及物之分, 尊卑等殺其間, 恭敬揖遜之際, 是非邪正之辨, 不能無過焉. 是故, 爲仁者, 須要克己. 若克己私, 廓然至公, 涵育渾全, 而理之具於性者, 無所壅蔽, 施於事物之間者, 莫不各當其道, 與天地萬物相爲流通, 而生生之理, 無不該遍矣."

275. 『梅月堂集』 권20, 說, 「契仁說」. "然則契者何? 契也者, 合也. 所謂 '不違', 是也. 不違, 只是無纖毫私欲, 豁然淨盡而已. 然曰 '淨盡' 云者, 非直閉門靜坐, 瞌眼低頭, 不接物, 不應事, 所謂 '休去'·'歇去' 者也. 盖遇物應事, 施爲動作, 絶一點私意, 一心之妙, 周流該博, 如上所云也."

276. 『梅月堂集』 권20, 說, 「契仁說」. "契仁, 浮屠氏也. 浮屠靜坐捺念爲參禪, 爲儒者所訛, 但不

能仁也. 契仁氏若能用力於仁, 則其靜坐之時, 渾然至理, 無所欠闕, 而於接物之際, 對機之間, 天命之性, 藹然發見於四端之表, 而仁之爲用, 不必煦煦摩撫, 然後用之矣. 他日冠諸顚, 施於家邦, 立於朝廷, 無處不瞻仰. 退屈藏身, 居陋巷, 守窮谷, 怡然自樂, 盎若陽春, 熙熙寬藹, 不易其介矣. 噫嘻嘻, 仁之爲量也, 大矣哉!" 이 끝에 '成化庚子立秋日, 碧山淸隱翁說' 이라고 일자를 기록하고 서명하였다.

277. 顏之推는『家訓』20편을 지어 유교에서 말하는 5륜·5상과 불교의 5계가 일치한다고 주장했고, 송나라 明教大師 契嵩은 十善五戒가 五常仁義와 일체라고 해석하였다. 그리고 楊龜山과 謝上蔡도 불교의 낱낱 개념이 일치 상응한다고 설하였다. 그들에 따른다면 유교나 불교나 다 동일한 가르침이며, 教祖까지도 같다고 생각하기에 이른다.

278. 李珥의「金時習傳」에 箚錄되어 있는 내용을 따른다. "帝敷五敎, 有親居先. 罪列三千, 不孝爲大. 凡居覆載之內, 孰負養育之恩? 愚騃小子, 似續本支, 沈溺異端, 未路方悔. 乃考禮典, 搜聖經, 講定追遠之弘儀, 參酌清貧之活計, 務簡而潔, 在膈以誠. 漢武帝, 七十年, 始悟田丞相之說, 元德公, 一百歲, 乃化許魯齋之風." 보다 완전한 글은 1927년 간행 신활자본『梅月堂集』續集 권1 祭文에「祭祖父文」이라는 제목으로 수록되어 있다. 성균관대학교 대동문화연구원, 1973년 간행『梅月堂全集』續集 권1, 祭文 참조.

279.『梅月堂集』권8,「竹枝詞」. 둘째 수는 앞서 '김수온을 찾아가다'(294쪽)에서 언급하였다.

280. 徐居正,『四佳集』권44 제20, 詩類,「戲書贈戒仁上人 兼示淸隱師 淸隱今長髮還俗」.

281. 徐居正,『四佳集』권44 제20, 詩類,「戲書贈戒仁上人 兼示淸隱師 淸隱今長髮還俗」. "……中間隱然排釋氏, 胸中所存從可知. 今聞隱也顚其冠, 卒變至道夫何難. 賈島橫渠死已久, 此亦可置伯仲間. ……"

282. 南孝溫,『秋江集』권3,「自詠」15수 가운데 제4수 참조.

283. 南孝溫,『秋江集』권1,「恩津」. 이 시의 후반부는 가설법을 사용하였다. 따라서 김성언,『남효온의 삶과 시』(태학사, 1997), 150~151쪽의 해석이 대체로 타당하다. 혹, 이 시의 후반부를 두고 이주 정책이 성공해서 남도 백성이 다투어 이주하려 한다고 해석한 예가 있으나, 잘못이다.

284.『梅月堂集』권21, 銘,「北銘」.

285.『梅月堂集』권21, 銘,「楊銘」.

286.『梅月堂集』권21, 書,「答秋江書」제3서 참고.

287. 뒤에 보듯, 김시습과 교유했던 종실의 李湜도 서거정의「한도십영」에 차운한 시를 남겼다.

288.『梅月堂集』권1, 紀行. 自註가 있다. "余乘春時, 自山訪舊友於京都, 途中記其勝景." 8수의 제목은「鴨峯路花」,「蘆原草色」,「金溪魚躍」,「立石麥浪」,「鼓岩泥滑」,「祭壇綠蕪」,「枉心煙墟」,「普濟餞飮」이다.

289. 南孝溫,『秋江集』권1, 詩,「酒箴」(辛丑二月).

290. 김시습의「答秋江書」제1서에서는 "지금 한창 무덥습니다"라고 했고, 그 제2서에서는 "계인(계인 상인을 말함)이 와서 말하기를, 7월 초가 되면 절 연못에 연꽃이 무성하게 핀

다고 하였습니다"라고 했으므로, 제1수는 6월에 쓴 것임을 추측할 수 있다.
291. 『梅月堂集』 권21, 書, 「答秋江書」.
292. 『梅月堂集』 권21, 書, 「答秋江書」 제1서. "古有飮三鍾而止者, 有稍過飮, 則自杖於親墓者, 不害爲名賢. 而恐先生睥睨人間, 笑看變態, 作醉鄕逸士, 以酒爲膓, 今則遽止, 終致石學士之患. 欲先生因循節飮, 而不可則漸止也. 又恐似浮屠氏全絶酒醴, 備設戒律, 失先王制禮之厚, 故欲其得乎中庸平常之理, 而無至於駭人視聽也."
293. 『梅月堂集』 권21, 書, 「答秋江書」 제1서. "嗚呼! 酒味不獨辛冽, 有昔酒玄酒. 昔酒, 醴也. 玄酒, 水也. 詩有「洞酌」, 春秋引之, 則用是亦可以交神明也. 冠婚饗賓, 亦有設醴. 唯祭灌地, 須用秬鬯, 欲其芬芳條暢, 合脂膋, 達於神明也. 後世俗漓, 於冠婚喪祭之間, 徒設旨酒, 不聞有醴. 賓主迭醉, 卒使冠不合儀, 昏無其別, 喪無哀戚, 祭不致敬, 禮之大經, 設於醉鄕, 甚可笑也. 至於燕賓, 初筵秩秩, 及至臣觥鯨吸, 則不聞絲竹之宮商, 不味肴蔌之嘉精, 跳踊叫嘑, 謔浪無度. 雖衣冠閥閱之家如此, 況甿俗俚乎? 此大禹之所以疏儀狄, 武王之所以詰康叔也."
294. 『梅月堂集』 권21, 書, 「答秋江書」 제1서. "古之沈於酒者, 無慮數十人, 惟陶阮有節行標致, 而元亮, 其優者也. 然其所以如此者, 傷江左之衰亂, 相忘人世而已, 非徒沈湎無何者也. 其餘酒徒, 何足與議? 僕亦商量酒過如是, 豈可爲先生强勸以? 若莽大夫「酒箴」, 似柳柳州「三戒」, 徒能言而已. 出身旣不正, 而處世亦蒼黃. 大似浮屠氏酒戒, 如先生者所不取. 先生何敢言於僕乎? 嗚呼! 先生旣道, 爲先則祭晬之, 爲親則設醴, 君賜則嘗之, 人間豈有謾祖宗違君親者乎? 先王設酒, 亦不過如此也."
295. 『梅月堂集』 권21, 書, 「答秋江書」 제1서. "況復質神明, 告慈堂, 慈堂復喜者哉? 養志弄雛, 亦欲悅親, 況知非改過而取悅, 此先生所以誓終身大孝, 正愼勿如隨善果之時也. 予亦近日當時祭之旬, 粢盛不潔, 人事有違, 不能備陳, 但設蔬果酒數器以薦, 心膓痛悼, 不能自止. 僕之事亡尙爾, 況先生事存者乎? 古人云: '樹欲靜風不止, 子欲孝親不待.' 此僕之所以覽古傷心, 而慶先生有親在堂, 親奉甘旨者也. 古人云: '養可能也, 敬爲難. 敬可能也, 安爲難. 安可能也, 久爲難. 久可能也, 卒爲難, 願卒大孝.' 重爲先生勗之. 書之至此, 涕泗交頤."
296. 『梅月堂集』 권21, 書, 「答秋江書」 제1서. "窗中酒性熱, 通血脉, 厚腸胃, 久飮遽止, 恐生他疾. 惟松肪作醴, 可以代酒. 服雖稍苦, 且酒有毒, 此無毒, 安五臟, 勤備常服, 勿使親憂. 又當杜門, 莫妄接俗人, 頤養心神, 以保天年."
297. 『梅月堂集』 권21, 書, 「答秋江書」 제1서. "前親賷去祭服, 已製否? 製則送价授送. 時當煩熱, 遙望爲親自愛珍重."
298. 『梅月堂集』 권21, 書, 「答秋江書」 제3서. 이 서한에 앞서 제2서에서 김시습은, 戒仁의 초청이 있으니 7월 초에 奉先寺에 가서 연꽃을 구경하자고 남효온에게 말했고, 이 제3서에서는 "어제 尊丈을 모시고 천석 위에서 놀 때는 종일토록 盤桓하면서 맑은 시내에서 서로 보냈습니다"라고 하였다. 여기서 '천석 위에서 놀 때'란 봉선사에서의 놀이를 말하는 듯하다.

299. 『梅月堂集』 권21, 書, 「答秋江書」 제3서. "故先民造醸, 非但醲爲正味, 香烈者爲醼爲醇, 甘䤂者爲醴爲醴, 有厚薄濃淡之異焉. 又猶薄其或抵於亂也. 因爲酒禮, 一獻之禮, 賓主百拜, 終日飮之不得醉. 然猶以爲未足也, 又爲之制, 有介者, 有僕者, 有司正者, 相者, 贊者, 以左右威儀. 故『詩』曰: '旣立之監, 或佐之史.' 此之謂也. 又猶恐其妄用也, 故『書』曰: '祀茲酒.' 又曰: '厥父母慶, 自洗腆致用酒.' 『詩』曰: '我有旨酒, 嘉賓式燕以傲.' 饗賓客也. '儐爾籩豆, 飮酒之飫, 兄弟旣具, 和樂且湛.' 燕兄弟也. '於粲酒掃, 陳饋八簋, 旣有肥牡, 以速諸舅.' 燕朋友故舊也. 此飮酒之節文也. 故於祭有餕, 於營室有落, 於賓有饗, 於送往有祖, 在射有下飮之禮, 在鄕有鄕飮之禮, 在家有娛親獻壽之禮, 有祭有晬, 有獻有醼, 極人之情, 盡人之事, 非欲使後世之人袒裼叫號, 巢鼈以飮, 出入狗竇者也."

300. 『梅月堂集』 권21, 書, 「答秋江書」 제3서. "如或可止, 『語』: '不道夫子惟酒無量, 不及亂.' 又曰: '不爲酒困, 何有於我? 衛武亦嘗悔過曰: '三爵不識, 矧敢多又? 衛武亦盡止乎? 只戒而已. 先生若去禮義, 遺君親, 遠宗族, 獨處無人之境則可. 如居禮樂文物之斯世, 讀孝悌先王之格言, 則未可遽以斯爲終身行也, 縱終不飮一爵? 且祭祀不復受胙乎? 燕饗有獻無醼乎? 供親侍病, 不復先嘗乎? 若言節之可也. 愼之可也. 終身專止, 僕所不取."

301. 申欽, 『象村稿』(한국문집총간 72) 권53, 漫稿 제4, 「山中獨言」. "金時習悅卿, 乃我朝之伯夷也, 南秋江孝溫, 聞其風而興起者歟!"

302. 南孝溫, 『秋江集』 권2, 「石橋懷古」·「過金烏山」; 권3, 「經圃隱故宅」·「金海鷟子樓次烏川鄭圃隱韻二首」 등.

303. 南孝溫, 『秋江集』 권1, 「寄和叔於豊德山寺」. "……老子少志學, 本根期得返, 莊周坐誤我, 昏冥成晩遁……."

304. 南孝溫, 『秋江集』 권5, 論, 「鬼神論」. "人生理氣相合, 寓於形質之中者爲心. 人死而形骸旣滅, 則理自理, 氣自氣, 而質乃639土. 顧安所有其心有其形乎? 佛氏欺人之說, 不攻自破矣."

305. 南孝溫, 『秋江集』 권1, 「儒釋吟」. "萬像各散殊, 古今爲一馬. 若求枝枝同, 非知一本者. 黑白不同色, 儒釋各異跡. 云何張商英, 援儒以附釋. 剜方以爲圓, 聱說汚仁義. 要知同一初, 七聖皆迷地. 茲地豈易言, 歸各守其雌. 會須入具茨, 方得釋汝疑."

306. 南孝溫, 『秋江集』 권3, 「七月二十日宿香水庵」.

307. 南孝溫, 『秋江集』 권3, 「自詠」 15수·「又」 1수.

308. 南孝溫, 『秋江集』 권3, 「又」 1수. "安生已去知音斷, 洪子南歸吾道窮. 縱有大猷趨向苦, 胸懷說與隴西公."

309. 南孝溫, 『秋江集』 권3, 「自詠」 15수 가운데 제3수.

310. 南孝溫, 『秋江集』 권5, 論, 「性論」.

311. 南孝溫, 『秋江集』 권5, 論, 「心論」·「命論」.

312. 南孝溫, 『秋江集』 권7, 雜著, 「冷話」 '東峯金時習' 조항.

313. 尹春年, 「梅月堂先生傳」, 『梅月堂集』 卷首.

314. 『梅月堂集』 권21, 書, 「答秋江書」 제3서.

315. 『梅月堂集』 권3, 釋老, 「送仁師還鄕」. "君寓奉先寺, 我處漱雲瀑. 兩地苦相思, 遠別轉悽惻. 路入秦地雲, 山回洛東曲. 君行正八月, 丹楓悅人目. 公嶠月正圓, 氷川禾已熟. 目注復心想, 此地我曾歷. 風物政不變, 江山宛如昨. 李鷹江天心, 歸情多孔棘. 有誰止枳之, 遙遙淡行色. 我今繫一隅, 欲從末由適. 啁啁似蛩吟, 我思殊偪仄. 願子好歸來. 慰我情寥闃. 山堂待君旋, 日暮倚脩竹."

316. 李湜, 『四雨亭集』(한국문집총간 16) 권상, 「次達城相石漢都十詠」.

317. 李湜, 『四雨亭集』 권상, 「次韻答岑上人」.

318. 成俔, 「富林君四雨亭集序」, 『四雨亭集』 卷首.

319. 徐居正, 『四佳集』 문집 권3, 「匪躬堂記」.

320. 徐居正, 『四佳集』 문집 권3, 「匪躬堂記」. "思以一言而悟主, 不以百計而要君. 思以藥石而陳之, 不以鴆毒而迷之. 圖事揆策, 開誠心而布公道, 正色率下, 存大體而略細務. 於! 匪躬之矣, 庶近之矣!"

321. 徐居正, 『四佳集』 詩集 권13 제11, 「走次岑上人詩韻」.

322. 徐居正, 『四佳集』 文集 권6, 「桂庭集序」. "盖臺閣之詩, 氣象豪富, 草野之詩, 神氣淸淡, 禪道之詩, 神枯氣乏."

323. 徐居正, 『四佳集』 文集 권4, 「東文選序」.

324. 奎章閣에 改鑄甲寅字本과 1485년(성종 16)에 간행된 목판본의 後刷本 및 연기 미상의 필사본이 있다. 일제 때 朝鮮古書刊行會와 光文會에서 간행한 일이 있고, 1974년에 景仁文化社에서 崔南善 구장본을 저본으로 출간한 것이 있다. 卷首에 서거정 등이 지은 「進東國通鑑箋」, 李克墩이 지은 「東國通鑑序」, 그리고 「東國通鑑凡例」과 「目錄」이 실려 있다.

325. 『東國通鑑』은 『高麗史節要』를 바탕으로 고려시대사를 서술하고, 『三國史節要』를 바탕으로 삼국시대와 그 전의 역사를 서술하였다. 이러한 사실은 『三國史節要』나 『高麗史節要』의 「凡例」에 보이는 서술 의도나 역사 편수 원칙이 『동국통감』의 「범례」와 거의 유사하다는 사실에서 확인된다. 한편, 최부의 이름은 『동국통감』 사평에는 밝혀져 있지 않지만, 그의 문집인 『錦南集』에 상당수가 실려 있다.

326. 金宗直, 『佔畢齋集』(한국문집총간 12) 부록, 「門人錄」.

327. 南孝溫, 『秋江集』 권3, 「是歲後九月念後 百源(李摠)與祖胤胤太白 乘舟訪余于鴨島蘆間 因留宿余江廬 翌日乃去 余乃追遣蒼頭 詩以叙之 五首」 제4수 '艸亭留飮'.

328. 南孝溫의 「東皐八詠」은 『秋江集』 권2에 수록되어 있고, 洪裕孫의 시는 『篠叢遺稿』 권下에 실려 있다. 8영의 소재는 '雪簷夜酌', '蒲團春睡', '錦囊投詩', '藤篋藏書', '博山拈香', '銀鐺煮茗', '晴窓看鏡', '土床圍屛'이다.

329. 洪裕孫, 『篠叢遺稿』 권下, 「東皐八詠」 '蒲團春睡'.

330. 李珥, 「金時習傳」, 『梅月堂集』 卷首.

331. 『梅月堂集』 권20, 說, 「太極說」. "太極者, 無極也. 太極, 本無極也. 太極, 陰陽也, 陰陽, 太極也, 謂之太極, 別有極, 則非極也, 極者, 至極之義, 理之至極而不可加也. 大者, 包容之

義, 道之至大而不可侔也. 陰陽外別有太極, 則不能陰陽. 太極裏別有陰陽, 則不可曰太極. 陰而陽, 陽而陰, 動而靜, 靜而動, 其理之無極者, 太極也. 其氣則動靜闔闢而陰陽也."

332. 『梅月堂集』 권17, 雜著, 「天形」. "夫天者, 顯也. 高而無上, 淡而無際, 有氣圓轉, 健行不息, 日月星辰, 以光明繫焉, 而非綴旒也, 風雨霜露, 以氣化墜焉, 而非有爲也. 極淸極剛, 無復有涯, 極強極健, 無復有息, 大地山川, 兀然浮於轉之中, 草木人物, 闖然動於性命之內, 夫是之謂天形."

333. 『梅月堂集』 권20, 說, 「太極說」. "無妄眞實者, 誠也. 誠者, 不息, 故不貳. 不貳, 故不測. 日往則月來, 日月代明, 而晝夜成焉. 寒往則暑來, 寒暑相推, 而歲功成焉. '天何言哉? 四時行, 百物生'者, 唯一太極也. '鳶天魚淵', '造端乎夫婦', 人道不睹不聞, 而無物不有, 無時不然者, 只是一貫也. 故太極之道, 陰陽而已矣. 一貫之道, 忠恕而已矣."

334. 『梅月堂集』 권1, 述懷, 「一日」. 이 시는 허무주의적인 시각으로도 해석할 수 있다. 李晉吾, 「梅月堂과 淸虛堂 文學의 時代性 對比」, 『한국 한문학연구』 15집(한국한문학회, 1992), 264쪽.

335. 이것은 주희의 자연에 대한 태도와 통하는 면이 있다. 주희의 자연학에 대해서는 야마다 게이지(山田慶次) 지음, 김석근 옮김, 『朱子의 自然學』(통나무, 1996); 조셉 니담(Joseph Needham), 『중국의 과학과 문명』 Ⅰ·Ⅱ·Ⅲ(을유문화사, 1989) 참조.

336. 『梅月堂集』 권17, 雜著, 「天形」 第一·「北辰」 第二.

337. 『梅月堂集』 권17, 雜著, 「天形」. 원문은 앞의 주에 나왔다.

338. 야마다 게이지 지음, 김석근 옮김, 『朱子의 自然學』(통나무, 1996), 130~131쪽; 조셉 니담, 『中國의 科學과 文明』 Ⅲ(을유문화사, 1989), 161쪽 참조.

339. 『梅月堂集』 권17, 雜著, 「天形」. "余嘗商略羣籍, 道家有眞武經, 論星形體及靈跡甚詳, 其略云: '仰啓玄天大聖者, 北方壬癸至靈神. 金闕眞尊應化聖, 無上將軍號眞武. 威容赫赫大陰君, 列宿虛危分秀氣. 雙睛掣電伏羣魔, 萬騎如雲威九地. 紫袍金帶按神鋒, 蒼龜臣蛇捧聖足. 六丁六甲左右隨, 八殺將軍前後衛. 消災降福不思議, 歸命一心今奉禮. 爾時, 紫徽大帝於龍漢元年中元之日, 在大淸境上北極宮中, 向紫徽之殿, 列諸天之聖上.' 延生經云: '凡人性命, 悉屬本命星宮之所主掌, 本命ború, 本命星官, 常垂蔭佑, 主持人命, 使保夭年, 夫本命眞聖, 每歲六度降在人間, 降日爲本命限期, 可以消災懺罪, 請福延年, 持此眞經, 隨以章醮, 福德增崇, 其有本命限期將至, 身自不知. 不設醮筵, 不修香火, 此爲輕生迷本, 不貴人身, 天司奪祿, 減算除年, 致多夭喪. …… 朱晦菴, 眞儒也, 注楚辭, 於東皇太一篇, 略無推排之說, 則祭天禮星, 亦人之常事. 眞贗是非, 明以敎我!'"

340. 『梅月堂集』 권17, 雜著, 「天形」. "敬天, 禮也. 祭天, 非禮也. 尊星, 禮也. 祭星, 非禮也. 敬天者, 敬其在我之天, 不履乎禍機. 尊星者, 察其星物之變, 不失乎人時. 此古昔先民所以謹天愛人, 萬世不易之定理也. …… 易大有之上九曰: '自天祐之, 吉無不利.' 夫子繫之辭: '天之所助者順, 人之所助者信, 履信思乎順. 是以, 自天祐之, 吉無不利.' 以此敬天, 敬亦誠矣, 以此禮天, 禮非妄矣, 何必犯禮諂祀, 以求媚于上帝星辰乎?"

341. 『梅月堂集』 권17, 雜著, 「天形」. "曰: '然則桑林之禱, 金縢之祝, 亦荒誕不經之說乎?' 淸寒子曰: '此吾所曾商確, 而欲敎汝者. 昔湯卽位, 反桀之虐, 以寬治民, 以伊尹·仲虺爲相, 順民所喜, 天乃不幸降大旱七年, 湯遂齊戒剪髮爪, 素車白馬, 身嬰白茅, 身伐犧牲于桑林之野, 祝曰: 「無以余一人之不敏, 傷民之命.」 乃自責曰: 「政不節歟? 民失職歟? 宮室崇歟? 女謁盛歟? 苞苴行歟? 讒夫昌歟?」 言未已, 大雨數千里. 武王反紂之暴, 散財聚民, 以呂望姬旦爲相, 偃武修文, 會朝淸明, 二年有疾, 周公旦築土爲壇, 告于先祖而請曰: 「以旦伐某之身,」 乃以卜書藏于金縢之櫃中, 王疾卽愈. 是故, 克謹天戒, 則雖有其灾, 而無其應, 不克畏天, 則灾咎之來, 不可以橫弭也. 則如桑林·金縢之祝, 非若後世悠悠之輩妄惑長生錫福之說, 以貽天下笑也.'"

342. 南孝溫, 『秋江集』 권5, 「鬼神論」. "日者, 東峰金時習嘗謂余曰: '昔有禪僧. 夜如厠, 下堂而蹋殺生物, 磔磔然有聲. 僧乃思日午有金蟾伏階下, 意所蹋殺者必蟾也, 以爲當入地獄, 必受殺蟾之報, 惝惝焉不能寢. 向曙假寢, 則夢蟾訟狀於冥司, 牛頭使來繫僧於十王之前, 將加炮烙之刑, 納諸阿鼻無干之獄. 僧覺而益信之, 坐而待旦. 起視階下則無蟾, 但瓜子破碎於堂階下踐踏之處而已. 又有一儒生. 昏夜行山間, 聞哭聲, 跡而尋之, 則哭聲漸近而漸大. 至一洞口靜聽之, 則聲自溪石間出. 又進而熟視之, 則有櫟葉塞溪而有聲. 去葉而聽之, 則其聲卽絶, 置葉而聞之. 則有聲復作. 又靜神氣而聽之, 則乃有水聲, 無哭聲. 退而至於初聞哭聲之處, 則哭聲如初.'"

343. 南孝溫, 『秋江集』 권5, 「鬼神論」. "然則此二者非眞有地獄鬼哭, 心之疑畏, 誠中而有物矣. 夫心之爲心操則存, 捨則亡, 亡則邪念生, 邪念生則物引之而已. 物引之而不知所以存之, 則精神耗而疲倦, 百脉溷而不澄, 無形而有形者蔽於目, 無聲而有聲者蔽於耳, 而馴致於不可救, 則心神從с亡矣, 形氣從而散矣. 凡人見此等人, 以爲眞有鬼怪崇人, 此豈理哉!, 以此觀之, 人無獨見之知, 又無師友之資. 昧於性理之學, 怵於禍福之說者, 昏夜如入無人之境, 則無不致此疾者."

344. 『梅月堂集』 권20, 說, 「神鬼說」.

345. 『梅月堂集』 권20, 說, 「神鬼說」. "天地之間, 惟一氣橐籥耳. 此理有屈有伸, 有盈有虛. 屈伸者, 妙也. 盈虛者, 道也. 伸則盈而屈則虛, 盈則出而虛則歸. 出則曰神, 而歸則曰鬼. 其實理則一, 而其分則殊. 其循環往復, 榮華枯落, 造化之迹, 莫非二氣消長之良能也. 而其體則誠實而無妄, 其德則體物而不可遺. 其用則洋洋乎如在其上, 如在其左右, 有以使人爲昭明焄蒿悽愴. 其氣則天地之正氣也, 故神不享非禮. 其至誠者, 天地之道也, 故非其鬼而祭之, 諂也. 雖曰享多儀, 儀不及物. …… 有儀則有鬼神. 儀之至, 誠之實也. 鬼神者, 誠之妙. 神鬼之者, 誠之之著. 故曰: '不誠無物. 是故君子誠之爲貴.' 此鬼神之極功, 正氣之昭著. 聖人之能事, 初非有意於事也. 若夫寒暑往來, 日月代明, 晝夜之道, 則此理之自然. 氣之所以爲氣, 而成變化而行鬼神者也, 至於石言於晉, 神降于莘, 嘯于梁, 瞰其室, 報禍福, 依叢藪. 邪戾之氣, 則或爲人心之惑, 感召之使然. 或有氣未盡强死, 尙滯無形之中, 如呵鏡成翳, 寒甚化冰. 久久自然消散去了, 未有歸而不歸者也. 故易曰: '精氣爲物, 遊魂爲變, 故知鬼神之情

346. 蔡壽, 『懶齋集』(한국문집총간 15) 권1, 「問鬼神巫覡卜筮談命地理風水」에 대한 對策文. "至於花月之妖, 石木之恠, 嘯於梁而有聲, 窺其室而無覩者, 是乃天地間一妖恠耳. 豈可謂二氣之良能乎? 乃何後世之人, 諂事不當祭之神, 以求僥倖之福祿, 今之士大夫之家, 亦惑於巫覡之妖誕, 信之深, 事之篤, 陷於流俗, 而恬不爲恠歟?"
347. 孫詒讓 著, 『墨子閒詁』(新編諸子集成 第一輯, 中華書局, 1986) 권8, 「明鬼下第三十一」.
348. 徐敬德, 『花潭集』(한국문집총간 24) 권2, 「鬼神死生論」.
349. 郭茂倩 編, 『樂府詩集』(中國古典文學基本叢書, 中華書局, 1979) 권41, 相和歌辭 16, 梁甫吟 五首, '蜀諸葛亮'.
350. 『삼국지연의』에서 제갈공명의 장인 黃承彦이 사위가 지은 것이라고 해서 읊은 「양보음」은 전혀 다른 시이다. 金文京, 『三國志演義の世界』(東方選書 25, 日本: 東方書店, 1993), 164쪽.
351. 『梅月堂集』 권8, 吟, 「自然吟」.
352. 『梅月堂集』 권3, 節序, 「紅葉」.
353. 『梅月堂集』 권3, 節序, 「新霜」.

_ 제5부 관동에서의 만년

1. 南孝溫, 『秋江集』 권1, 「癸卯三月十九日 送東峯悅卿歸關東 悅卿載六經子史 涉關東山水 求得黍地 資耕力以活 無復還鄉之意 余持薄酒 握手鳴鳴 以爲千里無相見期之別」.
2. 南孝溫, 『秋江集』 권3, 「東郊送別東峯先生之春川舊隱」.
3. 이 시는 『梅月堂集』에는 들어 있지 않고 『秋江集』 권2의 남효온의 차운시 다음에 첨부되어 있다.
4. 南孝溫, 『秋江集』 권2, 「幸州田莊 憶東峯 次別我韻」.
5. 『梅月堂全集』 附錄 권1, 遺蹟搜補에 인용된 『東京誌』의 기록 참조.
6. 20세기 초에 돈황에서 발견된 『歷代法寶記』에 그의 일화가 상세하게 실려 있다. 鄭性本, 「淨衆無相禪師硏究」, 불교영상회보사 편, 『淨衆無相禪師』(불교영상회보사, 1993), 112~175쪽.
7. 『梅月堂集』 권23, 「學」 뒤에 "余嘗作窮理詩 …… 修己詩……"라 하였다. 그런데 「窮理」와 「修己」 시는 『梅月堂集』 권13, 關東日錄의 앞부분에 실려 있다. 따라서 「窮理」와 「修己」는 김시습이 49세 때 관동으로 향하면서 지은 것이고, 「學」은 뒤에 양양에 정착해서 지은 것으로 추정할 수 있다. 권13에 수록된 시와 권23 「學」 뒤에 수록된 시를 보면, 글자상의 차이가 조금 있다.
8. 『梅月堂集』 권23, 雜說, 「學」. "小學之方, 洒掃應對, 入孝出恭, 動罔或悖. 行有餘力, 誦詩讀書, 詠歌舞蹈, 思罔或逾."
9. 『梅月堂集』 권23, 雜說, 「學」. "人性固善, 氣質有差, 故於初學, 必如此, 養其筋骸之束, 薰陶涵養, 資其德性, 然後了無扞格. 窮理修身, 斯學之大. 明命赫然, 罔有內外, 德崇業廣, 乃復其

초, 昔非不足, 今豈有餘?"
10. 『梅月堂集』 권13, 關東日錄, 「窮理」. "一理無偏黨, 窮之萬理通, 包羅精與雜, 融貫細兼洪. 在我知無盡, 於他格不窮. 精研入神妙, 游刃大歠空." '精與雜'의 '雜'은 권23 「學」 뒤에 수록된 표기처럼 '粗'여야 더 낫다.
11. 『梅月堂集』 권13, 關東日錄, 「修己」. "君子必修己, 修己必端肅. 愛惡敬哀惰, 不察便成僻. 所以君子心, 如奉盈執玉. 外之以養方, 內由以敬直. 克敬而存誠, 勝私窒我欲, 動止及威儀, 整整自修飭." 권23, 「學」에는 '哀'가 '怠', '僻'이 '辟', '方'이 '防'으로 표기되어 있다.
12. "堪笑一生伎巧薄"(권13 「陂上」), "吾生不合在風塵"(권13 「因興謾成」 제4수), "一身如過鳥, 百計似浮萍"(권13 「感懷」) 등등.
13. 『梅月堂集』 권13, 關東日錄, 「因興謾成」 10수.
14. 『梅月堂集』 권13, 關東日錄, 「因興謾成」 10수 가운데 제1수.
15. 『梅月堂集』 권13, 關東日錄, 「因興謾成」 10수 가운데 제5수.
16. 『梅月堂集』 권13, 關東日錄, 「因興謾成」 10수 가운데 제6수.
17. 金壽增, 『谷雲集』(한국문집총간 125) 권4, 記, 「谷雲記」. "谷雲在華嶽之陰, 春川府西北八十里, 勝覽稱爲史呑, 余以鄕音改稱谷雲. …… 遂名之曰青玉峽. 行里許, 有所謂女妓亭, 改以神女峽, 又名貞女峽. 松厓高爽, 俯觀水石, 甚淸曠, 名之曰水雲臺. 鄕人傳是梅月堂留賞處, 故後改以淸隱臺. 涉一支澗, 又上里許, 至靑嵐山東南, 此卽俗所謂大樸揷. …… 又自此行里許, 有官倉, 羅羅村民. 其西有一廢址, 傳以爲五歲童子之基. 盖梅月公以幼悟, 擧世稱之以五歲, 而獮貊之境, 杖錫殆遍. 神女峽, 旣有舊跡, 則此其爲遺墟, 無疑也. …… 惣之, 洞府寬閑, 土地深厚, 可以游泳而盤旋, 棲遯而耕鑿, 而歸雲洞一區, 最是第一頭地也. 正當六曲上流之會. 又其東西, 皆有梅月公舊迹, 不數里而近, 近處一丘一壑, 無非當日杖屨所及, 而埋沒數百年, 令人慨然. 遂取公詩語, 名其後小谷曰採薇, 仍以爲棲止之所."
18. 『梅月堂集』 권14, 溟州日錄, 「山中人」.
19. 『梅月堂集』 권13, 關東日錄, 「登昭陽亭」 3수 가운데 1수. 허균은 『國朝詩刪』에 이 시를 싣고, 또 이 시와 함께 「陶店」(『梅月堂集』 권1), 「題淸平山細香院南窓」(『梅月堂集』 권3)을 梅月堂 全 詩篇 중 '一頭'로 꼽았다. 『惺所覆瓿藁』(한국문집총간 74) 권25 「惺叟詩話」, 360~361쪽.
20. 『關東誌』(한국문헌연구소 편, 한국지리학총서 읍지, 아세아문화사, 1986년 영인), 「春川誌」.
21. 『梅月堂集』 권13, 關東日錄, 「有客」. 이 시의 원문에서 '香菌'의 '菌'은 平聲 자리인데 仄聲 글자를 썼고, '仙洞'의 '仙'은 仄聲 자리인데 平聲 글자를 썼다. 평측을 단련하지 않은 결과이다.
22. 杜甫, 「乾元中寓居同谷縣作歌」 七首 가운데 제1수(仇兆鰲 注, 『杜詩詳註』 권8). "有客有客字子美."
23. 『梅月堂集』 권3, 寺觀, 「題淸平山細香院南窓」 二首. 『國朝詩刪』에는 「題細香院南窓」으로 씌어 있다.

24. 許筠, 『惺所覆瓿藁』 III(민족문화추진회 1989년 중판 국역본) 권25, 說部 4, 「惺叟詩話」, 204~205쪽 참조. 許筠은 『國朝詩刪』(朴泰淳, 1697년 간행 목판본, 아세아문화사, 1980년 영인 靑丘風雅·國朝詩刪) 권5에 이 수를 수록하였다.
25. 『梅月堂集』 권13, 關東日錄, 「淸平寺」.
26. 『梅月堂集』 권13, 關東日錄, 「息庵練若」.
27. 李滉, 『退溪集』(한국문집총간 29) 권1, 「過淸平山有感幷序」. "自古高人逸士如資玄比者豈少哉? 然類多出於畎畝之中, 草澤之遠, 其與木石居鹿豕遊, 而飯糗茹草, 乃其素所積習, 而其心安焉, 其於長往而不返, 固亦無難矣. 至若脫屣於聲利之場, 抽身於紈綺之叢, 不怨不悔, 終始不變如資玄者, 蓋絶無而僅有之, 斯不亦可尙哉? 或謂資玄之去, 其跡涉於爲名, 以是爲可貶, 吾又不知其說也. 夫枕流漱石枯死巖穴之名, 孰與於紆靑拖紫銘彛鼎被絃歌之名哉? 自世俗之見言之, 斯二者均謂之名, 而苦樂則懸絶. 資玄於彼則望望去之, 若將浼焉, 於此則昧昧然就之, 以是終其身而不顧. 若是而稱曰爲名而然, 此豈近於人情之論歟? 貪鄙吝嗇, 其亦尙論之當乎? 余以是知其胸中必有所自樂者, 而非世俗之云云者. 余所以惓惓於資玄者也." 이황의 시는 다음과 같다. "峽束江盤棧道傾, 忽逢雲外出溪淸. 至今人說廬山社, 是處君爲谷口耕. 白月滿空餘素抱, 晴嵐無跡遣浮榮. 東韓隱逸修傳, 莫指微疵屛白珩."
28. 李滉, 『退溪集』 권33, 「答許美叔(封)」(庚午), '問目' 答. "梅月別是一種人, 近於索隱行怪之徒."
29. 『梅月堂集』 권14, 溟州日錄, 「閑意」 中에서.
30. 『梅月堂集』 권1, 紀行, 「古吞」.
31. 許筠, 『國朝詩刪』(아세아문화사, 1980년 영인) 권2, 尾批.
32. 許筠, 『惺所覆瓿藁』 III(민족문화추진회 1989년 중판 국역본) 권25, 說部 4, 「惺叟詩話」, 205쪽.
33. 『戰國策』, 「齊策」(四)에 나온다. 南宋의 詩人인 楊萬里의 시구에서도 "雨裏短檠頭似雪, 客間長鋏食無魚"라고 하였다.
34. 許筠, 『國朝詩刪』(아세아문화사, 1980년 영인) 권4, 尾批. "篇無雕琢字, 無推敲, 自古雅, 自平遠, 乃是無上上乘, 諸詩槩同."
35. 『梅月堂集』 권13, 關東日錄, 「暮歸」.
36. 『梅月堂集』 권13, 關東日錄, 「山居贈山中道人」. 『國朝詩刪』 권5에 「山居贈道人」이라는 제목으로 실려 있고, 『續東文選』에는 「咏山居贈山中道人五首」라는 제목으로 실려 있다. 허균은 "자연스럽고 쉬우면서 담박하고 우아하니, 더할 나위 없는 상품(최고)이다"(流易淡雅, 自是無上上品)라고 고평하였다.
37. 『梅月堂集』 권13, 關東日錄, 「山居贈山中道人」 7수 가운데 제3수 頷聯.
38. 洪興祖, 『楚辭補注』(中華書局, 1983년 點校本) 권12, 招隱士章句 제12.
39. 『國朝詩刪』에는 두 수만 실었다. 其三은 "何處秋深好, 秋深商旅家. 石橋留月色, 楓樹染霜花. 孤館三年夢, 離亭十里賒. 關山何處是, 遙望隔雲霞"이다(『續東文選』). 허균은 "향산(백

40. 같은 시대의 강희맹은 "何處難忘酒" 구를 처음과 맨 끝에 두어 「作首尾吟 送人南歸」五首(『私淑齋集』권2)를 지었다.
41. 『梅月堂集』권13, 關東日錄, 「獨木橋」. 『國朝詩刪』과 『속동문선』에도 수록되어 있다. 『국조시산』에는 '心'이 '潭'으로, '靄'가 '萬'로 쓰여 있다. 『속동문선』에는 '心'이 '頭'로 적혀 있다. 허균은 『국조시산』에서 이 시를 두고 "超邁하다"고 하였다.
42. 김시습은 『梅月堂集』에 모두 14수의 詞 작품을 남겼다.
43. 『梅月堂集』권7, 調詞, 念奴嬌調, 「山中看月」.
44. 허균은 『국조시산』에 김시습의 칠언절구, 오언율시, 칠언율시를 여럿 수록하였다. 대부분 자연의 淸淨美를 예찬하고 그 속에 동화하려는 뜻을 담은 시들이다. 즉, 권2의 칠언절구 「山行卽事」, 권4의 오언율시 「途中」·「有客」·「登樓」·「昭陽亭」·「何處秋深好」, 권5의 칠언율시 「山居贈道人」·「獨木橋」·「題細香院南窓」·「無題」 등이 그것이다.
45. 孫昌武, 「王維の佛敎信仰と詩歌創作」, 『文學遺産』第2期(上海古籍出版社, 1981).
46. 『梅月堂集』권13, 關東日錄, 「寄南秀才」.
47. 『梅月堂集』권21, 記, 「禿山院記」. "關東, 皆山也. 濱溟渤, 地勢崎嶇, 道路艱關. 禿山院在五臺山之南, 省塢坪之界. 西控珍富, 蓬蓽連天, 東接大關, 松檜翳日. 祁寒冰雪之凌競, 暑雨泥沙之濘滑, 行者苦焉. 五臺住僧道安, 生矜恰心, 盡出所儲長物, 營房楹前後區及廚溷十四間, 與夫床突簞席, 無不畢具. 一鄕人咸稱其善. 功始于癸卯, 訖甲辰. 翌年春, 贅世翁過玆院, 嘉以爲記."
48. 李齊賢, 「重修開國律寺記」, 『益齋亂藁』(한국문집총간 2) 권6. 이 글은 金澤榮, 『麗韓十家文鈔』(민족문화추진회, 1977년 국역 초판, 1988년 중판)에도 「重修開國寺記」라는 제목으로 실려 있다.
49. 『梅月堂集』권3, 釋老, 「贈道安字高世」.
50. 『梅月堂集』권14, 溟州日錄, 「冬至」二首 가운데 제1수. "浮名五十載."
51. 『梅月堂集』권13, 關東日錄, 「石州慢(寒松亭)」.
52. 『新增東國輿地勝覽』권44, 江陵大都護府, 樓亭, 寒松亭'조 참조.
53. 『梅月堂集』권2, 詠史, 「詠東國故事」, '金侍中騎驟訪江西慧臺上人'·'鄭中丞謫居東萊對月撫琴'·'郭翰林冒雨賞三池蓮花'·'金居士雪中騎牛遊皺嚴'. 이 시들은 『매월당집』 권2 詠史 부문 끝에 수록되어 있는데, 이 「우리나라 옛일을 읊다」(詠東國故事) 뒤에 「강릉 옥벽에 쓰다」(題江陵獄壁)가 수록되어 있다. 『매월당집』의 분류식 배열에서 각 부문의 시들은 비교적 연대순으로 정리해둔 것이라고 볼 때, 「우리나라 옛일을 읊다」는 또다시 관동으로 떠나 강릉 부근에서 쓴 시일 가능성이 높다.
54. 『梅月堂集』권2, 詠史, 「詠東國故事」, '金侍中騎驟訪江西慧臺上人'. "頭上紅塵三尺飛, 簪纓常恐履危機. 爭如霜竹江西寺, 一味禪窓無是非." "鄭中丞謫居東萊對月撫琴". "旅魂羈思正堪憐, 身落南荒瘴海邊. 落魄此生誰肯唱, 多情明月照繁絃." 「郭翰林冒雨賞三池蓮花」.

"廉纖細雨濕青衫, 乘興三池禁醺酣. 前喜六郎偏愛我, 清香來惹玉堂簪."「金居士雪中騎牛遊皺嚴」. "雪裏騎牛信步行, 江山千里散飛瓊. 袁安僵臥不干意, 那及鄭公橋上情."

55. 鄭樞, 『圓齋集』(한국문집총간 5) 卷上,「東國四詠」. 自註에 "좌주이신 익재 시중께서 지으라고 명하셨다"(座主益齋侍中命賦)라고 기록되어 있다.
56. 『梅月堂集』시집 권2, 詠史,「題江陵獄壁」.
57. 『梅月堂集』권15, 雜賦,「詠峴山花叢」20수 가운데 제14수.
58. 『梅月堂集』권15, 雜賦,「詠峴山花叢」20수 가운데 제10수.
59. 『梅月堂集』권15, 雜賦,「詠峴山花叢」20수 가운데 제20수.
60. 『梅月堂集』권15, 雜賦,「美美艶」.
61. 『梅月堂集』권15, 雜賦,「香奩體」.
62. 『梅月堂集』권15, 雜賦,「詠醜花」.
63. 『梅月堂集』권1, 述懷,「大言」·「小言」.
64. 『梅月堂集』권13, 關東日錄,「樂眞村居四景」.
65. 『梅月堂集』권2, 堂宇,「樂眞堂」5수 가운데 제2수.
66. 『梅月堂集』권6, 投贈,「贈江陵朴處士」.
67. 『梅月堂集』권13, 關東日錄,「題上元寺」.
68. 『梅月堂集』권13, 關東日錄,「歸襄陽別朴安東」.
69. 『梅月堂集』권13, 關東日錄,「登汏德院樓」.
70. 『梅月堂集』권13, 關東日錄,「渤海三章章五句」.
71. 『梅月堂集』권13, 關東日錄,「和鍾陵山居詩 二十四首」.
72. 『梅月堂集』권13, 關東日錄,「和鍾陵山居 二十四首」제20수.
73. 陶岳의 『五代史補』에서는 관휴의 『西岳集』 40권이 있다고 했으나, 문집 말미에 실려 있는 그 문인 曇域의 後序에 따르면 歌, 詩, 文, 贊 30권으로 이루어졌던 듯하다. 이 책은 송나라 嘉熙 4년에 蘭谿에 있던 兜率寺의 승려 可燦이 간행했고, 명나라 때 毛晉이 汲古閣에서 『禪月集』이라는 제목으로 중간하면서 시 25권만 간행하고 補遺 1권을 붙였다. 청나라 때의 『四庫全書總目』에서는 '서악집'은 '남악집'의 잘못일 것 같다고 지적한 馬端臨의 『文獻通考』의 설을 지지하였다. 『四庫全書總目』권151, 集部 別集類 4,「禪月集」25권 補遺 1권. 中華書局 축소 영인 1965년 1쇄; 1983년 3쇄, 1304쪽 참조. 또한 별도로 四部叢刊本이 있는데, 사부총간본은 상해 涵芬樓에서 江夏徐氏가 소장한 景宋寫本을 빌려다가 영인한 것이다.
74. 唐 釋貫休 撰,『禪月集』(欽定四庫全書 收錄) 권23, 七言律詩「山居詩二十四首幷序」. "愚咸通四五年中, 於鍾陵作山居詩二十四章, 放筆, 藁被人將去. 厥後或有散書於屋壁, 或吟咏於人口. 一首兩首, 時時聞之, 皆多字句舛錯. 洎乾符辛丑歲, 避寇於山寺, 偶全獲其本. 風調野俗, 格力低濁, 豈可聞於大雅君子? 一日抽毫改之, 或留之除之, 修之補之, 却成二十四首. 亦斐然也. 蝕木也槩山謳之例也. 或作者氣合, 始爲一朗吟之, 可也."

75. 金正喜 저, 민족문화추진회 편, 『국역 완당전집』 2(민족문화추진회, 1996) 제7권, 잡저, 「운구에서 보이다」(示雲句), 347쪽.
76. 『梅月堂集』 권14, 溟州日錄, 「東峯六歌」.
77. 『梅月堂集』 권14, 溟州日錄, 「我不如行」.
78. 시는 여러 번 韻을 바꾸었다. 換韻한 곳마다 표시하면 다음과 같다. "我不如張子房, 一卷素書佐漢王.」 漢王龍飛賞封侯, 不願封他願封留. 功成勇退報國讎, 千秋萬歲無與儔.」 我不如諸葛孔明, 兩章上表輸忠誠.」 不忘先主三顧恩, 竟死邊陲爲毅魂. 形骸雖滅志不朽, 千古萬古長如存.」 男兒生不成名身已老, 頭童髮白徒草草. 同時朋伴盡飛騰, 前邐後擁長安道.」 揖我謂我汝何愚, 功名必須致身早. 余雖點頭心不許, 丈夫自有出身處.」 安用屑屑踰垣墻, 遂使伊呂前無光.」 一笑望雲發孤嘯, 側身睥睨山陡峭..」
79. 『梅月堂集』 권14의 溟州日錄에는 이 「夜如何」 뒤에 「冬至」 2수가 있고, 「立春」이라는 제목의 시가 있으며, 다시 「客中守歲」가 있다. 「立春」은 「客中守歲」 뒤로 가야 할 듯하다.
80. 『梅月堂集』 권14, 溟州日錄, 「誰家子」 5수.
81. 『梅月堂集』 권14, 溟州日錄, 「誰家子」 5수 가운데 제4수.
82. 『梅月堂集』 권14, 溟州日錄, 「誰家子」 5수 가운데 제5수의 후반부. "按劍邊陲靜, 揮戈虜北空. 猗嗟有此手, 奈屈海天東."
83. 『梅月堂集』 권14, 溟州日錄, 「擬天問」.
84. 『梅月堂集』 권14, 溟州日錄, 「人日」・「板屋」・「復題人日」 참조. 「復題人日」의 첫 구에서 "하늘 길에는 자그만치 요사한 기운도 없네"(丙午年人日, 天衢絶點氛)라고 했으니, 병오년은 성종 17년인 1486년이다.
85. 『梅月堂集』 권14, 溟州日錄, 「太平調玉燭五首志喜也」.
86. 『梅月堂集』 권14, 溟州日錄, 「書笑」.
87. 『梅月堂集』 권14, 溟州日錄, 「髮白」・「耳重」・「目羞」・「牙蚛」.
88. 『梅月堂集』 권14, 溟州日錄, 「東寺濟老」.
89. 『梅月堂集』 권14, 溟州日錄, 「答上元丈室」.
90. 『梅月堂集』 권14, 溟州日錄, 「莫匪」.
91. 『梅月堂集』 권22, 辭, 「折薪辭」 8수.
92. 『梅月堂集』 권22, 辭, 「折薪辭」 8수 가운데 제1수. "腰鎌兮荷斧, 朝余登兮山上, 暮歸來兮微徑. 雲騕裊兮繞嶂, 欲緣磴兮樹木蟠軥. 欲渡溪兮石囓我足. 山中人兮芳社若, 渺莫從兮中心悽惻, 霜風老兮北林亂. 葉脫兮枝蕭森, 鳥飛兮何枝可依. 猿掛兮哀吟, 滿朝兮夔龍. 君何以乎山中, 伐樹兮伐檀, 刈薪兮刈荊, 胡熊羆兮爲伍, 盍歸來兮明庭?"
93. 『梅月堂集』 권22, 辭, 「折薪辭」 8수 가운데 제8수. "窮居幽巖兮獨處廓, 有美一人兮心不懌. 逍遙東海作遠客, 迢飄飖兮今辰薄. 吾將鳩爲媒媒人兮, 鳩告余以不好. 吾將鴟梟爲伴兮, 鴟梟在我傍惱. 惟人生之如寄, 渺滄海之萍草. 棲巖兮棲木, 願寧居樂夫天命以自保."
94. 『梅月堂集』 권21, 書, 「上柳自漢書」 제4서. "僕投隱西峰."

95. 『輿地圖書』(국사편찬위원회, 한국사료총서 20) 上, 江陵鎭管所屬 襄陽府 '古跡' 黔達洞 항. 『여지도서』는 1758년(영조 34), 1760년(영조 36), 1775년(영조 51)에 官文을 내려 각 읍지를 수합하여 편찬한 것이다.
96. 『襄陽府邑誌』(규장각 소장, 편찬 연도 미상. 서울대학교 규장각, 1997년 영인 『江原道邑誌』2에 수록), 古跡 조항; 『襄陽郡邑誌』(규장각 소장, 1899년 제작. 서울대학교 규장각, 1997년 영인 『江原道邑誌』2에 수록), 古跡 조항.
97. 일본 육군의 1918년 제작 지도. 1919년 재판. 『근세 한국 오만분지일 지형도』 영인.
98. 『梅月堂集』 권21, 書, 「上柳自漢書」.
99. 柳夢寅, 『於于野譚』(景文社, 1979년 영인) 권2, 宗敎篇, 仙道, 55~56쪽. 이 일화는 1928년 강릉에서 목판 간행된 崔演의 『艮齋集』(한국문집총간 32) 권12, 「艮齋先生年譜補遺」에 전재되어 있다.
100. 尹春年, 「梅月堂先生傳」, 『梅月堂集』 卷首. "先生所造益深, 聲聞益遠, 人之欲問道者, 咸歸之, 以千百數. 先生陽爲狂妄輕躁之態, 或以木石擊之, 或彎弓欲射之, 以試其志."
101. 『梅月堂集』 권21, 書, 「上柳自漢書」 제1서. "僕遨遊海上已三年矣. 曾不邀官人垂接, 亦不趨謁, 性昂直使然也. 但逢蛋髮庸畎, 呼馬牛皆應, 而自以爲平生得意恐如也. 一見明府恭以下禮, 有長者風, 不以山冠野服爲鄙, 與之語甚懇, 眞相器, 尊光自牧也. 以殽酒贐返, 復送粒饌, 遙望方祀而讚, 讚而謝, 謝而陳頌詩若干, 在別幅, 詩充紙盡. 頌雖蕪拙, 置之破箱, 以爲後世子孫之所瞻仰積德也."
102. 『梅月堂集』 권6, 投贈, 「有感觸事呈明府」.
103. 『梅月堂集』 권21, 書, 「上柳自漢書」 제2서. "就中此疏, 伸意極美, 非備員旅進者, 所可取意, 而實荒政之要策. 僕從命之日, 馬上立草, 欲於中路書呈, 還山者忽忽, 冒雨入洞, 坐於茅齋, 後探思精簡, 作草以上, 試詳覽取."
104. 『梅月堂集』 권21, 書, 「上柳自漢書」 제2서. "凡作文, 不欲虛飾多言, 只以實語摘綴, 首尾一貫, 而句句字字, 誠懇發越, 然後可以感格人心. 豈不見諸葛亮出師表, 胡銓上高宗封事乎? 雖不得終伸其志, 千載之下, 忠誠卓然, 見者知其諸葛胡氏精神不死, 爽塏長存, 豈非作文之模範乎? 今之科場之文, 看之則似美, 究之則無趣, 但以之而乎也飾淺意. 其辭雖流於唇吻, 其意若曉露春霜之無實. 此唐韓子所以變古, 宋朱子以魏伯陽參同契謂似先秦文而發揮之也. 前日上書, 恐意好, 文無緊語. 故下議依違, 而莫之果斷也. 此辭欲盡悻實, 令意以爲何如? 詳擇."
105. 『梅月堂集』 권21, 書, 「上柳自漢書」 제3서.
106. 『梅月堂集』 권21, 書, 「上柳自漢書」 제3서. "前日, 向令公戲談調滑, 莫觸忤否. 僕本性癖好煙霞, 嘲弄風雲, 向世人謂似我, 雖搢紳簪笏, 一見忘情. 僕於京洛故舊文良剛中子固, 亦以故舊相待, 雖新知, 可與言, 便握手團欒. 論文評詩, 不敢以高下相軋, 而方圓其鑿枘, 狹闊其承盖. 此態猶存, 非有慢傲之情實也. 昔子方之見魏侯, 是以下接上也. 庾亮之止諸佐, 是以上接下也. 此皆風流標致, 志操非淺淺者之所擬論也. 今世俗貿貿, 有位勢則如蟻蜂之

向大陽, 得位勢則如簠簋之不能俯, 以佞進承迎爲喜. 故范質云: '不知承奉者, 以爾爲玩戲', 深矯是態也. 僕曾樹魏瓠於無何有之鄕, 久矣. 令公肯取以用之乎? 呵呵! 僕中情所無, 矯世如是. 欲相厚也, 無牴牾也, 僕所願也, 願包荒也, 是所望也."

107. 『梅月堂集』 권21, 書, 「上柳自漢書」 제3서. "又僕素不好佛老異端, 與髡者伴, 髡本物外人也, 山水亦物外境也, 欲身遊物外, 與髡者伴而遊於山水也. 若形髡態俗, 則莫之待也. 與僕遊者髡二三人, 皆物外人也. 方欲與吾儕伴烟霞, 各樂其樂, 聞令公招我出洞, 皆惘快失措, 不知何以處之. 若覽南華, 僕還山行薦後復謁, 覓內外篇以俟. 然若覽一篇, 正如唐羅知遠對玄宗所謂: '陛下若學我術, 不能爲天下主矣'. 令公可還獻簪纓於北闕乎?"

108. 『梅月堂集』 권21, 書, 「上柳自漢書」 제4서. "又專使金世俊招余, 益感益感. 明府豈不見陳壽三國志曹操黃祖之待禰衡, 宋祁唐書嚴武之待杜甫乎? 是皆貽笑萬古. 僕投隱西峯, 喜値令公謙恭自牧, 尊賢容衆. 但恨僕不及如宋纖袁安, 爲漢晉高士耳. 呵呵!"

109. 『梅月堂集』 권21, 書, 「上柳自漢書」 제5서. "僕性本踈野, 以山明水麗自娛, 適遭知心, 愛人好士, 蒼黃其影, 落此塵寰, 山林之趣, 已蕭索矣. 然將與上公子弟邃丈夫志, 嗚呼已晩矣! 踈宕之心, 依舊檢束, 酬知之意, 新締中情. 頗慎懺來已數日, 觀其氣象, 趙公雖素無良友引導者, 似昧文趣, 日就月將, 則不無一析其義, 如快馬見鞭影便行, 溢堤挑側, 足以可漑畎晦. 上座則非百倍其功, 不能成章. 拊循之不得, 則必扑楚之加, 而後可以激之. 且人非堯舜, 誰能盡善? 若無敎之之嚴, 不可以成. 何有樹上自生底木杓. 僕身頗不便, 未卽蝶嬴之負, 將欲大警. 不識上公其許可否? 如聽我告話, 敢不從命. 如牾於耳, 不敢盡告."

110. 『梅月堂集』 권21, 書, 「上柳襄陽自漢陳情書」.

111. 『梅月堂集』 권21, 書, 「上柳襄陽自漢陳情書」. "且前日令許婢子, 盖見金嬌夫者也. 余訶知其不就僕也. 僕亦不欲屑屑與彼遽對. 故伴乘興月下探景, 以觀所爲, 果去矣. 聞翌日令敎大警, 感謝無已, 惶恐無地. 僕之今日嚮慕於相國, 政所謂: '天馬逢伯樂而振鬣長鳴, 伯牙遇鍾期而擡手盡彈', 實僕所當爲."

112. 『梅月堂集』 권21, 書, 「上柳襄陽自漢陳情書」. "不知我者, 以謂家貧落魄, 不能自伸, 故流離至此, 乃至以爲盡賣臧獲, 窮貧而來輾轉耳, 可爲長喙. 是皆知三角山詩及厭穰·漢筆等浮談也. 且虛名爲造物所忌, 一何至於此極也? 相國不鄙僕, 待僕至優, 一如舊知, 乖崖·四佳·琴軒. 僕伴顯放曠, 謁愈慢, 接愈恭, 至欲以勸筮仕盛朝, 念至深也, 恩至渥也. 僕亦欲與相國子弟, 擇靜處讀書. 但今年於此洞種穀, 自麥至粟, 斗至斛. 又地本膏饒, 垂穗穎栗, 以謂秋穫可數十斛, 齎而就于近治, 爲相國所庇, 可以瞻來歲. 今還洞見之, 則不數日間, 盡爲山鼠所損, 靡有遺穗, 佇立嗟呼矣. 若貰乏而寄食於人, 糊口於官, 脅肩諾諾, 以求飽饍, 士之志願墜地矣. 傍人復以謂窮而受嗟來之食矣. 古人云, '老當益壯, 窮且益堅', 於僕當之矣."

113. 朱熹, 『孟子集註』, 「離婁 上」. "言其不擇所從, 但求食耳. 此乃正其罪而切責之."

114. 『梅月堂集』 권21, 書, 「上柳襄陽自漢陳情書」. "僕之處身, 極爲至難, 而不得居於人世者, 有五不可焉. 世人見人裝束, 不以心志也, 而無浣汚裁縫者, 一不可也. 得若妻若妾, 便作居計, 治生所絆, 不能於貧富自在, 二不可也. 又安得如陶之翟氏, 梁之孟光乎? 三不可也. 雖

故舊見憐, 薦以一宦, 秩微祿薄, 不能遽伸. 又僕性戇直, 不能容於碌碌之輩, 四不可也. 僕之居於深洞, 只愛山明水麗. 若耕耘之事, 非所介懷. 且今歲損稼, 而出洞求活, 人便謂如前窮迫, 故立身如此. 五不可也."

115. 『梅月堂集』 권21, 書, 「上柳襄陽自漢陳情書」. "且士之身世矛盾, 退居自樂, 盖其素分耳. 安得受人嗤謗而強留人世乎?"

116. 『梅月堂集』 권6, 投贈, 「山中悶甚示柳公薈」 6수 가운데 제6수 '敍悶'. "어찌해서 조정에 벼슬할 생각을 하지 않는가, 바쁘고 분주한 관직 생활이 두려워서가 아닌지? 아버지 친구 분들은 높은 벼슬을 살고 있으니, 그분들 추천이면 하룻밤에 진흙 용이 비룡 되리"(何爲不仕筮朝端, 無奈奔忙怕熱官. 父執搢紳今顯仕, 吹噓一夕化泥蟠).

117. 『梅月堂集』 권6, 投贈, 「山中悶甚示柳公薈」 6수 가운데 제1수.
118. 『梅月堂集』 권14, 溟州日錄, 「析薪」.
119. 『梅月堂集』 권14, 溟州日錄, 「送善行入深峯」.
120. 南孝溫, 『秋江集』 권3, 「丙午除日 公州國仙菴 守歲」.
121. 南孝溫, 『秋江集』 권2, 「幸州田莊憶東峯次別我韻」.
122. 『梅月堂集』 권14, 溟州日錄, 「山中憶友」.
123. 柳宗元, 『增廣注釋音辨柳先生集』(四部叢刊 影印, 用元刊本) 권2, 「囚山賦」.
124. 『梅月堂集』 권14, 溟州日錄, 「叙悶」・「失笑」・「自語」・「歎息」.
125. 『梅月堂集』 권14, 溟州日錄, 「鞫鼠」.
126. 『梅月堂集』 권14, 溟州日錄, 「上元占月 記鄕談 憫時也」.
127. 『梅月堂集』 권14, 溟州日錄, 「椵炭行」. 韻字 바뀌는 곳을 표시하여 원문을 제시하면 다음과 같다. "椵炭性疎脆, 得火少炎熾. 才起旋復滅, 烹膳淡無味. 恰如庸懦人, 素無丈夫志.」 諾諾無一實, 營營無一得. 居家處事闇, 在位常碌碌. 不獨自虛困, 多爲衆欺誚. 敢望柞櫟炭, 炎炎火星爆. 恰如回也質, 聞一以知十. 又如孫吳兵, 破虜如破竹. 椵汝須殿後, 櫟爾盟寒約.」"

128. 『梅月堂集』 권14, 溟州日錄, 「莫休箝歌」.
129. 『梅月堂集』 권19, 贊, 「柱杖贊」・「烏巾贊」・「鶉衣贊」・「草屨贊」.
130. 『梅月堂集』 권19, 贊, 「柱杖贊」. "不顚上上, 不踣下下. 少壯巨假, 老大增價. 平易可捨, 危險可把. 値而勁, 脩而正. 患難是仗, 橫逆是撝. 匪若扶吾, 吾以若扶. 或以榔栗, 或以藜筇. 澗曲岩隈, 匪我曷從. 泥坂雪橋, 賴汝聳肩. 細吟以從容. 妖慝潛藏, 神物撝蹤. 余嘉乃功, 左右其恭. 愼勿化爲龍, 滅跡於龍嵸海上之蒼峯."

131. 『梅月堂集』 권19, 贊, 「烏巾贊」. "松頂風吹, 戢我亂髮. 林梢徑細, 護我么括. 幸岸笑倒, 實正坐兀. 錦里之烏, 潯陽之葛. 匪林宗之墊巾, 非樊子之倒冠. 豈墊李下, 或落龍山? 與汝迷花, 下賞梅堂, 終露頂掛北山桂枝蘿月之傍者乎?"

132. 『梅月堂集』 권19, 贊, 「鶉衣贊」. "豈曰無衣? 褐兮不如我之衣安且吉兮. 可以負朝陽, 衣敝縕袍. 不恥五駝之羔羊, 百結鶉衣, 不堪珠襦玉匣萬人祖送歸北邙. 噫! 鷸冠象服, 繁纓赤舃,

雖曄曄煌煌, 那及我不全短襪蒙茸裂帛之玄黃?"

133. 『梅月堂集』권19, 贊,「草屩贊」."五更履霜待漏靴, 宦路足風波. 萬里凌空化鳧鳥, 仙遊竟空廓. 我此草屩, 便於薦足. 伴齟齬東山之蠟屐, 同細軟少陵之僧履. 共白戰靑縢, 遊好山佳水. 濯足於滄浪之波, 散步逍遙於蔣陶三逕之中, 而手之舞之, 足之蹈之, 君謂何?"

134. 『梅月堂集』권14, 溟州日錄,「老病」.

135. 『梅月堂集』권14, 溟州日錄,「有客」. 두보의 시「有客」과 시상이 통하되, 두보의 시는 平聲 寒韻의 칠언율시이고, 김시습의 시는 平聲 模韻의 오언율시이다. 운자와 형식이 다르기는 하지만, 김시습의 심상은 두보 시에 나타난 流離漂泊의 불안 심리와 통하는 면이 있다. 두보의「有客」은 郭知達 編注,『九家集注杜詩』권21에 수록되어 있다.

136. 『梅月堂集』권14, 溟州日錄,「愁」.

137. 『梅月堂全集』부록 권1,「遺蹟搜補」,『濯纓集』에서 초록.

138. 金馹孫,『濯纓集』續集 上,「同南伯恭(孝溫)送金悅卿(時習)歸雪嶽(辛亥)」;『梅月堂全集』부록 권1,「同秋江送東峯歸雪岳」.

139. 『成宗實錄』권252, 성종 22년(신해) 4월 22일(무진)의 기록.

140. 金馹孫,『濯纓集』續集 上,「請復昭陵疏」(辛亥十月壬戌. ○因辭忠淸都事). "伏以, 我國家正如金甌, 無有虧缺, 而以臣觀之, 猶有一缺. 擧朝臣子, 戴天履地, 嬉嬉於綱常虧缺之中, 而不知何者是虧缺, 何勝歎哉! 自古, 帝王廟無獨主, 而惟我文宗之廟則獨主, 綱常之虧缺, 典禮之虧缺, 未有大於此者矣. 光廟蘊濟世之略, 迫於羣情, 不得已受禪, 其廢昭陵, 恐非光廟本意也. 臣聞, 文廟在東宮, 昭陵已殂, 其不預魯山之謀, 明矣. 若以母故, 則當時首謀諸人, 誅其子而原其女, 以其女無外事也. 宋玹壽, 魯山之舅也, 而子琚, 姪瑛, 已蒙先王之恩宥, 位諸朝矣. 然則, 昭陵復不可宥乎? 昔漢昭帝上官皇后父安, 謀逆伏誅, 而后以年幼不預謀, 得不廢, 追封其母敬夫人, 置園邑以祀之. 我朝昭惠王妃父沈溫, 賜死, 籍其妻安氏, 爲官婢, 時有議罪人之女不可爲王妃, 太宗曰: '惡! 是何言也! 恭妃萬無動搖之理.' 至世宗朝, 大臣言: '國后之母, 沒爲賤人, 於恩義不可, 特除賤案, 還給爵牒, 並免其子女, 是私親之罪, 不及於未沒之后ицу, 而后妃之恩, 偏覃於已坐之父母矣.' 伏伏念, 昭陵生居壼位, 沒膺尊號, 未嘗有廢黜之命於文宗之世, 而乃以母弟之故, 追毁其陵廟, 於旣薨後十五年後者. 與漢昭之原上官, 太宗之處恭妃, 大不相類, 此豈非綱常典禮之虧缺者乎! 我聖朝深仁厚澤, 可以六五帝四三王, 而其擧措反不及於雜霸之漢, 臣竊痛之. ……"

141. 金馹孫,『濯纓集』續集 上,「請復昭陵疏」(辛亥十月壬戌. ○因辭忠淸都事)에 부기되어 있는 성종의 批. "爾能言人之所不能言, 忠鯁可尙. 予亦不安於心者, 有年矣. 然玆事至重且大, 從當有酌量之道. 爾其勿辭, 往欽哉!"

142. 金馹孫,『濯纓集』續集 上,「請復昭陵再疏」(丙辰正月丙午)・「昭陵諫院聯箚」.

143. 金馹孫,『濯纓集』續集 上, 疏,「昭陵諫院聯箚」. "伏以, 文宗元妃權氏殂, 在於魯山遜位之前, 而一時追廢, 使文宗獨享於文廟, 此禮之欠缺, 而事之惻然者也. 成宗嘗以籍沒臧獲, 還給魯山夫人宋氏, 以資其生, 原其族屬, 皆通仕籍, 成宗之至意, 可見. 伏願亟復昭陵, 廟主

144. 尹拯, 『明齋遺稿』(한국문집총간 136) 권31, 雜著, 「手錄」, 135쪽. "嘗讀佔畢齋「吊義帝賦」, 明是有意而發. 及考其集, 如「和淵明述酒」及「古風」二首〔一咏梁簡文, 一咏唐文宗〕, 及「詠弘演」等作, 皆似不偶然. 竊謂, 此老若有非湯武之志, 則寧如金悅卿所爲, 無不可者. 乃以光廟己卯登第, 官至伐氷, 而顧以此等言語, 形於吟詠, 豫讓所謂: '爲人臣懷二心者', 不亦可媿歟!"; 『梅月堂全集』 부록 권1, 「諸家雜記」에도 轉載되어 있다.
145. 南孝溫, 『秋江集』 권3, 「長興偶吟」 21수 가운데 제20수.
146. 南孝溫, 『秋江集』 권8, 「遣興」 5수 가운데 제4수.
147. 南孝溫, 『秋江集』 권8, 「遣興」 5수 가운데 제4수.
148. 고양군지 편찬위원회, 『高陽郡誌』(고양문화원, 1987), 1544쪽.

_ 제6부 죽음과 추모

1. 이 발문은 江田俊雄, 『朝鮮佛敎史の硏究』(國書刊行會, 1977), 388~390쪽에 전문이 수록되어 있으나, 江田俊雄 씨는 발문의 "皇明弘治六年, 歲在癸丑, 仲春, 贅世翁金悅卿"의 김열경이 누구인지에 대해서는 고증하지 않은 채 발문만을 옮겨 적어두었을 따름이다.
2. 江田俊雄, 『朝鮮佛敎史の硏究』(國書刊行會, 1957), 388~390쪽. 389쪽에 '術夫人體'로 적혀 있으나 '衛夫人體'의 오자임이 분명하다.
3. 김시습의 발문 뒤에 刊記가 있으며, "前藏義大師不庵, 大禪師正戒, 大禪師緝熙, 大禪師神信明, (中略) 大禪師性聰, 前中興大師智雲, 趙忠孝兩主, 幹化前廣明寺住持大師智熙, 朝奉大夫鴻山縣監洪州鎭管兵馬節制都尉李英華" 및 수십 명의 승려 이름을 열거하였다.
4. 江田俊雄, 앞의 책, 339~390쪽 수록. "大雄氏初成正覺, 在寂滅場說頓敎, 法身大士同生異類如雲籠月, 二乘聲聞如聾如啞, 於是脫珍御服, 着蔽垢衣, 權示化身, 隨機漸說, 及至法華純圓獨妙, 此終敎也. 凡物有始必有終, 心有終有始, 始之成終之得, 皆一揆也. 始之勞終之安, 皆一致也. 頓不能自圓, 必因漸而成圓. 圓不能自頓, 以假漸而謂頓. 故昔之頓今之圓也, 今之圓昔之頓也. 故曰成與得一揆, 苦與安一致也. 然於寂滅場中成得勞安, 猶是說夢, 古今去來, 亦乃算甕. 古人云, 白髮顏如玉, 紅顏鬢似霜, 是也, 則蓋昔之舍那卽今之釋迦也. 頓之速, 漸之遲, 圓之融會, 方味雖殊, 機關不異也. 常說恒說, 卽身心不動之境也. 東照白豪, 乃寂滅場中之瑞也. 但凡夫爲無明所覆, 故所見異耳. 故曰, 速遲融會, 機關不異也. 由是而推之, 則五流通中, 若讀誦一部, 受持一部, 書寫楷刊一部, 演說一部, 與龍宮海藏八萬四千琅函玉軸及刹說塵說磬盡流通無異矣."
5. 江田俊雄, 앞의 책, 390쪽. "華嚴智熙居萬壽山無量寺, 刊顯陵廟爲春宮有患疾所祈, 鑄字法華經極妙, 乃重雕焉. 字體甚工, 鎪之異硏. 始於辛亥春二月, 工訖于壬子夏五月, 非特處事精詳, 兼亦誠懇無二. 所謂精者純一不雜之謂也, 誠者眞實無妄之謂也. 詳者悉也, 懇者至也. 精誠詳懇, 則能所不二矣. 能所不二, 則生佛無間, 則我之流通, 卽佛之流通矣. 佛之圓自在莊嚴, 卽我之圓自在莊嚴也. 然則報恩四事, 拔苦三有, 猶仰反掌也."

6. 共裕孫, 『篠叢遺稿』(한국문집총간 12) 上, 「祭金悅卿文」, 515~516쪽. "人傳公之蟬蛻, 各驚悼而惻惻, 幾酸淚之潛然, 豈其情之有極? 欲奔馳而一臨, 路江南其綿邈, 故緘辭而遠唁, 叙平生之幽懷. 嗟! 我公之生世, 造五歲而名恢, 詠三角之一絶, 使老儒而心灰, 擧世爲之譁駭, 云仲尼之復生. 公不樂夫爲賓, 倚西敎以爲形, 通鄒魯之昭識, 究五竺之玄說, 渾物我於無家, 齊性情於日月, 人依赴之盆衆, 詰因果與禍福. 公又厭其誕妄, 托烏程而光塵, 不知者之謂狂. 然亦服其內眞, 軒冕靑紫之貴, 皆朋儔之與肩, 相爾汝於形外. 然腆鮮以傲然, 眼扶桑其盡空, 悅雲掃乎紺天. 彼名山與大川, 惟公迹之編著, 奇巖怪石勝水, 待公賞而增色. 晚秋江之相遇, 談至理之無隱. 共月湖而逍遙, 離合不遺其信. 杏雨先公而廢, 令伯牙而絶絃. 哀今日之尸解, 盡欲追乎玄泉. 想遊戲於九天, 它唱酬而蹁躚. 必俯視乎塵寰, 亦撫掌而大噱. 素市飮之酒徒, 咸哀哭而痛切. 唱不再夫邂逅, 憫幽明之永隔. 念公言之尋常, 不怪行而隱索. 雖不講其內蘊, 誰不知夫素頤〔當作頥〕? 公雖隱仞心妙, 知公者莫吾曺而〔當作若〕. 嗚呼! 公之遠逝, 無乃惡夫人詐. 然如死之逾生, 縱萬世其尙乎, 公豈意於去住? 隨晝夜而從容. 恆不滅兮誰見? 笑肉眼之矇矓. 現幻術而立奇, 誠我公之惡斯. 公之去兮無私, 人之悲兮有私, 聊未免夫世習, 却遙薦其永思. 公之神兮徧虛空, 庶幾感微誠於此時." 이 글은 『梅月堂全集』 附錄 권2에도 「祭先生文」이란 제목으로 수록되어 있다. 단, 글자의 차이가 조금 있다.
7. 『燕山君日記』 권31, 4年 戊午 8月. "南陽府有生員洪裕孫者, 能詩文. 然行已甚怪, 與年少六七輩爲黨, 自稱某也程, 某也朱. 時會江上人家, 着逍遙巾, 相與群飮誹謗. 嘗赴試不肯製述, 日終沈酣, 或書戲語而出. 此輩久在都下, 必恐誤後生. 請尋捕, 屛諸遐方."
8. 李珥, 『石潭日記』(민족문화추진회, 1979년 국역본 『大東野乘』 IV).
9. 『中宗實錄』 권13, 중종 6년 3월 14일(갑자)의 기록. 국사편찬위원회 편, 탐구당 1981년 반포, 『조선왕조실록』 14, 502쪽.
10. 尹春年, 『學音稿』는 日本 天理圖書館의 今西龍文庫에 소장되어 있다. 필사본 『학음고』의 표지 안쪽에는 1779년(정조 3)에 彊山硯樵, 즉 李書九(1754~1825)가 쓴 평문이 있다. 안대회, 「윤춘년의 학음고, 그 의의와 가치」, 『동방 고전문학 연구』 제2집(동방고전문학회, 2000. 8), 257~270쪽.
11. 이 책은 현재 일본 內閣文庫에 刊本이 소장되어 있고, 고려대학교에 사본이 소장되어 있다. 원나라 至治 연간(1321~1323)에 楊仲弘이 四川에 가서 杜甫의 후손 杜擧에게서 시의 작법을 전수받아 기록했다고, 서문에서 밝혔다. 권말에 명나라 成化 연간(1465~1487)에 懷悅이 쓴 후서인 「詩法源流後序」가 있으므로 명판본을 저본으로 삼았음을 알 수 있다.
12. 尹春年, 『學音稿』, 「答鍾城令叔玉書」(辛亥). "年之以金悅卿爲近於聖人者, 抑有說焉. 非以其迹, 以其心耳."
13. 李珥, 『石潭日記』(민족문화추진회, 1979년 국역본 『大東野乘』 IV), 尹春年 條. "金時習東方孔子也, 不見孔子, 則得見悅卿可矣." 尹春年의 「遊關西關東錄序」(『學音稿』)에 보면, "嗚呼! 余之生晚矣. 旣不得見孔子矣, 得見悅卿足矣. 旣不得見悅卿矣, 得見此錄足矣. 此余之所以繡此錄而寄羹墻之深意者也"라고 하였다. 그런데 이이는 윤춘년이 김시습에서 취한 것

은 모두 구전(口傳)으로 전하는 기괴한 자취일 뿐이지, 실제로 김시습이 지은 것이 아니다"(其所取乎時習者, 皆諺傳詭怪之迹, 實非時習所著也)라고 하여, 윤춘년의 김시습 일화 수습을 폄하하였다.

14. 『宣祖修正實錄』 권1, 선조 즉위년 10월 '尹春年卒'. 국사편찬위원회 편, 탐구당, 1981년 영인 축쇄판, 조선왕조실록 25, 405쪽.
15. 許穆, 『記言』(한국문집총간 99) 別集 권10, 「東峯親筆詩帖跋」. 허목은 김시습의 「與柳襄陽書」 친필도 '柱峯藏書'에서 보았다고 한다. 김시습의 시문은 한 글자도 '放散'한 것이 없다고 하였다.
16. 임형택, 「『梅月堂詩四遊錄』에 관하여」, 『한국문학사의 논리와 체계』(창작과비평사, 2002), 116~143쪽 참조. 『매월당시사유록』은 古本과 중각본 및 후대본이 전한다. 고본은 後序가 권말에 붙어 있다. 고려대학교 晚松文庫本과 국립중앙도서관 소장본이 그것이다.
17. 彰節祠의 김시습 위패 봉안에 대해서는 『梅月堂全集』 부록 권2에 수록되어 있는 「追配彰節祠祭文」과 「彰節祠祭文」 등 참고.
18. 淸逸祠의 김시습 배식에 대해서는 『梅月堂全集』 부록 권2에 수록되어 있는 「淸逸祠壇享祝文」과 「追配淸逸祠祝文」 등 참고.
19. 석림사는 반남 박씨의 齋宮 사찰이었다. 여러 번의 홍수로 유실되다가 복원되곤 했으며, 6·25전쟁 때 전소되었다가 1965년에 신축되었다. 안동준, 「김시습 문학사상 연구」(한국정신문화연구원 한국학대학원 박사 논문, 1994), 25쪽; 김학수, 「의정부 장암의 반남 박씨 박세당 가문의 가계와 인물」, 『서계 박세당의 학문과 고문서』(의정부 문화원, 의정부시 제16회 희룡문화제기념 학술대회, 2001. 10. 11); 이종묵, 「수락산과 박세당」, 『서계 박세당의 학문과 고문서』.
20. 朴世堂, 『西溪集』(한국문집총간 134) 권2, 「訪梅月堂舊跡」.
21. 김종수, 「박세당의 진리론과 사상체계론」, 『실학 연구』 4집(한국실학학회, 2002. 12), 117~166쪽.
22. 朴世堂, 『西溪集』 권8, 「梅月堂影堂勸緣文」.
23. 朴世堂, 『西溪集』 권7, 「答尹子仁書」. "如老莊之說, 雖舛聖人之大法, 又不至都無可採 …… 乃爲說者所亂, 使其意不明, 旣不得其所以舛於聖法者, 又倂與其可採而泯之." 이 편지는 尹拯이 그의 노장서 주석을 경계하는 편지를 보내오자 답한 서한이다.
24. 朴世堂, 『西溪書』 上(대학사 영인, 1979), 『南華經註解刪補』 권1 內篇, 508쪽(하단). 「故有儒墨之是非」의 註. "按儒之所非, 墨以爲是, 墨之所是, 儒以爲非, 皆由乎大全破於小成, 實理蔽於榮華, 而各自爲是非. 若眞欲是人之所非, 非人之所是, 而不失是非之正, 則莫若照之以天理之明." 박세당은 "이 주해가 이른바 『장자』의 '齊物論'의 취지이며, 또한 一篇의 관건이라고 확신하였다.
25. 『南華經註解刪補』 권1 內篇, 「彼是莫得其偶」의 註, 509쪽(하단). "彼此是非, 往復相來, 則彼是之有無, 終不可以定矣. 終不可定, 則終莫得其偶. 偶者, 待對之謂也. 夫彼是莫得其偶,

則吾之所以應乎是非之除者, 亦不容有所去取, 而道之樞要, 在乎是矣. 樞者, 環中之物, 得道
之樞以環中, 而應是非之無窮, 則是非雖無窮, 而其所以應之者, 沛乎其有餘矣."

26. 『南華經註解刪補』 권2 內篇, 「子貢曰敢問其方」의 注, 547쪽(하단)~548쪽(상단). "人各造
  乎道, 而無間方之內外. …… 造道者, 不待更業, 而理固自安. …… 遊道術者忘彼此".
27. 朴世堂, 『西溪集』 권8, 「梅月堂影堂勸緣文」.
28. 朱和淳이 지은 「孤山書院講堂重修記」에 의한다. 『梅月堂全集』 부록 권1, 「諸家雜記」에서
  재인용.
29. 朱和淳이 지은 「孤山書院講堂重修記」에 의한다. 『梅月堂全集』 부록 권1, 「諸家雜記」에서
  재인용.
30. 朴泰輔, 『定齋集』(한국문집총간 168) 권2, 箴銘贊, 「金東峯畵像贊 幷序」. "鴻山無量寺東峯
  畵像, 栗谷所謂東峯自寫者, 乃爲儒服, 可見其意云".
31. 『宋子大全』(한국문집총간 113) 권147, 跋, 「梅月堂畵像跋」. "孔子序列先世聖賢多矣, 而惟
  以斷髮文身之泰伯, 並稱至德於三分天下以服事殷之文王, 先儒以爲其指微矣. 東俗好古, 其
  藏古聖賢遺像者, 亦多矣. 而今延之獨摹梅月公之眞, 將結茅於公所遊春川之山谷, 而掛置之.
  余竊諦審之, 其髭鬚雖在, 而冠服則正緇流所著[着]也. 余嘗按栗谷先生奉敎所撰公傳, 公少
  爲儒生, 中爲緇流, 晩嘗長髮歸正, 臨終時更易頭陀像, 盖三變其形矣, 獨乃留此緇像而自贊
  焉者, 豈亦有意存乎其間耶? 盖公出家放迹[跡], 實欲藏晦其身. 然百世之下, 見其氣像精神
  於片幅之上者, 猶知其爲梅月公矣. 今年夏, 成公三問神主, 忽出於仁王山斷麓下, 京外士夫,
  奉安於洪州地魯恩洞, 後之君子, 其有幷稱二公如孔聖之言者耶, 其不落莫否耶? 延之旣爲其
  大王考石室先生, 刻置淵明醉石孤松五柳等名號於陶山, 復繼以此擧, 其所感者深矣, 嗚呼!
  雖使公生存, 不過七尺之軀矣, 今乃輸在七八寸矮絹, 而論者謂其顯晦之所關, 在於世道者,
  何也?" 이 글은 『梅月堂全集』 부록 권1에도 수록되어 있다.
32. 洪直弼, 『梅山先生文集 5』(국학자료원, 1989년 영인) 권28, 記, 「遊水落山記」. 『梅月堂全
  集』 부록 권2에도 수록되어 있다. "斯翁早得盛名, 至以五歲童子爲通國之所知, 苟不毁冠裂
  冕, 罔克守身遠害. 托跡空門, 所以自靖, 獻于英陵者也. 不降志, 不辱身, 如殷夷齊. 身中淸,
  廢中權, 如吳伯仲. 伯仲夷齊, 合爲一人. 人極旣立, 天網不墜. 生六臣中, 斯翁爲尤難也. 嗚
  呼! 金悅卿, 人中之萬丈峯, 萬丈峯, 山中之金悅卿, 氣節相參, 當與天壤俱弊也".
33. 徐有英, 「雪嶽五歲菴拜梅月堂畵像」, 『雲皐詩艸』(藏書閣本, 필사본 1책).
34. 徐有英, 「雪嶽五歲菴拜梅月堂畵像」, 『雲皐詩艸』. "東峰豪傑士, 五歲號神童. 發言動驚人,
  奇氣吐長虹. 至尊親見抱, 恩禮曠臣工. 世方遺弓痛, 冲王遜越中. 寧餓首陽薇, 不數渭川功.
  大招東鶴寺, 作歌酹血忠. 托跡山門裏, 飄然謝樊籠. 不見我英廟, 斯言痛何窮. 今我來雪嶽,
  遺像在琳宮. 一俗洒一緇, 攢眉帶愁容. 邇來四百載, 淸名滿海東 始憑絹面識, 再拜挹高風".
35. 柳慶種, 『海巖稿』(강경훈 님 소장, 필사본) 5책, 가칭 「論人詩」 後十篇 '梅月堂'. "梁惠何以
  見, 放言譏孟子. 千秋金悅卿, 無乃太玩戲. 削髮逃聖世, 事過周粟恥. 旣俗復返釋, 打乖以終
  始. 裂券出門笑, 刻農對床淚. 堂下牛後蒭, 妙旨肯輕示. 剛中是故人, 鄭相焉用彼. 周流四方

迹, 高潔平生志. 至今海上月, 留照碧山裡. 遺像亦偶然, 俎豆非乃事."
36. 許穆, 『記言』(한국문집총간 98) 권11 中篇, 「淸士列傳」, '金時習'.
37. 許穆, 「淸士列傳」. "當世變, 逃世絶俗, 或有穢其跡而潔其行者, 身中淸, 廢中權, 聖人許之. 作淸士列傳."
38. 李建昌, 「淸隱傳」(1), 『明美堂集』(보경문화사, 1997년 영인) 권16 傳, 827~831쪽. "孔子曰: '不降其志, 不辱其身, 伯夷·叔齊與! 謂虞仲·夷逸, 隱居放言身中淸廢中權, 夫伯夷·叔齊·虞仲此三君子, 吾固聞之矣, 夷逸何人哉? 雖得孔子之聖而傳之, 然傳名, 不傳事, 此孔子所以歎闕文也. 夫不傳於隱者固善. 然好古尙德之士, 猶憾焉. 於是作淸隱傳."
39. 이건창의 「金時習傳」 가운데 다음 부분을 참조하라. "世祖好佛, 召國中高僧, 僧多言雪岑得道, 有命, 趣召雪岑. 雪岑至, 上爲齊戒, 會朝臣及衆僧, 將聞雪岑所說佛法, 忽告雪岑遁法, 上索之不得. 外人譁言, 道傍溷廁中有僧頭, 面穢不可近. 出視之, 乃金時習也, 寧雪岑耶? 朝臣爲上言, 時習狂書生, 安知佛法, 上置勿問. 然僧徒皆盛稱雪岑爲生佛, 時習亦夷然自謂知佛法. 然時習實不知佛法也. 時習負奇才, 雅有所欲爲, 使其有爲, 必不如彭年三問徒死桁楊間. 然時習灼知天命, 世祖之世, 豈時習所能哉? 事卒不可爲, 意卒不可解, 故托於佛以自摧挫鎖爍之."
40. 李建昌, 「淸隱傳」(1), 『明美堂集』 권16, 傳. "年四十餘, 爲文告父祖, 蓄髮娶妻, 甚昵, 生子."
41. 朴乙洙, 『한국 고시조사』(서문당, 1975), 60~61쪽에 김시습의 시조로 두 수를 들었다. 그러나 '山頭에 閒雲起하고'로 시작하는 시조는 김일손의 것이라 되어 있으므로 여기서는 제외하였다. 또한 『甁窩歌曲集』은 종래 李衡祥의 가집으로 알려져 왔으나, 최근의 고증에 따르면 이형상가에 전하는 가집이라고 한다. 金墉鑽 校註, 『교주 병와가곡집』(월인, 2001) 참조.
42. 鄭寅普, 「關東海山錄」 '萬瀑洞'(2), 『薝園鄭寅普全集』1(연세대학교 출판부, 1983). 「薝園時調」 '梅月堂石刻'(『薝園鄭寅普全集』 1에 수록)에서는 각자의 내용이 조금 다르게 기록되어 있다. 「關東海山錄」을 따른다.
43. 『梅月堂集』 권1, 述懷, 「謔浪笑」. 수락산 시절에 지은 듯하다. 이 시는 금오산 시절에 지은 「無諍碑」보다도 압운 방식이 더욱 파격적이다. 제2구~제6구는 평성 陽韻, 제7구~제8구는 평성 唐韻의 각구 압운이지만, 제9구~제13구는 泱(상성 養韻)과 忘(거성 漾韻)만 운자를 썼다. 제14구와 제15구는 다시 거성 箇韻을 각구 압운했으나, 제16구~제19구는 운자를 쓰지 않았다. 제20구~제24구는 癡我·鎖가 상성 哿韻이다.

인명 해설

고태필(高台弼). 생몰년 미상. 조선 초기의 문신으로, 본관은 제주이다. 김시습은 1472년(성종 3)에 그에게 화원의 꽃을 재배하는 방법을 시로 적어 가르쳐주었다. 할아버지는 봉지(鳳智), 아버지는 득종(得宗)이다. 1451년(문종 원년)에 증광문과에 정과로 급제하고, 곧 포천현감으로 나갔다. 같은 해에 우헌납이 되고, 1455년(세조 원년)에는 좌익원종공신 2등에 책록되었다. 1465년에 청주목사로 나갔으며, 이듬해에 삼포효유부사가 되어 뇌거사목(賚去事目)에 의거해서 왜인들을 회유하였다. 1467년에 대사성으로 주문사(奏聞使)가 되어, 가선대부에 승진해서 행부호군으로 명나라에 다녀왔다. 1468년에는 이조참판이 되어 야인들을 정벌하는 공을 세웠고, 북경에 가서 전에 포로가 되었던 사람들을 돌려받아 왔다. 1470년(성종 원년)에 전라도 관찰사로 나갔고, 1472년에는 『예종실록』 수찬(修撰)에 참여하였다. 같은 해에 동지중추부사 겸 황해도 관찰사가 되었으나, 어머니가 늙었다는 이유로 곧 사직하였다. 1479년에 첨지중추부사, 한성부좌윤이 되었으며, 이듬해에 첨지중추부사로 제주도에서 진주 앵무배 바치는 일을 금할 것을 건의하여 허락을 받았다. 벼슬은 유수에 이르렀다.

구치관(具致寬, 1406~1470). 김시습이 관서 지방을 유람할 때 평양에서 만나본 인물이다. 세조 정권의 좌익공신 3등에 책봉되고 능성부원군(綾城府院君)에 봉해졌으며, 1457년(세조 3)에는 중국에 사신으로 갔다왔다. 1460년 건주위(建州衛)의 여진족 침입을 막아내는 데 공을 세웠고, 1462년에는 진서대장군(鎭西大將軍)으로 여진족을 물리치고 개선하였다. 1470년(성종 원년) 9월 무자에 원나라 판본의 두보시 선집『우주두율』(虞注杜律)을 청주 관아의 간각 기술과 관재로 간행하도록 주선하여 조선 초의 시학 발전에 큰 영향을 끼쳤다.

기화(己和, 1376~1433). 조선 초의 고승 가운데 한 분으로, 법호는 득통(得通)이고, 당호는 함허당(涵虛堂)이다. 21세로 출가하기 전에는 성균관 유생으로 주자 성리학을 공부했으며, 불교의 불살생과 유교의 인(仁)에 대한 문제를 궁구하다가 관악산 의상암에서 출가하여 무학 자초(無學自超)를 통해 나옹 혜근(懶翁慧勤)의 법계를 이었다. 교학보다는 선 수행에 주력하여, 금강반야의 무상무주(無常無住)가 일상 현실인 색신(色身)과 밀착되어 있다는 사상을 『금강경오가해설의』(金剛經五家解說誼)라는 주석서에서 관철했으며, 불교의 수행방법론을 다룬『선종영가집과주설의』(禪宗永嘉集科註說誼)를 엮었다. 배불의 흐름에 대응하여『유석질의론』(儒釋質疑論)과『현정론』(顯正論)을 집필해서 불교의 실천 지향적 특성을 부각시켰다고 전한다.

김뉴(金紐, 1420~?). 김시습이 양양에 있을 때 부사 유자한에게 자신의 서울 친구 가운데 한 사람이라고 밝힌 인물이다. 단, 『매월당집』의 시문에서는 그와의 관계를 밝힐 만한 자료를 찾지 못하였다. 이덕무(李德懋)가 『청비록』(淸脾錄)에서 조선조 시문학의 대가로 손꼽은 인물이다. 본관은 안동이며, 자는 자고(子固), 호는 금헌(琴軒)·취헌(翠軒)·쌍계재(雙溪齋)·관후암(觀後庵) 또는 상락거사(上洛居士)이다. 아버지는 중엄(仲淹)이고, 어머니는 조준(趙浚)의 손녀이며 대림(大臨)의 딸이다. 1464년(세조 10) 녹사로서 별시문과에 병과로 급제하고, 성균관 학유가 되었다. 곧 사복직장으로 옮겼으며, 이듬해 호조좌랑으로 『경국대전』 편찬 작업에 참여하여 이전(吏典)을 수교했고, 경차관으로 전라도에 파견되었다. 1466년 발영시·등준시에 을과로 급제하고, 이듬해 안효례(安孝禮)·유희익(兪希益) 등과 함께 도성(都城)을 측량하고 지도를 작성하였다. 또한 예문관 직제학으로 『세조실록』, 『예종실록』 등을 편찬하는 데 기여하였다. 1470년(성종 원년)에 『경국대전』을 다시 수교하였다. 1472년 동부승지를 거쳐, 이듬해 참찬관으로 저화법(楮貨法) 사용을 강조하는 방안을 주장하였다. 이어 공조참판·충청도 관찰사·동지중추부사 등을 역임했으며, 1478년에는 대사헌으로 군비 확충을 위한 여러 방안을 제시하여 실천하게 하였다. 1479년 겸성균관동지가 되었고, 1481년에는 이조참판이 되었으나 파직되었다. 1484년에 행사직이 되었으며, 1490년 다시 이조참판이 되었다. 학문을 좋아하고 글을 잘 지었으며, 그림과 글씨에도 능하였다.

김담(金淡, 1416~1464). 김시습이 용장사 부근에 거처하기로 마음먹었을 때 경주부윤으로 있었다. 세종 연간에 천문학자로 활약했으며, 본관은 예안(禮安), 자는 거원(巨源)이며, 호는 무송헌(撫松軒)이다. 이순지(李純之)와 함께 『칠정산 내편』과 『칠정산 외편』을 편찬 교정하는 등 세종대의 역법 천문 사업에서 큰 공을 세웠다. 단종 즉위년인 1452년에 홍문관 직제학 충주목사를 지냈고, 세조 즉위년인 1456년에는 안동부사, 1458년에는 경주부윤이 되었다. 1464년에 중추원사가 되었으나, 그해에 죽었다. 시호는 문절(文節)이다.

김반(金泮). 김시습이 어려서 수학한 학자이다. 강서(江西) 김씨의 시조로, 자는 사원(詞源)이고, 호는 송정(松亭)이다. 권근(權近)의 문인으로 경서에 밝았으며, 김구(金鉤)·김말(金末)과 함께 삼김(三金)이라고 칭송되었다. 세 사람 모두 시호가 문장(文長)이다.

김수온(金守溫, 1410~1481). 1458년 하등극사로 명나라에 가는 길에 관서를 유람중이던 김시습을 만나, 유교와 불교의 회통 문제를 두고 시를 통해 논쟁하였다. 뒤에 수락산 시절에도 왕래가 있었다. 단, 김시습은 그를 폄하했던 듯하다. 본관은 영동(永同), 자는 문량(文良), 호는 괴애(乖崖) 또는 식우(拭疣)이며, 시호는 문평(文平)이다. 영의정 김훈(金訓)의 아들이다. 1438년(세종 20)에 진사(進士)가 되고 1441년(세종 23)에 식년문과 병과(丙科)에 급제하여 이조(吏曹)의 교서감 정자(校書監正字)가 되었다가, 세종의 특명으로 집현전(集賢殿) 학사(學士)로 발탁되어 『치평요람』(治平要覽) 편찬 작업에 참여하였다. 1446년에는 승문원 교리(承文院校理)가 되어 『의방유취』(醫方類聚) 편찬 사업에 참여하고, 병조(兵曹)의 정랑(正郎)을 거쳐 오위(五衛)의 군직인 부사직(副司直)으로 있을 때 왕명을 받아 『석보상절』(釋譜詳

節)을 중수하였다. 1451년(문종 원년) 전농시 소윤(典農寺小尹)이 되고, 이듬해에 지영주군사(知榮州郡事)를 맡은 후 사가독서(賜暇讀書)의 기회를 얻었다. 1457년(세조 3)에는 성균관 사예(司藝)로서 문과중시(文科重試)에 2등으로 합격, 첨지중추부사(僉知中樞府事)가 되었으며, 다음해에 동지중추부사(同知中樞府事)에 올라 명(明)에 정조 부사(正朝副使)로 다녀왔다. 1459년 한성부윤(漢城府尹)이 되었고, 1460년 상주목사(尙州牧使)를 거쳐 공조판서(工曹判書)를 역임하였다. 1466년에는 발영시(拔英試)에 이어 등준시(登俊試)에서 모두 장원한 뒤 판중추부사(判中樞府事)에 올라 세조의 사랑을 받았다. 호조판서(戶曹判書)를 거쳐 1468년(세조 14)에 보국숭록대부(輔國崇祿大夫)에 오르고, 1471년(성종 2)에는 좌리공신(佐理功臣) 4등에 책록되면서 영산부원군(永山府院君)에 봉해졌으며, 1474년 영중추부사(領中樞府事)에 이르렀다. 서거정(徐居正)·강희맹(姜希孟) 등과 함께 문명(文名)을 떨쳤다. 유학(儒學)의 경전뿐 아니라 제자백가서(諸子百家書)에 해박하고, 특히 불경(佛經)에 통달하여 불경(佛經)의 언해 및 정리에 크게 공헌하였다. 또한 사서오경(四書五經)의 구결(口訣)을 정하였다. 「원각사비명」(圓覺寺碑銘)을 찬하고, 문집인 『식우집』(拭疣集)을 남겼으며, 『치평요람』, 『의방유취』 등 많은 편찬 사업에 참여하였다. 벼슬이 재상(宰相)에 이르렀으나, 학문에만 몰두하고 빈곤을 면치 못하여 살림이 구차하였다.

김연지(金連枝, 1396~1471). 김시습이 관서지방을 유람할 때 만난 인물이다. 자는 간보(幹甫), 본관은 원주이다. 태종 때 생원시 문과에 급제하고, 사헌부 감찰·형조좌랑·형조도관정랑을 지냈으며, 세종 재위중에는 첨사원 동첨사(同詹事) 사재감 판사(司宰監判事)·지형조사(知刑曹事)로 신임을 받았고, 호조·예조·형조의 참의를 지냈다. 1452년(문종 2)에 가선대부에 올라 전라도 관찰사가 되었으며, 공조참판·대사헌·한성부우윤을 역임하였다. 그 뒤 외직으로 나가 선정을 베풀었다. 뒤에 대사헌·한성부윤을 역임하고, 1467년(세조 13)에는 충추원지사가 되었다. 시호는 대경(戴敬)이다.

김영유(金永濡, 1418~1494). 세조가 즉위했을 때 원종공신 2등에 책록되었고, 1457년(세조 3)부터 평양소윤으로 있었다. 이때 김시습을 찾아가 만났다. 세종 때 생원시, 식년문과 정과에 급제한 뒤, 단종 즉위년인 1452년에 진하사로 연경에 갔다온 적이 있으며, 뒷날 1466년(세조 12)에도 성절사로 명나라에 다녀왔고, 1476년(성종 7) 사은사(謝恩使) 부사로서 명나라에 다녀왔다. 자는 택부(澤夫), 본관은 경주로, 지돈녕부사 김점(金漸)의 손자 사위였다. 김시습을 만나본 다음해에 무고를 입고 의금부로 끌려가는 자산읍 수령을 전송한 일로 파직되었다가, 곧 성균관 사예로 복직되었다. 1474년(성종 5)에는 동지중추부사 겸 경상도 관찰사로서 왜적을 토벌하는 공을 세웠다. 1487년에 70세로 치사(致仕: 나이가 많아 벼슬을 사양하고 물러남)했으나 받아들여지지 않고 형조참판에 중용되었으며, 뒤에 동지중추부사를 지냈다. 시호는 공평(恭平)이다.

김일손(金馹孫, 1464~1498). 김시습이 만년에 양양에 거처하다가 1491년(성종 22) 봄에 중흥사로 갔을 때, 남효온과 함께 회동한 인물이다. 1491년 가을에 남효온을 이어 소릉

(昭陵) 복위 상소를 올렸다. 본관은 김해(金海), 자는 계운(季雲), 호는 탁영(濯纓) 또는 소미산인(少微山人)이며, 시호는 문민(文愍)이다. 사헌부 집의 김맹(金孟)의 아들이다. 1486년(성종 17)에 진사가 되었고, 같은해 식년문과 갑과에 제2인으로 급제하였다. 승문원(承文院) 권지 부정자(權知副正字)에 임명되었다가 정자(正字)가 되어 춘추관 기사관(春秋館記事官)을 겸하였다. 진주교수(晋州敎授)에 제수되었으나 곧 사직하고 고향에 돌아가 운계정사(雲溪精舍)를 열고 학문에 전념하였다. 이때 김종직(金宗直)의 문하에 들어가 수업하고 다시 벼슬길에 나아가 승문원 주서가 되었으며, 홍문관 박사·부수찬·성균관 전적·사헌부 장령·사간원 정언을 거쳐 홍문관 수찬·병조 좌랑·이조 좌랑을 지냈다. 그 뒤 홍문관의 부교리·교리 및 사간원 헌납·이조 정랑을 지냈다. 관료 생활을 하며 여러 차례 사가독서(賜暇讀書)하여 학문의 깊이를 더하였다. 그는 주로 언관(言官)을 지내면서 훈구파에 대항하여 사림파가 중앙 정계에 진출하는 것을 도왔다. 이로 말미암아 1498년(연산군 4) 유자광(柳子光) 등 훈구파가 일으킨 무오사화(戊午士禍)에서 조의제문(弔義帝文)을 사초(史草)에 실은 일과 소릉 복위 상소를 올린 일 등으로 인하여 능지처참형을 받았다. 중종 때 홍문관 직제학, 현종 때 도승지, 순조 때 이조판서에 각각 추증되었다. 목천(木川)의 도동서원(道東書院), 청도(淸道)의 자계서원(紫溪書院)에 제향되었다. 시호는 문민(文愍)이다. 문집으로 『탁영집』(濯纓集)이 있고, 「회로당기」(會老堂記)·「속두류록」(續頭流錄) 등이 『속동문선』(續東文選)에 실려 있다.

김종서(金宗瑞, 1390~1453). 호는 절재(節齋), 본관은 순천(順天)이다. 1405년(태종 5) 문과에 급제한 후 사간원의 여러 관직 등을 거쳐 1433년(세종 15)에 함길도(咸吉道) 관찰사로서 6진을 설치하여 조선의 국경선을 두만강으로 확정하고, 이듬해에는 함길도 병마도절제사를 겸직하였다. 그 뒤 형조판서, 예조판서, 우참찬을 거쳤다. 1449년(세종 31)에는 정도전(鄭道傳)이 편찬한 『고려사』가 공정하지 못하여 왕명으로 개찬(改撰)하게 되자 총책임을 맡아 1451년(문종 1)에 간행하였다. 그 뒤 평안도절제사, 좌찬성을 거쳐 우의정에 올랐으며, 1452년(문종 2) 『세종실록』을 편찬할 때 총재관이 되었고, 『고려사절요』(高麗史節要) 편찬을 감수하여 간행하였다. 이해에 12세의 단종이 즉위하자 좌의정으로서 황보인(皇甫仁), 정분(鄭苯) 등과 함께 어린 왕을 보필하였다. 1453년(단종 원년)에 격살(擊殺)된 뒤 대역모반죄라는 누명을 썼다. 1746년(영조 22)에 복관(復官)되었으며, 충익(忠翼)이라는 시호를 받았다.

김태현(金台鉉, 1261~1330). 김시습이 「양양부사 유자한에게 속내를 토로한 서한」에서 자신의 조상 가운데 한 사람이라고 언급한 인물이다. 고려의 건국 공신 길(吉)의 후손이다. 충렬왕 때 지첨의사사(知僉議司事)로 있으면서 충렬왕과 충선왕의 알력을 조정했고, 충선왕 때는 외직에 있었다. 충숙왕이 즉위한 뒤 1321년(충숙왕 8)에 첨의평리(僉議評理)로 복직했으며, 삼사판사(三司判事)로 승진하였다. 충숙왕이 원에 억류되어 있는 동안 국정을 처리하다가, 충숙왕이 돌아와 관직을 개편할 때 참의정승(參議政丞)으로서 파직되었다. 1330년에 충혜왕이 원나라에 청하여 충숙왕이 정동행성의 인(印)을 빼앗기자 임시로 국정을 맡았으나, 다시 충숙왕이 복위하면서 인(印)을 빼앗기고 옥에 갇혔다가 풀려났다. 충혜왕이 그를 불렀으나,

얼마 안 되어 병으로 죽었다. 시호는 문정(文正)이다. 『동국문감』(東國文鑑)을 편찬하였다.

남효온(南孝溫, 1454~1492). 김시습이 수락산에서 거처할 때부터 깊이 교유한 방외인(方外人)형의 인물이다. 본관이 의령(宜寧)이고, 자는 백공(伯恭), 호는 추강(秋江) · 행우(杏雨) · 최락당(最樂堂)이다. 영의정 남재(南在)의 5세손이며, 증조 남간(南簡)은 예문관 직제학을 지냈고 청백리로 이름을 날렸으며, 할아버지 남준(南俊)은 사헌부 감찰까지 지냈다. 하지만 부친 남전(南恮)은 생원에 그쳤다. 김종직의 문하에서 김굉필(金宏弼), 정여창(鄭汝昌)과 함께 수학하였다. 1478년(성종 9) 왕이 우토(雨土)의 재난으로 말미암아 직언을 구하자 상소를 올려 소릉(昭陵), 즉 문종의 비 현덕왕후릉(顯德王后陵)의 복위를 주장하였다. 이 소가 채택되지 않자 세사(世事)를 끊었다. 1480년에 모친의 명으로 생원시에 응시하여 합격했으나 다시 과거에 응하지 않았다. 또는 과장에 들어 피봉(皮封: 겉봉)만 냈다고 한다. 주계정(朱溪正) 이심원(李深源) · 안응세(安應世) 등과 친교를 맺었으며, 조신(曺伸)과도 내왕하였다. 신영희(辛永禧) · 홍유손(洪裕孫) 등과 죽림거사(竹林居士)를 자처하였다. 김시습의 「신귀설」에서 영향을 받아, 임인년(29세) 가을부터 갑진년(31세) 여름 사이에 「귀신론」을 지었다. 이 밖에도 「심론」(心論), 「성론」(性論), 「명론」(命論)을 지어 인간의 본성에 관해 진지하게 탐구하였다. 「성론」은 1485년(성종 16, 을사) 행주의 경지재(敬止齋)에서 저술한 것으로, 정여창이 기질지성과 본연지성을 둘로 갈라보아야 한다고 주장한 데 대하여 반박한 글이다. 술로 소일하여 몸을 해치고 단주를 결심했으나, 김시습은 「추강에게 답하는 글」(答秋江書)에서 불교에서처럼 계주(戒酒)할 것이 아니라 서서히 술을 끊으라고 충고하였다. 1492년(성종 23)에 39세로 세상을 떠났다. 1504년의 갑자사화 때, 김종직의 문인이었다는 이유와 소릉 복위를 상소한 일이 난신의 짓이라고 규정되어 부관참시(剖棺斬屍)당한다. 그 뒤 1513년(중종 8)에 소릉이 복위되면서 신원되어 좌승지에 추증되었고, 1782년(정조 6)에는 이조판서에 추증되었다. 시호는 문정(文貞)이다. 저서로 『육신전』(六臣傳), 『추강집』(秋江集), 『추강냉화』(秋江冷話), 『사우명행록』(師友名行錄)이 있다.

노사신(盧思愼, 1427~1498). 김시습이 호남을 여행하려고 은진현을 지나다가 만나 시를 주고받은 인물이다. 자는 자반(子胖), 호는 보진재(葆眞齋) · 천은당(天隱堂)이다. 할아버지는 좌의정 노한(盧閈)이고, 아버지는 동지돈녕부사(同知敦寧府事) 노물재(盧物載)이다. 1451년(문종 원년)에 생원시에 합격하고 1453년(단종 원년)에 27세로 식년문과에 급제하여 집현전 박사에 선임되었으며, 집현전 부수찬 · 성균관 직강 · 예문관 응교를 지냈다. 1459년(세조 5)에 세자 우문학(世子右文學)이 되었고, 세조의 신임을 얻어서 이어 사헌부 지평 · 세자 좌문학 · 동부승지를 거쳐, 도승지 · 홍문관 직제학이 되었다. 1465년에는 호조판서와 충청도 가관찰사(假觀察使)를 겸했으며, 『경국대전』을 편찬하였다. 뒷날 예종 연간(1468~1469)에 익대공신(翊戴功臣)에 녹훈되고 좌찬성에 올랐다. 1466년 숭정대부(崇政大夫)로 발영시(拔英試)와 등준시(登俊試)에 모두 합격하였다. 1467년 명나라 군대와 함께 건주위 정벌(建州衛征伐)에 나서 군공 2등(軍功二等)을 받았으며, 1468년 유자광(柳子光)의 고발로 남이

(南怡) · 강순(康純) 등이 반역 음모를 꾸몄다고 처단된 뒤 추충정난익대공신(推忠定難翊戴功臣)으로 선성군(宣城君)에 봉해졌다. 1469년 의정부 우참찬 · 좌참찬 · 우찬성을 지냈으며, 1470년(성종 원년)에는 좌찬성으로 이조판서를 겸하였다. 1471년에는 임금을 잘 보좌하고 정치를 잘한 공으로 좌리공신(佐理功臣) 2등에 책록되었다. 1476년 영돈녕부사(領敦寧府事)가 되었고, 1482년에는 선성부원군(宣城府院君)에 봉해졌다. 1485년 영중추부사로서 진휼사 겸 호조판서가 되었다. 1487년 명나라 효종(孝宗)이 즉위하자 등극사(登極使)로 명나라에 다녀왔다. 이듬해에 우의정이 되었고, 영안도 도체찰사(永安道都體察使)가 되었다. 1492년에 좌의정을 지내고 1495년에 영의정이 되었으나, 과거시험에 처족을 합격시켰다는 탄핵을 받아 물러났다. 1498년(연산군 4) 무오사화 때 옥사가 진행되던 중에 병으로 죽었다. 시호는 문광(文匡)이다. 『경국대전』(經國大典) 외에, 성종 연간의 국가적 편찬 사업에서 주도적 역할을 하여 『동국여지승람』(東國興地勝覽), 『동국통감』(東國通鑑), 『삼국사절요』(三國史節要) 등을 편찬하고, 『향약집성방』(鄕藥集成方)의 국역에 참가하였다.

박세당(朴世堂, 1629~1703). 김시습의 절의와 사상적 개방성을 흠모했던 조선 후기의 학자이다. 본관은 반남(潘南), 자는 계긍(季肯), 호는 서계(西溪) 또는 잠수(潛叟)이며, 시호는 문절(文節)이다. 이조참판 박정(朴炡)의 아들이다. 조선 후기의 학자로 남원에서 태어났으며, 1660년(현종 원년) 증광문과에 장원하여 성균관 전적에 제수되었다. 그 뒤 예조좌랑, 병조좌랑, 정언, 홍문관 교리 겸 경연 시독관, 북평사 등을 역임하였다. 1667년에 수찬을 거쳐 이듬해 이조좌랑에 임명되었으나 취임치 않아 장형을 받고 이해 동지사의 서장관으로 청나라에 다녀왔다. 이후 당쟁에 혐오를 느껴 관료 생활을 그만두고 양주(楊州) 석천동(石泉洞), 즉 도봉산(道峰山) 아래 다락원으로 물러났다. 그 뒤 1697년(숙종 23) 4월에 한성부 판윤 등 관직이 거듭 주어졌지만 거의 부임하지 않았다. 송시열(宋時烈)을 축으로 한 노론계(老論系)가 정국을 주도하던 시기라 정치적으로 많은 제약을 받았다. 1702년 이경석(李景奭)의 '신도비명'(神道碑銘)에서 송시열을 비판했으며, 1703년 『사변록』(思辨錄)을 저술하여 주자학을 비판하고 독자적인 견해를 밝힘으로써 사문난적(斯文亂賊)이라는 낙인이 찍혀 관작을 삭탈당하고, 유배 도중 옥과(玉果)에서 죽었다. 죽은 지 얼마 지나지 않아 신원(伸寃)되었고, 20년 정도 지나서야 문절(文節)이라는 시호를 받았다. 현재 수락산(水落山) 중턱(노원구 상계동) 석림사(石林寺) 옆에 묘소가 있다. 저서로는 『서계선생집』(西溪先生集), 『사변록』, 『신주도덕경』(新註道德經) 1책, 『남화진경주해산보』(南華眞經註解刪補) 6책, 『색경』(穡經)이 전한다.

박이창(朴以昌, ?~1451). 세종의 명으로 김시습의 조숙성을 시험한 인물로 알려져 있다. 본관이 상주(尙州)로, 대제학 박안신(朴安臣)의 아들이다. 1417년(태종 17) 문과에 장원 급제하여 예문관 검열이 되었고, 1426년(세종 8) 사헌부 감찰로서 전라도를 순찰한 뒤, 지평으로 승진하였다. 1434년(세종 16)에는 내자시소윤이 되어 왕명으로 농촌의 기근 현상을 살폈다. 1443년(세종 25)에 우부승지, 1445년(세종 27)에 좌부승지가 되었으며, 1447년에는 인수부윤 · 공조참판 · 황해도 관찰사, 1450년에는 호조참판과 평안도 관찰사를 지냈다. 1451년에 문종이 즉위하자 중추원부사·형조참판·경창부윤·평안도 감사를 지냈는데, 9월에 성절사(聖節使)로 명나라에 갈 때 많은 양곡을 가지고 간 것이 죄가 되어 귀국길에 의주에서 체포되었으며, 국법을 어긴 것을 부끄러이 여겨 스스로 목숨을 끊었다.

박지화(朴枝華, 1513~1592). 조선 중기의 학자로, 예학(禮學)과 역학(易學)에 밝은 한편, 도가적 섭양법을 실천했던 인물이다. 정선 박씨의 시조로 자는 군실(君實), 호는 수암(守菴)이다. 여든 살 때 임진왜란을 당하자 산 속으로 피신했다가 적이 가까이 온다는 사실을 알고 바위를 안고 시냇물에 투신하였다. 『주역』에 심취했고, 또 수련(修鍊)을 했으며, 승려 대주(大珠)에게서 불교를 전수받았으니, 유·불·도에 두루 통했다고 말할 수 있다. 『해동전도록』(海東傳道錄)에 따르면, 조선 단학파의 계보에서 김시습—승려 대주의 계보를 정렴(鄭磏)과 함께 계승한 것으로 되어 있다.

서거정(徐居正, 1420~1488). 김시습보다 15세 연상이지만 한때 망년지교(忘年之交)를 맺었던 관각 문인(館閣文人)이다. 김시습은 1465년(세조 11) 4월의 원각사 낙성회에 참석했다가 여름 한철 서울 동쪽 산에 머물면서 서거정과 친교를 굳혔다. 본관은 대구, 자는 강중(剛中), 호는 사가정(四佳亭)·정정정(亭亭亭)이다. 권근(權近)의 문장을 이어받은 외손이다. 부친 서미성(徐彌性, 1383~1429)은 조선조에 들어와 벼슬을 하여 안주목사를 지냈다. 서미성은 2남 5녀를 낳았는데, 서거정은 막내이다. 자형 최항(崔恒, 1409~1474)은 세종조에 학문으로 명성이 높았고, 고모부 진호(秦浩)의 사위 이계전(李季甸) 또한 명성이 있었다. 조수(趙須)·유방선(柳方善) 등에게서 배웠고, 1438년(세종 20) 생원시와 진사시에 합격하고, 1444년(세종 26) 식년문과에 을과 급제했으며, 문종 원년(1451)에 사가독서(賜暇讀書)를 하고 집현전 박사·부수찬·응교 등을 역임하였다. 1452년(문종 2)에 수양대군의 종사관으로 북경에 갔다온 것이 인연이 되어 세조의 조정에서 요직을 거친다. 1456년(세조 2) 6월에 사육신 사건이 일어나 집현전이 혁파되자, 성균관 사예로 관직을 옮겼다. 1457년(세조 3)에는 중시(重試)에서 장원하여 통정대부 우사간에 특별히 제수되었고, 지제교를 겸하였다. 그 뒤 대사헌 김세민(金世敏)과 함께 금성대군 이유(李瑜)의 죄를 논하였다. 1458년(세조 4) 10월에 공조참의, 1459년에 예조참의, 1460년 2월에 이조참의로 자리를 옮겼다. 그해 6월 19일에는 중추원부사를 겸하고, 이조참판 김수(金脩)가 이끄는 사은 사절의 부사로 명나라에 갔다가 10월 7일에 귀국하였다. 공조참의를 거쳐 11월 10일에 예조참의에 임명되었다. 1488년(성종 19)에 죽기까지 여섯 왕을 섬기며 45년간 조정에 봉사하고, 6조 판서를 두루 거쳤으며 한성판윤 2번, 대사헌 2번, 황비(黃扉: 재상의 직위) 5번을 지냈다. 특히 대제학을 23년이나 맡았으며 45년간이나 경연에 참여하였다. 남긴 저술로는 시문집으로 『사가집』(四佳集)이 있고, 그 밖에 『역대연표』(歷代年表)·『동인시화』(東人詩話)·『태평한화골계전』(太平閑話滑稽傳)·『필원잡기』(筆苑雜記)를 저술하였다. 또 다른 사람과 함께 『동국통감』(東國通鑑)·『동국여지승람』(東國輿地勝覽)·『동문선』(東文選)·『경국대전』(經國大典)·『삼국사절요』(三國史節要)를 엮었으며, 『향약집성방』을 국역하였다.

설준(雪峻, ?~1489). 김시습이 18세 때인 1452년에 송광사(松廣寺)에서 불교를 배운 승려이다. 호남의 승려로, 방외(方外)의 여행으로 법력을 닦은 뒤 서울에서 설법했으며, 안평대군을 추종하였다. 그 뒤 호남으로 내려가 송광사에 석장을 머물렀다. 1473년(성종 4)에 고양의 정인사(正因寺)가 중창되었을 때 그 절의 주지가 되었으며, 서거정(徐居正)·남효온(南孝溫) 등과 널리 교유하였다. 그러나 이미 1473년 7월부터, 당시 대사헌이었던 서거정은 그가 여승과 부녀자들을 모아 밤을 새웠다는 이유로 '종적이 해괴한 승려'라고 거론하였다. 설준은 그해 8월에 장(杖) 80대를 속바쳤다. 1476년 7월 26일의 경연에서는 지평 박숙달(朴叔達)이 그를 학열(學悅)·학조(學祖)·신미(信眉) 등과 함께 '재물을 늘리면서 민폐를 끼치는 승려'라고 규탄하였다. 1479년(성종 10) 이후에는 환속되어 회령(會寧)에 충군(充軍)되었고, 1489년(성종 20) 무렵에 그의 면포(綿布)를 노린 회령 갑사에게 무참히 살해된 듯하다.

손순효(孫舜孝, 1427~1497). 김시습이 족형(族兄)이라고 일컬은 인물이다. 본관은 평해(平海), 자는 경보(敬甫)이다. 아버지는 군수 밀(密)이며, 어머니는 조온보(趙溫寶)의 딸이다. 1453년(단종 원년)에 증광문과에 을과 급제하고, 1457년(세조 3)에 문과 중시에 정과로 급제했으며, 성종조에 현달(顯達)하였다. 1485년에는 임사홍(任士洪)을 두둔하다가 왕의 비위에 거슬려 경상도 관찰사로 나갔다. 곧이어 우찬성을 거쳐 판중추부사를 지냈다.

송경원(宋慶元, 1419~1510). 본관은 여산(礪山), 호는 둔학(遯壑). 아버지는 군수 치선(治善)이며, 어머니는 연일 정씨(延日鄭氏)이다. 김종직, 남효온 등과 교유하였다. 1455년(세조 1)에 음보(蔭補)로 전라도사에 임명되었다. 1457년(세조 3) 단종이 영월에 유폐되었다는 소식을 듣고 육촌 형 송간(宋侃)과 함께 영월로 달려가 문 밖에서 복명(復命)하고 돌아왔다. 단종이 사사되자, 송간과 함께 계룡산으로 들어가 2년간 상복을 입었다. 그 뒤 임실(任實) 백이산(伯夷山)에 숨어살아 그곳에서 일생을 마쳤다. 그곳에 숨어살던 이인로(李仁老)·조응(趙膺) 등과 함께 임실생육신이라고 일컬어진다. 1788년(정조 12)에 신안서원(新安書院)에 제향되었고, 이어 숙모전(肅慕殿)에 추배(追配)되었다. 저서로 『둔학집』(遯壑集)이 있다.

송처검(宋處儉, 1410~1477). 청주 송씨 송구(宋俱)의 아들로, 자는 율보(栗甫)이다. 1443년(세종 25) 12월에 훈민정음이 창제되고, 이듬해 2월 20일 집현전 부제학 최만리(崔萬理)가 훈민정음 창제를 반대하는 상소를 올렸을 때, 집현전 부수찬으로서 그 상소에 연명했던 인물이다. 김시습이 관서 유람 때 만난 일이 있다.

안응세(安應世, 1455~1480). 죽산인이다. 자는 자정(子挺), 호는 월창(月窓) 또는 구로주인(鷗鷺主人)이라고 하였다. 남효온보다 한 살 아래로, 서로 매우 가까웠다. 사람됨이 청담쇄락(淸澹灑落)했으며, 안빈희분(安貧喜分)하여 명리를 구하지 않았다. 1480년 진사과에 합격했으나, 그해 9월에 26세로 죽었다.

원효연(元孝然, ?~1466). 자는 자순(子順), 본관은 원주이며, 정언 원황(元滉)의 아들이다. 세종 때 진사시에 합격한 뒤 단종이 즉위한 1452년에 장령에 임명되고 검상·사인 등을 거쳐, 1454년에는 첨지중추원사로서 대마주경차관(對馬州敬差官)이 되어 대마도주에게 세견선 문제를 통고하였다. 1455년 세조가 즉위한 뒤 예조참의에 임명되고 좌익공신 3등에 녹훈되었으며, 경상도 관찰사로 나갔다. 1456년에 예조참판 대사헌이 되었으며, 이해에 덕녕부윤(德寧府尹)으로서 등하극사 사행에 참여하였다. 귀국 후 동지중추원사를 거쳐 1458년에는 평안도 관찰사로 임명되었고, 이듬해에 형조참판이 되었으며, 1462년에는 원성군(元城君)에 봉해지고 전라도 관찰사가 되었다. 1463년에는 인순부윤(仁順府尹)·한성부윤이 되었으며, 1464년에 예조판서가 되었다. 시호는 문정(文靖)이다.

유자한(柳自漢, ?~1504). 1486년에 양양부사로 부임하여, 김시습에게 벼슬 살 것을 권유한 인물이다. 본관은 진주이고, 참판 양식(陽植)의 아들이다. 1459년 평양의 별시문과에 1등으로 급제하고, 그 뒤 여러 청요직을 거쳤다. 1464년에 경기도 경차관(敬差官)이 되었다. 1465년에는 중시문과(重試文科)에 병과로 급제하였고, 1466년에는 지평으로 있었다. 1475년에 홍문관 부교리가 되었고, 1478년에는 예문관 응교·군기시첨정(軍器寺僉正)을 지냈으며, 1482년에 행사간(行司諫)이 되었다. 1486년에 양양부사로 부임해서는 의창(義倉)의 환자〔還上, 환곡〕에 따른 폐단을 상소하여 백성들을 구휼하는 데 힘썼다. 1504년 갑자사화에 연루되어 귀양갔다가 거기서 죽었다.

유희령(柳希齡, 1480~1522). 김시습의 유고를 간행할 것을 주장한 인물이다. 『표제음주동국사략』(標題音註東國史略), 『대동시림』(大東詩林), 『대동연주시격』(大東聯珠詩格), 『송시정운』(宋詩正韻), 『조종시율』(祖宗詩律) 등 다수의 활자 인쇄본을 간행한 인물이다. 그가 만든 활자를 그의 호를 따서 '몽암(夢菴)활자'라고도 부른다. 기묘사화 때 작은아버지 유인숙(柳仁淑)이 화를 당하자 관직을 떠나 문산(文山)에서 은거 생활을 한 일이 있다.

윤상(尹祥, 1373~1455). 김시습이 어려서 『주역』과 『예기』를 수학한 학자이다. 본관은 예천(醴泉), 초명은 철(哲), 자는 실부(實夫), 호는 별동(別洞)이다. 예천군 향리 윤선(尹善)의 아들로 태어났으나, 과거를 통하여 양반이 되었다. 조용(趙庸)이 조선의 건국을 반대하다가 예천에 유배되어 있을 때, 조말생(趙末生)·배강(裵杠) 등과 함께 문하에서 공부하였다. 조용은 정몽주의 문인으로, 성리학에 밝았다. 1392년(태조 원년) 진사시에 합격하고 이듬해 생원시에 합격했으며, 1396년(태조 5)에는 식년문과에 급제하였다. 선산·안동·상주의 교관과 한성 서부의 교관을 거쳐 예조정랑이 되었다. 서장관(書狀官)으로 명나라에 다녀와서 성균관 사예가 되었으나, 노부모를 위해 외직을 청하여 황간·영천(榮川)·대구의 수령을 역임하였다. 뒷날 다시 사성·대사성이 되었다. 1448년(세종 30)에는 예문관 제학으로서 성균관 박사가 되어 성균관에 입학한 세손(뒷날의 단종)에게 학문을 강의하였다. 문종 초에 벼슬을 그만두고 고향에서 후학을 가르치다가, 83세로 세상을 떠났다.

윤춘년(尹春年, 1514~1567). 『금오신화』를 간행한 인물이다. 본관이 파평(坡平)이고, 자는 언구(彦久), 호는 학음(學音)·창주(滄洲)이다. 그는 참판 윤안인(尹安仁)의 아들로, 1534년(중종 29)에 생원이 되었고, 1543년(중종 38)의 식년문과에 갑과로 급제한 뒤 여러 청환직(淸宦職)을 역임하였다. 그런데 1545년(명종 즉위년)에 을사사화가 일어나자 친족인 소윤 윤원형(尹元衡)과 합세하여 대윤 일파를 제거하는 데 앞장섰다. 1546년에 병조좌랑이 되어 윤원로(尹元老)를 제거했으며, 윤원형의 총애를 받아 이조정랑, 장령, 교리 등을 거쳐 1553년에는 대사간에 발탁되었다. 2년 뒤에 부제학을 거쳐 대사헌이 되었다. 1558년 한성부 판윤을 역임했으며, 그해에 동지주청사로 명나라에 다녀왔다. 윤춘년의 문집 『학음고』(學音稿)에는 무오년(戊午年, 1558)으로 계년(繫年)된 「부경동행축기」(赴京同行軸記)가 실려 있는데, 중국 북경을 오고간 행적을 그림으로 남겼음을 알 수 있다. 1565년 예조판서로 재직하던 중 윤원형이 제거되자 파직당하였고, 향리에서 병을 얻어 1567년(선조 즉위년) 10월에 죽었다. 그의 집에 요사스러운 일이 생겨 정신이 이상해져서 밤이면 밀실에서 혼자 무당굿을 하고 북 치고 춤추며 귀신에게 제사하다가 죽음에 이르렀다고 한다. 문집으로는 일본 텐리(天理)도서관에 필사본『학음고』가 전한다.

의상(義湘, 625~702). 법호를 '義相'으로 표기해야 옳다는 주장도 있다. 해동 화엄의 초조(初祖)로, 25세 때인 650년에 원효(元曉, 617~686)와 함께 육로를 통해 당나라로 가려다 실패하고 36세 때인 661년에 당나라 사신의 배를 타고 당나라로 들어가, 유지인(劉至仁)을 만나 풍족한 공양을 받으며 그 딸 선묘(善妙)와 인연을 맺었다. 다음해(662)에 지상사 지엄(智儼, 602~668)을 찾아가 화엄 교학의 진수를 전해 받고, 『일승법계도합시일인』을 지어 인가를 받았다. 지엄이 입적한 뒤에는 김흠순(金欽純)의 권유로 귀국하여 당 고종의 신라 침공 계획을 알렸고, 태백산에 부석사(浮石寺)를 창건하여 화엄의 근본 도량으로 삼았으며, 서민 불교적인 미타정토신앙을 중요시하였다. 저술로 『일승법계도합시일인』 1권 외에, 『입법계품초기』(入法界品鈔記) 1권(실), 『화엄십문간법관』(華嚴十門看法觀) 1권(실), 『아미타경의기』(阿彌陀經義記) 1권(실), 『제반청문』(諸般請文)(실), 『백화도량발원문』(白華道場發願文)(斷簡 현존), 『화엄일승발원문』(華嚴一乘發願文), 『투사예』(投師禮)가 있다.

이계전(李季甸, 1404~1459). 김시습이 다섯 살 때 『중용』과 『대학』을 가르쳐준 학자이다. 자는 병보(屛甫, 屛父), 호는 존양재(存養齋)이다. 한산(韓山) 이씨(李氏) 가문의 사람으로, 목은 이색(李穡)의 손자이자 종선(種善)의 아들이며 권근(權近)의 외손자이다. 1427년(세종 9)에 친시문과에 을과로 급제하여 집현전 학사가 되었고, 1436년에 왕명으로 김문(金汶) 등과 함께『자치통감강목훈의』(資治通鑑綱目訓義)를 편찬했으며, 수찬(修撰)을 지냈다. 그 뒤 세종 때는 동부승지, 좌부승지, 도승지를 지냈다. 1453년(단종 원년)의 계유정난(癸酉靖難)에 참여하여 정인지(鄭麟趾)와 함께 공신 1등에 녹훈되었고, 다시 성삼문(成三問) 등을 제거하는 데 공을 세워 좌익공신에 올랐다. 사육신의 한 사람인 이개(李塏, 1417~1456)의 숙부이면서도 김종서와 안평대군을 제거하는 데 적극 참여했다. 1455년(세조 원년)에 이조판서, 다음해에 판중추부사에 임명되었다. 1459년 7월에 경기 관찰사에 임명되었으나, 그해 9월에 죽었다. 시호는 문열(文烈)이다.

이봉(李封, 1441~1493). 김시습의 스승 이계전(李季甸)의 아들이다. 자는 번중(藩仲), 호는 소은(蘇隱)이다. 1465년(세조 11) 별시문과에 장원으로 급제하였고, 이듬해 문과 중시에 합격하여 우승지, 좌승지, 공조참판, 이조참판을 역임하였다. 1475년(성종 6)에 강원도 관찰사, 1476년에 동지중추부사로 성절사가 되어 명나라에 다녀왔다. 1478년에 황해도 관찰사를 지냈고, 1484년에는 전주판윤으로 있으면서 『본국여지도』(本國輿地圖)를 작성하여 올렸다. 1487년(성종 18)에는 호조판서로서 진위 겸 진향사(陳慰兼進香使)가 되어 명나라에 다녀왔다. 영안도(永安道) 관찰사·한성부판윤·형조판서·경상도 관찰사 등을 두루 역임하였다.

이산해(李山海, 1538~1609). 선조 연간에 『매월당집』이 활자로 간행될 때 서문을 쓴 인물이다. 당시 이산해의 직함은 숭정대부(崇政大夫) 의정부우찬성 겸지경연사 홍문관제학(議政府右贊成 兼知經筵事 弘文館提學)이었다. 자는 여수(汝受), 호는 아계(鵝溪), 본관은 한산(韓山)이다. 내자시정(內資寺正) 이지번(李之蕃)의 아들로, 1558년(명종 13) 진사시에 합격한 뒤 1561년(명종 16) 식년문과에 병과로 급제하고, 여러 관직을 거쳐 1588년에 우의정이 되었다. 동인이 남인과 북인으로 갈라졌을 때 북인의 영수로 정권을 잡았으며, 1590년에 영의정이 되었다. 서화와 문장에 능하여, 선조 때 문장 8가의 한 사람으로 일컬어졌다.

이우(李堣, 1467~1517). 자는 명중(明仲)이다. 개(塏)·파(坡)·봉(封) 등 이른바 한산재자(韓山才子)의 맏형이었다. 성종 연간에 참의(參議)로 있다가 죽었는데, 인척관계이기도 한 서거정이 그와 친하여 『사가집』(四佳集) 시집 권12에 「이참의를 곡하다」(哭李參議)라는 시를 남겼다.

이자(李耔, 1480~1533). 김시습의 시문을 모아 간행하려고 했던 인물이다. 주계부정 이심원(李深源)에게서 수학했는데, 이심원은 1478년보다 앞서 세조의 훈구 공신들을 기용하지 말 것을 성종에게 직언한 사람이다. 본관은 한산, 고조는 이종학(李種學)이니, 이곡(李穀)·이색(李穡)의 후손이다. 1501년(연산군 7)에 사마시에 합격하고, 1504년에 식년문과에 장원으로 합격하였다. 사헌부 감찰에 임명되었다가, 천추사 서장관으로 명나라에 다녀왔다. 1505년에 이조정랑이 되었으나, 연산군의 폭정을 보고 자청하여 의성(義城)현감으로 나갔다. 1509년(중종 4)에 홍문관 수찬이 되었고, 이어서 응교·부교리·전한·직제학·부제학 등 홍문관 직을 역임하였다. 1518년(중종 13)에는 도승지를 거쳐 대사헌이 되었으며, 종계변무주청사(宗系辨誣奏請使)의 부사로 명나라에 다녀왔다. 1519년에는 병조판서가 되었다. 조광조(趙光祖)와 교류했고, 남곤(南袞)·김안로(金安老)와도 친분이 있었다. 1519년에 기묘사화가 일어나자 연루되어 삭탈 관직된 후 음성(陰城)에 거주하며 '음애'(陰崖)라고 불렸다. 다시 충주의 토계(兎溪)에 더부살이하며 '몽암'(夢庵)을 짓고 몽옹(夢翁)이라고 하였다. 당시 이연경(李延慶)·김세필(金世弼)·이약수(李若水)·허초(許礎) 등과 강학(講學)했으며, 노수신(盧守愼)과 친분을 맺었다. 그 뒤 복직되지 않은 채 1533년에 병사하였다. 1590년(선조 23)에 광국원종공신(光國原從功臣)의 녹권(錄券)이 내려지고, 의정부 좌찬성에 증직되었다. 시호는 문의(文懿)이다.

이정은(李貞恩). 남효온과 절친했던 인물이다. 자를 정중(正中), 호를 월호(月號)·풍곡(嵐谷)·설창(雪窓)이라고 하였다. 태종의 왕자 익녕군(益寧君)의 아들로, 수천부정으로 있다가 도정(都正)으로 승급하였다. 부정은 종친부나 돈녕부의 부정으로 종3품이었다. 직책이 당하관의 명예직이어서 생애를 술과 풍류로 보냈다. 음률에 뛰어났다.

이파(李坡, 1434~1486). 김시습의 스승 이계전의 아들이다. 자는 평중(平仲), 호는 송국재(松菊齋)이다. 1450년(세종 32)에 진사, 이듬해에 증광문과에 급제하여 벼슬길에 올랐다. 1463년(세조 9) 『동국통감』을 편찬할 때 참여했고, 1466년 한성부좌윤으로 있으면서 발영시에 2등으로 급제하였다. 1475년(성종 6)에 이조참판이 되어 『삼국사절요』를 지어서 왕에게 바쳤으며, 1480년에 예조판서가 되었다. 1485년(성종 16)에 좌참찬을 거쳐 우찬성·좌찬성에 이르렀으나, 이듬해에 폭음 때문에 죽었다. 평양부윤으로 있을 때 김시습에게 시를 보내어, 김시습의 화운시(和韻詩) 15수가 『매월당집』에 남아 있다.

임원준(任元濬, 1423~1500). 출세욕이 강한 문인이었다. 글솜씨가 뛰어났고, 의약과 풍수에도 밝은 재주꾼이었다. 자는 자심(子深), 호는 사우당(四友堂)이며, 고려 밀직사판사 임군보(任君輔)의 증손이다. 연산군 때의 간신 임사홍의 부친이다. 본래 효령대군의 농장에서 일하던 미천한 신분이었으나 세종이 그의 글솜씨에 탄복하여 동반직을 주었다. 1456년(세조 2)에 문과에 을과로 급제하여 집현전 부교리가 되었고, 다음해 중시에서 병과로 합격하여 사헌부 장령·봉상시 판사·이조참의를 거쳐 호조·예조·병조·형조의 참판을 지냈다. 1466년의 발영시와 등준시에도 합격했으며, 예조판서, 의정부 좌참찬과 우참찬을 차례로 거쳤다. 성종 2년인 1471년에 좌리공신 3등으로 서하군(西河君)에 봉해졌다.

조상치(曺尙治). 생몰년 미상. 단종의 폐위 직후 김시습과 함께 시절을 통탄한 인물이다. 김시습과 함께 동학사에서 단종의 초혼제를 올렸다. 본관은 창녕이며, 자는 자경(子景), 호는 단고(丹皐)·정재(靜齋)이다. 길재(吉再)의 문인이다. 1419년(세종 원년) 증광문과에 장원급제한 뒤 집현전 학사로 활약했으며, 세종·문종·단종의 3대에 걸쳐 성삼문·박팽년과 더불어 총애를 받았다. 1455년(단종 3)에 집현전 부제학에 임명되었다. 세조가 왕위에 오른 뒤 그를 예조참판에 임명했으나 사직하고 은거하였다. 1791년(정조 15)에 이르러 단종의 묘역인 장릉에 배향되었다.

조수(趙須). 생몰년 미상. 성균관 사예(司藝)로 재직하면서, 김시습에게 '열경'이라는 자(字)를 지어주고 격려하는 뜻의 자설(字說)을 함께 적어주었다. 본관은 평양, 자는 향보(享父), 호는 송월(松月)·만취(晚翠)이다. 의정부 찬성사 호(瑚)의 아들이다. 생원시를 거쳐 1401년(태종 원년)의 증광문과에 급제하였다. 1406년에 병조정랑을 지냈고, 1409년 내섬시소윤(內贍寺少尹)으로 있을 때 이웃과 불화한 사건 때문에 파면되었다. 그해에 태종이 자신의 처남 민무구(閔無咎) 형제를 제거할 때, 그의 서형 희민(希敏)과 아버지 호(瑚)가 사사되었다. 이로써 그는 30년간 관동 지방을 떠돌아다녔는데, 그러는 중에도 학문에 전념하였다. 세종이 그 재주를 아껴, 1435년(세종 17)에 성균관 사예로 다시 등용하고, 집현전 학사들을 지도하게 하였다.

조우(祖雨). 생몰년 미상. 광사 주지로 있어 우송광(雨松廣)이라고 불린 고승이다. 노사신에게서 『장자』를 배운 일이 있다. 김시습은 조우가 정창손을 찾아가는 것을 보고 시비를 걸었다. 뒷날 조우가 수락산으로 그를 찾아오자, 밥을 지으라고 해놓고는 밥을 다 지어 떠먹으려 할 때 발로 땅을 차서 흙먼지를 일으켜 먹지 못하게 했다는 일화가 전한다.

최선복(崔善復). 생몰년 미상. 김시습이 처음에 용장사 부근에 묵을 때 김담(金淡)의 뒤를 이어 경주부윤이 된 인물이다. 본관은 화순(和順)이고, 자는 자초(子初), 호는 두곡(豆谷)이다. 진사를 거쳐 1447년(세종 29)의 식년문과에 정과로 급제하였고, 벼슬이 통정대부에 이르렀다.

최연(崔演, 1503~1549). 『어우야담』(於于野譚)에 양양에서 김시습에게 수학했다는 일화가 실려 있고, 1928년에 후손들이 강릉에서 간행한 그의 문집 『간재집』(艮齋集) 권12 「간재선생연보보유」(艮齋先生年譜補遺)에도 그 일화를 초록해두었다. 하지만 이 사람은 연산군 9년인 1503년에 태어났으므로 김시습에게서 수학했을 리가 없다. 간재 최연은 본관이 강릉이고, 자는 연지(演之)이며, 조부는 자점(自霑), 부는 세건(世楗)이다. 1525년(중종 20)에 사마양시(兩試)에 합격하고 문과에 급제한 뒤, 사가독서(賜暇讀書)도 하였다. 대사간, 병조참의, 도승지, 이조참판, 병조참판, 한성부판윤을 지냈다. 1548년(명종 3)에 동지사로 중국에 갔다 오는 길에, 동행했던 아우 최순(崔洵)이 용만(龍灣)에서 죽자 애통해 하다가 병을 얻어, 이듬해 2월에 평양 관사에서 47세로 죽었다.

최치운(崔致雲, 1390~1440). 김시습의 이름을 지어준 인물이다. 최안린(崔安獜)의 아들이며, 좌윤(左尹) 최원량(崔元亮)의 손자로, 자는 백경(伯卿), 호는 조은(釣隱)이다. 1408년(태종 8)에 사마시에 합격하고, 1417년(태종 17)의 식년문과에 동진사(同進士)로 급제하여 승문원에 기용되었다. 세종 때는 집현전에 들어갔고, 경력(經歷)으로 야인을 정벌하는 데 공을 세웠으며, 공조와 이조의 참판, 좌승지를 역임하였다. 1439년(세종 21)에 공조참판으로 계품사(計稟使)가 되어 명나라에 다녀오는 등 모두 다섯 차례나 명나라에 다녀왔다. 법률에도 밝아서 1438년에는 『무원록』(無寃錄)을 주석하였다. 벼슬이 예문관 제학을 거쳐 이조참판에 이르렀으나, 술을 너무 좋아하여 일찍 죽었다.

허조(許稠, 1369~1439). 1439년에 70세의 고령으로 다섯 살의 김시습을 찾아가서 그가 신동임을 확인한 인물이다. 본관은 하양(河陽), 자는 중통(仲通), 호는 경암(敬菴)이다. 17세에 진사시에 합격하고 19세에 생원시에 합격했는데, 태조가 즉위하면서 특별히 좌보궐(左補闕)에 임명하고 봉상시승(奉常寺丞)을 시켰다. 1400년(정종 2)에 사헌(司憲)이 되었고, 한때 완산판관(完山判官)으로 좌천되었다가 다시 이조정랑이 되었다. 세종이 즉위할 때 예조판서를 거쳐 의정부 참찬에 이르렀고, 1438년(세종 20)에는 정승의 자리에 올라 황희(黃喜)와 함께 국정을 담당하였다. 죽은 뒤 세종의 묘정에 배향되었고, 하양(河陽)의 금호서원(琴湖書院)에 제향되었으며, 문경(文敬)이라는 시호를 받았다.

홍유손(洪裕孫, 1452~1529경). 김시습보다 10여 세 연하로, 그를 스승처럼 모셨다. 본관은 남양이고, 자는 여경(餘慶), 호는 소총(篠叢) 또는 광진(狂眞)이다. 선조는 고려 때 삼

중대광태사를 역임한 홍은열(洪殷悅)이지만, 가까운 조상대에 집안이 기울어 남양의 아전에게서 태어났다. 언제 태어나고 언제 죽었는지 불확실하며, 심지어 96세에 아내를 맞이하고 다시 80년을 살다 죽었다는 설화마저 있다. 활동 시기를 고려할 때 1529년(중종 24)에 죽었다는 설이 신빙성이 높고, 78세를 살았다는 설이 비교적 사실에 가깝다. 과거에 응시하고도 제술(製述)은 하지 않고, 종일토록 술에 취해 희어(戲語)만 쓰고 나왔다고 한다. 1481년(성종 12)에 남양군수 채신보(蔡申保)가 그의 문장과 재능을 아깝게 여겨 아전의 신역(身役)을 면제해주었다. 그러자 영남으로 내려가 김종직에게 두시(杜詩)를 배웠다. 두류산(현 지리산)에 들어가 공부하고 돌아와서 스승 김종직의 처신과 당대의 세상일에 대한 비판을 삼가지 않았다. 그 때문에 김종직의 미움을 샀다. 1510년(중종 5)에는 늙은 나이로 부역을 면하기 위해 과거에 응시하였다. 그는 처음에 성리학을 공부했으나, 점차 불교나 노장사상에 관심을 기울였다. 김시습은 그에게 『천둔검법연마결』(天遁劍法鍊魔訣)을 전수하였다. 홍유손은 그것을 밀양 박씨 묘관(妙觀)에게 전수시켜, 조선 단학파(丹學派)의 맥을 형성하였다고 한다. 또 1482년(성종 13)에는 남효온을 우두머리로 삼고 자신이 차석이 되어 '죽림칠현(竹林七賢)을 이끌었다. 그 뒤 연산군 초에는 명양정(明陽正) 이현손(李賢孫), 노섭(盧燮), 유방(柳房) 등과 어울렸다. 1498년(연산군 4) 8월에 옥사가 일어나, 9월 중순에 제주도로 유배되었다가, 중종반정으로 8년 만에 풀려났다. 김시습을 애도하는 제문(「祭金悅卿時習文」)을 남겼다.

홍윤성(洪允成, 1425~1475). 본관은 회인(懷仁), 호는 영해(領海) 또는 수옹(守翁)으로, 홍제년(洪霽年)의 아들이다. 수양대군(세조)에게 무예로 협력하여 정난공신(靖難功臣)에 올라 인산부원군(仁山府院君)의 작호를 받았다. 김시습이 수락산에 거처할 때 그와 서거정의 시회에 합석한 일이 있다. 세조가 즉위한 후 그는 예조판서와 경상우도 도절제사(慶尙右道都節制使)를 역임했고, 1460년(세조 6)에는 신숙주(申叔舟)와 함께 여진족을 토벌하고 돌아와 얼마 후 좌의정을 거쳐 영의정에 올랐다. 성격이 매우 탐욕스럽고 포악하였다. 음주량이 대단하여, 세조가 그의 호를 '경음당'(鯨飮堂)이라고 지어주었다.

효령대군(孝寧大君, 1396~1486). 1463년(세조 8) 가을에 스물아홉의 김시습을 세조에게 소개하여 내불당에서 불경을 번역하는 사업에 참여하게 한 인물이다. 태종의 둘째 아들, 곧 세종의 둘째 형으로, 불교를 독실하게 믿었다. 이름은 이보(李補), 초명은 이호(李祜), 자는 선숙(善叔)이다. 어머니는 소열왕후(昭烈王后) 민씨(閔氏)이다. 부인은 해주(海州) 정씨(鄭氏)로, 찬성(贊成) 정역(鄭易)의 딸이다.

참고문헌

1. 김시습의 시문집 및 저술

『梅月堂集』, 민족문화추진회 영인 據 日本蓬左文庫藏 活字本, 한국문집총간 13, 1988.

『梅月堂集』 필사본, 日本 國立公文書館藏 內閣文庫.

『梅月堂集』, 1927년 金鳳起 편, 고려대학교 도서관 晩松文庫 소장 신활자본.

『梅月堂集』, 고려대학교 도서관 晩松文庫 소장, 1585年 內賜 具鳳齡 活字本, 零本 2책(目錄, 권14~15).

『梅月堂詩四遊錄』, 고려대학교 도서관 晩松文庫 소장 목판본, 5권 1책.

『梅月堂詩四遊錄』, 서울대학교 규장각 소장 목판본, 5권 1책.

趙基永 編, 『生六臣合集』, 고려대학교 도서관 晩松文庫 소장, 1844년 永川 龍溪書院 목판본.

『梅月堂全集』, 성균관대학교 대동문화연구원 편, 1973.

『국역 매월당집』, 5책, 세종대왕기념사업회, 1977~1980.

『蓮經別讚』, 1524년(嘉靖 3) 聞慶 雙龍寺 改版本의 排印本, 동국대학교 한국불교전서 편찬위원회, 『韓國佛敎全書』 7, 동국대학교 출판부, 1986, 287~295쪽.

『華嚴釋題』, 1524년(嘉靖 3) 聞慶 雙龍寺 改版本의 排印本, 동국대학교 한국불교전서 편찬위원회, 『韓國佛敎全書』 7, 동국대학교 출판부, 1986, 295~301쪽.

『大華嚴法界圖註幷序』, 1562년(嘉靖 41) 通度寺 藏板本에 의한 1944년 필사본, 동국대학교 한국불교전서 편찬위원회, 『韓國佛敎全書』 7, 동국대학교 출판부, 1986, 301~308쪽.

『十玄談要解』, 동국대학교 한국불교전서 편찬위원회, 『韓國佛敎全書』 7, 동국대학교 출판부, 1986, 309~324쪽.

최귀묵, 『김시습 조동오위요해의 역주 연구』, 소명출판, 2006.

대한불교조계종 백련불교문화재단, 『성철대종사 소장 십현담요해 언해본의 의미』, 2009.

閔泳珪, 「校錄 曹洞五位要解」, 『梅月堂學術論叢: 그 문학과 사상』, 강원대학교 인문과학연구소, 1989. 7, 248~434쪽.

『金鰲新話』, 중국 大連圖書館 소장, 尹春年 간행 목판본, 1책.

『金鰲新話』, 고려대학교 도서관 소장, 1888년 일본 간행 목판본, 1책.

이재호 역, 『금오신화』, 을유문화사, 1972년 초판; 과학사, 1980.

이가원 역, 『금오신화』, 현대사, 1953; 통문관, 1959.

심경호 역, 『금오신화』, 홍익출판사, 2000.
조선문학예술총동맹, 『김시습 작품선집』, 조선고전문학선집, 북한 조선문학예술총동맹, 1963.

2. 관련 자료

徐居正 外 편, 민족문화추진회 역, 『국역 동문선』, 고전국역총서 36, 1977년 초판, 1988년 중판.
국사편찬위원회 편, 『조선왕조실록』, 축쇄보급판, 탐구당, 1981.
金富軾, 『三國史記』, 中宗壬申刊本(正德本), 민족문화추진회 영인, 1973.
一然, 崔南善 編, 『三國遺事』, 民衆書館, 1946년 초판, 1975년 6판.
한국문헌연구소 편, 『新增東國輿地勝覽』, 아세아문화사 영인, 1983.
민족문화추진회, 『국역 신증동국여지승람』, 1970년 초판, 1996년 중판.
한국문헌연구소 편, 한국지리학 총서, 『邑誌』, 아세아문화사 영인, 1986.
서울대학교 규장각 편, 『강원도읍지』 1~6, 규장각자료총서 지리지편, 1997.
일본육군, 『근세 한국 오만분지일 지형도』, 1918년 제작, 1918년 재판, 영인본.
영조 조 수집, 『輿地圖書』, 한국사료총서 20, 국사편찬위원회 영인. 1973.
成原默 增補, 崔南善 編, 『東京雜記』, 朝鮮光文會, 1913.
실명씨, 『西京摠覽』, 한국향토사연구전국협의회, 『향토사 연구』 12, 2000, 19~169쪽 영인 수록.
張志淵, 『逸士遺事』, 太學社 영인, 1982.
李範奭・宋柱憲 共編, 『東鶴誌』, 京城 1921년(大正 10) 간행 연활자본, 고려대학교 대학원 薪菴文庫 소장.
金宗直 原編, 韓國學文獻研究所 再編, 『靑丘風雅』, 성종 15년 이후 甲辰字 활자본, 한국한시선집 I, 아세아문화사 영인 『靑丘風雅・國朝詩刪』, 1980.
許筠 原編, 韓國學文獻研究所 再編, 『國朝詩刪』, 朴泰淳 1697년 간행 목판본, 한국한시선집 I, 아세아문화사 영인 『靑丘風雅・國朝詩刪』, 1980.
南龍翼 原編, 韓國學文獻研究所 再編, 『箕雅』, 한국한시선집 II, 아세아문화사 영인, 1980.
張志淵 原編, 韓國學文獻研究所 再編, 『大東詩選』, 한국한시선집 V~VI, 아세아문화사 영인, 1980.
京城古書刊行會, 『大東野乘』, 1909~1911년.
민족문화추진회, 『국역 대동야승』, 1979년.
成俔, 『慵齋叢話』, 朴洪植・李康大・李來宗・全在東 校勘標點, 경산대학교 개교20주년기념사업단 학술행사위원회, 2000.
『蔚珍張氏世譜』, 1811년 발문, 목활자본, 零本 1책, 필자 소장.
徐有榘 著, 洪熹 校訂, 『鏤板考』, 大同出版社, 1941.
鄭亨愚・尹炳泰, 『韓國의 冊版目錄』, 연세대학교 국학연구원, 국학연구총서 4, 1994.

『국역 증보문헌비고』, 세종대왕기념사업회, 1978~1995, 1996(全).
李肯翊, 『燃藜室記述』, 朝鮮光文會本, 景文社 영인, 1976.
『국역 연려실기술』, 민족문화추진회, 1966~1967.
李能和 著, 李鍾殷 譯, 『조선도교사』, 보성문화사, 1977.
李鍾殷 譯注, 『海東傳道錄・靑鶴集』, 1986.
柳本藝 著, 權泰益 역, 『漢京識略』, 탐구당, 1974.
李仁老 著, 趙鍾業 편, 『破閑集』, 韓國詩話叢編 1, 1989.
洪萬宗 원저, 安大會 역, 『小華詩評』, 국학자료원, 1993.
洪萬宗, 『詩評補遺』, 1938년 신활자본, 趙鍾業 편, 韓國詩話叢編 3, 1989.
任璟, 『玄湖瑣談』, 아세아문화사 영인 『詩話叢林』 수록, 1973.
金墉鑽 校註, 『교주 병와가곡집』(甁窩李衡祥家藏歌曲集의 校註), 월인, 2001.
金性彦, 『남효온의 삶과 시』, 태학사, 1997.
徐居正 원저, 李來宗 역주, 『역주 태평한화골계전(太平閑話滑稽傳)』, 태학사, 1998.
高裕燮, 『松都의 古蹟』, 열화당 미술선서 10, 1977 초판, 1988 3판.
고양군지편찬위원회, 『高陽郡誌』, 고양문화원, 1987.
안휘준・이병한, 『安堅과 夢遊桃源圖』, 예경산업사, 1991. 2.
宋孝淳, 『幻想의 探訪: 金剛山』, 한국도서관협회 출판부, 1981.
『蔚珍張氏世譜』, 1811년 목활자본 零本 1책, 필자 소장.
趙重南 編輯, 『楊州趙氏族譜』, 1980.
寧海朴氏大宗會 編, 『寧海朴氏大同譜』, 大耕出版社, 1987.
大邱大學國語國文學會 編, 『百聯抄解』, 국어국문학자료집, 대구대학국어국문학회 영인, 1960.
權文海, 『大東韻府群玉』, 韓國學古辭典씨리즈, 亞細亞文化社 영인, 1976.
閔漬 외, 『西天百八代祖師指空和尙禪要錄』, 서울대학교 규장각 소장.
得通禪師, 『涵虛堂得通和尙顯正論』, 兎山 鶴鳳山 石頭寺 1544년(중종 39) 간행 목판본 1책, 고려대학교 중앙도서관 晩松文庫 소장; 동국대학교 한국불교전서 편찬위원회, 『韓國佛敎全書』 7, 동국대학교 출판부, 1986.
(傳) 得通禪師 著, 『儒釋質疑論』, 興德 逍遙山 烟起寺 1537년(중종 32) 간행 목판본 1책, 고려대학교 대학원 도서관 소장.
함허 저, 송재운 역, 『유석질의론』, 현대불교신서 51, 동국대학교, 1984.
一然 지음, 이철환・최철환 옮김, 『일연 스님의 중편조동오위』, 대한불교진흥원, 2002. 2.
李奎報, 『東國李相國集』, 서울대학교 규장각 소장 1251년 중간 조선조 후쇄본, 민족문화추진회 영인 표점 한국문집총간 1, 1988.
李齊賢, 『益齋亂藁』, 고려대학교 중앙도서관 소장 1698년 해주 四刊 목판본, 민족문화추진회 영인 표점 한국문집총간 2, 1988.

鄭樞, 『圓齋集』, 고려대학교 중앙도서관 晩松文庫 소장 1418년 영월 초간 목판본, 민족문화추진회 영인 표점 한국문집총간 6, 1988.
鄭道傳, 『三峰集』, 서울대학교 규장각 소장 1791년 대구 三刊 목판본, 민족문화추진회 영인 표점 한국문집총간 6, 1988.
『국역 삼봉집』, 1977년 초판, 솔출판사, 1995 재판.
金守溫, 『拭疣集』, 대동문화연구원 1977년 영인 據 甲辰字初刊本殘卷 및 追錄寫本, 민족문화추진회 영인 표점 한국문집총간 9, 1988.
元昊, 『觀瀾遺稿』, 국립중앙도서관 소장 1927년 중간 석인본, 민족문화추진회 영인 표점 한국문집총간 9, 1988.
李石亨, 『樗軒集』, 서울대학교 규장각 소장 1587년 義興 목판본, 민족문화추진회 영인 표점 한국문집총간 9, 1988.
朴彭年, 『朴先生遺稿』, 국립중앙도서관 소장 1658년 永春 개간 後刷本, 민족문화추진회 영인 표점 한국문집총간 9, 1988.
申叔舟, 『保閑齋集』, 서울대학교 규장각 소장 1645년 榮川 중간본, 민족문화추진회 영인 표점 한국문집총간 10, 1988.
成三問, 『成謹甫集』, 서울대학교 규장각 소장 영조 연간 三刊本, 민족문화추진회 영인 표점 한국문집총간 10, 1988.
徐居正, 『四佳集』, 서울대학교 규장각 소장 1705년 全州 중간본, 민족문화추진회 영인 표점 한국문집총간 10~11, 1988.
趙旅, 『漁溪集』, 서울대학교 규장각 소장 1902년 咸安 西山書院 목판본, 민족문화추진회 영인 표점 한국문집총간 11, 1988.
洪裕孫, 『篠䕺遺稿』, 국립중앙도서관 소장 1810년 증보 활자본, 민족문화추진회 영인 표점 한국문집총간 12, 1988.
崔淑精, 『逍遙齋集』, 고려대학교 중앙도서관 소장 1813년 초간 활자본, 민족문화추진회 영인 표점 한국문집총간 13, 1988.
李陸, 『靑坡集』, 서울대학교 규장각 소장 활자본, 민족문화추진회 영인 표점 한국문집총간 13, 1988.
洪貴達, 『虛白亭集』, 고려대학교 도서관 晩松文庫 소장 1843년 목판본, 민족문화추진회 영인 표점 한국문집총간 14, 1988.
成俔, 『虛白堂集』, 성균관대학교 중앙도서관 1841년 羅州 중간 활자본, 민족문화추진회 영인 표점 한국문집총간 14, 1988.
楊熙止, 『大峯集』, 국립중앙도서관 소장 1787년 초간 목판본, 민족문화추진회 영인 표점 한국문집총간 15, 1988.
蔡壽, 『懶齋集』, 서울대학교 규장각 소장 1674년 附 송시열 발문 목판 後刷本, 민족문화추진회 영인 표점 한국문집총간 15, 1988.

表沿末, 『藍溪集』, 민족문화추진회 영인 표점 한국문집총간 15, 1988.

鄭汝昌, 『一蠹集』, 국립중앙도서관 의산문고 소장 1919년 藍溪書院 초간 목판본, 민족문화추진회 영인 표점 한국문집총간 15, 1988.

南孝溫, 『秋江集』, 서울대학교 규장각 소장 1921년 淸道郡新安 三刊本, 민족문화추진회 영인 표점 한국문집총간 16, 1988.

李湜, 『四雨亭集』, 日本 名古屋市立圖書館 蓬左文庫 소장 1500년 초간 목판본, 민족문화추진회 영인 표점 한국문집총간 16, 1988.

金馹孫, 『濯纓集』, 국립중앙도서관 一山文庫 소장 1925년 서울 목판본, 민족문화추진회 영인 표점 한국문집총간 17, 1988.

李穆, 『李評事集』, 서울대학교 규장각 소장 1631년 靑松 중간본, 민족문화추진회 영인 표점 한국문집총간 18, 1988.

李耔, 『陰崖集』, 1754년 李羅章 간행 목판본, 민족문화추진회 영인 표점 한국문집총간 21, 1988.

尹春年, 『學音稿』, 日本 天理圖書館 所藏, 今西龍舊章藏, 李書九 手澤, 筆寫本, 1책. 安大會 解題(「윤춘년의 학음고, 그 의의와 가치」), 동방고전문학회 영인, 『동방고전문학연구』 제2집, 2000. 8, 272~410쪽.

尙震, 『泛虛亭集』, 1942년 保寧寶劒精舍石印本, 민족문화추진회 영인 표점 한국문집총간 26, 1988.

李滉, 『退溪集』, 1600년경 陶山書院 간행 原集, 1764년 陶山書院 간행 속집, 1891년 간행 退溪先生文集攷證, 민족문화추진회 영인 표점 한국문집총간 29~31, 1989.

崔演, 『艮齋集』, 서울대학교 규장각 소장 1928년 강릉 초간 목판본, 민족문화추진회 영인 표점 한국문집총간 32, 1989.

盧守愼, 「穌齋集」, 서울대학교 규장각 소장 1665년 奉化三刊 목판본, 민족문화추진회 영인 표점 한국문집총간 35, 1989.

李珥, 『栗谷全書』, 연세대학교 중앙도서관 소장 1814년 海州 번각본, 민족문화추진회 영인 표점 한국문집총간 44~45, 1989

尹根壽, 『月汀集』, 서울대학교 규장각 소장 1647년 단양・함양 목판본 原集, 1773년 교서관 활자본 별집, 민족문화추진회 영인 표점 한국문집총간 47, 1989.

李山海, 『鵝溪遺稿』, 서울대학교 규장각 소장 광해군 연간 초간 목판본, 민족문화추진회 영인 표점 한국문집총간 47, 1989.

柳夢寅, 『於于集』, 국립중앙도서관 소장 1832년 중간 原集, 연세대학교 중앙도서관 소장 1832년 중간 後集, 민족문화추진회 영인 표점 한국문집총간 63, 1989.

申欽, 『象村稿』, 고려대학교 중앙도서관 소장 1629년 초간 활자본, 민족문화추진회 영인 표점 한국문집총간 71~72, 1991.
민족문화추진회 편, 『국역 상촌집』, 고전국역총서 256, 솔출판사, 1994 초판, 1997 중판.
許筠, 『惺所覆瓿藁』, 국립중앙도서관 소장 轉寫本, 민족문화추진회 영인 표점 한국문집총간 74, 1991.
許筠, 『국역 성소부부고』, 민족문화추진회, 1967년 초판, 1989년 중판.
許筠, 『許筠全集』, 성균관대학교 대동문화연구원 영인, 1981.
柳夢寅, 『於于野譚』, 1964년 柳濟漢 정리본, 景文社 영인 『於于集』 부록, 1979.
許穆, 『記言』, 고려대학교 중앙도서관 癡庵文庫 1689년 목판 後刷本, 민족문화추진회 영인 표점 한국문집총간 98~99, 1992.
許穆, 『국역 미수기언』, 민족문화추진회 국역, 솔출판사, 1981 초판, 1997 중판.
宋時烈, 『宋子大全』, 서울대학교 규장각 소장 1787년 평양감영 목판본(송자대전), 민족문화추진회 영인 표점 한국문집총간 108~116, 1993.
金壽增, 『谷雲集』, 서울대학교 규장각 소장 1711년 대구감영 초간 목판본, 민족문화추진회 영인 표점 한국문집총간 125, 1994.
南九萬, 『藥泉集』, 국립중앙도서관 소장 芸閣鐵活字 초간본, 민족문화추진회 영인 표점 한국문집총간 131~132, 1994.
朴世堂, 『西溪集』, 연세대학교 도서관 소장 追刻本, 민족문화추진회 영인 표점 한국문집총간 134, 1994.
朴世堂, 『西溪全書』, 태학사 영인, 1979.
尹拯, 『明齋遺稿』, 국립중앙도서관 소장 1732년 초간 활자본, 민족문화추진회 영인 표점 한국문집총간 136, 1994.
金昌協, 『農巖集』, 서울대학교 규장각 소장 1709년 芸閣活字 原集(및 1754년 안동 중간 목판 후쇄본, 1854년 全史字刊 속집, 1928년 연활자간 별집), 민족문화추진회 영인 표점 한국문집총간 161, 1994.
李喜朝, 『芝村集』, 서울대학교 규장각 소장 1754년 평양 목판본, 민족문화추진회 영인 표점 한국문집총간 170, 1996.
趙顯命, 『歸鹿集』, 서울대학교 규장각 소장 轉寫本, 민족문화추진회 영인 표점 한국문집총간 212~213, 1998.
吳瑗, 『月谷集』, 서울대학교 규장각 소장 1752년 芸閣活字 초간본, 민족문화추진회 영인 표점 한국문집총간 218, 1998.
徐命膺, 『保晩齋集』, 국립중앙도서관 소장 1838년 초간 활자본, 민족문화추진회 영인 표점 한국문집총간 233, 1999.
蔡濟恭, 『樊巖集』, 서울대학교 규장각 소장 1824년 安東 초간 목판본, 민족문화추진회 영인 표점 한국문집총간 236~237, 1999.

朴趾源, 『燕巖集』, 1932년 朴榮喆 간행 鉛活字 三刊本, 민족문화추진회 영인 표점 한국문집총간 252, 2000.
李忠翊, 『椒園遺稿』, 서울대학교 규장각 소장 1900년대 轉寫本, 민족문화추진회 영인 표점 한국문집총간 255, 2000.
李德懋, 『靑莊館全書』, 서울대학교 규장각 소장 1900년대 轉寫本, 민족문화추진회 영인 표점 한국문집총간 257~259, 2000.
丁若鏞, 『與猶堂全書』, 新朝鮮社 1934년 활자본, 驪江出版社 영인, 1985.
申綽, 『石泉遺稿』, 서울대학교 규장각 소장 1939년 조선총독부 중추원 謄寫本, 민족문화추진회 영인 표점 한국문집총간 279, 2001.
金正喜 원저, 『국역 완당전집』, 민족문화추진회, 1996.
徐有英, 『雲皐詩艸』, 한국정신문화연구원 장서각 소장, 필사본, 1책.
徐有英, 『錦溪筆談』, 서울대학교 규장각 소장, 필사본, 1책.
洪直弼, 『梅山先生文集』, 국학자료원 영인, 1989.
柳慶種, 『海巖稿』, 姜慶勳氏 所藏 필사본.
李建昌, 『明美堂集』, 保景文化社 영인, 1997.

3. 김시습의 일생과 시문학에 대한 논저
鄭寅普, 「關東海山錄」, '萬瀑洞(2)', 『薝園鄭寅普全集』 1, 연세대학교 출판부, 1983.
정인보, 「薝園時調」 '梅月堂石刻', 『薝園鄭寅普全集』 1.
鄭炳昱, 「金時習年譜」, 『國語國文學』 7, 국어국문학회, 1953, 110~112쪽; 「金時習 硏究」, 『論文集(人文·社會)』 7, 서울대학교, 1958, 155~195쪽; 「金時習의 生涯와 思想」, 『思想界』 62, 1958. 9, 255~267쪽.
이운구, 「매월당의 애민의식과 시의 성격」, 『한국한문학연구』 1집, 한국한문학연구회, 1976.
閔丙秀, 「梅月堂의 詩世界」, 단국대학교 대학원 석사 논문, 1978.; 『서울대학교 인문논총』 13, 1978.
林熒澤, 「梅月堂의 文學的 性格」, 『대동문화연구』 13집, 성균관대학교 대동문화연구원, 1979.
서규태, 「매월당의 유심적 인생관과 시 세계」, 고려대학교 국문학과 석사 논문, 1982.
정주동, 『매월당 김시습 연구』 2판, 민족문화사, 1983.
안병학, 「김시습 시에 있어서의 역사의식」, 『민족문화연구』 17, 고려대학교 민족문화연구원, 1983.
박영호, 「매월당의 문학인식과 愛民詩」, 『문학과 언어』 7집, 문학과언어연구회, 1986.
金梓洙, 「金時習의 '澄心錄追記' 考察」, 『어문논총』 제9호, 전남대학교 어문학연구회, 1986. 6.
이문구, 『매월당 김시습』, 문이당, 1992. 7.
崔承洵, 「梅月堂의 關東遊歷考」, 『강원문화연구』 11, 강원대학교 강원문화연구소, 1992. 8,

19～39쪽.
노중석, 「매월당시 『사유록』 연구」, 계명대학교 교육대학원 석사 논문, 1994.
이교선, 「매월당 詠史詩의 제재에 나타난 시인의식」, 『안동한문학논집』 6집, 안동한문학회, 1997. 12.
윤채근, 「김시습 문학의 존재 미학적 고찰」, 『어문논집』 38, 안암어문학회(민족어문학회), 1998. 8.
이종호, 『매월당 김시습: 지조와 광기의 천재』, 일지사, 1999. 4.
진경환, 「김시습과 '心儒跡佛'의 문제」, 「어문논집』 40, 안암어문학회(민족어문학회), 1999. 8.
임형택, 「매월당시사유록에 관한 고찰」, 『한국한문학연구』 26집, 한국한문학회, 2000; 『梅月堂詩四遊錄에 관하여』, 『한국문학사의 논리와 체계』, 창작과비평사, 2002, 116～143쪽.
박철상, 「을해자본『매월당집』 잔편 발굴의 의미」, 『문헌과 해석』 27, 문헌과해석사, 2004. 6., 215～235쪽.

4. 『금오신화』 관련 주요 논저

金台俊, 『朝鮮古代小說史』, 을유문화사, 1950.
임형택, 「현실주의적 세계관과 금오신화」, 국문학연구 13, 서울대학교 국문학연구회, 1971.
조동일, 「초기 소설의 성립과 초기 소설의 유형적 특징」, 『한국소설의 이론』, 지식산업사, 1977.
정병욱, 「금오신화 서설」, 『한국고전의 재인식』, 홍성사, 1979.
설중환, 「金鰲新話의 新研究」, 고려대학교 박사 논문, 1983. 5.
강진옥, 「금오신화와 만남의 문제」, 『고전소설 연구의 방향』, 새문사, 1985.
박혜숙, 「금오신화의 사상적 성격」, 『한국문학사의 쟁점』, 집문당, 1986.
안동준, 「김시습 문학사상 연구」, 한국정신문화연구원 한국학대학원 박사 논문, 1994.
박희병, 『전기소설의 미학』, 돌베개, 1997.
최귀묵, 「김시습 글쓰기 방법의 사상적 근거 연구」, 서울대학교 박사 논문, 1997; 『김시습의 사상과 글쓰기』, 소명출판, 2001.
최용철, 「금오신화 조선간본의 발굴과 그 의미」, 『중국소설연구회보』 39, 중국소설연구회, 1999. 9.
윤채근, 『소설적 주체, 그 탄생과 전변』, 월인, 1999.
윤주필, 『한국의 방외인 문학』, 집문당, 1999.
이학주, 「동아시아 전기소설의 예술적 특성 연구」, 성균관대학교 박사 논문, 1999.
佐藤俊彦, 「剪燈新話・伽婢子及び金鰲新話の比較研究」, 『朝鮮學報』 23, 朝鮮學會, 1962, 73～82쪽.

5. 김시습의 사상과 관련한 논저

李能和 編, 崔南善 檢閱, 『朝鮮佛教通史』(上・中・下), 京城 新文館 1918년(大正 7) 간행; 민속원 영인, 2002.
江田俊雄, 『朝鮮佛教史の硏究』, 國書刊行會, 1977.
中村元 編著, 『新佛敎語源散策』, 東京書籍, 1986.
閔泳珪, 「金時習의 重編曹洞五位說」, 『大東文化硏究』 13, 성균관대학교 대동문화연구원, 1973, 82~84쪽.
韓鍾萬, 「金時習의 佛敎哲學的 基盤」, 한국철학회 편, 『韓國哲學硏究』 중권, 東明社, 1978, 148~151쪽.
金煐泰, 『삼국유사 所傳의 신라 불교사상 연구』, 신흥출판사, 1979.
崔一凡, 「梅月堂의 哲學思想 硏究」, 성균관대학교 동양철학과 석사 논문, 1980. 12.
金知見, 「雪岑의 華嚴과 禪의 세계」, 『(道原柳承國博士 華甲紀念論文集) 東方思想論攷』, 종로서적, 1983, 335~353쪽.
韓鍾萬, 「梅月堂 金時習의 佛敎思想 硏究: 華嚴과 曹洞禪을 中心으로」, 『(文山金三龍博士華甲紀念) 韓國文化와 圓佛敎思想』, 원광대학교 출판국, 1985, 693~725쪽.
金煐泰, 「설잠 당시의 대불교정책과 교단 사정」, 『梅月堂學術論叢: 그 文學과 思想』, 강원대학교 인문과학연구소, 1988. 7, 11~32쪽.
玉城康四郎, 「華嚴釋題の佛敎學的意義」, 『梅月堂學術論叢: 그 文學과 思想』, 강원대학교 인문과학연구소, 1988. 7, 33~58쪽.
金知見, 「沙門 雪岑의 華嚴과 禪의 세계」, 『梅月堂學術論叢: 그 문학과 사상』, 강원대학교 인문과학연구소, 1989. 7, 59~84쪽.
韓鍾萬, 「雪岑의 十玄談要解와 曹洞禪」, 『梅月堂學術論叢: 그 문학과 사상』, 강원대학교 인문과학연구소, 1989. 7, 85~97쪽.
불교영상회보사 편, 『淨衆無相禪師』, 불교영상회보사, 1993.
閔泳珪, 「四川講壇」, 『世界日報』 1991년 1월 연재; 『四川講壇』, 又半, 1994.
金知見, 「法界圖圓通記의 해제」, 한국정신문화연구원 영인 『法界圖圓通記』 卷首, 1995, 1~23쪽.
金知見, 『華嚴思想과 禪』, 민족사, 2002. 2.
車柱環, 『韓國道敎思想硏究』, 서울대학교 한국문화연구소, 1978.
梁銀容, 「道敎書韓無畏撰海東傳道錄について」, 『朝鮮學報』 105, 朝鮮學會, 1982.
송항룡, 『한국도교철학사』, 성균관대학교 출판부, 1987.
梁銀容, 「淸寒子 金時習의 丹學修練과 道敎思想」, 『梅月堂學術論叢: 그 문학과 사상』, 강원대학교 인문과학연구소, 1989. 7, 105~121쪽.
金侖壽, 「淸寒子 金時習의 龍虎或問의 分章 校勘」, 이종은 편, 『한국 도교문화의 초점』, 아세아문화사, 2000.

柳承國, 「梅月堂의 儒學 및 道敎思想」, 『大東文化硏究』 13, 성균관대학교 대동문화연구원, 1979, 72~77쪽.
金明昊, 「金時習의 文學과 性理學思想」, 『韓國學報』 35, 一志社, 1984년 여름, 37~55쪽.
정구복, 「김시습의 역사철학」, 『한국사학사회보』 2, 한국사학사학회, 2000. 9.

6. 고려 말 조선 초의 사상계 관련 논저

금장태, 「정삼봉의 벽불사상과 그 논리적 성격」, 『동교 민태식 논총』, 1972.
김영태, 「유석질의론 해제」, 『불교학보』 9, 불교학회, 1972.
고익진, 「함허의 금강경오가해설의에 대하여」, 『불교학보』 11, 불교학회, 1974.
한종만, 「려말선초의 배불호불사상」, 『불교학보』 8, 1975.
李英茂, 「太古普愚의 人物과 思想」, 『建大史學』 5, 건국대학교 사학회, 1976.
배상현, 「이태조의 불교정책과 정도전의 배불론: 心氣理篇을 중심으로」, 『동국대 대학원 연구논집』, 1978.
윤사순, 「정도전 성리학의 특성과 평가문제」, 『진단학보』 50, 진단학회, 1980.
안계현, 『한국불교사상사연구』, 동국대학교, 1983.
한영우, 『정도전사상의 연구』, 서울대학교 출판부, 1983.
한영우, 『조선전기사회사상연구』, 을유문화사, 1983.
박호남, 「涵虛堂 得通의 顯正思想 硏究: 加平郡 懸燈寺誌와 顯正論을 중심으로」, 『기전문화연구』, 인천교육대학교, 1986.
최병헌, 「조선시대 불교법통설의 문제」, 『한국사론』 19, 서울대학교 국사학과, 1988.
이인혜, 「己和의 禪宗永嘉集科注說」, 동국대학교 석사 논문, 1989.
이철헌, 「己和의 顯正論 硏究」, 동국대학교 석사 논문, 1989.
김영태, 「조선초 기화의 염불정토관」, 『한국불교학』 15, 1990.
이봉춘, 「조선개국초의 배불추진과 그 실제」, 『한국불교학』 15, 한국불교학회, 1990.
이봉춘, 「조선초기 배불사 연구: 왕조실록을 중심으로」, 동국대학교 박사학위 논문, 1991.
채상식, 『고려후기 불교사연구』, 일조각, 1991.
한기두, 『한국선사상연구』, 일지사, 1991.
이만, 「조선초기 불교계의 상황과 언해경전의 성격」, 『불교문화연구』 3, 영취불교문화연구원, 1992.
권연웅, 「세조대의 불교정책」, 『진단학보』 75, 진단학회, 1993.
송석구, 『한국불교사의 재조명』, 불교신문사, 1994.
채상식, 「성리학과 유불교체의 사상적 맥락」, 『역사비평』 24, 1994.
허흥식, 『한국 중세불교사연구』, 일조각, 1994.
吳京厚, 「함허당 기화의 유불조화론」, 홍윤식 외, 『한국문화의 전통과 불교』(연사 홍윤식 교수

정년퇴임 기념논총), 2000. 2.
津田左右吉,『支那思想と日本』, 岩波新書, 東京: 岩波書店, 1938.
中村 元,『東洋人の思惟方法』, 日本: 春秋社, 1961.
아라키 켄고(荒木見悟) 저, 심경호 역,『불교와 유교』, 예문서원, 2000.

7. 기타

金成俊,「李澄玉과 六鎭」,『史叢』12·13합집, 1968.
車文燮,『조선시대 軍制 연구』, 단국대학교 출판부, 1973.
박을수,『한국고시조사』, 서문당, 1975.
尹炳泰,「퇴계와 心經附註」,『한국의 철학』8, 경북대학교 퇴계연구소, 1979;「心經附註 有後論本의 版本: 退溪書誌의 硏究 其四」,『한국의 철학』8, 경북대학교 퇴계연구소, 1979.
蘇在龜,「圓覺寺址十層石塔의 연구」, 한국정신문화연구원 석사학위 논문, 1986. 11.
崔載南,「六歌의 수용과 전승에 대한 고찰」,『관악어문연구』12, 서울대학교 국문학과, 1987.
車次錫,「雪岑의 蓮經別讚에 나타난 法華天台思想 考察」,『한국불교학』21, 한국불교학회, 1996, 217~242쪽.
張孝鉉,『徐有英文學의 硏究』, 아세아문화사, 1988.
崔楨幹,「日本 室町時代의 草庵茶에 끼친 梅月堂의 影響: 慶州 茸長寺와 祇林寺의 茶遺蹟址를 中心으로」,『梅月堂學術論叢: 그 문학과 사상』, 강원대 인문과학연구소, 1988. 7, 123~132쪽.
남윤수,「한국의 和陶辭에 관한 연구」, 고려대학교 박사학위 논문, 1989.
鄭英善,『한국의 茶문화』, 너럭바위, 1990.
조동일,『삼국시대 설화의 뜻풀이』, 집문당, 1990.
李昌炅,「추강 남효온 문학 연구」, 한양대학교 대학원 박사 논문, 1991. 6.
金相鉉,『역사로 읽는 원효』, 고려원, 1994.
허흥식,「임춘 '백가의' 해제」, 계간『서지학보』13, 계간서지학회, 1994. 9.
김형효·신오현·은정희·목정배·조동일,『원효의 사상과 그 현대적 의미』, 한국정신문화연구원, 1994. 8.
심경호,『다산과 춘천』, 강원대학교 출판부, 1995.
조동일,「원효 설화의 변모와 사상논쟁」,『한국의 문학사와 사상논쟁』, 지식산업사, 1996.
김성언,『남효온의 삶과 시』, 태학사, 1997. 7.
이근식·하정용,『삼국유사 교감 연구』, 신서원, 1997.
朴基龍,「韓國仙道說話硏究」, 한국고전문학회 편,『국문학과 도교』, 태학사, 1998.
이종묵·민병수·박수천·박경신,『서거정 문학의 종합적 검토』, 한국정신문화연구원, 1998. 7.
최완수,『조선왕조 충의열전』, 돌베개, 1998. 12.

심경호, 『한국한시의 이해』, 태학사, 2000.
서대석, 「설화에 반영된 원효의 사상과 민중의식」, 『한국 문화와 역사인물 탐구: 원효·설총·일연』, 한국정신문화연구원·경산시청, 2001. 6.
김학수, 「의정부 장암의 반남박씨 박세당 가문의 가계와 인물」, 의정부 문화원, 『서계 박세당의 학문과 고문서』, 의정부시 제16회 희룡문화제 기념학술대회, 2001. 10. 11.
김창현, 「조선초기 과거급제자의 출신 배경」, 『한국학논집』 35집, 한양대학교 한국학연구소, 2001. 10.
심경호, 『국문학연구와 문헌학』, 태학사, 2002.
심경호, 「근대 이전의 한시 학습 방식에 관하여: 聯句·古風의 제작과 抄集·選集의 이용」, 『어문연구』 115, 한국어문교육연구회, 2002. 9, 235~257쪽.
김종수, 「박세당의 진리론과 사상체계론」, 『실학연구』 4집, 한국실학학회, 2002. 12.
김남이, 『집현전 학사의 삶과 문학 세계』, 2004.
정재서, 『한국 도교의 기원과 역사』, 이화여자대학교출판부, 2006.
심경호, 「버클리大學 아사미文庫 所藏 六臣墓碑 拓本을 통해 본 金時習 六臣墓 造成 傳說의 定着 過程」, 『어문연구』 150, 한국어문교육연구회, 2011. 6, 269~290쪽.
심경호, 『안평』, 알마, 2018.
이창안, 「조선 초 김시습의 시대인식과 儒佛融合」, 『원불교사상과 종교문화』 81, 원광대학교 원불교사상연구원, 2019. 9, 313~340쪽.
정출헌, 『남효온 평전: 유교문명의 성세를 꿈꾼 이상주의자의 희망과 좌절』, 한겨레출판, 2020.
차충환, 「일본 내각문고 소장 寫本 『梅月堂集』의 문헌적 성격과 위상」, 『민족문화연구』 99, 고려대 민족문화연구원, 2023. 1, 179~215쪽.
차충환, 「김시습의 『林泉佳話』 연구」, 『한국한문학연구』 87, 2023. 4, 99~140쪽.
川合康三 저, 심경호 역, 『중국의 자전(自傳) 문학』, 소명출판, 2002.
淺川伯敎, 『釜山窯と對州窯』, 彩壺會, 1930.
臺灣國立古宮博物館, 『石渠寶笈秘殿珠林』, 1971.
楊勇, 『陶淵明集校箋』, 臺灣: 盤庚出版社, 1979.
李長之 著, 松枝茂夫·和田武司 譯, 『陶淵明』, 筑摩叢書 72, 筑摩書房, 1966.
松枝茂夫·和田武司 共著, 『隱逸詩人 陶淵明』, 日本 東京: 集英社, 1983.
孫昌武, 「王維の佛敎信仰と詩歌創作」, 『文學遺産』 1981年 2期, 上海古籍出版社, 1981.
金文京, 「從全唐詩一首臨刑詩談日韓資料在漢學硏究上之價値」, 『中華文史論叢』 64, 上海古籍出版社, 2000. 12.
(傳) 劉克莊 編集, 李更·陳新 校證, 『分門纂類唐宋時賢千家詩選校證』, 人民文學出版社, 2002. 12.
Stephen Owen, *Traditional Chinese Poetry and Poetics*, The University Wisconsin Press, 1985.

찾아보기

●시문집

ㄱ

「가을 생각」(秋懷) 353
「가죽나무 숯 노래」(椵炭行) 554
「갈석에 맑은 햇빛 쪼일 무렵」(碣石晴照) 249
「감흥시」(感興詩) 258, 260
「갓 내린 서리」(新霜) 478
「경태봉왕고도육언삼수」(經泰封王故都六言三首) 450
「계권을 받고」(受契券) 36
「계림의 잠상인에게 부치다」(寄鷄林岑上人) 260
「계인설」(契仁說) 8, 48, 427, 428, 431
「고금군자은현론」(古今君子隱顯論) 334
「고금제왕국가흥망론」(古今帝王國家興亡論) 8, 301
「고래의 희롱」(鯨戲) 177
「고죽국의 맑은 바람」(孤竹淸風) 249
「고풍」(古風) 258, 322, 350
「곡운기」(谷雲記) 492
「곡운정사기」(谷雲精舍記) 44
「과부 노래」(孀婦) 42
「관동해산록」(關東海山錄) 595
「광무제 본기를 읽고」(讀光武紀) 360
「교실」(鮫室) 177

「궁리」(窮理) 442, 488
「귀신론」(鬼神論) 452, 472
「귀신사생론」(鬼神死生論) 474
「귀신에 관하여」(神鬼說) 452, 472
「귀신에 대하여 묻다」(問鬼神) 473
「금강산에 대하여」(題金剛山) 406
「기수의 운에 화운함」(和箕叟韻) 408
「기자찬」(箕子贊) 128
「길손이 있다」(有客) 495, 558
「김거사가 눈 속에 소를 타고 추암에 노니는 모습」(金居士雪中騎牛遊皺巖) 514
「김동봉화상찬」(金東峯畵像贊) 587
「김매기」(耘苗) 345
「김시습전」 31, 45, 55, 56, 591
「김직강과 옛날 이야기를 하며」(與金直講話舊) 97
「깊은 산으로 들어가는 선행을 전송하며」(送善行入深峯) 551
「깔깔대며 웃는다」(謔浪笑) 596

ㄴ

「나는 못났다」(我不如行) 528
「나라의 근본을 보살피라는 잠언」(邦本箴) 304
「나무 베는 노래」(折薪辭) 536

「나의 삶」(我生) 28
「낙산 방장의 좌하에」(洛山丈室座下) 392
「낙진당」 521
「남수재에게 부친다」(寄南秀才) 510
「남염부주지」(南炎浮州志) 269
「냉화」(冷話) 567
「노랫말을 적다」(述樂府辭) 294
「노량육신묘비」(露梁六臣墓碑) 134
「노부사」(老婦詞) 42
「높이 올라」(登高) 142
「느낀 일이 있어 명부에게 올리다」(有感觸事呈明府) 540
「느낌이 있어서」(有感) 121
「능허사」(凌虛詞) 64, 421

ㄷ

「답답한 것을 펴다」(敘悶) 553
「답답함을 풀어보인다」(敘悶) 88, 94, 98, 100
「당서를 읽고」(讀唐史) 360
「대인선생전」(大人先生傳) 26, 64
「덕행의」(德行義) 12
「도연명의 권농시에 화운하여 적은 시의 서문」(和靖節勸農序) 346
「도연명의 권농 시에 화운함」(和靖節勸農) 63
「도연명의 음주 시에 화운함」(和

찾아보기 _ 697

淵明飮酒詩) 336, 337, 342
「도연명이 봄날 옛 농가를 그리워하며 지은 시에 화운함」(和春懷古田舍) 335
「도연명이 서쪽 밭에서 올벼를 수확하고 지은 시에 화운함」(和於西田穫早稻) 63, 346
「도연명이 옛 집에 돌아가서 쓴 시에 화운함」(和還舊居) 298, 331
「도이장가」(悼二將歌) 151
「도정절이 방참군에게 답한 시에 화운한 시」(和靖節答龐參軍) 325
「독산원기」(禿山院記) 49, 512
「독쌍계사비」(讀雙溪寺碑) 450
「동국사영」(東國四詠) 514
「동도를 그리워하며」(懷東都) 299
「동봉 거사를 찾아」(訪東峯居士) 403
「동봉 여섯 노래」(東峯六歌) 23, 49, 76, 143, 528
「동봉에게 올리다」(贈東峯) 417
「동봉친필시첩」(東峯親筆詩帖) 591
「동봉친필시첩발」(東峯親筆詩帖跋) 48
「동학사초혼각사적」(東鶴寺招魂閣事蹟) 39
「등남명봉취회고시편」(登南明峯就懷古詩篇) 450
「등루」(登樓) 502

ㅁ

「마하연」(摩訶衍) 36
「막비」(莫匪) 533
「만록」(漫錄) 46
「만복사저포기」(萬福寺樗蒲記) 269

「만전춘별사」(滿殿春別詞) 294
「매월당서」 581
「매월당선생전」(梅月堂先生傳) 28, 108, 538, 591, 594
「매월당집서」(梅月堂集序) 28, 54, 55, 56, 91, 282, 374
「멱라연의 노래」(汨羅淵賦) 342
「명론」(命論) 452
「무량사에 병들어 누워」(無量寺臥病) 22
「무사」(無思) 378
「무쟁비」(無諍碑) 36, 56, 212
「무제」(無題) 103
「문산을 애도한다」(哀文山) 359
「물귀신」(水怪) 177
「미려」(尾閭) 177
「민을 사랑하는 이치에 대하여」(愛民義) 304

ㅂ

「반도를 생각한다」(懷蟠桃) 178
「발심수행장」(發心修行章) 241
「발해」(渤海) 522
「밤이 얼마나 되었는가」(夜如何) 529
「백률사에서 옥판사 법석에 참예하고」(栢栗寺參玉版師) 263
「백이 숙제 찬」 367
「백제의 옛일을 읊다」(咏百濟故事) 190
「병조판서 박공 행장」(兵曹判書朴公行狀) 320
「복기」(服氣) 58, 423
「봉덕사종」(奉德寺鍾) 204
「부세」(扶世) 240, 377
「부여회고」(扶餘懷古) 450
「북명」(北銘) 439
「북진」(北辰) 467
「불여귀」(不如歸) 170, 171

「불조전심서천종파지요서」(佛祖傳心西天宗派旨要序) 168
「비궁당기」(匪躬堂記) 456
「비비」(悲悲) 171
「비유품찬」(譬喩品贊) 231

ㅅ

「사우명행록」(師友名行錄) 32, 91, 567
「산가의 고충을 노래한다」(咏山家苦) 277
「산거집구」(山居集句) 267
「산림」(山林) 375
「산 밭」 345
「산 속 사람」(山中人) 494
「산 속에 무엇이 있는가」(山中何所有) 322
「산 속에 살면서 산 속의 도인에게 주다」(山居贈山中道人) 504, 506
「산중에서 달을 보며」(山中看月) 508
「산행」(山行) 11
「삼각산」(三角山) 91, 92
「삼청」(三淸) 375
「상변설」(常變說) 32
「상불경보살품찬」(常不輕菩薩品贊) 233
「상수에 빠져 죽은 굴원을 조문한 시를 모방하여 짓다」(擬弔湘纍) 342
「상수에 빠진 원혼을 조문함」 340
「상전을 탄식한다」(歎桑田) 178
「생물을 사랑하는 이치에 대하여」(愛物義) 308
「생재설」(生財說) 62, 312
「서불을 조롱한다」(嘲徐市) 178
「석림암기」 584
「선귤당기」(蟬橘堂記) 50, 94

「선덕왕릉」(善德王陵) 217
「성론」(性論) 452
「세계도」(世系圖) 28, 69
「세모에 성동의 폭포 정상에 거처하매 푸른 솔과 흰 바위가 아주 마음에 들기에 도정절(도연명)의 귀전원시 다섯 수에 화운하다」(歲晚 居城東瀑布之頂 青松白石 甚愜余意 和靖節歸園田詩五首) 321
「세향원」(細香院) 11
「소릉의 복위를 청하는 상소」(請復昭陵疏) 562, 564
「소양정에 올라」(登昭陽亭) 11, 494
「소요산경원효구거삭목제시」(逍遙山經元曉舊居削木題詩) 450
「속두류록」(續頭流錄) 566
「송계」(松桂) 240, 375, 377
「송심은상인귀고산시권」(送尋隱上人歸故山詩卷) 399
「수계권」(受契券) 239
「수기」(修己) 488
「수락산에 노닌 기록」(遊水落山記) 315
「수문」(隋文) 375, 377
「수신」(修身) 442
「수진」(修眞) 58, 423
「숙안주백상루」(宿安州百祥樓) 450
「순의찬」(鶉衣贊) 555, 556
「술에 취해서」(醉酒) 342
「술을 경계하는 글」(酒箴) 443
「숭의전」(崇義殿) 116
「스스로를 읊다」(自詠) 452
「승려 설잠에게 주다」(贈僧雪岑) 98
「시습명설」(時習名說) 79
「시중 김부식이 나귀를 타고 강

서로 혜대 상인을 방문하는 모습」(金侍中騎驢訪江西慧臺上人) 514
「신기루」(蜃樓) 177
「심기리편」(心氣理篇) 375
「심론」(心論) 452
「쌍명재 최대위 당이 눈 온 뒤에 소를 타고 나가 성북의 추암에 노니는 모습」(雙明崔大尉讜雪後騎牛遊城北皺巖) 514

ㅇ

「아름답고 고운 것을 예쁘게 여겨서」(美美艶) 518
「안생원에게 기념으로 주다」(贈安生員) 265
「안자정(안응세) 만시」(挽安子挺) 407
「안자정을 곡하다」(哭安子挺) 407
「안화사」(安和寺) 148
「알기자묘정」(謁箕子廟庭) 450
「알단군묘정」(謁檀君墓庭) 450
「애민의」(愛民義) 12
「양무」(梁武) 375
「양보음」 475
「양양부사 유자한에게 속내를 토로한 서한」(上柳襄陽自漢陳情書) 27, 72, 73, 76, 80, 86, 90, 92, 100, 107, 115
「어느 곳이 가을 깊어 좋은가」(何處秋深好) 507
「어떤 사람이 여행으로 가는 것을 전송하여」(送人之餘航) 142
「여래수량품찬」(如來壽量品贊) 232
「여상이 위천에서 낚시하는 그림에 쓴 시」(題渭川垂釣圖) 42
「역막파공」(亦莫把空) 170

「역사서를 보고 내키는 대로 적다」(看史謾題) 360, 361
「연강첩장도시」 251
「옛 동산이 그립다」(憶故山) 255
「옛 산이 그립다」(憶故山) 299
「오건찬」(烏巾贊) 555
「오관산가」 149
「와서 공부하겠다는 사람을 거절하며」(拒來學) 538
「용궁부연록」(龍宮赴宴錄) 147, 149, 269
「용장사 경실에 거처하면서 느낌이 있어서」(居茸長寺經室有懷) 204
「용호」(龍虎) 58, 423
「원각사 낙성회」(圓覺寺落成會) 36, 235, 241
「원각사찬시」(圓覺寺讚詩) 240
「원효불기」(元曉不羈) 214
「위수추리」(爲誰趨利) 170
「위주」(魏主) 375
「유관동록」 181
「유관서관동록서」(遊關西關東錄序) 581
「유관서록」(遊關西錄) 33, 166
「유선가」(遊仙歌) 179
「유와 불을 논함」(儒釋吟) 450
「육신의총비」(六臣疑塚碑) 134
「육신전」(六臣傳) 132, 415, 578
「육일거사전」(六一居士傳) 50
「은진」(恩津) 438, 450
「의총시」(義塚詩) 450
「이단변」(異端辨) 8
「이생규장전」(李生窺牆傳) 251, 255, 269
「이생에게 주다」(贈李生) 292
「인군의」(人君義) 12
「인대사가 고향으로 돌아가는

「것을 보내며」(送仁師還鄉) 454
「인색한 귀신을 쫓는 시」(退慳鬼) 347
「인생을 슬퍼하는 부」(哀人生賦) 450
「인애」(仁愛) 318
「인주」(人主) 375

ㅈ

「자규사」(子規詞) 131, 135
「자연음」(自然吟) 476
「작은 것을 말하다」(小言) 520
「잠깐 갰다가 잠깐 오는 비」(乍晴乍雨) 323
「잠상인 시의 운자에 차운하여 빨리 써내다」(走次岑上人詩韻) 457
「잠상인이 작설차를 보내온 것을 감사하는 시」(謝岑上人惠雀舌茶) 247
「잡설」(雜說) 274
「잡저」(雜著) 325, 374
「장군을 위한 노래」(將軍行) 156
「장단의 민처사에게 보낸 시」(寄長湍閔處士) 48
「재갈 물림을 그만두지 말라는 노래」(莫休鉗歌) 554
「저녁나절에 느낌이 있어」(晚意) 174
「저녁나절에 돌아오면서」(暮歸) 504
「절필」(絶筆) 132
「정릉」(正陵) 450
「정부원」 453
「정사 경취의 총론」(摠言精舍景趣) 245
「정위를 조롱한다」(嘲精衛) 178
「정치는 반드시 삼대를 본받아야 한다」(爲治必法三代) 301, 303, 304
「제각초혼사」(祭閣招魂辭) 140
「제유황고목도」(題幽篁古木圖) 252, 255
「조동오위군신도」(曹洞五位君臣圖) 382
「조롱에 대해 해명하는 노래」(解嘲詞) 409
「조의제문」(弔義帝文) 565
「조의제부」(弔義帝賦) 565
「종릉산거 시에 화운한 24수」 523
「종릉산거」(鍾陵山居) 523
「좌씨춘추를 읽고」(讀左氏春秋) 363
「주장찬」(柱杖贊) 555
「죽지사」(竹枝詞) 294, 437
「준상인에게 올리다」(贈峻上人) 98, 197
「중도에 다시 명하시어 부르시므로 한사코 사양하면서 속내를 토로한 시」(牛途復命召固辭陳情詩) 243
「중승 정서(鄭敍)가 동래에 유배가 있으면서 달빛 아래 거문고를 타는 모습」(鄭中丞謫居東萊對月撫琴) 514
「중추월」(中秋月) 47
「쥐를 국문하다」(鞫鼠) 553
「증동봉」(贈東峯) 349
「지극한 즐거움을 얻고 지은 부」(得至樂賦) 450
「진시황을 애도한다」(哀秦皇) 178

ㅊ

「차를 기르며」(養茶) 219
「채미가」(採薇歌) 136
「처음 산에서 나와 심경혼에게 준다」(初出山贈沈景混) 54
「천계 소리를 듣다」(聽天鷄) 178
「천문을 모방하여」(擬天問) 531
「천침」(天琛) 177
「천형」(天形) 467, 468
「청사열전」(淸士列傳) 31, 33, 591
「청은이 술병을 끼고 찾아오다」(淸隱携酒見訪) 48, 247, 316
「청은전」(淸隱傳) 592
「청절사」(淸節祠) 55
「청평산 세향원 남쪽 창에 쓰다」(題淸平山細香院南窓) 496
「청한자 소상시묵첩 뒤에 쓰다」(題淸寒子小像詩墨帖後) 30
「초갹찬」(草屩贊) 555, 557
「최안무에게 준 시」(贈崔安撫詩) 76
「추강에게 답하는 글」(答秋江書) 443
「추강의 시에 화운하여」(和秋江) 418
「춘추를 읽고 쓴 시」(讀春秋詩) 363
「취유부벽정기」(醉遊浮碧亭記) 151, 152, 274, 269
「친구를 전송하며」(送友人) 151

ㅋ

「큰 것을 말하다」(大言) 519
「큰 쥐」(碩鼠) 347, 553

ㅌ

「탑명」(榻銘) 441
「탕유관서록후지」(宕遊關西錄後志) 144
「탕유호남록」(宕遊湖南錄) 195
「탕유호남록후지」 199, 206
「태고암가」(太古庵歌) 126

「태극설」 462, 464

ㅍ
「파랑새」(靑鳥) 177
「포단의 봄 잠」(蒲團春睡) 461
「풀이 성해서 콩 싹이 드물다」(草盛豆苗稀) 332, 345
「품은 생각을 적어서 사가정에게 올리다」(書懷上四佳亭) 315

ㅎ
「하루」(一日) 465
「학문」(學) 442, 488
「한가로운 뜻」(閑意) 499
「한도십영」(漢都十詠) 442, 454
「한림 곽예(郭預)가 비를 맞으며 삼지에서 연화를 감상하는 모습」(郭翰林冒雨賞三池蓮花) 514
「한송정」(寒松亭) 513
「해돋이」(日出) 177
「해후했다가 이별하는 뜻을 적음」(敍邂逅離別之意) 245, 246
「행주 전장에서 동봉을 그리워하면서, 동봉이 나를 이별하면서 쓴 시에 차운하다」(幸州田莊憶東峯次別我韻) 552
「현산의 꽃떨기를 노래하다」(詠峴山花叢) 517
「협곡의 인가」(峽中人家) 158
「형정의」(刑義) 12
「홍엽」(紅葉) 478
「화상발」(畵像跋) 588
「화상찬」 586
「화성유품찬」(化城喩品贊) 231
「황정 복용법을 배우다」(學餌黃精) 58, 425
「회로당기」(會老堂記) 566

「회사부」(懷沙賦) 338
「흥나는 대로 짓다」(因興謾成) 490

●저술

ㄱ
『고려도경』(高麗圖經) 149
『고려사』(高麗史) 71, 72, 147
『고문진보』(古文眞寶) 159
『고사촬요』(攷事撮要) 36
『관동일록』 492
『국조시산』(國朝詩刪) 54, 103
『금강경오가해』(金剛經五家解) 103
『금강경오가해설의』(金剛經五家解說誼) 103
『금계필담』(錦溪筆談) 30
『금오신화』(金鰲新話) 7, 12, 29, 33, 36, 147, 149, 151, 152, 251, 269, 276
『기묘명현록』(己卯名賢錄) 580
『기산』(紀山) 33
『기지』(紀志) 33

ㄴ
『내경』(內景) 417
『내단요법』(內丹要法) 57
『냉화』(冷話) 116
『노릉지』(魯陵誌) 38

ㄷ
『다경』(茶經) 219
『다산과 춘천』 43
『당현송현시초』(唐賢宋賢詩抄) 81
『대동야승』(大東野乘) 55
『대동운부군옥』(大東韻府羣玉) 33
『대화엄일승법계도주병서』(大華嚴一乘法界圖註幷序) 37, 49, 56, 60, 387, 389
『도덕경』(道德經) 101, 164
『동경잡기』(東京雜記) 33
『동경지』(東京誌) 33
『동국논선』(東國論選) 304
『동국여지승람』 187, 456
『동국통감』(東國通鑑) 147, 458
『동의보감』 424
『동학지』(東鶴誌) 172

ㅁ
『매월당시사유록』(梅月堂詩四遊錄) 30, 33, 35, 36, 281, 586
『매월당시집』 33
『매월당전집』(梅月堂全集) 28, 37, 60
『매월당집』(梅月堂集) 4, 35, 55
『맹자대전』 241
『명원산고』 37
『명주일록』 533
『명황계감』(明皇誡鑑) 354
『묘법연화경』(妙法蓮華經) 22, 56, 225, 226, 229, 293
『묘법연화경별찬』(妙法蓮華經別贊) 37, 56, 60, 229
『무원록』(無寃錄) 80
『문과방목』(文科榜目) 114

ㅂ
『반야바라밀다심경』(般若波羅蜜多心經) 165
『백가의집』(百家衣集) 268
『백련초해』(百聯抄解) 80
『법계도총수록』(法界圖叢髓錄) 389
『법성게과주』(法性偈科註) 390
『법화경』 572

『별동집』(別洞集) 96
『병와가곡집』(瓶窩歌曲集) 593
『병진정사록』(丙辰丁巳錄) 60, 449
『불씨잡변』(佛氏雜辨) 375

ㅅ

『사가집』(四佳集) 245
『사방지』(四方志) 33
『사우정집』(四雨亭集) 455
『산거집구』(山居集句) 48
『삼국유사』(三國遺事) 70
『생육신합집』(生六臣合集) 37
『서경총람』(西京摠覽) 83
『서천백팔대조사지공화상선요록』(西天百八代祖師指空和尙禪要錄) 168
『선월집』(禪月集) 527
『선종영가집』(禪宗永嘉集) 103
『성리군서』(性理群書) 159
『성리대전』(性理大全) 159, 241
『성소부부고』(惺所覆瓿藁) 12
『성수시화』(惺叟詩話) 494
『소학제가집주』(小學諸家集註) 84
『소화시평』 104
『속동문선』(續東文選) 11, 566
『식우집』(拭疣集) 292
『신간음점성리군서구해』(新刊音點性理群書句解) 159
『신증동국여지승람』(新增東國輿地勝覽) 32
『심경부주』(心經附註) 165
『십현담요해』(十玄談要解) 37, 49, 56, 62, 63, 379, 382, 384

ㅇ

『양성결』(養成訣) 58
『어우야담』(於于野譚) 538

『여지도서』(輿地圖書) 537
『역대연기』(歷代年記) 33
『연려실기술』(燃藜室記述) 134
『연마진결』(鍊魔眞訣) 57
『오계일지집』(梧溪日誌集) 276
『옥함기』(玉函記) 57
『용재총화』 470
『용천담적기』(龍泉談寂記) 32, 61
『용호비지』(龍虎秘旨) 57
『울진장씨세보』(蔚珍張氏世譜) 74
『원각경』(圓覺經) 61, 172, 433
『원재집』(圓齋集) 514
『유관동록』 36, 280
『유관서관동록』(遊關西關東錄) 36
『유관서록』 36, 48, 280
『유금오록』(遊金鰲錄) 36, 221, 236, 277, 281
『유석질의론』(儒釋質疑論) 378
『유학』(幼學) 84
『유호남록』(遊湖南錄) 36, 199, 206, 224, 280
『인천안목』(人天眼目) 388
『일승법계도원통기』(一乘法界圖圓通記) 389
『일승법계도합시일인』(一乘法界圖合詩一印) 389
『임천가화』(林泉佳話) 33

ㅈ

『자설』(字說) 84
『자치통감』 241
『자치통감사정전훈의』(資治通鑑思政殿訓義) 242
『자치통감훈의』(資治通鑑訓義) 353
『장릉지』(莊陵誌) 38
『전등신화』(剪燈新話) 271

『전등신화구해』(剪燈新話句解) 581
『정속』(正俗) 84
『정속언해』(正俗諺解) 84
『정속편』(正俗編) 84
『조동오위』 433
『조동오위요해』(曹洞五位要解) 382
『주문공교한창려집』(朱文公校韓昌黎集) 87
『주심경』(註心經) 58, 164, 165
『주역참동계』(周易參同契) 58, 423
『주역참동계발휘』(周易參同契發揮) 58, 424
『중편조동오위』(重編曹洞五位) 6, 37, 62, 63, 379, 380
『증도가』(證道歌) 103

ㅊ

『찬주분류두시』(纂註分類杜詩) 354
『참동계』(參同契) 57
『천둔검법연마결』(天遁劍法鍊魔訣) 406
『천자문』 80
『천자여구』(千字儷句) 37
『천자연구』(千字聯句) 37
『천진검법』(天眞劍法) 57
『청비록』(淸脾錄) 528
『청학집』(靑鶴集) 276
『초학자회』(初學字會) 84
『추강집』(秋江集) 37, 567

ㅌ

『탁영집』(濯纓集) 566
『당유금오록』 288
『태극도설』(太極圖說) 33
『태평한화골계전』(太平閑話滑稽傳) 317

『통감강목』 187

ㅍ
『패관잡기』(稗官雜記) 55, 133

ㅎ
『학산초담』(鶴山樵談) 12
『학음고』 581
『해동야언』(海東野言) 567
『해동이적』(海東異蹟) 57, 276
『해동전도록』(海東傳道錄) 57, 324, 427
『현정론』(顯正論) 378
『현호쇄담』(玄湖瑣談) 174
『화엄경석제』(華嚴經釋題) 56
『화엄경소』(華嚴經疏) 215
『화엄석제』(華嚴釋題) 37, 61, 386, 433
『황극경세서』(皇極經世書) 423
『황정경』(黃庭經) 101, 417

● 인명

ㄱ
강석덕(姜碩德) 119
강순(康純) 46, 187, 266
강응정(姜應貞) 415
강중(剛中) 542
강효문(姜孝文) 266
강희맹(姜希孟) 106, 187, 293, 353
경생원 183
계담(戒潭) 244, 248
계인 상인(契仁上人) 8, 48, 428, 447, 453
계정(桂庭) 250
고득종(高得宗) 119
고봉(高峰) 99
고운(顧雲) 205
고태필(高台弼) 98, 189, 297

곽억령(郭億齡) 40
관휴(貫休) 319, 523, 527
구봉령(具鳳齡) 35
구양수(歐陽脩) 50
구우(瞿佑) 271
구치관(具致寬) 155
권건(權健) 454
권경유(權景裕) 423
권근(權近) 85, 106, 246, 353, 459
권람(權擥) 118, 119
권문해(權文海) 33
권자신(權自慎) 132
권전(權專) 413
권절(權節) 127
권총(權聰) 392
권화(權和) 38
귀곡(龜谷) 106
균여(均如) 389
금성대군(錦城大君) 41, 137, 248
금헌(琴軒) 547
기자헌(奇自獻) 30, 36
기화(己和) 102, 293
길재(吉再) 130, 138
김개(金愷) 205
김경신(金敬信) 70
김굉필(金宏弼) 404, 452, 462
김구(金鉤) 84, 96
김낙(金樂) 151
김뉴(金紐) 542, 547
김당(金璫) 72
김덕량(金德良) 35, 74
김말(金末) 96
김맹(金孟) 560
김맹성(金孟性) 34
김문기(金文起) 132, 134
김반(金泮) 96
김봉기(金鳳起) 28, 35
김부식 459

김빈(金鑌) 87
김상(金瑺) 72
김상(金湘) 114
김상기(金上琦) 71
김상헌(金尙憲) 44, 589
김성원(金性源) 114
김세민(金世敏) 248
김세준(金世俊) 544
김수녕(金壽寧) 114, 353, 550
김수온(金守溫) 53, 59, 103, 106, 120, 160, 227, 248, 292, 295, 353, 405, 542, 547
김수증(金壽增) 43, 44, 492, 586
김숙자(金叔滋) 97
김안국(金安國) 84
김안로(金安老) 32, 61
김양(金陽) 71
김연(金淵) 72
김연지(金連枝) 153, 160
김영유(金永濡) 162, 163, 317
김윤주(金允柱, 김구주) 72, 154
김인존 72
김인후(金麟厚) 80, 592
김일성(金日省) 72, 76
김일손(金馹孫) 48, 560, 562, 571
김장생(金長生) 40, 54
김정희(金正喜) 528
김종서(金宗瑞) 41, 113, 118, 119, 139
김종식 565
김종직(金宗直) 11, 75, 354, 404, 561, 565
김주원(金周元) 69, 70, 71
김지견(金知見) 99, 387
김진문(金振文) 33, 220, 277
김질(金礩) 46, 395
김질(金質) 132

김집(金集) 40
김창집(金昌集) 493
김창협(金昌協) 45
김창흡(金昌翕) 495
김칠초(金七貂) 72
김태현(金台鉉) 72
김한경(金漢卿) 35, 74
김한신(金漢臣) 35, 72
김화상(金和尙) 6
김효성(金孝誠) 119

ㄴ
나계종(羅繼從) 138
나옹 혜근(懶翁惠勤) 145, 156
남계명(南季明) 108
남구만(南九萬) 134
남맹명(南孟明) 108
남사고(南師古) 108
남산(南山) 150
남수문(南秀文) 268
남이(南怡) 46, 187, 266
남재(南在) 402, 552
남전(南佺) 402
남준(南俊) 402
남중명(南仲明) 108
남지(南智) 113
남효례(南孝禮) 108
남효온(南孝溫) 4, 32, 40, 91, 103, 116, 132, 289, 395, 402, 405, 407, 412, 414, 416, 438, 443, 449, 452, 460, 484, 486, 552, 560, 566, 571, 578, 579, 580, 583
노사신(盧思愼) 114, 185, 186, 298
노산군(魯山君) 3, 39
노섭(盧燮) 460
노수신(盧守愼) 582

ㄷ
단종(端宗) 3, 38, 119
대전(大顚) 319
대주(大珠) 324
덕행(德行) 250
도안(道安) 319, 511
도의(道義) 400
동봉(東峯) 48
동봉산인(東峯山人) 48
득통 선사(得通禪師) 378

ㅁ
마조 도일(馬祖道一) 62, 379
만우(卍雨) 106, 120, 250
매월당(梅月堂) 30
명석(明釋) 140
명선(明禪) 39, 138
목청전(穆淸殿) 148
무구자(無垢子) 165
무상(無相) 62, 379, 487, 490
무학 존자(無學尊者) 145
문량(文良) 542
문정(文貞) 40
민담(閔澹) 150
민무구(閔無咎) 86
민상인(敏上人) 396
민신(閔伸) 118
민영규(閔泳珪) 5
민주면(閔周冕) 33
민지(閔漬) 168

ㅂ
박경여(朴慶餘) 38
박계손(朴季孫) 130, 135, 319
박규손(朴奎孫) 130, 135
박도(朴渡) 130, 135
박상(朴祥) 34, 55
박세당(朴世堂) 314, 583, 585, 586
박숙달(朴叔達) 393, 395

박숙손 319
박심문(朴審問) 583
박안신(朴安臣) 90
박연(朴堧) 120
박연(朴演) 415
박원형(朴元亨) 227
박은(朴誾) 34
박이녕(朴以寧) 90
박이창(朴以昌) 7, 90, 91, 94
박인손(朴璘孫) 130
박쟁(朴崝) 132
박제(朴濟) 130
박제가(朴齊家) 170
박종우(朴從愚) 119
박중손(朴仲孫) 119
박지원(朴趾源) 50, 94
박지화(朴枝華) 324
박처륜(朴處綸) 406
박천손(朴千孫) 130
박철손(朴哲孫) 162
박태보(朴泰輔) 584, 587
박팽년(朴彭年) 38, 120, 122, 132, 134, 353
박현제(朴賢齊) 40, 116
박효손(朴孝孫) 130, 135
백문보(白文寶) 375
변계량(卞季良) 353
보우(普愚) 126

ㅅ
상진(尙震) 46
서거정(徐居正) 7, 45, 46, 48, 83, 86, 106, 120, 187, 209, 245, 248, 255, 260, 293, 298, 318, 353, 405, 411, 442, 454, 456, 542, 547
서경덕(徐敬德) 57, 474
서긍(徐兢) 149
서유영(徐有英) 30, 587, 590
서팽형(徐彭衡) 316

선상인(禪上人) 392
선행(善行) 289, 328, 333, 551
설잠(雪岑) 48, 290
설준(雪埈) 198, 393, 394, 427
성간(成侃) 114, 353
성담수(成聃壽) 37, 40
성삼문(成三問) 38, 106, 119, 132, 134, 353
성승(成勝) 132, 134
성임(成任) 187
성지(誠之) 388
성현(成俔) 34, 354, 428, 456, 470
성희(成熺) 39, 138
세조 144
세종 89
소릉(昭陵) 412
손경보(孫敬甫) 75
손분(孫賁) 133
손사막(孫思邈) 144
손순효(孫舜孝) 75, 108, 114, 325, 416
송간(宋侃) 39, 138
송경원(宋慶元) 48, 127, 136
송시열(宋時烈) 44, 54, 55, 587
송처검(宋處儉) 153, 161
송처관(宋處寬) 119, 153
수양대군 122, 136, 248
수춘군(壽春君) 120
순로(淳老) 180
순안(順安) 154
승형(承迥) 497
신련(信連) 250
신미(信眉) 수암대화상(秀菴大和尙) 53, 103, 293, 392, 428
신숙주(申叔舟) 106, 119, 122, 137, 255, 266, 353
신숭겸(申崇謙) 151
신영희(辛永禧) 449

신종호(申從濩) 454
신중린(辛仲磷) 205
신행(信行) 192
신흠(申欽) 449
심명(心明) 394
심은(尋隱) 399
심종직(沈宗直) 583

ㅇ
안견(安堅) 119
안관후(安寬厚) 416
안신(安信) 107, 118
안씨 483
안응세(安應世) 404, 407
안주 158
안중선(安仲善) 107
안평대군(安平大君) 87, 119, 134, 247, 255
양성지(梁誠之) 187, 354
양순석(梁順石) 114
양희지(楊熙止) 48, 289, 328, 423
어득강(魚得江) 34
어세겸(魚世謙) 34, 209
어숙권 133
어유소(魚有沼) 266, 296
엄흥도(嚴興道) 39, 137, 140, 583
여로(如老) 180
연희(演熙) 250
열선사(悅禪師) 392
영일(靈一) 319
오구자(於謳子) 30
오철준(吳哲俊) 586
오태백(吳泰伯) 44, 70
옥성강사랑(玉城康四郞) 387
옥관사 262
완적(阮籍) 64
왕륜사(王輪寺) 148
요원(了元) 319

우선언(禹善言) 405, 460
우송광(雨松廣) 324
운구(雲句) 528
운선(雲禪) 138
운파(雲波) 39, 138
원성왕(元聖王) 70
원호(元昊) 37, 40, 135
원효(元曉) 56, 212, 213
원효연(元孝然) 160, 189, 162, 227
월봉(月峯) 140
월영(月影) 138
월잠(月岑) 39, 138
위백양(魏伯陽) 58
유경종(柳慶種) 591
유몽인(柳夢寅) 42, 43, 538
유문(有聞) 390
유방(柳房) 460
유방선(柳方善) 246, 353
유방택(柳方澤) 138
유성원(柳誠源) 38, 106, 132, 153, 353
유양식(柳陽植) 261
유염(兪炎) 58
유응부(兪應孚) 38, 132, 134
유자광(柳子光) 406, 460, 565, 577
유자분(柳自汾) 261
유자빈(柳自濱) 261, 516
유자한(柳自漢) 76, 107, 261, 516, 539, 546
유호인(兪好仁) 34
유회(柳薈) 550
유희령(柳希齡) 55
육우(陸羽) 219
윤군평(尹君平) 57
윤근수(尹根壽) 46
윤사로 226
윤상(尹祥) 96, 97
윤순(尹淳) 584

윤순거(尹舜擧) 38
윤원로(尹元老) 580
윤원형(尹元衡) 580
윤자운(尹子雲) 120, 227, 395
윤증(尹拯) 565
윤춘년(尹春年) 28, 36, 108, 400, 538, 580, 580, 591, 594
윤탁(尹濯) 114
윤탕로(尹湯老) 406
윤필상(尹弼商) 406, 577
의상(義湘) 241, 389
의순(義順) 150
이개(李塏) 38, 85, 119, 125, 132, 353
이건창(李建昌) 591, 592
이경동(李瓊仝) 415
이계전(李季甸) 34, 85, 86, 125, 247
이곡(李穀) 580
이규보(李奎報) 83
이극기(李克基) 428
이극돈(李克墩) 187
이능화(李能和) 102
이덕무(李德懋) 528
이맹전(李孟專) 37, 127
이몽가(李蒙哥) 150
이문환(李文煥) 114
이별(李鼈) 23
이보흠(李甫欽) 41, 137
이봉(李封) 85, 411
이사철(李思哲) 119
이산해(李山海) 28, 35, 282
이색(李穡) 85, 106, 375
이석형(李石亨) 106, 121, 353
이세인(李世仁) 34, 579
이세좌(李世佐) 317
이숭원(李崇元) 114
이숭인(李崇仁) 106, 138
이승소(李承召) 84, 106, 353
이승윤(李承胤) 119

이시애(李施愛) 4, 266, 459
이식(李湜) 454
이심원(李深源) 404, 414, 416, 580
이언적(李彦迪) 462
이열(伊悅) 250
이염의(李念義) 261
이영(李瓔) 41
이영서(李永瑞) 87
이영윤 120
이영화(李英華) 572
이예(李芮) 120
이온언(李溫彦) 562
이용(李瑢) 103
이우(李堣) 85, 114
이유(李瑜) 41, 137, 248
이의백(李宜白) 276
이이(李珥) 28, 31, 35, 40, 45, 53, 55, 56, 462, 591
이인로(李仁老) 81, 215
이자(李耔) 28, 34, 54, 55, 56, 91, 282, 374, 580
이자겸(李資謙) 71
이자현(李資玄) 495, 498
이적(李迹) 120
이정은(李貞恩) 402, 404, 405, 454
이제현(李齊賢) 106
이종준(李宗準) 408
이종학(李種學) 580
이징옥(李澄玉) 123
이찬(李瓚) 269
이철(李轍) 455
이첨(李詹) 459
이청(李淸) 544
이총(李摠) 405, 460
이축(李蓄) 39, 138
이충익(李忠翊) 30, 587
이파(李坡) 85, 106, 187, 408
이하(李賀) 31, 276

이현(李玹) 121
이현로(李賢老) 119
이현손(李賢孫) 460
이형상(李衡祥) 593
이황(李滉) 48, 462
이희조(李喜朝) 315
일성(日省) 69
일암(一庵) 106, 250
일연(一然) 6, 37, 62, 152, 379, 380
임경(任暻) 174
임기(林芑) 36, 581
임보신(任輔臣) 60, 449
임사홍(任士洪) 162, 456
임영(林泳) 131
임원준(任元濬) 106, 120, 160, 162, 248, 395, 456

ㅈ

자고(子固) 542
잠상인(岑上人) 48, 49
장강(張綱) 107, 118
장균정(張均正) 74
장씨(張氏) 69
장천계(張天桂) 74
전동생(田桐生) 261
전선로(田禪老) 180
전진충(全盡忠) 114
점(點) 424
점필재 565
정간(貞簡) 40
정괄(鄭佸) 395
정극인(丁克仁) 114
정난손(鄭蘭孫) 205
정도전(鄭道傳) 57, 375, 433
정렴(鄭𥖝) 324
정몽주(鄭夢周) 96, 375
정문형(鄭文炯) 121
정병욱(鄭炳昱) 9
정분(鄭苯) 113, 118, 121, 139

정사주(鄭師周) 107
정석(鄭碩) 98, 190
정암선상인(靜庵禪上人) 30
정약용(丁若鏞) 175
정여창(鄭汝昌) 404, 461
정예손(丁禮孫) 114
정유의(鄭有義) 107
정인보(鄭寅普) 594
정인지(鄭麟趾) 120, 122, 137, 353
정자제(鄭自濟) 121
정조 42, 43
정지산(鄭之産) 39, 138
정지상(鄭知常) 83, 151
정창손(鄭昌孫) 46, 132, 137, 298, 439
정철(鄭澈) 173
정효항(鄭孝恒) 458
정흥손(鄭興孫) 205
정희대비(貞熹大妃) 288
정희량(鄭希良) 57
조공(趙公) 545
조광조(趙光祖) 462
조극관(趙克寬) 118
조기영(趙基永) 37
조득림(趙得琳) 290
조려(趙旅) 37, 39, 40, 138, 141
조리(趙籬) 184
조문발(趙文拔) 268
조상치(曺尙治) 39, 131, 135, 138, 140
조서강(趙瑞康) 132
조석문(曹錫文) 227, 266
조수(趙須) 79, 85, 86, 246
조신(曺伸) 404
조여적(趙汝籍) 276
조용(趙庸) 96
조우(祖雨) 324
조위(曺偉) 34, 106

조자지(趙自知) 460
조정(曺整) 249
조충효(趙忠孝) 572
주계정(朱繼楨) 221
준상인(峻上人) 101, 102, 103
준장로 278, 279
지공(指空) 145, 168
지눌(知訥) 99
지달하(池達河) 107
지둔(支遁) 319
지희(智熙) 572

ㅊ
채명양(蔡明陽) 160
채수(蔡壽) 454, 473
채신보(蔡申保) 405
채제공(蔡濟恭) 123
천봉(千峰) 250
천연(天淵) 145
청은(淸隱) 48
초우(楚牛) 250
최경례(崔景禮) 77, 189
최만리(崔萬理) 87
최부(崔溥) 459
최석정(崔錫鼎) 40
최선복(崔善復) 84, 205
최수(崔脩) 120
최숙정(崔淑精) 34, 98
최연(崔演) 537, 538
최용철 13
최우(崔瑀) 268
최유청(崔惟淸) 214
최진원(崔珍源) 28
최치운(崔致雲) 75, 79, 80
최한보(崔漢輔) 114
최항(崔恒) 84, 86, 120, 122, 298, 353
최해(崔瀣) 375
충세(忠世) 567
췌세옹(贅世翁) 48

츠다 소기치(津田左右吉) 64

ㅌ
탄상인(坦上人) 106
탄선(坦禪) 39

ㅍ
표연(瓢淵) 149

ㅎ
하연(河演) 119
하위지(河緯地) 38, 132, 353
학매(學梅) 398
학열(學悅) 392, 393, 428
학조(學祖) 103, 293, 392, 428
한경기(韓景琦) 460
한계희(韓繼禧) 84
한명회(韓明澮) 118, 119, 122, 137, 248, 266, 416, 460
한용운(韓龍雲) 6
함허당(涵虛堂) 293
해사(海師) 173
해초(海超) 173, 394
허균(許筠) 11, 12, 54, 103, 117, 494, 501
허목(許穆) 31, 33, 134, 591
허봉(許篈) 48, 567
허조(許慥) 88, 134
허조(許稠) 87, 134
허종(許琮) 266
허주(許周) 87
허후(許詡) 88
현릉(顯陵) 221, 414
혜원(慧遠) 319
혜홍(慧洪) 319
홍귀달(洪貴達) 395
홍달손(洪達孫) 119
홍만종(洪萬宗) 276, 104, 583
홍섬(洪暹) 578
홍여방(洪汝方) 132

홍유손(洪裕孫) 51, 57, 92, 295, 402, 404, 406, 449, 453, 575, 578
홍윤성(洪允成) 405
홍준(弘濬) 102, 293
홍직필(洪直弼) 54, 589
화의군(和義君) 41
환암(幻庵) 106
황보인(皇甫仁) 88, 113, 118, 139
황수신 227
황희(黃喜) 87
효령대군(孝寧大君) 103, 224, 236, 238, 240, 243, 293
홍의(興義) 150